JUS PUBLICUM

Beiträge zum Öffentlichen Recht

Band 254

Thomas Holzner

# Konsens im Allgemeinen Verwaltungsrecht und in der Demokratietheorie

## Untersuchungen zur Phänomenologie gruppenpluraler Konsensverwaltung unter besonderer Berücksichtigung des Sozialrechts als Referenzgebiet

Mohr Siebeck

*Thomas Holzner*, geboren 1975; Studium der Rechtswissenschaften und der Politikwissenschaften; Tätigkeit als Rechtsanwalt; 2009 Promotion; Wissenschaftlicher Mitarbeiter/Akademischer Rat an der Universität Bayreuth; 2015 Habilitation, venia legendi für Öffentliches Recht, Sozialrecht, Rechts- und Verfassungsgeschichte; SoSe 2015 Vertretung der Professur für Öffentliches Recht und Europarecht an der Universität Hannover.

ISBN 978-3-16-154330-2
ISSN 0941-0503 (Jus Publicum)

Die Deutsche Bibliothek verzeichnet diese Publikation in der Deutschen Nationalbibliographie; detaillierte bibliographische Daten sind im Internet über *http://dnb.dnb.de* abrufbar.



Das Buch wurde von Textservice Zink in Schwarzach aus der Garamond Antiqua gesetzt, von Gulde-Druck in Tübingen auf alterungsbeständiges Werkdruckpapier gedruckt und von der Buchbinderei Spinner in Ottersweier gebunden.

*Meinen Eltern*
*und*
*Franziska*

# Vorwort

Die vorliegende Arbeit wurde im Wintersemester 2014/15 von der Rechts- und Wirtschaftswissenschaftlichen Fakultät der Universität Bayreuth als Habilitationsschrift angenommen.

Der erste Dank gebührt Herrn Prof. Dr. Markus Möstl, Direktor der Forschungsstellen für Lebensmittelrecht sowie für Wirtschafts- und Medienrecht an der Universität Bayreuth, an dessen Lehrstuhl ich als Assistent nicht nur eine wissenschaftlich fruchtbare Zeit verbringen durfte, sondern der das Entstehen der Arbeit betreut und mit seinem wertvollen Rat begleitet hat und der sich stets die Zeit für eine anregende und weiterführende Diskussion über sie nahm.

Herzlichen Dank möchte ich auch den Mitgliedern des Fachmentorats der Bayreuther Fakultät, Herrn Prof. Dr. Stephan Rixen, der überdies die Erstellung des Zweitgutachtens übernommen hat, und Herrn Prof. Dr. Heinrich Amadeus Wolff, sagen. Für die Übernahme der nach bayerischem Hochschulrecht vorgesehenen externen Gutachten bedanke ich mich ganz herzlich bei Herrn Prof. Dr. Jens Kersten, Ludwig-Maximilians Universität München, sowie Herrn Prof. Dr. Hinnerk Wißmann, Westfälische Wilhelms-Universität Münster.

Herrn Christian Lutz aus München möchte ich dafür danken, dass er sich die Bürde des Korrekturlesens übertragen ließ und diese mit einer Ausdauer und Gründlichkeit bewerkstelligte, die ihresgleichen sucht.

Die Untersuchung befindet sich auf dem Rechts- und Tatsachenstand von Ende 2014. Herrn Dr. Franz-Peter Gillig vom Verlag Mohr-Siebeck danke ich für die Aufnahme in die Reihe *Jus Publicum*. Der DFG danke ich für die großzügige Übernahme der Druckkosten.

*Bayreuth, im Juli 2015* *Thomas Holzner*

# Inhaltsübersicht

# Inhaltsverzeichnis

*Kapitel 2*

## Demokratietheoretische Überlegungen

*Kapitel 3*

## Konsensuale Organisationsformen

155

## *Kapitel 4*

# Konsensuale Handlungsformen

383

## Kapitel 5

## Konsensuale Einbindung Privater in die Verwaltungstätigkeit

485

# Abkürzungsverzeichnis

| | |
|---|---|
| AcP | Archiv für civilistische Praxis (Zeitschrift) |
| AfD | Alternative für Deutschland |
| AGSG | Gesetz zur Ausführung der Sozialgesetze |
| AM-RL | Richtlinie des Gemeinsamen Bundesausschusses über die Verordnung von Arzneimitteln in der vertragsärztlichen Versorgung (Arzneimittel-Richtlinie) |
| AöR | Archiv des öffentlichen Rechts (Zeitschrift) |
| APSR | American Political Science Review (Zeitschrift) |
| APuZ | Aus Politik und Zeitgeschichte (Zeitschrift) |
| ARD | Arbeitsgemeinschaft der öffentlich-rechtlichen Rundfunkanstalten der Bundesrepublik Deutschland |
| B.J.Pol.S. | British Journal of Political Science (Zeitschrift) |
| BA | Bundesagentur/anstalt für Arbeit |
| BA | Bundesausschuss |
| BABl. | Bundesarbeitsblatt (Zeitschrift) |
| BAG | Bundesarbeitsgericht |
| BAGP | BundesArbeitsGemeinschaft der PatientInnenstellen |
| BauNVO | Baunutzungsverordnung |
| BaWü | Baden-Württemberg, baden-württembergisch |
| Bay | Bayern, bayerisch |
| BayHSchG | Bayerisches Hochschulgesetz |
| BayHSchPG | Gesetz über die Rechtsverhältnisse der Hochschullehrer und Hochschullehrerinnen sowie des weiteren wissenschaftlichen und künstlerischen Personals an den Hochschulen (Bayerisches Hochschulpersonalgesetz) |
| BayHwWahlO | Bayerische Wahlordnung für die Wahlen der Mitglieder der Vollversammlung der Handwerkskammern (Anlage C zu dem Gesetz zur Ordnung des Handwerks (Handwerksordnung)) |
| BayKommZG | Bayerisches Gesetz über die kommunale Zusammenarbeit |
| BayRG | Bayerisches Rundfunkgesetz |
| BayVBl. | Bayerische Verwaltungsblätter (Zeitschrift) |
| BetrVG | Betriebsverfassungsgesetz |
| BG | Die Berufsgenossenschaft (Zeitschrift) |
| BHE | Bund der Heimatvertriebenen |
| BKK | Zeitschrift der betrieblichen Krankenversicherung |
| BlStSozArbR | Blätter für Steuerrecht, Sozialversicherung und Arbeitsrecht (Zeitschrift) |
| BMV-Ä | Bundesmantelvertrag-Ärzte |
| BMV-Z | Bundesmantelvertrag-Zahnärzte |
| BP | Bayernpartei |
| Brdbg | Brandenburg, brandenburgisch |
| BSG | Bundessozialgericht |
| BT-Drs. | Bundestags-Drucksache |
| BWV | Bundeswehrverwaltung (Zeitschrift) |

| | |
|---|---|
| CDU | Christlich Demokratische Union |
| CSU | Christlich Soziale Union |
| | |
| DAR | Deutsches Autorecht (Zeitschrift) |
| DB | Der Betrieb (Zeitschrift) |
| DBR | Deutscher Behindertenrat |
| DGUV | Deutsche Gesetzliche Unfallversicherung e.V., Spitzenverband |
| DIN | Deutsches Institut für Normung e.V. |
| DKP | Deutsche Konservative Partei |
| DOK | Die Ortskrankenkasse (Zeitschrift) |
| DÖV | Die Öffentliche Verwaltung (Zeitschrift) |
| DP | Deutsche Partei |
| DRiZ | Deutsche Richterzeitung (Zeitschrift) |
| DRP | Deutsche Rechtspartei |
| DRS | Deutsche Rechnungslegungs Standards |
| DRSC | Deutsche Rechnungslegungs Standards Committee e.V. |
| DRV | Deutsche Rentenversicherung (Zeitschrift) |
| DVBl. | Deutsche Verwaltungsblätter (Zeitschrift) |
| DVO-JuSchG | Verordnung zur Durchführung des Jugendschutzgesetzes |
| | |
| EKV-Ä | Arzt-Ersatzkassen-Vertrag |
| EKV-Z | Ersatzkassenvertrag-Zahnärzte |
| EuGRZ | Europäische Grundrechte-Zeitschrift |
| | |
| FDP | Freie Demokratische Partei |
| FDV | Freie Deutsche Volkspartei |
| FFG | Filmförderungsgesetz |
| FG | Festgabe |
| FKH/R | Richtlinie des Gemeinsamen Bundesausschusses zur Fortbildung der Fachärztinnen und Fachärzte, der psychologischen Psychotherapeutinnen und Psychotherapeuten sowie der Kinder- und Jugendlichenpsychotherapeutinnen und -psychotherapeuten im Krankenhaus (Regelungen zur Fortbildung im Krankenhaus) |
| FS | Festschrift |
| | |
| GB | Gesamtdeutscher Block |
| G-BA | Gemeinsamer Bundesausschuss |
| GEKO | Gendiagnostik-Kommission |
| GemS-OBG | Gemeinsamer Senat der obersten Bundesgerichte |
| GenDG | Gesetz über genetische Untersuchungen bei Menschen (Gendiagnostikgesetz) |
| GesR | GesundheitsRecht (Zeitschrift) |
| GjS | Gesetz über die Verbreitung jugendgefährdender Schriften und Medieninhalte |
| GKG | Gesetz über kommunale Gemeinschaftsarbeit |
| GKV | Gesetzliche Krankenversicherung |
| GKZ/GkZ | Gesetz über kommunale Zusammenarbeit |
| GS | Gedächtnisschrift |
| | |
| h.Lit. | herrschender Literatur |
| h.M. | herrschenden Meinung |
| Hess | Hessen, hessisch |
| HStR | Handbuch des Staatsrechts der Bundesrepublik Deutschland |

| | |
|---|---|
| IFRS | International Financial Reporting Standards |
| IHK-G | Gesetz zur vorläufigen Regelung des Rechts der Industrie- und Handelskammern |
| IQWiG | Institut für Qualität und Wirtschaftlichkeit im Gesundheitswesen |
| JJb | Juristen-Jahrbuch (Zeitschrift) |
| JöR N.F. | Jahrbuch des öffentlichen Rechts der Gegenwart. Neue Folge (Zeitschrift) |
| JTP | Journal of Theoretical Politics (Zeitschrift) |
| JuS | Juristische Schulung (Zeitschrift) |
| JZ | JuristenZeitung (Zeitschrift) |
| KGG | Gesetz über kommunale Gemeinschaftsarbeit |
| KHEntgG | Gesetz über die Entgelte für voll- und teilstationäre Krankenhausleistungen (Krankenhausentgeltgesetz) |
| KHG | Gesetz zur wirtschaftlichen Sicherung der Krankenhäuser und zur Regelung der Krankenhauspflegesätze (Krankenhausfinanzierungsgesetz) |
| KJ | Kritische Justiz (Zeitschrift) |
| KommZG, KomZG | Gesetz über die kommunale Zusammenarbeit |
| KPD | Kommunistische Partei Deutschlands |
| KritV | Kritische Vierteljahresschrift für Gesetzgebung und Rechtswissenschaft (Zeitschrift) |
| KrV | Kranken- und Pflegeversicherung (Zeitschrift) |
| LFGB | Lebensmittel-, Bedarfsgegenstände- und Futtermittelgesetzbuch (Lebensmittel- und Futtermittelgesetzbuch) |
| LMuR | Lebensmittel und Recht (Zeitschrift) |
| LRE | Sammlung lebensmittelrechtlicher Entscheidungen |
| LSG | Landessozialgericht |
| LwKG | Landwirtschaftskammergesetz |
| m.w.N. | mit weiteren Nachweisen |
| MedR | Medizinrecht (Zeitschrift) |
| MLR | Modern Law Review (Zeitschrift) |
| ND | Neudruck |
| Nds | Niedersachsen, niedersächsisch |
| NuR | Natur und Recht (Zeitschrift) |
| NVwZ | Neue Zeitschrift für Verwaltungsrecht |
| NZS | Neue Zeitschrift für Sozialrecht |
| PDS | Partei des Demokratischen Sozialismus |
| PersV | Die Personalvertretung (Zeitschrift) |
| PSQ | Political Science Quarterly (Zeitschrift) |
| PVS | Politische Vierteljahresschrift (Zeitschrift) |
| RabelsZ | Rabels Zeitschrift für ausländisches und internationales Privatrecht |
| RdA | Recht der Arbeit (Zeitschrift) |
| Rheinl.-Pfalz | Rheinland-Pfalz, rheinland-pfälzisch |
| RsDE | Beiträge zum Recht der sozialen Dienste und Einrichtungen (Zeitschrift) |
| RVO | Reichsversicherungsordnung von 1911 |
| Saarl | Saarland, saarländisch |
| Sächs | Sachsen, sächsisch |

| | |
|---|---|
| SächsKomZG | Sächsisches Gesetz über kommunale Zusammenarbeit |
| Schl-Hol | Schleswig-Holstein, schleswig-holsteinisch |
| SDSRV | Schriftenreihe des Deutschen Sozialrechtsverbandes (Zeitschrift) |
| SGb | Die Sozialgerichtsbarkeit (Zeitschrift) |
| SGB | Sozialgesetzbuch |
| SozR | SozialRecht (Zeitschrift) |
| SozVers | Die Sozialversicherung (Zeitschrift) |
| SPD | Sozialdemokratische Partei Deutschlands |
| SRH | Sozialrechtshandbuch |
| SSW | Südschleswigscher Wählerverband |
| std. Rspr. | ständige Rechtsprechung |
| StWStP | Staatswissenschaften und Staatspraxis (Zeitschrift) |
| Thür | Thüringen, thüringisch |
| TVG | Tarifvertragsgesetz |
| UPR | Umwelt- und Planungsrecht (Zeitschrift) |
| VBlBW. | Verwaltungsblätter für Baden-Württemberg (Zeitschrift) |
| Ver.di | Vereinigte Dienstleistungsgewerkschaft |
| VerfO | Verfahrensordnung |
| VerwArch | Verwaltungsarchiv (Zeitschrift) |
| VOP | Verwaltung, Organisation, Personal (Zeitschrift) |
| VSSR | Vierteljahresschrift für Sozialrecht (Zeitschrift) |
| VVDStRL | Veröffentlichungen der Vereinigung der Deutschen Staatsrechtslehrer |
| WAV | Wirtschaftliche Aufbau-Vereinigung |
| WissR | Wissenschaftsrecht (Zeitschrift) |
| WzS | Wege zur Sozialversicherung (Zeitschrift) |
| ZBR | Zeitschrift für Beamtenrecht |
| ZDF | Zweites Deutsches Fernsehen |
| ZevKR | Zeitschrift für evangelisches Kirchenrecht |
| ZfS | Zentralblatt für Sozialversicherung, Sozialhilfe und Versorgung |
| ZG | Zeitschrift für Gesetzgebung |
| ZgS | Zeitschrift für die gesamte Staatswissenschaft |
| zit. | zitiert |
| ZLR | Zeitschrift für das gesamte Lebensmittelrecht |
| ZNR | Zeitschrift für Neuere Rechtsgeschichte |
| ZPol | Zeitschrift für Politikwissenschaft |
| ZRP | Zeitschrift für Rechtspolitik |
| ZSR | Zeitschrift für Sozialreform |

# Einleitung

Der Gedanke des Konsenses findet seinen Ursprung im Zivilrecht. Dort ist die konsensuale Einigung zweier Privatrechtssubjekte, die im Rahmen ihrer Privatautonomie erfolgt, die Grundlage für die Bewirkung von Rechtsfolgen für diese.[1] Trotzdem hat Konsens, wenn auch nicht als eine Willenseinigung im zivilrechtlichen Sinne, ebenso Einzug in Bereiche des Öffentlichen Rechts gefunden. So wird Konsens bei bestimmten Organisationseinheiten und Handlungsformen in Form einer Einigung mit Blick auf den Entscheidungsgegenstand und eines hiermit notwendigerweise einhergehenden Interessenausgleichs zumindest der Mehrheit der an jenen Beteiligten zur Voraussetzung für deren Funktionieren bzw. Wirksamwerden.[2] Konsens wird damit typischerweise bei interessenplural zusammengesetzten, gruppenpluralen Entscheidungsgremien zu einem wesentlichen Element der Entscheidungsfindung und zum Mittel eines strukturellen Interessenausgleichs. Das Erfordernis eines solchen Interessenausgleichs als Grundlage für die erfolgende hoheitliche Ausübung von Verwaltungstätigkeit ermöglicht nicht nur eine verstärkte Partizipation der Betroffenen an dieser, sondern trägt neben einer größeren Sachnähe und dem Ausgleich von Wissensdefiziten auch zu höherer Akzeptanz der getroffenen Entscheidung bei.[3] Die Formen konsensualer Entscheidungsfindung haben sich in der Vergangenheit in vielfältiger Weise ausgebildet und bestimmen mittlerweile den Verwaltungsalltag.

Trotzdem bleibt das Allgemeine Verwaltungsrecht dem traditionellen, obrigkeitsstaatlichen Denken des 19. Jahrhunderts verhaftet und spiegelt nach wie vor die Auffassung wider, nach welcher der Schwerpunkt staatlichen Handelns durch einseitige, imperative Handlungsformen sowie die Staatsorganisation in Anlehnung an die hierarchische Ministerialverwaltung im Sinne *Max Webers* zu erfolgen hat.[4] Das Allgemeine Verwaltungsrecht konzentriert sich so auf regulatori-

---

[1] *D. Medicus*, Allgemeiner Teil des BGB, § 29; *K. Larenz/M. Wolf*, Allgemeiner Teil des Bürgerlichen Rechts, § 29 Rn. 71 ff.; *H. Brox/W.-D. Walker*, Allgemeiner Teil des BGB, § 11; *H.-J. Musielak/W. Hau*, Grundkurs BGB, Rn. 183 ff.; *H.-P. Mansel*, in: *Jauernig/Stürner* (Hrsg.), Bürgerliches Gesetzbuch mit allgemeinem Gleichbehandlungsgesetz (Auszug), Vor. § 145 Rn. 2.

[2] Zur genaueren Definition von Konsens Kapitel 2 B.VI.1. Die organisatorisch-konsensuale Legitimation und 3. Voraussetzungen der organisatorisch-konsensualen Legitimation.

[3] *T. Würtenberger*, Akzeptanz, S. 98 ff.; *H. Hill*, JZ 1988, 377 ff.

[4] *W. Brohm*, VVDStRL 30 (1972), S. 245 ff. Auf diese Verschiebung der Dogmatik aufgrund sich ausdifferenzierender Verwaltungsorganisation hat bereits *E. Forsthoff*, Lehrbuch des Verwaltungsrechts, Bd. I, S. 439, hingewiesen. Aus der neueren Literatur z.B. *J.-P. Schneider*, in: *Schmidt-Aßmann/Hoffmann-Riem* (Hrsg.), Verwaltungsorganisationsrecht, S. 103 (106); *W. Krebs*, in: *Isensee/Kirchhof* (Hrsg.), HStR V, § 108 Rn. 16 ff.; *ders.*, in: *Schmidt-Aßmann/Hoffmann-Riem* (Hrsg.),

sche Steuerungsinstrumente und auf Entscheidungsprozesse, die hierarchisch vertikal und linear verlaufen. Der Einzug konsensualer Formen in die Dogmatik des Allgemeinen Verwaltungsrechts ist bislang weitgehend ausgeblieben oder er beschränkt sich auf eine schlichte Addition, ohne eine übergreifende Ordnungsidee zu verwirklichen. So stellt das Allgemeine Verwaltungsrecht nur begrenzt auf Konsens basierende Handlungs- und in noch begrenzterem Umfang derartige Organisationsformen zur Verfügung. Demgemäß ist es mit Blick auf diese konsensualen Organisations- und Handlungsformen von „dogmatische[r] Unterbilanz" geprägt[5] und erschöpft sich, wie am öffentlich-rechtlichen Vertrag deutlich wird, in der selektiven Anreicherung klassischer Organisationsstrukturen um Elemente des Konsenses.[6] Demgemäß vermag das Allgemeine Verwaltungsrecht der Bedeutung konsensualer Strukturen in der Verwaltungsrealität nicht gerecht zu werden. So sind konsensuale Organisations- und Handlungsformen nicht nur unterrepräsentiert, sondern auch Ausdruck für die Unvollständigkeit der verwaltungsrechtlichen Systembildung. Hierdurch droht dem Allgemeinen Verwaltungsrecht der Verlust seiner insbesondere aus der Speicherfunktion, der Orientierungsfunktion und der Funktion der Rechtsentwicklung abgeleiteten Bedeutung.

Dieser Bedeutungsverlust wird umso offenkundiger, als der Gedanke des Konsenses in Teilen des Besonderen Verwaltungsrechts stark ausgeprägt ist. So bestimmt er das ursprünglich von zivilgesellschaftlichen Akteuren beherrschte Recht der Sozialversicherungen und erhielt, vom Sozialgesetzgeber übernommen, Einzug in die Sozialgesetzgebung. Dort führte er zur Entwicklung und Ausgestaltung einer Vielzahl von konsensualen Organisations- und Handlungsformen, die das gesamte Sozialrecht durchziehen, wie dies beispielsweise mit den Sozialversicherungsträgern, dem G-BA und den von ihm erlassenen Richtlinien, aber auch mit der Vielzahl unterschiedlicher Kollektivverträge und Empfehlungen der Fall ist.

Gleichzeitig wurden diese konsensualen Organisations- und Handlungsformen jedoch vom Gesetzgeber im Zuge der Publifizierung und Ausgestaltung des Sozialrechts als Öffentliches Recht mit traditionell hierarchischen Organisations- und Handlungsformen vermengt, wodurch sich Fragen nach der dogmatischen Rückbindung an die allgemein bestehende verwaltungsrechtliche Dogmatik, aber auch nach rechtsstaatlich-demokratischer Legitimation ergeben. So werden beispielsweise die Sozialversicherungsträger, deren Entscheidungsgremien

---

Verwaltungsorganisationsrecht, S. 339 (340); *R. Pitschas*, a.a.O., S. 151 ff.; *M. Ruffert*, DÖV 1998, 897 ff.; *M. Schmidt-Preuß*, DÖV 2001, 45 ff.; *E. Schmidt-Aßmann*, Ordnungsidee, Fünftes Kapitel Rn. 5.

[5] *F. Ossenbühl*, DÖV 1971, 513 (515).

[6] Zur Notwendigkeit einer Fortbildung *W. Hoffmann-Riem*, DVBl. 1994, 1381 (1390); *H. Bauer*, Die Verwaltung 25 (1992), S. 301 (312), insbesondere im Hinblick auf komplexe Verträge vgl. *E. Schmidt-Aßmann*, in: *Hoffmann-Riem/Schmidt-Aßmann/Schuppert* (Hrsg.), Reform, S. 11 (59). Grundsätzliche Kritik dagegen noch bei *G. Püttner*, DVBl. 1982, 122 ff.; *J. Burmeister*, VVDStRL 52 (1993), S. 190 (222 ff.).

gruppenplural zusammengesetzt sind, als Körperschaften des öffentlichen Rechts mit Selbstverwaltung bezeichnet,[7] während sich mittlerweile der Gesetzgeber einer organisationsrechtlichen Bezeichnung des G-BA enthält und sich auf die Normierung seiner Rechtsfähigkeit beschränkt.[8] Beide Organisationseinheiten sind jedoch durch die herkömmlichen Kategorien, wie sie das Allgemeine Verwaltungsrecht mit seinen Organisationsformen bereithält, nicht zu erfassen.

Unterdessen werden die Sozialversicherungsträger durch den Ausweis als Selbstverwaltungseinheiten der „Sozialen Selbstverwaltung" zugerechnet,[9] wie auch der G-BA zur „Gemeinsamen Selbstverwaltung"[10] gezählt wird, obgleich eine Einordnung als Selbstverwaltungseinheit im Sinne des Allgemeinen Verwaltungsrechts Zweifeln unterliegt, da durch diese insbesondere keine reine Betroffenenbeteiligung verwirklicht wird und die Sozialversicherungsträger einer umfassenden normativen Determination unterliegen, was deren Entscheidungsspielraum stark begrenzt.[11]

Gleiches gilt für die konsensualen Handlungsformen im Sozialrecht. So wurden ursprünglich aus dem Zivilrecht stammende Handlungsformen wie die Kollektivverträge publifiziert und zugleich mit Bindungswirkung gegenüber Dritten versehen.[12] Ebenfalls mit normativer Wirkung ausgestattet wurden Empfehlungen.[13] Diese Handlungsformen bereiten im Hinblick auf die Einordnung in die dem Allgemeinen Verwaltungsrecht bekannten Kategorien der öffentlich-rechtlichen Verträge sowie der Empfehlungen, aber auch der anerkannten exekutiven Normsetzungsformen Schwierigkeiten.

---

[7] § 367 Abs. 1 SGB III, § 29 Abs. 1 SGB IV sowie nochmals für die Krankenkassen in § 4 Abs. 1 SGB V und für die Pflegekassen in § 46 Abs. 2 Satz 1 SGB XI. Vgl. auch Art. 87 Abs. 2 Satz 1 GG.

[8] § 91 Abs. 1 Satz 2 SGB V.

[9] §§ 367 Abs. 1 SGB III, 29 Abs. 1 SGB IV, sowie nochmals für die Krankenkassen in § 4 Abs. 1 SGB V, und für die Pflegekassen in § 46 Abs. 2 Satz 1 SGB XI; aus der Vielzahl der Literatur *H. Bethge*, VSSR 1980, 237 ff.; *W. Weber*, SDSRV 1 (1966), S. 27 ff.; *W. Wertenbruch*, SGb 1975, 261 ff.; *ders.*, in: FS Peters 1965, S. 203 ff.; *F.E. Schnapp*, in: FS Ipsen 2000, S. 807 (823 ff.); *ders.*, StWStP 1998, 149 ff.; *ders.*, in: *v. Mutius* (Hrsg.), FG Unruh 1983, S. 881 ff.; *ders.*, VSSR 2006, 191 ff.; *ders.*, Die Sozialgerichtsbarkeit 1996, 621 ff.; *F. Hufen*, SDSRV 34 (1991), S. 43 ff.; *R. Hendler*, SDSRV 34 (1991), S. 65 ff.; *M.-E. Geis*, in: *Schnapp* (Hrsg.), Funktionale Selbstverwaltung, S. 65 ff.; *P. Axer*, Die Verwaltung 35 (2002), S. 377 ff.; *F. Welti*, VSSR 2006, 133 ff.; *O. Seewald*, SGb 2006, 569 ff.; *F. Ruland*, VSSR 2006, 157 ff.; *ders.*, DRV 1993, 684 (692); *H. Reiter*, DRV 1993, 657 (659 f.); *W. Adamy*, VSSR 2006, 175 ff.

[10] Zum Begriff der „Gemeinsamen Selbstverwaltung" BSGE 5, 50 (51 f.); 11, 102 (105); 78, 70 (79); 81, 73 (82); *B. Schulin*, in: *ders.* (Hrsg.), Handbuch des Sozialversicherungsrechts, Bd. 1, § 6 Rn. 97; *H. Bogs*, Die Sozialversicherung im Staat der Gegenwart, S. 250; *P. Axer*, in: FS BSG 2004, S. 339 (340); *ders.*, in: *Schnapp* (Hrsg.), Funktionale Selbstverwaltung, S. 115; *U. Becker*, in: *Münsterische Sozialrechtsvereinigung e.V.* (Hrsg.), 7. Münsterische Sozialrechtstagung, S. 122 (125 ff.); *A. Hänlein*, Rechtsquellen, S. 347; *R. Francke*, in: FS Schefold 2001, S. 29 f.; ebenfalls die Einordnung zur Selbstverwaltung vornehmend *M. Andreas*, Die Bundesausschüsse, S. 37; der von *G. Küchenhoff*, in: FS Weber 1974, S. 833 ff., geprägte Begriff der „gemeinsamen Selbstgestaltung" hat sich nicht durchgesetzt.

[11] Z.B. *F.E. Schnapp*, in: FS Ipsen 2000, S. 807 ff.; *ders.*, in: *v. Mutius* (Hrsg.), FG Unruh 1983, S. 881 ff.; *ders.*, Die Sozialgerichtsbarkeit 1996, 621 ff.; *P. Axer*, Die Verwaltung 35 (2002), S. 377 ff.

[12] Dazu Kapitel 4 A. II. 1. Die Bundesmantelverträge.

[13] § 115a Abs. 3 Satz 3 SGB V.

Darüber hinaus ist die verfassungsrechtliche Zulässigkeit solcher Organisations- und Handlungsformen nicht geklärt. So gilt das Regelungssystem der gesetzlichen Krankenversicherung als „recht diffuses Bild verbändestaatlicher, ja ständestaatlicher Gesetzgebung", bei dem „[d]er demokratie- und rechtsstaatliche Gesetzesvorbehalt [...] stellenweise als „Phantombilder aus einer anderen Welt"" erscheinen.[14] In der Tat werfen diese Organisations- und Handlungsformen eine Vielzahl verfassungsrechtlicher Fragen auf.[15] Demgemäß besteht nicht nur im Hinblick auf die Handlungsformen das Problem, inwieweit mit den anerkannten Rechtsverordnungen, Satzungen und Verwaltungsvorschriften ein *Numerus clausus* exekutiver Normsetzungsformen existiert, im Zuge dessen die verfassungsrechtlichen Determinanten zu untersuchen sind. Vielmehr vermögen auch die bislang vertretenen Theorien demokratischer Legitimation bei diesen gruppenpluralen Entscheidungsgremien nicht zu greifen. So ist weder eine demokratische Legitimation nach der klassischen Legitimationstheorie mangels ununterbrochener Legitimationskette und Weisungsabhängigkeit möglich, noch vermag die Konstruktion über Teilvölker bzw. die autonome oder die mitgliedschaftlich-partizipatorische demokratische Legitimation bei diesen gruppenpluralen Entscheidungsstrukturen zu überzeugen, weshalb ein Teil der Literatur auch von einem demokratischen Defizit ausgeht.[16]

Zu diesen verwaltungsdogmatischen und verfassungsrechtlichen Fragestellungen tritt mit dem vordringlich im Sozialrecht erfolgenden Einbezug von Privatrechtssubjekten in die hoheitliche Aufgabenerfüllung ein weiteres Phänomen, das die Dogmatik des Allgemeinen Verwaltungsrechts herausfordert: So sind an einigen Kollektivverträgen mit Drittwirkung, die für sich selbst genommen schon dogmatische Probleme aufwerfen, Privatrechtssubjekte beteiligt, wie z.B. die Träger der ambulanten oder stationären Pflegeeinrichtungen bzw. der Landeskrankenhausgesellschaften bzgl. der vereinbarten Rahmenverträge in der sozialen Pflegeversicherung,[17] den Kollektivverträgen in der gesetzlichen Krankenversicherung[18] und den Empfehlungen nach § 115a Abs. 3 Satz 3 SGB V. Dabei

---

[14] *H.-J. Papier*, VSSR 1990, 123 (136 f.).

[15] Zur Sonderstellung des Sozialrechts mit Blick auf Normsetzungsformen auch *O. Lepsius*, VSSR 1998, 95 (102 ff.).

[16] So z.B. *H. Sodan*, NZS 2000, 581 (584); *P. Axer*, in: *Schnapp* (Hrsg.), Funktionale Selbstverwaltung, S. 115 (135); *F. Ossenbühl*, NZS 1997, 497 (502), zugleich *ders.*, in: *Schnapp* (Hrsg.), Rechtsquellen, S. 65 (81); *M. Plantholz*, SGb 1997, 549 (553); *S. Muckel*, NZS 2002, 118 (124), noch zum Bundesausschuss der Ärzte und Krankenkassen; *P. Axer*, in: FS BSG 2004, S. 339 (356), noch zum G-BA vor dem GKV-Wettbewerbsstärkungsgesetz.

[17] § 75 Abs. 1 SGB XI, dazu Kapitel 4 A.II.4.b. Rahmenverträge in der sozialen Pflegeversicherung. Den Versorgungsverträgen nach § 72 Abs. 2 Satz 1 SGB XI kommt in Ermangelung einer abstrakten Regelung lediglich die Wirkung einer Allgemeinverfügung zu, dazu Kapitel 4 A.II.6.b. Der Versorgungsvertrag in der sozialen Pflegeversicherung.

[18] §§ 112 Abs. 1, 115 Abs. 1, 115a Abs. 3, 115b Abs. 1 SGB V, dazu Kapitel 4 A.II.5.a. Kollektivverträge in der gesetzlichen Krankenversicherung. Den Versorgungsverträgen nach §§ 108 Nr. 3, 109 Abs. 1 SGB V kommt in Ermangelung einer abstrakten Regelung lediglich die Wirkung einer Allgemeinverfügung zu, dazu Kapitel 4 A.II.6.a. Der Versorgungsvertrag in der gesetzlichen Krankenversicherung.

sind in den Krankenhausgesellschaften nicht nur Verwaltungsträger, sondern auch Privatrechtssubjekte zusammengeschlossen, so dass es sich bei diesen um gemischt-publizistische Vereinigungen des Privatrechts handelt und sie daher wie Privatrechtssubjekte zu behandeln sind.[19] Durch diesen Einbezug von Privatrechtssubjekten in die Normsetzung wird die grundlegende Frage aufgeworfen, ob und unter welchen Voraussetzungen Privatrechtssubjekte mit Normsetzung betraut werden können, insbesondere inwiefern verfassungsrechtliche Vorgaben dem Grundgesetz zu entnehmen und welche Anforderungen an die demokratische Legitimation dieser Normsetzung zu stellen sind. Sollte man diese Fragen bejahen, so ist weiter zu klären, durch welche dogmatische Rechtsfigur dieser Einbezug Privater erfasst wird, insbesondere ob diese Form des Einbezugs noch unter den Beleihungstatbestand des Allgemeinen Verwaltungsrechts zu fassen ist.[20]

Daneben kennt das Sozialrecht noch Formen wie den „Vertragshelfer", der ebenfalls einer dogmatischen Rückbindung an das Allgemeine Verwaltungsrecht harrt.[21]

So zeigt sich bereits aufgrund dieser überblicksartigen Darstellung, dass das Sozialrecht bislang in vielen Bereichen ein von der Dogmatik des Allgemeinen Verwaltungsrechts losgelöstes und von anderen Rechtsgebieten weitgehend abgeschottetes Eigenleben geführt und dabei aufgrund historischer Gegebenheiten besondere Bereichsdogmatiken ausgebildet hat, die durch die Publifizierung der Organisations- und Handlungsformen verstärkt wurden und deren dogmatische Rückbindung an das Allgemeine Verwaltungsrecht nicht bzw. nur sehr eingeschränkt erfolgt.[22]

Dementsprechend stellen die Entwicklungen im Sozialrecht nicht nur die Dogmatik des Sozialrechts selbst, sondern insbesondere auch diejenige des Allgemeinen Verwaltungsrechts vor neue Herausforderungen. Denn die vom Allgemeinen Verwaltungsrecht bereitgehaltenen und gerade mit Blick auf die konsensuale Ausrichtung von dogmatischer Unterbilanz geprägten Organisations- und Handlungsformen, insbesondere derjenigen der Organisationstypen, der Selbstverwaltung, des Einbezugs Privater in Form der Beleihung oder des öffentlich-rechtlichen Vertrags reichen nicht aus, um die Phänomenologie des Sozialrechts dogmatisch einzufangen. Hierdurch bleibt nicht nur die Sonderstellung des Sozialrechts innerhalb des Verwaltungsrechts bestehen, sondern es wird auch die

---

[19] Dazu *D. Ehlers*, Verwaltung in Privatrechtsform, S. 9; *I. Ebsen*, in: *Schulin* (Hrsg.), Handbuch des Sozialversicherungsrechts, Bd. 1, § 7 Rn. 41 ff.

[20] So z.B. *P. Axer*, Normsetzung, S. 33 ff.; *B.B. Wiegand*, Beleihung, passim; *T. Rompf*, VSSR 2004, 281 (285); ablehnend dagegen z.B. *R. Wimmer*, MedR 1996, 425 (428); *U. Steiner*, in: FS Koja 1998, S. 603 (604); *F. Ossenbühl*, in: *Isensee/Kirchhof* (Hrsg.), HStR V, § 103 Rn. 36; *H.J. Wolff/ O. Bachof/R. Stober u.a.*, Verwaltungsrecht, Bd. 3, § 90 Rn. 18; *M. Burgi*, in: *Isensee/Kirchhof* (Hrsg.), HStR IV, § 75 Rn. 33; *K. Rennert*, JZ 2009, 976 ff.

[21] § 132a Abs. 2 Satz 7 SGB V; dazu auch BSG, Urt. v. 25.11.2010, B 3 KR 1/10 R, Rn. 16, 24, 26, sowie die Ausführungen unter Kapitel 5 A. II. 3. Die Übertragung von Vertragsergänzungsbefugnissen: der „Vertragshelfer".

[22] Dazu *T. Kingreen/S. Rixen*, DÖV 2008, 741 ff.

Speicher- und Orientierungsfunktion und so die Allgemeingültigkeit des Allgemeinen Verwaltungsrechts in Zweifel gezogen. Damit wird auch die „Einheit der Verwaltung“ durch die Zunahme an Komplexität und Unübersichtlichkeit des Rechts in Frage gestellt. Insoweit gilt die Aussage von *Georg Wannagat* nach wie vor, dass „[e]in Verwaltungsrecht, das nicht angereichert und konkretisiert wird an Beispielen und Problemen aus dem Sozialrecht und diese Materie vernachlässigt, [...] nicht den Anspruch erheben [kann], das Verwaltungsrecht unseres sozialen Rechtsstaates zu sein.“[23]

Die drängende Problematik um konsensuale Organisations- und Handlungsformen spiegelt der Stand der Literatur wider.[24] Ebenfalls erfahren die Rechtsquellen im Gesundheitswesen wie auch insbesondere konsensuale Normsetzungsformen erhöhte Aufmerksamkeit.[25] Allerdings erfolgt der Blick hierbei zumeist auf die Phänomenologie der Bereichsdogmatik, ohne eine Rückbindung an das Allgemeine Verwaltungsrecht zu bezwecken. Ziel der vorliegenden Arbeit ist daher, dieses Forschungsdesiderat zu schließen und das Sozialrecht als Referenzgebiet für die Fortbildung des Allgemeinen Verwaltungsrechts zu aktivieren und so der Segmentierung des Verwaltungsrechts in Bereichsdogmatiken wie auch dem Verlust der Ordnungsfunktion des Allgemeinen Verwaltungsrechts entgegenzuwirken. Hierzu werden ausgewählte konsensuale Organisations- und Handlungsformen des Sozialrechts an den Kategorien des klassischen Allgemeinen Verwaltungsrechts gemessen und diese auf ihre Rezeptionsoffenheit und Innovationsfähigkeit hin untersucht. Dabei besteht die Aufgabe darin, auszuloten, ob und in welcher Form unter Beibehaltung der überkommenen hierarchischen Organisations- und Handlungsformen deren System unter Einbezug weiterer Referenzgebiete ausdifferenziert oder neu klassifiziert werden kann. Hierdurch soll das System des Allgemeinen Verwaltungsrechts um das Konzept des Konsenses angereichert und so einerseits die Anschlussfähigkeit des Sozialrechts an die Dogmatik des Allgemeinen Verwaltungsrechts hergestellt werden, während andererseits die Dogmatik des Allgemeinen Verwaltungsrechts an Erscheinungen in Bereichen des Besonderen Verwaltungsrechts, insbesondere des Sozialrechts angepasst und damit dessen Bedeutung als Allgemeiner Teil wiederhergestellt werden soll, was zur Übersichtlichkeit des Verwaltungsrechts beiträgt.

Demgemäß wird das Sozialrecht aufgrund seines hergebrachten Bestandes und seiner neueren Entwicklungen zur Erklärung von Phänomenen des Allgemeinen Verwaltungsrechts und so zur Fortbildung allgemeiner Dogmatik herangezo-

---

[23] *G. Wannagat*, in: FS Schieckel 1978, S. 347 (355).

[24] Z.B. *F. Becker*, Kooperative und konsensuale Strukturen in der Normsetzung, passim; *L. Michael*, Rechtssetzende Gewalt im kooperierenden Verfassungsstaat, passim; *I. Lamb*, Kooperative Gesetzeskonkretisierung, passim; *M. Jestaedt*, Demokratieprinzip, passim; *T. Groß*, Kollegialprinzip, passim; *E.-H. Ritter*, AöR 104 (1979), S. 389 ff.; *J.-P. Schneider*, VerwArch 87 (1996), S. 38 ff.

[25] Z.B. *D. Boerner*, Normenverträge im Gesundheitswesen, passim; *A. Hänlein*, Rechtsquellen, passim; *Schuler-Harms* (Hrsg.), Konsensuale Handlungsformen, passim.

gen,[26] um die dogmatische Unterbilanz des Allgemeinen Verwaltungsrechts insbesondere mit Blick auf konsensuale Organisations- und Handlungsformen wenn nicht auszugleichen, so doch zumindest abzumildern.

Hierzu werden auch Organisations- und Handlungsformen anderer Rechtsgebiete herangezogen, wie das Kommunalrecht, das Hochschulrecht, das Wirtschaftsrecht, das Rundfunkrecht, das Medienrecht, das Recht der Filmförderung, das Jugendschutzrecht, das Lebensmittelrecht, das Gentechnikrecht und auch das Bauplanungsrecht.

Durch einen solchen Vergleich des Sozialrechts mit anderen, ausgesuchten Referenzgebieten können Entwicklungen des Verwaltungsrechts beobachtet und durch die bestehenden Institute des Allgemeinen Verwaltungsrechts erfasst oder diese im Hinblick auf die beobachteten Veränderungen ausgeweitet und so diese Phänomene dogmatisch rückgebunden werden, wodurch dem Allgemeinen Verwaltungsrecht seine Speicherfunktion und damit seine Bedeutung für das Verwaltungsrecht insgesamt erhalten werden kann.

Voraussetzung für diese Fortbildung ist allerdings die Anschlussfähigkeit der sozialrechtlichen Konzepte an das Allgemeine Verwaltungsrecht, was zum einen deren verfassungsrechtliche Zulässigkeit erfordert und zum anderen eines Abgleichs über deren Bestehen oder zumindest Verwendungsfähigkeit in anderen Bereichen des Besonderen Verwaltungsrechts bedarf. Hierzu ist neben einem eventuell bestehenden *Numerus Clausus* auch die demokratische Legitimierbarkeit der Organisations- und Handlungsformen von besonderem Interesse, insbesondere inwieweit das traditionelle Legitimationsmodell, das bereits im Hinblick auf die Begründung demokratischer Legitimation von Formen funktionaler Selbstverwaltung zweifelhaft geworden ist, tragfähig ist bzw. Möglichkeiten der Weiterentwicklung bestehen.

Die vorliegende Untersuchung gliedert sich in eine Einleitung und fünf Kapitel sowie eine Zusammenfassung der wichtigsten Ergebnisse in Thesen. In der Einleitung werden der Problemaufriss, der Untersuchungsgegenstand und das Erkenntnisinteresse sowie die Vorgehensweise dargelegt. Das erste Kapitel enthält bezogen auf den weiteren Gang der Untersuchung grundlegende Ausführungen zum System und zur Systembildung, sowohl im Allgemeinen Verwaltungsrecht als auch im Sozialrecht, stellt diesbezüglich beide Rechtsgebiete einander gegenüber und dient als Grundlage für den weiteren methodischen Zugriff der Arbeit. Hieran schließen sich demokratietheoretische Überlegungen an (Kapitel 2). Dabei werden ausgehend vom klassischen Legitimationskonzept dessen Grenzen aufgezeigt sowie die Ansätze in Rechtsprechung und Literatur zur Behebung dieser Restriktionen einer kritischen Würdigung unterzogen, ehe ein eigener Ansatz zur demokratischen Legitimation konsensualer Organisations- und Handlungsformen unterbreitet wird. Als Schwerpunkt der Arbeit werden die Organisationsformen des Sozialrechts, insbesondere mit den Sozialversicherungsträgern diejenigen der „Sozialen Selbstverwaltung" sowie mit dem G-

---

[26] *U. Becker*, in: *ders.* (Hrsg.), Rechtsdogmatik, S. 11 (30).

BA die der „Gemeinsamen Selbstverwaltung“ – ausgehend vom Konzept der Selbstverwaltung des Allgemeinen Verwaltungsrechts – auf deren Anschlussfähigkeit hin untersucht und Möglichkeiten der dogmatischen Einordnung unter Einbezug weiterer Rechtsgebiete, wie des Kommunalrechts, des Rechts der funktionalen Selbstverwaltung, des Hochschul-, Wirtschafts-, Rundfunk-, Medien-, Jugendschutz-, Lebensmittel- und Gentechnikrechts sowie des Rechts der Filmförderung ausgelotet (Kapitel 3). Dabei liegt der Fokus der Untersuchung neben dieser Einordnung auf den Organisationstypen sowie der demokratischen Legitimationsmöglichkeit. Gleiches erfolgt mit den Handlungsformen, wobei der Schwerpunkt der Untersuchung auf den mit Normwirkung ausgestatteten Kollektivverträgen sowie den Empfehlungen liegt und ein Abgleich mit konsensualen Normsetzungsformen in anderen Rechtsgebieten, wie dem des Kommunalrechts, der Filmförderung, der Weinwirtschaft sowie des Gentechnikrechts, und mit zivilrechtlichen Normsetzungsformen erfolgt (Kapitel 4). Auch hierbei liegt ein Schwerpunkt auf der demokratischen Legitimierbarkeit dieser Handlungsformen. Im 5. Kapitel wird ausgehend vom Rechtsinstitut der Beleihung der konsensuale Einbezug Privater in die Verwaltungstätigkeit durch Organisations- und Handlungsformen, insbesondere bei der Normsetzung, behandelt sowie ein Abgleich mit den Rechtsgebieten des Kommunal- und Bauplanungsrechts wie auch des Zivilrechts angestellt, ehe im letzten Kapitel die gewonnenen Ergebnisse in Thesenform zusammenfassend dargestellt werden.

*Kapitel 1*

# Überlegungen zu System und Systembildung

Zu den verselbständigten und vom übrigen Besonderen Verwaltungsrecht weitgehend eigenständigen Rechtsgebieten gehört das Sozialrecht. Dieses hat zwar seine Wurzeln im privatrechtlichen Bereich, trotzdem erhebt es insbesondere aufgrund der Organisations- und Handlungsformen sowie des hoheitlichen Auftrags, den es zu erfüllen hat, den Anspruch, dem Öffentlichen Recht im Allgemeinen und dem Besonderen Verwaltungsrecht im Speziellen anzugehören.[1] Diese Verortung hat auch der Gesetzgeber im Blick, was er durch die umfangreiche Normierung der Sozialgesetzgebung zum Ausdruck bringt, im Zuge derer er z.B. das Verwaltungsverfahrensrecht im SGB X kodifiziert und dieses ganz bewusst an das VwVfG anlehnt. Obgleich es sich beim Sozialrecht um Besonderes Verwaltungsrecht handelt, führt es in bemerkenswerter Weise ein Eigenleben und Dasein neben der allgemein anerkannten Dogmatik und ohne die ansonsten dem Besonderen Verwaltungsrecht eigenen Rückbindungen an das Allgemeine Verwaltungsrecht. Diese Sonderentwicklung wird u.a. verstärkt durch die Errichtung einer eigenen Gerichtsbarkeit, wie sie mit der Sozialgerichtsbarkeit erfolgte, und auch der Gesetzgebung, wie etwa die eben angesprochene Normierung eines eigenen Verwaltungsverfahrensgesetzes für die Sozialverwaltung verdeutlicht.

So verwundert es nicht, wenn bislang eine nähere Betrachtung des Sozialrechts als Referenzgebiet unterblieben ist, obgleich das Recht der Armenfürsorge und des Anstaltsrechts nicht nur besondere Praxisrelevanz auszeichnet,[2] sondern das Sozialrecht als Recht des wohlfahrtsstaatlichen Verwaltens in besonderem Maße von den Grundsätzen der Leistungsverwaltung geprägt ist und sich dort insbesondere konsensuale Rechtsfiguren, wie die gruppenplurale Verwaltung im Rahmen der „Sozialen Selbstverwaltung“ und der „Gemeinsamen Selbstverwaltung“, die Handlungsformen in Gestalt von öffentlich-rechtlichen Verträgen und Empfehlungen mit Bindungswirkung auch gegenüber Dritten, sowie dem Einbezug von Privatrechtssubjekten in verschiedener Form, entwickelt haben, die im Allgemeinen Teil bislang nicht oder nur sehr selektiv zur Kenntnis genommen wurden, obgleich sich auch im Allgemeinen Verwaltungsrecht seit Jahrzehnten durch die Verlagerung des Schwerpunktes auf die leistende Verwaltungstätigkeit wie auch durch die Herausbildung gruppenpluraler Organisationseinheiten be-

[1] *H.F. Zacher*, in: *Peters* (Hrsg.), Sozialrecht und Sozialpolitik, S. 29 ff.

[2] *T. Kingreen/S. Rixen*, DÖV 2008, 741 (745 ff.); *T. v. Danwitz*, Verwaltungsrechtliches System, S. 60.

sonderer Bedarf für die Aufarbeitung derartiger Phänomene ergibt.[3] So zeichnen sich Parallelentwicklungen der Dogmatiken ab, indem Entwicklungen bereits im Sozialrecht vorweggenommen wurden, die für diejenige des Allgemeinen Verwaltungsrechts befruchtend wirken können.[4]

Bevor jedoch die einzelnen Erscheinungsformen auf ihre Anschlussfähigkeit und ihr Innovationspotential hin untersucht werden, soll im Folgenden als Grundlegung der weiteren Ausführungen eine im Vergleich zur bestehenden Literaturfülle kurze Abhandlung zur Systematik des Verwaltungsrechts und Sozialrechts erfolgen. Diese hat nicht den Anspruch, eine vollständige Untersuchung der Systembildung und seiner Elemente zu leisten. Vielmehr konzentrieren sich die nachfolgenden Ausführungen neben allgemeinen, wo diese angebracht erscheinen, insbesondere auf diejenigen Aspekte, welche für die weitere Untersuchung Bedeutung erlangen werden. Als Ausgangspunkt behandelt wird die (A.) grundsätzliche Unterscheidung zwischen Allgemeinem und Besonderem Verwaltungsrecht, das (B.) Verhältnis dieser beiden Teile zueinander sowie das (C.) System und die Systembildung im Verwaltungsrecht und im Sozialrecht, ehe (D.) alte und neue Herausforderungen der Verwaltungsrechtssystematik behandelt und hieraus (E.) Folgerungen auch für die Erschließung neuer Referenz- und Rezeptionsgebiete, insbesondere dem Sozialrecht abgeleitet werden (F.).

## A. Ausgangspunkt: Grundsätzliche Unterscheidung zwischen Allgemeinem und Besonderem Verwaltungsrecht

### *I. Systematisierung nach dem Regelungsgegenstand*

Anknüpfend an die deutsche Rechtstradition wird auch im Verwaltungsrecht zwischen einem Allgemeinen und einem Besonderen Teil unterschieden.[5] Dabei sind „Allgemeines" und „Besonderes" Verwaltungsrecht rechtswissenschaftliche Begriffe, die der Unterteilung und Systematisierung der Rechtsmasse dienen.[6] Die Einteilung ist hierbei eine „sehr grobe und unvollkommene" und verharrt zuweilen auf der Ebene des äußeren Systems.[7]

Die gängige grundsätzliche Unterscheidung knüpft an den Regelungsgegenstand an.[8] So beinhaltet das Allgemeine Verwaltungsrecht diejenigen Prinzipien,

[3] Für eine Fruchtbarmachung des Sozialrechts als Referenzgebiet auch *E. Schmidt-Aßmann*, Ordnungsidee, Drittes Kapitel Rn. 23 ff.; *T. Kingreen/S. Rixen*, DÖV 2008, 741 ff.

[4] *T. Kingreen/S. Rixen*, DÖV 2008, 741 ff.

[5] *J. Ipsen*, Allgemeines Verwaltungsrecht, Rn. 56; *H.J. Wolff/O. Bachof/R. Stober u.a.*, Verwaltungsrecht, Bd. 1, § 21 Rn. 5 ff.

[6] *J. Ipsen*, Allgemeines Verwaltungsrecht, Rn. 57; *H. Maurer*, Allgemeines Verwaltungsrecht, § 3 Rn. 2.

[7] *O. Bachof*, VVDStRL 30 (1972), S. 321 (359). Zum Begriff des äußeren und inneren Systems *K. Larenz/K.-W. Canaris*, Methodenlehre, S. 263 ff.; 302 ff.

[8] *U. Battis*, Allgemeines Verwaltungsrecht, S. 24; *H. Maurer*, Allgemeines Verwaltungsrecht, § 3 Rn. 2.

Verfassungsbestimmungen, Gesetze, Rechtsgrundsätze, Rechtsinstitute und Begriffe, die für alle Bereiche des Verwaltungsrechts Geltung beanspruchen, sofern keine spezialgesetzlichen Modifizierungen bestehen.[9] Es ist jedoch „keine bloße Propädeutik, sondern eine in sich geschlossene Darstellung von Problemen, welche zwar im Verhältnis zu den Einzelgebieten der Verwaltung allgemeiner Natur sind, für sich allein betrachtet jedoch dieselbe Entwicklung vom Allgemeinsten bis zum Speziellsten zulassen und erheischen, wie alle sonstigen Probleme der Rechts- und Staatswissenschaften."[10] Das Allgemeine Verwaltungsrecht ist das Produkt der Gesamtleistung von Verwaltungsgerichten und der Verwaltungsrechtswissenschaft und seit 1976 mit dem Erlass der Verwaltungsverfahrensgesetze von Bund und Ländern auch des Gesetzgebers,[11] wobei es sich nicht in dieser Kodifikation erschöpft, sondern sich aus einer Vielzahl von geschriebenen und ungeschriebenen Regelungen zusammensetzt.[12] Es umfasst die grundlegenden Regeln, Begriffe, Institute und Prinzipien des Verwaltungsrechts, wie die Lehre von den Rechtsquellen, die Lehre von der Verwaltungsorganisation und den Handlungsformen, das Verwaltungsverfahren wie auch die Grundsätze über den Einbezug Privater in das Verwaltungshandeln.[13] Bei den Handlungsformen liegt bislang noch ein Schwergewicht auf den einseitigen Handlungsinstrumentarien des Verwaltungsakts, der exekutivischen Normsetzung und dem Realakt, während konsensuale Handlungsformen erst und allein mit dem Verwaltungsvertrag aufgegriffen wurden. Dabei ist nicht jede Norm des Allgemeinen Teils von grundsätzlicher Bedeutung.[14] Daher kann zwischen einem Allgemeinen Teil im Sinne von Regelungen, die für das gesamte Besondere Verwaltungsrecht gelten, und allgemeinen Lehren im systematischen Sinn differenziert werden.[15] Aufgrund der Vielgestaltigkeit der verwaltungsrechtlichen Materien, der unterschiedlichen Gesetzgebungskompetenzen sowie des ständigen Wandels, dem die

[9] *U. Battis*, Allgemeines Verwaltungsrecht, S. 25; *H. Maurer*, Allgemeines Verwaltungsrecht, § 3 Rn. 2; *E. Schmidt-Aßmann*, Die Verwaltung 27 (1994), S. 137; *P. Badura*, Das Verwaltungsrecht des liberalen Rechtsstaates, S. 9.

[10] *L. Spiegel*, Die Verwaltungsrechtswissenschaft, S. 54 f.

[11] *H. Maurer*, Allgemeines Verwaltungsrecht, § 3 Rn. 2; *E. Schmidt-Aßmann*, Die Verwaltung 27 (1994), S. 137. Zur Bedeutung der drei Gewalten für die Systembildung C.II. Die Akteure der Systembildung.

[12] *U. Battis*, Allgemeines Verwaltungsrecht, S. 24; *P. Häberle*, BayVBl. 1977, 745 (748).

[13] Ebenso behandelt werden die Gesetzmäßigkeit der Verwaltung einschließlich der administrativen Gesetzesanwendung, die Bindung und Gestaltungsfreiheit der Verwaltung, die Lehre vom Verwaltungsrechtsverhältnis, die Elemente und Standards des Allgemeinen Verwaltungsrechts, das Verwaltungsvollstreckungsrecht, das Recht der öffentlichen Sachen, das Staatshaftungsrecht und die Grundlagen des Verwaltungsprozessrechts; *U. Battis*, Allgemeines Verwaltungsrecht, S. 24; *H.P. Bull/V. Mehde*, Verwaltungsrecht, Rn. 60; *D. Ehlers*, in: *Erichsen/Ehlers* (Hrsg.), Allgemeines Verwaltungsrecht, § 3 Rn. 7; *E. Schmidt-Aßmann*, Die Verwaltung 27 (1994), S. 137 (138); *S. Storr/R. Schröder*, Allgemeines Verwaltungsrecht, Rn. 28.

[14] So werden rechtstechnische Einzelheiten, wie Fristenregelungen, aus Gründen der Vereinfachung ebenfalls vor die Klammer gezogen, *T. Groß*, Die Verwaltung, Beiheft 2 (1999), S. 57 (70); *K. Larenz/K.-W. Canaris*, Methodenlehre, S. 316; *K. Stern*, JZ 1962, 265 (267).

[15] *T. Groß*, Die Verwaltung, Beiheft 2 (1999), S. 57 (70).

Materie des Verwaltungsrechts unterzogen ist, ist eine abschließende Kodifikation aus tatsächlichen und rechtlichen Gründen nicht möglich.[16]

Der Gegenstand des Allgemeinen Verwaltungsrechts lässt sich jedoch besser in seinem Gegensatz zum Besonderen Verwaltungsrecht umgrenzen. Das Besondere Verwaltungsrecht ist das Recht der einzelnen Verwaltungsrechtszweige und Sachmaterien bzw. Tätigkeitsbereiche der Verwaltung.[17] Dieses wird zumeist in Spezialgesetzen normiert und bestimmten Ressorts zugeordnet. Hierzu gehören u.a. das für die nachfolgende Untersuchung herangezogene Kommunalrecht, das Bauplanungsrecht, das Hochschulrecht, das Wirtschaftsrecht, das Rundfunkrecht, das Medienrecht, das Recht der Filmförderung, das Jugendschutzrecht, das Lebensmittelrecht sowie das Gentechnikrecht.[18] Eine abschließende Aufzählung ist aufgrund der Dynamik des Besonderen Verwaltungsrechts nicht möglich,[19] wie die Ausbildung neuerer Rechtsgebiete wie dem des Umweltrechts, des Datenschutzrechts, des Risikorechts und des Informationsrechts zeigen. So ist es stetem Wandel unterzogen.[20]

Darüber hinaus kann die Grenzlinie zwischen Allgemeinem und Besonderem Verwaltungsrecht nicht klar gezogen werden, da sich bestimmte Verwaltungsgebiete teilweise verselbständigt haben.[21]

Zu den verselbständigten und gegenüber dem übrigen Besonderen Verwaltungsrecht weitgehend abgeschnittenen Rechtsgebieten gehört das Sozialrecht, das geprägt von Sonderentwicklungen weitgehend den Anschluss an das Allgemeine Verwaltungsrecht verloren hat.

### *II. Kritik und Antikritik*

Die Sinnhaftigkeit der Unterteilung in ein Allgemeines und ein Besonderes Verwaltungsrecht wird vereinzelt in Zweifel gezogen.[22] Dabei ist die Kritik an der

---

[16] *T. Groß*, Die Verwaltung, Beiheft 2 (1999), S. 57 (70); *J. Ipsen*, Allgemeines Verwaltungsrecht, Rn. 57; *R. Mußgnug*, in: FS Universität Heidelberg 1986, S. 203 (217 ff.); *G.-C. v. Unruh*, NVwZ 1988, 690 ff.; *H. Sendler*, in: FS Ule 1987, S. 337.

[17] *H.J. Wolff/O. Bachof/R. Stober u.a.*, Verwaltungsrecht, Bd. 1, § 21 Rn. 6; *D. Ehlers*, in: *Erichsen/Ehlers* (Hrsg.), Allgemeines Verwaltungsrecht, § 3 Rn. 7; *H. Maurer*, Allgemeines Verwaltungsrecht, § 3 Rn. 3.

[18] Ebenso das Bauordnungs- und Raumordnungsrecht, das Polizei- und Sicherheitsrecht, das Schulrecht, das Gewerberecht, das Wirtschaftsverwaltungsrecht, das Kultur- und Wissenschaftsverwaltungsrecht, das Beamtenrecht, das Wehrrecht, das Abgaben- und Steuerrecht, *H.J. Wolff/O. Bachof/R. Stober u.a.*, Verwaltungsrecht, Bd. 1, § 21 Rn. 6; *U. Battis*, Allgemeines Verwaltungsrecht, S. 25; *D. Ehlers*, in: *Erichsen/Ehlers* (Hrsg.), Allgemeines Verwaltungsrecht, § 3 Rn. 7; *J. Ipsen*, Allgemeines Verwaltungsrecht, Rn. 58; *H. Maurer*, Allgemeines Verwaltungsrecht, § 3 Rn. 3.

[19] *H.J. Wolff/O. Bachof/R. Stober u.a.*, Verwaltungsrecht, Bd. 1, § 21 Rn. 6.

[20] *J. Ipsen*, Allgemeines Verwaltungsrecht, Rn. 58.

[21] *H.J. Wolff/O. Bachof/R. Stober u.a.*, Verwaltungsrecht, Bd. 1, § 21 Rn. 6, der hierzu das Beispiel des Straßen- und Wegerechts anführt. Hierzu auch *T. v. Danwitz*, in: *Schmidt-Aßmann* (Hrsg.), Besonderes Verwaltungsrecht, S. 883 ff.

[22] *P. Laband*, AöR 2 (1887), S. 149 (156); *A. Hensel*, VVDStRL 3 (1927), S. 63 (74); *M. Bullinger*, in: *Conrad/Jahrreiß/Mikat u.a.* (Hrsg.), GS Peters, S. 667 (680 f.).

Systematisierung des Verwaltungsrechts grundsätzlich: In Ermangelung materieller Einheit des geltenden Rechts aufgrund der insbesondere durch die Föderalisierung der Staatsgewalt geförderten Pluralisierung der Akteure auf verschiedensten Rechtssetzungsebenen und deren eigenständigen Entscheidungsspielraums sei eine Systembildung nicht möglich und stelle sogar eine Bedrohung für den Gesetzgeber dar.[23] Anders sei dies lediglich im Zivilrecht, in dem das rechtswissenschaftliche Denken Rückzugsgebiete aufgrund der bestehenden einheitlichen Rechtssetzungsebene sowie das dort vorherrschende System mit dem Anspruch politischer Neutralität und zeitlicher Undeterminiertheit vorfinde.[24] System könne daher „nur auf die Methoden der Rechtswissenschaft, nicht aber auf das Recht als ihrem Gegenstand bezogen werden".[25] Vor diesem Hintergrund erscheine dem Öffentlichen Recht ein Allgemeiner Teil als unangemessen sowie die Kodifikationsidee als anachronistisches Überbleibsel einer überholten Rechtssetzungskultur.[26]

Hiergegen spricht jedoch, dass die Systembildung nicht zwangsläufig auf ein materielles Einheitsbild fokussiert ist, sondern die Systembildung im Öffentlichen Recht gerade der Rechtszersplitterung und der punktuellen Rechtserzeugung sowie Rechtsbetrachtung durch die Bildung eines übergreifenden Ordnungsmusters entgegensteuern will[27] und so vereinheitlichend auf die Heterogenität des Verwaltungsrechts wirkt.[28] Allein die Systembildung „verbirgt ein Minimum an geistiger und methodischer Geschlossenheit einer wissenschaftlich aufgefassten Rechtsordnung".[29] Diese Möglichkeit, den disparaten Materien des Verwaltungsrechts durch abgestufte Unterscheidung und Abstufung zu begegnen, sowie die Bedeutung für die Entscheidung über Rechtsregime und Rechtsgrundsätze werden von der Gegenmeinung unterschätzt.[30] Gerade im Mehrebenensystem[31] können gemeinsame systemprägende Grundentscheidungen sowie vom Gesetzgeber gewollte divergierende Systemgedanken durch Systembildung identifiziert und aufgedeckt werden und somit zur Steuerung der Handlungsak-

---

[23] *O. Lepsius*, in: *Jestaedt/Lepsius* (Hrsg.), Rechtswissenschaftstheorie, S. 1 (36 ff.); *ders.*, Die Verwaltung, Beiheft 10 (2010), S. 179 ff.; *M. Jestaedt*, in: *Hoffmann-Riem/Schmidt-Aßmann/Voßkuhle* (Hrsg.), Grundlagen des Verwaltungsrechts I, § 14 Rn. 12 ff.; *ders.*, Das mag in der Theorie richtig sein ..., S. 81 ff.; *C. Möllers*, in: *Hoffmann-Riem/Schmidt-Aßmann/Voßkuhle* (Hrsg.), Grundlagen des Verwaltungsrechts I, § 3 Rn. 36 f.

[24] *O. Lepsius*, in: *Jestaedt/Lepsius* (Hrsg.), Rechtswissenschaftstheorie, S. 1 (38 f.).

[25] *O. Lepsius*, in: *Jestaedt/Lepsius* (Hrsg.), Rechtswissenschaftstheorie, S. 1 (37).

[26] *O. Lepsius*, in: *Jestaedt/Lepsius* (Hrsg.), Rechtswissenschaftstheorie, S. 1 (29, 43); *C. Möllers*, in: *Hoffmann-Riem/Schmidt-Aßmann/Voßkuhle* (Hrsg.), Grundlagen des Verwaltungsrechts I, § 3 Rn. 12.

[27] *K.F. Gärditz*, Hochschulorganisation, S. 3; *T. Groß*, Die Verwaltung, Beiheft 2 (1999), S. 57 (72).

[28] *W. Meyer-Hesemann*, Methodenwandel, S. 166.

[29] *W. Meyer-Hesemann*, Methodenwandel, S. 166.

[30] *T. Groß*, Die Verwaltung, Beiheft 2 (1999), S. 57 (72); *H.J. Wolff/O. Bachof/R. Stober u.a.*, Verwaltungsrecht, Bd. 1, § 21 Rn. 4.

[31] *E. Pache*, VVDStRL 66 (2007), S. 106 (108 ff.); *T. Groß*, VVDStRL 66 (2007), S. 152 (153 ff.); *H.-C. Röhl*, DVBl. 2006, 1070 ff.

teure beitragen. Insoweit setzt die Systembildung kein System voraus, sondern möchte dieses gerade selbst erschaffen. Die materielle Einheit der Rechtsordnung, deren Widerspruchsfreiheit und Geschlossenheit sind gerade keine notwendigen Voraussetzungen für die Systembildung.[32] Dieser Schöpfungsvorgang ist die Eigenleistung und das Projekt der Rechtswissenschaft.[33] Das System ist somit „nicht nur Axiom, sondern auch Postulat, nicht nur vorgegeben, sondern auch aufgegeben".[34]

Kommt die Rechtswissenschaft dieser Aufgabe nicht nach, würde sie sich im Anhäufen und Wiedergeben von Einzelfallentscheidungen erschöpfen und in den Elfenbeinturm der rein theoretischen Fragestellungen ohne Praxisrelevanz zurückziehen, womit sie ihre Existenzberechtigung weitgehend verlieren würde, während das weite und nützliche Feld der Dogmatik allein der von Sonderinteressen bestimmten Praxis überlassen bliebe, ohne dass die Rechtsentwicklung von einer kritischen Rechtswissenschaft begleitet würde. Insbesondere ist das wissenschaftliche Bemühen um die Herausbildung eines Systems als legitim anzuerkennen, so lange eine verklammernde Jurisdiktion des BVerwG besteht. Insoweit bleibt es bei dem Diktum *Hans-Julius Wolffs*: „Rechtswissenschaft zumindest ist systematisch oder sie ist nicht!"[35]

### *III. Die Ausbildung einer Zwischenebene der Verallgemeinerung*

Zum Teil bilden sich zwischen dem Allgemeinen Teil und den Besonderen Teilen „Zwischenebenen" heraus, indem der Gesetzgeber den Regelungen des Besonderen Verwaltungsrechts teilweise einen gesonderten Allgemeinen Teil voranstellt, wie dies mit den SGB I, IV und X der Fall ist, oder einzelne Teilbereiche aus bestimmten Gesetzen des Besonderen Verwaltungsrechts ausklammert und diese spezialgesetzlicher Regelung zuführt.[36]

Hieran anschließend und die Möglichkeit der allgemeingültigen Abstraktion in Zweifel ziehend wird von Teilen der Literatur gefordert, weitere Ebenen verschiedener Abstraktheit in das verwaltungsrechtliche System zu integrieren.[37] Ausgehend von der Prämisse, dass die Verwaltungsaufgaben auf die Organisation, die Handlungsformen und das Verfahren der Verwaltung maßgeblich ein-

---

[32] Vgl. hierzu *R. Schmidt*, in: FS Canaris 2007, S. 1353 (1365 f.); *W. Kahl*, Die Verwaltung, Beiheft 10 (2010), S. 39 (52).

[33] *E. Schmidt-Aßmann*, Ordnungsidee, Erstes Kapitel Rn. 1; *J. Kersten/S.-C. Lenski*, Die Verwaltung 42 (2009), S. 501 (503); *J.H. Klement*, AöR 134 (2009), S. 35 (59); *W. Kahl*, Die Verwaltung, Beiheft 10 (2010), S. 39 (52).

[34] *C.-W. Canaris*, Systemdenken und Systembegriff in der Jurisprudenz, S. 106.

[35] *H.J. Wolff*, Studium Generale 5 (1952), S. 195 (205).

[36] *H. Maurer*, Allgemeines Verwaltungsrecht, § 3 Rn. 3a; *U. Battis*, Allgemeines Verwaltungsrecht, S. 25; *E. Schmidt-Aßmann*, Die Verwaltung 27 (1994), S. 137 (150); *M. Schmidt-Preuß*, in: FS Maurer 2001, S. 777 (780).

[37] So bereits *K. Vogel*, VVDStRL 30 (1972), S. 324 f.; *H. Schulze-Fielitz*, Die Verwaltung 27 (1994), S. 277 (281 ff.); *R. Wahl*, in: *Hoffmann-Riem/Schmidt-Aßmann/Schuppert* (Hrsg.), Reform, S. 177 (211 ff.); *T. Groß*, Die Verwaltung, Beiheft 2 (1999), S. 57 (72 ff.).

wirken, sieht *Rainer Wahl* den Sinn des Allgemeinen Verwaltungsrechts nicht in einem ausgeprägten „Wirklichkeits- und Aufgabenbezug", sondern vielmehr auf systematischem Gebiet, in dem durch Abstraktion allgemeine Figuren entwickelt werden.[38] Dabei käme dem Allgemeinen Verwaltungsrecht primär die Umsetzung des von *Fritz Werner* geprägten Diktums vom „Verwaltungsrecht als konkretisierte[m] Verfassungsrecht" zu, indem dieses als „rechtliche Brücke" zwischen der Verfassung und den einzelnen Verwaltungsgesetzen fungiere und damit einen „Transmissionsriemen" für die Durchdringung der speziellen Verwaltungsmaterien mit den verfassungsrechtlichen Vorgaben darstelle.[39] Dagegen würden in den Besonderen Teilen des Verwaltungsrechts die jeweiligen Verwaltungsaufgaben in die konkreten Verwaltungsinstrumente umgesetzt, so dass ein Konkretisierungsgrad erreicht werde, der eine verwaltungsrechtswissenschaftliche Verallgemeinerung nicht mehr zulasse.

*Helmut Schulze-Fielitz* erkennt weiter, dass eine bereichsspezifische Ausdifferenzierung spezieller Verfahrenstypen unterhalb des abstrakt geregelten Verwaltungsverfahrens der §§ 9 ff. VwVfG erfolge[40] und auch eine unterschiedliche Gewichtung der Handlungsformen der Verwaltung festzustellen sei.[41]

Aufgrund dieses Auseinanderdriftens von Allgemeinem und Besonderem Teil sei die Ausbildung einer an die Kodifikation von Allgemeinen Teilen im Besonderen Verwaltungsrecht, wie dem SGB X, angelehnten mittleren, zwischen der „Vogelperspektive" des Allgemeinen Teils und der „Froschperspektive" des Besonderen Teils angesiedelten Ebene notwendig, auf welcher die Reflexion, die Systematisierung und die Kodifikation erfolgen solle.[42]

Dabei will *Thomas Groß* die allgemeinen Lehren des Verwaltungsrechts, aufbauend auf die grundlegende Unterscheidung zwischen innerem und äußerem System, weiter ausdifferenzieren. Hierdurch soll einer erzwungenen Harmonisierung, welche die unterschiedlichen Wertungen des Gesetzgebers einebnet, entgegengewirkt, gleichzeitig aber die Ordnungsfunktion des Allgemeinen Verwaltungsrechts gesichert werden, indem dieser tendenziell statische Bereich für die dynamischen Entwicklungen des Besonderen Teils geöffnet wird.[43] Hierzu entwickelt er ein aus drei Ebenen bestehendes System abgestufter Allgemeinheit, das sich durch deren Allgemeingültigkeit und Änderungsresistenz voneinander unterscheidet.[44] Dabei differenziert er zwischen der Eingriffs-, der Leistungs- und der kooperativen Verwaltung.

---

[38] *R. Wahl*, in: *Hoffmann-Riem/Schmidt-Aßmann/Schuppert* (Hrsg.), Reform, S. 177 (211).

[39] *R. Wahl*, in: *Hoffmann-Riem/Schmidt-Aßmann/Schuppert* (Hrsg.), Reform, S. 177 (211 f.).

[40] Wie in der 9. BImSchV, im AtVfV oder im GenTVfV.

[41] *H. Schulze-Fielitz*, Die Verwaltung 27 (1994), S. 277 (281, 283).

[42] *R. Wahl*, in: *Hoffmann-Riem/Schmidt-Aßmann/Schuppert* (Hrsg.), Reform, S. 177 (212 f.). Zustimmend *E. Schmidt-Aßmann*, Die Verwaltung 27 (1994), S. 137 (150 f.); *H. Schulze-Fielitz*, Die Verwaltung 27 (1994), S. 277 (283); *M. Schmidt-Preuß*, in: FS Maurer 2001, S. 777 (780).

[43] *T. Groß*, Die Verwaltung, Beiheft 2 (1999), S. 57 (72 ff.).

[44] *T. Groß*, Die Verwaltung, Beiheft 2 (1999), S. 57 (79 ff.). Hiernach besteht auf der ersten Ebene ein jeder Änderung entzogener Kernbereich des Allgemeinen Verwaltungsrechts, dem generelle Geltung zukommt und zu dem die das Grundgerüst der Dogmatik bildenden Rechtsinstitute

Die Zersplitterung des Allgemeinen Teils in verschiedene Teilbereiche stellt jedoch einen Widerspruch in sich dar.[45] Auch wenn es teilweise ein Interesse an einer derartigen Separation allgemeiner Aussagen geben kann, wie dies mit dem SGB X im Sozialrecht und der AO im Steuerrecht der Fall ist, so haben diese zum einen die Kernbestandteile des nach wie vor übergeordneten Allgemeinen Teils zu beachten.[46] Zum anderen kann diese Separation nicht die Regel sein. Denn der Konstruktion mittlerer Abstraktionsebenen wird mit Recht entgegengehalten, dass die als Prämisse gesetzte Starrheit des Allgemeinen Verwaltungsrechts und dessen Wirklichkeitsferne nicht zwangsläufig sind.[47] Vielmehr steht der Allgemeine Teil als Ganzes in Wechselwirkung mit den Entwicklungen im Besonderen Teil, wodurch dieser der Wirklichkeit nicht enthoben ist und an diese angepasst werden kann. Gleichzeitig bezieht sich die Konstitutionalisierung des Verwaltungsrechts nicht allein auf den Allgemeinen Teil, sondern erstreckt sich über diesen auch in die besonderen Bereiche. Darüber hinaus ist gerade die klassische Einteilung in Eingriffs- und Leistungsverwaltung immer fraglicher geworden, während neue Verwaltungstypen ebenso nicht eindeutig definierbar sind. Eine typologische Zuordnung kann aufgrund des Einsatzes von bestimmten, einem Verwaltungstyp zugeordneten Verwaltungsinstrumenten gerade aufgrund des Instrumentenmixes, der in den einzelnen Rechtsgebieten besteht, nicht mehr vorgenommen werden. So enthält z.B. das Sozialrecht als klassische Leistungsverwaltung auch Eingriffsbefugnisse.[48]

Demgemäß bleibt es dabei, dass der Allgemeine Teil modellhaft Regelungen, Begriffe und Institute vorhält, die einer teilweisen und auf die jeweiligen Sachgesetzlichkeiten bezogenen Modifikation durch den Fachgesetzgeber zugänglich sind, ohne dass dabei die Systematisierung und Rationalisierung des Allgemeinen Teils leidet.

## B. Zum Verhältnis von Allgemeinem und Besonderem Verwaltungsrecht

Eine isolierte Betrachtung des Allgemeinen oder Besonderen Verwaltungsrechts, losgelöst vom jeweils anderen Teil, würde der Verwaltungswirklichkeit und der Verwaltungspraxis widersprechen, da für die Bearbeitung von Verwaltungsvor-

---

und die Grundsätze gehören, die verfassungsrechtlich abgesichert und die für die öffentliche Verwaltung allgemeingültig sind. Modifikationen zugänglich sind dagegen die Grundsätze des einfachen Rechts und die Rechtsinstitute, die auf zweiter Ebene zusammengefasst werden und die zwar allgemein, aber nicht typusbestimmend sind. Auf der dritten Ebene schließlich werden die allgemeinen Lehren versammelt, die nur teilweise gebietsübergreifend sind.

45 *M. Schmidt-Preuß*, in: FS Maurer 2001, S. 777 (870).

46 *M. Schmidt-Preuß*, in: FS Maurer 2001, S. 777 (870).

47 *J. Kersten/S.-C. Lenski*, Die Verwaltung 42 (2009), S. 501 (526).

48 Z.B. §§ 31 ff. SGB II. Ebenso zweifelhaft ist die Einordnung des Umwelt- und des Wirtschaftsverwaltungsrechts, *J. Kersten/S.-C. Lenski*, Die Verwaltung 42 (2009), S. 501 (527).

gängen ein Einbezug des gesamten Verwaltungsrechts notwendig ist.[49] Und sie würde auch der Verwaltungswissenschaft widersprechen, da eine, wie bereits angesprochen, trennscharfe Grenzlinie nicht gezogen werden kann, die Einteilung vielmehr historisch und systematisch bedingt ist.

Eine wechselseitige Beziehung zwischen dem Allgemeinen und dem Besonderen Verwaltungsrecht ergibt sich vor allem aus der Funktion der beiden Teile.[50]

### *I. Zur Funktion des Besonderen Verwaltungsrechts*

Der Grundsatz der fachgesetzlichen Spezialität beruht auf der Einschätzungsprärogative des demokratisch legitimierten Gesetzgebers.[51] Dieser versucht, der Dynamik, Komplexität und den neuen Herausforderungen der Lebensverhältnisse, hervorgerufen durch den Wandel der Gesellschaft aufgrund zunehmender Pluralisierung, technischer Innovationen, Europäisierung und Globalisierung, durch klassische und neue Steuerungsinstrumente zu begegnen und problemakzentuierten und realitätsnahen Normierungen zuzuführen.[52] Ziel ist es, problemspezifische und auf die jeweils besondere, konkrete Situation der Praxis zugeschnittene Lösungsansätze bereitzuhalten und so die fachliche Entscheidung der Verwaltung im konkreten Fall zu determinieren.[53] Es ist der „operativen Problemlösungsfunktion" verpflichtet.[54] Dabei ist die Anerkennung von Sonderinteressen verfassungsrechtlich geboten.[55] Dies führt zu einer Ausdifferenzierung und einem Anwachsen von Regelungen der einzelnen Zweige des Besonderen Verwaltungsrechts. Eindrucksvolles Beispiel für diese Entwicklung ist das Sozialrecht, das sich durch einen hohen Kodifikationsgrad auszeichnet.

Die mit einer solchen Ausdifferenzierung und dem Anwachsen verbundenen Schwierigkeiten sind die mangelnde Übersichtlichkeit und die Gefahr widersprüchlicher Regelungen, Begrifflichkeiten und Prinzipien.[56] Zu befürchten sind auch die Zersplitterung des Rechts, so dass eine einheitliche Rechtsanwendung schwierig wird, sowie die Durchsetzung von Sonderinteressen in einigen Rechtsgebieten.[57] Gleichzeitig führt die Ausdifferenzierung dazu, dass Wissen in einem Rechtsgebiet zwar auch für andere Rechtsgebiete Bedeutung zukommt, jedoch

---

[49] *H.J. Wolff/O. Bachof/R. Stober u.a.*, Verwaltungsrecht, Bd. 1, § 21 Rn. 6.

[50] *M. Schmidt-Preuß*, DVBl. 2000, 767; *ders.*, in: FS Maurer 2001, S. 777 (779).

[51] *M. Schmidt-Preuß*, in: FS Maurer 2001, S. 777 (778).

[52] *M. Schmidt-Preuß*, in: FS Maurer 2001, S. 777.

[53] *J. Kersten/S.-C. Lenski*, Die Verwaltung 42 (2009), S. 501 (528).

[54] *M. Schmidt-Preuß*, in: FS Maurer 2001, S. 777 (778).

[55] *E. Schmidt-Aßmann/F. Schoch*, Bergwerkseigentum, S. 131.

[56] *M. Schmidt-Preuß*, in: FS Maurer 2001, S. 777.

[57] *U. Battis*, Allgemeines Verwaltungsrecht, S. 26; *E. Schmidt-Aßmann*, Die Verwaltung 27 (1994), S. 137 (146); *W. Pauly*, in: *Becker-Schwarze/Köck/Kupka u.a.* (Hrsg.), Wandel der Handlungsformen, S. 25 (45); *M. Stolleis*, in: *Simon* (Hrsg.), Rechtswissenschaft, S. 227 (252).

nicht greifbar ist.[58] So kommt es zu Parallelentwicklungen und Ungleichzeitigkeiten der Bereichsdogmatiken.[59]

## *II. Zur Funktion des Allgemeinen Verwaltungsrechts*

Das Allgemeine Verwaltungsrecht versucht dieser Ausdifferenzierung entgegenzuwirken und den „intradisziplinären" Dialog zwischen den einzelnen Rechtsgebieten herzustellen.[60] Im Gegensatz zum Besonderen Teil ist es nicht an bestimmte Aufgabenbereiche gebunden,[61] generalisiert so Aussagen und hält systematisch analysierte und dogmatisch reflektierte Regelungen, Begriffe und Institute durch induktive Abstraktion, Reduktion und Typisierung bereit, die sich für die sachgerechte Problemlösung bewährt haben und denen daher Modellcharakter zukommt,[62] ohne dabei die aufgabenspezifischen Sonderregelungen, die im Besonderen Teil getroffen werden, zu nivellieren.[63] Es verleiht diesen „immanenten Rechtserscheinungen Sinn- und Formqualitäten",[64] trifft Aussagen, die aufgrund ihrer Grundsätzlichkeit verlässlich und dauerhaft sind,[65] und entbindet so den Gesetzgeber davon, jeden ähnlichen Regelungsgegenstand eigens und gegebenenfalls sich widersprechend zu normieren. Dadurch zielt das Allgemeine Verwaltungsrecht auf Stabilität, Ausgewogenheit und Systemkonsistenz ab, ebenso wie es der Vereinfachung der Rechtsordnung dient. Ihm kommt damit „rechtspraktische bzw. rechtstechnische" Funktion zu.[66] Durch seine verklammernde Wirkung im Hinblick auf die besonderen Rechtsmaterien des Verwaltungsrechts hat es den Anspruch, einem kodifikatorischen Partikularismus entgegenzuwirken, der zu Inkonsistenz und Rationalitätsverlusten führen und der Durchsetzung von Sonderinteressen und Ressortegoismen Vorschub leisten würde,[67] indem es Sonderinteressen unter Rechtfertigungszwang stellt und diese

---

[58] *C. Möllers*, in: *Hoffmann-Riem/Schmidt-Aßmann/Voßkuhle* (Hrsg.), Grundlagen des Verwaltungsrechts I, § 3 Rn. 52.

[59] *H. Schulze-Fielitz*, Die Verwaltung 27 (1994), S. 277 ff.

[60] *A. Voßkuhle*, in: *Hoffmann-Riem/Schmidt-Aßmann/Voßkuhle* (Hrsg.), Grundlagen des Verwaltungsrechts I, § 1 Rn. 38; *C. Möllers*, in: *Hoffmann-Riem/Schmidt-Aßmann/Voßkuhle* (Hrsg.), Grundlagen des Verwaltungsrechts I, § 3 Rn. 52.

[61] *O. Bachof*, VVDStRL 30 (1972), S. 193 (225); *U. Becker*, in: *ders.* (Hrsg.), Rechtsdogmatik, S. 11 (35).

[62] *S. Storr/R. Schröder*, Allgemeines Verwaltungsrecht, Rn. 28; *K. Stern*, JZ 1962, 265 (267); *M. Schmidt-Preuß*, in: FS Maurer 2001, S. 777 (779); *J. Kersten/S.-C. Lenski*, Die Verwaltung 42 (2009), S. 501 (528).

[63] *E. Schmidt-Aßmann/F. Schoch*, Bergwerkseigentum, S. 131.

[64] *E. Forsthoff*, Rechtsfragen der leistenden Verwaltung, S. 54.

[65] *W. Brohm*, VVDStRL 30 (1972), S. 245 (255); *J. Harenburg*, Rechtsdogmatik, S. 8, 71 ff.; *T. Groß*, Die Verwaltung, Beiheft 2 (1999), S. 57 (72).

[66] *E. Schmidt-Aßmann*, Die Verwaltung 27 (1994), S. 137 (139 f.); *ders.*, DVBl. 1989, 533 (534); *R. Alexy*, Theorie der juristischen Argumentation, S. 330 f.; *T. Groß*, Die Verwaltung, Beiheft 2 (1999), S. 57 (71).

[67] *M. Schmidt-Preuß*, in: FS Maurer 2001, S. 777 (778 f.).

damit diszipliniert.[68] Dabei stehen sich die beiden Bereiche nicht starr gegenüber, sondern befinden sich in einer Wechselbeziehung. So hält das Allgemeine Verwaltungsrecht seine rezipierten Inhalte für das Besondere Verwaltungsrecht zur Erfüllung der Aufgaben bereit, das damit auf diese zurückgreifen kann, während der Allgemeine Teil Entwicklungen, die sich im Besonderen Teil vollziehen, aufgreift und dogmatisch reflektiert verallgemeinert.[69] Beide Teile stehen daher in einem dynamischen Austauschverhältnis, das die jeweilige Anschlussfähigkeit des einen an den anderen Teil garantiert.

Diesem Anspruch, die Rechtsordnung durch Systemkonsistenz zu vereinfachen sowie kodifikatorischen Partikularismen und den damit einhergehenden Rationalitätsverlusten entgegenzuwirken, wird das Allgemeine Verwaltungsrecht jedoch im Hinblick auf das Sozialrecht nicht gerecht, da sich gerade in Letzterem Sonderdogmatiken losgelöst vom Allgemeinen Verwaltungsrecht entwickelt haben. Insoweit verfehlt das Allgemeine Verwaltungsrecht seine Funktion.

### *III. Das Allgemeine Verwaltungsrecht als Ordnungsidee*

Das Allgemeine Verwaltungsrecht erschöpft sich allerdings nicht darin, Sammelbecken für Regelungen, Begriffe[70] und Institute zu sein, die zwar allgemeingültig sind, jedoch ansonsten verbindungslos nebeneinander stehen. Es ist „nicht eine Summe unpositiver Rechtsideale, die im positiven Rechte Realisierung heischen, sondern ein System theoretischer Abstraktionen aus der Realität des positiven Verwaltungsrechtes."[71] Andernfalls würde es zwar einen Allgemeinen Teil darstellen, der durch Aufspüren, Akkumulation und Ordnen des Regelungsbestands und der Gliederung des Gesetzes mittels bloß technischer Abtrennung zwar die Funktion der rechtstechnischen[72] Vereinfachung der Rechtsordnung gewährleisten und die Reduktion der Komplexität des Rechtsstoffs erreichen würde,[73] wodurch Rechtssicherheit gefördert und somit ein wichtiges rechtsstaatliches Anliegen erfüllt würde.[74] Dieses Verständnis des Allgemeinen Teils würde jedoch auf der Ebene des äußeren Systems, also der bloßen Gliederung des Gesetzes, verbleiben, ohne auch eine immanente Ordnung mit den maßgeblichen Wertent-

---

[68] *E. Schmidt-Aßmann*, Ordnungsidee, Erstes Kapitel Rn. 9.

[69] *J. Kersten/S.-C. Lenski*, Die Verwaltung 42 (2009), S. 501 (528); *U. Becker*, in: *ders.* (Hrsg.), Rechtsdogmatik, S. 11 (30).

[70] Die Bereitstellung fester Begrifflichkeiten war bereits ein Postulat von *Otto Mayer*, vgl. *A. Hueber*, Otto Mayer, S. 67 ff., 135 ff.

[71] *A. Merkl*, Allgemeines Verwaltungsrecht, S. 97.

[72] *R. Alexy*, Theorie der juristischen Argumentation, S. 330 f.; *E. Schmidt-Aßmann*, Die Verwaltung 27 (1994), S. 137 (139 f.); *T. Groß*, Die Verwaltung, Beiheft 2 (1999), S. 57 (71).

[73] *E. Schmidt-Aßmann*, VBlBW. 1988, 381; *L. Adamovich/B.-C. Funk*, Allgemeines Verwaltungsrecht, S. 72 ff.; *T. Groß*, Die Verwaltung, Beiheft 2 (1999), S. 57 (71).

[74] *C.-W. Canaris*, Systemdenken und Systembegriff in der Jurisprudenz, S. 17; *K. Tiedemann*, in: FS Baumann 1992, S. 7 (10); *T. Groß*, Die Verwaltung, Beiheft 2 (1999), S. 57 (71).

scheidungen und Prinzipien im Sinne eines inneren Systems zu enthalten.[75] Das Allgemeine Verwaltungsrecht will mehr. Es will eine, von *Eberhard Schmidt-Aßmann* erstmals so benannte Ordnungsidee verwirklichen.[76] So hat es den Auftrag zur „strukturelle[n] Ordnungsfunktion",[77] indem es aus der Vielzahl von Einzelregelungen widerspruchsfreie, allgemeingültige Ordnungszusammenhänge in Form von Prinzipien, Organisations- und Handlungsformen, Begrifflichkeiten und Instituten gewinnt, normiert und in sich aufnimmt, welche unabhängig von den jeweiligen Teilgebieten[78] die Zusammenhänge und Entwicklungslinien des Rechtsgebiets vergegenwärtigen sowie die getroffenen Zuordnungen und normativen Aussagen überprüfbar machen.[79]

Diese Bestandteile hält es aufgrund seiner Speicherfunktion[80] für den Gesetzgeber bereit, damit dieser seinem Gestaltungsauftrag sektorspezifisch nachkommen kann und stellt so die dogmatischen Grundlagen der Rechtsanwendung wie auch den Bestand der Wertentscheidungen sicher.[81] Im Gegensatz zur Ausbreitung des Stoffs im Besonderen Verwaltungsrecht ist das Allgemeine Verwaltungsrecht auf Typologie, Begrenzung und Systematisierung der Stofffülle angelegt.[82] In Anbetracht der gleichzeitig bestehenden „Kurzlebigkeit wie Langatmigkeit des besonderen Verwaltungsrechts"[83] sowie der zunehmenden gesetzlichen Ausdifferenzierungen basiert die Kohärenz des Verwaltungsrechts weitgehend auf der anerkannten Dogmatik[84] und Systematik[85] des Allgemeinen Verwaltungsrechts.[86]

---

[75] Zu der hier nicht weiter auszuführenden Differenzierung zwischen innerem und äußerem System *P. Heck*, Begriffsbildung, S. 142 f.; *K. Engisch*, Studium Generale 1957, 173 (180); *K. Larenz/K.-W. Canaris*, Methodenlehre, S. 263 ff.; *T. Groß*, Die Verwaltung, Beiheft 2 (1999), S. 57 (71). Andere Systembegriffe, die an dieser Stelle jedoch nicht vertieft werden sollen, finden sich bei *F.-J. Peine*, Das Recht als System, S. 29 ff., sowie bei *J. Harenburg*, Rechtsdogmatik, S. 68 f.

[76] *E. Schmidt-Aßmann*, Ordnungsidee, Erstes Kapitel Rn. 1. Im Anschluss hieran *F. Schoch*, Die Verwaltung 25 (1992), S. 21 (24).

[77] *M. Schmidt-Preuß*, in: FS Maurer 2001, S. 777 (778).

[78] *E. Schmidt-Aßmann*, VBlBW. 1988, 381; *K. Stern*, JZ 1962, 265 (267); *O. Bachof*, VVDStRL 30 (1972), S. 193 (215); *W. Meyer-Hesemann*, Methodenwandel, S. 166; *T. Groß*, Die Verwaltung, Beiheft 2 (1999), S. 57 (71).

[79] *E. Schmidt-Aßmann*, VBlBW. 1988, 381; *ders.*, Ordnungsidee, Erstes Kapitel Rn. 1; im Anschluss hieran auch *T. Groß*, Die Verwaltung, Beiheft 2 (1999), S. 57 (78).

[80] *K. Larenz/K.-W. Canaris*, Methodenlehre, S. 55 ff.; *R. Alexy*, Theorie der juristischen Argumentation, S. 326 ff.; *E. Schmidt-Aßmann*, Ordnungsidee, Erstes Kapitel Rn. 4; *ders.*, Die Verwaltung 27 (1994), S. 137 (140 f.); zu den verschiedenen Funktionen der Systembildung C.I. Die Aufgaben des verwaltungsrechtlichen Systems.

[81] *T. Groß*, Die Verwaltung, Beiheft 2 (1999), S. 57 (72); *M. Schmidt-Preuß*, in: FS Maurer 2001, S. 777 (778).

[82] *K. Stern*, JZ 1962, 265 (267).

[83] *K. Stern*, JZ 1962, 265 (267).

[84] Als Dogmatik wird im Folgenden auf das Verständnis von *W. Brohm*, VVDStRL 30 (1972), S. 245 (246) m.w.N., abgestellt, nachdem hierunter die Entwicklung von Begriffen, Grundsätzen, Instituten und Sinnzusammenhängen verstanden wird, die aus dem positiven Recht abgeleitet, jedoch vom Bestand der einzelnen Rechtssätze unabhängig sind und die generelle Anerkennung und Beachtung einfordern, dazu auch *C. Gusy*, JZ 1991, 213 (215); *N. Luhmann*, Rechtssystem und Rechtsdogmatik, S. 18; *G. Robbers*, in: *Dreier* (Hrsg.), Rechtspositivismus, S. 162 (164); *F. Byd-*

## C. System und Systembildung im Verwaltungs- und Sozialrecht

Das Allgemeine Verwaltungsrecht kann diese strukturelle Ordnungsfunktion durch Systembildung erfüllen. Dabei besteht heute ausgehend von *Otto Mayers* Befund, dass die „Verwaltungsrechtswissenschaft [...] ein System von eigentümlichen Rechtsinstituten der staatlichen Verwaltung sein [muss]",[87] weitgehend darüber Konsens, dass die allgemeinen Prinzipien und Rechtsinstitute des Verwaltungsrechts ein System bilden, das immer wieder Gegenstand von Fortentwicklungsbestrebungen war oder gar durch neue Systematik ersetzt werden sollte, ohne jedoch die Notwendigkeit eines solchen in Zweifel zu ziehen.[88] Viel-

---

*linski*, in: *Martinek/Migsch/Ringhofer u.a.* (Hrsg.), Arbeitsrecht und soziale Grundrechte, S. 3 ff. Zum Verhältnis von Dogmatik und Recht *W. Hassemer*, ZRP 2007, 213 (218); *O. Bachof*, VVDStRL 30 (1972), S. 193 (239, LS. 3), sowie zum Erfordernis der Aufnahmefähigkeit neuer Entwicklungen *U. Becker*, in: *ders.* (Hrsg.), Rechtsdogmatik, S. 11 (16); *C. Starck*, in: *Behrends/Henckel* (Hrsg.), Gesetzgebung und Dogmatik, S. 106 (113 f.). Wesentliches Mittel der Dogmatik zur Erreichung ihres Ziels ist die Herstellung von Ordnung im Wege der Systematisierung. Zum Begriff des Systems vgl. Anm. 85. Zum Begriff der Rechtsdogmatik *K. Engisch*, Studium Generale 1957, 173 ff.; *J. Esser*, AcP 172 (1972), S. 97 ff.; *ders.*, Wertung, passim; *D. Grimm*, AcP 171 (1971), S. 266 ff.; *T. Viehweg*, in: *Maihofer* (Hrsg.), Ideologie und Recht, S. 8386 ff.; *F. Wieacker*, in: FS Gadamer 1970, S. 311 (311); *M. Herberger*, Dogmatik, passim; *C. Starck*, in: *Behrends/Henckel* (Hrsg.), Gesetzgebung und Dogmatik, S. 106 (106); *C.-W. Canaris*, Systemdenken und Systembegriff in der Jurisprudenz; *ders.*, JZ 1993, 377 (386); *J. Harenburg*, Rechtsdogmatik, S. 42 ff.; *C. Möllers*, in: *Hoffmann-Riem/Schmidt-Aßmann/Voßkuhle* (Hrsg.), Grundlagen des Verwaltungsrechts I, § 3 Rn. 35; *U. Becker*, in: *ders.* (Hrsg.), Rechtsdogmatik, S. 11 (14 ff.); *O. Bachof*, VVDStRL 30 (1972), S. 193 (225 ff.); *K. Larenz/K.-W. Canaris*, Methodenlehre, S. 45 ff.; *K. Larenz*, Jurisprudenz als Wissenschaft, S. 12, 24; *B. Rüthers/C. Fischer/A. Birk*, Rechtstheorie, Rn. 309 ff., 321 ff. Zur Kritik an der Rechtsdogmatik *U. Becker*, in: *ders.*, Rechtsdogmatik, S. 11 (39 ff.) m.w.N.

[85] Als System wird in vorliegender Arbeit eine aus dem geltenden Recht deduktiv oder induktiv abgeleitete Konstruktion verstanden, die auf weitgehende Widerspruchsfreiheit und Finanzierbarkeit gerichtet ist, *C. Möllers*, in: *Hoffmann-Riem/Schmidt-Aßmann/Voßkuhle* (Hrsg.), Grundlagen des Verwaltungsrechts I, § 3 Rn. 36. Zur Systematik *G. Robbers*, in: *Dreier* (Hrsg.), Rechtspositivismus, S. 162 (170). Zur Unterscheidung von Dogmatik und Systematik *Krebs*, Juristische Methode, S. 210 ff.; *E. Schmidt-Aßmann*, Ordnungsidee, Erstes Kapitel Rn. 3; *E. Schneider*, DRiZ 1968, 98. So ist die Systembildung ein Mittel der Dogmatik, um Ordnung herzustellen, wobei Erstere die Letztere ergänzt; zum Begriff des Systems und den verschiedenen Systemkategorien *K.F. v. Savigny*, System des heutigen römischen Rechts, Bd. 1, S. 214, nach dem ein System sehr allgemein als „de[r] innere[n] Zusammenhang, welche[r] alle Rechtsinstitute und Rechtsregeln zu einer großen Einheit verknüpft", definiert ist; *O. Bachof*, VVDStRL 30 (1972), S. 193 (224); *R. Stammler*, Theorie der Rechtswissenschaft, S. 364 f.; *P. Heck*, Begriffsbildung, passim; *C.-W. Canaris*, Systemdenken und Systembegriff in der Jurisprudenz, passim; *R. Alexy*, Theorie der juristischen Argumentation, S. 20 ff., 310 ff.; *K. Larenz/K.-W. Canaris*, Methodenlehre, S. 263 ff.; *F. Müller/R. Christensen*, Juristische Methodik, Bd. 1, S. 118 ff.; *K. Engisch*, Studium Generale 1957, 173 (180 f.; 188); *J. Hruschka*, JZ 1985, 1 (2); *J. Esser*, AcP 172 (1972), S. 97; *H. Coing*, Geschichte und Bedeutung des Systemgedankens in der Rechtswissenschaft, S. 26 ff. Kritisch hierzu *O. Lepsius*, in: *Jestaedt/Lepsius* (Hrsg.), Rechtswissenschaftstheorie, S. 1 (16 ff., 27 ff., 36 ff.).

[86] *K. Stern*, JZ 1962, 265 (267).

[87] *O. Mayer*, AöR 3 (1888), S. 3.

[88] *T. v. Danwitz*, Verwaltungsrechtliches System, S. 24 m.w.N. Zur Bedeutung des Systemgedankens in der Rechtswissenschaft *F. Schoch*, Die Verwaltung, Beiheft 7 (2007), S. 177 (191); a.A. siehe bereits unter A.II. Kritik und Antikritik.

mehr ist nach *Wilhelm Sauer* „[d]as System […] das letzte große Ziel aller […] Wissenschaften. Nur das System verbürgt Erkenntnis […]. Nur im System ist möglich wahres Wissen, wahres Wirken. Alle Erkenntnis ist systematische Erkenntnis“.[89] Die rechtswissenschaftliche Systematik muss nach *Karl Binding* dort, wo der Gesetzgeber diese verfehlt hat, „Gleiches als gleich nachweisen […], angeblich Gleiches zerlegen […], zu Unrecht Getrenntes verbinden […], zu Unrecht Verbundenes scheiden“.[90] Vor diesem Hintergrund wird auch dogmatisches Denken notwendig systematisch und der Systembegriff zur Voraussetzung für jegliche Dogmatik,[91] indem Ziel aller Dogmatik das Aufdecken von Sinnzusammenhängen und die Entwicklung, Ordnung und Weiterentwicklung von übergreifenden Grundsätzen und Instituten ist.[92]

Im Folgenden werden (I.) die Aufgaben, denen die Systembildung gerecht zu werden versucht, erläutert, (II.) die Akteure der Systembildung vorgestellt, (III.) die systemprägenden Elemente und (IV.) die Gegenstände, auf die sich die Systembildung bezieht, erörtert, ehe (V.) Methoden der Systembildung dargelegt werden.

## *I. Die Aufgaben des verwaltungsrechtlichen Systems*

Das System hat die Aufgabe, „die wertungsmäßige Folgerichtigkeit und innere Einheit der Rechtsordnung darzustellen und zu verwirklichen.“[93] Im Einzelnen lassen sich die Aufgaben des verwaltungsrechtlichen Systems ungeachtet der vielzähligen Differenzierungen und Bezeichnungen zusammenfassend als (1.) Speicherfunktion, (2.) Orientierungsfunktion, (3.) Ausgleichsfunktion und (4.) Funktion der Rechtsentwicklung zusammenfassen.[94]

### *1. Die Speicherfunktion*

Das verwaltungsrechtliche System hält eine Vielzahl von allgemeinen Aussagen, welche Sonderinteressen unberücksichtigt lassen, in abstrakter Form bereit, die, bereits erprobt und mit breitem Anwendungsbereich sowie hoher Durchsetzungsfähigkeit versehen, eine standardisierte Problemlösung des Einzelfalls ge-

[89] *W. Saurer*, Juristische Methodenlehre, S. 171.

[90] *K. Binding*, Lehrbuch, Bd. 1, S. 5.

[91] *F. Wieacker*, in: FS Gadamer 1970, S. 311 (319, insbes. Anm. 319); *T. v. Danwitz*, Verwaltungsrechtliches System, S. 25.

[92] Hierzu *J. Harenburg*, Rechtsdogmatik, S. 181 f.; *W. Brohm*, VVDStRL 30 (1972), S. 245 (246); *C. Möllers*, in: *Hoffmann-Riem/Schmidt-Aßmann/Voßkuhle* (Hrsg.), Grundlagen des Verwaltungsrechts I, § 3 Rn. 35 ff.; *M. Eifert*, VVDStRL 67 (2008), S. 286 (302).

[93] *C.-W. Canaris*, Systemdenken und Systembegriff in der Jurisprudenz, S. 18.

[94] Ähnlich *E. Schmidt-Aßmann*, Ordnungsidee, Erstes Kapitel Rn. 4; *ders.*, Die Verwaltung 27 (1994), S. 137 (139); *T. v. Danwitz*, Verwaltungsrechtliches System, S. 34 ff.; *H. Schulze-Fielitz*, Die Verwaltung 27 (1994), S. 277 (292 ff.); *O. Bachof*, VVDStRL 30 (1972), S. 193 (224 ff.); *W. Brohm*, VVDStRL 30 (1972), S. 245 (246 ff.).

statten, und schafft so erst die Voraussetzung einer Rechtsanwendung.[95] Das System erbringt dadurch die für die Handhabbarkeit der „flutende[n] Masse der Verwaltungstätigkeit",[96] die sich insbesondere in einer Vielzahl von differierenden Aufgaben und Regelungskomplexen manifestiert, erforderliche Selektions- und Syntheseleistungen und leistet mittels abstrahierter normativer Wertungen, die Eingang in ein Grundgerüst bilden, eine „Reduktion selbsterzeugter Komplexität".[97] Dabei werden insbesondere auch häufig nicht explizit normierte Inhalte und Zusammenhänge von Regelungsgegenständen aufgenommen.[98] Eine derartige Vereinheitlichung fordert bereits das Bemühen um Vereinfachung, das die zentrale Aufgabe der verwaltungsrechtlichen Dogmatik darstellt[99] und durch die Verwirklichung von Rechtssicherheit auch rechtsstaatlich gefordertes Element ist.[100]

Die Möglichkeit eines steten Rückgriffs auf dieses System, insbesondere auf formalisierte Handlungsformen und deren Voraussetzungen, bekannte Rechtsbegriffe[101] und Rechtsinstitute sowie auf deren Auslegungsergebnisse, führt zur Entlastung von Exekutive und Judikative im Hinblick auf deren Entscheidungstätigkeit, da Vorgänge anhand des vorhandenen „Speichers" in standardisierter Weise rechtlich bewertet und eingeordnet[102] und so reproduzierbar werden,[103] was auch als „Entlastungsfunktion" bezeichnet wird.[104] Gleichzeitig können Aussagen über Verfahren, prozessuale Behandlung bis hin zur Vollstreckbarkeit unmittelbar aus dem System gewonnen werden, wodurch nicht nur Handlungsketten überschaubar, sondern auch Entscheidungsfolgen vorhersehbar werden[105] und auch auf die Rechtsstellung des Betroffenen Einfluss ausgeübt wird.[106]

---

95 *E. Schmidt-Aßmann*, Ordnungsidee, Erstes Kapitel Rn. 4; *ders.*, DVBl. 1989, 533 f.; *T. v. Danwitz*, Verwaltungsrechtliches System, S. 35; *W. Kahl*, Die Verwaltung, Beiheft 10 (2010), S. 39 (46).

96 *O. Mayer*, Deutsches Verwaltungsrecht, Bd. I, S. 92 f.

97 *N. Luhmann*, Jahrbuch für Rechtssoziologie und Rechtstheorie, Bd. 2, 1972, 255 (259); *ders.*, Soziale Systeme. Grundriß einer allgemeinen Theorie, S. 12; *T. v. Danwitz*, Verwaltungsrechtliches System, S. 35; *T. Groß*, Die Verwaltung, Beiheft 2 (1999), S. 57 (71).

98 *T. v. Danwitz*, Verwaltungsrechtliches System, S. 35.

99 *H. Schulze-Fielitz*, Die Verwaltung 27 (1994), S. 277 (293); *M. Stolleis*, BWV 1990, 152 (156). *W. Kahl*, Die Verwaltung, Beiheft 10 (2010), S. 39 (46), stellt diese Bemühung um Vereinfachung unter dem Begriff „Komplexitätsbewältigungsfunktion" als eigene Funktion heraus.

100 *C.-W. Canaris*, Systemdenken und Systembegriff in der Jurisprudenz, S. 17; *K. Tiedemann*, in: FS Baumann 1992, S. 7 (10); *T. Groß*, Die Verwaltung, Beiheft 2 (1999), S. 57 (71).

101 Dies war ein Anspruch, den bereits *Otto Mayer* an die allgemeinen Lehren gestellt hat, vgl. *A. Hueber*, Otto Mayer, S. 67 ff., 135 ff.

102 *F. Ossenbühl*, JuS 1979, 681; *H. Schulze-Fielitz*, Die Verwaltung 27 (1994), S. 277 (293).

103 *R. Alexy*, Theorie der juristischen Argumentation, S. 326; *J. Esser*, AcP 172 (1972), S. 97 (103).

104 *A. Voßkuhle*, BayVBl. 2010, 581 (583); *U. Becker*, in: *ders.* (Hrsg.), Rechtsdogmatik, S. 11 (16); *O. Bachof*, VVDStRL 30 (1972), S. 193 (198).

105 Vgl. hierzu die Ausführungen unter C.I.2. Die Orientierungsfunktion.

106 *E. Schmidt-Aßmann*, DVBl. 1989, 533 f.; *T. v. Danwitz*, Verwaltungsrechtliches System, S. 35; *W. Pauly*, in: *Becker-Schwarze/Köck/Kupka u.a.* (Hrsg.), Wandel der Handlungsformen, S. 25 (35); *H. Bauer*, Die Verwaltung 25 (1992), S. 301 (309 ff.).

Ebenso besteht die Möglichkeit der theoretischen Stoffvermittlung und eines Transfers in die einzelnen Bereichsdogmatiken.[107] Insbesondere bei der Bewältigung von Massenvorgängen, wie sie im Sozialrecht und auch im Steuerrecht notwendig wird, kommt dem System daher nicht nur Vereinfachungswirkung, sondern eine hiermit verbundene Beschleunigungsfunktion zu, ohne welche die Handlungsfähigkeit der Verwaltung wie auch der Gerichtsbarkeit nicht mehr gewährleistet wäre.

Eine wichtige Bedeutung kommt der Speicherfunktion[108] jedoch auch bei der Bewertung von neuen Vorgängen zu, welche unter Rückgriff auf das bestehende System eingeordnet oder in Abgrenzung zu den bereitgehaltenen Problemlösungsvorschlägen und Rechtsinstituten einordenbar werden und so ihre rechtsstaatliche Kontur erhalten.[109] Durch diese Funktion der Standardisierung und der damit verbundenen Vereinfachung praktischer Rechtsanwendung ermöglicht das System zugleich eine Aufmerksamkeitskonzentration auf neu in Erscheinung tretende Entscheidungskriterien.[110] Aber auch der Gesetzgeber profitiert hiervon, da er bei seinen Regelungen auf Bekanntes zurückgreifen kann und somit Anhaltspunkte sowohl für Neuaufnahmen in dieses System hat, als auch anhand der bestehenden, standardisierten Institute ein Regelungsgeflecht durch Rückgriff auf diese, z.B. bei der Festsetzung von Rechtsfolgen, entfalten kann.[111]

So wird sich im Verlauf der vorliegenden Untersuchung zeigen, dass sich gerade im Sozialrecht, aber auch in anderen Rechtsgebieten Organisations- und Handlungsformen wie auch Formen des Einbezugs Privater herausgebildet haben, die in die herkömmlichen Kategorisierungen, wie sie das Allgemeine Verwaltungsrecht bereit hält, nicht oder nur schwer und um den Preis der Aufgabe oder Erweiterung bestimmter Kriterien der vorhandenen Problemlösungsvorschläge eingeordnet werden können, was insbesondere bei der Rechtsprechung und der Rechtswissenschaft, aber auch bei der Exekutive zu erheblichem Begründungsaufwand und bemerkenswerten Verformungen in der Argumentationslinie führt.[112] Als Beispiel hierfür kann die langwährende geführte Diskussion

---

[107] *C.-W. Canaris*, Systemdenken und Systembegriff in der Jurisprudenz, S. 382; *E. Schmidt-Aßmann*, Ordnungsidee, Erstes Kapitel Rn. 4; *E. Schmidt-Aßmann*, Die Verwaltung 27 (1994), S. 137 (139 f.); *E. Schmidt-Aßmann*, DVBl. 1989, 533 ff.; *T. v. Danwitz*, Verwaltungsrechtliches System, S. 35; *H. Schulze-Fielitz*, Die Verwaltung 27 (1994), S. 277 (293).

[108] *K. Larenz/K.-W. Canaris*, Methodenlehre, S. 55 ff.; *R. Alexy*, Theorie der juristischen Argumentation, S. 326 ff.; *E. Schmidt-Aßmann*, Die Verwaltung 27 (1994), S. 137 (140 f.).

[109] *E. Schmidt-Aßmann*, Ordnungsidee, Erstes Kapitel Rn. 4; *ders.*, Die Verwaltung 27 (1994), S. 137 (139); *ders.*, DVBl. 1989, 533 f.; *P. Kirchhof*, Rechtswidrigkeiten, S. 9.

[110] *E. Schmidt-Aßmann*, Ordnungsidee und System, S. 12; *T. v. Danwitz*, Verwaltungsrechtliches System, S. 35; *W. Brohm*, VVDStRL 30 (1972), S. 245 (247 f.).

[111] *E. Schmidt-Aßmann*, Ordnungsidee, Erstes Kapitel Rn. 4.

[112] Dazu die Ausführungen zu Kapitel 3, 4 und 5, insbesondere jeweils zur Einordnung als Organisationseinheit der Selbstverwaltung, der Handlungsformen mit normativer Wirkung oder dem Einbezug Privater sowie jeweils zur demokratischen Legitimation.

um die Bindungswirkung der Richtlinien des G-BA dienen,[113] die Folge der mangelnden Einordenbarkeit der Richtlinie in das bekannte Repertoire der normativen Handlungsformen war und mittlerweile durch den Gesetzgeber durch Anordnung der Bindungswirkung entschieden wurde.[114] Ebenso nicht von der Speicherfunktion profitieren die Organisationsformen des Sozialrechts, wie diejenigen der „Sozialen Selbstverwaltung" in Form der Sozialversicherungsträger und dem G-BA als Beispiel für die „Gemeinsame Selbstverwaltung", die sich in die Typologie des Allgemeinen Verwaltungsrechts nicht oder nur sehr schwer verorten lassen. Insoweit lässt das Allgemeine Verwaltungsrecht seine Speicherfunktion und die damit einhergehende Entlastungswirkung vermissen.

### 2. *Die Orientierungsfunktion*

Jedes System zielt auf Stimmigkeit ab.[115] Mit der Speicherfunktion und der Abstrahierung allgemeingültiger Aussagen wird jegliche Rechtsanwendung auf das Ziel der Systemkonformität verpflichtet, die insoweit neben den Wortlaut und der spezifischen Einzelfallsituation als Entscheidungsmaxime bzw. „Leitmotiv"[116] tritt.[117] Das System führt damit zur Begrenzung der durch Auslegung gewinnbaren Ergebnisse und stellt einen Orientierungs- sowie Disziplinierungsmaßstab für die praktische Rechtsanwendung dar, wobei die Allgemeinheit der Wertungsgrundlagen deren Konsistenz sichert.[118] Es ist „Vorbedingung „korrekter" Normanwendung"[119] und wirkt „selektiver Gesetzmäßigkeit"[120] entgegen, wodurch der Gesetzesvollzug sichergestellt und die Durchsetzbarkeit des Rechts gewährleistet wird.

Hierdurch wird auch erreicht, dass durch Strukturierung des Entscheidungsprozesses und Orientierung an übergeordneten Aussagen und Prinzipien Verwaltungs- sowie Gerichtsentscheidungen des Einzelfalls unter Rückgriff auf das System insbesondere für den Entscheidungsadressaten argumentativ nachvollziehbar werden, so dass exekutivisches und justizielles Handeln planbar und eine

---

[113] Dazu BSG, Urt. v. 20.3.1996 – 6 RKa 62/94 – SozR 3.2500 § 92 Nr. 6; LSG Nds., L 4 KR 130/98, NZS 2001, 32 ff.; aus der Vielzahl der Literatur stellvertretend *K. Jung*, KrV 1999, 252 ff.; *P. Axer*, Normsetzung, S. 117 ff.; *H. Butzer/M. Kaltenborn*, MedR 2001, 333 ff.; *K. Engelmann*, NZS 2000, 1 ff.; 76 ff.; *F. Hase*, MedR 2005, 391 ff.; *A. Hänlein*, Rechtsquellen, S. 454 ff.; *F. Ossenbühl*, NZS 1997, 497 ff.; *H. Plagemann*, MedR 2005, 401 ff.; *G. Beier*, in: *Schlegel/Engelmann* (Hrsg.), SGB V, § 92 Rn. 18 ff., 11 m.w.N.

[114] Vgl. § 91 Abs. 6 SGB V.

[115] *E. Schmidt-Aßmann*, Ordnungsidee, Erstes Kapitel Rn. 7.

[116] *T. v. Danwitz*, Verwaltungsrechtliches System, S. 36; *E. Schmidt-Aßmann*, DVBl. 1989, 533.

[117] *J. Harenburg*, Rechtsdogmatik, S. 69 f.; *E. Schmidt-Aßmann*, Die Verwaltung 27 (1994), S. 137 (140); *ders.*, DVBl. 1989, 533 f.

[118] In diesem Sinne *J. Esser*, Methodenwahl, S. 97 ff.; *T. Groß*, Die Verwaltung, Beiheft 2 (1999), S. 57 (72); *J. Schapp*, Hauptprobleme, S. 99 f. *W. Kahl*, Die Verwaltung, Beiheft 10 (2010), S. 39 (46), prägt hierfür den Begriff der „(Re-) Integrationsfunktion", *A. Voßkuhle*, BayVBl. 2010, 581 (583), und *T. v. Danwitz*, Verwaltungsrechtliches System, S. 36, sprechen hierbei von Stabilisierungsfunktion.

[119] *T. v. Danwitz*, Verwaltungsrechtliches System, S. 36.

[120] *E. Schmidt-Aßmann*, Ordnungsidee und System, S. 16.

kontinuierliche Rechtsanwendung sichergestellt ist. Durch die Gewährleistung von Berechenbarkeit und Rechtssicherheit werden zentrale Forderungen des Rechtsstaatsprinzips verwirklicht[121] und die Grundbedingungen für die grundrechtlich gewährleistete Freiheitsverwirklichung geschaffen.[122] So konstatiert auch das BVerfG: „Freiheit erfordert [...] die Verlässlichkeit der Rechtsordnung".[123] Diese gewonnene Rationalität in der Entscheidung trägt wesentlich zur Akzeptanz von verwaltungsrechtlichen oder verwaltungsgerichtlichen Entscheidungen beim Entscheidungsadressaten bei.[124]

Aber nicht nur für diesen zeitigt das System seine Wirkung. Auch für die Exekutive werden Handlungsketten überschaubar und Entscheidungsfolgen vorhersehbar, so dass durch diese „reflexive Wirkung" der Ordnungsauftrag des Systems zur Geltung kommt und Orientierung wie auch rechtsstaatliche Disziplinierung sichergestellt werden,[125] was *Otto Mayer* bereits wie folgt formulierte: „Im Gegensatz zur vorausgehenden Entwicklungsstufe hat unser Rechtsstaat nicht nur die Fluten der Masse der Verwaltungstätigkeit eingedämmt durch das Gesetz, sondern er lässt auch noch mitten drin fort und fort feste Punkte auftauchen, welche dem Einzelnen Halt gewähren und ihn darüber sicherstellen, wohin es geht."[126] So liegt die Orientierungsfunktion des Systems intern in der konsistenten Anwendung des „kontingent entstandenen Rechts" sowie extern in der rationalen Begründung der Entscheidung, die Ordnung und Rechtssicherheit erzeugt.[127] Indem Folgerichtigkeit und Rechtssicherheit wie auch die Gedanken der Ordnung Komponenten sowohl des Rechtsstaats als auch der Systembildung sind, wird deren grundlegende Verflechtung offensichtlich.[128]

Durch die Zunahme der Komplexität von politischen und juristischen Entscheidungen im modernen Staat besteht die Gefahr der Einflussnahme von Interessengruppen zur Verfolgung und Durchsetzung von Sonderinteressen. Insbesondere in den Sonderregelungen des Besonderen Verwaltungsrechts können diese Gestalt annehmen. Die Bereitstellung von allgemeinen, abstrahierten Aussagen und der Ausrichtung der Regelungen des Besonderen Teils an diesen führt zu einem Rechtfertigungsdruck für Sonderentwicklungen in den verwaltungsrechtlichen Bereichsdogmatiken vor den allgemeinen Lehren.[129] So stehen Aussagen des Besonderen Teils unter der Notwendigkeit der Rechtfertigung entweder

[121] *E. Schmidt-Aßmann*, Ordnungsidee, Erstes Kapitel Rn. 5; *ders.*, VBlBW. 1988, 381 (382 f.).

[122] *A. Voßkuhle*, BayVBl. 2010, 581 (583), spricht diesbezüglich von „Kontrollfunktion".

[123] BVerfGE 60, 253 (268).

[124] *E. Forsthoff*, Lehrbuch des Verwaltungsrechts, Bd. I, S. 160 f.; *J. Habermas*, Faktizität und Geltung, S. 243; *T. v. Danwitz*, Verwaltungsrechtliches System, S. 36.

[125] *E. Schmidt-Aßmann*, DVBl. 1989, 533 (534); *C. Möllers*, in: *Hoffmann-Riem/Schmidt-Aßmann/Voßkuhle* (Hrsg.), Grundlagen des Verwaltungsrechts I, § 3 Rn. 54.

[126] *O. Mayer*, Deutsches Verwaltungsrecht, Bd. I, S. 92 f.

[127] *J. Habermas*, Faktizität und Geltung, S. 244.

[128] *C.-W. Canaris*, Systemdenken und Systembegriff in der Jurisprudenz, S. 16 f.; *E. Schmidt-Aßmann*, VBlBW. 1988, 381 (382); *ders.*, in: FS Redeker 1993, S. 225 (242).

[129] *E. Schmidt-Aßmann/F. Schoch*, Bergwerkseigentum, S. 131; *H. Schulze-Fielitz*, Die Verwaltung 27 (1994), S. 277 (292 f.).

als allgemeingültiges Prinzip, das nicht nur bereichsspezifisch, sondern auch für andere Fachbereiche Geltung beanspruchen kann, oder als Eigenheit des jeweiligen Rechtsgebiets, die sich aus historischen oder nachvollziehbar vom Standard abweichenden Besonderheiten ergibt.[130] So tritt auch diesbezüglich, losgelöst von der konkreten Entscheidungssituation, eine Orientierungswirkung ein und die verschiedenen Subsysteme werden durch das Allgemeine Verwaltungsrecht zu einer widerspruchsfreien Rechtsordnung verflochten, deren Geltungsgrund gerade diese Widerspruchsfreiheit ist.[131] Insoweit bildet das Allgemeine Verwaltungsrecht den „ruhenden Gegenpol" zu den von Sonderinteressen bestimmten „tagespolitischen Aufgeregtheiten".[132]

Die notwendigen fachbereichsspezifischen Differenzierungen setzen nicht auf der Stufe des abstrahierten Allgemeinen Verwaltungsrechts ein, sondern unterhalb dieser Ebene und führen dazu, dass neben der Auslegung des Besonderen Verwaltungsrechts an vertrauten Rechtsbegriffen und Rechtsinstituten des Allgemeinen Verwaltungsrechts auch der Bestand des Allgemeinen Verwaltungsrechts fortwährend an den Fachgesetzen gemessen und auf ihre Allgemeingültigkeit hin überprüft wird.[133] Insoweit gehen die Anwendung wie auch die Herausbildung des Systems konturlos ineinander über.[134] Wenn *Klaus Stern* im Hinblick auf die bundesgesetzgeberische Tätigkeit „eine erfreuliche Übereinstimmung in der Erhaltung und Verwendung der überkommenen Grundsätze und Institutionen des Allgemeinen Verwaltungsrechts durch den Gesetzgeber des besonderen Verwaltungsrechts"[135] feststellt, so ist dies Ausdruck der Orientierungswirkung des Allgemeinen Verwaltungsrechts durch die Ausrichtung auf begriffliche und strukturelle Systemvorgaben auf die Rechtssetzung.[136]

Eine besondere Bedeutungseinbuße erfährt diese Orientierungswirkung des Allgemeinen Verwaltungsrechts in den vom Allgemeinen Verwaltungsrecht weitgehend losgelösten Bereichen des Sozialrechts, in dem sich historisch bedingt sowie durch ein Paralleldasein zum übrigen Verwaltungsrecht insbesondere konsensuale Organisations- und Handlungsformen, auch aufgrund des das Sozialrecht durchziehenden Korporatismus, herausgebildet haben, wie auch der Einbezug von Privatrechtssubjekten besondere Ausprägungen erfahren hat. Inwiefern diese Phänomene diesem von der Systematik aufgebauten Rechtfertigungsdruck Stand halten und sich lediglich als fachbereichsspezifische Besonder-

[130] *E. Schmidt-Aßmann*, Ordnungsidee, Erstes Kapitel Rn. 10; *ders.*, in: FS Redeker 1993, S. 225 (242); *C. Möllers*, in: *Hoffmann-Riem/Schmidt-Aßmann/Voßkuhle* (Hrsg.), Grundlagen des Verwaltungsrechts I, § 3 Rn. 54.

[131] *K. Engisch*, Rechtsordnung, S. 1 ff.; *P. Kirchhof*, Rechtswidrigkeiten, S. 8; *F. Ossenbühl*, DVBl. 1990, 963 (967); *W. Meyer-Hesemann*, Methodenwandel, S. 166.

[132] *T. Groß*, Die Verwaltung, Beiheft 2 (1999), S. 57 (72).

[133] *E. Schmidt-Aßmann*, Ordnungsidee, Erstes Kapitel Rn. 5; *ders.*, Die Verwaltung 27 (1994), S. 137 (140); *F. Ossenbühl*, JuS 1979, 681 (682).

[134] Nach *E. Schmidt-Aßmann*, Ordnungsidee, Erstes Kapitel Rn. 5; *ders.*, Die Verwaltung 27 (1994), S. 137 (140), ist daher Dogmatik „Systemnutzung" und „Systembildung" zugleich.

[135] *K. Stern*, JZ 1962, 265 (302).

[136] *T. v. Danwitz*, Verwaltungsrechtliches System, S. 39.

heit darstellen, oder aber den Anspruch als allgemeingültiges Prinzip erheben, wird in den folgenden Kapiteln einer eingehenden Erörterung unterzogen werden und kann an dieser Stelle noch dahinstehen.[137]

Weitere Orientierungswirkung auf das Besondere Verwaltungsrecht entfaltet das Allgemeine Verwaltungsrecht als konkretisiertes Verfassungsrecht,[138] indem dieses nicht nur mittels aufsteigender Abstraktion durch das Besondere Verwaltungsrecht geprägt, sondern auch überwiegend durch das Verfassungsrecht mittels absteigender Konkretisierung determiniert ist[139] und so eine Mittlerebene zwischen Verfassungs- und Besonderem Verwaltungsrecht darstellt.[140] Es sichert auf diese Weise die Wirksamkeit des Verfassungsrechts im Verwaltungsrecht durch die Durchdringung der verwaltungsrechtlichen Praxis,[141] wie sie insbesondere durch die Strukturprinzipien und durch das in vorliegendem Zusammenhang in besonderer Weise relevante Demokratieprinzip erfolgt, wodurch eine Folgenabschätzung und Stimmigkeitsprüfung an der verfassungsrechtlichen Dogmatik ermöglicht wird.[142] Gleichzeitig zu dieser verfassungskonkretisierenden Funktion veranlasst das Allgemeine Verwaltungsrecht die Überprüfung verfassungsrechtlicher Anforderungen auf ihre Allgemeingültigkeit und wirkt so in umgekehrter Richtung auch auf das Verfassungsrecht ein, so dass ihm „Doppelcharakter" zukommt.[143]

Sowohl die Speicher- als auch die Orientierungsfunktion ermöglichen neben der Anwendbarkeit des Rechts auch dessen Lehr- und Lernbarkeit.[144]

### 3. *Die Ausgleichsfunktion*

Durch Abstrahierung wird Distanz zum Normtext geschaffen,[145] wodurch Sinnbezüge, Wertungen und der normative Kontext freigelegt werden, die nicht allein für Rechtssetzung, Rechtsanwendung und Rechtsschutz unabdingbare Voraussetzung sind,[146] sondern auch die Überprüfung der Systemkonsistenz, z.B. mit-

---

[137] Dazu die Kapitel 3, 4 und 5.

[138] *F. Werner*, DVBl. 1959, 527.

[139] *R. Wahl*, in: *Hoffmann-Riem/Schmidt-Aßmann/Schuppert* (Hrsg.), Reform, S. 177 (212). Kritisch hierzu *C. Möllers*, in: *Hoffmann-Riem/Schmidt-Aßmann/Voßkuhle* (Hrsg.), Grundlagen des Verwaltungsrechts I, § 3 Rn. 13. Dazu näher unter C. III. Systemprägende Elemente.

[140] *E. Schmidt-Aßmann*, VBlBW. 1988, 381 (382); *T. v. Danwitz*, Verwaltungsrechtliches System, S. 37 ff.; *W. Meyer-Hesemann*, Methodenwandel, S. 166; *C. Möllers*, in: *Hoffmann-Riem/Schmidt-Aßmann/Voßkuhle* (Hrsg.), Grundlagen des Verwaltungsrechts I, § 3 Rn. 54.

[141] *R. Wahl*, in: *Hoffmann-Riem/Schmidt-Aßmann/Schuppert* (Hrsg.), Reform, S. 177 (212), spricht hierbei vom Allgemeinen Verwaltungsrecht als „Transmissionsriemen", *E. Schmidt-Aßmann*, Ordnungsidee, Erstes Kapitel Rn. 5, bezeichnet es als „Transformator".

[142] *E. Schmidt-Aßmann*, VBlBW. 1988, 381 (382).

[143] *E. Schmidt-Aßmann*, Die Verwaltung 27 (1994), S. 137 (140); *ders.*, in: FS Redeker 1993, S. 225 (232 f., 242); *F. Schoch*, Die Verwaltung 25 (1992), S. 21 (27).

[144] *T. Kingreen/S. Rixen*, DÖV 2008, 741 (744); *J. Schapp*, Hauptprobleme, S. 99.

[145] *E. Schmidt-Aßmann*, DVBl. 1989, 533 (534).

[146] *M. Kloepfer*, VVDStRL 40 (1982), S. 63 (65 ff.).

tels der Abgleichung von Parallelfällen, erst eröffnet.[147] Durch eine solche Kohärenzprüfung auf die Anschlussfähigkeit und Systemkonsistenz können Wertungswidersprüche aufgedeckt und im besten Fall durch die Einbindung in den normativen Kontext aufgelöst werden,[148] wozu dem Rechtsanwender durch die Allgemeinheit der abstrahierten Begrifflichkeiten und Grundsätze Freiräume eröffnet werden, welche die Erfassung und den Ausgleich derartiger Wertungs- und Interessenwidersprüche erleichtern.[149] So ermöglicht Systembildung den Ausgleich von Interessen- und Wertungskonflikten,[150] was als Ausgleichsfunktion bezeichnet werden kann.[151]

Derartige Parallelen in den Interessen und Wertungen werden auch im Sozialrecht im Verhältnis zu den Rechtsinstituten des Allgemeinen sowie zu Teilen des Besonderen Verwaltungsrechts sichtbar, die jedoch der Behandlung in den späteren Kapiteln vorbehalten bleiben sollen.

### *4. Die Rechtsentwicklungsfunktion*

Allerdings erschöpft sich die Aufgabe der Systembildung nicht in dieser Orientierungsfunktion. Will diese der Rechtssetzung und Rechtsanwendung Orientierung geben, Interessen- und Wertungskonflikte zum Ausgleich bringen und Sonderentwicklungen durch systemkonforme Auslegung und rechtsdogmatische Angleichung entgegenwirken, besteht eine der wesentlichen Aufgaben des Allgemeinen Verwaltungsrechts auch darin, auf Grundlage systematischer Analysen im Rahmen des von dem System gesteckten teleologisch-systematischen Auslegungsrahmens Fortentwicklungsnotwendigkeiten aufzudecken,[152] Wirkungen anderer Rechtsgebiete auf das Verwaltungsrecht sichtbar zu machen sowie anhand der Rezeptionsoffenheit des Systems Aussagen über die Aufnahmemöglichkeiten neuer Entwicklungen in das System zu treffen.[153] Dabei sichert die Abstraktion u.a. auch die Erfassung einer Vielzahl von Einzelfällen, wodurch die Anpassungsfähigkeit des Rechts gesteigert wird.[154] Dies gilt ebenfalls für Wertun-

---

[147] *T. v. Danwitz*, Verwaltungsrechtliches System, S. 37; *T. Groß*, Die Verwaltung, Beiheft 2 (1999), S. 57 (71).

[148] *C. Starck*, in: *Behrends/Henckel* (Hrsg.), Gesetzgebung und Dogmatik, S. 106 (119); *J. Habermas*, Faktizität und Geltung, S. 207.

[149] *W. Meyer-Hesemann*, Methodenwandel, S. 166.

[150] *E. Schmidt-Aßmann*, in: FS Redeker 1993, S. 225 (242).

[151] *A. Voßkuhle*, BayVBl. 2010, 581 (583), spricht in diesem Zusammenhang von „Vermittlungsfunktion", was in Anbetracht der obigen Ausführungen, wonach dem Allgemeinen Verwaltungsrecht eine Mittlerfunktion zwischen Verfassungs- und Besonderem Verwaltungsrecht zufällt, missverständlich sein kann.

[152] *O. Bachof*, VVDStRL 30 (1972), S. 193 (198) m.w.N.; *E. Schmidt-Aßmann*, VBlBW. 1988, 381 (382); *R. Alexy*, Theorie der Grundrechte, S. 22 ff.; *W. Kahl*, Die Verwaltung, Beiheft 10 (2010), S. 39 (47 f.), spricht hierbei von „Rechtspolitische[r] Begleitungs- und Kritikfunktion".

[153] Diese Funktion wird auch als „Kritik- und Rezeptionsfunktion" bezeichnet, *A. Voßkuhle*, BayVBl. 2010, 581 (583). Zur Einwirkungsmöglichkeit des Gemeinschaftsrechts *T. v. Danwitz*, Verwaltungsrechtliches System, S. 38 ff., 395 ff.

[154] *E. Schmidt-Aßmann*, DVBl. 1989, 533 (537); *W. Kahl*, Die Verwaltung, Beiheft 10 (2010), S. 39 (47), sog. „Rezeptionsleitungs-, Vermittlungs- und Akzeptanzfunktion".

gen, Handlungsformen, Begriffe und Institute, die Gegenstand von Sonderentwicklungen sind, die sich nicht an das bestehende System angleichen lassen. So können Lösungen, die in anderen Gebieten bestehen, sowie Wertungen und Rechtsfiguren herangezogen werden, um Rückstände und Wertungswidersprüche innerhalb des Systems durch rechtspolitisches Handeln zu beheben und das Recht sowie das System durch Aufnahme dieser Lösungen in das Allgemeine Verwaltungsrecht fortzuentwickeln.[155] Insoweit sind Distanz sowie der systematische Strukturvergleich Prämissen für die Rechtsfortbildung.[156]

Besondere Bedeutung erlangt diese Funktion der Rechtsentwicklung des Allgemeinen Verwaltungsrechts auch mit Blick auf die nachfolgend behandelten Organisations- und Handlungsformen des Sozialrechts sowie die Einbeziehung von Privatrechtssubjekten in das Verwaltungshandeln. Eine der drängendsten Fragen wird dabei sein, inwiefern die Rechtsinstitute des Allgemeinen Verwaltungsrechts, wie die im Rahmen der Organisationsformenlehre bestehenden Kategorien der Körperschaft, Anstalt und Stiftung des öffentlichen Rechts, rezeptionsbereit für Organisationsformen des Sozialrechts, wie den Sozialversicherungsträgern oder den Einrichtungen der „Gemeinsamen Selbstverwaltung", insbesondere dem G-BA, sind bzw. wie andere gruppenplurale Organisationseinheiten erfasst werden können. Gleichzeitig stellt sich mit Blick auf die „Gemeinsame Selbstverwaltung" das Problem der Rezipierbarkeit von Handlungsformen, wie den öffentlich-rechtlichen Verträgen oder Empfehlungen mit normativer Wirkung, wie auch das Rechtsinstitut der Beleihung durch die Übertragung von Normsetzungsbefugnissen oder Vertragsergänzungsbefugnissen auf Privatrechtssubjekte herausgefordert wird.

### *II. Die Akteure der Systembildung, insbesondere die Legislative*

Im Anschluss an die Darstellung der Aufgaben des verwaltungsrechtlichen Systems stellt sich die Frage nach den Beteiligten an der Systembildung. In unterschiedlicher Wirkkraft systembildend tätig werden mit der Legislative, der Judikative und der Exekutive die drei Staatsgewalten sowie begleitend oder gar eigene Impulse setzend die Verwaltungsrechtswissenschaft.[157]

Da der Judikative Ergänzungsfunktion zur Rechtssetzung der Legislative und Exekutive zukommt,[158] wird die Verwaltungsgerichtsbarkeit zu Recht als die eigentlich systembildende, institutionalisierte Kraft des Verwaltungsrechts be-

---

[155] *E. Schmidt-Aßmann*, Ordnungsidee, Erstes Kapitel Rn. 7; *H. Schulze-Fielitz*, Die Verwaltung 27 (1994), S. 277 (294); *W. Kahl*, Die Verwaltung, Beiheft 10 (2010), S. 39 (47), spricht hierbei von „Freilegungs- und Verknüpfungsfunktion".

[156] *E. Schmidt-Aßmann*, DVBl. 1989, 533 (537).

[157] *F. Ossenbühl*, JuS 1979, 681 (682); *O. Bachof*, VVDStRL 30 (1972), S. 193 (224 f.).

[158] *H. Schulze-Fielitz*, Die Verwaltung 27 (1994), S. 277 (288); *E. Schmidt-Aßmann*, VBlBW. 1988, 381 (385); *H. Dreier*, Hierarchische Verwaltung, S. 164 ff.; *H. Schulze-Fielitz*, Theorie und Praxis, S. 143 ff.; *W. Brohm*, DÖV 1987, 265 ff.

zeichnet.[159] Die zentrale Bedeutung der Judikative für die verwaltungsrechtliche Systembildung ergibt sich auch durch die Ausnahmestellung, die exekutiven Letztentscheidungen zukommt und die einer eingehenden Begründung bedürfen, wie dies z.B. bei der Anerkennung eines Ermessens- und Beurteilungsspielraums der Fall ist.[160] Gleichzeitig haben sich weder die normative Konfliktlösung durch z.B. Individual- oder Maßnahmegesetze[161] noch die gesetzliche Korrektur richterlicher Rechtsfortbildung etabliert, so dass die weitestgehende Absenz eines gesetzgeberischen und exekutiven Einflusses auf die Systembildung zur herausragenden Stellung der Justiz führt.[162] Hauptakteure sind dabei die Verfassungsgerichtsbarkeit sowie die Verwaltungsgerichtsbarkeit, im Zuge der zunehmenden Europäisierung auch die europäische Gerichtsbarkeit. Die Verfassungsgerichtsbarkeit entwickelt anhand von Einzelfällen allgemeine, verfassungsrechtlich gebotene und das Verwaltungsrecht prägende Grundsätze.[163] Neben der Ausfüllung des Rechtsstaatsprinzips durch die Rechtsprechung zur gesetzlichen Regelungsdichte und der notwendigen Bestimmtheit gesetzlicher Regelungen[164] wird in vorliegendem Zusammenhang insbesondere die Konkretisierung des Demokratieprinzips relevant, indem das Erfordernis demokratischer Legitimation für Organisations- und Handlungsformen ins Zentrum der Betrachtung rückt, das als grundlegend für die Anschlussfähigkeit an das verwaltungsrechtliche System anzusehen ist. So erlangt die Rechtsprechung des BVerfG zur demokratischen Legitimation durch das klassische Legitimationsmodell ebenso systemrelevante Wirkung wie diejenige zu den kommunalen Gebietskörperschaften,[165] zur funktionalen Selbstverwaltung[166] oder den gruppenplural zusammengesetzten Entscheidungsgremien.[167] Die Intensität der systemprägenden Einwirkung schwankt jedoch zwischen bloß verbindlichen Vorgaben von Wertungen, deren Berücksichtigung und konkrete Ausgestaltung offen-

[159] *T. v. Danwitz*, Verwaltungsrechtliches System, S. 49; *P. Lerche*, BayVBl. 1980, 257 ff.; *E. Schmidt-Aßmann*, VBlBW. 1988, 381 (385 f.); *ders.*, VVDStRL 34 (1976), S. 221 (222 ff.; LS. 10 bis 13); *R. Scholz*, VVDStRL 34 (1976), S. 145 (152, 155 f.; LS. 3 und 4); kritisch hierzu *H.-J. Papier*, Verwaltungsgerichtsbarkeit, S. 15 ff.; ablehnend hingegen *K.A. Bettermann*, Der totale Rechtsstaat, S. 22 ff., insbes. S. 24 ff., der auf die Überforderung der Gerichte verweist.

[160] *R. Scholz*, VVDStRL 34 (1976), S. 145 (155); *T. v. Danwitz*, Verwaltungsrechtliches System, S. 49.

[161] Vgl. *F. Ossenbühl*, in: *Isensee/Kirchhof* (Hrsg.), HStR V, § 101 Rn. 23 f.

[162] *R. Mußgnug*, in: FS Universität Heidelberg 1986, S. 203 (213), der dazu ausführt, dass die Gerichte aufgrund des Bedarfs an zitierfähigen und ausformulierten Regeln gerade zum geschriebenen Recht drängen würden, wie sich am Beispiel des VwVfG zeigen ließe, dessen Regierungsvorlagen von 1970 und 1972, BT-Drs. 6/1173 und 7/910, bereits von den Gerichten angewandt wurden; *T. v. Danwitz*, Verwaltungsrechtliches System, S. 50.

[163] Allgemein hierzu *H. Fischer*, Auswirkungen, S. 152 ff.

[164] BVerfGE 8, 274 ff. – Preisbindung; BVerfGE 49, 89 ff. – Kalkar; BVerfGE 83, 130 (142) – Josefine Mutzenbacher.

[165] BVerfGE 79, 127 ff., 83, 37 ff.; 107, 59 ff.

[166] Z.B. BVerfGE 107, 59 ff.

[167] Z.B. BVerfGE 83, 138 ff., Urt. v. 25.3.2014, 1 BvF 1/11, 4/11, zum öffentlich-rechtlichen Rundfunk; BVerfGE 83, 130 ff. zur Bundesprüfstelle; Urt. v. 28.1.2014, 2 BvR 1561/12, zur Filmförderungsanstalt; BVerfGE 37, 1 ff., Urt. v. 6.5.2014, 2 BvR 1139/12, zum Deutschen Weinfonds.

bleibt, und der konkreten Ausformulierung der tragenden Gründe als verwaltungsrechtliche Lehrsätze.[168]

Dabei wird insbesondere im Sozialrecht das grundsätzlich entwicklungsoffene Sozialstaatsprinzip der notwendigen Konkretisierung zugeführt, wobei sich jedoch das BVerfG auf grundsätzliche Aussagen beschränkt, während dem Gesetzgeber die dogmatische Durchdringung und Bildung einer systematischen Rechtsordnung überantwortet wird.[169]

So bleibt die Rechtsprechung des BVerfG weitgehend auf grundsätzliche Aussagen, die einen Rahmen für die gesetzgeberische Tätigkeit stecken, sowie auf Feststellungen zur juristisch korrekten Anwendung der Sozialstaatsklausel im Einzelfall begrenzt, während große dogmatische und systematische Züge ausbleiben.

Zentrale Stellung in der Systembildung nehmen dagegen die Fachgerichtsbarkeiten ein.[170] So vermögen insbesondere die höchstrichterlichen Instanzen, wie das BVerwG, im Rahmen des Revisionsrechts Einfluss auf das Verwaltungsrecht der Länder zu nehmen[171] und aufgrund der Konzentration auf die „Pathologie eines Rechtsfalles"[172] bzw. auf die „Pathologie der Verwaltung"[173] anhand von Einzelfallentscheidungen verfassungsrechtliche Vorgaben zu konkretisieren, damit das Verwaltungsrecht systematisch zu durchformen und die Grundlage für die normative Rezeption zu schaffen.[174] Gefestigt wird diese Entwicklung durch eine rezeptionsbereite Entscheidungspraxis der Exekutive. Diese richterliche Systembildung erfährt jedoch Grenzen durch die Aufteilung der Rechtswege, da insbesondere auch die Sozialgerichtsbarkeit mit dem BSG die Fort- und Systembildung mit anderer Schwerpunktsetzung betreibt und damit einer einheitlichen dogmatischen und systematischen Durchformung entgegenwirkt.[175] Folglich bildet die Sozialgerichtsbarkeit zwar das Allgemeine Verwaltungsrecht fort, es legt hierbei jedoch naturgemäß seinen Schwerpunkt auf das „Soziale"[176] und auf die Eigenheiten des Sozialrechts, so dass es das Allgemeine Verwaltungsrecht nuanciert und einen im Gegensatz zu den Verwaltungsgerichten stärkeren Schwerpunkt auf das Leistungsverwaltungsrecht legt.[177] Dabei erhält diese durch die Vielzahl an Verfahren, gefördert durch den Grundsatz der Klägerfreundlichkeit,

---

[168] *E. Schmidt-Aßmann*, VBlBW. 1988, 381 (385).

[169] BVerfGE 1, 97 (105).

[170] *F. Ossenbühl*, DVBl. 1993, 753 (753); *E. Picker*, JZ 1988, 1; *H.-U. Erichsen*, DVBl. 1978, 569.

[171] *C. Schönberger*, in: *Stolleis* (Hrsg.), Das Bonner Grundgesetz, S. 53 (62 f.); *O. Bachof*, Verfassungsrecht II, S. 7 f. Vgl. hierzu z.B. BVerwGE 1, 303 ff.

[172] *F. Werner*, in: *Bettermann/Ule* (Hrsg.), Fritz Werner, S. 304 (316).

[173] *F. Ossenbühl*, DVBl. 1993, 753 (754).

[174] *E. Schmidt-Aßmann*, VBlBW. 1988, 381 (385); *M. Imboden*, Staatsbild, S. 7 f.

[175] *P. Krause*, NJW 1979, 1007 ff.; *C. Sellmann*, NJW 1957, 1091 ff. Diese kann auch nicht durch die Einrichtung des Gemeinsamen Senats der Obersten Gerichtshöfe des Bundes überwunden werden, vgl. hierzu die Entscheidung des Gemeinsamen Senats der Obersten Gerichtshöfe des Bundes vom 10. April 1986, abgedruckt in BVerwGE 74, 368 ff.

[176] BVerfGE 9, 124 ff.

[177] So bereits *P. Krause*, NJW 1979, 1007 f.; *F. Werner*, NJW 1954, 1625 ff.

der insbesondere zur fehlenden Erhebung von Gerichtskosten führt,[178] ebenso zu einer Vielzahl von Entscheidungs- und damit Fortbildungsmöglichkeiten, wobei gleichzeitig durch die damit einhergehende Belastung über den konkreten Einzelfall hinausgehende Erwägungen und systembildende Ansätze aus praktischen Gründen weitgehend gehindert sind. Ebenso ist zu konstatieren, dass die aufgrund Art. 19 Abs. 4 GG mit Einzelfällen befasste Sozialgerichtsbarkeit die spezifischen und komplexen Probleme des Interessensausgleichs nur im Rahmen kasuistischer Entscheidungen bewerkstelligen kann, die kaum verallgemeinerungsfähig und daher systemprägend sind.[179] Insoweit ist auch in der Sozialgerichtsbarkeit die Konzentration auf die „Pathologie eines Rechtsfalles“[180] vorrangig und verhindert große, systematische Durchformungen durch die Rechtsprechung, wenn auch das BSG wie auch das BVerwG im Rahmen der Revision Fälle von grundsätzlicher Bedeutung zu judizieren haben.

Der Exekutive kommt dagegen für die Systembildung nur untergeordnete Rolle zu. Zwar gehen Anstöße zur Veränderung und Weiterentwicklung oftmals von der Praxis aus,[181] jedoch bleibt der Beitrag der Verwaltung zur Systembildung, abgesehen von der ministerialen Vorarbeit bei Gesetzen, untergeordnet, was neben der historisch bedingten konstitutionellen Grundkonzeption des Verhältnisses der beiden Gewalten zueinander und der hieraus resultierenden grundsätzlichen Ablehnung letztverbindlicher Exekutiventscheidungen[182] auch an der strikten Bindung der Verwaltung an das Parlamentsgesetz aufgrund des Grundsatzes von Vorrang und Vorbehalt des Gesetzes liegt, der zu einer Verlagerung von Entscheidungskompetenzen auf das Parlament[183] sowie damit einhergehenden mannigfaltigen Ausprägungen des Gesetzesvorbehalts führt, welche die Funktionsbedingungen der Verwaltung und einen Allgemeinen Verwaltungsvorbehalt[184] im Sinne eines „Kernbereich[s] exekutiver Eigenverantwortung“[185] unberücksichtigt lassen.[186]

Die Verwaltungsrechtswissenschaft erlangt systembildende Wirkung dort, wo der Gesetzgeber Spielräume belässt und Kodifizierungslücken bestehen.[187] Paradigmatisch hierfür ist die bereits behandelte Herausbildung des Allgemeinen Verwaltungsrechts gegen Ende des 19. Jahrhunderts durch die Verwaltungsrechtswissenschaft, bei der Verwissenschaftlichung und Systembildung zusam-

---

[178] §§ 183 ff. SGG.

[179] *F. Wieacker*, in: FS Gadamer 1970, S. 311 (316), in Bezug auf die Rechtswissenschaft; *U. Becker*, in: *ders.* (Hrsg.), Rechtsdogmatik, S. 11 (37).

[180] *F. Werner*, in: *Bettermann/Ule* (Hrsg.), Fritz Werner, S. 304 (316).

[181] *F. Ossenbühl*, JuS 1979, 681 (682).

[182] BVerfGE 61, 82 (111); 84, 34 (49 f.); 88, 40 (56 f.); *O. Bachof*, JZ 1955, 97 (100); *F. Ossenbühl*, in: FS Redeker 1993, S. 55 (63 f.); *E. Schmidt-Aßmann*, in: *Maunz/Dürig/Herzog u.a.* (Hrsg.), Grundgesetz, Art. 19 IV Rn. 181 f.

[183] *F. Ossenbühl*, in: *Isensee/Kirchhof* (Hrsg.), HStR V, § 101 Rn. 1 ff., 11 ff.

[184] *H. Maurer*, VVDStRL 43 (1985), S. 135 ff.; *F.E. Schnapp*, VVDStRL 43 (1985), S. 172 ff.

[185] BVerfGE 67, 100 (139), anknüpfend an *R. Scholz*, AöR 105 (1980), S. 564 (598), der von „Kernbereich exekutivischer Aufgaben“ spricht.

[186] BVerfGE 68, 1 (86 f.); 49, 89 (139 f.); *F. Ossenbühl*, DÖV 1980, 545 (548 f.).

[187] *E. Schmidt-Aßmann*, VBlBW. 1988, 381 (386).

menfallen.[188] Dabei ist auch hier zu beachten, dass Beiträge der Verwaltungsrechtswissenschaft nur durch Rezeption in die Verwaltungs- oder die Entscheidungspraxis der Gerichte Wirksamkeit entfalten können.[189] Denn „es ist ein vergebliches Bemühen, gegen den Strom der Rechtsprechung des OVG. und des KG. zu schwimmen", wie *Walter Jellinek* bereits für die Rechtsentwicklung im Weimarer Reich feststellte.[190] Gleichzeitig ist gerade im Sozialrecht zu bemerken, dass trotz der Feststellung, dass zwischen 1883 und 1933 eine „Dogmatik des Sozialversicherungsrechts von hohem Niveau" entstand[191] sowie durch den Anstieg wissenschaftlicher Publikationen, durch den die dogmatische Unterbilanz der Frühformen von Sozialleistungszweigen außerhalb der Sozialversicherungen[192] kompensiert wurden, eine allumfassende Systematisierungsleistung bislang ausgeblieben ist.[193]

Die systembildende Wirkung der vorbezeichneten Akteure hängt maßgeblich vom Kodifizierungsgrad ab. So können sie nur in dem Rahmen Handlungsspielräume für sich reklamieren und systembildend tätig werden, der ihnen von der Legislative im Rahmen ihrer Einschätzungsprärogative zugestanden wird.[194] Maßgebliche Bedeutung bei der Systembildung kommt daher grundsätzlich der Legislative als höchster Gewalt zu, deren Einfluss sich auch für die vorliegende Untersuchung zeigt und daher einer etwas ausführlicheren Betrachtung unterzogen wird. Dabei stehen der nationale Gesetzgeber wie auch der Landesgesetzgeber aufgrund der Kompetenzverteilungen im Mittelpunkt.[195]

Mit dem Grundsatz des Vorbehalts des Gesetzes, Art. 20 Abs. 3 GG, und seiner Spezifizierung durch die Wesentlichkeitstheorie[196] wird dem Gesetz die zen-

---

188 *K. Stern*, JZ 1962, 265 (266); dazu auch *R. Mußgnug*, in: FS Universität Heidelberg 1986, S. 203 (206); *W. Meyer-Hesemann*, Methodenwandel, S. 15 ff.

189 Dabei wird das Zusammenwirken zwischen Jurisprudenz und Verwaltungsrechtswissenschaft gepriesen, vgl. *G. Anschütz*, Preußisches Verwaltungsblatt 22 (1900/01), 83 ff., abgedruckt in DVBl. 1985, 156 (157); *H. Egidi*, VVDStRL 16 (1958), S. 6 (7); *M. Baring*, JöR N.F. 9 (1960), S. 93 (94); dazu auch *E. Schmidt-Aßmann*, VBlBW. 1988, 381 (382); *T. v. Danwitz*, Verwaltungsrechtliches System, S. 41 f.; *F. Ossenbühl*, DVBl. 1993, 753 (761); *F. Schmidt*, The Ratio Decidendi, S. 16; *H. Kötz*, RabelsZ 1988, 644 (657 ff.); *H. Kötz*, in: *Clark* (Hrsg.), Comparative and Private International Law, S. 183 ff.

190 *W. Jellinek*, Verwaltungsrecht, S. 124.

191 *H.F. Zacher*, in: FS Krause 2006, S. 3 (4 f.); *I. Mikešić*, Sozialrecht als wissenschaftliche Disziplin, passim.

192 Wie dies z.B. bei der Fürsorge, der Jugendhilfe und der Kriegsopferversorgung der Fall war. Zur allein präventiv-polizeilichen Betrachtung der Fürsorge BVerwGE 1, 159 ff.; *B. Schmittmann*, in: *Elster/Weber/Wieser* (Hrsg.), Handwörterbuch der Staatswissenschaften, Bd. 7, S. 622 (623); *L. Schnorr v. Carolsfeld*, Arbeitsrecht, S. 85; *V. Weidner*, JZ 1959, 698 (700).

193 *H.F. Zacher*, in: FS Krause 2006, S. 3 (27 f.), der z.B. auf den Seiten 29 ff. eine Einteilung in „Mikro- und Mesokosmen" vornimmt.

194 *H. Schulze-Fielitz*, Die Verwaltung 27 (1994), S. 277 (283).

195 Aufgrund der fortschreitenden Europäisierung des nationalen Rechts erlangt jedoch ebenso der europäische Gesetzgeber für die innerstaatliche Systembildung des Verwaltungsrechts zunehmend an Bedeutung. So wird in Variation der von *Fritz Werner* geprägten Formel auch vom „Verwaltungsrecht als konkretisiertem Gemeinschaftsrecht" gesprochen, *H.J. Wolff/O. Bachof/R. Stober u.a.*, Verwaltungsrecht, Bd. 1, § 17 Rn. 8; *U. Battis*, DÖV 2001, 988 ff.

196 BVerfGE 84, 212 (226); 49, 89 (126); 101, 1 (34).

trale Funktion als Steuerungsinstrument gegenüber der Verwaltung und zugleich als Maßstab für die judikative Kontrolle zugewiesen und der Gesetzgeber ins Zentrum der Entwicklung von Rechtsdogmatik und Systembildung gerückt.[197] Er hat hierdurch in grundlegenden normativen Bereichen alle wesentlichen Entscheidungen selbst zu treffen und kann diese nicht auf andere Normgeber übertragen, sie insbesondere nicht „dem Handeln und der Entscheidungsmacht der Exekutive" überlassen.[198] Unter Berücksichtigung der Sachgesetzlichkeiten des betroffenen Regelungsgegenstands sowie der maßgebenden Wertungskriterien des Grundgesetzes[199] definiert und konkretisiert der Gesetzgeber für Verwaltung und Gerichte die Relevanzkriterien im Sinne der Wesentlichkeitsdoktrin und bestimmt so Voraussetzungen und Umfang von Rechtseingriffen und sonstigen Belastungen in Abgrenzung zu bloßen Belästigungen sowie Ausgestaltungen von Freiheitsrechten und eröffnet damit der Verwaltung ihre Handlungsmöglichkeiten.[200] Insoweit besteht auch heute noch die von *Otto Mayer* bereits beschriebene „Herrschaft des Gesetzes",[201] wenn sie auch als „rechtlich stärkste Art von Staatswillen" von der Verfassung abgelöst wurde und daher nicht mehr „jeder anderen staatlichen Willensäußerung vor[geht]".[202]

Diese zentrale Stellung und Definitionshoheit des Parlaments für das Gemeinwohl resultiert aus der konstitutionellen Grundentscheidung für dessen weitgehende Normsetzungsprärogative, die Korrelat zu seiner herausgehobenen Stellung im parlamentarischen Regierungssystem als Folge der, aufgrund unmittelbarer Wahl hohen demokratischen Legitimation ist,[203] und umfasst sämtliche Exekutivbereiche, ohne jedoch eine Monopolstellung in der Entscheidungsträgerschaft begründen zu wollen.[204]

### 1. Systembildende Wirkung der Legislative im Verwaltungsrecht

Die Kodifikation des Verwaltungsrechts setzte jedoch im Vergleich zu anderen juristischen Disziplinen erst spät ein,[205] was auch daran gelegen haben dürfte, dass die Reichsverfassung von 1871 dem Reich die Regelungskompetenz für das Allgemeine Verwaltungsrecht vorenthalten hat.[206] Obwohl der Gesetzgeber im Laufe der Zeit eine zentrale Rolle bei der Ausgestaltung des Verwaltungsrechts eingenommen hat,[207] bleibt die kodifikatorische Durchformung mit Ausnahme

---

[197] *H. Schulze-Fielitz*, Die Verwaltung 27 (1994), S. 277 (283); *E. Schmidt-Aßmann*, in: *Hoffmann-Riem/Schmidt-Aßmann/Schuppert* (Hrsg.), Reform, S. 11 (47 ff.).

[198] BVerfGE 83, 130 (142); 116, 24 (58).

[199] BVerfGE 98, 218 (251).

[200] So bereits *O. Mayer*, Deutsches Verwaltungsrecht, Bd. I, S. 68.

[201] *O. Mayer*, Deutsches Verwaltungsrecht, Bd. I, S. 64 ff. „§ 6 Die Herrschaft des Gesetzes".

[202] *O. Mayer*, Deutsches Verwaltungsrecht, Bd. I, S. 68.

[203] *T. v. Danwitz*, Verwaltungsrechtliches System, S. 65.

[204] BVerfGE 49, 89 (125); 68, 1 (86 f.).

[205] *G.-C. v. Unruh*, NVwZ 1988, 690 ff.

[206] *R. Mußgnug*, in: FS Universität Heidelberg 1986, S. 203 (205).

[207] *C. Möllers*, in: *Hoffmann-Riem/Schmidt-Aßmann/Voßkuhle* (Hrsg.), Grundlagen des Verwaltungsrechts I, § 3 Rn. 36.

der Verwaltungsverfahrensgesetze des Bundes und der Länder[208] sowie des Sozialrechts[209] und des Steuerrechts auf den Erlass von sektoralen Fach- und Maßnahmegesetzen beschränkt,[210] die der Gesetzgeber verabschiedet, um auf einen Teilbereich sachgerecht zu reagieren und den jeweiligen Sachzwängen kodifikatorisch gerecht zu werden.[211] Obgleich das VwVfG als partielle Kodifikation des Gesetzgebers auf dem Gebiet des Allgemeinen Verwaltungsrechts als „eine Art „Grundgesetz" für die zweite Gewalt" bezeichnet wurde,[212] verharrt die Normierung weitgehend in der bloßen kodifikatorischen Kompilation von abstrahierten Regelungen, Begriffen und Instituten, welche der Gesetzgeber insbesondere aufgrund bereits vorhandenen Richterrechts vorgefunden hat.[213] Da somit die Systembildung in erster Linie durch die anderen Staatsgewalten und die Wissenschaft betrieben wird, wird dem Gesetzgeber weitgehend systemprägende Relevanz abgesprochen.[214] Kodifikation wird in erster Linie lediglich als Rezeption dieser Entwicklungen angesehen.[215]

Trotzdem wird der Gesetzgeber systemrelevant. Denn obgleich das Allgemeine Verwaltungsrecht nur partiell einer Normierung zugeführt wurde, wirkt der Gesetzgeber durch den gewählten kodifikatorischen Zugriff systembildend, indem er neben den Organisations- und Handlungsformen auch über verfahrensrechtliche Vorgaben sowie über Rechtsschutzmöglichkeiten entscheidet.[216] Dabei erfolgte die Normierung in rezeptiver Fortführung der von *Otto Mayer* vertretenen Unterordnung des Bürgers als Untertan unter den Staat und verfolgte eine „zentrale Steuerung nach dem hierarchischen Modell",[217] das neben der Subordination auch die eingreifende Verwaltung in den Mittelpunkt rücke.

Systemprägende Wirkung entfaltet insbesondere der Bundesgesetzgeber – wenn auch nur mittelbar –, indem er den prozessrechtlichen Rahmen richterlicher Entscheidungen vorgibt.[218] So begründet er mit der verwaltungsgerichtlichen Generalklausel des § 40 VwGO eine umfassende Zuständigkeit der Verwaltungsgerichtsbarkeit und damit die Rahmenbedingungen für eine homogene

[208] *E. Schmidt-Aßmann*, DVBl. 1979, 505 ff.; *R. Mußgnug*, in: FS Universität Heidelberg 1986, S. 203 ff.

[209] Dazu mehr unter C.II.2. Systembildende Wirkung der Legislative im Sozialrecht.

[210] *T. v. Danwitz*, Verwaltungsrechtliches System, S. 26.

[211] *H. Schulze-Fielitz*, Die Verwaltung 27 (1994), S. 277 (280).

[212] *P. Häberle*, in: FS Boorberg 1977, S. 47 (49).

[213] *R. Mußgnug*, in: FS Universität Heidelberg 1986, S. 203 (210 f., 212), der von „Pandekten im Taschenbuchformat" spricht.

[214] So bereits *F. Fleiner*, Institutionen, S. 42; *T. v. Danwitz*, Verwaltungsrechtliches System, S. 26, 50; *C. Möllers*, in: *Hoffmann-Riem/Schmidt-Aßmann/Voßkuhle* (Hrsg.), Grundlagen des Verwaltungsrechts I, § 3 Rn. 36; *H. Schulze-Fielitz*, Die Verwaltung 27 (1994), S. 277 (283 ff., 285); *E. Schmidt-Aßmann*, VBlBW. 1988, 381 (384 f.); *R. Mußgnug*, in: FS Universität Heidelberg 1986, S. 203 (210).

[215] *R. Mußgnug*, in: FS Universität Heidelberg 1986, S. 203 (210); *E. Schmidt-Aßmann*, VBlBW. 1988, 381 (385).

[216] *H. Schulze-Fielitz*, Die Verwaltung 27 (1994), S. 277 (285).

[217] *Brohm*, zit. nach *M. Stolleis*, BWV 1990, 152 (155).

[218] *T. v. Danwitz*, Verwaltungsrechtliches System, S. 53.

Entwicklung des Verwaltungsrechts,[219] während er durch die Ausgestaltung des Revisionsrechts dem BVerwG eine dominierende Rolle in der Rechtsprechung zuweist und so die Systembildung von der Landesebene auf diejenige des Bundes verlagert.[220] Gerade durch die Rechtswegzuweisung entzieht er jedoch auch Teilbereiche des Verwaltungsrechts der Verwaltungsgerichtsbarkeit und damit einem einheitlichen systembildenden Zugriff, wie dies im Sozialrecht der Fall ist, das einem eigenen Rechtsweg mit eigener Gerichtsbarkeit und Verfahrensordnung anvertraut ist.[221]

Ebenfalls wirkt der Gesetzgeber der einheitlichen Systembildung entgegen, wenn er jenseits von durch Sachgesetzlichkeiten diktierten Notwendigkeiten kodifikatorische Eingriffe in das bestehende Rechtsgefüge vornimmt, deren Folge mangelnde Systemkonsistenz im Hinblick auf das Verhältnis von Allgemeinem und Besonderem ebenso wie zwischen oder gar innerhalb einzelner Teilbereiche des Verwaltungsrechts ist.[222]

Damit ist letztlich festzuhalten, dass das Verwaltungsrecht nicht von einem gesetzlich vorgegebenen System durchdrungen wird, das verallgemeinerungsfähige Rechtsinstitute von bereichsspezifischen Regelungen, denen aufgrund ihrer Prägung durch die besonderen Sachgesetzlichkeiten allgemeine Systemrelevanz verwehrt ist, scheidet.[223] So behält *Fritz Fleiner* mit seiner vor über 80 Jahren geäußerten Meinung zur Systembildung im Verwaltungsrecht auch heute noch Recht, nach der „[i]hre Höhepunkte [...] nicht durch Erlasse des Gesetzgebers bezeichnet [werden]. Von der Praxis der Verwaltungsbehörden und der Verwaltungsgerichte und von der stillen Arbeit der Wissenschaft ist der Fortschritt ausgegangen."[224]

### 2. *Systembildende Wirkung der Legislative im Sozialrecht*

Das Sozialrecht zeichnet sich im Vergleich zum Allgemeinen Verwaltungsrecht durch einen höheren Kodifikationsgrad aus. Bereits Ende des 19. Jahrhunderts setzten Kodifikationsbestrebungen ein[225] und mündeten in die zwischen 1883 und 1889 erlassenen grundlegenden Gesetze über die Krankenversicherung,[226] die gewerbliche Unfallversicherung[227] und die Invaliditäts- und Altersversicherung,[228] welche als Antwort auf die drängende soziale Frage den Arbeitern ein Mindestmaß an sozialer Sicherung zu Teil werden ließen und die Grundstruktur

219 *H.J. Becker*, JöR N.F. 15 (1966), S. 263 (264).

220 *E. Schmidt-Aßmann*, VBlBW. 1988, 381 (386).

221 §§ 51 ff. SGG.

222 *H. Schulze-Fielitz*, Die Verwaltung 27 (1994), S. 277 (286), der als Beispiel das Baurecht anführt.

223 *T. v. Danwitz*, Verwaltungsrechtliches System, S. 26.

224 *F. Fleiner*, Institutionen, S. 42.

225 Nachdem bereits einzelne Gesetze vom Reich erlassen wurden, wie das Gesetz über die eingeschriebenen Hilfskassen vom 7.4.1876, RGBl. S. 125.

226 Arbeiterkrankenversicherungsgesetz vom 15.6.1883, RGBl. S. 73.

227 Unfallversicherungsgesetz vom 6.7.1884, RGBl. S. 69.

228 Invaliditäts- und Altersversicherungsgesetz vom 22.6.1889, RGBl. S. 97.

des Sozialversicherungsrechts bis heute prägen. Diese wurden nach Ergänzungen und Reformen in der Reichsversicherungsordnung vom 19. Juli 1911 zusammengefasst.[229] Trotzdem gelang es dem Gesetzgeber nicht, eine möglichst einheitliche und übergreifende Normierung zu schaffen und so das Sozialversicherungsrecht als dogmatische und systematische Einheit fortzuentwickeln.[230] Grund hierfür waren die Ausgliederung von wesentlichen Teilen des Sozialversicherungsrechts,[231] die Entstehung weiterer Sozialrechtszweige[232] und die aufgrund Art. 161 WRV erlassenen Gesetze außerhalb der RVO.[233]

Diese Ausdifferenzierung des Sozialrechts verstärkte sich nach dem Zweiten Weltkrieg, indem die überkommenen Gesetze nicht nur der veränderten sozialen und wirtschaftlichen Lage,[234] sondern auch dem neuen staatlichen und verfassungsrechtlichen Rahmen angepasst werden mussten und zusätzlich die traditionellen Rechtsbereiche grundlegend reformiert[235] und um neue Leistungszweige erweitert[236] sowie der einbezogene Personenkreis ausgedehnt[237] wurden. Ebenso wurden die Leistungen auf in der Verantwortung des Gemeinwesens erbrachte Opfer erstreckt und der Versuch unternommen, soziale Benachteiligungen auch

229 Reichsversicherungsordnung (RVO) vom 19.7.1911, RGBl. S. 509.

230 Zur geschichtlichen Entwicklung des Sozialgesetzbuchs *H.F. Zacher*, SDSRV 40 (1995), S. 7 (9 ff.).

231 Z.B. die Knappschaftsversicherung oder das Angestelltenversicherungsgesetz (AVG) vom 20.12.1911, RGBl. S. 989.

232 Wie die Jugendhilfe, vgl. das Reichsjugendwohlfahrtsgesetz vom 9.7.1922, RGBl. I S. 633, und die Kriegsopferversorgung, vgl. Reichsversorgungsgesetz vom 12.5.1920, RGBl. S. 989, das die Ansätze der Versorgung von Kriegsopfern, wie sie in der Verordnung über die soziale Kriegsbeschädigten- und Kriegshinterbliebenenfürsorge vom 8.2.1918, RGBl. 1919 S. 187, erfolgten, fortsetzte.

233 Wie dem Gesetz über Notstandsmaßnahmen zur Unterstützung von Rentenempfängern der Invaliden- und Angestelltenversicherung vom 7.12.1921, RGBl. S. 1533, dem Gesetz über die Kleinrentenfürsorge vom 4.2.1923, RGBl. I S. 104, dem Reichsknappschaftsgesetz (RKnG) vom 23.6.1923, RGBl. I S. 431, welches das Preußische Gesetz betreffend die Vereinigung der Berg-, Hütten- und Aufbereitungsarbeiter in Knappschaften vom 10.4.1854, GS S. 139, und die §§ 166, 174 ff. des Preußischen Allgemeinen Berggesetzes vom 24.6.1865, GS S. 705, fortführte, dem Gesetz über Arbeitsvermittlung und Arbeitslosenversicherung (Arbeitslosenversicherung) vom 16.7.1927, RGBl. I S. 197, und dem Gesetz über die Altersversorgung für das deutsche Handwerk vom 31.12.1938, RGBl. I S. 1900, das auf das AVG verwies.

234 Z.B. Gesetz über die Abgeltung von Besatzungsschäden, Lastenausgleichsgesetz vom 14.8.1952, BGBl. I S. 446; Flüchtlings-Notleistungsgesetz vom 9.3.1953, BGBl. I S. 45; Häftlingshilfegesetz vom 6.8.1955, BGBl. I S. 498; Allgemeines Kriegsfolgengesetz vom 5.11.1957, BGBl. I S. 1747; Gesetz vom 1.12.1955, BGBl. III-624-1; Reparationsschädengesetz vom 12.2.1969, BGBl. I S. 105.

235 Z.B. die Kinder- und Jugendhilfe sowie die Arbeitsförderung, vgl. Arbeitsförderungsgesetz vom 25.6.1969, BGBl. I S. 582.

236 Z.B. um das Kindergeld, Bundeskindergeldgesetz vom 13.11.1954, BGBl. I S. 333; Bundeskindergeldgesetz vom 14.4.1964, BGBl. I S. 265, das Wohngeld, Gesetz über Wohnbeihilfen vom 23.6.1960, BGBl. I S. 389; Wohngeldgesetz vom 14.12.1970, BGBl. I S. 1637, der Ausbildungsförderung, z.B. im Wege des Honeffer Modells sowie durch das Bundesausbildungsförderungsgesetz vom 26.8.1971, BGBl. I S. 1719, und dem Graduiertenförderungsgesetz vom 2.9.1971, BGBl. I S. 1465, und dem Unterhaltsvorschussgesetz vom 23.7.1979, BGBl. I S. 1184. Dazu *H.F. Zacher*, in: FS Krause 2006, S. 3 (11).

237 Z.B. um die Selbständigen, Schüler und Studierenden.

ohne Erwerbsgrund zu vermeiden bzw. zu mildern oder gar auszugleichen.[238] Dabei wurde offensichtlich, dass die Konstellationen auszugleichender sozialer Ungerechtigkeiten, die insbesondere an ökonomische Ungleichheiten anknüpften, beliebig erweiterbar waren und sind, da jede Kompensation von Ungleichheit eine neue nach sich zieht, die ihrerseits wieder nach Kompensation verlangte.[239] Maßgebliche Bedeutung erlangte hierbei, dass dem Sozialstaatsprinzip keine vorgeformten konkreten Aussagen entnommen werden konnten und insoweit der Gesetzgeber weitgehend frei in der Gestaltung der Sozialordnung, die selbst keinen Verfassungsrang genießt, ist.[240]

Zur Reduktion der Komplexität[241] und um einer weiteren Ausdifferenzierung und Ausweitung der Sozialleistungen entgegenzuwirken, begann der Gesetzgeber 1969 mit der umfassenden Kodifikation des Sozialrechts, womit auch zumindest eine teilweise Reform desselben verbunden werden sollte, die in der Literatur als „Kodifikation bei begrenzter Sachreform" bezeichnet wurde.[242] So normierte er in Anlehnung an die RVO die Sozialgesetzbücher, wobei er durch die in Anlehnung an die Bücher 5 und 6 der RVO erfolgende Kodifikation des Verwaltungsverfahrens, des Sozialdatenschutzes und der Zusammenarbeit der Sozialträger untereinander und mit Dritten im SGB X zum Ausdruck brachte, dass er das Sozialrecht dem Besonderen Verwaltungsrecht zuordnet.[243] Dabei machten sich jedoch schon bald die dem Sozialrecht immanenten bereichsspezifischen Sonderinteressen als die Kodifikationsbestrebungen hemmenden und daher zu überwindenden Schranken bemerkbar.[244] Einer Einheitlichkeit der Kodifikation entgegen stand auch die stete gesetzgeberische Unruhe und der Versuch, politische und wirtschaftliche Notwendigkeiten sowie veränderte Lebensumstände durch permanente Änderungen und Erweiterungen einzufangen, wodurch Systembrüche in Kauf genommen wurden und werden.

Obgleich nicht zu bestreiten ist, dass diese Kodifikation das Sozialrecht in juristischer, sozialer und politischer Hinsicht veränderte und insbesondere durch die Allgemeinen Teile wichtige Ziele, wie die Fundierung und Stärkung des Legalitätsprinzips, die verbesserte Wirksamkeit von Sozialleistungsansprüchen, die Information des Leistungsadressaten oder die Verständigung mit den Leistungserbringern,[245] erreicht,[246] zeichnet sich diese auch als „Kuriosum"[247] bezeichnete

---

[238] *H.F. Zacher*, in: FS Krause 2006, S. 3 (14).

[239] *H.F. Zacher*, in: *Isensee/Kirchhof* (Hrsg.), HStR II, § 28 Rn. 35, 39.

[240] BVerfGE 8, 274 (329); 18, 257 (267, 273 f.); 29, 221 (235); 50, 338; *H.F. Zacher*, in: FS Ipsen 1977, S. 207 ff.; *ders.*, ZgS 134 (1978), S. 15 ff.; *P. Badura*, DÖV 1989, 491 (496).

[241] *N. Luhmann*, Legitimation durch Verfahren, S. 23; *J. Siegers*, in: *Gessler/Herzog/Jochimen* (Hrsg.), Rechtspolitik und Gesetzgebung, S. 30 (39).

[242] *H.F. Zacher*, in: FS Krause 2006, S. 3 (15).

[243] Wobei auch hierbei umstritten war, welche Gesetze und Regelungen einzubeziehen waren, *P. Krause*, BlStSozArbR 1977, 65 (68).

[244] Dazu C.III.2.b. Im Sozialrecht.

[245] *H.F. Zacher*, in: FS Krause 2006, S. 3 (18).

[246] Dazu *K. Hauck*, BABl. 1976, 87 ff.

[247] *H.F. Zacher*, SDSRV 40 (1995), S. 7 (8).

Kodifikation insbesondere durch ihre Unzulänglichkeit aus, die von ihr ebenfalls verfolgten Ziele der Vollständigkeit und Systematisierung zu erreichen,[248] wodurch *Karl Larenz* mit der Feststellung, „die Epoche der großen Kodifikationen liegt hinter uns", Recht behalten sollte.[249] Insoweit war es dem Gesetzgeber aufgrund der vorherrschenden Sachgesetzlichkeiten[250] und des notwendig kleinteiligen Interessensausgleichs nicht nur unmöglich, der Herausbildung einer bereichsübergreifenden Sozialrechtsdogmatik und Sozialrechtssystematik Vorschub zu leisten, sondern er stellte und stellt mit seiner Kodifikation zugleich den größten Hemmschuh für eine solche dar.[251] Gleichzeitig verfestigt der Gesetzgeber seine Bedeutung insbesondere für die Ausgestaltung und damit auch die Systembildung im Sozialrecht durch die explizite Normierung des Vorbehalts des Gesetzes in § 31 SGB I, deren Wert vor allem darin zu sehen ist, dass sie den Vorbehalt des Gesetzes auch auf die begünstigende Tätigkeit der Sozialrechtsträger erstreckt.[252] Durch diese Ausweitung auf alle Rechte und Pflichten erhebt der Gesetzgeber das formelle Gesetz zur zentralen Rechtsquelle des Sozialrechts[253] und leistet der weiteren kodifikatorischen Durchformung Vorschub.

Konkret problematisch und daher auch in vorliegender Arbeit thematisiert werden diese gesetzgeberischen Unzulänglichkeiten in der Kodifikation der Organisationseinheiten der Sozialversicherungsträger oder der „Gemeinsamen Selbstverwaltung". So ist deren Zuordnung als Körperschaften mit Selbstverwaltung dogmatisch zumindest mit Blick auf die Renten- und Unfallversicherungsträger nur schwer zu begründen, während die Bundesagentur für Arbeit dem Körperschaftsbegriff gar nicht entspricht.[254] Gleichzeitig enthält sich der Gesetzgeber einer Entscheidung über die organisatorische Ausgestaltung des G-BA, dem er durch das GKV-Modernisierungsgesetz[255] lediglich die Rechtsfähigkeit zugesteht.[256] Darüber hinaus sind diese Organisationseinheiten aufgrund ihres Aufgabenbereichs sowie ihrer organisatorischen Zusammensetzung dem Selbstverwaltungsbegriff des Allgemeinen Verwaltungsrechts ebenso schwer zuordenbar, wie sie demokratischer Legitimation zugänglich sind. Gleiches gilt für die Handlungsformen im Sozialrecht. Bei diesen existieren Mischformen, bei denen öffentlich-rechtliche Verträge sowie Empfehlungen wie auch Richtlinien des G-

[248] Zur Kritik an der Normierung BVerfGE 108, 52 (75); *W. Thieme*, in: FS Zacher 1998, S. 1101 (1105 f.); *H.F. Zacher*, in: FS Krause 2006, S. 3 (16 ff.); *G. Igl*, SDSRV 40 (1995), S. 29 ff.; *A. Hänlein*, in: *Becker* (Hrsg.), Rechtsdogmatik, S. 339 (339 ff.); *P. Krause*, BlStSozArbR 1977, 65 (68 f.).

[249] *K. Larenz*, Methodenlehre (2. Aufl. 1969), S. 177, zit. nach *J. Siegers*, in: *Gessler/Herzog/Jochimen* (Hrsg.), Rechtspolitik und Gesetzgebung, S. 30 (31).

[250] Dazu unter C.III.2.b. Im Sozialrecht.

[251] *W. Thieme*, in: FS Zacher 1998, S. 1101 (1114), bewertet die gesetzgeberische Leistung als „billigen Fusel" statt „edlen Cognac".

[252] *R. Waltermann*, in: *v. Maydell/Ruland* (Hrsg.), SRH, § 7 Rn. 28; *Lilge* (Hrsg.), SGB I, § 31 Rn. 6; *Eichenhofer/Wenner* (Hrsg.), Kommentar zum Sozialgesetzbuch I, IV, X, § 31 SGB I Rn. 4.

[253] *R. Waltermann*, in: *v. Maydell/Ruland* (Hrsg.), SRH, § 7 Rn. 28 ff.

[254] § 367 Abs. 1 SGB III.

[255] Gesetz zur Modernisierung der gesetzlichen Krankenversicherung (GKV-Modernisierungsgesetz – GMG) vom 14.11.2003, BGBl. I S. 2190.

[256] § 91 Abs. 1 Satz 2 SGB V.

BA durch den Gesetzgeber mit normativer Bindungswirkung ausgestattet werden, so dass eine Integration in die klassische Handlungsformenlehre unmöglich wird. Fortgesetzt wird diese Problematik, indem der Gesetzgeber in die Entscheidungsgremien Privatrechtssubjekte einbezieht, die einer Einordnung in die vom Allgemeinen Verwaltungsrecht bereitgestellten Möglichkeiten des Einbezugs Privater trotzen, wie dies bei der Einbeziehung Privater in die Normsetzung oder dem „Vertragshelfer" der Fall ist.[257]

### *III. Systemprägende Elemente*

Die Akteure der Systembildung sind jedoch bei dieser nicht frei, sondern ihrerseits an Vorgaben gebunden, die nur bedingt von ihnen beeinflussbar sind. Diese Vorgaben prägen der Systembildung ihren Stempel auf und werden dadurch systemrelevant. Hierzu gehören (1.) das höherrangige Recht und (2.) die sachliche Eigenart der Rechtsgebiete.

#### *1. Höherrangiges Recht*

Für das Verwaltungsrecht systemprägend ist in erster Linie das nationale Verfassungsrecht.[258]

Bereits Mitte des 19. Jahrhunderts richtete *Robert von Mohl* seine „Polizeywissenschaft" an den „Grundsätzen des Rechtsstaates" aus.[259] Auch *Friedrich F. Mayer* sah die Verfassung als oberste Rechtsnorm an, an der sich die Verwaltung beim Vollzug der Gesetze zu orientieren hatte. Die Verfassungsbestimmungen sind „die allgemeine Richtschnur und Schranke des Spielraums für die Bildung, Auslegung und Anwendung der besonderen verwaltungsrechtlichen Normen, mit deren Einhaltung einerseits die Verwaltung der obersten rechtlichen Probe genügt, im Geiste der Verfassung geführt zu werden, andererseits die Verfassung nach einem wesentlichen Ziel und Endzweck im Leben verwirklicht wird."[260] Bis zum Ende des 19. Jahrhunderts wurde die bestimmende und bindende Funktion des Verfassungsrechts für das Verwaltungsrecht erkannt, wenn *Ludwig v. Rönne* 1883 forderte, dass nicht nur die „in der Verfassung festgesetzten äußeren Formen und Schranken" beachtet, „sondern die Verwaltung [...] auch im Sinne des Geistes der Verfassung erfolgen [muß]" und sie „die Grundsätze der Verfassung, sowohl formell, als materiell, zur Grundlage haben muß und diese niemals verletzen darf".[261] *Otto Mayer*, welcher der Systemidee zum ausschlaggebenden

[257] Dazu ausführlich bei den jeweiligen Kapiteln.

[258] Zum Umfang der verfassungsrechtlichen Determination *G.F. Schuppert/C. Bumke*, Konstitutionalisierung, S. 39 ff.; zu den Einflüssen des Europäischen Gemeinschaftsrechts *C. Engel*, Die Verwaltung 25 (1992), S. 437 ff.

[259] *R. v. Mohl*, Die Polizei-Wissenschaft nach den Grundsätzen des Rechtsstaates, passim.

[260] *F.F. Mayer*, Grundsätze des Verwaltungsrechts, S. 46.

[261] *L. v. Rönne*, Staatsrecht der preußischen Monarchie, Bd. 3: Verwaltungsrecht, S. 4; *F.F. Mayer*, Grundsätze des Verwaltungs-Rechts, S. 46 f.

Durchbruch verhalf, konkretisierte diese Erkenntnisse 1923 wie folgt: „[D]ie Voraussetzung unseres Verwaltungsrechts ist der Verfassungsstaat."[262] Und *Fritz Fleiner* stellte fest, dass „[d]ie Neugestaltung des Verfassungsrechtes […] einen starken Einfluß auch auf das Verwaltungsrecht ausgeübt [hat]."[263]

Diese historische Einsicht durchzieht die Entwicklung des Verwaltungsrechts bis heute. So stellt auch *Norbert Achterberg* fest: „Die „Eckwerte" des Verwaltungsrechts sind die verfassungsgestaltenden Grundentscheidungen".[264] Obgleich als „Eckpfeiler"[265] oder „Faktoren"[266] der verwaltungsrechtlichen Systembildung mit unterschiedlicher Begrifflichkeit versehen, gehört die Erkenntnis der besonderen prägenden Wirkungen des Verfassungsrechts auf das Verwaltungsrecht zum allgemein anerkannten Gedankengut.[267] Dagegen setzte die Herleitung allgemeiner verwaltungsrechtlicher Grundsätze aus dem Verfassungsrecht erst unter dem Grundgesetz ein, das seinen Geltungsvorrang mit stärkerem Nachdruck einforderte als vorherige Ordnungen.[268] Zuvor wurde das Verfassungsrecht eher als Organisationsrecht des Staats angesehen, denn als einen Ordnungsentwurf für das Verhältnis zwischen Bürger und Staat, insbesondere der Verwaltung.[269] Hauptsächlich das Rechtsstaatsprinzip, aber auch die Grundrechte galten als zu unbestimmt und der Konkretisierung durch den Gesetzgeber bedürftig, während die unmittelbare Grundrechtsbindung der Verwaltung erst mit Art. 1 Abs. 3 GG angeordnet wurde.[270]

Die daraufhin erfolgende verfassungsrechtliche Durchdringung und Rückkoppelung des Verwaltungsrechts an das Verfassungsrecht hat seinen Ursprung in dem als Reaktion auf den nationalsozialistischen Machtpositivismus zu verstehenden Bestreben, sowohl die Exekutive als auch die Judikative an absolute Werte zu binden.[271] Gleichzeitig wurde eine Instabilität verwaltungsrechtlicher Gesetzgebung diagnostiziert, die es durch das Verfassungsrecht zu konsolidieren

---

262 *O. Mayer*, Deutsches Verwaltungsrecht, Bd. I, S. 55; *R. Thoma*, JöR N.F. 4 (1910), S. 196 ff.

263 *F. Fleiner*, Institutionen, Vorwort zur 8. Auflage.

264 *N. Achterberg*, Allgemeines Verwaltungsrecht, § 5 Rn. 1.

265 *E. Schmidt-Aßmann*, VBlBW. 1988, 381 (383).

266 *T. v. Danwitz*, Verwaltungsrechtliches System, S. 48, in der Überschrift zu I.

267 O. *Bachof*, in: *Külz/Naumann* (Hrsg.), Staatsbürger und Staatsgewalt, S. 3 (9 f.); *M. Imboden*, Staatsbild, S. 9 ff.; *N. Achterberg*, Allgemeines Verwaltungsrecht, § 5 Rn. 1; *C. Möllers*, in: *Hoffmann-Riem/Schmidt-Aßmann/Voßkuhle* (Hrsg.), Grundlagen des Verwaltungsrechts I, § 3 Rn. 54; *T. v. Danwitz*, Verwaltungsrechtliches System, S. 48, 55 ff.; *E. Schmidt-Aßmann*, Ordnungsidee, Erstes Kapitel Rn. 2, 17 ff., Zweites Kapitel. Kritisch hierzu *R. Breuer*, in: *Schmidt-Aßmann/Sellner/Hirsch u.a.* (Hrsg.), FG BVerwG 2003, S. 223 ff.

268 *R. Mußgnug*, in: FS Universität Heidelberg 1986, S. 203 (207); *H. Maurer*, Allgemeines Verwaltungsrecht, § 2 Rn. 12 ff.; *C. Schönberger*, in: *Stolleis* (Hrsg.), Das Bonner Grundgesetz, S. 53 (69 ff.).

269 *R. Mußgnug*, in: FS Universität Heidelberg 1986, S. 203 (207).

270 *R. Mußgnug*, in: FS Universität Heidelberg 1986, S. 203 (207); hierzu auch *C. Schönberger*, in: *Stolleis* (Hrsg.), Das Bonner Grundgesetz, S. 53 (58 ff.).

271 *F. Wieacker*, Privatrechtsgeschichte der Neuzeit, S. 603 ff.; *C. Schönberger*, in: *Stolleis* (Hrsg.), Das Bonner Grundgesetz, S. 53 (61, 67 f.).

galt.[272] So stellt das Verfassungsrecht insbesondere mit seinen Strukturprinzipien den Bezugspunkt für die verwaltungsrechtliche Systembildung dar und bildet den Gehalt, dessen Konkretisierung Aufgabe des Verwaltungsrechts ist. Dies erfolgt auch vermittelt durch die Rechtsprechung des BVerwG, das durch seinen Rückgriff auf revisibles Verfassungsrecht das Landesrecht durchformt. In dieser Beeinflussung des verwaltungsrechtlichen Systems entwickelt es seine Hauptbedeutung,[273] was *Otto Bachof* zu der Feststellung veranlasste, dass eine „durchgängige[n] *Verfassungsabhängigkeit*" des Verwaltungsrechts bestehe, da jeder Fall des Verwaltungsrechts „heute mindestens potenziell, sehr oft aber auch tatsächlich, ein Verfassungsrechtsfall [ist], und die [...] Verwaltungsgerichte [...] an der Interpretation der Verfassung einen ebenso großen Anteil wie die Verfassungsgerichte [haben]".[274] Dies brachte *Fritz Werner* mit der oftmals rezipierten,[275] aber auch kritisierten[276] Formel vom „Verwaltungsrecht als konkretisierte[m] Verfassungsrecht" auf den Punkt.[277]

Dabei richtet sich die Kritik vor allem gegen ein Verständnis der Formel in dem Sinne, dass das Verwaltungsrecht das Ergebnis von Verfassungskonkretisierung in Form der Verfassungsauslegung sei, da in diesem Falle nicht nur die Eigenständigkeit des Verwaltungsrechts, sondern auch die Gestaltungsfreiheit des Verwaltungsgesetzgebers in Zweifel gezogen seien.[278] Darüber hinaus gebe es Verwaltungsrechtsgebiete von unterschiedlicher Einwirkungsintensität des Verfassungsrechts.[279] Hauptkritikpunkt jedoch ist, dass die Prägungen gegenseitig erfolgen, so dass auch das Verfassungsrecht vom Verwaltungsrecht beeinflusst

[272] *C. Schönberger*, in: *Stolleis* (Hrsg.), Das Bonner Grundgesetz, S. 53 (68); *F. Werner*, DVBl. 1959, 527 (528 f.).

[273] *E. Schmidt-Aßmann*, Ordnungsidee, Erstes Kapitel Rn. 19, Zweites Kapitel Rn. 1; *F. Reimer*, Verfassungsprinzipien, S. 284 ff.; zur Verfassungsabhängigkeit des Verwaltungsrechts generell *H.J. Becker*, JöR N.F. 15 (1966), S. 263 ff.

[274] *O. Bachof*, in: *Külz/Naumann* (Hrsg.), Staatsbürger und Staatsgewalt, S. 3 (4) – Hervorhebung im Original.

[275] *U. Battis*, Allgemeines Verwaltungsrecht, S. 14; *H.P. Bull/V. Mehde*, Allgemeines Verwaltungsrecht mit Verwaltungslehre, Rn. 53; *D. Ehlers*, in: *Erichsen/Ehlers* (Hrsg.), Allgemeines Verwaltungsrecht, § 6 Rn. 2; *W. Erbguth*, Allgemeines Verwaltungsrecht, § 2 Rn. 1; *R. Hendler*, Allgemeines Verwaltungsrecht, S. 61; *P.M. Huber*, Allgemeines Verwaltungsrecht, S. 4; *J. Ipsen*, Allgemeines Verwaltungsrecht, Rn. 72; *G. Manssen*, Allgemeines Verwaltungsrecht, S. 17; *H. Maurer*, Allgemeines Verwaltungsrecht, § 2 Rn. 1; *S. Storr/R. Schröder*, Allgemeines Verwaltungsrecht, Rn. 29; *E. Schmidt-Aßmann*, Ordnungsidee, Erstes Kapitel Rn. 18; *T. v. Danwitz*, Verwaltungsrechtliches System, S. 55; *J. Kersten/S.-C. Lenski*, Die Verwaltung 42 (2009), S. 501 (511); *R. Schröder*, Verwaltungsrechtsdogmatik, S. 53 ff.

[276] *C. Möllers*, in: *Hoffmann-Riem/Schmidt-Aßmann/Voßkuhle* (Hrsg.), Grundlagen des Verwaltungsrechts I, § 3 Rn. 13 ff.

[277] *F. Werner*, DVBl. 1959, 527.

[278] *C. Möllers*, in: *Hoffmann-Riem/Schmidt-Aßmann/Voßkuhle* (Hrsg.), Grundlagen des Verwaltungsrechts I, § 3 Rn. 13.

[279] *C. Möllers*, in: *Hoffmann-Riem/Schmidt-Aßmann/Voßkuhle* (Hrsg.), Grundlagen des Verwaltungsrechts I, § 3 Rn. 13; *J. Kersten*, DVBl. 2011, 585 (585). So sei das Verwaltungsprozessrecht stark durch Art. 19 Abs. 4 GG geformt, *H.J. Becker*, JöR N.F. 15 (1966), S. 263 (264), während das Vergabe- oder das Wasserrecht kaum der Verfassungsprägung unterlägen, *Möllers*, a.a.O., unter Hinweis auf BVerfGE 58, 300.

werde,[280] was als „Abstraktion des Verwaltungsrechts"[281] bzw. in Anlehnung hieran mit der Formel „Verfassungsrecht als abstrahiertes Verwaltungsrecht"[282] bezeichnet wird.[283] Sogar der Verhältnismäßigkeitsgrundsatz und das Übermaßverbot seien derart abstrahiertes Verwaltungsrecht.[284] In all diesen Fällen erfolgte keine verfassungsrechtliche Erschaffung verwaltungsrechtlicher Institute, sondern eine konstitutionelle Rezeption bereits vorhandener Grundsätze und Strukturen des Verwaltungsrechts zu deren verfassungsrechtlichen Fundierung.[285]

*Eberhard Schmidt-Aßmann* unterscheidet dabei drei Formen der Beeinflussung des Verfassungsrechts durch das Verwaltungsrecht: die rechtshistorische, nach der verfassungsrechtliche Institute einer früheren, dem Verfassungs- und Verwaltungsrecht gemeinsamen Schicht angehörten und aus den Gebieten des Besonderen Verwaltungsrechts in das Verfassungsrecht rezipiert wurden; die rechtspraktische, nach der das Verfassungsrecht einem verwaltungsrechtlichen Praxistest unterzogen wird; und die dogmatische, wonach eine Ausgestaltung der Grundzüge verfassungsrechtlicher Gewährleistungen durch das Verwaltungsrecht erfolgt.[286]

Bei dieser Konstitutionalisierung verallgemeinerungsfähiger legislativer oder judikativer Aussagen kommt den Verwaltungsgerichten die maßgebliche Rolle zu, die nicht lediglich vorhandene Verfassungsrechtsprechung auf das Verwaltungsrecht konkretisieren, sondern ihrerseits auf die Verfassung durchgreifen

---

[280] So auch *H. Maurer*, Allgemeines Verwaltungsrecht, § 2 Rn. 2; *M. Kloepfer*, ZG 1988, 289 ff.; *A. v. Bogdandy/P.M. Huber*, in: *v. Bogdandy/Cassese/Huber* (Hrsg.), Ius Publicum Europaeum III, § 42 Rn. 68.

[281] *M. Kloepfer*, in: *Schmidt-Aßmann/Sellner/Hirsch u.a.* (Hrsg.), FG BVerwG 2003, S. 329 (330).

[282] *C. Möllers*, in: *Hoffmann-Riem/Schmidt-Aßmann/Voßkuhle* (Hrsg.), Grundlagen des Verwaltungsrechts I, § 3 Rn. 13.

[283] Als Beispiele gelten unter anderem das Eisenbahn- und Telekommunikationsverfassungsrecht, Art. 87c, 87 f GG, Regelungen zu informationstechnischen Verwaltungssystemen, Art. 91c GG, zum Verwaltungsleistungsvergleich, Art. 91b GG, und den Arbeitsagenturen, Art. 91e GG, das Umweltrecht im Hinblick auf Art. 20a GG, die Dogmatik der Drittbetroffenheit und seit neuestem auch der Nachhaltigkeitsgrundsatz, dazu *C. Möllers*, in: *Hoffmann-Riem/Schmidt-Aßmann/Voßkuhle* (Hrsg.), Grundlagen des Verwaltungsrechts I, § 3 Rn. 13; *J. Kersten*, DVBl. 2011, 585 (587); *M. Eifert*, Grundversorgung, passim; *G. Hermes*, VVDStRL 61 (2002), S. 119 (134 f.); *O. Lepsius*, in: *Kahl* (Hrsg.), Nachhaltigkeit als Verbundbegriff, S. 326 ff.; *W. Kahl/A. Glaser*, in: *Lange* (Hrsg.), Nachhaltigkeit im Recht, S. 9 ff.; *A. Glaser*, Nachhaltige Entwicklung, passim.

[284] Für das Verhältnismäßigkeitsprinzip: *C. Möllers*, in: *Hoffmann-Riem/Schmidt-Aßmann/Voßkuhle* (Hrsg.), Grundlagen des Verwaltungsrechts I, § 3 Rn. 13; *H. Maurer*, Staatsrecht I, § 8 Rn. 55; *A. v. Bogdandy/P.M. Huber*, in: v. *Bogdandy/Cassese/Huber* (Hrsg.), Ius Publicum Europaeum III, § 42 Rn. 68; *E. Schmidt-Aßmann*, Ordnungsidee, Erstes Kapitel Rn 20; *F. Ossenbühl*, in: FS Lerche 1993, S. 151 (152); *K. Stern*, in: FS Lerche 1993, S. 165 (168); *M. Kloepfer*, in: *Schmidt-Aßmann/Sellner/Hirsch u.a.* (Hrsg.), FG BVerwG 2003, S. 329 (330 ff.); BVerfGE 59, 128 (152 f.). Für das Übermaßverbot: BVerfGE 17, 306 (313 f.); 19, 342 (348 f.); 30, 292 (316); 67, 157 (173, 175, 178); 76, 1 (50 f.). Kritisch hierzu *J. Kersten*, DVBl. 2011, 585 (588).

[285] *J. Kersten*, DVBl. 2011, 585 (587 ff.), unterscheidet zwischen rezipierendem und reagierendem Lernen des Verfassungsrechts vom Verwaltungsrecht, wobei Erstes in der Übernahme verwaltungsrechtlicher Inhalte in das Verfassungsrecht bestehe, Zweites dagegen die lernende Fortbildung des Verfassungsrechts auf Grundlage von verwaltungsrechtlichen Neuerungen sei.

[286] *E. Schmidt-Aßmann*, Ordnungsidee, Erstes Kapitel Rn. 20.

und die konstitutionelle Rückbindung des Verwaltungsrechts betreiben.[287] Gleichzeitig vermag das BVerfG mit seiner Rechtsprechung die Konkretisierung verfassungsrechtlicher Wertungen mit vorhandenen und bewährten verwaltungsrechtlichen Rechtsinstituten systemverträglich abzustimmen.

Diese der Sicherung von Freiheit konzedierten Konstitutionalisierung des Verwaltungsrechts führe zu weitgehender Unflexibilität, was eine Bedeutungseinbuße des Verfassungsrechts gegenüber dem Gesetzesrecht nach sich ziehe.[288] Ebenso sei zu befürchten, dass einfaches Gesetzesrecht durch diese Konstitutionalisierung[289] verfassungsrechtlich fixiert und dadurch der politische Gestaltungsspielraum verengt werde.[290]

Ungeachtet dieser Kontroverse bleibt der nachhaltige Einfluss auf die verwaltungsrechtliche Systembildung durch die Ausstrahlungswirkung der verfassungsrechtlichen Wertentscheidungen, gleich ob diese aus der Verfassung selbst entwickelt werden oder sich aus der Rezeption verallgemeinerungsfähiger verwaltungsrechtlicher Axiome ergeben, auf einfach-gesetzliche Vorschriften, ja auf die gesamte Rechtsordnung unbestritten.[291] Die Staatszielbestimmungen formen die Verwaltungsaufgabenlehre, während die Prägekraft der Strukturbestimmungen auf staatliche Entscheidungsprozesse als Muster administrativen Handelns dient, die einer näheren Ausgestaltung durch das Verwaltungsrecht harren.[292] So stellt einerseits das Verfassungsrecht den Prüfungsmaßstab hergebrachter Dogmatik und den Rezeptionsraum für neue Entwicklungen dar, das hierdurch nicht nur stabilisierende, sondern auch erneuernde und die Anpassung sichernde Funktion hat.[293] Dies wird insbesondere für das Organisationsrecht deutlich, bei dem Organisationseinheiten der Verwaltung z.B. dem Demokratieprinzip genügen müssen, bei denen jedoch das klassische Legitimationsmodell auch vom BVerfG als nicht mehr ausreichend angesehen wird, um die bestehende Organisationspluralität zu fassen und demokratisch zu legitimieren.[294]

Andererseits ist das Verwaltungsrecht das Erprobungsfeld von neuen Erkenntnissen und Prinzipien des Verfassungsrechts, die einem Praxistest unterzogen werden, um sie der Verwaltungspraxis anzupassen und sie handhabbar zu machen, während gleichzeitig das Verwaltungsrecht die Grundzüge der verfas-

[287] *C. Möllers*, in: *Hoffmann-Riem/Schmidt-Aßmann/Voßkuhle* (Hrsg.), Grundlagen des Verwaltungsrechts I, § 3 Rn. 13; *E. Schmidt-Aßmann*, VBlBW. 1988, 381 (385); *C. Schönberger*, in: *Stolleis* (Hrsg.), Das Bonner Grundgesetz, S. 53 (61 ff.).

[288] *C. Möllers*, in: *Hoffmann-Riem/Schmidt-Aßmann/Voßkuhle* (Hrsg.), Grundlagen des Verwaltungsrechts I, § 3 Rn. 13; *H. Dreier*, Die Verwaltung 36 (2003), S. 105.

[289] *G.F. Schuppert/C. Bumke*, Konstitutionalisierung, S. 9 ff.

[290] *U. Becker*, in: *ders.* (Hrsg.), Rechtsdogmatik, S. 11 (36).

[291] Dies gesteht auch *C. Möllers*, in: *Hoffmann-Riem/Schmidt-Aßmann/Voßkuhle* (Hrsg.), Grundlagen des Verwaltungsrechts I, § 3 Rn. 13, zu, der zwischen der Konstitutionalisierung des Verwaltungsrechts und der systematisierenden Wirkung des Verfassungsrechts differenziert.

[292] *E. Schmidt-Aßmann*, Ordnungsidee, Zweites Kapitel Rn. 1.

[293] *E. Schmidt-Aßmann*, Ordnungsidee, Erstes Kapitel Rn. 19; *E. Schmidt-Aßmann*, in: *Hoffmann-Riem/Schmidt-Aßmann/Schuppert* (Hrsg.), Reform, S. 11 (17).

[294] Dazu Kapitel 2.

sungsrechtlichen Gewährleistung im Sinne eines rechtsdogmatischen Einflusses formt.[295]

In Ermangelung anderer, autonomer Strukturprinzipien[296] aufgrund fehlender verwaltungsrechtswissenschaftlicher Theoriebildung[297] entfalten neben der Kompetenzordnung des Grundgesetzes[298] sowie den Grundrechten[299] überwiegend (a.) das Rechtsstaatsprinzip sowie, für vorliegende Arbeit von besonderer Relevanz, (b.) das Demokratieprinzip[300] und (c.) das Sozialstaatsprinzip systemprägende Wirkung für das Verwaltungsrecht.

### *a. Das Rechtsstaatsprinzip*

Das Rechtsstaatsprinzip entfaltet seine systemprägende Wirkung auf das Verwaltungsrecht u.a. aus den konstitutionellen Normierungen wie der Gewaltenteilung, Art. 20 Abs. 2 Satz 2, Abs. 3 GG,[301] durch die das Parlament als demokratisch legitimierter Gesetzgeber zum zentralen Steuerungsorgan und Recht insbesondere in seiner Form des Parlamentsgesetzes zum zentralen Ordnungs- und Steuerungsinstrument wird, in dem sich demokratisch legitimierter, parlamentarischer Steuerungsanspruch, Vollzugsverantwortlichkeit der Administrative und judikative Kontrollzuständigkeit vereinen.[302] Es gibt „dem Staat, der Wirksamkeit des Staates, dem gesamten Leben innerhalb des Staates *Maß und Form*“[303] und zeitigt dadurch legitimierende, disziplinierende und im besten Fall auch effektuierende Wirkungen auf das Verwaltungshandeln.[304] Diese von *Otto Mayer* proklamierte „Herrschaft des Gesetzes“[305] als – neben der Verfassung – „rechtlich stärkste Art

---

295 *E. Schmidt-Aßmann*, Ordnungsidee, Erstes Kapitel Rn. 20.

296 *G. Hermes*, VVDStRL 61 (2002), S. 119 (125 f.).

297 *C. Möllers*, in: *Hoffmann-Riem/Schmidt-Aßmann/Voßkuhle* (Hrsg.), Grundlagen des Verwaltungsrechts I, § 3 Rn. 58.

298 Hierzu *T. Groß*, Die Verwaltung, Beiheft 2 (1999), S. 57 (70); *R. Mußgnug*, in: FS Universität Heidelberg 1986, S. 203 (217 ff.); *G.-C. v. Unruh*, NVwZ 1988, 690 ff.; *H. Sendler*, in: FS Ule 1987, S. 337.

299 *J. Müller-Volbehr*, JZ 1984, 6 (11); *K. Doehring*, Zweimonatshefte für Fragen der Zeit 23 (1978), S. 7 (11).

300 *E. Schmidt-Aßmann*, Ordnungsidee, Zweites Kapitel; *E. Schmidt-Aßmann*, in: *Ehlers/Krebs* (Hrsg.), Grundfragen, S. 1 (2); *C. Möllers*, in: *Hoffmann-Riem/Schmidt-Aßmann/Voßkuhle* (Hrsg.), Grundlagen des Verwaltungsrechts I, § 3 Rn. 13; a.A. *T. v. Danwitz*, Verwaltungsrechtliches System, S. 58, der dem Demokratieprinzip keine prägende Kraft zumisst.

301 Wenn diese auch in der weiteren verfassungsrechtlichen Ausgestaltung nicht rein verwirklicht, sondern als Gewaltenverschränkung ausgebildet ist.

302 *E. Schmidt-Aßmann*, Ordnungsidee, Zweites Kapitel Rn. 68.

303 *K. Hesse*, in: *ders./Reicke/Scheuner* (Hrsg.), Staatsverfassung und Kirchenordnung, S. 71 (73) – Hervorhebung im Original.

304 *E. Schmidt-Aßmann*, Ordnungsidee, Zweites Kapitel Rn. 7; dazu auch *C. Schönberger*, in: *Stolleis* (Hrsg.), Das Bonner Grundgesetz, S. 53 (58 ff., 71 ff.). Im Hinblick auf die Ausgestaltung der Gewaltenteilung kommt auch dem Bundesstaatsprinzip aus Art. 20 Abs. 1 GG systemprägende Wirkung zu, indem es neben der horizontalen Gewaltenteilung aus Art. 20 Abs. 3 GG auch die vertikale und die Verteilung der Exekutive auf Bund und Länder impliziert.

305 *O. Mayer*, Deutsches Verwaltungsrecht, Bd. I, S. 64 ff. „§ 6 Die Herrschaft des Gesetzes“.

von Staatswillen"[306] wird durch das verfassungsrichterrechtliche Institut des Vorbehalts und Vorrangs des Gesetzes[307] als „Anwendungsgebot und Abweichungsverbot"[308] gefestigt,[309] welches die Exekutive als gesetzesdirigierte Gewalt erscheinen lässt.[310] Gleichzeitig formuliert die Dichotomie von Gesetz und Recht jedoch auch eine Bindung an exekutive Normativakte wie Rechtsverordnungen und Satzungen, welche die Feinjustierung von mit begrenzter Steuerungsfähigkeit ausgestatteten legislativen Normierungen ermöglicht und in Folge der Notwendigkeit von Flexibilität aufgrund neuer Erscheinungsformen in der Praxis der Verwaltung die Option der Selbstprogrammierung zur Sicherstellung der gebotenen Transparenz und Gleichförmigkeit der Verwaltungspraxis an die Hand geben.

Dabei wird insbesondere für vorliegende Arbeit relevant, ob neben den von der Verfassung vorausgesetzten oder akzeptierten Formen exekutiver Normsetzung, wie den Rechtsverordnungen, Satzungen und Verwaltungsvorschriften, auch weitere Handlungsformen mit genereller Bindungswirkung bestehen können, wie sie das Sozialrecht mit den Richtlinien des G-BA, aber auch den mit normativer Wirkung ausgestatteten Verträgen und Empfehlungen als Regelungsinstrumente mit abstrakt-genereller Wirkung kennt, oder ob das Grundgesetz einen *Numerus clausus* diesbezüglich enthält.[311] Hiermit einher gehen die Anforderungen an die Bestimmtheit und Normklarheit parlamentarischer Willensäußerungen im Hinblick auf Inhalt, Gegenstand, Zweck und Ausmaß, die in Abhängigkeit zu den in diesen vorgesehenen Ermächtigungen zu Grundrechtseingriffen variieren[312] und damit das verfassungsrechtliche Legitimationsniveau auf normativer Ebene gewährleisten.[313]

Systemprägend in herausgehobenem Maße ist die Subjektivierung des Verhältnisses zwischen dem Staat und insbesondere der Verwaltung und seinen Bürgern durch die Grundrechte,[314] wodurch das Verfassungsrecht, aber auch das von diesem beeinflusste Verwaltungsrecht eine individuale, subjektivierte Ausrichtung erhält, die aufgrund ihrer Bedeutung auch als „kopernikanische Wende im Verwaltungsrechtssystem" bezeichnet wird.[315]

---

306 *O. Mayer*, Deutsches Verwaltungsrecht, Bd. I, S. 68.

307 *B. Pieroth*, in: *Jarass/Pieroth* (Hrsg.), GG, Art. 20 Rn. 32 ff., 44 ff.; BVerfGE 98, 218 (251).

308 *C. Gusy*, JuS 1983, 189 (191).

309 *F. Ossenbühl*, in: *Isensee/Kirchhof* (Hrsg.), HStR V, § 100 Rn. 19; § 101 Rn. 1 ff., 41 ff.; *E. Schmidt-Aßmann*, in: *Hoffmann-Riem/Schmidt-Aßmann/Schuppert* (Hrsg.), Reform, S. 11 (22, 47 f.).

310 *E. Schmidt-Aßmann*, in: *Hoffmann-Riem/Schmidt-Aßmann/Schuppert* (Hrsg.), Reform, S. 1 (48) m.w.N.

311 Dazu Kapitel 4 A. III. 1. *Numerus clausus* der Normsetzungsformen im Grundgesetz.

312 BVerfGE 48, 210 (221 f.); 49, 89 (133); 59, 104 (114); 58, 257 (277 f.); 62, 203 (210); 86, 288 (311).

313 *T. v. Danwitz*, Verwaltungsrechtliches System, S. 65.

314 *E. Schmidt-Aßmann*, Ordnungsidee, Zweites Kapitel Rn. 2, 32 ff., 55; *ders.*, VBlBW. 1988, 381 (383); *ders.*, NVwZ 1983, 1 ff.; *T. v. Danwitz*, Verwaltungsrechtliches System, S. 54; *B. Grzeszick*, Rechte und Ansprüche, S. 1.

315 *F. Ossenbühl*, in: *Jeserich/Pohl/v. Unruh* (Hrsg.), Deutsche Verwaltungsgeschichte, S. 1143 (1146).

### *b. Das Demokratieprinzip*

Neben dem Rechtsstaatsprinzip entfaltet vor allem das Demokratieprinzip aus Art. 20 Abs. 2 GG Wirkungen auf die Systemprägung des Verwaltungsrechts.[316] Ist grundsätzlich „jedes amtliche Handeln mit Entscheidungscharakter" legitimationsbedürftig,[317] so erlangt das Demokratieprinzip und die ihm beigemessenen Anforderungen an eine demokratische Legitimation insbesondere mit Blick auf die Organisations-, Handlungs- sowie Verfahrensformen wie auch dem Einbezug Privater bei der Ausübung von hoheitlichen Tätigkeiten eine zentrale Stellung. Organisations- und Handlungsformen wie auch die Betrauung Privater mit hoheitlichem Handeln haben daher vor dem Grundgesetz nur dann Bestand, wenn deren demokratische Legitimation sichergestellt ist. Insoweit trägt das Demokratieprinzip auch die Systembildung, in dem nur Organisations- und Handlungsformen, die demokratisch legitimiert werden können, verallgemeinerungsfähig und damit systembildend sein können.

Dabei kommt dem klassischen Legitimationsmodell wie auch seinen Schwächen sowie den Versuchen von Rechtsprechung und Literatur, diese Schwächen zu kompensieren, zentrale Bedeutung für die Systembildung zu. So weicht das BVerfG vom klassischen Legitimationsmodell ab, wenn es in Bezug auf Organisationsformen der Exekutive dem Gesetzgeber ein auf dem offenen Demokratieprinzip des Grundgesetzes basierendes flexibles demokratisches Legitimationssystem an die Hand gibt, welches Raum für die Innovation neuer Entscheidungsmechanismen lässt[318] und im Hinblick auf die funktionale Selbstverwaltung auf die personelle Legitimation zugunsten der sachlich-inhaltlichen verzichtet bzw. diese auf die Ebene der Aufsicht verlagert.[319] Durch die Berücksichtigung der Beteiligung von Betroffenen, den Einbezug verwaltungsexternen Sachverstands sowie der Effektivität der Erreichung der vom Gesetzgeber verfolgten Zwecke und Ziele[320] werden klassische Legitimationsformen ergänzt, während andernorts neue Steuerungsmodelle nicht anerkannt werden und allein auf das klassische Legitimationsmodell zurückgegriffen wird.[321]

Diese Diskussion wird in besonderer Weise relevant für diejenigen Verwaltungsformen, bei denen eine demokratische Legitimation durch anerkannte Legitimationssubjekte nicht erfolgt oder die reine Betroffenenbeteiligung zugunsten

---

[316] *C. Möllers*, in: *Hoffmann-Riem/Schmidt-Aßmann/Voßkuhle* (Hrsg.), Grundlagen des Verwaltungsrechts I, § 3 Rn. 15; *E. Schmidt-Aßmann*, Ordnungsidee, Zweites Kapitel Rn. 79 ff.; a.A. *T. v. Danwitz*, Verwaltungsrechtliches System, S. 58.

[317] BVerfGE 47, 253 (273); 83, 60 (73); 93, 37 (68).

[318] BVerfGE 93, 37 ff. – Mitbestimmung im öffentlichen Dienst.

[319] BVerfGE 107, 59 ff. – funktionale Selbstverwaltung.

[320] Wobei ausreichend ist, dass keine offensichtliche Zweckuntauglichkeit vorliegt.

[321] BVerfGE 119, 331 ff. – Arbeitsgemeinschaften; anders hingegen das Sondervotum, in dem die dissentierenden Richter die neue Form der Arbeitsgemeinschaften als Instrument der Verwaltung anerkennen und als mit dem Demokratieprinzip vereinbar erklären, BVerfGE 119, 331 (387). Zum Governance-Ansatz und seinem Verhältnis zum Demokratieprinzip *L. Engi*, Der Staat 47 (2007), S. 573 (580 ff.).

ten des Einbezugs von Sachverstand oder bestimmter, dem Ziel der Organisationseinheit dienender Beteiligter erweitert wird. Insbesondere bei den Formen der gruppenpluralen Verwaltung, auf die im Zuge der Arbeit näher eingegangen werden wird, wird die Frage der demokratischen Legitimation zum Lackmustest für eine Einbindung in das System des Allgemeinen Verwaltungsrechts.

So weist die Diskussion um Formen demokratischer Legitimation für die Ausgestaltung der Organisations- und Handlungsformen der Verwaltung grundlegende Bedeutung und hierdurch systemprägende Wirkung auf, weshalb sie in vorliegender Arbeit auch mit einem eigenen Kapitel bedacht wird.[322]

Im Zuge der Frage nach demokratischer Legitimation erhalten auch der Grundsatz vom Vorrang und Vorbehalt des Gesetzes, der bislang lediglich als Ausprägung des Rechtsstaatsprinzips erläutert wurde, und mit ihm der Grundsatz der Bestimmtheit von Rechtsnormen, das Wesentlichkeitsprinzip und das Erfordernis normativer Grundlagen für die Zuweisung von Konkretisierungsverantwortung[323] und die normative Ermächtigungslehre im Hinblick auf Letztentscheidungsbefugnisse der Verwaltung[324] ihre demokratietheoretische Einordnung und systemprägende Wirkung.

### c. *Das Sozialstaatsprinzip*

Auch für das Sozialrecht ist höherrangiges Recht prägend. Im Vordergrund steht dabei naturgemäß das Sozialstaatsprinzip,[325] welches das Grundgesetz nicht lediglich als Programmsatz, sondern als Rechtssatz enthält[326] und damit diese „Sozialstaatlichkeit zu den tragenden Prinzipien unseres Staates“ erhebt.[327] Dabei unterscheidet sich das soziale Staatsziel von den anderen Staatszielbestimmungen insbesondere durch die ihm innewohnende Dynamik und Komplexität sowie seine Offenheit, die dem Sozialstaat als Prozess eigen ist,[328] und dem damit zusammenhängenden Fehlen von verfassungsrechtlicher Präzisierung und Substan-

[322] Dazu Kapitel 2.

[323] BVerwGE 81, 185 (190 ff.); *P. Badura*, VVDStRL 48 (1990), S. 266 (267 f.); *G.F. Schuppert*, VVDStRL 48 (1990), S. 273 ff.; *R. Breuer*, VVDStRL VV (1990), S. 277 ff.

[324] BVerfGE 61, 82 (111 f.); 84, 34 (49 f.); 88, 40 (56 f.); *E. Schmidt-Aßmann*, in: *Maunz/Dürig/Herzog u.a.* (Hrsg.), Grundgesetz, Art. 19 IV Rn. 185; kritisch hierzu *F. Ossenbühl*, in: FS Redeker 1993, S. 55 (63 f.).

[325] Zum Verhältnis zum Rechtsstaatsprinzip BVerfGE 5, 85 (198); 6, 32 (41); 22, 180 (204); *J. Müller-Volbehr*, JZ 1984, 6 (7); *H. Bogs*, Schriftenreihe des Deutschen Beamtenbundes 1963, 44 ff.; *E. Forsthoff*, VVDStRL 12 (1954), S. 8 (12 f.); *P. Häberle*, AöR 107 (1982), S. 1 (7); *H.F. Zacher*, Sozialpolitik und Verfassung im ersten Jahrzehnt der Bundesrepublik Deutschland, S. 396 ff., 403 f.; *H. Klein*, VVDStRL 30 (1972), S. 169 (171); *E.R. Huber*, Rechtsstaat und Sozialstaat in der modernen Industriegesellschaft, S. 7 ff.; *C. Degenhart*, in: FS Scupin 1983, S. 537 (544); *K. Doehring*, Zweimonatshefte für Fragen der Zeit 23 (1978), S. 7 (12); *O. Bachof*, in: *Forsthoff* (Hrsg.), Rechtsstaatlichkeit und Sozialstaatlichkeit, S. 201 ff., zugleich *ders.*, VVDStRL 12 (1954), S. 37 ff.

[326] Std. Rspr. seit BVerfGE 1, 97 (105) – Hinterbliebenenversorgung.

[327] BVerfGE 3, 377 (381).

[328] *H.P. Ipsen*, in: FS Zweigert 1981, S. 747 (749).

tiierung.[329] So enthält das Sozialstaatsprinzip weder ein konkretes Verfassungsprogramm noch Forderungen für die Errichtung einer bestimmten Sozialordnung.[330] Daher kann es selbst auch keine Legitimation staatlichen Handelns begründen.[331] Vielmehr handelt es sich bei diesem um ein „der konkreten Ausgestaltung in hohem Maße fähiges und bedürftiges Prinzip",[332] das der Konkretisierung, die „den Idealen der sozialen Gerechtigkeit, der Freiheit, Gleichheit und Billigkeit" entspricht, bedarf.[333] „Das Sozialstaatsprinzip stellt also dem Staat eine Aufgabe, sagt aber nichts darüber, wie diese Aufgabe im einzelnen zu verwirklichen ist."[334] Mittlerweile erfolgte diese Konkretisierung durch Gesetzgebung und Wissenschaft.[335] Hiernach fordert es den Staat auf, durch soziale Gestaltung „soziale Gerechtigkeit" herzustellen, und bezieht damit das grundsätzliche Gebot der Gerechtigkeit auf die konkrete Situation in der Industrie- und Arbeitsgesellschaft.[336] Nach *Hans Zacher* ist der Sozialstaat daher „ein Staat, der den wirtschaftlichen und wirtschaftlich bedingten Verhältnissen auch in der Gesellschaft wertend, sichernd und unverändernd und mit dem Ziel gegenübersteht, jedermann ein menschenwürdiges Dasein zu gewährleisten, Wohlstandsunterschiede zu verringern und Abhängigkeitsverhältnisse zu beseitigen oder zu kontrollieren".[337]

Mit der Förderung von Freiheit[338] durch Umverteilung enthält das soziale Staatsziel jedoch einen Zielkonflikt und innere Antinomien, wie sie mit der Verfolgung des Gemein- sowie des Individualwohls zum Ausdruck kommen und die einer Auflösung in Form eines Ausgleichs bedürfen.[339] Dabei kann der Sozialstaat erst durch angemessene Organisationsformen sowie die Bereitstellung von Handlungs- und Verfahrensformen verwirklicht werden.[340] So erfolgt der Aus-

---

329 *W. Weber*, Der Staat 4 (1965), S. 409 (410).

330 *W. Weber*, Der Staat 4 (1965), S. 409 (415).

331 *H.F. Zacher*, Sozialpolitik und Verfassung im ersten Jahrzehnt der Bundesrepublik Deutschland, S. 716 ff.

332 BVerfGE 5, 85 (198).

333 BVerfGE 1, 97 (100).

334 BVerfGE 59, 231 (262 f.), sowie auch BVerfGE 22, 180 (204); 52, 283 (298), was mit der wirtschaftspolitischen Neutralität des Grundgesetzes korrespondiert, BVerfGE 4, 7 (17 ff.); 7, 377 (400); 50, 290 (336 ff.).

335 Zu den einzelnen Ausprägungen BVerfGE 1, 97 (105); 5, 85 (198, 206); 9, 124 (133); 9, 338 (347); 22, 180 (204); 26, 16 (37); 35, 202 (236); 40, 121 (133); 44, 353 (375); 45, 187 (228 f.); BSGE 25, 170 (175); *H. Bogs*, Schriftenreihe des Deutschen Beamtenbundes 1963, 44 (49); *O. Bachof*, VVDStRL 12 (1954), S. 37 (39); *W. Wertenbruch*, ZSR 1968, 385 (388); *ders.*, DÖV 1969, 593 (596); *G. Wannagat*, in: FS Weber 1974, S. 819 (820); *K. Stern*, Staatsrecht I, § 21 Abs. 2 Satz 3; *P. Badura*, DÖV 1989, 491 (493); *H.F. Zacher*, in: FS Krause 2006, S. 3 (8); *ders.*, in: *Isensee/Kirchhof* (Hrsg.), HStR II, § 28 Rn. 25, 32 ff.; *E.R. Huber*, Rechtsstaat und Sozialstaat in der modernen Industriegesellschaft, S. 15 ff.; *E. Forsthoff*, Die Verwaltung als Leistungsträger, passim.

336 *P. Badura*, DÖV 1989, 491 (492); *ders.*, DÖV 1968, 446; *H.F. Zacher*, in: *Becker/Ruland* (Hrsg.), Abhandlungen, S. 13, 21, 28 ff.

337 *H.F. Zacher*, Art: Sozialstaatsprinzip, HsWW II, S. 152.

338 Dazu *H.M. Heinig*, Sozialstaat, passim.

339 *N. Achterberg*, Der Staat 8 (1969), S. 159 (165); dazu *W. Bogs*, in: FS Lenz 1961, S. 307 ff.

340 *O. Bachof*, VVDStRL 12 (1954), S. 37 (43 f.).

gleich dieser widerstreitenden Interessen unter Berücksichtigung des Allgemeinwohls im Sozialrecht auch durch die Verwaltungsorganisation. Demgemäß bestimmen in diesem Rechtsgebiet die gruppenplural zusammengesetzten Entscheidungsgremien das Bild der Organisationseinheiten, wie dies nicht nur bei der „Gemeinsamen Selbstverwaltung" z.B. in Form des G-BA der Fall ist, sondern auch bei den Sozialversicherungsträgern, wie den Kranken- und Pflegekassen oder der Bundesagentur für Arbeit, zum Ausdruck kommt, die (drittel-) paritätisch zusammengesetzt sind. Mit dieser Zusammensetzung wird grundsätzlich der Anspruch verfolgt, nicht nur die von der Verwaltungstätigkeit Betroffenen, sondern auch den in den beteiligten Gruppen vorherrschenden Sachverstand in die Entscheidungsfindung einzubeziehen, um hierdurch einen Interessenausgleich zwischen diesen Gruppen herzustellen und eine sachgerechte Entscheidung zu gewährleisten.[341] Dieses Bestreben setzt sich auch auf der Ebene der Handlungsformen fort. Durch das Erfordernis des Abschlusses von öffentlich-rechtlichen Verträgen oder des gemeinschaftlichen Erlasses von Richtlinien und Empfehlungen herrschen konsensuale Handlungsformen vor, die auf einen Ausgleich der widerstreitenden Interessen angelegt sind. Diese konsensualen, auf Ausgleich angelegten Organisations- wie auch Handlungsformen sind Gegenstand der vorliegenden Arbeit und werden an späterer Stelle noch eingehend behandelt.[342]

Vor diesem Hintergrund entfaltet das Demokratieprinzip auch im Sozialrecht systemprägende Wirkung vor allem durch seine Anforderungen an die demokratische Legitimation staatlichen Handelns. Dabei steht gerade im Sozialrecht, das sich durch eine Vielzahl von verschiedenen Organisations- und Handlungsformen sowie Entscheidungsverfahren, wie auch der Einbindung Privater in die Ausübung von Hoheitsgewalt auszeichnet, die Legitimationsbedürftigkeit von staatlichem Handeln im Vordergrund der Diskussion.[343] Dies zeigt sich an Beispielen wie der Zusammensetzung der Sozialversicherungsträger, die, mit Ausnahme der Ersatzkassen, nicht nur durch ihre (drittel-) paritätische Besetzung der Entscheidungsgremien, sondern auch durch die Besetzung aufgrund von „Friedenswahlen" Zweifeln an deren demokratischer Legitimation ausgesetzt sind. Ebenso besteht eine umfangreiche Diskussion zur Legitimierbarkeit von Entscheidungsgremien der „Gemeinsamen Selbstverwaltung", wie dem G-BA. Diese Probleme verbleiben jedoch nicht nur auf der Organisationsebene, sondern schlagen auch auf die Handlungsebene durch, so dass ebenso die Handlungsformen im Sozialrecht einer verstärkten Diskussion ausgesetzt sind.[344] Ver-

[341] Dazu Kapitel 3 C.VI.3.a. dd. Inhomogene Interessenstruktur im Entscheidungsgremium und b. dd. Inhomogene Interessenstruktur im Entscheidungsgremium.

[342] Dazu Kapitel 3, 4 und 5.

[343] Dazu Kapitel 3 C. VI. Demokratische Legitimation, D. IV. Demokratische Legitimation; Kapitel 4 A.III.4. Die demokratische Legitimation von Normenverträgen; B. III. Verfassungsrechtliche Zulässigkeit, insbesondere demokratische Legitimation; Kapitel 5 A.II.1.a.bb. Demokratische Voraussetzungen einer Übertragung von Außennormsetzungskompetenzen auf Private.

[344] Dazu Kapitel 4.

stärkt wird dieser Befund durch atypische Handlungsformen, wie sie durch die Anordnung normativer Bindungswirkung für öffentlich-rechtliche Verträge oder Empfehlungen sowie den Einbezug von Privaten bei der Normsetzung wie auch anderen hoheitlichen Handlungen vordringlich im Sozialrecht vorkommen und einen Schwerpunkt der vorliegenden Arbeit bilden.[345]

Aufgrund der Unbestimmtheit von Verfassungsvorgaben[346] wird das Sozialstaatsprinzip samt seinen Zielkonflikten im demokratisch verfassten Staat durch den Gesetzgeber umgesetzt und konkretisiert,[347] wobei das Sozialrecht als Ausgestaltung des Sozialstaatsprinzips nicht nur eine Konkretisierung desselben, sondern Ausdruck einer politischen Entscheidung des Gesetzgebers ist, die dieser im Rahmen seines weiten, politischen Gestaltungsspielraums, der diesem im Hinblick auf die Art und Weise der Umsetzung in rechtlicher und finanzieller Hinsicht des von der Verfassung Geforderten zukommt und der seine Grenzen allein in der Verfassung findet, trifft,[348] wobei dieser Ausgestaltung naturgemäß kein Verfassungsrang zukommt.[349] Dabei ist dem Sozialstaat immanent, dass er auf veränderte soziale Lagen reagieren und diese Lösungen zuführen muss, die gegebenenfalls nicht aus den bisherigen Konkretisierungen des Sozialstaats gewonnen werden können, was einschließt, dass der Gesetzgeber teilweise bestehende soziale Besitzstände zu Gunsten einer umfassenderen sozialen Ordnung auflösen können muss.[350] Vor diesem Hintergrund kann aus dem Sozialstaatsprinzip auch keine Garantie für die bestehenden Organisationsformen etwa der Sozialversicherungen hergeleitet werden, wie auch bestimmte Handlungsformen nicht gewährleistet sind. Insbesondere die Gliederung des Sozialversicherungssystems, wie auch die organisatorische Ausgestaltung der „Sozialen Selbstverwaltung" oder der „Gemeinsamen Selbstverwaltung" unterliegen keiner verfassungsrechtlichen Garantie, sondern dem Organisationsermessen des Gesetzgebers.[351] Auch kann daher aus dem Sozialstaatsprinzip keine legitimatorische Wirkung mit Blick auf diese Organisations- und Handlungsformen abgeleitet werden, weshalb teilweise auf die Regelungen des Art. 87 Abs. 2, Abs. 3 GG abgestellt wird.[352]

---

345 Dazu die Kapitel 3, 4 und 5.

346 *R. Smend*, Verfassung und Verfassungsrecht, S. 75 ff.

347 Std. Rspr. seit BVerfGE 1, 97 (105) – Hinterbliebenenversorgung; 8, 274 (328 f.); 65, 182 (193).

348 BVerfGE 8, 274 (329); 50, 338; 103, 271 (288) – Pflegeversicherung II; *P. Badura*, SGb 1980, 1; *P. Badura*, DÖV 1989, 491 (494); *G. Wannagat*, in: FS Weber 1974, S. 819 (827).

349 *W. Weber*, Der Staat 4 (1965), S. 409 (416).

350 *H.F. Zacher*, in: FS Ipsen 1977, S. 207 (231 ff.); *ders.*, ZgS 134 (1978), S. 15 ff.; *P. Badura*, DÖV 1989, 491 (496).

351 Dazu auch *H.P. Bull*, KrV 1976, 175 ff.

352 Dazu die Ausführungen zu Kapitel 3 D.IV.1.d. Verfassungsunmittelbare Legitimation.

### 2. *Die sachliche Eigenart des Rechtsgebiets*

#### a. *Im Verwaltungsrecht*

Ausgangsbedingungen für die Systembildung im Verwaltungsrecht sind die dem Verwaltungsrecht zu Grunde liegenden, immanenten Sachgesetzlichkeiten, die auf die Systembildung zurückwirken.[353] Hierzu zählen insbesondere die Funktionen, die das Verwaltungsrecht zu erfüllen hat, die in den letzten hundertfünfzig Jahren aufgrund der historischen Zäsuren, wie sie sich durch die Entwicklung vom Kaiserreich über die Weimarer Republik und nationalsozialistische Diktatur hin zur Bundesrepublik und der Europäischen Union ergeben haben, fundamentale Veränderungen erfuhren und zu einer Ausdifferenzierung des Aufgabenspektrums führten.

War ausgehend von der allgemein vorherrschenden Auffassung, dass der Bürger dem Staat Untertan sei und sich damit „[a]us dem Wesen des Menschen [...] historisch und logisch als notwendig nur die Pflicht, aber nicht das Recht gegen den Staat [ergibt]“,[354] die Aufgabe des Verwaltungsrechts als wirksame Verwaltung des Staates umrissen, wurde diese Ansicht dem unter dem Grundgesetz geltenden Menschenbild, das den Menschen als grundrechtsberechtigten Bürger anerkennt, nicht mehr gerecht.[355] Durch die dem einzelnen Bürger vom Grundgesetz zuerkannte Subjektstellung wird zwischen dem in „rechtlich verfasster Freiheit“ handelnden Bürger und dem in „rechtlich verliehener Kompetenz“ handelnden Staat differenziert.[356] Diese von *Fritz Ossenbühl* auch als „kopernikanische Wende im Verwaltungsrechtssystem“ bezeichnete[357] Subjektivierung des Staat-Bürger-Verhältnisses zieht die Ausrichtung des Verwaltungsrechts auch auf die subjektive Rechtsstellung des Einzelnen sowie die sich hieraus ergebende Rechtfertigungsbedürftigkeit allen in diese Rechtsstellung eingreifenden Verwaltungshandelns nach sich. Da nunmehr das Verwaltungsrecht nicht mehr allein die Aufgabe der effektiven und effizienten Verwaltung des Staats und die Funktionsfähigkeit der Verwaltung,[358] sondern auch den Schutz der Rechtsstellung des Bürgers durch die Disziplinierung des Verwaltungshandelns zu erfüllen hat,[359] ist dieser konfligierende Aufgabendualismus von schlechthin konstituti-

---

[353] *H. Schulze-Fielitz*, Die Verwaltung 27 (1994), S. 277 (279 ff.); *R. Wahl*, in: *Hoffmann-Riem/Schmidt-Aßmann/Schuppert* (Hrsg.), Reform, S. 177 Anm. 48.

[354] *G. Jellinek*, System der subjektiven öffentlichen Rechte, S. 82; vgl. auch *O. Mayer*, Deutsches Verwaltungsrecht, Bd. I, S. 13; *C.F. Gerber*, Über öffentliche Rechte, S. 62 ff.

[355] BVerwGE 1, 159 (161); *H. Dreier*, in: *Schmidt-Aßmann/Sellner/Hirsch u.a.* (Hrsg.), FG BVerwG 2003, S. 201 ff.

[356] *E. Schmidt-Aßmann*, Ordnungsidee, Erstes Kapitel Rn. 26. Dieser verwendet in Anlehnung an *H. Hofmann*, VVDStRL 41 (1983), S. 42 (49 ff.), auch den Begriff des asymmetrischen Verhältnisses zwischen Bürger und Staat.

[357] *F. Ossenbühl*, in: *Jeserich/Pohl/v. Unruh* (Hrsg.), Deutsche Verwaltungsgeschichte, S. 1143 (1146).

[358] BVerfGE 61, 82 (116); *P. Kunig*, Das Rechtsstaatsprinzip, S. 438 f. m.w.N.

[359] *E. Schmidt-Aßmann*, Ordnungsidee, Erstes Kapitel Rn. 32; *ders.*, VBlBW. 1988, 381 (383); *F. Schoch*, Die Verwaltung 25 (1992), S. 21 (27); *H. Schulze-Fielitz*, DVBl. 1994, 657 (661 f.); *T. v. Danwitz*, Verwaltungsrechtliches System, S. 5, 45 ff.

ver Bedeutung für das verwaltungsrechtliche System.[360] Die Erfüllung dieses „Doppelauftrag[s]"[361] „zwischen Verwaltungseffizienz und Rechtsschutzauftrag"[362] als Ausdruck der rechtlichen Bindung, welchem die Verwaltung auf der einen Seite unterliegt, der rechtlichen Autorisierung, welche die Verwaltung auf der anderen Seite erfährt, ist dem Verwaltungsrecht immanent und erfordert eine ständig zu aktualisierende Gewichtung in der Funktionenzuordnung und Aufgabenerfüllung, die nunmehr in steigendem Maße auch vor dem Hintergrund der Europäisierung und des im EU-Recht geltenden Grundsatzes des *effet utile* zu leisten ist.

Mit der Ausweitung des Handlungsauftrags des Verwaltungsrechts geht die Ausdifferenzierung der Verwaltungsaufgaben einher. So sind mit dem Wandel der Staatsaufgaben zu dem ursprünglichen Zweck der Verwaltung, die staatliche Sicherheit und Ordnung in Form der Ordnungsverwaltung zu gewähren, mit der Sicherung und Verbesserung der Lebensbedingungen der Bürger Elemente der Leistungsverwaltung hinzugetreten, die durch die Herausbildung des Sozial- und Rechtsstaats beständig an Bedeutung gewannen.[363] Bereits *Ernst Forsthoff*[364] hat den dualistischen Charakter des Verwaltungsrechts herausgehoben,[365] indem er den zweiten Bereich begrifflich als Daseinsvorsorge prägte, nach der die Verwaltung Leistungen und Güter im wirtschaftlichen, sozialen und kulturellen Bereich, die für ein „sinnvolles menschliches Dasein" notwendig sind, zu erbringen hat.[366] Wenn auch der Inhalt dieser Leistungsverwaltung im Einzelnen umstritten ist, so bezeichnet sie doch eine mittlerweile wesentliche Aufgabe der Verwaltung, im Weiteren dann auch des Gesetzgebers, die entsprechenden gesetzlichen Rahmenbedingungen für die Leistungserbringung zu schaffen.[367]

Mit der Ausgestaltung des sozialen Rechtsstaats und der hieraus resultierenden Formung der Verwaltung auch als Leistungsverwaltung einher geht der Einbezug von privaten Dritten. Symptomatisch hierfür sind die Privatisierungen der letzten Jahrzehnte, durch die Bereiche der Daseinsvorsorge dem freien Markt und Wettbewerb überlassen werden, wodurch die Verantwortung des Staats bzw. der

360 *H.-D. Horn*, Die Verwaltung 26 (1993), S. 545 (555 f.); *H. Schulze-Fielitz*, Die Verwaltung 27 (1994), S. 277 (285); *T. v. Danwitz*, Verwaltungsrechtliches System, S. 45 ff.; *E. Schmidt-Aßmann*, Ordnungsidee, Erstes Kapitel Rn. 32, spricht von „dogmatische[r] Grundsituation von großer Bedeutung".

361 *E. Schmidt-Aßmann*, Ordnungsidee, Erstes Kapitel Rn. 32 „3. Der Doppelauftrag des Verwaltungsrechts"; *ders.*, VBlBW. 1988, 381 (383); *T. v. Danwitz*, Verwaltungsrechtliches System, S. 5, spricht von „Doppelfunktionalität".

362 *R. Wahl*, VVDStRL 41 (1983), S. 151 ff.; *J. Pietzcker*, VVDStRL 41 (1983), S. 193 ff.

363 Dazu unter D. Alte und neue Herausforderungen der Verwaltungsrechtssystematik.

364 *E. Forsthoff*, Die Verwaltung als Leistungsträger, passim.

365 *E. Forsthoff*, Lehrbuch des Verwaltungsrechts, Bd. I, S. 71 ff.

366 *Forsthoff* begrenzte ursprünglich den Gegenstand der Leistungsverwaltung auf die existenziell notwendigen Leistungen und Güter für die Bevölkerung, die er jedoch später auf den heute anerkannten Umfang erweiterte, *E. Forsthoff*, Lehrbuch des Verwaltungsrechts, Bd. I, S. 369 ff.

367 *H. Maurer*, Allgemeines Verwaltungsrecht, § 1 Rn. 16a.

Verwaltung in Form der ursprünglichen Leistungspflicht durch die Pflicht zur Gewährleistung und zum regulierenden Eingriff in das Marktgeschehen mittels des Regulierungsverwaltungsrechts substituiert und als Gewährleistungsverwaltung bezeichnet wird.[368] Der Einbezug von Privaten beschränkt sich jedoch nicht auf die Leistungsverwaltung. Vielmehr ist zur Akzeptanzsteigerung und Einbindung von speziellem Wissen auch der Einbezug in anderen Bereichen erfolgt, wie dem Bauplanungsrecht, in dem die Kooperation mit Privaten durch die Einführung von konsensualen Handlungsformen wie dem öffentlich-rechtlichen Vertrag, der sogar im Rahmen der Aufstellung von Bebauungsplänen Relevanz besitzen kann, umgesetzt wurde.[369]

Weitere Formen sind die Lenkungsverwaltung, durch die die Verwaltung Bereiche des sozialen, wirtschaftlichen und kulturellen Lebens fördert und steuert, die Bedarfsverwaltung, welche die für die Durchführung der Verwaltungsaufgaben erforderlichen Personal- und Sachmittel besorgt und verwaltet, als auch die Abgabenverwaltung, welche dem Staat mittels der Erhebung von Steuern und sonstigen Abgaben die erforderlichen Geldmittel beschafft.[370]

So wirkt nicht nur der bereits beschriebene Funktionenwandel, sondern auch der Aufgabenwandel der Verwaltung auf die Systembildung zurück.[371]

Die ansteigende Verwaltungskomplexität wird befeuert durch an Heterogenität gewinnende Interessenstrukturen, auf die die Verwaltung in zunehmendem Maße trifft und die durch das Verwaltungsrecht aufgenommen und zum Ausgleich gebracht werden müssen.[372] Dabei entstehen diese „mehrpoligen Interessenstrukturen" nicht allein aus einem Gegensatz von öffentlichem und privatem Interesse, sondern auch aus dem Widerstreit mehrerer privater Interessen, welche die Verwaltung als Mittler schlichten soll. Dies erfordert die Ausrichtung von Organisations- und Handlungsformen sowie des Verfahrens auf die Aufnahme und den Ausgleich dieser Interessen.[373] So bestehen gruppenplurale Verwaltungsgremien, in denen verschiedene Interessengruppen vertreten sind und gebündelt ihre Interessen vertreten können, wobei gleichzeitig ein Interessenausgleich erfolgen muss. Hierzu stellt der Gesetzgeber Organisationsformen zur Verfügung, für die er das Besetzungs- und Entscheidungsverfahren normiert. Ebenso relevant wird bei diesen Organisationsformen nicht nur der Ausgleich von Inter-

---

[368] *H. Maurer*, Allgemeines Verwaltungsrecht, § 1 Rn. 16b; *W. Kahl*, Die Verwaltung 42 (2009), S. 463 (481 f.).

[369] Dazu näher unter Kapitel 5 C.I.2. Die konsensuale Einbindung Privater beim Vorhaben- und Erschließungsplan im Baurecht.

[370] *H. Maurer*, Allgemeines Verwaltungsrecht, § 1 Rn. 17 ff.

[371] *H. Schulze-Fielitz*, Die Verwaltung 27 (1994), S. 277 (285); *R. Wahl*, in: *Hoffmann-Riem/Schmidt-Aßmann/Schuppert* (Hrsg.), Reform, S. 177 ff.

[372] Hierzu bereits die Gesetzesbegründung für das VwVfG, nach der sich Verwaltungstätigkeit als „Ausdruck des sich stets vollziehenden Ausgleichs zwischen den Interessen des Gemeinwesens und den Interessen des Individuums" darstellt, BT-Drs. 7/910, S. 29.

[373] *E. Schmidt-Aßmann*, VBlBW. 1988, 381 (383 f.), der diesbezüglich die Ausbildung der Nachbar- und Konkurrentenklage anführt unter Hinweis auf *W. Brohm*, in: FS Menger 1985, S. 235 ff.; *R. Breuer*, DVBl. 1986, 849 ff.; BVerfGE 35, 263 (271 ff.), 61, 82 (114).

essen, sondern auch der Einbezug von verwaltungsexternem Sachverstand. Derartige gruppenplurale Gremien stellen z.B. die öffentlich-rechtlichen Rundfunkanstalten, die Filmförderungsanstalt und die Vergabekommission, die Bundesprüfstelle, der Deutsche Weinfonds sowie die Lebensmittelbuch- und die Gendiagnostik-Kommission dar, auf die im weiteren Verlauf der Arbeit noch einzugehen sein wird.[374] Durch die Überantwortung bestimmter Aufgaben und die hiermit einhergehenden Entscheidungsspielräume sowie die Prozeduralisierung der Entscheidungsfindung setzt eine Rücknahme materieller Steuerung unter Ausweitung organisatorischer und verfahrensdeterminierter Entscheidungspraxis ein.

Gleichzeitig verschieben sich die Schutzbeziehungen, indem nicht mehr allein der Rechtsschutz des Einzelnen vor der Verwaltung, sondern auch die Interessenwahrung der Verwaltung gegenüber diesen an Einfluss gewinnenden Interessengruppen die Handlungsfelder der Verwaltung absteckt.[375]

*b. Im Sozialrecht*

Ebenso wie im Allgemeinen Verwaltungsrecht entfalten die Sachgesetzlichkeiten auch im Sozialrecht eine systemprägende Wirkung. Hierzu zählen insbesondere die Funktionsänderung von einer der ordnenden Staatsverwaltung überantworteten hin zu einer dem einzelnen dienenden Materie der Leistungsverwaltung und der damit einhergehende Wandel der Aufgaben, die sich in den letzten Jahrzehnten zunehmend erweitert und ausdifferenziert haben.

Hauptursache, weshalb die Systembildung im Sozialrecht nur rudimentär ausgeprägt ist, stellen die Vielgestaltigkeit der sozialen Aufgaben des Rechts sowie deren unterschiedliche, historisch gewachsene Ausprägungen,[376] der damit zusammenhängende Übergriff in andere Rechtsgebiete,[377] der ständige Umbruch der Lebenswirklichkeiten und die deshalb erforderliche permanente Angleichung und Neuausrichtung des Sozialrechts[378] sowie die Einzelfallbezogenheit dar,[379] die der Systembildung eher hinderlich sind.

Prägend für das gesamte Sozialrecht ist auch die Vielzahl der Akteure und Beteiligten, wie sie sich in der Masse der Träger und Erbringer von Sozialleistungen sowie deren Organisationen und Zusammenschlüssen, aber auch an den Garanten sowie Ver- bzw. Mitgesicherten im Rahmen von Vorsorgeverhältnissen beispielhaft zeigt. Hieraus ergeben sich ein Zusammentreffen vielfältiger Aufgaben

---

[374] Dazu Kapitel 3 E. Die konsensualen Organisationsformen des Sozialrechts im Gefüge unmittelbarer und mittelbarer Staatsverwaltung sowie zwischen Selbstverwaltung und gruppenpluraler Konsensverwaltung.

[375] *E. Schmidt-Aßmann*, Ordnungsidee, Erstes Kapitel Rn. 31.

[376] *H.F. Zacher*, DÖV 1970, 3 (3); *P. Krause*, BlStSozArbR 1977, 65 (67).

[377] Wie in das Arbeitsrecht, Beamtenrecht, Wettbewerbsrecht oder Steuerrecht, *H.F. Zacher*, in: FS Krause 2006, S. 3 (33).

[378] *F. Wieacker*, in: FS Gadamer 1970, S. 311 (316); *H.F. Zacher*, in: FS Krause 2006, S. 3 (21); *U. Becker*, in: *ders.* (Hrsg.), Rechtsdogmatik, S. 11 (37).

[379] *F. Wieacker*, in: FS Gadamer 1970, S. 311 (316).

und eine vielschichtige Gemengelage von Interessen, welche durch die Zusammenarbeit mehrerer Leistungserbringer weiter an Komplexität gewinnt und besondere Herausforderungen an die dogmatische und systematische Aufarbeitung des Sozialrechts stellt.[380] Dabei haben sich zur Bewältigung dieser Gemengelagen von Interessen, die letztlich Ausdruck der Unbestimmtheit, Vielschichtigkeit und Widersprüchlichkeit des sozialen Staatsziels sind, eine Vielzahl von Organisations- und Handlungsformen etabliert, die sich bislang einer systematischen Rückanbindung an überbrachte Grundsätze des Allgemeinen Verwaltungsrechts entziehen. So entwickelten sich im Sozialversicherungsrecht Organisationseinheiten, deren Ziel der Ausgleich widerstreitender Interessen ist. Demgemäß sind die Sozialversicherungsträger oder die „Gemeinsame Selbstverwaltung", allen voran der G-BA, interessenplural organisiert und harren einer dogmatischen Einordnung sowie der Beantwortung von Fragen nach deren demokratischer Rechtfertigung. Ebenso bestehen Handlungsformen, bei denen verschiedene Interessengruppen konsensual zusammenwirken müssen. Dabei wird die bei einer Organisations- und Handlungsform, die auf einen Ausgleich der widerstreitenden Interessen angelegt ist, naturgemäß geringere materielle Steuerung durch Gesetz durch Prozeduralisierung aufgefangen. Folge hiervon ist, dass das Sozialrecht weniger nach Prinzipien als nach bestimmten Zwecksetzungen ausgerichtet ist, wobei diese Interessen oft kompromisshaft ausgeglichen bzw. berücksichtigt werden, was dem Sozialrecht den Stempel der Funktionalität aufdrückt und gleichzeitig dazu führt, dass das Sozialrecht mit der Veränderung der Interessen auch stetem Wandel unterzogen ist[381] und eine dogmatische Rückbindung an das Allgemeine Verwaltungsrecht erschwert wird.

### *IV. Die Gegenstände der Systembildung*

Neben den materiellen Prinzipien entfalten insbesondere im Allgemeinen Verwaltungsrecht die formellen Prinzipien ordnende Wirkung. Zu diesen formellen Prinzipien zählen die Handlungs-, Organisations- und Verfahrensformen sowie der Rechtsschutz,[382] die mit den Aufgaben und Inhalten staatlichen Handelns in engem Zusammenhang stehen und durch die Aussagen, die sie über die Art und Weise staatlicher Intervention treffen, diese sowie die Handlungsfähigkeit des Staates determinieren. Besondere Bedeutung fällt ihnen für die Abgrenzung von Aufgabengebieten und damit auch für die Verbindung der (allgemeinen) Verwaltungsrechtsdogmatik mit den spezielleren Bereichsdogmatiken, insbesondere der Dogmatik des Sozialrechts zu.[383] Aus diesem Grunde ist in der heutigen Literatur

---

[380] *H.F. Zacher*, in: FS Krause 2006, S. 3 (30).

[381] *M. Stolleis*, Geschichte des Sozialrechts, S. 1, 53, 110 f., 121; *U. Becker*, in: *ders.* (Hrsg.), Rechtsdogmatik, S. 11 (37); *H.P. Ipsen*, in: FS Zweigert 1981, S. 747 (749).

[382] *U. Becker*, in: *ders.* (Hrsg.), Rechtsdogmatik, S. 11 (18).

[383] *U. Becker*, in: *ders.* (Hrsg.), Rechtsdogmatik, S. 11 (19).

für die systematische Einteilung die Differenzierung nach formellen und materiellen Aspekten des Verwaltungshandelns ausschlaggebend, die ihre Gestalt in der Unterteilung nach den (1.) Organisations-, (2.) Handlungs- und (3.) Verfahrensformen sowie den hier nicht weiter zu vertiefenden Rechtsschutzmöglichkeiten[384] annimmt[385] und die in Bezug auf die Organisations- und Handlungsformen für die vorliegende Arbeit besonders relevant werden.

### *1. Organisationsformen*

Zu den Kernbestandteilen des Allgemeinen Verwaltungsrechts zählt das Organisationsrecht der Verwaltung.[386] Dieses stellt den strukturgebenden, rechtlichen Rahmen der administrativen Tätigkeit dar, in dem die Verwaltung ihre Verfasstheit sowie Einfluss auf ihre Steuerung erfährt und gleichzeitig staatliches Handeln und gesellschaftliche Beteiligung vereint werden.[387] Dadurch dienen Organisationsformen der Verwirklichung des Gemeinwohls.[388]

Desgleichen verwirklicht eine übersichtliche Organisationsstruktur die rechtsstaatlichen Anforderungen an die Effektivität und Verantwortungsklarheit der Administrative, indem die Kompetenzordnung offengelegt und dadurch Aufgaben sowie Verantwortung überschaubar und nachvollziehbar zuordenbar werden.[389] Hierdurch werden zugleich die vom Demokratieprinzip geforderten demokratischen Legitimationszusammenhänge aufgezeigt. Fordert das Demokratieprinzip die nach der bestehenden Gemeinwohlnähe abgestufte Steuerbarkeit öffentlicher Organisationskörper, stellt das Organisationsrecht die begrenzte Steuerungsfunktion von Gesetzen durch die Hervorhebung der Eigenständigkeit der Verwaltung heraus und gleicht diese aus.[390] So ist das Organisationsrecht Mittler und Wirkbereich für Rechtsstaat und Demokratie.[391]

Auch besteht mit den konstitutionellen Normierungen der föderalen Verbandskompetenz in Art. 83 ff. GG, der Garantie des kommunalen Selbstver-

[384] *T. v. Danwitz*, Verwaltungsrechtliches System, S. 75; zum Verwaltungsrechtsschutz *W. Rüfner*, DÖV 1963, 719 ff.; *C.-F. Menger*, DÖV 1963, 726 ff.

[385] *H. Maurer*, Allgemeines Verwaltungsrecht, 3. bis 6. Teil; *Erichsen/Ehlers* (Hrsg.), Allgemeines Verwaltungsrecht, §§ 7 ff., 11 f., 13 ff.

[386] Dazu bereits *L. Spiegel*, Die Verwaltungsrechtswissenschaft, S. 59; *K.A. Bettermann*, VVDStRL 17 (1959), S. 118 (141); *K. Vogel*, VVDStRL 30 (1972), S. 324; ähnlich *K. Stern*, JZ 1962, 265 (301); *R. Schröder*, Verwaltungsrechtsdogmatik, S. 236 ff.

[387] *E. Schmidt-Aßmann*, Ordnungsidee, Fünftes Kapitel Rn. 1; *J.-P. Schneider*, in: *Schmidt-Aßmann/Hoffmann-Riem* (Hrsg.), Verwaltungsorganisationsrecht, S. 103 (104); *R. Loeser*, System des Verwaltungsrechts 2, § 10 Rn. 176, 3; *T. Groß*, Kollegialprinzip, S. 10 ff.

[388] *H.-H. Trute*, in: *Schmidt-Aßmann/Hoffmann-Riem* (Hrsg.), Verwaltungsorganisationsrecht, S. 249 (269 f., 294); *P. Kirchhof*, in: *Isensee/Kirchhof* (Hrsg.), HStR V, § 99 Rn. 118 f.

[389] *R. Loeser*, System des Verwaltungsrechts 2, § 10 Rn. 11; *W. Krebs*, in: *Isensee/Kirchhof* (Hrsg.), HStR V, § 108 Rn. 29 f.; *E. Schmidt-Aßmann*, in: FS Ipsen 1977, S. 333 (338); *T. Groß*, Kollegialprinzip, S. 199 ff.

[390] *R. Loeser*, System des Verwaltungsrechts 2, § 10 Rn. 13; *J.-P. Schneider*, in: *Schmidt-Aßmann/Hoffmann-Riem* (Hrsg.), Verwaltungsorganisationsrecht, S. 103 (109).

[391] *E. Schmidt-Aßmann*, Ordnungsidee, Zweites Kapitel Rn. 4, Fünftes Kapitel Rn. 1.

waltungsrechts in Art. 28 GG sowie der Verteilung der Organisationsgewalt auf Legislative und Exekutive[392] eine enge Verbindung zum Staatsorganisationsrecht.[393]

Versteht man darüber hinaus die von Art. 1 Abs. 3 und 20 Abs. 3 GG angeordnete Gesetzesbindung nicht nur als bloße Pflicht, das materielle Recht zu beachten, sondern dieses auch zu vollziehen, so ergibt sich hieraus die staatliche Pflicht, die für einen geordneten Vollzug erforderlichen organisatorischen und personellen Vorkehrungen zu treffen, wobei die rechtliche Steuerung begrenzt ist.[394] Ohne derartiges Organisationsrecht, das „Erkenntnisregeln" enthält,[395] aufgrund dessen Aussagen zu Anwendung, Inhalt und Verletzung primärer Regeln getroffen werden können, wäre die Funktionsfähigkeit der Rechtsordnung nicht gewährleistet.[396] Gleichzeitig bildet das Organisationsrecht einen „Transmissionsriemen zur Verwirklichung grundgesetzlicher Werte und Strukturen",[397] der insbesondere in den Bereichen, in denen die Verwaltung einen Handlungsspielraum hat, seine Wirksamkeit entfaltet. So soll durch die normative Organisation die freiheitsbegrenzende Ausübung der Staatsgewalt eingedämmt werden, unterdessen jedoch der Grundrechtsschutz nicht nur durch, sondern auch in der Organisation gewährleistet sein.[398]

Prämissen des Organisationsrechts sind die Konstruktion des Staats als juristische Person des öffentlichen Rechts, nach der dieser vor allem ein einheitliches Zurechnungssubjekt von Rechten und Pflichten im Verhältnis gegenüber dem Bürger darstellt, sowie ein hierarchisch-statisches Verständnis der Verwaltungsstruktur.[399] Vor diesem Hintergrund bilden die Unterscheidung zwischen Verwaltungsträgern und Verwaltungsstellen, die Schaffung oder Bereitstellung von Organen, wobei neben öffentlich-rechtlichen auch privatrechtliche Organisationsformen umfasst sind,[400] Zurechnungsfragen,[401] aber auch institutionelle Beziehungen von Behörden und Organen zueinander, wie Zuständigkeiten, Wei-

---

[392] *E. Schmidt-Aßmann*, in: FS Ipsen 1977, S. 333 ff.; *R. Loeser*, System des Verwaltungsrechts 2, § 10 Rn. 19 ff.

[393] *J.-P. Schneider*, in: *Schmidt-Aßmann/Hoffmann-Riem* (Hrsg.), Verwaltungsorganisationsrecht, S. 103 (105).

[394] Zum Beispiel des Umweltrechts *G. Lübbe-Wolff*, NuR 1993, 217 ff.

[395] *H. Hart*, Der Begriff des Rechts, S. 142 ff.

[396] *F.E. Schnapp*, AöR 105 (1980), S. 243 (246 f.). Zu dieser Funktion auch des Verfahrensrechts vgl. *P. Häberle*, in: FS Boorberg 1977, S. 47 ff.

[397] *R. Loeser*, System des Verwaltungsrechts 2, § 10 Rn. 14; *W. Krebs*, in: *Isensee/Kirchhof* (Hrsg.), HStR V, § 108 Rn. 31; *R. Schmidt-De Caluwe*, Jahrbuch für kritische Medizin 1993, 77 (79 f.).

[398] So bereits *H. Heller*, Staatslehre, S. 273.

[399] *H. Dreier*, Hierarchische Verwaltung, S. 129 ff.; *M. Jestaedt*, Demokratieprinzip, S. 342 f.; *W. Loschelder*, in: *Isensee/Kirchhof* (Hrsg.), HStR V, § 107 Rn. 23 ff.

[400] *H.J. Wolff/O. Bachof/R. Stober u.a.*, Verwaltungsrecht, Bd. 1, § 23; *D. Ehlers*, Verwaltung in Privatrechtsform, S. 109 ff., 293 ff., 374 ff.; *H. Gersdorf*, Öffentliche Unternehmen, S. 222 ff.

[401] *J.-P. Schneider*, in: *Schmidt-Aßmann/Hoffmann-Riem* (Hrsg.), Verwaltungsorganisationsrecht, S. 103 (105).

sungs- und Aufsichtsbefugnisse sowie Beteiligungsrechte, die Schwerpunkte des Organisationsrechts.[402]

Neben dieser aufgezeigten Funktion des Organisationsrechts ist es aufgrund der dem Bund und den Ländern durch Art. 83 ff. GG zukommenden Organisationsgewalt[403] die zentrale Steuerungsressource. Durch seine Anpassung und seinen Umbau, der unter Abkehr vom klassischen, hierarchischen Organisationsmodell nach *Max Weber* oder zumindest in Ergänzung desselben und der Hinwendung zum kooperativen Verwaltungsstaat erfolgt, in dem Verantwortungs- und Arbeitsteilung wesentliche Parameter des Organisationsrechts darstellen, können der permanente Wandel öffentlicher Aufgaben sowie notwendig gewordene verstärkte Ausdifferenzierungen der hierarchisch organisierten Behördenstrukturen und die damit einhergehenden Verflechtungen eingefangen werden. So kann das Organisationsrecht, geleitet vom Ideal des „aktivierenden"[404] bzw. „schlanken Staats",[405] die bürgerliche Teilhabe sowie die staatliche Distanz[406] und dadurch eine gute Verwaltung im Sinne von Good Governance gewährleisten.[407] Im Vordergrund stehen dabei in Konzentration auf die staatlichen Kernaufgaben die Einrichtung autonomer, selbststeuernder operativer Einheiten mit dezentraler Ressourcenverantwortung, Führungs- und Organisationsstrukturen und die Auslagerung übriger Aufgaben durch staatlich-gesellschaftliches Zusammenwirken in Form der Privatisierung.[408] Bei dieser Reduktion von Staatsaufgaben kommt dem Staat statt einer Erfüllungsverantwortung eine nicht unerhebliche Gewährleistungs- bzw. Überwachungsverantwortung zu.[409]

---

[402] *R. Loeser*, System des Verwaltungsrechts 2, § 10 Rn. 42 ff.; *E.-W. Böckenförde*, in: FS Wolff 1973, S. 269 ff.; *M. Burgi*, in: *Erichsen/Ehlers* (Hrsg.), Allgemeines Verwaltungsrecht, § 7; *H.P. Bull/V. Mehde*, Verwaltungsrecht, Rn. 371 ff.; *J. Ipsen*, Allgemeines Verwaltungsrecht, § 4. Dabei ist die Unterscheidung in Aufbau- und Ablauforganisation, vgl. *H.P. Bull/V. Mehde*, Verwaltungsrecht, Rn. 373, Kritik ausgesetzt, *W. Tieme*, Verwaltungslehre, S. 61.

[403] BVerfGE 108, 169 (178 f., 181 f.); *B. Pieroth*, in: *Jarass/Pieroth* (Hrsg.), GG, Art. 84 Rn. 1, 3; Art. 86 Rn. 2; *H.-G. Henneke*, in: *Schmidt-Bleibtreu/Hofmann/Hopfauf* (Hrsg.), GG, Vorb. v. Art. 83 Rn. 9 f.; *ders.*, in: *Schmidt-Bleibtreu/Hofmann/Hopfauf* (Hrsg.), GG, Art. 84 Rn. 1; *K. Ruge*, in: *Schmidt-Bleibtreu/Hofmann/Hopfauf* (Hrsg.), GG, Art. 86 Rn. 1, 4; *A. Dittmann*, in: *Sachs* (Hrsg.), Grundgesetz, Art. 84 Rn. 2, 5, 7 f., Art. 85 Rn. 7 ff.

[404] *H.P. Bull*, VerwArch 103 (2012), S. 1 (7); *Behrens/Heinze/Hilbert u.a.* (Hrsg.), Ausblicke auf den aktivierenden Staat: Von der Idee zur Strategie, passim.

[405] Zum Konzept des „schlanken Staats" *H. Hill*, in: *Schmidt-Aßmann/Hoffmann-Riem* (Hrsg.), Verwaltungsorganisationsrecht, S. 65 (69 f.).

[406] *E. Schmidt-Aßmann*, Die Verwaltung 27 (1994), S. 137 (154).

[407] *H.J. Wolff/O. Bachof/R. Stober u.a.*, Verwaltungsrecht, Bd. 3, Vor § 90 Rn. 1 ff.

[408] *W. Jann*, in: *Blanke/Nullmeier/Reichard u.a.* (Hrsg.), Handbuch zur Verwaltungsreform, S. 98 (102); *A. v. Mutius*, in: FS Stern 1997, S. 685 (689); *H. Hill*, in: *Schmidt-Aßmann/Hoffmann-Riem* (Hrsg.), Verwaltungsorganisationsrecht, S. 65 (81 f.); *H. Bauer*, DÖV 1998, 89 ff.; *Ziekow* (Hrsg.), Public Private Partnership, passim; *R. Schröder*, Verwaltungsrechtsdogmatik, S. 192 ff.

[409] Zur Ausgestaltung dieser Gewährleistungsverantwortung sowie zur Vermeidung nicht gewünschter Effekte, die durch die geschaffenen Freiheitsräume der Deregulierung entstehen, werden im Gegenzug erneute Regulierungen erforderlich, so dass von Re-Regulierung, *W. Hoffmann-Riem*, in: *ders./Schmidt-Aßmann* (Hrsg.), Auffangordnungen, S. 261 (288 ff.); *ders.*, Die Verwaltung 33 (2000), S. 155 (169), oder Umregulierung, *J. Basedow*, StWStP 2 (1991), S. 151 (152), ge-

Dabei geht es erneut nicht um den Verzicht auf bisher bestehende, hierarchische Strukturen, sondern um deren Ergänzung in der verwaltungsrechtlichen Systembildung unter besonderer Berücksichtigung der Entwicklungen im Besonderen Verwaltungsrecht, das im Hinblick auf diese Veränderungen als offener und rezeptionsfähiger erscheint.[410]

Vor diesem Hintergrund erweist sich der Organisationspluralismus im Sozialrecht als wahre Herausforderung für die Systembildung und Rückbindung dieses Rechtsgebiets an das Allgemeine Verwaltungsrecht. So haben sich vorwiegend historisch bedingt Organisationseinheiten herausgebildet, die mit den herkömmlichen Einteilungen des Allgemeinen Verwaltungsrechts nur schwer zu fassen sind, wie dies mit den Sozialversicherungsträgern und den Verwaltungseinheiten der „Gemeinsamen Selbstverwaltung" der Fall ist. Insbesondere bei Letzterer erhält auch die Kooperation verschiedener Verwaltungsträger miteinander in Form des Konsenses besonderes Gewicht, indem diese bei Handlungsformen wie dem öffentlich-rechtlichen Vertrag oder den Empfehlungen aufeinander angewiesen sind. Weiteren Komplexitätszuwachs der Organisationseinheiten erfährt das Sozialrecht durch die Einbindung von Privatrechtssubjekten sowie nicht nur von Interessengruppen, sondern auch sachverständigen Gruppen, so dass gruppenplurale Organisationseinheiten entstehen. Dieses Phänomen wird im weiteren Verlauf der Arbeit einen besonderen Schwerpunkt bilden.[411]

### 2. *Handlungsformen*

Kernbestandteil der Verwaltungsrechtsdogmatik und der Systemfunktion ist ein System rechtlicher Handlungsformen,[412] da diese Handlungsqualifikationen und Rechtsfolgen und damit die einzelnen Rechtsinstitute durch ihre verklammernde Wirkung verbinden und standardisierten Rechtsverhältnissen und Verfahrensabläufen[413] zuordnen.[414] So beinhaltet die Wahl der Handlungsform auch eine Entscheidung der Verwaltung über die Rechtswirkung des Verwaltungshandelns[415] sowie die hierzu korrespondierenden Rechte und Rechtsschutzmöglichkeiten

---

sprochen wird. Zur „regulierten Selbstregulierung" *R. Schröder*, Verwaltungsrechtsdogmatik, S. 200 ff.; *W. Hoffmann-Riem*, in: *ders./Schmidt-Aßmann* (Hrsg.), Auffangordnungen, S. 261 (300 ff.); *W. Berg/S. Fisch/W. Schmitt Glaeser* (Hrsg.), Regulierte Selbstregulierung, passim; *W. Kahl*, Die Verwaltung 42 (2009), S. 463 (482 f.).

410 *I. Spiecker genannt Döhmann*, DVBl. 2007, 1074 ff.

411 Dazu Kapitel 3.

412 *P. Krause*, Rechtsformen, passim; *F. Ossenbühl*, JuS 1979, 681 ff.; *E. Schmidt-Aßmann*, DVBl. 1989, 533 ff.; *W. Pauly*, in: *Becker-Schwarze/Köck/Kupka u.a.* (Hrsg.), Wandel der Handlungsformen, S. 25 ff.; *R. Pitschas*, in: *Blümel/Pitschas* (Hrsg.), Reform, S. 229 ff.

413 Vgl. §§ 9, 13, 28, 37, 39, 41 VwVfG.

414 *F. Ossenbühl*, JuS 1979, 681 (682); *T. v. Danwitz*, Verwaltungsrechtliches System, S. 67, 69; *E. Schmidt-Aßmann*, VBlBW. 1988, 381 (384), spricht insoweit von „systemleitende[n] Funktionen".

415 *F. Ossenbühl*, JuS 1979, 681.

des Bürgers,[416] worin zum Teil die primäre Systemfunktion der Handlungsformen gesehen wird.[417]

Die normative Fixierung von Handlungsformen der Verwaltung überführt die vielgestaltigen und inhomogenen Handlungen der Verwaltung[418] in die verfassungsrechtlich gebotene Sicherheit und Ordnung des Rechts, wodurch sich die rechtsstaatliche Administration von der grundlegend für das verwaltungsrechtliche System prägenden polizeistaatlichen Verwaltung signifikant unterscheidet.[419]

Der Zweck der Verrechtlichung der Handlungsformen durch ein „System von eigenthümlichen Rechtsinstituten"[420] ist einerseits die rechtsstaatliche Bindung der Verwaltung, um unrechtmäßige Interessenbeeinträchtigungen zu vermeiden und grundsätzlichen Wertungen zur Umsetzung zu verhelfen. Die dem zu Grunde liegende Intention ist, dass sich die aus Art. 20 Abs. 3 GG ergebende Bindung der Verwaltung an allgemeingültige Rechtsgrundsätze durch die Typisierung der Handlungsformen in allen Rechtsbereichen verwirklichen lässt.[421]

Andererseits tragen die Handlungsformen zur Vereinfachung und Rationalisierung dadurch bei, dass durch das Bereithalten anerkannter Handlungsformen grundsätzliche Sach- und Wertungsfragen entschieden und der Verwaltung ein fester Bestand an Handlungsalternativen zur Verfügung gestellt wird,[422] damit diese ihre Aufgaben erfüllen kann, wodurch den Handlungsformen „Entlastungsfunktion" zukommt.[423] Letztlich setzt sich hierin der „Aufgabendualismus" der Verwaltung fort. Insbesondere im Hinblick auf den erstgenannten Zweck wird die Bedeutung der vertypten Handlungsformen am Beispiel von noch nicht normierten Handlungsformen wie den Verwaltungsrealakten ersichtlich.[424]

Dabei wird deutlich, dass die systematisierten Handlungsformen des Verwaltungsrechts keine Deduktionen eines zu Grunde gelegten Systems, sondern im Laufe der Zeit als Folgen einer Rechtspraxis und pragmatischen Entwicklung des Rechts in Form von Abstraktion entstanden und daher „Zweckschöpfungen" sind, die in ihrer Darstellung nicht einheitlich eingeteilt werden können.[425] Diese Handlungsformen unterscheiden sich durch ihre praktische Eignung, den Grad

---

[416] *H. Bauer*, Die Verwaltung 25 (1992), S. 301 (310).

[417] *T. v. Danwitz*, Verwaltungsrechtliches System, S. 67 f.

[418] Die Verwaltung baut z.B. Straßen und Gebäude, legt Grünflächen etc. an, bekämpft Gefahren, stellt ein menschenwürdiges Dasein sicher, richtet öffentliche Einrichtungen ein, greift korrigierend und regulierend in die Wirtschaft ein, zieht Steuern ein und erhebt Abgaben. Hierzu erlässt die Verwaltung Ge- und Verbote, Weisungen, Anordnungen, Satzungen, Verordnungen, Richtlinien und Verwaltungsvorschriften, erteilt Erlaubnisse und Bewilligungen, plant und führt die Pläne aus, schließt Verträge und Abkommen und handelt informal z.B. durch Realakt.

[419] *O. Mayer*, Deutsches Verwaltungsrecht, Bd. I, S. 57 ff., 92 f.; *F. Ossenbühl*, JuS 1979, 681.

[420] *O. Mayer*, AöR 3 (1888), S. 3.

[421] *E. Schmidt-Aßmann*, DVBl. 1989, 533 (534).

[422] Siehe dazu bereits C.I. Die Aufgaben des verwaltungsrechtlichen Systems.

[423] *J. Esser*, Methodenwahl, S. 90 ff.; *W. Brohm*, VVDStRL 30 (1972), S. 245 (247 f.); *F. Ossenbühl*, JuS 1979, 681.

[424] *W. Berg*, ZLR 1990, 565 ff.

[425] Siehe bereits *O. Mayer*, Deutsches Verwaltungsrecht, Bd. I, S. 21; ebenso *F. Ossenbühl*, JuS 1979, 681 (682); *P. Krause*, Rechtsformen, S. 24.

ihrer dogmatischen Durchdringung, die Häufigkeit ihrer Anwendung sowie ihre Neigung zu Fehlern,[426] weshalb deren typenbildende Kraft auch in Zweifel gezogen[427] und die Notwendigkeit neuer Handlungsformen diskutiert wird.[428]

Vor diesem Hintergrund wird bedeutsam, dass sich im Sozialrecht eine Handlungsformenlehre herausgebildet hat, die neben den klassischen auch eigene Handlungsformen kennt. So erlässt der G-BA Richtlinien, denen normative Wirkung zukommt, während ebenfalls im Rahmen der „Gemeinsamen Selbstverwaltung" verschiedene Interessenvereinigungen gemeinsam Empfehlungen erlassen sowie öffentlich-rechtliche Verträge schließen können, denen durch Gesetz normative Wirkung beigemessen wird. Kennt das Allgemeine Verwaltungsrecht auch Empfehlungen sowie öffentlich-rechtliche Verträge, hält es als Handlungsformen mit normativer Wirkung jedoch lediglich Rechtsverordnungen, Satzungen sowie mit Innenwirkung ausgestattete Verwaltungsrichtlinien bereit, denen jedoch die vorbezeichneten sozialrechtlichen Phänomene nicht zugeordnet werden können. Vor diesem Hintergrund wird einer der Schwerpunkte der vorliegenden Arbeit die Untersuchung der Handlungsformen des Sozialrechts sowie deren Abstimmung auf den Kanon der Handlungsformen des Allgemeinen Verwaltungsrechts darstellen.[429]

### *3. Verfahrensformen*

Stehen grundsätzlich die Organisations- und Handlungsformen im Zentrum der Systembildung, schlägt sich der „Aufgabendualismus" des Verwaltungsrechts auch in den mit diesen unmittelbar verbundenen und an sie anknüpfenden Fragen des Entstehungsprozesses von Verwaltungsentscheidungen und der hieran Beteiligten mit den Verfahrensformen nieder.[430] Stand ursprünglich die dienende Funktion des Verfahrensrechts und dessen Ausrichtung auf das materielle Recht und materiell richtige Entscheidungen im Vordergrund,[431] prägte sich im Laufe der Zeit ein stärkeres verfahrensrechtliches Denken aus,[432] wodurch dem Verfahrensrecht Maßstabsfunktion für eine den Grundrechtsschutz verfolgende Verfahrens-

---

[426] *T. v. Danwitz*, Verwaltungsrechtliches System, S. 68; *H. Schulze-Fielitz*, Die Verwaltung 27 (1994), S. 277 (283).

[427] *H. Schulze-Fielitz*, Die Verwaltung 27 (1994), S. 277 (283); *H. Faber*, in: *Stein/Faber* (Hrsg.), Auf einem dritten Weg, S. 291 (292).

[428] BVerwGE 82, 76 ff.; 87, 37 ff.; 90, 112 ff.; *M. Heintzen*, in: *Becker-Schwarze/Köck/Kupka u.a.* (Hrsg.), Wandel der Handlungsformen, S. 167 (173 ff.).

[429] Dazu Kapitel 4.

[430] *F. Schoch*, Die Verwaltung 25 (1992), S. 21 (27).

[431] *F. Schoch*, Die Verwaltung 25 (1992), S. 21 (25); *H. Hill*, Zehn Jahre Verwaltungsverfahrensgesetz, S. 42; *W. Kahl*, Die Verwaltung 42 (2009), S. 463 (473); *H.A. Wolff*, in: FS Scholz 2007, S. 977 ff.

[432] Vgl. hierzu z.B. BVerfGE 45, 297 (330 ff.); 49, 220 (225); 51, 324 ff.; 52, 380 ff.; 53, 30 (62 ff.); 56, 216 ff.; 69, 315 (355 f.); 84, 34 (45 f.); BVerfG, 1 BvR 1457/81, NJW 1982, 2728 ff.; BVerfG, 1 BvR 419/81, 213/83, NJW 1991, 2005 (2008); *R. Wahl*, VVDStRL 41 (1983), S. 151 ff.; *J. Pietzcker*, VVDStRL 41 (1983), S. 193 ff.; *F. Ossenbühl*, NVwZ 1982, 465 ff.; *Lerche/Schmitt-Glaeser/Schmidt-Aßmann* (Hrsg.), Kategorie, passim.

gestaltung und die verfassungskonforme Anwendung bestehender Verfahrensvorschriften zuerkannt wurde.[433] Damit ist eine Aufwertung des Verfahrensrechts dahingehend verbunden, dass es in den Fällen reduzierter materieller Steuerung der Verwaltungstätigkeit durch verringerte normative Programmierung der Verwaltung Gestaltungsmöglichkeiten für die Findung einer optimalen Erfüllung der Verwaltungsaufgaben belässt, womit auch eine reduzierte justizielle Kontrolldichte einhergeht.[434] Besondere Relevanz weist das Verfahren zur Entscheidungsfindung daher bei gruppenpluralen Entscheidungsgremien auf, deren Zweck neben der Betroffenenpartizipation die Einbindung verwaltungsexternen Sachverstands ist. Gleichzeitig können auch weitere Personengruppen, deren Beteiligung durch den Zweck der Organisationseinheit geboten oder zumindest zweckdienlich erscheint, miteinbezogen werden. Eine normative Steuerung wird damit auf grundsätzliche Fragen zurückgeworfen, ohne dass eine Feinsteuerung ergehen kann, so dass die Prozeduralisierung durch Verfahren den Ausgleich von verschiedenen Interessen wie auch die Gewähr einer sachgerechten Entscheidung sicherstellen muss. Derartige Entscheidungsgremien kennt sowohl das Verwaltungsrecht bereits mit dem Rundfunkrat, dem Verwaltungsrat der Filmförderungsanstalt und des Deutschen Weinfonds, der Vergabekommission der Filmförderungsanstalt, der Bundesprüfstelle sowie der Lebensmittelbuch- und Gendiagnostik-Kommission. Aber auch dem Sozialrecht sind derart zusammengesetzte gruppenplurale Gremien, bei denen das Verfahren für eine sachgerechte Entscheidung bestimmend wird, nicht fremd, wie dies bei den Organisationseinheiten der „Gemeinsamen Selbstverwaltung", insbesondere dem G-BA, deutlich wird.[435]

Wenn auch die Verfahrensrichtigkeit nicht die Sachrichtigkeit ersetzen und damit lediglich eine Kompensation, nicht jedoch eine Substitution von materieller Rechtmäßigkeit durch die Verfahrensrichtigkeit erfolgen kann,[436] so kommt diesem Verfahren trotzdem legitimierende Wirkung[437] und darüber hinaus nun auch neben den Handlungsformen anerkanntermaßen eine wichtige Bedeutung für die Systembildung zu.[438] Insbesondere die Verwirklichung von grundlegenden Verfassungswerten und -prinzipien, wie dem Rechtsstaats- und Demokratieprinzip,

---

[433] BVerfGE 53, 30 (69, 72 ff.) – Sondervotum; *F. Ossenbühl*, in: FS Eichenberger 1982, S. 183 ff.

[434] BVerfG, 1 BvR 419/81 u.a., DÖV 1991, 794 = NJW 1991, 2005 f. = JZ 1991, 1077 ff.; *F. Schoch*, Die Verwaltung 25 (1992), S. 21 (25, 28); *R. Steinberg*, DÖV 1982, 619 (620); *D. Grimm*, NVwZ 1985, 865 (866).

[435] Dazu Kapitel 3.

[436] *F. Schoch*, Die Verwaltung 25 (1992), S. 21 (28); *R. Scholz*, VVDStRL 34 (1976), S. 145 (215); *E. Schmidt-Aßmann*, in: *Lerche/Schmitt-Glaeser/Schmidt-Aßmann* (Hrsg.), Kategorie, S. 1 (14 f.); *F. Weyreuther*, DÖV 1985, 38; *P. Kunig/S. Rublack*, Jura 1990, 1 (3); a.A. *F. Ossenbühl*, NVwZ 1982, 465 (466), der zumindest eine partielle Substitution für möglich hält.

[437] *R. Wahl*, VVDStRL 41 (1983), S. 151 (158).

[438] *P. Häberle*, VVDStRL 30 (1972), S. 43 (86 ff.); *E. Schmidt-Aßmann*, DVBl. 1979, 505; *K.A. Bettermann*, VVDStRL 17 (1959), S. 118 (141), sieht das Verfahrensrecht sogar als „Schwerpunkt des allgemeinen Verwaltungsrechts, sein Kernstück" an; kritisch hierzu *H.P. Ipsen*, VVDStRL 17 (1959), S. 217.

durch das Verfahrensrecht trägt zur Systembildung und Fortbildung des Systems maßgeblich bei.[439]

Ziel dieses verfahrensbezogenen Denkens ist es, den Prozess der Verwaltungsentscheidung durch die Gliederung in mehrere Phasen übersichtlicher zu gestalten und eine zwar zügige aber fundierte Entscheidung, in die alle relevanten Entscheidungskriterien einbezogen werden, zu gewährleisten.[440] Hierzu dient auch der durch das Verfahren umgesetzte kooperative Verwaltungsstil, durch den die Betroffenen in die Verwaltungsentscheidung einbezogen werden, wie auch verwaltungsexterner Sachverstand sowie der Ausgleich von verschiedenen, in der Entscheidung zu berücksichtigenden Interessen berücksichtigt werden können.[441] Dadurch wird nicht nur die Informationslage der Behörde und die Einwirkungsmöglichkeit des Bürgers verbessert, sondern die Akzeptanz exekutiven Handelns gefördert. Insoweit befördert das Verfahrensrecht die materielle Richtigkeit von Entscheidungen.

Gleichzeitig darf die Prozessualisierung des Verwaltungsverfahrens nicht zur Ineffizienz der Verwaltungstätigkeit führen.[442] Dabei stellen Verfahren und Effizienz grundsätzlich keine sich ausschließenden Alternativen dar,[443] vielmehr sieht das BVerfG im Verfahren neben dem Gewinn an Rechtssicherheit auch den Erhalt der Funktionsfähigkeit der Verwaltung.[444]

### *V. Methoden der Systembildung: die Heranziehung von Referenzgebieten*

Als Methode der Systembildung ist die Heranziehung von Referenzgebieten mittlerweile allgemein anerkannt.[445] Wie bereits geschildert,[446] verfolgt das Allge-

---

[439] *F. Kopp*, Verfassungsrecht, S. 200 ff.; *P. Häberle*, in: FS Boorberg 1977, S. 47 ff.

[440] *J. Held*, Grundrechtsbezug, S. 34 ff.; *E. Schmidt-Aßmann*, DVBl. 1979, 505 (506).

[441] *J. Held*, Grundrechtsbezug, S. 61 ff.; *E. Schmidt-Aßmann*, DVBl. 1979, 505 (506); *F. Schoch*, Die Verwaltung 25 (1992), S. 21 (29).

[442] *J. Held*, Grundrechtsbezug, S. 55 ff.; *F. Kopp*, Verfassungsrecht, S. 200 ff. Zum Effizienzbegriff *R.-P. Löhr*, Die kommunale Flächennutzungsplanung, S. 76 ff.; *H.-U. Derlien*, Die Verwaltung 7 (1974), S. 1 ff. (13).

[443] *P. Badura*, DÖV 1968, 446 (454); *R.-P. Löhr*, Die kommunale Flächennutzungsplanung, S. 78. Siehe hierzu auch *E. Schmidt-Aßmann*, Ordnungsidee, Zweites Kapitel Rn. 30 f.; *H.J. Bonk*, NVwZ 1997, 320 ff.; *B. Holznagel*, in: *Hoffmann-Riem/Schmidt-Aßmann* (Hrsg.), Effizienz, S. 205 ff.; *R. Wahl*, VVDStRL 41 (1983), S. 151; *J. Pietzcker*, VVDStRL 41 (1983), S. 193.

[444] BVerfGE 61, 82 (116).

[445] Bahnbrechend *E. Schmidt-Aßmann*, Ordnungsidee, Erstes Kapitel Rn. 12 ff.; *E. Schmidt-Aßmann*, Die Verwaltung 27 (1994), S. 137 (148 ff.); nunmehr ebenso *T. Groß*, Die Verwaltung, Beiheft 2 (1999), S. 57 (57, 80); *J. Kersten/S.-C. Lenski*, Die Verwaltung 42 (2009), S. 501 (513, 527 ff.); *M. Schmidt-Preuß*, in: FS Maurer 2001, S. 777 (779); *T. v. Danwitz*, Verwaltungsrechtliches System, S. 60 f.; *T. Kingreen/S. Rixen*, DÖV 2008, 741 (744 f.); *C. Möllers*, in: *Hoffmann-Riem/Schmidt-Aßmann/Voßkuhle* (Hrsg.), Grundlagen des Verwaltungsrechts I, § 3 Rn. 53; *H. Schulze-Fielitz*, Die Verwaltung 27 (1994), S. 277 (278); *P.M. Huber*, Allgemeines Verwaltungsrecht, S. 7; *W. Kahl*, Die Verwaltung, Beiheft 10 (2010), S. 39 (47); *ders.*, Die Verwaltung 42 (2009), S. 463 (487); *U. Becker*, in: *ders.* (Hrsg.), Rechtsdogmatik, S. 11 (30).

[446] Siehe bereits B.III. Das Allgemeine Verwaltungsrecht als Ordnungsidee.

meine Verwaltungsrecht eine Ordnungsfunktion, aufgrund der es einerseits Prinzipien, Organisations- und Handlungsformen, Begrifflichkeiten und Institute aus Einzelregelungen des Besonderen Verwaltungsrechts widerspruchsfrei und allgemeingültig abstrahiert und dadurch für den Gesetzgeber und die Verwaltungspraxis ein in sich stimmiges Wertesystem für die systematische und dogmatische Grundlage der Rechtsfortbildung und Rechtsanwendung bereithält.[447] Dabei ergeben sich die Inhalte einerseits induktiv aus den Rechtsbereichen des Besonderen Verwaltungsrechts, andererseits jedoch auch deduktiv aus der Verfassung.[448] Für die induktive Abstraktion von Allgemeingültigem ist die Feststellung von Zusammenhängen und Entwicklungslinien in den jeweiligen Rechtsgebieten erforderlich. Diese Rechtsgebiete des Besonderen Teils sind daher heranzuziehen und auf ihre verallgemeinerungsfähigen Inhalte zu untersuchen sowie die getroffenen Aussagen an anderen Rechtsgebieten auf ihre Allgemeingültigkeit hin zu überprüfen.[449] Gleichzeitig können durch den Vergleich verschiedener Referenzgebiete Veränderungen im Gesamtgefüge des verwaltungsrechtlichen Systems sichtbar gemacht werden.[450]

Dabei hat die Entscheidung, welchen Wertungen und Neuerungen aus dem Besonderen Verwaltungsrecht allgemeine systembildende Relevanz durch Abstraktion zugewiesen wird, unter Berücksichtigung der für eine stete Rechtsentwicklung erforderlichen Kontinuität und Stabilität des Allgemeinen Verwaltungsrechts zu erfolgen,[451] wobei gleichzeitig Sonderinteressen aufgrund verfassungsrechtlichen Gebots anzuerkennen sind und nicht nivelliert werden dürfen.[452] Diese Rechtsbereiche, die das Anschauungsmaterial und die Beispiele für die allgemeinen Aussagen des Allgemeinen Verwaltungsrechts bilden und als Referenzgebiete bezeichnet werden, erlangen auch für die deduktive Systembildung Relevanz, indem die aus der Verfassung abgeleiteten Wertungen an ihnen auf ihre Geltung und Allgemeinverbindlichkeit überprüft und erklärt werden.[453]

Besondere Relevanz kommt hierbei dem Demokratieprinzip zu, das durch das Erfordernis demokratischer Legitimation für „jedes amtliche Handeln mit Entscheidungscharakter"[454] gerade auch Organisations- und Handlungsformen er-

---

[447] *J. Kersten/S.-C. Lenski*, Die Verwaltung 42 (2009), S. 501 (513); *H. Schulze-Fielitz*, Die Verwaltung 27 (1994), S. 277 (293); *C. Möllers*, in: *Hoffmann-Riem/Schmidt-Aßmann/Voßkuhle* (Hrsg.), Grundlagen des Verwaltungsrechts I, § 3 Rn. 53.

[448] *O. Bachof*, VVDStRL 30 (1972), S. 193 (203 ff.); *W. Meyer-Hesemann*, Methodenwandel, S. 130 ff.

[449] *W. Kahl*, Die Verwaltung, Beiheft 10 (2010), S. 39 (47).

[450] *C. Möllers*, in: *Hoffmann-Riem/Schmidt-Aßmann/Voßkuhle* (Hrsg.), Grundlagen des Verwaltungsrechts I, § 3 Rn. 53.

[451] *T. v. Danwitz*, Verwaltungsrechtliches System, S. 61.

[452] *E. Schmidt-Aßmann/F. Schoch*, Bergwerkseigentum, S. 131.

[453] *E. Schmidt-Aßmann*, Die Verwaltung 27 (1994), S. 137 (148); *ders.*, Ordnungsidee, Erstes Kapitel Rn. 12 f.; *ders./F. Schoch*, Bergwerkseigentum, S. 131; *M. Schmidt-Preuß*, in: FS Maurer 2001, S. 777 (779).

[454] BVerfGE 47, 253 (273); 83, 60 (73); 93, 37 (68).

fasst, deren Anschlussfähigkeit an das Allgemeine Verwaltungsrecht daher maßgeblich von ihrer demokratischen Rechtfertigungsmöglichkeit abhängt.

Diese Wechselwirkung zwischen Allgemeinem und Besonderem Verwaltungsrecht stellt jedoch nicht nur die Allgemeingültigkeit der Regelungen des Allgemeinen Teils sicher, sondern auch die Aktualität und Praxisrelevanz derselben durch die Rezeption neuerer Rechtsentwicklungen,[455] was angesichts des im Besonderen Verwaltungsrecht bestehenden Dualismus von Beständigkeit und stetem Wandel die Abkoppelung des Allgemeinen vom Besonderen Verwaltungsrecht verhindert.[456] Damit ist offenkundig, dass die Auswahl der Referenzgebiete für die systematische Entwicklung des Verwaltungsrechts von grundlegender Bedeutung ist, da sie auch die Auswahl über die in diesem Referenzgebiet vorhandenen bzw. nicht vorhandenen Regelungsinhalte und damit den Gegenstand der Systembildung bestimmt.[457] Gleichzeitig vermag nicht nur die Analyse einzelner Rechtsgebiete, sondern auch der Vergleich verschiedener Referenzgebiete die Entwicklung der Systembildung im Verwaltungsrecht zu befördern, indem sich etwa durch die Annäherung von Referenzgebieten aneinander Veränderungen im Gesamtsystem nachweisen lassen.[458]

## D. Alte und neue Herausforderungen der Verwaltungsrechtssystematik

Der Wandel der gesellschaftlichen Verhältnisse in modernen Gesellschaften, aber auch die Europäisierung und Internationalisierung führen zwangsläufig dazu, dass die Reform der Verwaltung eine Daueraufgabe ist.[459] So stellt die Erweiterung und Neuakzentuierung des Aufgabenspektrums der Verwaltung hin zum intervenierenden Präventions-, Wohlfahrts-, Ausgleichs- und Verteilungsstaat[460] die verwaltungsrechtliche Dogmatik und Systematik seit jeher unter Anpassungsnotwendigkeit[461] und führte zu einem permanenten „Problemlösungs-

---

455 *T. Groß*, Die Verwaltung, Beiheft 2 (1999), S. 57 (70 ff.); *M. Schmidt-Preuß*, in: FS Maurer 2001, S. 777 (779); *C. Möllers*, in: *Hoffmann-Riem/Schmidt-Aßmann/Voßkuhle* (Hrsg.), Grundlagen des Verwaltungsrechts I, § 3 Rn. 53.

456 In Bezug auf das Umweltrecht *W. Hoffmann-Riem*, AöR 115 (1990), S. 400 ff.; *P.M. Huber*, AöR 114 (1989), S. 252 ff.

457 *E. Schmidt-Aßmann*, Die Verwaltung 27 (1994), S. 137 (148); *M. Schmidt-Preuß*, in: FS Maurer 2001, S. 777 (779).

458 *C. Möllers*, in: *Hoffmann-Riem/Schmidt-Aßmann/Voßkuhle* (Hrsg.), Grundlagen des Verwaltungsrechts I, § 3 Rn. 53.

459 *A. Voßkuhle*, in: *Hoffmann-Riem/Schmidt-Aßmann/Voßkuhle* (Hrsg.), Grundlagen des Verwaltungsrechts I, § 1 Rn. 12; *H.P. Bull*, VerwArch 103 (2012), S. 1 (4); dazu auch *D.H. Scheuing*, in: *Hoffmann-Riem/Schmidt-Aßmann* (Hrsg.), Innovation, S. 289 ff.; *M. Brenner*, in: FS Scholz 2007, S. 467 (468 ff.).

460 *M. Stolleis*, ZNR 11 (1989), S. 129 ff.; *D. Grimm*, Die Zukunft der Verfassung, Bd. 1, S. 159 ff., 397 ff.; *A. Voßkuhle*, BayVBl. 2010, 581 (585); *W. Hoffmann-Riem*, DVBl. 1994, 1381.

461 So schon *E. Kern*, in: FS Schmitt 1989, S. 81 ff., und die Forderungen von *O. Bachof*, VVDStRL 30 (1972), S. 193 ff.; *W. Brohm*, VVDStRL 30 (1972), S. 245 ff., nach einer Anpassung und Fortentwicklung der Verwaltungsrechtsdogmatik. Die wesentlichen Kritikpunkte zusammenfassend *M. Stolleis*, in: *Simon* (Hrsg.), Rechtswissenschaft, S. 227 (248 ff.).

druck“[462] und einer Umbruchphase[463] des Verwaltungsrechts Ende der 1980er bis in die 1990er Jahre.[464] Dabei wurden einerseits Schwächen des Ordnungsrechts in Form von Vollzugsdefiziten sichtbar, andererseits wurde erkannt, dass die Verwaltung in zahlreichen Bereichen, von der strikten Gesetzesbindung abweichend, in zunehmender Weise mit den Bürgern durch informale Zusammenarbeit kooperierte,[465] um Lösungen zu finden und deren Akzeptanz zu steigern.[466] Durch diese Konfliktlösung mittels Verhandlung wurden auch Wissensdefizite ausgeglichen, was durch die bürokratisch-hierarchische Verwaltung kaum möglich war.[467] Gleichzeitig ergeben sich Neuerungen durch die Neustrukturierung der am Verwaltungsverfahren Beteiligten, die in steigendem Maße als organisierte Interessengruppen auftreten, woraus sich die Notwendigkeit der Berücksichtigung komplexer Interessenlagen ergibt.[468] Auch durch die Entwicklung hin zum Massenverfahren, die an Komplexität gewinnen und sowohl zeitlich, in Bezug auf die Beteiligten als auch inhaltlich hochkomplexe, polygonale Prozesse darstellen, wird die Verwaltungsrechtsdogmatik herausgefordert.[469]

Dabei ist „[d]er Verwirklichungsmodus der Kooperation […] in weiten Bereichen die Rechtsform. Rechtsformen und rechtsformabhängige Verfahrensregeln bilden folglich die ersten Ansätze, um Vorgängen kooperativen Verwaltens rechtliche Strukturen zu geben“.[470] So stehen im Zentrum Organisations- und Handlungsformen.

## *I. Organisationsformen*

Auch die überkommene, am Idealtypus der hierarchischen Ministerialverwaltung im Sinne *Max Webers* orientierte und ein schematisch-statisches Organisa-

---

[462] *M. Schmidt-Preuß*, in: FS Maurer 2001, S. 777 (777).

[463] *A. Voßkuhle*, in: *Hoffmann-Riem/Schmidt-Aßmann/Voßkuhle* (Hrsg.), Grundlagen des Verwaltungsrechts I, § 1 Rn. 1 ff. Hieran zweifelnd *W. Kahl*, Die Verwaltung 42 (2009), S. 463 (493); *F. Ossenbühl*, Die Verwaltung 40 (2007), S. 125.

[464] *H. Bauer*, Die Verwaltung 25 (1992), S. 301 ff.; *W. Henke*, JZ 1992, 541 ff.; *W. Thieme*, DÖV 1996, 757 ff.; *W. Hoffmann-Riem*, DÖV 1997, 433 ff.; *M. Wallerath*, VerwArch 88 (1997), S. 1 ff.; *P. Badura*, in: *Kitagawa/Murakami/Nörr u.a.* (Hrsg.), Herausforderung, S. 147 ff.; *R. Schmidt*, VerwArch 91 (2000), S. 149 ff.; *A. Voßkuhle*, VerwArch 92 (2001), S. 184 ff.; *S. Eisenmenger*, GewArch 2012, 192.

[465] Z.B. *E.-H. Ritter*, AöR 104 (1979), S. 389 ff.; *A. Benz/W. Seibel* (Hrsg.), Zwischen Kooperation und Korruption, passim; *Voigt* (Hrsg.), Der kooperative Staat, passim.

[466] *T. Würtenberger*, Akzeptanz, S. 98 ff.; *H. Hill*, JZ 1988, 377 ff.

[467] *A. Voßkuhle*, in: *Hoffmann-Riem/Schmidt-Aßmann/Voßkuhle* (Hrsg.), Grundlagen des Verwaltungsrechts I, § 1 Rn. 11.

[468] *E. Schmidt-Aßmann*, Die Verwaltung 27 (1994), S. 137 (154); *W. Hoffmann-Riem*, DVBl. 1994, 1381.

[469] *M. Stolleis*, in: *Simon* (Hrsg.), Rechtswissenschaft, S. 227 (250); *M. Stolleis*, BWV 1990, 152 ff.; *E. Kern*, in: FS Schmitt 1989, S. 81 (89 ff.; 99).

[470] *E. Schmidt-Aßmann*, Ordnungsidee, Sechstes Kapitel Rn. 113; *H. Schulze-Fielitz*, DVBl. 1994, 657 (660 ff.).

tionsmodell beinhaltende Organisationslehre, deren zentraler Begriff die juristische Person darstellt und auf die die unmittelbare Staatsverwaltung konzentriert ist, ist schon seit über 40 Jahren ob ihrer Unfähigkeit, die Komplexität von pluralen Organisationsstrukturen, unter anderem bedingt durch multipolare Entscheidungsvorgänge und eine Vielzahl von Entscheidungsträgern, dogmatisch einzufangen, Kritik ausgesetzt.[471] „Die Staats- und Verwaltungspraxis hat sich weitgehend neben den Grundsätzen der Dogmatik entwickelt“ war bereits in den 70er Jahren des vergangenen Jahrhunderts die Kernthese der Kritik.[472] Die Konzentration auf Entscheidungsprozesse, die hierarchisch vertikal und linear verlaufen, führt zu einer Ausblendung bzw. „Wahrnehmungsverzerrung“ im Hinblick auf Entscheidungsfindungen in komplexeren Netzstrukturen oder Kollegialorganen.[473] Eine Überzeichnung des Vollzugscharakters des Verwaltungshandelns unter gleichzeitiger Missachtung des Funktionswandels und der Steuerungsschwäche des Gesetzes führe die im Zuge der Arbeitsteilung verstärkte Ausdifferenzierung der hierarchisch organisierten Behördenstrukturen und der damit einhergehenden Verflechtung durch Zustimmungs- und Beteiligungsvorbehalte zu „organisierter Unverantwortlichkeit“[474] und verlange nach einer Neubestimmung der staatlichen Verantwortungsbereiche unter Abgrenzung der vollständigen von den bloß in rahmensetzender Steuerung zu erfüllenden Aufgaben des Staats, die gleichzeitig neue Formen von Verhaltenszurechnung einfordern.[475]

Gleichzeitig scheint das traditionelle Legitimationsmodell mit seinen funktionell-institutionellen, organisatorisch-personellen und sachlich-inhaltlichen Formen demokratischer Legitimation und deren Zusammenwirken im Hinblick auf das Erreichen eines bestimmten Legitimationsniveaus für die Begründung demokratisch legitimierter Verantwortung nicht mehr ausreichend zu sein.[476] So kann es die demokratische Legitimation etwa von Formen funktionaler Selbstverwaltung oder gruppenpluralen Entscheidungsgremien insbesondere dann, wenn diese weisungsfrei gestellt sind, wie dies bei den Rundfunkanstalten, der Filmförderungsanstalt, der Bundesprüfstelle oder auch der Lebensmittelbuch-

---

[471] *W. Brohm*, VVDStRL 30 (1972), S. 245 ff. Bereits *Forsthoff* hat auf die Dogmatikverschiebung im Zuge sich ausdifferenzierender Verwaltungsorganisation hingewiesen, *E. Forsthoff*, VVDStRL 12 (1954), S. 8 ff. Aus der neueren Literatur z.B. *J.-P. Schneider*, in: *Schmidt-Aßmann/Hoffmann-Riem* (Hrsg.), Verwaltungsorganisationsrecht, S. 103 (106); *W. Krebs*, in: *Isensee/Kirchhof* (Hrsg.), HStR V, § 108 Rn. 16 ff.; *ders.*, in: *Schmidt-Aßmann/Hoffmann-Riem* (Hrsg.), Verwaltungsorganisationsrecht, S. 339 (340); *R. Pitschas*, in: *Schmidt-Aßmann/Hoffmann-Riem* (Hrsg.), Verwaltungsorganisationsrecht, S. 151 ff.; *M. Ruffert*, DÖV 1998, 897 ff.; *M. Schmidt-Preuß*, DÖV 2001, 45 ff.; *E. Schmidt-Aßmann*, Ordnungsidee, Fünftes Kapitel Rn. 5.

[472] *W. Brohm*, VVDStRL 30 (1972), S. 245 (297); *T. Groß*, Die Verwaltung, Beiheft 2 (1999), S. 57 (74).

[473] *T. Groß*, Kollegialprinzip, S. 5 f.

[474] *G. Banner*, VOP 1991, 6; *J.-P. Schneider*, in: *Schmidt-Aßmann/Hoffmann-Riem* (Hrsg.), Verwaltungsorganisationsrecht, S. 103 (106 f.).

[475] *E. Schmidt-Aßmann*, Die Verwaltung 27 (1994), S. 137 (154).

[476] Dazu ausführlich Kapitel 2.

kommission der Fall ist, nicht ausreichend begründen und müsste durch anderweitigen Legitimationszuwachs, wie den der Output-Legitimation, kompensiert[477] oder, wie gerade im Bereich der funktionalen Selbstverwaltung, durch Formen autonomer Legitimation[478] ersetzt werden. Dabei wird im Hinblick auf Letztere innerhalb der Verwaltungsorganisation Legitimation aufgrund von Grundrechtspositionen[479] oder sachlicher Betroffenheit[480] sowie der Transparenz von Entscheidungsstrukturen und der Akzeptanz von getroffenen Entscheidungen gewonnen, wobei auch hierdurch Lücken in der demokratischen Legitimierbarkeit nicht vollständig geschlossen werden können.

### *II. Handlungsformen*

Mit der Wandlung vom Obrigkeits- zum sozialen Rechtsstaat und dem deutlichen Ausbau der Leistungsverwaltung zur Erfüllung der Aufgaben der Daseinsvorsorge wurde zur Behebung dieser „dogmatische[n] Unterbilanz“[481] ein auf die Verwaltungszwecke ausgerichteter Ausbau, teilweise sogar eine neue Systematik der Handlungsformen gefordert,[482] die entweder von den spezifischen Aufgaben oder Funktionen der Verwaltung bzw. der Handlungsformen ausgehen sollte.[483] Hiergegen wurde jedoch vorgebracht, dass eine neue Systematisierung nicht notwendig sei. Aufgrund ihrer Eigenschaft als „Zweckschöpfungen“ der Verwaltungspraxis, die in eine hergebrachte Dogmatik des Verwaltungsrechts eingegliedert sind und dadurch eine entwicklungsgeschichtliche Komponente aufweisen, und auch da sie dem geltenden Recht adäquat und nicht schlechthin ungeeignet für die Erreichung der Verwaltungszwecke sind, sei es nicht möglich, diese umzuformen oder gar ersatzlos zu streichen.[484] Eine Ergänzung und Anpassung der vorhandenen Strukturen und Institute sei dagegen wünschenswert.[485]

---

[477] *J.-P. Schneider*, in: *Schmidt-Aßmann/Hoffmann-Riem* (Hrsg.), Verwaltungsorganisationsrecht, S. 103 (110).

[478] *W. Brohm*, Strukturen der Wirtschaftsverwaltung, S. 243 ff.; *E.T. Emde*, Demokratische Legitimation, S. 315 ff., 386 ff.; *W. Kluth*, Funktionale Selbstverwaltung, S. 369 ff.; *E. Schmidt-Aßmann*, AöR 116 (1991), S. 329 (376 ff.); *ders.*, in: *Hoffmann-Riem/Schmidt-Aßmann/Schuppert* (Hrsg.), Reform, S. 11 (23 f., 52).

[479] So *H.-H. Trute*, Forschung, S. 211 ff.

[480] *W. Kluth*, Funktionale Selbstverwaltung, S. 379 ff.

[481] *F. Ossenbühl*, DÖV 1971, 513 (515).

[482] *P. Badura*, DÖV 1966, 624 (632 f.); *ders.*, Das Verwaltungsrecht des liberalen Rechtsstaates, S. 38 f.; im Hinblick auf das gesamte Verwaltungsrecht *H. Faber*, in: *Stein/Faber* (Hrsg.), Auf einem dritten Weg, S. 291 (292).

[483] *P. Krause*, Rechtsformen, S. 23 f.; *P. Badura*, Verwaltungsrecht im liberalen und im sozialen Rechtsstaat, S. 22 f.; dagegen *O. Bachof*, VVDStRL 30 (1972), S. 193 (223 ff.).

[484] *F. Ossenbühl*, JuS 1979, 681 (682).

[485] *P. Krause*, Rechtsformen, S. 18; *T. v. Danwitz*, Verwaltungsrechtliches System, S. 63; *H. Bauer*, Die Verwaltung 25 (1992), S. 301 (311 ff.).

Auch der Forderung, die Rechtsformenlehre müsse die gleichberechtigte Stellung des Bürgers verstärkt zum Ausdruck bringen,[486] ist entgegenzuhalten, dass insoweit die Verfassung die Rechtsstellung von Exekutive und Individuum grundlegend unterschiedlich bestimmt, was sich in der Ausgestaltung subjektiver Rechtspositionen allein für den Bürger sowie der einseitigen Regelungsbefugnis für die Verwaltung, aber auch in den Beschränkungen der „administrativen Vertragsfreiheit" manifestiert.[487]

Jedoch stellt sich die Frage, inwieweit die bestehenden Handlungsformen rezeptionsoffen für die gewandelten Verwaltungsaufgaben und Rechtsauffassungen sind[488] und dadurch ihre Innovationsfähigkeit unter Beweis stellen, während gleichzeitig die Kontinuität des überkommenen Systems bewahrt wird. So hat eine Veränderung der vorhandenen Handlungsformen die Korrektur, Fortbildung oder in Ermangelung eines feststehenden *Numerus clausus* die Ergänzung um neue Handlungsformen zum Inhalt zu haben,[489] auch wenn dies dem Allgemeinen Verwaltungsrecht schwer fällt. Jedoch kann ein gewandeltes Staats- und Verwaltungsverständnis zur Verringerung der Bedeutung überkommener Handlungsformen wie auch zur Etablierung neuer Handlungsformen führen, wie dies bereits bei der Zusicherung, der Planung[490] und dem verwaltungsrechtlichen Vertrag der Fall war, auch wenn dies Jahrzehnte beanspruchte[491] und auch heute noch eine Fortbildung für möglich bzw. nötig erachtet wird.[492] Im Gegenzug hat jedoch der Verwaltungsakt nichts von seiner Bedeutung eingebüßt,[493] sondern seine dogmatische und den Raum für die Ausbildung übriger Handlungsformen einengende Vorrangstellung als „Erbe der Monarchie" beibehalten,[494] wenn er

[486] *J. Martens*, KritV 1 (1986), S. 104 ff. In diese Richtung geht auch der Ansatz von *H. Bauer*, Grundlagen, S. 161 ff., nach dem der Verwaltung ebenso wie dem Bürger subjektive Rechte zuerkannt werden sollen.

[487] *E. Schmidt-Aßmann*, VBlBW. 1988, 381 (384); *ders.*, DVBl. 1989, 533 (539); *E. Gurlit*, in: *Erichsen/Ehlers* (Hrsg.), Allgemeines Verwaltungsrecht, § 32 Rn. 1 ff.

[488] *E. Schmidt-Aßmann*, VBlBW. 1988, 381 (384).

[489] *F. Ossenbühl*, JuS 1979, 681 (682).

[490] Die Planung als verwaltungsrechtliche Handlungsform ist zwar älter, wurde jedoch erst in den 1960er Jahren in die Verwaltungsrechtsdogmatik aufgenommen, BVerwGE 34, 301 ff.; 41, 67 ff.; *W. Hoppe*, in: *Isensee/Kirchhof* (Hrsg.), HStR IV, § 77; *P. Badura*, in: FS BayVerfGH 1972, S. 157 (164 ff.); *U. Battis*, Baurecht, S. 3 ff., 15 ff.; *M. Stolleis*, in: *Simon* (Hrsg.), Rechtswissenschaft, S. 227 (246 f.).

[491] *F. Ossenbühl*, JuS 1979, 681 (682 f.); *M. Stolleis*, Geschichte des öffentlichen Rechts 3, S. 211; *E. Forsthoff*, Lehrbuch des Verwaltungsrechts, Bd. I, S. 273 ff.

[492] *W. Hoffmann-Riem*, DVBl. 1994, 1381 (1390); *H. Bauer*, Die Verwaltung 25 (1992), S. 301 (312). Insbesondere im Hinblick auf komplexe Verträge, vgl. *E. Schmidt-Aßmann*, in: *Hoffmann-Riem/Schmidt-Aßmann/Schuppert* (Hrsg.), Reform, S. 11 (59). Grundsätzliche Kritik dagegen noch bei *G. Püttner*, DVBl. 1982, 122 ff.; *J. Burmeister*, VVDStRL 52 (1993), S. 190 (222 ff.).

[493] Vgl. *M. Ruffert*, in: *Erichsen/Ehlers* (Hrsg.), Allgemeines Verwaltungsrecht, § 21 Rn. 1 ff.; *H. Maurer*, Allgemeines Verwaltungsrecht, § 9 Rn. 27 ff.; *K. Stern*, JZ 1962, 265 f.; *W. Kahl*, Die Verwaltung 42 (2009), S. 463 (498).

[494] *T. Ellwein*, Erbe der Monarchie, passim; *H.F. Zacher*, in: *Peters* (Hrsg.), Sozialrecht und Sozialpolitik, S. 29 (38); *K.H. Friauf*, Der Staat 9 (1970), S. 223.

auch befreit von obrigkeitsstaatlicher Konnotation als Ausdruck unterschiedlicher Verwaltungsverantwortlichkeit eine rechtsdogmatische Ausdifferenzierung insbesondere auf mittlerer Abstraktionsebene erfahren hat.[495] So gilt nach wie vor, dass der Verwaltungsakt „im öffentlichen Recht sitzt wie eine Made im Speck".[496]

Im Hinblick hierauf harren – obgleich teilweise selektiv rezipiert[497] – neben der Normsetzung der Exekutive[498] und dem schlichten, informalen Verwaltungshandeln[499] durch Empfehlungen[500] gerade auch die nicht-regulativen und kooperativen, insbesondere konsensualen Handlungsformen, zu denen nicht nur Absprachen, insbesondere durch öffentlich-rechtlichen Vertrag[501] und die Privatisierung unter der Rückbehaltung öffentlicher Gewährleistungsverantwortung,[502] sondern auch die eingangs genannten konsensualen Handlungsformen des öffentlich-rechtlichen Vertrags und der Empfehlung jeweils mit Bindungswirkung auch gegenüber Dritten zählen, weiterer systematischer Erschließung. Auch komplexe Entscheidungsformen und mehrpolige Verwaltungsrechtsverhältnisse,[503] wozu die Entscheidungen der gruppenpluralen Verwaltungseinheiten wie die Filmförderungsanstalt und die Vergabekommission, die Bundesprüfstelle, der Deutsche Weinfonds oder die Lebensmittelbuch- und die Gendiagnostik-Kommission zählen, die gleichzeitig unter verstärktem Einbezug von Privatrechtssubjekten und der Ausrichtung auf die Verwaltungszwecke erfolgen, wei-

---

[495] *E. Schmidt-Aßmann*, in: *Hoffmann-Riem/Schmidt-Aßmann/Schuppert* (Hrsg.), Reform, S. 11 (62); *J. Kersten/S.-C. Lenski*, Die Verwaltung 42 (2009), S. 501 (517); *H. Faber*, in: *Stein/Faber* (Hrsg.), Auf einem dritten Weg, S. 291 (293).

[496] *O. Meyer*, zit. nach *F.E. Schnapp*, AöR 105 (1980), S. 243 (265).

[497] Dazu *J. Kersten/S.-C. Lenski*, Die Verwaltung 42 (2009), S. 501 (522 f.).

[498] *F. Ossenbühl*, in: *Isensee/Kirchhof* (Hrsg.), HStR V, § 104 Rn. 76 ff.; *Hill* (Hrsg.), Verwaltungsvorschriften, passim; *C. Gusy*, in: *Hoffmann-Riem/Schmidt-Aßmann* (Hrsg.), Konfliktbewältigung, S. 109 ff.

[499] *E. Bohne*, Der informale Rechtsstaat, passim; *H. Bauer*, VerwArch 78 (1987), S. 241 ff.; *G.F. Schuppert*, Verwaltungswissenschaft, S. 230 ff.; *M. Schulte*, Schlichtes Verwaltungshandeln, S. 63 ff.; *U. Di Fabio*, JZ 1993, 689 ff.; *F. Ossenbühl*, DVBl. 1993, 753 (760).

[500] Ebenso wie das schlichte Verwaltungshandeln durch Information, *Schuppert/Voßkuhle* (Hrsg.), Governance, passim; zum Informationsfreiheitsgesetz und der früheren Rechtslage *Schoch*, Informationsfreiheitsgesetz, Einl. Rn. 12 ff.; *Rossi*, Informationsfreiheitsgesetz, Einl. Rn. 22 ff.; und zu Warnungen BVerfGE 95, 173 ff.; 105, 252 ff., 105, 279 ff.; BVerwGE 71, 183 ff., 82, 76 ff., 87, 37 ff.; BVerwG, 3 C 23.94, NJW 1996, 3161 f.; OLG Stuttgart, 1 U 132/89, NJW 1990, 2690; LG Stuttgart, 17 O 411/88, NJW 1989, 2257 ff.; *W. Berg*, ZLR 1990, 565 ff.

[501] *A. Benz*, Kooperative Verwaltung, passim; *N. Dose*, Die verhandelnde Verwaltung, passim; *J.-P. Schneider*, VerwArch 87 (1996), S. 38 ff.; *R. Pitschas*, Verwaltungsverantwortung, passim; *H. Bauer*, Die Verwaltung 25 (1992), S. 301 ff.; *O. Passavant*, DÖV 1987, 516 ff.

[502] *J. Hengstschläger*, VVDStRL 54 (1995), S. 165 ff.; *H. Bauer*, VVDStRL 54 (1995), S. 243 ff.; *T. Jaag*, VVDStRL 54 (1995), S. 287; *F. Schoch*, DVBl. 1994, 962; *C. Möllers*, Die Verwaltung 90 (1999), S. 187 (193).

[503] *F. Schoch*, Die Verwaltung 25 (1992), S. 21 (34); *H. Hill*, Das fehlerhafte Verfahren und seine Folgen im Verwaltungsrecht, S. 261 ff.; *E. Schmidt-Aßmann*, Die Verwaltung 27 (1994), S. 137 (154); *M. Stolleis*, in: *Simon* (Hrsg.), Rechtswissenschaft, S. 227 (251); *M. Stolleis*, BWV 1990, 152 (155).

sen eine dogmatische Unterbilanz auf,[504] deren Ausgleich sich nicht in der bloß additiven Ergänzung erschöpfen kann.[505]

Insbesondere im Hinblick auf die Berücksichtigung von Verwaltungszwecken hat in den letzten Jahren die Ausbildung von Sonderdogmatiken in den Bereichen des Sozialrechts[506] an Bedeutung gewonnen, die die verklammernde Wirkung des Allgemeinen Teils und damit auch die „Einheit der Verwaltung" in Frage stellt.[507]

### *III. Ansätze, diesen Herausforderungen zu begegnen*

#### *1. Das „Neue Steuerungsmodell"*

Diese Schwächen bilden die Gründe, welche die Forderung nach einem „Neuen Steuerungsmodell"[508] für die Verwaltungsorganisation bzw. nach einer Erneuerung des öffentlichen Bereichs mit dem Ziel der Effizienz- und Effektivitätssteigerung[509] nach den Prinzipien des internationalen Trends des New Public Management[510] verstärkten, die nun auch nach über zwanzig Jahren nicht verstummt

---

[504] Auch die wettbewerblichen Instrumente der Steuerung gehören zu den noch weitgehend unerschlossenen Gebieten, *J. Kersten*, VVDStRL 69 (2010), S. 288 ff.

[505] *E. Schmidt-Aßmann*, VBlBW. 1988, 381 (384); *ders.*, Die Verwaltung 27 (1994), S. 137 (155); umfassend *ders.*, in: *Hoffmann-Riem/Schmidt-Aßmann/Schuppert* (Hrsg.), Reform, S. 11 (45 ff., 57); *T. Groß*, Die Verwaltung, Beiheft 2 (1999), S. 57 (74); *J. Kersten/S.-C. Lenski*, Die Verwaltung 42 (2009), S. 501 (521 f.); *H. Bauer*, Die Verwaltung 25 (1992), S. 301 (311 ff.). Zur grundlegenden Neuregelung des Verwaltungsverfahrensgesetzes *S. Eisenmenger*, GewArch 2012, 192.

[506] Aber auch des Umweltrechts und Baurechts.

[507] *B.-O. Bryde*, VVDStRL 46 (1988), S. 181 ff.; *G. Haverkate*, VVDStRL 46 (1988), S. 217 ff.; *M. Stolleis*, BWV 1990, 152155 f. Diese Bedenken unter Hinweis auf die nunmehrige Klammerfunktion des Verfassungsrechts nicht teilend *M. Stolleis*, in: *Simon* (Hrsg.), Rechtswissenschaft, S. 227 (251).

[508] Aus der Vielzahl der Literatur beispielhaft *J.-P. Schneider*, in: *Schmidt-Aßmann/Hoffmann-Riem* (Hrsg.), Verwaltungsorganisationsrecht, S. 103 ff.; *H. Hill*, in: *Schmidt-Aßmann/Hoffmann-Riem* (Hrsg.), Verwaltungsorganisationsrecht, S. 65 ff.; *Kommunale Gemeinschaftsstelle für Verwaltungsvereinfachung*, Das Neue Steuerungsmodell. Begründung, Konturen, Umsetzung, passim; *C. Reichard/H. Wollmann* (Hrsg.), Kommunalverwaltung, passim; *J. Bogumil/W. Jann*, Verwaltung, S. 237 ff.; *V. Mehde*, Neues Steuerungsmodell, S. 60 ff.; *I. Spiecker genannt Döhmann*, DVBl. 2007, 1074 ff.; *K. König*, VerwArch 87 (1996), S. 19 ff.; *ders.*, DÖV 1995, 349 ff.; *G.F. Schuppert*, DÖV 1995, 761 ff.; *ders.*, in: *Hoffmann-Riem/Schmidt-Aßmann/Schuppert* (Hrsg.), Reform, S. 65 ff.; *ders.*, in: *Grimm* (Hrsg.), Wachsende Staatsaufgaben, S. 217 ff.; *ders.*, in: *Hoffmann-Riem/Schmidt-Aßmann* (Hrsg.), Konfliktbewältigung, S. 29 ff.; *E.-H. Ritter*, in: *Grimm* (Hrsg.), Wachsende Staatsaufgaben, S. 69 ff., zugleich in *E.-H. Ritter*, StWStP 1 (1990), S. 50 ff.; *W. Jann*, in: *Blanke/Nullmeier/Reichard u.a.* (Hrsg.), Handbuch zur Verwaltungsreform, S. 98 ff.; *A. v. Mutius*, in: FS Stern 1997, S. 685 ff.

[509] Vgl. *A. v. Mutius*, in: FS Stern 1997, S. 685 (687 f.); *K. König*, DÖV 1997, 265 ff.; *ders.*, VerwArch 87 (1996), S. 19 ff.; *E.-H. Ritter*, DÖV 2003, 93 ff.

[510] *W. Jann*, in: *Blanke/Nullmeier/Reichard u.a.* (Hrsg.), Handbuch zur Verwaltungsreform, S. 98 (101); *H.P. Bull*, VerwArch 103 (2012), S. 1 ff.; *Budäus/Conrad/Schreyögg* (Hrsg.), New Public Management, passim; *D. Budäus/S. Finger*, Die Verwaltung 32 (1999), S. 313 ff.; *A.I. Alonso*, Verwaltung&Management 12 (2006), S. 14 ff.

sind und die daher auch heute noch für das Verständnis der Verwaltungsrechtsreform relevant sind.[511] Die Steuerungswissenschaft erhebt den Anspruch, eine rechtssetzungs- und problemlösungsorientierte Handlungs- und Entscheidungswissenschaft zu sein, welche zur Ergänzung der bisher rechtsakt- und rechtsschutzzentrierten Verwaltungswissenschaft die Entscheidungsfindung in den Fokus rückt.[512]

Hiernach sollen die Verabsolutierung der eindimensionalen Behördenhierarchie durch bereichs- und aufgabenspezifisch strukturierte Verwaltungsmodelle und Organisationsformen abgelöst werden.[513] Dabei werden Modernisierungen nicht nur in den Bereichen der Organisation, sondern auch des Verfahrens, des Personals sowie der Finanzen thematisiert.[514] Ausgehend von der Annahme, dass wettbewerbliche Marktbeziehungen Monopolstrukturen überlegen sowie dass sich die öffentliche Verwaltung und die Privatwirtschaft ähnlich sind, Verwaltungstätigkeit daher als Güter und Dienstleistungen wie auch Bürger als Kunden definiert werden können,[515] zielt das New Public Management und in seiner Konkretisierung das „Neue Steuerungsmodell" darauf ab, in Konzentration auf die staatlichen Kernaufgaben autonome, selbststeuernde operative Einheiten mit dezentraler Ressourcenverantwortung sowie Führungs- und Organisationsstrukturen einzurichten und übrige Aufgaben im Zuge von Privatisierung und mittels Public-Private-Partnerships auf private Unternehmen und Non-Profit-Organisationen auszulagern.[516] Gleichzeitig soll die Einführung von Marktelementen die Bereitstellung öffentlicher Leistungen dominieren. Neben Wettbewerbs- und Kundenorientierung sollen so eine Output-Orientierung im Sinne von Kosten- und Leistungskontrolle durch Budgetierung, Qualitätsmanagement, Controlling und Leistungsverein-

---

[511] *W. Jann*, in: *Blanke/Nullmeier/Reichard u.a.* (Hrsg.), Handbuch zur Verwaltungsreform, S. 98.

[512] *W. Kahl*, Die Verwaltung 42 (2009), S. 463 (490 f.); *A. Scherzberg*, VVDStRL 67 (2008), S. 348.

[513] Zur Notwendigkeit aufgabenbezogener Verwaltungsorganisation bereits *L. Spiegel*, Die Verwaltungsrechtswissenschaft, S. 59; *E. Forsthoff*, Lehrbuch des Verwaltungsrechts, Bd. I, S. 432; *J.-P. Schneider*, in: *Schmidt-Aßmann/Hoffmann-Riem* (Hrsg.), Verwaltungsorganisationsrecht, S. 103 (114 ff.); *E. Schmidt-Aßmann*, in: *Hoffmann-Riem/Schmidt-Aßmann/Schuppert* (Hrsg.), Reform, S. 11 (51 f.); *E.-H. Ritter*, in: *Grimm* (Hrsg.), Wachsende Staatsaufgaben, S. 69 ff., zugleich in *E.-H. Ritter*, StWStP 1 (1990), S. 50 ff.; *G.F. Schuppert*, Der Staat 32 (1993), S. 581 (587 f., 601); *R. Wahl*, in: *Hoffmann-Riem/Schmidt-Aßmann/Schuppert* (Hrsg.), Reform, S. 177 ff.; *K. Stern*, JZ 1962, 265 (301).

[514] *W. Jann*, in: *Blanke/Nullmeier/Reichard u.a.* (Hrsg.), Handbuch zur Verwaltungsreform, S. 98 (99); *A. v. Mutius*, in: FS Stern 1997, S. 685 (692).

[515] *Kommunale Gemeinschaftsstelle für Verwaltungsvereinfachung*, Das Neue Steuerungsmodell. Begründung, Konturen, Umsetzung, S. 7 f.; *A. v. Mutius*, in: FS Stern 1997, S. 685 (686 f.).

[516] *W. Jann*, in: *Blanke/Nullmeier/Reichard u.a.* (Hrsg.), Handbuch zur Verwaltungsreform, S. 98 (102); *A. v. Mutius*, in: FS Stern 1997, S. 685 (689); *H. Hill*, in: *Schmidt-Aßmann/Hoffmann-Riem* (Hrsg.), Verwaltungsorganisationsrecht, S. 65 (81 f.); *H. Bauer*, DÖV 1998, 89 ff.; *Ziekow* (Hrsg.), Public Private Partnership, passim; *R. Schröder*, Verwaltungsrechtsdogmatik, S. 192 ff.; *J. Becker*, ZRP 2002, 303 ff.

barungen erfolgen.[517] Der Umbau des Organisationsrechts soll als Rahmen des Verwaltungshandelns die bürgerliche Teilhabe sowie die staatliche Distanz gewährleisten.[518] Ausgangspunkte sind dabei die Privatisierung und Deregulierung;[519] Bezugspunkte sind der „aktivierende" bzw. „schlanke Staat".[520] Sowohl die Privatisierung als auch die Deregulierung wollen zur Kostensenkung und Entlastung des Staates sowie getragen vom Gedanken der Kooperation Gesellschaftspotentiale zum Aufbau und der Erweiterung eines privaten Dienstleistungssektors mobilisieren[521] und streben hierdurch eine verstärkte Legitimität sowie Akzeptanz an.[522] Dem Staat obliegt im Zuge der Reduzierung von Staatsaufgaben statt einer Erfüllungsverantwortung eine nicht unerhebliche Gewährleistungs- bzw. Überwachungsverantwortung.[523] Aber auch die Ermöglichung einer Einflussnahme auf staatliche Verfahren und Organisationsstrukturen durch intermediäre Trägereinrichtungen[524] und staatlich-gesellschaftliches Zusammenwirken, im Zuge dessen öffentliche Aufgaben von Privaten erfüllt werden,[525] gehören zu den Erneuerungsansätzen.[526]

---

[517] *A. Voßkuhle*, in: *Hoffmann-Riem/Schmidt-Aßmann/Voßkuhle* (Hrsg.), Grundlagen des Verwaltungsrechts I, § 1 Rn. 50 ff.; *Kommunale Gemeinschaftsstelle für Verwaltungsvereinfachung*, Das Neue Steuerungsmodell. Begründung, Konturen, Umsetzung, passim; *V. Mehde*, Neues Steuerungsmodell, S. 85 ff.; *S. Dahm*, Neues Steuerungsmodell, S. 30 ff.; *J.-P. Schneider*, in: *Schmidt-Aßmann/Hoffmann-Riem* (Hrsg.), Verwaltungsorganisationsrecht, S. 103 (111 ff.); *H. Hill*, in: *Schmidt-Aßmann/Hoffmann-Riem* (Hrsg.), Verwaltungsorganisationsrecht, S. 65 ff.; *A. v. Mutius*, in: FS Stern 1997, S. 685 (690 ff.); *J. Ziekow*, in: *Hoffmann-Riem/Schmidt-Aßmann* (Hrsg.), Verwaltungsverfahren, S. 349 (356 ff.); *E. Schmidt-Aßmann*, Ordnungsidee, Erstes Kapitel Rn. 41.

[518] *E. Schmidt-Aßmann*, Die Verwaltung 27 (1994), S. 137 (154).

[519] Im Rahmen der Deregulierung werden die Organisationsformen der Marktordnung und Marktregulierung angepasst mit dem Ziel des Regelungs- und Bürokratieabbaus sowie der Vereinfachung des Rechts und der Verwaltung, *K. König*, DÖV 2001, 617 ff.; *M. Wallerath*, JZ 2001, 209 ff.; dazu auch *Hoffmann-Riem/Schneider* (Hrsg.), Verfahrensprivatisierung, passim. Allerdings sind mittlerweile auch gegenläufige Tendenzen erkennbar, indem Grenzen der materiellen Privatisierung aufgezeigt werden, BVerwG, 8 C 10.08, NVwZ 2009, 1305; dazu auch *F. Schoch*, DVBl. 2009, 1533 ff.; *T.I. Schmidt*, DÖV 2014, 357 ff.; *D. Budäus/D. Hilgers*, DÖV 2013, 701 ff.

[520] *H.P. Bull*, VerwArch 103 (2012), S. 1 (7); *Behrens/Heinze/Hilbert u.a.* (Hrsg.), Ausblicke auf den aktivierenden Staat: Von der Idee zur Strategie, passim. Zum Konzept des „schlanken Staats" *H. Hill*, in: *Schmidt-Aßmann/Hoffmann-Riem* (Hrsg.), Verwaltungsorganisationsrecht, S. 65 (69 f.).

[521] Sog. „aktivierender Staat".

[522] *A. Voßkuhle*, in: *Hoffmann-Riem/Schmidt-Aßmann/Voßkuhle* (Hrsg.), Grundlagen des Verwaltungsrechts I, § 1 Rn. 58 ff.

[523] Hierzu bereits Anm. 409.

[524] Insbesondere in der Wissenschafts- und Kulturpolitik, vgl. *H.-H. Trute*, in: *Schmidt-Aßmann/Hoffmann-Riem* (Hrsg.), Verwaltungsorganisationsrecht, S. 249 (266 ff., 288 ff.).

[525] Insbesondere die funktionale Selbstverwaltung wirft hierbei Fragen auf, dazu in Kapitel 2.

[526] Ebenso hierzu zählen die Ansätze der Mediation, *Hoffmann-Riem/Schmidt-Aßmann* (Hrsg.), Konfliktbewältigung, passim; *J.-P. Schneider*, VerwArch 87 (1996), S. 38 ff.; *B. Holznagel*, Konfliktlösung, passim, und die Aufgabenkritik, *C. Barthel*, Die Verwaltung 27 (1994), S. 546 (549 f.).

Dabei unterliegt das „Neue Steuerungsmodell" massiver Kritik.[527] So wird neben der Theorielastigkeit und dem Mangel an Inhalten und Umsetzung[528] auch die Vereinbarkeit mit der geltenden Rechtslage im Hinblick auf das Kommunalverfassungsrecht moniert, ebenso wie die Gefahr, dass die Rolle des Rechts durch Marktmechanismen und ökonomische Überlegungen substituiert wird.[529] Als Gegenmodell gilt dabei die Bürokratietheorie nach *Max Weber*, was zu einer Theorie des „Neo-Weberianischen Staates" führt, in dem das Bürger-Staat-Verhältnis durch die traditionelle „Regelungskultur" und damit das öffentliche Recht einschließlich des Verwaltungsrechts beherrscht und nur punktuell durch das Kontraktmanagement ergänzt wird. Ebenso ergänzt die Kontrolle die bisher durch Rechte und Pflichten definierte Stellung des Bürgers, wie auch Angebot und Nachfrage sowie die übrigen Mechanismen des Marktes integriert werden. Die an Recht und Gesetz gebundenen Beamten sind leistungs- und kundenorientiert, das Verwaltungshandeln wird nicht nur durch das Recht, sondern auch durch das angestrebte Ergebnis determiniert, was Effizienz und Effektivität gewährleisten soll.[530]

### 2. *Die „Neue Verwaltungsrechtswissenschaft"*

War nach dem Zweiten Weltkrieg die Frage der Disziplinierung der Exekutive beherrschend,[531] ist seit Anfang der 90er-Jahre des vergangenen Jahrhunderts das Bestreben verstärkt ersichtlich, den auf die Rückbindung des Verwaltungshandelns an das demokratisch legitimierte Gesetz konzentrierten Blickwinkel der „Juristischen Methode"[532] zu erweitern und auch die Wirksamkeitsbedingungen des Rechts, den Entscheidungsfindungsprozess selbst sowie dessen Determinanten wie Personal, Sachmittel, Organisation usw. zum Gegenstand der wissenschaftlichen Betrachtung zu machen.[533] Ohne auf ein abgeschlossenes Konzept

[527] Aus der Vielzahl der Literatur beispielhaft *W. Jann*, in: *Blanke/Nullmeier/Reichard u.a.* (Hrsg.), Handbuch zur Verwaltungsreform, S. 98 (105); *M. Rehbinder*, in: FS Brohm 2002, S. 727 ff.; *A. v. Mutius*, in: FS Stern 1997, S. 685 (695 ff.); *H.P. Bull*, VerwArch 103 (2012), S. 1 (14. ff.); *J. Bogumil/W. Jann*, Verwaltung, S. 294 f.

[528] So wird sie als „Wortgeklingel" und „Plattheit und Naivität" gebrandmarkt, *C. Reichard*, in: *Halblützel/Haldemann/Schedler u.a.* (Hrsg.), Umbruch in Politik und Verwaltung, S. 57 (62 f.).

[529] *W. Jann*, in: *Blanke/Nullmeier/Reichard u.a.* (Hrsg.), Handbuch zur Verwaltungsreform, S. 98 (105); *M. Rehbinder*, in: FS Brohm 2002, S. 727 ff.; *A. v. Mutius*, in: FS Stern 1997, S. 685 (695 ff.); *H.P. Bull*, VerwArch 103 (2012), S. 1 (14. ff.); *J. Bogumil/W. Jann*, Verwaltung, S. 294 f.; *E. Schmidt-Aßmann*, Ordnungsidee, Erstes Kapitel Rn. 44. Eine Bilanz bei z.B. *J. Bogumil/W. Jann*, Verwaltung, S. 242 ff.; *J. Bogumil/S. Grohs/S. Kuhlmann u.a.*, Zehn Jahre Neues Steuerungsmodell, passim; dazu die Besprechung von *M. Wallerath*, Die Verwaltung 41 (2008), S. 456.

[530] *W. Jann/J. Bogumil/G. Bouckaert u.a.*, Status-Report Verwaltungsreform, S. 34 f.

[531] *M. Stolleis*, in: *Simon* (Hrsg.), Rechtswissenschaft, S. 227 ff.

[532] Hierzu *A. Voßkuhle*, in: *Hoffmann-Riem/Schmidt-Aßmann/Voßkuhle* (Hrsg.), Grundlagen des Verwaltungsrechts I, § 1 Rn. 2 ff.; *W. Kahl*, Die Verwaltung 42 (2009), S. 463 (485 ff.); *A. Hueber*, Otto Mayer, passim; *T. Ishikawa*, Friedrich Franz von Mayer, passim; *F. Stoerk*, Über die juristische Methode, passim.

[533] *A. Voßkuhle*, Die Verwaltung 32 (1999), S. 545 (547). Zur Kritik hieran *C. Möllers*, Die Verwaltung 90 (1999), S. 187 ff.; *O. Lepsius*, in: *Bertschi* (Hrsg.), Demokratie und Freiheit, S. 226 ff.; *ders.*, Steuerungsdiskussion, passim.

zurückgreifen zu können, will diese „Neue Verwaltungsrechtswissenschaft“[534] der ausschließlichen Bewertung nach normativ richtig oder falsch diejenige nach der Zweckmäßigkeit von Lösungen und der Tragfähigkeit der für diese Lösung gefundenen Argumente zur Seite stellen und die rechtsaktbezogene und justizzentrierte „Juristische Methode“ durch problemorientierte Handlungsperspektiven ergänzen oder ablösen.[535] So wird im Sinne eines handlungsorientierten Steuerungsansatzes der Untersuchungsgegenstand erweitert um die Vielfalt der Steuerungsakteure bzw. Steuerungssubjekte, die auf Steuerungsobjekte[536] mit Hilfe von Steuerungsmedien, Steuerungsinstrumenten sowie Steuerungsmodi einwirken.[537] Betrachtet werden neben den gängigen öffentlich-rechtlichen Handlungsformen auch informale, konsensuale sowie privatrechtliche Umsetzungsformen, die Handlungsmaßstäbe, das Verwaltungsverfahren, die Verwaltungsorganisation, das Haushaltsrecht, die beteiligten Akteure, die Ausstattung der Verwaltung und die Wechselbeziehung dieser Determinanten unter Entwicklung neuer Rechtsgedanken, Prinzipien, Leitbegriffe und Institute.[538] Es findet eine Verlagerung des Schwerpunkts von der anwendungsbezogenen, interpretatorischen, rechtsaktbezogenen Wissenschaft hin zur rechtssetzungsorientierten Handlungs- und Entscheidungswissenschaft statt.[539] Dabei werden nicht nur intradisziplinäre, sondern auch inter- und transdisziplinäre Rezeptionsbarrieren überwunden und der Versuch unternommen, Erkenntnisse aus den rechtswissenschaftlichen Teildisziplinen sowie anderen Wissenschaftsdisziplinen, wie den Sozialwissenschaften und Wirtschaftswissenschaften, fruchtbar zu machen und in die eigene Disziplin zu integrieren.[540]

Ziel dieser aufgaben- und funktionsorientierten Betrachtung[541] ist es, der Verwaltung durch die Bereitstellung der hierfür notwendigen Organisations- und

---

[534] Hierzu *C. Bumke*, in: *Schmidt-Aßmann/Hoffmann-Riem* (Hrsg.), Methoden, S. 73 (103 ff.); *A. Voßkuhle*, in: *Hoffmann-Riem/Schmidt-Aßmann/Voßkuhle* (Hrsg.), Grundlagen des Verwaltungsrechts I, § 1; *W. Kahl*, Die Verwaltung 42 (2009), S. 463 ff. Zur Frage, auf was sich „Neu“ bezieht, *G.F. Schuppert*, AöR 133 (2008), S. 79 (91 ff.). Zur Kritik an der Bezeichnung *R. Wahl*, Herausforderungen, S. 89 ff.; *F. Schoch*, Die Verwaltung, Beiheft 7 (2007), S. 177 (184); *M. Kloepfer*, NuR 2007, 438 ff.; *F. Rottmann*, in: *Christensen/Pieroth* (Hrsg.), Rechtstheorie, S. 207 ff.; *J.F. Lindner*, JöR N.F. 57 (2009), S. 173 (174 Anm. 6, 177 f. Anm. 23, 205); *W. Kahl*, Die Verwaltung 42 (2009), S. 463 (491).

[535] *A. Voßkuhle*, BayVBl. 2010, 581 (585); *ders.*, in: *Hoffmann-Riem/Schmidt-Aßmann/Voßkuhle* (Hrsg.), Grundlagen des Verwaltungsrechts, § 1 Rn. 2 ff., 11.

[536] Zur Frage, wer Steuerungsobjekt sein kann, *U. Di Fabio*, VVDStRL 56 (1997), S. 235 ff.

[537] *A. Voßkuhle*, in: *Hoffmann-Riem/Schmidt-Aßmann/Voßkuhle* (Hrsg.), Grundlagen des Verwaltungsrechts I, § 1 Rn. 20, 23; *R. Schröder*, Verwaltungsrechtsdogmatik, S. 194 f.

[538] *A. Voßkuhle*, Die Verwaltung 32 (1999), S. 545 (548, 550); *G.F. Schuppert*, AöR 133 (2008), S. 79 (97 f.).

[539] *A. Voßkuhle*, in: *Hoffmann-Riem/Schmidt-Aßmann/Voßkuhle* (Hrsg.), Grundlagen des Verwaltungsrechts I, § 1 Rn. 15; *J. Kersten/S.-C. Lenski*, Die Verwaltung 42 (2009), S. 501 (521).

[540] *A. Voßkuhle*, in: *Hoffmann-Riem/Schmidt-Aßmann/Voßkuhle* (Hrsg.), Grundlagen des Verwaltungsrechts I, § 1 Rn. 37 ff. Dabei kommt der Verwendung von „Schlüsselbegriffen“ eine zentrale Bedeutung zu, *Voßkuhle*, a.a.O., Rn. 40.

[541] *A. Voßkuhle*, Die Verwaltung 32 (1999), S. 545 (548); *R. Wahl*, in: *Hoffmann-Riem/Schmidt-Aßmann/Schuppert* (Hrsg.), Reform, S. 177 ff.

Handlungsformen sowie von Handlungsmaßstäben und Entscheidungsverfahren, ein aufgabenbezogenes Handeln zu ermöglichen, das nicht nur demokratisch legitimiert und rechtmäßig, sondern auch sachrichtig,[542] ressourcenschonend, effektiv[543] und bürgernah ist.[544] Insoweit wird dem Recht eine „Bereitstellungsfunktion" zugewiesen.[545]

Die „Neue Verwaltungsrechtswissenschaft" unterliegt nicht nur im Hinblick auf ihre Bezeichnung massiver Kritik,[546] sondern auch in ihrem Anspruch, die bisherige „alte" Verwaltungswissenschaft abzulösen.[547] So sei weder erkennbar, was diese Lehre mit der Steuerungsfunktion des Rechts meint, noch die Methode, mit der diese das Ziel, die Verengung der Argumentation auf den Einzelfall zu durchbrechen, erreichen will.[548] Insbesondere bleibe die Frage unbeantwortet, welchen Stellenwert das Normative weiterhin einnehmen soll.[549] Als Folge dieser Kontroverse gilt die deutsche Verwaltungsrechtswissenschaft als „tief methodologisch gespalten".[550]

### 3. *Die Governance-Forschung*

Aus der politischen Steuerungstheorie hervorgegangen ist die sozialwissenschaftliche Governance-Forschung.[551] So werden unter dem Stichwort „Governance" im europäischen und internationalen Zusammenhang Modernisierungsbestrebungen des öffentlichen Sektors diskutiert. „Governance" ist dabei „ein

---

542 *W. Hoffmann-Riem*, DVBl. 1994, 1381 (1382); *ders.*, in: *ders./Schmidt-Aßmann/Schuppert* (Hrsg.), Reform, S. 115 (133).

543 Dazu auch *E. Schmidt-Aßmann*, in: *Hoffmann-Riem/Schmidt-Aßmann* (Hrsg.), Effizienz, S. 245 ff.; *C. Möllers*, Die Verwaltung 90 (1999), S. 187 (190) m.w.N.

544 *A. Voßkuhle*, BayVBl. 2010, 581 (586); *ders.*, in: *Hoffmann-Riem/Schmidt-Aßmann/Voßkuhle* (Hrsg.), Grundlagen des Verwaltungsrechts, § 1 Rn. 24; *G.F. Schuppert*, in: *Hoffmann-Riem/Schmidt-Aßmann/Schuppert* (Hrsg.), Reform, S. 65 (96 ff.).

545 *G.F. Schuppert*, in: *Hoffmann-Riem/Schmidt-Aßmann/Schuppert* (Hrsg.), Reform, S. 65 (96 ff.).

546 *R. Wahl*, Herausforderungen, S. 89 ff.; *F. Ossenbühl*, Die Verwaltung 40 (2007), S. 125 ff.; *F. Schoch*, Die Verwaltung, Beiheft 7 (2007), S. 177 (184); *F. Rottmann*, in: *Christensen/Pieroth* (Hrsg.), Rechtstheorie, S. 207 ff.; *J.F. Lindner*, JöR N.F. 57 (2009), S. 173 (177 ff.); *W. Kahl*, Die Verwaltung 42 (2009), S. 463 (491).

547 *F. Ossenbühl*, Die Verwaltung 40 (2007), S. 125 (128 ff.).

548 *R. Wahl*, Herausforderungen, S. 91 f.

549 *F. Ossenbühl*, Die Verwaltung 40 (2007), S. 125 (131).

550 *J. Kersten*, in: *Jarass* (Hrsg.), Wechselwirkungen, S. 53 (82); *R. Wahl*, Herausforderungen, S. 89; *F. Ossenbühl*, Die Verwaltung 40 (2007), S. 125; *F. Schoch*, Die Verwaltung, Beiheft 7 (2007), S. 177 (184); *M. Kloepfer*, NuR 2007, 438 ff.; *F. Rottmann*, in: *Christensen/Pieroth* (Hrsg.), Rechtstheorie, S. 207 ff.; *J.F. Lindner*, JöR N.F. 57 (2009), S. 173 ff.

551 *R. Mayntz*, New challenges to governance theory, passim; *dies.*, in: *Schuppert* (Hrsg.), Governance-Forschung, S. 11 ff.; *Grande/May* (Hrsg.), Perspektiven, passim; *J.F. Lindner*, JZ 2008, 957 ff.; *K. König*, in: *ders./Adam/Speer* (Hrsg.), Governance, S. 9 ff.; *H.P. Bull*, VerwArch 103 (2012), S. 1 (3 f.); *M. Seckelmann*, VerwArch 98 (2007), S. 30 (31); *A. Benz/N. Dose* (Hrsg.), Governance, passim; *Benz/Lütz/Schimank* (Hrsg.), Handbuch Governance, passim; *Schuppert* (Hrsg.), Governance-Forschung, passim; *ders.*, Alles Governance oder was?, passim; *ders.*, AöR 133 (2008), S. 79 ff., insbes. S. 105; *H.P. Bull*, VerwArch 103 (2012), S. 1 (18 ff.).

anerkannt uneindeutiger Begriff",[552] dessen genaue Definition noch aussteht.[553] Gegenstand sind „neue Vermessungen der Arbeits-, Funktionen- und Verantwortungsteilung zwischen staatlichen, staatlich-privaten (hybriden) und privaten Akteuren und den damit verbundenen Kooperationsverhältnissen".[554] Der Fokus ist dabei auf Selbststeuerung und die Steuerung durch hybride, horizontale Netzwerke durch verschiedene Akteure sowie Mehr-Sektoren-Modelle gerichtet.[555]

Der Governance-Ansatz erfährt jedoch ebenfalls erhebliche Kritik[556] und hat sich bis heute nicht in der Rechtswissenschaft durchsetzen können. Hauptkritikpunkte sind die diffuse Begrifflichkeit, die unklare Methodik sowie die rechtsstaatliche und demokratische Unterbilanz.[557] So führt die Entgrenzung von Macht und Herrschaft zur Intransparenz und vermeidet die konkrete Zuweisung von Kompetenzen und die damit zusammenhängende Verantwortung an einzelne Akteure.[558] Und auch der Ansatz, Kollektive bzw. Netzwerke in den Mittelpunkt zu stellen, verdrängte den Einzelnen aus seiner verfassungsmäßig vorausgesetzten Rechtsstellung.[559]

Eine Vielzahl an Bestrebungen zur Verbesserung des Informationsflusses, der Bürgernähe und der Verwaltungsqualität sowie -effizienz firmieren seit Ende der 1990er Jahre unter dem Namen des Electronic Government (eGovernment).[560]

#### 4. *Stellungnahme*

Die vorbezeichneten Ansätze versuchen der zunehmenden Komplexität und der dogmatischen Unterbilanz des Allgemeinen Verwaltungsrechts insbesondere mit Blick auf die Organisations- und Handlungsformen gerecht zu werden. Hierzu werden die traditionellen, im Allgemeinen Verwaltungsrecht gespeicherten Formen und Steuerungsmechanismen aufgebrochen und durch andere Kriterien wie Marktmechanismen und ökonomische Überlegungen, Output-Orientierung, neue Prinzipien, Leitbegriffe und Institute, die auch durch inter- und transdiszi-

---

[552] *J. v. Blumenthal*, ZPol 15 (2005), S. 1149 (1150); im Anschluss hieran *G.F. Schuppert*, Die Verwaltung 40 (2007), S. 462.

[553] Zum unklaren Bedeutungsgehalt *W. Hoffmann-Riem*, in: *Schuppert* (Hrsg.), Governance-Forschung, S. 195 ff. Zum Versuch einer Begriffsbestimmung *L. Engi*, Der Staat 47 (2007), S. 573 (576 ff.).

[554] *Schuppert* (Hrsg.), Governance-Forschung, S. 198.

[555] *G.F. Schuppert*, Verwaltungswissenschaft, S. 354 ff., 384 ff.; *C. Möllers*, in: *Oebbecke* (Hrsg.), Nicht-normative Steuerung, S. 285 ff.; *K.-H. Ladeur*, Die Verwaltung 26 (1993), S. 137 ff.

[556] *L. Engi*, Der Staat 47 (2007), S. 573 (581 ff.); *W. Kahl*, Die Verwaltung 42 (2009), S. 463 (495 ff.); *K.F. Gärditz*, Hochschulorganisation, S. 202 ff.; *M. Seckelmann*, VerwArch 98 (2007), S. 30 ff.

[557] *R. Schmidt*, in: *Trute/Groß/Röhl u.a.* (Hrsg.), Allgemeines Verwaltungsecht – zur Tragfähigkeit eines Konzepts, S. 529 (532).

[558] *J. Kersten*, in: *Jarass* (Hrsg.), Wechselwirkungen, S. 53 (80 f.); *R. Pitschas*, VVDStRL 67 (2008), S. 342; *W. Kahl*, Die Verwaltung 42 (2009), S. 463 (496).

[559] *W. Kahl*, Die Verwaltung 42 (2009), S. 463 (496 f.).

[560] Statt vieler *V. Boehme-Neßler*, NVwZ 2001, 374 (379 f.); *H. Hill*, APuZ 39–40 (2002), S. 24 (30 ff.); *M. Eifert*, Electronic Government, passim; *S. Eisenmenger*, GewArch 2012, 192 (195); *K. Lenk*, in: *ders./Traunmüller* (Hrsg.), Öffentliche Verwaltung, S. 123 ff.

plinäre Rezeption rechtswissenschaftlicher Teildisziplinen sowie anderer Wissenschaftsdisziplinen in das Verwaltungsrecht integriert werden, angereichert. Mit dieser teilweise unbegrenzten Ausweitung durch den Einbezug einer Vielzahl den Entscheidungsprozess bestimmender Faktoren lassen diese Ansätze nicht nur in ihrer Methodik Kontur vermissen, sondern es bestehen auch keine festen Entscheidungsparameter mehr für die Beurteilung von Organisations- und Handlungsformen. Vielmehr scheint aufgrund der Vielzahl der Beurteilungsgrößen sowie deren offener Gewichtbarkeit jedes Ergebnis begründbar, was den Wert derartiger Ansätze erheblich mindert. Im Zuge dessen droht die Substituierung bereits anerkannter Steuerungsmechanismen, wie dem des Parlamentsgesetzes, und von Beurteilungskriterien, wie dem des Demokratieprinzips, durch allgemeine Erwägungen oder, wie bei dem „Neuen Steuerungsmodell", durch Ökonomisierung.[561] Bedarf es für die Heranziehung insbesondere anderer Wissenschaftsgebiete besonderen Fachwissens, so führt diese Ausweitung naturgemäß zu verstärkter Theorielastigkeit und Komplexitätszuwachs und damit zur Reduktion der Umsetzbarkeit des „Neuen Steuerungsmodells",[562] ohne dabei einen konkreten dogmatischen Ertrag mitzuliefern. Teilweise bleiben gar die Begrifflichkeiten im Unklaren.[563]

Allerdings bleibt der Verdienst dieser Ansätze darin bestehen, die dogmatische Unterbilanz des Allgemeinen Verwaltungsrechts zu benennen und ihr entgegenwirken zu wollen. So befassen sie sich mit den bestehenden Problemen, welche die überkommene Verwaltungsrechtsdogmatik beinhaltet, in der sich z.B. neue, dezentrale und gruppenplurale Organisations- und Handlungsformen nicht wiederfinden, obgleich es Rechtsgebiete gibt, in denen z.B. weitgehend autonome, selbststeuernde Verwaltungsorganisationen, die mit dem klassischen hierarchischen Bürokratiemodell nach *Max Weber* nicht vereinbar sind, bereits Realität sind. Hierzu gehören insbesondere die gruppenpluralen Organisationseinheiten, die nicht nur im Sozialrecht mit den Sozialversicherungsträgern und Organisationsformen der „Gemeinsamen Selbstverwaltung", insbesondere dem G-BA bestehen, sondern mit der Filmförderungsanstalt, dem Deutschen Weinfonds, der Bundesprüfstelle für jugendgefährdende Medien sowie der Lebensmittelbuch- und Gendiagnostik-Kommission, ja selbst mit den öffentlich-rechtlichen Rundfunkanstalten auch in anderen Verwaltungsbereichen vorkommen, die sich jedoch einer Einordnung nach dem bisherigen Verwaltungsrechtssystem entziehen und deren demokratische Legitimation zweifelhaft erscheint. Hierin zeigt sich auch, dass das Allgemeine Verwaltungsrecht dieser Entwicklung eher zurückhaltend begegnet, während das Besondere Verwaltungsrecht eher offen und aufnahmefähig ist.[564]

---

[561] Dazu Anm. 529.

[562] So zum „Neuen Steuerungsmodell" *C. Reichard*, in: *Halblützel/Haldemann/Schedler u.a.* (Hrsg.), Umbruch in Politik und Verwaltung, S. 57 (62 f.).

[563] So zur Governance-Forschung *R. Schmidt*, in: *Trute/Groß/Röhl u.a.* (Hrsg.), Allgemeines Verwaltungsecht – zur Tragfähigkeit eines Konzepts, S. 529 (532).

[564] *I. Spiecker genannt Döhmann*, DVBl. 2007, 1074 ff.

## E. Zusammenfassung und Bewertung

Das Allgemeine Verwaltungsrecht stellt sich nach den bisherigen Ausführungen als System von Prinzipien und Instituten dar, das im Zusammenwirken von Verfassungs- und Verwaltungsgerichtsbarkeit sowie dem Gesetzgeber und der Verwaltung unter Beteiligung der Wissenschaft entstanden ist. Allerdings erschwert die gegenüber anderen Rechtsgebieten erhöhte Gesetzgebungsdichte die Systembildung. Darüber hinaus erzielt das Allgemeine Verwaltungsrecht seine hohe Dichte um den Preis des Ausblendens von Rechtsgebieten wie dem Sozialrecht.[565] So ist zu konstatieren, dass die Systembildung unvollständig und lückenhaft ist. Die Zunahme der modernen Industriegesellschaft an Komplexität zeitigt damit bereits ihre Wirkung auch auf das Verwaltungsrecht, das diese Phänomene entweder vollständig ignoriert oder im günstigsten Fall „schlicht additiv“[566] rezipiert und dabei die vom Allgemeinen Verwaltungsrecht verfolgte übergreifende Ordnungsidee vermissen lässt.[567] Dabei wird gleichzeitig die weitere Anpassung des Allgemeinen Verwaltungsrechts an die gesellschaftlichen Gegebenheiten erforderlich, um diese einzufangen sowie seinen Praxisbezug und damit seine Wirksamkeit beizubehalten.[568] Damit ist unweigerlich die Zunahme des Verwaltungsrechts an Komplexität verbunden.[569]

Folge hiervon ist auch die Ausdifferenzierung verschiedener Bereichsdogmatiken, die einen Anschluss an das Allgemeine Verwaltungsrecht vermissen lassen und unabgestimmt nebeneinander bestehen.[570] Dieser Prozess setzte bereits im vergangenen Jahrhundert ein und führt zu immer weiterer Fragmentierung des Allgemeinen Verwaltungsrechts, insbesondere des Verwaltungsverfahrensrechts und damit zu dessen Zerfaserung, was den verfolgten kodifikatorischen Anspruch konterkariert.[571] Da kodifikationsbedürftige Fragen dem Fachgesetzgeber oder den Richtern überlassen werden, wird der Vorwurf erhoben, dass das „oberste Gestaltungsziel“ des Verwaltungsverfahrensgesetzes „offenbar die Nicht-Gestaltung“ sei.[572] Detailbezogenheit scheint die allgemeinen dogmatischen und systematischen Linien abzulösen. Insbesondere im Sozialrecht mit seiner Vielzahl eigener Kodifikationen wird dieses Phänomen deutlich.

Diese Ausdifferenzierung und die Ausklammerung ganzer Regelungsbereiche wie des Sozialverwaltungsrechts schwächt die Speicher- und Orientierungsfunk-

---

565 *J. Kersten/S.-C. Lenski*, Die Verwaltung 42 (2009), S. 501 (501).

566 *J. Kersten/S.-C. Lenski*, Die Verwaltung 42 (2009), S. 501 (524).

567 *W. Kahl*, Die Verwaltung, Beiheft 10 (2010), S. 39 m.w.N. Zur Ordnungsidee des Allgemeinen Verwaltungsrechts vgl. unter B.III. Das Allgemeine Verwaltungsrecht als Ordnungsidee.

568 *E. Kern*, in: FS Schmitt 1989, S. 81 (87 f.).

569 *M. Stolleis*, in: *Simon* (Hrsg.), Rechtswissenschaft, S. 227 (252); *M. Stolleis*, BWV 1990, 152 (156).

570 *A. Voßkuhle*, Die Verwaltung 32 (1999), S. 545 (551).

571 *W. Kahl*, in: *Hoffmann-Riem/Schmidt-Aßmann* (Hrsg.), Verwaltungsverfahren, S. 67 (71 ff.); *W. Kahl*, Die Verwaltung, Beiheft 10 (2010), S. 39 (64); *M. Brenner*, in: FS Scholz 2007, S. 467 (475 ff.).

572 *M. Burgi*, JZ 2010, 105 (107); *W. Kahl*, Die Verwaltung, Beiheft 10 (2010), S. 39 (66).

tion des Allgemeinen Verwaltungsrechts und führt zur Komplizierung und Unübersichtlichkeit des Rechts.[573] Vereinfachung, Vereinheitlichung sowie die Öffnung der Spezialdiskurse in den Bereichen des Besonderen Verwaltungsrechts für allgemeine Fragestellungen, ohne dabei die Besonderheiten des jeweiligen Rechtsgebietes aus den Augen zu verlieren, würden dem entgegenwirken. Ein Weg, diesen Rechtsgebieten den Anschluss an die allgemeine Verwaltungsrechtsdogmatik zu ermöglichen und sie damit in die allgemeine Systematik einzugliedern, ist die Untersuchung und Heranziehung des Sozialrechts als Referenzgebiet für die Fortentwicklung des Allgemeinen Verwaltungsrechts sowie die Rezeption von Entwicklungen in diesem.

## F. Das Sozialrecht als Referenzgebiet

Die Rezeption in das Allgemeine Verwaltungsrecht ist nach wie vor durch die Heranziehung traditioneller oder teils aufgrund historischer Zufälligkeiten ausgewählter Referenzgebiete wie dem Polizei- und Sicherheitsrecht,[574] dem Baurecht,[575] dem Kommunalrecht, dem Abgabenrecht, dem Beamtenrecht[576] und dem Straßen- und Wegerecht bestimmt,[577] die hierdurch eine besondere Rolle für die Leitbildprägung und dogmatischen Überlegungen einnehmen,[578] indem sie ihre Inhalte in das Allgemeine Verwaltungsrecht transportieren.[579] Dagegen sind Rechtsgebiete wie das Sozialrecht[580] bislang weitgehend unberücksichtigt geblieben[581] und konnten daher auf die Systembildung erst spät und nur in unzureichendem Umfang einwirken.[582] Unabhängig von der diskutierten Frage, ob ein Verwaltungstyp wie derjenige der Eingriffsverwaltung hierdurch für die System-

[573] *B.-O. Bryde*, VVDStRL 46 (1988), S. 181 ff.; *G. Haverkate*, VVDStRL 46 (1988), S. 217 ff.; *M. Stolleis*, BWV 1990, 152 (155 f.). Dagegen sieht *M. Stolleis*, in: *Simon* (Hrsg.), Rechtswissenschaft, S. 227 (251), durch die verklammernde Wirkung des Verfassungsrechts eine ausreichende Vereinheitlichung als erreicht.

[574] Siehe den Aufbau bei *O. Mayer*, Deutsches Verwaltungsrecht, Bd. 1, S. 203 ff., 315 ff.; *W. Meyer-Hesemann*, Methodenwandel, S. 20 ff.

[575] Zum Bauplanungsrecht *C. Möllers*, in: *Hoffmann-Riem/Schmidt-Aßmann/Voßkuhle* (Hrsg.), Grundlagen des Verwaltungsrechts I, § 3 Rn. 53.

[576] *O. Mayer*, Deutsches Verwaltungsrecht, Bd. 1, S. 26 ff.

[577] *T. Kingreen/S. Rixen*, DÖV 2008, 741 (745).

[578] *H. Schulze-Fielitz*, Die Verwaltung 27 (1994), S. 277 (278).

[579] *E. Schmidt-Aßmann*, in: *Hoffmann-Riem/Schmidt-Aßmann/Schuppert* (Hrsg.), Reform, S. 11 (14 f.).

[580] Aber z.B. auch das Wirtschaftsrecht.

[581] *O. Bachof*, VVDStRL 30 (1972), S. 193 (203); *E. Schmidt-Aßmann*, Die Verwaltung 27 (1994), S. 137 (148 f.); *ders.*, Ordnungsidee, Erstes Kapitel Rn. 14; *H. Schulze-Fielitz*, Die Verwaltung 27 (1994), S. 277 (278); *M. Schmidt-Preuß*, in: FS Maurer 2001, S. 777 (779); *J. Kersten/S.-C. Lenski*, Die Verwaltung 42 (2009), S. 501 (513); *T. v. Danwitz*, Verwaltungsrechtliches System, S. 60; *T. Kingreen/S. Rixen*, DÖV 2008, 741 (745 ff.).

[582] *E. Forsthoff*, Lehrbuch des Verwaltungsrechts, Bd. I, S. 36.

bildung prägend wurde,[583] zog diese, auf den dynamischen Wechselwirkungen zwischen dem Allgemeinen und dem Besonderen Teil des Verwaltungsrechts basierende Systematisierungspraxis die Akzentuierung des Allgemeinen Verwaltungsrechts auf einseitig mit Bindungswirkung anordnende Verwaltungsentscheidungen nach sich. Eine einseitige Schwerpunktsetzung der Systembildung liegt dabei insbesondere auch auf Verboten und Geboten sowie deren Durchsetzbarkeit mittels Vollstreckung auf regulatorischen Steuerungsinstrumenten unter weitgehender Ausblendung konsensualer Organisations- und Handlungsformen sowie sonstiger „weicher" Steuerungsmittel.[584] Aufgrund seiner Stellung zwischen Verfassungsrecht und Besonderem Verwaltungsrecht steht das Allgemeine Verwaltungsrecht in herausgehobener Weise unter dem Druck, die in diesen Bereichen erfolgenden Änderungen und Fortbildungen aufzugreifen. Insbesondere vor der bereits nachgezeichneten Entwicklung und Veränderung des Verwaltungsrechts durch die Ausdifferenzierung der Aufgabenbereiche sowie die Verlagerung ihrer Tätigkeitsschwerpunkte hin zur leistenden, kooperativen Verwaltung[585] müssen sich diese Entwicklungen auch durch die Auswahl der Referenzgebiete widerspiegeln, um die Anschlussfähigkeit des Allgemeinen Teils zu den Aufgaben der Verwaltung zu sichern und gleichzeitig jene auch im Allgemeinen Teil zu verankern. Dabei führt die dann auch erfolgende Rückbindung dieser Materien an das Allgemeine Verwaltungsrecht zur Disziplinierung der dort vorherrschenden Sonderinteressen und vermeidet deren Dasein als „selbstgenügsame Biotope abseits von den Leitlinien des Allgemeinen Verwaltungsrechts", in denen (Fehl-) Entwicklungen sowie Reformbedarf bestehen.[586] So wurde bereits vor über 20 Jahren angeregt, neue Rechtsgebiete als Referenzgebiete heranzuziehen.[587]

Unter der Vielzahl der als fruchtbar für die Weiterentwicklung des Allgemeinen Verwaltungsrechts diskutierten Referenzgebiete[588] ist das in der bisherigen

583 Dies bejahend *T. v. Danwitz*, Verwaltungsrechtliches System, S. 60; ablehnend dagegen *E. Schmidt-Aßmann*, Die Verwaltung 27 (1994), S. 137 (149). Ebenso *J. Kersten/S.-C. Lenski*, Die Verwaltung 42 (2009), S. 501 (527), unter Verweis darauf, dass eine eindeutige Zuordnung bestimmter Referenzgebiete zu einem Verwaltungstyp aufgrund eines „Instrumentenmixes" nicht möglich ist.

584 *E. Schmidt-Aßmann*, Die Verwaltung 27 (1994), S. 137 (149); *ders.*, Ordnungsidee, Erstes Kapitel Rn. 14.

585 *H. Faber*, in: *Stein/Faber* (Hrsg.), Auf einem dritten Weg, S. 291 ff.

586 *H. Schulze-Fielitz*, Die Verwaltung 27 (1994), S. 277 (278 f.).

587 Angeregt von *E. Schmidt-Aßmann*, Die Verwaltung 27 (1994), S. 137 (149); *ders.*, Ordnungsidee, Erstes Kapitel Rn. 6 ff., Drittes Kapitel Rn. 1 ff.; *ders.*, in: *Hoffmann-Riem/Schmidt-Aßmann/Schuppert* (Hrsg.), Reform, S. 11 (14 f., 26 ff.); aufgenommen von *A. Voßkuhle*, in: *Hoffmann-Riem/Schmidt-Aßmann/Voßkuhle* (Hrsg.), Grundlagen des Verwaltungsrechts I, § 1 Rn. 43 ff.; *ders.*, Die Verwaltung 32 (1999), S. 545 (551); *C. Möllers*, Die Verwaltung 90 (1999), S. 187 (196); *M. Schmidt-Preuß*, in: FS Maurer 2001, S. 777 (779); *H. Schulze-Fielitz*, Die Verwaltung 27 (1994), S. 277 (278 f.); *J. Kersten/S.-C. Lenski*, Die Verwaltung 42 (2009), S. 501 (513).

588 Dazu *A. Voßkuhle*, in: *Hoffmann-Riem/Schmidt-Aßmann/Voßkuhle* (Hrsg.), Grundlagen des Verwaltungsrechts I, § 1 Rn. 45.

Literatur trotz seiner Praxisrelevanz[589] kaum beachtete[590] Sozialrecht von besonderem Wert. In diesem haben sich aufgrund einer über hundert Jahre dauernden Sonderentwicklung Organisations- und Handlungsformen herausgebildet, die einer näheren Betrachtung aus dem Blickwinkel des Allgemeinen Verwaltungsrechts harren. So bestehen mit den Sozialversicherungsträgern und den Organisationseinheiten der „Gemeinsamen Selbstverwaltung", insbesondere dem G-BA, Organisationsformen, die mit der klassischen Dogmatik des Allgemeinen Verwaltungsrechts nur schwer zu fassen sind. Diese vordergründige Inkompatibilität setzt sich auf der Ebene der Handlungsformen fort, in dem das Sozialrecht neben den klassischerweise anerkannten Rechtssetzungsformen der Rechtsverordnung, Satzung und Verwaltungsvorschrift auch solche in Gestalt von Richtlinien, Empfehlungen oder gar öffentlich-rechtlichen Verträgen mit Bindungswirkung auch gegenüber Dritten kennt. Weitere Besonderheiten bestehen mit Blick auf den Einbezug von Privatrechtssubjekten in die Verwaltungstätigkeit, indem diese an der Rechtssetzung beteiligt werden wie ihnen auch die Befugnis zur Vertragsergänzung zugesprochen wird. Insoweit bietet das Sozialrecht eine Fülle von interessanten Organisation- und Handlungsformen, deren systematische Betrachtung vor dem Hintergrund des Allgemeinen Verwaltungsrechts bislang noch eher rudimentär geblieben ist. Gleichzeitig erfährt das Sozialrecht seine Prägung in besonderem Maße durch die Grundsätze der Leistungsverwaltung, wodurch Entwicklungen vorweg genommen wurden, die seit einigen Jahrzehnten nun auch das Allgemeine Verwaltungsrecht durchläuft.

Unterdessen besteht durch die Annäherung des Sozialrechts an andere Bereiche des Besonderen Teils sowie an das Allgemeine Verwaltungsrecht die Möglichkeit, das Sozialrecht an das Verfassungs- und Verwaltungsrecht stärker rückzubinden. Als Referenzgebiet ist es möglich, die dem Sozialrecht immanenten Spezifika in Augenschein zu nehmen.[591]

Die vorliegende Arbeit möchte unter Schwerpunktsetzung auf im Sozialrecht vorkommende ausgewählte konsensuale Organisations- und Handlungsformen und der Behandlung des Einbezugs Privater einen Beitrag zur Erschließung dieser Rechtsfiguren auch für das Allgemeine Verwaltungsrecht leisten. Dabei geht es nicht um den Verzicht auf bisher bestehende, hierarchische Strukturen im Recht der Organisations- und Handlungsformen, sondern um deren Ergänzung in der verwaltungsrechtlichen Systembildung.

Durch die Abkehr vom Ideal der zentralen Steuerung nach dem hierarchischen Modell und der Verwirklichung eines vorgegebenen „Gemeinwohls" hin zu dezentralen Organisationsstrukturen und einem in Verfahrensprozessen konkretisierten „öffentlichen Interesse" gewinnt das Verwaltungsverfahren zur Präzisie-

[589] *T. Kingreen/S. Rixen*, DÖV 2008, 741 (745 ff.); *T. v. Danwitz*, Verwaltungsrechtliches System, S. 60.

[590] Zu nennen sind insbesondere die Beiträge von *E. Schmidt-Aßmann*, Ordnungsidee, Drittes Kapitel Rn. 23 ff.; *T. Kingreen/S. Rixen*, DÖV 2008, 741 ff.

[591] *U. Becker*, in: *ders.* (Hrsg.), Rechtsdogmatik, S. 11 (30).

rung und Artikulation dieses Interesses sowie der Beteiligung der Betroffenen durch Information, Anhörung und Berücksichtigung ihrer Belange an Stellenwert.[592]

Voraussetzung für die Anschlussfähigkeit dieser Rechtsgebilde ist jedoch u.a. deren demokratische Legitimation, wobei es die Schwächen des klassischen Legitimationsmodells zu kompensieren gilt. So soll, bevor sich die Arbeit der Untersuchung der konsensualen Organisations- und Handlungsformen widmet, als Grundlegung für die weitere Untersuchung die Behandlung der Frage demokratischer Legitimierbarkeit insbesondere gruppenpluraler Entscheidungsgremien vorangestellt werden.

---

592 *M. Stolleis*, in: *Simon* (Hrsg.), Rechtswissenschaft, S. 227 (252).

*Kapitel 2*

# Demokratietheoretische Überlegungen

In der vorliegenden Arbeit werden Handlungs- und Organisationsformen des Sozialrechts auf ihre Anschlussfähigkeit an das Allgemeine Verwaltungsrecht hin untersucht. Dabei kommt man nicht umhin, sich der bei allen Beispielen relevanten Frage nach der demokratischen Legitimation staatlichen Handelns zu stellen.[1] So fordert das in Art. 20 Abs. 2 Satz 1 GG normierte Demokratieprinzip die demokratische Legitimation jeglicher Ausprägung von Staatsgewalt ein, mit dem Ziel, diese an das Volk rückzubinden und dadurch staatliche Machtausübung steuerbar und kontrollierbar zu machen, mithin Machtmissbrauch einzudämmen sowie den staatlichen Entscheidungen zu höherer Akzeptanz bei den Bürgern zu verhelfen.[2] Dabei beschäftigt die Frage, wie diese Legitimation auszusehen hat, insbesondere welche Formen demokratischer Legitimation notwendig und ausreichend sind, die Rechtswissenschaft seit Einführung des Prinzips durch den Parlamentarischen Rat 1949. Bis in die neunziger Jahre des letzten Jahrhunderts hat sich dabei das sog. klassische Legitimationsmodell von *Ernst-Wolfgang Böckenförde* durchgesetzt, das jedoch im Zuge der Einführung neuer Verwaltungsstrukturen, aber auch durch den Wandel politischer Verhältnisse und der Vernetzung von Akteuren im staatlichen sowie im internationalen Bereich in die Diskussion von Rechtsprechung und Literatur geraten ist. Diese Diskussion hält auch im Sozialrecht mit Blick auf die dort bestehenden Handlungs- und Organisationsformen an und vermochte noch nicht befriedigend entschieden zu werden.[3] Im Folgenden sollen daher ausgehend vom (A.) klassischen Legitimationsmodell dessen Grenzen aufgezeigt und (B.) ein neuer Ansatz durch die Fruchtbarmachung der Entscheidungsform des Konsenses für die Demokratietheorie vorgeschlagen werden.

[1] Dazu mehr bei den einzelnen Kapiteln.

[2] *E.-W. Böckenförde*, in: *Isensee/Kirchhof* (Hrsg.), HStR II, § 24 Rn. 8; *ders.*, in: *Isensee/Kirchhof* (Hrsg.), HStR III, § 34 Rn. 2; *H. Hofmann*, in: *Schmidt-Bleibtreu/Hofmann/Hopfauf* (Hrsg.), GG, Art. 20 Rn. 40, 43.

[3] Dazu Kapitel 3 C.VI. Demokratische Legitimation; D.IV. Demokratische Legitimation; Kapitel 4 A.III.4. Die demokratische Legitimation von Normenverträgen; B.III. Verfassungsrechtliche Zulässigkeit, insbesondere demokratische Legitimation; Kapitel 5 A.II.1.a.bb. Demokratische Voraussetzungen einer Übertragung von Außennormsetzungskompetenzen auf Private.

## A. Das Klassische Legitimationsmodell und seine Grenzen

### *I. Das klassische Legitimationsmodell*

Ausgehend von dem im Grundgesetz aufgestellten Grundsatz, dass alle Staatsgewalt vom Volk ausgehen muss und durch besondere Organe der Staatsgewalt ausgeübt wird, ist jedes staatliche Handeln auf das Volk zurückzuführen und muss diesem gegenüber verantwortet werden.[4] Erforderlich ist, „daß das Volk einen effektiven Einfluß auf die Ausübung der Staatsgewalt durch diese Organe hat. Deren Akte müssen sich daher auf den Willen des Volkes zurückführen lassen und ihm gegenüber verantwortet werden. Dieser Zurechnungszusammenhang zwischen Volk und staatlicher Herrschaft wird vor allem durch die Wahl des Parlaments, durch die von ihm beschlossenen Gesetze als Maßstab der vollziehenden Gewalt, durch den parlamentarischen Einfluß auf die Politik der Regierung sowie durch die grundsätzliche Weisungsgebundenheit der Verwaltung gegenüber der Regierung hergestellt".[5] Im Sinne einer solchen effektiven demokratischen Legitimation fordert das klassische Legitimationsmodell vier Elemente: das Staatsvolk als Legitimationssubjekt, die Staatsgewalt als Legitimationsobjekt, die Formen der Legitimation, die zwischen dem Subjekt und dem Objekt demokratischer Legitimation einen Zurechnungszusammenhang herstellen, sowie ein hinreichendes Legitimationsniveau, das sich durch Wirksamkeit und Effektivität dieses Zusammenhangs auszeichnet.[6]

Nach Art. 20 Abs. 2 GG ist das Volk Ausgangs- und Bezugspunkt demokratischer Legitimation und damit Legitimationssubjekt.[7] Damit wird die Frage nach dem Inhalt des Begriffs „Volk" aufgeworfen, die umstritten ist. So wird vertreten, dass es sich bei diesem Begriff lediglich um eine „Kurzformel für Menschen"[8] handele, da die Volkssouveränität auf der freien Selbstbestimmung des einzelnen Menschen beruhe.[9] Dagegen wird Volk auch als Summe von Betroffenen[10] im Sinne einer Identität von Herrschaftslegitimierenden und Herrschaftsunterworfenen verstanden.[11] Das BVerfG geht davon aus, dass mit „Volk" im Sinne von

---

[4] BVerfGE 47, 253 (275); 77, 1 (40); 83, 60 (72 f.); 93, 37 (66 f.); *E.-W. Böckenförde*, in: *Isensee/Kirchhof* (Hrsg.), HStR II, § 24 Rn. 11.

[5] BVerfGE 83, 60 (71 f.); 93, 37 (66).

[6] Vgl. zu dieser Einteilung *H.-H. Trute*, in: *Hoffmann-Riem/Schmidt-Aßmann/Voßkuhle* (Hrsg.), Grundlagen des Verwaltungsrechts I, § 6 Rn. 4 ff.

[7] *H.-H. Trute*, in: *Hoffmann-Riem/Schmidt-Aßmann/Voßkuhle* (Hrsg.), Grundlagen des Verwaltungsrechts I, § 6 Rn. 18.

[8] So *B.-O. Bryde*, StWStP 5 (1994), S. 305 (322).

[9] *G. Haverkate*, Verfassungslehre, S. 330 ff.; *G. Lübbe-Wolff*, VVDStRL 60 (2001), S. 246 (252 f.); *H. Steinberger*, VVDStRL 50 (1991), S. 9 (23); *T. Groß*, Kollegialprinzip, S. 166; *E.T. Emde*, Demokratische Legitimation, S. 384 f.

[10] *E.-W. Böckenförde*, in: *Isensee/Kirchhof* (Hrsg.), HStR II, § 24 Rn. 27 m.w.N.; so wohl auch *E.T. Emde*, Demokratische Legitimation, S. 384 f., 389 ff. Zur Kritik hieran vgl. *Böckenförde*, a.a.O.

[11] *H.-H. Trute*, in: *Hoffmann-Riem/Schmidt-Aßmann/Voßkuhle* (Hrsg.), Grundlagen des Verwaltungsrechts I, § 6 Rn. 5, 18.

Art. 20 Abs. 2 GG die Gemeinschaft der „Staatsbürger“,[12] also das Staatsvolk[13] als die mit dem Staat untrennbar verbundene Schicksalsgemeinschaft bezeichnet ist[14] und erteilt damit der Auffassung, nach der Voraussetzung die Betroffenheit durch die Staatsgewalt ist, eine Absage.[15] Vielmehr wird die Zugehörigkeit zum Volk durch die Staatsangehörigkeit vermittelt, die damit zur Voraussetzung für den staatsbürgerlichen Status und den in diesem verbürgten Rechten, insbesondere dem Wahlrecht, wird, „durch deren Ausübung die Staatsgewalt in der Demokratie ihre Legitimation erfährt.“[16] Das Volk besteht so aus dem Kollektiv der Staatsbürger, die durch deren Staatsangehörigkeit zum Mitglied des politisch-kulturell bestimmten personellen Substrats des Herrschaftsverbandes „Staat“ werden,[17] für das die räumlich und sachlich unbestimmte Allgemeinheit kennzeichnend ist.[18] Dagegen kommt es durch die föderale Unterteilung des Bundesgebietes zur Pluralisierung des Staatsvolkes, die sich in der Zusammensetzung des Bundesrates zumindest teilweise widerspiegelt.

Legitimationsobjekt ist die Staatsgewalt im umfassenden Sinne, mithin „jedes amtliche Handeln mit Entscheidungscharakter“,[19] das Staatsorganen im Sinne des Art. 20 Abs. 2 Satz 2 GG zugerechnet werden kann.[20] Legitimationsbedürftig ist damit der gesamte Umfang staatlichen Handelns, gleich ob tatsächlicher oder rechtsförmiger Art,[21] so dass z.B. neben der rechtssetzenden Tätigkeit auch die Wahl der Organisations- und Rechtsform sowie schlicht-hoheitliches Handeln erfasst sind.[22]

---

[12] Insofern fallen das Volk als Zurechnungssubjekt, dem die Ausübung staatlichen Handelns zugerechnet wird, sowie das Aktivvolk, das dem Parlament über die Wahlen nach Art. 20 Abs. 2 Satz 2 GG die Legitimation vermittelt, und das Volk als Adressat staatlicher Machtausübung auseinander, was zu Spannungen innerhalb des Demokratieprinzips führt, deren Ausgleich Aufgabe des demokratisch gewählten Gesetzgebers ist, vgl. *H.-H. Trute*, in: *Hoffmann-Riem/Schmidt-Aßmann/Voßkuhle* (Hrsg.), Grundlagen des Verwaltungsrechts I, § 6 Rn. 22; *T. Groß*, Kollegialprinzip, S. 178 f., bezeichnet dies als „Basislegitimation“ der gesamten Staatsgewalt.

[13] Zu den verschiedenen Bedeutungen der Begriffs „Volk“ im Rahmen einer demokratischen Verfassung vgl. *C. Schmitt*, Verfassungslehre, § 18.

[14] BVerfGE 83, 37 (50 f.).

[15] BVerfGE 37, 217 (239, 253); 83, 37 (50 f.).

[16] BVerfGE 83, 37 (50).

[17] BVerfGE 83, 60 (71), unter Hinweis auf BVerfGE 8, 104 (115 f.); 8, 122 (133); *H.-H. Trute*, in: *Hoffmann-Riem/Schmidt-Aßmann/Voßkuhle* (Hrsg.), Grundlagen des Verwaltungsrechts I, § 6 Rn. 5, 18; *E.-W. Böckenförde*, in: *Isensee/Kirchhof* (Hrsg.), HStR II, § 24 Rn. 26 ff.; *E.T. Emde*, Demokratische Legitimation, S. 322 ff.; *M. Jestaedt*, Demokratieprinzip, S. 205 ff.

[18] *E.-W. Böckenförde*, in: *Isensee/Kirchhof* (Hrsg.), HStR II, § 24 Rn. 26 ff.; *H.-H. Trute*, in: *Hoffmann-Riem/Schmidt-Aßmann/Voßkuhle* (Hrsg.), Grundlagen des Verwaltungsrechts, § 6 Rn. 5.

[19] BVerfGE 47, 253 (273); 83, 60 (73); 93, 37 (68).

[20] *H.-H. Trute*, in: *Hoffmann-Riem/Schmidt-Aßmann/Voßkuhle* (Hrsg.), Grundlagen des Verwaltungsrechts I, § 6 Rn. 6.

[21] BVerfGE 93, 37 (66); *E.-W. Böckenförde*, in: *Isensee/Kirchhof* (Hrsg.), HStR II, § 24 Rn. 13. Ein Bagatellvorbehalt, wie er teilweise in der Rechtsprechung des BVerfG angedeutet wird, lässt sich angesichts des eindeutigen Wortlauts von Art. 20 Abs. 2 Satz 1 GG nicht begründen, vgl. hierzu *V. Mehde*, Neues Steuerungsmodell, S. 174 ff.

[22] *E.-W. Böckenförde*, in: *Isensee/Kirchhof* (Hrsg.), HStR II, § 24 Rn. 12 f.

Um sicherzustellen, dass das Volk effektiv Einfluss auf die Staatsgewalt ausüben kann, wird zwischen Legitimationssubjekt und Legitimationsobjekt ein Zusammenhang in Gestalt der von Rechtsprechung und Literatur entwickelten Formen der Legitimation gefordert.[23] Dabei kennt das klassische Modell mit der funktionellen, institutionellen, organisatorisch-personellen und sachlich-inhaltlichen Legitimation vier Legitimationsformen.

So verweist die funktionelle und institutionelle demokratische Legitimation, nach der das Volk die Staatsgewalt durch Organe der Gesetzgebung, der vollziehenden Gewalt und der Rechtsprechung ausübt, auf eine gewaltengeteilte Herrschaftsorganisation[24] und wendet sich gegen einen Gewaltenmonismus.[25] Da diese Form demokratischer Legitimation jedoch keine Aussagen über einen dauerhaften Zurechnungszusammenhang zwischen Staatsvolk und Staatsgewalt trifft und sie daher auch nicht andere Legitimationsformen ersetzen kann, bleibt die konkrete Legitimation der jeweiligen Organwalter und deren Handeln nötig. Dies erfolgt zum einen durch die organisatorisch-personelle sowie die sachlich-inhaltliche demokratische Legitimation. Nach der organisatorisch-personellen Legitimation wird der einzelne Amtswalter durch individuelle Berufung durch das Volk oder von diesem gewählten Organe demokratisch legitimiert.[26] Dabei kann aufgrund der nur begrenzten Möglichkeit der unmittelbaren Berufung durch das Volk die Legitimation durch eine Legitimationskette in Form einer auf das Volk zurückgehenden ununterbrochenen Reihe individueller Berufungsakte der einzelnen Amtswalter oder Organe erfolgen.[27] Eine abstrakte Legitimation in Form einer generellen Regelung der Berufung der einzelnen Amtswalter reicht nicht.[28] Damit wird dem Parlament als zentralem Repräsentationsorgan des Volkes die Rolle des Legitimationsspenders oder Legitimationsmittlers zugewiesen.[29]

Neben der personellen Legitimation der einzelnen Amtswalter ist auch die Ausübung der Staatsgewalt selbst demokratisch vom Volk herzuleiten und inhaltlich zu determinieren. Dies erfolgt durch die sachlich-inhaltliche demokratische Legitimation, nach der das Gesetzgebungsrecht als höchste und damit die

[23] BVerfGE 83, 60 (72); *E.T. Emde*, Demokratische Legitimation, S. 327 ff.

[24] *H. Dreier*, in: *ders.* (Hrsg.), Grundgesetz, Art. 20 (Demokratie) Rn. 104.

[25] BVerfGE 49, 89 (124 f.) – Kalkar I.

[26] *B. Grzeszick*, in: *Maunz/Dürig/Herzog u.a.* (Hrsg.), Grundgesetz, Art. 20 II Rn. 120 ff.; *R. Herzog*, Allgemeine Staatslehre, S. 210.

[27] BVerfGE 47, 253 (275); 52, 95 (130); 77, 2 (40); 83, 60 (72 f.); 93, 37 (66); 107, 59 (87). So tritt neben der unmittelbaren Berufung durch das Volk die mittelbare, die auf das Volk zurückzuführen ist, wenn auch davon ausgegangen wird, dass die unmittelbare eine stärkere Legitimation bewirkt denn die mittelbare, *E.-W. Böckenförde*, in: *Isensee/Kirchhof* (Hrsg.), HStR II, § 24 Rn. 16; a.A. *F. Ossenbühl*, in: FS Schmitt Glaeser 2003, S. 103 (116 ff.); *G. Britz*, VerwArch 91 (2000), S. 418 (423).

[28] *E.-W. Böckenförde*, in: *Isensee/Kirchhof* (Hrsg.), HStR II, § 24 Rn. 16; *B. Grzeszick*, in: *Maunz/Dürig/Herzog u.a.* (Hrsg.), Grundgesetz, Art. 20 II Rn. 121; *E. Schmidt-Aßmann*, AöR 116 (1991), S. 329 (361).

[29] Wie dies z.B. bei den Beamtenernennungen durch den demokratisch legitimierten Minister der Fall ist, vgl. *E.-W. Böckenförde*, in: *Isensee/Kirchhof* (Hrsg.), HStR II, § 24 Rn. 16.

anderen bindende Staatsgewalt beim durch Wahlen unmittelbar demokratisch legitimierten Parlament verankert wird[30] und die Ausübung der Staatsgewalt von diesem normativ vorstrukturiert[31] und diesem gegenüber zu verantworten ist, was eine Sanktionsmöglichkeit einschließt. Dabei erfolgt die demokratische Verantwortung des einzelnen Amtswalters durch Kontroll-, Weisungs- und Aufsichtsrechte,[32] die für die demokratische Legitimation unverzichtbar sind und ihn demokratischer Kontrolle unterwerfen.[33]

Beide Legitimationsformen wirken in der Regel zusammen, wobei sie sich bis zu einem gewissen Grad substituieren, jedoch nicht vollständig ersetzen können.[34] Ziel ist es, ein hinreichendes Legitimationsniveau sicherzustellen, für das Voraussetzung ist, dass der Zurechnungszusammenhang wirksam und effektiv ist.[35] Dieses Legitimationsniveau „kann bei verschiedenen Erscheinungsformen von Staatsgewalt unterschiedlich ausgestaltet sein."[36] Zu berücksichtigen sei dabei die innerhalb der Exekutive vorliegende Funktionenteilung zwischen der für die politische Gestaltung zuständige Gubernative, die parlamentarisch verantwortlich ist, und der gesetzesvollziehenden Administrative.[37] Ansonsten bleibt die Frage, wann die geforderte Effektivität und das Legitimationsniveau erreicht sind, offen, da diese Entscheidung auf die institutionelle Wirksamkeit ausgelegt ist und einer komplexen Bewertung bedarf.[38]

Kritik erfährt das klassische Legitimationsmodell insbesondere mit Blick auf die Forderung eines ununterbrochenen Legitimationsstranges.[39] Zwar wird vorgebracht, dass der Vorteil der Legitimationskette darin läge, dass auch die demokratische Legitimation der Selbstverwaltungsträger auf Art. 20 Abs. 2 GG zurückgeführt werden kann.[40] Allerdings sei dieser generell nicht

---

[30] Dabei kommt es aufgrund der Konkretisierungsbedürftigkeit von Parlamentsgesetzen zu einer Kombination aus der Fremdsteuerung der Exekutive durch Parlamentsgesetz und der Selbststeuerung durch administrative Normsetzung, *H.-H. Trute*, in: *Hoffmann-Riem/Schmidt-Aßmann/Voßkuhle* (Hrsg.), Grundlagen des Verwaltungsrechts I, § 6 Rn. 50.

[31] BVerfGE 93, 37 (72); 83, 60 (74).

[32] Zu den Ausnahmen der weisungsfreien Räume BVerfGE 83, 130 (150); *H. Dreier*, Hierarchische Verwaltung, S. 134 ff.; *J. Oebbecke*, Weisungs- und unterrichtungsfreie Räume, passim.

[33] BVerfGE 83, 60 (72); 93, 37 (67); 107, 59 (88); *E.-W. Böckenförde*, in: *Isensee/Kirchhof* (Hrsg.), HStR II, § 24 Rn. 22; *H. Dreier*, in: *ders.* (Hrsg.), Grundgesetz, Art. 20 (Demokratie) Rn. 116.

[34] BVerfGE 107, 59 (94); vgl. hierzu *E.T. Emde*, Demokratische Legitimation, S. 327 ff.; *E.-W. Böckenförde*, in: *Isensee/Kirchhof* (Hrsg.), HStR II, § 24 Rn. 22, 24; *E. Schmidt-Aßmann*, AöR 116 (1991), S. 329 (368); *ders.*, Ordnungsidee, Zweites Kapitel Rn. 98; *H.-H. Trute*, in: *Hoffmann-Riem/Schmidt-Aßmann/Voßkuhle* (Hrsg.), Grundlagen des Verwaltungsrechts I, § 6 Rn. 14, 57; a.A. *M. Jestaedt*, Demokratieprinzip, S. 281 ff., der von Substituierbarkeit ausgeht.

[35] BVerfGE 83, 60 (72); 93, 37 (67); *E.-W. Böckenförde*, in: *Isensee/Kirchhof* (Hrsg.), HStR II, § 24 Rn. 23; *H.-H. Trute*, in: *Hoffmann-Riem/Schmidt-Aßmann/Voßkuhle* (Hrsg.), Grundlagen des Verwaltungsrechts I, § 6 Rn. 14.

[36] BVerfGE 83, 60 (72); 93, 37 (67).

[37] BVerfGE 83, 60 (72); 93, 37 (67).

[38] *E. Schmidt-Aßmann*, Ordnungsidee, Erstes Kapitel Rn. 49.

[39] *T. Blanke*, KJ 1998, 452 ff.

[40] *J. Oebbecke*, VVDStRL 62 (2003), S. 366 (394).

geeignet, einen Zurechnungszusammenhang im Sinne von Rückbindung und Einflussnahme sicherzustellen. So stellte bereits das OVG Münster in seinem Urteil im Rechtsstreit um die Emschergenossenschaft dieses Kriterium infrage. „Der Gedanke der ununterbrochenen Legitimationskette büßt ihre Aussagekraft im Hinblick auf das Demokratiegebot ein, wenn der Legitimationsstrang des jeweiligen Amtswalters bzw. Organmitglieds zum Volk immer länger wird und je länger der Legitimationsakt zeitlich zurückliegt. So ist schwer nachvollziehbar, warum die Amtsführung eines Bediensteten deshalb als demokratisch legitimiert anzusehen sein soll, weil ihm sein Amt vor langer Zeit von einem Dienstvorgesetzten übertragen worden ist, der zuvor von der Landesregierung ernannt war. In derartigen Fällen kann sich die konkrete personale Beziehung zum Volk in eine bloße Fiktion verflüchtigen, die eine reale Aussage über die demokratische Qualität des amtlichen Handelns nicht mehr erlaubt".[41] Ebenso sei eine Rückbindung von Selbstverwaltung, die eigene Entscheidungsspielräume besitzt, nicht möglich.[42] So erscheint die ununterbrochene Legitimationskette mittels Berufungsakte aufgrund der geringen legitimatorischen Kraft entbehrlich, während Weisungs- und Aufsichtsrechte grundsätzlich[43] als unverzichtbare Bestandteile demokratischer Legitimation gelten.

### *II. Grenzen des klassischen Legitimationsmodells*

Das klassische Legitimationsmodell geht im Sinne eines monistischen Staatsverständnisses von einem nach außen geschlossenen, idealtypisch hierarchisch organisierten Verfassungsstaat aus,[44] in dem ein Steuerungssubjekt auf ein Steuerungsobjekt gezielt durch den Einsatz von Steuerungsinstrumenten einwirkt und so einen zurechenbaren Steuerungserfolg herbeiführt.[45] Ihm liegt die Vorstellung einer hierarchisch strukturierten Verwaltung als „Regeltypus der grundgesetzlichen Verwaltung" zu Grunde,[46] die vollständig legislativ determiniert und ein auf den Willen des Gesetzgebers ausgerichtetes Vollzugsinstrument ist, das diesen Willen auf den Einzelfall konkretisiert und durch gesetzliche Bindung und Weisungsrechte an das Volk zurückgebunden wird. Diesem „parlamentszentrierten Steue-

---

[41] OVG Münster, Urt. v. 9.6.1995, NWVBl. 1996, 259.

[42] *J. Oebbecke*, VVDStRL 62 (2003), S. 366 (393).

[43] Zu den Ausnahmen der weisungsfreien Räume BVerfGE 83, 130 (150); *H. Dreier*, Hierarchische Verwaltung, S. 134 ff.; *J. Oebbecke*, Weisungs- und unterrichtungsfreie Räume, passim.

[44] *H.-H. Trute*, in: *Hoffmann-Riem/Schmidt-Aßmann/Voßkuhle* (Hrsg.), Grundlagen des Verwaltungsrechts I, § 6 Rn. 14 m.w.N.

[45] *A. Voßkuhle*, in: *Hoffmann-Riem/Schmidt-Aßmann/Voßkuhle* (Hrsg.), Grundlagen des Verwaltungsrechts I, § 1 Rn. 22 ff. m.w.N.

[46] *M. Jestaedt*, Demokratieprinzip, S. 329 ff.; *E.T. Emde*, Demokratische Legitimation, S. 337 ff.; *H.-H. Trute*, in: *Hoffmann-Riem/Schmidt-Aßmann/Voßkuhle* (Hrsg.), Grundlagen des Verwaltungsrechts I, § 6 Rn. 13.

rungsoptimismus“[47] wurden bereits Verwaltungsformen, die vor dem Grundgesetz bestanden, nicht gerecht. So entsprach schon die klassische Selbstverwaltung der Kommunen diesem „Regeltypus der Verwaltung“ nicht, weshalb in dieser Selbstverwaltung grundsätzlich „ein strukturfremdes Prinzip“ der repräsentativen Demokratie gesehen wird.[48] Da jedoch die staatsbürgerschaftliche Partizipation an der Ausübung von Staatsgewalt dem Demokratieprinzip immanent ist und sich diese gerade im Rahmen der Selbstverwaltung durch die Beteiligung von Betroffenen an der Erfüllung öffentlicher Aufgaben verwirklicht,[49] wird die repräsentative Staatsform für die bürgernahe, eigenverantwortliche Bewältigung von Alltagsaufgaben gerade durch Selbstverwaltung umgesetzt.[50] Die Selbstverwaltung auf der Ebene der Gemeinden dient daher dem Aufbau der Demokratie von unten nach oben.[51] Gleichzeitig entlastet sie die staatliche Willensbildung durch Entscheidungsdelegation[52] und verbessert hierdurch die Funktionsbedingungen der Demokratie im Staat.[53] Aus diesem Grunde hat das Grundgesetz die vom klassischen Legitimationsmodell geforderte Legitimation „von oben“ über eine ununterbrochene Legitimationskette durch das in Art. 28 Abs. 1 Satz 2 GG angelegte und von diesem in das von Art. 20 GG enthaltene Legitimationsprogramm eingegliederte Legitimationsmodell der kommunalen Selbstverwaltung ergänzt.[54] Die damit verbundene Anerkennung der Völker in den Gemeinden und Kreisen als räumlich und sachlich unbestimmte Allgemeinheit bzw. territorial begrenzte Teilvölker innerhalb des Staatsvolkes,[55] die damit genauso wie das Staatsvolk als Legitimationssubjekt neben diesem bestehen,[56] nimmt seinen Ausgangspunkt in dem umfassenden, sachlich-gegenständlich nicht weiter eingegrenzten Aufgabenkreis der Kommunen.[57] Diese Allzuständigkeit rechtfertigt die eigenständige demokratische Legitimation und ist zugleich wesentliches Abgrenzungskriterium zu anderen Formen der Selbstverwaltung. So wird die Legitimation „von oben“ durch die Legitimationskette ersetzt durch eine „von unten“ mittels

---

[47] *H.-H. Trute*, in: *Hoffmann-Riem/Schmidt-Aßmann/Voßkuhle* (Hrsg.), Grundlagen des Verwaltungsrechts I, § 6 Rn. 32.

[48] *G.-C. v. Unruh*, DÖV 1986, 217 (223).

[49] BVerfGE 107, 59 (98).

[50] *E. Schmidt-Aßmann*, in: *Selmer/v. Münch* (Hrsg.), GS Martens, S. 249 (257). Kritisch hierzu *M. Jestaedt*, Die Verwaltung 35 (2002), S. 293 (313).

[51] So z.B. Art. 11 Abs. 4 BV.

[52] *J. Oebbecke*, VVDStRL 62 (2003), S. 366 (375); *G.F. Schuppert*, AöR 114 (1989), S. 127 (139 ff.); *F. Ruland*, DRV 1993, 684 (695). Zum Verhältnis von Selbstverwaltung und Demokratie unter Kapitel 3 A. IV. Selbstverwaltung und Demokratieprinzip.

[53] *G. Lübbe-Wolff*, VVDStRL 60 (2001), S. 246 (279 ff.); *H. Dreier*, in: *ders.* (Hrsg.), Grundgesetz, Art. 28 Rn. 74 ff.

[54] *E. Schmidt-Aßmann*, Ordnungsidee, Zweites Kapitel Rn. 88.

[55] BVerfGE 83, 37 (55).

[56] BVerfGE 83, 37 (54); *E. Schmidt-Aßmann*, AöR 116 (1991), S. 329 (543 f.); *M. Jestaedt*, Demokratieprinzip, S. 212 f.; *W. Kluth*, Funktionale Selbstverwaltung, S. 356; *P. Unruh*, VerwArch 92 (2001), S. 531 (543).

[57] BVerfGE 107, 59 (87), unter Verweis auf BVerfGE 47, 253 (275); 52, 95 (130); 77, 1 (40); 83, 60 (72 f.); 93, 37 (66); vgl. hierzu auch *E.-W. Böckenförde*, in: *Isensee/Kirchhof* (Hrsg.), HStR II, § 24 Rn. 31 ff.

der Wahl von Organen, die derjenigen des Parlaments vergleichbar, jedoch nicht vollständig gleich sind, da letztlich auch die Gesetzesbindung und damit die sachlich-inhaltliche Legitimation bestehen bleibt, so dass die Kommunen im Gegensatz zur unmittelbaren Staatsverwaltung zwei Legitimationsstränge aufweisen.[58] Hierdurch wird der besonderen Stellung der Kommunen als Keimzelle der Demokratie im demokratischen Staatswesen und deren Integration in den staatlichen Aufbau Rechnung getragen.[59]

Werden die Schwächen des klassischen Legitimationsmodells im Hinblick auf die demokratische Legitimation der kommunalen Selbstverwaltung noch durch die Anerkennung eines eigenen, in Art. 28 Abs. 1 Satz 2 GG zum Ausdruck kommenden Legitimationsmodells ausgeglichen, so fehlt eine solche verfassungsrechtliche Erweiterung bzgl. der Verwaltungseinheiten im sozialen Bereich. Diese haben sich, wie bei den Trägern der Sozialversicherung, zum Teil seit Ende des 19. Jahrhunderts vornehmlich im Privatrecht herausgebildet und unterliegen nunmehr durch die in der Bundesrepublik erfolgte Publifizierung und der Betrauung mit Verwaltungsaufgaben ebenfalls dem Erfordernis demokratischer Legitimation. Aber auch neuere Organisations- und Handlungsformen, wie der G-BA oder dessen Richtlinien, sind nicht vom Erfordernis der Rückführung auf das Gesamtvolk freigestellt, ohne dass das klassische Legitimationsmodell mit seiner Legitimationskette und dem Erfordernis der Weisungsgebundenheit diese bewerkstelligen könnte. Eine Antwort auf diese drängenden Fragen, welche sowohl Rechtsprechung als auch Literatur seit Jahrzehnten beschäftigt,[60] vermag das klassische Legitimationsmodell nicht zu geben.[61]

Ebenfalls unzureichend ist das klassische Legitimationsmodell, da es nicht in der Lage ist, den Wandel, den der klassische Verfassungsstaat im Laufe der Zeit hin zum modernen Staat durchlief, aufzufangen. So zeichnet sich der moderne Staat u.a. durch die Zunahme von Umfang und Komplexität der Verwaltungsaufgaben aus.[62] Demgemäß kommt der Exekutive insbesondere im sozialen Bereich gestaltende Funktion durch planende, verteilende, lenkende und präventionsorientierte Aufgaben zu.[63] Der Wandel der Aufgaben unter zugleicher Ausdifferenzierung eines Aufgabenpluralismus führt auch zur organisatorischen Pluralisierung, im Zuge derer sich verschiedenste, die Eigenständigkeit der Verwaltung hervorhebende Formen administrativer Eigensteuerung herausbilden.[64] Dies ist

---

[58] *E. Schmidt-Aßmann*, Ordnungsidee, Zweites Kapitel Rn. 89; *H.H. v. Arnim*, AöR 113 (1988), S. 1 (11).

[59] BVerfGE 79, 127 (149); 83, 37 (53 f.); vgl. auch Art. 11 Abs. 4 BV.

[60] Dazu Kapitel 3 und 4.

[61] Dazu sogleich mehr.

[62] *H. Dreier*, Hierarchische Verwaltung, S. 159; *G. Haverkate*, VVDStRL 46 (1988), S. 217 (219 ff.); *D. Roth*, in: FS v. Arnim 2004, S. 761 (765).

[63] *H.-H. Trute*, in: *Hoffmann-Riem/Schmidt-Aßmann/Voßkuhle* (Hrsg.), Grundlagen des Verwaltungsrechts I, § 6 Rn. 3, 60; *T. Groß*, Kollegialprinzip, S. 149 ff.; *W. Brohm*, VVDStRL 30 (1972), S. 245 (261 ff.); *R. Steinberg*, Politik und Verwaltungsorganisation, S. 264 ff.; *B.-O. Bryde*, VVDStRL 46 (1988), S. 181 (182 ff.); *H. Dreier*, Hierarchische Verwaltung, S. 211 ff.

[64] *H. Dreier*, Hierarchische Verwaltung, S. 211 ff.; *W. Brohm*, VVDStRL 30 (1972), S. 245 ff.

auch folgerichtig, da der zentralisierte Staat monistischer Art dieser Aufgabenvielfalt nicht gerecht werden würde und so zu seiner eigenen Entlastung auf gesellschaftliche Akteure zurückgreifen muss, da ein überforderter und überlasteter Staat u.a. auch demokratische Defizite aufweisen würde. So ergeben sich die Probleme demokratischer Legitimation dort, wo die Aufgabenwahrnehmung Autonomie oder Professionalisierung einfordert, die zu leisten die hierarchische Staatsverwaltung nicht in der Lage ist.[65] Als Abweichung vom hierarchischen Verwaltungsverständnis erlangt insbesondere die funktionale Selbstverwaltung an Bedeutung, für die aufgrund der „mitgliedschaftlich-partizipatorischen" Komponente als sachspezifische Interessenvertretung lediglich begrenzte sachliche Allgemeinheit kennzeichnend ist.[66] Deren Legitimation kann nicht durch das klassische Legitimationsmodell erfolgen, da dieses auf die Einhaltung strikt formaler Gleichheit als Grundlage demokratischer Legitimation beharrt,[67] weshalb Formen partikularer Partizipation von Bürgern an Verwaltungsentscheidungen als gleichheitswidrige Einflussmöglichkeit erscheinen und so keine derartige Legitimation vermitteln.[68] Vielmehr handelt es sich dabei um die grundrechtliche Freiheit der einzelnen, sich zu organisieren und ihre Interessen zu vertreten, wobei aufgrund des fehlenden Bezugs zur Gesamtheit der Staatsbürger keine Legitimation im Sinne des Art. 20 Abs. 2 GG besteht, sondern lediglich eine gruppen- und verbandsinterne, funktions- und interessenbezogene Binnendemokratisierung.[69]

Vor diesem Hintergrund wird, ausgehend davon, dass Autonomie und Selbstbestimmung die Grundlage der Demokratie darstellen, gefordert, dass auch Teilhaberechte an Verwaltungsentscheidungen, die aufgrund sektoraler und funktionaler Interessen lediglich partikularer Natur sind, anerkannt werden.[70] Gleichzeitig wird mit Blick auf die gruppenpluralen, weisungsfrei gestellten Entscheidungsgremien, wie der Lebensmittelbuch-Kommission, deren sachlich-inhaltliche Legitimation in Zweifel gezogen.[71]

---

[65] *D. Roth*, in: FS v. Arnim 2004, S. 761 (765).

[66] BVerfGE 83, 37 (55).

[67] *E.-W. Böckenförde*, in: *Isensee/Kirchhof* (Hrsg.), HStR II, § 24 Rn. 35 ff., 42 ff.; *H.-H. Trute*, in: *Hoffmann-Riem/Schmidt-Aßmann/Voßkuhle* (Hrsg.), Grundlagen des Verwaltungsrechts I, § 6 Rn. 25.

[68] *E.-W. Böckenförde*, in: *Isensee/Kirchhof* (Hrsg.), HStR II, § 24 Rn. 23, 26 ff.; *H.-H. Trute*, in: *Hoffmann-Riem/Schmidt-Aßmann/Voßkuhle* (Hrsg.), Grundlagen des Verwaltungsrechts I, § 6 Rn. 25.

[69] BVerfGE 83, 37 (55); *H.-H. Trute*, in: *Hoffmann-Riem/Schmidt-Aßmann/Voßkuhle* (Hrsg.), Grundlagen des Verwaltungsrechts I, § 6 Rn. 1; *E.-W. Böckenförde*, in: *Isensee/Kirchhof* (Hrsg.), HStR II, § 24 Rn. 30, spricht in diesem Zusammenhang auch von einer „Schein-Legitimation". Diese verstärkt lediglich die Selbstbestimmung der einzelnen innerhalb der Gruppierung. Die Ziele und Bestrebungen derselben bleiben jedoch demokratisch unlegitimiert und bedürfen der demokratischen Legitimation von der Gesamtheit der Bürger her.

[70] *H.-H. Trute*, in: *Hoffmann-Riem/Schmidt-Aßmann/Voßkuhle* (Hrsg.), Grundlagen des Verwaltungsrechts I, § 6 Rn. 25.

[71] *S. Rixen*, DVBl. 2014, 949 (956).

### 1. Kurzer Überblick über den Meinungsstand in der Literatur

Um diese Defizite auszugleichen, werden verschiedene Ansichten vertreten, von denen sich jedoch noch keine durchgesetzt hat. Begreift eine Auffassung die aus Art. 20 Abs. 2 GG abgeleiteten Anforderungen an die demokratische Legitimation als absolut und fordert daher für alle Formen der Staatsgewalt ein gleich hohes Legitimationsniveau ein, so scheidet eine vollständige Kompensation von Legitimationsdefiziten grundsätzlich ebenso aus wie eigenständige, neben Art. 20 Abs. 2 GG bestehende Legitimationsansätze.[72]

Mit Blick auf die Legitimation funktionaler Selbstverwaltung, deren Defizit im Fehlen personeller Legitimation liegt, sei ein solches nur ausnahmsweise dann hinzunehmen, wenn eine gesteigerte sachlich-inhaltliche Legitimation vorliege.[73] Infolgedessen bedürften Formen der Selbstverwaltung, die nicht der kommunalen Selbstverwaltung zuzuordnen sind, besonderer verfassungsrechtlicher Rechtfertigung,[74] die z.B. für die „Soziale Selbstverwaltung" in Art. 87 Abs. 2 GG zu sehen sei.[75]

Problematisch an diesem Ansatz ist jedoch, dass die Ausnahme vor dem Hintergrund von Art. 20 Abs. 2 GG, nach dem ausnahmslos jede Ausübung von Staatsgewalt demokratisch legitimiert sein muss, nicht begründbar ist, insbesondere dann nicht, wenn die Ausübung von Staatsgewalt auch gegenüber Dritten erfolgt.[76] Auch enthält Art. 87 Abs. 2 GG gerade keinen Dispens von den übrigen Anforderungen, die das Grundgesetz stellt.[77]

Im Gegensatz hierzu wird auch kritisiert, dass die Anlehnung an die Ministerialverwaltung als Regelmodell demokratischer Legitimation der Exekutive zu eng und das Demokratieprinzip gestaltungsoffen sei.[78] So wird auch vertreten, dass der gesetzliche Gründungsakt und die damit einhergehende Mitgliedschaft zur Vermittlung kollektiv personeller Legitimation eines Selbstverwaltungsträgers ausreiche.[79] Aus diesem Grunde erfolge eine direkte Legitimation über den Gesetzgeber und es werde der Umweg über die Legitimationskette der Ministerialverwaltung entbehrlich. Dagegen spricht jedoch, dass die abstrakte Bestimmung von Legitimationssubjekten gerade nicht ausreicht, um individu-

---

[72] *E.-W. Böckenförde*, in: *Isensee/Kirchhof* (Hrsg.), HStR II, § 24 Rn. 23; *M. Jestaedt*, Demokratieprinzip, S. 548 ff.

[73] *E.-W. Böckenförde*, in: *Isensee/Kirchhof* (Hrsg.), HStR II, § 24 Rn. 25; *M. Jestaedt*, Demokratieprinzip, S. 544 ff., 552, der diese Ansicht auf Art. 87 Abs. 3 GG stützt, welcher dem Gesetzgeber erlaubt, Selbstverwaltungsträger durch Gesetz zu schaffen. Dazu auch *P. Unruh*, VerwArch 92 (2001), S. 531 (548).

[74] *G. Haverkate*, VVDStRL 46 (1988), S. 217 (224); *M. Plantholz*, Funktionelle Selbstverwaltung, S. 104.

[75] Dazu näher unter Kapitel 3 C.VI.1. Die Sozialversicherungsträger des SGB IV sowie insbesondere D.IV.1.d.aa. Art. 87 Abs. 2 oder Abs. 3 Satz 1 GG.

[76] *P. Unruh*, VerwArch 92 (2001), S. 531 (548).

[77] Dazu näher unter Kapitel 3 D.IV.1.d.aa. Art. 87 Abs. 2 oder Abs. 3 Satz 1 GG.

[78] *W. Kluth*, Die Verwaltung 35 (2002), S. 349 (359).

[79] *W. Kluth*, Funktionale Selbstverwaltung, S. 342 ff.; *H.-G. Dederer*, NVwZ 2000, 403 ff.; *P. Unruh*, VerwArch 92 (2001), S. 531 (552 ff.).

elle Merkmale zu überprüfen und damit legitimationsspendend zu wirken, sondern dass ein individueller Bestellungsakt Voraussetzung für die erforderliche, auf den einzelnen Amtswalter individuell bezogene demokratische Legitimation ist.[80]

Weiter wird davon ausgegangen, dass eine vollständige Kompensation dieses Defizits im Sinne einer Legitimation aus sich selbst heraus, der sog. „autonomen Legitimation", erfolge.[81] So enthalte die „autonome Legitimation" mit ihrer mitgliedschaftlich-partizipatorischen Komponente eines abgrenzbaren Teilnehmerkreises eine auf die Betroffenheit abstellende demokratische Mitwirkungsmöglichkeit, so dass die Binnenstruktur des Selbstverwaltungsträgers die „autonome Legitimation" vermittelt, die neben die demokratische Legitimation des Art. 20 Abs. 2 GG trete.[82] Denn das demokratische Prinzip verwirkliche sich durch die individuelle Selbstbestimmung in der funktionalen Selbstverwaltung, da der Willensbildungsprozess jeweils von den Mitgliedern der Körperschaft ausgehe.[83] Mit anderer Begründung, jedoch selbem Ergebnis wird die Lehre vom Stufenmodell vertreten, nachdem sich durch die verfassungsrechtliche Anerkennung der funktionalen Selbstverwaltung die mitgliedschaftlich-partizipatorische Legitimation als dritte Legitimationsstufe derjenigen der personell-demokratischen, die vom Gesamtvolk ausgeht, sowie der gebietskörperschaftlichen, die von Teilvölkern ausgeht, anschließe.[84] Insoweit bestünden bei der funktionalen Selbstverwaltung zwei Legitimationsstränge: Einer über das parlamentarische Gesetz, das die Aufgaben der funktionalen Selbstverwaltung zur eigenverantwortlichen Wahrnehmung ausweisen und interessengerecht organisieren muss, was durch den gesetzlichen Gründungsakt, die Gesetzesbindung sowie die Rechtsaufsicht erfolge,[85] der andere über die mitgliedschaftlich-partizipatorische Legitimation, mittels der das Teil- oder Verbandsvolk an die Stelle des Staatsvolkes tritt.[86] Im Gegensatz zur kommunalen Selbstverwaltung führen beide Legitimationsstränge zu unter-

---

[80] *E.-W. Böckenförde*, in: *Isensee/Kirchhof* (Hrsg.), HStR II, § 24 Rn. 16; *E. Schmidt-Aßmann*, AöR 116 (1991), S. 329 (361).

[81] *E.T. Emde*, Demokratische Legitimation, S. 382 ff., stellt darauf ab, dass die funktionale Selbstverwaltung als Realisationsform des Demokratieprinzips der Verwirklichung der individuellen Selbstbestimmung verpflichtet ist. Die Binnenstruktur gewährleistet, dass die Willensbildung von den Mitgliedern ausgeht. Darüber hinaus führe die größere Sachnähe zu einer Qualitäts- und Effizienzsteigerung. *E. Schmidt-Aßmann*, Ordnungsidee, Zweites Kapitel Rn. 90 ff.; *M. Plantholz*, Funktionelle Selbstverwaltung, S. 127; *H. Dreier*, Hierarchische Verwaltung, S. 274 ff.; *M. Kleine-Cosack*, Autonomie, S. 118; *U. Becker*, in: *Münsterische Sozialrechtsvereinigung e.V.* (Hrsg.), 7. Münsterische Sozialrechtstagung, S. 122 (146); vgl. auch *P.J. Tettinger/T. Mann*, in: *Tettinger/Mann/Salzwedel* (Hrsg.), Wasserverbände, S. 1 (22).

[82] *E. Schmidt-Aßmann*, AöR 116 (1991), S. 329 ff.; *ders.*, Ordnungsidee, Zweites Kapitel Rn. 90.

[83] *E.T. Emde*, Demokratische Legitimation, S. 382 ff.; *A. Fiesahn*, KritV 79 (1996), S. 267 ff.; *P.J. Tettinger/T. Mann*, in: *Tettinger/Mann/Salzwedel* (Hrsg.), Wasserverbände, S. 1 (22).

[84] *E. Schmidt-Aßmann*, Ordnungsidee, Zweites Kapitel Rn. 80 ff.; *P.J. Tettinger/T. Mann*, in: *Tettinger/Mann/Salzwedel* (Hrsg.), Wasserverbände, S. 1 (20 ff.).

[85] *E. Schmidt-Aßmann*, Grundrechtspositionen, S. 75 f.

[86] *E.T. Emde*, Demokratische Legitimation, S. 49 f.

schiedlichen Legitimationssubjekten, so dass die „autonome Legitimation" die demokratische Legitimation nach Art. 20 Abs. 2 GG erweitere und ergänze.[87]

Gegen diesen Ansatz wird jedoch im Sinne einer „parlamentszentrierten Sichtweise"[88] angeführt, dass allein das Parlament in der Lage sei, demokratische Legitimation zu vermitteln. So bestehe hierin ein Widerspruch zur Exklusivität des Legitimationssubjekts, wie sie durch das Grundgesetz angelegt ist.[89] Darüber hinaus erforderlich sei für diese durch sog. Teilvölker vermittelte Legitimation die Identität zwischen Herrschaftsausübenden und Herrschaftsunterworfenen, so dass der Grundsatz der Selbstbetroffenheit der Mitglieder gewahrt werde.[90]

Als weiteres Problem wird die Weisungsfreiheit gruppenplural zusammengesetzter Entscheidungsgremien erkannt, bei denen die sachlich-inhaltliche Legitimation defizitär sei, wie dies bei der Lebensmittelbuchkommission der Fall sei.[91]

Weiter wurde und wird die Forderung erhoben, auch partizipative und assoziative Legitimationsmechanismen fruchtbar zu machen, die sich bislang jedoch nicht bzw. nur sehr selektiv durchgesetzt haben.[92]

### 2. *Die Rechtsprechung des BVerfG*

#### a. *Das Demokratieprinzip als entwicklungsoffenes Prinzip*

Auch das BVerfG konnte sich dieser Problematik nicht verschließen und sieht das Demokratieprinzip als entwicklungsoffenes Prinzip an, das es ausgehend vom klassischen Legitimationsmodell modifiziert und erweitert.[93] Obgleich es in seinem Beschluss zum Ausländerwahlrecht im Hinblick auf das Legitimationssubjekt bei Wahlen in den Gemeinden und Landkreisen eine restriktive Linie einschlägt, konstatiert es, „daß sich die Frage der verfassungsrechtlichen Zulässigkeit eines Wahlrechts von Ausländern im Bereich der funktionalen Selbstverwaltung anders stellt" und deutet so im Hinblick auf die funktionale Selbstverwaltung an, dass andere Legitimationsmechanismen denkbar sind.[94] Ebenso wird nicht mehr der Form demokratischer Legitimation ausschlaggebende Wirkung beigemessen, sondern deren Effektivität, wobei an das Legitimationsniveau im Hinblick auf die Ausdifferenzierung der Verwaltungsformen ebenfalls unterschiedliche Anforderungen gestellt werden.[95] So gestaltet es in seiner Entschei-

[87] *E. Schmidt-Aßmann*, Ordnungsidee, Zweites Kapitel Rn. 91.

[88] *A. Musil*, DÖV 2004, 116 (118).

[89] *M. Jestaedt*, Demokratieprinzip, S. 501 ff.; *ders.*, Die Verwaltung 35 (2002), S. 293 (314); *P. Unruh*, VerwArch 92 (2001), S. 531 (550); *W. Kluth*, Die Verwaltung 35 (2002), S. 349 (360).

[90] BVerfGE 33, 125 (156 f.).

[91] *S. Rixen*, DVBl. 2014, 949 (956).

[92] *G.F. Schuppert*, in: *Klein/Schmalz-Bruns* (Hrsg.), Politische Beteiligung, S. 114 ff.; *J. Kersten*, Transformationen, S. 12 ff. Dazu ausführlich unter B.V. Partizipative und assoziative Demokratie.

[93] BVerfGE 93, 37 ff. – Mitbestimmung im öffentlichen Dienst; 107, 59 ff. – Funktionale Selbstverwaltung.

[94] BVerfGE 83, 37 (51 ff., 55); dazu z.B. *B.-O. Bryde*, JZ 1989, 257; *M. Zuleeg*, DVBl. 1974, 341 (349); *H. Quaritsch*, DÖV 1983, 1; *H. Rittstieg*, Wahlrecht für Ausländer, passim.

[95] BVerfGE 83, 60 (72).

dung zur Mitbestimmung im öffentlichen Dienst[96] die Anforderungen an das Legitimationsniveau im Rahmen eines auf dem „Konfliktmodell"[97] beruhenden Drei-Stufen-Modells, das Abstufungen danach vornimmt, wie intensiv die Erledigung von Amtsaufgaben betroffen sind, flexibel aus, indem es eine von Stufe zu Stufe zunehmende Legitimationsdichte fordert.[98] So sei auf der ersten Stufe, bei der es um die Regelung von Angelegenheiten geht, die in ihrem Schwerpunkt die Beschäftigten, aber nicht oder nur unerheblich die Wahrnehmung der Amtsaufgaben gegenüber dem Bürger betreffen, eine sachlich-inhaltliche Legitimation durch die Bindung an Gesetz und Recht ausreichend, während das Gericht auf der zweiten Stufe in Bezug auf Maßnahmen, die den Binnenbereich des Beschäftigungsverhältnisses anbelangen, jedoch typischerweise die Erfüllung der Amtsaufgaben nicht nur unerheblich berühren, die sog. doppelte Mehrheit einführt, d.h. dass die Mehrheit der Mitglieder des Gremiums uneingeschränkt personell demokratisch legitimiert sein und die Entscheidung von einer Mehrheit dieser so legitimierten Mitglieder getragen werden muss, ehe es auf der dritten Stufe, bei der es im Schwerpunkt um die Erledigung von Amtsaufgaben geht, bei der unvermeidlich auch die Interessen der Beschäftigten berührt werden, eine vollständige Verantwortlichkeit gegenüber dem Parlament und der Regierung einfordert.[99] Dabei gibt das Gericht dem Gesetzgeber ein flexibles demokratisches Legitimationssystem an die Hand, welches ihm, auf dem offenen Demokratieverständnis[100] basierend, Raum für die Innovation neuer Mechanismen lässt.[101]

Eine weitere Öffnung erfährt das Demokratieprinzip in der Entscheidung zur funktionalen Selbstverwaltung des Lippeverbands und der Emschergenossenschaft.[102] In dieser erkennt das Gericht die funktionale Selbstverwaltung nicht nur ausdrücklich an, sondern billigt auch Abweichungen vom Erfordernis personeller Legitimation in Form lückenloser Wahl- und Bestellungsakte und deren Ausgleich durch die Prinzipien der Selbstverwaltung und der Autonomie, die ihrerseits ebenfalls im Demokratieprinzip ihren Ausgangspunkt nehmen.[103] Das Gericht fordert für die demokratische Legitimation der funktionalen Selbstverwaltung lediglich eine hinreichende sachlich-inhaltliche Legitimation durch die

---

[96] BVerfGE 93, 37 ff.

[97] Das „Konfliktmodell" nach *Böckenförde* geht davon aus, dass die personelle demokratische Legitimation Entscheidungslegitimation sicherstellen soll, weshalb für ein Mindestmaß an demokratischer Legitimation einer Entscheidung erforderlich ist, dass im Entscheidungsgremium den demokratisch legitimierten Mitgliedern die Gestaltungsmehrheit zukommt, wobei eine bloße Vetomöglichkeit nicht ausreichen soll, *E.-W. Böckenförde*, in: *Isensee/Kirchhof* (Hrsg.), HStR II, § 24 Rn. 19. Hierzu auch *U. Battis/J. Kersten*, DÖV 1996, 584 (591).

[98] BVerfGE 93, 37 (71 ff.).

[99] BVerfGE 93, 37 (71 ff.); *U. Battis/J. Kersten*, DÖV 1996, 584 (591).

[100] *E.-W. Böckenförde*, Verfassungsfragen der Richterwahl, S. 77; *H. Klein*, PersV 1990, 49 (55).

[101] Kritisch hierzu z.B. *B.-O. Bryde*, StWStP 5 (1994), S. 305 f.; *A. Rinken*, KritV 79 (1998), S. 282 ff.; *J.H. Weiler*, JöR N.F. 44 (1996), S. 91 ff.

[102] BVerfGE 107, 59 ff.

[103] BVerfGE 33, 125 (159); 107, 59 (91 f.); hierauf verweisend BVerfG, Urt. v. 28.1.2014, 2 BvR 1561/12 u.a., Rn. 158.

Zuweisung von Aufgaben, deren Erledigung durch Selbstverwaltungseinheiten historisch überkommen ist und sich traditionell bewährt hat, durch das Gesetz,[104] während das Erfordernis einer personellen demokratischen Legitimation in Form einer ununterbrochenen Legitimationskette auf die Ebene der Aufsichtsbehörde verlagert wird.[105]

Obgleich das Gericht bzgl. der oben angeführten Literaturmeinungen indifferent bleibt,[106] macht es durch den Verzicht auf die personelle Legitimation bzw. deren Verlagerung auf die Aufsichtsebene zu Gunsten der sachlich-inhaltlichen, die durch die Übertragung von Aufgaben und Befugnissen durch parlamentarisches Gesetz erfolgt, deutlich, dass eine Legitimation nur durch das Gesamtvolk oder von der Verfassung ausdrücklich anerkannte Teilvölker vermittelt werden kann, und erteilt so dem in der Literatur vertretenen Konstrukt der Teilvölker sowie der kollektiv personellen Legitimation[107] eine Absage und folgt damit einem großen Teil der Literatur.[108] Ob das BVerfG auch bzgl. der ebenfalls in der Literatur vertretenen „autonomen Legitimation" Stellung bezogen hat, ist umstritten. So wird vertreten, dass es diesem Konzept eine Absage erteilt habe,[109] während andere verschiedene Passagen für deren Anerkennung heranziehen.[110] Letztlich bleibt das Urteil im Hinblick auf diese „autonome Legitimation" indifferent, so dass ihm diesbezüglich keine Aussage entnommen werden kann, da sich das BVerfG mit dieser Frage wohl nicht befasst hat.

Als Kriterien zur Bewertung demokratischer Legitimation führt das Gericht in seiner Entscheidung die Partizipation der Betroffenen, den Einbezug verwaltungsexternen Sachverstands sowie die effektive Erreichung der vom Gesetzgeber verfolgten Zwecke und Ziele insbesondere durch das Anstreben eines sachgerechten Interessenausgleichs an[111] und ergänzt so das klassische Legitimationsmodell.[112] Zum Ausdruck kommt hierbei ein pluralistisches Demokratieverständ-

---

[104] BVerfGE 107, 59 (92 ff.).

[105] BVerfGE 107, 59 (94).

[106] So können für die „autonome Legitimation" Passagen fruchtbar gemacht werden, während die kollektive, personelle Legitimation keinerlei Beachtung findet, vgl. *P. Unruh*, JZ 2003, 1061 (1062 f.).

[107] *W. Kluth*, Funktionale Selbstverwaltung, S. 376 ff.; *A. Musil*, DÖV 2004, 116 (119); *T. Groß*, DVBl. 2002, 1182 (1183); *P. Unruh*, VerwArch 92 (2001), S. 531 (552 f.).

[108] *P.J. Tettinger/T. Mann*, in: *Tettinger/Mann/Salzwedel* (Hrsg.), Wasserverbände, S. 1 (20 ff.); *P. Unruh*, VerwArch 92 (2001), S. 531 (544 ff.); *W. Kluth*, Funktionale Selbstverwaltung, S. 347 f., 369 ff.; *G. Britz*, VerwArch 91 (2000), S. 418 (430 f.), bzgl. Entscheidungen gegenüber Dritten.

[109] *J. Becker*, DÖV 2004, 910 (913).

[110] *A. Musil*, DÖV 2004, 116 (119), der eine Annäherung vor allem in der Passage über die Parallele des Demokratieprinzips zur Selbstverwaltung erkennt.

[111] BVerfGE 107, 59 (92), unter Verweis auf BVerfGE 37, 1 (26 f.). Ebenso auf den Einbezug von Sachverstand abstellend BVerfG, Urt. v. 28.1.2014, 2 BvR 1561/12 u.a., Rn. 170.

[112] Vgl. zur Kritik an diesem Ansatz *P. Unruh*, JZ 2003, 1061 (1063); *M. Jestaedt*, JuS 2004, 649 (652), der insbesondere bemängelt, dass es an einer handfesten Überprüfbarkeit fehle, das BVerfG vielmehr auf das „Prinzip Hoffnung" setze. So stelle das Gericht einerseits darauf ab, dass die Wasserverbände ihre Aufgaben wirksamer wahrnehmen, BVerfGE 107, 59 (99), andererseits begnüge es sich mit der Feststellung, dass die Gesetze nicht offenkundig zweckuntauglich sind, BVerfGE 107, 59 (99).

nis,[113] das an die Menschenwürde anknüpft und sich vom monistischen Verständnis, das auf der Annahme der Zugehörigkeit zu einem Kollektiv basiert, unterscheidet.[114]

Ob es sich bei der demokratischen Legitimation der funktionalen Selbstverwaltung um einen Bestandteil von Art. 20 Abs. 2 GG handelt, oder jene neben diese hinzutritt, bleibt dagegen offen.[115]

### *b. Gruppenplurale Gremien*

Besondere Aufmerksamkeit verdient in diesem Zusammenhang auch die Rechtsprechung des BVerfG zu gruppenpluralen Gremien, wie (aa.) dem Deutschen Weinfonds,[116] (bb.) der Bundesprüfstelle für jugendgefährdende Medien,[117] (cc.) der Filmförderungsanstalt[118] und (dd.) dem Rundfunk.[119]

#### *aa. Der Deutsche Weinfonds*

So hält es in seiner Entscheidung zum Weinwirtschaftsfonds die gruppenplurale Besetzung des Verwaltungsrats für verfassungskonform, da sie ausreichend sei, um das legitime, vom Gesetzgeber verfolgte Ziel, allen relevanten Gruppen der Weinwirtschaft und den ihr nahestehenden Organisationen bei Entscheidungen des Weinwirtschaftsfonds ein Mitspracherecht einzuräumen, zu erreichen.[120] Hierdurch soll ein sachgerechter Interessenausgleich als Grundlage der Tätigkeit des Fonds ermöglicht werden, was durch die vorhandene Interessenstruktur auch nicht gehindert sei, so dass eine verfassungswidrige Majorisierung von Minderheiten nicht zu erkennen sei.[121] Darüber hinaus bestünden umfangreiche staatliche Einwirkungsmöglichkeiten durch Genehmigungen sowie Überwachungsmöglichkeiten, so dass eine ausreichende staatliche Kontrolle gegeben sei.[122] Bzgl. der Besetzung der Organe und damit des Einbezugs von Betroffenen oder sonstigen Gruppen gesteht das Gericht dem Gesetzgeber einen weiten Beurteilungs- und Entschließungsfreiraum zu.[123]

Zuletzt entschied es, dass die personelle Legitimation der Mitglieder des Verwaltungsrats keinerlei verfassungsrechtlichen Bedenken unterliege, da diese durch die Ernennung durch den zuständigen Bundesminister vermittelt werde.[124] Ebenfalls seien Aufsichtsrat und Vorstand demokratisch legitimiert, wobei die

[113] BVerfGE 107, 59 (92).
[114] *A. Hanebeck*, DÖV 2004, 901 (907 f.).
[115] Zu den Argumenten für erstere Lösung vgl. *A. Musil*, DÖV 2004, 116 (120).
[116] BVerfGE 37, 1 ff.; BVerfG, Urt. v. 6.5.2014, 2 BvR 1139/12.
[117] BVerfGE 83, 130 ff.
[118] BVerfG, Urt. v. 28.1.2014, 2 BvR 1561/12.
[119] BVerfGE 83, 238 ff.; BVerfG, Urt. v. 25.3.2014, 1 BvF 1/11, 1 BvF 4/11.
[120] BVerfGE 37, 1 (26 f.).
[121] BVerfGE 37, 1 (27).
[122] BVerfGE 37, 1 (27).
[123] BVerfGE 37, 1 (27 f.).
[124] BVerfG, Beschl. v. 6.5.2014, 2 BvR 1139/12, Rn. 171.

insoweit eventuell bestehende Einschränkung aufgrund der Tatsache, dass die Legitimationskette auch aus Akteuren besteht, die vom Bild des typischen „Amtsträgers" abweichen, keinerlei Rolle spiele, da die mit der Abgabenerhebung verbundenen Grundrechtseingriffe von niedriger Intensität und durch ein „hohes Maß an Kontrollierbarkeit gekennzeichnet" seien.[125] So bemisst es anhand des Zusammenspiels von Eingriffsintensität und gesetzlicher Determination das Legitimationsniveau und befindet dieses als ausreichend.[126]

#### *bb. Die Bundesprüfstelle für jugendgefährdende Medien*

In seiner Entscheidung zur Bundesprüfstelle zieht das BVerfG ebenfalls die klassischen Legitimationsparameter heran und kommt im Hinblick auf diese zu einer durch den Ernennungsakt des Ministers vermittelten personellen demokratischen Legitimation.[127] Dem stünde auch die Weisungsunabhängigkeit der Mitglieder der Bundesprüfstelle nicht entgegen, da der Aufgabenbereich der Bundesprüfstelle nicht von derartiger Bedeutung sei, dass Bedenken im Sinne eines „ministerialfreien Raums" bestünden.[128]

Der Einbezug von Vertretern gesellschaftlicher Gruppen in das Entscheidungsgremium sei dem Ziel des Gesetzgebers geschuldet, aufgrund des starken Grundrechtsbezugs zur Presse- und Kunstfreiheit den Einfluss des Staates auf die Entscheidung zurückzudrängen und so eine pluralistische Meinungsbildung bei gleichzeitiger Staatsferne sicherzustellen.[129] So soll die Entscheidung über die Indizierung gerade nicht der Ministerialbürokratie überantwortet werden, sondern durch ein Forum ergehen, in dem widerstreitende Wertvorstellungen ermittelt und in Konkretisierung auf ein bestimmtes Werk erörtert werden.[130] „Die Beteiligung von Gruppenvertretern soll dabei gerade im Interesse der Kunstfreiheit sicherstellen, daß alle für die Indizierungsentscheidung maßgeblichen Gesichtspunkte gesammelt, die hierbei tragenden Werte ermittelt und zu einem Ausgleich gebracht werden."[131] So geht es bei der Bundesprüfstelle nicht um gesellschaftliche Repräsentanz durch die relevanten gesellschaftlichen Gruppen,[132] sondern um den Einbezug derjenigen gesellschaftlichen Kräfte, „die für die Beurteilung des jugendgefährdenden Charakters oder der künstlerischen Bedeutung von Schriften besonders qualifiziert sind."[133] Insoweit sei die Auswahl, die der Gesetzgeber bei der Besetzung der Bundesprüfstelle getroffen hat, keinen verfassungsrechtlichen, insbesondere die demokratische Legitimation betreffenden Be-

[125] BVerfG, Beschl. v. 6.5.2014, 2 BvR 1139/12, Rn. 174.
[126] BVerfG, Beschl. v. 6.5.2014, 2 BvR 1139/12, Rn. 174.
[127] BVerfGE 83, 130 (149).
[128] BVerfGE 83, 130 (150).
[129] BVerfGE 83, 130 (150); dazu auch *M. Sachs*, ZG 2014, 275 (277 ff., 283 ff.).
[130] BVerfGE 83, 130 (150).
[131] BVerfGE 83, 130 (150).
[132] So aber BVerwGE 39, 197 (204).
[133] BVerfGE 83, 130 (151).

denken ausgesetzt, da insbesondere auch keine Sachbereiche, die für die Entscheidung wesentlich wären, außer Acht gelassen worden wären.[134]

### cc. Die Filmförderungsanstalt

Auch die Organe der Filmförderungsanstalt misst das BVerfG am klassischen Legitimationsmodell, wobei es dieses für die Vergabekommission mit Blick auf die organisatorisch-personelle Legitimation durch die Zielsetzung der Organisationseinheit erweitert.[135] Dementsprechend könne das Defizit der personellen Legitimation der Mitglieder, das durch ihre Entsendung von ihrerseits nicht demokratisch legitimierten Verbänden und deren Weisungsfreiheit entsteht, durch die „Natur der zu treffenden Entscheidung, die besonders im Fall der Projektfilmförderung mit Urteilen über kreativ-künstlerische Qualitäten verbunden sind", gerechtfertigt werden.[136] So gehe es bei der Vergabekommission „nicht um die Repräsentation eines Kollektivs Betroffener, die der Rückbindung an den Willen des vertretenen Kollektivs durch eine körperschaftlich organisierte Selbstverwaltung bedürfte", sondern um die „dem Gesetzeszweck entsprechende Aktivierung von Sachverstand und Interessen", durch die eine staatsferne, plurale Meinungsbildung ermöglicht werde.[137] „Die Vergabekommission ist kein Repräsentationsorgan, sondern ein auf bestmögliche Umsetzung vorgegebener gesetzlicher Maßstäbe hin konzipiertes kollegiales Entscheidungsgremium."[138] Hierzu normiert der Gesetzgeber auch Sachkunde sowie Praxiserfahrung als die Besetzung des Gremiums bestimmende Parameter.[139] Bei der Besetzung greift der Gesetzgeber dagegen auf privatautonom gebildete Organisationseinheiten zurück, die er als Bündelungen von Sachverstand und Interessen ansieht und daher durch sie eine dem Gesetzeszweck konforme Entscheidungspraxis gewährleistet sieht.[140]

Gleichzeitig entspreche die Gewichtung innerhalb des Entscheidungsgremiums und dessen Ausrichtung nicht nur auf künstlerisch-kreativen, sondern auch wirtschaftlichen Sachverstand der gesetzgeberischen Zielsetzung und gewähre eine gemeinwohlkonforme, gruppennützige Entscheidungspraxis, ohne dass sich Sonderinteressen einseitig durchsetzen könnten und damit den demokratischen Prinzipien widersprächen.[141] Durch die Mitglieder, welche Bundesorgane und -behörden entsenden können, sei zudem ausreichender staatlicher Einfluss in Form von Einwirkungs- und Kontrollmöglichkeiten gewährleistet,[142] so dass

[134] BVerfGE 83, 130 (150 f.).
[135] BVerfG, Urt. v. 28.1.2014, 2 BvR 1561/12, Rn. 169.
[136] BVerfG, Urt. v. 28.1.2014, 2 BvR 1561/12, Rn. 169.
[137] BVerfG, Urt. v. 28.1.2014, 2 BvR 1561/12, Rn. 170, 169, unter Bezugnahme auf BVerfGE 83, 130 (150).
[138] BVerfG, Urt. v. 28.1.2014, 2 BvR 1561/12, Rn. 170.
[139] BVerfG, Urt. v. 28.1.2014, 2 BvR 1561/12, Rn. 170.
[140] BVerfG, Urt. v. 28.1.2014, 2 BvR 1561/12, Rn. 170.
[141] BVerfG, Urt. v. 28.1.2014, 2 BvR 1561/12, Rn. 171.
[142] BVerfG, Urt. v. 28.1.2014, 2 BvR 1561/12, Rn. 171.

keine verfassungsrechtlichen Zweifel an der Zusammensetzung der Filmförderungsanstalt bestünden.

### *dd. Die öffentlich-rechtlichen Rundfunkanstalten*

Das Gebot der Staatsferne prägt jedoch nicht nur die organisatorische Ausgestaltung des Weinwirtschaftsfonds und der Bundesprüfstelle, sondern im Zusammenspiel mit dem aus Art. 5 Abs. 1 Satz 2 GG folgenden Gebot der Vielfaltssicherung in besonderem Maße auch diejenige der öffentlich-rechtlichen Rundfunkanstalten.[143] So hat der Staat den aus Art. 5 Abs. 1 Satz 2 GG resultierenden Auftrag zur Gewährleistung der Rundfunkfreiheit mit dem Ziel der Vielfaltssicherung zu erfüllen, indem er als Gegengewicht zu den privaten Rundfunkanbietern ein Leistungsangebot bereit hält, das nicht durch marktwirtschaftliche Aspekte dominiert wird, sondern sich auf die gesamte Breite des klassischen Rundfunkauftrags erstreckt.[144] Um diese Vielfaltssicherung zu gewährleisten, ist der Rundfunk staatsfern und binnenpluralistisch zu organisieren und bindet den Intendanten an die Aufsicht plural zusammengesetzter Gremien rück.[145] Diese Gremien müssen nicht nur effektiven Einfluss auf die Aufgabenerfüllung haben, sondern in ihnen soll „ein breites Band von Sichtweisen vielfältiger gesellschaftlicher Kräfte zum Tragen kommen“.[146] So sollen sie als „Sachwalter des Interesses der Allgemeinheit“ darauf achten, „dass alle bedeutsamen politischen, weltanschaulichen und gesellschaftlichen Kräfte, deren Vielfalt durch ein gruppenplural zusammengesetztes Gremium auch bei ausgewogener Besetzung, die vollständig oder repräsentativ abgebildet werden kann, im Gesamtprogramm angemessen zu Wort kommen können.“[147] Einbezogen werden sollen nicht nur die großen, das gesellschaftliche Leben bestimmenden Verbände, sondern auch kleinere Gruppierungen.[148] Dabei geht das Gericht davon aus, dass die Vertreter der gesellschaftlichen Gruppen keine Sonderinteressen vertreten, sondern Sachwalter der Allgemeinheit sind[149] und so die Gewähr für eine staatsferne Entscheidung unter gesellschaftlicher Repräsentation bieten[150] und damit der Gefahr der einseitigen Programmgestaltung ein Riegel vorgeschoben ist.[151] Bei der organisatorischen Ausgestaltung dieser Gremien kommt dem Gesetzgeber grundsätzlich ein weiter Gestaltungsspielraum zu.[152] Er hat jedoch der Dominanz von Mehrheitsperspek-

---

[143] BVerfGE 83, 238 (296); BVerfG, Urt. v. 25.5.2014, 1 BvF 1/11, 1 BvF 4/11, Rn. 33 ff.; dazu auch *M. Sachs*, ZG 2014, 275 ff.

[144] BVerfG, Urt. v. 25.3.2014, 1 BvF 1/11, 1 BvF 4/11, Rn. 34 ff.

[145] BVerfGE 83, 238 (296, 334); BVerfG, Urt. v. 25.3.2014, 1 BvF 1/11, 1 BvF 4/11, Rn. 38 ff.

[146] BVerfG, Urt. v. 25.3.2014, 1 BvF 1/11, 1 BvF 4/11, Rn. 39; BVerfGE 83, 238 (333 f.) bzgl. der Programminhalte.

[147] BVerfG, Urt. v. 25.3.2014, 1 BvF 1/11, 1 BvF 4/11, Rn. 40.

[148] BVerfG, Urt. v. 25.3.2014, 1 BvF 1/11, 1 BvF 4/11, Rn. 39.

[149] BVerfG, Urt. v. 25.3.2014, 1 BvF 1/11, 1 BvF 4/11, Rn. 40.

[150] BVerfG, Urt. v. 25.3.2014, 1 BvF 1/11, 1 BvF 4/11, Rn. 43 ff.

[151] BVerfGE 83, 238 (334).

[152] BVerfGE 83, 238 (296); BVerfG, Urt. v. 25.3.2014, 1 BvF 1/11, 1 BvF 4/11, Rn. 63, 71.

tiven und der Versteinerung der Zusammensetzung der Gremien entgegenzuwirken, wenn das Gericht auch zugesteht, dass „freilich kein in jeder Hinsicht wirklichkeitsgerechtes Abbild des Gemeinwesens erstellt werden" kann und das allgemeine Interesse nicht mit der Summe der verbandlich organisierten Interessen gleichzusetzen ist.[153] „Die Auswahl solcher Vertreter kann weithin nur ausschnitthaften Charakter haben und ist nur beschränkt mit aus Gleichheitskriterien ableitbaren Wertungen verbunden [...]. Das Modell der Gruppenpluralität unterscheidet sich so schon grundsätzlich von einer repräsentativen Abbildung des Volkes auf der Basis der gleichen Wahl."[154]

### *ee. Die Erweiterung des klassischen Legitimationsmodells*

In den vorbezeichneten Fällen der gruppenplural zusammengesetzten Gremien, die das BVerfG zu judizieren hatte, wurden, mit Ausnahme der grundrechtlich getragenen Rundfunkanstalten, aufgrund der Staatsferne und der damit zusammenhängenden Weisungsfreiheit die Grenzen des klassischen Legitimationsmodells sichtbar. Diese Defizite versucht das Gericht dadurch auszugleichen, dass es den Zweck der Organisationseinheiten in den Mittelpunkt rückt und ihn zum Ausgangspunkt seiner Argumentation macht.[155] So zeichnen sich diese Organisationseinheiten dadurch aus, dass sie in mehr oder minder einzufordernder Staatsferne Entscheidungen zu treffen haben, für welche der Einbezug spezifischer Eigenschaften, seien es die Betroffeneneigenschaft und bzw. oder besondere Kenntnisse aufgrund Sachverstands oder sonstiger Beziehungen zum Aufgabenbereich, entscheidend ist.[156] Dementsprechend stehen bei der Bundesprüfstelle, beim Weinwirtschaftsfonds wie auch bei der Filmförderungsanstalt die Aktivierung von Sachverstand und spezifischen Interessen im Vordergrund der organisatorischen Ausgestaltung, während bei den letzten beiden auch der Einbezug von Betroffenen eine Rolle spielt.[157] Ziel ist es, unter Aktivierung der Betroffenen, von Sachverstand und besonderen Interessen nicht nur alle erforderlichen Informationen in den Entscheidungsprozess einzuspeisen, sondern hierdurch einen sachgerechten Interessenausgleich zu ermöglichen, eine gemeinwohlwidrige Begünstigung von Sonderinteressen und die Majorisierung von Minderheiten zu vermeiden und so dem Gemeinwohl zur Durchsetzung zu verhelfen.[158] Insoweit wird

---

[153] BVerfG, Urt. v. 25.3.2014, 1 BvF 1/11, 1 BvF 4/11, Rn. 70.

[154] BVerfG, Urt. v. 25.3.2014, 1 BvF 1/11, 1 BvF 4/11, Rn. 70.

[155] BVerfGE 37, 1 (26 f.) – Weinwirtschaftsfonds; BVerfGE 83, 130 (150) – Bundesprüfstelle; BVerfG, Urt. v. 28.1.2014, 2 BvR 1561/12, Rn. 169 ff. – Filmförderungsanstalt. Zum Rundfunk BVerfGE 83, 238 (296, 334); BVerfG, Urt. v. 25.3.2014, 1 BvF 1/11, 1 BvF 4/11, Rn. 38 ff.

[156] BVerfGE 37, 1 (26 f.) – Weinwirtschaftsfonds; BVerfGE 83, 130 (150 f.) – Bundesprüfstelle; BVerfG, Urt. v. 28.1.2014, 2 BvR 1561/12, Rn. 170 f. – Filmförderungsanstalt; zum Rundfunk BVerfGE 83, 238 (296, 334); BVerfG, Urt. v. 25.3.2014, 1 BvF 1/11, 1 BvF 4/11, Rn. 38 ff.

[157] BVerfGE 37, 1 (26 f.) – Weinwirtschaftsfonds; BVerfGE 83, 130 (150 f.) – Bundesprüfstelle; BVerfG, Urt. v. 28.1.2014, 2 BvR 1561/12, Rn. 170 f. – Filmförderungsanstalt.

[158] BVerfGE 37, 1 (27) – Weinwirtschaftsfonds; BVerfGE 83, 130 (150) – Bundesprüfstelle; BVerfG, Urt. v. 28.1.2014, 2 BvR 1561/12, Rn. 171 – Filmförderungsanstalt.

vom BVerfG das Ziel der Organisationseinheiten und die für die Zielerreichung bereitgestellte organisatorische und verfahrensrechtliche Ausgestaltung zur Rechtfertigung von Abweichungen vom klassischen Legitimationsmodell herangezogen und zum Parameter für die Beurteilung eines ausreichenden Legitimationsniveaus.[159]

Dabei erfolgt zur Aktivierung der gesellschaftlichen Kräfte beim Weinwirtschaftsfond, der Bundesprüfstelle wie auch der Filmförderungsanstalt der Rückgriff auf Vertreterorganisationen dieser Kräfte, in denen der Gesetzgeber die für die Teilnahme am Entscheidungsprozess erforderlichen Kriterien gebündelt sieht.[160] So werden Demokratiedefizite aufgrund fehlender oder geringerer Legitimation durch die auf die Zielerreichung fokussierte organisatorische und verfahrensrechtliche Ausgestaltung der Organisationseinheit unter teilweisem Rückgriff auf gesellschaftliche Vereinigungen ausgeglichen. Das klassische Legitimationsmodell wird somit im Hinblick auf gruppenplurale Gremien um Parameter der Zielerreichung sowie der organisatorischen und verfahrensrechtlichen Ausgestaltung der Organisationseinheit erweitert, um ein ausreichendes Legitimationsniveau begründen zu können.

Dieser Ansatz, gruppenplurale Gremien aufgrund ihrer Zielsetzung und organisatorischen sowie verfahrensrechtlichen Ausgestaltung zu beurteilen, wird für die Rundfunkanstalten in Bezug auf deren Gewährleistung der Vielfaltssicherung fortgesetzt,[161] wenn auch ausdrücklich betont wird, dass dabei kein Zusammenhang mit Fragen demokratischer Legitimation bestünde.[162]

So wird auch anhand dieser Rechtsprechung deutlich, dass das BVerfG zwar am klassischen Legitimationsmodell festhält, dieses jedoch als entwicklungsoffenes Prinzip begreift, das Ergänzungen zugänglich ist und damit „begrenzte Abweichungen“ und „Lockerungen“ zulässt.[163] Entscheidend ist auch hier nicht die Legitimationsform, sondern die Effektivität demokratischer Legitimation, mithin das Legitimationsniveau,[164] das jedoch von der jeweiligen Art der Organisationseinheit und deren Aufgabenzuschnitt abhängig ist.[165] So werden Defizite der personellen oder sachlich-inhaltlichen Legitimation kompensiert durch eine dem Gesetzeszweck entsprechende organisatorische Ausgestaltung und der Möglichkeit eines sachgerechten Interessenausgleichs. Dadurch soll eine gewisse Flexibilität geschaffen werden, um auch für Organisationsformen, die durch das klassische Legitimationsmodell aufgrund fehlender personeller Legitimation in Ermangelung einer Legitimationskette oder sachlich-inhaltlicher Legitimation

[159] BVerfGE 37, 1 (26 f.) – Weinwirtschaftsfonds; BVerfGE 83, 130 (149 ff.) – Bundesprüfstelle; BVerfG, Urt. v. 28.1.2014, 2 BvR 1561/12, Rn. 166 ff. – Filmförderungsanstalt.

[160] BVerfGE 37, 1 (26 f.) – Weinwirtschaftsfonds; BVerfGE 83, 130 (150 f.) – Bundesprüfstelle; BVerfG, Urt. v. 28.1.2014, 2 BvR 1561/12, Rn. 170 – Filmförderungsanstalt.

[161] BVerfGE 83, 238 (296, 334); BVerfG, Urt. v. 25.3.2014, 1 BvF 1/11, 1 BvF 4/11, Rn. 39 f.

[162] BVerfG, Urt. v. 25.3.2014, 1 BvF 1/11, 1 BvF 4/11, Rn. 58.

[163] BVerfG, Urt. v. 28.1.2014, 2 BvR 1561/12, Rn. 158 – Filmförderungsanstalt.

[164] BVerfGE 83, 60 (72); 93, 37 (67).

[165] BVerfG, Urt. v. 28.1.2014, 2 BvR 1561/12, Rn. 157 – Filmförderungsanstalt.

wegen des Fehlens von Weisungsrechten nicht ohne weiteres legitimierbar sind, demokratische Legitimation zu begründen. Die vorbezeichneten Kriterien ermöglichen ein Abweichen von der ursprünglich geforderten ununterbrochenen Legitimationskette und der inhaltlichen Steuerung durch Weisungen durch die Schaffung besonderer Organisationsformen für abgegrenzte Bereiche der Erledigung öffentlicher Aufgaben[166] jedoch nur, soweit der Gesetzgeber die institutionellen Vorkehrungen dafür schafft, dass die Aufgabenwahrnehmung gemeinwohlorientiert und von der Gleichachtung der Betroffenen geprägt erfolgt und nicht Einzelinteressen in gleichheitswidriger Weise begünstigt werden.[167] Dabei kommt es auf eine Gesamtbetrachtung an.[168] Darüber hinaus muss der Gesetzgeber Vorkehrungen treffen, dass die parlamentarische Beobachtung und Kontrolle gewährleistet sind.[169] Sowohl bei der organisatorischen Ausgestaltung als auch bei der Einrichtung von Beobachtungs- und Kontrollmechanismen kommt dem Gesetzgeber ein weiter Gestaltungsspielraum zu.[170]

Von den Regelanforderungen an eine uneingeschränkte personelle Legitimation können auch bei anderen Organisationsformen als der funktionalen Selbstverwaltung, wie etwa der Beleihung, Abweichungen im Interesse einer sachgerechten, effektiven Aufgabenwahrnehmung zulässig sein.[171]

### 3. *Sozialrechtliche Organisations- und Handlungsformen*

Die Frage nach der demokratischen Legitimation erlangt insbesondere auch für die Herausbildung und Verselbständigung von Verwaltungseinheiten im Sozialrecht Bedeutung. Dabei besteht die Besonderheit, dass Teile des Sozialrechts ihren Ursprung im Privatrecht haben und erst in der Weimarer Zeit oder unter dem Grundgesetz ins öffentliche Recht überführt wurden und damit schon vor Geltung des Grundgesetzes vorhanden waren.[172] So bestand und besteht die Notwendigkeit, ursprünglich zivilrechtliche bzw. vorkonstitutionelle Organisations- und Handlungsformen den Grundsätzen des öffentlichen Rechts zu unterstellen und damit auch ursprünglich auf grundrechtlicher Freiheit basierende, binnendemokratische Organisationen und Interessenvertretungen ohne Bezug zur Gesamtheit des Staatsvolkes demokratisch im Sinne des Art. 20 Abs. 2 GG zu legitimieren.

Aber auch bei neu herausgebildeten Phänomenen stellt sich die Frage nach deren demokratischer Legitimation. Bleibt insoweit das BVerfG in seiner Entscheidung über die Arbeitsgemeinschaften nach § 44b SGB II a.F. hinter seinem eben

---

[166] BVerfGE 107, 59 (92).

[167] BVerfGE 107, 59 (93); 130, 76 (123 ff.); BVerfG, Urt. v. 28.1.2014, 2 BvR 1561/12 u.a., Rn. 158.

[168] BVerfG, Urt. v. 28.1.2014, 2 BvR 1561/12 u.a., Rn. 159 ff.

[169] BVerfGE 130, 76 (123 f.); BVerfG, Urt. v. 28.1.2014, 2 BvR 1561/12 u.a., Rn. 158.

[170] Vgl. zur Gestaltungsfreiheit hinsichtlich Organisationsnormen BVerfGE 37, 1 (26).

[171] BVerfGE 130, 76 (123 ff.); BVerfG, Urt. v. 28.1.2014, 2 BvR 1561/12 u.a., Rn. 158.

[172] Dazu *P. Axer*, in: FS BSG 2004, S. 339 (342 ff.); *M. Stolleis*, Geschichte des Sozialrechts, S. 52 ff.

skizzierten Ansatz zurück und schwenkt wieder auf das klassische Legitimationsmodell ein,[173] bestehen die Streitigkeiten um Organisationsformen wie diejenigen der „Sozialen Selbstverwaltung" in Gestalt der Sozialversicherungsträger oder der „Gemeinsamen Selbstverwaltung" wie dem G-BA, als auch die Kooperation mit Privaten zur Erfüllung von Verwaltungsaufgaben,[174] ebenso fort wie diejenigen um Handlungsformen insbesondere der „Gemeinsamen Selbstverwaltung".[175] So kann das klassische Legitimationsmodell keine demokratische Legitimation für diese begründen, da die, die organisatorisch-personelle Legitimation vermittelnde ununterbrochene Kette von Berufungsakten nicht vorliegt bzw. die legitimationsspendende Wirkung der Ernennungsakte mit Blick auf die Bundesagentur für Arbeit Zweifeln ausgesetzt ist.[176] Ebenso scheitert eine Legitimation durch Wahlen bereits daran, dass es sich bei den von diesen Phänomenen Betroffenen nicht um von der Verfassung anerkannte Teilvölker handelt.[177] Darüber hinaus fehlt es an einer Identität zwischen Herrschaftsausübenden und Herrschaftsunterworfenen, da die rechtlichen Wirkungen ihrer Handlungen zum Teil auch gegenüber Dritten, die nicht am Entscheidungsprozess beteiligt sind, eintreten.[178] Ebenfalls unterliegen die Ernennungsakte mit Blick auf die Bundesagentur für Arbeit oder die Wahlen zu den übrigen Sozialversicherungsträgern, die teilweise als „Friedenswahlen" und damit ohne Wahlhandlung vollzogen werden, Zweifeln ob ihrer legitimationsspendenden Wirkung. Gleichzeitig vermögen die Ansätze zur Begründung demokratischer Legitimation der funktionalen Selbstverwaltung für den G-BA nicht zu überzeugen. So besteht bei diesen Verwaltungseinheiten, wenn überhaupt, lediglich eine gruppen- und verbandsinterne, von den Grundrechten getragene Binnendemokratisierung, die funktions- und interessenbezogen ist, jedoch aufgrund des fehlenden Bezugs zur Gesamtheit des Staatsvolkes keine Legitimation im Sinne des Art. 20 Abs. 2 GG aufweist. Diese verstärkt allein die Selbstbestimmung der einzelnen innerhalb der Gruppierung. Die demokratische Legitimation dieser Organisationsformen wie auch deren Handlungen bleiben jedoch im Unklaren und beschäftigen die Literatur seit Jahrzehnten,[179] obgleich eine solche zumindest dann notwendig ist,

[173] BVerfGE 119, 331 (366). In der Urteilsbegründung spielt das Demokratieprinzip lediglich eine untergeordnete Rolle und wird allein auf S. 366 behandelt. In dieser kurzen Passage wiederholt das Gericht die klassische Legitimationslehre, ohne eine Weiterbildung oder Öffnung, wie dies in den vorherigen Entscheidungen der Fall war, zu diskutieren, was Anlass des Sondervotums war, in dem der im Urteil zur funktionalen Selbstverwaltung eingeschlagene Weg der Öffnung des Demokratieprinzips konsequent weitergegangen wird und so den Arbeitsgemeinschaften demokratische Legitimation zuerkennt, auch um aktuellen Herausforderungen des modernen Staates gerecht zu werden, BVerfGE 119, 331 (392 f.) – Sondervotum.

[174] Dazu die Ausführungen zur demokratischen Legitimation unter Kapitel 3 C.VI. Demokratische Legitimation, D.IV. Demokratische Legitimation.

[175] Dazu Kapitel 4 A.III.4. Die demokratische Legitimation von Normenverträgen.

[176] Dazu Kapitel 3 C. VI. 2. Die Bundesagentur für Arbeit.

[177] Dazu Kapitel 3 C. VI. Demokratische Legitimation.

[178] BVerfGE 33, 125 (156 f.).

[179] Dazu Kapitel 3 C.VI. Demokratische Legitimation, D. IV. Demokratische Legitimation.

wenn von diesen Organisations- und Handlungsformen rechtliche Wirkungen gegenüber Dritten ausgehen, die weder am Entscheidungsprozess selbst beteiligt sind, noch in Verbänden organisiert sind, die in die Entscheidungen einbezogen sind.

Ebenfalls problematisch sind die Defizite mit Blick auf die sachlich-inhaltliche Legitimation aufgrund des Fehlens von Weisungsabhängigkeit und damit der Möglichkeit einer Rückbindung und inhaltlichen Steuerung, wie dies z.B. beim G-BA der Fall ist.[180]

Die Besonderheit dieser im Sozialrecht vorkommenden Organisations- und Handlungsformen, wie die der „Sozialen Selbstverwaltung“ und „Gemeinsamen Selbstverwaltung“, dem öffentlich-rechtlichen Vertrag oder den Empfehlungen, denen zum Teil normative Wirkung beigemessen wird, besteht darin, dass für diese eine interessenplurale, ja sogar interessenantagonistische Entscheidungsstruktur kennzeichnend ist. So sind in den Entscheidungsgremien der Organisationsformen wie auch an den Entscheidungen über die Handlungsformen keine homogenen Interessengruppen beteiligt, die in diesen Organisationsformen organisiert sind oder mittels dieser Handlungsformen agieren, sondern Gruppen, die sich durch einen Interessengegensatz auszeichnen.[181] Mit diesen Entscheidungsgremien verfolgt der Gesetzgeber regelmäßig das Ziel, ein Forum zur Verfügung zu stellen, in dem diese Interessengegensätze zum Ausgleich gebracht werden können. Dabei greift er für die Besetzung auf Betroffenengruppen, sonstige Interessengruppen sowie Sachverstand zurück, der zumeist korporatistisch organisiert ist. So wird der Interessenausgleich durch einen Aushandlungsprozess und eine Einigung, die der Entscheidung vorangehen, zum bestimmenden und die Entscheidung tragenden Moment. Insoweit basieren diese Organisations- und Handlungsformen auf dem Gedanken des Konsenses der Beteiligten, die unterschiedliche, zumeist gegenläufige Interessen vertreten. Da dieser historisch bedingte Entscheidungsmechanismus, durch den interesseninhomogene, zumeist korporatistisch organisierte Interessengruppen zusammengespannt werden, um so einen Interessenausgleich und eine von allen Beteiligten akzeptierte Entscheidung durch Konsens zu erzielen, im Sozialrecht bereits seit langer Zeit besteht, kann angedacht werden, diesen Mechanismus auch für die Vermittlung demokratischer Legitimation fruchtbar zu machen. So wird im Folgenden der Frage nachgegangen, ob einem Interessenausgleich von inhomogenen Interessengruppen durch Konsens legitimationsspendende Wirkung zukommen kann.

---

180 Dazu Kapitel 3 D.II.1. Zusammensetzung.

181 Dazu Kapitel 3 C.V.1.a.bb. Interesseninhomogenität im Verwaltungsrat bzw. in der Vertreterversammlung und 2.a.cc. Interesseninhomogenität der Mitglieder des Verwaltungsrats sowie D.III.1.c. Interesseninhomogenität der Trägerorganisationen.

## B. Konsens als Legitimationsspender

Inwiefern Konsens demokratische Legitimation vermitteln kann, hängt u.a. davon ab, wieweit er im Grundgesetz verankert ist und so die Verfassungslandschaft der Bundesrepublik Deutschland prägt. So wird im Folgenden auf die (I.) konsensualen Elemente im Grundgesetz sowie auf die (II.) konsensusdemokratischen wie auch die (III.) konkordanzdemokratischen Elemente im politischen System der Bundesrepublik eingegangen. Im Besonderen werden dann (IV.) konsensuale Elemente im Sozialrecht herausgestellt, bevor auf alternative Legitimationskonzepte, bei denen der Einbezug von Bürgern und Interessenorganisationen im Zentrum steht, in Form der (V.) partizipativen und assoziativen Demokratie eingegangen und der Frage nachgegangen wird, ob (VI.) Konsens als Vermittler demokratischer Legitimation in Betracht kommt.

### *I. Konsens im Grundgesetz*

„Das Grundgesetz als demokratische Ordnung sieht vor, dass grundlegende staatliche Entscheidungen nach Maßgabe der Mehrheitsregel getroffen werden (Art. 42 Abs. 2, Art. 63 Abs. 2 bis 4, Art. 67 Abs. 1, Art. 52 Abs. 3, Art. 54 Abs. 6)."[182] So ist die Bundesrepublik Deutschland als demokratischer Staat prinzipiell dem Mehrheitsprinzip verpflichtet. Mehrheit entscheidet.[183] Diese Prämisse gilt grundsätzlich für alle Formen von Wahlen und Abstimmungen, durch die das Volk die Staatsgewalt ausübt. Basierend auf der politischen Gleichheit und grundrechtlichen Freiheit aller Staatsbürger ist dieses Prinzip zwar nicht umfassend geregelt, wird jedoch an mehreren Stellen des Grundgesetzes vorausgesetzt.[184] Es gehört „zu den fundamentalen Prinzipien der Demokratie"[185] und wird aufgrund der Bezeichnung der Bundesrepublik Deutschland als „demokratischer und sozialer Bundesstaat"[186] und der Vorgabe, dass alle Staatsgewalt vom Volke ausgeht, das diese in Wahlen und Abstimmungen durch besondere Organe der drei Gewalten ausübt, zu den unabänderbaren Verfassungsprinzipien gerechnet.[187] Auf das Verhältnis zwischen (1.) Mehrheitsprinzip und Konsens sowie den (2.) Grundkonsens als Grundlage für den Mehrheitsentscheid wird im Folgenden eingegangen, ehe unter (3.) eine Zusammenfassung und Bewertung erfolgt.

---

182 BVerfGE 44, 125 (141).

183 Vgl. z.B. Art. 2 Abs. 2 Satz 2 BV.

184 Art. 42 Abs. 2, 52 Abs. 3, 54 Abs. 6, 63 Abs. 2 bis Abs. 4, 67 Abs. 1, 77 Abs. 4 GG.

185 BVerfGE 29, 154 (165), unter Verweis auf BVerfGE 1, 299 (315).

186 Art. 20 Abs. 2 GG.

187 *R. Herzog*, in: *Maunz/Dürig/Herzog u.a.* (Hrsg.), Grundgesetz. Kommentar, Art. 20 Rn. 15.

### 1. Mehrheitsprinzip und Konsens

Beim Mehrheitsprinzip handelt es sich jedoch nicht um ein absolutes oder gar ein mit der Demokratie gleichzusetzendes Prinzip, sondern lediglich um eine Methode der Entscheidungsfindung zur Überwindung von Dissens.[188] Ebenso ist „die Mehrheit“ nicht rechtlich ausgestaltet oder als Institution formiert, sondern es handelt sich bei den Begriffen „Mehrheit“ und „Minderheit“ lediglich um die Bezeichnung politischer Kräfte innerhalb des Parlaments oder eines anderen Staatsorgans.[189] So ist diese Methode integriert in ein Verfassungsverständnis, nach dem der Staat durch seine gesamten Verfassungsorgane handelt, und nicht lediglich durch deren Mehrheiten.[190] Dementsprechend setzt die Mehrheitsentscheidung voraus, dass die Minderheit an dieser mitwirkt, da „in die schließlich erreichte Mehrheitsentscheidung [...] immer auch die geistige Arbeit und die Kritik der oppositionellen Minderheit eingegangen [ist]“.[191] Sie hat idealerweise als das Leitbild des Parlamentarismus „jeweils dem Willen der tatsächlichen Mehrheit des Volkes für die einzelnen Entscheidungen Geltung zu verschaffen, aber diese Mehrheit auch zur Rechtfertigung ihrer Entscheidungen vor dem ganzen Volke, auch vor der Minderheit, zu zwingen.“[192] So soll eine „Diktatur der Mehrheit“ verhindert und diese an die Minderheit rückgebunden werden. Vor diesem Hintergrund sind die demokratische Opposition sowie die sie schützenden Rechte, mithin alle Minderheitenrechte, insbesondere die Meinungsfreiheit sowie alle Informationsgrundrechte, ein notwendiger Bestandteil der demokratischen Auseinandersetzung. Die Mehrheitsentscheidung basiert insoweit auf der Berücksichtigung auch der Interessen der Minderheit im Sinne des Ideals der „sozialen Demokratie in den Formen des Rechtsstaates“.[193] Nur dann, wenn „sie bei ihren Entscheidungen das – je und je zu bestimmende – Gemeinwohl im Auge hat, insbesondere auch die Rechte der Minderheit beachtet und ihre Interessen mitberücksichtigt, ihr zumal nicht die rechtliche Chance nimmt oder verkürzt, zur Mehrheit von morgen zu werden, kann die Entscheidung der Mehrheit bei Ausübung von Staatsgewalt als Wille der Gesamtheit gelten und nach der Idee der freien Selbstbestimmung aller Bürger Verpflichtungskraft für alle entfalten.“[194] So wird ein „relativer ständiger Ausgleich schon in der Gegenwart erstrebt“, der durch Auseinandersetzung mit allen Gruppen, die am sozialen Leben beteiligt sind, ermittelt wird und wodurch sich die Vorstellungen wandeln und schließlich „Ausgleich und Schonung der Interessen aller“ erreicht wird.[195] „Das Gesamtwohl wird eben nicht von vornherein gleichgesetzt mit den Interessen

---

188 *E. Benda*, in: *Hattenhauer/Kaltefleiter* (Hrsg.), Mehrheitsprinzip, Konsens und Verfassung, S. 61 (62).

189 BVerfGE 2, 143 (161).

190 BVerfGE 2, 143 (161).

191 BVerfGE 5, 85 (199).

192 BVerfGE 5, 85 (198).

193 BVerfGE 5, 85 (198).

194 BVerfGE 44, 125 (142).

195 BVerfGE 5, 85 (198).

oder Wünschen einer bestimmten Klasse; annähernd gleichmäßige Förderung des Wohles aller Bürger und annähernd gleichmäßige Verteilung der Lasten wird grundsätzlich erstrebt."[196] In diesem Ideal können auch Anklänge an *Jean-Jacques Rousseaus volonté générale* erblickt werden.[197]

Die Rücksichtnahme der Mehrheit auf die Interessen der Minderheit soll so in einem für alle tragbaren Kompromiss gipfeln, der einen Interessenausgleich enthält, bei dem sich keine Gruppe vollständig durchsetzen kann oder vollständig unberücksichtigt bleibt.[198] Insoweit beinhaltet die Mehrheitsentscheidung, wie sie vom Grundgesetz gedacht wird, nicht nur den Konsens der Mehrheit, sondern auch einen Ausgleich mit der Minderheit, so dass die Mehrheitsentscheidung auch diesbezüglich konsensuale Elemente aufweist. So basiert die sachlich-inhaltliche demokratische Legitimation auf der Mehrheit sowie dem Einbezug der Minderheiteninteressen im Parlament. Praktisch wird dies dadurch erreicht, dass die parlamentarische Mehrheit zumeist aus einer Parteienkoalition besteht, so dass sich unter Ausgleich verschiedener Interessen unterschiedliche Standpunkte zusammenfinden müssen.[199]

Diese konsensualen Elemente in der Mehrheitsentscheidung sind auch der Grund dafür, weshalb die von der Mehrheit getroffenen Entscheidungen als „Wille der Gesamtheit gelten und nach der Idee der freien Selbstbestimmung aller Bürger Verpflichtungskraft für alle entfalten".[200] So wird die Einbettung der Mehrheitsentscheidung in konsensuale Bedingungen zur tragenden Begründung für die Unterwerfung unter die Staatsgewalt und für die Verbindlichkeit der getroffenen Entscheidungen. „Der Staat des Grundgesetzes ist der Entscheidungs- und Verantwortungszusammenhang […], vermittels dessen sich das Volk nach der Idee der Selbstbestimmung aller in Freiheit und unter der Anforderung der Gerechtigkeit seine Ordnung, insbesondere seine positive Rechtsordnung als verbindliche Sollensordnung setzt. Weil ihr der freien Selbstbestimmung aller unter Gewährleistung von Frieden und Ordnung einen institutionellen Rahmen verbürgt, kommt dem Staat Hoheitsgewalt, d.h. die Macht zu, Akte zu setzen, die für alle verbindlich sind, insbesondere Recht zu schaffen und Herrschaftsorgane einzusetzen."[201] Aus diesem Grunde legitimiert der Aushandlungsprozess, an dem alle gesellschaftlichen Kräfte beteiligt sind und an dessen Ende eine Entscheidung der Mehrheit steht, die Ausdruck des Gemeinwohls ist, die Bindungswirkung des Hoheitsaktes auch gegenüber nicht im Parlament vertretenen Gruppen.[202] Da-

196 BVerfGE 5, 85 (198).

197 *J.-J. Rousseau*, Du contrat social ou principes du droit politique, in: Oeuvres complètes, Bd. 3, S. 349 ff.

198 *E. Benda*, in: *Hattenhauer/Kaltefleiter* (Hrsg.), Mehrheitsprinzip, Konsens und Verfassung, S. 61 (69).

199 *E. Benda*, in: *Hattenhauer/Kaltefleiter* (Hrsg.), Mehrheitsprinzip, Konsens und Verfassung, S. 61 (69).

200 BVerfGE 44, 125 (142).

201 BVerfGE 44, 125 (142) – Wahlwerbung der Bundesregierung.

202 *K. Rennert*, JZ 2009, 976 (982).

durch wird sichergestellt, dass sich das Gemeinwohl, das sich in den Mehrheitsentscheidungen bei ausreichendem Minderheitenschutz manifestiert, gegenüber Partikularinteressen durchsetzt und einer Diktatur der Minderheit vorgebeugt wird.

#### 2. *Grundkonsens als Grundlage für den Mehrheitsentscheid*

Voraussetzung für die Wirksamkeit und Akzeptanz des Mehrheitsprinzips ist jedoch nicht nur die Berücksichtigung des Gesamtwohls und damit auch der Interessen der Minderheit bei der Mehrheitsentscheidung, sondern auch die Anerkennung der Grundlagen, auf denen das Mehrheitsprinzip basiert. Beruht das Mehrheitsprinzip auf dem Demokratieprinzip, so bedarf „[d]ie Demokratie des Grundgesetzes [...] eines weitgehenden Einverständnisses der Bürger mit der vom Grundgesetz geschaffenen Staatsordnung."[203] Dieser Grundkonsens ist die Grundlage, auf der die Mehrheitsentscheidungen ihre Wirksamkeit auch gegenüber der Minderheit beanspruchen. Auf ihm beruht die normative Kraft der Verfassung.[204] Fehlt dieser Grundkonsens oder fällt er weg, so verliert die Verfassung und damit das in ihr statuierte Mehrheitsprinzip ihre Grundlage.[205]

#### 3. *Zusammenfassung und Bewertung*

So bleibt festzustellen, dass das Mehrheitsprinzip kein vom Konsens losgelöstes Prinzip darstellt. Es erfordert den Konsens über die Staatsordnung, denjenigen der Mehrheit in der Entscheidungsfindung sowie den durch ausgleichenden Einbezug der Interessen der Minderheit bei dieser Entscheidung, womit eine Feststellung und Verwirklichung des Gesamtwohls angestrebt wird. Insoweit ist Konsens Voraussetzung und Begrenzung der Mehrheitsentscheidung. Im Gegenzug fehlen plebiszitärdemokratische Einrichtungen, die reine Mehrheitsentscheidungen darstellen, ohne den vorgenannten Konsens mit der Minderheit zu suchen, vollständig bzw. haben keine Bedeutung.[206]

### *II. Konsensusdemokratische Elemente im politischen System der Bundesrepublik Deutschland*

Neben der Einbettung der Mehrheitsentscheidungen des Grundgesetzes in konsensuale Bedingungen kennt das Grundgesetz wie auch das politische System der Bundesrepublik Deutschland weitere konsensuale Elemente, die insbesondere in der politikwissenschaftlichen Diskussion der vergleichenden Demokratieforschung herausgestellt wurden und auch in vorliegendem Kontext von Bedeutung

[203] BVerfGE 44, 125 (147).
[204] *K. Hesse*, Grundzüge, Rn. 692.
[205] *K. Hesse*, Grundzüge, Rn. 692.
[206] Dazu die Art. 29 Abs. 2, 146 GG.

sind. Im Folgenden wird daher auf (1.) den qualitativen Ansatz *Arend Lijpharts* eingegangen sowie die einzelnen Merkmale der Konsensusdemokratie nach diesem dargestellt, ehe diese (2.) auf das politische System der Bundesrepublik Deutschland angewandt werden und untersucht wird, inwieweit diese eine Konsensusdemokratie ist.

### *1. Der qualitative Ansatz Arend Lijpharts*

Nach dem qualitativen Ansatz *Arend Lijpharts* wurden in Gegenüberstellung der Idealtypen der „Westminster-" oder „Mehrheitsdemokratie" und der „Verhandlungs-" (*bargaining democracy*) oder „Konsensusdemokratie" (*consensus democracy*) zehn Parameter entwickelt, nach denen verfassungsstaatliche Demokratien durch systematischen Vergleich erfasst und zwischen diesen Idealtypen eingeordnet werden.[207] Dabei stehen sich die Idealtypen diametral gegenüber und vereinen jeweils die negativierten Merkmale des anderen in sich. Konzentriert die Mehrheitsdemokratie politische Macht, versucht die Konsensusdemokratie diese aufzuteilen und ist auf die Machtteilhabe auch von Minderheiten angelegt, wodurch die Mehrheit begrenzt wird.

Hauptmerkmale für die Unterscheidung zwischen Mehrheits- und Konsensusdemokratie sind danach:

- der Grad der Konzentration der exekutiven Macht, also inwiefern Einparteienkabinette bzw. Mehrparteienkonstellationen bestehen,[208]
- das Kräfteverhältnis zwischen Exekutive und Legislative und inwieweit eine der Gewalten die andere dominiert,[209]
- der Fragmentierungsgrad des Parteiensystems, mithin ob ein Zwei-[210] oder Mehrparteiensystem besteht,[211]
- die Frage nach der Proportionalität von Sitzverteilung im Parlament zu den abgegebenen Stimmen durch das Wahlrecht, also ob ein Mehrheits- bzw. Verhältniswahlrecht besteht,[212]
- ein pluralistisches bzw. koordiniertes und korporatistisches System von Interessengruppen,[213]
- der Grad der Aufteilung von Macht durch die Staatsstruktur, also inwieweit ein unitarischer und zentralistischer bzw. föderaler und dezentralisierter Staatsaufbau besteht,[214]

---

207 *A. Lijphart*, Democracies, passim. Diesen Ansatz hat Lijphart in Patterns of Democracy weitergeführt. Hierzu *U. Hoffmann-Lange*, PVS 42 (2001), S. 335 ff. Siehe auch *A. Lijphart*, Thinking about Democracy, passim.

208 *A. Lijphart*, Patterns of Democracy, S. 90 ff.

209 *A. Lijphart*, Patterns of Democracy, S. 116 ff.

210 Bzw. die Anzahl der im System relevanten Parteien kommt dieser Zahl nahe.

211 *A. Lijphart*, Patterns of Democracy, S. 62 ff.

212 *A. Lijphart*, Patterns of Democracy, S. 143 ff.

213 *A. Lijphart*, Patterns of Democracy, S. 171 ff.

214 *A. Lijphart*, Patterns of Democracy, S. 185 ff.

- der Aufteilungs- bzw. Konzentrationsgrad der Legislativmacht auf ein Ein- bzw. Zweikammernsystem,[215]
- der Grad der Verfassungsflexibilität bzw. Verfassungsrigidität,[216]
- das Letztentscheidungsrecht über die Verfassungsmäßigkeit von Gesetzen, namentlich ob dieses der Legislative zukommt bzw. inwieweit ein ausgebautes System richterlicher Nachprüfung besteht,[217] und
- der Grad der Zentralbankautonomie.[218]

Diese theoretischen Konzepte werden durch Indikatoren operationalisiert.[219]

### 2. *Die Bundesrepublik Deutschland als Konsensusdemokratie*

Wendet man diese Parameter auf die Bundesrepublik Deutschland an, so ergeben sich relativ eindeutige Aussagen über deren Einordnung: So liegt die Regierungsverantwortung seit Einführung der parlamentarischen Demokratie unter dem Grundgesetz regelmäßig in der Hand von Koalitionsregierungen,[220] denen zwischen zwei bis vier Parteien[221] angehörten. Der Hang zu bzw. die Notwendigkeit von Koalitionen wurde und wird aufgrund der Aufspaltung der Parteienlandschaft durch Neugründungen weiterer Parteien[222] verstärkt, da diese, selbst wenn sie nicht in den Bundestag einziehen, ein Stimmkontingent binden und so zur Reduzierung des für die etablierten Parteien abgegebenen Stimmenvolumens beitragen, wodurch einer Alleinherrschaft einer Partei ein Riegel vorgeschoben wird. Vor diesem Hintergrund sind neben Zwei- auch Mehrparteienkoalitionen wieder denkbar.[223]

Ebenso besteht im politischen System der Bundesrepublik keine Dominanz der Exekutive über die Legislative, sondern vielmehr vermag die Legislative in Gestalt des Parlaments die Exekutive in Form der Gubernative nicht nur in

[215] *A. Lijphart*, Patterns of Democracy, S. 200 ff.

[216] *A. Lijphart*, Patterns of Democracy, S. 216 ff.

[217] *A. Lijphart*, Patterns of Democracy, S. 225 ff.

[218] *A. Lijphart*, Patterns of Democracy, S. 235 ff.

[219] Deren Darstellung würde an dieser Stelle zu weit gehen. So wird beispielsweise der Grad der Konzentration bzw. der Aufteilung der exekutiven Macht durch den Mittelwert der Regierungsdauer, der in Prozent des gesamten Untersuchungszeitraums gemessen wird, der jeweils kleinstmöglichen Koalition und der Dauer der Regierung eines Einparteienkabinetts gemessen, *A. Lijphart*, Patterns of Democracy, S. 109 ff. Zu den anderen Indikatoren vgl. die Anm. 209 bis 219.

[220] Lediglich von 1960 bis 1961 regierte die CDU/CSU ohne Koalitionspartner als Folge des Übertritts von Abgeordneten der DP (Deutsche Partei) zur CDU, woraufhin die DP aus der Regierungskoalition ausschied.

[221] Vier Parteien (CDU/CSU, FDP, DP, Gesamtdeutscher Block/Bund der Heimatvertriebenen und Entrechteten (GB/BHE)) waren an der Bundesregierung von 1953 bis 1955 unter *Konrad Adenauer* beteiligt.

[222] Wie Die Grünen, der Linkspartei, der Piratenpartei, der AfD.

[223] Nach der Methode von *Lijphart* erhält die Bundesrepublik einen Durchschnittswert von 36,2 % und liegt damit in der Liste der Länder mit breiten Koalitionskabinetten an 9. Stelle, *A. Lijphart*, Patterns of Democracy, S. 110, 312.

Form des Bundeskanzlers zu wählen, sondern diese auch durch verschiedene Rechte zu kontrollieren und abzusetzen.[224] Gleichzeitig ordnet das Grundgesetz die Dominanz der Legislative über die beiden anderen Gewalten an, indem es diese an Legislativakte bindet, während die Legislative selbst lediglich der verfassungsmäßigen Ordnung unterworfen ist.[225] Daher fehlen nicht nur eine Dominanz der Exekutive über die Legislative und ein Kräftegleichgewicht zwischen diesen beiden Gewalten, sondern es besteht sogar eine Überlegenheit der Legislative.[226]

Wie bereits ausgeführt, werden die Sitze im Deutschen Bundestag regelmäßig auf eine Mehrheit von Parteien verteilt.[227] Dabei pendelte sich die Anzahl der im Bundestag repräsentierten Parteien von den zu Beginn vertretenen zehn[228] bzw. sieben[229] und sechs[230] über längere Dauer auf vier ein,[231] bevor nach einer Zeit, in der fünf[232] bzw. wieder sieben[233] Parteien vertreten waren, ebenfalls eine längere Periode mit sechs Parteien im Bundestag folgte,[234] ehe aktuell nur noch vier Parteien den Einzug schafften.[235] Dabei ist die Parteienlandschaft nach wie vor geprägt durch die Dominanz der beiden großen Parteien CDU und SPD, wenn auch die Vormachtstellung insbesondere der SPD durch die Gründung weiterer Parteien im linken politischen Bereich erodierte.[236]

---

[224] Wie z.B. dem Zitierrecht, Art. 43 Abs. 1 GG, dem konstruktiven Misstrauensvotum, Art. 67 GG, und dem Interpellationsrecht, §§ 100 ff. GOBT.

[225] Art. 20 Abs. 3 GG.

[226] Nach *A. Lijphart*, Patterns of Democracy, S. 132, 313, steht die Bundesrepublik im Vergleich zu den übrigen ausgewählten Demokratien im Hinblick auf die Dominanzfrage der Exekutive an 17. Stelle (2,82 Punkte).

[227] *M.G. Schmidt*, Das politische System Deutschlands, S. 80 ff.

[228] Ausschlaggebend für diese Aufteilung des 1. Deutschen Bundestags 1949 war die Tatsache, dass die 5 %-Klausel nur je Bundesland angewandt wurde und so neben den größeren Parteien, wie der CDU/CSU, SPD, FDP, die Deutsche Partei (DP), Bayernpartei (BP), KPD, auch kleinere Parteien, wie die Wirtschaftliche Aufbau-Vereinigung (WAV), die Deutsche Konservative Partei – Deutsche Rechtspartei (DKP-DRP) oder der Südschleswigsche Wählerverband (SSW), in den ersten Bundestag einzogen.

[229] 1953 waren im 2. Deutschen Bundestag die CDU/CSU, SPD, FDP, GB/BHE, DP und das Zentrum vertreten.

[230] Im 3. Deutschen Bundestag 1957 waren die CDU/CSU, SPD, FDP, DP sowie die Freie Deutsche Volkspartei (FDV) vertreten.

[231] Von 1961 (4. Deutscher Bundestag) bis 1980 (9. Deutscher Bundestag) waren die CDU/CSU, SPD und die FDP vertreten.

[232] 1983 und 1987 zogen mit Die Grünen die fünfte Partei in den 10. und 11. Deutschen Bundestag ein.

[233] Im 12. Deutschen Bundestag von 1990 waren die CDU/CSU, SPD, FDP, PDS sowie Bündnis 90/Die Grünen vertreten.

[234] In die Deutschen Bundestage von 1994 bis 2009 zogen die CDU/CSU, SPD, FDP, Bündnis 90/Die Grünen sowie PDS/Linke ein.

[235] Dies sind die CDU/CSU, SPD, Linke, Die Grünen.

[236] Mit diesem System erhielt die Bundesrepublik nach dem Verfahren von *Lijphart* 2,93 Punkte und belegte im Vergleich zu den 35 anderen Staaten den 19. Platz im Hinblick auf die Verteilung von Macht durch ein Mehrparteiensystem, *A. Lijphart*, Patterns of Democracy, S. 76 f., 312.

Diese Mehrparteienlandschaft wie auch die Notwendigkeit von Regierungskoalitionen ist Konsequenz des personalisierten Verhältniswahlrechts und der Direktmandatsklausel als Rückausnahme zur 5 %-Klausel.[237]

Die Vertretung von Interessengruppen ist in Deutschland vielgestaltig und weist verschiedene Organisationsgrade auf.[238] Insbesondere existiert keine politisch-weltanschauliche Verflechtung der Interessenrepräsentanz mehr wie noch im Kaiserreich und der Weimarer Republik.[239] So besteht grundsätzlich ein pluralistisches Interessengruppensystem, das jedoch auch korporatistische Züge aufweist, indem z.B. in einer Vielzahl von Beiräten und Aufsichtsgremien im Bereich der Bundesregierung überwiegend Verbände repräsentiert[240] wie auch solche an der Durchführung von Gesetzen beteiligt sind.[241] Darüber hinaus sind Verbände in einer Vielzahl von öffentlichen Institutionen mit Selbstverwaltung vertreten. So dominieren freie Ärzteverbände die Ärztekammern bzw. die Kassenärztlichen Vereinigungen.[242]

Die Bundesrepublik ist daneben auch ein föderaler Staat, der sich damit nicht nur durch eine horizontale, sondern auch durch eine auf 16 Bundesländer aufgeteilte vertikale Gewaltenteilung auszeichnet und dezentral organisiert ist.[243] Die Folge hiervon ist das Bestehen einer Vielzahl von Machtzentren, wodurch die staatliche Herrschaft begrenzt und ein Ausgleich und Einbezug verschiedenster Machtträger erforderlich wird.[244]

Infolgedessen besteht auf Bundesebene neben dem Bundestag der Bundesrat als föderales Organ. Zwar ist insoweit umstritten, ob im Hinblick auf Bundestag und Bundesrat von einem Zwei-Kammern-System gesprochen werden kann, da der Bundesrat aufgrund seiner geschwächten Position bei Einspruchsgesetzen keine „zweite Kammer eines einheitlichen Gesetzgebungsorgans, die gleichwertig mit der „Ersten Kammer“ entscheidend am Gesetzgebungsverfahren beteiligt wäre“, ist.[245] Trotzdem wurde der Bundesrat im Laufe der Zeit „wesentlich be-

---

[237] Nach dem Verfahren von *Lijphart* belegt die Bundesrepublik im Hinblick auf das Bestehen eines Verhältniswahlsystems den 7. Platz (2,52 Punkte), *A. Lijphart*, Patterns of Democracy, S. 162, 313.

[238] Dazu *W. Rudzio*, Das politische System, S. 55 ff., insbes. S. 58; *M.G. Schmidt*, Das politische System Deutschlands, S. 108 ff.; *T. Ellwein*, in: *Löwenthal/Schwarz* (Hrsg.), Die zweite Republik, S. 470 ff.; *M. Sebaldt*, Organisierter Pluralismus, S. 75 ff.

[239] *W. Rudzio*, Das politische System, S. 55 f.

[240] BT-Drs. 12/594, S. 4, 6.

[241] *W. Rudzio*, Das politische System, S. 82 f.

[242] *W. Rudzio*, Das politische System, S. 83. Deutschland erhält nach dem Verfahren von *Lijphart* mit 1,38 Punkten einen im unteren Drittel liegenden Wert, *A. Lijphart*, Patterns of Democracy, S. 182 f., 313.

[243] Art. 20 Abs. 1 GG; hierzu statt vieler *M. Möstl*, Bundesstaat und Staatenverbund, S. 39 ff., 65 ff.

[244] In der Studie von *A. Lijphart*, Patterns of Democracy, S. 193, 312, erhält die Bundesrepublik im Vergleich zu den anderen Staaten mit 5,0 Punkten im Hinblick auf die föderale und dezentrale Staatsstruktur den höchsten Wert neben der Schweiz, Kanada und den USA.

[245] BVerfGE 37, 363 (380); dazu auch *K. Odendahl*, in: *Schmidt-Bleibtreu/Hofmann/Hopfauf* (Hrsg.), GG, Art. 50 Rn. 7.

deutender als bei der Beratung und Verabschiedung des Grundgesetzes angenommen"[246] und es war und ist ein Anliegen des Grundgesetzes, die föderale Struktur auch auf Bundesebene zum Ausdruck zu bringen und die verschiedenen Interessen der Machtzentren zu integrieren, was sich insbesondere in dem Institut des Vermittlungsausschusses und seinem Verfahren zeigt, das grundsätzlich auf Ausgleich angelegt ist.[247] Insoweit können unabhängig von der Qualifikation als Zwei-Kammern-System dem Grundgesetz mit Blick auf die Integration föderaler Kräfte konsensuale Züge entnommen werden.

Hinzu kommt, dass das Grundgesetz einen Wertekonsens postuliert, welcher der Diskussion und Abänderung durch die Mehrheit entzogen ist. Es begnügt sich somit nicht damit, die Grundlagen der Ordnung des Gemeinwesens als Ausdruck des Konsenses der Gesellschaft festzuschreiben, sondern trifft auch inhaltliche Entscheidungen, die dem Mehrheitsprinzip nicht mehr unterfallen.[248] So statuiert es die in den Art. 1 und 20 GG niedergelegten Grundsätze und ausdrücklich noch einmal die föderale Struktur der Bundesrepublik sowie die Mitwirkungsbefugnis der Länder an der Gesetzgebung als absolute Werte, die einer Verfassungsänderung entzogen sind.[249] Diese „Ewigkeitsklausel" formuliert damit zumindest eine partielle Verfassungsrigidität von höchster Qualität.[250] Gleichzeitig entzieht es die Änderung der übrigen Verfassung dem einfachen Mehrheitsprinzip und stellt die Forderung nach einer qualifizierten Mehrheit von 2/3 der Mitglieder des Bundestags und der Stimmen des Bundesrats auf.[251] Indem so die einfache Mehrheit rückgebunden wird an den zu erzielenden Konsens mit zumindest einem Teil der Minderheit und dadurch der Mehrheit nicht mehr allein die Entscheidungsbefugnis zukommt, sondern diese auf einen Teil der Opposition angewiesen ist, wird das Mehrheitsprinzip qualifiziert und damit gleichzeitig reduziert.[252] So wird in die Frage, was als Grundkonsens den Rahmen des Staates in Form der Verfassung vorgibt, auch die Minderheit eingebunden und es ist eine formelle oder informelle Koalition zwischen Bundestagsmehrheit und Bundesratsmehrheit, wie auch zwischen Regierungskoalition und Opposition erforderlich,[253] wodurch ein breiterer Konsens hergestellt werden soll.

---

[246] *P. Badura*, in: *Bundesrat* (Hrsg.), Vierzig Jahre Bundesrat, S. 317 (335); *W. Krebs*, in: *Kunig/v. Münch* (Hrsg.), Grundgesetz, Art. 50 Rn. 16. Die Bundesrepublik wird hierbei in der Studie von *A. Lijphart*, Patterns of Democracy, S. 212, 314, neben Australien, der Schweiz und den USA als strenges Zwei-Kammer-System eingeordnet und erhält mit 4,0 Punkten den Höchstwert.

[247] Art. 77 Abs. 2 GG.

[248] *K. Hesse*, Grundzüge, Rn. 702 f.

[249] Art. 79 Abs. 3 GG.

[250] Zur Relativierung des Schutzes *K. Hesse*, Grundzüge, Rn. 692. Umstritten ist die Frage, inwieweit eine Verfassungsneugebung nach § 146 GG erfolgen kann, dazu *K. Hesse*, Grundzüge, Rn. 100 m.w.N.

[251] Art. 79 Abs. 2 GG.

[252] *E. Benda*, in: *Hattenhauer/Kaltefleiter* (Hrsg.), Mehrheitsprinzip, Konsens und Verfassung, S. 61 (71).

[253] *M.G. Schmidt*, Demokratietheorien, S. 335.

Ein ebenfalls das Mehrheitsprinzip begrenzender Faktor ist das Vorhandensein einer starken Verfassungsgerichtsbarkeit,[254] der das Letztentscheidungsrecht über die Verfassungsmäßigkeit von Legislativakten zukommt. Eine solche besteht in der Bundesrepublik, die mit dem BVerfG eine eigene Verfassungsgerichtsbarkeit hat, dem die Kompetenz der letztverbindlichen Entscheidung über Gesetze im Rahmen der Normenkontrollverfahren und zum Teil auch über die Verfassungsbeschwerde durch das Grundgesetz zugewiesen wird.[255] Die Entscheidungen entfalten dabei grundsätzlich Bindungswirkung gegenüber allen Verfassungsorganen von Bund und Ländern, wie auch alle Gerichte und Behörden gebunden sind.[256] In den Fällen der Überprüfung von Gesetzen kommt den Entscheidungen des Bundesverfassungsgerichts sogar Gesetzeskraft zu,[257] so dass der Verfassungsgerichtsbarkeit eine derart starke Position zugewiesen wird, in der sie sogar den Gesetzgeber überragt.[258]

Zuletzt ist die Deutsche Bundesbank auch als Teil des ESZB eine von der Regierung und sonstigen staatlichen Stellen unabhängige Zentralbank, die in erster Linie der Geldwertstabilität verpflichtet ist.[259]

So überrascht es nicht, dass nach der Gesamtbeurteilung von *Lijphart*[260] die Bundesrepublik Deutschland – wie die meisten anderen Staaten auch – zwar als Mischform zwischen Mehrheits- und Konsensusdemokratie eingeordnet wird, sie jedoch – und das ist das prägende Merkmal der Bundesrepublik – starke kon-

---

[254] *E. Benda*, in: *Hattenhauer/Kaltefleiter* (Hrsg.), Mehrheitsprinzip, Konsens und Verfassung, S. 61 (72).

[255] Art. 93 Abs. 1 Nr. 2, Nr. 2a, Art. 100 Abs. 1 GG.

[256] § 31 Abs. 1 BVerfGG.

[257] § 31 Abs. 2 Satz 1, 2 BVerfGG.

[258] *W. Meyer*, in: *Kunig/v. Münch* (Hrsg.), Grundgesetz, Art. 93 Rn. 65; kritisch zu dieser Stellung *K. Hesse*, JZ 1995, 265 (267), der von „Supergesetzgebung" spricht. Nach *A. Lijphart*, Patterns of Democracy, S. 226, 314, erhält die Bundesrepublik daher den Maximalwert von 4,0 Punkten, neben den USA und Indien (sowie Kanada nach 1992).

[259] § 12 Satz 1 BBankG. Sie hat jedoch die allgemeine Wirtschaftspolitik der Bundesregierung zu unterstützen, soweit ihr dies unter Wahrung ihrer Aufgabe als Bestandteil des Europäischen Systems der Zentralbanken möglich ist, § 12 Satz 2 BBankG. Dazu *T. Büsching*, Unabhängigkeit, passim; *R. Robert*, Die Unabhängigkeit der Bundesbank, passim; *O. Lampe*, Die Unabhängigkeit der Deutschen Bundesbank, passim; *H. Siekmann*, Die Unabhängigkeit von EZB und Bundesbank nach geltendem Recht und dem Vertrag über eine Verfassung für Europa, http://www.ilf-frankfurt.de/uploads/media/ILF_WP_035.pdf (Stand: 4.2.2014). Aufgrund dieser Unabhängigkeit führt die Bundesrepublik in dieser Hinsicht nach *A. Lijphart*, Patterns of Democracy, S. 236, 314, die Liste der Vergleichsstaaten mit dem höchsten Wert von 0,69 Punkten an.

[260] Hierzu werden standardisierte (z-transformierte) Durchschnittswerte aus den standardisierten (z-transformierten) Originalmesswerten von jeweils fünf Merkmalen gebildet. Dabei basiert die Exekutive-Parteien-Struktur (First (executives-parties) dimension) auf den ersten fünf, oben angeführten Merkmalen, die Föderalismus-Unitarismus-Dimension (Second (federal-unitary) dimension) auf den restlichen fünf Merkmalen. Niedrige Werte kennzeichnen hierbei bzgl. der Exekutive-Parteien-Struktur eine ausgeprägte Mehrheitsdemokratiestruktur, während hohe Werte konsensdemokratische Strukturen belegen. Bzgl. der Föderalismus-Unitarismus-Dimension zeugen niedrige Werte von einer hohen Machtkonzentration, während hohe Werte auf eine Aufteilung von politischer Macht hinweisen. Die Bundesrepublik Deutschland erhält mit 0,67 Punkten den elfthöchsten und mit 2,52 Punkten den höchsten Wert, *A. Lijphart*, Patterns of Democracy, S. 312.

sensusdemokratische Elemente aufweist und aufgrund ihrer föderalen Struktur als föderalistische Konsensusdemokratie bezeichnet wird.[261] Sind auch insbesondere die aus der Einordnung gezogenen Schlussfolgerungen *Lijpharts* Kritik ausgesetzt,[262] so bleibt das Ergebnis der Untersuchung davon unberührt, nach dem die Demokratie des Grundgesetzes grundsätzlich auf dem Mehrheitsprinzip basiert, jedoch starke konsensuale Elemente nicht nur im Rahmen der Mehrheitsfindung enthält, sondern daneben auch generell auf Ausgleich und den Einbezug verschiedener Interessen gerichtet ist und so versucht, einen breiten gesellschaftlichen Konsens für die getroffenen oder noch zu treffenden Entscheidungen herzustellen. Die konsensusdemokratischen Elemente bilden die Voraussetzung für die Beteiligung und die Berücksichtigung aller wichtigen gesellschaftlichen Gruppen bei der Entscheidungsfindung und der Ausübung von Macht.[263] So wird gerade unter dem Grundgesetz der Versuch unternommen, „die Exklusivität des staatlichen Machtmonopols durch Inklusion der Machtunterworfenen wenn nicht aufzuheben, so doch erträglich zu machen".[264] Konsens ist damit ein fester und notwendiger Bestandteil des Demokratieprinzips und so auch ein Bestandteil der demokratischen Legitimation von Entscheidungen im Staat des Grundgesetzes.

### *III. Konkordanzdemokratische Elemente im politischen System der Bundesrepublik Deutschland*

Ähnlich der Einteilung in Mehrheits- und Konsensusdemokratie unterscheidet die politikwissenschaftliche Demokratietheorie zwischen Konkurrenz- und Konkordanzdemokratie.[265] Dabei ist Hauptunterscheidungskriterium die Art der Konfliktbewältigung innerhalb des Gemeinwesens. Regelt die Konkurrenzdemokratie ihre Konflikte im Wesentlichen mittels des Mehrheitsprinzips, steht bei der Konkordanzdemokratie („*consociational democracy*") der Interessenaus-

---

[261] In Abgrenzung zur einheitsstaatlichen Mehrheitsdemokratie, wie Großbritannien, der föderalen Mehrheitsdemokratie, wie den USA, sowie der einheitsstaatlichen Konsensusdemokratie, wie den Benelux-Ländern. Ebenso *M.G. Schmidt*, Das politische System Deutschlands, S. 272 ff.

[262] *Lijpharts* Ansatz ist nicht unumstritten, *M.G. Schmidt*, Demokratietheorien, S. 326 ff. Allerdings beziehen sich die Kritikpunkte vor allem auf die Validität und die Interpretation der gefundenen Ergebnisse. Insbesondere werden die aufgrund der Untersuchungsergebnisse gezogenen Schlüsse bzgl. der Korrelation einer Demokratieform und z.B. dem Leistungsprofil der Demokratie, der Inflationsrate oder der Kluft zwischen Arm und Reich, in Zweifel gezogen. Diese Folgerungen vermögen jedoch an dem Ausgangsbefund, wie er für die vorliegende Arbeit herangezogen und relevant wird, nichts zu ändern.

[263] Insoweit beinhaltet die Demokratie des Grundgesetzes auch konkordanzdemokratische Elemente, bei denen es um Machtaufteilung durch Beteiligung der verschiedenen Interessensgruppen geht, dazu *M.G. Schmidt*, Demokratietheorien, S. 309.

[264] *U. Di Fabio*, Das Recht offener Staaten, S. 43 ff.

[265] Zur Theorie der Konkordanzdemokratie und der Abgrenzung zur Konkurrenzdemokratie *M.G. Schmidt*, Demokratietheorien, S. 306 ff.; *ders.*, Das politische System Deutschlands, S. 35 f.

gleich durch Kompromiss im Zentrum.[266] Die Konkordanzdemokratie ist damit eine Verhandlungs- bzw. Proporzdemokratie, in der unterschiedliche Positionen durch Verhandlung und andere Kompromisstechniken zu konsensualer Übereinstimmung gebracht werden.[267] Kennzeichen sind so die Beteiligung von Minderheiten an den Entscheidungsprozessen in Form von Teilhaberechten, wie der Beteiligung oppositioneller Parteien an der Regierung, die im Extremfall des Einstimmigkeitsprinzips in ein Vetorecht mündet, sowie Proporz- oder Paritätsregeln, die im Bereich der Wirtschaft, der Besetzung öffentlicher Ämter, des Zugangs zu staatlichen Förderungen oder Massenkommunikationsmitteln zur Anwendung kommen und durch welche die Kompromisse formell abgesichert werden.[268] Inwieweit es sich bei der Konkordanzdemokratie um eine Kategorie der Konsensusdemokratie handelt, wie dies von *Lijphart* vertreten wird, oder ob diese eine eigenständige Kategorie bildet, kann für vorliegende Arbeit offen bleiben.

Die Einordnung der Bundesrepublik Deutschland erfolgt auf den ersten Blick aufgrund des in der parlamentarischen Demokratie vorherrschenden Mehrheitsprinzips allein in die Kategorie der Konkurrenzdemokratie. Allerdings wurde bereits ausgeführt, dass das Mehrheitsprinzip nicht für sich allein und losgelöst von den Interessen der Minderheit steht, sondern durch Rückbindung und Berücksichtigung auch dieser Interessen zu einem schonenden Ausgleich beitragen und der Annäherung an das Gemeinwohl dienen soll, um so eine „Diktatur der Mehrheit" zu verhindern.[269] So trägt das Mehrheitsprinzip auch konsensuale Elemente in sich, wie auch das Grundgesetz konkordanzdemokratische Strukturen aufweist. Zu denken ist in diesem Zusammenhang an die verfassungsändernde Gesetzgebung, die einer Zweidrittelmehrheit sowohl des Bundestags als auch des Bundesrats bedarf, wie auch an die Zustimmungsgesetze, zu denen der Bundesrat seine Zustimmung erteilen muss. Klassisches Beispiel für die Verhandlungsdemokratie ist dabei der Konfliktlösungsmechanismus in Gestalt des Vermittlungsausschusses.[270] Ebenfalls konkordanzdemokratisch erfolgt die Selbstkoordination der Bundesländer durch Einvernehmen, wie dies durch die Beschlussfassung der Kultusministerkonferenz für den Bereich des Bildungswesens der Fall ist.

Insbesondere jedoch bei der Besetzung von Ämtern werden die konkordanzdemokratischen Elemente deutlich sichtbar. So wird der Bundespräsident zwar mit Mehrheit gewählt, jedoch soll die gesellschaftsplurale Besetzung zumindest der Hälfte der Bundesversammlung den Einbezug aller gesellschaftlichen Kräfte sicherstellen und so die Akzeptanz der Personenwahl fördern.[271] Ebenso werden die obersten Bundesgerichte vom zuständigen Bundesminister und dem Richter-

[266] *M.G. Schmidt*, Demokratietheorien, S. 328.
[267] *M.G. Schmidt*, Demokratietheorien, S. 327.
[268] *M.G. Schmidt*, Demokratietheorien, S. 328.
[269] Dazu bereits B.I.1. Mehrheitsprinzip und Konsens.
[270] Art. 77 Abs. 2 GG.
[271] Art. 54 Abs. 1, Abs. 2 GG.

wahlausschuss, der aus den jeweils für das Sachgebiet zuständigen Landesministern und einer gleichen, vom Bundestag gewählten Anzahl von Mitgliedern besteht, gemeinsam besetzt.[272] Ebenfalls dem Ziel, alle gesellschaftlichen Kräfte einzubeziehen, verhaftet ist die Besetzung der öffentlich-rechtlichen Rundfunkanstalten.[273] So besteht der Rundfunkrat aus insgesamt 46 Mitgliedern, die von weltanschaulichen und gesellschaftlichen Gruppen sowie der Staatsregierung und dem Landtag entsandt werden.[274]

Dabei stellen derartige Verhandlungsstrukturen in der deutschen Geschichte keinen Sonderfall dar, vielmehr behaupten Kompromisslösungen seit langem ihren Platz unter den Formen der Konfliktlösungsmechanismen. So zeichnen sich u.a. die Ausgleichsfrieden, wie der Augsburger Religionsfriede von 1555 ebenso wie der Westfälische Friede 1648/49, der als Ausgangspunkt für das föderalistische Gleichgewichtsmodell gilt, durch ihre Bestrebungen des konsensualen Ausgleichs zwischen den widerstreitenden Parteien aus.[275]

Allerdings fehlt der Bundesrepublik Deutschland das für die Einordnung als Konkordanzdemokratie erforderliche Kriterium, dass „wichtige Entscheidungsprozesse auf der Ebene der Zentralregierung formal oder durch informelle Prozeduren außerparlamentarischer Verständigung von der Maxime des gütlichen Einvernehmens beherrscht sind".[276] Vor diesem Hintergrund handelt es sich bei der Bundesrepublik Deutschland letztlich um eine Mehrheitsdemokratie, die von konkordanzdemokratischen Elementen geprägt ist und damit wiederum eine Mischform, diesmal zwischen Konkurrenz- und Konkordanzdemokratie, darstellt.[277]

Die Vorteile konkordanzdemokratischer Elemente liegen auf der Hand: Es werden durch sie die unterschiedlichen gesellschaftlichen Gruppen in die Entscheidungsprozesse integriert, was zu Autonomieschonung und Gemeinschaftsverträglichkeit der Entscheidungen unter gleichzeitiger Verwirklichung eines effektiven Minderheitenschutzes führt. Auf diese Weise können tief verwurzelte Gesellschaftskonflikte und gesellschaftliche Segmentierungen überbrückt werden, so dass sich die Konkordanzdemokratie als einzige Möglichkeit demokratischer Entscheidungsfindung für ein gespaltenes Gemeinwesen darstellt.[278] Insbesondere dort, wo die Verfolgung der Mehrheitsstrategie für die einzelnen Akteure keinen Vorteil birgt, da die Mehrheit von ihnen nicht erreicht werden kann, ist ein konkordanzdemokratischer Ansatz vielversprechend.[279] Ein maßgeblicher

272 Art. 95 Abs. 2 GG.

273 *M.G. Schmidt*, Demokratietheorien, S. 310.

274 Art. 6 Abs. 2 Satz 2, Abs. 3 Nr. 1 BayRG. Problematisch ist dabei, dass insgesamt 13 Vertreter von Landtag und Staatsregierung bei einer Gesamtanzahl von 46 Mitgliedern entsandt werden, so dass auch die Verfassungskonformität des Bayerischen Rundfunks Zweifel aufwirft, vgl. zur Staatsbeteiligung am ZDF BVerfG, Urt. v. 25.3.2014, 1 BvF 1/11, 1 BvF 4/11.

275 *G. Lehmbruch*, Swiss Political Science Review 2 (1996), S. 1 (13 ff.).

276 *G. Lehmbruch*, in: *Nohlen/Schultze* (Hrsg.), Lexikon der Politikwissenschaft, S. 206.

277 *M.G. Schmidt*, Demokratietheorien, S. 310.

278 *M.G. Schmidt*, Demokratietheorien, S. 311.

279 *M.G. Schmidt*, Demokratietheorien, S. 332.

Vorteil der Konkordanzdemokratie liegt auch darin, dass sie das Potenzial hat, die verschiedenen, in der Gesellschaft vorhandenen Interessen zu bündeln und bei Interessengegensätzen zum Ausgleich zu bringen, ohne dass ein Nullsummenspiel die Folge wäre, womit Kooperation für alle Beteiligten zu höherem Eigennutzen führt.[280] Infolgedessen sind auch die Vollzugskosten für die getroffene Entscheidung geringer.

Gleichzeitig sind jedoch die Entscheidungskosten für den zu bewerkstelligenden Interessenausgleich zwischen den beteiligten Interessenträgern aufgrund des Einbezugs auch von Minderheiten beträchtlich, wobei naturgemäß auch die Gefahr der Nichteinigung besteht, was zu Stillstand im demokratischen Staatswesen und zur reduzierten Problemlösungsfähigkeit der Politik führt.[281] So sind Konfliktlösungsmechanismen erforderlich, wie die Vermeidung von Entscheidungen über umstrittene Projekte, die Ausdehnung der Umsetzung von Maßnahmen und des Entscheidungsprozesses bis hin zur Vertagung von Entscheidungen, Kompromisse im Sinne von Paketlösungen durch die Verbindung von Zugeständnissen und Durchsetzung.[282] Aufgrund der Vielzahl der Vetospieler, also derjenigen korporativen Akteure, die durch ihr Veto Entscheidungen verhindern oder zumindest den Entscheidungsprozess verzögern können,[283] ist jedoch der Entscheidungsprozess in hohem Maße blockadeanfällig durch kooperationsunwillige Gruppen, so dass auch die vorbezeichneten Konfliktlösungsmechanismen den erfolgreichen Abschluss des Entscheidungsprozesses nicht garantieren können. Daher besteht bei der Konkordanzdemokratie die Gefahr, dass die „Tyrannei der Mehrheit" der Konkurrenzdemokratie durch eine „Tyrannei der Minderheit" abgelöst wird.[284] Gleichzeitig schwindet mit der Anzahl der Vetospieler und der Differenz ihrer Positionen die Reformfähigkeit des Systems, was als „Vetospielertheorem" bezeichnet wird.[285] Schnelle politische Entscheidungen und Innovationen dürfen von der Konkordanzdemokratie nicht erwartet werden. Infolgedessen kann die Konkordanzdemokratie auch zu Depolitisierung, ja sogar zur Opposition gegen das System führen.[286]

Werden in der Konkordanzdemokratie die gesellschaftlichen Interessen gebündelt und zum Ausgleich gebracht, so besteht ein enger Zusammenhang zwischen ihr und neokorporatistischer Interessenvermittlung, der insbesondere für Staaten West- und Mitteleuropas nachgewiesen wurde und der sich in Anknüpfung an die korporative Repräsentation des Heiligen Römischen Reiches deut-

---

[280] *M.G. Schmidt*, Demokratietheorien, S. 313, wenn dies auch nicht bei allen Konkordanzdemokratien feststellbar ist, S. 315.

[281] *F.W. Scharpf*, PVS 26 (1985), S. 323 (337 ff.).

[282] Zu den Nachteilen der Konkordanztheorie *A. Lijphart*, Democracy in plural societies, S. 50 ff.

[283] *G. Tsebelis*, B.J.Pol.S. 25 (1995), S. 189 (301 ff.).

[284] *M.G. Schmidt*, Demokratietheorien, S. 314.

[285] Dieses hängt noch von weiteren Faktoren ab, wie der Dauer der Amtszeit, dem Abstand zu den Interessen der Regierung und der Homogenität der jeweiligen Interessengruppe, *G. Tsebelis*, B.J.Pol.S. 25 (1995), S. 189 ff.; *ders.*, APSR 93 (1999), S. 591 ff.

[286] *R.B. Andeweg*, Acta Politica 36 (2001), S. 117 ff.

scher Nation in dessen Nachfolgestaaten in eigentümlicher Weise erhalten und fortentwickelt hat.[287] Hierdurch bestehen Kooperationsmöglichkeiten zwischen Staat und der interessenspezifisch organisierten Gesellschaft im Hinblick auf die Formulierung und Durchsetzung politischer Ziele, die sich bei stärker konkordanzdemokratisch ausgeprägten Staaten auf verschiedene Politikbereiche erstreckt, wie der Lohn- und Sozialpolitik.[288] Gleichzeitig erwächst hieraus auch einer der wichtigsten Kritikpunkte, da hierdurch die Konkordanzdemokratie als Elitendemokratie bzw. „Demokratie ohne das Volk" gilt.[289] Ebenso wird die Zuordnung von Verantwortlichkeit erschwert.[290]

Trotzdem bleibt der Vorteil der Konkordanzdemokratie ihr hohes Integrationspotenzial, wodurch sie Interessengegensätze zu friedlichem Ausgleich bringen und gegebenenfalls zur Verwirklichung des Gemeinwohls führen kann. Steht bei der Konkordanzdemokratie die Überbrückung von Interessengegensätzen durch Kompromiss und damit eine Verhandlungslösung unter Einbezug aller relevanten Interessen auch durch informelle Prozeduren außerparlamentarischer Verständigung unter besonderer Beförderung korporatistischer Strukturen im Zentrum,[291] so finden sich all diese Elemente – Interessenausgleich, Verhandlungslösung, außerparlamentarische Entscheidungsstrukturen und gerade Korporatismus – auch im Sozialrecht wieder, dessen Institutionen genauso von dem Einbezug der betroffenen Interessen und einem Interessenausgleich geprägt werden, da konsensuale Lösungen der Institutionen ebenfalls Intention und Ziel sind.

### *IV. Konsens im Sozialrecht*

Sowohl die konsensusdemokratische Aufteilung von Macht als auch der konkordanzdemokratische Einbezug von verschiedenen bestehenden Interessen, zumeist artikuliert durch Interessenverbände, wie den Kassenärztlichen Vereinigungen[292] oder den Krankenhausgesellschaften, und deren Ausgleich durch Einbezug in den Entscheidungsprozess und damit durch die Beteiligung an der Machtausübung sind auch im Sozialrecht gewollt und geben seinen Institutionen Gestalt und Ziel vor.[293] Unter Einbezug der jeweiligen gesellschaftlichen

---

[287] *M.G. Schmidt*, Demokratietheorien, S. 313; *G. Lehmbruch*, Swiss Political Science Review 2 (1996), S. 1 ff.

[288] *A. Lijphart/M.M. Crepaz*, B.J.Pol.S. 21 (1991), S. 235 ff.; *J.-E. Lane/S. Ersson*, Swiss Political Science Review 3 (1997), S. 1 ff.

[289] *R.E. Germann*, Civitas 31 (1976), S. 433 (438).

[290] *M.G. Schmidt*, Demokratietheorien, S. 315.

[291] *M.G. Schmidt*, Demokratietheorien, S. 310.

[292] Den Kassenärztlichen Vereinigungen werden zwar durch Gesetz die Aufgaben nach § 77 Abs. 1 SGB V, insbes. diejenige der vertragsärztlichen Versorgung, zugewiesen, gleichzeitig nehmen sie jedoch die Interessen ihrer Mitglieder wahr und vertreten diese in den verschiedensten Gremien, wie dem G-BA.

[293] Dazu auch *E.-W. Böckenförde*, Der Staat 15 (1976), S. 457 ff.

Teilgruppen sollen auch hier im Rahmen der „Sozialen“ und „Gemeinsamen Selbstverwaltung“ Entscheidungen getroffen werden, deren Grundlage der Konsens der im Entscheidungsgremium vertretenen und von der Entscheidung betroffenen oder in diese besonderen Sachverstand einbringenden Interessengruppen ist.[294]

Hauptproblem dieser Organisations- und Handlungsformen ist, neben der im vorangegangenen Kapitel aufgeworfenen Frage nach der Anschlussfähigkeit an das Allgemeine Verwaltungsrecht, das ihrer demokratischen Legitimierbarkeit. Diese wird insbesondere dann drängend, wenn die Entscheidungen auch gegenüber Dritten Bindungswirkung entfalten, die weder unmittelbar noch mittelbar an der Entscheidungsfindung beteiligt sind. So zeichnen sich diese Organisationsformen neben dem Einbezug von Betroffenen und Sachverstand teilweise auch durch die Absenz von Betroffenengruppen in den Entscheidungsgremien aus, wie auch Legitimationsformen, etwa in Gestalt der „Friedenswahlen“, derart abgeschwächt sind, dass deren legitimationsspendende Kraft in Zweifel gezogen wird.[295] So kann nach den bisher vertretenen Ansichten demokratische Legitimation für Organisationsformen der „Sozialen Selbstverwaltung“, wie den Sozialversicherungsträgern oder dem stellvertretend für die „Gemeinsame Selbstverwaltung“ angeführten G-BA, nicht oder nur unter Inkaufnahme von Systembrüchen begründet werden.[296] Ebenfalls relevant wird diese Problematik bei den Handlungsformen der „Gemeinsamen Selbstverwaltung“, wie dem öffentlich-rechtlichen Vertrag und den Empfehlungen, die Drittwirkung entfalten, oder dem Einbezug von Privatrechtssubjekten.

So stellt sich die Frage, ob das klassische Legitimationsmodell angereichert werden kann durch Formen anderer Vermittlung demokratischer Legitimation. Dabei können eventuell gerade die im Sozialrecht vorhandenen konsensualen Entscheidungsstrukturen hierfür fruchtbar gemacht werden. Bedeutung kann hierbei insbesondere auch der Tatsache zukommen, dass die sozialrechtlichen Organisations- und Handlungsformen ihren Ursprung im Zivilrecht nehmen, mithin gesellschaftliche Wurzeln haben und erst durch deren Publifizierung dem Erfordernis demokratischer Legitimität unterworfen werden. Würden die Aufgaben der „Sozialen Selbstverwaltung“ und der „Gemeinsamen Selbstverwaltung“ weiterhin zivilrechtlich ausgestaltet, so wäre eine grundrechtsgetragene Organisationseinheit in Parallelität zur grundrechtlichen Legitimation der Tarifvertragsparteien durch Art. 9 Abs. 3 GG ausreichend. Vor diesem Hintergrund könnten sich die klassischen Anforderungen an die demokratische Legitimation als zu streng und daher anpassungsbedürftig erweisen, indem sie durch die konsensuale Entscheidungsfindung ergänzt werden.

---

[294] Zu den Sozialversicherungsträgern *H. Bogs*, in: *ders./v. Ferber/infas* (Hrsg.), Soziale Selbstverwaltung, S. 349 ff.; noch zum Bundesausschuss der Ärzte und Krankenkassen BVerfG, 1 BvR 1472/91, 1 BvR 1510/91, NZS 1999, 338 (339).

[295] Dazu Kapitel 3 C.VI. Demokratische Legitimation, D.IV. Demokratische Legitimation.

[296] Dazu Kapitel 3 C.VI. Demokratische Legitimation, D.IV. Demokratische Legitimation.

Kennzeichen dieser konsensualen Strukturen ist, dass zum einen die Betroffenen, zum anderen eine Vielzahl von gebündelten Interessen in den Entscheidungsprozess einbezogen wird. Diese Aktivierung von Betroffenen und von Interessengruppen für eine Interessenwahrnehmung steht auch im Mittelpunkt der sog. partizipativen und assoziativen Demokratie.

## *V. Partizipative und assoziative Demokratie*

### *1. Die Partizipative Demokratie*

*„If democracy is a good thing [...], then more democracy should presumably be an even better thing"*.[297] Ausgehend von dieser Überzeugung, steht bei der partizipativen Demokratietheorie die Maximierung der Beteiligung im Zentrum, so dass bei möglichst vielen Entscheidungen in möglichst vielen Bereichen auch möglichst viele partizipieren sollen, wobei Partizipation gleichzusetzen ist mit der Teilnahme und Teilhabe am Entscheidungsprozess. So versteht die partizipative Demokratietheorie Demokratie als eine möglichst auf alle auszudehnende „Lebensform"[298] bzw. „Seinsweise",[299] wodurch Anklänge an das antike Demokratieverständnis der Altgriechen deutlich werden.[300] Insoweit unterscheidet sie sich grundlegend von den konservativen und liberalen Demokratietheorien, die Demokratie als Staatsform und politische Methode zur Begründung legitimer Herrschaft begreifen und in deren Zentrum die Ausgestaltungen von Volksherrschaft, Sicherung von Rechten sowie Pluralismus stehen.[301] Stehen bei diesen Konfliktlösungsmechanismen wie bei *Max Weber* legitime Herrschaft und Befehl oder in der ökonomischen Theorie der Markt bzw. bei den Verhandlungsdemokratien das Aushandeln im Vordergrund, setzt die partizipative Demokratietheorie auf die diskursive Konfliktregelung durch Mitwirkung und Gespräch der Partizipanten.[302] Insoweit ist sie nicht, wie die vorbezeichneten Theorien, am Endergebnis, sondern am Entscheidungsprozess interessiert und verhaftet nicht an den hierarchischen Gliederungen moderner Gesellschaften und den Führungspersönlichkeiten als Garanten der Stabilität, sondern sie hält die gesellschaftlichen Verhältnisse für wandelbar und sieht die Demokratisierung der Gesellschaft unter Ausweitung der Beteiligung als Stabilisator der Demokratie.[303] Politische Beteiligung wird so zu einem Wert an sich.[304]

---

297 *J.S. Dryzek*, APSR 90 (1996), S. 475.
298 *B. Barber*, Starke Demokratie, S. 99 ff.
299 *S. Benhabib*, Democracy and difference, passim.
300 *D. Roth*, in: FS v. Arnim 2004, S. 761.
301 *M.G. Schmidt*, Demokratietheorien, S. 251.
302 *M.G. Schmidt*, Demokratietheorien, S. 236.
303 *P. Bachrach*, Elitenherrschaft, S. 118.
304 *J. Habermas*, in: *ders./v. Friedeburg/Oehler u.a.* (Hrsg.), Student und Politik, S. 11 ff.

Dabei bestehen verschiedene Ansätze der partizipativen Demokratietheorie, welche diese Fokussierung auf die Anteilnahme in den verschiedenen Theoriebezeichnungen, wie „partizipatorische Demokratietheorie",[305] „dialogische Demokratie",[306] „deliberative Demokratie",[307] „expansive Demokratie",[308] „starke Demokratie",[309] „progressive Demokratie"[310] wie auch „reflektive Demokratie",[311] verdeutlichen.

Das Mittel der partizipativen Demokratietheorie möglichst breit angelegter und vielfältiger Partizipation am politischen Entscheidungsprozess ist die Konsequenz der Annahme möglichst weitreichender Egalität der zu Beteiligenden in politischer und sozialer Hinsicht, wobei die politischen Teilhaberechte zumeist durch weitere Bürger- und soziale Rechte zu ergänzen sind. Dabei sind politischer Wille und Präferenzen der Abstimmenden nicht exogene, dem politischen Willensbildungs- und Abstimmungsprozess vorgelagerte Größen, sondern werden durch diesen erst erschaffen, artikuliert und modifiziert.[312] So liegt der Schwerpunkt auf der Ausbildung und Formulierung dieser endogenen Präferenzen durch ein umfassend zu organisierendes öffentliches Diskussionsforum.[313] Hierzu sollen die vorhandenen Interessen in der Bevölkerung enthüllt und mobilisiert, die verallgemeinerungsfähigen gebündelt und in den Entscheidungsprozess eingespeist werden.

Dabei wird im Hinblick auf den Umfang der Forderung partizipativer Demokratisierung eine Bandbreite vertreten, die von der Optimierung und Kultivierung von partiellen Willensäußerungen und Willensbildungen[314] über die dosierte Erweiterung auf andere gesellschaftliche Teilgebiete, wie die Arbeitswelt,[315] bis hin zur Politisierung des gesamten Lebens, wie der Familie, der Erziehung, von Schulen, Kirchen und sogar des Strafvollzugs im Sinne einer „Totalpolitisierung" reichen.[316]

---

305 *C. Pateman*, Partizipation and Democratic Theory, passim; *P. Bachrach*, Elitenherrschaft, passim; *ders./A. Botwinick*, Power and Empowerment, passim.

306 *A. Giddens*, Jenseits von Links und Rechts, S. 159.

307 *J.S. Fishkin*, Democracy and deliberation, passim; *J. Habermas*, Faktizität und Geltung, passim; *ders.*, in: *ders.* (Hrsg.), Die Einbeziehung des Anderen, S. 277 ff.

308 *M.E. Warren*, APSR 86 (1992), S. 8 f.

309 *B. Barber*, Starke Demokratie, passim.

310 *M.E. Warren*, Political Theory 30 (2002), S. 677 (687 ff.).

311 *R.E. Goodin*, Reflective Democracy, passim.

312 *J.A. Schumpeter*, Kapitalismus, Sozialismus und Demokratie, passim; *M.H. Hansen*, Athenian democracy, S. 320.

313 *M.G. Schmidt*, Demokratietheorien (2. Aufl. 2000), S. 254; *D. Roth*, in: FS v. Arnim 2004, S. 761 (762).

314 *C. Pateman*, The Disorder of Women: democracy, feminism and political theory, passim; *C. Offe/U.K. Preuß*, Democratic Institutions and Moral Resources, in: *Held* (Hrsg.), Political Theory Today, passim; *J. Habermas*, Faktizität und Geltung, passim; *ders.*, in: *ders.* (Hrsg.), Die Einbeziehung des Anderen, S. 277 ff.

315 *R.A. Dahl*, Toward Democracy, passim.

316 *F. Vilmar*, Strategien der Demokratisierung, S. 21 ff., 99; *B. Guggenberger*, Art. Demokratietheorien, in: *Nohlen/Schultze* (Hrsg.), Lexikon der Politikwissenschaft, S. 140 f.

Voraussetzung der Partizipation ist nach allen Ansätzen der bereits kompetente oder im Sinne einer „self-transformation“[317] noch zu qualifizierende Bürger, der nicht nur fachliche Kompetenz aufweist, sondern auch in der sozialen Interaktion geschult ist und darüber hinaus das selbstbezogene und gemeinwohlbezogene Denken voneinander unterscheiden kann.[318] Dieser Bürger zeichnet sich durch Wahrhaftigkeit und seine Bereitschaft zum Machtverzicht sowie zur Präferenztransformation aus,[319] womit der Theorie durchaus utopische Elemente analog des *citoyen Rousseaus*[320] immanent sind. Er muss an den Prozeduren zum Austausch und der Beratung zwangfrei gleichen Zugang haben, wobei Gegenstand jede im Interesse aller liegende Materie sein können muss. Dieser Diskurs wird durch Beratungen fortgesetzt und mündet in die Beschlussfassung, wodurch „die kommunikativ erzeugte Macht in administrativ verwendbare Macht transformiert wird“.[321]

Die partizipativen Demokratietheorien sind stärkerer Kritik ausgesetzt.[322] Einer der Hauptkritikpunkte ist die Utopie des politisch interessierten und aufgeklärten, das Gemeinwohl bei seinen Entscheidungen fokussierenden Bürgers. So seien die Bürger in erster Linie an der Maximierung des Eigennutzens interessiert und nur unter besonderen Voraussetzungen zu gemeinwohlorientiertem Handeln fähig.[323] Sofern der Bürger nicht die Beteiligung als solche schätzt und sie als „Demokratieobolus“ empfindet,[324] stünden zumeist angesichts knappen Zeitbudgets und mangelnden Interesses an sämtlichen politischen Fragen die Kosten, die durch die Informationsbeschaffung entstehen, und der Nutzen der Entscheidung in einem Missverhältnis,[325] so dass weder die politische Kompetenz noch die erforderlichen Ressourcen des Bürgers das von der Demokratietheorie vorausgesetzte Niveau erreichten. Darüber hinaus führten die Entscheidungsmechanismen der Beratung und diskursiven Entscheidung zur Selektivität der Bürger, indem die Beteiligung von Gruppen, welche die für die Entscheidungsbeteiligung erforderlichen Eigenschaften wie politisches Engagement, Argumentationsfähigkeit, Ausdauer und Artikulationsfähigkeit aufwiesen, an der politischen Entscheidung befördert werde und sich dadurch im Extremfall die Dominanz einer bestimmten Gruppe der Bürgerschaft ergeben könne,[326] was auch als „Diktatur des Sitzfleisches“ bezeichnet wird.[327] Ebenfalls scheine sich eine Privilegierung

---

[317] *M.E. Warren*, APSR 86 (1992), S. 8 (11); *ders.*, Political Psychology 14 (1993), S. 209 ff.

[318] *B. Barber*, The Conquest of Politics. Liberal Philosophy in Democratic Times, S. 210.

[319] *M.G. Schmidt*, Demokratietheorien, S. 241.

[320] *J-J Rousseau*, Du contrat social ou principes du droit politique, in: Oeuvres complètes, Bd. 3, S. 349 ff.

[321] *M.G. Schmidt*, Demokratietheorien, S. 243.

[322] Z.B. *G. Lehmbruch*, in: FS Gruner 1975, S. 237 ff.

[323] *J. Elster*, in: *ders./Hylland* (Hrsg.), Foundations, S. 103 ff.

[324] *J. Behnke*, in: *Brodocz/Schaal* (Hrsg.), Politische Theorie in der Gegenwart. Eine Einführung, S. 467 ff.

[325] *D. Roth*, in: FS v. Arnim 2004, S. 761 (763).

[326] *H. Weinrich*, Merkur 26 (1972), S. 801 ff.

[327] *H. Weinrich*, Merkur 26 (1972), S. 801.

der sich durch Bildung und sozialem Status anderen überlegenen Bevölkerungsschichten abzuzeichnen.[328] Insoweit bestehe ein Zielkonflikt zwischen zunehmendem Anspruch an die Qualität der Beteiligung und die hieraus folgende Exklusion von Bürgern.[329] Darüber hinaus könne eine zu hohe politische Mobilisierung für eine Vielzahl von Themen zur Destabilisierung der politischen Ordnung wie auch zur Entscheidungsunfähigkeit bei zentralen Fragen führen, bei denen sich kein Allgemeinwohl durch einen Diskurs herauskristallisieren könne, da die unterschiedlichen Positionen zu sehr differierten.[330] Insoweit vernachlässige die partizipative Demokratietheorie andere wichtige Ziele, die eine Demokratie erfüllen muss, wie Effektivität und Effizienz.[331] Überdies würden durch den zentralen Stellenwert von Information und Wissen für den Entscheidungsprozess Wissensgefälle zu einer diesen bestimmenden Größe und dadurch der Manipulation in Form von Nicht- oder Desinformation Tür und Tor geöffnet.[332] Weiter würden die diskurszentrierten partizipatorischen Demokratietheorien das konsensstiftende Potenzial von Sprache und Kommunikation sowie von kognitiven Fähigkeiten der Bürger überbewerten. Insbesondere Sprache könne auch eine dem Konsens entgegenstehende Wirkung zeitigen und die Gemeinschaftsbildung verhindern, ja schlimmstenfalls sogar zu einem Bürgerkrieg führen.[333] Ebenso sei der herrschaftsfreie Diskurs keine Garantie für demokratische Entscheidungsfindung, da die Beteiligten sich ebenso einvernehmlich für eine andere Form als die der Demokratie entscheiden könnten.[334] Letztlich fehle es für diese Masse an Partizipation auch an den geeigneten institutionellen Vorkehrungen innerhalb eines Staatswesens, die insbesondere bei einem größeren Staatsvolk auch nur schwer zu treffen seien, womit der Praktikabilität dieser Demokratietheorie Grenzen gesetzt seien.

Trotzdem bleiben die Vorteile der partizipativen Demokratietheorie bestehen. Diese sind darin zu sehen, dass sie versucht, die Zurückdrängung der Partizipation, wie sie mit dem Wandel von der direkten Demokratie hin zur Repräsentativdemokratie und der Ausweitung ihrer Inklusivität durch die Ausdehnung des Wahlrechts einherging, zu benennen und auszugleichen. So zeigen die Theorien auf, wie die Partizipationsmöglichkeiten z.B. durch Vermittlungsverfahren und frühzeitige Beteiligung an der Planung und Durchführung öffentlicher Aufgaben ausgeweitet werden können. Lässt man also die totalitären Ansätze, die eine „Totalpolitisierung“ fordern,[335] beiseite, so kann die partizipative Demokratietheorie insbesondere dort, wo Legitimationsdefizite bestehen, partiell ergänzend und

---

[328] *D. Roth*, in: FS v. Arnim 2004, S. 761 (766).
[329] *M.G. Schmidt*, Demokratietheorien, S. 252 f.
[330] *M.G. Schmidt*, Demokratietheorien, S. 248; *D. Roth*, in: FS v. Arnim 2004, S. 761 (763).
[331] *F. Naschold*, in: *Weidenfeld* (Hrsg.), Demokratie am Wendepunkt, S. 294 ff.
[332] Dazu *C. Hafer/D. Landa*, JTP 19 (2007), S. 329 ff.
[333] *T. Hobbes*, in: *Gabel* (Hrsg.), Thomas Hobbes, Vom Menschen – Vom Bürger (Elemente der Philosophie II/III), S. 59 (127); *H. Münckler*, Thomas Hobbes, passim.
[334] *M.G. Schmidt*, Demokratietheorien, S. 264.
[335] Dazu bereits S. 127.

unterstützend herangezogen werden, ohne den bestehenden Legitimationsmodus zu substituieren.

So ist es auch ein erklärtes Ziel der partizipativen Demokratie, überflüssige oder illegitime Herrschaftsausübung zu vermeiden oder jedenfalls zu mindern und „autoritäre Herrschaftsstrukturen zu ersetzen durch Formen der Herrschaftskontrolle von „unten", der gesellschaftlichen Mitbestimmung, Kooperation und – wo immer möglich – durch freie Selbstbestimmung".[336] Insoweit geht es zumindest auch um den Ausgleich oder wenigstens die Minderung von Demokratiedefiziten. So würden die politische Gleichheit und Teilhaberechte der Bürger durch die repräsentative Demokratie konterkariert, da Repräsentation mit der Zurückdrängung der Bürger aus dem Staatswesen und deren Entfremdung einhergehe, wodurch sich die Demokratie selbst zerstöre.[337] Insoweit hindere Repräsentation Partizipation. Dem will die partizipative Demokratietheorie zumindest nach *Benjamin Barber* entgegenwirken.[338] Gleichzeitig entstehen demokratische Defizite durch Internationalisierung und Globalisierung. So obliegt die Problemlösung auf globaler Ebene den auf internationaler Bühne agierenden internationalen und supranationalen Organisationen. Diese sind jedoch weitgehend vom innerstaatlichen demokratischen Prozess abgekoppelt. Insoweit stehen sich inter- und supranationale Konfliktlösung und Bürgerbeteiligung konfligierend gegenüber. Dieses Defizit auszugleichen sei Rechtfertigungsgrund für die partizipative Demokratie,[339] durch welche entweder die Beteiligungsmöglichkeiten auf internationaler bzw. europäischer Ebene im Sinne einer „kosmopolitischen Demokratie",[340] zumindest jedoch auf nationaler oder subnationaler Ebene ausgeweitet werden.

Diese als Utopie bezeichnete „kosmopolitische Demokratie"[341] wurde ansatzweise in das Demokratiekonzept der EU aufgenommen, die sich zwar nicht in praktischer, jedoch zumindest in theoretischer Hinsicht für partizipativ-demokratische Elemente geöffnet hat. So sieht Art. 11 EUV in Fortführung der im Weißbuch „Europäisches Regieren" verfolgten Richtung des guten Regierens, zu dem auch Partizipation gezählt wird,[342] die Ergänzung und Verstärkung der in Art. 9 und 10 Abs. 1 EUV angelegten repräsentativen Demokratie durch Partizipationselemente[343] jenseits der Teilhabe am politischen Prozess durch Repräsentanten vor, um bestehende Demokratiedefizite auszugleichen, wobei das Wahl-

[336] *F. Vilmar*, Strategien der Demokratisierung, S. 21.

[337] *B. Barber*, Starke Demokratie, passim.

[338] *B. Barber*, A Passion for Democracy, passim; *ders.*, Demokratie im Würgegriff, passim.

[339] *R.A. Dahl*, PSQ 109 (1994), S. 23 ff.; *ders.*, On Democracy, passim.

[340] *D. Archibugi*, Cosmopolitan democracy, passim; mit europapolitischer Zielrichtung *U. Beck/E. Grande*, Das kosmopolitische Europa, passim.

[341] *M.G. Schmidt*, Demokratietheorien, S. 239.

[342] Europäisches Regieren – Ein Weißbuch (Dok. KOM (2001) 428 endgültig), ABl. EG 2001 Nr. C 287/1.

[343] Ebenfalls enthält Art. 11 EUV Elemente der assoziativen, dazu sogleich mehr, wie auch der deliberativen Demokratie. Zum deliberativen Demokratiemodell *M. Becker (Hrsg.)*, Zeitschrift für Politik 47 (2000), S. 216 ff.; *M.G. Schmidt*, Demokratietheorien, S. 237 ff.

recht der zentrale Partizipationsmodus bleibt.[344] Dabei sollen die Bürger wie auch deren repräsentative Verbände die Möglichkeit erhalten, ihre Anschauungen im Hinblick auf die Handlungsbereiche der Europäischen Union öffentlich darzulegen und auszutauschen, wie auch die Organe einen Dialog mit den repräsentativen Verbänden und der Zivilgesellschaft pflegen sollen.[345] Hierdurch wird den Bürgern sowie deren repräsentativen Verbänden die Möglichkeit eingeräumt, ihre Auffassungen in den politischen Entscheidungsprozess einzuspeisen,[346] wodurch nicht nur die Artikulation der Interessen, sondern auch die Informationsgewinnung bezweckt wird. Vor allem aber geht es bei dieser Partizipation um die Findung des Gemeinwohls durch Interessenausgleich als Grundlage für die Entscheidung der Organe, wodurch auch konkordanzdemokratische Elemente enthalten sind.[347] Spezifiziert wird dieses Anliegen mit Blick auf die Kommission, die Anhörungen der Betroffenen durchführen soll.[348] Durch die Partizipation von Betroffenen soll die demokratische Legitimation einzelner Entscheidungen verstärkt werden,[349] weshalb die Vorgängervorschrift des Art. I-47 VerfEU auch die Überschrift „Grundsatz der partizipativen Demokratie" trug.[350]

### 2. *Die Assoziative Demokratie*

Neben diesen Anklängen partizipativer Demokratie enthält Art. 11 Abs. 1 und Abs. 2 EUV durch die Einbindung der Betroffenen und Interessen über die repräsentativen Verbände als organisierte Elemente der Zivilgesellschaft auch assoziativ-demokratische Elemente.[351] Die „assoziative Demokratie" bildet eine Kategorie der partizipativen Demokratie. Sie will ausgehend von älteren Genossenschaftsstrukturen und der Idee der Selbstverwaltung vor allem die Mittlerebene zwischen Staat und Gesellschaft, auf der insbesondere die Zusammenschlüsse angesiedelt sind, demokratisieren und legt so ihren Schwerpunkt auf Dezentralisation durch Selbstverwaltung und Bildung von Vereinigungen, durch die sich de-

---

[344] *M. Nettesheim*, in: *Grabitz/Hilf/Nettesheim* (Hrsg.), Das Recht der Europäischen Union, Art. 11 EUV Rn. 5; *P.M. Huber*, in: *Streinz* (Hrsg.), EUV/AEUV, Art. 11 EUV Rn. 3; *A. Guckelberger*, DÖV 2010, 745 f.; *W. Kaufmann-Bühler*, in: *Lenz/Borchardt* (Hrsg.), EU-Verträge Kommentar, Art. 11 EUV Rn. 1; dazu auch *T. Oppermann/C.D. Classen/M. Nettesheim*, Europarecht, § 15 Rn. 20 ff.; *B. Biervert*, in: *Schwarze* (Hrsg.), EU-Kommentar, Art. 11 Rn. 1; *J. Kersten*, Transformationen, S. 9 ff.

[345] Art. 11 Abs. 1, Abs. 2 EUV.

[346] *M. Nettesheim*, in: *Grabitz/Hilf/Nettesheim* (Hrsg.), Das Recht der Europäischen Union, Art. 11 EUV Rn. 9; *M. Ruffert*, in: *Calliess/Ruffert* (Hrsg.), EUV/AEUV, Art. 11 EUV Rn. 7.

[347] *M. Ruffert*, in: *Calliess/Ruffert* (Hrsg.), EUV/AEUV, Art. 11 EUV Rn. 7.

[348] Art. 11 Abs. 3 EUV.

[349] *M. Ruffert*, in: *Calliess/Ruffert* (Hrsg.), EUV/AEUV, Art. 11 EUV Rn. 3.

[350] Dazu *H.-P. Folz*, in: *Vedder/von Heintschel Heinegg* (Hrsg.), Europäischer Verfassungsvertrag, Art. I-47 Rn. 1 ff.

[351] Europäisches Regieren – Ein Weißbuch (Dok. KOM (2001) 428 endgültig), ABl. EG 2001 Nr. C 287/1 (11 f., 18 f.). Zur Problematik der Konkretisierung *M. Ruffert*, in: *Calliess/Ruffert* (Hrsg.), EUV/AEUV, Art. 11 EUV Rn. 9; *M. Nettesheim*, in: *Grabitz/Hilf/Nettesheim* (Hrsg.), Das Recht der Europäischen Union, Art. 11 EUV Rn. 15 ff.

mokratische Teilhabe verwirklichen lässt.[352] Sie will dadurch nicht nur diese intermediäre Sphäre zwischen Gesellschaft und Staat für einen kommunikativen Austausch gewinnen,[353] sondern insbesondere die Einflussmöglichkeiten der Gesellschaft stärken.

Die Kritikpunkte an der assoziativen Demokratie überschneiden sich zum Teil mit denjenigen der Konkordanzdemokratie.[354] So erwecken die verbandszentrierten Beteiligungsformen die Bedenken gegen einen (Neo-) Korporatismus bzw. Neokameralismus zu neuem Leben.[355] Denn die selektive Verschränkung von einzelnen Interessengruppen nähre den Verdacht eines kartellartigen Korporatismus,[356] der zu einer paternalistischen Elitendemokratie oder Expertokratie unter Ausschluss gesellschaftlicher Gruppen oder einzelner Bürger durch die Besetzung staatlicher Gremien führe.[357] So würden einerseits die Verbände Eigeninteressen verfolgen, ohne diejenigen ihrer Mitglieder zu integrieren. Andererseits würden durch die Institutionalisierung von Verhandlungssystemen die Interessen derjenigen Verbände, deren Einfluss gewichtig ist und denen daher eine Vetoposition zukommt, aufgewertet und mit den Gemeinwohlbelangen ausgeglichen.[358] Demgemäß ist zumindest die hoheitliche Förderung der Beteiligung unterrepräsentierter Interessen für diese Demokratieform notwendig.[359] Ebenfalls könnten derartige Verbände als „quasi-staatliche Organisationen" an politischen Entscheidungen mitwirken, ohne den Legitimations- und Verantwortungsmechanismen zu unterliegen, welchen die Verfassung für die Machtträger im Staate vorsieht.[360] Durch eine solche Fremdbestimmung mittels „Refeudalisierung"[361] unter Missachtung des Gleichheitsgrundsatzes würde der grundsätzliche Ansatz der assoziativen Demokratie, vorhandene Demokratiedefizite auszugleichen, in ihr Gegenteil verkehrt, indem durch Fremdbestimmung die Bürgerferne gesteigert und damit die Akzeptanz staatlichen Handelns verringert würden. Gleichzeitig würden verfassungsrechtlich vorgesehene Entscheidungsträger, wie das Parlament, entwertet.[362] Unterdessen wird die Entscheidungsfindung in den korporatistisch beeinflussten Organen dem Verdacht ausgesetzt, unter dem einseiti-

---

[352] *M.G. Schmidt*, Demokratietheorien, S. 237.

[353] *M. Nettesheim*, in: *Grabitz/Hilf/Nettesheim* (Hrsg.), Das Recht der Europäischen Union, Art. 11 EUV Rn. 2.

[354] Dazu bereits unter B.III. Konkordanzdemokratische Elemente im politischen System der Bundesrepublik Deutschland.

[355] *M. Herdegen*, VVDStRL 62 (2003), S. 7 (31); dazu auch *H.-G. Dederer*, Korporative Staatsgewalt, S. 96 f.; *H.-D. Horn*, in: *Isensee/Kirchhof* (Hrsg.), HStR III, § 41 Rn. 36 ff.

[356] *J. Kersten*, Transformationen, S. 12.

[357] *H.-D. Horn*, in: *Isensee/Kirchhof* (Hrsg.), HStR III, § 41 Rn. 38. Für die Europäische Union *H.-G. Dederer*, Korporative Staatsgewalt, S. 577 ff.; *M. Ruffert*, in: *Calliess/Ruffert* (Hrsg.), EUV/AEUV, Art. 11 EUV Rn. 12 m.w.N.

[358] *H.-D. Horn*, in: *Isensee/Kirchhof* (Hrsg.), HStR III, § 41 Rn. 38.

[359] *G.F. Schuppert*, in: *Klein/Schmalz-Bruns* (Hrsg.), Politische Beteiligung, S. 114 ff.

[360] *H.-D. Horn*, in: *Isensee/Kirchhof* (Hrsg.), HStR III, § 41 Rn. 38.

[361] *M. Nettesheim*, in: *Grabitz/Hilf/Nettesheim* (Hrsg.), Das Recht der Europäischen Union, Art. 11 EUV Rn. 22.

[362] *H.-D. Horn*, in: *Isensee/Kirchhof* (Hrsg.), HStR III, § 41 Rn. 38.

gen Einfluss der Verbände und Lobbyorganisationen zu stehen, so dass sich eine gemeinwohlorientierte Entscheidung nicht mehr bilden kann wie auch eine demokratische Sanktionierung unmöglich wird.[363] Ebenso besteht die Gefahr der Mediatisierung der Beteiligung Einzelner durch diese Verbände, wodurch jener zur Durchsetzung seiner Interessen auf diese Verbände verwiesen ist, was seine Freiheit ebenso mindert wie die Gleichheit und Selbstbestimmung.[364] Zugleich wird die Entscheidungsblockade bei korporativen, konsensual angelegten Entscheidungsgremien befürchtet.[365] Infolgedessen wird der Versuch unternommen, die freie Assoziation dem Korporatismus gegenüberzustellen, indem die Gesellschaft als Assoziationsgesellschaft und nicht als Gemenge von Interessengruppen begriffen wird.[366] Denn die Vorteile der assoziativen Demokratie sind durchaus beachtlich. So betten diese Formen demokratischer Legitimation freie Vereinigungen mit ein, die einen wesentlichen Baustein der Gesellschaft bilden und Mittler zwischen dieser und dem Staat sind.[367] Als solche tragen sie zur Demokratisierung der Gesellschaft bei, indem sie jenseits der periodischen Wahlen den demokratischen Prozess aufrechterhalten[368] und die plebiszitären Kräfte im politischen System organisieren und artikulieren.[369] Darüber hinaus stellen sie eine Möglichkeit des Einzelnen dar, seine Interessen durchzusetzen, was er allein nur schwer erreichen könnte.[370] Insoweit rückt auch das Grundrecht der Vereinigungsfreiheit, Art. 9 Abs. 1 GG, ins Zentrum und wird neben der Meinungsfreiheit zum konstitutiven Element.[371] Gleichzeitig kann der Staat durch den Rückgriff auf gesellschaftliche Vereinigungen und deren Einbezug bei der Entscheidungsfindung nicht nur Informationsgabe und das Eindringen von Sachverstand erwarten, sondern auch Entscheidungsakzeptanz. Hiermit verbunden sind nicht nur eine höhere Effektivität staatlichen Handelns, sondern auch ein Legitimitätszuwachs und die Möglichkeit einer gemeinwohlorientierten politischen Entscheidung.[372]

Neben dieser demokratietheoretischen Ausrichtung beinhaltet der Neo-Korporatismus auch eine steuerungstheoretische Perspektive, indem er als Konzept indirekter Steuerung durch die Instrumentalisierung organisierter Interessen zur

---

[363] *H.-D. Horn*, in: *Isensee/Kirchhof* (Hrsg.), HStR III, § 41 Rn. 50; *M. Nettesheim*, in: *Grabitz/Hilf/Nettesheim* (Hrsg.), Das Recht der Europäischen Union, Art. 11 EUV Rn. 19, 22; *P.M. Huber*, in: *Streinz* (Hrsg.), EUV/AEUV, Art. 11 EUV Rn. 17.

[364] *H.-D. Horn*, in: *Isensee/Kirchhof* (Hrsg.), HStR III, § 41 Rn. 38; *P.M. Huber*, in: *Streinz* (Hrsg.), EUV/AEUV, Art. 11 EUV Rn. 16.

[365] *A. Cygan*, MLR 65 (2002), 229 (234 f.).

[366] *J. Cohen/J. Rogers*, Politics and Society 20 (1992), S. 393 ff.; *G.F. Schuppert*, in: *Klein/Schmalz-Bruns* (Hrsg.), Politische Beteiligung, S. 114 (115, 125 ff.).

[367] *W.P.C. Streeck*, Journal für Sozialforschung 25 (1985), S. 133 (144).

[368] *G.F. Schuppert*, in: *Klein/Schmalz-Bruns* (Hrsg.), Politische Beteiligung, S. 114 (117, 125).

[369] *H.-D. Horn*, in: *Isensee/Kirchhof* (Hrsg.), HStR III, § 41 Rn. 48.

[370] *M. Nettesheim*, in: *Grabitz/Hilf/Nettesheim* (Hrsg.), Das Recht der Europäischen Union, Art. 11 EUV Rn. 18.

[371] *G.F. Schuppert*, in: *Klein/Schmalz-Bruns* (Hrsg.), Politische Beteiligung, S. 114 (120 ff.).

[372] *H.-D. Horn*, in: *Isensee/Kirchhof* (Hrsg.), HStR III, § 41 Rn. 36.

Staatsentlastung und damit auch zur Entlastung der parlamentarischen Demokratie beiträgt.[373]

### *3. Ergänzung der klassischen Legitimationstheorie durch partizipative und assoziative Elemente in Literatur und Rechtsprechung*

Sowohl durch die assoziative wie auch durch die partizipatorische Demokratie können die repräsentative Demokratie verstärkt und so Legitimationsdefizite ausgeglichen werden.[374] Dieses Anliegen wird durch die Regelung des Art. 11 EUV auf europäischer Ebene verfolgt und vor dem Hintergrund der Schwächen des klassischen Legitimationsmodells auch unter dem Grundgesetz bedeutsam. Dieses ist grundsätzlich auf die repräsentativ-parlamentarische Demokratie ausgerichtet, wobei die Abstimmungen, obgleich sie ausdrücklich in Art. 20 Abs. 2 GG angeführt werden, auf Bundesebene ein kaum relevantes Schattendasein führen. Insoweit ist die EU mit Blick auf das Reservoir von Legitimationsformen dem nationalen Entwicklungsstand voraus,[375] obgleich auch auf nationaler Ebene die Defizite demokratischer Legitimation drängend sind[376] und im Gegensatz zur EU der Grundsatz der Demokratie im Grundgesetz ein Optimierungsgebot darstellt.[377] Zwar mögen Partizipation und Assoziation aufgrund des historischen Herkommens eher dem Rechtsstaatsprinzip zugeordnet werden, jedoch kann deren Legitimationspotenzial insbesondere vor dem Hintergrund der Entwicklungen auf europäischer Ebene auch für die nationale Demokratietheorie entfaltet werden, wodurch die vorhandenen Legitimationsdefizite abgemildert und das Demokratieprinzip angereichert werden könnten.[378] Hierbei sind die jeweiligen Vorzüge und Nachteile gegeneinander abzuwägen und auf den Einzelfall der zu legitimierenden Staatsgewalt hin anzuwenden, wobei der Vorteil der partizipativen und assoziativen Elemente die flexible Ausgestaltung mit Blick auf die Integrationsbreite sowie die Formen der Beteiligung ist.[379] Dabei geht es, wie bereits ausgeführt, nicht um die Substitution vorhandener Legitimationsmechanismen, sondern allein um deren Anreicherung mit partizipatorischen und assoziativen Elementen, so dass sich durch deren Zusammenspiel ein hinreichendes Legitimationsniveau ergibt, die parlamentarisch-repräsentative Legitimation jedoch weiter im Zentrum steht.[380]

Ergänzungen des klassischen Legitimationsmodells mit partizipatorischen und assoziativen Elementen sind jedoch keine Neuerungen, sondern sie werden bereits vereinzelt und bereichsspezifisch diskutiert und angewandt. Sowohl die Legitimation der Selbstverwaltung, gleich ob kommunaler oder funktionaler

---

[373] *C. Offe*, Geschichte und Gesellschaft 10 (1984), S. 234 ff.
[374] *G.F. Schuppert*, in: *Klein/Schmalz-Bruns* (Hrsg.), Politische Beteiligung, S. 114 (117, 125).
[375] *J. Kersten*, Transformationen, S. 10.
[376] Dazu bereits A.II. Grenzen des klassischen Legitimationsmodells.
[377] BVerfGE 107, 59 (91).
[378] *J. Kersten*, Transformationen, S. 10 f.
[379] *J. Kersten*, Transformationen, S. 12.
[380] Ebenso *J. Kersten*, Transformationen, S. 12.

Ausprägung, durch die Zentrierung entweder auf die Zugehörigkeit zu einem verfassungsrechtlich anerkannten Teilvolk oder auf die in der Literatur zur „autonomen Legitimation“ der funktionalen Selbstverwaltung vertretenen mitgliedschaftlich-partizipatorischen Komponente[381] beinhalten partizipativ-demokratische Stoßrichtungen, wenn auch Letztere als Legitimation neben Art. 20 Abs. 2 GG angesehen wird.[382] Betroffenheit mündet bei diesen Organisationseinheiten in legitimationsspendende Partizipation,[383] so dass diese partizipativ-demokratische Züge aufweisen.

Dieses partizipativ-demokratische Element stellt auch das BVerfG heraus, wenn es feststellt: „Die Zurückhaltung, die der Verfassungsgeber bei der Zulassung unmittelbar-demokratischer Elemente auf Bundesebene geübt hat, wird auf der örtlich bezogenen Ebene der Gemeinden ergänzt durch eine mit wirklicher Verantwortlichkeit ausgestattete Einrichtung der Selbstverwaltung, durch die den Bürgern eine wirksame Teilnahme an den Angelegenheiten des Gemeinwesens ermöglicht wird.“[384] Aber auch in seiner Rechtsprechung zur funktionalen Selbstverwaltung stellt es das partizipatorische Element gleichberechtigt neben andere Parameter, wie den Einbezug von verwaltungsexternem Sachverstand sowie die effektive Erreichung der vom Gesetzgeber verfolgten Zwecke und Ziele insbesondere durch das Anstreben eines sachgerechten Interessenausgleichs.[385]

In dieselbe Richtung geht die Judikatur zu den gruppenpluralen Entscheidungsgremien. Bei diesen erfolgt eine Erweiterung des klassischen Legitimationsmodells dahingehend, dass die defizitäre organisatorisch-personelle und sachlich-inhaltliche Legitimation durch die an den Zielen der Organisationseinheit ausgerichtete organisatorische Ausgestaltung der Gremien kompensiert oder zumindest unterstützt wird, um ein ausreichendes Legitimationsniveau begründen zu können. Im Zuge dessen zieht das Gericht für eine ordnungsgemäße Aufgabenerfüllung und die hieran orientierte Zusammensetzung der Entscheidungsgremien beim Weinwirtschaftsfond und der Bundesprüfstelle für jugendgefährdende Medien auch die Beteiligung von Betroffenen heran[386] und rekurriert insoweit auf partizipatorisch-demokratische Elemente.

Gleichzeitig billigt es die gesetzgeberische Entscheidung, bei der Besetzung der Gremien des Weinwirtschaftsfonds, der Bundesprüfstelle wie auch der Film-

---

[381] *E. Schmidt-Aßmann*, AöR 116 (1991), S. 329 ff.; *ders.*, Ordnungsidee, Zweites Kapitel Rn. 90.

[382] *E.T. Emde*, Demokratische Legitimation, S. 382 ff.; *A. Fiesahn*, KritV 79 (1996), S. 267 ff.; *P.J. Tettinger/T. Mann*, in: *Tettinger/Mann/Salzwedel* (Hrsg.), Wasserverbände, S. 1 (22).

[383] *M. Jestaedt*, Die Verwaltung 35 (2002), S. 293 (308 f.); *J. Oebbecke*, VVDStRL 62 (2003), S. 366 (375); *G. Haverkate*, VVDStRL 46 (1988), S. 217 (238); *H.H. v. Arnim*, DÖV 1990, 85 (90); *E. Schmidt-Aßmann*, in: FS BVerfG 2001, S. 803 ff. m.w.N.; *ders.*, in: *Selmer/v. Münch* (Hrsg.), GS Martens, S. 249 (251 ff., 256 f.).

[384] BVerfGE 79, 127 (150).

[385] BVerfGE 107, 59 (92), unter Verweis auf BVerfGE 37, 1 (26 f.). Ebenso auf den Einbezug von Sachverstand abstellend BVerfG, Urt. v. 28.1.2014, 2 BvR 1561/12 u.a., Rn. 170.

[386] BVerfGE 37, 1 (26 f.) – Weinwirtschaftsfonds; BVerfGE 83, 130 (150 f.) – Bundesprüfstelle; BVerfG, Urt. v. 28.1.2014, 2 BvR 1561/12, Rn. 170 f. – Filmförderungsanstalt.

förderungsanstalt im Hinblick auf deren demokratische Legitimation, wie auch die der Rundfunkanstalten mit Bezug auf deren Sicherstellungsauftrag zur Aktivierung von Sachverstand und gesellschaftlichen Interessen für die Aufgabenerfüllung auf organisierte gesellschaftliche Kräfte zurückzugreifen, in denen der Gesetzgeber die für die Teilnahme am Entscheidungsprozess erforderlichen Voraussetzungen, wie eben Sachnähe, Sachverstand oder im Falle des Rundfunks die gesellschaftliche Repräsentanz, gebündelt sieht.[387] Dabei betont das BVerfG gerade im Hinblick auf die öffentlich-rechtlichen Rundfunkanstalten, dass eine dem Gemeinwesen vollkommen spiegelbildlich entsprechende Besetzung der Gremien bereits aus praktischen Gründen nicht erfolgen kann, da die Interessen der Allgemeinheit nicht identisch mit der Summe der verbandsorganisierten Interessen sind und damit ein grundsätzlicher Unterschied zwischen gruppenpluralen Entscheidungsgremien und der repräsentativen Abbildung des Volkes im Parlament auf der Grundlage gleicher Wahlen besteht.[388] Trotzdem erfolgt zumindest bzgl. der übrigen gruppenpluralen Entscheidungsgremien, also der Bundesprüfstelle und der Filmförderungsanstalt, der Rückgriff auf privatautonom, verbandlich organisierte Interessen zu deren Besetzung mit Blick auf die demokratisch legitimierte Organisationsstruktur dieser Gremien, worin Ansätze assoziativer Demokratie gesehen werden können. Dabei geht es dem BVerfG ebenso wenig wie der Literatur um die Substitution vorhandener Legitimationsmechanismen, sondern allein um deren partielle Ergänzung.

Bei dem Rückgriff auf gesellschaftlich organisierte Potenziale für die Besetzung weitgehend autonom entscheidender Gremien dürfte auch der bereits angesprochene Gedanke der Entlastung, den diese für die staatlichen Einrichtungen birgt, bestimmend sein.[389]

### *VI. Konsens als Vermittler demokratischer Legitimation*

Das Demokratieprinzip ist ein entwicklungsoffenes Prinzip, „nicht um sich in seinem normativen Regelungsgehalt der jeweiligen Faktizität politischer Herrschaftsorganisation anzupassen, sondern um gleichbleibende Wirksamkeit unter geänderten Umständen zu bewahren".[390] Insoweit beinhaltet das Demokratieprinzip einen faktischen wie normativen Anspruch, der auf staatlicher Ebene zu entfalten ist.[391]

Wie eingangs beschrieben, besteht das Ziel demokratischer Legitimation in der Rückbindung der Ausübung sämtlicher Staatsgewalt an den Souverän. So soll die

---

[387] BVerfGE 37, 1 (26 f.) – Weinwirtschaftsfonds; BVerfGE 83, 130 (150 f.) – Bundesprüfstelle; BVerfG, Urt. v. 28.1.2014, 2 BvR 1561/12, Rn. 170 – Filmförderungsanstalt; zum Rundfunk BVerfGE 83, 238 (296, 334); BVerfG, Urt. v. 25.3.2014, 1 BvF 1/11, 1 BvF 4/11, Rn. 39 f.

[388] BVerfG, Urt. v. 25.3.2014, 1 BvF 1/11, 1 BvF 4/11, Rn. 70.

[389] Dazu *C. Offe*, Geschichte und Gesellschaft 10 (1984), S. 234 ff.

[390] BVerfGE 123, 267 (366), unter Bezugnahme auf BVerfGE 107, 59 (91).

[391] *J. Kersten*, Transformationen, S. 4.

Staatsgewalt steuerbar und kontrollierbar werden sowie vermieden werden, dass sie sich vom Souverän löst und verselbständigt. Hierdurch soll zum einen Machtmissbrauch vorgebeugt wie auch Entscheidungen zu höherer Akzeptanz[392] beim Volk durch die Verwirklichung des Gemeinwohls[393] mittels Auseinandersetzung und Einbezug der bestehenden Interessen verholfen werden. Dies stellt das klassische Legitimationsmodell für den monistischen, zentralisierten und hierarchisch organisierten Staat insbesondere durch die organisatorisch-personelle sowie die sachlich-inhaltliche Legitimation sicher. Wie ebenfalls bereits gesehen, versagt dieses klassische Legitimationsmodell jedoch bereits bei den überkommenen kommunalen Selbstverwaltungsstrukturen, wie auch bei neueren Erscheinungsformen von Selbstverwaltung und dezentraler Staatsverwaltung, insbesondere bei gruppenpluralen Verwaltungseinheiten, unabhängig davon, ob diese als funktionale Selbstverwaltungsträger oder Sachverständigengremien eingerichtet sind. Dies wird insbesondere im Sozialrecht mit Blick auf die Organisations- und Handlungsformen der „Sozialen Selbstverwaltung" und der „Gemeinsamen Selbstverwaltung" virulent. Haben sich die ursprünglichen Organisations- und Handlungsformen des Sozialrechts im Zivilrecht herausgebildet und konnte hierbei eine Legitimation über die Beteiligung an diesen zumindest über eine verbandliche Organisation erreicht werden, sind diese Organisations- und Handlungsformen durch deren Publifizierung dem Erfordernis demokratischer Legitimation nach Art. 20 Abs. 2 GG unterworfen. Hierbei ist zu beachten, dass gerade diese Selbstverwaltung und Autonomie Bestandteile des demokratischen Prinzips sind.[394]

Dabei bestehen im Hinblick auf die „Soziale Selbstverwaltung" regelmäßig Probleme bzgl. beider Legitimationsformen. Zwar werden die inhaltliche Determination und Steuerung des Verwaltungshandelns durch gesetzliche Normierungen auch teilweise historisch überkommener und traditionell bewährter Aufgabenzuweisungen[395] zumeist als ausreichend, teilweise sogar als überbordend und damit dem Gedanken der Selbstverwaltung widersprechend angesehen, weil die Handlungsspielräume der Selbstverwaltungseinrichtungen dadurch übermäßig beschränkt würden.[396] Allerdings ist zumindest in Bezug auf die Bundesagentur für Arbeit aufgrund deren Weisungsfreiheit davon auszugehen, dass Defizite der sachlich-inhaltlichen Legitimation bestehen. Ebenfalls wird der „Gemeinsamen Selbstverwaltung" zum Teil ein Steuerungsdefizit bescheinigt.[397]

---

[392] So ist die Frage nach der Akzeptanz der Entscheidung bereits eine der Input-Legitimation, und nicht allein eine der Output-Legitimation.

[393] Dieser unbestimmte Rechtsbegriff ist ebenso wie derjenige der „Richtigkeit" einer Entscheidung auslegungsbedürftig und kann durch die Wertungen des Grundgesetzes konkretisiert werden, *H.H. v. Arnim*, AöR 113 (1988), S. 1 (11 ff.).

[394] BVerfG 33, 125 (159); 107, 59 (91); Urt. v. 28.1.2014, 2 BvR 1561/12 u.a., Rn. 158.

[395] Vgl. BVerfGE 107, 59 (93).

[396] Dazu Kapitel 3 C.V.1.b. Eigenverantwortliche Aufgabenwahrnehmung sowie 2.b. Eigenverantwortliche Aufgabenwahrnehmung.

[397] Dazu Kapitel 3 D.IV.1.b.aa. Sachlich-inhaltliche Legitimation.

Weiteres Hauptproblem ist in Ermangelung einer ununterbrochenen Legitimationskette und fehlenden Wahlen anerkannter Teilvölker die personelle Rückbindung der einzelnen Vertreter oder Amtswalter mittels der organisatorisch-personellen Legitimation. Wird diese im Rahmen der klassischen kommunalen Selbstverwaltung ersetzt durch Wahlen der Organe „von unten“, die denjenigen zur Volksvertretung ähnlich sind und so gleiche Legitimation spenden, ist dies im Rahmen der „Sozialen Selbstverwaltung“ bzw. der „Gemeinsamen Selbstverwaltung“ nicht bzw. aufgrund der geringeren Qualität der durchgeführten Wahlen nur sehr eingeschränkt möglich.[398] So bleibt ebenfalls ein Legitimationsdefizit im Hinblick auf die organisatorisch-personelle Dimension. Dieses wird insbesondere dann relevant, wenn Entscheidungen getroffen werden, die Bindungswirkung gegenüber Dritten entfalten, die auf diese Entscheidungsfindung keinerlei Einfluss haben, wie dies bei öffentlich-rechtlichen Verträgen und Empfehlungen mit Drittwirkung oder bei der Beleihung mit Normsetzungsbefugnissen der Fall sein kann. Ähnliche Probleme ergeben sich bei gruppenplural zusammengesetzten Gremien, wie den Rundfunkräten, sollten diese demokratischer Legitimation bedürfen,[399] dem Deutschen Weinfonds, der Filmförderungsanstalt und der Vergabekommission, der Bundesprüfstelle oder Sachverständigengremien wie Kommissionen mit Entscheidungskompetenz.

All diese Fälle haben zu unterschiedlichen Lösungsansätzen geführt. So erfolgt bzgl. der kommunalen Selbstverwaltung eine Ergänzung des klassischen Legitimationsmodells durch das in Art. 28 Abs. 1 Satz 2 GG angelegte und von diesem in das von Art. 20 GG enthaltene Legitimationsprogramm eingegliederte Legitimationsmodell der kommunalen Selbstverwaltung,[400] während das BVerfG bzgl. der funktionalen Selbstverwaltung und den gruppenplural zusammengesetzten Gremien zwar auf dem klassischen Legitimationsmodell besteht, jedoch dieses durch eine am Ziel der Organisationseinheit orientierte sach- und interessengerechte organisatorische Ausgestaltung des Entscheidungsgremiums, das die Durchsetzung des Gemeinwohls mittels eines erfolgenden Interessenausgleichs gewährleisten will, erweitert und so die bestehenden Demokratiedefizite in personeller und sachlich-inhaltlicher Hinsicht zu kompensieren versucht.[401] Dabei greift es auf partizipatorisch- und assoziativ-demokratische Elemente zurück. Ein solcher Ansatz partizipatorischer und assoziativer demokratischer Legitimation kann auch auf europäischer Ebene nachgewiesen werden. Dabei ist die Ak-

[398] Kritisch zur Legitimation durch sog. „Friedenswahlen“ nach § 46 Abs. 3 SGB IV *D. Boerner*, Normenverträge im Gesundheitswesen, S. 185; *W. Gitter*, SDSRV 34 (1991), S. 103 (105); *F. Hufen*, SDSRV 34 (1991), S. 43 (63); *J. Oebbecke*, VerwArch 81 (1990), S. 349 (362 ff.); *E.T. Emde*, Demokratische Legitimation, S. 164 f., 422 f.; *M. Papenfuß*, Personelle Grenzen, S. 160 f.; *F.E. Schnapp*, in: *Schulin* (Hrsg.), Handbuch des Sozialversicherungsrechts, Bd. 1, § 49 Rn. 174; dagegen diese für ausreichend bzw. für unschädlich erachtend BSGE 36, 242 (243 ff.); *G. Baier*, in: *Wagner/Knittel/Baier* (Hrsg.), Soziale Krankenversicherung, § 46 SGB IV Rn. 4; *T. Rompf*, VSSR 2004, 281 (284).

[399] Dazu Kapitel 3 E. I. 2. Die öffentlich-rechtlichen Rundfunkanstalten.

[400] *E. Schmidt-Aßmann*, Ordnungsidee, Zweites Kapitel Rn. 88.

[401] Dazu bereits A. II. 2. Die Rechtsprechung des BVerfG.

tivierung gesellschaftlicher Kräfte für die Erfüllung von Verwaltungsaufgaben keine Neuerung, sondern sie liegt der Idee der kommunalen Selbstverwaltung nach *Karl Frhr. v. Stein* – zu der es jedoch bei der Entstehung der „sozialen Selbstverwaltung" keine ideenpolitische Verbindung gab[402] – zu Grunde.[403] Zwar ging es diesem mit der neuen Städteordnung vom 19. November 1808,[404] deren Zentrum die Stärkung der Selbstverwaltung unter Ausprägung des Subsidiaritätsgedankens war, nicht um Demokratisierung, sondern um die Dezentralisation und Entbürokratisierung des zentralistisch organisierten monarchischen Staates unter Einbezug des Bürgertums, „um der Nation selbst einen Anteil an der Verwaltung zu geben und alle überflüssige und schädliche Einmischung der Regierung bei Gegenständen, welche der Fürsorge jedes Einzelnen überlassen werden können, abzustellen".[405] So gaben nicht nur funktionelle Erwägungen den Ausschlag für die Reformen, sondern erklärte Reformziele waren die „Belebung des Gemeingeistes und des Bürgersinns, die Benutzung der schlafenden und falsch geleiteten Kräfte und zerstreut liegenden Kenntnisse, der Einklang zwischen dem Geist der Nation, ihren Ansichten und Bedürfnissen und denen der Staatsbehörden, die Wiederbelebung der Gefühle für Vaterland, Selbständigkeit und Nationalehre",[406] so dass politische und pädagogische Zielsetzungen erkennbar werden.[407] Demgemäß diente die Verlagerung von Aufgaben auf die kommunale Ebene dem Einbezug von gesellschaftlichen Kräften, um so eine sachnähere, effektivere Aufgabenerfüllung zu gewährleisten, was den Ursprung kommunaler Selbstverwaltung darstellte, wenn auch der Begriff der Selbstverwaltung noch unbekannt war.[408] Das Partizipationsprinzip wurde in Folge dessen auch in der Rechtswissenschaft des 19. Jahrhunderts besonders herausgestellt, wie dies durch *Lorenz v. Stein* und *Rudolf v. Gneist* erfolgte[409] und zu der auch die Genossenschaftslehre *Otto v. Gierkes* wesentlich beitrug.[410] Das partizipatorische Element der Selbstverwaltung wird erst im ausgehenden 19. Jahrhundert durch die von *Heinrich Rosin* getroffene Unterscheidung in juristische und politische Selbstverwaltung weitgehend unbeachtlich und in die Kategorie der politischen Selbstverwaltung abgedrängt.[411] Die Selbstverwaltung wies auch noch im

[402] *H. Heffter*, Selbstverwaltung, S. 678.

[403] *T. Nipperdey*, Deutsche Geschichte 1800–1866, S. 36; *H. Heffter*, Selbstverwaltung, S. 84 ff.

[404] Abgedruckt in *C. Engeli/W. Haus*, Quellen, S. 104 ff.

[405] *K.F. v. u. z. Stein*, in: *Thielen* (Hrsg.), Freiherr vom Stein, S. 763 (764); *T. Nipperdey*, Deutsche Geschichte 1800–1866, S. 35 f.; *H. Heffter*, Selbstverwaltung, S. 88.

[406] Zit. nach *E. Fehrenbach*, Ancien Régime, S. 112; *K. F. v. u z. Stein*, in: *Thielen* (Hrsg.), Freiherr vom Stein, S. 763 ff.

[407] *H. Heffter*, Selbstverwaltung, S. 88.

[408] *H. Heffter*, Selbstverwaltung, S. 91; *C.-F. Menger*, in: *v. Mutius* (Hrsg.), FG Unruh 1983, S. 25 ff.

[409] Dazu *R. Hendler*, Selbstverwaltung als Ordnungsprinzip, S. 7 ff., 70 ff.; *H. Heffter*, Selbstverwaltung, S. 626 f.

[410] *H. Heffter*, Selbstverwaltung, S. 626 ff.; *J.-D. Kühne*, ZParl 1984, 552 ff.

[411] *H. Rosin*, Kritische Begriffsstudien über Souveränität, Staat, Gemeinde und Selbstverwaltung, S. 312.

Weimarer Reich in erster Linie gesellschaftliche Züge auf und erfuhr so eine grundrechtliche Absicherung, während eine demokratische Legitimation erst unter dem Grundgesetz erforderlich wurde, obgleich bereits durch die Schaffung der institutionellen Garantie durch *Carl Schmitt* die Grundlegung für das heutige Verständnis kommunaler Selbstverwaltung erfolgte.[412] Gleiches gilt für den Einbezug gesellschaftlicher Kräfte in die Aufgabenerfüllung der sozialen Sicherungssysteme, die ebenfalls erst durch die Publifizierung unter dem Grundgesetz dem Erfordernis demokratischer Legitimation unterzogen wurde. Insoweit ist es konsequent, mit Blick auf das historische, aus der Zivilgesellschaft stammende Herkommen auch bei der demokratischen Legitimation den Einbezug gesellschaftlicher Kräfte fruchtbar zu machen.

Dabei wurde ebenfalls bereits gezeigt, dass konsensuale Entscheidungsstrukturen, die gerade für den Einbezug von verschiedenen gesellschaftlichen Gruppen prägend sind, sowohl dem Grundgesetz, wie auch dem politischen System der Bundesrepublik Deutschland mit seinen konsensus- und konkordanzdemokratischen Einflüssen im Allgemeinen, sowie dem Sozialrecht im Besonderen durchaus eigen sind. So stellt sich nunmehr die Frage, ob diese Befunde zu einem Legitimationskonzept verdichtet werden können, in denen konsensuale Elemente unter Rückgriff auf gesellschaftliche Kräfte bestimmend sind.

### *1. Die organisatorisch-konsensuale Legitimation*

Geht man davon aus, dass die Einwirkungsmöglichkeit des Einzelnen im Rahmen der sachlich-inhaltlichen und organisatorisch-personellen Legitimation des klassischen Legitimationsmodells, vermittelt durch normative Steuerung und Weisungen sowie den Bundestag und die Legitimationskette, nur marginal bleibt, liegt der Schwerpunkt der demokratischen Legitimation nicht auf der Gewährleistung von Partizipation des Einzelnen an der Verwaltungsentscheidung, sondern auf Rückbindung an das Gesamtvolk. Diese hat den Zweck, auf das Handeln des Amtsträgers durch Weisungen sowie durch Aufsicht einzuwirken und es demokratischer Verantwortlichkeit zu unterziehen.[413] Insoweit wird durch die Rückbindung an das Gesamtvolk die inhaltliche Steuerung wie auch Machtkontrolle bewirkt, so dass die Verwirklichung des Gemeinwohls sichergestellt und die Akzeptanz der Entscheidung gefördert wird.[414] Neue, die demokratische Legitimation erweiternde oder einzelne Legitimationsformen substituierende Legitimationsformen sind daher auf ihre Fähigkeit, diese Steuerung und Kontrolle zu bewirken, zu untersuchen.

---

[412] *C. Schmitt*, Verfassungslehre, S. 170 ff.; *ders.*, in: *ders.* (Hrsg.), Aufsätze, S. 140 (143 ff.).

[413] *E.-W. Böckenförde*, in: *Isensee/Kirchhof* (Hrsg.), HStR II, § 24 Rn. 22.

[414] BVerfGE 37, 1 (27); 130, 76 (123 ff.); 107, 59 (93); BVerfG, Urt. v. 28.1.2014, 2 BvR 1561/12 u.a., Rn. 158.

Die Verwirklichung von Machtkontrolle und Akzeptanzsteigerung ist dann in Gefahr, wenn sich Partikularinteressen einseitig durchsetzen können,[415] es mithin zu einer Machtkonzentration an einer Stelle kommt, die ungehindert verbindliche Entscheidungen treffen kann. So muss gerade diese einseitige Durchsetzung von Partikularinteressen durch ein tragfähiges Legitimationsmodell, das die Verwirklichung des Gemeinwohls garantiert, vermieden werden. Dies kann nur durch Aufteilung von Macht und Eingrenzung von Machtakkumulation erreicht werden.

Fehlt eine solche Aufteilung, wie dies beim Beamten der hierarchischen Staatsverwaltung der Fall ist, wird mangels anderweitiger begrenzender Größen die Kontrolle und Akzeptanz der Entscheidung nach dem klassischen Legitimationsmodell neben der sachlich-inhaltlichen Legitimation nur durch die Rückbindung mittels der Legitimationskette erreicht. Außerhalb dieser hierarchischen Staatsverwaltung kann jedoch durch Aufteilung der Kompetenzen auf verschiedene Interessenträger Machtakkumulation verhindert werden. Da jedoch bei der Ausübung von hoheitlicher Macht auch bei aufgeteilter Macht die Gefahr besteht, dass sich nicht das Gemeinwohl, sondern Partikularinteressen durchsetzen[416] und so Machtmissbrauch und Inakzeptanz die Folge sind, kann weitere Machtkontrolle und Machtbegrenzung dadurch erreicht werden, dass die Ausübung von Staatsmacht nicht nur auf verschiedene Machtträger verteilt, sondern diese bei der Ausübung ihrer Befugnisse auch aneinander rückgebunden werden. Dies ist jedoch nur dann Erfolg versprechend, wenn die Möglichkeit des kollusiven Zusammenwirkens vermieden oder zumindest minimiert wird. Hierzu ist erforderlich, dass bei den aneinander gebundenen Machtträgern keine homogene Interessenstruktur besteht, sondern sich diese durch möglichst inhomogene und damit gegenüberstehende Interessen auszeichnen. Hierdurch wird den einzelnen Machtträgern aufgegeben, ihre gegenläufigen Partikularinteressen als Voraussetzung für die Entscheidung aufeinander abzustimmen und zum Ausgleich zu bringen. So wird die Ausübung von Staatsmacht an die Berücksichtigung der jeweils anderen, gegenläufigen Interessen in Form einer notwendigen Einigung durch Konsens rückgebunden, wodurch sich die Interessengruppen gegenseitig begrenzen. Dabei kann der Interessengegensatz mit der Anzahl der einbezogenen, unterschiedlichen Interessen abnehmen. Konsens bezeichnet somit im Unterschied zu zivilrechtlichen Vereinbarungen die Entscheidungsfindung unter Ausgleich der einbezogenen, widerstreitenden Interessen, wobei nicht zwingend Einstimmigkeit einzufordern ist, sondern sich ein solcher auch in der Mehrheitsentscheidung gruppenpluraler Gremien manifestieren kann, sofern keine der vertretenen Gruppen ein strukturelles Übergewicht hat und damit die Mehrheitsentscheidung allein bewirken kann. Konsens wird damit bestimmend in einem

---

[415] BVerfGE 37, 1 (27); 107, 59 (93); BVerfG, Urt. v. 28.1.2014, 2 BvR 1561/12 u.a., Rn. 158; *T. Groß*, Kollegialprinzip, S. 251 f.

[416] *W. Hoffmann-Riem*, in: *v. Mutius* (Hrsg.), FG Unruh 1983, S. 951 (966), für den Rundfunkrat.

Entscheidungsgremium, das organisatorisch so ausgestaltet sein muss, dass in ihm ein Kollektiv Betroffener, Sachverstand oder eine Mischung aus beidem vertreten ist, wobei auf gesellschaftliche Organisationen, in denen diese Interessen oder Kenntnisse gebündelt sind, zurückgegriffen werden kann. Hierdurch wird Konsens zu einer legitimierenden weil machtbegrenzenden Größe. Diese konsensuale Rückbindung ist durch den Gesetzgeber organisatorisch im Rahmen seines weiten Organisationsermessens sicherzustellen, so dass man von organisatorisch-konsensualer Legitimation sprechen kann.

Die durch die sachlich-inhaltliche Legitimation ebenfalls sichergestellte Steuerung von Verwaltungshandeln insbesondere durch Weisungen wird dagegen durch die organisatorisch-konsensuale Legitimation nur abgeschwächt erreicht, indem der Gesetzgeber das Entscheidungsprogramm determiniert. Eine Rückbindung durch Weisungen besteht dagegen nicht, so dass eine inhaltliche Feinsteuerung nicht erfolgt.

Daher ist die organisatorisch-konsensuale Legitimation nicht generell dazu geeignet, die demokratische Legitimation zu verstärken. Vielmehr ist auf die konkrete Verwaltungseinheit abzustellen, ob diese einer inhaltlichen Steuerung durch Weisung bedarf oder aber gerade die weisungsfreie Entscheidungsfindung, wie sie durch Verhandlung und Konsens, die nur unter Ausfüllung von bestehenden Spielräumen erfolgen können, im Vordergrund der Organisationseinheit steht. Nur in letzterem Falle kann eine organisatorisch-konsensuale Legitimation unter abgeschwächter Rückbindung und Einflussnahme in Betracht gezogen werden. Insbesondere stünde bei derart gruppenpluralen Gremien gerade eine Einflussnahme und Feinsteuerung, wie sie im Rahmen der Ministerialbürokratie erfolgt, dem Zweck der Organisationseinheit entgegen. Der Anwendungsbereich der organisatorisch-konsensualen Legitimation und damit die Möglichkeit der Ergänzung der bisherigen Legitimationsformen beschränkt sich daher auf Organisationseinheiten gruppenpluralen Zuschnitts außerhalb der unmittelbaren Staatsverwaltung, die für abgegrenzte Bereiche der Erledigung öffentlicher Aufgaben errichtet wurden und die sich durch den durch die Ministerialbürokratie nicht gewährleistbaren Einbezug von partizipativen Elementen, Sachverstand oder bzw. und besonderer Interessenlagen auszeichnen. Bei diesen kann die organisatorisch-konsensuale Legitimation neben die sachlich-inhaltliche und organisatorisch-personelle Legitimation treten und damit durch die Kompensation der Defizite dieser Legitimationsformen das Legitimationsniveau auf ein ausreichendes Maß anheben.

### 2. *Möglichkeiten und Gefahren organisatorisch-konsensualer Legitimation*

Im Rahmen der organisatorisch-konsensualen Legitimation wird auf gesellschaftliche Gruppen zurückgegriffen und diese organisatorisch auf einen Interessenausgleich verpflichtet, der Grundlage der Entscheidung darstellt. Hierdurch werden assoziativ-demokratische Elemente für die demokratische Legitimation und zum Ausgleich demokratischer Defizite fruchtbar gemacht. Die Einbindung gesellschaftlicher Kräfte zu Zwecken demokratischer Legitimation wird, wie bereits gesehen, nicht nur auf europäischer Ebene, sondern auch vom BVerfG angedacht.[417] Sie ist insbesondere vor dem Hintergrund konsequent, als gerade im Sozialrecht eine Rekrutierung gesellschaftlicher Kräfte grundsätzlich im zivilrechtlichen Bereich erfolgte und ursprünglich eine grundrechtlich getragene Legitimation verbuchen konnte, während durch die Publifizierung aufgrund des Einbezugs in Verwaltungseinheiten den gesellschaftlichen Kräften diese grundrechtliche Legitimation abhandenkommt und sie dem Erfordernis demokratischer Legitimation unterzogen werden. So ist es konsequent, bzgl. dieser auch auf die gesellschaftlichen Kräfte zurückzugreifen und sie bei der Form demokratischer Legitimation zu berücksichtigen. Der Einbezug gesellschaftlicher Kräfte ermöglicht nicht nur die Aktivierung von Betroffenen und den Einbezug speziellen Sachverstands, sondern auch die Entlastung des Parlaments sowie den Ausgleich demokratischer Defizite, wie sie nach dem klassischen Legitimationsmodell bestehen.

Durch die Besetzung von Entscheidungsgremien nicht durch Wahl, sondern durch organisatorische Ausgestaltung unter Rückgriff auch auf gesellschaftliche Organisationseinheiten wird jedoch, wie bereits bei den konkordanzdemokratischen Ansätzen und der assoziativen Demokratie gesehen, die Gefahr begründet, durch die Beförderung eines (Neo-) Korporatismus bzw. Kameralismus[418] zu vordemokratischen Zeiten zurückzukehren.[419] Gleichzeitig ist mit der selektiven Verschränkung einzelner Interessengruppen die Angst vor der Abkoppelung vom Volk oder dessen teilweisen Ausschluss unter Missachtung des Gleichheitsgrundsatzes und damit die Besorgnis vor einer Fremdherrschaft verbunden, die zu geringerer oder völlig fehlender Akzeptanz der getroffenen Entscheidungen führen, wie sie sich, wie bereits mit Blick auf den Korporatismus ausgeführt, in Bezeichnungen wie „Elitenherrschaft“, „Expertokratie“, „Demokratie ohne das Volk“ oder „Refeudalisierung“ ausdrücken.[420] Neben der fehlenden Selbstbestimmung schwingt mit diesen Bedenken immer auch die Besorgnis der Durchsetzung von Partikularinteressen entgegen dem Gemeinwohl durch besser organisierte Interessengruppen in Form von Lobbyismus mit.[421] Damit ist der zentrale Kritikpunkt des Machtmissbrauchs unter gleichzeitig fehlender demokratischer Sanktionierung angesprochen. Ebenfalls eng mit dem Begriff Korporatismus und

---

[417] Dazu bereits unter B.V.3. Ergänzung der klassischen Legitimationstheorie durch partizipative und assoziative Elemente in Literatur und Rechtsprechung.

[418] *M. Herdegen*, VVDStRL 62 (2003), S. 7 (31); dazu auch *H.-G. Dederer*, Korporative Staatsgewalt, S. 96 f.; *H.-D. Horn*, in: *Isensee/Kirchhof* (Hrsg.), HStR III, § 41 Rn. 36 ff.

[419] Zum Korporatismus *B. Weßels*, APuZ 2000, 16 ff.; *W. Czada*, PVS Sonderheft 25 (1994), S. 37 ff.; *H.-G. Dederer*, Korporative Staatsgewalt, S. 96 f.

[420] *R.E. Germann*, Civitas 31 (1976), S. 433 (438). Für die Europäische Union *H.-G. Dederer*, Korporative Staatsgewalt, S. 577; *M. Ruffert*, in: *Calliess/Ruffert* (Hrsg.), EUV/AEUV, Art. 11 EUV Rn. 12 m.w.N.; *M. Nettesheim*, in: *Grabitz/Hilf/Nettesheim* (Hrsg.), Das Recht der Europäischen Union, Art. 11 EUV Rn. 22; *J. Kersten*, Transformationen, S. 12.

[421] *M. Nettesheim*, in: *Grabitz/Hilf/Nettesheim* (Hrsg.), Das Recht der Europäischen Union, Art. 11 EUV Rn. 19, 22; *P.M. Huber*, in: *Streinz* (Hrsg.), EUV/AEUV, Art. 11 EUV Rn. 17.

Lobbyismus verbunden ist nicht nur die einseitige Durchsetzung von Eigeninteressen, sondern vor diesem Hintergrund auch die Befürchtung langer Entscheidungsprozesse, die eventuell sogar die Nichteinigung aufgrund divergierender Interessenlagen und Blockadehaltungen zur Folge haben[422] und sich so durch fehlende Problemlösungskompetenz auszeichnen.[423]

Zur Vermeidung eines solchen kartellartigen, nur auf die Eigeninteressen ohne Rücksicht auf das Gemeinwohl ausgerichteten Korporatismus sind diese Gefahren bei der Ausgestaltung der Legitimationsform in der konkreten institutionellen Gestalt zu berücksichtigen[424] und die Beteiligung und Assoziation und damit die konsensuale Entscheidungsstruktur durch demokratisch und rechtsstaatlich eingerichtete Entscheidungsgremien zu institutionalisieren, womit den Organisations- und Verfahrensformen als Regulativ eine zentrale Stellung zufällt. Bedenken und Gefahren sind daher bei der Ausformulierung der Voraussetzungen einer solchen organisatorisch-konsensualen Legitimation zu berücksichtigen und zu begegnen.

### *3. Voraussetzungen der organisatorisch-konsensualen Legitimation*

Um diesen Bedenken zu begegnen, ist vorweg deutlich zu machen, dass die organisatorisch-konsensuale Legitimation nicht generell die organisatorisch-personelle oder sachlich-inhaltliche Legitimation oder gar das klassische Legitimationsmodell als solches ersetzen soll, sondern nur für abgegrenzte Bereiche der Erledigung öffentlicher Aufgaben unterstützend als Ergänzung neben den vorbezeichneten Legitimationsformen in Betracht kommt. Insbesondere dort, wo durch den Einbezug von partizipativen Elementen, Sachverstand oder besonderer Interessenlagen, der durch die Ministerialbürokratie nicht gewährleistet werden kann und daher auf Stellen gruppenpluralen Zuschnitts außerhalb der unmittelbaren Staatsverwaltung ausgelagert wird, findet diese Möglichkeit der Ergänzung der demokratischen Legitimation durch die organisatorisch-konsensuale Legitimationsform Anwendung und kann zu einem ausreichenden Legitimationsniveau beitragen.[425]

Darüber hinaus kann eine Begrenzung und Kontrolle sowie Akzeptanzsteigerung staatlicher Entscheidungstätigkeit bei gruppenpluralen Entscheidungsträgern erreicht werden, wenn sich in deren Entscheidungen das Gemeinwohl unter Zurückdrängung von Partikularinteressen verwirklicht,[426] indem die Ausübung der Befugnisse an eine konsensual gefundene Entscheidung rückgekoppelt und diese von den vertretenen Interessengruppen gemeinschaftlich wahrgenommen wird. Die Rückbindung durch Konsens ist vom unmittelbar demokratisch legiti-

[422] *A. Cygan*, MLR 65 (2002), S. 229 (234 f.).
[423] Zur Konkordanzdemokratie *F.W. Scharpf*, PVS 26 (1985), S. 323.
[424] *J. Kersten*, Transformationen, S. 12 f.
[425] Dazu bereits unter B.VI.1. Die organisatorisch-konsensuale Legitimation.
[426] BVerfG, Urt. v. 28.1.2014, 2 BvR 1561/12, Rn. 158, 171, zur Filmförderungsanstalt; BVerfGE 37, 1 (27), zum Weinwirtschaftsfonds.

mierten Gesetzgeber organisatorisch durch die Normierung der Zusammensetzung von Entscheidungsgremien sowie die gemeinsame Kompetenzzuweisung an verschiedene Interessen repräsentierende Organisationseinheiten für abgegrenzte Bereiche zu bewältigen.[427] Dabei kommt dem Gesetzgeber ein weiter Gestaltungsspielraum im Hinblick auf die Organisation, die Zusammensetzung des gruppenpluralen Gremiums, das Verfahren der Auswahl, Bestellung und Abstimmung im Gremium sowie die materiellen Bestimmungen zu, wobei sich diese Aspekte insbesondere an der mit der Organisationseinheit verfolgten Zielsetzung ausrichten müssen.[428]

Da sich die Zusammensetzung des Gremiums auf die zu treffenden Entscheidungen auswirkt, ist Voraussetzung für eine solche *balance of power*-Struktur eine interessengerechte Zusammensetzung des Entscheidungsgremiums, dass also die zusammengespannten Interessenorganisationen die von der hoheitlichen Machtausübung und damit der Entscheidung Betroffenen adäquat repräsentieren oder bzw. und eine besondere Nähe zur Entscheidung aufweisen, wie dies durch besonderen Sachverstand der Fall sein kann, wobei der Einbezug von Wissen und Information durch Kooperation in Form von Entscheidungsbeteiligung erfolgt.[429] Nur hierdurch werden alle relevanten Interessen angemessen in den Entscheidungsprozess einbezogen,[430] wodurch ein wirksames Mitspracherecht der Betroffenen oder bzw. und ein sachgerechter Interessenausgleich, durch den die vom Gesetzgeber verfolgten Zwecke und Ziele effektiv erreicht werden können, sicherzustellen ist.[431] Dabei ist unter Interesse die „Anteilnahme eines Subjektes an einem Gegenstand" zu verstehen.[432] In Ermangelung von Entscheidungsparametern, welche verlässlich und objektiviert die zu berücksichtigenden Interessen der Gesellschaft definieren, bleibt es der weiten, die grundgesetzlichen Wertungen berücksichtigenden Entscheidungsprärogative des Gesetzgebers überantwortet, die relevanten gesellschaftlichen Interessen zu definieren und in den Entscheidungsprozess adäquat einzubeziehen.[433] Dabei handelt es sich um politische Wertungsfragen.[434]

Ist Ziel des Gesetzgebers die Verwirklichung eines Mitspracherechts Betroffener, so ist erforderlich, dass die Interessen derjenigen Gruppen, die von der staat-

---

[427] Vgl. BVerfGE 107, 59 (94).

[428] BVerfGE 83, 238 (296), zum Rundfunk. Ebenso *T. Groß*, Kollegialprinzip, S. 250.

[429] *K. Lange*, VVDStRL 44 (1986), S. 169 (194 f.).

[430] *T. Groß*, Kollegialprinzip, S. 252; *G. Lübbe-Wolff*, ZG 1991, 219 (243); *E. Schreyer*, Pluralistische Entscheidungsgremien, S. 93 ff.; *H.-H. Trute*, Forschung, S. 215, 318 f.; *K. Lange*, VVDStRL 44 (1986), S. 169 (198).

[431] Vgl. BVerfGE 107, 59 (92); *P. Unruh*, VerwArch 92 (2001), S. 531 (536 f., 554); ebenso BVerfGE 37, 1 (27), bei dieser Entscheidung geht es jedoch um ein Gremium, in dem sich Gruppen mit gleichgelagerten Interessen zusammenfinden.

[432] *H.J. Wolff/O. Bachof/R. Stober u.a.*, Verwaltungsrecht, Bd. 1, § 29 Rn. 3.

[433] *T. Groß*, Kollegialprinzip, S. 258; *D. Grimm*, Die Zukunft der Verfassung, Bd. 1, S. 176 ff.; *G.F. Schuppert*, EuGRZ 1985, 525 (531); zum Zweck von staatlicher Organisation *W. Burckhardt*, Die Organisation der Rechtsgemeinschaft, S. 130.

[434] *T. Groß*, Kollegialprinzip, S. 258; vgl. auch BVerwGE 12, 20 (27), zur Errichtung eines Personalgutachterausschusses für die Streitkräfte.

lichen Entscheidung unmittelbar und rechtlich oder auch nur mittelbar und faktisch betroffen sind, in dem gruppenpluralen Entscheidungsgremium im Sinne eines „Korrespondenzgebots", nach dem die Wirkungen der Entscheidung auf die an dieser Beteiligten begrenzt bleiben muss,[435] repräsentiert sind sowie in einer ihrer Bedeutung und Betroffenheit adäquaten Weise in die Entscheidung einbezogen werden, so dass sie auf den anzustrebenden Konsens und die hierauf gründende Entscheidung Einfluss nehmen können. Hierdurch wird die Dominanz eines Partikularinteresses über die anderen vermieden und es kommt die Pluralität der Interessen zum Tragen,[436] wodurch die Entscheidung auf eine breite Grundlage gestellt wird,[437] bei der eine hinreichende Interessenintegration erfolgt und eine Verzerrung in der Meinungsbildung vermieden wird.[438] Nicht erforderlich ist dagegen, dass alle einzelnen Betroffenen beteiligt werden. Vielmehr ist ausreichend, dass die für die Besetzung herangezogenen Interessenvertretungen das Interessenfeld insgesamt abdecken und die Betroffenen repräsentieren.[439] Eine repräsentative Abbildung des gesamten Volkes durch gleichheitsgebundenen Wahlakt wird von der nur beschränkt an Gleichheitskriterien messbaren Auswahl und Zusammensetzung der Gruppenpluralität durch den Gesetzgeber ersetzt.[440] Dabei kommt dem Gesetzgeber ein weiter Gestaltungsspielraum zu, im Rahmen dessen, begrenzt durch das Willkürverbot, er neben der Zielsetzung auch die Zusammensetzung des Gremiums bestimmen kann.[441] Ebenfalls ist zu berücksichtigen, dass gerade bei Gremien, in denen die gesellschaftliche Wirklichkeit abgebildet werden soll, schon aus praktischen Gründen, insbesondere auf Grund des Fehlens verbandlicher Interessenrepräsentation, regelmäßig keine vollständige Abbildung erreicht und damit auch nicht eingefordert werden kann.[442] Notwendig ist dann jedoch, dass der Gesetzgeber die entsendungsberechtigten Verbände nach sachgerechten Kriterien auswählt und dabei das betroffene Interessenfeld abdeckt.[443] So haben z.B. im Rundfunkrat die gesellschaftlich wichtigen Interessengruppen hinreichend vertreten zu sein.[444]

---

[435] *P.J. Tettinger/T. Mann*, in: *Tettinger/Mann/Salzwedel* (Hrsg.), Wasserverbände, S. 1 (62 f.); *E. Schmidt-Aßmann*, Grundrechtspositionen, S. 76; hierzu auch *H.-H. Trute*, in: *Hoffmann-Riem/Schmidt-Aßmann/Voßkuhle* (Hrsg.), Grundlagen des Verwaltungsrechts I, § 6 Rn. 85.

[436] BVerfGE 83, 238 (334), zum Rundfunk. Ebenfalls institutionelle Vorkehrungen zur Vermeidung der Bevorzugung einzelner Interessen einfordernd BVerfGE 111, 191 (217) – Notarkassen.

[437] BVerfGE 37, 1 (27), zur Beteiligung von sachnahen Gruppen im Repräsentationsgremium des Weinwirtschaftsfonds.

[438] *T. Groß*, Kollegialprinzip, S. 251.

[439] *T. Groß*, Kollegialprinzip, S. 265. Nicht erforderlich ist dagegen, dass die Interessenvertretungen auch die Umsetzung der Entscheidungen gewährleisten können, so aber *U. Becker*, in: *Münsterische Sozialrechtsvereinigung e.V.* (Hrsg.), 7. Münsterische Sozialrechtstagung, S. 122 (133).

[440] BVerfG, Urt. v. 25.3.2014, 1 BvF 1/11, 1 BvF 4/11, Rn. 70, zum Rundfunk.

[441] BVerfG, Urt. v. 25.3.2014, 1 BvF 1/11, 1 BvF 4/11, Rn. 63, 71, zum Rundfunk; BVerfGE 37, 1 (27), zum Weinwirtschaftsfonds.

[442] BVerfG, Urt. v. 25.3.2014, 1 BvF 1/11, 1 BvF 4/11, Rn. 70, zum Rundfunk.

[443] *T. Groß*, DVBl. 2002, 1182 (1193); *T. Groß*, Kollegialprinzip, S. 264 ff.

[444] BVerfGE 57, 295 (324); 83, 238 (296 f.), auch wenn das BVerfG diese Ausführungen nicht mit Blick auf die demokratische Legitimation anstellt.

Ebenfalls steht es dem Gesetzgeber im Rahmen seines weiten Gestaltungsfreiraums[445] offen, Gruppen, die eine spezifische Sachnähe zur Aufgabenerfüllung auszeichnet, oder verwaltungsexternen Sachverstand in das Entscheidungsgremium einzubeziehen, sofern er dies im Rahmen seines Organisationsspielraums für erforderlich oder für die Erreichung des mit der Organisationseinheit verfolgten Ziels dienlich ansieht und der Einbezug durch sachliche Gründe zu rechtfertigen ist. Eine solche Einbindung rechtfertigt sich daher insbesondere durch eine mit Blick auf die Erreichung des Ziels der Organisationseinheit besondere Qualifikation der einbezogenen Gruppen. Zwar müssen nicht alle mit der Angelegenheit befassten Gruppen einbezogen werden, jedoch dürfen solche Gruppen, aus denen wesentliche Gesichtspunkte für die Aufgabenfindung beigetragen werden können, nicht außer Acht gelassen werden oder unterrepräsentiert sein.[446] Insoweit hat eine sachgerechte Auswahl der Sachverständigen im Sinne eines Konsistenzgebots[447] durch ein rechtssatzförmig festzulegendes Verfahren in der Form zu erfolgen, dass dieses „dem Interesse an einer möglichst umfassenden Ermittlung aller bei der [...E]ntscheidung zu beachtenden Gesichtspunkte Rechnung“ trägt und „die in den beteiligten Kreisen vertretenen Auffassungen zumindest tendenziell vollständig erfaßt werden“.[448] Ziel ist in diesen Fällen die Aktivierung von Sachverstand, Praxiserfahrung, Sachnähe und bestimmter Interessen für die bestmögliche Aufgabenerfüllung und Erreichung des mit der Organisationseinheit verfolgten Zwecks durch ein gruppenplural zusammengesetztes, kollegiales Entscheidungsgremium, nicht dagegen die Repräsentation eines Kollektivs Betroffener.[449]

Dabei kann der Gesetzgeber auch Fachkenntnisse mit Elementen gesellschaftlicher Repräsentanz verbinden.[450]

Gleichzeitig hat der Gesetzgeber durch die organisatorische und verfahrensbezogene Ausgestaltung sicherzustellen, dass ein Ausgleich der im Beschlussgremium vertretenen Interessengruppen erforderlich und die Entscheidung nicht von der Dominanz einer Interessengruppe gekennzeichnet ist,[451] da in diesem Falle die gegenseitige Kontrolle leer liefe und eine Machtbegrenzung nicht wirksam erfolgen würde, wodurch die Kritik, wie sie die Befürchtung eines Korporatismus heraufbeschwört, insbesondere in Form des Machtmissbrauchs und der Elitenherrschaft greifen würde. Dies wird zum einen durch die jeweiligen Einflussmöglichkeiten der Interessenvertreter auf die Entscheidung selbst, daneben jedoch zum anderen dadurch bewerkstelligt, dass im Beschlussgremium eine in-

[445] BVerfGE 83, 238 (334); 83, 130 (151); *K. Lange*, VVDStRL 44 (1986), S. 169 (198).

[446] BVerfGE 83, 130 (151), zur Bundesprüfstelle; BVerfG, Urt. v. 28.1.2014, 2 BvR 1561/12, Rn. 171, zur Filmförderungsanstalt; BVerfGE 37, 1 (26 f.), zum Weinwirtschaftsfonds.

[447] *E. Schmidt-Aßmann*, Grundrechtspositionen, S. 79.

[448] BVerfGE 83, 130 (153).

[449] BVerfG, Urt. v. 28.1.2014, 2 BvR 1561/12, Rn. 170, zur Filmförderungsanstalt.

[450] BVerwGE 39, 197 (204), zur Bundesprüfstelle.

[451] BVerfG, Urt. v. 28.1.2014, 2 BvR 1561/12, Rn. 158, 171, zur Filmförderungsanstalt; BVerfGE 37, 1 (27), zum Weinwirtschaftsfonds.

homogene Interessenlage besteht. So wird in der Kombination dieser inhomogenen Interessenlage mit dem Fehlen eines strukturellen Übergewichts einer Interessengruppe, durch das sie die Entscheidung allein herbeiführen kann, ein Ausgleich der widerstreitenden Interessen erforderlich und die Interessengruppen durch die Notwendigkeit konsensualer Entscheidungsfindung aneinander rückgebunden und damit begrenzt. Dabei kann der Grad der geforderten Inhomogenität mit dem Anstieg der Anzahl der vertretenen Interessen sinken.

Die Entscheidung im gruppenpluralen Beschlussgremium muss auf einer konsensualen Entscheidungsfindung basieren. Dabei bezeichnet Konsens im Unterschied zu zivilrechtlichen Vereinbarungen die Entscheidungsfindung unter Ausgleich der einbezogenen, widerstreitenden Interessen. Der Entscheidung ist hierbei die höchste Zustimmung sicher und damit Konsens in reinster Form verwirklicht, wenn Einstimmigkeit vorliegt. Da der Gesetzgeber bei der Errichtung von Organisationseinheiten jedoch auch deren Funktionsfähigkeit im Blick haben und diese so einzurichten hat, dass sie grundsätzlich in der Lage sind, ihre Aufgabe zu erfüllen,[452] die Funktionsfähigkeit jedoch bei der Anordnung des Erfordernisses grundsätzlicher Einstimmigkeit der Beschlüsse leiden könnte, kann der Gesetzgeber zwar für bestimmte Aufgaben Einstimmigkeit einfordern, ausreichend ist jedoch auch, dass die Entscheidung des gruppenpluralen Gremiums mit der Mehrheit der im Beschlussgremium einbezogenen Interessenvertreter gefasst wird, wobei die Mehrheitsanforderungen qualifiziert werden können. Insoweit bleibt Einstimmigkeit zwar das Ideal und Leitbild der Entscheidungsfindung, wobei sich Konsens jedoch auch dadurch verwirklicht, dass bei einer Mehrzahl von Interessengruppen, insbesondere bei paritätischer Besetzung der Beschlussgremien in jeder Mehrheitsentscheidung auch ein konsensualer Anteil erblickt werden kann, sofern keine der an der Entscheidung beteiligten Gruppen die Mehrheitsentscheidung allein herbeiführen kann. Voraussetzung ist damit bei derartigen Mehrheitsentscheidungen, dass die Verwaltungseinheit organisatorisch und im Hinblick auf das Verfahren so ausgestaltet ist, dass ein strukturelles Übergewicht einer Interessengruppe vermieden wird und sich kein Partikularinteresse auf Kosten der anderen durchsetzen und diese dominieren kann, da sich nur auf diese Weise der angestrebte Interessenausgleich in sachgerechter Form erreichen lässt.

Ebenfalls zur Sicherung der Funktionsfähigkeit der gruppenpluralen Organisationseinheit kann der Gesetzgeber neutrale Mitglieder in das Beschlussgremium aufnehmen, denen im Fall, dass ein Interessenausgleich und eine konsensuale Verständigung zwischen den vertretenen Interessengruppen nicht zu erwarten ist, die Rolle des Vermittlers bzw. bei fehlgeschlagener Vermittlung das Letztentscheidungsrecht durch die Zuweisung der streitentscheidenden Stimme zukommt. Ein solcher Konfliktlösungsmechanismus kann bzw. muss vorgesehen werden, wenn andernfalls die Funktionsfähigkeit des Beschlussgremiums gefährdet ist. Weitere Möglichkeiten der Konfliktlösung wären die Einrichtung von

[452] BVerfGE 35, 79 (124), zur Universität.

Schiedsstellen und Schiedsverfahren. In diesen Fällen wäre der Gefahr der Nichteinigung und fehlender Problemlösungskompetenz durch Entscheidungsunfähigkeit ein Riegel vorgeschoben. Die Mitglieder können auch von der unmittelbaren Staatsverwaltung oder gar von Verfassungsorganen entsandt werden, wodurch der Staat gleichzeitig ein Instrument für seine Beobachtungspflicht schaffen würde, da diese die Entscheidungspraxis des gruppenpluralen Entscheidungsgremiums als interne Mitglieder beobachten und Rückmeldung über Missstände geben können.[453]

Da selbst interessenplural zusammengesetzte Entscheidungsgremien keine Garantie für den Interessenausgleich und damit die Machtbalance zwischen den Interessen darstellen, indem insbesondere die Gefahr einseitiger Bevorzugung von Interessen oder der Bildung von Interessenkoalitionen von Vertretern ähnlich strukturierter Interessen und deren mehrheitliche Durchsetzung auf Kosten von Minderheiteninteressen besteht,[454] ist eine weitere Rückbindung und Kontrolle der gruppenpluralen Organisationseinheit über die Aufsicht sowie eine gesetzgeberische Beobachtungspflicht erforderlich. Dabei ist davon auszugehen, dass gerade bei den aus der Ministerialverwaltung ausgegliederten gruppenpluralen Organisationseinheiten, bei denen die konsensuale Entscheidungsfindung durch den Einbezug von Betroffenengruppen und einen angestrebten Interessenausgleich sowie der Einbezug verwaltungsexternen Sachverstands bezweckt wird, dieser Zweck nicht durch die Anordnung weit reichender Befugnisse einer Fachaufsicht konterkariert werden darf. So führt die gruppenplurale Entscheidungsstruktur zu einer unvertretbaren Entscheidung,[455] wobei es widersinnig wäre, wenn die Fachaufsicht befugt wäre, ihre eigene Entscheidung an die Stelle derjenigen des gruppenpluralen Entscheidungsgremiums zu setzen, so dass regelmäßig eine Rechtsaufsicht als ausreichend und notwendig angesehen werden muss. Sollte der Gesetzgeber dagegen eine Fachaufsicht wollen, so hat er diese und deren Befugnisse ausdrücklich zu normieren[456] und dabei darauf zu achten, dass die Organisationseinheit noch die von ihr zu erfüllenden Aufgaben wahrnehmen kann. Dabei Bedarf die Aufsichtsebene ihrerseits einer organisatorisch-personellen Legitimation. Insoweit wird auf das Element der organisatorisch-personellen Legitimation, sofern es bei den Organisationseinheiten fehlt oder defizitär ist, nicht vollständig verzichtet, sondern diese lediglich auf die Aufsichtsebene verlagert, wie dies das BVerfG bereits in seiner Entscheidung zur funktionalen Selbstverwaltung toleriert hat.[457] Im Unterschied zu dieser Entscheidung wird vorliegend jedoch auch noch die Ausgangsebene durch konsensuale Strukturen legitimatorisch verstärkt.

---

[453] BVerfG, Urt. v. 28.1.2014, 2 BvR 1561/12, Rn. 171, zur Filmförderungsanstalt; BVerfGE 93, 37 (66), zur Mitbestimmung im öffentlichen Dienst.

[454] *W. Hoffmann-Riem*, in: *v. Mutius* (Hrsg.), FG Unruh 1983, S. 951 (966).

[455] BVerwGE 39, 197 (203 f.), zur Bundesprüfstelle.

[456] *T. Groß*, Kollegialprinzip, S. 247.

[457] Vgl. BVerfGE 107, 59 (94).

Daneben besteht die staatliche Gewährleistungsverantwortung für die ordnungsgemäße Aufgabenerfüllung fort, der sich der Staat nicht durch die Übertragung auf gruppenplurale Gremien entledigen kann. Vielmehr muss sich das vom Gesetzgeber verfolgte Konzept des sachgerechten Interessenausgleichs, die Auswahl der Interessen durch Wertungen, die in einem politischen Prozess vorgenommen wurden, und die zu ausgewogenen und sachgerechten Entscheidungen führen soll, auch in der Realität bewähren. So folgt aus der Gewährleistungsverantwortung für den Gesetzgeber eine Beobachtungspflicht,[458] wodurch sichergestellt wird, dass die mit der Organisationseinheit verfolgten Ziele auch erreicht werden und sich kein Partikularinteresse als dominierend herausbildet. Andernfalls wandelt sich diese Beobachtungspflicht in eine Nachbesserungspflicht des Gesetzgebers, die demokratische Rückbindung sicherzustellen.

Auf dieser Grundlage ist eine Rückbindung an den Souverän durch Legitimationsketten sowie Weisungs- und Verantwortungsstränge entbehrlich, so dass die organisatorisch-konsensuale Legitimation die defizitäre demokratische Legitimation mittels organisatorisch-personeller oder sachlich-inhaltlicher Legitimation ergänzen kann.[459]

Daneben bleibt es bei dem Erfordernis der sachlich-inhaltlichen Legitimation zwar nicht in Form der Weisungsabhängigkeit, sondern durch ein normativ determiniertes Entscheidungsprogramm. Diese tritt ebenso wie bisher mit der organisatorisch-personellen Legitimation auch mit der organisatorisch-konsensualen Legitimation in Wechselwirkung, so dass Defizite der einen Legitimationsform durch stärkere Ausprägungen der anderen ausgeglichen werden, sich jedoch nicht beide Legitimationsformen vollständig substituieren können. Dabei ist zu beachten, dass der angestrebte Interessenausgleich und eventuelle Einbezug verwaltungsexternen Sachverstands nur dann ermöglicht wird, wenn der Gesetzgeber hierzu ausreichend Spielraum im Entscheidungsprogramm vorhält.[460] Machtmissbrauchstendenzen durch Elitenherrschaft und einer fehlenden Rückbindung an das Volk sind damit ausgeschlossen.

Durch diese Voraussetzungen wird sichergestellt, dass sich in der Entscheidung von pluralistisch zusammengesetzten Gremien, deren Beteiligte gegenläufige Interessen vertreten, ähnlich dem parlamentarischen Entscheidungsprozess das nunmehr partielle Gemeinwohl für die vertretenen und von der Regelung betroffenen Gruppen herausbilden und durchsetzen kann,[461] wodurch den Entscheidungen ebenfalls Verbindlichkeit für die an ihr beteiligten Interessengruppen zukommt.

---

[458] BVerfG, Urt. v. 28.1.2014, 2 BvR 1561/12, Rn. 158, zur Filmförderungsanstalt; BVerfGE 130, 76 (123); BVerfGE 93, 37 (66); *F.E. Schnapp*, MedR 1996, 418 (422); *T. Groß*, Kollegialprinzip, S. 265.

[459] Dazu bereits unter B.VI.1. Die organisatorisch-konsensuale Legitimation.

[460] *M. Jestaedt*, Demokratieprinzip, S. 422.

[461] BVerfG, Urt. v. 28.1.2014, 2 BvR 1561/12, Rn. 158, 171, zur Filmförderungsanstalt; BVerfGE 37, 1 (27), zum Weinwirtschaftsfonds.

Im Hinblick auf die Einwirkungsmöglichkeiten des Souveräns auf die Entscheidungen der Machtträger bestehen jedoch Unterschiede: So kann der von der Machtausübung des Parlaments betroffene Bürger auf den Entscheidungsprozess im Parlament durch Wahlen einwirken und so die Entscheidungen beeinflussen. Gleichzeitig kann auf die einzelnen Amtsträger der hierarchisch organisierten Staatsverwaltung mittels der Legitimationskette und Weisungsabhängigkeit eingewirkt werden.

Diese Einflussmöglichkeiten werden nunmehr in Ermangelung einer legitimierenden Wahl und dem Fehlen hierarchischer Strukturen ersetzt durch die vom Gesetzgeber zu bewerkstelligenden konsensualen Organisationsstrukturen. Durch diesen legislativen Organisationsakt behält der Souverän als Ganzes seine zumindest mittelbare Einflussmöglichkeit auf die Zusammensetzung der Entscheidungsträger,[462] die sich durch legislative Aufgabenzuweisung auch auf die sachlich-inhaltliche Dimension erstreckt. Zwar ist diese Einwirkungsmöglichkeit lediglich mittelbarer Art und daher zumindest gegenüber dem Wahlakt zum Parlament oder den kommunalen Selbstverwaltungsorganen sowie Weisungen deutlich abgeschwächt. Im Vergleich zur Legitimationskette dürfte sich jedoch kaum ein wesentlicher Unterschied ergeben: So wird die durch die Legitimationskette vermittelte demokratische Legitimation mit zunehmender Länge der Kette immer mittelbarer und nimmt damit ab, so dass eine „Legitimationsverflüchtigung" einsetzt.[463] Gleichzeitig ist gerade im Hinblick auf den Vergleich mit dem, durch Legitimationskette legitimierten Beamten der hierarchischen Staatsverwaltung festzustellen, dass bei diesem das Legitimationsniveau aufgrund der erhöhten Machtakkumulation höher zu sein hat, während vor dem Hintergrund der gegenseitigen Begrenzung der widerstreitenden Interessensorganisationen durch Konsens die Rückbindung an und die Kontrolle durch den Souverän nicht ebenso stark ausfallen muss, wie bei Organisationseinheiten, die unbegrenzt Macht ausüben können. Für konsensuale Entscheidungsformen in oben genanntem Sinne ausreichend ist so ein gegenüber der hierarchischen Staatsverwaltung abgesenktes Legitimationsniveau, dem durch die normative Ausgestaltung von konsensualer Organisation und Entscheidung genüge getan ist und eine Abhängigkeit der Entscheidungsgremien durch Weisungsgebundenheit gerade aufgrund des mit der Organisationseinheit verfolgten Zwecks nicht erforderlich ist.

Gleichzeitig bleibt jedoch eine Einwirkungsmöglichkeit über den Gesetzgeber bestehen, dem eine Beobachtungspflicht zukommt, die sich in dem Falle, in dem sich der erhoffte Interessenausgleich nicht einstellt und sich die Dominanz eines Partikularinteresses herauskristallisiert, zu einer Nachbesserungspflicht wandelt.

---

[462] Vgl. BVerfGE 107, 59 (92).

[463] *T. Blanke*, KJ 1998, 452 (464); *M. Kleine-Cosack*, Autonomie, S. 204 f. Dazu bereits unter A.I. Das klassische Legitimationsmodell.

## C. Zusammenfassung

Konsensuale Entscheidungsstrukturen sind nicht nur ein fester Bestandteil des im Grundgesetz angelegten Demokratieprinzips, sondern gerade dem Sozialrecht aufgrund seines historischen Herkommens immanent. Gleichzeitig resultieren die Schwächen des klassischen Legitimationsmodells im Hinblick auf die demokratische Legitimation von dezentralen, nicht hierarchisch organisierten Verwaltungsstrukturen, wie sie mit der „Sozialen Selbstverwaltung" und der „Gemeinsamen Selbstverwaltung" in organisatorischer Hinsicht und bzgl. deren Handlungsformen bestehen, aus dem Mangel an demokratischer Verantwortlichkeit und Weisungsabhängigkeit im Sinne einer sachlich-inhaltlichen demokratischen Legitimation sowie aus dem Fehlen einer ununterbrochenen Legitimationskette und damit dem Mangal an organisatorisch-personeller Legitimation. Diese Legitimationsformen können jedoch durch konsensuale Entscheidungsstrukturen ergänzt und zum Teil auch ersetzt werden, um so das notwendige Legitimationsniveau zu erreichen, sofern eine gegenseitige Begrenzung der Machtträger erfolgt, ohne dass eine Rückbindung durch Hierarchie und Weisungsbefugnisse erforderlich ist. Voraussetzung für die Ergänzung oder Substitution der Legitimationsformen durch die organisatorisch-konsensuale Legitimation ist damit, dass der Gesetzgeber in abgrenzbaren Bereichen von Verwaltungsaufgaben Vertretungen von gegenläufigen Interessen zu gruppenpluralen Entscheidungsgremien zusammenspannt. Dabei kommt dem Gesetzgeber vor dem Hintergrund, dass auch Selbstverwaltung und Autonomie im Demokratieprinzip ihre Wurzeln haben,[464] ein weiter Gestaltungsspielraum zu, im Rahmen dessen er auch den Einbezug verwaltungsexternen Sachverstands, ein effektives Mitspracherecht der Betroffenen sowie einen sachgerechten Interessenausgleich zur Erreichung seiner Zwecke und Ziele berücksichtigen kann.[465] Voraussetzung für eine effektive Betroffenenbeteiligung und den sachgerechten Interessenausgleich von Vertretungen gegenläufiger Interessen ist jedoch, dass die Interessenvertretungen jeweils ihrer Betroffenheit und Bedeutung angemessenen Einfluss auf die Entscheidung, die auch als Mehrheitsentscheidung ausgestaltet sein kann bzw. mit Blick auf die Funktionsfähigkeit der Verwaltungsträger teilweise auch sein muss, ausüben können. Durch diese Verteilung von Macht wird sie in Form gegenseitiger Begrenzung gemäßigt und die Entscheidung erhält höhere Akzeptanz bei den Entscheidungsunterworfenen, auch wenn diese selbst nicht am Entscheidungsprozess beteiligt sind oder auf diesen Einfluss nehmen können. Nicht ausreichend ist, wenn Interessenvertretungen homogen sind, da insoweit mit der Begrenzung von Macht und der Steigerung von Akzeptanz der Entscheidung die Ziele demokratischer Legitimation nicht erreichbar sind, was den maßgeblichen Unterschied zur sog. „autonomen Legitimation" darstellt.

---

[464] BVerfGE 107, 59 (91); BVerfG, Urt. v. 28.1.2014, 2 BvR 1561/12 u.a., Rn. 158.

[465] BVerfGE 37, 1 (26); 107, 59 (92); BVerfG, Urt. v. 28.1.2014, 2 BvR 1561/12 u.a., Rn. 158, 169 ff.

Gleichzeitig ist diese Organisationsstruktur zumindest einer Rechtsaufsicht zu unterwerfen, die ihrerseits die vom klassischen Legitimationsmodell geforderte organisatorisch-personelle Legitimation aufweist, wobei dem Gesetzgeber eine Beobachtungspflicht zukommt, die sich zu einer Nachbesserungspflicht wandelt, sollte der angestrebte Interessenausgleich durch Konsens und mit ihm eine ausgewogene und sachgerechte Entscheidung ausbleiben.

So wird auf der Entscheidungsebene die organisatorisch-personelle und sachlich-inhaltliche Legitimation ergänzt durch die organisatorisch-konsensuale, wie auch die organisatorisch-personelle Legitimation auf der Aufsichtsebene eingefordert wird. Verfahren und Organisation werden so zu Legitimationsspendern.

Unterdessen bleibt es bei dem Erfordernis normativer Determiniertheit im Sinne einer sachlich-inhaltlichen Legitimation, die ebenso wie zur organisatorisch-personellen auch zur organisatorisch-konsensualen Legitimation in einem Wechselwirkungsverhältnis steht, in dem Defizite der einen Legitimationsform durch die andere ausgeglichen werden können, wobei diese sich nicht vollständig substituieren können. Ausschlaggebend ist insoweit allein das erreichte Legitimationsniveau.

Hierdurch kann eine geringe materielle Steuerung durch Organisation und Prozeduralisierung aufgefangen werden.

Vor dem Hintergrund einer solchen Legitimation durch Konsens sind insbesondere sozialrechtliche Organisations- und Handlungsformen von Interesse, die aufgrund ihres Herkommens aus dem Zivilrecht und der kollektiven, gruppenpluralen Ausgestaltung gerade konsensuale Strukturen aufweisen. Allerdings bestehen auch außerhalb des Sozialrechts Organisations- und Handlungsformen, die diesem Legitimationsmodus zugänglich sein könnten.[466] Im folgenden Kapitel wird mit einer Untersuchung der Organisationsformen im Sozialrecht fortgefahren.

---

[466] Dazu Kapitel 3, 4 und 5.

*Kapitel 3*

# Konsensuale Organisationsformen

Im Sozialrecht bestehen mit der „Sozialen Selbstverwaltung" und der „Gemeinsamen Selbstverwaltung" Organisationsformen, in denen Interessen gebündelt oder so zusammengespannt sind, dass zwischen diesen für eine Entscheidungsfindung eine Einigung in Form von Konsens erforderlich ist.[1] Dabei gilt nicht nur der organisatorisch angelegte Interessenausgleich als Besonderheit des Sozialrechts, sondern es wird auch diskutiert, inwiefern die Zuordnung der Organisationsform zum Bereich der Selbstverwaltung zutreffend ist und diese demokratischer Legitimation zugänglich sind. Diese Fragen sind zentral für die Anschlussfähigkeit der Konzepte der „Sozialen" und der „Gemeinsamen Selbstverwaltung" an das Allgemeine Verwaltungsrecht. Um diese beurteilen zu können sowie auch auszuloten, ob aus diesen Erkenntnisse für die Fortbildung des Allgemeinen Verwaltungsrechts gewonnen werden können, erfolgt zuerst als Grundlage für die weiteren Untersuchungen und Ausführungen ein kurzer Überblick über die (A.) Selbstverwaltung, wie sie vom Allgemeinen Verwaltungsrecht her bekannt und anerkannt ist, ehe auf die (B.) gruppenplurale Konsensverwaltung eingegangen wird, der sich eine Betrachtung der (C.) „Sozialen" und der (D.) „Gemeinsamen Selbstverwaltung" anschließt, ehe unter (E.) mit einer Gesamtschau auf die Frage der Integrationsmöglichkeit beider Konzepte in die Organisationsformen des Allgemeinen Verwaltungsrechts eingegangen wird.

## A. Selbstverwaltung im Allgemeinen Verwaltungsrecht

Das Verwaltungsorganisationsrecht beschränkt sich nicht auf die konzentrierte, zentralisierte, zumeist unmittelbare Staatsverwaltung, sondern bezieht auch Formen dekonzentrierter und dezentralisierter Staatsverwaltung mit ein.[2] Nehmen dekonzentrierte Verwaltungseinheiten ihre Zuständigkeiten weisungsgebunden wahr, sind dezentralisierte Verwaltungseinheiten rechtlich verselbständigt und regelmäßig nicht weisungsgebunden.[3] Mit der Einordnung als weisungsgebun-

[1] Zum Begriff des Konsens bereits Kapitel 2 B.VI. 1. Die organisatorisch-konsensuale Legitimation und 3. Voraussetzungen der organisatorisch-konsensualen Legitimation.

[2] *H. Maurer*, Allgemeines Verwaltungsrecht, § 23; *M. Burgi*, in: *Erichsen/Ehlers* (Hrsg.), Allgemeines Verwaltungsrecht, § 7 Rn. 10 ff.; § 8 Rn. 26 ff.

[3] *H. Maurer*, Allgemeines Verwaltungsrecht, § 23 Rn. 1.

den oder weisungsfrei ist jedoch nicht die zwangsläufige Zuordnung zur unmittelbaren bzw. mittelbaren Staatsverwaltung verbunden.[4]

Ist die Bandbreite der beiden Bereiche enorm groß, nehmen insbesondere Selbstverwaltungsträger unter den dezentralisierten Verwaltungsträgern einen besonderen Stellenwert ein.[5] Die Selbstverwaltung gehört neben der unmittelbaren Staatsverwaltung zu den beiden Standardtypen der Verwaltungsorganisation[6] und gilt als Schlüsselbegriff für die Erschließung des Aufbaus der Exekutive.[7] Unter diesen hat die eine lange Tradition aufweisende kommunale Selbstverwaltung die Phänomenologie der Selbstverwaltung am stärksten geprägt,[8] während andere Formen entweder vom Grundgesetz eingefordert werden oder einfachgesetzlich und zumeist durch die Verwaltungsrealität, wenn auch zum Teil ebenfalls mit langer Tradition behaftet, anerkannt oder hervorgebracht werden.[9]

Im Folgenden werden daher ausgehend vom (I.) Begriff der Selbstverwaltung deren (II.) Arten beschrieben, ehe (III.) ihr Verhältnis zur mittelbaren Staatsverwaltung und zum (IV.) Demokratieprinzip untersucht wird.

## *I. Begriff der Selbstverwaltung*

Sowohl das Grundgesetz als auch die Landesverfassungen kennen zwar vereinzelt Ausprägungen von Selbstverwaltung, enthalten sich jedoch einer näheren Definition. Aber auch diese Regelungen, wie Art. 28 Abs. 2 Satz 2 GG für die kommunale Selbstverwaltung, Art. 5 Abs. 3 Satz 1 2. Alt. GG für die akademische, Art. 87 Abs. 2 GG für die soziale sowie Art. 87 Abs. 3 Satz 1 2. Alt. GG für weitere Formen funktionaler Selbstverwaltung lassen die Selbstverwaltung als uneinheitliche Phänomene von Staatsverwaltung erscheinen, die zu dem „Prinzip Selbstverwaltung" zusammengefasst werden.[10]

---

[4] *M. Jestaedt*, in: *Hoffmann-Riem/Schmidt-Aßmann/Voßkuhle* (Hrsg.), Grundlagen des Verwaltungsrechts I, § 14 Rn. 39.

[5] *R. Hendler*, Selbstverwaltung als Ordnungsprinzip, S. 301 ff.; *W. Kluth*, Funktionale Selbstverwaltung, S. 26 ff.

[6] *E. Schmidt-Aßmann*, Ordnungsidee, Fünftes Kapitel Rn. 24.

[7] *M. Jestaedt*, Die Verwaltung 35 (2002), S. 293.

[8] *E. Schmidt-Aßmann*, in: *Selmer/v. Münch* (Hrsg.), GS Martens, S. 249 (254); *K. Stern*, Staatsrecht I, § 12 I 7c. Zur Entwicklung der Selbstverwaltung *H. Pohl*, in: *v. Mutius* (Hrsg.), FG Unruh 1983, S. 3 ff.

[9] *E. Schmidt-Aßmann*, in: *Selmer/v. Münch* (Hrsg.), GS Martens, S. 249 (254).

[10] *E. Forsthoff*, Lehrbuch des Verwaltungsrechts, Bd. I, S. 476; *R. Hendler*, Selbstverwaltung als Ordnungsprinzip, passim; *ders.*, in: *Isensee/Kirchhof* (Hrsg.), HStR VI, § 143; *E. Schmidt-Aßmann*, in: *Selmer/v. Münch* (Hrsg.), GS Martens, S. 249 (255); *T. Groß*, DVBl. 2002, 1182 (1191 ff.). Kritisch hierzu *M. Jestaedt*, Die Verwaltung 35 (2002), S. 293 (305, 307), der davon ausgeht, dass sich das „Ordnungsprinzip" in einem vom Grundgesetz „vorgefundenen" Rechtsphänomen erschöpft. Ebenso ablehnend *M. Burgi*, VVDStRL 62 (2003), S. 405 (413 m.w.N.), der von der „Idee der Selbstverwaltung" spricht; ebenfalls die Vielschichtigkeit betonend *W. Kahl*, Die Staatsaufsicht, S. 255 f.; *H. Bethge*, in: *v. Mutius* (Hrsg.), FG Unruh 1983, S. 149 (151 ff.).

Sehr allgemein formuliert bedeutet Selbstverwaltung grundsätzlich die Ausübung von Staatsgewalt i.S.v. Art. 20 Abs. 2 GG im Bereich der Exekutive. Insoweit ist sie von der Ausübung privater Gewalt in Form von gesellschaftlicher Interessenwahrnehmung abzugrenzen.[11] Sie ist dem Bereich organisierter Staatlichkeit zuzuordnen. Hierdurch wird nicht nur die öffentliche Verwaltung um einen zentralen Teil ergänzt, sondern es erwachsen der Selbstverwaltung auch ihre Handlungsparameter, wie die Bindung an Gesetz und Recht,[12] insbesondere dic Grundrechtsbindung.[13] Gleichzeitig ist sie nicht mit der unmittelbaren Staatsverwaltung gleichzusetzen, da sie sich von dieser durch ihre Freiräume und Zielrichtung maßgeblich abhebt. Darüber hinaus besteht eine Vielzahl von Ausprägungen von Selbstverwaltungsformen, zwischen denen erhebliche Unterschiede bestehen, weshalb sich eine einheitliche, umfassende Dogmatik der Selbstverwaltung nicht herausgebildet hat.[14] In der Staats- und Verwaltungsrechtslehre besteht daher auch kein allgemein anerkanntes Verständnis von Selbstverwaltung.[15] Vielmehr ist dem BVerwG zuzustimmen, „daß es im geltenden Recht nicht ein einheitliches Recht *der* Selbstverwaltung schlechthin gibt. Richtig ist vielmehr, daß immer nur das *jeweilige* Selbstverwaltungsrecht zur Rede stehen kann. Dessen Inhalt und Grenzen lassen sich nicht einem übergreifenden generellen Maßstab, sondern immer nur derjenigen konkreten gesetzlichen Regelung entnehmen, auf der das jeweilige Selbstverwaltungsrecht für jeweils bestimmte Selbstverwaltungsträger und für die ihnen jeweils übertragenen Aufgaben beruht".[16]

Allerdings bestehen trotz der vielfältigen Erscheinungsformen auch Gemeinsamkeiten, die allen Selbstverwaltungsformen eigen sind und die daher eine Verallgemeinerung im Sinne einer allgemeinen Lehre der Selbstverwaltung ermöglichen. Neben der in der Weimarer Zeit[17] ihren Ursprung nehmenden und seit ebenso langer Zeit in der Kritik[18] stehenden Differenzierung zwischen juristischer und politischer Selbstverwaltung,[19] nach der die organisationsrechtliche

---

[11] *E. Schmidt-Aßmann*, in: *Selmer/v. Münch* (Hrsg.), GS Martens, S. 249 (258).

[12] Für die Gemeinden ist dies ausdrücklich in Art. 28 Abs. 2 Satz 1 GG durch die Formulierung „im Rahmen der Gesetze" geregelt.

[13] *E. Schmidt-Aßmann*, in: *Selmer/v. Münch* (Hrsg.), GS Martens, S. 249 (259).

[14] *J. Oebbecke*, VVDStRL 62 (2003), S. 366 (389).

[15] *R. Hendler*, in: *Isensee/Kirchhof* (Hrsg.), HStR VI, § 143 Rn. 1; a.A. *J. Oebbecke*, VVDStRL 62 (2003), S. 366 (369).

[16] BVerwGE 51, 115 (118) – Hervorhebungen im Original; BSGE 30, 8 (12); ebenso *K. Stern*, Staatsrecht I, § 12 I 1; *H. Bethge*, VSSR 1980, 237; *G.F. Schuppert*, AöR 114 (1989), S. 127 (129).

[17] *R.H. Herrnritt*, Grundlehren, S. 186 Anm. 1; *O. Bühler*, in: *Anschütz/Thoma* (Hrsg.), Handbuch des Deutschen Staatsrechts, Bd. 1, S. 697 Anm. 2; *W. Jellinek*, Verwaltungsrecht, S. 62; *E. Forsthoff*, Lehrbuch des Verwaltungsrechts, Bd. I, S. 474; dazu auch *E. Laux*, in: *v. Mutius* (Hrsg.), FG Unruh 1983, S. 51 Anm. 1 m.w.N.

[18] *H. Peters*, Grenzen, S. 6 ff.; *W. Jellinek*, Verwaltungsrecht, S. 62, der die tatsächlich-politische Selbstverwaltung derjenigen im „scharfen rechtlichen Sinne" gegenüberstellt; *R. Stober*, Kommunalrecht, S. 59 ff.

[19] Hierzu *R. Hendler*, Selbstverwaltung als Ordnungsprinzip, S. 108 ff., 271 ff.; *K. Lange*, in: FS Weber 1974, S. 841 ff.; *F.E. Schnapp*, VSSR 2006, 191 (193); *W. Wertenbruch*, in: FS Peters 1965, S. 203 (209 ff.).

Dimension durch die eigenverantwortliche Wahrnehmung von Verwaltungstätigkeiten durch juristische Personen des öffentlichen Rechts einerseits,[20] dagegen die ehrenamtliche Tätigkeit in der öffentlichen Verwaltung andererseits verstanden wird,[21] werden beide Begriffe wieder dahingehend vereint, dass Selbstverwaltung als Form der Betroffenenpartizipation verstanden wird.[22] Das BVerfG spricht insoweit vom „Prinzip der Betroffenenbeteiligung",[23] welches durch die „"mitgliedschaftlich-partizipatorische" Komponente, die aller Selbstverwaltung eigen ist",[24] verwirklicht wird. Durch die Betroffenenpartizipation wird Selbstverwaltung zum institutionalisierten Betroffenenschutz.[25] Gleichzeitig werden mit der Selbstverwaltung und dem Einbezug von Betroffenen eine bürgernahe und damit effektivere Verwaltungstätigkeit, die Entlastung der staatsunmittelbaren Verwaltung sowie die „sachlich richtige Erfüllung einer konkreten Aufgabe"[26] durch den Einbezug spezifischen Sachverstands der Betroffenen verfolgt,[27] wie auch die „Aktivierung der Beteiligten für ihre eigenen Angelegenheiten"[28] und die Heranführung des Bürgers an die Staatsverwaltung durch „Identifikation durch Handeln" bewirkt werden sollen.[29] Der Selbstverwaltung geht es – ebenso wie der Autonomie – darum, „die in den gesellschaftlichen Gruppen lebendigen Kräfte in eigener Verantwortung zur Ordnung der besonders sie berührenden Angelegenheiten heranzuziehen und ihren Sachverstand für die Findung „richtigen" Rechts zu nutzen".[30] So besteht auch der Zweck des Satzungsrechts darin, „gesellschaftliche Kräfte zu aktivieren, den entsprechenden gesellschaftlichen Gruppen die Regelung solcher Angelegenheiten, die sie selbst betreffen und die sie in überschaubaren Bereichen am sachkundigsten beurteilen können, eigenverantwortlich zu überlassen und dadurch den Abstand zwischen Normgeber und Normadressaten zu verringern".[31] Hierdurch kann Selbstverwaltung zur Akzeptanzsteigerung, zur Vernetzung der Gesellschaft unter Einbe-

---

[20] *G. Meyers/G. Anschütz*, Lehrbuch 2, S. 385; *H. Peters*, Grenzen, S. 36; *E. Forsthoff*, Lehrbuch des Verwaltungsrechts, Bd. I, S. 478; *R. Stober*, Kommunalrecht, S. 60; *R. Hendler*, in: *Isensee/Kirchhof* (Hrsg.), HStR VI, § 143 Rn. 13.

[21] *W. Jellinek*, Verwaltungsrecht, S. 62; *R. Stober*, Kommunalrecht, S. 59; *R. Hendler*, in: *Isensee/Kirchhof* (Hrsg.), HStR VI, § 143 Rn. 12.

[22] BVerwGE 106, 64 (83); *R. Hendler*, in: *Isensee/Kirchhof* (Hrsg.), HStR VI, § 143 Rn. 14; *ders.*, Selbstverwaltung als Ordnungsprinzip, S. 284; *W. Kluth*, Funktionale Selbstverwaltung, S. 236 f.; *E.T. Emde*, Demokratische Legitimation, S. 6; *T. Groß*, DVBl. 2002, 1182 (1191); *M. Burgi*, VVDStRL 62 (2003), S. 405 (414); kritisch hierzu *W. Loschelder*, Kommunale Selbstverwaltungsgarantie, S. 184 ff.

[23] BVerfGE 107, 59 (101).

[24] BVerfGE 83, 37 (55); 107, 59 (88).

[25] *R. Hendler*, in: *Isensee/Kirchhof* (Hrsg.), HStR VI, § 143 Rn. 14.

[26] *H. Klein*, in: FS Forsthoff 1974, S. 165 (175).

[27] *W. Frotscher*, in: *v. Mutius* (Hrsg.), FG Unruh 1983, S. 127 (133), der die Sachgerechtigkeit als Forderung des Demokratieprinzips ansieht.

[28] BVerfGE 11, 266 (275).

[29] *F.L. Neumann*, in: *ders.* (Hrsg.), Demokratischer und autoritärer Staat, S. 125 f.

[30] BVerfGE 33, 125 (159).

[31] BVerfGE 33, 125 (156 f.), unter Bezugnahmen auf BVerfGE 1, 91 (94); 10, 89 (102 ff.); 12, 319 (321 ff.); 15, 235 (240).

zug gesellschaftlicher Interessen[32] und zur Disziplinierung von Partikularinteressen[33] beitragen wie auch Tore zur Selbstverwirklichung öffnen.[34]

Darüber hinaus handelt es sich bei der Übertragung von Aufgaben an die Betroffenen um eine Form der Dezentralisierung, die zu einer Entlastung des Staates führt[35] und die in ihrer Funktion, insbesondere derjenigen der vertikalen Gewaltenteilung, der des Föderalismus angenähert ist.[36] Gleichzeitig dient Selbstverwaltung zumindest teilweise auch der Grundrechtsverwirklichung und somit dem Freiheitsschutz, wie dies bei der akademischen Selbstverwaltung mit dem Grundrecht auf Freiheit der Forschung und Lehre aus Art. 5 Abs. 3 GG der Fall ist, wie auch dem Schutz von Minderheiten und entfaltet damit stabilisierende Wirkung für den Staat als Gemeinwesen.[37]

So wird auf Grundlage dieser Gemeinsamkeiten Selbstverwaltung als die materiell eigenverantwortliche, fachweisungsfreie und höchstens der Rechtsaufsicht unterliegende Wahrnehmung bestimmter, enumerativ oder global überlassener oder zugewiesener eigener öffentlicher Angelegenheiten von den hiervon besonders Betroffenen durch gegenüber der staatsunmittelbaren Verwaltungsorganisation institutionell verselbständigte, jedoch trotzdem in den Staatsverband eingegliederte öffentlich-rechtliche Organisationseinheiten definiert.[38] Konstitutiv für das Vorliegen von Selbstverwaltung sind daher die (1.) Betroffenenpartizipation, die (2.) eigenverantwortliche Aufgabenerfüllung sowie die (3.) öffentlich-rechtliche Rechtsform.[39]

---

32 *W. Frotscher*, in: *v. Mutius* (Hrsg.), FG Unruh 1983, S. 127 (132 f.).

33 *W. Kluth*, Funktionale Selbstverwaltung, S. 375; *E. Forsthoff*, Lehrbuch des Verwaltungsrechts, Bd. I, S. 476.

34 *J. Oebbecke*, VVDStRL 62 (2003), S. 366 (375); *H. Klages*, in: *v. Mutius* (Hrsg.), FG Unruh 1983, S. 41 ff.

35 *M. Burgi*, VVDStRL 62 (2003), S. 405 (422).

36 *J. Oebbecke*, VVDStRL 62 (2003), S. 366 (371); *G.F. Schuppert*, in: *v. Mutius* (Hrsg.), FG Unruh 1983, S. 183 (187); *R. Hendler*, Selbstverwaltung als Ordnungsprinzip, S. 345 ff.; *G.F. Schuppert*, AöR 114 (1989), S. 127 (129 ff.); *J. Isensee*, in: FS BVerfG 2001, S. 719 (747).

37 *R. Hendler*, in: *Isensee/Kirchhof* (Hrsg.), HStR VI, § 143 Rn. 70; *J. Oebbecke*, VVDStRL 62 (2003), S. 366 (371); *F.E. Schnapp*, in: *v. Mutius* (Hrsg.), FG Unruh 1983, S. 881 (898); *G.F. Schuppert*, a.a.O., S. 183 (195 ff.).

38 *R. Hendler*, in: *Isensee/Kirchhof* (Hrsg.), HStR VI, § 143 Rn. 19; *ders.*, Selbstverwaltung als Ordnungsprinzip, S. 284; *M. Jestaedt*, Die Verwaltung 35 (2002), S. 293 (303); *ders.*, in: *Hoffmann-Riem/Schmidt-Aßmann/Voßkuhle* (Hrsg.), Grundlagen des Verwaltungsrechts, § 14 Rn. 41 m.w.N.; *E. Schmidt-Aßmann*, in: *Selmer/v. Münch* (Hrsg.), GS Martens, S. 249 (258); *T. Groß*, DVBl. 2002, 1182 (1191); *M. Burgi*, VVDStRL 62 (2003), S. 405 (409); *F. Hufen*, SDSRV 34 (1991), S. 43 (54), legt dagegen einen Schwerpunkt auf die „gemeinsame Wahrnehmung des Grundrechts freier Selbstbestimmung im Rahmen des öffentlichen Rechts"; kritisch hierzu *F.E. Schnapp*, StWStP 1998, 149 (150 f.), der diesbezüglich von „Sozialromantik" spricht.

39 Teilweise wird auch vertreten, dass privatrechtliche Organisationseinheiten Selbstverwaltungsträger sind, *E.R. Huber*, Selbstverwaltung der Wirtschaft, S. 16, 42 ff.; 45 f.; *K. Stern*, Staatsrecht I, § 12 I 1 b; *G.F. Schuppert*, in: *v. Mutius* (Hrsg.), FG Unruh 1983, S. 183 (197 ff., 205); *E. Schmidt-Aßmann*, in: *Selmer/v. Münch* (Hrsg.), GS Martens, S. 249 (262). Dem ist jedoch entgegenzuhalten, dass damit der Selbstverwaltungsbegriff an Kontur verliert und die öffentlich-rechtliche Rechtsform als Ausweis formeller Staatlichkeit aufgegeben würde. Weitere Probleme entstünden im Hinblick auf die Rechtsbindung, insbesondere im Hinblick auf die Grundrechte. So

### 1. *Betroffenenpartizipation*

Betroffenenpartizipation erfordert die Mitwirkung der Betroffenen an der Willensbildung und der Entscheidungsfindung innerhalb der Selbstverwaltungsorganisation.[40] Fehlt die Betroffenenpartizipation bei einer von der unmittelbaren Staatsverwaltung verselbständigten Organisationseinheit, so handelt es sich nicht um einen Selbstverwaltungsträger.[41] Daher muss zuerst geklärt werden, wer als (a.) Betroffener in Betracht kommt, ob diese Betroffenen sich durch (b.) Interessenhomogenität auszeichnen müssen, welchen (c.) Maßgaben für die Berücksichtigung von Betroffenen der Gesetzgeber unterliegt, ehe auf die (d.) Arten der Betroffenenpartizipation eingegangen werden kann.

#### a. *Betroffene*

Für die Frage, wer als Betroffener zu gelten hat, sind der Verfassung keine Aussagen zu entnehmen. Die Beantwortung ist damit dem weiten Gestaltungsspielraum des Gesetzgebers überantwortet. Dabei bestehen zumeist unterschiedliche und in ihrer Intensität verschiedene Betroffenheiten, welche auch zu Differenzierungen in der Beteiligung führen können bzw. sogar müssen. Wesentlich für die Bestimmung der Betroffenheit und deren Intensität ist dabei grundsätzlich die konkrete Aufgabenstellung der jeweiligen Selbstverwaltungseinheit.[42]

Gegen die Kategorie der Betroffenheit wird vorgebracht, dass „regelmäßig durchaus nicht alle Betroffenen einbezogen werden und nicht selten erst die Einbeziehung die Betroffenheit begründet".[43] Die Kategorie der Betroffenen sei vielmehr zu unkonturiert, um ihr maßgebende Bedeutung im Hinblick auf die Einordnung als Selbstverwaltungsorganisation oder bzgl. der demokratischen Legitimation einzuräumen.[44] So könne man „[e]her schon […] von den mit Selbstverwaltung „Betrauten" sprechen".[45] Allerdings ist mit dieser Terminologie kein Gewinn an Präzision verbunden, da die Frage, wer mit Selbstverwaltung betraut werden sollte, wieder von der Betroffeneneigenschaft abhängt, da nur derjenige betraut wird, der im Gegensatz zur Allgemeinheit einen besonderen Bezug zu der zu erledigenden öffentlichen Angelegenheit aufweist.[46]

---

stellen private Rechtsträger selbst keine Selbstverwaltungseinheiten dar, können jedoch als Handlungsinstrumente der Selbstverwaltungsträger Bedeutung erlangen; zum Ganzen *R. Hendler*, in: *Isensee/Kirchhof* (Hrsg.), HStR VI, § 143 Rn. 23 ff.

[40] Zur Kritik am Merkmal der Betroffenheit *M. Jestaedt*, Die Verwaltung 35 (2002), S. 293 (303, 309 ff.), der diesem Begriff „überschießende Unterkomplexität" bescheinigt und ihm aufgrund seiner Abstraktheit, der Vielzahl an Ausprägungen und damit seiner mangelnden Trennschärfe einen konkreten Aussagegehalt abspricht.

[41] *R. Hendler*, in: *Isensee/Kirchhof* (Hrsg.), HStR VI, § 143 Rn. 28. Zur weiteren Zuordnung unter A.III. Selbstverwaltung und mittelbare Staatsverwaltung.

[42] *R. Hendler*, in: *Isensee/Kirchhof* (Hrsg.), HStR VI, § 143 Rn. 32.

[43] *J. Oebbecke*, VVDStRL 62 (2003), S. 366 (370).

[44] *I. Ebsen*, VVDStRL 62 (2003), S. 459.

[45] *J. Oebbecke*, VVDStRL 62 (2003), S. 366 (370).

[46] *R. Hendler*, in: *Isensee/Kirchhof* (Hrsg.), HStR VI, § 143 Rn. 32.

Weiter wird die „verfassungsdogmatische Ungenauigkeit" und „überschießende Unterkomplexität" des Begriffs kritisiert, dem es an „Sinnidentität und Trennschärfe" mangele.[47] Dem ist insoweit beizupflichten, als der Begriff des „Betroffenen" konkretisierungsbedürftig ist und ihm für sich allein genommen kein Aussagewert beigemessen werden kann. Das Erfordernis der Konkretisierungsbedürftigkeit haftet jedoch einer Vielzahl von in der Rechtswissenschaft gebrauchten Begriffen an und besteht selbst bei von der Verfassung verwendeten Begriffen. Maßgeblich ist daher nicht, ob der Begriff selbst bereits inhaltlich ausgefüllt ist, sondern ob er z.B. durch Auslegung mit einer bestimmten Bedeutung aufgeladen werden kann, was bei „Betroffenem" durchaus möglich ist.

Im Hinblick auf die Betroffeneneigenschaft als Tatbestandsmerkmal der Selbstverwaltung erfolgt diese Konkretisierung durch die Abgrenzung der Betroffenengruppe von der Allgemeinheit. Zu fordern ist somit eine qualifizierte Betroffenheit. Wo diese fehlt, ist die Gruppe der Betroffenen mit derjenigen der Allgemeinheit identisch, so dass die Aufgabenwahrnehmung aus dem Bereich der Selbstverwaltung ausscheidet. Die qualifizierte Betroffenheit kann auf zwei Arten vermittelt werden: funktional durch den Aufgabenbereich der Selbstverwaltungseinheit oder, sollte keine konkrete Aufgabe, sondern eine Vielzahl verschiedener Aufgaben wahrgenommen werden, räumlich durch die territoriale Erstreckung der Selbstverwaltungseinheit.[48] So wird zum einen die Betroffeneneigenschaft durch das räumliche Gebiet, auf das sich ein Selbstverwaltungsträger erstreckt, näher bestimmt und begrenzt. Eine solche territoriale Bestimmung von Betroffenen ist den Gebietskörperschaften als territorialen Selbstverwaltungsträgern immanent und bildet so ein Merkmal der kommunalen Selbstverwaltung. Eine Bestimmung durch die von der Gebietskörperschaft zu erfüllenden Selbstverwaltungsaufgaben ist aufgrund der Allzuständigkeit nicht möglich.

Die Bestimmung der Betroffeneneigenschaft durch die zu erfüllende Aufgabe kommt jedoch dort in Betracht, wo einzelne Aufgabenbereiche einem Träger von Selbstverwaltung überantwortet werden. So ist bei der funktionalen Selbstverwaltung die Betroffeneneigenschaft im Hinblick auf die zu erfüllende Aufgabe zu bestimmen. In Ermangelung eines bestimmten Gebiets der Selbstverwaltungseinheit wird so der besondere Bezug des Einzelnen zur Aufgabenerfüllung ausschlaggebend für die Qualifikation als Betroffener.[49]

---

[47] *M. Jestaedt*, Die Verwaltung 35 (2002), S. 293 (303, 309 ff.); *ders.*, Die Verwaltung 35 (2002), S. 293 (307 ff.).

[48] *M. Burgi*, VVDStRL 62 (2003), S. 405 (411); a.A. *J. Oebbecke*, VVDStRL 62 (2003), S. 366 (370), der nicht den engen Sachbezug zum Gegenstand der Selbstverwaltung als Bestimmungspunkt für die Betroffenheit ansieht, sondern davon ausgeht, dass diese politisch bestimmt wird; ebenso *M.-E. Geis*, in: *Schnapp* (Hrsg.), Funktionale Selbstverwaltung, S. 65 (66 f.). Zur Unterscheidung von kommunaler und funktionaler Selbstverwaltung *E.T. Emde*, Demokratische Legitimation, S. 5 ff.; *W. Kluth*, Funktionale Selbstverwaltung, S. 4 ff.; siehe auch BVerfGE 83, 37 (55).

[49] *T. Groß*, Kollegialprinzip, S. 260.

Insbesondere bei der durch die Aufgabe zu bestimmenden Betroffeneneigenschaft besteht jedoch die Gefahr der Ausuferung des Begriffes.[50] So sind z.B. von einer Selbstverwaltung der Ärzteschaft die Patienten, von einer der Handwerker auch die Kunden und von einer der Rechtsanwälte auch die Mandantschaft berührt. Trotzdem werden diese Gruppen zu Recht nicht in die Selbstverwaltung eingebunden. Abgrenzungs- und damit auch Eingrenzungskriterium für das Vorliegen von Betroffenheit ist damit das Bestehen einer qualifizierten Betroffenheit in rechtlicher und unmittelbarer Hinsicht durch die Erfüllung der konkreten Selbstverwaltungsaufgabe.[51] Nur diese Betroffenen können vom Gesetzgeber unter dem Begriff der Selbstverwaltung einbezogen werden. Bloße Rechtsreflexe oder mittelbare Betroffenheiten reichen nicht aus, um in den Bereich der Betroffenenselbstverwaltung einbezogen zu werden. In diesem Falle würde es sich um Elemente von Fremdverwaltung handeln, so dass keine Selbstverwaltung mehr gegeben ist. Ebenfalls um Fremdverwaltung handelt es sich, wenn Betroffenengruppen, die aufgrund ihrer unmittelbaren und rechtlichen Betroffenheit einzubeziehen wären, nicht einbezogen werden oder nur Partizipationsrechte erhalten und so an den zu treffenden Entscheidungen nicht unmittelbar beteiligt sind sowie daher keinen Einfluss auf diese ausüben.

Dem Gesetzgeber bleibt es jedoch im Rahmen seines Gestaltungsspielraums unbenommen, auch andere Gruppen als die der Betroffenen oder gar staatliche Entscheidungsträger in die Organisations- und Entscheidungsstruktur einzubeziehen, sofern hierfür sachliche Gründe bestehen. In diesem Falle wird jedoch die Selbstverwaltung um Elemente der Fremdverwaltung erweitert, so dass keine Selbstverwaltung mehr vorliegt. Ebenso würde es sich um Fremdverwaltung handeln, wenn Mitglieder einer Selbstverwaltungskörperschaft generell der Entscheidungsbefugnis einer anderen Körperschaft unterstellt würden.[52]

### *b. Interessenhomogenität bei den Betroffenen*

Darüber hinaus ist umstritten, ob bei den Betroffenen Interessenhomogenität vorliegen muss oder nicht.[53] Dies wird teilweise verneint, da es allein auf den Be-

---

[50] Zu den Problemen der Bestimmung der Betroffenheit sowie dieser als Anknüpfungspunkt von Rechtsfolgen *E. Schmidt-Aßmann*, AöR 116 (1991), S. 329 (372); *ders.*, in: *Lerche/Schmitt-Glaeser/Schmidt-Aßmann* (Hrsg.), Kategorie, S. 1 (26 ff.); *M. Jestaedt*, Demokratieprinzip, S. 36.

[51] Die Kategorie der unmittelbaren Betroffenheit ist grundsätzlich der Grundrechtsdogmatik und dem klassischen Eingriffsbegriff entlehnt und setzt sich im Verfassungs- und Verwaltungsprozessrecht fort, dazu *F. Ossenbühl*, DÖV 1981, 1 (6); *B. Pieroth*, in: *Jarass/Pieroth* (Hrsg.), GG, Art. 93 Rn. 52; *A. Hopfauf*, in: *Schmidt-Bleibtreu/Hofmann/Hopfauf* (Hrsg.), GG, Art. 93 Rn. 494 ff. Dies spricht jedoch nicht gegen die Einführung dieser Kategorie auch im Hinblick auf die Bestimmung der Betroffenenstellung im Rahmen der funktionalen Selbstverwaltung, da es bei dieser ebenfalls um die Ausübung von Exekutivgewalt und damit auch der Frage des Gebrauchs von Eingriffsbefugnissen geht.

[52] BVerfG, DVBl. 2002, 835; *T. Groß*, DVBl. 2002, 1182 (1193).

[53] Für eine solche *E. Schmidt-Aßmann*, Grundrechtspositionen, S. 74; *G. Haverkate*, Verfassungslehre, S. 301; *W. Brohm*, Strukturen der Wirtschaftsverwaltung, S. 262 f.; *J. Hatschek*, Selbstverwaltung, S. 158; dagegen *T. Groß*, DVBl. 2002, 1182 (1192); *P. Axer*, in: FS BSG 2004, S. 339 (354 f.); *I. Ebsen*, VVDStRL 62 (2003), S. 459; *V. Neumann*, NZS 2010, 593 (597 f.).

zug der Gruppe zur jeweiligen Aufgabe ankäme.[54] Eine solch aufgabenzentrierte Sichtweise verkennt jedoch, dass ein Bezug zur Aufgabenerfüllung auch dann bestehen kann, wenn eine solche gerade nicht erwünscht ist. Die Folgen wären dann die Gefahr der Entscheidungsunfähigkeit sowie das Fehlgehen in der Aufgabenerfüllung. Ein Verwaltungsträger, in dem ein derartiges Konfliktpotential besteht, dass er seine Aufgaben nicht erfüllen kann, würde sein Ziel, als Selbstverwaltungseinheit ohne Fremdeinfluss die Aufgabenerfüllung sicherzustellen, verfehlen. Dies gilt insbesondere im Hinblick auf die durch die Aufgabenübertragung konkretisierte funktionale Selbstverwaltung.[55] Der Gesetzgeber erschafft diese zumeist Körperschaften zur Erfüllung eines legitimen, öffentlichen Zwecks, so dass diese Organisationseinheiten auch in der Lage sein müssen, diesen Zweck zu erreichen. Er hat daher die Organisationseinheit grundsätzlich derart zu gestalten, dass der Verwaltungsträger funktionsfähig ist und seine Aufgaben erfüllen kann.[56] Die Aufgabe muss also von dem Selbstverwaltungsträger ohne Fremdeinmischung, wie der Beteiligung von unparteiischen Außenstehenden oder Schieds- und Schlichtungsstellen, erfüllt werden können. Zwar können Fehlentscheidungen und funktionsbeeinträchtigende Konstellationen bei der Entscheidungsfindung nicht vollkommen ausgeschlossen werden. „Der Gesetzgeber muß jedoch alle erforderlichen und geeigneten organisatorischen Vorkehrungen treffen, um die Gefahr solcher fehlsamen Entscheidungen im Rahmen des Möglichen und Zumutbaren auszuschließen".[57] So wird zumindest „ein gewisses Maß an Gleichgerichtetheit der Interessen" im Hinblick auf die – bestmögliche – Aufgabenerfüllung als Voraussetzung für eine erfolgreiche Organisationsstruktur gefordert.[58] Demgemäß dürfe der Gesetzgeber im Rahmen der funktionalen Selbstverwaltung keine Gruppen zusammenspannen, bei denen eine Aufgabenerfüllung aufgrund des bestehenden Interessengegensatzes nicht zu erwarten sei. Vielmehr habe er die Betroffeneneigenschaft so zu bestimmen, dass bei allen Betroffenen das Interesse an einer sachgerechten Aufgabenerfüllung bestehen muss.

Dem ist insoweit zuzustimmen, als der Gesetzgeber keine Organisationseinheiten schaffen darf, die einer strukturellen Entscheidungsblockade unterliegen und bei denen daher nicht davon ausgegangen werden kann, dass sie ihre Aufgaben erfüllen können. Dies hindert jedoch nicht, dass unterschiedliche Betroffenengruppen in die Selbstverwaltung einbezogen werden und im Hinblick auf die konkrete Umsetzung der Aufgabenerfüllung unterschiedliche Ansätze und Interessen vertreten werden können oder gar eine interessenantagonistische Struktur

[54] *T. Groß*, DVBl. 2002, 1182 (1192); *ders.*, Kollegialprinzip, S. 260.

[55] Bei den territorialen Selbstverwaltungskörperschaften ist eine derartige Interessenhomogenität naturgemäß nicht möglich, da die Betroffeneneigenschaft nicht auf eine konkrete Aufgabe hin, sondern wegen deren Allzuständigkeit territorial bestimmt ist. Insoweit spricht *T. Groß*, DVBl. 2002, 1182 (1192), unter Bezugnahme auf *H. Faber*, Verwaltungsrecht, S. 57, auch von einer „Mikro-Demokratie" als Staat im Staate.

[56] BVerfGE 35, 79 (124), zur Universität.

[57] BVerfGE 35, 79 (124), zur Universität.

[58] *E. Schmidt-Aßmann*, Grundrechtspositionen, S. 74.

besteht, sofern die Aufgabenerfüllung hierdurch nicht gehindert ist. Vielmehr sind derartige Unterschiede gerade vor dem Hintergrund effektiver Aufgabenerfüllung und binnendemokratischer Organisationsausgestaltung wünschenswert. Insoweit ist eine homogene Interessenstruktur kein zwingendes Erfordernis für das Vorliegen von Selbstverwaltung.

### c. *Maßgaben für die Berücksichtigung von Betroffenen*

Die organisatorische Ausgestaltung des Selbstverwaltungsträgers unterfällt dem institutionellen Gesetzesvorbehalt und damit der Organisationsgewalt des Parlaments.[59] Insoweit kommt dem Parlament ein weiter Gestaltungsspielraum zu, den dieses im Rahmen der wenigen verfassungsrechtlichen Vorgaben und in dem vorskizzierten Rahmen ausfüllen kann. Dabei sind ihm insbesondere im Hinblick auf die demokratische Legitimation Grenzen gesetzt.[60]

So kann der Gesetzgeber im Rahmen seines weiten Gestaltungsspielraums entscheiden, welche Art und Intensität der Betroffenheit für die Beteiligung und Gewährung von Einfluss ausreichend bzw. nötig ist. Dieser Spielraum wird jedoch durch verfassungsrechtliche Vorgaben im Hinblick auf die angemessene und verhältnismäßig gleiche Beteiligung Betroffener durch Art. 3 Abs. 1, 20 Abs. 2 GG eingeschränkt. Im Zuge dessen ist der Gesetzgeber dort, wo gleiche Betroffenheiten vorliegen, an den Gleichheitssatz gebunden.[61] Folglich müssen die Partizipationsmöglichkeiten entsprechend der Betroffenheit bestehen, so dass gleiche Betroffenheit auch in gleiche Mitwirkungsrechte münden muss, woraus sich die demokratische Binnenstruktur der Selbstverwaltungsträger ergibt.[62]

Differenzierungen dieser Gleichheit können jedoch von der Verfassung vorgegeben sein. Insbesondere dann, wenn diese dem Gesetzgeber einen bestimmten Auftrag erteilt, der mit dem Instrument der Selbstverwaltung erreicht werden soll, können in Anbetracht dieser Aufgabenzuweisung Modifikationen zur besseren Aufgabenerfüllung angebracht sein. Klassisches Beispiel sind dabei die Universitäten, deren Gremien zur Verwirklichung der Freiheit von Wissenschaft und Forschung je nach der unterschiedlichen Betroffenheit der Personengruppen bzgl. dieses Grundrechts zu besetzen sind. Eine äquivalente Besetzung der Gremien mit den betroffenen Personengruppen wäre verfassungswidrig.[63]

### d. *Arten der Betroffenenpartizipation*

Die Partizipation von Betroffenen erfolgt durch diese unmittelbar oder mittels Repräsentationsorganen, wobei Letztere den Regelfall darstellt. Dabei sind die Me-

---

[59] *E. Schmidt-Aßmann*, in: FS Ipsen 1977, S. 333 (347 f.).

[60] Dazu die Ausführungen unter A.IV. Selbstverwaltung und Demokratieprinzip sowie diejenigen unter Kapitel 2 A.II. Grenzen des klassischen Legitimationsmodells.

[61] *R. Hendler*, in: *Isensee/Kirchhof* (Hrsg.), HStR VI, § 143 Rn. 32.

[62] *R. Hendler*, in: *Isensee/Kirchhof* (Hrsg.), HStR VI, § 143 Rn. 31; *E. Schmidt-Aßmann*, in: *Selmer/v. Münch* (Hrsg.), GS Martens, S. 249 (257, 161 ff.); *W. Frotscher*, in: *v. Mutius* (Hrsg.), FG Unruh 1983, S. 127 (143 ff.).

[63] BVerfGE 35, 79 (126 ff.).

chanismen der Zusammensetzung dieser Betroffenenvertretungen vielfältig. Regelmäßig erfolgt die Besetzung der Repräsentationsorgane durch Wahlakt, der im Hinblick auf die kommunalen Selbstverwaltungskörperschaften sogar verfassungsrechtlich angeordnet ist[64] und für den die genossenschaftliche Struktur der Körperschaft des öffentlichen Rechts typisch ist.[65] Dies schließt die Beteiligung staatlicher Stellen jedoch nicht aus. Insoweit bilden diese Körperschaften vom Gesetzgeber geschaffene „Mikrodemokratien".[66] Daneben gibt es modifizierte Formen der Wahlen, wie dies bei den Vertretungen an den Universitäten der Fall und durch Art. 5 Abs. 3 GG gefordert ist. Modifikationen in der Zusammensetzung durch Wahl unterliegen auch die Handwerkskammern. Bei diesen wird die Anzahl der in den Gremien Vertretenen je nach der in der Handwerkskammer organisierten Gruppe bestimmt.[67] Diese weisen zusätzlich ebenso wie die Sozialversicherungsträger noch die Besonderheit auf, dass bei ihnen die Möglichkeit einer „Friedenswahl" besteht.[68] Hierbei wird die eigentliche Wahlhandlung durch Stimmabgabe ersetzt durch den Vorschlagsakt der Wahlbewerber, die als gewählt gelten, sofern nicht mehr Bewerber vorgeschlagen werden als Mandate zu vergeben sind.[69]

An Stelle von Wahlen können die Vertretungsgremien auch nach dem korporativen Strukturmodell mit Vertretern organisierter Interessen besetzt werden.[70] Hierdurch erfolgt eine indirekte, verbandsmediatisierte Betroffenenbeteiligung, die vordringlich bei den einer mitgliedschaftlichen Struktur ermangelnden Anstalten des öffentlichen Rechts besteht. Dabei kann die Auswahl der Mitglieder des Repräsentationsorgans auf gesellschaftliche Verbände delegiert werden, wobei auch diese an Mitwirkungsakte staatlicher Stellen gebunden werden können. Geht man von deren Einordnung als Selbstverwaltungseinheiten aus,[71] so erfolgt ein solcher Rückgriff auf gesellschaftliche Organisationen beispielsweise bei der Bundesagentur für Arbeit, bei der die Mitglieder des Verwaltungsrates auf Vorschlag z.B. von Vereinigungen der Arbeitnehmer und Arbeitgeber sowie der Verwaltungsausschüsse durch das Bundesministerium für Arbeit und Soziales bzw. den Verwaltungsrat berufen werden,[72] während bei den Rundfunkanstalten die vertretenen gesellschaftlichen Gruppen ihre Vertreter in den Rundfunkrat entsenden.[73]

---

64 Art. 28 Abs. 1 Satz 2, 4 GG.

65 *T. Groß*, DVBl. 2002, 1182 (1191 f.).

66 *H. Faber*, Verwaltungsrecht, S. 57.

67 § 93 Abs. 1, Abs. 4 HwO.

68 Dazu die Ausführungen unter E.I.1. Selbstverwaltungsträger.

69 Für die Handwerkskammern § 20 BayHwWahlO, § 7 Abs. 5 LwKG Rheinl.-Pfalz, § 10 Abs. 3 LwKG Saarl., § 10 Abs. 3 LwKG Schl.-Hol.; für die Sozialversicherungsträger § 46 Abs. 2 SGB V; dazu näher unter C.VI. demokratische Legitimation.

70 *T. Groß*, DVBl. 2002, 1182 (1191).

71 Dazu näher unter C.V.2. Die Bundesagentur für Arbeit sowie E.I. Organisationsformen der Selbst- und gruppenpluralen Konsensverwaltung.

72 § 377 Abs. 1, Abs. 2 Satz 1 SGB III. Zur Einordnung der Bundesagentur für Arbeit als Selbstverwaltungsträger C.V.2. Die Bundesagentur für Arbeit.

73 § 6 Abs. 2 Satz 3 BayRG, §§ 8, 9 Radio Bremen Gesetz, § 5 Gesetz über den Hessischen Rundfunk. Zur Einordnung des Rundfunks als Selbstverwaltungsträger E.I.2. Die öffentlich-rechtlichen Rundfunkanstalten.

Gruppenplurale Gremien, die dagegen keine Betroffenenrepräsentation darstellen, wie dies bei Sachverständigengremien der Fall ist, sind daher keine Selbstverwaltungsträger.

Die Frage der Betroffenenpartizipation, insbesondere diejenige der Auswahl der Betroffenen und der Zuweisung von Partizipationsrechten wie auch diejenige nach dem Modus der Beteiligung, stehen mit derjenigen der Vermittlung demokratischer Legitimation in engem Zusammenhang.[74]

*2. Eigenverantwortliche Aufgabenerfüllung*

Bis auf einige verfassungsrechtliche Vorgaben, die eine Wahrnehmung bestimmter Aufgabenbereiche durch Selbstverwaltungsträger vorsehen, besteht bzgl. anderer exekutiver Gebiete keine Verpflichtung hierzu. So ist der Gesetzgeber frei, weitere Bereiche der Exekutive als Selbstverwaltungsangelegenheiten auszuweisen. Insoweit liegt diese Zuweisung in der parlamentarischen Organisationsgewalt, während ein Maximierungsgebot nicht besteht.[75]

Dagegen ist der Gesetzgeber nicht frei, den Selbstverwaltungsträgern beliebig viele Kompetenzen zu übertragen.[76] Denn ein wesentlicher Bestandteil des parlamentarischen Systems ist das Bestehen einer als Organisationsform Vorrang genießenden staatsunmittelbaren Verwaltung, der immer ein Kernbereich exekutiven Aufgabenbereichs verbleiben muss.[77]

Das Merkmal der Eigenverantwortlichkeit fordert eine gewisse Staatsferne der Selbstverwaltungseinheit bei der Aufgabenerfüllung. Diese muss im Hinblick auf einen angemessenen Bereich von Aufgaben die Zweckmäßigkeit der Aufgabenerfüllung jedoch selbständig beurteilen können. Insoweit ist die staatsunmittelbare Exekutive auf eine Rechtmäßigkeitskontrolle verwiesen und kann der Selbstverwaltungseinheit im Hinblick auf fachliche oder Zweckmäßigkeitserwägungen keine Vorgaben machen. So sind fachliche Einzelweisungen wie auch die Bindung an Verwaltungsvorschriften nicht möglich.[78] Die Selbstverwaltungseinheit unterliegt lediglich einer Bindung an Recht und Gesetz. Dabei wäre jedoch eine zu hohe Determination durch gesetzliche Detailregelungen, welche die Selbstverwaltungseinheit zum bloßen Vollzugsinstrument degradiert, mit der grundsätzlich eigenverantwortlichen Aufgabenwahrnehmung nicht vereinbar, so dass nicht mehr von Selbstverwaltung im eigentlichen Sinne gesprochen werden könnte.[79]

Dies hindert jedoch nicht, die Selbstverwaltungseinheit auch mit Auftragsangelegenheiten zu betrauen, bzgl. denen eine Weisungsunterworfenheit und ein fachaufsichtliches Prüfungsrecht bestehen, solange dem Selbstverwaltungsträger ein angemessener Aufgabenbereich zur Selbstverwaltung, der diesen Restriktio-

[74] Dazu unter A.IV. Selbstverwaltung und Demokratieprinzip.

[75] *E. Schmidt-Aßmann*, in: *Selmer/v. Münch* (Hrsg.), GS Martens, S. 249 (263 f.); *T. Groß*, DVBl. 2002, 1182 (1194).

[76] *R. Hendler*, in: *Isensee/Kirchhof* (Hrsg.), HStR VI, § 143 Rn. 59.

[77] *E. Schmidt-Aßmann*, in: *Selmer/v. Münch* (Hrsg.), GS Martens, S. 249 (264).

[78] *T. Groß*, DVBl. 2002, 1182 (1192).

[79] *T. Groß*, DVBl. 2002, 1182 (1192).

nen nicht unterliegt, verbleibt. Insoweit steht es „[d]em Gesetzgeber [...] grundsätzlich frei, öffentliche Aufgaben unmittelbar durch staatliche Behörden oder mittelbar durch Körperschaften des öffentlichen Rechts erfüllen zu lassen, also staatliche Aufgaben an Selbstverwaltungskörper zu delegieren".[80]

### 3. *Öffentlich-rechtliche Rechtsform*

Organisatorisch sind Selbstverwaltungseinheiten typischerweise zu juristischen Personen des öffentlichen Rechts verselbständigt.[81] Dabei ist entgegen einer früher vertretenen Auffassung, nach der lediglich Körperschaften des öffentlichen Rechts Selbstverwaltungsträger sein können,[82] die Organisationsform als Körperschaft, Anstalt oder Stiftung für die Einordnung als Selbstverwaltungseinheit nicht ausschlaggebend,[83] so dass auch öffentlich-rechtliche Anstalten mit dem Recht der Selbstverwaltung ausgewiesen werden.[84] Dies ist auch Folge einer zum Teil unklaren Terminologie, die eine Abgrenzung der Organisationsformen erschwert, des Bestehens von Mischformen[85] wie auch der Verwendung der Begrifflichkeiten in der Verfassungs- bzw. Gesetzesterminologie mit unklarem Aussagegehalt.[86]

---

[80] BVerfGE 15, 235 (242), unter Verweis auf BVerfGE 10, 89 (102, 104).

[81] *M. Jestaedt*, in: *Hoffmann-Riem/Schmidt-Aßmann/Voßkuhle* (Hrsg.), Grundlagen des Verwaltungsrechts I, § 14 Rn. 41.

[82] *R. Breuer*, VVDStRL 44 (1986), S. 211 (222); *A. v. Mutius*, in: *ders.* (Hrsg.), Autonomie, S. 21 (35 f.); *A. Köttgen*, in: *v. Beckerath/Brinkmann/Gutenberg* (Hrsg.), Handwörterbuch der Sozialwissenschaften, Bd. 9, S. 220 ff.; *W. Weber*, Körperschaften, S. 88; indifferent dagegen *U. Scheuner*, in: *Conrad/Jahrreiß/Mikat u.a.* (Hrsg.), GS Peters, S. 797 (803).

[83] BVerfGE 12, 319 (325); *W. Kahl*, Die Staatsaufsicht, S. 31; *M. Burgi*, in: *Erichsen/Ehlers* (Hrsg.), Allgemeines Verwaltungsrecht, § 8 Rn. 12 ff., 18 ff.; *M. Jestaedt*, Demokratieprinzip, S. 70; *J. Salzwedel*, VVDStRL 22 (1965), S. 206 (212); *G.F. Schuppert*, in: *v. Mutius* (Hrsg.), FG Unruh 1983, S. 183 (195 f., 205); *W. Berg*, NJW 1985, 2294 (2297); *E. Schmidt-Aßmann*, in: *Selmer/v. Münch* (Hrsg.), GS Martens, S. 249 (261 ff.); *R. Hendler*, Selbstverwaltung als Ordnungsprinzip, S. 287 f.

[84] So der Bayerische Rundfunk, Art. 1 Abs. 1 Satz 2 BayRG, sowie der „Saarländische Rundfunk", § 22 Abs. 1 Satz 2 Saarl. MedienG. Zur Einordnung des Rundfunks als Selbstverwaltungsträger E.I.2. Die öffentlich-rechtlichen Rundfunkanstalten.

[85] Dazu *B. Pieroth*, in: *Jarass/Pieroth* (Hrsg.), GG, Art. 87 Rn. 10. So die Universitäten oder auch die Bundesagentur für Arbeit, dazu näher unter C.II. Rechtsnatur der Sozialversicherungsträger.

[86] So wird z.B. die Bezeichnung der sozialen Versicherungsträger als „bundesunmittelbare Körperschaften des öffentlichen Rechts" in Art. 87 Abs. 2 GG dahingehend ausgelegt, dass hierdurch auch Anstalten und Stiftungen mitumfasst sind, *B. Pieroth*, in: *Jarass/Pieroth* (Hrsg.), GG, Art. 87 Rn. 10; *P. Axer*, Normsetzung, S. 279 ff.; *M. Zimmermann*, Sozialversicherung, S. 462 ff.; *R. Breuer*, VVDStRL 44 (1986), S. 211 (236 f.); *E.T. Emde*, Demokratische Legitimation, S. 367 ff., 371; *K. Stern*, Staatsrecht II, § 41 VII 5; *M. Burgi*, in: v. *Mangoldt/Klein/Starck* (Hrsg.), Kommentar zum Grundgesetz, Art. 87 Rn. 71; a.A. BVerfGE 113, 167 (201); *J. Oebbecke*, in: *Isensee/Kirchhof* (Hrsg.), HStR VI, § 136 Rn. 97; *S. Broß/K.-G. Mayer*, in: *Kunig/v. Münch* (Hrsg.), Grundgesetz, Art. 87 Rn. 17; *M. Sachs*, in: *ders.* (Hrsg.), Grundgesetz, Art. 87 Rn. 54; *E. Schmidt-Aßmann*, in: *Selmer/v. Münch* (Hrsg.), GS Martens, S. 249 (253); *D. Merten*, in: FS Knöpfle 1996, S. 219 (221 ff.). Dazu sowie zur Bundesagentur für Arbeit näher unter C.II. Rechtsnatur der Sozialversicherungsträger.

Grundlegend ist vielmehr die Möglichkeit der Betroffenenbeteiligung,[87] wobei der früher vertretenen Auffassung insoweit beizupflichten ist, als durch die Organisationsform der Körperschaft des öffentlichen Rechts, die traditionell eng mit dem Selbstverwaltungsgedanken verbunden ist, aufgrund ihrer mitgliedschaftlichen Struktur die Betroffeneneigenschaft konkretisiert wird und diese daher für die mitgliedschaftliche Legitimation typisch ist.[88] Folglich eignet sich die Körperschaft des öffentlichen Rechts in besonderem Maße für die Organisation von Selbstverwaltungsbereichen, so dass das Vorliegen einer solchen Organisationsform jedenfalls als Indiz für die Einordnung als Selbstverwaltungskörperschaft gewertet werden kann. Jedoch können auch die Rechtsformen der Anstalt oder anderer juristischer Personen des öffentlichen Rechts bei entsprechender Ausgestaltung für die Organisation von Selbstverwaltungsträgern in Betracht kommen, wenn auch mit der Rechtsform der Anstalt regelmäßig Ausgliederungen organisatorisch erfasst werden, deren Anliegen nicht die Betroffenenbeteiligung, sondern die Verselbständigung von Sachbereichen oder die organisatorische Ausgestaltung von Kooperationsverhältnissen zwischen dem staatlichen und privaten Bereich ist.[89] Insoweit ist die Einordnung in eine der Organisationsformen von untergeordneter Bedeutung, da aus ihr keine Rechtsfolgen abzuleiten sind.[90]

## *II. Arten der Selbstverwaltung*

Selbstverwaltung weist vielfältige Erscheinungsformen auf. Sie reicht von der kommunalen und damit territorialen hin zur funktionalen Selbstverwaltung, innerhalb der erneut diverse Spielarten bestehen, die sich nicht nur durch die verschiedenen Sachbereiche, wie die soziale, berufsständische, wirtschaftliche und kulturelle Selbstverwaltung, sondern auch durch ihre grundrechtssichernde Funktion, wie die akademische Selbstverwaltung, voneinander unterscheiden.[91] So zeichnet sich Selbstverwaltung durch bereichsspezifische Konkretisierungen aus,[92] die sich u.a. in der Verschiedenheit der rechtlichen Grundlagen und der

[87] *Fleiner* spricht hierbei von den „unmittelbaren Interessenten", zit. nach *E. Schmidt-Aßmann*, in: *Selmer/v. Münch* (Hrsg.), GS Martens, S. 249 (262).

[88] So *T. Groß*, DVBl. 2002, 1182 (1184), für den Bereich der wirtschaftlichen Selbstverwaltung, *M.-E. Geis*, in: *Schnapp* (Hrsg.), Funktionale Selbstverwaltung, S. 65 (69), für den der Sozialversicherung.

[89] *E. Schmidt-Aßmann*, in: *Selmer/v. Münch* (Hrsg.), GS Martens, S. 249 (262 Anm. 53).

[90] So auch *F.E. Schnapp*, in: *v. Mutius* (Hrsg.), FG Unruh 1983, S. 881 (887); dazu *G.F. Schuppert*, a.a.O., S. 183 (195 ff., 205).

[91] Dazu *W. Kluth*, Funktionale Selbstverwaltung, S. 30 ff.; *R. Hendler*, in: *Isensee/Kirchhof* (Hrsg.), HStR VI, § 143 Rn. 65 ff.; *M. Jestaedt*, Die Verwaltung 35 (2002), S. 293 (304 ff.); *T. Groß*, DVBl. 2002, 1182 (1183 f.); *R. Hendler*, in: *Isensee/Kirchhof* (Hrsg.), HStR VI, § 143 Rn. 1; *H.H. Rupp*, in: *v. Mutius* (Hrsg.), FG Unruh 1983, S. 919 ff.

[92] *M. Jestaedt*, in: *Hoffmann-Riem/Schmidt-Aßmann/Voßkuhle* (Hrsg.), Grundlagen des Verwaltungsrechts I, § 14 Rn. 41.

Reichweite des Parlamentsvorbehalts manifestieren. Dabei werden nach heute verbreiteter Ansicht vier Grundformen unterschieden: die kommunale Selbstverwaltung durch Gemeinden, Kreise und Bezirke, die Interessen vertretende körperschaftliche Selbstverwaltung durch wirtschaftliche, berufsständische Kammern, die in der Sozialversicherung vorherrschende verbandsgesteuerte Selbstverwaltung sowie in grundrechtssensiblen Bereichen die anstaltliche Selbstverwaltung durch Rundfunkanstalten und Universitäten,[93] wobei Letztere eine Mischform zwischen Anstalt und Körperschaft darstellen.

Dabei kann eine Kategorisierung nach Sachgebieten, der Betroffenenstruktur und der Interessenzusammensetzung, der verfassungsrechtlichen Absicherung[94] sowie nach den Entstehungsformen und -gründen, den Organisationsformen und ihrer Binnenorganisation, den Aufgabenbereichen sowie auch den Legitimationsmustern vorgenommen werden.[95]

Die Frage nach den typenbildenden Kriterien hängt letztlich davon ab, welches Erkenntnisinteresse verfolgt wird. Dabei gilt, dass je höher die Abstraktionsstufe der Begrifflichkeit ist, desto allgemeiner die Aussage wird.

### *III. Selbstverwaltung und mittelbare Staatsverwaltung*

Die Unterscheidung zwischen unmittelbarer und mittelbarer Staatsverwaltung geht auf die Weimarer Zeit zurück und ist auch heute noch weit verbreitet. Dabei besteht zumindest im Hinblick auf das Verständnis von unmittelbarer Staatsverwaltung dahingehend Einigkeit, dass sie diejenigen Verwaltungseinheiten umfasst, die selbst nicht Verwaltungsträger sind, sondern als Organe oder Behörden

[93] *R. Hendler*, in: *Isensee/Kirchhof* (Hrsg.), HStR VI, § 143 Rn. 65; *G.F. Schuppert*, in: *v. Mutius* (Hrsg.), FG Unruh 1983, S. 183 (203 ff.).

[94] Verfassungsrechtlich gewährleistet sind allein die kommunale Selbstverwaltung, Art. 28 Abs. 2 GG, die rundfunkrechtliche Selbstverwaltung, Art. 5 Abs. 1 GG, sowie die – umstrittene – akademische Selbstverwaltung, Art. 5 Abs. 3 GG. Zur Letzteren insbes. BVerfGE 15, 256 (264); 35, 79 (116). Dabei sind diese verfassungsrechtlichen Garantien mit unterschiedlicher Zielsetzung ausgestattet: So verfolgt die institutionelle Garantie aus Art. 28 Abs. 2 GG die Sicherung der Gemeindehoheiten vor staatlichem Zugriff, während Selbstverwaltung nach Art. 5 Abs. 1 und Abs. 3 GG institutionalisierten Grundrechtsschutz bezweckt. Daneben genießen die sozialen Selbstverwaltungsträger zwar keine Bestandsgarantie über Art. 87 Abs. 2 GG, sie stehen jedoch aufgrund dieses verfassungsrechtlichen Bezugs unter einem gegenüber den nicht verfassungsrechtlich erwähnten und nur auf einfachgesetzlicher Grundlage basierenden Selbstverwaltungsträgern verstärkten verfassungsrechtlichen Schutz. Diese organisatorische „Mindestgarantie verbandlicher Institutionen", in denen eine mitgliedschaftliche Willensbildung erfolgt, führt dazu, dass sie z.B. nur unter hohen Voraussetzungen wie besonders schwerwiegenden Gründen des Allgemeinwohls umgestaltet oder gar abgeschafft werden können, *R. Hendler*, in: *Isensee/Kirchhof* (Hrsg.), HStR VI, § 143 Rn. 58, 66; *E. Schmidt-Aßmann*, in: *Selmer/v. Münch* (Hrsg.), GS Martens, S. 249 (253); *M. Jestaedt*, Die Verwaltung 35 (2002), S. 293 (306); *F.E. Schnapp*, in: *v. Mutius* (Hrsg.), FG Unruh 1983, S. 881 (891 f.).

[95] Dazu ausführlich *W. Kluth*, Funktionale Selbstverwaltung, S. 30 ff., 217 ff.

die Aufgaben erfüllen.[96] Zu unterscheiden sind Behörden ohne eigenen Verwaltungsunterbau sowie solche mit eigenem Verwaltungsunterbau, für die das Bestehen einer Behördenhierarchie mit Weisungsbefugnissen kennzeichnend ist.[97] Im Gegensatz hierzu herrscht jedoch nach wie vor Uneinigkeit darüber, was unter mittelbarer Staatsverwaltung zu verstehen ist.[98] Diese Uneinigkeit wirkt sich weiter auf die auch vorliegend zu stellende Frage nach dem Verhältnis von Selbstverwaltung und mittelbarer Staatsverwaltung aus, deren Beantwortung maßgeblich von dem Begriffsverständnis von Selbstverwaltung und mittelbarer Staatsverwaltung abhängt.

So definiert *Ernst Forsthoff* Selbstverwaltung als „die Wahrnehmung an sich staatlicher Aufgaben durch Körperschaften, Anstalten und Stiftungen des öffentlichen Rechts“[99] und kommt demgemäß zur Kongruenz zwischen Selbstverwaltung und mittelbarer Staatsverwaltung, da durch diese Definition „zugleich auch der Begriff der mittelbaren Staatsverwaltung festgestellt“ sei.[100] Lediglich die Akzentsetzung sei bei den Begriffsbildungen eine unterschiedliche, die bei derjenigen der Selbstverwaltung auf „dem Eigenleben des Trägers“ liege, während sie bei der mittelbaren Staatsverwaltung auf die Abhängigkeit vom Staate erfolge.[101]

Diese Gleichsetzung hat vielfach Kritik erfahren. So ist die zentrale Aufgabe der wirtschaftlichen und berufsständischen Selbstverwaltung die Interessenvertretung, die auch gegenüber der unmittelbaren Staatsverwaltung zu erfolgen hat,[102] wie auch der Staat teilweise durch die Verfassung an der Wahrnehmung bestimmter Selbstverwaltungsaufgaben gehindert ist,[103] so dass in beiden Fällen zwar eine öffentliche, jedoch keine staatliche Natur der Aufgaben besteht.[104]

Im Gegensatz zu *Forsthoff* wird daher von einem Teil der Literatur der Schwerpunkt der Abgrenzung und damit der Definition nicht auf die Organisationsform, sondern auf die Qualifikation der Aufgabe verlagert. So wird vertreten, dass staatliche Aufgaben von der Staatsverwaltung, gleich ob mittelbar oder unmittelbar, wahrgenommen würden, während im Rahmen der Selbstverwaltung

---

[96] *M. Burgi*, in: *Erichsen/Ehlers* (Hrsg.), Allgemeines Verwaltungsrecht, § 8 Rn. 10; *ders.*, in: *Erichsen/Ehlers* (Hrsg.), Allgemeines Verwaltungsrecht, § 9 Rn. 1; *H. Maurer*, Allgemeines Verwaltungsrecht, § 23 Rn. 1.

[97] Zur Pluralität der unmittelbaren Staatsverwaltung *W. Krebs*, in: *Isensee/Kirchhof* (Hrsg.), HStR V, § 108 Rn. 19 ff.

[98] *W. Krebs*, in: *Isensee/Kirchhof* (Hrsg.), HStR V, § 108 Rn. 22 m.w.N.

[99] *E. Forsthoff*, Lehrbuch des Verwaltungsrechts, Bd. I, S. 478.

[100] *E. Forsthoff*, Lehrbuch des Verwaltungsrechts, Bd. I, S. 478.

[101] *E. Forsthoff*, Lehrbuch des Verwaltungsrechts, Bd. I, S. 478; ebenso *W. Schmitt Glaeser*, VVDStRL 31 (1973), S. 179; *D. Ehlers*, in: *Erichsen/Ehlers* (Hrsg.), Allgemeines Verwaltungsrecht, § 5 (197 Anm. 75).

[102] BVerfGE 15, 235 (241); *L. Fröhler/P. Oberndorfer*, Körperschaften, S. 15; *R. Hendler*, in: *Isensee/Kirchhof* (Hrsg.), HStR VI, § 143 Rn. 41.

[103] So z.B. bei Art. 28 Abs. 2, 5 Abs. 1, Abs. 2 GG; *W. Kahl*, Die Staatsaufsicht, S. 446; *R. Hendler*, in: *Isensee/Kirchhof* (Hrsg.), HStR VI, § 143 Rn. 42.

[104] *W. Martens*, Öffentlich als Rechtsbegriff, S. 121.

gerade keine staatlichen, sondern eigene Aufgaben erfüllt würden.[105] Folglich könne diese nicht mehr dem Bereich der mittelbaren Staatsverwaltung zugerechnet werden.[106] Dagegen spricht jedoch, dass Selbstverwaltungsaufgaben nicht zwangsläufig aus dem Bereich der staatlichen Aufgaben ausscheiden und von diesen zu unterscheiden sind. Selbstverwaltungsaufgaben sind als Staatsaufgaben zu qualifizieren, sofern sie nicht einem grundrechtlich geschützten Lebensbereich zuordenbar sind[107] oder dem Staat aufgrund einer funktionalen Gesamtanalyse zuzurechnen sind.[108] Darüber hinaus ist für die Verortung der Selbstverwaltung als mittelbare Staatsverwaltung der jeweilige Bezugspunkt relevant: So sind Selbstverwaltungsträger im Verhältnis zur Gesellschaft dem Staat zuzurechnen.[109] Vor diesem Hintergrund werden die kommunale sowie ein Teil der funktionalen Selbstverwaltung der mittelbaren Staatsverwaltung zugeordnet.[110]

Zum selben Ergebnis gelangt ein weiterer Teil der Literatur, wenn auch mit anderer Begründung, indem er den Anwendungsbereich der mittelbaren Staatsverwaltung von der staatlichen auch auf die öffentliche Aufgabe ausdehnt und so die Selbstverwaltung als mittelbare Staatsverwaltung qualifizieren kann, die öffentliche, jedoch nicht staatliche Aufgaben wahrnimmt.[111] Kern dieser Aussage ist die Unterscheidung und Abgrenzung zur unmittelbaren Staatsverwaltung durch ein System von Behörden. Als Merkmal der unmittelbaren Staatsverwaltung rückt in diesem Sinne die rechtliche Verselbständigung von der hierarchisch organisierten unmittelbaren Staatsverwaltung durch die Rechtsformen der Körperschaft, der rechtsfähigen Anstalt und der Stiftung des öffentlichen Rechts in den Fokus.[112]

Vor dem Hintergrund beider Ansichten kann festgestellt werden, dass in Literatur und Rechtsprechung die umstrittene Auffassung vorherrscht, dass Selbstverwaltung zum Bereich der mittelbaren Staatsverwaltung zu rechnen ist.[113]

---

[105] *W. Martens*, Öffentlich als Rechtsbegriff, S. 120 f.; *F. Ossenbühl*, Rundfunk, S. 27; *K. Stern*, Staatsrecht III/1, § 74 Abs. 1 Satz 5.

[106] *W. Martens*, Öffentlich als Rechtsbegriff, S. 121; *W. Kahl*, Die Staatsaufsicht, S. 442 ff.; *H.J. Wolff/O. Bachof/R. Stober u.a.*, Verwaltungsrecht, Bd. 3, § 86 Rn. 5.

[107] BVerfGE 39, 302 (314) m.w.N.; *J. Isensee*, Subsidiaritätsprinzip, S. 103, 252 f.; *K. Stern*, Staatsrecht III/1, § 74 Abs. 1 Satz 5 b, Abs. 1 Satz 6; *W. Martens*, Öffentlich als Rechtsbegriff, S. 120 ff.; *F. Ossenbühl*, Rundfunk, S. 26 ff., 32 ff.

[108] *E.T. Emde*, Demokratische Legitimation, S. 264 ff.

[109] *M. Burgi*, in: *Erichsen/Ehlers* (Hrsg.), Allgemeines Verwaltungsrecht, § 8 Rn. 11.

[110] BVerfGE 73, 118 (191); BayVerfGH, BayVBl. 1987, 110 (114); *J. Isensee*, Subsidiaritätsprinzip, S. 240 ff.; *ders.*, in: FS Ipsen 1977, S. 409 (427); *B. Bender*, Allgemeines Verwaltungsrecht, S. 70.

[111] So *R. Hendler*, in: *Isensee/Kirchhof* (Hrsg.), HStR VI, § 143 Rn. 44; *ders.*, Selbstverwaltung als Ordnungsprinzip, S. 297 ff., insbes. 299.

[112] *R. Hendler*, in: *Isensee/Kirchhof* (Hrsg.), HStR VI, § 143 Rn. 44.

[113] BVerfG, DVBl. 1995, 286 (287); BVerwGE 67, 321 (324); BayVerfGH, NVwZ 1987, 213 (214); *O. Bachof*, VVDStRL 12 (1954), S. 37 (49); *U. Battis*, Allgemeines Verwaltungsrecht, S. 50 f.; *H. Maurer*, Allgemeines Verwaltungsrecht, § 23 Rn. 1; *R. Hend-ler*, in: *Isensee/Kirchhof* (Hrsg.), HStR VI, § 143 Rn. 44; *J. Isensee*, Subsidiaritätsprinzip, S. 240 ff.; *D. Jesch*, DÖV 1960, 739 (740); *M. Jestaedt*, Demokratieprinzip, S. 96; *ders.*, in: *Hoffmann-Riem/Schmidt-Aßmann/Voßkuhle* (Hrsg.), Grundlagen des Verwaltungsrechts, § 14 Rn. 32; *M. Burgi*, in: *Erichsen/Ehlers* (Hrsg.), All-

Der Versuch, das Verhältnis von Selbstverwaltung und mittelbarer Staatsverwaltung zu klären, offenbart jedenfalls die Problematik, die sich aus der Notwendigkeit einer Definition von mittelbarer Staatsverwaltung ergibt. Dabei können, wie gesehen, sowohl für die Zuordnung zur mittelbaren Staatsverwaltung sowie für die Differenzierung von dieser Argumente angeführt werden, so dass es weder begrifflich noch dogmatisch zwingend ist, einer der Auffassungen zu folgen.[114] Vielmehr sind beide Ansätze je nach Erkenntnisinteresse und Argumentationsmuster vertretbar.[115]

Ergeben sich die unterschiedlichen Begrifflichkeiten aus den unterschiedlichen Erkenntnisinteressen, die mit der Verwendung der Begrifflichkeit verbunden sind und für welche die jeweilige Begrifflichkeit als zweckmäßiger als andere erscheint, so stellt sich die Frage nach dem Erkenntnisinteresse der jeweils vertretenen Auffassungen.

Bezogen auf die Begrifflichkeit, welche eine aufgabenzentrierte Sichtweise favorisiert, wird zum einen das Erkenntnisinteresse verfolgt, den Bereich der unmittelbaren Staatsverwaltung von anderen Verwaltungsbereichen abzugrenzen, indem die Rechtsfähigkeit der Verwaltungsträger zu einem Abgrenzungskriterium erhoben wird. Zum anderen wird das Aufgabenkriterium herangezogen, um die rechtsfähigen Verwaltungsträger zu kategorisieren, indem staatliche Aufgaben von Trägern der mittelbaren Staatsverwaltung, dagegen nur öffentliche Aufgaben von Selbstverwaltungsträgern wahrgenommen werden.[116] Ein in diesem Sinne enges Verständnis von mittelbarer Staatsverwaltung koppelt somit die Dogmatik der mittelbaren Staatsverwaltung an die Staatsaufgabenlehre, so dass zum einen jene lediglich als Annex zu dieser fortbestehen würde[117] und in Folge dessen zum anderen das Problem der Bestimmung des Begriffs der mittelbaren Staatsverwaltung durch dasjenige der Bestimmung von Staatsaufgaben ersetzt würde, wobei Letzteres ein „Problem der Verfassungsauslegung" darstellt.[118] So wird das Problem lediglich von der Dogmatik der mittelbaren Staatverwaltung auf die Dogmatik der Staatsaufgaben verlagert. Aus diesem Grunde wird im Folgenden der mittelbaren Staatsverwaltung im engeren Sinne nicht gefolgt.

---

gemeines Verwaltungsrecht, § 8 Rn. 11; *H. Klein*, in: FS Forsthoff 1974, S. 165 (176 f.); *A. v. Mutius*, Kommunalrecht, Rn. 16; a.A. *N. Achterberg*, Allgemeines Verwaltungsrecht, § 11 Rn. 2; *H.-A. Bischoff*, in: FS Sitzler 1956, S. 113 (160 f.); *E.T. Emde*, Demokratische Legitimation, S. 244 ff.; *E. Klein*, Die Verwaltung 17 (1984), S. 197 (200); *F.-L. Knemeyer*, DVBl. 1984, 23 (28 f.); *W. Krebs*, in: *Isensee/Kirchhof* (Hrsg.), HStR V, § 108 Rn. 18; *W. Loschelder*, in: *Isensee/Kirchhof* (Hrsg.), HStR V, § 107 Rn. 53 f.; *J. Salzwedel*, VVDStRL 22 (1965), S. 206 (223 ff.); *E. Schmidt-Aßmann*, in: *Selmer/v. Münch* (Hrsg.), GS Martens, S. 249 (257); *W. Kahl*, Die Staatsaufsicht, S. 452; *H.J. Wolff/O. Bachof/R. Stober u.a.*, Verwaltungsrecht, Bd. 3, § 86 Rn. 4 f.

[114] *H.J. Wolff/O. Bachof/R. Stober u.a.*, Verwaltungsrecht, Bd. 3, § 86 Rn. 2.

[115] *H.J. Wolff/O. Bachof/R. Stober u.a.*, Verwaltungsrecht, Bd. 3, § 86 Rn. 2; *W. Kluth*, Funktionale Selbstverwaltung, S. 28; *M. Jestaedt*, Demokratieprinzip, S. 89.

[116] Siehe dazu bei Anm. 105.

[117] *M. Jestaedt*, Demokratieprinzip, S. 91.

[118] *F. Ossenbühl*, VVDStRL 29 (1971), S. 137 (154).

Das Verständnis der mittelbaren Staatsverwaltung in einem lediglich formalen Sinne verfolgt dagegen als Erkenntnisinteresse die Abgrenzung von Verwaltungsformen außerhalb der unmittelbaren Staatsverwaltung zu dieser.[119] Differenzierungskategorie ist damit die Rechtsfähigkeit. Verstanden als „rein formale Systematisierungskategorie"[120] werden hierunter Körperschaften, Anstalten und Stiftungen des öffentlichen Rechts zusammengefasst.[121] Ein weitergehender Aussagegehalt als die Abgrenzung rechtsfähiger Organisationseinheiten zur staatsunmittelbaren Behördenorganisation[122] kommt dieser lediglich um eine verwaltungsorganisationsrechtliche Systematisierung bemühten juristischen Kategorie nicht zu, weshalb auch deren „verfassungsrechtliche Valenz" offen bleiben muss.[123] Unter eine so verstandene mittelbare Staatsverwaltung im weiteren Sinne wäre auch die Selbstverwaltung zu subsumieren.

Der Wert dieser Systematisierungskategorie hängt jedoch von ihrer Systematisierungsleistung ab. So kommt der Frage Bedeutung zu, ob mit ihr das angestrebte Ziel erreicht werden kann und sich die außerhalb der staatsunmittelbaren Verwaltung stehenden Verwaltungsformen von dem staatsunmittelbaren Verwaltungsträgersystem hinreichend und umfassend abgrenzen lassen. Steht bei dieser Kategorie die Rechtsform und die damit verbundene Rechtsfähigkeit im Zentrum der Argumentation, so führt dies jedoch dazu, dass Verwaltungsformen der unmittelbaren Staatsverwaltung zugeordnet werden, da ihnen die Rechtsform der Körperschaft, Anstalt oder Stiftung vorenthalten ist, obgleich sie durchaus eine gewisse Eigenständigkeit besitzen. Paradigmatisch für diese Konstellation ist die Bundesprüfstelle, die als Bundesoberbehörde im Geschäftsbereich des Bundesministeriums für Familie, Senioren, Frauen und Jugend errichtet ist und damit formal-organisatorisch der unmittelbaren Staatsverwaltung zuzuordnen ist, die sich jedoch von der ansonsten bestehenden bundesunmittelbaren Staatsverwaltung insbesondere durch ihre gruppenplurale Struktur und das Fehlen von Weisungsabhängigkeit sowie den damit einhergehenden weiten Entscheidungsspielraum unterscheidet.[124] Gleiches gilt für die Lebensmittelbuchkommission, die beim Bundesministerium für Ernährung, Landwirtschaft und Verbraucherschutz eingerichtet wurde.[125] Gleichzeitig bestehen Verwaltungsformen, die aus der unmittelbaren Staatsverwaltung ausgegliedert sind, jedoch in keiner der übli-

---

119 *R. Hendler*, in: *Isensee/Kirchhof* (Hrsg.), HStR VI, § 143 Rn. 44.

120 So *R. Hendler*, in: *Isensee/Kirchhof* (Hrsg.), HStR VI, § 143 Rn. 43; *ders.*, Selbstverwaltung als Ordnungsprinzip, S. 299.

121 *R. Hendler*, in: *Isensee/Kirchhof* (Hrsg.), HStR VI, § 143 Rn. 43.

122 *W. Weber*, JJb 8 (1967/68), S. 137 (154 f.); *R. Hendler*, in: *Isensee/Kirchhof* (Hrsg.), HStR VI, § 143 Rn. 43 f.; *ders.*, Selbstverwaltung als Ordnungsprinzip, S. 299 f.

123 *E.T. Emde*, Demokratische Legitimation, S. 248.

124 § 10 GjS.

125 §§ 16 Abs. 1, 4 Abs. 3 LFGB. Die Weisungsfreiheit ist bei der Lebensmittelbuchkommission jedoch nicht explizit angeordnet. Dazu auch die Ausführungen unter E.I.6. Die Lebensmittelbuchkommission.

chen Rechtsformen errichtet wurden, wie dies bei der Gendiagnostik-Kommission der Fall ist.[126]

Im Kern problematisch am Kriterium der Rechtsfähigkeit und damit auch der Rechtsform ist, dass die bestehenden Rechtsformen der Körperschaft, Anstalt und Stiftung des öffentlichen Rechts zwar grundsätzlich als abschließend betrachtet werden, für sich genommen jedoch nur wenig Aussagekraft entfalten, da sie nicht geeignet sind, die Vielzahl der vorhandenen und sich voneinander in ihrer Ausprägung unterscheidenden Organisationseinheiten zu erfassen.[127] So herrschen gerade im Sozialrecht, aber – wie gesehen – auch in anderen Bereichen Organisationsformen vor, die keiner der genannten Kategorien eindeutig zugeordnet werden können, selbst wenn sich der Gesetzgeber zu einer Qualifikation durchgerungen hat.[128] Die vorhandenen Organisationsformen sind daher unzureichend, um die Pluralität der Organisationswirklichkeit einzufangen und abzubilden. Darüber hinaus besteht kein Organisationsautomatismus in der Form, dass bestimmte Aufgaben, mögen sie staatlich oder lediglich öffentlich sein, in bestimmten Organisationsformen wahrgenommen werden.[129] Auf Grund dieser Schwächen kann diesen Organisationsformen auch als Kriterium für die Einordnung als mittelbare Staatsverwaltung nur Indizwirkung beigemessen werden; Ausschlusswirkung kommt ihnen dagegen nicht zu.[130] Die Abgrenzung nach der Rechtsfähigkeit erweist sich somit aufgrund der Unzulänglichkeit des bemühten Bezugspunktes der Rechtsform als nicht ausreichend, wenn ihr auch unbestritten Indizwirkung im Hinblick auf die Unterscheidung zur unmittelbaren Staatsverwaltung zukommt.[131]

Will man nun nicht, wie aufgrund der aufgezeigten fehlenden Eindeutigkeit und der Definitionsschwierigkeiten auch gefordert wird, den Begriff der mittelbaren Staatsverwaltung generell aufgeben,[132] kann für die Differenzierung zwischen mittelbarer Staatsverwaltung und der bestehenden hierarchischen Ministe-

---

[126] § 23 GenDG. Zur Gendiagnostik-Kommission *J. Kersten*, in: *Ehlers/Fehling/Pünder* (Hrsg.), Besonderes Verwaltungsrecht, § 54 Rn. 24 ff.; *ders.*, in: *Rixen* (Hrsg.), Wiedergewinnung, S. 111 ff. Zur demokratischen Unterversorgung des Biomedizin- und Gesundheitsrechts, (i.E.), sowie die Ausführungen unter E.I.7. Die Gendiagnostik-Kommission (GEKO).

[127] *M. Jestaedt*, Demokratieprinzip, S. 92; *G.F. Schuppert*, Erfüllung öffentlicher Aufgaben, S. 169 ff.; *K. v. Lewinski*, Jahrbuch für Rechtssoziologie und Rechtstheorie, Bd. 2, 2006, 517 (518).

[128] So bei der Bundesagentur für Arbeit, ebenso beim G-BA, dazu unter C.II.3. Die Bundesagentur für Arbeit und D.II.2. Rechtsnatur.

[129] *M. Jestaedt*, Demokratieprinzip, S. 93; *E.-W. Böckenförde*, in: FS Wolff 1973, S. 269 (300 ff.); *W. Brohm*, Strukturen der Wirtschaftsverwaltung, S. 254 f.; *W. Krebs*, NVwZ 1985, 609 (615 f.).

[130] Ausgehend von einem engen Verständnis mittelbarer Staatsverwaltung wird als weiterer Kritikpunkt angeführt, dass es rechtsfähige Verwaltungseinheiten gibt, die jedoch lediglich aus historischen Gründen juristische Personen des öffentlichen Rechts sind, dazu *W. Weber*, JJb 8 (1967/68), S. 137 (155 ff.).

[131] *M. Jestaedt*, Demokratieprinzip, S. 94; *W. Krebs*, in: *Isensee/Kirchhof* (Hrsg.), HStR V, § 108 Rn. 26, 66, 102; zum institutionellen Gesetzesvorbehalt *E. Schmidt-Aßmann*, in: FS Ipsen 1977, S. 333 (347 ff.).

[132] *W. Kahl*, Die Staatsaufsicht, S. 453 f.; *F.-L. Knemeyer*, DVBl. 1985, 808 (809); *R. Hendler*, in: *Isensee/Kirchhof* (Hrsg.), HStR VI, § 143 Rn. 43.

rialbürokratie dagegen die Existenz bestimmter Freiräume organisationsstruktureller Art als ausschlaggebendes Kriterium herangezogen werden.[133] Der Grad der Steuerungsmöglichkeit der Verwaltungseinheit durch die Ministerialverwaltung wird damit zum maßgeblichen Entscheidungs- und Abgrenzungskriterium, über das die Rechtsfähigkeit keine validen Aussagen zu treffen vermag. So können zum einen rechtsfähige Verwaltungsträger einem stärkeren Einfluss der Ministerialbürokratie unterliegen, während nicht rechtsfähige Verwaltungsträger über eine erhöhte Unabhängigkeit von jener verfügen können.[134] Die Rechtsfähigkeit ist damit keine zwingende Voraussetzung für die Eigenständigkeit einer Verwaltungseinheit gegenüber der Ministerialbürokratie.[135] Für die Beurteilung des Vorliegens organisatorischer Verselbständigung und damit der Zuordnung zur mittelbaren Staatsverwaltung ist vielmehr eine Mehrheit von Parametern relevant, welche Ausdruck staatlicher Ingerenz sind und deren Zusammenwirken maßgebend ist. So ist nach *Matthias Jestaedt* eine wertende Gesamtbetrachtung anzustellen, bei der neben der indiziell wirkenden Frage der Rechtsfähigkeit auch diejenige der Weisungsfreiheit, der Staatsaufsicht, der Haushaltshoheit, der Geschäftsordnungs- und Satzungsautonomie sowie der gesetzlichen Regelungsdichte bedeutend ist.[136] All diese Faktoren können Größen für die Beurteilung der Einflussmöglichkeit der Ministerialbürokratie auf die Verwaltungseinheit darstellen. Dabei können die Geschäftsordnungs- und Satzungsautonomie auch unter dem Gesichtspunkt der gesetzlichen Regelungsdichte einbezogen werden. Ausschlaggebende Kriterien für die Unabhängigkeit der Verwaltungseinheit sind jedoch in erster Linie das Bestehen von Weisungsfreiheit, eine auf eine Rechtsaufsicht reduzierte oder ganz fehlende Staatsaufsicht sowie die gesetzliche Determination der von dieser Verwaltungseinheit ausgeübten Verwaltungstätigkeit.[137] Diese Parameter enthalten sich jedoch einer rein formalen Betrachtungsweise.[138] So wird die rein formale Systematisierungskategorie der Rechtsform relativiert und um eine materielle Betrachtungsweise ergänzt.

Nach dieser Begriffsbestimmung ist die Selbstverwaltung in kommunaler sowie in funktionaler Hinsicht dem Begriff der mittelbaren Staatverwaltung im weiteren Sinne zuzuordnen.

---

[133] *M. Jestaedt*, Demokratieprinzip, S. 93; a.A. *C.P. Fichtmüller*, AöR 91 (1966), S. 297 (347 Anm. 286).

[134] *M. Jestaedt*, Demokratieprinzip, S. 94.

[135] *W. Weber*, Körperschaften, S. 12 ff.; *O. Uhlitz*, in: *Conrad/Jahrreiß/Mikat u.a.* (Hrsg.), GS Peters, S. 248 (256 ff.); *C.P. Fichtmüller*, AöR 91 (1966), S. 297 (337); *W. Berg*, NJW 1985, 2294 (2296); *W. Krebs*, in: *Isensee/Kirchhof* (Hrsg.), HStR V, § 108 Rn. 26, 102; *M. Jestaedt*, Demokratieprinzip, S. 94.

[136] *M. Jestaedt*, Demokratieprinzip, S. 95.

[137] Ähnlich *M. Jestaedt*, Demokratieprinzip, S. 96 Anm. 286.

[138] *M. Jestaedt*, Demokratieprinzip, S. 96.

## *IV. Selbstverwaltung und Demokratieprinzip*

Selbstverwaltung beinhaltet die Ausübung staatlicher Gewalt i.S.v. Art. 20 Abs. 2 GG. So steht sie nicht nur mit dem Rechtsstaatsprinzip,[139] sondern vor allem auch mit dem Demokratieprinzip in enger Verbindung.[140] Dabei weist sie auf den ersten Blick ein ambivalentes Verhältnis zum Demokratieprinzip auf. So basiert sie zum einen auf der Partizipationsmöglichkeit von Betroffenen, die durch ihre Betroffeneneigenschaft von der Gesamtheit des Staatsvolks als Legitimationssubjekt abgegrenzt werden und weiterreichende Einflussmöglichkeiten auf die Verwaltungstätigkeit erhalten, während das Demokratieprinzip Egalität und damit grundsätzlich Zentralstaatlichkeit impliziert.[141] Demgemäß stellt sich vor dem Hintergrund prinzipiell politischer Gleichheit die Frage nach der Rechtfertigung derartiger Selbstverwaltungsrechte,[142] mithin diejenige nach den Bedingungen zwischen „Teil und Ganzem, von Sonderrecht und Gleichmäßigkeit",[143] was die Vereinbarkeit von Selbstverwaltung mit dem Demokratieprinzip zweifelhaft erscheinen lässt.

Entscheidungszuständigkeiten der Selbstverwaltung sind der demokratischen Willensbildung im Staat entzogen und gelten so als Ausnahmen vom demokratischen Prinzip, gar als „strukturfremdes Element"[144] durch die „Entgegensetzung von Partikular- und Popularwillen, von demokratischer Gesamtheit und demokratischer Teilpopulation".[145]

Gleichzeitig ist dem Demokratieprinzip die staatsbürgerschaftliche Partizipation an der Ausübung von Staatsgewalt immanent, die gerade in der Betroffenenbeteiligung an der Erfüllung öffentlicher Aufgaben im Rahmen der Selbstverwaltung verwirklicht wird.[146] Betroffenheit mündet so in legitimationsspendende Partizipation.[147] So wird durch Selbstverwaltung die repräsentative Staatsform,

---

[139] Zum Verhältnis Selbstverwaltung zum Rechtsstaatsprinzip *R. Hendler*, in: *Isensee/Kirchhof* (Hrsg.), HStR VI, § 143 Rn. 52 ff.; *E. Schmidt-Aßmann*, in: *Selmer/v. Münch* (Hrsg.), GS Martens, S. 249 (255 f.).

[140] Dazu *G.-C. v. Unruh*, DÖV 1986, 217 ff.; *W. Frotscher*, in: *v. Mutius* (Hrsg.), FG Unruh 1983, S. 127 ff.; *G. Püttner*, in: *ders.* (Hrsg.), Handbuch der kommunalen Wissenschaft und Praxis, S. 1 ff.; *E. Schmidt-Aßmann*, in: *Selmer/v. Münch* (Hrsg.), GS Martens, S. 249 (256 f.); *R. Hendler*, in: *Isensee/Kirchhof* (Hrsg.), HStR VI, § 143 Rn. 47 ff.; *H.H. v. Arnim*, AöR 113 (1988), S. 1 ff. Kritisch dazu *H. Klein*, in: FS Forsthoff 1974, S. 165 ff.; *K. Lange*, in: FS Weber 1974, S. 841 (866 f.).

[141] *E. Schmidt-Aßmann*, in: *Selmer/v. Münch* (Hrsg.), GS Martens, S. 249 (257).

[142] *G.F. Schuppert*, AöR 114 (1989), S. 127 (136).

[143] *E. Schmidt-Aßmann*, in: *Selmer/v. Münch* (Hrsg.), GS Martens, S. 249 (257).

[144] *R. Breuer*, in: *v. Mutius* (Hrsg.), FG Unruh 1983, S. 855 (870).

[145] *H. Dreier*, Hierarchische Verwaltung, S. 275; *M.-E. Geis*, in: *Schnapp* (Hrsg.), Funktionale Selbstverwaltung, S. 65 (78); *D. Merten*, VVDStRL 55 (1996), S. 7 (35). Zu weiteren Divergenzen zwischen Selbstverwaltung und Demokratie *W. Frotscher*, in: *v. Mutius* (Hrsg.), FG Unruh 1983, S. 127 (134 ff.).

[146] BVerfGE 107, 59 (98).

[147] *M. Jestaedt*, Die Verwaltung 35 (2002), S. 293 (308 f.); *J. Oebbecke*, VVDStRL 62 (2003), S. 366 (375); *G. Haverkate*, VVDStRL 46 (1988), S. 217 (238); *H.H. v. Arnim*, DÖV 1990, 85 (90); *E. Schmidt-Aßmann*, in: FS BVerfG 2001, S. 803 ff. m.w.N.; *E. Schmidt-Aßmann*, in: *Selmer/v. Münch* (Hrsg.), GS Martens, S. 249 (256 f.).

die auf der Tradition eines gegliederten Staatswesens basiert, für die bürgernahe, eigenverantwortliche Bewältigung von Alltagsaufgaben umgesetzt.[148] Unterdessen verbessert sie die Funktionsbedingungen der Demokratie im Staat,[149] indem sie die staatliche Willensbildung durch Entscheidungsdelegation entlastet.[150] Insoweit ergänzt und verstärkt Selbstverwaltung das demokratische Prinzip.[151] Das BVerfG spricht daher – mit Blick auf die funktionale Selbstverwaltung – davon, dass die Grundsätze der Selbstverwaltung und der Autonomie im demokratischen Prinzip wurzeln und angemessen zur Geltung zu bringen sind.[152]

Dabei ergänzt das Prinzip der Selbstverwaltung das Demokratieprinzip auch dadurch, dass die unmittelbare Beteiligung der Betroffenen im Rahmen der Selbstverwaltung fehlende plebiszitär-demokratische Elemente auf Bundesebene kompensiert. „Die Zurückhaltung, die der Verfassungsgeber bei der Zulassung unmittelbar-demokratischer Elemente auf Bundesebene geübt hat, wird auf der örtlich bezogenen Ebene der Gemeinden ergänzt durch eine mit wirklicher Verantwortlichkeit ausgestattete Einrichtung der Selbstverwaltung, durch die den Bürgern eine wirksame Teilnahme an den Angelegenheiten des Gemeinwesens ermöglicht wird."[153] So wird die parlamentarische Demokratie mittels der Selbstverwaltung angereichert um Elemente partizipatorischer Demokratie.[154]

Da durch die Selbstverwaltung Aufgaben, die lediglich einen durch das Betroffenenmerkmal abgrenzbaren Personenkreis angehen, dem Einfluss der Allgemeinheit entzogen und diesem Betroffenenkreis überantwortet werden, wird der „Idee der Demokratie als der Identität von Regierenden und Regierten" sogar stärker entsprochen,[155] als wenn, wie in einem demokratischen Staatswesen üblich, das Gesamtvolk bzw. dessen Repräsentanten über Angelegenheiten entscheiden, die lediglich eine Gruppe, zumeist nur eine Minderheit betreffen.[156] Vor diesem Hintergrund dient Selbstverwaltung auch dem Minderheitenschutz und der Verwirklichung von Grundrechten. Durch das Prinzip der Selbstverwaltung

---

[148] *E. Schmidt-Aßmann*, in: *Selmer/v. Münch* (Hrsg.), GS Martens, S. 249 (257). Kritisch hierzu *M. Jestaedt*, Die Verwaltung 35 (2002), S. 293 (313).

[149] *G. Lübbe-Wolff*, VVDStRL 60 (2001), S. 246 (279 ff.); *H. Dreier*, in: *ders.* (Hrsg.), Grundgesetz, Art. 28 Rn. 74 ff.

[150] *J. Oebbecke*, VVDStRL 62 (2003), S. 366 (375); *G.F. Schuppert*, AöR 114 (1989), S. 127 (139 ff.); *F. Ruland*, DRV 1993, 684 (695).

[151] *H. Klages*, in: *v. Mutius* (Hrsg.), FG Unruh 1983, S. 41 (47); *W. Frotscher*, a.a.O., S. 127 (131 f.). So auch BVerfGE 107, 59 (92), zur funktionalen Selbstverwaltung, wobei dieser Gedanke verallgemeinerungsfähig ist und auch auf die kommunale Selbstverwaltung übertragen werden kann, so auch *R. Hendler*, in: *Isensee/Kirchhof* (Hrsg.), HStR VI, § 143 Rn. 50.

[152] BVerfGE 107, 59 (91), unter Bezugnahme auf BVerfGE 33, 125 (159). Kritisch hierzu *M. Jestaedt*, Die Verwaltung 35 (2002), S. 293 (312).

[153] BVerfGE 79, 127 (150).

[154] Dazu bereits Kapitel 2 B.V. Partizipative und assoziative Demokratie.

[155] *H.F. Zacher*, Sozialpolitik und Verfassung im ersten Jahrzehnt der Bundesrepublik Deutschland, S. 291, unter Bezugnahme auf *C. Schmitt*, Verfassungslehre, 1928, S. 204 ff., 234 ff.; *W. Frotscher*, in: *v. Mutius* (Hrsg.), FG Unruh 1983, S. 127 (145).

[156] *W. Heun*, Das Mehrheitsprinzip in der Demokratie, S. 206.

wird Fremdbestimmung reduziert und Selbstbestimmung verstärkt.[157] So sind Selbstverwaltung und Demokratieprinzip eng miteinander dahingehend verbunden, dass ein demokratisches Staatswesen zwar ohne Selbstverwaltung auskommt, Selbstverwaltung im Rahmen einer demokratischen Staatsordnung dagegen nur in demokratischer Verfasstheit möglich ist.[158]

Im Hinblick auf die kommunale Selbstverwaltung, deren Zentrum die Gemeinden sind,[159] wird dies bereits durch die verfassungsrechtliche Normierung deutlich, die neben der institutionellen Garantie[160] auch Vorgaben für die Beteiligung der Bürger in Form von direkten Wahlen des Repräsentativorgans, die denjenigen zu den Parlamenten entsprechen, enthält.[161] Gleichzeitig sind direktdemokratische Elemente wie Bürgerentscheide institutionalisiert. Die hierdurch zum Ausdruck kommende Anerkennung des Volkes in den Gemeinden und Kreisen als räumlich und sachlich unbestimmte Allgemeinheit, mithin als Teilvolk und damit als neben dem Staatsvolk bestehendes Legitimationssubjekt,[162] ermöglicht die demokratische Legitimation durch Wahlen losgelöst von einer auf das Parlament rückführbaren Legitimation und sichert so die demokratische Binnenstruktur des Selbstverwaltungsträgers Kommune. Dies erfolgt auch in Konsequenz des umfassenden, sachlich-gegenständlich nicht weiter eingegrenzten Aufgabenkreises der Kommunen.[163] Insoweit handelt es sich bei den Kommunen um eine Demokratie innerhalb der Demokratie. Die kommunale Selbstverwaltung stellt „durch ihren gebietskörperschaftlichen Aufbau eine quasi-föderale Untergliederung der staatlichen Ordnung dar, die weder bestimmte Gruppen noch bestimmte Lebensbereiche verselbständigt und ebenso wie der Staat auf der Basis einer allgemeinen Repräsentation verfaßt ist."[164]

Für andere Selbstverwaltungsbereiche steht dem Gesetzgeber nach dem BVerfG ein Gestaltungsspielraum bzgl. der Ausgestaltung der demokratischen Legitimation der Verwaltungsgremien insoweit zu, als er direkte oder repräsentative Elemente demokratischer Legitimation oder Mischformen anordnen kann. Voraussetzung ist dabei jedoch erneut, dass diese Legitimation entweder auf das Gesamtvolk rückführbar ist oder besondere Gründe für die Ableitung allein von einem „Verbandsvolk" bestehen. Relevant werden dabei auch Gesichtspunkte wie die Partizipation der Betroffenen, der Einbezug verwaltungsexternen Sach-

---

[157] *R. Hendler*, in: *Isensee/Kirchhof* (Hrsg.), HStR VI, § 143 Rn. 54.

[158] *E. Schmidt-Aßmann*, in: *Selmer/v. Münch* (Hrsg.), GS Martens, S. 249 (257); *W. Frotscher*, in: *v. Mutius* (Hrsg.), FG Unruh 1983, S. 127 (143 f.).

[159] *T. Groß*, DVBl. 2002, 1182 (1183).

[160] Art. 28 Abs. 2 GG.

[161] Art. 28 Abs. 1 Satz 2 bis 4 GG.

[162] BVerfGE 83, 37 (54); *E. Schmidt-Aßmann*, AöR 116 (1991), S. 329 (543 f.); *M. Jestaedt*, Demokratieprinzip, S. 212 f.; *W. Kluth*, Funktionale Selbstverwaltung, S. 356; *P. Unruh*, VerwArch 92 (2001), S. 531 (543).

[163] BVerfGE 107, 59 (87), unter Verweis auf BVerfGE 47, 253 (275); 52, 95 (130); 77, 1 (40); 83, 60 (72 f.); 93, 37 (66); vgl. hierzu auch *E.-W. Böckenförde*, in: *Isensee/Kirchhof* (Hrsg.), HStR II, § 24 Rn. 31 ff.

[164] *R. Breuer*, Die Verwaltung 10 (1977), S. 1 (9).

verstands oder die effektive Erreichung der vom Gesetzgeber verfolgten Zwecke und Ziele, insbesondere durch das Anstreben eines sachgerechten Interessenausgleichs.[165]

Hierbei wird zum Teil die „besondere körperschaftliche Legitimation [...] als demokratische Legitimation gleichsam neben Art. 20 II 1 GG“ anerkannt und so das Demokratieprinzip neben Art. 20 Abs. 2 GG „auch in anderen Verfassungsbestimmungen und -prinzipien, u.a. im Sozialstaatsprinzip“ als verankert angesehen.[166] Dem wird jedoch zu Recht entgegengehalten, dass Art. 20 Abs. 2 Satz 1 GG die demokratische Legitimation monopolisiert, indem er durch seinen Wortlaut[167] einen Absolutheitsanspruch mit Blick auf die demokratische Legitimation formuliert, der daneben keinen Platz für alternative demokratische Legitimation belässt.[168]

Neben diesen Parametern für die Zusammensetzung von Repräsentationsgremien unterliegt der Gesetzgeber bei der Ausgestaltung der Besetzungsmodi der Restriktion egalitärer, verbandsinterner Beteiligung der Betroffenen.[169] Abweichungen hiervon bedürfen ebenfalls der Rechtfertigung, die ihren Grund in der unterschiedlichen Betroffenheit der jeweils unterschiedlich behandelten Gruppen nehmen kann. So kann die Grundrechtsbetroffenheit durch Entscheidungen des Selbstverwaltungsträgers variieren ebenso wie die in der Selbstverwaltungseinheit zusammengefassten Grundrechtspositionen differieren können. Diese Ausgangssituation kann sogar zu einem verfassungsrechtlichen Differenzierungsgebot führen, wie dies bei der Universität aufgrund von Art. 5 Abs. 3 GG anerkannt ist,[170] bei der individual-rechtliche und institutionelle Selbstverwaltung aufeinandertreffen.[171] Aber auch bei nicht verfassungsrechtlich gebotenen Abweichungen können Abstufungen in der Zusammensetzung durch sachliche Gründe geboten sein, wie dies bei den Industrie- und Handelskammern der Fall ist.[172]

---

[165] BVerfGE 107, 59 (92), unter Verweis auf BVerfGE 37, 1 (26 f.). Ebenso auf den Einbezug von Sachverstand abstellend BVerfG, Urt. v. 28.1.2014, 2 BvR 1561/12 u.a., Rn. 170. Dazu bereits unter Kapitel 2 A.II.2. Die Rechtsprechung des BVerfG. In der Literatur wurde eine Abweichung vom klassischen Legitimationsmodell dann als möglich angesehen, wenn dies „aus besonderen sachlichen Notwendigkeiten“ erforderlich ist, *E.-W. Böckenförde*, in: *Isensee/Kirchhof* (Hrsg.), HStR II, § 24 Rn. 34; *E. Schmidt-Aßmann*, AöR 116 (1991), S. 329 (384); kritisch hierzu *M. Jestaedt*, Die Verwaltung 35 (2002), S. 293 (315).

[166] *S. Muckel*, NZS 2002, 118 (124).

[167] „*Alle* Staatsgewalt geht vom Volke aus“ (Hervorhebung durch den Verf.).

[168] *M. Jestaedt*, Die Verwaltung 35 (2002), S. 293 (314).

[169] BVerfGE 38, 258 (271); 47, 253 (272 ff.); 71, 81 (94 f.); *E. Schmidt-Aßmann*, in: *Selmer/v. Münch* (Hrsg.), GS Martens, S. 249 (263).

[170] BVerfGE 35, 79 (138); 39, 247 (255 f.).

[171] BVerfGE 35, 79 (121 f.); *E. Schmidt-Aßmann*, in: *Selmer/v. Münch* (Hrsg.), GS Martens, S. 249 (263). Im Hinblick auf die Beteiligung von Verwaltungspersonal ist eine derartige Ungleichbehandlung nicht geboten, *F. Ossenbühl*, Grenzen, S. 38 ff.; *G. Püttner*, in: *v. Mutius* (Hrsg.), FG Unruh 1983, S. 171 ff.

[172] *T. Groß*, DVBl. 2002, 1182 (1193); dazu die Ausführungen unter E.II.1. Legitimation durch Wahlen.

Die Beteiligung von Betroffenen kann, wie gesehen,[173] auch verbandsvermittelt verwirklicht werden, was zumeist in der Organisationsform der Anstalt des öffentlichen Rechts erfolgt. Voraussetzung dafür, dass diese Betroffenenpartizipation auch demokratische Legitimation vermittelt, ist nach der auch hier vertretenen Literaturmeinung, dass die vom Gesetzgeber angeordnete Interessenvertretung die Gewähr dafür bietet, dass sich ein Interessenausgleich einstellen kann, bei dem sich kein Sonderinteresse durchzusetzen vermag, und so die Balance der Sonderinteressen gewahrt ist. Insoweit ist es erforderlich, dass der Gesetzgeber nach sachgerechten Kriterien die entsendungsberechtigten Verbände auswählt und dabei das betroffene Interessenfeld abdeckt.[174] Hierdurch verwirklicht sich ein assoziatives Demokratieverständnis.[175]

Die Beteiligung der Betroffenen an der Ausübung von Staatsmacht ist so Voraussetzung für deren demokratische Legitimation, zugleich jedoch auch Qualifikationsmerkmal für die Einordnung als Selbstverwaltungsträger.

Demokratische Legitimation ist jedoch auch denkbar, wenn die Entscheidungsbeteiligung und -verantwortung lediglich vermittelt werden, wie dies bei den Legitimationsketten im Hinblick auf die organisatorisch-personelle Legitimation ebenso wie bei der organisatorisch-konsensualen Legitimation der Fall ist, jedoch die übrigen Ziele demokratischer Legitimation, wie die der Rückbindung zur Kontrolle von Macht, erreicht werden. In diesen Fällen liegt zwar demokratische Legitimation vor, es fehlt jedoch an dem für die Einordnung als Selbstverwaltungseinheit konstitutiven Merkmal der unmittelbaren Betroffenenpartizipation, so dass es sich entweder um Fremdverwaltungsträger handelt, deren Entscheidungen demokratisch legitimiert sind und die entweder zur unmittelbaren Staatsverwaltung zu rechnen sind,[176] oder als dezentralisierte staatliche Organisationseinheiten, als anstaltliche Ausgliederungen aus der unmittelbaren Staatsverwaltung oder als unabhängige Sachverständigengremien der mittelbaren Staatsverwaltung angehören und sich zumeist durch einen gruppenpluralen Zuschnitt der Entscheidungsgremien auszeichnen.

## B. Die gruppenplurale Konsensverwaltung

Verwaltungseinheiten, die einer unmittelbaren Betroffenenpartizipation entbehren und damit nicht der Selbstverwaltung zuzurechnen sind, jedoch aufgrund fehlender Eingliederung und einer gewissen Unabhängigkeit auch nicht der unmittelbaren Staatsverwaltung angehören, sind der Fremdverwaltung zuzurechnen. Dabei zeichnen sich einige Verwaltungseinheiten der Fremdverwaltung durch ein gruppenplural zusammengesetztes Entscheidungsgremium aus, das

[173] Dazu die Ausführungen unter A.I.1.d. Arten der Betroffenenpartizipation.
[174] *T. Groß*, DVBl. 2002, 1182 (1193); *ders.*, Kollegialprinzip, S. 264 ff.
[175] Zur assoziativen Demokratie bereits Kapitel 2 B. V. Partizipative und assoziative Demokratie.
[176] *E. Schmidt-Aßmann*, in: *Selmer/v. Münch* (Hrsg.), GS Martens, S. 249 (257).

konsensuale Entscheidungen trifft. Im Folgenden soll der (I.) Begriff der gruppenpluralen Konsensverwaltung geklärt werden, deren (II.) Charakteristika herausgestellt, (III.) ihre Abgrenzung zur Selbstverwaltung vorgenommen und kurz auf deren (IV.) demokratische Legitimation eingegangen werden, ehe unter (V.) eine Zusammenfassung erfolgt.

### *I. Begriff der gruppenpluralen Konsensverwaltung*

Liegt im Folgenden der Schwerpunkt der Betrachtung auf der „Sozialen" und „Gemeinsamen Selbstverwaltung" und deren Zuordnung zur Kategorie der Selbstverwaltung, bleibt die Frage offen, ob für diejenigen Verwaltungsträger, die nachstehend behandelt werden und die zur mittelbaren Staatsverwaltung zu rechnen sind, denen jedoch eine Zuordnung zur Selbstverwaltung versagt bleibt, eine eigene Kategorie, die derjenigen der Selbstverwaltung gegenüber gestellt werden kann, gebildet werden kann. Voraussetzung wäre ein verbindendes Kriterium, das sich nicht allein in der Nichtzugehörigkeit zur Selbstverwaltung erschöpfen darf, um einen gegenüber der Kategorie der restlichen mittelbaren Staatsverwaltung eigenen Aussagegehalt zu erhalten.

Hauptanliegen der vorliegenden Arbeit ist es, Formen des Konsenses für die Fortbildung des Allgemeinen Verwaltungsrechts und der demokratischen Legitimierbarkeit fruchtbar zu machen. So wird in diesem organisationsrechtlichen Teil der Schwerpunkt auf konsensualen Organisationsformen liegen. Für Verwaltungseinheiten, die konsensual organisiert sind, ist nach vorliegendem Verständnis kennzeichnend, dass die Entscheidung durch einen Aushandlungsprozess bestimmt und vom Konsens der Beteiligten getragen wird.[177] Dies setzt wiederum voraus, dass verschiedene Interessenstrukturen innerhalb der Entscheidungsgremien vertreten sind. Das besondere Augenmerk liegt damit im Folgenden auf Organisationsformen, in denen verschiedene organisierte Interessen in die Verwaltungstätigkeit, sei sie staatlicher oder öffentlicher Art, einbezogen und in der Entscheidung zum Ausgleich gebracht werden. So stehen gruppenplural organisierte Verwaltungseinheiten im Fokus der Betrachtung, die der mittelbaren Staatsverwaltung angehören und die aufgrund fehlender oder zumindest untergeordneter Betroffenenverwaltung im o.g. Sinne in Gegenüberstellung zu den Selbstverwaltungsträgern zusammenzufassen sind.

Da bei diesen Verwaltungseinheiten „die *unentbehrliche Kooperation* mit den organisierten Interessen" im Vordergrund steht,[178] entwickelte *Gunnar F. Schuppert* die Kategorie der „Kooperationsverwaltung",[179] die jedoch starker Kritik

[177] Zum Begriff des Konsens bereits Kapitel 2 B.VI.1. Die organisatorisch-konsensuale Legitimation und 3. Voraussetzungen der organisatorisch-konsensualen Legitimation.

[178] *G.F. Schuppert*, in: *v. Mutius* (Hrsg.), FG Unruh 1983, S. 183 (201) – Hervorhebung im Original.

[179] *G.F. Schuppert*, in: *v. Mutius* (Hrsg.), FG Unruh 1983, S. 183 (200 ff.); dazu *M. Jestaedt*, Demokratieprinzip, S. 76 m.w.N.

ausgesetzt ist.[180] So wird die Einengung des Begriffs auf die staatliche Wirtschaftspolitik ebenso bemängelt wie der begriffliche Einbezug jeglicher Form der Zusammenarbeit staatlicher Stellen mit gesellschaftlichen Kräften unter gleichzeitigem Verlust der Konturenklarheit und der Akzentuierung auf die Entscheidungsbefugnisse der gruppenpluralen Gremien.[181]

In Abweichung hiervon schlägt *Matthias Jestaedt* den Begriff der Kondominialverwaltung vor.[182] Angelehnt an den aus dem Staatsrecht stammenden Begriff des „Kondominiums", das die gemeinsame Herrschaft mehrerer Staaten über ein Gebiet bezeichnet,[183] bringt dieser Begriff durchaus zum Ausdruck, dass eine gemeinsame Herrschaftsausübung im Vordergrund der Verwaltungseinheit steht[184] und auch, dass sich in dieser Verwaltungsform verschiedene Interessen zusammenfinden.[185] Allerdings kann ihm nicht entnommen und damit nur *per definitionem* zugewiesen werden, dass es sich um ein Zusammenwirken von staatlichen und gesellschaftlichen Kräften handelt und dass dieses darüber hinaus auch durch antagonistische Interessen bestimmt wird, die eines Ausgleichs bedürfen.[186] Damit wird ein wesentlicher Aspekt dieser Verwaltungseinheiten nicht erfasst.

Darüber hinaus liegt die Besonderheit der von vorliegender Untersuchung in den Fokus genommenen Verwaltungseinheiten gerade nicht in dem Antagonismus zwischen Staat und Gesellschaft, sondern darin, dass der Staat Organisationseinheiten einrichtet, in denen die Entscheidung von den von ihm bestimmten gesellschaftlichen Kräften abhängt und sich durch diese Zusammensetzung eine gesellschaftspluralistische Interessenvielfalt in die Entscheidung einbeziehen und zum Ausgleich bringen lässt. Der Antagonismus besteht damit nicht zwischen Staat und Gesellschaft, sondern zwischen den gesellschaftlichen Interessengruppen. Weiter ist kennzeichnend, dass es zwar um eine Vielfalt von Interessen geht, die durch die jeweiligen Interessengruppen vertreten und artikuliert werden und dass diese Interessen zum Teil auch antagonistisch sind. Diese Interessen stehen jedoch nicht immer in Widerstreit zueinander.

Möchte man dagegen die Abgrenzung zur Selbstverwaltung sowie die gruppenplurale Entscheidungsfindung unter Ausgleich der verschiedenen, zum Teil widerstreitenden Interessen zum Ausdruck bringen, so kann zum einen bei dieser Verwaltungsform in Abgrenzung zur Selbstverwaltung von Fremdverwaltung gesprochen werden,[187] bei der es nicht ausschließlich um Betroffenenbeteiligung geht, diese allerdings auch mitverfolgt werden kann.

---

[180] *M. Jestaedt*, Demokratieprinzip, S. 77.

[181] *M. Jestaedt*, Demokratieprinzip, S. 77.

[182] *M. Jestaedt*, Demokratieprinzip, S. 76 ff.

[183] *H. Kelsen*, Allgemeine Staatslehre, S. 140.

[184] *M. Jestaedt*, Demokratieprinzip, S. 79.

[185] *M. Jestaedt*, Demokratieprinzip, S. 79.

[186] So aber *M. Jestaedt*, Demokratieprinzip, S. 79.

[187] Der Begriff der Fremdverwaltung ist nicht neu und wird bereits bei *H.J. Wolff/O. Bachof/R. Stober u.a.*, Verwaltungsrecht, Bd. 1 (9. Aufl. 1974), § 4 I c 2; Bd. 2 (5. Aufl. 1987), § 86 X, verwandt. Von diesem wird er der Eigenverwaltung gegenübergestellt und bezeichnet die „auftragsgemäße, weisungsabhängige Verwaltung von Angelegenheiten eines Trägers öffentlicher Verwaltung

Weist jedoch auch die unmittelbare Staatsverwaltung das Kriterium der grundsätzlich fehlenden Betroffenenpartizipation auf und würde daher auch auf diese die Bezeichnung Fremdverwaltung zutreffen, ist maßgebliches Abgrenzungskriterium gegenüber dieser das Bestehen einer gruppenpluralen, vom Ideal des Konsenses der Beteiligten getragenen Entscheidungsstruktur.[188] Insoweit kann von gruppenpluraler Konsensverwaltung die Rede sein, die eine Kategorisierung dieser Verwaltungseinheiten in Abgrenzung einerseits zur unmittelbaren Staatsverwaltung, andererseits innerhalb der mittelbaren Staatsverwaltung zur Selbstverwaltung ermöglicht und damit einen dritten Sektor von Verwaltungseinheiten beschreibt.

## *II. Charakteristika der gruppenpluralen Konsensverwaltung*

Die gruppenpluralen Konsensverwaltungsträger werden durch die Entscheidungsbefugnis unter gruppenpluraler Entscheidungsteilhabe, die Entscheidungsfindung durch Kollegialgremien, durch Entscheidungen, die eine konsensuale Einigung[189] zum Ziel haben, sowie hieraus folgend die Freiheit von Fachweisungen und von Fachaufsicht gekennzeichnet. Dabei rekrutiert sich das Entscheidungsgremium aus gesellschaftlichen Interessenrepräsentanten sowie teilweise durch Betroffene, die durch staatliche Funktionsträger ergänzt werden können. Infolgedessen setzt die gruppenplurale Konsensverwaltung voraus, dass zumindest zwei Interessengruppen an dem Entscheidungsgremium beteiligt sind, die typischerweise interessenheterogen, teilweise sogar interessenantagonistisch sein können. Diese interessenheterogene bzw. interessenantagonistische Zusammensetzung bedingt unter Vermeidung einer monistischen eine notwendig kollegiale Entscheidungsstruktur. Der Einbezug in die Entscheidungsstruktur kann aufgrund besonderen Sachverstands, besonderer Sachnähe,[190] ohne dass Betroffeneneigenschaft vorliegt, wie auch durch die organisatorische Zusammenfassung mehrerer verschiedener Betroffenengruppen zu einem pluralen Entscheidungsgremium erfolgen. Die Bestimmung der berührten Interessen, die Auswahl der für eine ordnungsgemäße Aufgabenerfüllung prädestinierten Interessengruppen, die Frage der Betroffenenbeteiligung und die der Mitwirkung staatlicher Funktionsträger obliegt dem Gesetzgeber innerhalb seines weiten Gestaltungsspiel-

---

durch einen anderen bzw. durch dessen Organe". In Anlehnung hieran übernimmt ihn *E. Schmidt-Jortzig*, Kommunalrecht, Rn. 541, zur Bezeichnung für die Zusammenfassung derjenigen kommunalen Aufgaben, die nicht unter die Selbstverwaltungsgarantie des Art. 28 Abs. 2 GG fallen. Dieser Begriff war jedoch starker Kritik ausgesetzt, da er insbesondere die eigenständige Stellung der Kommunen gegenüber dem Staat nicht erfasste, so z.B. *F.-L. Knemeyer*, DVBl. 1984, 2328 f., und hat sich daher nicht durchgesetzt.

[188] Zum Verhältnis von Konsens zur Mehrheitsentscheidung sogleich unter B.II. Charakteristika der gruppenpluralen Konsensverwaltung.

[189] Zum Begriff des Konsens bereits Kapitel 2 B.VI.1. Die organisatorisch-konsensuale Legitimation und 3. Voraussetzungen der organisatorisch-konsensualen Legitimation.

[190] Dazu *E. Schreyer*, Pluralistische Entscheidungsgremien, S. 99.

raums.[191] Innerhalb dessen ist er auch für die Auswahl des Entsendungsmodus sowie die Gewichtung des Einflusses der Entsandten auf die Entscheidung befugt. Die Entscheidungen des Gesetzgebers sind damit nur dann zu beanstanden, wenn sie offensichtlich der Aufgabenerfüllung nicht dienlich sind oder die Stimmgewichtung in offenkundigem Missverhältnis zu den Gruppeninteressen steht.

Der Modus der Auswahl bzw. Ernennung ist unterschiedlich und weist die Spannbreite von der Beschickung durch gesellschaftliche Verbände – ohne sowie auch mit Mitwirkungsakt des Staates – bis hin zur einseitigen Berufung durch den Staat auf.[192]

Die Entscheidung in den gruppenpluralen Gremien muss konsensual gefunden werden. Daraus folgt ebenfalls, dass keine Interessenhomogenität besteht, sondern Interessengruppen mit heterogenen Interessenlagen, die zum Teil sogar antagonistische Züge annehmen können, an der Aufgabenerfüllung beteiligt werden.[193] Gleichzeitig bildet diese Zusammensetzung auch die Grundlage für eine konsensuale, die widerstreitenden Interessen ausgleichende demokratische Legitimation.[194]

Für die konsensuale Entscheidung ist nicht notwendigerweise Einstimmigkeit erforderlich, obgleich eine solche die höchste Zustimmung und damit Konsens in seiner reinsten Form darstellt. Insbesondere vor dem Hintergrund der Gewährleistung der Funktionsfähigkeit der Organisationseinheit kann jedoch auch ein Mehrheitsbeschluss für die Entscheidung ausreichend sein. Denn sofern die Organisationseinheit organisatorisch und verfahrensrechtlich so ausgestaltet ist, dass nicht eine Interessengruppe ein strukturelles Übergewicht im Entscheidungsgremium hat und damit unter Dominanz der übrigen Interessen allein die Mehrheitsentscheidung herbeiführen kann, ist für eine Mehrheitsentscheidung bei gruppenpluralen Gremien ebenfalls eine konsensuale Übereinstimmung der die Mehrheit Bildenden erforderlich. Damit bleibt Einstimmigkeit das Ideal und Leitbild der Entscheidungsfindung, wobei auch die Mehrheitsentscheidung ein Ausdruck konsensualer Einigung darstellt.

Als Folge dieser konsensualen Entscheidungsfindung benötigt die Organisationseinheit einen gewissen Spielraum, innerhalb dem der Ausgleich der Interessen erfolgen kann. Aus diesem Grunde muss die normative Determination des Entscheidungsprogramms derartige Spielräume vorsehen, wie auch die Aufsicht nicht so stark ausgestaltet sein darf, dass sie den gefundenen Interessenausgleich konterkariert.

---

[191] Zu den demokratischen Anforderungen siehe bereits Kapitel 2.

[192] Dazu näher unter E. Die konsensualen Organisationsformen des Sozialrechts im Gefüge unmittelbarer und mittelbarer Staatsverwaltung.

[193] So *M. Jestaedt*, Demokratieprinzip, S. 76, zur Kondominialverwaltung.

[194] Dazu unter B.IV. Demokratische Legitimation der gruppenpluralen Konsensverwaltung.

### III. Gruppenplurale Konsensverwaltung und Selbstverwaltung

Maßgebliches Abgrenzungskriterium der gruppenpluralen Konsensverwaltung zur Selbstverwaltung ist die Betroffenenpartizipation. Ist die ausschließliche Beteiligung von Betroffenen für das Vorliegen von Selbstverwaltung konstitutiv, so ist sie für die gruppenplurale Konsensverwaltung nicht zwingend erforderlich. Dies ist die Konsequenz daraus, dass mit der Selbstverwaltung der Zweck verfolgt wird, den von der Erfüllung bestimmter Aufgaben Betroffenen die Kompetenzen zur Aufgabenerfüllung zu übertragen und die Verwaltungstätigkeit den Betroffenen und damit den Partikularinteressen unter gleichzeitigem Rückzug des Staates auf eine Gewährleistungs- und Überwachungsstellung zu überlassen. Bei der gruppenpluralen Konsensverwaltung geht es dagegen darum, bestimmte Aufgaben unter Berücksichtigung des Gesamtinteresses unter Ausschluss bzw. Einhegung von Partikularinteressen im Wege der Übertragung an bestimmte, für die Aufgabenerfüllung relevante und sinnvollerweise einzubeziehende gesellschaftliche Interessengruppen, gegebenenfalls unter Arbeits-, Entscheidungs- und Verantwortungsteilung mit dem Staat, zu erfüllen.[195] So steht bei der gruppenpluralen Konsensverwaltung nicht die Selbstverwaltung im Hinblick auf ein bestimmtes Gebiet bzw. eine konkrete Aufgabe, die einen bestimmten Mitgliederbezug aufweist, im Mittelpunkt, sondern die Erfüllung einer gesamtgesellschaftlich relevanten Aufgabe ohne Bezug zu einer abgegrenzten Mitgliederschaft. Hierzu werden die verschiedenen gesellschaftlichen Interessengruppen, denen besondere Bedeutung oder Verantwortung[196] für die Erfüllung dieser Aufgabe zukommt und die so in besonderer Weise als für die Aufgabenerfüllung geeignet angesehen werden, in repräsentativer Form in die Entscheidungsfindung einbezogen. Insoweit steht nicht die Selbstverwaltung durch Betroffene und „die Aktivierung der Beteiligten für ihre eigenen Angelegenheiten“,[197] sondern die Beteiligung der wesentlichen, für die Aufgabenerfüllung relevanten Interessengruppen an den Verwaltungsentscheidungen im Vordergrund.[198] Hierdurch soll ein möglichst repräsentativer Einfluss der Interessengruppen auf die Verwaltungsentscheidung wie auch ein Einbezug von verwaltungsexternem Sachverstand zur Verwirklichung des Gesamtinteresses gewährleistet werden.

Neben den für die Erfüllung der Aufgabe besonders prädestinierten Interessengruppen besteht auch die Möglichkeit, in die Entscheidungsgremien zusätzlich neutrale Personengruppen einzubeziehen, denen insbesondere bei interessenantagonistisch besetzten Gremien die Vermittlung zwischen den Interessen obliegt und denen so die Aufgabe zukommt, das Gremium entscheidungsfähig zu halten bzw. bei einem Stimmenpatt eine Entscheidung herbeizuführen.

[195] *M. Jestaedt*, Demokratieprinzip, S. 82, zur Kondominialverwaltung.

[196] So *M. Jestaedt*, Demokratieprinzip, S. 82, zur Bundesprüfstelle.

[197] BVerfGE 11, 266 (175).

[198] *M. Jestaedt*, Demokratieprinzip, S. 80 f., spricht in diesem Zusammenhang von bloßer Beteiligung im Rahmen der Kondominialverwaltung, die er der Betroffenheit im Rahmen der Selbstverwaltung gegenüberstellt; weitere Abstufungen vgl. dort Anm. 217.

Ebenso können staatliche Funktionsträger in die gruppenpluralen Gremien aufgenommen werden, sofern dies der Aufgabenerfüllung dienlich ist. Auch hierbei kann freilich nicht von Betroffenen im Sinne von Selbstverwaltung gesprochen werden, so dass hierin ebenfalls ein wesentlicher Unterschied zwischen der gruppenpluralen Konsensverwaltung und der Selbstverwaltung besteht.

Allerdings ist der Gesetzgeber auch nicht gehindert, Betroffenengruppen in die gruppenpluralen Entscheidungsgremien der Konsensverwaltung einzubeziehen. Der Unterschied zur Selbstverwaltung liegt dann darin, dass in dieser sich ausschließlich die Betroffenen selbst verwalten, während bei der Konsensverwaltung neben der Betroffenenpartizipation auch noch sich von den Betroffenen unterscheidende Gruppen einbezogen werden, die für die Aufgabenerfüllung dienlich sind.

Neben der Betroffenenpartizipation besteht der Unterschied zur Selbstverwaltung auch, wie bereits angesprochen und eng mit der Partizipation zusammenhängend, in dem Aufgabenzuschnitt, der bei der Selbstverwaltung eigene Angelegenheiten umfasst, während bei der gruppenpluralen Konsensverwaltung die öffentlichen Aufgaben im Gesamtinteresse erledigt werden[199] und so auch keine, wie bei der Selbstverwaltungseinheit üblich, Begrenzung der Wirkungen auf die Mitgliederschaft besteht.

### *IV. Demokratische Legitimation der gruppenpluralen Konsensverwaltung*

Als Ausübung exekutiver Gewalt unterliegt die gruppenplurale Konsensverwaltung dem Demokratieprinzip und der Notwendigkeit demokratischer Legitimation. Aufgrund der gruppenpluralen Entscheidungsstruktur kann auch für diese die konsensual-organisatorische Legitimation als eine die bisherigen Legitimationsformen ergänzende und teilweise substituierende Legitimationsform unter den bereits skizzierten Anforderungen fruchtbar gemacht werden.[200]

### *V. Zusammenfassung*

Zusammenfassend kann somit gesagt werden, dass sich die durch ihre formale und materielle Verselbständigung von der Ministerialbürokratie von der unmittelbaren Staatsverwaltung abgrenzende mittelbare Staatsverwaltung in die betroffenenpartizipatorisch ausgestaltete Selbstverwaltung in Form der gebietsbezogenen kommunalen sowie der aufgabenbezogenen funktionalen Selbstverwaltung einerseits und andererseits in die gruppenplurale Konsensverwaltung, die sich durch ihre gruppenplurale Entscheidungsstruktur auszeichnet, unterteilt.

---

[199] *G. Kisker*, DÖV 1972, 520 (524).
[200] Dazu die Ausführungen zu Kapitel 2.

Inwieweit die Träger der „Sozialen Selbstverwaltung" oder der „Gemeinsamen Selbstverwaltung" in dieses System eingeordnet werden können, ist Gegenstand der folgenden Betrachtung.

## C. Die „Soziale Selbstverwaltung"

Zur „Sozialen Selbstverwaltung"[201] werden die Versicherungsträger der Kranken- und Pflege-, der Renten- sowie der Unfallversicherung und die Bundesagentur für Arbeit gerechnet.[202] Dazu zählen aber auch die Kassenärztlichen Vereinigungen sowie die Versorgungswerke der freien Berufe.[203] Für die Betrachtung konsensualer Organisationsformen ist besonderes Augenmerk auf die Versicherungsträger zu richten, da sich diese im Gegensatz zu den Kassenärztlichen Vereinigungen, deren mitgliedschaftliche Struktur und damit demokratische Legitimation Ähnlichkeiten zu den übrigen berufsständischen Vereinigungen aufweist, im Hinblick auf die Besetzung der Organe sowie den Besetzungsmodus von den übrigen, der funktionalen Selbstverwaltung zuzurechnenden Verwaltungsträgern abheben und diese Besonderheiten für die Frage der demokratischen Legitimation und der Anschlussfähigkeit an das Allgemeine Verwaltungsrecht von besonderem Interesse sind.

Im Folgenden werden daher die (I.) Träger der „Sozialen Selbstverwaltung", insbesondere die Sozialversicherungsträger, deren (II.) Rechtsnatur, (III.) organisatorische Ausgestaltung und das Bestehen von (IV.) Aufsicht vorgestellt, eine (IV.) Zuordnung zur Selbst- oder gruppenpluralen Konsensverwaltung vorgenommen und der Frage nach der (VI.) demokratischen Legitimation nachgegangen, ehe eine abschließende (VII.) Zusammenfassung und Bewertung erfolgt.

### *I. Die Träger der „Sozialen Selbstverwaltung"*

Die Sozialversicherungsträger werden in den §§ 29 ff. SGB IV als Versicherungsträger bezeichnet und einer Regelung zugeführt. Als Zweige der Sozialversicherung führt das SGB I die gesetzliche Kranken-, Pflege-, Unfall- und Rentenversicherung einschließlich der Alterssicherung der Landwirte an.[204] Die Träger der gesetzlichen Krankenversicherung sind damit die sechs Kassenarten: die

---

[201] Zu deren Funktionen *R. Hendler*, SDSRV 34 (1991), S. 65 ff.

[202] Z.B. *R. Hendler*, SDSRV 34 (1991), S. 65; *B. Braun/T. Klenk/F. Nullmeier u.a.*, Soziale Sicherheit 2008, 245; *F.E. Schnapp*, StWStP 1998, 149; *Bogs/v. Ferber/infas* (Hrsg.), Soziale Selbstverwaltung, passim; *H.-H. Wörner*, Selbstverwaltung, passim.

[203] *W. Kluth*, Funktionale Selbstverwaltung, S. 189 ff., der auch die Studentenwerke zu dieser Kategorie zählt; *T. Groß*, DVBl. 2002, 1182 (1184).

[204] § 4 Abs. 2 SGB I. Die zuständigen Träger werden in den §§ 21 ff. SGB I jeweils in deren Absatz 2 bezeichnet.

Allgemeinen Ortskrankenkassen,[205] die Betriebskrankenkassen,[206] die Innungskrankenkassen,[207] die landwirtschaftlichen Krankenkassen,[208] die Deutsche Rentenversicherung Knappschaft-Bahn-See[209] sowie die Ersatzkassen.[210] Die Pflegekassen als Träger der Pflegeversicherung wurden bei den Krankenkassen eingerichtet, sie bleiben jedoch eigenständige und von den Krankenkassen unabhängige Träger.[211] Träger der gesetzlichen Unfallversicherung sind die gewerblichen und landwirtschaftlichen Berufsgenossenschaften, die nach Wirtschaftszweigen bzw. Branchen gegliedert sind,[212] sowie die Unfallversicherungsträger der öffentlichen Hand.[213] Träger der gesetzlichen Rentenversicherung sind die Regional- und Bundesträger, welche die Bezeichnung „Deutsche Rentenversicherung" mit einem Zusatz für die jeweilige Zuständigkeit tragen, mithin DRV Bund oder DRV des Landes, auf das sich deren Zuständigkeit erstreckt.[214]

Zur Sozialversicherung zählt jedoch auch die auf einem Vorsorgesystem beruhende Arbeitslosenversicherung,[215] so dass auch die Bundesagentur für Arbeit ein Sozialversicherungsträger ist, der jedoch nicht den allgemeinen Vorschriften des SGB IV unterliegt, sondern im SGB III einer eigenen Regelung zugeführt wird.[216]

Nicht zu den Sozialversicherungsträgern rechnen dagegen die übrigen Leistungsträger,[217] Verbände oder organisatorische Vereinigungen der Sozialleistungsträger, wie die Arbeitsgemeinschaften nach § 94 SGB X,[218] gemeinnützige und freie Einrichtungen und Organisationen, mit denen die Sozialversicherungsträger zusammenarbeiten,[219] wie auch diejenigen Einrichtungen, denen sich die Sozialversicherungsträger zur Erfüllung ihrer gesetzlichen Verpflichtungen bedienen.[220] Ebenso keine Sozialversicherungsträger sind solche Träger, die nicht mit der Durchführung der Sozialversicherung betraut sind. Dies sind grundsätzlich die privaten Versicherungsunternehmen, wobei unerheblich ist, ob diese ihre Aufgaben innerhalb eines Sozialversicherungssystems wahrnehmen und eine Versicherungspflicht besteht. Insoweit sind die Träger der privaten Pflege- und Krankenversicherung wie auch die berufsständischen Versor-

[205] §§ 4 Abs. 2, 143 ff. SGB V.
[206] §§ 4 Abs. 2, 147 ff. SGB V.
[207] §§ 4 Abs. 2, 157 ff. SGB V.
[208] §§ 4, 166 SGB V.
[209] §§ 4 Abs. 2, 167 SGB V.
[210] §§ 4 Abs. 2, 168 ff. SGB V.
[211] § 46 Abs. 1 SGB XI.
[212] § 114 Abs. 1 Nr. 1, 2 SGB VII i.V.m. Anlage 1, §§ 121 ff. SGB VII.
[213] § 114 Abs. 1 Satz 1 Nr. 3 bis 9 SGB VII.
[214] § 125 Abs. 1 SGB VI.
[215] §§ 3 Abs. 2 Nr. 4, 19 SGB I.
[216] § 1 Abs. 1 Satz 2, 3 SGB IV.
[217] § 12 SGB I.
[218] *H. Pohl*, in: *Kreikebohm* (Hrsg.), Sozialgesetzbuch, § 29 Rn. 5; *J. Winkler*, in: *ders.* (Hrsg.), Sozialgesetzbuch IV, § 29 Rn. 6.
[219] § 17 Abs. 3 Satz 1 SGB I.
[220] *U. Becker*, in: *v. Maydell/Ruland* (Hrsg.), SRH, § 13 Rn. 17.

gungseinrichtungen nicht unter die im SGB IV geregelten Sozialversicherungsträger zu rechnen.[221]

## *II. Rechtsnatur der Sozialversicherungsträger*

Zur Beantwortung der Rechtsnatur der Sozialversicherungsträger werden zuerst die (1.) verfassungsrechtlichen Vorgaben behandelt, ehe auf die einfachgesetzliche Ausgestaltung der (2.) Sozialversicherungsträger des SGB IV und der (3.) Bundesagentur für Arbeit eingegangen wird.

### *1. Verfassungsrechtliche Vorgaben*

Gem. Art. 87 Abs. 2 GG werden diejenigen Sozialversicherungsträger, deren Zuständigkeitsbereich sich über das Gebiet eines Landes hinaus erstreckt, als Körperschaften des öffentlichen Rechts geführt, wobei es sich um bundesunmittelbare Körperschaften handelt, wenn sich deren Zuständigkeitsbereich über das Gebiet eines Landes hinaus erstreckt, bzw. um landesunmittelbare Körperschaften, sofern nicht mehr als drei Länder vom Zuständigkeitsbereich erfasst sind. Insoweit trifft der Verfassungsgeber eine Aussage im Hinblick auf die öffentlich-rechtliche Organisationsform der Sozialversicherungsträger, womit eine Übertragung an Private grundsätzlich ausgeschlossen ist.

Inwieweit durch die verwandte Terminologie der Körperschaft andere Organisationsformen ausgeschlossen sind, ist dagegen umstritten. Das BVerfG erachtete in einer früheren Entscheidung sowohl Körperschaften wie auch selbständige Anstalten des öffentlichen Rechts als Träger der Sozialversicherung, indem es z.B. die als bundesunmittelbare rechtsfähige Anstalt des öffentlichen Rechts errichtete Versorgungsanstalt der Deutschen Bezirksschornsteinfeger als bundesunmittelbare Körperschaft des öffentlichen Rechts i.S.d. Art. 87 Abs. 2 GG ansah,[222] während es in anderen Entscheidungen davon auszugehen scheint, dass allein die Körperschaft als Rechtsform für die Sozialversicherungsträger in Betracht kommt.[223]

Ist so die Rechtsprechung auch in Ermangelung einer konkreten Entscheidung indifferent, wird in der Literatur die Auffassung vertreten, dass der Begriff der Körperschaft des öffentlichen Rechts technisch zu verstehen sei und insoweit der Verfassungsgeber dem Bundesgesetzgeber inhaltliche Vorgaben zur organisatorischen Ausgestaltung der Sozialversicherung mache.[224] Dies wird durch einen

---

[221] *U. Becker*, in: *v. Maydell/Ruland* (Hrsg.), SRH, § 13 Rn. 21 f.

[222] BVerfGE 63, 1 (34 f.).

[223] BVerfGE 11, 105 (113); 113, 167 (201).

[224] *B. Pieroth*, in: *Jarass/Pieroth* (Hrsg.), GG, Art. 87 Rn. 10; *S. Broß/K.-G. Mayer*, in: *Kunig/v. Münch* (Hrsg.), Grundgesetz, Art. 87 Rn. 17; *J. Oebbecke*, in: *Isensee/Kirchhof* (Hrsg.), HStR VI, § 136 Rn. 97; *M. Sachs*, in: *ders.* (Hrsg.), Grundgesetz, Art. 87 Rn. 54; *E. Schmidt-Aßmann*, in: *Selmer/v. Münch* (Hrsg.), GS Martens, S. 249 (253); *D. Merten*, in: FS Knöpfle 1996, S. 219 (221 ff.); *A. Dittmann*, Die Bundesverwaltung, S. 94 f.

Vergleich mit anderen Vorschriften, wie den Art. 86 Satz 1, 87 Abs. 3 GG, in denen neben den Körperschaften auch die Anstalten des öffentlichen Rechts genannt sind, gestützt.[225] Darüber hinaus würde auch die historische Entwicklung der Sozialversicherungsträger nicht gegen eine zwingende Ausgestaltung als Körperschaft sprechen, da insbesondere die Träger der klassischen Sozialverwaltung mitgliedschaftlich organisiert waren und damit dem heutigen Körperschaftsbegriff unterfallen würden.[226]

Dem auf den ersten Blick schlagenden Argument des Wortlauts und des Vergleichs zu den Art. 86 Satz 1, 87 Abs. 3 GG kann jedoch entstehungsgeschichtlich entgegengehalten werden, dass die Erweiterung der Organisationsformen in Letzteren lediglich dazu diente, den Gestaltungsspielraum des Gesetzgebers zu erweitern, mithin keine inhaltliche, sondern lediglich eine „redaktionelle" Änderung vorlag.[227] Auch die weitgehend diskussionslose Umwandlung des ursprünglich verwendeten Begriffs der „Selbstverwaltung" in den der „Körperschaft" diente lediglich diesem Ziel, ohne dass eine Eingrenzung auf diese Organisationsform erfolgen sollte.[228] Gestützt wird dies auch dadurch, dass in der Weimarer Zeit in Ermangelung einer konkreten Definition noch ein weites Verständnis von Körperschaften vorherrschte und dieser Terminus weit verbreitet als Oberbegriff für juristische Personen des öffentlichen Rechts Verwendung fand.[229] Eine Einengung der Zulässigkeit von Sozialversicherungsträgern lediglich in Form der Körperschaft hätte darüber hinaus zur Folge gehabt, dass diejenigen bestehenden Sozialversicherungsträger, die als Anstalt in der Weimarer Zeit bestanden, verfassungswidrig gewesen wären. Betroffen hiervon wären die Reichsversicherungsanstalten sowie die Reichsanstalt für Arbeitsvermittlung und Arbeitslosenversicherung gewesen,[230] wobei eine derart folgenschwere Entscheidung dem Verfassungsgeber mit der Wahl der Terminologie in Art. 87 Abs. 2 GG entstehungsgeschichtlich nicht nachgewiesen werden kann.[231] Vor diesem Hintergrund ist davon auszugehen, dass der Verfassungsgeber mit der Wahl der Terminologie den Gesetzgeber nicht auf die Organisationsform der Körperschaft festlegen wollte, sondern von der Bezeichnung der sozialen Versicherungsträger als „bundesunmittelbare Körperschaften des öffentlichen Rechts"

---

[225] *J. Oebbecke*, in: *Isensee/Kirchhof* (Hrsg.), HStR VI, § 136 Rn. 97; *M. Sachs*, in: *ders.* (Hrsg.), Grundgesetz, Art. 87 Rn. 54; *D. Merten*, in: FS Knöpfle 1996, S. 219 (222).

[226] *D. Merten*, in: FS Knöpfle 1996, S. 219 (223).

[227] *E.T. Emde*, Demokratische Legitimation, S. 367, unter Hinweis auf die Äußerungen der Abgeordneten *Hoch*, *Laforet*, *Schmidt* und *Zinn* in der 16. Sitzung des Hauptausschusses des Parlamentarischen Rats (Verhandlungen des Hauptausschusses), S. 195 f.; im Anschluss hieran auch *P. Axer*, Normsetzung, S. 280.

[228] Dazu *K.-B. v. Doemming/R.W. Füsslein/W. Matz*, JöR N.F. 1 (1951), S. 1 (647 ff.); *E.T. Emde*, Demokratische Legitimation, S. 367; *P. Axer*, Normsetzung, S. 280.

[229] *E. Forsthoff*, Körperschaft, S. 1 ff.; *P. Axer*, Normsetzung, S. 280.

[230] Zur Qualifikation als Anstalt *O. Bühler*, in: *Anschütz/Thoma* (Hrsg.), Handbuch des Deutschen Staatsrechts, Bd. 1, S. 594 (595); *L. Richter*, Sozialversicherungsrecht, S. 92 ff.

[231] *P. Axer*, Normsetzung, S. 280 f.

in Art. 87 Abs. 2 GG auch Anstalten und Stiftungen mit umfasst sind.[232] Aussagegehalt der Norm ist damit vielmehr, dass die Sozialversicherungsträger als organisatorisch selbständige Verwaltungsträger außerhalb der unmittelbaren Staatsverwaltung eingerichtet werden müssen[233] und die Mitwirkung der Betroffenen sichergestellt werden muss.[234]

### *2. Die Sozialversicherungsträger des SGB IV*

Letztlich offenbleiben kann diese Diskussion im Hinblick auf die im SGB V geregelten Sozialversicherungsträger der Kranken- und Pflegekassen. Diese werden nicht nur vom Gesetz als Körperschaften des öffentlichen Rechts mit Selbstverwaltung bezeichnet,[235] sondern sie erfüllen – wenn auch mit der Besonderheit, dass die Leistungsberechtigten und die Mitglieder nicht deckungsgleich sind, sondern nur der Versicherungspflichtige Mitglied ist[236] – auch die Definition einer Körperschaft des öffentlichen Rechts, da sie organisatorisch verselbständigte, mitgliedschaftlich organisierte Zusammenfassungen von willens- und handlungsfähigen Personenmehrheiten in Form der Beitragszahler – und eben nicht der Leistungsberechtigten – sind, die unabhängig vom Mitgliederbestand eine rechtliche Einheit bilden,[237] mit eigener Rechtspersönlichkeit ausgestattete Träger von Rechten und Pflichten sind[238] und durch Gesetz zugewiesene Aufgaben zumeist mit hoheitlichen Mitteln erfüllen und dabei staatlicher Aufsicht unterliegen. Insoweit sind sie auch organisatorisch als Körperschaften des öffentlichen Rechts eingerichtet.[239]

Im Hinblick auf die Renten- und Unfallversicherung ist dagegen die Annahme einer mitgliedschaftlichen Ausgestaltung schwieriger, da in der Rentenversicherung keine aktuelle Beitragszahlung als Korrelat zwischen Leistungs- und Mitwirkungsberechtigung herangezogen werden kann, wie auch in der Unfallversicherung die alleinige Beitragspflicht bei den Arbeitgebern liegt sowie, je nach Art

---

[232] So auch *P. Axer*, Normsetzung, S. 279 ff.; *M. Zimmermann*, Sozialversicherung, S. 462 ff.; *R. Breuer*, VVDStRL 44 (1986), S. 211 (236 f.); *E.T. Emde*, Demokratische Legitimation, S. 367 ff., 371; *K. Stern*, Staatsrecht II, § 41 VII 5; *M. Burgi*, in: v. *Mangoldt/Klein/Starck* (Hrsg.), Kommentar zum Grundgesetz, Art. 87 Rn. 71; *H. Dreier*, in: *ders.* (Hrsg.), Grundgesetz, Art. 28 Rn. 61; *B. Pfeifer*, in: *Mutschler/Schmidt-De Caluwe/Coseriu Pablo* (Hrsg.), Sozialgesetzbuch III, § 367 Rn. 9; *C. Waibel*, ZfS 2004, 225 (228); *S. Solka*, in: *Schubert* (Hrsg.), SGB III, § 367 Rn. 28; *U. Becker*, in: *v. Maydell/Ruland* (Hrsg.), SRH, § 13 Rn. 10; a.A. *M. Ibler*, in: *Maunz/Dürig/Herzog u.a.* (Hrsg.), Grundgesetz, Art. 87 Rn. 187 f.

[233] *R. Breuer*, VVDStRL 44 (1986), S. 211 (236); *P. Axer*, Normsetzung, S. 281.

[234] *U. Becker*, in: *v. Maydell/Ruland* (Hrsg.), SRH, § 13 Rn. 10.

[235] § 29 Abs. 1 SGB IV sowie nochmals für die Krankenkassen in § 4 Abs. 1 SGB V und für die Pflegekassen in § 46 Abs. 2 Satz 1 SGB XI.

[236] *M.-E. Geis*, in: *Schnapp* (Hrsg.), Funktionale Selbstverwaltung, S. 65 (71).

[237] Zum Körperschaftsbegriff *H.J. Wolff/O. Bachof/R. Stober u.a.*, Verwaltungsrecht, Bd. 2, § 85 Rn. 5 ff.; *H. Maurer*, Allgemeines Verwaltungsrecht, § 23 Rn. 37.

[238] Zur Rechtsfähigkeit bereits *O. Mayer*, Deutsches Verwaltungsrecht, Bd. II, S. 322 ff.; *E. Forsthoff*, Körperschaft, S. 485.

[239] *J. Winkler*, in: *ders.* (Hrsg.), Sozialgesetzbuch IV, § 29 Rn. 13; *T. Kingreen*, Sozialstaatsprinzip, S. 226 ff.; *R. Steinbach*, in: *Hauck/Noftz* (Hrsg.), SGB IV, § 29 Rn. 9.

der Tätigkeit, eine Person gegenüber mehreren Versicherungsträgern anspruchsberechtigt sein kann.[240] Ein weiteres Eingehen hierauf erübrigt sich jedoch, da der Rechtsform für die weitere Untersuchung keine Relevanz zukommt.[241]

### 3. *Die Bundesagentur für Arbeit*

Die Bundesagentur für Arbeit wird ebenfalls durch Gesetz als Körperschaft des öffentlichen Rechts bezeichnet.[242] Durch die Ausweisung als Selbstverwaltungseinheit[243] und die Verleihung von Satzungsautonomie[244] scheint die Bundesagentur ebenso wie die Sozialversicherungsträger des SGB IV eine Selbstverwaltungskörperschaft zu sein. Allerdings ist im Hinblick auf die Bundesagentur gerade zweifelhaft, ob diese dem Körperschaftsbegriff unterfällt. Dabei ist die Qualifikation durch den Gesetzgeber lediglich ein Ausgangspunkt für die Einordnung, ohne dass jener in der Lage wäre, allein durch Anordnung die Rechtsnatur zu bestimmen.[245] Ausschlaggebend ist vielmehr die konkrete rechtliche Ausgestaltung der Bundesagentur. Die Kritik entzündet sich ebenso wie für ihre Vorgängerorganisation insbesondere am Fehlen einer mitgliedschaftlichen Struktur, die sich auch durch die Änderung der Bezeichnung von Anstalt in Agentur nicht gewandelt hat.[246] So werden die Mitglieder der Selbstverwaltungsorgane berufen,[247] ohne dass die beitragspflichtigen Arbeitnehmer und Arbeitgeber die Zusammensetzung selbst durch Wahl bestimmen können.[248] Diese haben somit keinen Einfluss auf die Organ- und Willensbildung, weshalb eine mitgliedschaftliche Struktur als konstitutives Merkmal der Körperschaft fehlt.[249] Aus diesem Grunde ist die Bundesagentur für Arbeit keine reine Körperschaft des öffentlichen Rechts im Sinne des Allgemeinen Verwaltungsrechts.[250]

---

240 Dazu *E.T. Emde*, Demokratische Legitimation, S. 162.

241 Dazu bereits unter A.I.3. Öffentlich-rechtliche Rechtsform.

242 § 367 Abs. 1 SGB III.

243 § 367 Abs. 1 SGB III.

244 § 372 Abs. 1 SGB III.

245 *I. Ebsen*, in: FS Lukes 1989, S. 321 (322); *E.T. Emde*, Demokratische Legitimation, S. 199.

246 *J. Winkler*, in: *Kruse/Lüdtke/Reinhardt* (Hrsg.), Sozialgesetzbuch III, § 367 Rn. 3; *S. Solka*, in: *Schubert* (Hrsg.), SGB III, § 367 Rn. 25 f.; *M.-E. Geis*, in: *Schnapp* (Hrsg.), Funktionale Selbstverwaltung, S. 65 (73).

247 Dazu näher unter C.III.2. Die Bundesagentur für Arbeit.

248 *B. Pfeifer*, in: *Mutschler/Schmidt-De Caluwe/Coseriu Pablo* (Hrsg.), Sozialgesetzbuch III, § 367 Rn. 7; *T. Clemens*, NZS 1994, 337 (342); *S. Solka*, in: *Schubert* (Hrsg.), SGB III, § 367 Rn. 26; in diesem Sinne auch *T. Groß*, DVBl. 2002, 1182 (1184).

249 *H. Maurer*, Allgemeines Verwaltungsrecht, § 23 Rn. 40. Zu den Bundesausschüssen BSGE 78, 70 (80 f.) = BSG v. 20.3.1996 – 6 RKa 62/94 – SozR 3–2500 § 92 Nr. 6; *H. Butzer/M. Kaltenborn*, MedR 2001, 333 (335).

250 So die h. Lit., *B. Pfeifer*, in: *Mutschler/Schmidt-De Caluwe/Coseriu Pablo* (Hrsg.), Sozialgesetzbuch III, § 367 Rn. 7; *J. Winkler*, in: *Kruse/Lüdtke/Reinhardt* (Hrsg.), Sozialgesetzbuch III, § 367 Rn. 3; *J. Winkler*, in: *ders.* (Hrsg.), Sozialgesetzbuch IV, § 29 Rn. 13; noch zur Bundesanstalt für Arbeit *I. Ebsen*, in: FS Lukes 1989, S. 321 (322); *T. Clemens*, NZS 1994, 337 (342); *ders.*, NZS 1994, 337 (342); *C. Waibel*, ZfS 2004, 225 (228); a.A. *K.-P. Wagner*, in: *v. Maydell* (Hrsg.), Lexikon des Rechts, S. 19; *F. Ruland*, in: *Schmidt-Aßmann* (Hrsg.), Besonderes Verwaltungsrecht, S. 667 (756); *J. Baltzer*, JuS 1985, 508 (511); *A. Köttgen*, JöR N.F. 3 (1954), S. 67 (115).

Da jedoch die Vertreter der Arbeitnehmer und Arbeitgeber in der Selbstverwaltung mitwirken wie auch beide organisatorisch durch die Bundesagentur zusammengefasst werden, wird vertreten, dass den Arbeitnehmern und Arbeitgebern eine mitgliederähnliche Stellung zukäme. Vor dem Hintergrund, dass die Bundesagentur auch alle anderen Voraussetzungen des Körperschaftsbegriffs erfülle und ihr Leistungsangebot in begrenzten Bereichen wie der Berufsberatung und Arbeitsvermittlung auch von Dritten in Anspruch genommen werden könne, die in diesem Falle dann Benutzer wären, handele es sich bei der Bundesagentur um eine Mischform, weshalb sie als „körperschaftsähnliche juristische Person des öffentlichen Rechts mit Anstaltscharakter“[251] qualifiziert wird.

Dieser Ansicht ist zwar insoweit zuzustimmen, als die bisherige Einteilung in Körperschaften, Stiftungen und Anstalten unzureichend ist, um die Komplexität der Verwaltungsorganisation vollumfassend abzubilden, und Organisationsformen bestehen, die verschiedene Elemente der einzelnen Kategorien in sich vereinen. Ausschlaggebend ist jedoch, dass gerade die mitgliedschaftliche Organisation nicht besteht. Daher wäre es verfehlt, sie durch ein dieser angenähertes Konstrukt wie das der „mitgliederähnlichen Stellung“ zu ersetzen, da dies darüber hinwegtäuscht, dass die mitgliedschaftlich-partizipatorische Komponente, die für das Vorliegen einer Körperschaft des öffentlichen Rechts konstitutiv ist, gerade fehlt. Insofern ist die Einordnung als Körperschaft, wenn auch modifiziert durch anstaltliche Züge und als körperschaftsähnlich bezeichnet, verfehlt.

Keinen Ausweg kann auch die Anwendung beider Begriffe auf ein und dasselbe Objekt darstellen, wie dies zum Teil in der Literatur vertreten wird, indem die Bundesagentur für Arbeit je nach Aufgabenkreis als Körperschaft oder als Anstalt behandelt wird,[252] da insoweit allein funktionelle Gesichtspunkte ausschlaggebend werden und eine dogmatische Einordnung, die gerade nicht in beide Kategorien erfolgen kann, umgangen wird.

Es handelt sich daher bei der Bundesagentur für Arbeit um eine Mischform zwischen Körperschaft und Anstalt.[253] Diese Doppeldeutigkeit zieht die Einordnung als Einrichtung *sui generis* nach sich,[254] wodurch die Frage aufgeworfen wird, inwieweit neue Organisationsformen geschaffen werden können bzw. ob solche notwendig sind. Wird nämlich der maßgebliche Unterschied zwischen Körperschaft und Anstalt im Bestand von Mitgliedern gesehen, so verliert das Kriterium der Anstaltsnutzer an Bedeutung. Versteht man insoweit die Anstalt als „nicht verbandsmäßig organisierte[n] rechtsfähige[n] Verwaltungsträger zur dauerhaften Verfolgung eines bestimmten Verwaltungszwecks des Anstaltsträ-

[251] *B. Pfeifer*, in: *Mutschler/Schmidt-De Caluwe/Coseriu Pablo* (Hrsg.), Sozialgesetzbuch III, § 367 Rn. 8.

[252] *E. Schönefelder*, in: *ders.* u.a., Kommentar zum AFG, § 189 Rn. 7 ff.; *W. Herschel*, BABl. 1959, 611 (612 f.).

[253] *I. Ebsen*, in: FS Lukes 1989, S. 321 (323); *W. Herschel*, BABl. 1959, 611 (612 f.), jeweils noch zur Bundesanstalt für Arbeit.

[254] *E.T. Emde*, Demokratische Legitimation, S. 201; *S. Solka*, in: *Schubert* (Hrsg.), SGB III, § 367 Rn. 27; *H.A. Petzold*, in: *Hauck/Noftz* (Hrsg.), SGB III, § 367 Rn. 5 ff.

gers",[255] wird die Anstalt lediglich negativ von der Körperschaft abgegrenzt. Einem solch weit verstandenen und damit weitgehend konturlosen Anstaltsbegriff würde Auffangfunktion für diejenigen Organisationseinheiten zukommen, die nicht unter den Körperschafts- oder Stiftungsbegriff subsumiert werden können,[256] wodurch er auch die Bundesagentur für Arbeit als atypische Anstalt des öffentlichen Rechts erfasst,[257] auch wenn zur näheren Konkretisierung und Verdeutlichung des Umstandes, dass es sich um keine reine Anstalt des öffentlichen Rechts handelt, Begrifflichkeiten wie „quasi-Anstalt"[258] mit „gewissen Mitwirkungsrechten"[259] oder beschränkten „mitgliedschaftlichen Benutzungsrechten"[260] bzw. „nur bedingt körperschaftlichen Strukturen"[261] oder wie „"Anstalten" [...] trotz mancher körperschaftlicher Einschläge"[262] geprägt werden. Handelt es sich bei der Bundesagentur für Arbeit also um eine atypische Anstalt des öffentlichen Rechts,[263] so erweist sich die Bezeichnung als Körperschaft des öffentlichen Rechts durch den Gesetzgeber als verfehlt[264] und offenbar lediglich an die Regelung des Art. 87 Abs. 2 Satz 1 GG mit dem Inhalt der organisatorischen Verselbständigung gegenüber der unmittelbaren Staatsverwaltung angelehnt,[265] weshalb sie auch als bloße „Titular-Körperschaft" angesehen wird.[266]

Mit der Einordnung im Hinblick auf die Organisationsform sind jedoch keine weitergehenden Aussagen bzgl. des Bestehens von Selbstverwaltung oder desjenigen von demokratischer Legitimation verbunden.

---

[255] *W. Rudolf*, in: *Erichsen* (Hrsg.), Allgemeines Verwaltungsrecht (11. Aufl. 1998), § 52 Rn. 15 m.w.N.

[256] So *H. Maurer*, Allgemeines Verwaltungsrecht, § 23 Rn. 48; *H.A. Wolff*, NZS 2006, 281 (283); *F.-J. Peine*, Allgemeines Verwaltungsrecht, Rn. 94. Kritisch hierzu *E.T. Emde*, Demokratische Legitimation, S. 201, der damit den Anstaltsbegriff um seine Eigenheiten beraubt ansieht.

[257] *J. Winkler*, in: *Kruse/Lüdtke/Reinhardt* (Hrsg.), Sozialgesetzbuch III, § 367 Rn. 3; *T. Groß*, Kollegialprinzip, S. 80; *A. Schneider-Danwitz*, in: *Schlegel* (Hrsg.), SGB IV, § 29 Rn. 23; *U. Becker*, in: *v. Maydell/Ruland* (Hrsg.), SRH, § 13 Rn. 18, 33; *N. Finkenbusch*, Die Träger der Krankenversicherung, S. 53; *R. Waltermann*, Sozialrecht, Rn. 386; *L. Greiner*, Entwicklung, S. 194; *H. Bogs*, Die Sozialversicherung im Staat der Gegenwart, S. 179 f.; *H.J. Wolff/O. Bachof/R. Stober u.a.*, Verwaltungsrecht, Bd. 3, § 88 VII 2a Rn. 104 m.w.N.; *B. Schulin/G. Igl*, Sozialrecht, S. 828; *H. Maurer*, Allgemeines Verwaltungsrecht, § 23 Rn. 48; *W. Wertenbruch*, in: FS Peters 1965, S. 203 (212); *M.-E. Geis*, in: *Schnapp* (Hrsg.), Funktionale Selbstverwaltung, S. 65 (73); *S. Muckel/M. Ogorek*, Sozialrecht, § 12 Rn. 15.

[258] *C. Waibel*, ZfS 2004, 225.

[259] *W. Ost/G. Mohr/M. Estelmann*, Grundzüge, S. 277.

[260] *H. Bley/R. Kreikebohm*, Sozialrecht, Rn. 419.

[261] *S. Muckel/M. Ogorek*, Sozialrecht, § 12 Rn. 15.

[262] *W. Jellinek*, Verwaltungsrecht, S. 178.

[263] So auch *J. Winkler*, in: *Kruse/Lüdtke/Reinhardt* (Hrsg.), Sozialgesetzbuch III, § 367 Rn. 3.

[264] *I. Ebsen*, in: FS Lukes 1989, S. 321 (322); *W. Wertenbruch*, in: FS Peters 1965, S. 203 (212). Diese provoziert die Unterscheidung zwischen der „gesetzes-" und „verwaltungsrechtlichen" Einordnung, *R. Waltermann*, Sozialrecht, Rn. 386.

[265] *C. Waibel*, ZfS 2004, 225 (230); *B. Pfeifer*, in: *Mutschler/Schmidt-De Caluwe/Coseriu Pablo* (Hrsg.), Sozialgesetzbuch III, § 367 Rn. 5.

[266] *J. Isensee*, DB 1985, 2681 (2685).

## *III. Organisatorische Ausgestaltung*

### *1. Die Sozialversicherungsträger des SGB IV*

Neben einer räumlichen Verteilung besteht auch eine Organisationsgliederung dahingehend, dass bestimmte Gruppen von Versicherten bei einem Träger nach bestimmten Kriterien zusammengefasst sind. Diese insbesondere historisch bedingte Einteilung ist je nach Versicherungszweig stärker oder weniger stark ausgeprägt. Insbesondere bei den Trägern der Krankenversicherung bestand mit den verschiedenen Kassenarten eine Kategorisierung nach beruflichen, betrieblichen und örtlichen Kriterien,[267] während bei den, die Unfallversicherung durchführenden Berufsgenossenschaften eine Unterteilung in gewerblich und landwirtschaftlich bzw. im Hinblick auf die gewerbliche auch eine branchenspezifische erfolgt.[268] Dagegen wurde die Einteilung zwischen Arbeitern und Angestellten in der Rentenversicherung aufgehoben.[269] Mit Blick auf die Krankenkassen wurde jedoch mit dem GSG eine Wahlmöglichkeit der Versicherten zwischen den Krankenkassen eingeführt, so dass die meisten Versicherten seit 1996 ihre Krankenkasse frei wählen können.

Bei jedem Versicherungsträger bestehen als Selbstverwaltungsorgane[270] eine Vertreterversammlung und ein Vorstand.[271] Bei den Orts-, Betriebs- und Innungskrankenkassen sowie den Ersatzkassen ersetzt ein Verwaltungsrat die Vertreterversammlung wie auch der Vorstand hauptamtlich eingerichtet wird.[272] Für die Deutsche Rentenversicherung Bund ist die obligatorische Bildung je eines Ausschusses der Vertreterversammlung und des Vorstands vorgesehen.[273] Die Vertreterversammlung bzw. der Verwaltungsrat setzt insbesondere autonomes Recht im Rahmen der Gesetze und vertritt den Versicherungsträger gegenüber dem Vorstand und dessen Mitgliedern,[274] wie er auch den Vorstand wählt,[275] während der Vorstand den Versicherungsträger verwaltet und ihn im Rahmen der gesetzlichen Normierungen gerichtlich und außergerichtlich vertritt.[276]

---

[267] §§ 114 Abs. 1 Satz 1 Nr. 1, 2, 143 ff. SGB V.

[268] §§ 121 ff. SGB VII.

[269] *U. Becker*, in: *v. Maydell/Ruland* (Hrsg.), SRH, § 13 Rn. 2.

[270] Grundsätzlich ist auch ein Geschäftsführer zu bestellen, der zwar Organ, aber kein Selbstverwaltungsorgan ist, *H. Pohl*, in: *Kreikebohm* (Hrsg.), Sozialgesetzbuch, § 31 Rn. 3; *J. Winkler*, in: *ders.* (Hrsg.), Sozialgesetzbuch IV, § 31 Rn. 5 m.w.N.

[271] § 31 Abs. 1 Satz 1 SGB IV. Bei der Deutschen Rentenversicherung Bund besteht eine Bundesvertreterversammlung und ein Bundesvorstand, § 31 Abs. 3b SGB IV.

[272] § 31 Abs. 3a Satz 1 SGB IV.

[273] § 31 Abs. 3b SGB IV.

[274] § 33 Abs. 1 Satz 1, Abs. 2 Satz 1 SGB IV; dazu *H. Pohl*, in: *Kreikebohm* (Hrsg.), Sozialgesetzbuch, § 33 Rn. 2 ff.; *A. Schneider-Danwitz*, in: *Schlegel* (Hrsg.), SGB IV, § 33 Rn. 35 ff.

[275] § 52 SGB IV. Zu den weiteren Aufgaben *J. Winkler*, in: *ders.* (Hrsg.), Sozialgesetzbuch IV, § 33 Rn. 11.

[276] §§ 35 Abs. 1, 35a Abs. 1 SGB IV; dazu *H. Pohl*, in: *Kreikebohm* (Hrsg.), Sozialgesetzbuch, § 35 Rn. 3 ff.; *H. Pohl*, in: *Kreikebohm* (Hrsg.), Sozialgesetzbuch, § 35a Rn. 3 ff.; *J. Winkler*, in:

Die Vertreterversammlungen haben höchstens 60 Mitglieder, während dem Verwaltungsrat der jeweiligen Krankenkassen sowie den Vertreterversammlungen der Träger der gesetzlichen Rentenversicherung höchstens 30 Mitglieder angehören,[277] um eine rasche und flexible Entscheidungsfindung zu gewährleisten.[278] Diese Organe setzen sich in Anlehnung an die Beteiligten eines Arbeitsverhältnisses grundsätzlich paritätisch aus Vertretern der Versicherten und der Arbeitgeber zusammen.[279] Ausnahmen gelten lediglich für die Träger der landwirtschaftlichen Unfallversicherung, die drittelparitätisch aus Vertretern der versicherten Arbeitnehmer, der Selbständigen ohne fremde Arbeitskräfte sowie der Arbeitgeber zusammengesetzt sind,[280] sowie für die Ersatzkassen, bei denen die Organe allein aus Versichertenvertretern bestehen.[281]

Die paritätische Besetzung gilt auch für die Unfallversicherungsträger der öffentlichen Hand[282] wie auch für die Betriebskrankenkassen, die für einen oder mehrere Betriebe desselben Arbeitgebers bestehen, mit der Maßgabe, dass die Vertreter der Arbeitgeber Vertreter desjenigen Arbeitgebers sind, dem der Betrieb gehört,[283]

Die Besetzung der Organe erfolgt durch allgemeine,[284] freie und geheime Verhältniswahlen[285] für die Dauer von sechs Jahren.[286] Dabei wählen die Versicherten und die Arbeitgeber die Vertreter ihrer Gruppen in die Vertreterversammlung bzw. den Verwaltungsrat getrennt nach Vorschlagslisten.[287] Diese können von den Gewerkschaften oder anderen selbständigen Arbeitnehmervereinigungen, die aktiv und mit erkennbarem Engagement im Berufsleben tätig sind und damit eine sozial- oder berufspolitische Zwecksetzung verfolgen,[288] von den Vereini-

---

*ders.* (Hrsg.), Sozialgesetzbuch IV, § 35 Rn. 4 ff., § 35a Rn. 3 ff. Zur Unterscheidung der Aufgaben der ehrenamtlichen und hauptamtlichen Organe *A. Schneider-Danwitz*, in: *Schlegel* (Hrsg.), SGB IV, § 31 Rn. 45 ff., 58 ff.

[277] § 43 Abs. 1 Satz 2, 3 SGB IV.

[278] BT-Drs. 12/3608, S. 128.

[279] § 44 Abs. 1 Nr. 1, Abs. 2, Abs. 2a SGB IV.

[280] § 44 Abs. 1 Nr. 2 SGB IV.

[281] § 44 Abs. 1 Nr. 3 SGB IV.

[282] § 44 Abs. 2a Satz 1 SGB IV.

[283] § 44 Abs. 2 Satz 1 SGB IV.

[284] Besondere Wahlen finden außerhalb der Amtsperiode statt, sofern ein Sozialversicherungsträger neu errichtet wurde oder im Falle der Ungültigkeit einer Wahl in Form einer Wiederholungswahl, § 45 Abs. 1 Satz 3 SGB IV.

[285] § 45 SGB IV. Dabei kommt die 5%-Hürde zur Anwendung, § 45 Abs. 2 Satz 3 SGB IV. Zum Grundsatz des aktiven und passiven Wahlrechts §§ 50 f SGB IV. Die Wahlrechtsgrundsätze werden ergänzt durch die SVWO, dazu auch *M. Woltjen*, in: *Schlegel* (Hrsg.), SGB IV, § 45 Rn. 26 ff. Das Wahlergebnis wird durch das Höchstzahlverfahren nach d'Hondt ermittelt, § 45 Abs. 2 Satz 2 SGB IV.

[286] § 58 Abs. 2 Satz 1 SGB IV.

[287] §§ 46 Abs. 1 i.V.m. 33 Abs. 3 Satz 2 SGB IV. Die Gruppenzugehörigkeit normiert § 47 SGB IV.

[288] BSGE 57, 42 (47); vgl. auch die Anforderungen des § 48a SGB IV. Zur Definition von selbständigen Arbeitnehmervereinigungen *J. Winkler*, in: *ders.* (Hrsg.), Sozialgesetzbuch IV, § 48 Rn. 4; *M. Woltjen*, in: *Schlegel* (Hrsg.), SGB IV, § 48 Rn. 24.

gungen von Arbeitgebern, von denen ebenfalls die Verfolgung einer sozial- oder berufspolitischen Zwecksetzung erwartet wird,[289] sowie deren Verbänden, von den berufsständischen Vereinigungen der Landwirtschaft und den Landesfeuerwehrverbänden sowie als freie Listen von Versicherten, Selbständigen ohne fremde Arbeitskräfte sowie Arbeitgebern eingereicht werden, wobei die freien Listen an ein Unterschriftenquorum gebunden sind, das von der Anzahl der bei den Versicherungsträgern Versicherten abhängig ist.[290] Dabei hat jeder Versicherte eine Stimme, während die Stimmanzahl des Arbeitgebers von der bei ihm beschäftigten, beim Versicherungsträger versicherungspflichtigen und wahlberechtigten Personen abhängt.[291]

Ist die Besetzung der Vertreterversammlung bzw. des Verwaltungsrates durch Wahlen vom Gesetzgeber als Grundsatz vorgesehen, greift in der Praxis in einer Vielzahl von Fällen die Ausnahme Platz,[292] nach der in der Situation, in der aus einer Gruppe nur eine Vorschlagsliste zugelassen wird oder nicht mehr Mitglieder zu wählen sind, als Bewerber auf mehreren Vorschlagslisten insgesamt benannt werden, die Vorgeschlagenen als gewählt gelten.[293] Diese sog. „Friedenswahlen" finden als Wahlen ohne Wahlhandlung in der überwiegenden Anzahl der Besetzungsverfahren Anwendung.[294]

Kommt dagegen eine Wahl zur Vertreterversammlung nicht zu Stande, wird nicht die vorgeschriebene Zahl von Mitgliedern gewählt oder wurde kein Stellvertreter benannt, so beruft die Aufsichtsbehörde die Mitglieder und Stellvertreter aus der Zahl der Wählbaren,[295] um die Funktionsfähigkeit des Selbstverwaltungsorgans zu gewährleisten.[296]

Der Vorstand wird von der Vertreterversammlung aufgrund von Vorschlagslisten von den Vertretern der Versicherten und der Arbeitgeber getrennt nach Gruppen gewählt.[297] Dabei benötigt der Vorstand der Deutschen Rentenversicherung Bund die qualifizierte Mehrheit von mindestens zwei Dritteln der Stimmen der Vertreterversammlung.[298]

Die Beschlüsse in den Selbstverwaltungsgremien werden grundsätzlich mit einfacher Mehrheit gefasst, wobei durch das Gesetz und sonstiges Recht Ausnah-

---

[289] *B.-R. Zabre*, in: *Kreikebohm* (Hrsg.), Sozialgesetzbuch, § 48 Rn. 8; *J. Winkler*, in: *ders.* (Hrsg.), Sozialgesetzbuch IV, § 48 Rn. 5; *M. Woltjen*, in: *Schlegel* (Hrsg.), SGB IV, § 48 Rn. 29 f.

[290] §§ 48 Abs. 1, Abs. 2 SGB IV.

[291] § 49 Abs. 1, Abs. 2 SGB IV. Zur Wahlberechtigung § 50 SGB IV.

[292] Dazu, dass die „Friedenswahlen" zur Regel geworden sind, *A. Windels-Pietzsch*, VSSR 2003, 215 (220).

[293] §§ 46 Abs. 2 i.V.m. 33 Abs. 3 Satz 2 SGB IV.

[294] Dazu *B. Braun/T. Klenk/F. Nullmeier u.a.*, Soziale Sicherheit 2008, 245 (249); *E. Jung*, SGb 2007, 65 (66); *F. Ruland*, VSSR 2006, 157 (166).

[295] § 46 Abs. 3 SGB IV.

[296] *B.-R. Zabre*, in: *Kreikebohm* (Hrsg.), Sozialgesetzbuch, § 46 Rn. 9.

[297] § 52 Abs. 1 SGB IV; dieser gilt nicht für die Wahl des hauptamtlichen Vorstandes der in § 35a SGB IV genannten Krankenkassen, *B.-R. Zabre*, in: *Kreikebohm* (Hrsg.), Sozialgesetzbuch, § 52 Rn. 4.

[298] §§ 52 Abs. 4 i.V.m. 64 Abs. 4 SGB IV.

men möglich sind.[299] Besteht ein Stimmpatt, so erfolgt eine weitere Abstimmung nach erneuter Beratung.[300] Kommt auch hiernach keine Mehrheit zustande, gilt der Antrag als abgelehnt.[301]

### 2. *Die Bundesagentur für Arbeit*

Eine besondere Stellung unter den Sozialversicherungsträgern nimmt die Bundesagentur für Arbeit ein, die als bundesweit einheitlicher Träger für die Arbeitsförderung und Arbeitslosenversicherung zuständig ist und hierzu über einen eigenen Behördenunterbau ähnlich dem der unmittelbaren Staatsverwaltung verfügt. So ist die Bundesagentur hierarchisch in einen dreistufigen Verwaltungsaufbau gegliedert, dessen zentrale und oberste Verwaltungsbehörde die Bundesagentur für Arbeit ist, deren mittlere Verwaltungsebene die Regionaldirektionen bilden, welche an die Stelle der bisherigen Landesarbeitsämter getreten sind[302] und deren unterste bzw. örtliche Verwaltungsebene die Arbeitsagenturen darstellen, welche die Arbeitsämter abgelöst haben.[303]

Als einziges Selbstverwaltungsorgan wird bei der Bundesagentur der Verwaltungsrat gebildet, während bei den Agenturen für Arbeit die Verwaltungsausschüsse eingerichtet werden.[304] Diese haben die Verwaltung zu überwachen und zu beraten.[305]

Der Verwaltungsrat beschließt die Satzungen und erlässt die Anordnungen nach dem SGB III,[306] wie ihm auch eine Überwachungs- und Kontrollfunktion im Hinblick auf den Vorstand und die Verwaltung zukommt.[307] Er besteht aus 21 Mitgliedern[308] und ist drittelparitätisch aus ehrenamtlichen Vertretern der Ar-

---

[299] § 64 Abs. 2 Satz 1 SGB IV.

[300] § 64 Abs. 2 Satz 2 1.Hs. SGB IV.

[301] § 64 Abs. 2 Satz 2 2.Hs. SGB IV.

[302] Seit dem 1.1.2004.

[303] § 367 Abs. 2 SGB III. Dazu *J. Winkler*, in: *Kruse/Lüdtke/Reinhardt* (Hrsg.), Sozialgesetzbuch III, § 367 Rn. 6 ff.; *S. Solka*, in: *Schubert* (Hrsg.), SGB III, § 367 Rn. 32 ff. Zur Aufgabenverteilung *B. Pfeifer*, in: *Mutschler/Schmidt-De Caluwe/Coseriu Pablo* (Hrsg.), Sozialgesetzbuch III, § 367 Rn. 14 ff.

[304] § 371 Abs. 1 SGB III. Die Verwaltungsausschüsse der Regionaldirektionen sind entgegen ihrer Vorgänger, den Verwaltungsausschüssen der Landesarbeitsämter, keine Selbstverwaltungsorgane mehr, *J. Winkler*, in: *Kruse/Lüdtke/Reinhardt* (Hrsg.), Sozialgesetzbuch III, § 371 Rn. 1; *B. Pfeifer*, in: *Mutschler/Schmidt-De Caluwe/Coseriu Pablo* (Hrsg.), Sozialgesetzbuch III, § 371 Rn. 6.

[305] § 371 Abs. 2 Satz 1 SGB III.

[306] § 373 Abs. 5 SGB III.

[307] § 373 Abs. 1 SGB III. Zu den weiteren Aufgaben und Befugnissen *M. Willersinn*, in: *Mutschler/Schmidt-De Caluwe/Coseriu Pablo* (Hrsg.), Sozialgesetzbuch III, § 373 Rn. 8; *S. Solka*, in: *Schubert* (Hrsg.), SGB III, § 371 Rn. 46.

[308] Die Angleichung der Mitgliederzahl an die Höchstzahl der Aufsichtsratsmitglieder in größeren Aktiengesellschaften durch das Gesetz zur Vereinfachung der Wahl von Arbeitnehmervertretern in den Aufsichtsrat vom 23.3.2002, BGBl. I S. 1130, soll der Effektivitätssteigerung dienen, *K. Niesel*, in: *Niesel* (Hrsg.), Sozialgesetzbuch, § 373 Rn. 12; *J. Winkler*, in: *Kruse/Lüdtke/Reinhardt* (Hrsg.), Sozialgesetzbuch III, § 373 Rn. 8.

beitnehmer, der Arbeitgeber und der öffentlichen Körperschaften zusammengesetzt.[309] Die Amtsdauer der Mitglieder beträgt sechs Jahre.[310] So sind jeweils sieben Mitglieder des Verwaltungsrats auf Vorschlag der jeweiligen Gruppe zu berufen. Dabei ist das Vorschlagsrecht für die Mitglieder der Gruppe der öffentlichen Körperschaften zwischen der Bundesregierung, dem Bundesrat und den Spitzenvereinigungen der kommunalen Selbstverwaltungskörperschaften dreigeteilt.[311] Jede Gruppe kann bis zu drei Stellvertreter benennen.[312] Sofern mehr Vorschläge für die jeweiligen Gruppen vorliegen als Mitglieder der jeweiligen Gruppen in den Verwaltungsrat berufen werden können, sind die Sitze anteilsmäßig unter billiger Berücksichtigung der Minderheiten zu verteilen.[313] Einen genauen Verteilungsmaßstab schreibt das Gesetz nicht vor.

Die Mitglieder des Verwaltungsrats werden auf Vorschlag durch das Bundesministerium für Arbeit und Soziales berufen.[314] Insoweit unterscheidet sich das Besetzungsverfahren maßgeblich von demjenigen durch Urwahlen im Hinblick auf die Selbstverwaltungsorgane der sonstigen Sozialversicherungsträger. Hierdurch wird der Besonderheit der Bundesagentur Rechnung getragen, dass diese Leistungen insbesondere in Form von Beratungen und Vermittlungen nicht nur an die Versicherten, sondern auch an Dritte, die dem Versichertenkreis nicht angehören, erbringt und auch Vertreter öffentlich-rechtlicher Körperschaften Mitglieder des Verwaltungsrates sind.[315] Beim Vorliegen von Vorschlägen mehrerer Vorschlagsberechtigter sind die Sitze unter Berücksichtigung der Minderheiten anteilsmäßig zu verteilen.[316]

Vorschlagsberechtigt sind die Arbeitnehmer und die Arbeitgeber, deren Interessen grundsätzlich jeweils durch die Gewerkschaften und ihre Verbände sowie die Arbeitgeberverbände und ihre Vereinigungen vertreten werden.[317] Dabei ist erforderlich, dass die Vorschlagsberechtigten Tarifverträge abgeschlossen und für die Vertretung der Gruppeninteressen wesentliche Bedeutung haben,[318] damit Splittergruppen und kleinere Organisationen aus dem Kreis der Vorschlagsbe-

309 §§ 371 Abs. 5 Satz 1, 373 Abs. 6 Satz 1 SGB III.

310 § 375 Abs. 1 SGB III.

311 § 379 Abs. 2 SGB III.

312 § 373 Abs. 6 Satz 2 SGB III.

313 § 377 Abs. 2 Satz 3 SGB III.

314 § 377 Abs. 1, Abs. 2 Satz 1 SGB III. Das Verfahren für die Berufung wird dagegen nicht im SGB III geregelt. In der Praxis erfolgt die Berufung durch ein Berufungsschreiben an den Vorgeschlagenen und durch dessen Annahme, dazu *M. Willersinn*, in: *Mutschler/Schmidt-De Caluwe/Coseriu Pablo* (Hrsg.), Sozialgesetzbuch III, § 377 Rn. 4.

315 *J. Winkler*, in: *Kruse/Lüdtke/Reinhardt* (Hrsg.), Sozialgesetzbuch III, § 377 Rn. 3; *M. Willersinn*, in: *Mutschler/Schmidt-De Caluwe/Coseriu Pablo* (Hrsg.), Sozialgesetzbuch III, § 377 Rn. 3.

316 § 377 Abs. 2 Satz 3 SGB III.

317 *S. Solka*, in: *Schubert* (Hrsg.), SGB III, § 379 Rn. 13.

318 § 379 Abs. 1 Satz 1, 2 SGB III. Wesentliche Bedeutung liegt dann vor, wenn die Vereinigungen eine herausgehobene sozial- und tarifpolitische Stellung haben, *J. Winkler*, in: *Kruse/Lüdtke/Reinhardt* (Hrsg.), Sozialgesetzbuch III, § 379 Rn. 3 f.

rechtigten ausscheiden.[319] Durch den Abschluss von Tarifverträgen wird dokumentiert, dass die Organisationen tatsächlich sozial- und arbeitsrechtliche Interessen wahrnehmen. Wesentliche Bedeutung kommt den Organisationen zu, wenn sie im sozial- und tarifpolitischen Gefüge eine herausgehobene Position innehaben. Eine solche lässt sich durch die Zahl der Mitglieder sowie durch die öffentliche und gesellschaftspolitische Präsenz der Organisation und deren Wahrnehmbarkeit bekunden.[320] Diese Kriterien erfüllen insbesondere der Deutsche Gewerkschaftsbund und die Bundesvereinigung der Arbeitgeberverbände.[321]

Für die Mitglieder der Gruppe der Körperschaften des öffentlichen Rechts vorschlagsberechtigt sind für jeweils drei Mitglieder die Bundesregierung und der Bundesrat sowie für ein Mitglied die Spitzenvereinigungen der kommunalen Selbstverwaltungskörperschaften,[322] mithin der Deutsche Städtetag, der Deutsche Städte- und Gemeindebund sowie der Deutsche Landkreistag.[323] Eine Vorschlagspflicht besteht nicht.[324]

Der Vorstand leitet und vertritt die Bundesagentur gerichtlich und außergerichtlich und führt deren Geschäfte.[325] Die Vorstandsmitglieder werden auf Vorschlag des Verwaltungsrats von der Bundesregierung benannt.[326]

### IV. *Aufsicht*

#### 1. *Über die Sozialversicherungsträger des SGB IV*

Aufsichtsbehörde für bundesunmittelbare Versicherungsträger, deren Zuständigkeitsbereich sich also über das Gebiet eines Landes hinaus erstreckt,[327] ist grundsätzlich das Bundesversicherungsamt,[328] sofern nicht speziellere Regelungen die Aufsicht anderen Behörden zuweisen,[329] während über die gesetzliche Unfallversicherung im Hinblick auf die Prävention das Bundesministerium für Arbeit und

[319] *M. Willersinn*, in: *Mutschler/Schmidt-De Caluwe/Coseriu Pablo* (Hrsg.), Sozialgesetzbuch III, § 379 Rn. 4.

[320] *M. Willersinn*, in: *Mutschler/Schmidt-De Caluwe/Coseriu Pablo* (Hrsg.), Sozialgesetzbuch III, § 379 Rn. 5.

[321] *S. Solka*, in: *Schubert* (Hrsg.), SGB III, § 379 Rn. 15.

[322] § 379 Abs. 2 SGB III.

[323] *J. Winkler*, in: *Kruse/Lüdtke/Reinhardt* (Hrsg.), Sozialgesetzbuch III, § 379 Rn. 5; *S. Solka*, in: *Schubert* (Hrsg.), SGB III, § 379 Rn. 18.

[324] *M. Willersinn*, in: *Mutschler/Schmidt-De Caluwe/Coseriu Pablo* (Hrsg.), Sozialgesetzbuch III, § 379 Rn. 3.

[325] § 381 Abs. 1 SGB III.

[326] § 382 Abs. 1 Satz 1 SGB III.

[327] Hierzu zählen die Deutsche Rentenversicherung Bund, die Deutsche Rentenversicherung Knappschaft-Bahn-See sowie Alterskassen, Berufsgenossenschaften, Betriebskrankenkassen und Ersatzkassen.

[328] § 90 Abs. 1 Satz 1 SGB IV.

[329] Wie die §§ 393 SGB III, 47 Abs. 1 Satz 1 SGB II, 143d Abs. 1 Satz 3 SGB VII, 217d Satz 1, 282 Abs. 3 Satz 1, 91 Abs. 8 Satz 1 SGB V.

Soziales bzw. über die Unfallkasse Post und Telekom das Bundesministerium der Finanzen die Aufsicht ausübt.[330]

Die Aufsicht über landesunmittelbare Versicherungsträger, mithin solchen, die sich nicht über das Gebiet eines Landes hinaus erstrecken, führen die obersten Verwaltungsbehörden der Länder, die für die Sozialversicherung zuständig sind, oder die von den Landesregierungen durch Rechtsverordnung bestimmten Behörden.[331]

Über die Deutsche Rentenversicherung Bund führt das Bundesversicherungsamt die Aufsicht, soweit diese Trägeraufgaben wahrnimmt und es sich nicht um Grundsatz- und Querschnittsaufgaben handelt, die der Aufsicht des Bundesministeriums für Arbeit und Soziales unterfallen.[332]

Die Aufsicht über die Sozialversicherungsträger erstreckt sich auf die Beachtung von Gesetz und sonstigem Recht, zu dem neben dem Gewohnheitsrecht auch das autonome Recht der Träger rechnet.[333] Insoweit ist sie Rechtsaufsicht.[334] Im Hinblick auf die Prävention der gesetzlichen Unfallversicherung erstreckt sich die Aufsicht jedoch auch auf den Umfang und die Zweckmäßigkeit der Maßnahmen, so dass in diesem speziellen Fall Fachaufsicht angeordnet ist.[335] Grund hierfür ist die besondere Bedeutung der Prävention aufgrund ihres engen Zusammenhangs mit dem staatlichen Arbeitsschutzrecht, was zur Anordnung der Fachaufsicht und der Übertragung der Befugnisse an das Bundesministerium für Arbeit und Soziales führte.[336]

Der Erlass von Satzungen ist dem Erfordernis der Genehmigung unterworfen, die als Akt präventiver Aufsicht ebenfalls auf die Einhaltung der Rechtmäßigkeit beschränkt und damit als Rechtsaufsicht ausgestaltet ist.[337]

---

[330] § 90 Abs. 1 Satz 2, 3 SGB IV.

[331] § 90 Abs. 2 Satz 1. Hs. SGB IV.

[332] § 90 Abs. 2a Satz 1, 2 1.Hs. SGB IV.

[333] *U. Becker*, in: *v. Maydell/Ruland* (Hrsg.), SRH, § 13 Rn. 42; *C. Schütte-Geffers*, in: *Kreikebohm* (Hrsg.), Sozialgesetzbuch, § 87 Rn. 10; *T. Breitkreuz*, in: *Winkler* (Hrsg.), Sozialgesetzbuch IV, § 87 Rn. 8; *W. Engelhard*, in: *Schlegel* (Hrsg.), SGB IV, § 87 Rn. 50, 53; a.A. zum Gewohnheitsrecht *F.E. Schnapp*, in: *Schulin* (Hrsg.), Handbuch des Sozialversicherungsrechts, Bd. 1, § 52 Rn. 54 f. Zur umstrittenen, von der h.M. jedoch bejahten Frage, ob auch eine gefestigte höchstrichterliche Rspr. hierzu zählt, *C. Schütte-Geffers*, in: *Kreikebohm* (Hrsg.), Sozialgesetzbuch, § 87 Rn. 12; *W. Engelhard*, in: *Schlegel* (Hrsg.), SGB IV, § 87 Rn. 57.

[334] § 87 Abs. 1 SGB IV; *C. Schütte-Geffers*, in: *Kreikebohm* (Hrsg.), Sozialgesetzbuch, § 87 Rn. 8 ff.; *T. Breitkreuz*, in: *Winkler* (Hrsg.), Sozialgesetzbuch IV, § 87 Rn. 6; *W. Engelhard*, in: *Schlegel* (Hrsg.), SGB IV, § 87 Rn. 43 ff. Allerdings sind die Maßstäbe im Hinblick auf die Überprüfung des Haushaltsplanes, bei der auch die Grundsätze der Wirtschaftlichkeit und Sparsamkeit zu beachten sind, zwischen Rechts- und Fachaufsicht nicht eindeutig abgrenzbar, *U. Becker*, in: *v. Maydell/Ruland* (Hrsg.), SRH, § 13 Rn. 45. Ebenfalls zur Schwierigkeit der Abgrenzung *T. Breitkreuz*, in: *Winkler* (Hrsg.), Sozialgesetzbuch IV, § 87 Rn. 6.

[335] § 87 Abs. 2 SGB IV; *C. Schütte-Geffers*, in: *Kreikebohm* (Hrsg.), Sozialgesetzbuch, § 87 Rn. 16 ff. Zum Gegenstand der Prävention *W. Engelhard*, in: *Schlegel* (Hrsg.), SGB IV, § 87 Rn. 67.

[336] *W. Engelhard*, in: *Schlegel* (Hrsg.), SGB IV, § 87 Rn. 66.

[337] § 34 Abs. 1 Satz 2 SGB IV; *U. Becker*, in: *v. Maydell/Ruland* (Hrsg.), SRH, § 13 Rn. 44. Selbst wenn man die Genehmigung als staatlichen Mitwirkungsakt an der grundsätzlich autonomen Rechtssetzung ansehen will, so BSG, SozR 3–3300 § 47 Nr. 1, wäre eine Begrenzung aufgrund der Satzungsautonomie auf die Rechtmäßigkeit des Handelns anzunehmen, Becker, a.a.O.

### 2. *Über die Bundesagentur für Arbeit*

Die Bundesagentur für Arbeit unterliegt der Aufsicht des Bundesministeriums für Arbeit und Soziales, die sich auf die Beachtung von Gesetz und sonstigem Recht[338] erstreckt und daher Rechtsaufsicht ist.[339]

Wird dagegen die Bundesagentur für Arbeit in Bereichen tätig, die nicht zu ihren Selbstverwaltungsaufgaben zählen[340] und an denen folglich die Selbstverwaltungsorgane nicht beteiligt sind, unterliegt sie der Fachaufsicht.[341]

## *V. Zuordnung zur Selbst- oder gruppenpluralen Konsensverwaltung*

Bereits bei der Einführung der Sozialversicherungen Ende des 19. Jahrhunderts wollte man diese einerseits staatsfern ausgestalten, sie jedoch andererseits nicht privatwirtschaftlich organisieren, um die soziale Sicherung vor Gewinnstreben zu bewahren, wie auch ein allgemeiner Versicherungszwang als notwendig erachtet wurde.[342] Dies wurde insbesondere in der viel zitierten Kaiserlichen Botschaft vom 17. November 1881 deutlich, in der „[d]er engere Anschluß an die realen Kräfte des Volkslebens und die Zusammenfassung der letzteren in der Form korporativer Genossenschaften unter staatlichem Schutz und staatlicher Förderung" propagiert wurde, mit dem die Hoffnung verbunden war, dass dieser „die Lösung der Aufgaben möglich machen, denen die Staatsgewalt allein in gleichem Umfange nicht gewachsen sein würde".[343] So entschied man sich unter Rückgriff auf bereits bestehende Einrichtungen zur Ausgestaltung der Sozialversicherung als Selbstverwaltung. Diese Grundentscheidung wirkt bis heute fort und ist Gegenstand zahlloser Publikationen.[344] So weist das Gesetz die Träger der Sozialver-

---

338 Ob hierzu auch die gefestigte höchstrichterliche Rspr. zählt, ist umstritten, wird jedoch von der h.M. bejaht, *M. Weckmann*, in: *Schubert* (Hrsg.), SGB III, § 393 Rn. 30 m.w.N.

339 § 393 Abs. 1 SGB III; *J. Winkler*, in: *Kruse/Lüdtke/Reinhardt* (Hrsg.), Sozialgesetzbuch III, § 393 Rn. 2, 3; *M. Willersinn*, in: *Mutschler/Schmidt-De Caluwe/Coseriu Pablo* (Hrsg.), Sozialgesetzbuch III, § 393 Rn. 1, 3; *M. Weckmann*, in: *Schubert* (Hrsg.), SGB III, § 393 Rn. 22. Zum Umfang der Rechtsaufsicht *M. Weckmann*, in: *Schubert* (Hrsg.), SGB III, § 393 Rn. 28 ff., 31 ff.

340 Fachaufsicht besteht z.B. nach § 47 Abs. 1 SGB II bei der Grundsicherung für Arbeitssuchende, soweit die Bundesagentur für Arbeit Träger dieser Leistungen ist, durch das Bundesministerium für Arbeit und Soziales, wobei Abgrenzungsproblematiken aufgrund der zahlreichen Schnittstellen zwischen den Bereichen des SGB II und SGB III bestehen.

341 § 371 Abs. 4 SGB III.

342 *W. Vogel*, Bismarcks Arbeiterversicherung, S. 152 ff.

343 *Bundesministerium für Arbeit und Soziales* (Hrsg.), In die Zukunft gedacht, S. 53.

344 Aus der Vielzahl der Literatur *H. Bogs*, Die Sozialversicherung im Staat der Gegenwart, passim; *Bogs/v. Ferber/infas* (Hrsg.), Soziale Selbstverwaltung, passim; *W. Bogs*, RdA 1956, 1 (3 ff.); *H.P. Bull*, KrV 1976, 175 ff.; *G. Erdmann*, in: FS Sitzler 1956, S. 43 ff.; *K.H. Friauf*, DRV 1982, 113 ff.; *P.A. Köhler/H.F. Zacher*, Schweizerische Zeitschrift für Sozialversicherung 1981, 53 ff.; *P. Krause*, BKK 1979, 4 ff.; *A. Kröninger*, Die Sozialversicherung 1975, 309 ff.; *D. Leopold*, Selbstverwaltung, passim; *H. Reiter*, Die Rentenversicherung 1980, 127 ff.; *K. Rode*, BKK 1967, Sp. 321 (417 ff.); *W. Weber*, SDSRV 1 (1966), S. 27 ff.; *W. Wertenbruch*, SGb 1975, 261 ff.; *ders.*, in: FS Peters 1965, S. 203 ff.; *F.E. Schnapp*, BG 1978, 525 ff.; *ders.*, in: FS Ipsen 2000, S. 807 (823 ff.); *ders.*, StWStP 1998, 149 ff.; *ders.*, in: *v. Mutius* (Hrsg.), FG Unruh 1983, S. 881 ff.; *ders.*, VSSR

sicherung als rechtsfähige Körperschaften des öffentlichen Rechts mit Selbstverwaltung aus.[345] Dabei kommt nach dem BSG „dem Selbstverwaltungsgrundsatz [...] als einem tragenden Organisationsprinzip der Sozialversicherung besondere Bedeutung zu“,[346] auch wenn sie verfassungsrechtlich nicht garantiert ist.[347] Selbstverwaltungsträger im Sinne des Allgemeinen Verwaltungsrechts sind jedoch Organisationseinheiten, in denen diejenigen, die von einer konkreten Aufgabe in rechtlicher und unmittelbarer Weise qualifiziert betroffen sind, diese Aufgabe im Rahmen eines bestehenden Handlungsspielraums eigenverantwortlich wahrnehmen und nach einer weit verbreiteten Ansicht durch ein homogenes Interesse an der Aufgabenerfüllung verbunden sind.[348] Obgleich die Sozialversicherungsträger aus der unmittelbaren Staatsverwaltung als selbständige Organisationsformen in Gestalt der Körperschaft bzw. Anstalt des öffentlichen Rechts ausgegliedert und nur einer Rechtsaufsicht unterworfen sind, führten die Sachgesetzlichkeiten, wie sie im Sozialrecht vorherrschen, insbesondere die Ausgestaltung als Massenverfahren, die besondere Fachbezogenheit des Gebietes sowie die Ressourcenknappheit, zum Einbezug weiterer Gruppen und zur gesetzlichen Determination der Sozialversicherungsträger, weshalb sich die Frage stellt, inwieweit die Sozialversicherungsträger den genannten Kriterien, insbesondere dem der Betroffenenselbstverwaltung und der eigenverantwortlichen Aufgabenerfüllung, noch entsprechen und so als Selbstverwaltungsträger eingeordnet werden können. Um Wiederholungen zu vermeiden, werden sich die Ausführungen in ihrem Schwerpunkt auf (1.) die Krankenkassen, die für die übrigen, im SGB IV geregelten und daher grundsätzlich ähnlich ausgestalteten Sozialversicherungsträger paradigmatisch behandelt werden, sowie auf (2.) die Bundesagentur für Arbeit beschränken. Dabei werden bei Unterschieden, die zwischen den Krankenkassen und den übrigen Sozialversicherungsträgern des SGB IV bestehen und die für vorliegende Untersuchung relevant werden, auch diese Besonderheiten einbezogen.

### *1. Die Sozialversicherungsträger des SGB IV am Beispiel der Krankenkassen*

Im Hinblick auf die Krankenkassen soll, stellvertretend für die übrigen Sozialversicherungsträger, im Folgenden der Frage nach dem Bestehen von Selbstver-

2006, 191 ff.; *ders.*, Die Sozialgerichtsbarkeit 1996, 621 ff.; *F. Hufen*, SDSRV 34 (1991), S. 43 ff.; *R. Hendler*, SDSRV 34 (1991), S. 65 ff.; *M.-E. Geis*, in: *Schnapp* (Hrsg.), Funktionale Selbstverwaltung, S. 65 ff.; *P. Axer*, Die Verwaltung 35 (2002), S. 377 ff.; *F. Welti*, VSSR 2006, 133 ff.; *O. Seewald*, SGb 2006, 569 ff.; *F. Ruland*, VSSR 2006, 157 ff.; *ders.*, DRV 1993, 684 (692); *H. Reiter*, DRV 1993, 657 (659 f.); *W. Adamy*, VSSR 2006, 175 ff.; *T. Klenk*, ZSR 2006, 273 ff.

[345] §§ 367 Abs. 1 SGB III, 29 Abs. 1 SGB IV, sowie nochmals für die Krankenkassen in § 4 Abs. 1 SGB V und für die Pflegekassen in § 46 Abs. 2 Satz 1 SGB XI.

[346] BSGE 58, 247 (251) = SozR 1500 § 51 Nr. 38; BSGE 67, 160 (162 f.) = SozR 3–2200 § 1344 Nr. 1.

[347] Ganz h.M., dazu BVerfGE 21, 362; *H.-J. Papier*, NZS 1995, 241; *J. Winkler*, in: *ders.* (Hrsg.), Sozialgesetzbuch IV, § 29 Rn. 14; *A. Schneider-Danwitz*, in: *Schlegel* (Hrsg.), SGB IV, § 29 Rn. 44 ff.; *R. Breuer*, VVDStRL 44 (1986), S. 211 (236).

[348] Dazu bereits unter A.I. Begriff der Selbstverwaltung.

waltung nachgegangen werden, so dass (a.) die Beteiligung von Betroffenen sowie (b.) die bestehenden Handlungsspielräume untersucht werden, ehe unter (c.) eine Zusammenfassung und Bewertung erfolgt.

### *a. Betroffenenpartizipation*

#### *aa. Betroffene und deren Partizipation an der Aufgabenerfüllung der Krankenkassen*

Rechtlich unmittelbar und in qualifizierter Weise von der Sozialversicherung betroffen sind in erster Linie die Versicherten selbst. Diese sind an der Aufgabenerfüllung auch durch deren Präsenz im Verwaltungsrat der Krankenkassen beteiligt.

Viel diskutiert ist dagegen die Beteiligung der Arbeitgeberseite, da deren Betroffenheit umstritten ist. Bei der Unfallversicherung kann noch darauf abgestellt werden, dass sich die unmittelbare und rechtliche Betroffenheit der Arbeitgeber durch die Aufgaben der Unfallversicherung dadurch ergibt, dass diese in Zusammenhang mit der Verantwortung des Arbeitgebers für die betriebliche Sicherheit der Arbeitnehmer steht sowie dass diese im Falle eines Arbeitsunfalls die Haftpflicht des Arbeitgebers ablöst und damit unmittelbar Rechte und Pflichten des Arbeitgebers tangiert sind.[349] Eine solche Begründung scheidet jedoch bei den übrigen Sozialversicherungsträgern des SGB IV, insbesondere bei den Krankenkassen aus. So bemüht sich das BVerfG, die Betroffenheit und damit den Einbezug der Arbeitgeber damit zu rechtfertigen, dass es eine den Arbeitgebern obliegende und historisch bedingte Fürsorgepflicht gegenüber ihren Arbeitnehmern annimmt.[350] Diese ist jedoch zweifelhaft. Denn obgleich der Arbeitgeber bereits mit der Pflicht zur Lohnfortzahlung im Krankheitsfall belastet ist, stellen die krankheits- oder altersbedingt erforderliche Versorgung wie auch die Pflegebedürftigkeit grundsätzlich die Realisierung allgemeiner Lebensrisiken dar, die in keinem besonderen Bezug zur Arbeitstätigkeit und damit zum Arbeitsverhältnis stehen und so grundsätzlich nicht dem Verantwortungsbereich des Arbeitgebers zurechenbar sind.[351]

Zwar kann ein Interesse der Arbeitgeber an im Versicherungsfall gut versorgten Arbeitnehmern durchaus bestehen, wobei es in erster Linie aus dem Eigeninteresse resultieren dürfte, die Arbeitskraft möglichst schnell und umfassend wieder herzustellen und einsetzen zu können. Dieses Interesse an der Wiederherstellung der Arbeitskraft ist jedoch lediglich eine mittelbare Folge der Krankenversicherungsleistungen, die auf Vorbeugung und Heilung gerichtet sind. Insofern ist dieses Interesse nicht ausreichend, um die Betroffeneneigenschaft zu begründen. Ebenfalls nur mittelbar ist das allgemeine Interesse an

[349] *T. Kingreen*, NZS 2007, 113 (116); *B. Schulin*, in: FS Kissel 1994, S. 1055 (1059), der jedoch letzteren Aspekt kritisch sieht.

[350] BVerfGE 11, 105 (113); 14, 312 (317).

[351] *J. Castendiek*, NZS 2001, 71 (73); *B. Schulin*, in: FS Kissel 1994, S. 1055 (1060 f.).

gesunden Arbeitnehmern und vermag daher nicht den Betroffenenstatus zu rechtfertigen.

Abgestellt wurde daher in Teilen der Literatur auf die Teilhabe an der Finanzierung der Sozialversicherungen.[352] Denn die Arbeitgeber werden grundsätzlich hälftig, bzw. bei den Unfallversicherungen sogar allein[353] zur Entrichtung der Sozialversicherungsbeiträge herangezogen,[354] so dass sich hieraus deren Betroffenheit ergebe. Dieses System wird zwar immer wieder hinterfragt, es hat sich jedoch bis heute gehalten.

Ob dieses Argument der paritätischen Lastenverteilung verfängt, ist zweifelhaft. So handelt es sich bei dem von den Arbeitgebern abgeführten Sozialversicherungsbeitrag um einen „verdeckten“ Bestandteil des Arbeitnehmereinkommens, wobei die Abführung durch die Arbeitgeber lediglich ein verkürztes Zahlungsverfahren darstellt, das jedoch an der Zuordnung der Sozialversicherungsbeiträge als einkommensabhängige Abgaben nichts ändert.[355] So werden die Mittel der Krankenversicherung wirtschaftlich allein von den Arbeitnehmern aufgebracht, woran auch die bloß formale Beteiligung der Arbeitgeber, die lediglich historisch bedingt ist, keine andere Bewertung rechtfertigt.[356] Dass „die Fiktion einer zusätzlichen Leistung seitens des Arbeitgebers aufrechterhalten wird, ist hauptsächlich darin begründet, daß diese Fiktion dem Arbeitgeber das Recht zu paritätischer Teilnahme an der Verwaltung der Sozialversicherungs-Einrichtungen einräumt.“[357] Ob diese Einschätzung zutrifft, mag in vorliegendem Kontext offen bleiben. Ausschlaggebend ist dagegen, dass es sich bei den Sozialversicherungsabgaben für den Arbeitgeber lediglich um Betriebskosten handelt, ohne dass der Arbeitgeber mit der eigentlichen Aufgabe und dem eigentlichen Ziel des Sozialversicherungsträgers, nämlich der Gewährleistung des sozialen Schutzes und der Abdeckung sozialer Risiken für den Arbeitnehmer, in Berührung kommt.[358] Die Betroffenheit besteht damit ausschließlich bei den Versicherten und kann bzgl. der Arbeitgeber nicht mit der Kostenfolge begründet werden.[359] Dies gilt umso mehr, als für die Finanzierung bestimmter Leistungen allein die Versicherten herangezogen werden bzw. auch Kostensteigerungen durch das Einfrieren der Ar-

[352] *H. Rosin*, Das Recht der Arbeiterversicherung, Bd. 1, S. 641, 647; *R. Weyl*, Lehrbuch des Reichsversicherungsrechts, S. 251.

[353] § 150 Abs. 1 SGB VII.

[354] §§ 340 SGB III, 20 Abs. 1 SGB IV, 220 Abs. 1 Satz 1 SGB V, 153 Abs. 2 SGB VI, 54 Abs. 1 SGB XI.

[355] So bereits *W. Schreiber*, Sozialpolitik, S. 89; *E.T. Emde*, Demokratische Legitimation, S. 164; *B. Schulin*, in: FS Kissel 1994, S. 1055 (1071); *ders.*, in: *ders.* (Hrsg.), Handbuch des Sozialversicherungsrechts, § 6 Rn. 90.

[356] *J. Castendiek*, NZS 2001, 71 (73); *E.T. Emde*, Demokratische Legitimation, S. 150 Anm. 38; *B. Schulin*, in: FS Kissel 1994, S. 1055 (1071); *ders.*, NZS 1994, 433 (434).

[357] *W. Schreiber*, Sozialpolitik, S. 89.

[358] *T. Kingreen*, NZS 2007, 113 (116 f.); *B. Schulin*, in: *ders.* (Hrsg.), Handbuch des Sozialversicherungsrechts, Bd. 1, § 6 Rn. 90, 94.

[359] *T. Kingreen*, NZS 2007, 113 (117); vgl. auch *H.P. Bull*, KrV 1976, 175 (176).

beitgeberbeiträge in einzelnen Zweigen der Sozialversicherung allein von den Versicherten zu tragen sind.

In Folge dessen werden auch Stimmen laut, die einen Ausschluss der Arbeitgeber von der Beteiligung an der Sozialversicherung befürworten.[360] Dabei ist die Beteiligung der Arbeitgeber durchaus sinnvoll, da diese nicht nur ihren Sachverstand als Unternehmer in die Sozialversicherungsträger einbringen, sondern auch dazu beitragen können, dass die Interessen der Sozialversicherungsträger nach außen besser artikuliert und vertreten werden.[361] Dies vermag jedoch keine andere rechtliche Bewertung im Hinblick auf den Betroffenenstatus zu begründen. So handelt es sich bei der Beteiligung der Arbeitgeber an der Verwaltung der Sozialversicherungsträger – in Ausnahme der Unfallversicherungsträger – nicht um Betroffenenbeteiligung und damit um Fremdverwaltung.[362] Aus diesem Grunde ist die Bezeichnung als „Soziale Selbstverwaltung“ irreführend. Vorzugswürdiger erscheint eine Benennung entweder allein als „Sozialverwaltung“ oder als „Soziale Fremdverwaltung“.

Anders ist dies bei den Ersatzkassen, deren Vorläufer die allein von den Versicherten verwalteten Versicherungsvereine auf Gegenseitigkeit waren,[363] so dass an den heutigen Ersatzkassen historisch bedingt ebenfalls allein die Versicherten beteiligt sind.[364] Bei den Ersatzkassen handelt es sich daher um reine Selbstverwaltungskörperschaften ohne Fremdverwaltungseinflüsse.[365] Insoweit ist auch die Bezeichnung als „Soziale Selbstverwaltung“ angebracht.

#### *bb. Interesseninhomogenität im Verwaltungsrat bzw. in der Vertreterversammlung*

Sollte man entgegen der in vorliegender Arbeit vertretenen Auffassung für das Bestehen von Selbstverwaltung das Vorliegen von Interessenhomogenität als konstitutives Merkmal ansehen,[366] so wird die Interessenstruktur, wie sie im Verwaltungsrat oder der Vertreterversammlung besteht, relevant. Die Zusammensetzung des Verwaltungsrats der Krankenkassen ist formal auf das beitragsaufbringende Arbeitsverhältnis bezogen.[367] So setzt er sich bei den Krankenkassen mit

[360] *B. Schulin*, in: FS Kissel 1994, S. 1055 (1073 f.).

[361] *B. Schulin*, in: FS Kissel 1994, S. 1055 (1071); *ders.*, in: *ders.* (Hrsg.), Handbuch des Sozialversicherungsrechts, Bd. 1, § 6 Rn. 91.

[362] So auch *T. Kingreen*, NZS 2007, 113 (116); *B. Schulin*, in: *ders.* (Hrsg.), Handbuch des Sozialversicherungsrechts, Bd. 1, § 6 Rn. 83, 90, 92, 95; *H. Butzer*, Fremdlasten in der Sozialversicherung, S. 594 f.; *A. Wahl*, Kooperationsstrukturen, S. 181 ff.; *W. Schreiber*, Sozialpolitik, S. 89; ebenso zweifelnd *I. Ebsen*, VVDStRL 62 (2003), S. 459.

[363] *B.-R. Zabre*, in: *Kreikebohm* (Hrsg.), Sozialgesetzbuch, § 44 Rn. 6.

[364] § 44 Abs. 1 Nr. 3 1. Hs. SGB IV. Dazu auch *T. Groß*, DVBl. 2002, 1182 (1184).

[365] Dagegen ist der Schluss von der Nichtbeteiligung der Arbeitgeber bei den Ersatzkassen auf die fehlende Betroffenheit bzw. fehlende Notwendigkeit der Beteiligung nicht zwingend, da auch insoweit Fremdverwaltung vorliegen könnte, was jedoch, wie gesehen, gerade nicht der Fall ist, so aber *B. Schulin*, in: FS Kissel 1994, S. 1055 (1070).

[366] Dazu bereits A.I.1.b. Interessenhomogenität bei den Betroffenen.

[367] *H. Butzer*, Fremdlasten in der Sozialversicherung, S. 594.

Ausnahme der Ersatzkassen je zur Hälfte aus Vertretern der Versicherten, zumeist repräsentiert durch die Vertreter der Gewerkschaften, und der Arbeitgeber zusammen, so dass in diesem sowohl die Interessen der Arbeitgeber als auch der Versicherten bzw. Arbeitnehmer artikuliert werden. Dabei erkennt die Rechtsprechung keinen prinzipiellen Interessengegensatz zwischen diesen beiden Gruppen, sondern sie geht von Interessenhomogenität aus.[368] Betrachtet man die vorhandenen Interessen der beiden Gruppen, dann ist bei beiden eine teils als „diffus“ bezeichnete[369] Gemengelage von Interessen auszumachen, bei denen jedoch einige Belange dominieren. So besteht das vordringliche Arbeitgeberinteresse neben einer sicherlich auch bestehenden Motivation, eine ausreichende Versorgung der Versicherten zu gewährleisten, in der Wirtschaftlichkeit bei Kostenminimierung und damit in der Beitragssatzsenkung,[370] da trotz der Tatsache, dass es sich bei den Beiträgen um Lohnbestandteile handelt, die Arbeitgeber daran interessiert sind, die Betriebskosten gering zu halten. Hieran ändert auch die Deckelung des Arbeitgeberbeitrags auf einen Maximalbeitrag nichts, da unterhalb der Bemessungsgrenze das Kostensenkungsinteresse nach wie vor bestehen bleibt. Dabei dürfte das Interesse an einer umfangreichen Leistungserbringung untergeordneter Natur sein, während dasjenige der Versicherten bzw. Arbeitnehmer als Beitragszahler einerseits ebenfalls in der Kostensenkung, andererseits als Leistungsempfänger im Krankheitsfall jedoch auch in der Optimierung der Versorgung und damit der Leistungserbringung zu sehen ist, das bei aktuell behandlungsbedürftigen Versicherten bzw. Arbeitnehmern sogar überwiegen dürfte.[371] Damit weist das Versicherteninteresse grundsätzlich eine in sich antagonistische Struktur auf,[372] die jedoch im Hinblick auf das Kosteninteresse mit dem Arbeitgeberinteresse zu korrespondieren scheint, so dass kein Interessenantagonismus zwischen diesen Gruppen bestünde und das Kosteninteresse eine strukturelles Übergewicht bekäme.[373]

Dem ist jedoch entgegenzuhalten, dass allein die Tatsache, dass bestimmte Interessen auf beiden Seiten vorhanden sind, noch nicht dazu führt, dass diese Interessen auch mit der gleichen Ausrichtung vertreten werden und daher deckungsgleich sind. So muss zum einen berücksichtigt werden, dass das Leistungsinteresse und das Kosteninteresse der Versicherten nicht zwei voneinander unab-

[368] BSGE 78, 70 (82), zu den Versicherten- und Arbeitgeberinteressen innerhalb des G-BA.

[369] *E. Schmidt-Aßmann*, Grundrechtspositionen, S. 83.

[370] *I. Ebsen*, in: FS Krasney 1997, S. 81 (99); *ders.*, in: *Schnapp* (Hrsg.), Rechtsquellen, S. 13 (33); *ders.*, MedR 2006, 528 (529); *B. Schulin*, in: FS Kissel 1994, S. 1055 (1069); *ders.*, in: *ders.* (Hrsg.), Handbuch des Sozialversicherungsrechts, § 6 Rn. 94; *J. Taupitz*, MedR 2003, 7 (10), bezeichnet dies als *„unmittelbares Interesse an Wirtschaftlichkeit* und *allgemeines Interesse an Qualität“* (Hervorhebung durch den Verfasser).

[371] Ähnlich *I. Ebsen*, in: FS Krasney 1997, S. 81 (99); *ders.*, in: *Schnapp* (Hrsg.), Rechtsquellen, S. 13 (33); *J. Taupitz*, MedR 2003, 7 (10).

[372] *I. Ebsen*, in: FS Krasney 1997, S. 81 (99), spricht hierbei von einem „intrapersonalen Interessenkonflikt“.

[373] *I. Ebsen*, in: FS Krasney 1997, S. 81 (100); *ders.*, in: *Schnapp* (Hrsg.), Rechtsquellen, S. 13 (33); *J. Taupitz*, MedR 2003, 7 (10); *E. Schmidt-Aßmann*, Grundrechtspositionen, S. 83.

hängige Interessenpositionen darstellen, sondern zum Ziel einer preiswerten jedoch umfassenden Versorgung im Sinne der Versicherten verbunden sind, wobei die Versicherten im Zweifel eher das Kosteninteresse dem Leistungsinteresse unterordnen und höhere Beiträge statt Leistungseinbußen hinnehmen dürften.[374] Dagegen erstreckt sich das Arbeitgeberinteresse allein auf die Kostensenkung ohne Einbezug der Leistungskomponente bzw., wenn die Kostensenkung nicht anders erreicht werden kann, auch auf die Reduzierung der Leistungen.[375] Insoweit sind die beiden Kosteninteressen in ihrem Bezug auf die Leistungskomponente antagonistisch. Darüber hinaus muss weiter davon ausgegangen werden, dass sich die Interessenvertretung der Versicherten vor dem Hintergrund, dass das Kostensenkungsinteresse bereits von den Arbeitgebern maßgeblich verfolgt wird, gerade aufgrund der auf Arbeitgeberseite fehlenden Verbindung zwischen Kostensenkungs- und Versorgungsinteresse auf das Letztere verlagert und sich damit gerade nicht, wie einer mathematischen Gleichung folgend, die beiden Kosteninteressen zum Nachteil des Versorgungsinteresses addieren. So dürfte gerade der teilweise Gleichklang der Interessen zwischen Versicherten und Arbeitgebern zu einer verstärkten Fokussierung auf das Versorgungsinteresse auf Versichertenseite und damit zur antagonistischen Interessenstruktur im Verwaltungsrat führen,[376] womit die Krankenkassen auch nach der Ansicht, die einer homogenen Interessenstruktur konstitutive Bedeutung für das Vorliegen von Selbstverwaltung beimessen, nicht diesem Bereich zuzurechnen sind.

Ähnlich ist die Situation bei den übrigen Sozialversicherungsträgern nach dem SGB IV, wobei der Interessenantagonismus bei den Trägern der landwirtschaftlichen Unfallversicherungen durch den Einbezug der Selbständigen ohne fremde Arbeitskräfte nicht behoben wird. Eine Ausnahme bilden dagegen die Ersatzkassen, bei denen in Ermangelung der Beteiligung der Arbeitgebervertreter Interessenhomogenität im Hinblick auf die Erfüllung der Aufgaben der Krankenversicherung im Verwaltungsrat besteht.

### *b. Eigenverantwortliche Aufgabenwahrnehmung*

Inwieweit die Sozialversicherungsträger des SGB IV als Selbstverwaltungsträger anzusehen sind, ist neben der Frage der Fremdverwaltung auch noch im Hinblick auf das Bestehen und die Ausgestaltung eines eigenverantwortlichen Aufgabenbereiches umstritten und auch verneint worden. In der Kritik stehen hierbei insbesondere, dass die normative Regelungsdichte in keinem anderen Rechtsbereich derart hoch ist wie im Sozialversicherungsrecht,[377] so dass von einer „staatlichen

[374] *B. Schulin*, in: FS Kissel 1994, S. 1055 (1070).

[375] *B. Schulin*, in: FS Kissel 1994, S. 1055 (1069).

[376] *I. Heberlein*, VSSR 1999, 123 (150); ebenso im Ergebnis *I. Ebsen*, VVDStRL 62 (2003), S. 459.

[377] *F.E. Schnapp*, in: FS Ipsen 2000, S. 807 ff.; *ders.*, in: *v. Mutius* (Hrsg.), FG Unruh 1983, S. 881 ff.; *ders.*, Die Sozialgerichtsbarkeit 1996, 621 ff.; *P. Axer*, Die Verwaltung 35 (2002), S. 377 ff.; *R. Kolb*, DRV 1975, 331 (336).

Hyperreglementierung“[378] und einer „exekutivischen Punktlandung“[379] der Entscheidungen der Sozialversicherungsträger gesprochen wird. So steht den Sozialversicherungsträgern wie auch den übrigen Trägern funktionaler Selbstverwaltung und im Unterschied zu den kommunalen Selbstverwaltungsträgern ein Aufgabenfindungsrecht nicht zu.[380] Darüber hinaus enthält jedoch § 31 SGB I in Verschärfung des allgemeinen Gesetzesvorbehalts einen Totalvorbehalt des Gesetzes, nach dem Rechte und Pflichten in den Leistungsbereichen nur begründet, festgestellt, geändert oder aufgehoben werden dürfen, soweit dies gesetzlich normiert ist. Selbst die die Selbstverwaltung auszeichnende Satzungshoheit der Sozialversicherungsträger ist hierdurch begrenzt, da deren Inhalt derart weitgehend normativ vorgegeben ist,[381] dass eine ausreichende Satzung erlassen werden kann und Leistungen durch diese nur in dem hierfür gesetzlich vorgesehenen Rahmen zugelassen werden können.[382] So bestehen z.B. im Krankenversicherungsrecht eng begrenzte, vom Gesetzgeber vorgegebene Bereiche, in denen die Krankenversicherungen über Leistungen selbst entscheiden können.[383] Ob diese die Annahme von Selbstverwaltungsspielräumen rechtfertigt, darf bezweifelt werden.[384] Darüber hinaus unterliegen die Satzungen einem Genehmigungsvorbehalt der Aufsichtsbehörden,[385] so dass auch hiermit eine Überwachung und Einschränkung der Autonomie verbunden ist.[386]

Gesetzlich weitgehend determiniert ist auch das Verhältnis der Sozialversicherungsträger zu den Versicherten. So sind der zu versichernde Personenkreis,[387] der beitragspflichtige Personenkreis,[388] die Beitragspflicht und -höhe[389] wie auch die Versicherungsleistungen nach Art und Umfang sowie deren Vor-

---

[378] *P. Axer*, Die Verwaltung 35 (2002), S. 377 (381).

[379] *F.E. Schnapp*, in: FS Ipsen 2000, S. 807 (825).

[380] § 30 Abs. 1 SGB IV; *P. Axer*, Die Verwaltung 35 (2002), S. 377 (381).

[381] § 194 SGB V für Satzungen der Krankenkassen; § 47 SGB XI für Satzungen der Pflegekassen; § 143c Abs. 2 SGB VII für Satzungen des Spitzenverbands der Landwirtschaftlichen Sozialversicherung; dazu auch *U. Becker*, Staat und autonome Träger im Sozialleistungsrecht, S. 186 ff.

[382] § 31 SGB I sowie § 194 Abs. 2 SGB V noch einmal für die gesetzliche Krankenversicherung.

[383] So z.B. über Leistungen zur primären Prävention, § 20 Abs. 1 Satz 1 SGB V, den Umfang häuslicher Krankenpflege, § 37 Abs. 2 Satz 4 SGB V, die Voraussetzungen der Haushaltshilfe, § 38 Abs. 2 SGB V, über medizinische Vorsorgeleistungen, § 23 Abs. 4, Abs. 5 SGB V. Hierzu näher *F. Welti*, VSSR 2006, 133 (144).

[384] Sowohl *F. Welti*, VSSR 2006, 133 (144); *R. Wimmer*, NJW 2004, 3369 (3373); a.A. *F.E. Schnapp*, in: *v. Mutius* (Hrsg.), FG Unruh 1983, S. 881 (884); *E.T. Emde*, Demokratische Legitimation, S. 276, 281; *E. Schmidt-Aßmann*, AöR 116 (1991), S. 329 (383).

[385] § 195 SGB V für Satzungen der Krankenkassen; § 47 Abs. 3 SGB XI für Satzungen der Pflegekassen; § 143c Abs. 1 Satz 2 SGB VII für Satzungen des Spitzenverbands der Landwirtschaftlichen Sozialversicherung; § 158 SGB VII für in den Satzungen zu regelnde Gefahrtarife.

[386] *U. Becker*, in: *v. Maydell/Ruland* (Hrsg.), SRH, § 13 Rn. 44; *E.T. Emde*, Demokratische Legitimation, S. 276.

[387] §§ 5 ff. SGB V, §§ 1 ff. SGB VI, §§ 2 ff. SGB VII, §§ 20 ff. SGB XI.

[388] § 150 f. SGB VII.

[389] §§ 20 ff. SGB IV, sowie §§ 340 SGB III, 220 Abs. 1 Satz 1 SGB V, 153 Abs. 2 SGB VI, 54 Abs. 1 SGB XI, 150 Abs. 1 SGB VII, als auch die Beitragsverfahrensordnung (BVV).

aussetzungen[390] normiert.[391] Zwar können die Beiträge durch Satzung festgelegt werden, die Höhe der Beitragssätze und die Beitragsbemessungsgrundlagen sind dagegen vorgegeben.[392] Selbst die Voraussetzungen und die Höhe von Zusatzbeiträgen und ermäßigten Beiträgen sind für die Krankenkassen normiert.[393] Darüber hinaus ist der verbleibende Spielraum im Beitragsrecht lediglich unter der Prämisse gewährt, dass die Beiträge kostendeckend erhoben werden.[394] So müssen die Beiträge in der Weise bemessen werden, dass sie zusammen mit anderen Einnahmen die Ausgaben sowie die Betriebsmittel und Rücklagen des Trägers, die jeweils gesetzlich vorgeschrieben oder zugelassen sind, decken.[395] Demgemäß wirken sich auch hier der vorgegebene Leistungskatalog und die Organisationsstruktur der Versicherungsträger begrenzend aus, so dass kaum ein Spielraum für eigene Beitragsautonomie verbleibt.[396] Speziell bei den Krankenkassen werden Unterschiede zwischen diesen im Hinblick auf die Beitragssätze durch den Risikostrukturausgleich mittels Umverteilung zwischen den Kassen nivelliert.[397] Autonome Entscheidungen bzgl. der Auswahl der Versicherten und der Festsetzung der Beiträge können die Sozialversicherungsträger daher nicht treffen.[398]

Im Hinblick auf die Versicherungsleistungen sind bei monetären Leistungen die Berechnungsgrundlagen und Berechnungsart genauestens vorgegeben,[399] bei Sachleistungen erfolgt dagegen z.B. in der Krankenversicherung eine Konkretisierung der notwendigerweise abstrakt gehaltenen normativen Vorgaben durch die Richtlinien des G-BA, die für den behandelnden Arzt ebenso verpflichtend sind wie für die Versicherten und Krankenkassen[400] und daher als „faktische Behandlungsgrenze[n]" im Arzt-Patientenverhältnis wirken.[401] Dem Arzt obliegt damit noch die situationsgebundene Allokationsentscheidung im Bereich der Sachleistungen, welche die Rahmenvorgaben konkretisiert.[402] Darüber hinaus wurden gerade die Spielräume der Krankenkassen im Hinblick auf die Leistungs-

[390] § 11 SGB V, §§ 9 ff., 121 ff. SGB VI, §§ 26 ff., SGB VII, §§ 28 ff. SGB XI.

[391] *E.T. Emde*, Demokratische Legitimation, S. 276.

[392] Für die Krankenkassen wird dagegen die Höhe des allgemeinen Beitragssatzes von der Bundesregierung vorgegeben, § 241 SGB V; vgl. auch §§ 157 ff. SGB VI für die Rentenversicherung; §§ 152 ff. SGB VII für die Unfallversicherung; §§ 54 ff. SGB XI für die Pflegeversicherung.

[393] §§ 242 ff. SGB V.

[394] § 21 SGB IV.

[395] § 21 SGB IV.

[396] *F.E. Schnapp*, in: *v. Mutius* (Hrsg.), FG Unruh 1983, S. 881 (893); *ders.*, StWStP 1998, 149 (153); *F. Welti*, VSSR 2006, 133 (144); *J. Winkler*, in: *ders.* (Hrsg.), Sozialgesetzbuch IV, § 29 Rn. 14.

[397] §§ 266 f. SGB V.

[398] *P. Axer*, Die Verwaltung 35 (2002), S. 377 (381); zur Unfallversicherung *O. Seewald*, SGb 2006, 569 (575).

[399] Z.B. § 47 Abs. 2 SGB V für das Krankengeld. Zur Geldleistung in der gesetzlichen Unfallversicherung *O. Seewald*, SGb 2006, 569 (575, 577).

[400] § 92 SGB V.

[401] *E. Steffen*, in: FS Geiß 2000, S. 487 (491).

[402] Dazu *S. Rixen*, Sozialrecht, S. 60 ff., 128 ff., 377 ff.

erbringung im Zuge des Kassenwettbewerbs verringert.[403] Die Erbringung übergesetzlicher Leistungen ist nur noch sehr begrenzt möglich.[404]

Besteht ein Ermessen der Sozialversicherungsträger, so wird dieses wieder begrenzt durch die zu gewährenden sozialen Rechte,[405] die bei der Ausübung des Ermessens zu beachten und zu gewährleisten sind, sowie durch die Bindung an den Gleichheitssatz.[406]

Zum Kernbereich der Selbstverwaltung zählt das BSG neben der Verwaltung die interne Organisation sowie die Finanzhoheit.[407] Jedoch unterliegen die Sozialversicherungsträger auch in diesen Bereichen starken Restriktionen.[408] Organisatorisch sind die Sozialversicherungsträger ebenfalls normativ geprägt, da deren Binnenstruktur sowie die personelle Besetzung der Organe durch Gesetz festgelegt sind[409] und vom Satzungsrecht lediglich noch gesetzesvollziehend Gebrauch gemacht werden kann.

Gleiches gilt vom Haushalts- und Rechnungswesen wie auch der Vermögensverwaltung, deren normative Ausgestaltung detailliert erfolgt und für die die Grundsätze des Bundeshaushaltsrechts verbindlich angeordnet worden sind.[410] Darüber hinaus bestehen präventive Kontrollmöglichkeiten der Aufsichtsbehörden dahingehend, dass die Träger der Rentenversicherung den Haushaltsplan vorlegen müssen,[411] die Träger der Kranken-, Pflege- und Unfallversicherung dagegen auf Verlangen der Aufsichtsbehörde vorlageverpflichtet sind.[412] Dabei bezieht sich die Rechtsaufsicht auch auf die Frage, ob durch die Erfüllung der Verpflichtungen des Versicherungsträgers seine wirtschaftliche Leistungsfähigkeit gefährdet wird, sowie generell der Grundsatz der Wirtschaftlichkeit und Sparsamkeit in die Überprüfung mit einbezogen wird,[413] so dass der Haushalt grundsätzlich dem staatlichen Zugriff unterliegt.

Dieses dichte Regelwerk wird verständlich vor dem Hintergrund, dass die Sozialversicherung durch die stete Ausweitung der Anzahl der versicherungspflichtigen Personen[414] zur Massenverwaltung heranwuchs und damit das Beitrags- und Leistungsrecht weitgehend gleichheitskonform ausgestaltet werden mussten. So wurden grundlegende Unterschiede insbesondere in diesen Bereichen eli-

403 *F. Welti*, VSSR 2006, 133 (149).

404 § 194 Abs. 1 Nr. 3 SGB IV.

405 § 2 Abs. 2 SGB I.

406 *E.T. Emde*, Demokratische Legitimation, S. 277 Anm. 12.

407 BSGE 58, 247 (252) = SozR 1500 § 51 Nr. 38.

408 *J. Winkler*, in: *ders.* (Hrsg.), Sozialgesetzbuch IV, § 29 Rn. 14.

409 §§ 29 ff. SGB IV, § 197 SGB V, § 137d SGB VI, § 143b SGB VII. Dazu auch *E.T. Emde*, Demokratische Legitimation, S. 279 f.

410 §§ 67 ff. SGB IV.

411 § 70 Abs. 3 Satz 1 SGB IV.

412 § 70 Abs. 2, Abs. 5 SGB IV.

413 § 69 Abs. 2, Abs. 3 SGB IV; *F.E. Schnapp*, StWStP 1998, 149 (156); *O. Seewald*, SGb 2006, 569 (572 f., 575); *F. Ruland*, VSSR 2006, 157 (165).

414 Dazu *F.E. Schnapp*, in: *v. Mutius* (Hrsg.), FG Unruh 1983, S. 881 (883); *G. Wannagat*, in: FS Fechner 1973, S. 207 ff., spricht daher davon, dass die Sozialversicherung „auf dem Wege zur Volksversicherung“ sei.

miniert[415] und der Gleichheitsgrundsatz in der Sozialversicherung, die fast alle Bürger einbezieht, verwirklicht.

Diese normativen Begrenzungen der Entscheidungsmöglichkeiten der Sozialversicherungsträger werden verstärkt durch das Verbandswesen, durch das Zuständigkeiten auf die verbandliche Landes- bzw. Bundesebene verlagert werden. Zwar handelt es sich bei diesen Verbänden auch um Selbstverwaltungseinheiten, die die Interessen der Selbstverwaltungsträger der Sozialversicherung vertreten, jedoch wird der Einfluss der einzelnen Selbstverwaltungsträger in der Sozialversicherung auf die zu treffenden und an die Verbände abgegebenen Entscheidungen geringer.[416]

Neben diesen Faktoren der Begrenzung besteht ein dichtes Aufsichtssystem,[417] in dessen Rahmen zum einen aufsichtsbehördliche Mitwirkungsbefugnisse bestehen und zum anderen aufgrund der starken gesetzlichen Determination die gängige Differenzierung zwischen Rechts- und Fachaufsicht nur noch sehr bedingt vorgenommen werden kann, da durch das Fehlen eines wesentlichen Gestaltungsspielraums bzw. rechtmäßiger Handlungsalternativen sowie des Bestehens unbestimmter Rechtsbegriffe auf der Rechtsanwendungsebene eine Zweckmäßigkeitskontrolle auf der Aufsichtsebene entbehrlich wird und die vollständige Überprüfung durch die Rechtsaufsicht erfolgen kann.[418] Insoweit ist mit der Beschränkung auf die Rechtsaufsicht kein Gewinn an Autonomie verbunden,[419] da diese bereits auf der Rechtsanwendungsebene weitgehend aufgehoben ist. So sind die Sozialversicherungsträger an die Mitwirkung der Aufsichtsbehörden bei ihrer organisatorisch-personellen Ausgestaltung, der Finanzwirtschaft sowie der Ausgestaltung der Versicherungsbedingungen gebunden.[420]

Aufgrund dieser starken normativen Regelung des Tätigkeitsbereichs der Sozialversicherungsträger sind diese in erster Linie auf die Konkretisierung der vom Gesetzgeber erlassenen Vorgaben auf den Einzelfall beschränkt, ohne dass ihnen – mit Ausnahme der Prävention[421] und Rehabilitation[422] – in wesentlichen Berei-

---

[415] *F.E. Schnapp*, Die Sozialgerichtsbarkeit 1996, 621 (623).

[416] *F.E. Schnapp*, in: *v. Mutius* (Hrsg.), FG Unruh 1983, S. 881 (893).

[417] Die allgemeine Aufsicht ist in den §§ 87 ff. SGB IV, die spezielle über den Haushaltsplan in den §§ 70 ff. SGB IV geregelt.

[418] *F.E. Schnapp*, in: *v. Mutius* (Hrsg.), FG Unruh 1983, S. 881 (895); *ders.*, VSSR 2006, 191 (200); *ders.*, StWStP 1998, 149 (155); *H. Bogs*, Die Sozialversicherung im Staat der Gegenwart, S. 208 ff., insbes. S. 217; *G. Steinhilper*, in: *Merten* (Hrsg.), Selbstverwaltung, S. 59 (62 ff.); *O. Seewald*, SGb 2006, 569 (580).

[419] *P. Axer*, Die Verwaltung 35 (2002), S. 377 (382); *E.T. Emde*, Demokratische Legitimation, S. 277.

[420] *E.T. Emde*, Demokratische Legitimation, S. 276 f.; *H. Bogs*, Die Sozialversicherung im Staat der Gegenwart, S. 200 ff.

[421] Dazu *O. Seewald*, SGb 2006, 569 (573), der selbst hierbei keine reine Selbstverwaltung i.S. einer Verantwortlichkeit erblickt, sondern lediglich die Möglichkeit, angehört zu werden und die Erstentscheidung zu treffen, die jedoch von der Fachaufsicht wieder revidiert werden kann; *E. Jung*, SGb 2007, 65 (69).

[422] *E.T. Emde*, Demokratische Legitimation, S. 277 f.; *A. Windels-Pietzsch*, VSSR 2003, 215 (223 f.); mit Blick auf die gesetzliche Unfallversicherung *O. Seewald*, SGb 2006, 569 (574 f.); bzgl. der Rentenversicherung *F. Ruland*, VSSR 2006, 157 (165).

chen ein beachtenswerter Entscheidungsspielraum im Sinne von eigenverantwortlicher Aufgabenwahrnehmung verbleibt.[423] Diese Entscheidungen sind darüber hinaus an Mitwirkungsbefugnisse und die Aufsicht in Form einer Rechtsaufsicht gekoppelt. So gehen auch das BVerfG in Anlehnung an *Werner Weber*[424] und das BSG davon aus, dass sich die Hauptaufgabe der Sozialversicherungsträger auf den Vollzug einer detaillierten Sozialgesetzgebung beschränkt, ähnlich dem Vollzug übertragener Staatsaufgaben,[425] ohne dass diesen aufgrund der hohen staatlichen Regelungsdichte im Hinblick auf das Satzungs-, Organisations-, Beitrags- und Leistungsrecht ein in eigener Verantwortung wahrnehmbarer Gestaltungsspielraum zusteht.[426] Insoweit wird den Sozialversicherungsträgern bzgl. ihrer Entscheidungen ein bloßer „Subsumtionsautomatismus" attestiert[427] und in der Literatur davon gesprochen, dass die Entscheidungsspielräume gänzlich fehlen bzw. „gegen Null" tendieren.[428] Es kann daher zu Recht nicht mehr von einer eigenverantwortlichen, die Zweckmäßigkeit selbständig beurteilenden und mit gewisser Staatsferne erfolgenden Aufgabenerfüllung in einem angemessenen Aufgabenbereich durch die Betroffenen gesprochen werden, die gerade kennzeichnend für die Selbstverwaltung ist und diese von der unmittelbaren Staatsverwaltung unterscheidet.[429] Vielmehr haben die Versicherten auf die wesentlichen Angelegenheiten keinerlei bestimmenden Einfluss.[430] Insoweit ist ein wesentlicher Unterschied zwischen den Sozialversicherungsträgern und der Ministerialverwaltung kaum noch vorhanden.[431] Auch aus diesem Grunde ist die Bezeichnung als „Soziale Selbstverwaltung" nicht exakt, sondern irreführend.

### c. *Zusammenfassung und Bewertung*

Für die Sozialversicherungsträger des SGB IV bestehen nur sehr begrenzte Spielräume, in denen sie autonom handeln können. Vielmehr ist weitgehend der gesamte Bereich der Sozialversicherungen normativ engmaschig durchstrukturiert, so dass nur wenige Aufgabenbereiche verbleiben, die von diesen eigenverant-

---

[423] *F.E. Schnapp*, in: FS Ipsen 2000, S. 807 (825); *ders.*, in: *v. Mutius* (Hrsg.), FG Unruh 1983, S. 881 (893); *P. Axer*, in: FS BSG 2004, S. 339 (355); *P. Krause*, BKK 1979, 4 (6); *W. Rüfner*, VVDStRL 28 (1970), S. 187 (194 f., 202 ff.); *T. Kingreen*, Sozialstaatsprinzip, S. 227; *U. Becker*, in: *v. Maydell/Ruland* (Hrsg.), SRH, § 13 Rn. 41, 44; *A. Windels-Pietzsch*, VSSR 2003, 215 (223 ff.); *K. Maier*, in: FS Rentenversicherung 1990, § 35 Rn. 33; *B. Schulin*, in: *ders.* (Hrsg.), Handbuch des Sozialversicherungsrechts, Bd. 3, § 45 Rn. 5; a.A. *R. Wimmer*, NJW 2004, 3369 (3373).

[424] *J. Salzwedel*, SDSRV 1 (1966), S. 50 (30).

[425] BVerfGE 39, 302 (313); BSGE 48, 42 (46).

[426] BVerfG, 2 BvR 1248/03, 2 BvR 1249/03, NZS 2005, 139 (142).

[427] *F.E. Schnapp*, VSSR 2006, 191 (197).

[428] *F.E. Schnapp*, in: *v. Mutius* (Hrsg.), FG Unruh 1983, S. 881 (884); *W. Wertenbruch*, SGb 1975, 261 (264 ff.).

[429] So auch *E.T. Emde*, Demokratische Legitimation, S. (281); ähnlich auch *E. Schmidt-Aßmann*, AöR 116 (1991), S. 329 (383).

[430] *F.E. Schnapp*, VSSR 2006, 191 (195).

[431] *F.E. Schnapp*, in: *v. Mutius* (Hrsg.), FG Unruh 1983, S. 881 (899); *O. Seewald*, SGb 2006, 569 (580).

wortlich wahrgenommen werden können. Es handelt sich bei den Sozialversicherungsträgern daher nicht um Selbstverwaltungseinheiten, sondern lediglich um Verwaltungseinheiten als Träger staatlicher Aufgaben. Vor diesem Hintergrund ist auch die Bezeichnung der Sozialversicherungsträger als Körperschaften des öffentlichen Rechts mit Selbstverwaltung in § 29 Abs. 1 SGB IV dahingehend zu verstehen, dass damit nicht eine Auslagerung von Aufgaben zur eigenständigen Erfüllung bezeichnet wird, sondern lediglich eine organisatorische Verselbständigung gegenüber der Ministerialverwaltung zum Ausdruck gebracht wird.[432] Insoweit ist dem BVerfG mit seiner Analyse zuzustimmen, nach der „[d]ie Hauptaufgabe der Sozialversicherungsträger […] in dem Vollzug einer detaillierten Sozialgesetzgebung, gleichsam nach Art einer übertragenen Staatsaufgabe [, besteht]. In diesem Bereich läßt sich der Sache nach nur bedingt von Selbstverwaltung sprechen. Als „Selbstverwaltung" kann hier nur die vom Gesetz eingeräumte und im Rahmen der Gesetze bestehende organisatorische Selbständigkeit […] verstanden werden".[433] Die Sozialversicherungsträger sind also in erster Linie organisatorisch verselbständigte Teile der Staatsgewalt, deren Einordnung als Selbstverwaltungseinheit zumindest aufgrund des reduzierten Handlungsspielraums zweifelhaft erscheint.

Ausschlaggebend für die Einordnung als Selbstverwaltungsorganisation ist jedoch nicht allein das Erfordernis der eigenverantwortlichen Aufgabenwahrnehmung, sondern auch die Voraussetzungen der reinen Betroffenenpartizipation, die jedoch fehlt, da innerhalb dieser Organisationseinheiten nicht nur die Betroffenen in Form der Versicherten zur Aufgabenerfüllung herangezogen werden, sondern mit Ausnahme der Ersatzkassen auch die Arbeitgeber, denen der Betroffenenstatus fehlt und deren Einbezug sich aufgrund ihres Fachwissens und Interesses an Kostenminimierung erklärt. Daher handelt es sich bei den Sozialversicherungsträgern des SGB IV trotz ihrer organisatorischen Selbständigkeit um keine reinen Selbstverwaltungsorganisationen, sondern um Selbstverwaltungsorganisationen mit einem (drittel-) paritätischen Anteil von Fremdverwaltung. Da sich diese Sozialversicherungsträger auch durch eine gruppenplurale Organisationsstruktur auszeichnen, innerhalb der inhomogene Interessenlagen bestehen, gehören diese der gruppenpluralen Konsensverwaltung an. Die Bezeichnung als „Soziale Selbstverwaltung" geht fehl, weshalb entweder von „Sozialer Fremdverwaltung" oder von „Sozialer Konsensverwaltung" gesprochen werden sollte.

### 2. *Die Bundesagentur für Arbeit*

Auch die Bundesagentur für Arbeit wird vom Gesetzgeber als Körperschaft des öffentlichen Rechts mit Selbstverwaltung bezeichnet. Auch hierfür müsste die (a.) Beteiligung von Betroffenen an der (b.) eigenverantwortlichen Aufgabenwahrnehmung gegeben sein, was im Folgenden untersucht und unter (c.) einer Zusammenfassung und Bewertung zugeführt wird.

[432] BVerfGE 39, 302 (313 f.); *E.T. Emde*, Demokratische Legitimation, S. 281.
[433] BVerfGE 39, 302 (313 f.).

### a. *Betroffenenpartizipation*

#### aa. *Betroffene und deren Partizipation an der Aufgabenerfüllung der Bundesagentur für Arbeit*

Ebenso wie bei den Sozialversicherungsträgern des SGB IV mit Ausnahme der Unfallversicherungsträger sind von der von der Bundesagentur für Arbeit zu erfüllenden Aufgabe die Versicherten in qualifizierter Weise unmittelbar und rechtlich betroffen. Insoweit stellt sich deren Beteiligung am Verwaltungsrat als Betroffenenbeteiligung dar.

Die Beteiligung der Arbeitgeber wird dagegen lediglich als Ausdruck ihrer Finanzverantwortung verstanden,[434] obgleich auch hier der von diesen abzuführende Sozialversicherungsbeitrag Lohnbestandteil ist.[435] Letztlich ist auf diese Differenzierung jedoch nicht weiter einzugehen, da in beiden Fällen die Arbeitgeber keine Betroffenen von der Aufgabenerfüllung der Bundesagentur für Arbeit sind und mit deren Einbezug Fremdverwaltung vorliegt.[436]

Das Aufgabenspektrum der Bundesagentur für Arbeit erschöpft sich jedoch nicht in der Durchführung der Arbeitslosenversicherung, sondern beinhaltet auch Aufgaben, die nicht allein den Versicherten zugutekommen. So sind z.B. von der Aufgabenerfüllung der Arbeitsvermittlung nicht allein die Versicherten unmittelbar und rechtlich betroffen, sondern grundsätzlich alle Arbeits- und Ausbildungssuchenden unabhängig davon, ob sie arbeitslosenversichert sind oder nicht. Diese Aufgabenerfüllung geht weit über diejenige der Arbeitslosenversicherung hinaus und betrifft eine derart große Personengruppe, dass diese kaum mehr von der Allgemeinheit abgrenzbar ist. Sie zeitigt gesamtgesellschaftliche Auswirkungen, so dass mit Blick auf die Betroffeneneigenschaft das Merkmal der qualifizierten Betroffenheit zur Abgrenzung der Betroffenengruppe von der Allgemeinheit nicht mehr eindeutig durch den Aufgabenbezug hergestellt werden kann. Insoweit scheitert bereits aus diesem Grunde die Qualifikation als Selbstverwaltungseinheit. Da jedoch nur die Versicherten im Verwaltungsrat der Bundesagentur für Arbeit vertreten sind, die Gruppe der Nichtversicherten trotz Betroffeneneigenschaft dagegen nicht, handelt es sich auch aus diesem Grunde um Fremdverwaltung.

#### bb. *Beteiligung Nichtbetroffener*

In den Verwaltungsrat der Bundesagentur für Arbeit werden auch Mitglieder der Gruppe der öffentlichen Körperschaften entsandt, die von der Bundesregierung, dem Bundesrat sowie den Spitzenvereinigungen der kommunalen Selbstverwaltungskörperschaften bestimmt werden. Dabei handelt es sich bei diesen Bundes-

[434] *S. Solka*, in: *Schubert* (Hrsg.), SGB III, § 371 Rn. 56.

[435] Dazu die Ausführungen unter C.V.1.a.aa. Betroffene und deren Partizipation an der Aufgabenerfüllung der Krankenkassen.

[436] Dazu die Ausführungen unter C.V.1.a.aa. Betroffene und deren Partizipation an der Aufgabenerfüllung der Krankenkassen.

organen wie auch den Spitzenvereinigungen naturgemäß nicht um Betroffene, deren Partizipation an der Selbstverwaltung erforderlich ist. Die Beteiligung der Gruppe der öffentlichen Körperschaften wurde bereits durch das Gesetz über Arbeitsvermittlung und Arbeitslosenversicherung vom 16. Juli 1927[437] eingeführt und bis heute beibehalten. Hintergrund hierfür ist, dass die Bundesagentur für Arbeit nicht lediglich Aufgaben der Arbeitslosenversicherung wahrnimmt, sondern z.B. mit der Arbeitsvermittlung, die allen Arbeits- und Ausbildungssuchenden unabhängig davon, ob diese arbeitslosenversichert sind, offen steht, auch über diese hinausreichende gesamtgesellschaftliche Aufgaben erfüllt und damit weitreichende Auswirkungen auf die gesamte Gesellschaft zeitigt. Jedoch werden auch die Aufgaben anderer Behörden berührt, was zur Entsendung der Mitglieder aus der Gruppe der öffentlichen Körperschaften führt.[438] Bei der Auswahl der Vertreter wird der Gliederung in die Verwaltungsebenen des Bundes, der Länder und der kommunalen Gebietskörperschaften Rechnung getragen. Durch deren Beteiligung besteht ein weiteres Element der Fremdverwaltung in der Bundesagentur für Arbeit.[439]

#### cc. *Interesseninhomogenität der Mitglieder des Verwaltungsrats*

Ähnlich wie bei den Sozialversicherungsträgern des SGB IV besteht auch bei der Bundesagentur für Arbeit zwischen den im Verwaltungsrat vertretenen Gruppen ein Interessenantagonismus,[440] so dass ebenfalls nach der Ansicht, die eine homogene Interessenstruktur für Selbstverwaltungsträger fordert,[441] die Bundesagentur für Arbeit nicht diesem Bereich zugeordnet werden kann. Insoweit unterscheiden sich die Interessen der Versicherten und der Arbeitgeber kaum von denjenigen in anderen Sozialversicherungsträgern. Dieser Interessenantagonismus wird auch nicht durch den Einbezug von Mitgliedern der Gruppe der öffentlichen Körperschaften behoben, sondern mit dem Allgemeinwohl um ein weiteres Interesse angereichert.

### b. *Eigenverantwortliche Aufgabenwahrnehmung*

Die Spielräume der Bundesagentur für Arbeit sind ähnlich wie bei den Sozialversicherungsträgern nach dem SGB IV im Rahmen ihrer Selbstverwaltungsbereiche begrenzt.[442] So sind auch für die Bundesagentur für Arbeit der versicherte und

---

[437] RGBl. I 1927, S. 187.

[438] *S. Solka*, in: *Schubert* (Hrsg.), SGB III, § 371 Rn. 57; *dies.*, in: *Schubert* (Hrsg.), SGB III, § 377 Rn. 13; *B. Pfeifer*, in: *Mutschler/Schmidt-De Caluwe/Coseriu Pablo* (Hrsg.), Sozialgesetzbuch III, § 371 Rn. 18.

[439] *I. Ebsen*, in: FS Lukes 1989, S. 321 (323).

[440] So auch *M. Jestaedt*, Demokratieprinzip, S. 76 Anm. 199, der diesen jedoch Homogenität im Hinblick auf deren Betroffenheit einräumt.

[441] Dazu unter A.I.1.b. Interessenhomogenität bei den Betroffenen.

[442] Zur Abgrenzung zwischen den Selbstverwaltungs- und Auftragsangelegenheiten *W. Adamy*, VSSR 2006, 175 (180 f.).

beitragsverpflichtete Personenkreis,[443] die Beitragssätze und die Berechnungsgrundlagen[444] wie auch das Leistungsrecht gesetzlich determiniert. Ebenfalls gilt der Totalvorbehalt des § 31 SGB I, der das Leistungsrecht an normative Regelungen rückbindet und dabei auch die Satzungshoheit erfasst. Die Satzungen der Bundesagentur für Arbeit unterliegen einem Genehmigungsvorbehalt und bedürfen einer Genehmigung des Bundesministeriums für Arbeit und Soziales.[445]

Die gesetzgeberische Vorprägung erstreckt sich auch auf das Organisationsrecht, da die Binnenstruktur der Bundesagentur für Arbeit durch Gesetz bestimmt wird.[446] Darüber hinaus werden die Mitglieder des einzigen Selbstverwaltungsorgans der Bundesagentur für Arbeit, des Verwaltungsrats, nicht gewählt, sondern durch das Bundesministerium für Arbeit und Soziales berufen.[447]

Der Haushaltsplan ist nicht lediglich vorzulegen, wie dies bei den Sozialversicherungsträgern des SGB IV von Amts wegen oder auf Verlangen erforderlich ist, sondern er bedarf der Genehmigung der Bundesregierung,[448] so dass insoweit nicht nur eine präventive Aufsicht erfolgt, sondern ein Mitwirkungsakt erforderlich wird.[449] Dieser wird noch dadurch erweitert, dass nicht nur rechtliche Aspekte überprüft werden und zur Verweigerung der Genehmigung berechtigen, sondern auch kontrolliert wird, ob die Bundesagentur für Arbeit die Bewertungs- und Bewirtschaftungsmaßstäbe des Bundes oder politische Leitlinien in Form der Grundsätze der Sozial-, Wirtschafts- und Finanzpolitik der Bundesregierung berücksichtigt hat.[450] Diese Ausweitung führt zu einem weitgehenden Mitgestaltungsrecht der Bundesregierung bzw. lässt die Bundesagentur für Arbeit zu einem Vollzugsinstrument der Beschäftigungspolitik werden.[451] Darüber hinaus besteht auch die Möglichkeit, dass das Bundesministerium für Arbeit und Soziales den Haushalt selbst feststellt, wenn der Haushaltsplan nur mit Liquiditätshilfen ausgeglichen werden kann.[452] Die Leistungspflicht der Bundesagentur für Arbeit ist dagegen kein Kriterium für die Genehmigung des Haushaltsplans.[453]

Auch bei der Bundesagentur für Arbeit ergibt sich dieses dichte Regelwerk aufgrund der Ausweitung der Versicherungspflicht auf die nahezu gesamte Bevölkerung, so dass eine gleichheitskonforme Ausgestaltung des Beitrags- und Leistungsrechts erforderlich wird.

---

443 §§ 25 ff. SGB III.

444 §§ 341 ff. SGB III.

445 § 372 Abs. 2 SGB III.

446 §§ 371 ff. SGB III.

447 § 377 Abs. 2 Satz 1 SGB III.

448 § 71a Abs. 2 SGB IV.

449 *T. Brandt*, in: *Kreikebohm* (Hrsg.), Sozialgesetzbuch, § 71a Rn. 4; *W. Theuerkauf*, in: *Schlegel* (Hrsg.), SGB IV, § 71a Rn. 14.

450 § 71a Abs. 2 SGB IV.

451 *T. Breitkreuz*, in: *Winkler* (Hrsg.), Sozialgesetzbuch IV, § 71a Rn. 4; *E.T. Emde*, Demokratische Legitimation, S. 271.

452 § 71a Abs. 4 2. Hs. SGB IV.

453 *W. Theuerkauf*, in: *Schlegel* (Hrsg.), SGB IV, § 71a Rn. 20.

Die Bundesagentur für Arbeit unterliegt zwar in dem Bereich, der ihr im Rahmen der Selbstverwaltung überlassen wurde, grundsätzlich nur der Rechtsaufsicht.[454] Jedoch stellt ebenso wie bei den Sozialversicherungsträgern des SGB IV die Begrenzung auf die Rechtmäßigkeitskontrolle aufgrund der starken gesetzlichen Determination und des weitestgehenden Fehlens von Entscheidungsspielräumen und rechtmäßigen Handlungsalternativen keinen Zugewinn an Autonomie dar. So kann auch bzgl. der Bundesagentur für Arbeit eine echte Selbstverwaltung im Sinne des Allgemeinen Verwaltungsrechts bezweifelt werden.[455]

### c. *Zusammenfassung und Bewertung*

Ebenso wie bei den Sozialversicherungsträgern des SGB IV bestehen für die Bundesagentur für Arbeit nur geringe Handlungsspielräume, die eine eigenverantwortliche Aufgabenwahrnehmung ermöglichen und damit die Bundesagentur für Arbeit als autonome Selbstverwaltungseinheit ausweisen könnten. Vielmehr bestehen eine gesetzliche Determination von hoher Dichte sowie zahlreiche Mitwirkungsrechte des Staates auf fast allen Gebieten, so dass sich die Bundesagentur für Arbeit eher als Vollzugsinstrument des Staates für die Umsetzung politischer Ziele darstellt.[456] Durch die Beteiligung gesellschaftlicher Gruppen handelt es sich nach *Winfried Brohm* um „gesellschaftliche Mitverwaltung".[457]

Entscheidend ist jedoch, dass darüber hinaus nicht lediglich die betroffenen Gruppen an der Verwaltung beteiligt sind, sondern durch die paritätische Besetzung mit den Arbeitgebern sowie dem Einbezug von Mitgliedern der Gruppe der öffentlichen Körperschaften erneut Elemente der Fremdverwaltung bestehen, wie auch Betroffenengruppen gar nicht an der Verwaltung beteiligt sind. Vor diesem Hintergrund handelt es sich bei der Bundesagentur für Arbeit um Fremdverwaltung,[458] die sich durch eine gruppenplurale Organisation auszeichnet, innerhalb der eine inhomogene Interessenlage besteht. Sie gehört insoweit der gruppenpluralen Konsensverwaltung an.[459] Insoweit ist die Bezeichnung als „Soziale Selbstverwaltung" verfehlt. Sinnvoller wäre eine Bezeichnung als „Soziale Konsensverwaltung". Dies wird auch durch die Einordnung der Bundesagentur für Arbeit als atypische Anstalt des öffentlichen Rechts gestützt,[460] da diese Rechtsform Indiz ist für das Bestehen von mittelbarer Staatsverwaltung, die nicht Selbstverwaltung darstellt.[461] Aufgrund des Einbezugs und der Beteiligung ge-

---

[454] § 393 Abs. 1 SGB III; vgl. auch § 371 Abs. 4 SGB III.

[455] *I. Ebsen*, in: FS Lukes 1989, S. 321 (324); *G.F. Schuppert*, in: *v. Mutius* (Hrsg.), FG Unruh 1983, S. 183 (194).

[456] *E.T. Emde*, Demokratische Legitimation, S. 274.

[457] *W. Brohm*, Strukturen der Wirtschaftsverwaltung, S. 124 ff.

[458] Ebenfalls an der Einordnung als Selbstverwaltung zweifelnd *M. Burgi*, NJW 2004, 1365 (1366).

[459] Als „pluralistischen oder „neokorporatistischen" Verwaltungsträger" bezeichnet sie *I. Ebsen*, in: FS Lukes 1989, S. 321 (323).

[460] Dazu die Ausführungen unter C.II.3. Die Bundesagentur für Arbeit.

[461] Dazu die Ausführungen unter A.I.3. Öffentlich-rechtliche Rechtsform.

sellschaftlicher Gruppen an der Willensbildung wird die Bundesagentur für Arbeit auch als „intermediäre Anstalt" bezeichnet.[462]

Die Bezeichnung der Bundesagentur für Arbeit als Verwaltungseinheit mit Selbstverwaltung beinhaltet damit keine Einordnung als Selbstverwaltungskörperschaft im Sinne des Allgemeinen Verwaltungsrechts, sondern beschränkt sich in seiner Aussage auf die organisatorische Ausgliederung aus der Ministerialverwaltung.[463]

### *VI. Demokratische Legitimation*

Geht das BVerfG davon aus, dass „der Vollzug einer detaillierten Sozialversicherungsgesetzgebung, gleichsam nach Art einer übertragenen Staatsaufgabe", den Hauptgegenstand der Sozialversicherungsverwaltung bildet, und zwar im Hinblick auf die Erhebung der Beiträge und der Gewährung von Leistungen an die Versicherten,[464] so erhellt bereits hieraus, dass die Sozialversicherungsträger leistend und eingreifend hoheitlich tätig werden. Da „jedes amtliche Handeln mit Entscheidungscharakter"[465] legitimationsbedürftig ist, bedürfen daher auch die Sozialversicherungsträger demokratischer Legitimation.[466] Dabei bestehen mit Blick auf die sachlich-inhaltliche Legitimation aufgrund des engmaschigen Normprogramms, dem die Sozialversicherungsträger unterworfen sind, nur Zweifel bzgl. der Weisungsfreiheit der Mitglieder des Verwaltungsrats der Bundesagentur für Arbeit, während die organisatorisch-personelle demokratische Legitimation grundsätzlich bei allen Sozialversicherungsträgern in Frage steht. In Ermangelung unmittelbarer, auf das Staatsvolk rückführbarer Wahlen wird eine solche im Hinblick auf (1.) die Sozialversicherungsträger des SGB IV in Form der autonomen Legitimation durch die mitgliedschaftlich-partizipatorische Komponente diskutiert, während sie sich bei (2.) der Bundesagentur für Arbeit durch die Berufung der Mitglieder ergeben kann. Danach wird untersucht, ob (3.) Konsens als Legitimationsspender in Betracht kommt, ehe eine (4.) Zusammenfassung und Bewertung erfolgt.

#### *1. Die Sozialversicherungsträger des SGB IV*

Die Besonderheit im Hinblick auf die Sozialversicherungsträger des SGB IV und damit der Unterschied zu den übrigen Trägern funktionaler Selbstverwaltung, bei der die autonome Legitimation durch Teilvölker diskutiert wird, besteht indes darin, dass sich die Binnenorganisation der Sozialversicherungsträger der Kranken-, Pflege-, Renten- und Unfallversicherungen durch die paritätische Be-

---

[462] *I. Ebsen*, in: FS Lukes 1989, S. 321 (323); *K. Lange*, VVDStRL 44 (1986), S. 169 (194).

[463] *B. Pfeifer*, in: *Mutschler/Schmidt-De Caluwe/Coseriu Pablo* (Hrsg.), Sozialgesetzbuch III, § 367 Rn. 10.

[464] BVerfGE 39, 302 (313 f.).

[465] BVerfGE 47, 253 (273); 83, 60 (73); 93, 37 (68).

[466] *F.E. Schnapp*, in: FS Ipsen 2000, S. 807 (816).

setzung der Selbstverwaltungsorgane durch Vertreter von Arbeitnehmern und Arbeitgebern sowie durch die „Friedenswahl" als Kreationsverfahren abhebt.[467] Hierdurch geht der Gesetzgeber mit der Ausgestaltung der Sozialversicherungsträger nicht nur eigene, den überkommenen Körperschaftsbegriff verlassende Wege,[468] sondern die „Friedenswahlen" werden auch im Hinblick auf die Beurteilung personeller Legitimation relevant. So wird im Folgenden auf die Voraussetzungen (a.) autonomer Legitimation durch Teil- bzw. Verbandsvölker wie auch auf die (b.) „Friedenswahlen" eingegangen.

### *a. Autonome Legitimation durch Teil- bzw. Verbandsvölker*

Voraussetzung für eine bei der funktionalen Selbstverwaltung herangezogene autonome Legitimation ist das Bestehen eines Teil- bzw. Verbandsvolkes. Dabei kann nicht bereits eine verfassungsrechtliche Anerkennung als solche durch Art. 87 Abs. 2 GG angenommen werden, da es sich bei diesem lediglich um eine Organisations- und Kompetenznorm für die Abgrenzung der Verwaltungszuständigkeiten von Bund und Ländern handelt,[469] die darüber hinaus keine Aussage zur Anerkennung von Personengruppen als Teilvölker im Rahmen der Selbstverwaltung enthält.[470]

In Bezug auf die Legitimation in den Ersatzkassen bestehen insoweit keinerlei Schwierigkeiten, da durch die in dieser mitgliedschaftlich organisierten Versicherten ein von der Allgemeinheit abgrenzbarer, nach der Interessenlage sogar homogener Betroffenenkreis als legitimationsspendendes Teilvolk besteht.

Im Hinblick auf die übrigen Sozialversicherungsträger des SGB IV dagegen ist bzgl. des Vorliegens von Teilvölkern zu beachten, dass es sich bei den Versicherten und den Arbeitgebern, die zwar nicht unmittelbar rechtlich, jedoch durch die Lohnnebenkosten zumindest mittelbar betroffen sind, um keine interessenhomogene Gruppe handelt, sondern Interessenantagonismus vorherrscht und insoweit bereits das Kriterium der Interessenhomogenität, sollte man es anwenden, nicht vorhanden wäre.[471]

Darüber hinaus hebt sich die Binnenorganisation dieser Sozialversicherungsträger von denen der funktionalen Selbstverwaltung in bezeichnender Weise ab. So sind Vertreterversammlung bzw. Verwaltungsrat wie auch der Vorstand paritätisch aus Gruppen der Arbeitgeber und Arbeitnehmer zusammengesetzt, wobei die jeweiligen Vertreter einer Gruppe auch allein von dieser gewählt werden,

[467] Zur „Friedenswahl" bei den Handwerkskammern unter E.II.1.d. Legislative Determination durch Ersetzung des Wahlaktes – die „Friedenswahlen" in den Handwerkskammern.

[468] *E.T. Emde*, Demokratische Legitimation, S. 163.

[469] BVerfGE 21, 362 (371); 39, 302 (315); ähnlich BVerfGE 63, 1 (36). Kritisch hierzu *E. Schmidt-Aßmann*, in: *Selmer/v. Münch* (Hrsg.), GS Martens, S. 249 (253).

[470] Näher zum Aussagegehalt von Art. 87 Abs. 2 GG C.II.1. Verfassungsrechtliche Vorgaben, C.VI.1.b.bb.(1) Art. 87 Abs. 2 GG als Rechtfertigung der „Friedenswahlen" und D.IV.1.d.aa. Art. 87 Abs. 2 oder Abs. 3 Satz 1 GG.

[471] Dazu bereits unter C.V.1.a.bb. Interesseninhomogenität im Verwaltungsrat bzw. in der Vertreterversammlung

ohne dass die andere Gruppe hierauf Einfluss hätte. Es finden mithin keine gemeinsamen Wahlen der Selbstverwaltungsorgane durch ein einheitliches Teilvolk statt, sondern nur Wahlen eines Teils der Mitglieder der Selbstverwaltungsorgane durch einen Teil der in diesen Sozialversicherungsträgern organisierten Gruppen.

So kann man auf den Gedanken einer Legitimation durch Teilverbandsvölker kommen. Dabei ist jedoch zu bedenken, dass die Entscheidungen der Sozialversicherungsträger gerade nicht durch zwei voneinander unabhängige Teilorgane und damit durch voneinander unabhängige Teilgruppen getroffen werden, sondern lediglich der Kreationsvorgang in zwei Wahlen aufgespalten wird, während der Vertretungsvorgang einen einheitlichen Willensakt der gesamten Vertreterversammlung bzw. des gesamten Vorstands voraussetzt, der darüber hinaus auch nicht die Mehrheit beider Gruppenvertreter benötigt.[472] Darüber hinaus bindet diese einheitliche Entscheidung auch beide Gruppen in gleicher Weise. Insoweit kann also nicht darauf abgestellt werden, dass ein Teil des Verbandsvolkes einen Teil der Mitglieder in den Selbstverwaltungsgremien wählt und diese damit legitimiert, da insoweit aufgrund des gespaltenen Legitimationsobjekts Herrschaftsausübende und Herrschaftsunterworfene nicht mehr identisch sind.[473] Dies gilt umso mehr, als z.B. in der gesetzlichen Krankenversicherung auch noch die Möglichkeit des Wechsels der Krankenkasse besteht, wodurch sich die Zusammensetzung des Legitimationssubjekts verändert und damit die Versicherten den Handlungen eines Verwaltungsrats ausgesetzt sind, dem sie keine Legitimation gegeben haben.[474]

Hieran vermag auch der bedenkliche Ansatz nichts zu ändern, nach dem sich die paritätische Beteiligung zwischen Arbeitnehmern und Arbeitgebern als Folge der ebenfalls paritätischen Lastenverteilung[475] sowie „dem Grundsatz der gleichberechtigten Zusammenarbeit der Arbeitnehmer und der Arbeitgeber als den Trägern der gesamten Wirtschaft“[476] ergibt. So wurde bereits gezeigt, dass eine paritätische Lastenverteilung gerade nicht erfolgt, insofern als der vom Arbeitgeber abzuführende Beitragsanteil einen Bestandteil des Arbeitnehmereinkommens darstellt und die Abführung durch den Arbeitgeber lediglich der Verkürzung des Zahlungsweges dient, ohne den Charakter der Sozialversicherungsabgaben als einkommensabhängige Beiträge infrage zu stellen.[477] Auch ist das Argument der Wirtschafts- und Sozialpartnerschaft, in dem sich grundsätzlich zeigt, dass das Tarifrecht für die Ausgestaltung der „Sozialen Selbstverwaltung“ prägend war, nicht geeignet, als politische Leitlinie des Gesetzgebers die verfassungsrechtlichen Anforderungen im Hinblick auf das Demokratieprinzip zu modifizieren. So

[472] *E.T. Emde*, Demokratische Legitimation, S. 163.

[473] Ähnlichkeiten weisen insofern auch die Universitäten, die Industrie- und Handelskammern wie auch die Handwerkskammern auf, dazu E.II.1. Legitimation durch Wahlen.

[474] *F.E. Schnapp*, VSSR 2006, 191 (199).

[475] *H. Bogs*, in: *ders./v. Ferber/infas* (Hrsg.), Soziale Selbstverwaltung, S. 320 ff.; *ders.*, Die Sozialversicherung im Staat der Gegenwart, S. 81 ff., 159 ff.

[476] Begründung des Regierungsentwurfs zum Gesetz über die Selbstverwaltung, BT-Drs. I, 444, S. 2.

[477] Dazu bereits C.V.1.a.aa. Betroffene und deren Partizipation an der Aufgabenerfüllung der Krankenkassen.

bleibt es dabei, dass die Teilwahl von Organen durch lediglich Teile eines Selbstverwaltungsträgers zur Erreichung einer paritätischen Besetzung jener Selbstverwaltungsorgane Zweifeln an deren legitimatorischen Wirkung ausgesetzt ist.

Demgemäß kann festgehalten werden, dass durch ein gespaltenes Legitimationssubjekt kein hinreichender Legitimationszusammenhang im Hinblick auf die das zu legitimierende Staatshandeln ausübenden Selbstverwaltungsorgane hergestellt werden kann und insoweit Herrschaftsausübende und Herrschaftsunterworfene nicht identisch sind.[478]

### *b. „Friedenswahlen"*

Neben dem Problem des fehlenden Legitimationszusammenhangs aufgrund eines gespaltenen Legitimationssubjekts besteht noch dasjenige der Unterbrechung des Legitimationszusammenhangs durch den Kreationsmodus selbst. Ist die Besetzung der Vertreterversammlung bzw. des Verwaltungsrates durch Verhältniswahlen nach getrennten Vorschlagslisten vom Gesetzgeber als Grundsatz vorgesehen, wird die Übertragung der Selbstverwaltungsangelegenheiten an die Exponenten des Gegensatzes von Kapital und Arbeit durch das Spezifikum der „Friedenswahlen" verstärkt. Bei den „Friedenswahlen" handelt es sich um eine Form der Besetzung, bei der eine Wahlhandlung nicht mehr erforderlich ist, da aus einer Gruppe nur eine Vorschlagsliste zugelassen wird oder nicht mehr Mitglieder zu wählen sind, als Bewerber auf mehreren Vorschlagslisten insgesamt benannt werden. In diesen Fällen gelten die Vorgeschlagenen aufgrund gesetzlicher Fiktion als gewählt,[479] da eine positive Wahlentscheidung aufgrund Wahlalternativen nicht getroffen werden kann. Diese „Friedenswahlen" finden als Wahlen ohne Wahlhandlung in der überwiegenden Anzahl der Besetzungsverfahren Anwendung.[480] Die legitimatorische Wirkung dieser „Friedenswahlen" ist seit langer Zeit umstritten.[481]

---

[478] Zu den Universitäten, den Industrie- und Handelskammern wie auch den Handwerkskammern E.II.1. Legitimation durch Wahlen.

[479] §§ 46 Abs. 2 i.V.m. 33 Abs. 3 Satz 2 SGB IV.

[480] *B.-R. Zabre*, in: *Kreikebohm* (Hrsg.), Sozialgesetzbuch, Vor § 45 Rn. 7.

[481] Diese annehmend BSGE 36, 242 (243 f.); *K. Engelmann*, NZS 2000, 76 (77 f.); *K.-J. Bieback*, in: *Schulin* (Hrsg.), Handbuch des Sozialversicherungsrechts, Bd. 2, § 54 Rn. 33; *ders.*, in: FS Gitter 1995, S. 83 (87); *S. Muckel*, in: *Schnapp* (Hrsg.), Funktionale Selbstverwaltung, S. 151 ff.; *ders.*, NZS 2002, 118 (125); *U. Becker*, in: *v. Maydell/Ruland* (Hrsg.), SRH, § 13 Rn. 52; *R. Hendler*, DRV 1986, 319 (326 ff.); *F. Ruland*, VSSR 2006, 157 (168); *ders.*, DRV 1993, 684 (700); *K. Rode*, BKK 1967, Sp. 321 ff.; diese ablehnend *P. Axer*, Normsetzung, S. 305; *ders.*, Die Verwaltung 35 (2002), S. 377 (385); *T. Groß*, Kollegialprinzip, S. 263; *E.T. Emde*, Demokratische Legitimation, S. 164 f., 178 f., 421 ff., 439 ff.; *W. Kluth*, Funktionale Selbstverwaltung, S. 460; *G. Haverkate*, VVDStRL 46 (1988), S. 217 (238); *J. Oebbecke*, VerwArch 81 (1990), S. 349 (362 f.); *J. Castendiek*, NZS 2001, 71 (73) m.w.N.; *E. Schmidt-Aßmann*, AöR 116 (1991), S. 329 (383); *ders.*, Grundrechtspositionen, S. 83 f.; *ders.*, NJW 2004, 1689 (1693); *T. Koch*, SGb 2001, 109 (114); *F.E. Schnapp*, in: FS Ipsen 2000, S. 807 (821 f.); *ders.*, VSSR 2006, 191 (199), der von „hinkender" personeller Legitimation spricht; *M. Kleine-Cosack*, Autonomie, S. 202 f.; *M. Papenfuß*, Personelle Grenzen, S. 160 f.; *M. Plantholz*, Funktionelle Selbstverwaltung, S. 236; *P. Wigge*, Ersatzkassen, S. 372; *A. Hänlein*, Rechtsquellen, S. 149 f.; *A. Wahl*, Kooperationsstrukturen, S. 187 ff.; *T. Hebeler*, DÖV 2002, 936

### *aa. Die Rechtsprechung des BSG zu den „Friedenswahlen"*

Das BSG hält die „Friedenswahlen" für verfassungskonform, da die demokratischen Anforderungen, die Art. 28 Abs. 1 Satz 1 GG stellt, nur für Gebietskörperschaften, die über ein eigenes Volk verfügen, gelten und daher für die Sozialversicherungsträger als Nichtgebietskörperschaften, wenn überhaupt, nur eingeschränkt übertragbar seien.[482] Darüber hinaus würden pragmatische Erwägungen dieses Ergebnis stützen, da eine „streitige" Wahl vor dem Hintergrund des fehlenden Interesses an den Wahlen zur Vertreterversammlung wie auch der Absenz von kontroversen Wahlkampfthemen eine bloße Förmlichkeit sei und der Verzicht hierauf nicht nur der Vereinfachung, sondern auch der Kostenersparnis diene.[483] Im Anschluss hieran wird von Teilen der Literatur auch für die „Friedenswahlen" angeführt, dass weder die Arbeit der Sozialversicherungsträger noch die Vorschlagslisten von den Wählern beurteilt werden könnten und nicht die Repräsentanz eines Volkes, sondern der Einbezug von Sachverstand im Mittelpunkt der Besetzungsentscheidung stehe, da die Kandidaten „fachkundige und sozialpolitisch aktive Vertreter spezifischer gesellschaftlicher Interessen" seien.[484]

Trotz der weitgehend kritiklosen Rezeption des Urteils in der Literatur[485] hielt die Kontroverse um die Verfassungsmäßigkeit weiter an.[486] Dies mag nicht zuletzt an der Inkonsistenz des Urteils selbst liegen. Dabei können die pragmatischen Erwägungen, wie das Fehlen des Interesses an der Wahl, die Verfahrensvereinfachung und die Kostenersparnis, die das Gericht anstellt, die Grundsätze des Demokratiegebots nicht überlagern und auch keine Ausnahmen hiervon begründen, so dass auf sie nicht weiter eingegangen werden muss, „obwohl sie zu Anmerkungen reichlich Gelegenheit bieten", wie *Friedrich E. Schnapp* zutreffend ausführt.[487] Eingegangen werden muss dagegen darauf, dass das BSG für seine Begründung lediglich Art. 28 Abs. 1 GG heranzieht,[488] der tatsächlich nur für Gebietskörperschaften gilt und insofern eine Anerkennung von Teilvölkern beinhaltet, während Art. 20 Abs. 2 Satz 1 GG, dem allgemeinen Sitz des Demokra-

(941); *A. Windels-Pietzsch*, VSSR 2003, 215 ff.; *T. Kingreen*, NZS 2007, 113 (117); *V. Neumann*, NZS 2010, 593 (598); *F. Hufen*, SDSRV 34 (1991), S. 43 (63); *R. Wimmer*, NJW 2004, 3369 ff.; *J. Müller/J. Wasem*, SozVers 1984, 85 ff.; zumindest verfassungsrechtliche Bedenken äußernd *H. Butzer/M. Kaltenborn*, MedR 2001, 333 (339). Angesichts dieser Fülle an Literaturmeinungen ist der Schluss, dass die „Friedenswahlen" „überwiegend als zulässig angesehen" würden, kaum haltbar, so aber *E. Jung*, SGb 2007, 65 (70).

[482] BSGE 36, 242 (244); dem folgend *K. Engelmann*, NZS 2000, 76 (77 f.).

[483] BSGE 36, 242 (244); dazu *A. Windels-Pietzsch*, VSSR 2003, 215 (217 ff.).

[484] *H. Bogs*, in: *ders./v. Ferber/infas* (Hrsg.), Soziale Selbstverwaltung, S. 349.

[485] *B.-R. Zabre*, in: *Kreikebohm* (Hrsg.), Sozialgesetzbuch, Vor § 45 Rn. 8; *J. Winkler*, in: *ders.* (Hrsg.), Sozialgesetzbuch IV, § 46 Rn. 6; *M. Woltjen*, in: *Schlegel* (Hrsg.), SGB IV, § 46 Rn. 21 f.

[486] *R. Hendler*, DRV 1986, 319 (326) m.w.N.

[487] *F.E. Schnapp*, in: FS Ipsen 2000, S. 807 (812).

[488] Dies mag aus der empfundenen Notwendigkeit heraus erfolgt sein, sich von der Entscheidung des BVerfG zur Unzulässigkeit der „Friedenswahlen" im Bereich der kommunalen Selbstverwaltung, BVerfGE 13, 1 (17 f.), abzugrenzen.

tieprinzips im Grundgesetz, keinerlei Bedeutung beigemessen wird.[489] Aus diesem ergibt sich jedoch, dass grundsätzlich jegliche Ausübung von Staatsgewalt auf das Volk durch Wahlen und Abstimmungen rückführbar sein muss, mithin auch die Tätigkeit der Sozialversicherungsträger.

*bb. „Friedenswahlen" und die Literatur*

Inwiefern „Friedenswahlen" diese Rückbindung ermöglichen, ist umstritten. So konzedieren selbst diejenigen Stimmen in der Literatur, die die „Friedenswahlen" grundsätzlich anerkennen, eine Abschwächung der personellen Legitimation gegenüber einer Wahl mit Wahlhandlung.[490] Jedoch bleibt es nicht bei einer solchen. Vielmehr erfolgt durch die „Friedenswahlen" gar keine Rückführung, auch nicht auf ein Teilvolk der Sozialversicherungsträger, da es an einer Auswahlmöglichkeit der Wahlberechtigten bzgl. der Kandidaten fehlt und insoweit auf das konstitutive Element der Wahlhandlung durch das Legitimationssubjekt verzichtet wird,[491] während einer Minderheit die Auswahl der Kandidaten zukommt. Daher handelt es sich bei den „Friedenswahlen" nach wohl allgemeiner und richtiger Ansicht entgegen ihrer Bezeichnung nicht um Wahlen, so dass auch kein legitimationsspendender Wahlakt in Form individueller Zustimmung erfolgt.[492] Eine demokratische Legitimation „von unten" im Sinne von Art. 20 Abs. 2 Satz 1 GG können daher „Wahlen ohne Wahlhandlung", die gerade keine Wahlen i.S.v. Art. 20 Abs. 2 Satz 1 GG darstellen, nicht vermitteln.[493] Vielmehr wird durch diese das einzelne Mitglied mediatisiert und im Hinblick auf die Auswahlentscheidung entrechtet und lediglich organisierte Interessen legitimiert, wodurch eine „verbandsoligarchische Entwicklung" durch die Umwandlung von Versichertenpartizipation in Verbandsmitwirkung erreicht, nicht jedoch demokratische Legitimation durch individuelle Zustimmung hergestellt wird.[494]

---

489 *F.E. Schnapp*, in: FS Ipsen 2000, S. 807 (812 f.); *R. Wimmer*, NJW 2004, 3369 f.

490 *H. Butzer/M. Kaltenborn*, MedR 2001, 333 (340); *J. Taupitz*, MedR 2003, 7 (11); *A. Wahl*, Kooperationsstrukturen, S. 187 ff.

491 *J. Castendiek*, NZS 2001, 71 (73); *M. Jestaedt*, Demokratieprinzip, S. 546; *E.T. Emde*, Demokratische Legitimation, S. 164 f.; *E. Schmidt-Aßmann*, AöR 116 (1991), S. 329 (383).

492 *R. Wimmer*, NJW 2004, 3369; *W. Kluth*, Funktionale Selbstverwaltung, S. 460; *U. Becker*, Staat und autonome Träger im Sozialleistungsrecht, S. 184 ff.; *M. Kleine-Cosack*, Autonomie, S. 203; *F.E. Schnapp*, in: FS Ipsen 2000, S. 807 (821), spricht insoweit von einer unvollkommenen, „hinkenden" personellen Legitimation, S. 822, 826.

493 *J. Castendiek*, NZS 2001, 71 (73); *T. Kingreen*, NZS 2007, 113 (117); *V. Neumann*, NZS 2010, 593 (598); *J. Oebbecke*, VerwArch 81 (1990), S. 349 (362 ff.); *G. Haverkate*, VVDStRL 46 (1988), S. 217 (238); *A. Windels-Pietzsch*, VSSR 2003, 215 (216); *P. Axer*, Die Verwaltung 35 (2002), S. 377 (385); *ders.*, Normsetzung, S. 305; *E.T. Emde*, Demokratische Legitimation, S. 421 ff.; *V. Neumann*, NZS 2010, 593 (598); a.A. BSGE 79, 105 (109 f.); *K. Engelmann*, NZS 2000, 76 (77).

494 *M. Kleine-Cosack*, Autonomie, S. 202 f.

### *(1) Art. 87 Abs. 2 GG als Rechtfertigung der „Friedenswahlen"*

Eine verfassungsrechtliche Ausnahme und damit Anerkennung der Friedenswahl als Wahlmodus wird teilweise in Anlehnung an die Rechtsprechung des BVerfG aus Art. 87 Abs. 2 GG abgeleitet. So ist das BVerfG der Ansicht, dass der Verfassungsgeber mit Art. 87 Abs. 2 GG „solche bei Inkrafttreten des Grundgesetzes vorhandenen, historisch gewachsenen Organisationsformen der funktionalen Selbstverwaltung zur Kenntnis genommen und durch Erwähnung ihre grundsätzliche Vereinbarkeit mit der Verfassung anerkannt" habe.[495] Dies versteht ein Teil der Literatur dahingehend, dass der Verfassungsgeber auf die organisatorische Ausgestaltung der Sozialversicherung vor der Verabschiedung des Grundgesetzes Bezug genommen habe, die er bei dessen Erlass vorfand und anerkannte, so dass auch die „Friedenswahlen" verfassungsrechtlich sanktioniert seien.[496] So habe auch der erste Bundestag die „Friedenswahlen" 1950 gesetzlich verankert, ohne dass deren Verfassungsmäßigkeit diskutiert wurde.[497]

Dem ist jedoch entgegenzuhalten, dass hierdurch nicht nur Art. 87 Abs. 2 GG eine Aussage untergeschoben wird, die dieser nicht enthält, sondern auch das Urteil des BVerfG überstrapaziert wird. So beschränkt sich der Aussagegehalt von Art. 87 Abs. 2 GG darauf, dass es sich bei diesem lediglich um eine Organisations- und Kompetenznorm für die Abgrenzung der Verwaltungszuständigkeiten von Bund und Ländern handelt,[498] der darüber hinaus die Intention enthält, dass die Sozialversicherungsträger als organisatorisch selbständige Verwaltungsträger außerhalb der unmittelbaren Staatsverwaltung eingerichtet werden müssen[499] und die Mitwirkung der Betroffenen sichergestellt werden muss.[500] Eine Anerkennung auch des Wahlmodus insbesondere in einer vom Demokratieprinzip abweichenden Art kann weder der Norm noch der Entscheidung des BVerfG entnommen werden. Vielmehr ist anzunehmen, dass eine solche Anerkennung einer Verwaltungsform weder vom Verfassungsgeber noch vom BVerfG ohne Rücksicht auf die grundlegenden Prinzipien des Grundgesetzes erfolgt und damit von den Anforderungen an die demokratische Legitimation des Staatshandelns durch diese Verwaltungseinheiten nicht dispensiert.[501] Dies ergibt sich auch daraus, dass

---

[495] BVerfGE 107, 59 (90).

[496] *S. Muckel*, in: *Schnapp* (Hrsg.), Funktionale Selbstverwaltung, S. 151 (173 f.) m.w.N.; *E.T. Emde*, Demokratische Legitimation, S. 369, 372; *P. Axer*, Normsetzung, S. 300 f.; *ders.*, Die Verwaltung 35 (2002), S. 377 (386 f.); ähnlich auch *U. Becker*, Staat und autonome Träger im Sozialleistungsrecht, S. 185.

[497] *S. Muckel*, in: *Schnapp* (Hrsg.), Funktionale Selbstverwaltung, S. 151 (173) m.w.N.

[498] BVerfGE 21, 362 (371); 39, 302 (315); ähnlich BVerfGE 63, 1 (36). Kritisch hierzu *E. Schmidt-Aßmann*, in: *Selmer/v. Münch* (Hrsg.), GS Martens, S. 249 (253).

[499] *R. Breuer*, VVDStRL 44 (1986), S. 211 (236); *P. Axer*, Normsetzung, S. 281.

[500] *U. Becker*, in: *v. Maydell/Ruland* (Hrsg.), SRH, § 13 Rn. 10; *F.E. Schnapp*, in: FS Ipsen 2000, S. 807 (817 f.).

[501] *R. Wimmer*, NJW 2004, 3369 (3370); *W. Kluth*, in: *Schnapp* (Hrsg.), Funktionale Selbstverwaltung, S. 17 (32).

andernfalls die Sozialversicherungsträger keiner verfassungsrechtlichen Überprüfung mehr zugänglich wären, was nicht der Fall ist.[502]

*(2) Ausreichende Einwirkungsmöglichkeiten auf den Kreationsvorgang*

Weiter wird von den Vertretern der Verfassungskonformität der Friedenswahl darauf abgestellt, dass diese dann nicht problematisch sei, wenn den Betroffenen noch ausreichende Einwirkungsmöglichkeiten auf den Kreationsvorgang blieben.[503] Dies sei jedenfalls dann der Fall, wenn sie in der Lage sind, eigene Wahlvorschläge zu unterbreiten und dadurch die „Friedenswahl" verhindern können.[504] Dagegen sei in dem Verzicht auf die Einreichung derartiger Wahlvorschläge bereits ein Ersatz für die Wahlhandlung zu erblicken und somit eine ausreichende demokratische Legitimation vorhanden.[505]

Freie Listen, durch welche die Betroffenen auf die Kandidatenaufstellung Einfluss nehmen könnten, sind gesetzlich vorgesehen und zumindest theoretisch möglich.[506] Das Problem besteht jedoch darin, dass sie hohen Anforderungen unterliegen. So sind sie als einzige Listen von einem Unterschriftenquorum abhängig, das nur schwer innerhalb der angesetzten Frist zu erreichen ist, da den Versicherten einerseits die Organisationsstruktur fehlt, andererseits durch die Fusionen von Sozialversicherungsträgern insbesondere im Bereich der gesetzlichen Krankenversicherung die Anzahl der Versicherten in den Versicherungsträgern deutlich angestiegen ist und damit auch ein höheres Quorum zu erzielen ist.[507] So kommen selbst Vertreter dieser Auffassung zu der Ansicht, dass aufgrund der normativen Ausgestaltung der Voraussetzungen für die Bildung freier Listen keine ausreichenden Beteiligungsmöglichkeiten bestehen.[508] Insoweit ist es auch kaum vertretbar, in dem Verzicht auf die Aufstellung dieser Listen einen Wahlersatz erblicken zu wollen.

*(3) Kompensation durch sachlich-inhaltliche Legitimation*

So bleibt die Frage, inwiefern die aufgrund der mangelnden legitimatorischen Wirkung der „Friedenswahlen" fehlende personelle Legitimation durch die sachlich-inhaltliche kompensiert werden kann. Eine solche Kompensation nimmt beispielsweise *Friedrich E. Schnapp* an, wenn er darauf abstellt, dass die Ausübung von Staatsgewalt an den Volkswillen rückgebunden werden muss, ohne dass es darauf ankäme, in welcher Form dies geschehe.[509] Denn Legitimationsob-

---

502 *R. Wimmer*, NJW 2004, 3369 (3370).

503 *S. Muckel*, in: *Schnapp* (Hrsg.), Funktionale Selbstverwaltung, S. 151 (174); *K. Engelmann*, NZS 2000, 76 (78).

504 *S. Muckel*, in: *Schnapp* (Hrsg.), Funktionale Selbstverwaltung, S. 151 (174 f.).

505 *K. Engelmann*, NZS 2000, 76 (78).

506 § 48 SGB IV.

507 § 48 Abs. 2 Satz 1 SGB IV.

508 *S. Muckel*, in: *Schnapp* (Hrsg.), Funktionale Selbstverwaltung, S. 151 (175); so auch *P. Axer*, Die Verwaltung 35 (2002), S. 377 (384).

509 *F.E. Schnapp*, in: FS Ipsen 2000, S. 807 (823); *M. Jestaedt*, Demokratieprinzip, S. 281 ff.

jekt seien nicht die Amtswalter, sondern die getroffenen Entscheidungen. So könne die fehlende personelle Legitimation durch die legislative Determination der Sozialversicherungsträger ausgeglichen werden und damit ein hinreichendes Legitimationsniveau hergestellt werden.[510]

Hierdurch wird jedoch die personelle Legitimation in ihrer Bedeutung reduziert bzw. ihr eine solche generell abgesprochen, obwohl ihr aufgrund ihres Bezugs zur Legitimation von Entscheidungsfreiräumen sogar Vorrang gegenüber der sachlich-inhaltlichen eingeräumt werden kann.[511] Daher wird von der überwiegenden Auffassung in der Literatur die Möglichkeit einer vollständigen Substitution der beiden Legitimationsformen zu Recht abgelehnt und lediglich ein Ausgleich bis zu einem gewissen Grade für zulässig erachtet.[512] Aus diesem Grunde kann das Legitimationsdefizit aufgrund des völligen Fehlens der personellen Legitimation durch die „Friedenswahlen" nicht ausgeglichen werden.

*(4) Möglichkeit alternativer Besetzungsverfahren*

Auch dem Argument, dass der Gesetzgeber ein Berufungsverfahren hätte einführen und so die demokratische Legitimation ohne Betroffenenbeteiligung hätte bewerkstelligen können,[513] kann nicht gefolgt werden. Dem ist zwar dahingehend beizupflichten, als eine personelle demokratische Legitimation neben Wahlen auch durch Ernennungsakte erfolgen kann, wie dies nach dem klassischen Legitimationskonzept für die unmittelbare Staatsverwaltung durch ununterbrochene Legitimationsketten auch der Fall ist. Allerdings hat dies der Gesetzgeber mit Ausnahmen[514] gerade nicht für die Sozialversicherungsträger des SGB IV vorgesehen und es damit unterlassen bzw. diese Möglichkeit erst für das Scheitern der Wahlen vorgesehen.[515] Die bloße Möglichkeit der Einführung einer alternativen Legitimationsform vermag jedoch keine Absenkung der Anforderungen an eine andere, vom Gesetzgeber gewählte zu rechtfertigen. Denn eine solche Rechtfertigung wäre immer denkbar, da auch bei anderen Organisationsformen die Möglichkeit der Ernennung besteht, wodurch die Anforderungen an eine Legitimation durch Wahlen ausgehöhlt würden. Insoweit bleibt dieses Argument dem Hypothetischen verhaftet. Führt der Gesetzgeber ein Wahlverfahren ein, dann hat dies auch den demokratischen Anforderungen zu genügen, was bei den „Friedenswahlen" gerade nicht der Fall ist.[516]

---

[510] *F.E. Schnapp*, in: FS Ipsen 2000, S. 807 (823 f.); ähnlich *F. Welti*, VSSR 2006, 133 (142 f.).

[511] *W. Kluth*, Funktionale Selbstverwaltung, S. 359.

[512] Vgl. hierzu *E.T. Emde*, Demokratische Legitimation, S. 327 ff.; *E.-W. Böckenförde*, in: *Isensee/Kirchhof* (Hrsg.), HStR II, § 24 Rn. 22, 24; *E. Schmidt-Aßmann*, AöR 116 (1991), S. 329 (368); *ders.*, Ordnungsidee, Zweites Kapitel Rn. 98; *H.-H. Trute*, in: *Hoffmann-Riem/Schmidt-Aßmann/Voßkuhle* (Hrsg.), Grundlagen des Verwaltungsrechts I, § 6 Rn. 14, 57.

[513] *F. Ruland*, in: *Wannagat/Eichenhofer/Wenner* (Hrsg.), Sozialgesetzbuch, § 46 SGB IV Rn. 18.

[514] Z.B. §§ 44 IIa, 46 Abs. 3 Satz 2 SGB IV.

[515] § 46 Abs. 3 SGB IV.

[516] *E. Jung*, SGb 2007, 65 (70).

### cc. *Zusammenfassung und Bewertung*

So kann festgestellt werden, dass die „Friedenswahlen“ keine Wahlen im Sinne des Grundgesetzes sind, sondern sie als Besetzungsverfahren den Zurechnungs- und damit Legitimationszusammenhang zwischen dem Legitimationssubjekt und den Selbstverwaltungsorganen und hiermit auch dem Legitimationsobjekt unterbrechen und folglich keine legitimatorische Wirkung entfalten. Darüber hinaus sind sie auch nicht als Ausnahme vom Demokratieprinzip verfassungsrechtlich zugelassen, wie auch keine vollständige Kompensation durch eine sachlich-inhaltliche Legitimation erfolgen kann.

Eine mitgliedschaftlich-partizipatorische Komponente, die auch der funktionalen Selbstverwaltung eigen ist,[517] liegt daher bei den Sozialversicherungsträgern des SGB IV nicht vor, sofern die Wahlen durch die „Friedenswahlen“ substituiert werden. Die Sozialversicherungsträger leiden daher unter einem Legitimationsdefizit.

## 2. *Die Bundesagentur für Arbeit*

Da die Bundesagentur für Arbeit keine körperschaftlich-mitgliedschaftliche Struktur aufweist, ist die Zusammensetzung der Organe auch nicht durch Wahlen der Mitglieder möglich. Insoweit stellt sich die Frage autonomer Legitimation durch mitgliedschaftlich-partizipatorische Legitimation nicht. So werden die Mitglieder des Verwaltungsrats der Bundesagentur für Arbeit im Gegensatz zu den Sozialversicherungsträgern des SGB IV nicht gewählt, sondern auf Vorschlag der vorschlagsberechtigten Gruppen[518] durch das Bundesministerium für Arbeit und Soziales berufen.[519] Da der Minister seinerseits vom Bundespräsidenten[520] auf Vorschlag des Bundeskanzlers ernannt wird,[521] dieser vom Bundestag[522] und der Bundestag selbst vom Staatsvolk gewählt wird,[523] könnte sich die organisatorisch-personelle Legitimation des Verwaltungsrats der Bundesagentur für Arbeit über eine ununterbrochene Kette von Ernennungs- und Wahlakten ergeben, die über den Minister, den Bundeskanzler, den Bundestag hin zum Gesamtvolk reicht.[524] Dementsprechend wäre Legitimationssubjekt nicht ein Teilvolk, sondern das Gesamtvolk, so dass das Parlament als Legitimationsmittler ins Zentrum der Legitimation der Bundesagentur für Arbeit rücken würde. Bei dieser Form der Legitimationsvermittlung durch ununterbrochene Berufungsakte de-

[517] BVerfGE 83, 37 (55).

[518] § 379 SGB III.

[519] § 377 Abs. 2 Satz 1 SGB III.

[520] Dieser wird von der Bundesversammlung gewählt, Art. 54 Abs. 1 GG, die aus Mitgliedern des Bundestags sowie aus Mitgliedern besteht, die von den Landesparlamenten gewählt werden, die ihrerseits ihre demokratische Legitimation unmittelbar vom Staats- bzw. Landesvolk erhalten.

[521] Art. 64 Abs. 1 GG.

[522] Art. 63 GG.

[523] Art. 38 Abs. 1 Satz 1 GG.

[524] Dazu auch *T. Clemens*, NZS 1994, 337 (342), noch zur Bundesanstalt für Arbeit.

mokratisch legitimierter Institutionen würde die Legitimation „von oben“ erfolgen, nicht dagegen durch Wahlen eines Teilvolks „von unten“. So rückt die Bundesagentur für Arbeit nicht nur aufgrund ihres organisatorischen Aufbaus, sondern auch durch die Art der Legitimation in die Nähe der Ministerialverwaltung.

Dabei stellt sich jedoch die Frage, inwieweit ein Ernennungsakt, bei dem der Ernennende keinen nennenswerten Einfluss auf die Personalentscheidung hat, demokratische Legitimation vermitteln kann. Hat die Vermittlung demokratischer Legitimation den Zweck, die Ausübung staatlichen Handelns auf den Souverän zurückzuführen und die staatliche Stelle demokratischer Kontrolle und Steuerung zu unterwerfen, dann vermittelt ein Ernennungsakt nur dann demokratische Legitimation, wenn der Ernennende im Hinblick auf die getroffene Personalentscheidung demokratischer Kontrolle unterworfen wird und so der Souverän auf die Personalentscheidung zumindest mittelbar einwirken kann. Notwendig ist damit, dass der formelle Akt der Ernennung mit einer materiellen Auswahlentscheidung einhergeht, welche die Personalentscheidung als solche der ernennenden Stelle ausweist und damit dieser zuzurechnen ist. Fehlt dagegen ein derartiger Einfluss, so vermag die Berufung keine bzw. nur eine abgeschwächte demokratische Legitimation zu vermitteln, da sie dann lediglich als Formalie anzusehen ist, während das eigentliche Entscheidungsrecht über die Personalie der vorschlagenden Stelle zukommt. Ein ausreichendes Legitimationsniveau ist allein hierdurch nicht erreichbar.

Da das Bundesministerium für Arbeit und Soziales im Hinblick auf die Berufung der Mitglieder des Verwaltungsrats der Bundesagentur für Arbeit keinerlei Entscheidungsspielraum hat, besteht kein solcher die demokratische Legitimation vermittelnder Einfluss auf die Personalentscheidung, so dass die Ernennung keine bzw. nur abgeschwächte demokratische Legitimation vermitteln kann. Auch die Möglichkeit, die Mitglieder abzuberufen, vermag dieses Defizit nicht auszugleichen, da diese Möglichkeit zum einen erst nachträglich greift und damit keine Auswahlentscheidung begründet, wie auch das Bundesministerium für Arbeit und Soziales bezüglich der Abberufung normativen Vorgaben unterworfen ist, die keinen eigenen Entscheidungsspielraum eröffnen.

Darüber hinaus wird die fehlende Möglichkeit, auf die Mitglieder des Verwaltungsrats einzuwirken, insbesondere auch durch deren Weisungsfreiheit deutlich. Würde durch die Weisungsunterworfenheit eine Rückbindung an die ernennende Stelle mit der Folge erreicht, dass diese die Aufgabenwahrnehmung steuern und kontrollieren und damit eine demokratische Legitimation und Sanktion erfolgen kann, sind die Mitglieder des Verwaltungsrates nach der Ernennung von der ernennenden Stelle unabhängig, so dass auch bezüglich der sachlich-inhaltlichen demokratischen Legitimation Defizite vorliegen. Insoweit besteht weder eine legitimationsvermittelnde Ernennung aufgrund eigener Auswahlentscheidung, noch eine durch Rückbindung aufgrund von Weisungsunterworfenheit.

Die demokratische Legitimation der Mitglieder des Verwaltungsrats der Bundesagentur für Arbeit ist damit defizitär.

### 3. Konsens als Legitimationsspender

Für die Vertreterversammlungen bzw. die Verwaltungsräte der Sozialversicherungsträger des SGB IV wie auch die durch Berufungsakt lediglich defizitär legitimierten Mitglieder des Verwaltungsrats der Bundesagentur für Arbeit kommt jedoch eine organisatorisch-konsensuale Legitimation in Frage, wenn deren Voraussetzungen vorliegen. Ist Hauptzweck der demokratischen Legitimation die Rückbindung der Machtausübung zur Steuerung und Kontrolle dieser Macht u.a. auch durch Weisungsbefugnisse sowie zur Steigerung der Akzeptanz der Entscheidungen, so wird mit dem Einbezug der Sozialversicherungsträger zur gruppenpluralen Konsensverwaltung[525] deutlich, dass eine weisungsgebundene Aufgabenwahrnehmung dem Zweck des Entscheidungsgremiums widersprechen würde. Eine Steuerung der Sozialversicherungsträger erfolgt damit zwar nicht durch Weisungen, sondern durch detaillierte gesetzliche Vorgaben.[526] Diese normative Steuerung durch Vorgabe des Entscheidungsprogramms im Sinne einer sachlich-inhaltlichen Legitimation vermag im Zusammenspiel mit einer die Kontrollfunktion sicherstellenden organisatorisch-konsensualen Legitimation ein hinreichendes Legitimationsniveau zu gewährleisten. Erforderlich ist dafür die Verwirklichung des Gemeinwohls unter Zurückdrängung von Partikularinteressen im Entscheidungsprozess durch gruppenplurale Entscheidungsträger, die dadurch gekennzeichnet sind, dass die Ausübung der Befugnisse eine konsensual gefundene Entscheidung voraussetzt und gemeinschaftlich wahrgenommen wird.

Zur Verwirklichung eines effektiven Mitspracherechts der Betroffenen sind daher die Interessen der von der Entscheidung Betroffenen in einer nach ihrer Bedeutung und Betroffenheit angemessenen Weise in die Entscheidung einzubeziehen, wobei im Gegensatz zur Kategorisierung als Selbst- oder Fremdverwaltung in vorliegendem Zusammenhang der Beurteilung demokratischer Legitimation ein weiterer Betroffenenbegriff anzuwenden ist, nach dem nicht nur unmittelbare und rechtliche, sondern auch mittelbare und faktische Betroffenheiten den Betroffenenstatus begründen. Diesen Einbezug erfordert auch das Ziel eines sachgerechten Interessenausgleichs, das darüber hinaus die organisatorische und verfahrensbezogene Ausgestaltung in der Weise verlangt, dass sich die Partikularinteressen gegenseitig im Zaum halten und sich keines auf Kosten der anderen durchsetzen und diese dominieren kann. Ein derartiger Ausgleich ist nur bei inhomogenen Interessenlagen möglich, die durch die konsensuale Entscheidungsfindung aneinander rückgebunden und damit begrenzt werden. Dabei kann der Grad der geforderten Inhomogenität mit dem Anstieg der Anzahl der vertretenen Interessen sinken.

Darüber hinaus kann der Gesetzgeber im Rahmen seines weiten Gestaltungsspielraums auch verwaltungsexternen Sachverstand einbeziehen.

---

[525] Dazu bereits C.V. Zuordnung zur Selbst- oder gruppenpluralen Konsensverwaltung.

[526] Dazu bereits unter C.V.1.b. Eigenverantwortliche Aufgabenwahrnehmung und C.V.2.b. Eigenverantwortliche Aufgabenwahrnehmung.

Neben der sachlich-inhaltlichen Legitimation durch ein gesetzlich determiniertes Entscheidungsprogramm sowie der organisatorisch-konsensualen Legitimation ist eine weitere Machtbegrenzung durch staatliche Kontrolle erforderlich, die einerseits in Form zumindest einer Rechtsaufsicht, andererseits durch eine gesetzgeberische Beobachtungspflicht erfolgt. Hierdurch wird sichergestellt, dass die verfolgten Ziele, insbesondere das des sachgerechten Interessenausgleichs, durch die eingerichtete Organisationseinheit auch erreicht werden und sich kein Partikularinteresse als dominierend herausbildet. Im Hinblick auf die Aufsicht ist zu berücksichtigen, dass gerade bei den Organisationsformen, bei denen der Einbezug von verwaltungsexternem Sachverstand ein tragendes Argument für die Ausgestaltung ist, dieser Einbezug nicht durch weitreichende Befugnisse einer Fachaufsicht konterkariert werden darf. Auf dieser Grundlage vermag die organisatorisch-konsensuale Legitimation Defizite der organisatorisch-personellen sowie der sachlich-inhaltlichen Legitimation, wie sie durch das Fehlen eines Weisungsrechtes gegenüber den Mitgliedern des Verwaltungsrats der Bundesagentur für Arbeit bestehen, zu kompensieren.[527]

### *a. Die Sozialversicherungsträger nach dem SGB IV*

#### *aa. Die von der Sozialversicherung Betroffenen*

Von der Ausübung hoheitlicher Gewalt der Sozialversicherungsträger nach dem SGB IV betroffen sind in erster Linie die Versicherten.

#### *bb. Interessenrepräsentanz der Betroffenengruppen*

Die Interessen der Versicherten werden grundsätzlich durch die Vertreter der Versicherten in den Gremien, insbesondere in der Vertreterversammlung bzw. dem Verwaltungsrat repräsentiert. Da zumeist jedoch keine freien Listen aufgestellt werden, sind die Gewerkschaften bzw. diesen gleichgestellte Arbeitnehmervereinigungen diejenigen Organisationen, welche die Repräsentanten in den Gremien bestimmen, so dass Zweifel daran laut werden, ob hierdurch auch die Versicherten ausreichend vertreten sind.[528] Herangezogen wird dafür der Umstand, dass die Listen der Gewerkschaften hohe Stimmeinbußen hinnehmen müssen, sobald freie Listen aufgestellt werden, wodurch dokumentiert sei, dass sich die Versicherten durch die Gewerkschaftsvertreter nicht ausreichend repräsentiert sehen.[529] So dominiert die Besetzung der Gremien noch das Bild der Arbeiterversicherung, während durch die Ausweitung der Versicherungspflicht na-

---

[527] Dazu näher unter Kapitel 2 B. Konsens als Legitimationsspender.

[528] *P. Axer*, Die Verwaltung 35 (2002), S. 377 (384); *R. Wimmer*, NJW 2004, 3369 (3371) m.w.N.; *R. Schimmelpfeng-Schütte*, NZS 1999, 530 (532); *J. Castendiek*, NZS 2001, 71 (73); *M. Burgi*, NJW 2004, 1365 (1366); *T. Kingreen*, NZS 2007, 113 (117).

[529] *P. Axer*, Die Verwaltung 35 (2002), S. 377 (384).

hezu 90% der Bevölkerung sozialversichert sind,[530] gleichzeitig aber die Gewerkschaften unter Mitgliederschwund leiden.[531]

Diesen Befunden ist zwar zuzustimmen, jedoch scheint die Konsequenz, dass die Gewerkschaftsvertreter die Interessen der Versicherten nicht ausreichend vertreten würden, nicht zwingend zu sein. Insbesondere der Schluss von dem Erfolg freier Listen auf eine Unterrepräsentanz der Versicherten im Falle des Fehlens solcher Listen ist nicht valide, da dieser ebenso darin zu sehen sein kann, dass in dem Falle, in dem freie Listen aufgestellt werden, ein grundsätzlich höheres Engagement und Interesse der Versicherten besteht. So stellt das Erfordernis, dass es sich bei den Vorschlagsberechtigten um eine Gewerkschaft oder übrige selbständige Arbeitnehmervereinigungen mit sozial- oder berufspolitischer Zwecksetzung handelt, sicher, dass diese keine Splittergruppen bzw. reine Wahlvereine sind, die keinen maßgeblichen Vertretungsanspruch im Hinblick auf eine ausreichende Anzahl der Versicherten haben. Denn Organisationen sind erst dann als Gewerkschaften anerkannt, wenn diese „frei gebildet, gegnerfrei, auf überbetrieblicher Grundlage organisiert und unabhängig [sind] sowie das geltende Tarifrecht als für sich verbindlich anerkennen; ferner müssen sie in der Lage sein, durch Ausüben von Druck auf den Tarifpartner zu einem Tarifabschluss zu kommen."[532] In gleicher Weise müssen die sonstigen Arbeitnehmervereinigungen die Voraussetzungen für die Gewerkschaftseigenschaft erfüllen bzw. die Gewähr für die Unterstützung der auf ihren Vorschlag hin gewählten Organmitglieder sowie der ernsthaften und dauerhaften Verfolgung der sozial- oder berufspolitischen Zwecksetzungen bieten. So ist insbesondere der organisatorische Umfang sowie die Festigkeit, die Mitgliederzahl sowie das Auf- und Hervortreten in der Öffentlichkeit ausschlaggebend.[533] Hierdurch wird sichergestellt, dass die vorschlagsberechtigten Vereinigungen einen Vertretungsanspruch artikulieren können, der sich auf eine größere Gruppe der Versicherten bezieht.[534]

Zwar mag die Orientierung an den Parteien des Arbeitsverhältnisses im Hinblick auf die Besetzung der Organe antiquiert sein, völlig ungeeignet, um die Versicherteninteressen zu repräsentieren, ist sie dagegen insbesondere vor dem Hintergrund fehlender Versicherungsvereinigungen nicht.

### *cc. Einbezug Nichtbetroffener*

Der Einbezug der Arbeitgeberseite bei den Sozialversicherungsträgern des SGB IV mit Ausnahme der Ersatzkassen erfolgte dagegen nicht aufgrund ihrer Betrof-

---

530 *P. Axer*, Die Verwaltung 35 (2002), S. 377 (384).

531 *T. Kingreen*, NZS 2007, 113 (117).

532 A.III.2. Gemeinsames Protokoll über die Leitsätze zum Staatsvertrag über die Schaffung einer Währungs-, Wirtschafts- und Sozialunion zwischen der Bundesrepublik Deutschland und der Deutschen Demokratischen Republik vom 18.5.1990.

533 § 48a Abs. 1 SGB IV.

534 Über das Vorliegen dieser Eigenschaften wird in einem Feststellungsverfahren nach §§ 48b, c SGB IV entschieden.

feneneigenschaft und ist daher nicht zwingend, wie sich bei den Ersatzkassen, deren Zusammensetzung sich aus historischen Gründen ohne die Arbeitgeberseite ergab,[535] zeigt. Auch nicht möglich sei ein Einbezug aus dem Grund, dass dieser der Sozialpartnerschaft und dem sozialen Frieden diene,[536] da es nicht Zweck der Sozialversicherungsträger sei, die Tarifparteien zu stützen und die Tarifpolitik zu erleichtern.[537] Jedoch ist es dem Gesetzgeber grundsätzlich möglich, auch Gruppen in die Organisationsstruktur einzubeziehen, die im Hinblick auf die Durchführung und Erreichung des Ziels der Organisationseinheit hilfreich sein können. So erfolgt der Einbezug der Arbeitgeberseite in die Sozialversicherung, um deren Sachverstand für diese zu gewinnen sowie den Sozialversicherungsträgern stärkere Durchsetzungskraft in der Artikulation ihrer Interessen zu verleihen. Dass der Gesetzgeber dabei zwingend der Betroffenenbeteiligung Vorrang vor der Beteiligung von Sachverstand einräumen müsste, ist nicht erforderlich.[538] So besteht gerade kein verfassungsrechtlicher Auftrag zur Errichtung einer „Sozialen Selbstverwaltung", in der dann die Betroffenenbeteiligung Vorrang hätte, sondern lediglich derjenige, die Sozialversicherung in einer organisatorisch von der Ministerialverwaltung unabhängigen Organisationsgestaltung zu errichten, so dass insoweit und auch mit Blick auf die Zusammensetzung der Organe dem Gesetzgeber ein weiter Gestaltungsspielraum zukommt. In dessen Rahmen kann er auch das Ziel verfolgen, einen strukturellen Interessenausgleich zwischen den einbezogenen Gruppen anzustreben, um so zur Akzeptanz der auf dem Gebiet getroffenen Regelungen beizutragen. Gerade dieses Anliegen wird durch die eben zitierte Gesetzesbegründung zum Ausdruck gebracht, wenn der Gesetzgeber die Stärkung der Sozialpartnerschaft und des sozialen Friedens durch den Einbezug zu seinem Ziel erklärt,[539] weshalb die paritätische Besetzung nicht zu beanstanden ist.

### *dd. Inhomogene Interessenstruktur im Entscheidungsgremium*

Da die Versicherten sowohl ein Kostensenkungsinteresse wie auch ein Interesse an der Erweiterung von Leistungen haben, während die Arbeitgeberseite in erster Linie ein Kostensenkungsinteresse verfolgt, um die Lohnnebenkosten zu minimieren, herrscht in den Organen der Sozialversicherungsträger grundsätzlich ein Interessenantagonismus vor,[540] so dass die paritätische Besetzung sicherstellt, dass kein Partikularinteresse überwiegt und sich die gegenläufigen Interessen ausgleichen müssen. Durch das Erfordernis einer Verhandlungslösung wird das

---

[535] Vorläufer der Ersatzkassen waren die Vereine auf Gegenseitigkeit, die allein von den Versicherten verwaltet wurden, *B.-R. Zabre*, in: *Kreikebohm* (Hrsg.), Sozialgesetzbuch, § 44 Rn. 6; *S. Brandenburg/K. Palsherm*, in: *Schlegel* (Hrsg.), SGB IV, § 44 Rn. 41.

[536] *B. Schulin*, in: *ders.* (Hrsg.), Handbuch des Sozialversicherungsrechts, Bd. 1, § 6 Rn. 93.

[537] *B. Schulin*, in: *ders.* (Hrsg.), Handbuch des Sozialversicherungsrechts, Bd. 1, § 6 Rn. 93; so aber *H. Reiter*, SDSRV 34 (1991), S. 17 (20 f.).

[538] So aber *R. Wimmer*, NJW 2004, 3369 (3371).

[539] *B. Schulin*, in: *ders.* (Hrsg.), Handbuch des Sozialversicherungsrechts, Bd. 1, § 6 Rn. 93.

[540] Dazu bereits unter C.V.1.a.bb. Interesseninhomogenität im Verwaltungsrat.

konsensuale Element des Ausgleichs bestimmend, das die jeweiligen Partikularinteressen in ihre Schranken verweist.

*ee. Angemessene Entscheidungsbeteiligung der Interessenvertreter*

Durch die Besetzung der Organe und die grundsätzliche Erforderlichkeit der einfachen Mehrheit bei Abstimmungen[541] haben die Versichertenvertreter auch ausreichend Einflussmöglichkeit auf die von diesen Organen zu treffenden Entscheidungen. So sind sie in den Ersatzkassen allein vertreten, während sie in den Gremien der übrigen Sozialversicherungsträger des SGB IV paritätisch beteiligt sind.[542] Gleiches gilt für die Arbeitgebervertreter, die ebenfalls paritätisch beteiligt sind. Durch das Erfordernis der einfachen Mehrheit ist auch einer strukturellen Interessendominanz entgegengewirkt, da keine der vertretenen Interessengruppen diese einfache Mehrheit allein herbeiführen und so den Abstimmungsprozess und damit die anderen Partikularinteressen allein dominieren kann.

*ff. Staatsaufsicht zumindest in Form der Rechtsaufsicht*

Die Sozialversicherungsträger unterstehen grundsätzlich einer Rechtsaufsicht.[543]

*gg. Die „Friedenswahlen" als Besetzungsmodus*

Die Besetzung erfolgt durch vom Gesetzgeber angeordnete Wahlen der jeweiligen Gruppen, die jedoch kein Teilvolk im Sinne der Verfassung darstellen, oder durch die bereits erörterten „Friedenswahlen". Diese „Friedenswahlen", die als Wahlverfahren keine demokratische Legitimation vermitteln können, stellen sich vor dem eben erörterten Hintergrund als Besetzungsmodus für die Besetzung der Selbstverwaltungsorgane dar. Insoweit können sie, da vom Gesetzgeber vorgesehen, demokratische Legitimation zwar nicht als Wahlhandlung „von unten" in Form organisatorisch-personeller, jedoch als Besetzungsmodus „von oben" in Form organisatorisch-konsensualer Legitimation vermitteln. So tragen sie dazu bei, dass die Betroffenen wie auch, der gesetzgeberischen Intention folgend, Sachverstand ausreichend repräsentiert sind und die Handlungsfähigkeit der Selbstverwaltungsorgane trotz der Schwierigkeiten, welchen die Sozialversicherungswahlen gegenüberstehen, gewährleistet wird.[544]

---

[541] § 64 Abs. 2 Satz 1 SGB IV. Abweichungen im Sinne höherer Quoren können in den Satzungen beschlossen werden. Darüber hinaus ist eine qualifizierte Mehrheit von 2/3 angeordnet für Beschlüsse der Bundesvertreterversammlung und des Bundesvorstands der Deutschen Rentenversicherung Bund in Grundsatz- und Querschnittsaufgaben sowie in gemeinsamen Angelegenheiten der Träger der Rentenversicherung, § 64 Abs. 4 SGB IV.

[542] § 44 Abs. 1 Nr. 1; dies gilt auch für die Betriebskrankenkassen, § 46 Abs. 2, für die Unfallkassen des Bundes, § 46 IIa, sowie für Modifizierungen der Zusammensetzung durch Satzung der jeweiligen Spitzenverbände für die Krankenkassen nach § 35a SGB IV, § 46 Abs. 4 Satz 2 SGB IV.

[543] Dazu bereits unter C.IV.1. Über die Sozialversicherungsträger des SGB IV.

[544] Mit dieser Begründung auch *A. Christmann*, Selbstverwaltung und Selbstverantwortung, S. 221, der hieraus jedoch die legitimatorische Wirkung der „Friedenswahl" als Wahl abstützen will.

### *hh. Die Träger der landwirtschaftlichen Unfallversicherung*

Bei den Trägern der landwirtschaftlichen Unfallversicherung setzen sich die Selbstverwaltungsorgane drittelparitätisch aus Vertretern der Versicherten, der Selbständigen ohne fremde Arbeitskräfte und der Arbeitgeber zusammen.[545] Hierdurch bezieht der Gesetzgeber die Gruppe der Selbständigen in die Organisationsstruktur mit ein, die weder zu den Versicherten im Sinne von abhängig beschäftigten Arbeitnehmern noch zu den Arbeitgebern zählen.[546] Auch hiergegen sind keinerlei Bedenken einzuwenden, sofern nicht eine Gruppe die andere dominieren kann. Für die Beurteilung dieser Frage ist ausschlaggebend, welches Gruppenmerkmal bestimmend sein soll. Geht man von den Obergruppen „Arbeitnehmer" und „Arbeitgeber" aus, so würden die Selbständigen ohne fremde Arbeitskräfte als dritte Gruppe neben diesen stehen. Da für die einfache Mehrheit erforderlich ist, dass zumindest ein Teil einer Interessengruppe mit einer anderen kooperiert und Konsens über den Entscheidungsgegenstand erzielt, kann kein Partikularinteresse die anderen allein dominieren, womit ein strukturelles Übergewicht vermieden wird.

Bildet man dagegen die Obergruppe „Selbständige", so hätte deren Gruppe mit zwei Dritteln den Versicherten gegenüber, die lediglich ein Drittel der Mitglieder stellen, ein Übergewicht und könnte diese dominieren.[547] Um dieses Übergewicht der Selbständigen gegenüber den Arbeitnehmern zu vermeiden, sieht der Gesetzgeber bei einigen Beschlussgegenständen bei den drittelparitätisch besetzten Unfallversicherungen eine getrennte Abstimmung innerhalb der Gruppen vor, so dass jede Beschlussfassung eine Mehrheit innerhalb der drei Gruppen voraussetzt.[548] Zu den dieser dreifachen Mehrheit unterliegenden Abstimmungsgegenständen zählen die wesentlichen personellen Entscheidungen,[549] der Beschluss über den Haushalt[550] sowie über die Unfallverhütungsvorschriften,[551] die ein zentrales Instrument der Prävention darstellen.[552] Verfehlt ein Antrag in einer der Gruppen die Mehrheit, so ist er abgelehnt. Auf Verlangen des Antragstellers kann über einen abgelehnten Antrag innerhalb von drei Wochen erneut entschieden werden, wobei wiederum eine Entscheidung aller drei Gruppen herbeigeführt werden muss.[553] Eine Majorisierung der Versicherten allein durch die Gruppe der Selbständigen ist in diesen für die Unfallversicherungsträger wesentlichen Bereichen daher nicht möglich, so dass das Übergewicht der Selbständigen nicht zu einer Dominanz gegenüber den Versicherten führt.

---

[545] § 44 Abs. 1 Nr. 2 SGB IV. Eine Ausnahme hiervon regelt § 44 Abs. 3 SGB IV.

[546] *B.-R. Zabre*, in: *Kreikebohm* (Hrsg.), Sozialgesetzbuch, § 44 Rn. 5; *S. Brandenburg/K. Palsherm*, in: *Schlegel* (Hrsg.), SGB IV, § 44 Rn. 39.

[547] *J. Winkler*, in: *ders.* (Hrsg.), Sozialgesetzbuch IV, § 44 Rn. 4.

[548] § 65 Abs. 1 SGB IV.

[549] § 65 Abs. 1 Nr. 1, 2, 3, 5 SGB IV.

[550] § 65 Abs. 1 Nr. 4 SGB IV.

[551] § 65 Abs. 1 Nr. 6 SGB IV.

[552] *K. Palsherm*, in: *Schlegel* (Hrsg.), SGB IV, § 65 Rn. 13.

[553] *J. Winkler*, in: *ders.* (Hrsg.), Sozialgesetzbuch IV, § 65 Rn. 7.

Zwar handelt es sich bei den vom Gesetzgeber aufgezählten Bereichen um solche, die für die Unfallversicherung wesentlich sind und von denen auch z.B. durch Satzung nicht abgewichen werden kann. Trotzdem kann es in allen anderen Abstimmungsfragen, bei denen der Grundsatz der einfachen Mehrheit gilt, zu solchen Dominanzen kommen, so dass eine wirksame gegenseitige Machtkontrolle, die das Anliegen der konsensualen Organisationsform ist, nicht mehr greift. Da der Gesetzgeber offenbar selbst dieses Problem sieht und dem auch entgegenwirken wollte, wäre über die getroffenen Regelungen hinaus jedenfalls für die drittelparitätisch besetzten Unfallversicherungsträger zu fordern, dass zumindest der Beschluss der Satzung, in der weitere Ausnahmen vom einfachen Mehrheitsprinzip wie auch die dreifache Mehrheit angeordnet werden kann, durch die Vertreterversammlung den Anforderungen der dreifachen Mehrheit unterzogen wird. In diesem Fall hätten alle vertretenen Interessengruppen in der Hand, weitere für sie relevante Ausnahmen einzufordern.

*ii. Zusammenfassung und Bewertung*

Werden durch die Zusammensetzung der Vertreterversammlungen bzw. der Verwaltungsräte der Sozialversicherungsträger des SGB IV die Versicherten als Betroffene integriert, dient die Beteiligung der Arbeitgeber dem Einbezug von Sachverstand und der besseren Durchsetzungskraft der Sozialversicherungsträger. Ebenso erhofft sich der Gesetzgeber durch den angestrebten Interessenausgleich eine Stärkung der Sozialpartnerschaft und des sozialen Friedens.[554] Dabei besteht in diesen Gremien grundsätzlich eine interessenantagonistische Struktur, wie auch die Sozialversicherungsträger der Rechtsaufsicht einer selbständig organisatorisch-personell legitimierten Behörde unterstehen. So weisen die Vertreterversammlungen bzw. die Verwaltungsräte der Sozialversicherungsträger des SGB IV eine ausreichende organisatorisch-konsensuale Legitimation auf, so dass das bestehende Defizit der demokratischen Legitimation kompensiert und ein ausreichendes demokratisches Legitimationsniveau hergestellt werden kann. Die „Friedenswahlen" stellen sich vor diesem Hintergrund lediglich als Besetzungsmodus für das gruppenplural zusammengesetzte Entscheidungsgremium dar, ohne dass ihnen selbst legitimationsspendende Bedeutung zukommt oder unterstellt werden muss.

*b. Die Bundesagentur für Arbeit*

*aa. Die von den Handlungen der Bundesagentur für Arbeit Betroffenen*

Betroffen von der Ausübung hoheitlicher Gewalt durch die Bundesagentur für Arbeit sind auch hier die Versicherten.

Durch das breite Aufgabenspektrum der Bundesagentur für Arbeit erfüllt diese jedoch auch Aufgaben, die nicht allein den Versicherten zugutekommen,

[554] So *B. Schulin*, in: *ders.* (Hrsg.), Handbuch des Sozialversicherungsrechts, Bd. 1, § 6 Rn. 93.

sondern die auch Nichtversicherte in Anspruch nehmen können und diese damit betreffen, wie dies z.B. bei der Arbeitsvermittlung der Fall ist, von der grundsätzlich alle Arbeits- und Ausbildungssuchenden betroffen sind, unabhängig davon, ob sie arbeitslosenversichert sind oder nicht.

### *bb. Interessenrepräsentanz der Betroffenengruppen*

Die Versicherten werden durch die von den Gewerkschaften oder deren Verbänden vorgeschlagenen Mitglieder vertreten.[555] Auch hier wird durch das Erfordernis, dass die Gewerkschaften bereits Tarifverträge abgeschlossen haben und daher für die Vertretung von Arbeitnehmerinteressen wesentliche Bedeutung haben,[556] sichergestellt, dass es sich bei den Gewerkschaften um Vereinigungen handelt, die keine Splittergruppen sind und die die Interessen einer nicht unwesentlichen Gruppe von Versicherten bereits mehrfach erfolgreich vertreten haben[557] und dies somit auch im Verwaltungsrat der Bundesagentur für Arbeit bewerkstelligen können.

Die durch das breite Aufgabenspektrum der Bundesagentur für Arbeit Betroffenen in Gestalt der Nichtversicherten sind explizit nicht im Verwaltungsrat vertreten, was nicht verwundert, da deren Einbezug an praktische Grenzen stößt. So ist diese Gruppe aufgrund ihrer Konturlosigkeit und dem schnellen Wechsel der Zugehörigen kaum abgrenzbar und damit auch nicht in einer Interessenvertretung organisierbar. Trotzdem ist es mit Blick auf die organisatorisch-konsensuale Legitimation erforderlich, dass die Interessen dieser Gruppe vertreten werden. Da es sich bei den Aufgaben der Bundesagentur für Arbeit, die eine derart gesamtgesellschaftliche Wirkungsstreuung aufweisen, auch um gesamtgesellschaftliche Aufgaben handelt, ist es erforderlich, das Interesse der gesamten Gesellschaft, mithin das Allgemeinwohl, in den Beschlussgremien ausreichend gegenüber den vertretenen Partikularinteressen zur Geltung zu bringen. Dies geschieht durch den Einbezug von Mitgliedern aus der Gruppe der öffentlichen Körperschaften.[558] Dabei wird dem je nach Verwaltungsebene differierenden Wohl der Allgemeinheit durch die Beteiligung aller Verwaltungsebenen in Form des Bundes, der Länder und der kommunalen Gebietskörperschaften Rechnung getragen. Durch diesen Einbezug wird auch der Umstand, dass der Aufgabenerfüllung der Bundesagentur für Arbeit nicht nur durch die Breitenwirkung, sondern auch die vielfältigen Berührungspunkte mit anderen Verwaltungseinheiten[559] eine besondere Allgemeinwohlrelevanz zukommt, berücksichtigt und in die Entscheidungsstruktur integriert.

---

[555] Zur Problematik, inwieweit die Gewerkschaften die Versicherten vertreten können, bereits unter C.VI.3.a. Die Sozialversicherungsträger nach dem SGB IV.

[556] § 379 Abs. 1 Satz 1 SGB III.

[557] *S. Solka*, in: *Schubert* (Hrsg.), SGB III, § 379 Rn. 14.

[558] *S. Solka*, in: *Schubert* (Hrsg.), SGB III, § 371 Rn. 57, § 377 Rn. 13; *B. Pfeifer*, in: *Mutschler/Schmidt-De Caluwe/Coseriu Pablo* (Hrsg.), Sozialgesetzbuch III, § 371 Rn. 18.

[559] *S. Solka*, in: *Schubert* (Hrsg.), SGB III, § 371 Rn. 57, § 377 Rn. 13; *B. Pfeifer*, in: *Mutschler/Schmidt-De Caluwe/Coseriu Pablo* (Hrsg.), Sozialgesetzbuch III, § 371 Rn. 18.

*cc. Einbezug Nichtbetroffener*

Die Beteiligung der Arbeitgeber erfolgt auch nicht aufgrund ihrer Eigenschaft als Betroffene, sondern um deren Sachverstand einzubeziehen, den diese als Unternehmer für sich reklamieren und in die Sozialversicherungsträger einbringen können. Auch kann die Beteiligung dazu beitragen, dass die Interessen der Bundesagentur für Arbeit nach außen besser artikuliert und vertreten werden können.

*dd. Inhomogene Interessenstruktur im Entscheidungsgremium*

Ebenso wie bei den Sozialversicherungsträgern des SGB IV liegt zwischen Arbeitnehmern und Arbeitgebern eine antagonistische Interessenstruktur vor. Dabei besteht jedoch ein wesentlicher Unterschied zu den übrigen Sozialversicherungsträgern. Denn durch die Einrichtung der dritten Bank der Vertreter der öffentlichen Körperschaften wird der Interessenantagonismus, der zwischen den Vertretern der Arbeitgeber und der Arbeitnehmer existiert, dahingehend entschärft, als sich die Letztentscheidung bei einer fehlenden Einigung dieser Gruppen auf die Vertreter der öffentlichen Körperschaften und damit auf die staatliche Ebene verlagert. Insoweit fehlen ein Einigungsdruck und der Zwang, eine konsensuale Lösung zu finden. Trotzdem besteht aufgrund der Beteiligung und Letztentscheidungsmöglichkeit der öffentlichen Hand die Gefahr der Dominanz eines Partikularinteresses gerade nicht.

*ee. Angemessene Entscheidungsbeteiligung der Interessenvertreter*

Die beteiligten Interessengruppen der Arbeitnehmer und Arbeitgeber sowie die Vertreter der öffentlichen Körperschaften sind zu gleichen Anteilen an der Besetzung des Verwaltungsrats beteiligt, da dieser drittelparitätisch aus jenen zusammengesetzt ist.[560] Dabei besteht die Pflicht, die Minderheiten bei der Vergabe der Sitze zu berücksichtigen, sofern mehrere Vorschlagsberechtigte Vorschläge unterbreiten. So ist sichergestellt, dass von den antagonistischen Partikularinteressen der Arbeitgeber und Arbeitnehmer keines das andere dominieren kann.

*ff. Staatsaufsicht zumindest in Form der Rechtsaufsicht*

Die Bundesagentur für Arbeit unterliegt auch zumindest der Rechtsaufsicht.

*gg. Zusammenfassung und Bewertung*

Im Verwaltungsrat der Bundesagentur für Arbeit sind mit den Versichertenvertretern sowie den Vertretern der Körperschaften des öffentlichen Rechts die Betroffenen ausreichend repräsentiert. Durch den Einbezug der Arbeitgeber aufgrund deren Sachverstands herrscht auch eine interessenantagonistische Struktur vor, wobei der Einigungsdruck durch die Letztentscheidungskompetenz der Vertreter der öffentlichen Hand gemindert ist. Trotzdem vermag diese organisa-

[560] §§ 371 Abs. 5 Satz 1, 373 Abs. 6 Satz 1 SGB III.

torische und verfahrensrechtliche Ausgestaltung die Dominanz von Partikularinteressen zu vermeiden. Da die Bundesagentur für Arbeit ebenfalls zumindest einer Rechtsaufsicht durch eine selbständig organisatorisch-personell legitimierte Behörde unterstellt ist, kann der Verwaltungsrat der Bundesagentur für Arbeit organisatorisch-konsensuale Legitimation für sich reklamieren, wodurch das demokratische Defizit im Hinblick auf die organisatorisch-personelle sowie die sachlich-inhaltliche Legitimation kompensiert wird und ein ausreichendes Legitimationsniveau hergestellt werden kann.

#### *4. Zusammenfassung und Bewertung*

Zusammenfassend kann festgestellt werden, dass die bisher vertretenen Ansätze, die Vertreterversammlungen bzw. die Verwaltungsräte der Sozialversicherungsträger demokratisch zu legitimieren, allesamt Bedenken ausgesetzt sind. Bei diesen erfolgt jedoch die Begrenzung von Partikularinteressen aufgrund ihrer gruppenpluralen und interessenantagonistischen Struktur durch den erforderlichen Konsens der an den Gremien beteiligten Gruppen. So können bei den Vertreterversammlungen bzw. den Verwaltungsräten der Sozialversicherungsträger die Defizite im Hinblick auf deren organisatorisch-personelle bzw. sachlich-inhaltliche Legitimation durch die organisatorisch-konsensuale Legitimation kompensiert werden, wodurch diese demokratische Legitimation für sich reklamieren können und ein ausreichendes Legitimationsniveau sichergestellt ist.

### *VII. Zusammenfassung und Bewertung*

Bei den Sozialversicherungsträgern des SGB IV und der Bundesagentur für Arbeit handelt es sich um gruppenplural-konsensuale Organisationseinheiten, bei denen über die Betroffenen hinaus auch zahlreiche Elemente der Fremdverwaltung einbezogen sind. Sie sind damit keine Selbstverwaltungseinheiten, sondern gehören der gruppenpluralen Konsensverwaltung an. Insoweit ist der Aussagegehalt der Bezeichnung im Gesetzestext als Verwaltungseinheiten mit Selbstverwaltung auf deren organisatorische Selbständigkeit von der unmittelbaren Staatsverwaltung beschränkt, weshalb auch die Bezeichnung als „Soziale Selbstverwaltung“ fehlgeht. Vielmehr kann von „Sozialer Fremdverwaltung“ oder nur von „Sozialverwaltung“ gesprochen werden.

Aufgrund des Nichtbestehens von Selbstverwaltung greift auch der für die Selbstverwaltung etablierte Legitimationsmechanismus nicht. Zwar besteht aufgrund der weitreichenden normativen Determination der Sozialversicherungsträger die sachlich-inhaltliche Legitimation, wobei diese bei der Bundesagentur für Arbeit aufgrund des fehlenden Weisungsrechts defizitär ist und es den Sozialversicherungsträgern auch an der personellen Legitimation, die gerade nicht durch die mitgliedschaftlich-partizipatorische Komponente hergestellt werden kann, mangelt. So wird bei der Bundesagentur für Arbeit diese durch den auf das

Parlament rückführbaren Ernennungsakt bewerkstelligt, der aufgrund einer fehlenden Entscheidungsmöglichkeit des Ernennenden jedoch nur eine abgeschwächte demokratische Legitimation vermitteln kann. Bei den übrigen Sozialversicherungsträgern ist die demokratische Legitimation vermittelt durch die Sozialwahlen im Hinblick auf ihre demokratische Legitimationsvermittlung zweifelhaft, da bereits kein einheitliches Verbandsvolk besteht, wie auch durch die „Friedenswahlen" keine demokratische Legitimation durch Wahlen erfolgt. Gleichzeitig besteht im Hinblick auf die Bundesagentur für Arbeit eine defizitäre sachlich-inhaltliche demokratische Legitimation aufgrund der fehlenden Weisungsabhängigkeit der Mitglieder des Verwaltungsrats.

Aufgrund der gruppenplural-konsensualen Organisationsform kann dieses Defizit der demokratischen Legitimation durch die organisatorisch-konsensuale überwunden werden und so ein ausreichendes demokratisches Legitimationsniveau hergestellt werden. Insoweit wird die demokratische Legitimation „von unten" mittels Wahlen ersetzt durch eine „von oben" mittels der Organisationsform, wobei durch das Vorschlagsrecht die Beteiligung der in den Gremien vertretenen Gruppen erfolgt. Dabei kommt den „Friedenswahlen" lediglich Bedeutung als Besetzungsmodus der Vertretergremien zu, ohne dass ihnen selbst legitimationsspendende Wirkung beigemessen wird.

## D. Die „Gemeinsame Selbstverwaltung"

Neben der „Sozialen Selbstverwaltung" wird der Begriff der Selbstverwaltung noch für Formen der sog. „Gemeinsamen Selbstverwaltung" gebraucht.[561] Dabei bestehen im Hinblick auf die Begriffsbestimmung sowie deren Einordnung als Selbst- oder Fremdverwaltung und den damit zusammenhängenden Fragen demokratischer Legitimation seit langem Kontroversen.

Nach einer (I.) begrifflichen Klärung soll anhand des (II.) G-BA den nach wie vor ungelösten Fragen der Einordnung als (III.) Selbst- oder gruppenpluraler Konsensverwaltung sowie der damit in Zusammenhang stehenden Problematik der (IV.) demokratischen Legitimation nachgegangen werden, ehe eine (V.) Zusammenfassung und Bewertung erfolgt.

### *I. Begriffsbestimmung*

Der Gesetzgeber gebraucht den Begriff der „Gemeinsamen Selbstverwaltung" im Gegensatz zu dem der „Selbstverwaltung"[562] nicht. Insbesondere wurde der „Entwurf eines Gesetzes über die Regelung der Beziehungen zwischen Ärzten,

[561] Zur Entwicklung der „Gemeinsamen Selbstverwaltung" *P. Axer*, in: FS BSG 2004, S. 339 (342 ff.).

[562] Vgl. z.B. §§ 4 Abs. 1, 29 Abs. 1, Abs. 2 SGB IV, § 367 Abs. 4 SGB III für die Sozialversicherungsträger.

Zahnärzten und Krankenkassen",[563] in dem von „gemeinsamer Selbstverwaltung" im Hinblick auf das Zusammenwirken von Ärzten und Krankenkassen zur Sicherstellung der ärztlichen Versorgung gesprochen wurde,[564] mangels Aussagekraft und Klarheit auf Betreiben der Krankenkassen[565] nicht in das „Gesetz über Kassenarztrecht" von 1952[566] übernommen. Jedoch schreibt das SGB V ein Zusammenwirken zwischen Leistungserbringern und den Krankenkassen[567] sowie eine gemeinsame Wahrnehmung von Befugnissen durch die Kassenärztlichen Vereinigungen und die Krankenkassen vor.[568] Dies ist eine Konsequenz des Sachleistungsprinzips, nach dem die Krankenkassen ihre Leistungen an die Versicherten als Sach- und Dienstleistungen zu erbringen haben[569] und mit dem das Ziel des sozialen Schutzes der Versicherten angestrebt wird, indem diese für die Kosten der Krankenbehandlung nicht in Vorleistung treten müssen, wie auch ordnungspolitische Gründe verfolgt werden, wie die Sicherstellung und Steuerung der Gesundheitsversorgung und deren Wirtschaftlichkeit.[570]

Trotzdem ist der Begriff „Gemeinsame Selbstverwaltung" in Rechtsprechung, Schrifttum und selbst in der Politik gebräuchlich, wenn auch mit Nuancierungen in der Bedeutung. Grundsätzlich wird hierunter das Zusammenwirken verschiedener Selbstverwaltungskörperschaften[571] durch Handlungs- oder Organisationsformen auf dem Gebiet des Leistungserbringungsrechts verstanden.[572] Dabei

---

[563] Vom 26.11.1952, BT-Drs. I/3904, § 368 Abs. 1 RVO-E.

[564] § 386 Abs. 1 des Regierungsentwurfs für ein Gesetz über die Regelung der Beziehungen zwischen Ärzten, Zahnärzten und Krankenkassen (Kassenarztrecht), BT-Drs. 1/3904, S. 2, 10, nach dem „[...] aufbauend auf der Selbstverwaltung der Krankenkassen einerseits und der Kassenärztlichen Vereinigungen andererseits [...] die Regelung der beiderseitigen Beziehungen auf dem Boden der Gleichberechtigung und der gleichen Verantwortung weitgehend der gemeinsamen Selbstverwaltung der beiden Partner anvertraut und zur Aufgabe gestellt" werden soll.

[565] *G. Albrecht*, ZfS 1956, 298 ff.; *A. Hess/R. Venter*, Das Gesetz über Kassenarztrecht, S. 97 ff.

[566] Gesetz über die Regelung der Beziehungen zwischen Ärzten, Zahnärzten und Krankenkassen (Kassenarztrecht) vom 17.8.1955, BGBl. I S. 513; dazu *A. Hess/R. Venter*, Das Gesetz über Kassenarztrecht, passim.

[567] § 72 Abs. 1 Satz 1 SGB V.

[568] Z.B. §§ 82 f., 91, 115 Abs. 1 SGB V.

[569] § 2 Abs. 2 Satz 1 SGB V; dazu *S. Rixen*, Sozialrecht, S. 119 ff.; *B. v. Maydell*, in: *ders./Ruland* (Hrsg.), SRH, § 1 Rn. 21; *A. Hänlein/F. Tennstedt*, in: *v. Maydell/Ruland* (Hrsg.), SRH, § 2 Rn. 5 ff.

[570] BSGE 55, 188 (193 f.) = SozR 2200 § 257a Nr. 10; BSGE 69, 170 (176) = SozR 3-2200 § 321 Nr. 1; *K. Engelmann*, NZS 2000, 1 (5); *V. Neumann*, Freiheitsgefährdung, S. 243 f. m.w.N.

[571] Zu Kooperationsformen von Sozialversicherungsträgern, die nicht zur „Gemeinsamen Selbstverwaltung" gerechnet werden, *G. Schwerdtfeger*, SDSRV 34 (1991), S. 123 ff.

[572] BSGE 5, 50 (51 f.); 11, 102 (105); 78, 70 (79); 81, 73 (82); *B. Schulin*, in: *ders.* (Hrsg.), Handbuch des Sozialversicherungsrechts, Bd. 1, § 6 Rn. 97; *H. Bogs*, Die Sozialversicherung im Staat der Gegenwart, S. 250; *P. Axer*, in: FS BSG 2004, S. 339 (340); *ders.*, in: *Schnapp* (Hrsg.), Funktionale Selbstverwaltung, S. 115; *U. Becker*, in: *Münsterische Sozialrechtsvereinigung e.V.* (Hrsg.), 7. Münsterische Sozialrechtstagung, S. 122 (125 ff.); *A. Hänlein*, Rechtsquellen, S. 347; *R. Francke*, in: FS Schefold 2001, S. 29 f.; *G. Schneider*, Handbuch des Kassenarztrechts, Rn. 204 ff. Die von *G. Küchenhoff*, in: FS Weber 1974, S. 833 ff., vorgeschlagene Bezeichnung als „gemeinsame[n] Selbstgestaltung" wurde jedoch nicht rezipiert. In Abgrenzung zur Selbstverwaltung durch Arbeitgeber und Arbeitnehmer wird die „Gemeinsame Selbstverwaltung" auch als dreigliedrige, sozialpartnerschaftliche Selbstverwaltung definiert, *H. Bogs*, SGb 1982, 1.

erfolgt zumeist eine Eingrenzung auf das Recht der gesetzlichen Krankenversicherung, in dem insbesondere die körperschaftlich organisierten Krankenkassenverbände mit den ebenfalls als Körperschaften des öffentlichen Rechts organisierten[573] Kassenärztlichen Vereinigungen gemeinschaftlich handeln.[574]

Da sich derartige Strukturen des Zusammenwirkens, die am Vorbild des Vertragsarztrechts orientiert sind, jedoch auch in anderen Leistungsbereichen nicht nur der gesetzlichen Krankenversicherung, sondern auch in anderen Gebieten des Sozialrechts finden, wird der Begriff der „Gemeinsamen Selbstverwaltung“ z.B. auch auf das Krankenhaus- und Pflegeversicherungsrecht angewandt.[575]

Teile der Literatur schränken jedoch seinen Anwendungsbereich so weit ein, dass ein Zusammenwirken mit privatrechtlich organisierten Leistungsträgern nicht mehr unter den Begriff der „Gemeinsamen Selbstverwaltung“ gefasst wird, da die verbindliche Festlegung für die Betroffenen wesentliches Merkmal des Zusammenwirkens sei, die jedoch nur durch Rechtsformen des öffentlichen Rechts möglich sei.[576] Aufgrund der Erforderlichkeit vertikaler Gliederung wäre die „Gemeinsame Selbstverwaltung“ daher eine verbandliche.[577] Dem ist jedoch entgegenzuhalten, dass begrifflich zwar Selbstverwaltungskörperschaften beteiligt sein müssen, jedoch die weitere Beteiligung von Privatrechtssubjekten der Einordnung als „Gemeinsame Selbstverwaltung“ zumindest aus dem genannten Grund nicht entgegensteht, da auch Privatrechtssubjekte nicht nur an der verbindlichen Regelung für die von der Regelung Betroffenen, sondern sogar an Regelungen, die für Dritte Verbindlichkeit erlangen, beteiligt sein können.[578]

Die „Gemeinsame Selbstverwaltung“ ist jedenfalls eine Besonderheit des Sozialrechts und findet sich in keinem anderen Bereich des öffentlichen Rechts.[579] Kennzeichnend für sie ist insbesondere der Ausgleich zwischen den in der „Gemeinsamen Selbstverwaltung“ zusammengespannten Interessengegensätzen der

---

573 § 77 Abs. 5 SGB V.

574 So z.B. BSGE 5, 50 (51 f.); 11, 102 (105); 78, 70 (79); 81, 73 (82); *S. Rixen*, Sozialrecht, S. 346; *B. Schulin*, in: *ders.* (Hrsg.), Handbuch des Sozialversicherungsrechts, Bd. 1, § 6 Rn. 97; *H. Bogs*, Die Sozialversicherung im Staat der Gegenwart, S. 250; *R. Francke*, in: FS Schefold 2001, S. 29 f.; *K. Engelmann*, NZS 2000, 1 (5); *G. Schneider*, Handbuch des Kassenarztrechts, Rn. 204 ff.; *U. Becker*, in: *Münsterische Sozialrechtsvereinigung e.V.* (Hrsg.), 7. Münsterische Sozialrechtstagung, S. 122 (125 f.); *M. Offermanns*, Sozialer Fortschritt 1995, 166 ff.

575 *A. Hänlein*, Rechtsquellen, S. 347; *P. Axer*, in: FS BSG 2004, S. 339 (340 f.).

576 *U. Becker*, in: *Münsterische Sozialrechtsvereinigung e.V.* (Hrsg.), 7. Münsterische Sozialrechtstagung, S. 122 (126 f.).

577 *U. Becker*, in: *Münsterische Sozialrechtsvereinigung e.V.* (Hrsg.), 7. Münsterische Sozialrechtstagung, S. 122 (127); *W. Bogs*, RdA 1956, 1 (6); *G.F. Schuppert*, in: *v. Mutius* (Hrsg.), FG Unruh 1983, S. 183 (193).

578 Dazu Kapitel 5.

579 *P. Axer*, in: FS BSG 2004, S. 339 (341); *U. Becker*, in: *Münsterische Sozialrechtsvereinigung e.V.* (Hrsg.), 7. Münsterische Sozialrechtstagung, S. 122 (125); *H. Butzer*, SDSRV 50 (2003), S. 51 (69).

Sozialleistungsträger und der Leistungserbringer.[580] Verfolgen Erstere das Ziel, den Leistungsempfängern hochwertige, jedoch gleichzeitig kostengünstige Leistungen zu gewähren, besteht das maßgebliche Interesse der letzten Gruppe an einer angemessenen Vergütung.[581] Diesen Interessengegensatz versucht der Gesetzgeber dadurch aufzulösen, dass er die beteiligten Interessengruppen entweder durch besonders geschaffene Organisationsformen oder durch bestimmte Handlungsformen zusammenspannt, um so einen Ausgleich nicht nur zu ermöglichen, sondern zum Teil sogar zu erzwingen.[582] Hierdurch soll die vertragsärztliche Versorgung sichergestellt werden, indem „eine ausreichende, zweckmäßige und wirtschaftliche Versorgung der Versicherten unter Berücksichtigung des allgemein anerkannten Standes der medizinischen Erkenntnisse gewährleistet“ wird und „die ärztlichen Leistungen angemessen vergütet werden“.[583]

So wird bereits an dieser Stelle deutlich, dass sich die „Gemeinsame Selbstverwaltung“ von dem, von einem Teil der Literatur vertretenen Selbstverwaltungsbegriff, wie er nach dieser Meinung dem Allgemeinen Verwaltungsrecht bekannt sei,[584] maßgeblich dadurch abhebt, dass in dieser ein im Hinblick auf die Erfüllung der Aufgabe homogener Kreis von Betroffenen die eigenen Angelegenheiten eigenverantwortlich innerhalb eines bestimmten Entscheidungsspielraums regelt, während bei der „Gemeinsamen Selbstverwaltung“ gerade der Interessengegensatz verschiedener Gruppen im Vordergrund steht.[585] Aus diesem Grunde gilt der Begriff der „Gemeinsamen Selbstverwaltung“ als konturenlos und unscharf und erfährt permanente Kritik.[586]

Die „Gemeinsame Selbstverwaltung“ findet mittels besonderer Organisationsformen, insbesondere der Ausschüsse,[587] wie auch Handlungsformen, wie der Normenverträge oder Empfehlungen, statt. Dabei überschneiden sich beide Bereiche, da sich die organisatorischen Einheiten bestimmter Handlungsformen be-

---

580 *P. Axer*, in: *Schnapp* (Hrsg.), Funktionale Selbstverwaltung, S. 115 (116); *U. Becker*, in: *Münsterische Sozialrechtsvereinigung e.V.* (Hrsg.), 7. Münsterische Sozialrechtstagung, S. 122 (130); für Normsetzungsverträge BSGE 81, 73 (82); für den Bundesausschuss der Ärzte und Krankenkassen *R. Schimmelpfeng-Schütte*, NZS 1999, 530 (532); *A. Schneider-Danwitz/G. Glaeske*, MedR 1999, 164 (168 f.); a.A. BSGE 78, 70 (82).

581 *U. Becker*, in: *Münsterische Sozialrechtsvereinigung e.V.* (Hrsg.), 7. Münsterische Sozialrechtstagung, S. 122 (126); *J. Taupitz*, MedR 2003, 7 (10 f.); *A. Wahl*, Kooperationsstrukturen, S. 107 ff.; *P. Axer*, in: FS BSG 2004, S. 339 (341). Näher zur Interessenlage der Ärzte unter D.IV.2.b.bb. Interessenrepräsentanz der Betroffenengruppen.

582 Insbesondere bei den angeordneten Schiedsverfahren bei Nichteinigung wird das Interesse des Gesetzgebers an einer Einigung deutlich, dazu Anm. 589.

583 § 72 Abs. 2 SGB V.

584 Dazu bereits unter A.I.1.b. Interessenhomogenität bei den Betroffenen.

585 *F. Welti*, VSSR 2006, 133 (151); *P. Axer*, in: FS BSG 2004, S. 339 (342).

586 Dazu unter D.III. Zuordnung zur Selbst- oder gruppenpluralen Konsensverwaltung.

587 Z.B. die Zulassungs- und Berufungsausschüsse, §§ 96 f. SGB V, die Prüfungs- und Beschwerdeausschüsse, § 106 Abs. 3 SGB V, die Bewertungsausschüsse, § 87 Abs. 3 SGB V, aber auch die Arbeitsgemeinschaften, §§ 219, 303a SGB V.

dienen,[588] während das Vertragswesen die Einrichtung gemeinsamer organisatorischer Einrichtungen nach sich zog.[589]

Liegt in diesem Kapitel der Schwerpunkt auf den Organisationsformen,[590] so sind die seit langem diskutierten Fragen der aufgrund der Begriffsbestimmung problematischen Einordnung als Selbst- oder Fremdverwaltung sowie die nach der demokratischen Legitimation entscheidend. Paradigmatisch für diese Diskussion ist der G-BA, auf den im Folgenden besonderes Augenmerk gerichtet werden soll. Dieser ist im Hinblick auf seine Organisationsform, seine Kompetenzen und der Beteiligungsmöglichkeiten sowie nicht zuletzt aufgrund seiner demokratischen Legitimation seit langem in die Diskussion geraten. Trotz der zahlreichen Literatur hierzu bleibt er jedoch von besonderem Interesse, da seine Zusammensetzung insbesondere durch das GKV-VStG zum 1. Februar 2012 modifiziert wurde und sich so neue Aspekte in der Betrachtung ergeben haben. Aus diesem Grunde wird er vorliegend stellvertretend für die übrigen Organisationsformen der „Gemeinsamen Selbstverwaltung" angeführt. Dabei können die getroffenen Aussagen auch auf andere Organisationsformen „Gemeinsamer Selbstverwaltung" übertragen werden.

### *II. Die „Gemeinsame Selbstverwaltung" am Beispiel des G-BA*

Im Rahmen der „Gemeinsamen Selbstverwaltung" werden zentrale Entscheidungen von den Verbänden der Leistungserbringer und den Krankenkassen auf Bundesebene getroffen.[591] Hierzu existierten ursprünglich vier Bundesausschüsse: die Bundesausschüsse der Ärzte bzw. Zahnärzte und Krankenkassen,[592] die u.a. Richtlinien zur ambulanten (zahn-) ärztlichen Behandlung erließen, der Ausschuss Krankenhaus,[593] der durch die Bundesärztekammer, die Bundesverbände der Krankenkassen, die Bundesknappschaft, die Verbände der Ersatzkassen und die Deutsche Krankenhausgesellschaft gebildet wurde[594] und dessen Aufgabe u.a. die Bewertung von Untersuchungs- und Behandlungsmethoden im

[588] So erlässt der G-BA z.B. Richtlinien, dazu D.II.3. Aufgaben und Handlungsformen.

[589] Wie dies beim gemeinsamen Prüfungs- und Beschwerdeausschuss, § 106 Abs. 3 SGB V, der Fall ist. Darüber hinaus sind bei Nichteinigung bzgl. der Kollektivverträge in der gesetzlichen Krankenversicherung die Vertragsparteien zur Anrufung von Schiedsämtern, § 89 Abs. 4 i.V.m. § 115b Abs. 3 Satz 1 SGB V, bzw. Schiedsstellen nach § 114 i.V.m. §§ 112 Abs. 3, 115 Abs. 3 Satz 1 SGB V, § 18a Abs. 1 KHG i.V.m. § 115a Abs. 3 Satz 5 SGB V, und für die Rahmenverträge in der sozialen Pflegeversicherung nach § 76 SGB XI i.V.m. § 75 Abs. 4 Satz 1 SGB XI. angehalten.

[590] Zu ausgewählten Handlungsformen, durch welche die „Gemeinsame Selbstverwaltung" erfolgt, vgl. Kapitel 4.

[591] Zur historischen Entwicklung *E. Hauck*, NZS 2010, 600 (606 f.); *D. Roters*, in: *Leitherer* (Hrsg.), Kasseler Kommentar, § 91 SGB V Rn. 2; *W. Vahldiek*, in: *Hauck/Noftz* (Hrsg.), SGB V, § 91 Rn. 3 ff.

[592] Beide normiert in § 91 SGB V a.F.

[593] § 137c SGB V a.F.

[594] *T. Flint*, in: *Hauck/Noftz* (Hrsg.), SGB V, § 137c Rn. 26.

Krankenhaus war, und der Koordinierungsausschuss,[595] der u.a. Vorgaben bzgl. Disease-Management-Programmen erließ. Alle vier arbeiteten überwiegend sektorenspezifisch.[596]

Um bei den Entscheidungen die Belange des Gesamtsystems stärker zu berücksichtigen,[597] „zur Stärkung des sektorenübergreifenden Bezuges bei den Versorgungsentscheidungen der gemeinsamen Selbstverwaltung“ auch auf Bundesebene, als auch „zur Straffung und Vereinfachung der Entscheidungsabläufe“ und „zum Zwecke des effektiveren Einsatzes der personellen und sachlichen Mittel der den bisherigen einzelnen Ausschüssen der gemeinsamen Selbstverwaltung zuarbeitenden Geschäftsführung“[598] und der Erreichung der erhofften stärkeren Stringenz bei der Aufgabenerfüllung wurden diese vier Bundesausschüsse durch das GKV-Modernisierungsgesetz[599] zum 1. Januar 2004 zum G-BA fusioniert.[600] Dem G-BA wurden dabei überwiegend die Kompetenzen der vorherigen Ausschüsse übertragen und die alte Rechtslage weitgehend beibehalten.[601]

Der G-BA bildet im System der vertragsärztlichen Versorgung und der Krankenhausversorgung das oberste Beschlussgremium der „Gemeinsamen Selbstverwaltung“ zwischen Ärzten, Zahnärzten, Psychotherapeuten, Krankenhäusern und Krankenkassen. Da er durch die Spitzenverbände der „Gemeinsamen Selbstverwaltung“ gebildet wird und mit zahlreichen Kompetenzen versehen ist, gilt er als zentrale untergesetzliche Steuerungsinstanz für das im SGB V angelegte gesetzgeberische Programm[602] und er soll, ebenso wie seine Vorgängergremien, Regelungen zur Ausführung der gesetzlichen Bestimmungen über die Kassenärztliche Versorgung aufstellen,[603] dabei die Interessen der Ärzteschaft und der Krankenhäuser gegenüber den Krankenkassen zur Geltung bringen sowie mit diesen zusammen unmittelbar staatlicher Einflussnahme entgegenwirken.[604] Er legt insoweit fest, inwieweit die gesetzliche Krankenversicherung Leistungen der medizinischen Versorgung erstatten muss. Dabei wurde seine Bedeutung für das Leistungs- und Leistungserbringungsrecht für alle Akteure und Betroffenen der gesetzlichen Krankenversicherung aufgrund der Konzentration von Entscheidungszuständigkeiten und der Ausweitung seiner Aufgaben hin zur sektoren-

---

595 § 137e SGB V a.F.

596 *C. Hellkötter*, in: *Hänlein/Kruse/Schuler* (Hrsg.), Sozialgesetzbuch V, § 91 Rn. 1; *D. Roters*, in: *Leitherer* (Hrsg.), Kasseler Kommentar, § 91 SGB V Rn. 1.

597 BT-Drs. 16/3100, S. 91.

598 FraktE-GMG, BT-Drs. 15/1525, S. 106; BT-Drs. 16/3100, S. 91, 178 f.

599 Gesetz zur Modernisierung der gesetzlichen Krankenversicherung (GKV-Modernisierungsgesetz – GMG) vom 14.11.2003, BGBl. I S. 2190.

600 Art. 35 § 6 Abs. 1 GMG i.V.m. § 91 SGB V n.F.

601 *C. Hellkötter*, in: *Hänlein/Kruse/Schuler* (Hrsg.), Sozialgesetzbuch V, § 91 Rn. 1.

602 *D. Roters*, in: *Leitherer* (Hrsg.), Kasseler Kommentar, § 91 SGB V Rn. 2, 3; *R. Schmidt-De Caluwe*, in: *Becker/Kingreen* (Hrsg.), SGB V, § 91 Rn. 1; *I. Ebsen*, in: *v. Maydell/Ruland* (Hrsg.), SRH, § 15 Rn. 141; *W. Vahldiek*, in: *Hauck/Noftz* (Hrsg.), SGB V, § 91 Rn. 6; noch zur Rechtslage vor dem GKV-VStG *G. Beier*, in: *Schlegel/Engelmann* (Hrsg.), SGB V, § 91 Rn. 17.

603 BT-Drs. 1/3904, S. 17.

604 *R. Schmidt-De Caluwe*, in: *Becker/Kingreen* (Hrsg.), SGB V, § 91 Rn. 3.

übergreifenden Qualitätssicherung zur Steigerung der Effizienz dieser Regelsetzungsfunktion durch das GKV-Modernisierungsgesetz,[605] das GKV-Wettbewerbsstärkungsgesetz[606] sowie das GKV-Versorgungsstrukturgesetz[607] deutlich erhöht.[608] Der G-BA ist in erster Linie eine Institution des Interessenausgleichs, zugleich jedoch auch ein Fachgremium.[609] Struktur und Arbeitsweise werden ebenfalls durch das SGB V vorgegeben und durch die dem Genehmigungsvorbehalt des Bundesministeriums für Gesundheit unterliegenden Geschäfts- und Verfahrensordnungen näher bestimmt. Im Folgenden werden daher dessen (1.) Zusammensetzung, (2.) Rechtsnatur, (3.) Aufgaben und Handlungsformen, (4.) Beschlussfassung und Partizipationsrechte sowie die (5.) Aufsicht über den G-BA dargestellt.

### 1. *Zusammensetzung*

Der G-BA besteht nunmehr[610] aus 13 Mitgliedern und wird durch die Kassenärztlichen Bundesvereinigungen,[611] die Deutsche Krankenhausgesellschaft sowie den Spitzenverband Bund der Krankenkassen gebildet.[612] Dabei erfolgt die Besetzung des Beschlussgremiums paritätisch durch die Leistungserbringer einerseits und die Krankenversicherungsträger andererseits.[613] So gehören diesem ein Vertreter der Kassenzahnärztlichen Bundesvereinigung, zwei der Kassenärztlichen Bundesvereinigung und zwei der Deutschen Krankenhausgesellschaft auf Leistungserbringerseite an, während der Spitzenverband Bund der Krankenkassen fünf Mitglieder entsenden kann.[614]

Den Vorsitz führt ein unparteiischer Vorsitzender, der zusammen mit zwei weiteren unparteiischen Mitgliedern von den vorgenannten Organisationen einvernehmlich bestimmt wird und vom Bundesministerium für Gesundheit dem Ausschuss für Gesundheit des Deutschen Bundestages vorgelegt wird.[615] Dieses Verfahren soll ebenso wie eine Inkompatibilitätsklausel die Unparteilichkeit dieser Mitglieder gewährleisten sowie deren Legitimation vom Bundestag ablei-

---

[605] Anm. 599.

[606] Gesetz zur Stärkung des Wettbewerbs in der gesetzlichen Krankenversicherung (GKV-Wettbewerbsstärkungsgesetz – GKV-WSG) vom 26.3.2007, BGBl. I S. 378.

[607] Gesetz zur Verbesserung der Versorgungsstrukturen in der gesetzlichen Krankenversicherung (GKV-Versorgungsstrukturgesetz – GKV-VStG) vom 22.12.2011, BGBl. I S. 2983.

[608] *I. Ebsen*, in: *v. Maydell/Ruland* (Hrsg.), SRH, § 15 Rn. 142; *R. Schmidt-De Caluwe*, in: *Becker/Kingreen* (Hrsg.), SGB V, § 91 Rn. 4. Zur Änderung der Organisationsstruktur näher unter D.II.4. Beschlussfassung und Partizipationsrechte.

[609] *R. Schmidt-De Caluwe*, in: *Becker/Kingreen* (Hrsg.), SGB V, § 91 Rn. 1 ff.

[610] Zu den einzelnen Änderungen der Zusammensetzung des Beschlussgremiums näher unter D.II.4.a. Beschlussfassung.

[611] Also der Kassen- und Kassenzahnärztlichen Bundesvereinigung.

[612] § 91 Abs. 1 Satz 1 SGB V.

[613] *I. Ebsen*, in: *v. Maydell/Ruland* (Hrsg.), SRH, § 15 Rn. 141.

[614] § 91 Abs. 2 Satz 1 SGB V. Für diese sind jeweils bis zu drei Stellvertreter zu benennen, § 91 Abs. 2 Satz 10 SGB V.

[615] § 91 Abs. 2 Satz 2, 4 bis 7 SGB V. Für diese sind je zwei Stellvertreter zu benennen.

ten.[616] Vermögen sich die Organisationen nicht zu einigen, werden die Mitglieder durch das Bundesministerium für Gesundheit im Benehmen mit den Organisationen berufen.[617]

Die Mitglieder des G-BA sind sechs Jahre im Amt[618] und nicht an Weisungen gebunden,[619] was jedoch nicht ausschließt, dass sie die Interessen ihrer Organisation vertreten.

### 2. *Rechtsnatur*

Die rechtliche Qualifikation des G-BA ist umstritten. Der Gesetzgeber enthält sich einer Entscheidung und erkennt ihm seit dem Inkrafttreten des GKV-Modernisierungsgesetzes[620] lediglich die Rechtsfähigkeit zu.[621] Er ist daher eine juristische Person des öffentlichen Rechts und in der Lage, personelle und sächliche Mittel zu akquirieren.[622] Daneben ist anerkannt, dass es sich bei dem G-BA aufgrund seiner Verwaltungstätigkeiten um eine Behörde i.S.d. § 1 Abs. 2 SGB X handelt.[623] Allerdings lässt sich der G-BA nicht eindeutig einer der bekannten Organisationsformen zuordnen. Insoweit setzt sich der bereits im Hinblick auf die Bundesausschüsse begonnene Diskurs fort.[624]

Scheidet eine Stiftung bereits mangels der Verwaltung eines zweckgebundenen Bestands an Vermögenswerten aus,[625] wird eine Einordnung als Körperschaft des

---

[616] BR-Drs. 456/11 S. 97; *C. Hellkötter*, in: *Hänlein/Kruse/Schuler* (Hrsg.), Sozialgesetzbuch V, § 91 Rn. 4 f.; *D. Roters*, in: *Leitherer* (Hrsg.), Kasseler Kommentar, § 91 SGB V Rn. 10a f.

[617] § 91 Abs. 2 Satz 3 SGB V.

[618] Ab der am 1.7.2018 beginnenden Amtszeit ist zum Schutz der Unabhängigkeit der unparteiischen Mitglieder eine weitere Amtszeit ausgeschlossen, § 91 Abs. 2 Satz 16 SGB V.

[619] Dies regelt § 91 Abs. 2 Satz 13 2. Hs. SGB V zwar nur für die Organisationsmitglieder im Hinblick auf „Entscheidungen im Beschlussgremium“, so dass Weisungen, die das Abstimmungsverhalten nicht beeinflussen, bindend sind, *D. Roters*, in: *Leitherer* (Hrsg.), Kasseler Kommentar, § 91 SGB V Rn. 6. Allerdings wird die Weisungsfreiheit von der Literatur auf sämtliche Mitglieder sowie auch auf die der Beschlussfassung vorangehenden Beratungen ausgedehnt, *R. Schmidt-De Caluwe*, in: *Becker/Kingreen* (Hrsg.), SGB V, § 91 Rn. 39.

[620] Anm. 599.

[621] § 91 Abs. 1 Satz 2 SGB V. Der G-BA kann daher Träger von Rechten und Pflichten sein und wird gerichtlich und außergerichtlich von seinem Vorsitzenden vertreten, § 91 Abs. 1 Satz 3 SGB V; vgl. auch BT-Drs. 15/1525, S. 106. Diese Rechtsfähigkeit ist Voraussetzung für die Aufgabe der Gründung des Instituts für Qualität und Wirtschaftlichkeit im Gesundheitswesen nach § 139a Abs. 1 SGB V.

[622] Frakt-E-GMG BT-Drs. 15/1525, S. 106.

[623] *D. Roters*, in: *Leitherer* (Hrsg.), Kasseler Kommentar, § 91 SGB V Rn. 4.

[624] Die Bundesausschüsse wurden als teilrechtsfähige Körperschaften des öffentlichen Rechts, als Anstalten des öffentlichen Rechts, BSGE 78, 70 (80 ff.) = BSG v. 20.3.1996 – 6 RKa 62/94 – SozR 3–2500 § 92 Nr. 6; ebenso *H. Butzer/M. Kaltenborn*, MedR 2001, 333 (335), als gemeinsame Organe selbstverwalteter Anstalten mit Selbstverwaltungsautonomie, als Ausschüsse, die dem zuständigen Bundesministerium beigeordnet sind, als Kooperationsgremien oder verselbständigte Einrichtungen des öffentlichen Rechts der Ärzte und Krankenkassen, dazu *W. Vahldiek*, in: *Hauck/Noftz* (Hrsg.), SGB V, § 91 Rn. 11 m.w.N., angesehen.

[625] *H. Maurer*, Allgemeines Verwaltungsrecht, § 23 Rn. 55. Ebenso für den Bundesausschuss der Ärzte und Krankenkassen *H. Butzer/M. Kaltenborn*, MedR 2001, 333 (335).

öffentlichen Rechts diskutiert.[626] So weise der G-BA aufgrund der Trägerschaft durch die Spitzenverbände der „Gemeinsamen Selbstverwaltung", welche die Organisation des G-BA präge, „körperschaftliche Züge" auf.[627] Obwohl innerhalb der Körperschaften aufgrund ihrer tatsächlichen Erscheinungsformen und ihrer rechtlichen Ausgestaltungen erhebliche Unterschiede bestehen, ist ihnen allen als Definitionsmerkmal gemein, dass sie mitgliedschaftlich verfasste Organisationen des öffentlichen Rechts sind, die durch staatlichen Hoheitsakt geschaffen werden, denen Rechtsfähigkeit zugestanden wird und die öffentliche Aufgaben mit hoheitlichen Mitteln unter staatlicher Aufsicht wahrnehmen.[628]

Zwar wird der G-BA durch Gesetz konstituiert und mit Rechtsfähigkeit versehen, wie er auch die Aufgabe der Sicherung einer ausreichenden, zweckmäßigen und wirtschaftlichen ärztlichen Versorgung der Versicherten durch Richtlinien erfüllt und dabei staatlicher Aufsicht untersteht.[629] Allerdings entbehrt ihm das, für die Körperschaft des öffentlichen Rechts konstitutive Element der mitgliedschaftlichen Verfassung.[630] So sind die Trägerorganisationen nicht als Mitglieder der Körperschaft des G-BA anzusehen. Dies wird auch dadurch gestützt, dass der G-BA, insbesondere das Beschlussgremium, von den Trägerorganisationen weitgehend unabhängig agiert, was auch durch die Weisungsunabhängigkeit der entsandten Mitglieder[631] dokumentiert wird. Die Mitwirkung der unparteiischen Ausschussmitglieder und das Fehlen von Organen sprechen ebenfalls gegen eine körperschaftliche Struktur des G-BA.[632]

Aus denselben Argumenten lehnte das BSG eine Qualifikation der ursprünglichen Bundesausschüsse als Körperschaften des öffentlichen Rechts mangels verbandsmäßiger Struktur sowie einer mitgliedschaftlichen Verfassung ab und qualifizierte diese als Anstalten des öffentlichen Rechts.[633] Zeichnet sich eine Anstalt des öffentlichen Rechts dadurch aus, dass diese eine verselbständigte Verwaltungseinheit ist, die aus Verwaltungsbediensteten und Sachmitteln besteht und die nach entsprechender Zwecksetzung bestimmte Verwaltungsaufgaben wahrzunehmen hat sowie als Leistungsempfänger regelmäßig Benutzer hat,[634] so ist im Hinblick auf den G-BA zuzustimmen, dass es sich bei diesem um eine rechtlich und organisatorisch verselbständigte Verwaltungseinheit handelt, die eine Zu-

---

[626] *D. Roters*, in: *Leitherer* (Hrsg.), Kasseler Kommentar, § 91 SGB V Rn. 3; *M. Andreas*, Die Bundesausschüsse, S. 39 ff.

[627] *D. Roters*, in: *Leitherer* (Hrsg.), Kasseler Kommentar, § 91 SGB V Rn. 3.

[628] *H. Maurer*, Allgemeines Verwaltungsrecht, § 23 Rn. 37.

[629] Dazu D.II.3. Aufgaben und Handlungsformen und D.II.5. Aufsicht.

[630] *H. Maurer*, Allgemeines Verwaltungsrecht, § 23 Rn. 40; zu den Bundesausschüssen BSGE 78, 70 (80 f.) = BSG, 6 RKa 62/94 – SozR 3–2500 § 92 Nr. 6; *H. Butzer/M. Kaltenborn*, MedR 2001, 333 (335).

[631] § 91 Abs. 2 Satz 13 2. Hs. SGB V.

[632] Zu den Bundesausschüssen *H. Butzer/M. Kaltenborn*, MedR 2001, 333 (335).

[633] Zu den Bundesausschüssen BSGE 78, 70 (80 f.) = BSG v. 20.3.1996 – 6 RKa 62/94 – SozR 3–2500 § 92 Nr. 6; ähnlich *H. Tempel-Kromminga*, Problematik der Richtlinien, S. 109 ff.; *H. Sodan*, NZS 2000, 581 (583); kritisch dazu die Anmerkung von *R. Wimmer*, MedR 1997, 225 ff.; *ders.*, NZS 1999, 113 (118); *F. Ossenbühl*, NZS 1997, 497 (502).

[634] *H. Maurer*, Allgemeines Verwaltungsrecht, § 23 Rn. 47.

sammenfassung von Sach- und Personalmitteln ist und die mit der konkretisierenden Rechtssetzung im Bereich der gesetzlichen Krankenversicherung zur Erfüllung einer öffentlichen Aufgabe geschaffen wurde.[635] Allerdings fehlt es für die Qualifikation als Anstalt des öffentlichen Rechts dem heutigen G-BA wie auch den damaligen Bundesausschüssen einerseits an Nutzern, andererseits an der Ausstattung mit Sach- und Personalmitteln durch einen Träger öffentlichen Rechts.[636]

In Folge dieser vermeintlich fehlenden Subsumierbarkeit wird der G-BA von einem Teil der Literatur in Verneinung eines *Numerus clausus* der Organisationsformen mittelbarer Staatsverwaltung[637] als atypische Form mittelbarer Staatsverwaltung[638] und damit als öffentlich-rechtliche Einrichtung *sui generis* qualifiziert.[639]

Dabei ist fraglich, ob für den G-BA die Schaffung einer neuen Organisationsform tatsächlich erforderlich ist.[640] Geht man davon aus, dass der maßgebliche Unterschied zwischen Anstalt und Körperschaft der Mitgliederbestand der Letzteren ist, so wird das Kriterium der Anstaltsnutzer relativiert. Dieses ist damit nicht konstitutive Voraussetzung des Anstaltsbegriffs. So lässt sich die Anstalt auch als „nicht verbandsmäßig organisierter rechtsfähiger Verwaltungsträger zur dauerhaften Verfolgung eines bestimmten Verwaltungszwecks des Anstaltsträgers“ bezeichnen.[641] Bei diesem weitgehend konturlosen Anstaltsbegriff liegt das wesentliche Abgrenzungsmerkmal nicht auf den Definitionskriterien der Anstalt, sondern auf denjenigen der Körperschaft, so dass dem Anstaltsbegriff Auffangfunktion zukommt.[642] Dies wird auch in der Literatur anerkannt, als von dem Erfordernis der Benutzer nur in der Regel ausgegangen wird.[643] So erfasst der Anstaltsbegriff auch Einrichtungen, die nach außen durch Freiheitseingriffe der Verwaltungsunterworfenen wirken.[644] Da der G-BA unter keine der vorbezeichneten Organisationsformen subsumierbar ist, ist er als atypische Anstalt des öffentlichen Rechts zu qualifizieren.[645]

---

[635] BSGE 78, 70 (80 ff.) = BSG v. 20.3.1996 – 6 RKa 62/94 – SozR 3–2500 § 92 Nr. 6; ebenso *H. Butzer/M. Kaltenborn*, MedR 2001, 333 (335).

[636] *D. Roters*, in: *Leitherer* (Hrsg.), Kasseler Kommentar, § 91 SGB V Rn. 3; *R. Schmidt-De Caluwe*, in: *Becker/Kingreen* (Hrsg.), SGB V, § 91 Rn. 10; *R. Wimmer*, MedR 1997, 225 ff., zu den Bundesausschüssen.

[637] Kritisch hierzu *H.A. Wolff*, NZS 2006, 281 (283), zur Rechtslage vor dem GKV-WSG.

[638] *S. Rixen*, MedR 2008, 24 (26), zur Rechtslage vor dem GKV-VStG.

[639] *S. Rixen*, Sozialrecht, S. 346; *R. Schmidt-De Caluwe*, in: *Becker/Kingreen* (Hrsg.), SGB V, § 91 Rn. 10.

[640] Verneinend *H.A. Wolff*, NZS 2006, 281 (283), noch zur Rechtslage vor dem GKV-WSG.

[641] *W. Rudolf*, in: *Erichsen* (Hrsg.), Allgemeines Verwaltungsrecht (11. Aufl. 1998), § 52 Rn. 15 m.w.N.

[642] *F.-J. Peine*, Allgemeines Verwaltungsrecht, Rn. 94.

[643] *H. Maurer*, Allgemeines Verwaltungsrecht, § 23 Rn. 47.

[644] BVerfGE 37, 1 (24); *H. Sodan*, NZS 2000, 581 (583 f.), noch zu den Bundesausschüssen; *H.A. Wolff*, NZS 2006, 281 (283), noch zur Rechtslage vor dem GKV-WSG.

[645] BSGE 78, 70 (80 f.); *H. Sodan*, NZS 2000, 581 (584), *W. Vahldiek*, in: *Hauck/Noftz* (Hrsg.), SGB V, § 91 Rn. 11; *M. Kaltenborn*, VSSR 2000, 249 (257); *H. Butzer/M. Kaltenborn*, MedR 2001,

### 3. Aufgaben und Handlungsformen

Der Aufgabenkreis des G-BA wurde im Vergleich zu den ursprünglichen Bundesausschüssen im Zuge des politischen Konzeptes der „Vorfahrt für die Selbstverwaltung"[646] deutlich ausgeweitet.[647] Gründet der Leistungsanspruch der Versicherten im formellen Gesetz, beschränkt sich die gesetzliche Normierung im Hinblick auf Inhalt und Umfang jedoch auf wenige Regelungen[648] und überlässt die genauere Ausgestaltung und Konkretisierung dem G-BA. Er hat somit im Rahmen der gesetzlichen Vorgaben einheitliche und verbindliche Maßgaben dafür zu beschließen, welche Leistungen der medizinischen Versorgung durch die gesetzliche Krankenversicherung erbracht werden, und er hat die Aufgabe des Qualitätsmanagements sowie der Qualitätssicherung, wozu er u.a. Vorgaben zu Behandlungsstandards fasst. Aufgrund dieser Machtfülle wurden die Vorgängerorganisationen daher auch als „kleiner Gesetzgeber"[649] bzw. als „kleines Gesundheitsministerium"[650] oder als „zentrale korporative Superorganisation"[651] bezeichnet. Wesentlicher Schwerpunkt seiner Tätigkeit liegt somit in der Regelung von Einzelheiten der Versorgung in der gesetzlichen Krankenversicherung durch den Erlass von Richtlinien, die zur Sicherung der ärztlichen Versorgung erforderlich sind und welche eine ausreichende, zweckmäßige und wirtschaftliche Versorgung der Versicherten gewährleisten.[652] Dabei führt der Gesetzgeber in einem nicht abschließenden Katalog Gegenstände der Richtlinienkompetenz des G-BA auf, die von der ärztlichen und zahnärztlichen Behandlung[653] über die Verordnung von Arznei-, Verband-, Heil- und Hilfsmitteln, Krankenhausbehandlung, häuslicher Krankenpflege und Soziotherapie,[654] die Bedarfsplanung[655] bis

---

333 (335); *K. Jung*, KrV 1999, 252 (258), jeweils noch zum Bundesausschuss der Ärzte und Krankenkassen; *C. Hellkötter*, in: *Hänlein/Kruse/Schuler* (Hrsg.), Sozialgesetzbuch V, § 91 Rn. 2; *H.A. Wolff*, NZS 2006, 281 (283).

[646] Unter diesem Oberbegriff wurde die Diskussion über die Gesetze zur Neuordnung von „Selbstverwaltung und Eigenverantwortung in der gesetzlichen Krankenversicherung" vom 23.6.1991, BGBl. I S. 1518, 1520 geführt.

[647] *R. Hess*, MedR 2005, 385 ff.; *D. Roters*, in: *Leitherer* (Hrsg.), Kasseler Kommentar, § 91 SGB V Rn. 2; zu den Erweiterungen, welche die Bundesausschüsse erfahren haben, *W. Vahldiek*, in: *Hauck/Noftz* (Hrsg.), SGB V, § 91 Rn. 4; dazu auch *S. Greß/J. Wasem*, MedR 2006, 512 ff.

[648] BSG, SozR 3–2500 § 92 SGB V Nr. 7 (S. 53), bzgl. der Voraussetzungen der Leistungspflicht in der Gesetzlichen Krankenversicherung.

[649] *A. Schneider-Danwitz/G. Glaeske*, MedR 1999, 164 ff.; *F.J. Oldiges*, Sozialer Fortschritt 1998, 69 (70 ff.); *P. Axer*, in: *Schnapp* (Hrsg.), Funktionale Selbstverwaltung, S. 115 (120); *H. Butzer/M. Kaltenborn*, MedR 2001, 333, noch zum Bundesausschuss der Ärzte und Krankenkassen.

[650] *R. Schimmelpfeng-Schütte*, MedR 2006, 519 (520), noch zum G-BA vor dem GKV-Wettbewerbsstärkungsgesetz.

[651] *G. Fischer*, MedR 2006, 509 ff.

[652] § 92 Abs. 1 Satz 1 SGB V. Zu den einzelnen Merkmalen *D. Roters*, in: *Leitherer* (Hrsg.), Kasseler Kommentar, § 92 SGB V Rn. 4 ff.

[653] § 92 Abs. 1 Satz 2 Nrn. 1 und 2 SGB V.

[654] § 92 Abs. 1 Satz 2 Nr. 6 SGB V.

[655] § 92 Abs. 1 Satz 2 Nr. 9 SGB V.

zur Qualitätssicherung[656] und Schutzimpfungen reichen.[657] Besondere praktische Bedeutung im Hinblick auf die Konkretisierung des Leistungsrechts erlangt die Kompetenz, über die Einführung neuer Untersuchungs- und Behandlungsmethoden in der vertragsärztlichen Versorgung oder der Krankenhausbehandlung zu befinden, die Voraussetzung für die Möglichkeit der Leistungserbringung zu Lasten der Krankenkassen ist,[658] bzw. auch bisherige Untersuchungs- und Behandlungsmethoden wieder auszuschließen, so dass diese nicht mehr auf Kosten der Krankenkassen erbracht werden dürfen.[659] Daneben besteht eine Vielzahl weiterer Zuweisungen von Richtlinienkompetenzen.[660]

Die Rechtsnatur wie auch die Bindungswirkung der Richtlinien waren lange Zeit umstritten.[661] Nach überwiegender Auffassung sowohl in Rechtsprechung als auch Literatur handelt es sich bei diesen um untergesetzliche Rechtsnormen,[662] deren Bindungswirkung nunmehr der Gesetzgeber ausdrücklich ange-

[656] § 92 Abs. 1 Satz 2 Nr. 13 SGB V. Hierzu hat der G-BA im Auftrag des Gesetzgebers 2004 das Institut für Qualität und Wirtschaftlichkeit im Gesundheitswesen (IQWiG) gegründet, das als wissenschaftliche Institution unabhängig ist und diagnostische und therapeutische Verfahren bei ausgewählten Krankheiten und den Nutzen von Arzneimitteln untersucht.

[657] § 92 Abs. 1 Satz 2 Nr. 15 SGB V.

[658] § 92 Abs. 1 Satz 2 Nr. 5 i.V.m. § 135 Abs. 1 Satz 1, 137c Abs. 1 Satz 1 SGB V; zur Rspr. die Leistungspflicht der Krankenkassen betreffend *G. Plute/J.M. Knopff*, WzS 1998, 161 ff.

[659] § 92 Abs. 1 Satz 2 Nr. 5 i.V.m. § 135 Abs. 1 Satz 2, 3, 137c Abs. 1 Satz 2 SGB V. Diese Beschlüsse benötigen eine qualifizierte Mehrheit von neun Stimmen, § 91 Abs. 7 Satz 3 SGB V.

[660] Z.B. §§ 20d Abs. 1 Satz 3, 22 Abs. 5, 25 Abs. 4 Satz 2 und 3, Abs. 5 Satz 1 und 2, 26 Abs. 2, 27a Abs. 4, 28 Abs. 2 Satz 9, Abs. 3 Satz 1, 29 Abs. 4, 31 Abs. 1 Satz 2, Abs. 5 Satz 2, 33 Abs. 2 Satz 3, Abs. 3 Satz 2, Abs. 4, 34 Abs. 1 Satz 2, Abs. 3 Satz 4, Abs. 4 Satz 5, 35 Abs. 1, Abs. 2, 37a Abs. 2, 37b Abs. 3, 56, 60 Abs. 1 Satz 3, 62 Abs. 1, 101 Abs. 1, 116b Abs. 4, 129 Abs. 1a, 135 Abs. 1 Satz 1 und 2, 136 Abs. 2, 137 Abs. 1, 137c, 137 f, 138.

[661] Die Rechtsnormqualität noch zum Bundesausschuss der Ärzte und Krankenkassen befürwortend BSGE 78, 70 ff.; 81, 54 (63); 81, 73 (81); 82, 41 (46 ff.); *A. Hiller*, Verbindlichkeit und Verfassungsmäßigkeit der Richtlinien für Ärzte und Krankenkassen, S. 47 f.; *Wiegand* (Hrsg.), Kassenarztrecht, § 92 Rn. 4; *I. Ebsen*, in: FS Krasney 1997, S. 81 (89); *W. Noftz*, VSSR 1997, 393 (424); *F.E. Schnapp*, in: FS Krasney 1997, S. 437 (438 ff.); *ders.*, in: *Wienke/Lippert/Eisenmenger* (Hrsg.), Ärztliche Berufsausübung, S. 89 ff.; *J. Castendiek*, NZS 2001, 71 (72); *G. Schwerdtfeger*, SDSRV 38 (1994), S. 27 (40 f.); noch zum G-BA vor dem GKV-Wettbewerbsstärkungsgesetz *T. Kingreen*, NZS 2007, 113 (115); noch zum einheitlichen Beschlussgremium des G-BA vor dem GKV-Versorgungsstrukturgesetz *V. Neumann*, NZS 2010, 593; anders *K. Jung*, KrV 1999, 252 (258), der die Rechtsnormqualität nicht generell einer Richtlinien zuspricht, sondern eine solche für jede Vorschrift einer Richtlinie einzeln prüfen will; *U. Di Fabio*, NZS 1998, 449 (452), qualifiziert sie als nichtklassische, halbstaatliche Rechtsquellen und benennt sie als „Normzwischenschicht"; eine gutachterliche Äußerung in Form einer Verwaltungsvorschrift annehmend *M. Jörg*, Das neue Kassenarztrecht, S. 49; ebenfalls als Verwaltungsvorschrift eingestuft werden sie von *R. Schmidt-De Caluwe*, in: *Becker/Kingreen* (Hrsg.), SGB V, § 92 Rn. 7 f.; die Rechtsnormqualität verneinend *F. Ossenbühl*, in: *Schnapp* (Hrsg.), Rechtsquellen, S. 65, zugleich *ders.*, in: *Schnapp* (Hrsg.), Rechtsquellen, S. 65 ff.; *R. Wimmer*, MedR 1997, 225; *E. Schmidt-Aßmann*, Grundrechtspositionen, S. 95, schlägt vor, sie in Anlehnung an das Technik- und Umweltrecht als normkonkretisierende Verwaltungsvorschriften anzusehen; „nicht einmal als Verwaltungsvorschrift" qualifiziert sie *R. Wimmer*, NZS 1999, 113 (118).

[662] BSGE 78, 70 (81), sieht darin Anstaltsrecht in Form von Satzungen; BSGE 81, 54 (64); 81, 73 (82), qualifiziert sie als Normsetzungsverträge. Das BVerfG ließ diese Einordnung unbeanstandet, BVerfG, SozR 3–2500 § 35 Nr. 2.

ordnet hat. So sind die Beschlüsse des G-BA, insbesondere dessen Richtlinien – mit wenigen Ausnahmen[663] – für die Trägerorganisationen des G-BA, deren Mitglieder und Mitgliedskassen sowie auch für die Versicherten und die Leistungserbringer verbindlich.[664]

Weiter inkorporiert der Gesetzgeber die Richtlinien in den Bundesmantelvertrag,[665] so dass jene nicht nur Inhalt des Bundesmantelvertrages, sondern gleichzeitig auch der Gesamtverträge werden,[666] in Folge dessen es für die beteiligten Verbände und Versicherten zu Mehrfachbindungen kommt. Gebunden werden so zum einen die Kassenärztlichen Bundesvereinigungen und der Spitzenverband Bund der Krankenkassen als Vertragsparteien des Bundesmantelvertrags[667] ebenso wie die Kassenärztlichen Vereinigungen und die Landesverbände der Krankenkassen und die Ersatzkassen als Vertragsparteien der Gesamtverträge[668] sowie über den Bundesmantelvertrag für die Landesverbände der Krankenkassen[669] und für die Kassenärztlichen Vereinigungen durch deren Satzungen in die Bindungswirkung einbezogen werden.[670] An den Bundesmantelvertrag sind darüber hinaus auch die organisierten Vertragsärzte sowie die Mitgliedskrankenkassen über die Satzungen gebunden.[671] Gleichzeitig binden der Bundesmantelvertrag sowie der Gesamtvertrag sämtliche Vertragsärzte, unabhängig davon, ob eine Mitgliedschaft in der Kassenärztlichen Vereinigung besteht,[672] die ermächtigten Ärzte[673] sowie sämtliche Krankenkassen unabhängig von deren Mitgliedschaft im Landesverband.[674] Bzgl. der Mitgliedskrankenkassen im Spitzenverband Bund wie auch gegenüber den Versicherten wird die Bindung gesetzlich angeordnet.[675]

Aufgrund dieser umfassenden Bindungswirkungen gegenüber den maßgeblichen Akteuren in der gesetzlichen Krankenversicherung und insbesondere auch gegenüber den Versicherten erhält der G-BA erheblichen Einfluss auf den Leistungsanspruch der Patienten.[676] Aus diesem Grunde erfährt er massive Kritik,

---

[663] Wie die Entscheidungen nach § 137b, vgl. § 91 Abs. 6 SGB V.

[664] § 91 Abs. 6 SGB V. Zu den Grenzen der Verbindlichkeit *D. Roters*, in: *Leitherer* (Hrsg.), Kasseler Kommentar, § 92 SGB V Rn. 10 f.

[665] § 92 Abs. 8 SGB V.

[666] § 82 Abs. 1 Satz 2 SGB V.

[667] § 82 Abs. 1 Satz 1 SGB V.

[668] § 83 Satz 1 SGB V. Ausführlich zur Bindungswirkung des Bundesmantelvertrags und der Gesamtverträge Kapitel 4 A.II.1. Die Bundesmantelverträge und A.II.2. Die Gesamtverträge.

[669] Kraft gesetzlicher Anordnung, § 217e Abs. 2 SGB V, und durch deren Satzungen, § 210 Abs. 2 SGB V.

[670] § 81 Abs. 3 Nr. 1 SGB V.

[671] § 81 Abs. 3 Nr. 1 SGB V für die organisierten Vertragsärzte; § 210 Abs. 2 SGB V für die Mitgliedskrankenkassen.

[672] § 95 Abs. 3 Satz 3 SGB V.

[673] § 95 Abs. 4 Satz 2 SGB V.

[674] § 83 Satz 1 2. Hs. SGB V.

[675] § 217e Abs. 2 SGB V.

[676] *H. Plagemann*, MedR 2005, 401 ff.

nach der u.a. aufgrund fehlender demokratischer Legitimation diese weitreichende Bindungswirkung verfassungswidrig sei.[677]

Neben dem Richtlinienerlass bestehen weitere Aufgaben[678] des G-BA in der Abgabe von Bewertungen,[679] der Förderung und Umsetzung der Qualitätssicherung,[680] der Zusammenstellung von Übersichten über ausgeschlossene Arzneimittel[681] sowie der Bearbeitung des Katalogs für hochspezialisierte Leistungen, seltene Erkrankungen und Erkrankungen mit besonderen Krankheitsverläufen.[682] Indem das SGB V die Richtlinien des G-BA und das materielle Leistungsrecht derart verzahnt, erlangen die Richtlinien in annähernd dem gesamten Leistungsrecht Bedeutung.[683]

Darüber hinaus besteht die Pflicht, einen Haushaltsplan aufzustellen.[684]

### 4. *Beschlussfassung und Partizipationsrechte*

#### a. *Beschlussfassung*

Der Unterausschuss des G-BA legt dem Plenum den Beratungsgegenstand und eine Empfehlung zur Beschlussfassung vor. Die Beschlussfassung erfolgt durch Abstimmung mit der einfachen[685] Mehrheit der Mitglieder,[686] zu denen auch die Unparteiischen gehören.[687] So kommt dem Vorsitzenden die für die Funktionsfähigkeit des G-BA zentrale Aufgabe zu, auf einen Interessenausgleich zwischen den Interessenvertretern unter Einbezug der mitberatenden Patientenvertreter und sonstigen Stellungnahmeberechtigten hinzuwirken.[688] Gelingt eine Vermittlung nicht und bleibt es bei der Stimmengleichheit zwischen den Leistungserbringern und den Krankenkassen, kommt der Stimme des Vorsitzenden die ausschlaggebende Wirkung zu, der objektiv und neutral an der Entscheidungsfindung mitzuwirken hat,[689] wodurch ein systemgerechter Konfliktlösungsmechanismus besteht.[690]

---

[677] *R. Schimmelpfeng-Schütte*, NZS 2006, 567 ff.; *R. Schmidt-De Caluwe*, in: *Becker/Kingreen* (Hrsg.), SGB V, § 91 Rn. 16. Dazu ausführlich unter D.IV. Demokratische Legitimation.

[678] Eine Übersicht über die vielfältigen Aufgaben des G-BA findet sich auf dessen Homepage unter www.g-ba.de.

[679] §§ 35a, b i.V.m. 139b, 137c SGB V.

[680] §§ 137a, b, 139a, b SGB V.

[681] § 93 SGB V.

[682] § 116b SGB V.

[683] *G. Beier*, in: *Schlegel/Engelmann* (Hrsg.), SGB V, § 91 Rn. 18, noch zur Rechtslage vor dem GKV-VStG.

[684] § 91 Abs. 8 Satz 2 SGB V i.V.m. § 67 SGB IV.

[685] Eine qualifizierte Mehrheit wird durch § 91 Abs. 7 Satz 2 SGB V bestimmt und kann in begründeten Ausnahmefällen auch durch die Geschäftsordnung angeordnet werden, *R. Schmidt-De Caluwe*, in: *Becker/Kingreen* (Hrsg.), SGB V, § 91 Rn. 24.

[686] § 91 Abs. 7 Satz 1 SGB V. Ausnahmen können durch die Geschäftsordnung angeordnet werden.

[687] Wegen des Verweises von § 91 Abs. 7 Satz 1 auf Abs. 2 Satz 1 SGB V, *R. Schmidt-De Caluwe*, in: *Becker/Kingreen* (Hrsg.), SGB V, § 91 Rn. 24.

[688] *D. Roters*, in: *Leitherer* (Hrsg.), Kasseler Kommentar, § 91 SGB V Rn. 25k.

[689] *D. Roters*, in: *Leitherer* (Hrsg.), Kasseler Kommentar, § 91 SGB V Rn. 25k.

[690] *R. Schmidt-De Caluwe*, in: *Becker/Kingreen* (Hrsg.), SGB V, § 91 Rn. 24.

Die ursprünglichen vier Bundesausschüsse arbeiteten überwiegend sektorspezifisch.[691] So hing die Zusammensetzung von der zu erfüllenden Aufgabe ab.

Zur Straffung der Organisation und der damit erhofften stärkeren Stringenz bei der Aufgabenerfüllung sowie zur Stärkung eines sektorübergreifenden Verständnisses[692] wurden diese vier Bundesausschüsse zum 1. Januar 2004 durch das GKV-Modernisierungsgesetz zum G-BA fusioniert und es wurde durch das GKV-Wettbewerbsstärkungsgesetz mit Wirkung zum 1. Juli 2008 ein einheitliches Beschlussgremium eingeführt, dessen Zusammensetzung von der Aufgabe unabhängig und das sektorenübergreifend zuständig war. Hierdurch sollten die Belange des Gesamtsystems stärker fokussiert werden.[693] Die stets gleiche Besetzung des Gremiums hatte jedoch zur Folge, dass der Leistungssektor strukturell unterrepräsentiert war und auch Nichtbetroffene an den Mehrheitsentscheidungen beteiligt waren,[694] während die Krankenkassen ein strategisches Übergewicht hatten.[695]

Durch das GKV-Versorgungsstrukturgesetz wurde diese identische, aufgabenunabhängige Besetzung des Gremiums ersetzt durch eine am 1. Februar 2012 erfolgende Anpassung der Stimmverteilung an den jeweiligen Beschlussgegenstand, wodurch eine Annäherung an die ursprüngliche Konzeption der Beschlussfassung durch die anfänglichen Bundesausschüsse erfolgte. Ziel ist es, nur noch die betroffenen Interessen und die spezifische Sachkunde zu beteiligen.[696]

So entscheidet das gemeinsame Beschlussgremium in der obigen Zusammensetzung bei allen Entscheidungen, die nicht einen der Leistungssektoren wesentlich betreffen. Ist dagegen eine Leistungserbringerorganisation nicht wesentlich betroffen, werden deren Stimmen anteilig auf die Mitglieder der verbleibenden, wesentlich betroffenen Leistungserbringerorganisationen übertragen.[697] Wann ein Beratungsgegenstand und die diesbezüglich erlassene Richtlinie oder getroffene Entscheidung welche Leistungserbringer wesentlich betrifft, regelt zum einen der Gesetzgeber selbst, indem er anordnet, dass bei Beschlüssen zur Bewertung ärztlicher Untersuchungs- und Behandlungsmethoden eine anteilige Stimmübertragung von dem von der Kassenzahnärztlichen Bundesvereinigung benannten Mitglied auf die übrigen Mitglieder der Leistungserbringer erfolgt,[698] zum anderen trifft diese Entscheidung der G-BA in seiner Geschäftsordnung,[699]

---

691 *D. Roters*, in: *Leitherer* (Hrsg.), Kasseler Kommentar, § 91 SGB V Rn. 1.

692 BT-Drs. 16/3100, S. 91, 178 f.

693 BT-Drs. 16/3100, S. 91.

694 So entschied z.B. die Deutsche Krankenhausgesellschaft über befundorientierte Festzuschüsse beim Zahnersatz mit, Beispiel bei *R. Schmidt-De Caluwe*, in: *Becker/Kingreen* (Hrsg.), SGB V, § 91 Rn. 14; dazu auch *B. v. Wolff*, NZS 2009, 184 (186 f.).

695 *R. Schmidt-De Caluwe*, in: *Becker/Kingreen* (Hrsg.), SGB V (2. Aufl. 2010), § 91 Rn. 14, noch zur Rechtslage vor dem GKV-VStG.

696 *C. Hellkötter*, in: *Hänlein/Kruse/Schuler* (Hrsg.), Sozialgesetzbuch V, § 91 Rn. 9.

697 § 91 Abs. 2a Satz 1, 2 SGB V.

698 § 91 Abs. 2a Satz 4 SGB V.

699 § 91 Abs. 2a Satz 3, 4 SGB V, § 14a GeschO i.V.m. Anlage I.

die der Genehmigung durch das Bundesministerium für Gesundheit bedarf.[700] In dieser sind auch die Stimmgewichte in den einzelnen Fällen geregelt.[701]

Der Vorsitzende und die weiteren unparteiischen Mitglieder besitzen ein Beschlussvorlagerecht[702] sowie ein Antragsrecht auf die Abgabe von Empfehlungen nach § 135 Abs. 1 SGB V. Mit diesem Vorschlagsrecht korrespondiert die Pflicht des G-BA, sich mit diesem inhaltlich auseinanderzusetzen und gegebenenfalls die ablehnenden Gründe zu dokumentieren.[703] Darüber hinaus können die Unparteiischen zusammen mit wenigstens einem Träger die Beschlussfassung für eine Sitzung hemmen.[704] Diese Möglichkeiten dienen der Sachgerechtigkeit, der Durchsetzung des Allgemeininteresses sowie dem Minderheitenschutz und stärken die Ausgleichsfunktion, indem sie der konsensualen Lösung bis zur nächsten Sitzung Zeit einräumen.[705]

Die grundsätzliche[706] Öffentlichkeit der Beschlusssitzungen soll zur Transparenz beitragen.[707]

### *b. Partizipationsrechte*

Der Gesetzgeber sieht verschiedene Partizipationsmöglichkeiten an den Entscheidungen des G-BA vor. Die weitreichendste ist dabei das (aa.) Mitberatungsrecht, während das (bb.) Stellungnahme- bzw. Anhörungsrecht das schwächste ist. Daneben existiert noch für einige Organisationen ein (cc.) Beteiligungsrecht. Zur Sicherung dieser Rechte besteht auch eine (dd.) Berücksichtigungspflicht.

#### *aa. Mitberatungsrechte*

Das Mitberatungsrecht enthält das Recht, bei den Beratungen und der Beschlussfassung anwesend zu sein[708] sowie zum Teil auch Beratungsgegenstände auf die Tagesordnung setzen zu lassen.[709] Ebenso bestehen ein Rederecht und ein Anspruch auf Übersendung sämtlicher themenbezogener Beratungsunterlagen.[710] Ein Stimmrecht ist nicht damit verbunden.

Ein Mitberatungsrecht steht den maßgeblichen Organisationen für die Wahrnehmung der Patientinnen- und Patienteninteressen sowie der Selbsthilfe chro-

[700] § 91 Abs. 4 Satz 2 SGB V.

[701] § 14a Abs. 3 GeschO i.V.m. Anlage I.

[702] § 91 Abs. 7 Satz 4 SGB V.

[703] *D. Roters*, in: *Leitherer* (Hrsg.), Kasseler Kommentar, § 91 SGB V Rn. 25k.

[704] § 15 Abs. 1 Satz 2 GeschO.

[705] *D. Roters*, in: *Leitherer* (Hrsg.), Kasseler Kommentar, § 91 SGB V Rn. 25k.

[706] Ausnahmen sind dann möglich, wenn sie durch besondere Gründe gerechtfertigt sind, wie dies bei einer Beratung unter Bezugnahme auf sensible, personenbezogene Daten der Fall ist, *R. Schmidt-De Caluwe*, in: *Becker/Kingreen* (Hrsg.), SGB V, § 91 Rn. 29; dazu auch §§ 9, 10 GO-G-BA.

[707] § 91 Abs. 7 Satz 6 SGB V; *D. Roters*, in: *Leitherer* (Hrsg.), Kasseler Kommentar, § 91 SGB V Rn. 27.

[708] §§ 92 Abs. 7e Satz 3, 140f Abs. 2 Satz 2 SGB V.

[709] § 92 Abs. 7e Satz 3 SGB V.

[710] *D. Roters*, in: *Leitherer* (Hrsg.), Kasseler Kommentar, § 92 SGB V Rn. 31a.

nisch kranker und behinderter Menschen zu.[711] Hierzu können sie entsprechend der entsandten Mitglieder des Spitzenverbands Bund der Krankenkassen bis zu fünf Vertreter in den G-BA entsenden.[712] Die Auswahl der Vertreter richtet sich nach der auf § 140g SGB V basierenden Patientenbeteiligungsverordnung.[713] Sie werden von vier Bundesorganisationen, die zur Wahrung der Patienteninteressen legitimiert sind, benannt. Diese sind derzeit der Deutsche Behindertenrat (DBR), die BundesArbeitsGemeinschaft der PatientInnenstellen (BAGP), die Deutsche Arbeitsgemeinschaft Selbsthilfegruppen e.V. und der Verbraucherzentrale Bundesverband e.V.[714] Die Benennung soll themenbezogen erfolgen und die persönliche Betroffenheit berücksichtigen, so dass diese als „Sachverständige aus persönlicher Erfahrung" in den Entscheidungsprozess einbezogen werden.[715] In bestimmten Fällen steht den Organisationen auch ein Antragsrecht zu.[716] Ein Stimmrecht erhalten sie dagegen nicht.[717]

Beim Thema der vertragsärztlichen Bedarfsplanung[718] werden zwei Vertreter der Gesundheitsministerkonferenz der Länder entsandt, die mitberatend tätig werden und das Recht haben, Beratungsgegenstände auf die Tagesordnung setzen zu lassen.[719]

Ebenso entsenden bei Beschlüssen zur Qualitätssicherung in der vertragsärztlichen Versorgung und für zugelassene Krankenhäuser die Bundesärztekammer, der Verband der privaten Krankenversicherung ebenso wie die Berufsorganisationen der Pflegeberufe, sowie gegebenenfalls auch die Bundespsychotherapeutenkammer und die Bundeszahnärztekammer Vertreter in das Gremium, die mitberatend tätig werden können.[720]

### *bb. Stellungnahme- und Anhörungsrechte*

Der Gesetzgeber sieht an einer Vielzahl verschiedener Stellen des SGB V Anhörungs- bzw. Stellungnahmerechte zu Entscheidungen des G-BA vor. Diese sind immer dann vorgeschrieben, wenn Interessen Dritter von der Beschlussfassung betroffen sind und dienen neben der Interessenartikulation auch dem Allgemeininteresse an sinnvollen, umsetzbaren Normen.[721] Die nähere Ausgestaltung erfolgt in der VerfO des G-BA, wobei das jeweilige Verfahren der Stellungnahme je

---

711 § 140f Abs. 2 Satz 1 1. Hs. SGB V.

712 § 140f Abs. 2 Satz 1, 2 SGB V.

713 Verordnung zur Beteiligung von Patientinnen und Patienten in der gesetzlichen Krankenversicherung (PatBeteiligungsV) vom 19.12.2003, BGBl. I S. 2753 f.

714 § 2 Abs. 1 PatBeteiligungsV. Das BMI kann jedoch auf Antrag weitere Organisationen anerkennen, § 3 PatBeteiligungsV.

715 § 4 Abs. 1 PatBeteiligungsV. Zur Funktion der Patientenvertretung *G. Köster*, KrV 62 (2010), S. 357 ff.; *I. Heberlein*, Jahrbuch für kritische Medizin 42 (2005), S. 64 (69 f.).

716 Hierzu § 140f Abs. 2 Satz 5 SGB V.

717 § 4 Abs. 1 Satz 3 PatBeteiligungsV.

718 § 92 Abs. 1 Satz 2 Nr. 9 SGB V.

719 § 92 Abs. 7e SGB V.

720 § 137 Abs. 1 Satz 3, Abs. 3 Satz 5 SGB V.

721 *D. Roters*, in: *Leitherer* (Hrsg.), Kasseler Kommentar, § 91 SGB V Rn. 19a.

nach Themengebiet variieren kann.[722] Die Stellungnahme hat in der Regel schriftlich zu erfolgen. Den Stellungnahmeberechtigten wird daneben auch das Recht auf eine regelhaft durchzuführende Anhörung eingeräumt, wodurch deren Stellung gestärkt wird.[723] Dabei ist das Recht auf Stellungnahme auf deren ordnungsgemäße Durchführung und den Einbezug in die Entscheidungsfindung begrenzt. Der G-BA hat diese bei seinen Entscheidungen zu berücksichtigen.[724]

Das Recht zur Stellungnahme wird insbesondere den Verbänden von der Entscheidung betroffener Leistungserbringer und Hersteller zuerkannt, die ihre Interessen hierdurch artikulieren und in den laufenden Beratungsprozess einbringen können. Daneben dient es der Einholung von Sachverstand, weshalb es einzelnen Institutionen zuerkannt wird, die in Bezug auf die Auswirkungen des Beschlusses besondere Sachkompetenz aufweisen.

Die Auswahl der Stellungnahmeberechtigten wird vom Gesetzgeber nur insoweit vorgegeben, als regelmäßig auf den Typus der „maßgeblichen Spitzenorganisation auf Bundesebene", wenn auch in unterschiedlicher Terminologie verwendet, abgestellt wird.[725] Voraussetzung ist damit zumindest, dass die Verbände für die betroffenen Leistungserbringer im Bundesgebiet sprechen, auch wenn eine auf das gesamte Bundesgebiet erstreckte Tätigkeit nicht erwartet werden kann. Bloß regional agierende Verbände genügen den Anforderungen dagegen nicht.[726] Die Konkretisierung und genaue Auswahl der Berechtigten sowie die Festlegung des Auswahlverfahrens obliegt jedoch dem G-BA, dem hierzu eine Einschätzungsprärogative zukommt.[727] Ebenso kann er die einzelnen Sachverständigen bestimmen oder eine geeignete Institution mit deren Auswahl betrauen.[728]

Gelegenheit zur Stellungnahme hat die jeweilige Arbeitsgemeinschaft auf Bundesebene der berufsständischen Kammern der Ärzte, Psychotherapeuten und Zahnärzte, wenn die Beschlüsse des G-BA deren Berufsausübung berühren.[729] Hierfür ist der Eingriffscharakter der Regelung in die verfassungsrechtlich geschützte Therapiefreiheit, Art. 12 Abs. 1 GG,[730] ausschlaggebend, so dass insbesondere Berufsausübungsregelungen wie Einschränkungen des Leistungsrechts, bei denen materielle Kausalität zwischen dem Beschluss und dem Eingriff in die Berufsausübungsfreiheit gegeben ist, das Stellungnahmerecht auslösen.[731]

---

[722] Genauer dazu §§ 8 ff. VerfO-G-BA.

[723] § 91 Abs. 9 Satz 1 SGB V, 1. Kap. § 12 Abs. 1 VerfO.

[724] Dazu unter D.II.4.b.dd. Berücksichtigungspflicht.

[725] § 92 Abs. 1a Satz 6 1. Hs., Abs. 1b 1. Hs., Abs. 3a Satz 1, Abs. 7a bis Abs. 7c SGB V.

[726] *D. Roters*, in: *Leitherer* (Hrsg.), Kasseler Kommentar, § 92 SGB V Rn. 28.

[727] *D. Roters*, in: *Leitherer* (Hrsg.), Kasseler Kommentar, § 92 SGB V Rn. 28.

[728] 1. Kap. § 9 Abs. 5 VerfO.

[729] § 91 Abs. 5 Satz 1 SGB V, dazu *D. Roters*, in: *Leitherer* (Hrsg.), Kasseler Kommentar, § 91 SGB V Rn. 19b f.

[730] BVerfGE 102, 26 (36); 106, 275 (304).

[731] AusBer GMG BT-Drs. 15/1600, S. 13; *D. Roters*, in: *Leitherer* (Hrsg.), Kasseler Kommentar, § 91 SGB V Rn. 19a. Den Heilberufskammern sind in der Regel vier Wochen zur Stellungnahme zu geben, 1. Kap. § 11 Abs. 2 i.V.m. § 10 Abs. 1 Satz 3 VerfO.

Der Bundesbeauftragte für den Datenschutz erhält ein Stellungnahmerecht bei Beschlüssen, die die Erhebung, Verarbeitung oder Nutzung personenbezogener oder personenbeziehbarer Daten regeln oder voraussetzen.[732]

Weiter sind insbesondere die betroffenen Leistungserbringer zur Stellungnahme berechtigt. Dies sind bei den Richtlinien über die

- zahnärztliche Behandlung[733] die maßgeblichen Spitzenorganisationen der Zahntechniker auf Bundesebene,[734]
- ärztliche Betreuung bei Schwangerschaft und Mutterschaft[735] die maßgeblichen Berufsverbände der Hebammen und Entbindungspflege,[736]
- Verordnung von Arzneimitteln[737] die Sachverständigen der medizinischen und pharmazeutischen Wissenschaft und Praxis sowie die für die Wahrnehmung der wirtschaftlichen Interessen gebildeten maßgeblichen Spitzenorganisationen der pharmazeutischen Unternehmer, die betroffenen pharmazeutischen Unternehmen, die Berufsvertretungen der Apotheker und die maßgeblichen Dachverbände der Ärztegesellschaften der besonderen Therapierichtungen auf Bundesebene,[738]
- Verordnung von Heilmitteln[739] die für die Wahrnehmung der Interessen der Heilmittelerbringer maßgeblichen Spitzenorganisationen auf Bundesebene,[740]
- Verordnung von häuslicher Krankenpflege[741] die für die Wahrnehmung der Interessen von Pflegediensten maßgeblichen Spitzenorganisationen auf Bundesebene,[742]
- Verordnung von Hilfsmitteln[743] die für die Wahrnehmung der Interessen der betroffenen Hilfsmittelerbringer maßgeblichen Spitzenorganisationen auf Bundesebene,[744]
- Verordnung von Soziotherapie[745] die maßgeblichen Organisationen der Leistungserbringer der Soziotherapieversorgung,[746]
- Verordnung von im Einzelfall gebotenen medizinischen Leistungen zur medizinischen Rehabilitation[747] die auf Landesebene maßgeblichen Verbände für die Wahrnehmung der Interessen der Vorsorge- und Rehabilitationseinrich-

732 § 91 Abs. 5a SGB V.
733 § 92 Abs. 1 Satz 2 Nr. 2 SGB V.
734 § 92 Abs. 1a Satz 6 SGB V.
735 § 92 Abs. 1 Satz 2 Nr. 4 SGB V.
736 §§ 92 Abs. 1a, 134a Abs. 1 SGB V.
737 § 92 Abs. 1 Satz 2 Nr. 6 SGB V.
738 § 92 Abs. 3a Satz 1 SGB V; bzgl. der Bestimmung von Festbeträgen § 35 Abs. 2 SGB V.
739 § 92 Abs. 1 Satz 2 Nr. 6 SGB V.
740 § 92 Abs. 6 Satz 2 i.V.m. § 125 Abs. 1 Satz 1 1. Hs. SGB V.
741 § 92 Abs. 1 Satz 2 Nr. 6 SGB V.
742 § 92 Abs. 7 Satz 2 i.V.m. § 132a Abs. 1 Satz 1 1. Hs. SGB V.
743 § 92 Abs. 1 Satz 2 Nr. 6 SGB V.
744 § 92 Abs. 7a i.V.m. § 126 Abs. 1a Satz 3 SGB V.
745 § 92 Abs. 1 Satz 2 Nr. 6 SGB V.
746 § 92 Abs. 7c SGB V.
747 § 92 Abs. 1 Satz 2 Nr. 8 SGB V.

tungen, die Rehabilitationsträger sowie die Bundesarbeitsgemeinschaft für Rehabilitation,[748]

- Verordnung spezialisierter ambulanter Palliativversorgung[749] die für die Wahrnehmung der Interessen von Pflegediensten, wie auch der Hospizarbeit und Palliativversorgung maßgeblichen Spitzenorganisationen auf Bundesebene[750] und
- bei den NUB-Richtlinien und den Richtlinien zur Bewertung und Erprobung von NUB[751] die für die Wahrnehmung der wirtschaftlichen Interessen gebildeten maßgeblichen Spitzenorganisationen der Medizinproduktehersteller und die jeweils betroffenen Medizinproduktehersteller, sofern es um Methoden geht, deren technische Anwendung maßgeblich auf dem Einsatz eines Medizinprodukts beruht.[752]

Darüber hinaus enthalten auch andere Vorschriften des SGB V eine Pflicht zur Durchführung eines Stellungnahmeverfahrens.[753]

Neben diesen Leistungserbringern kommt auch Organisationen zur Einholung von Fachwissen ein Stellungnahmerecht zu, wie den einschlägigen wissenschaftlichen Fachgesellschaften bei den NUB-Richtlinien[754] sowie der Strahlenschutzkommission bei Methoden, bei denen radioaktive Stoffe oder ionisierende Strahlung am Menschen angewandt werden,[755] wie auch dem Robert-Koch-Institut bei Richtlinien zur Qualitätssicherung.[756]

Die Auswahl der wissenschaftlichen Fachgesellschaften erfolgt für jeden Richtlinienentwurf neu.[757]

### *cc. Weitere Beteiligungsrechte*

Darüber hinaus sind der Verband der privaten Krankenversicherung, die Bundesärztekammer und die Berufsorganisationen der Pflegeberufe bei Beschlüssen nach § 137 Abs. 3 Satz 1 Nr. 1 bis 4 SGB V zu beteiligen.[758]

---

[748] §§ 92 Abs. 5 Satz 1 i.V.m. 111b Abs. 1 Satz 1 SGB V.

[749] § 92 Abs. 1 Satz 2 Nr. 14 SGB V.

[750] § 92 Abs. 7b Satz 1 SGB V.

[751] § 92 Abs. 1 Satz 2 Nr. 5 i.V.m. §§ 135, 137c, e SGB V.

[752] § 92 Abs. 7d Satz 1 2. Hs. SGB V.

[753] Z.B. §§ 56 Abs. 3, 63 Abs. 3c Satz 4, 5, 137 Abs. 4 Satz 2 SGB V.

[754] § 92 Abs. 7d Satz 1 1. Hs. SGB V. Dabei ist eine Fachgesellschaft als einschlägig anerkannt, bei denen „eine wissenschaftliche Befassung mit der zu beratenden Methode oder mit deren medizinischen Alternativen oder – insbes. bei Untersuchungsmethoden – mit den Ergebnissen der Methode stattgefunden hat oder zu erwarten wäre“, 2. Kap. § 10 Abs. 2b VerfO. Der G-BA wirkt bei der Auswahl der Fachgesellschaften mit der Arbeitsgemeinschaft der Wissenschaftlichen Medizinischen Fachgesellschaften e.V. (AWMF) zusammen.

[755] § 92 Abs. 7d Satz 2 SGB V.

[756] § 92 Abs. 7f Satz 1 SGB V i.V.m. §§ 92 Abs. 1 Satz 2 Nr. 13, 137 Abs. 1, Abs. 1a SGB V.

[757] 2. Kap. § 10 Abs. 2b VerfO.

[758] § 137 Abs. 3 Satz 5 SGB V. Bei Beschlüssen nach § 137 Abs. 3 Satz 1 Nr. 1 SGB V ist zusätzlich die Bundespsychotherapeutenkammer zu beteiligen.

### *dd. Berücksichtigungspflicht*

Ziel der aufgabenabhängigen Zusammensetzung des Beschlussgremiums und der Ausweitung der Beteiligungsrechte ist es, durch den Einbezug der betroffenen Interessen und spezifischer Sachkunde eine sachgerechte Entscheidungsfindung des G-BA zu verbessern sowie die Akzeptanz der getroffenen Entscheidungen zu steigern.[759] Aus diesem Grunde hat sich das Beschlussgremium mit den Stellungnahmen in erkennbarer Weise inhaltlich auseinanderzusetzen.[760] Aus der Auswertung eines im Rahmen des Stellungnahmeverfahrens fristgerecht vorgebrachten Vortrags müssen die Gründe ersichtlich sein, weshalb der G-BA diesem ggf. nicht gefolgt ist.[761] Hierüber ist eine Dokumentation anzulegen,[762] die Bestandteil des zu veröffentlichenden Abschlussberichtes ist.[763] Eine Pflicht, den Stellungnahmen zu folgen, besteht dagegen nicht.[764] Insoweit behält der G-BA sein Letztentscheidungsrecht.[765]

## *5. Aufsicht*

Der G-BA unterliegt der Rechtsaufsicht des Bundesministeriums für Gesundheit,[766] während Richtlinienentscheidungen einem speziellen Aufsichtsverfahren unterliegen, nach dem diese dem Bundesministerium für Gesundheit vorzulegen sind und dieses ein Beanstandungsrecht hat,[767] das in seinem Umfang jedoch umstritten ist.[768] Kommt der G-BA seiner Pflicht zum Richtlinienerlass nicht nach oder werden die Beanstandungen des Bundesministeriums für Gesundheit nicht fristgerecht behoben, kann dieses die Richtlinien selbst erlassen.[769] Daneben enthält § 93 Abs. 2 SGB V eine Ersatzvornahmebefugnis bzgl. der Erstellung ausgeschlossener Arzneimittel.

---

[759] BR-Drs. 567/11, S. 101; *C. Hellkötter*, in: *Hänlein/Kruse/Schuler* (Hrsg.), Sozialgesetzbuch V, § 91 Rn. 9, 12.

[760] *C. Hellkötter*, in: *Hänlein/Kruse/Schuler* (Hrsg.), Sozialgesetzbuch V, § 92 Rn. 46.

[761] AusBer 2. GKV NOG BT-Drs. 13/7264, S. 64.

[762] 1. Kap. § 10 Abs. 3 VerfO.

[763] 1. Kap. § 5 Abs. 4 Satz 2 i.V.m. § 7 Abs. 3 Satz 2 VerfO.

[764] *C. Hellkötter*, in: *Hänlein/Kruse/Schuler* (Hrsg.), Sozialgesetzbuch V, § 92 Rn. 46.

[765] *D. Roters*, in: *Leitherer* (Hrsg.), Kasseler Kommentar, § 92 SGB V Rn. 31.

[766] § 91 Abs. 8 Satz 1 SGB V; BSG, Urt. v. 6.5.2009 – B 6 A 1/08 R, = BSGE 103, 106 (114 Rn. 33 ff.); *R. Hess*, MedR 2005, 385 (389); *B. Schrinner*, MedR 2005, 397 (400). Die Aufsichtsmittel sowie Prüfungs- und Unterrichtungsrechte werden in § 91 Abs. 8 Satz 2 SGB V i.V.m. §§ 88, 89 SGB IV präzisiert. A.A. *G. Beier*, in: *Schlegel/Engelmann* (Hrsg.), SGB V, § 91 Rn. 57, noch zur Rechtslage vor dem GKV-VStG, der die Aufsicht als über die reine Rechtsaufsicht hinausgehend ansieht.

[767] § 94 Abs. 1 Satz 1, 2 SGB V.

[768] Dazu mehr unter D.IV.1.e. Kompensation des Mangels an demokratischer Legitimation durch die Staatsaufsicht.

[769] § 94 Abs. 1 Satz 5 SGB V.

### *III. Zuordnung zur Selbst- oder gruppenpluralen Konsensverwaltung*

Verfolgt der Gesetzgeber mit der „Gemeinsamen Selbstverwaltung“ das Ziel des Ausgleichs der Interessengegensätze, die zwischen den Sozialleistungsträgern und den Leistungserbringern bestehen, so wird deutlich, dass sich diese Konzeption von derjenigen, von einem Teil der Literatur vertretenen[770] der Selbstverwaltung bereits dadurch unterscheidet, dass in Letzterer die autonome, eigenverantwortliche Aufgabenwahrnehmung eigener Angelegenheiten durch eine weitgehend homogene Betroffenengruppe im Rahmen eines bestimmten Entscheidungsspielraumes im Vordergrund steht.[771] So wird nach dieser Meinung die Selbstverwaltung durch die Interessenhomogenität der betroffenen Gruppen gekennzeichnet, weshalb sich die „Gemeinsame Selbstverwaltung“ nicht selbstverständlich unter das bekannte Begriffsmuster fassen lässt.[772]

Demgemäß bemüht sich das BSG noch darum, die Interessengegensätze zu nivellieren und die Gemeinsamkeiten der vertretenen Interessengruppen herauszustellen.[773] So bestehe im G-BA „kein prinzipieller Interessengegensatz zwischen diesen Gruppen [...]. Dies zeigt, daß aufgrund der strukturellen Gegebenheiten jede der drei Betroffenen-Gruppen sowohl an einer sinnvollen Leistungsausweitung als auch an einer Ausgrenzung nicht zweckmäßiger oder unwirtschaftlicher Behandlungsmethoden interessiert ist“.[774] Das Gericht geht insoweit von dem „Grundsatz der gemeinsamen Aufgabenerfüllung“ aus.[775]

Darüber hinaus führt das gemeinsame Handeln mehrerer Selbstverwaltungskörperschaften dazu, dass sich diese organisatorische Konzeption von derjenigen der klassischen Selbstverwaltung insoweit entfernt, als die Vorteile, die ihr immanent sind, wie den der Bürgernähe, wieder relativiert werden oder gar völlig verloren gehen.[776]

Trotzdem wird der Begriff der „Gemeinsamen Selbstverwaltung“ in der Literatur als konturenlos und unscharf empfunden und steht seit einiger Zeit in der Kritik.[777]

---

[770] Dazu bereits A.I.1.b. Interessenhomogenität bei den Betroffenen.

[771] Dazu bereits unter A.I. Begriff der Selbstverwaltung.

[772] *K. Engelmann*, NZS 2000, 1 (5).

[773] So BSGE 78, 70 (82), in Bezug auf das einheitliche Beschlussgremium des G-BA vor dem GKV-Versorgungsstrukturgesetz.

[774] BSGE 78, 70 (82) = SozR 3–2500 § 92 Nr. 6, noch zum einheitlichen Beschlussgremium des G-BA vor dem GKV-Versorgungsstrukturgesetz.

[775] BSG, SozR 3–2500, § 106 SGB V Nr. 8. Dabei distanziert es sich zum Teil von der Begrifflichkeit, indem es den Begriff nur in Verbindung mit Anführungszeichen verwendet, BSGE 81, 54 (64); 81, 73 (82).

[776] *U. Becker*, in: *Münsterische Sozialrechtsvereinigung e.V.* (Hrsg.), 7. Münsterische Sozialrechtstagung, S. 122 (129).

[777] *H. Butzer*, SDSRV 50 (2003), S. 51 (88 ff.); *R. Francke*, in: FS Schefold 2001, S. 29 (44); *E. Schmidt-Aßmann*, Grundrechtspositionen, S. 82 ff.; *F.E. Schnapp*, StWStP 1998, 149 (158); *B. Schulin*, in: *ders.* (Hrsg.), Handbuch des Sozialversicherungsrechts, Bd. 1, § 6 Rn. 97 ff., insbes. Rn. 102; *ders.*, JZ 1992, 419 (420); *J. Taupitz*, MedR 2003, 7 (10 f.); *R. Wimmer*, MedR 1996, 425 (429).

So wird er als „Falschetikettierung“[778] und als „Hybridform“ funktionaler Selbstverwaltung angesehen.[779] Zumindest jedoch sei der Unterschied zur traditionellen Selbstverwaltung derart gravierend, dass dem Begriff „kaum noch vorstellungsprägende Kraft“ zukomme[780] und in ihm alle „Verfalls- und Denaturierungserscheinungen, die die Selbstverwaltungsidee im Bereich der sozialen Selbstverwaltung erlitten hat“, vereint würden.[781] Einer anderen Beurteilung sei der Begriff der „Gemeinsamen Selbstverwaltung“ nur dann zugänglich, wenn er lediglich Ausdruck der Idee korporatistischer Kooperation wäre.[782] In diesem Falle wäre der G-BA ohne weiteres der „Gemeinsamen Selbstverwaltung“ zuordenbar, da er ein Gremium für die Zusammenarbeit korporatistisch organisierter Interessenverbände ist und sich auch in den unparteiischen Mitgliedern dieses korporatistische Zusammenwirken ausdrücke.[783]

Geht man dagegen von einem auch im Allgemeinen Verwaltungsrecht vertretenen Verständnis von Selbstverwaltung aus, so ist die Einordnung als Selbstverwaltungseinheit nach dem Selbstverwaltungsbegriff des Allgemeinen Verwaltungsrechts letztlich davon abhängig, ob es sich bei der Organisationseinheit G-BA, die als atypische Anstalt des öffentlichen Rechts organisatorisch verselbständigt und nur einer Rechtsaufsicht unterworfen ist, um eine handelt, in der die von der konkreten Aufgabe in rechtlicher und unmittelbarer Hinsicht qualifiziert Betroffenen diese eigenverantwortlich im Rahmen eines bestehenden Handlungsspielraums wahrnehmen. Ein homogenes Interesse im Hinblick auf die Aufgabenerfüllung ist dagegen nicht erforderlich. Bzgl. des G-BA ist damit zuerst nach den (1.) Betroffenen und deren Partizipation an der Aufgabenerfüllung, dann nach der (2.) eigenverantwortlichen Aufgabenwahrnehmung zu fragen, ehe eine abschließende (3.) Zusammenfassung und Bewertung erfolgen kann.

### *1. Betroffenenpartizipation*

Müssen sich in Selbstverwaltungseinheiten Betroffene selbst verwalten, ist im Folgenden darauf einzugehen, inwieweit (a.) Betroffene als auch (b.) Nichtbetroffene an der Entscheidungsfindung beteiligt sind. Darüber hinaus wird auch noch untersucht, ob nach der vorliegend jedoch nicht vertretenen Meinung in den Entscheidungsgremien (c.) Interesseninhomogenität vorliegt.

#### *a. Betroffene und deren Partizipation an der Aufgabenerfüllung des G-BA*

Das Bestehen von Betroffenheiten ist bereits aufgrund der Aufgabenvielfalt, die dem G-BA zur Erledigung übertragen wurde, unübersichtlich und somit relativ schwer zu fassen. So kann der Versuch unternommen werden, die Betroffenenei-

---

[778] *F. Ossenbühl*, Verfassungsrechtliche Fragen, S. 73 f., zit. nach *K. Engelmann*, NZS 2000, 1 (5).
[779] *E. Schmidt-Aßmann*, Grundrechtspositionen, S. 86.
[780] *F.E. Schnapp*, StWStP 1998, 149 (158).
[781] *H. Butzer*, SDSRV 50 (2003), S. 51 (88).
[782] *S. Rixen*, Sozialrecht, S. 347.
[783] *S. Rixen*, Sozialrecht, S. 347.

genschaft aufgrund des (aa.) allgemeinen Sicherstellungsauftrags des G-BA, der (bb.) gesetzlich angeordneten Bindungswirkung der Beschlüsse des G-BA, anhand des (cc.) konkreten Beschlussgegenstandes wie auch der (dd.) Inkorporation in die Bundesmantel- und Gesamtverträge festzustellen.

*aa. Betroffeneneigenschaft aufgrund des allgemeinen Sicherstellungsauftrags des G-BA*

Ausgehend vom gesetzlich vorgegebenen Auftrag des G-BA, die erforderlichen Richtlinien zur Sicherung der ärztlichen Versorgung über die Gewährung für eine ausreichende, zweckmäßige und wirtschaftliche Versorgung der Versicherten zu beschließen,[784] wären von diesen Richtlinien vordergründig betrachtet grundsätzlich die Leistungserbringer in Form der Ärzte und Zahnärzte wie auch der Krankenhäuser einerseits, sowie die Leistungsempfänger in Form der Versicherten andererseits in qualifizierter Weise unmittelbar und rechtlich betroffen. Da diese im Beschlussgremium durch die Kassenärztlichen Bundesvereinigungen, die Deutsche Krankenhausgesellschaft und den Spitzenverband Bund der Krankenkassen, in dessen Verwaltungsrat die Versicherten paritätisch beteiligt sind[785] und so auch auf die Wahl des den Spitzenverband nach außen vertretenden Vorstands Einfluss nehmen können, vertreten sind und das Gremium in dieser Zusammensetzung über alle Fragen entscheidet, welche die Leistungssektoren gemeinsam betreffen, könnte man zu dem Schluss gelangen, dass Betroffenenverwaltung vorliegt.[786] Dem steht nicht entgegen, dass diese Beteiligung an der Entscheidungsbildung und Entscheidungsfassung im Hinblick auf die Mitglieder und Mitgliedskassen der Trägerorganisationen sowie die Versicherten lediglich verbandsvermittelt erfolgt. Hierzu sind die Stimmen auf die Sozialleistungsträger und die Leistungserbringer paritätisch verteilt, wobei auch die Gewichtung innerhalb der Leistungserbringer nicht zu beanstanden ist.[787]

Allerdings mündet der allgemein formulierte generelle Auftrag zur Sicherstellung einer ausreichenden, zweckmäßigen und wirtschaftlichen Versorgung der Versicherten in eine Vielzahl von konkreten und unterschiedlichen Aufgaben, wie der Regelung der ärztlichen und zahnärztlichen Behandlung,[788] der Bedarfsplanung,[789] der Qualitätssicherung[790] und der Schutzimpfungen,[791] um nur einige

[784] § 92 Abs. 1 Satz 1 1. Hs. SGB V.

[785] § 26 Abs. 1 und Abs. 2 der Satzung des GKV-Spitzenverbandes vom 18.6.2007 sowie insbes. §§ 3 und 4 der Anlage 3 hierzu. Vgl. zu dieser Problematik auch *P. Axer*, Normsetzung, S. 433; *H. Klückmann*, in: *Hauck/Noftz* (Hrsg.), SGB V, § 112 Rn. 38.

[786] So auch *P. Axer*, in: FS BSG 2004, S. 339 (354), zum Bundesausschuss der Ärzte und Krankenkassen.

[787] Das Beschlussgremium besteht unter anderem aus einem Mitglied der Kassenzahnärztlichen Bundesvereinigung und jeweils zwei Mitgliedern der Kassenärztlichen Bundesvereinigung und der Deutschen Krankenhausgesellschaft, § 91 Abs. 2 Satz 1 SGB V.

[788] § 92 Abs. 1 Satz 2 Nrn. 1 und 2 SGB V.

[789] § 92 Abs. 1 Satz 2 Nr. 9 SGB V.

[790] § 92 Abs. 1 Satz 2 Nr. 13 SGB V. Dazu bereits Anm. 656.

[791] § 92 Abs. 1 Satz 2 Nr. 15 SGB V.

zu nennen, die in einem nicht abschließenden Katalog beispielhaft aufgeführt sind.[792] Dabei liegt auf der Hand, dass sich die Betroffenheiten als Folge der verschiedenen Regelungsgegenstände der Richtlinien ergeben und daher ebenfalls differenziert zu betrachten sind, dem Rechnung zu tragen ja bereits mit der Modifizierung der Zusammensetzung des Beschlussgremiums versucht wurde. Insoweit ist der generelle Sicherstellungsauftrag nicht geeignet, die Betroffeneneigenschaft zu ermitteln.

*bb. Betroffeneneigenschaft aufgrund der gesetzlich angeordneten Bindungswirkung*

Neben dem gesetzlichen Sicherstellungsauftrag hat der Gesetzgeber nunmehr die Bindungswirkung gegenüber den Trägerorganisationen, deren Mitgliedern und Mitgliedskassen sowie auch gegenüber den Versicherten ausdrücklich angeordnet.[793] Insoweit könnte bzgl. der Frage, wer von den Richtlinien betroffen ist, auf diese gesetzliche Bindungswirkung abgestellt werden.

Allerdings weist die Normierung der Bindungswirkung der Beschlüsse des G-BA für die Träger des G-BA, deren Mitglieder und Mitgliedskassen sowie für die Versicherten und Leistungserbringer ein maßgebliches Defizit auf: Es werden in diese gesetzliche Anordnung der Bindungswirkung Gruppen einbezogen und somit unmittelbar rechtlich betroffen, die jedoch keinen Sitz im Beschlussgremium haben. So sind die übrigen Leistungserbringer, wie die Heil- und Hilfsmittelerbringer und die ambulanten Pflegedienste, lediglich über Mitwirkungsrechte in Form von Anhörungs- und Stellungnahmemöglichkeiten am Entscheidungsprozess beteiligt.[794] Insoweit würde die Bindungswirkung gegenüber diesen ohne deren Beteiligung zur Annahme von Fremdverwaltung führen.

Zum anderen wird die Bindungswirkung gegenüber allen im Beschlussgremium vertretenen Trägerorganisationen angeordnet, obgleich diese z.B. durch gesetzliche Anordnung oder die Geschäftsordnung des G-BA nicht an der Beschlussfassung beteiligt sind. Dies ist auch in den Fällen so, in denen gerade die Einflüsse, die sich bislang als Fremdverwaltung durch die starre Zusammensetzung des Beschlussgremiums dargestellt haben, durch die Modifikation dieser Zusammensetzung nach dem Abstimmungsgegenstand zurückgedrängt werden sollen. So werden die Stimmen einer Leistungserbringerorganisation, die von der Beschlussfassung nicht wesentlich betroffen ist, anteilig auf die Mitglieder der verbleibenden, wesentlich betroffenen Leistungserbringerorganisationen übertragen.[795] Demgemäß erfolgt z.B. bei Beschlüssen zur Bewertung ärztlicher Untersuchungs- und Behandlungsmethoden eine anteilige Stimmübertragung von dem von der Kassenzahnärztlichen Bundesvereinigung benannten Mitglied

[792] Vgl. § 92 Abs. 1 Satz 2 SGB V.
[793] § 91 Abs. 6 SGB V.
[794] Dazu bereits die Ausführungen unter D.II.4.b.bb. Stellungnahme- und Anhörungsrechte.
[795] § 91 Abs. 2a Satz 1, 2 SGB V.

auf die übrigen Mitglieder der Leistungserbringer.[796] Die weiteren Fälle dieser Übertragung regelt die Geschäftsordnung,[797] die der Genehmigung durch das Bundesministerium für Gesundheit bedarf.[798] Hierdurch wird der Versuch unternommen, nur noch die betroffenen Interessen sowie die spezifische Sachkunde zu beteiligen und Fremdeinflüsse durch nicht betroffene Organisationen zurückzudrängen.[799] So scheiden diese von der Entscheidungsteilhabe aus, während gleichzeitig durch die gesetzliche Normierung der Bindungswirkung gerade auch für diese Organisationen die unmittelbare, rechtliche Betroffenheit hergestellt würde, indem sie unmittelbar rechtlich gebunden werden, wodurch sie wiederum an der Entscheidung zu beteiligen wären, damit es sich um Betroffenenverwaltung handelt. Dies würde jedoch die ganz bewusst getroffene Auswahl der an der Richtliniengebung Beteiligten durch den Gesetzgeber und in der Geschäftsordnung des G-BA konterkarieren.[800]

Hierdurch wird deutlich, dass die gesetzliche Anordnung eine allgemeine Bindungswirkung der Beschlüsse des G-BA für sämtliche Trägerorganisationen des G-BA, deren Mitglieder und Mitgliedskassen sowie für die Versicherten und Leistungserbringer allein aufgrund von deren potentieller Betroffenheit anordnet, ohne deren konkrete Betroffenheit durch die jeweilige Richtlinie zu berücksichtigen.[801] Diese Anordnung wird jedoch vor dem Hintergrund ihrer Entstehungsgeschichte verständlich. War die Rechtsqualität der Richtlinien und deren Normwirkung umstritten,[802] so war auch deren Bindungswirkung, insbesondere aufgrund der mangelnden eindeutigen Zuordnung zu den bekannten Rechtssetzungsformen der Satzung, die nur für einen abgrenzbaren Personenkreis Wirkung entfaltet, sowie der Rechtsverordnung, die ohne Anordnung von Bindungswirkungen auskommt und von sich aus abstrakt-generelle Wirkung beansprucht, unklar. Die Anordnung der Bindungswirkung erfolgte durch den Gesetzgeber zur Klarstellung und Beendigung des in der Literatur herrschenden Streites im Sinne einer Positivierung der Rechtsprechung des BSG, die von der Verbindlichkeit der Richtlinien auch im Außenverhältnis ausging.[803] Insoweit hat der Gesetzgeber alle potentiell von den Beschlüssen Betroffenen in die abstrakte Bindungswirkung einbezogen, ohne die jeweilige Betroffenheit im konkreten Fall zu berücksichtigen. Die Aussage der gesetzlichen Normierung beschränkt sich indes darauf, dass den Richtlinien Bindungswirkung für die von ihnen Betroffenen zukommt, ohne dass jedoch aus ihr auf die Betroffeneneigenschaft der Genannten geschlossen werden kann. Insoweit ist die gesetzliche Regelung auch nicht heranzuziehen, um die Betroffeneneigenschaft im Sinne ei-

[796] § 91 Abs. 2a Satz 4 SGB V.
[797] § 91 Abs. 2a Satz 3, 4 SGB V, § 14a Abs. 3 GeschO i.V.m. Anlage I.
[798] § 91 Abs. 4 Satz 2 SGB V.
[799] *C. Hellkötter*, in: *Hänlein/Kruse/Schuler* (Hrsg.), Sozialgesetzbuch V, § 91 Rn. 9.
[800] § 14a Abs. 3 GeschO i.V.m. Anlage I.
[801] Ausgenommen sind allein Beschlüsse zu Entscheidungen nach § 137b SGB V.
[802] Siehe Anm. 661.
[803] Vgl. BSGE 78, 70 (75 ff.) = SozR 3–2500 § 92 Nr. 6 – Methadon-Richtlinie.

ner unmittelbaren, rechtlichen Betroffenheit als Kriterium der Selbstverwaltung festzustellen.

*cc. Betroffeneneigenschaft aufgrund des konkreten Beschlussgegenstands*

Um also Aussagen darüber zu treffen, wer Betroffener ist und ob die Zurückdrängung von Fremdverwaltung durch die Modifizierung der Zusammensetzung des Beschlussgremiums gelungen ist, sind daher die jeweils zugewiesenen Aufgaben und damit die jeweiligen Regelungsbereiche der Richtlinien jede für sich zu prüfen. Aufgrund der Vielzahl der Regelungsgegenstände und Richtlinien werden im Folgenden deshalb ausgewählte Richtlinien untersucht, die jedoch paradigmatisch für die Beurteilung von Betroffenen- bzw. Fremdverwaltung durch den G-BA sind. Eingegangen wird nachstehend auf die (1) Richtlinie zur Fortbildung im Krankenhaus, die (2) Richtlinie zu Untersuchungs- und Behandlungsmethoden der vertragsärztlichen Versorgung, die (3) Richtlinie über die Verordnung von Arzneimitteln in der vertragsärztlichen Versorgung sowie die (4) Richtlinie über die Verordnung von häuslicher Krankenpflege.

*(1) Richtlinie zur Fortbildung im Krankenhaus*

Die Richtlinie des G-BA zur Fortbildung der Fachärztinnen und Fachärzte, der Psychologischen Psychotherapeutinnen und Psychotherapeuten sowie der Kinder- und Jugendlichenpsychotherapeutinnen und -psychotherapeuten im Krankenhaus[804] regelt Fortbildungspflichten der Fachärztinnen und Fachärzte, der Psychologischen Psychotherapeutinnen und Psychotherapeuten sowie der Kinder- und Jugendlichenpsychotherapeutinnen und -psychotherapeuten im Krankenhaus. Folgerichtig ist damit die Deutsche Krankenhausgesellschaft an der Entscheidungsfindung beteiligt, da die Krankenhäuser und die in diesen arbeitenden Ärzte und Psychotherapeuten unmittelbar rechtlich von der Fortbildungspflicht[805] sowie von den Pflichten zur Überwachung[806] und Veröffentlichung[807] betroffen sind.

Darüber hinaus tritt die Bindungswirkung jedoch auch gegenüber den Krankenhausträgern ein, die nicht Mitglied einer Landeskrankenhausgesellschaft und damit auch nicht im Beschlussgremium des G-BA durch die Deutsche Krankenhausgesellschaft vertreten sind.[808] Insoweit liegt Fremdverwaltung vor.

Weiter fehlt eine unmittelbar rechtliche Betroffenheit der Krankenkassen und der Versicherten, die jedoch trotzdem über den Spitzenverband Bund der Kran-

[804] Richtlinie des Gemeinsamen Bundesausschusses zur Fortbildung der Fachärztinnen und Fachärzte, der Psychologischen Psychotherapeutinnen und Psychotherapeuten sowie der Kinder- und Jugendlichenpsychotherapeutinnen und -psychotherapeuten im Krankenhaus (Regelungen zur Fortbildung im Krankenhaus/FKH-R) i.d.F. vom 18.10.2012 (BAnz AT v. 7.11.2012 B1), im Folgenden Richtlinie zur Fortbildung im Krankenhaus.

[805] Z.B. § 2 f. FKH-R.

[806] Z.B. § 3 Abs. 4 FKH-R.

[807] Z.B. § 5 FKH-R.

[808] §§ 137 Abs. 1 Satz 1, Abs. 3 Satz 1, 91 Abs. 6 SGB V.

kenkassen beteiligt bleiben. Zwar besteht unbestritten ein gesteigertes Interesse der Versicherten an einer qualitativ hochwertigen Versorgung im Krankenhaussektor, die sicherzustellen das Ziel der Richtlinie ist, jedoch handelt es sich hierbei lediglich um eine faktische Betroffenheit, ohne jedoch Rechte oder Pflichten für diese zu begründen.[809] Die Mitwirkung des Spitzenverbands Bund der Krankenkassen an der Richtlinie stellt damit Fremdverwaltung dar.

#### *(2) Richtlinie zu Untersuchungs- und Behandlungsmethoden der vertragsärztlichen Versorgung*

Die Richtlinie Methoden vertragsärztliche Versorgung[810] ordnet ihre Verbindlichkeit für die an der vertragsärztlichen Versorgung teilnehmenden Leistungserbringer, die gesetzlichen Krankenkassen und deren Versicherte an.[811] Trotzdem ist der Betroffenenstatus gesondert zu untersuchen.

So normiert die Richtlinie in erster Linie das Leistungsrecht, indem der Leistungsanspruch der Versicherten, wie er im SGB V abstrakt geregelt ist, konkretisiert wird. Im Gegenzug hierzu enthält die Richtlinie Konkretisierungen zur Leistungspflicht der Krankenkassen, so dass Versicherte und Krankenkassen unmittelbaren rechtlichen Auswirkungen ausgesetzt sind.

Im Hinblick auf die Ärzteschaft ist dagegen eine differenzierte Betrachtung erforderlich. So bestimmt zwar die Leistungspflicht der Krankenkassen, welche Leistungen ihnen gegenüber abgerechnet werden können, jedoch betrifft dies lediglich die Frage des Kostenschuldners. Die Leistungserbringung und Leistungsanordnung wird hiervon grundsätzlich nicht begrenzt und führt, findet sie außerhalb des von der Krankenkasse übernommenen Leistungskatalogs statt, lediglich dazu, dass der Patient die Kosten selbst zu tragen hat. Dies erfolgt unabhängig davon, ob das Sachleistungsprinzip greift oder der Patient das Kostenerstattungsprinzip gewählt hat. Dass es letztlich zu einer geringeren Nachfrage der ärztlichen Leistung kommen wird, wenn diese nicht erstattungsfähig ist, ist eine mittelbar faktische Folge, jedoch keine, die sich unmittelbar und rechtlich aus der Richtlinie ergibt.

Trotzdem wirken an dieser Richtlinie die Leistungserbringer in Form der Deutschen Krankenhausgesellschaft und der Kassenärztlichen Bundesvereinigung mit.[812] Die Beteiligung der Krankenhäuser und Ärzte ist dabei durchaus sinnvoll, da die Konkretisierung der Leistungseinschränkungen und -ausschlüsse auf der Basis des diagnostischen und therapeutischen Nutzens, der medizinischen Notwendigkeit oder der Wirtschaftlichkeit nach dem allgemein anerkann-

---

[809] Vgl. hierzu auch § 95d SGB V, der die Weiterbildungspflicht für Vertragsärzte anordnet und den Krankenkassen in Folge der Nichterbringung der geforderten Nachweise die Pflicht zur Honorarkürzung auferlegt, § 95d Abs. 3 Satz 3 SGB V.

[810] Richtlinie des Gemeinsamen Bundesausschusses zu Untersuchungs- und Behandlungsmethoden der vertragsärztlichen Versorgung (Richtlinie Methoden vertragsärztliche Versorgung) i.d.F. vom 17.1.2006 (BAnz 2006 Nr. 48, S. 1523).

[811] § 2 Abs. 1 Satz 1 Richtlinie Methoden vertragsärztliche Versorgung.

[812] § 14a Abs. 3 GeschO i.V.m. Anlage I Nr. 12.

ten Stand der wissenschaftlichen Erkenntnisse erfolgt.[813] Insoweit ist eine fachlich qualifizierte Einschätzung durch die Leistungserbringer zweckmäßig. Diese genießen damit Sachverständigenstatus. Der Einbezug erfolgt jedoch im Hinblick auf die Konkretisierung des Leistungsrechtes nicht aufgrund von deren Betroffeneneigenschaft, da die Leistungserbringer nur von Regelungen im Hinblick auf die Erbringung der Leistung unmittelbar rechtlich betroffen sind, nicht dagegen von solchen, die den Versicherungsanspruch der Versicherten gegenüber den Krankenkassen konkretisieren. Die Leistungserbringung schließt sich erst an die Entscheidung über den Einbezug von Leistungen in den Versicherungsschutz an und ist damit nachgelagert.[814] Insoweit ist die Arzneimittel-Richtlinie ein Beispiel für nach wie vor bestehende Fremdverwaltung durch den G-BA.[815]

Die Ärzte sind dagegen durch Anordnungen der Richtlinie unmittelbar rechtlich betroffen, sofern diese Anforderungen an die Leistungserbringung selbst stellen. So werden die Voraussetzungen zur Durchführung bestimmter Maßnahmen normiert,[816] indem z.B. die Genehmigungspflicht,[817] der Nachweis von Qualifikationsvoraussetzungen[818] sowie die Indikationen für die Durchführung der Maßnahmen[819] genau aufgeführt werden. Insoweit sind die durchführenden Ärzte unmittelbar rechtlich gebunden.

*(3) Richtlinie über die Verordnung von Arzneimitteln in der vertragsärztlichen Versorgung*

Ähnlich wie bei der Richtlinie zu Untersuchungs- und Behandlungsmethoden der vertragsärztlichen Versorgung bleibt die bereits beim Bundesausschuss der Ärzte und Krankenkassen vorgefundene Problematik bestehen, dass der G-BA sich auch mit der Richtlinie über die Verordnung von Arzneimitteln in der vertragsärztlichen Versorgung[820] nicht nur mit der Leistungserbringung, von der die

---

[813] § 1 Abs. 1 Richtlinie Methoden vertragsärztliche Versorgung i.V.m. § 135 Abs. 1 SGB V.

[814] So auch *B. Schulin*, in: *ders.* (Hrsg.), Handbuch des Sozialversicherungsrechts, Bd. 1, § 6 Rn. 102, zum Bundesausschuss der Ärzte und Krankenkassen.

[815] Gleiches gilt für andere Konkretisierungen der im SGB V festgelegten Leistungspflicht der gesetzlichen Krankenkassen, wie sie durch die Richtlinie des Gemeinsamen Bundesausschusses über Schutzimpfungen nach § 20d Abs. 1 SGB V (Schutzimpfungs-Richtlinie/SI-RL) i.d.F. vom 21.6.2007/18.10.2007 (BAnz 2007 Nr. 224, S. 8154), vgl. § 2 Abs. 1 Satz 2 SI-RL, bei der die Kassenärztliche Bundesvereinigung beteiligt ist, § 14a Abs. 3 GeschO i.V.m. Anlage I Nr. 2, oder die Richtlinie des Gemeinsamen Bundesauschusses zu Untersuchungs- und Behandlungsmethoden im Krankenhaus (Richtlinie Methoden Krankenhausbehandlung) i.d.F. vom 21.3.2006 (BAnz 2006, S. 4466), vgl. §§ 1, 2 Abs. 1 Satz 2 Richtlinie Methoden Krankenhausbehandlung, bei der die Deutsche Krankenhausgesellschaft und die Kassenärztliche Bundesvereinigung beteiligt sind, § 14a Abs. 3 GeschO i.V.m. Anlage I Nr. 11, erfolgt.

[816] Z.B. Anlage I 1. § 1 zur Richtlinie Methoden vertragsärztliche Versorgung.

[817] Z.B. Anlage I 1. § 2 Satz 1 zur Richtlinie Methoden vertragsärztliche Versorgung.

[818] Z.B. Anlage I 1. § 2 Satz 2 zur Richtlinie Methoden vertragsärztliche Versorgung.

[819] Z.B. Anlage I 1. § 3 zur Richtlinie Methoden vertragsärztliche Versorgung.

[820] Richtlinie des Gemeinsamen Bundesausschusses über die Verordnung von Arzneimitteln in der vertragsärztlichen Versorgung (Arzneimittel-Richtlinie/AM-RL) i.d.F. vom 18.12.2008/ 22.1.2009 (BAnz 2009 Nr. 49a).

Leistungserbringer betroffen sind, sondern auch mit dem Leistungsrecht, also der Frage, welche Leistungen den Versicherten im Rahmen ihres Versicherungsschutzes zustehen und damit von den Krankenkassen erstattet werden müssen, beschäftigt.[821] So konkretisiert die Richtlinie z.B. die im SGB V festgelegte Leistungspflicht der gesetzlichen Krankenkassen und befasst sich mit Leistungseinschränkungen und -ausschlüssen.[822] Die Richtlinie ordnet ihre Verbindlichkeit für die Ärztinnen und Ärzte, die Kassenärztlichen Vereinigungen, die Krankenkassen und deren Verbände sowie die Versicherten ausdrücklich an.[823] Trotzdem ist zu untersuchen, welche konkreten Betroffenheiten bestehen.

Von der Konkretisierung unmittelbar rechtlich betroffen sind die Krankenkassen als zur Leistung verpflichtete Träger, denen darüber hinaus auch noch Aufklärungs- und Hinwirkungspflichten auferlegt werden,[824] sowie die Versicherten als Anspruchsinhaber gegenüber den Krankenkassen. Diese partizipieren über den Spitzenverband Bund der Krankenkassen grundsätzlich an der Entscheidung, obgleich aufgrund der antagonistischen Interessenstruktur zweifelhaft ist, ob eine ausreichende Vertretung der Versicherten durch den Spitzenverband Bund der Krankenkassen erfolgt.[825]

Von den Festlegungen des Leistungsrechts dagegen nicht unmittelbar rechtlich betroffen sind die Leistungserbringer, mithin die Hersteller und Vertreiber von Arzneimitteln. Zwar unterliegt ein Produkt, das die Arzneimittelhersteller sowie die Apotheken herstellen bzw. vertreiben und das vom Anspruch der Versicherten auf Versorgung mit Arzneimitteln ausgeschlossen ist,[826] geringerer Nachfrage bzw. hat auf dem Markt keine Absatzchance mehr, wenn es nicht von der Leistungspflicht der Krankenkassen umfasst und erstattungsfähig ist. Allerdings handelt es sich bei dieser Betroffenheit lediglich um eine mittelbare und faktische, da die Hersteller und Vertreiber der Arzneimittel selbst durch die Regelungen der Richtlinie keine Rechte erhalten und auch keine Pflichten auferlegt bekommen, sondern die Auswirkungen erst durch die fehlende Erstattung durch die Krankenkassen und die unterbleibende Verordnung durch die Ärzte eintreten.

Die anordnenden Ärzte und Krankenhäuser sind dagegen durch die Aufnahme in den Katalog der erstattungsfähigen Arzneimittel selbst nicht betroffen. Die Beteiligung der Krankenhäuser und Ärzte ist jedoch durchaus sinnvoll, da die Konkretisierung der Leistungseinschränkungen und -ausschlüsse auf der Basis des therapeutischen Nutzens, der medizinischen Notwendigkeit oder der Wirtschaftlichkeit nach dem allgemein anerkannten Stand der medizinischen Erkenntnisse erfolgt. Insoweit ist eine fachlich qualifizierte Einschätzung durch die Leistungserbringer zweckmäßig. Diese genießen damit Sachverständigenstatus.

---

[821] Zu dieser Problematik beim Bundesausschuss der Ärzte und Krankenkassen *B. Schulin*, in: *ders.* (Hrsg.), Handbuch des Sozialversicherungsrechts, Bd. 1, § 6 Rn. 102.

[822] Z.B. § 2 Abs. 1 Satz 1, Abs. 2 Nr. 2, 3, §§ 4 ff., 9, 12 ff., 18, 21, 23 ff., 30 AM-RL.

[823] Z.B. § 3 AM-RL.

[824] Z.B. § 8 Abs. 5, Abs. 6 AM-RL.

[825] Dazu näher unter D.IV.2.b.bb. Interessenrepräsentanz der Betroffenengruppen.

[826] § 34 Abs. 1 SGB V.

Insoweit handelt es sich bei der Beteiligung der Kassenärztlichen Bundesvereinigung und der Deutschen Krankenhausgesellschaft im Hinblick auf die Ausgestaltung des Leistungsrechts zwischen den Versicherten und den Krankenkassen nicht um die Beteiligung Betroffener, sondern um Fremdverwaltung.

Im Zuge dessen sind die Ärzte und Krankenhäuser jedoch unmittelbar rechtlich betroffen von Regelungen, welche die Verordnung selbst betreffen. So enthält die Richtlinie Aufklärungs-,[827] Hinwirkungs-,[828] Dokumentations-,[829] Melde-,[830] Begründungs-[831] und Prüfpflichten[832] der verordnenden Ärzte, wie auch die Voraussetzungen der Anordnung,[833] Anordnungspflichten[834] sowie Anordnungsverbote[835] normiert werden. Diese Regelungen der Richtlinie binden die Ärzte unmittelbar und rechtlich, so dass diese im Hinblick auf jene Regelungen als Betroffene anzusehen sind. Insoweit beschränkt sich das Vorliegen von Fremdverwaltung durch die Beteiligung der Kassenärztlichen Bundesvereinigung und der Deutschen Krankenhausgesellschaft auf die Ärzte, die nicht im Krankenhaus arbeiten und nicht Mitglied der Kassenärztlichen Bundesvereinigung sind, wie auch auf diejenigen Krankenhausträger, die nicht Mitglied in einer Landeskrankenhausgesellschaft sind.

*(4) Richtlinie über die Verordnung von häuslicher Krankenpflege*

Ebenfalls sowohl die Leistungserbringung wie auch das Leistungsrecht regelt die Richtlinie des G-BA über die Verordnung von häuslicher Krankenpflege.[836] Diese normiert nicht nur den Anspruch auf,[837] den Umfang[838] und die Voraussetzungen sowie die Einschränkungen der Verordnung der Leistung,[839] sondern auch deren Genehmigung[840] und Kostenübernahme[841] durch die Krankenkassen sowie die Zusammenarbeit der beteiligten Leistungserbringer in Form der anordnenden Vertragsärzte oder Krankenhausärzte und der die häusliche Krankenpflege durchführenden ambulanten Pflegedienste.[842] Darüber hinaus werden Koordi-

[827] § 8 Abs. 5 AM-RL.
[828] § 8 Abs. 1, Abs. 6 AM-RL.
[829] § 10 Abs. 1 Satz 2 AM-RL.
[830] § 30 Abs. 3 AM-RL.
[831] § 12 Abs. 9 AM-RL.
[832] §§ 8 Abs. 3, 20 Satz 4, 21 Abs. 2 AM-RL.
[833] §§ 9 Abs. 2, Abs. 3, 11, 12 Abs. 11, 16 Abs. 5, 17 Abs. 1 Satz 3, 30 Abs. 2, 31 AM-RL.
[834] §§ 12 Abs. 11 Satz 2, 21 Abs. 2 AM-RL.
[835] §§ 9 Abs. 1 Satz 4, 12, 16 AM-RL.
[836] Richtlinie des Gemeinsamen Bundesausschusses über die Verordnung von häuslicher Krankenpflege (Häusliche Krankenpflege-Richtlinie) i.d.F. vom 17.9.2009 (BAnz v. 9.2.2010).
[837] Z.B. §§ 1 Abs. 2 Satz 2, Abs. 5, 5 Abs. 3 Satz 1 Häusliche Krankenpflege-Richtlinie.
[838] Z.B. §§ 1 Abs. 3, Abs. 4 Satz 2, 2 Abs. 1 Satz 1, Abs. 2 Satz 1, Abs. 3, Abs. 4, Abs. 5, 3 Abs. 1, Abs. 3, 4 Abs. 7 Häusliche Krankenpflege-Richtlinie.
[839] Z.B. § 1 Abs. 6, Abs. 7 Häusliche Krankenpflege-Richtlinie.
[840] Z.B. §§ 5 Abs. 3 Satz 3, 6 Abs. 1 bis Abs. 5 Häusliche Krankenpflege-Richtlinie.
[841] Z.B. § 6 Abs. 6 Häusliche Krankenpflege-Richtlinie.
[842] § 7 Abs. 1 Satz 1 Häusliche Krankenpflege-Richtlinie.

nations-,[843] Einsichtnahme-,[844] Mitteilungs-,[845] Informations-,[846] Berücksichtigungs-[847] und Vergewisserungspflichten[848] der Ärzte wie auch Informationspflichten der Krankenkassen[849] und ambulanten Pflegedienste[850] angeordnet. Unmittelbar rechtlich betroffen sind damit die anordnenden Vertrags- und Krankenhausärzte, die Versicherten, die Krankenkassen sowie die Leistungserbringer in Form der ambulanten Pflegedienste.

Folgerichtig sind an der Beschlussfassung über diese Richtlinie neben dem Spitzenverband Bund der Krankenkassen auch die Kassenärztliche Bundesvereinigung sowie die Deutsche Krankenhausgesellschaft beteiligt,[851] wobei auch hier aufgrund der antagonistischen Interessenstruktur zweifelhaft ist, ob eine ausreichende Vertretung der Versicherten durch den Spitzenverband Bund der Krankenkassen erfolgen kann.[852]

Nicht an der Beschlussfassung beteiligt sind dagegen erneut die Leistungserbringer in Form der ambulanten Pflegedienste, obgleich deren Rechtsstellung durch die Anordnung und Ausgestaltung der Zusammenarbeit mit den anordnenden Ärzten in Gestalt von Informationspflichten unmittelbar und rechtlich betroffen ist.[853] Dies wird auch nicht dadurch kompensiert, dass den für die Wahrnehmung der Interessen von Pflegediensten maßgeblichen Spitzenorganisationen auf Bundesebene ein Anhörungsrecht eingeräumt wird,[854] da die Letztentscheidungsbefugnis beim Beschlussgremium des G-BA bleibt. Insoweit liegt bzgl. der die häusliche Krankenpflege durchführenden ambulanten Pflegedienste Fremdverwaltung vor.

Allgemein wird hieraus deutlich, dass Fremdverwaltung in denjenigen Fällen durch Richtlinien vorliegt, die das Leistungserbringungsrecht zum Gegenstand haben und hierdurch bestimmte Leistungserbringer unmittelbar rechtlich betreffen, diese Leistungserbringer jedoch lediglich aufgrund ihrer Stellungnahme- und Anhörungsrechte am Entscheidungsprozess des G-BA beteiligt sind.[855] Denn deren Beteiligung an der Entscheidung findet in der ordnungsgemäßen Durchführung und dem Einbezug des Vorgebrachten in die Entscheidungsfindung durch das Beschlussgremium des G-BA ihre Grenzen. Ein Stimmrecht und damit eine Entscheidungsgewalt durch die Möglichkeit, auf die Entscheidung selbst unmittelbar durch Beteiligung an dieser Einfluss zu nehmen, besteht dage-

843 § 7 Abs. 2 Satz 2 Häusliche Krankenpflege-Richtlinie.
844 § 7 Abs. 4 Häusliche Krankenpflege-Richtlinie.
845 § 3 Abs. 5 Häusliche Krankenpflege-Richtlinie.
846 § 7 Abs. 3, Abs. 5 Satz 2 Häusliche Krankenpflege-Richtlinie.
847 § 3 Abs. 6 Häusliche Krankenpflege-Richtlinie.
848 § 5 Abs. 1 Satz 1 Häusliche Krankenpflege-Richtlinie.
849 § 6 Abs. 2 Satz 2 Häusliche Krankenpflege-Richtlinie.
850 § 7 Abs. 2 Häusliche Krankenpflege-Richtlinie.
851 Z.B. § 14a Abs. 3 GeschO i.V.m. Anlage I Nr. 48.
852 Dazu näher unter D.IV.2.b.bb. Interessenrepräsentanz der Betroffenengruppen.
853 Z.B. § 7 Abs. 1 bis Abs. 3 Häusliche Krankenpflege-Richtlinie.
854 § 92 Abs. 7 Satz 2 i.V.m. § 132a Abs. 1 Satz 1 1. Hs. SGB V.
855 Dazu bereits unter D.II.4.b.bb. Stellungnahme- und Anhörungsrechte.

gen nicht. So kann im Hinblick auf diese Leistungserbringer nicht von Betroffenenpartizipation im Sinne von Selbstverwaltung gesprochen werden, sondern es liegt diesbezüglich Fremdverwaltung vor.

Ob eine ausreichende Vertretung der Versicherten durch den Spitzenverband Bund der Krankenkassen erfolgt, kann aufgrund der antagonistischen Interessenstruktur bezweifelt werden.[856]

#### *dd. Betroffeneneigenschaft durch die Inkorporation in die Bundesmantel- und Gesamtverträge*

Neben der gesetzlich angeordneten Bindungswirkung sind die Richtlinien Bestandteil der Bundesmantelverträge[857] und dadurch auch der Gesamtverträge[858] und entfalten so eine Bindungswirkung, die über die Trägerorganisationen des G-BA, die bis auf die Deutsche Krankenhausgesellschaft identisch mit den Vertragsparteien des Bundesmantelvertrages sind, hinausgeht. So entfalten die Inhalte des Bundesmantelvertrages und des Gesamtvertrages Bindungswirkung auch bezüglich der ermächtigten Ärzte.[859] Bis auf die Krankenhausärzte, bei denen die Ermächtigung mit der Mitgliedschaft in der Kassenärztlichen Vereinigung verbunden ist,[860] können die übrigen ermächtigten Ärzte außerordentliche Mitglieder der Kassenärztlichen Vereinigungen werden, was jedoch nicht zwingend ist, so dass sie grundsätzlich keine Mitglieder sind.[861] Zwar werden deren Interessen durch die Kassenärztlichen Vereinigungen mit wahrgenommen,[862] jedoch können sie nicht auf die Kassenärztlichen Vereinigungen einwirken, so dass sie auch keinen verbandsvermittelten Einfluss auf die Gesamtverträge und über die Bundesverbände auch nicht auf den Richtlinienerlass des G-BA haben. Insoweit besteht keine Beteiligung dieser unmittelbar rechtlich Betroffenen, so dass auch diesbezüglich Fremdverwaltung vorliegt.

### *b. Beteiligung Nichtbetroffener*

Fremdverwaltung liegt nicht nur dann vor, wenn Betroffene nicht an der Entscheidung beteiligt sind, sondern auch dann, wenn Nichtbetroffene an der Entscheidung mitwirken. Insoweit wird im Folgenden (aa.) die Beteiligung der unparteiischen Mitglieder ebenso relevant wie (bb.) die Beteiligung staatlicher Stellen.

---

[856] Dazu näher unter D.IV.2.c.bb. Interessenrepräsentanz der Betroffenengruppen.
[857] § 92 Abs. 8 SGB V.
[858] § 82 Abs. 1 Satz 2 SGB V.
[859] § 95 Abs. 4 Satz 2 SGB V.
[860] Die Mitgliedschaft in der Kassenärztlichen Vereinigung ist unmittelbare Folge des Ermächtigungsbescheids, § 77 Abs. 3 SGB V, *R. Hess*, in: *Leitherer* (Hrsg.), Kasseler Kommentar, § 95 SGB V Rn. 85; *C. Pawlita*, in: *Schlegel/Engelmann* (Hrsg.), SGB V, § 95 Rn. 431.
[861] *M. Hannes*, in: *Hauck/Noftz* (Hrsg.), SGB V, § 95 Rn. 7; *C. Pawlita*, in: *Schlegel/Engelmann* (Hrsg.), SGB V, § 95 Rn. 431.
[862] § 95 Abs. 4 Satz 3 i.V.m. § 75 Abs. 2 SGB V.

### *aa. Die Beteiligung der unparteiischen Mitglieder*

Bei der Beschlussfassung des G-BA mitwirkungsbefugt sind der unparteiische Vorsitzende und die beiden weiteren unparteiischen Mitglieder, denen jeweils ein Stimmrecht zukommt. Sind unparteiische Mitglieder in die Verwaltungsorganisation derart einbezogen, dass sie auf die Entscheidung maßgeblich Einfluss nehmen können, so liegt grundsätzlich Fremdverwaltung vor.[863] Im Entscheidungsgremium des G-BA kommt der Stimme des Vorsitzenden bei einem Stimmenpatt sogar ausschlaggebende Wirkung zu.[864] Er wird daher nicht einer Partei im G-BA zugerechnet, sondern hat objektiv und neutral an der Entscheidungsfindung mitzuwirken[865] und auf einen Ausgleich der widerstreitenden Interessen hinzuwirken.[866] Er ist Teil des durch die widerstreitenden Interessen notwendig gewordenen Konfliktlösungsmechanismus[867] und kann zur Erreichung dieses Ausgleichs, zur Durchsetzung des Allgemeininteresses und der Sachgerechtigkeit wie auch des Minderheitenschutzes zusammen mit den übrigen Unparteiischen mit wenigstens einem Träger die Beschlussfassung für eine Sitzung hemmen.[868] Zwar werden der Vorsitzende sowie die unparteiischen Mitglieder auf Vorschlag der Kassenärztlichen Bundesvereinigungen, der Deutschen Krankenhausgesellschaft und des Spitzenverbandes Bund der Krankenkassen ernannt, weshalb jene ebenso Vertreter dieser Gruppen seien.[869] Allerdings sind diese nicht frei in ihrer Auswahl, sondern unterliegen weitgehenden gesetzlichen Restriktionen sowie einem Vetorecht des Ausschusses für Gesundheit des Deutschen Bundestags. Auch hierdurch wird deutlich, dass es dem Gesetzgeber bei der Bestellung des Vorsitzenden und der unparteiischen Mitglieder nicht darum geht, Parteigänger der jeweiligen Organisationen in das Beschlussgremium zu holen, sondern eine neutrale Instanz zu installieren, welche die Entscheidungsfähigkeit sichern soll. Dies wird auch dadurch gestützt, dass in dem Fall, in dem ein Beschluss auf Vorgabe des Bundesministeriums für Gesundheit zu einer einzelnen, dem G-BA durch Gesetz zugewiesenen Aufgabe innerhalb angemessener Frist nicht gefasst oder überprüft wird, eine aus den Mitgliedern des G-BA zu bildende Schiedsstelle dieser Aufgabe nachkommt, in der neben dem unparteiischen Vorsitzenden und den unparteiischen Mitgliedern je ein Vertreter der Kassenzahnärztlichen Bundesvereinigung und des Spitzenverbands Bund der Krankenkassen einen Sitz haben, so dass die neutralen Mitglieder allein die Beschlussfassung herbeiführen

[863] A.A. *P. Axer*, in: FS BSG 2004, S. 339 (354 f.), der dies nur dann annimmt, wenn die Dritten anstelle der Betroffenen entscheiden.

[864] Insoweit müsste auch *P. Axer*, in: FS BSG 2004, S. 339 (355), konzedieren, dass die Entscheidung in der Hand der neutralen Mitglieder liegt und damit diese „anstelle der Betroffenen selbst entscheiden".

[865] *D. Roters*, in: *Leitherer* (Hrsg.), Kasseler Kommentar, § 91 SGB V Rn. 25k.

[866] *D. Roters*, in: *Leitherer* (Hrsg.), Kasseler Kommentar, § 91 SGB V Rn. 25k.

[867] *R. Schmidt-De Caluwe*, in: *Becker/Kingreen* (Hrsg.), SGB V, § 91 Rn. 24.

[868] § 15 Abs. 1 Satz 2 GeschO; *D. Roters*, in: *Leitherer* (Hrsg.), Kasseler Kommentar, § 91 SGB V Rn. 25k.

[869] *S. Rixen*, Sozialrecht, S. 347.

können.[870] Insoweit bestehen durch den Vorsitzenden und die unparteiischen Mitglieder Elemente der Fremdverwaltung im G-BA.

#### *bb. Die Beteiligung sonstiger staatlicher Stellen*

Keine Fremdverwaltungselemente bestehen dagegen in der Beteiligung von staatlichen Stellen, wie der Entsendung von Vertretern der Gesundheitsministerkonferenz bei Richtlinien über die vertragsärztliche Bedarfsplanung[871] oder dem Bundesbeauftragten für den Datenschutz bei Beschlüssen, die die Erhebung, Verarbeitung oder Nutzung personenbezogener oder personenbeziehbarer Daten regeln oder voraussetzen,[872] da auch hiermit keine Entscheidungsbefugnis verbunden ist, sondern sich die Beteiligung in dem Recht auf Mitberatung bei der Länderbeteiligung bzw. der Stellungnahme des Datenschutzbeauftragten erschöpft.[873]

### *c. Interesseninhomogenität der Trägerorganisationen*

Konnte im Hinblick auf die Trägerorganisationen eine für die Einordnung als Selbstverwaltung erforderliche ausschließliche Betroffenenbeteiligung nicht ausgemacht werden, so wäre darüber hinaus nach einer vertretenen Literaturmeinung für das Vorliegen von Selbstverwaltung „ein gewisses Maß an Gleichgerichtetheit der Interessen" im Hinblick auf eine sachgerechte Aufgabenerfüllung erforderlich.[874] Ist eine solche aufgrund der divergierenden Interessen nicht zu erwarten, dürfe der Gesetzgeber diese interessenantagonistischen Gruppen nicht zu Selbstverwaltungseinheiten zusammenspannen.[875]

Das Beschlussgremium des G-BA besteht grundsätzlich aus den Kassenärztlichen Bundesvereinigungen und der Deutschen Krankenhausgesellschaft, mithin Verbänden der Leistungserbringer, und dem Spitzenverband Bund der Krankenkassen als Verband der Leistungsträger.

Dabei geht das BSG und Teile der Literatur noch zum Bundsausschuss der Ärzte und Krankenkassen davon aus, dass „kein prinzipieller Interessengegensatz zwischen diesen Gruppen" bestehe.[876] So hätten die Versicherten im Krankheitsfall ein Interesse an möglichst umfassenden Leistungen, das jedoch vor dem Hintergrund des eigenen Finanzierungsbeitrags, der von den Versicherten zu leisten ist, dahingehend gedeckelt wird, „nur zweckmäßige und wirtschaftliche Behandlungen auf Kosten der Solidargemeinschaft zu gewähren".[877] Gleichzeitig

[870] Dazu Anm. 864.

[871] § 92 Abs. 7e SGB V.

[872] § 91 Abs. 5a SGB V.

[873] Dazu bereits unter D.II.4.b.aa. Mitberatungsrechte und bb. Stellungnahme- und Anhörungsrechte.

[874] Dazu bereits unter A.I.1.a. Betroffene.

[875] A.A. *P. Axer*, in: FS BSG 2004, S. 339 (354), zum Bundesausschuss der Ärzte und Krankenkassen.

[876] BSGE 78, 70 (82); *A. Hänlein*, Rechtsquellen, S. 492 f.

[877] BSGE 78, 70 (82).

hätten die Arbeitgeber neben dem Interesse an niedrigen Beiträgen auch ein Interesse an hochwertiger Krankenversorgung der erkrankten Arbeitnehmer mit dem Ziel der möglichst baldigen Rückführung in den Arbeitsprozess, das dem Kosteninteresse gleichrangig sei.[878] Die Vertragsärzte hätten ein Interesse an umfassenden Behandlungsmöglichkeiten, seien jedoch „aufgrund der Mechanismen von Budgetierung und Honorarverteilung darauf bedacht, daß ihre eigenen Behandlungsleistungen nicht durch zweifelhafte Maßnahmen anderer Vertragsärzte entwertet werden. Dies zeigt, daß aufgrund der strukturellen Gegebenheiten jede der drei betroffenen Gruppen sowohl an einer sinnvollen Leistungsausweitung als auch an einer Ausgrenzung nicht zweckmäßiger oder unwirtschaftlicher Behandlungsmethoden interessiert ist".[879]

Dieses vom BSG verfolgte „Ideal einer Verantwortungsgemeinschaft" wäre zwar wünschenswert, es besteht aber *de facto* nicht.[880] Dabei ist bereits fraglich, ob die Leistungsträger das Ziel verfolgen, den Leistungsempfängern hochwertige, jedoch gleichzeitig kostengünstige Leistungen zu gewähren, oder ob diese nicht vielmehr Eigeninteressen artikulieren, die zu denen der Versicherten differieren.[881] So besteht das maßgebliche Interesse der Leistungserbringer in erster Linie in einer angemessenen Vergütung.[882] Damit verfolgen die im Entscheidungsgremium des G-BA zusammengefassten Selbstverwaltungsträger prinzipiell antagonistische Interessen,[883] wodurch der G-BA ein für die „Gemeinsame Selbstverwaltung" kennzeichnendes Kriterium verwirklicht.[884] Die vom BSG erkannte „Verantwortungsgemeinschaft" besteht also lediglich durch den Zwang, zu einem konsensualen Ausgleich zu gelangen. Dies gilt auch für die modifizierten Formen des Beschlussgremiums,[885] in denen ebenso Leistungserbringer wie

[878] BSGE 78, 70 (82).

[879] BSGE 78, 70 (82).

[880] *R. Schimmelpfeng-Schütte*, NZS 1999, 530 (532).

[881] LSG Nds., L 4 KR 130/98, NZS 2001, 32 (35); *E. Schmidt-Aßmann*, Grundrechtspositionen, S. 90; *V. Neumann*, NZS 2010, 593 (598).

[882] *U. Becker*, in: *Münsterische Sozialrechtsvereinigung e.V.* (Hrsg.), 7. Münsterische Sozialrechtstagung, S. 122 (126); *J. Taupitz*, MedR 2003, 7 (10 ff.); *A. Wahl*, Kooperationsstrukturen, S. 107 ff., jeweils noch zum Bundesausschuss der Ärzte und Krankenkassen; *P. Axer*, in: FS BSG 2004, S. 339 (341), noch zum G-BA vor dem GKV-Wettbewerbsstärkungsgesetz. Zur Interessenlage genauer unter D.IV.2.b.bb. Interessenrepräsentanz der Betroffenengruppen.

[883] *P. Axer*, in: *Schnapp* (Hrsg.), Funktionale Selbstverwaltung, S. 115 (116); *R. Schimmelpfeng-Schütte*, NZS 1999, 530 (532); *A. Schneider-Danwitz/G. Glaeske*, MedR 1999, 164 (168 f.); *H. Butzer/M. Kaltenborn*, MedR 2001, 333 (339); *M. Plantholz*, SGb 1997, 549 (554); dazu auch *M. Kaltenborn*, VSSR 2000, 249 (261 m.w.N.), jeweils noch zum Bundesausschuss der Ärzte und Krankenkassen; *P. Axer*, in: FS BSG 2004, S. 339 (354); *T. Kingreen*, NZS 2007, 113 (116); *J. Taupitz*, MedR 2003, 7 (11); *M. Burgi*, NJW 2004, 1365 (1366 f.), jeweils noch zum G-BA vor dem GKV-Wettbewerbsstärkungsgesetz.

[884] *P. Axer*, in: *Schnapp* (Hrsg.), Funktionale Selbstverwaltung, S. 115 (116); *U. Becker*, in: *Münsterische Sozialrechtsvereinigung e.V.* (Hrsg.), 7. Münsterische Sozialrechtstagung, S. 122 (130); für Normsetzungsverträge BSGE 81, 73 (82); für den Bundesausschuss der Ärzte und Krankenkassen *R. Schimmelpfeng-Schütte*, NZS 1999, 530 (532); *A. Schneider-Danwitz/G. Glaeske*, MedR 1999, 164 (168 f.); a.A. BSGE 78, 70 (82).

[885] § 14a Abs. 3 GeschO i.V.m. Anlage I.

Leistungsträger paritätisch vertreten sind. Von diesem Interessengegensatz geht auch der Gesetzgeber aus und versucht ihn dadurch zu einem Ausgleich zu bringen, indem er diese Interessengruppen im Beschlussgremium des G-BA zusammenspannt und um einen neutralen Vorsitzenden und neutrale Mitglieder ergänzt, um so einen Ausgleich zu ermöglichen. Darüber hinaus ordnet er an, dass in den Fällen, in denen ein Beschluss auf Vorgabe des Bundesministeriums für Gesundheit zu einer einzelnen, dem Bundesausschuss durch Gesetz zugewiesenen Aufgabe innerhalb angemessener Frist nicht gefasst oder überprüft wird, eine aus den Mitgliedern des G-BA zu bildende Schiedsstelle dieser Aufgabe nachkommt. Dabei wird die Schiedsstelle aus dem unparteiischen Vorsitzenden, den unparteiischen Mitgliedern sowie je einem Vertreter der Kassenzahnärztlichen Bundesvereinigung und dem Spitzenverband Bund der Krankenkassen so gebildet, dass letztlich die neutralen Mitglieder die Beschlussfassung herbeiführen können und so eine Entscheidung unter Überwindung der Interessengegensätze erfolgen kann. Insoweit wird deutlich, dass es dem Gesetzgeber bei der Aufgabenerfüllung durch den G-BA nicht darauf ankommt, dass sich die Betroffenengruppen selbst verwalten, sondern dass der G-BA unter Einbezug der Interessen und des Fachwissens der Betroffenen sowie externen Sachverstands[886] zu einer Entscheidung gelangt. Es handelt sich damit beim G-BA letztlich um die Übertragung von Verwaltungsaufgaben auf eine Institution, in der verschiedene Selbstverwaltungsträger, die zueinander in einem Interessenkonflikt stehen, zusammenwirken, so dass auch nach der Ansicht, nach der Interessenhomogenität ein konstitutives Merkmal von Selbstverwaltungsträgern ist, der G-BA diesen gerade aufgrund dieser Interesseninhomogenität im Hinblick auf die Aufgabenerfüllung selbst nicht zugerechnet werden kann, sondern der gruppenpluralen Konsensverwaltung angehört. Die Ausweisung als Selbstverwaltung wird demnach auch als „grandiose[r] verwaltungsorganisationsrechtliche[r] Fehlgriff des Gesetzgebers" bezeichnet.[887]

### 2. *Eigenverantwortliche Aufgabenwahrnehmung*

Normiert der Gesetzgeber einerseits durch verschiedene Reformgesetze Materien sehr intensiv, um den Selbstverwaltungseinheiten die Verantwortung abzunehmen, so überträgt er auf der anderen Seite im Sinne des politischen Konzepts der „Vorfahrt für die Selbstverwaltung"[888] die Konkretisierung und Feinsteuerung der gesetzlichen Vorgaben auf die Institutionen der Versorgung der gesetzlichen Krankenversicherung, insbesondere den G-BA.[889] Hat der G-BA ebenso wie seine Vorgängerorganisationen die Aufgabe, den bis auf wenige Ausnahmen lediglich abstrakt normierten Leistungsanspruch der Versicherten zu konkreti-

886 Z.B. § 92 Abs. 1a Satz 2, Abs. 3a Satz 1 SGB V; 1. Kap. § 9 Abs. 5 VerfO.

887 *T. Kingreen*, NZS 2007, 113 (116), noch zum G-BA vor dem GKV-Wettbewerbsstärkungsgesetz.

888 Dazu bereits Anm. 646.

889 *K. Engelmann*, NZS 2000, 1.

sieren und auszugestalten, so gibt ihm der Gesetzgeber lediglich einen nicht abschließenden Katalog von Gebieten vor, auf denen dem G-BA eine Richtlinienkompetenz zusteht, ohne ihm inhaltlich nähere Vorgaben für die Ausgestaltung zu machen. So kommt es dem G-BA zu, im Rahmen der weiten gesetzlichen Vorgaben einheitliche und verbindliche Maßgaben für die Erbringung von Leistungen der medizinischen Versorgung durch die gesetzliche Krankenversicherung wie auch das Qualitätsmanagement und die Qualitätssicherung zu regeln. Da hierbei sowohl Erwägungen über den diagnostischen und therapeutischen Nutzen sowie die medizinische Notwendigkeit wie auch Gesichtspunkte der Wirtschaftlichkeit in die Entscheidung einfließen müssen, kommt ihm ein weiter Gestaltungs- und Beurteilungsspielraum zu, der die Annahme einer eigenverantwortlichen Aufgabenwahrnehmung rechtfertigt.[890]

Dieser weite Handlungsspielraum wird ausgedrückt durch Bezeichnungen wie „kleiner Gesetzgeber“,[891] „kleines Gesundheitsministerium“,[892] „kooperative Super-Organisation“[893] oder „zentrale korporative Superorganisation“.[894]

### 3. *Zusammenfassung und Bewertung*

Die Zusammensetzung des Gremiums des G-BA ist maßgeblich durch das Bestreben nach der Sicherstellung der Funktionsfähigkeit und der Erfüllung der Aufgaben des G-BA bestimmt. Hierzu soll der Einbezug von Fachwissen und Sachverstand zur Gewährleistung fachlich richtiger Entscheidungen beitragen. Zwar sind auch Betroffenenverbände an der Entscheidungsfindung beteiligt, dies erfolgt jedoch vordringlich zum Einbezug ihres Sachverstandes,[895] wohingegen der Gedanke der Selbstverwaltung nicht umgesetzt wurde. Dies wird auch deutlich durch die zahlreichen Fremdverwaltungselemente bei der Entscheidungsfindung. So wird versucht, der aufgrund der inhomogenen Interessenlage bestehenden Gefahr der Funktionsunfähigkeit durch den Einbezug neutraler Dritter und die Errichtung von Schiedsstellen zu begegnen. Neben dem Einbezug von Sachverstand ist damit gleichzeitiges Anliegen die Gewährleistung der Funktionsfähigkeit und fachlich richtiger Entscheidungen zur Verwirklichung des Allge-

---

[890] Noch zum Bundesausschuss der Ärzte und Krankenkassen: *J. Taupitz*, MedR 2003, 7 (11); *H. Butzer/M. Kaltenborn*, MedR 2001, 333 (341); *P. Axer*, in: FS BSG 2004, S. 339 (355); zum G-BA *R. Schmidt-De Caluwe*, in: *Becker/Kingreen* (Hrsg.), SGB V, § 92 Rn. 4; *C. Hellkötter*, in: *Hänlein/Kruse/Schuler* (Hrsg.), Sozialgesetzbuch V, § 92 Rn. 18.

[891] *A. Schneider-Danwitz/G. Glaeske*, MedR 1999, 164 ff.; *F.J. Oldiges*, Sozialer Fortschritt 1998, 69 (70 ff.), noch zum Bundesausschuss der Ärzte und Krankenkassen.

[892] *R. Schimmelpfeng-Schütte*, MedR 2006, 519 (520), noch zum G-BA vor dem GKV-Wettbewerbsstärkungsgesetz.

[893] *Sachverständigenrat*, Jahresgutachten 2005, S. 33 Rn. 9, zit. nach *H.A. Wolff*, NZS 2006, 281 (284 Anm. 49), noch zum G-BA vor dem GKV-Wettbewerbsstärkungsgesetz.

[894] *G. Fischer*, MedR 2006, 509 ff.

[895] BVerfG, 1 BvR 1472/91, 1 BvR 1510/91, NZS 1999, 338 (339), noch zum Bundesausschuss der Ärzte und Krankenkassen; *S. Rixen*, Sozialrecht, S. 187, noch zum G-BA vor dem GKV-Wettbewerbsstärkungsgesetz.

meinwohls,[896] wodurch auch die Auswahl der Beteiligten bestimmt ist. Der G-BA ist damit vordringlich ein Fachgremium, so dass er Sachverständigengremien ähnelt,[897] gleichzeitig dient er jedoch auch dem Interessenausgleich.[898]

Dass es sich beim G-BA nicht allein oder im Wesentlichen um die Heranziehung von Betroffenen zur eigenverantwortlichen und dezentralen Erledigung von auf sie selbst bezogenen Verwaltungsaufgaben in einer Selbstverwaltungskörperschaft handelt, wird auch dadurch deutlich, dass er nicht überwiegend eigene Belange regelt, sondern Aufgaben, die im Interesse des Gemeinwohls stehen und die den Interessenkreis der unmittelbar und rechtlich Betroffenen nach Umfang und Gewicht eindeutig überschreiten.[899]

Der G-BA wurde vom Gesetzgeber als juristische Person mit Rechtsfähigkeit ausgestattet, so dass auch hierdurch deutlich wird, dass es sich bei ihm nicht um die Fortsetzung der Selbstverwaltungskörperschaften handelt, aus denen das Beschlussgremium besteht, sondern um eine eigenständige Institution mit anderer Intention und Zielrichtung als die Selbstverwaltungskörperschaften.[900] Darüber hinaus sind die im Beschlussgremium vertretenen Krankenkassen ebenfalls Fremdverwaltungsträger.[901] Beim G-BA handelt es sich daher um Fremdverwaltung,[902] die sich durch eine gruppenplurale Organisation auszeichnet, innerhalb der inhomogene Interessenlagen bestehen. Er gehört insoweit der gruppenpluralen Konsensverwaltung an. Dies wird auch durch die Einordnung des G-BA als atypische Anstalt des öffentlichen Rechts gestützt,[903] da diese Rechtsform Indiz für das Bestehen von mittelbarer Staatsverwaltung, die nicht der Selbstverwaltung zugerechnet wird, ist.[904]

Im Gegensatz zu den Sozialversicherungsträgern, bei denen Selbstverwaltungsstrukturen durch die Beteiligung der Arbeitgeber um Elemente der Fremdverwaltung angereichert werden, ist das Element der Fremdverwaltung beim G-BA stärker ausgeprägt, da durch ihn nicht nur Selbstverwaltung unter Einfluss von Fremdverwaltungselementen erfolgt, sondern die selbstverwaltenden Kräfte in anderer Konstellation ebenfalls als Fremdverwaltungselemente auftreten.

---

[896] Ähnlich *K. Engelmann*, NZS 2000, 76 (80).

[897] *F. Ossenbühl*, NZS 1997, 497 (502), zugleich *ders.*, in: *Schnapp* (Hrsg.), Rechtsquellen, S. 65 (81), noch zum Bundesausschuss der Ärzte und Krankenkassen; *D. Roters*, in: *Leitherer* (Hrsg.), Kasseler Kommentar, § 92 SGB V Rn. 13, im Hinblick auf methodische Fragen bei der Bestimmung des Nutzens einer Leistung auf Grundlage der evidenzbasierten Medizin; *R. Schmidt-De Caluwe*, in: *Becker/Kingreen* (Hrsg.), SGB V, § 91 Rn. 12, 39.

[898] *R. Schmidt-De Caluwe*, in: *Becker/Kingreen* (Hrsg.), SGB V, § 91 Rn. 39.

[899] BVerwGE 106, 64 (77); BVerwG, 6 C 1/97, NVwZ 1999, 870 (874).

[900] So auch *H.A. Wolff*, NZS 2006, 281 (284), zum G-BA vor dem GKV-Wettbewerbsstärkungsgesetz.

[901] Dazu bereits C.V. Zuordnung zur Selbst- oder gruppenpluralen Konsensverwaltung.

[902] So auch *B. Schulin*, in: *ders.* (Hrsg.), Handbuch des Sozialversicherungsrechts, Bd. 1, § 6 Rn. 102, zum Bundesausschuss der Ärzte und Krankenkassen.

[903] Dazu die Ausführungen unter D.II.2. Rechtsnatur.

[904] Dazu die Ausführungen unter A.I.3. Öffentlich-rechtliche Rechtsform.

## *IV. Demokratische Legitimation*

Ist der G-BA zur Setzung untergesetzlicher Rechtsnormen mit Wirkung nicht nur gegenüber den Trägerorganisationen, sondern auch gegenüber deren Mitgliedern und Mitgliedskassen sowie den Versicherten und Leistungserbringern berechtigt[905] und wird diese Bindungswirkung durch Inkorporation der Richtlinien in die Bundesmantelverträge und damit auch in die Gesamtverträge ausgeweitet,[906] so handelt es sich bei ihm um ein Exekutivorgan mit abgeleiteter Rechtssetzungsbefugnis, das somit Staatsgewalt ausübt.[907] Insoweit bedarf er demokratischer Legitimation,[908] die insbesondere aufgrund des Machtzuwachses durch die Aufgabenerweiterung noch einmal verstärkt eingefordert wurde.[909]

Die demokratische Legitimation insbesondere im Hinblick auf die personelle Legitimation wurde jedoch bereits bzgl. der ursprünglichen Bundesausschüsse angezweifelt, wobei sich die Kritik auch nach der Zusammenlegung zum G-BA und der Errichtung des einheitlichen Beschlussgremiums fortsetzte und selbst nach der Modifizierung der Zusammensetzung des Beschlussgremiums nach dem Beschlussgegenstand nicht verstummte.[910] Gleichzeitig besteht aufgrund der

---

[905] § 91 Abs. 6 SGB V.

[906] §§ 92 Abs. 8, 82 Abs. 1 Satz 2 SGB V.

[907] *C. Hellkötter*, in: *Hänlein/Kruse/Schuler* (Hrsg.), Sozialgesetzbuch V, § 92 Rn. 18, zum G-BA in seiner jetzigen Form nach dem GKV-Versorgungsstrukturgesetz; *V. Neumann*, NZS 2010, 593 (594), noch zum einheitlichen Beschlussgremium des G-BA vor dem GKV-Versorgungsstrukturgesetz; *T. Kingreen*, NZS 2007, 113 (115), noch zum G-BA vor dem GKV-Wettbewerbsstärkungsgesetz; *P. Axer*, in: *Schnapp* (Hrsg.), Funktionale Selbstverwaltung, S. 115 (133), noch zum Bundesausschuss der Ärzte und Krankenkassen.

[908] Allgemein BVerfGE 83, 60 (72); zum G-BA die ganz h.M., ausdrücklich hierzu *C. Hellkötter*, in: *Hänlein/Kruse/Schuler* (Hrsg.), Sozialgesetzbuch V, § 92 Rn. 6; *R. Schmidt-De Caluwe*, in: *Becker/Kingreen* (Hrsg.), SGB V, § 91 Rn. 15 ff., zum G-BA in seiner jetzigen Form nach dem GKV-Versorgungsstrukturgesetz; *V. Neumann*, NZS 2010, 593, noch zum einheitlichen Beschlussgremium des G-BA vor dem GKV-Versorgungsstrukturgesetz; *R. Schimmelpfeng-Schütte*, MedR 2006, 519 (521); *H.A. Wolff*, NZS 2006, 281 (284), jeweils noch zum G-BA vor dem GKV-Wettbewerbsstärkungsgesetz.

[909] *H.A. Wolff*, NZS 2006, 281 (284), noch zum G-BA vor dem GKV-Wettbewerbsstärkungsgesetz.

[910] Die demokratische Legitimation bezweifelnd: noch zum Bundesausschuss der Ärzte und Krankenkassen LSG Nds., L 4 KR 130/98, NZS 2001, 32 ff.; *U. Becker*, in: *Münsterische Sozialrechtsvereinigung e.V.* (Hrsg.), 7. Münsterische Sozialrechtstagung, S. 122 (146 ff.); *H. Butzer/M. Kaltenborn*, MedR 2001, 333 ff.; *J. Castendiek*, NZS 2001, 71 ff.; *A. Hänlein*, Rechtsquellen, S. 477 ff.; *T. Hebeler*, DÖV 2002, 936 f.; *I. Heberlein*, VSSR 1999, 123 (149 f.); *H. Sodan*, NZS 2000, 581 ff.; *J. Taupitz*, MedR 2003, 7 (11); *P. Wigge*, NZS 2001, 578 (579); *F. Ossenbühl*, NZS 1997, 497 ff., zugleich *ders.*, in: *Schnapp* (Hrsg.), Rechtsquellen, S. 65 ff.; *T. Koch*, SGb 2001, 166 ff.; zum G-BA vor dem GKV-Wettbewerbsstärkungsgesetz *R. Pitschas*, MedR 2006, 451 (456 f.); *H.A. Wolff*, NZS 2006, 281 (285); *T. Kingreen*, NZS 2007, 113 (115 ff.); *ders.*, NJW 2006, 877 (880); *R. Schimmelpfeng-Schütte*, MedR 2006, 519 ff.; *dies.*, NZS 2006, 567 (569); zum G-BA in seiner jetzigen Form nach dem GKV-Versorgungsstrukturgesetz *R. Schmidt-De Caluwe*, in: *Becker/Kingreen* (Hrsg.), SGB V, § 92 Rn. 9 ff., § 91 Rn. 16; *C. Hellkötter*, in: *Hänlein/Kruse/Schuler* (Hrsg.), Sozialgesetzbuch V, § 92 Rn. 20, der zumindest im grundrechtlich relevanten Bereich eine Rückbindung an den parlamentarischen Gesetzgeber fordert. Demokratische Legitimation dagegen annehmend: noch zum Bundesausschuss der Ärzte und Krankenkassen *P. Axer*, in: *Schnapp*

Weisungsfreiheit der Mitglieder des Beschlussgremiums[911] eine verminderte sachlich-inhaltliche Legitimation. Im Folgenden soll (1.) ein kurzer Überblick über den Stand der Literatur und Rechtsprechung gegeben werden, der sich aufgrund der Vielzahl der Beiträge auf die wesentlichen Argumentationslinien beschränken muss, ehe auf (2.) Konsens als Legitimationsspender für den G-BA eingegangen wird.

### *1. Bisheriger Stand in Literatur und Rechtsprechung*

Im Folgenden wird auf die demokratische Legitimation des G-BA durch (a.) unmittelbare Wahlen, durch (b.) das klassische Legitimationsmodell sowie durch Formen der (c.) autonomen Legitimation eingegangen, ehe weitere Ansätze skizziert werden, nach denen sich die Legitimation (d.) unmittelbar aus der Verfassung ergibt, sich Mängel durch (e.) die Staatsaufsicht kompensieren lassen oder eine (f.) formelle Autonomie legitimationsspendend wirkt, ehe unter (g.) eine Zusammenfassung und Bewertung erfolgt.

#### *a. Fehlende Legitimation durch unmittelbare Wahlen*

Der G-BA erhält seine demokratische Legitimation nicht durch unmittelbare Wahlen durch das Gesamtvolk.[912] Vielmehr werden seine Mitglieder wie auch diejenigen der Ausschüsse bestellt. Die neutralen Mitglieder werden dagegen entweder auf Vorschlag der Trägerorganisationen des G-BA, sofern der Ausschuss für Gesundheit des Deutschen Bundestages dem Personalvorschlag nicht widerspricht,[913] oder auf erneuten Widerspruch gegen den zweiten Personalvorschlag bzw. bei Fehlen eines solchen im Wege der Ersatzvornahme[914] vom Bundesministerium für Gesundheit berufen. Insoweit besteht keine unmittelbar demokratische Legitimation.

#### *b. Fehlende Legitimation nach dem klassischen Legitimationsmodell*

Davon ausgehend, dass die Ministerialverwaltung als Prototyp demokratischer Verwaltung auch die Maßstäbe für die demokratische Legitimation für die Aus-

(Hrsg.), Funktionale Selbstverwaltung, S. 115 (142 ff.); *ders.*, Normsetzung, S. 269 ff.; *T. Hiddemann*, BKK 2001, 187 ff.; zum G-BA vor dem GKV-Wettbewerbsstärkungsgesetz *P. Axer*, in: FS BSG 2004, S. 339 (355 ff.), der jedoch die sachlich-inhaltliche Legitimation als Präzisierungsbedürftig ansieht; *S. Rixen*, Sozialrecht, S. 184 ff.; noch zum einheitlichen Beschlussgremium des G-BA vor dem GKV-Versorgungsstrukturgesetz *V. Saalfrank/S. Wesser*, NZS 2008, 17 (22 f.); zum G-BA in seiner jetzigen Form nach dem GKV-Versorgungsstrukturgesetz *D. Roters*, in: *Leitherer* (Hrsg.), Kasseler Kommentar, § 91 SGB V Rn. 1 ff.; *I. Ebsen*, in: *v. Maydell/Ruland* (Hrsg.), SRH, § 15 Anm. 298 a.E., der den G-BA als den Anforderungen an die demokratische Legitimation der funktionale Selbstverwaltung, die in BVerfGE 107, 59 ff. aufgestellt wurden, genügend einschätzt.

[911] Dazu Anm. 619.

[912] *R. Schimmelpfeng-Schütte*, MedR 2006, 519 (521); *dies.*, NZS 2006, 567 (568 f.), noch zum G-BA vor dem GKV-Wettbewerbsstärkungsgesetz.

[913] § 91 Abs. 2 Satz 2, 4 SGB V.

[914] § 91 Abs. 2 Satz 7 SGB V.

übung von Staatsgewalt vorgibt,[915] wird der G-BA nach dem klassischen Legitimationsmodell beurteilt.[916] Dieses erfordert neben einer (aa.) sachlich-inhaltlichen Legitimation auch eine (bb.) organisatorisch-personelle.[917]

### *aa. Sachlich-inhaltliche Legitimation*

Zeichnet sich die sachlich-inhaltliche Legitimation dadurch aus, dass der parlamentarische Gesetzgeber die Ausübung von Staatsgewalt an das Staatsvolk rückbindet und weitgehend inhaltlich determiniert, indem er das Entscheidungsprogramm vorgibt, ist im Hinblick auf den G-BA die Gesetzesdetermination umstritten. Zwar ist die Struktur der Organisation und der Willensbildung im G-BA weitgehend normativ vorgegeben,[918] jedoch wurde bereits festgestellt, dass dem G-BA ein weiter Entscheidungs- und Gestaltungsspielraum bei der Erfüllung seiner Aufgaben zukommt.[919] Aus diesem Grunde wird dem G-BA die sachlich-inhaltliche Legitimation abgesprochen[920] und eine normative „Untersteuerung“ konstatiert.[921] Vielmehr würde die Normenvielfalt eine normative Steuerung lediglich vortäuschen, da sowohl in der Generalnorm als auch in den Einzelnormen allgemeine Wertungsbegriffe verwendet würden, ohne genauere Vorgaben zu enthalten.[922] Die Ermächtigungen des (G-)BA seien inhaltlich lediglich rudimentär bestimmt und das Normprogramm derart weitmaschig, dass der (G-)BA weitgehend unbegrenzt sei.[923]

So wurde bereits für den Bundesausschuss der Ärzte und Krankenkassen gefordert, dass der Gesetzgeber die wesentlichen Entscheidungen selbst treffen müsse[924] bzw. es wurde eine normative Nachsteuerung verlangt.[925]

Allerdings ist zum einen zu berücksichtigen, dass die Generalermächtigung nicht für sich allein steht, sondern der G-BA bei der Ausübung seiner übertragenen Kompetenzen an eine Vielzahl weiterer normativer Vorgaben gebunden ist,

---

[915] *P. Axer*, in: FS BSG 2004, S. 339 (356), noch zum G-BA vor dem GKV-Wettbewerbsstärkungsgesetz; *ders.*, in: *Schnapp* (Hrsg.), Funktionale Selbstverwaltung, S. 115 (140), noch zum Bundesausschuss der Ärzte und Krankenkassen.

[916] *P. Axer*, in: *Schnapp* (Hrsg.), Funktionale Selbstverwaltung, S. 115 (134 ff.), noch zum Bundesausschuss der Ärzte und Krankenkassen.

[917] Dazu bereits Kapitel 2 A.II. Grenzen des klassischen Legitimationsmodells.

[918] *F. Hase*, MedR 2005, 391 (394); *C. Hellkötter*, in: *Hänlein/Kruse/Schuler* (Hrsg.), Sozialgesetzbuch V, § 92 Rn. 10.

[919] Dazu bereits unter D.III.2. Eigenverantwortliche Aufgabenwahrnehmung.

[920] *H. Butzer/M. Kaltenborn*, MedR 2001, 333 (341), noch zum Bundesausschuss der Ärzte und Krankenkassen; *R. Schmidt-De Caluwe*, in: *Becker/Kingreen* (Hrsg.), SGB V, § 92 Rn. 9.

[921] *R. Schmidt-De Caluwe*, in: *Becker/Kingreen* (Hrsg.), SGB V, § 92 Rn. 13; *T. Hebeler*, DÖV 2002, 936 (942 f.).

[922] *R. Schmidt-De Caluwe*, in: *Becker/Kingreen* (Hrsg.), SGB V, § 92 Rn. 3 f.

[923] *H. Butzer/M. Kaltenborn*, MedR 2001, 333 (341); *J. Taupitz*, MedR 2003, 7 (11), jeweils noch zum Bundesausschuss der Ärzte und Krankenkassen; *T. Kingreen*, NJW 2006, 877 (880).

[924] *H.-J. Papier*, VSSR 1990, 123 (128 ff.); *R. Wimmer*, NZS 1999, 113 (114).

[925] *P. Axer*, in: *Schnapp* (Hrsg.), Funktionale Selbstverwaltung, S. 115 (146), noch zum Bundesausschuss der Ärzte und Krankenkassen; *ders.*, in: FS BSG 2004, S. 339 (358 f.), noch zum G-BA vor dem GKV-Wettbewerbsstärkungsgesetz.

die in der Gesamtschau mit der Generalermächtigung eine inhaltliche Determination bewirken.[926] So ist der G-BA nicht frei, den Leistungsanspruch der Versicherten zu konkretisieren, sondern er ist inhaltlich einerseits an die gesetzlich normierten Leistungsarten,[927] wie auch andererseits an die Anforderungen gebunden, dass ein Anspruch auf Krankenbehandlung nur dann gegeben ist, wenn diese notwendig ist, um eine Krankheit zu erkennen, zu heilen, ihre Verschlimmerung zu verhüten oder Krankheitsbeschwerden zu lindern.[928] Bei der Ausgestaltung des Leistungsrechts unterliegt der G-BA dabei dem Wirtschaftlichkeitsgebot, nach dem Leistungen ausreichend, zweckmäßig und wirtschaftlich sein müssen und das Maß des Notwendigen nicht überschreiten dürfen, andernfalls kein Anspruch auf diese Leistung besteht.[929] Gleichzeitig haben die Leistungen in Qualität und Wirksamkeit dem allgemein anerkannten Stand der medizinischen Erkenntnisse zu entsprechen und den medizinischen Fortschritt zu berücksichtigen.[930] All diese normativen Eingrenzungen sind insbesondere aufgrund Sachverstands ausfüllungsbedürftig, geben jedoch inhaltliche Direktiven für die Ausgestaltung vor, die der G-BA zu beachten hat. Darüber hinaus erfolgt die Konkretisierung in einem judikativ durchdrungenen und geprägten Rechtsgebiet, in dem bereits eine Konkretisierung gerade im Hinblick auf die unbestimmten Rechtsbegriffe stattgefunden hat, so dass auch hierdurch der normativ gewährleistete Spielraum des G-BA begrenzt wird,[931] wie auch eine Rückbindung an den allgemein anerkannten Stand der medizinischen Erkenntnisse den Spielraum des G-BA verringert, den der G-BA auf Grundlage der evidenzbasierten Medizin ermittelt.[932] Weitere Konkretisierungen erfährt der Auftrag an den G-BA durch Normierungen in Spezialbereichen.[933] So geht auch das BSG davon aus, dass sich aus den normativen Vorgaben „ein ausreichend dichtes Normprogramm entnehmen [läßt], welches die gesetzgeberischen Vorgaben für den Umfang ärztlicher Behandlung und die Einbeziehung neuer Untersuchungs- und Behandlungsmethoden in die gesetzliche KV so präzise, wie auf abstrakter Ebene möglich, beschreibt.“[934]

Daneben bestehen weitgehende rechtliche Begrenzungen aufgrund allgemeiner Grundsätze, wie diese im SGB V[935] aber auch verfassungsrechtlich festgesetzt sind. So stehen die Rechte der Leistungserbringer wie der Ärzte und Zahnärzte nicht zur freien Disposition des G-BA, sondern genießen den Schutz über

---

926 Ebenso *S. Rixen*, Sozialrecht, S. 186; dazu *E. Hauck*, NZS 2010, 600 (609 ff.).

927 § 11 SGB V.

928 § 27 Abs. 1 Satz 1 SGB V.

929 § 12 Abs. 1 SGB V.

930 § 2 Abs. 1 Satz 3 SGB V.

931 Z.B. im Hinblick auf den Begriff des Arzneimittels oder der Krankheit i.S.v. § 27 Abs. 1 SGB V, BSGE 94, 302 ff. m.w.N.; BSGE 85, 36 ff.; zum Begriff des Nutzens BSGE 97, 190 ff.; BSGE 97, 133 ff.; BSGE 96, 261 ff.

932 Vgl. § 5 Abs. 2 VerfO.

933 *E. Hauck*, NZS 2010, 600 (611).

934 BSGE 78, 70 (83) – Methadon-Entscheidung.

935 §§ 69 ff. SGB V.

Art. 12 Abs. 1 GG.[936] Gleichzeitig ist der G-BA Recht und Gesetz verpflichtet. Dabei ist er an den Gleichbehandlungsgrundsatz nicht nur im Hinblick auf ein Willkürverbot gebunden, sondern er darf auch keine der gesetzgeberischen Entscheidung und Wertung zuwider laufenden Beschlüsse fassen.[937] Daneben unterliegt auch das Beschlussverfahren rechtsstaatlichen Grundsätzen, so dass der G-BA insbesondere alle verfügbaren Beurteilungsgrundlagen heranziehen und ausschöpfen muss.[938]

Ob hierdurch jedoch eine normative Strukturierung in dem Sinne vorliegt, dass sich die Richtlinien auf eine „messbar richtige Gesetzesdurchführung beschränken“, ist zweifelhaft.[939] So ist dem BSG zuzustimmen, dass „eine präzisere Umschreibung für diesen letzten Schritt der Normkonkretisierung [...] angesichts der Vielgestaltigkeit der zugrundeliegenden medizinischen Sachverhalte kaum denkbar [ist].“[940]

Weiterhin ist für das Bestehen einer sachlich-inhaltlichen demokratischen Legitimation erforderlich, dass die Entscheidungsträger demokratischer Verantwortlichkeit unterworfen sind. Eine solche wird nach dem klassischen Legitimationsmodell insbesondere durch die Weisungsabhängigkeit der Entscheidungsträger sichergestellt. Da jedoch die Mitglieder des Beschlussgremiums des G-BA weisungsfrei gestellt sind,[941] ist eine Rückbindung über Weisungen gerade nicht möglich.

Letztlich kann aufgrund dieses Befundes davon ausgegangen werden, dass der G-BA nur eine deutlich abgeschwächte sachlich-inhaltliche Legitimation für sich reklamieren kann,[942] da ansonsten der Zweck des G-BA eines umfassenden Interessenausgleichs und des Einbezugs von Sachverstand, um so den parlamentarischen Gesetzgeber von Detailregelungen zu entlasten, nicht mehr erfüllt werden könnte. So ist eine derartig weitmaschige Ausgestaltung konsequent und führt unvermeidlich zu einem im Vergleich zur Ministerialverwaltung, die diese Zwecke nicht verfolgt, deutlich abgesenkten Legitimationsniveau.[943] Insoweit ist vor dem Hintergrund der Wesentlichkeitslehre zu fordern, dass gerade im grundrechtsrelevanten Bereich Entscheidungen, welche die Leistungspflicht der gesetzlichen Krankenversicherung bei lebensbedrohlichen oder gar tödlichen Erkrankungen zum Gegenstand haben, vom Gesetzgeber selbst getroffen werden.[944] In

---

[936] *B. Schulin*, in: *ders.* (Hrsg.), Handbuch des Sozialversicherungsrechts, Bd. 1, § 6 Rn. 98.

[937] BVerfGE 13, 248 (255); 16, 332 (338 f.), jeweils zu den Bindungen des Verordnungsgebers; *C. Hellkötter*, in: *Hänlein/Kruse/Schuler* (Hrsg.), Sozialgesetzbuch V, § 92 Rn. 18.

[938] BSGE 81, 73 (85); *C. Hellkötter*, in: *Hänlein/Kruse/Schuler* (Hrsg.), Sozialgesetzbuch V, § 92 Rn. 18.

[939] So aber *K. Engelmann*, NZS 2000, 76 (81), für die Bedarfsplanungsrichtlinie.

[940] BSGE 78, 70 (83) – Methadon-Entscheidung.

[941] Dazu bereits Anm. 619.

[942] *I. Ebsen*, in: FS Krasney 1997, S. 81 (91), hält diese für ausreichend.

[943] *J. Taupitz*, MedR 2003, 7 (11); *T. Kingreen*, NJW 2006, 877 (880).

[944] So auch *C. Hellkötter*, in: *Hänlein/Kruse/Schuler* (Hrsg.), Sozialgesetzbuch V, § 92 Rn. 11, 20, in Anlehnung an BVerfGE 115, 25 – Nikolausbeschluss.

den übrigen Fällen kann jedoch eine Kompensation des geringeren Legitimationsniveaus durch das Bestehen einer stärkeren organisatorisch-personellen Legitimation erfolgen.

*bb. Organisatorisch-personelle Legitimation*

Die organisatorisch-personelle Legitimation erfordert, dass der einzelne Amtswalter durch individuelle Berufung durch das Volk, durch von diesem gewählte Organe oder aufgrund einer auf das Volk zurückgehenden ununterbrochenen Reihe individueller Berufungsakte der einzelnen Amtswalter oder Organe in Form einer Legitimationskette[945] demokratisch legitimiert wird,[946] so dass auch hierdurch erneut dem Parlament als zentralem Repräsentationsorgan des Gesamtvolkes die Rolle des Legitimationsspenders oder Legitimationsmittlers zugewiesen wird.[947] Eine abstrakte oder kollektive Legitimation in Form einer generellen Regelung der Berufung der einzelnen Amtswalter oder durch gesetzlichen Gründungsakt reichen nicht.[948]

Eine derartige organisatorisch-personelle Legitimation kommt dem G-BA jedoch nicht zu, da dessen Vertreter nicht mittels eines Legitimationsstranges auf das Gesamtvolk rückführbar sind, sondern allenfalls auf einen von der Allgemeinheit abgrenzbaren Teil des Gesamtvolkes, z.B. in Form der Ärzteschaft oder der Krankenversicherten,[949] so dass der G-BA nach dem klassischen Legitimationsmodell als demokratisch defizitär gelten muss.[950] Dies gilt insbesondere auch vor dem Hintergrund der nunmehr vom BVerfG versagten Möglichkeit der vollständigen Kompensation der organisatorisch-personellen durch die sachlich-inhaltliche oder materielle Legitimation.[951] Beide Legitimationsformen wirken in

[945] BVerfGE 47, 253 (275); 52, 95 (130); 77, 2 (40); 83, 60 (72 f.); 93, 37 (66); 107, 59 (87). So tritt neben der unmittelbaren Berufung durch das Volk die mittelbare, die auf das Volk zurückzuführen ist, wenn auch davon ausgegangen wird, dass die unmittelbare eine stärkere Legitimation bewirkt als die mittelbare, *E.-W. Böckenförde*, in: *Isensee/Kirchhof* (Hrsg.), HStR II, § 24 Rn. 16; a.A. *F. Ossenbühl*, in: FS Schmitt Glaeser 2003, S. 103 (116 ff.); *G. Britz*, VerwArch 91 (2000), S. 418 (423).

[946] *B. Grzeszick*, in: *Maunz/Dürig/Herzog u.a.* (Hrsg.), Grundgesetz, Art. 20 II Rn. 121; *R. Herzog*, Allgemeine Staatslehre, S. 210.

[947] Wie dies z.B. bei den Beamtenernennungen durch den demokratisch legitimierten Minister der Fall ist, vgl. *E.-W. Böckenförde*, in: *Isensee/Kirchhof* (Hrsg.), HStR II, § 24 Rn. 16.

[948] *E.-W. Böckenförde*, in: *Isensee/Kirchhof* (Hrsg.), HStR II, § 24 Rn. 16; a.A. *W. Kluth*, Funktionale Selbstverwaltung, S. 376 ff.; *P. Unruh*, VerwArch 92 (2001), S. 531 (552 f.).

[949] *H. Butzer/M. Kaltenborn*, MedR 2001, 333 (338), noch zum Bundesausschuss der Ärzte und Krankenkassen.

[950] *H. Sodan*, NZS 2000, 581 (584); *P. Axer*, in: *Schnapp* (Hrsg.), Funktionale Selbstverwaltung, S. 115 (135); *F. Ossenbühl*, NZS 1997, 497 (502), zugleich *ders.*, in: *Schnapp* (Hrsg.), Rechtsquellen, S. 65 (81); *M. Plantholz*, SGb 1997, 549 (553); *S. Muckel*, NZS 2002, 118 (124); *T. Hebeler*, DÖV 2002, 936 (941), jeweils noch zum Bundesausschuss der Ärzte und Krankenkassen; *P. Axer*, in: FS BSG 2004, S. 339 (356), noch zum G-BA vor dem GKV-Wettbewerbsstärkungsgesetz.

[951] BVerfGE 107, 59 (94); so aber noch *M. Jestaedt*, Demokratieprinzip, S. 281 ff.; *U. Becker*, in: *Münsterische Sozialrechtsvereinigung e.V.* (Hrsg.), 7. Münsterische Sozialrechtstagung, S. 122 (145).

der Regel zusammen, wobei sie sich bis zu einem gewissen Grad substituieren, jedoch nicht vollständig ersetzen können.[952]

Das Scheitern der Legitimation des G-BA nach dem klassischen Legitimationsmodell überrascht jedoch nicht. So werden hierbei gerade die bereits aufgezeigten Schwächen des klassischen Legitimationsmodells sichtbar, das ausgehend von einem monistischen Staatsverständnis den nach außen geschlossenen, idealtypisch hierarchisch organisierten Verfassungsstaat im Fokus hat[953] und dem die Vorstellung einer hierarchisch strukturierten Verwaltung als „Regeltypus der grundgesetzlichen Verwaltung“ zu Grunde liegt,[954] die in Gestalt der Ministerialverwaltung vollständig legislativ determiniert und ein auf den Willen des Gesetzgebers ausgerichtetes Vollzugsinstrument ist. Diese ist dabei auf die Aufgabe zurückgeworfen, den Gesetzgebungswillen auf den Einzelfall zu konkretisieren. Diesem Idealtypus der Ministerialverwaltung entspricht jedoch der G-BA nicht, so dass das Scheitern bereits in der Prämisse angelegt ist.[955]

### *c. Autonome Legitimation durch Teil- bzw. Verbandsvölker*

Gelingt die Rückführung auf das Gesamtvolk nicht, so ist anerkannt, dass auch Teilvölker demokratische Legitimation vermitteln können.[956] Demgemäß wird, ausgehend von der Annahme, dass es sich beim G-BA um eine Selbstverwaltungseinheit handelt, für dessen Legitimation auch das Vorhandensein autonomer Legitimation diskutiert.[957] Voraussetzung für diese autonome bzw. mitgliedschaftlich-partizipatorische Legitimation ist jedoch (aa.) das Vorliegen eines Teilbzw. Verbandsvolkes sowie die (bb.) adäquate Partizipation der Betroffenen an den Entscheidungen. Die Ergebnisse werden unter (cc.) einer Zusammenfassung und Bewertung unterzogen.

---

[952] Vgl. hierzu *E.T. Emde*, Demokratische Legitimation, S. 327 ff.; *E.-W. Böckenförde*, in: *Isensee/Kirchhof* (Hrsg.), HStR II, § 24 Rn. 22, 24; *E. Schmidt-Aßmann*, AöR 116 (1991), S. 329 (368); *ders.*, Ordnungsidee, Zweites Kapitel Rn. 98; *H.-H. Trute*, in: *Hoffmann-Riem/Schmidt-Aßmann/Voßkuhle* (Hrsg.), Grundlagen des Verwaltungsrechts I, § 6 Rn. 14, 57; a.A. *M. Jestaedt*, Demokratieprinzip, S. 281 ff.; *U. Becker*, in: *Münsterische Sozialrechtsvereinigung e.V.* (Hrsg.), 7. Münsterische Sozialrechtstagung, S. 122 (145).

[953] *H.-H. Trute*, in: *Hoffmann-Riem/Schmidt-Aßmann/Voßkuhle* (Hrsg.), Grundlagen des Verwaltungsrechts I, § 6 Rn. 13 m.w.N.

[954] *M. Jestaedt*, Demokratieprinzip, S. 329 ff.; *E.T. Emde*, Demokratische Legitimation, S. 337 ff.; *H.-H. Trute*, in: *Hoffmann-Riem/Schmidt-Aßmann/Voßkuhle* (Hrsg.), Grundlagen des Verwaltungsrechts I, § 6 Rn. 13.

[955] Vgl. auch *T. Kingreen*, NZS 2007, 113 (115 f.), noch zum G-BA vor dem GKV-Wettbewerbsstärkungsgesetz.

[956] BVerfGE 107, 59 ff.; *E.T. Emde*, Demokratische Legitimation, S. 49 ff.; *W. Kahl*, Die Staatsaufsicht, S. 487.

[957] Dazu *U. Becker*, in: *Münsterische Sozialrechtsvereinigung e.V.* (Hrsg.), 7. Münsterische Sozialrechtstagung, S. 122 (145 f.), noch zum Bundesausschuss der Ärzte und Krankenkassen; ablehnend *T. Kingreen*, NZS 2007, 113 (116 f.), noch zum G-BA vor dem GKV-Wettbewerbsstärkungsgesetz.

### *aa. Vorliegen eines Teil- bzw. Verbandsvolkes*

Das Vorliegen eines derartigen Teil- bzw. Verbandsvolkes wird zum Teil bereits auf eine verfassungsrechtliche Anerkennung durch Art. 87 Abs. 2 GG zurückgeführt.[958] Dem ist jedoch entgegenzuhalten, dass Art. 87 Abs. 2 GG lediglich eine Organisations- und Kompetenznorm für die Abgrenzung der Verwaltungszuständigkeiten von Bund und Ländern darstellt,[959] die darüber hinaus keine Aussage zur Anerkennung von Personengruppen als Teilvölker im Rahmen der Selbstverwaltung enthält.[960]

Geht man weiter davon aus, dass innerhalb eines Teilvolkes Interessenhomogenität bestehen muss,[961] so würde es dem G-BA neben der fehlenden Anerkennung eines Teilvolks darüber hinaus auch an einer Personengruppe, die als Teilvolk und damit als Legitimationssubjekt angesehen werden kann, fehlen, da die im G-BA vertretenen widerstreitenden Interessen gerade nicht homogen sind.[962]

Infolgedessen wird eine Legitimation durch „Teilverbandsvölker" angedacht,[963] die jedoch ebenso Bedenken ausgesetzt ist, da die in Betracht kommenden Betroffenengruppen in sich keine den demokratischen Anforderungen genügende Binnenstruktur aufweisen.

Letztlich besteht „mindestens dann kein „Teilvolk" im Sinne eines Legitimationssubjekts, wenn die Selbstverwaltungseinrichtung nicht ausschließlich oder ganz überwiegend eigene Belange der Mitglieder regelt, sondern ihr wesentlicher Zweck die Wahrung von Gemeinwohlbelangen ist, die den Interessenkreis der Betroffenen nach Umfang und Gewicht eindeutig überschreiten. In derartigen Fällen geht es nicht mehr [...] allein oder im wesentlichen um die Heranziehung und eigenverantwortliche Beteiligung von Betroffenen an der dezentralen Erledigung von auf sie selbst bezogenen Verwaltungsaufgaben in einer Selbstverwaltungskörperschaft."[964] Darf insoweit eine Verwaltungseinheit, die durch ein Teilvolk legitimiert ist, nur die Belange dieses Teilvolkes verbindlich regeln, ist eine solche mitgliedschaftlich-partizipatorische Legitimation beim G-BA gerade zweifelhaft, da die rechtlichen Wirkungen der Richtlinien des G-BA zum Teil

[958] *U. Becker*, in: *Münsterische Sozialrechtsvereinigung e. V.* (Hrsg.), 7. Münsterische Sozialrechtstagung, S. 122 (146), noch zum Bundesausschuss der Ärzte und Krankenkassen.

[959] BVerfGE 21, 362 (371); 39, 302 (315); ähnlich BVerfGE 63, 1 (36). Kritisch hierzu *E. Schmidt-Aßmann*, in: *Selmer/v. Münch* (Hrsg.), GS Martens, S. 249 (253).

[960] Näher zum Aussagegehalt von Art. 87 Abs. 2 GG C.II.1. Verfassungsrechtliche Vorgaben, C.VI.1.b.bb.(1) Art. 87 Abs. 2 GG als Rechtfertigung der „Friedenswahlen" und D.IV.1.d.aa. Art. 87 Abs. 2 oder Abs. 3 Satz 1 GG.

[961] So *P. Axer*, in: *Schnapp* (Hrsg.), Funktionale Selbstverwaltung, S. 115 (135 f.); *J. Taupitz*, MedR 2003, 7 (11); *H. Butzer/M. Kaltenborn*, MedR 2001, 333 (339); *A. Schneider-Danwitz/G. Glaeske*, MedR 1999, 164 (168); *I. Heberlein*, VSSR 1999, 123 (149 f.), zum Bundesausschuss der Ärzte und Krankenkassen; *T. Kingreen*, NZS 2007, 113 (116), noch zum G-BA vor dem GKV-Wettbewerbsstärkungsgesetz.

[962] Dazu bereits die Ausführungen zu D.III.1.c. Interesseninhomogenität der Trägerorganisationen.

[963] So jedoch letztlich ablehnend *T. Kingreen*, NZS 2007, 113 (116 f.).

[964] BVerwGE 106, 64 (77); BVerwG, 6 C 1/97, NVwZ 1999, 870 (874).

auch gegenüber Dritten, die gerade nicht am Entscheidungsprozess und an der Entscheidung selbst beteiligt sind, eintreten.[965] Daneben wirken an der Entscheidung Dritte mit, die nicht als Betroffene anzusehen sind.[966]

### *bb. Partizipation von Betroffenen*

Ungeachtet dieser Problematik um das Erfordernis einer Interessenhomogenität von Teilvölkern wäre jedenfalls eine Voraussetzung für eine Legitimation durch Teilvölker die Identität zwischen Herrschaftsausübenden und Herrschaftsunterworfenen.[967] An der Herrschaftsausübung maßgeblich, d.h. durch Einflussmöglichkeit auf die Entscheidung beteiligt sein müssen die von der Herrschaftsausübung Betroffenen im Sinne eines Korrespondenzgebots, das die Aufgabenwahrnehmung, die Wirkungen der Entscheidung und die Mitglieder in Relation zueinander setzt.[968] So müssen grundsätzlich alle Betroffenen an der Entscheidung mitwirken und ihre Interessen angemessen vertreten können. Dabei besteht beim G-BA zum einen bereits das Problem, inwieweit die Entscheidungsträger durch die Betroffenen, sofern sie vertreten sind, durch eine auf diese rückführbare Legitimationskette legitimiert sind. Zum anderen wirken an der Entscheidung Dritte mit, die nicht betroffen sind, wie auch Betroffene nicht an der Entscheidung beteiligt sind.

Insoweit bestehen drei grundsätzliche Problematiken im Hinblick auf die Betroffenenpartizipation im G-BA, weswegen dessen Legitimation durch Betroffenenpartizipation in der Literatur umstritten ist. Nachfolgend wird der Versuch unternommen, bezogen auf die einzelnen Betroffenengruppen sowie die an der Entscheidung Beteiligten den Stand der Literatur wiederzugeben und die Frage nach der Betroffenenpartizipation im G-BA zu beantworten. Unterteilt wird insoweit in (1) die im Beschlussgremium vorhandenen Mitglieder, (2) die im Beschlussgremium nicht vertretenen Betroffenengruppen sowie (3) das Abstimmungsverfahren im G-BA und die Majorisierung Nichtbetroffener.

#### *(1) Die im Beschlussgremium vorhandenen Mitglieder*

Im Beschlussgremium vertreten sind grundsätzlich (a.) die unparteiischen Mitglieder und (b.) die Vertreter des Spitzenverbands Bund der Krankenkassen sowie, je nach Beschlussgegenstand, (c.) die Vertreter der Kassen(zahn)ärztlichen Bundesvereinigung und bzw. oder (d.) die Vertreter der Deutschen Krankenhausgesellschaft.

---

[965] Dazu bereits die Ausführungen zu D.III.1.a. Betroffene und deren Partizipation an der Aufgabenerfüllung des G-BA.

[966] Dazu bereits D.III.1.b. Beteiligung Nichtbetroffener.

[967] BVerfGE 33, 125 (156 f.), zu den Kriterien von Satzungsautonomie in der Facharztentscheidung; a.A. *E.T. Emde*, Demokratische Legitimation, S. 49.

[968] *H.-H. Trute*, in: *Hoffmann-Riem/Schmidt-Aßmann/Voßkuhle* (Hrsg.), Grundlagen des Verwaltungsrechts I, § 6 Rn. 85.

### *(a) Die unparteiischen Mitglieder des Beschlussgremiums*

Die unparteiischen Mitglieder des Beschlussgremiums gehören diesem nicht aufgrund ihrer Betroffeneneigenschaft oder als Vertreter einer Betroffenengruppe an,[969] sondern sie sind Teil des durch die im Beschlussgremium vertretenen antagonistischen Interessen notwendig gewordenen Konfliktlösungsmechanismus,[970] weshalb sie auf einen Ausgleich der widerstreitenden Interessen hinwirken[971] und an der Entscheidungsfindung objektiv und neutral mitwirken sollen.[972] Insoweit kann auch deren Legitimation nicht durch einen auf eine Betroffenengruppe zurückgehenden Legitimationsstrang hergestellt werden. Folglich wurden sie auch als Mitglieder ohne klar zurechenbare Legitimation angesehen.[973] Da die unparteiischen Mitglieder ihre Tätigkeit im G-BA regelmäßig hauptamtlich ausüben,[974] wurde deren Legitimation durch eine ununterbrochene Legitimationskette aufgrund des Ernennungsaktes angedacht.[975] So verhelfe der Amtsstatus als „ideales Vollzugsinstrument" dem parlamentarischen und damit unmittelbar demokratisch legitimierten Willen zur Durchsetzung und wirke so auch nach dem klassischen Legitimationsmodell legitimationsspendend, sofern er auf eine ununterbrochene Legitimationskette zurückzuführen sei, was bei einer Ernennung durch das Bundesministerium für Gesundheit der Fall wäre. Allerdings ist eine Ernennung allein nicht ausreichend, um ein ausreichendes Legitimationsniveau herzustellen, da es bei demokratischer Legitimation immer um Rückbindung zur Kontrolle und Steuerung des Verwaltungshandelns im Sinne von sachlich-inhaltlicher Legitimation geht, die jedoch bei den Mitgliedern des G-BA aufgrund deren Weisungsfreiheit gerade fehlt.[976]

Eine Stärkung der personellen Legitimation wird nunmehr in dem Einbezug des Gesundheitsausschusses des Deutschen Bundestages gesehen,[977] dem ein Widerspruchsrecht gegen die von den Trägerorganisationen gemeinsam vorgeschlagenen Personen eingeräumt wird.[978] Hierdurch würde die im Prinzip der Selbstverwaltung gründende Legitimation des G-BA im Hinblick auf die unparteiischen Mitglieder durch eine parlamentsabgeleitete ergänzt, wodurch der gesamte G-BA legitimatorisch gestärkt würde.[979]

Dabei muss jedoch bedacht werden, dass das Vetorecht des Gesundheitsausschusses neben dieser legitimatorischen Komponente jedenfalls eine verstärkte

---

[969] In diese Richtung *R. Wimmer*, NZS 1999, 113 (118).

[970] *R. Schmidt-De Caluwe*, in: *Becker/Kingreen* (Hrsg.), SGB V, § 91 Rn. 28.

[971] *D. Roters*, in: *Leitherer* (Hrsg.), Kasseler Kommentar, § 91 SGB V Rn. 25k.

[972] *D. Roters*, in: *Leitherer* (Hrsg.), Kasseler Kommentar, § 91 SGB V Rn. 25k.

[973] *H.A. Wolff*, NZS 2006, 281 (282), zusammenfassend zum Bundesausschuss der Ärzte und Krankenkassen.

[974] § 91 Abs. 2 Satz 8 1. Hs. SGB V.

[975] *T. Kingreen*, NZS 2007, 113 (120).

[976] *C. Hellkötter*, in: *Hänlein/Kruse/Schuler* (Hrsg.), Sozialgesetzbuch V, § 91 Rn. 8.

[977] AusBer GKV-VStG BT-Drs. 17/8005, S. 146; *D. Roters*, in: *Leitherer* (Hrsg.), Kasseler Kommentar, § 91 SGB V Rn. 10a.

[978] § 91 Abs. 2 Satz 5, 7 SGB V.

[979] *C. Hellkötter*, in: *Hänlein/Kruse/Schuler* (Hrsg.), Sozialgesetzbuch V, § 91 Rn. 5.

Einwirkungsmöglichkeit auf die personelle Besetzung des Beschlussgremiums enthält, womit eine Politisierung des Amtes verbunden ist.[980] Diese wird jedoch durch die für die Ablehnung erforderliche Zwei-Drittel-Mehrheit im Gesundheitsausschuss sowie die Unabhängigkeit der Unparteiischen von Weisungen relativiert.

Letztlich bleibt festzuhalten, dass die unparteiischen Mitglieder keine mitgliedschaftlich-partizipatorische Legitimation genießen und auch die mittels ununterbrochener Legitimationskette vermittelte organisatorisch-personelle Legitimation nicht durch Weisungsrechte im Sinne sachlich-inhaltlicher Legitimation verstärkt werden.

*(b) Die Vertreter des Spitzenverbandes Bund der Krankenkassen*

Die Vertreter des Spitzenverbandes Bund der Krankenkassen sind als Vertreter der Krankenkassen in das Beschlussgremium des G-BA einbezogen. Es gibt keine im Gesetz oder der GeschO des G-BA angeführte Richtlinie, in der diese nicht an der Beschlussfassung mitwirken; die Modifikation der Zusammensetzung des Beschlussgremiums bezieht sich allein auf die Leistungserbringer. Dabei liegt deren Beteiligung auf der Hand, wenn es um Richtlinien geht, von denen, wie z.B. derjenigen des G-BA über die Verordnung von Arzneimitteln in der vertragsärztlichen Versorgung[981] oder über die Verordnung von häuslicher Krankenpflege,[982] die Krankenkassen unmittelbar betroffen sind, ebenso wie die Bindung diesen gegenüber durch die Inkorporation der Richtlinien in die Bundesmantelverträge erfolgt.[983] Im Zuge dessen wird die Frage aufgeworfen, ob die Vertreter des Spitzenverbandes Bund der Krankenkassen auch die erforderliche personelle Legitimation für die Vertretung der Krankenkassen aufweisen. So entsendet der Verwaltungsrat der Krankenkassen Vertreter in den Verwaltungsrat des Bundesverbandes der Krankenkassen sowie von diesem in das Beschlussgremium des G-BA, so dass grundsätzlich von einer ausreichenden, wenn auch abgeschwächten Repräsentation der Krankenkassen gesprochen wird.[984]

Problematisch ist dabei insbesondere, dass diese Abschwächung nicht durch eine der sachlich-inhaltlichen Legitimation im Sinne des klassischen Legitimationsmodells zugeordneten Weisungsabhängigkeit kompensiert und damit ein ausreichendes Legitimationsniveau hergestellt werden kann, da die Mitglieder gerade keiner Rückbindung an die Entsendenden mittels Weisung unterliegen. Vielmehr sind die Mitglieder des Beschlussgremiums weisungsfrei gestellt,[985] so

---

[980] *D. Roters*, in: *Leitherer* (Hrsg.), Kasseler Kommentar, § 91 SGB V Rn. 10a.

[981] Richtlinien des Gemeinsamen Bundesausschusses über die Verordnung von Arzneimitteln in der vertragsärztlichen Versorgung (Arzneimittel-Richtlinie/AM-RL) i.d.F. vom 18.12.2008/ 22.1.2009 (BAnz 2009 Nr. 49a).

[982] Richtlinie des Gemeinsamen Bundesausschusses über die Verordnung von häuslicher Krankenpflege (Häusliche Krankenpflege-Richtlinie) i.d.F. vom 17.9.2009 (BAnz v. 9.2.2010).

[983] §§ 217e Abs. 2 SGB V sowie über die Satzung der Landesverbände, 210 Abs. 2 SGB V.

[984] Zur Diskussion der Verminderung der demokratischen Legitimation durch die Vielstufigkeit der Vermittlung unter D.IV.1.c.bb.(2)(a)(aa)(α)(i) Abschwächung durch lange Legitimationsketten.

[985] Dazu bereits unter D.II.1. Zusammensetzung.

dass eine inhaltliche Steuerung und Kontrolle nicht erfolgen kann und damit das zentrale Anliegen demokratischer Legitimation nicht erfüllt wird. Insoweit liegt eine defizitäre demokratische Legitimation vor.

Problematisch ist weiter die Frage, ob durch die Krankenkassen auch die Versicherten ausreichend im Beschlussgremium vertreten sind, der jedoch an anderer Stelle nachgegangen wird.[986]

Neben den Richtlinien, von denen die Krankenkassen unmittelbar betroffen sind, sind die Vertreter des Spitzenverbandes Bund der Krankenkassen jedoch auch an Richtlinien, wie derjenigen des G-BA zur Fortbildung im Krankenhaus,[987] beteiligt, von denen die Krankenkassen nicht unmittelbar betroffen sind. Eine personelle Legitimation durch Betroffenenbeteiligung scheidet insoweit aus. Die Beteiligung der Krankenkassenvertreter erfolgt jedoch auch nicht aufgrund ihrer Stellung als Sachverständige, da ihnen im Hinblick auf den Regelungsgehalt der Richtlinie gerade kein besonderer Sachverstand zukommt. Vielmehr erfolgt der Einbezug aufgrund eines gegebenen Interesses an einer qualitativ hochwertigen Behandlung, der jedoch nicht vor dem Hintergrund der Betroffenenpartizipation gerechtfertigt werden kann.

*(c) Die Vertreter der Kassen(zahn)ärztlichen Bundesvereinigungen*

Sind die Kassen(zahn)ärzte von Beschlüssen des G-BA, wie der Richtlinie über die Verordnung von häuslicher Krankenpflege,[988] unmittelbar betroffen, werden sie von der Kassen(zahn)ärztlichen Bundesvereinigung im Beschlussgremium vertreten. Insoweit wird problematisiert, ob die Vertretung durch die Kassen(zahn)ärztliche Bundesvereinigung im Beschlussgremium des G-BA ausreichend personell legitimiert ist. Wird dies von einem Teil der Literatur bejaht,[989] geht ein Großteil von fehlender bzw. zumindest äußerst schwacher personeller Legitimation aus. So ließe sich die personelle Legitimation der Mitglieder im Beschlussgremium des G-BA zwar durchaus auf die Mitglieder der Kassen(zahn)ärztlichen Vereinigungen zurückführen. Diese wählen die Mitglieder der Vertreterversammlung, die ihrerseits Mitglieder in die Vertreterversammlung der Kassen(zahn)ärztlichen Bundesvereinigung aufgrund von Wahlen entsenden, von der aus die Mitglieder in das Beschlussgremium des G-BA gewählt und entsandt werden. Diese Länge der Legitimationskette und ihre dreifach vermittelte Legitimation führten jedoch zu einer bedenklichen Abschwächung der personellen Legitimation.[990]

[986] Dazu unter D.IV.1.c.bb.(2)(a) Die Versicherten.

[987] Richtlinie des Gemeinsamen Bundesausschusses zur Fortbildung der Fachärztinnen und Fachärzte, der Psychologischen Psychotherapeutinnen und Psychotherapeuten sowie der Kinder- und Jugendlichenpsychotherapeutinnen und -psychotherapeuten im Krankenhaus (Regelungen zur Fortbildung im Krankenhaus/FKH-R) i.d.F. vom 18.10.2012 (BAnz AT v. 7.11.2012 B1).

[988] Richtlinie des Gemeinsamen Bundesausschusses über die Verordnung von häuslicher Krankenpflege (Häusliche Krankenpflege-Richtlinie) i.d.F. vom 17.9.2009 (BAnz v. 9.2.2010).

[989] *K. Engelmann*, NZS 2000, 76, im Hinblick auf die Kassenärztliche Bundesvereinigung als Partner der Bundesmantelverträge.

[990] *H. Butzer/M. Kaltenborn*, MedR 2001, 333 (339).

Von einem Teil der Literatur wird dabei vertreten, dass diese im Gegensatz zu den Versicherten[991] jedoch unbedenklich sei, da lediglich die in Rede stehende Berufsausübungsfreiheit von den Regelungen betroffen sei und mithin der Eingriff nicht allzu schwer wiege.[992] Dem ist jedoch entgegenzuhalten, dass auch der Eingriff in die Berufsausübungsfreiheit eine Grundrechtsbeeinträchtigung darstellt, die nach der Wesentlichkeitstheorie grundsätzlich dem Parlamentsvorbehalt unterfällt, mithin gerade erhöhten Anforderungen im Sinne einer legislativen Determination unterliegt. Insofern vermag es nicht zu überzeugen, aufgrund einer bestehenden Grundrechtsbeeinträchtigung, auch wenn diese im Einzelfall nicht erheblich sein mag, geringere Anforderungen an die demokratische Legitimation des Verwaltungshandelns zu stellen.

So bleibt festzuhalten, dass die personelle demokratische Legitimation über mehrere Stufen vermittelt wird und durch die zunehmende Länge des Legitimationsstranges das Legitimationsniveau abnimmt. Jedoch kann gerade im Vergleich zur Ministerialbürokratie festgestellt werden, dass dort die personelle Legitimation durch Legitimationsketten ebenso vielstufig und daher vermittelt erfolgt, ohne dass die demokratische Legitimation der Amtswalter in Frage gestellt wird. Auch dort nimmt die demokratische Legitimation mit jeder vermittelnden Stufe, über die sich die Legitimationskette erstreckt, ab, die entscheidende Rückführbarkeit auf das Gesamtvolk bleibt jedoch ununterbrochen und damit erhalten. Entscheidender Unterschied ist indessen, dass diese Rückführbarkeit zur Kontrolle und inhaltlichen Steuerung nicht allein durch die Ernennungsakte, sondern in besonderer Weise durch der sachlich-inhaltlichen Legitimation zugeordneten Weisungsbefugnisse verwirklicht und so ergänzt wird, weshalb für die Ministerialbürokratie ein ausreichendes Legitimationsniveau erreicht wird, was bei den weisungsfrei gestellten Mitgliedern des G-BA gerade nicht der Fall ist,[993] so dass das zentrale Anliegen demokratischer Legitimation, die Staatsmacht einer inhaltlichen Steuerung und Kontrolle zu unterwerfen, nicht erfüllt wird.

Obgleich die Besetzung des Beschlussgremiums an der Betroffeneneigenschaft im Hinblick auf den Beschlussgegenstand ausgerichtet ist, sind die Vertreter der Kassenärztlichen Bundesvereinigung auch an Beschlüssen beteiligt, von denen die von ihnen vertretenen Personengruppen nicht unmittelbar betroffen sind. So beschließen sie die Richtlinien des G-BA über die Verordnung von Arzneimitteln in der vertragsärztlichen Versorgung[994] mit, die den Versicherungsanspruch der Versicherten gegenüber den Krankenkassen konkretisiert und so die Leistungserbringer nur mittelbar betreffen, da sich die Leistungserbringung erst an die Entscheidung über den Einbezug von Leistungen in den Versicherungsschutz

---

[991] Dazu unter D.IV.1.c.bb.(2)(a)(aa)(α) Abgeschwächte personelle Legitimation.

[992] *H. Butzer/M. Kaltenborn*, MedR 2001, 333 (338).

[993] Dazu bereits unter D.II.1. Zusammensetzung.

[994] Richtlinien des Gemeinsamen Bundesausschusses über die Verordnung von Arzneimitteln in der vertragsärztlichen Versorgung (Arzneimittel-Richtlinie/AM-RL) i.d.F. vom 18.12.2008/22.1.2009 (BAnz 2009 Nr. 49a).

anschließt und damit nachgelagert ist.[995] Die Kassenärztliche Bundesvereinigung gehört dem Beschlussgremium in diesem Fall nicht aufgrund ihrer Betroffeneneigenschaft oder als Vertreter einer Betroffenengruppe an, sondern aufgrund ihres Sachverstandes. Da insoweit eine Betroffenheit der Kassenärzte ausscheidet, ist die Beteiligung an dieser Richtlinie auch nicht durch Betroffenenpartizipation zu legitimieren.

*(d) Die Vertreter der Deutschen Krankenhausgesellschaft*

Die Beschlüsse des G-BA betreffen teilweise auch die Krankenhäuser, wie dies mit der Richtlinie zur Fortbildung im Krankenhaus[996] sowie derjenigen über die Verordnung von häuslicher Krankenpflege[997] der Fall ist, wie auch die Richtlinien und Beschlüsse zur Qualitätssicherung für die zugelassenen Krankenhäuser verbindlich sind.[998] Da die Träger zugelassener Krankenhäuser und Verbände von Rechtsträgern der Krankenhäuser des jeweiligen Landes zu den Landeskrankenhausgesellschaften zusammengeschlossen sind[999] und diese wiederum in der Deutschen Krankenhausgesellschaft organisiert sind,[1000] die den Zweck hat, die Interessen der Krankenhausträger auf Bundesebene zu bündeln,[1001] haben die Träger der zugelassenen Krankenhäuser über die jeweiligen Mitgliederversammlungen[1002] Einfluss auf die Besetzung des G-BA. Dieser Einfluss ist insbesondere gegenüber den Bundes- bzw. Landesverbänden der Krankenhausträger, die ebenfalls in der Landeskrankenhausgesellschaft organisiert sein können, sicherzustellen, was durch die Stimmgewichtung zumindest im Hinblick auf die Bayerische Krankenhausgesellschaft e.V. der Fall ist.[1003] Insofern kann von einer ausreichenden Partizipation der Krankenhausträger an der Beschlussfassung durch die Vertreter der Deutschen Krankenhausgesellschaft grundsätzlich ausgegangen werden.

Allerdings besteht auch bei diesen das Problem, dass eine Abschwächung durch lange Legitimationsketten durch eine nach der Entsendung auszuübende Kontrolle und inhaltliche Steuerung durch die Weisungsfreiheit der Mitglieder nicht kompensiert werden kann,[1004] so dass der eigentliche Zweck demokrati-

[995] So auch *B. Schulin*, in: *ders.* (Hrsg.), Handbuch des Sozialversicherungsrechts, Bd. 1, § 6 Rn. 102, zum Bundesausschuss der Ärzte und Krankenkassen.

[996] Richtlinie des Gemeinsamen Bundesausschusses zur Fortbildung der Fachärztinnen und Fachärzte, der Psychologischen Psychotherapeutinnen und Psychotherapeuten sowie der Kinder- und Jugendlichenpsychotherapeutinnen und -psychotherapeuten im Krankenhaus (Regelungen zur Fortbildung im Krankenhaus/FKH-R) i.d.F. vom 18.10.2012 (BAnz AT v. 7.11.2012 B1).

[997] Richtlinie des Gemeinsamen Bundesausschusses über die Verordnung von häuslicher Krankenpflege (Häusliche Krankenpflege-Richtlinie) i.d.F. vom 17.9.2009 (BAnz v. 9.2.2010).

[998] § 137 Abs. 1 Satz 1 SGB V.

[999] § 108a Satz 1 SGB V.

[1000] § 108a Satz 2 SGB V.

[1001] § 2 der Satzung der Deutschen Krankenhausgesellschaft vom 29.11.2005.

[1002] § 6 der Satzung der Deutschen Krankenhausgesellschaft vom 29.11.2005; z.B. § 8 der Satzung der Bayerischen Krankenhausgesellschaft e.V. vom 30.11.1979.

[1003] Vgl. § 8 Nr. 3 der Satzung der Bayerischen Krankenhausgesellschaft e.V. vom 30.11.1979.

[1004] Dazu bereits unter D.II.1. Zusammensetzung.

scher Legitimation verfehlt wird und das demokratische Legitimationsniveau problematisch ist.

Der Legitimation durch Betroffenenbeteiligung der Träger der Krankenhäuser steht jedoch nicht entgegen, dass es sich bei der Deutschen Krankenhausgesellschaft wie auch den Landeskrankenhausgesellschaften um Vereine des Privatrechts handelt,[1005] mithin Mitglieder des Beschlussgremiums durch juristische Personen des Privatrechts bestellt werden,[1006] da weder die Rechtsform noch die Frage der Zugehörigkeit zur mittelbaren Staatsverwaltung der legitimationsspendenden Einheiten ausschlaggebend für die Legitimation durch Betroffenenpartizipation sind.

Anders als bei der Deutschen Krankenhausgesellschaft, in der kraft Gesetzes alle Landeskrankenhausgesellschaften Mitglied sind,[1007] besteht bzgl. der Landeskrankenhausgesellschaften jedoch keine Pflichtmitgliedschaft der Krankenhausträger.[1008] Aufgrund der privatrechtlichen Organisationsform der Landeskrankenhausgesellschaften liegt auch keine Verkammerung in öffentlich-rechtlichen Zwangsverbänden vor, wie dies auf dem Gebiet des Vertragsarztrechts der Fall ist. So existiert weder eine Verpflichtung für Krankenhausträger, der Landeskrankenhausgesellschaft beizutreten, noch eine, in dieser zu verbleiben, so dass jeder Krankenhausträger frei darüber entscheiden kann, aus dieser wieder auszutreten.[1009] Obwohl jedoch allein die in der Landeskrankenhausgesellschaft organisierten Krankenhausträger von dieser repräsentiert werden und so an der Entscheidung des G-BA beteiligt sind, erstreckt sich die Bindungswirkung der Richtlinien auch auf die nicht organisierten Krankenhausträger, wie dies etwa in § 137 Abs. 1 Satz 1, Abs. 3 Satz 1 SGB V zum Ausdruck kommt und für die Richtlinien, welche die Krankenhausträger betreffen, noch einmal gesetzlich angeordnet wurde.[1010] Für die Bindungswirkung notwendig wäre jedoch vielmehr die Anerkennung durch Satzung, die jedoch bei den Nichtmitgliedern fehlt. In Ermangelung einer Partizipationsmöglichkeit der betroffenen Nichtmitglieder besteht im Hinblick auf die Bindungswirkung gegenüber diesen keine mitgliedschaftlich-partizipatorische Legitimation zum Erlass der Richtlinien.[1011] Insoweit wirkt sich hierbei aus, dass der Gesetzgeber im Rahmen der „Gemeinsamen Selbstverwaltung“ von einem korporatistischen System ausgeht, das zu schaffen er im Hinblick auf die Krankenhäuser versäumt hat.[1012]

Darüber hinaus sind die Vertreter der Deutschen Krankenhausgesellschaft auch an Beschlüssen des G-BA beteiligt, von denen die Krankenhäuser und die

---

[1005] § 1 der Satzung der Deutschen Krankenhausgesellschaft vom 29.11.2005; § 1 der Satzung der Bayerischen Krankenhausgesellschaft e.V. vom 30.11.1979.

[1006] So offenbar *H.A. Wolff*, NZS 2006, 281 (282).

[1007] § 108a Satz 2 SGB V „sind … zusammengeschlossen“.

[1008] § 108a Satz 1 SGB V „ist ein Zusammenschluss“.

[1009] § 4 Nr. 5 der Satzung der Bayerischen Krankenhausgesellschaft e.V. vom 30.11.1979.

[1010] § 91 Abs. 6 SGB V.

[1011] *T. Kingreen*, NZS 2007, 113 (117); *S. Rixen*, Sozialrecht, S. 186; *S. Seeringer*, Der Gemeinsame Bundesausschuss, S. 187, 213 ff.

[1012] Dazu *A. Hänlein*, Rechtsquellen, S. 341.

Landesverbände der Krankenhäuser nur mittelbar betroffen sind, wie dies bei den Richtlinien über die Verordnung von Arzneimitteln in der vertragsärztlichen Versorgung der Fall ist.[1013] Die Beteiligung der Krankenhäuser hat dabei den Zweck der fachlich qualifizierten Einschätzung des therapeutischen Nutzens, der medizinischen Notwendigkeit oder der Wirtschaftlichkeit nach dem allgemein anerkannten Stand der medizinischen Erkenntnisse als Basis für die Konkretisierung der Leistungseinschränkungen und -ausschlüsse. Insoweit sind die Krankenhäuser aufgrund ihres Sachverstandes beteiligt, nicht jedoch als unmittelbar Betroffene, so dass auch die Beteiligung an der Richtlinie nicht durch Betroffenenpartizipation zu legitimieren ist.

*(2) Die im Beschlussgremium nicht vertretenen Betroffenengruppen*

Neben den an der Beschlussfassung beteiligten Betroffenengruppen zeitigen die Beschlüsse des G-BA, je nach Regelungsgegenstand, auch Wirkung für Betroffenengruppen, die an der Beschlussfassung selbst nicht beteiligt sind bzw. deren Beteiligung und Einflussmöglichkeit umstritten ist. Im Fokus der Diskussion stehen dabei insbesondere (a) die Versicherten, (b) die Patienten sowie (c) die übrigen Leistungsträger.

*(a) Die Versicherten*

Die Versicherten sind grundsätzlich von Beschlüssen des G-BA betroffen, die den Leistungsanspruch selbst betreffen, wie dies bei den Richtlinien über die Verordnung von Arzneimitteln in der vertragsärztlichen Versorgung[1014] oder über die Verordnung von häuslicher Krankenpflege[1015] der Fall ist. Durch diese wird der Leistungsanspruch der Versicherten, wie er sich aus dem SGB V ergibt, konkretisiert. Gleichzeitig werden die Versicherten in die Bindungswirkung des Bundesmantelvertrags einbezogen,[1016] dessen Bestandteil die Richtlinien des G-BA sind.[1017] Erforderlich ist daher eine wirksame Versichertenvertretung, die an der Beschlussfassung mit Stimmrecht beteiligt ist. Dabei richtet sich das Augenmerk zuerst auf (aa) die Vertretung der Versicherten vermittelt durch die Krankenkassen durch den Spitzenverband Bund der Krankenkassen, an dem die Versicherten zumindest mittelbar beteiligt sind, ehe (bb) die Vertretung durch andere an der Beschlussfassung Beteiligte und eine (cc) Kompensation durch die Staats-

[1013] Richtlinien des Gemeinsamen Bundesausschusses über die Verordnung von Arzneimitteln in der vertragsärztlichen Versorgung (Arzneimittel-Richtlinie/AM-RL) i.d.F. vom 18.12.2008/ 22.1.2009 (BAnz 2009 Nr. 49a).

[1014] Richtlinien des Gemeinsamen Bundesausschusses über die Verordnung von Arzneimitteln in der vertragsärztlichen Versorgung (Arzneimittel-Richtlinie/AM-RL) i.d.F. vom 18.12.2008/ 22.1.2009 (BAnz 2009 Nr. 49a).

[1015] Richtlinie des Gemeinsamen Bundesausschusses über die Verordnung von häuslicher Krankenpflege (Häusliche Krankenpflege-Richtlinie) i.d.F. vom 17.9.2009 (BAnz v. 9.2.2010).

[1016] § 217e Abs. 2 SGB V.

[1017] § 92 Abs. 8 SGB V.

aufsicht diskutiert wird bzw. (dd) Forderungen nach verstärkter Versichertenbeteiligung laut werden.

*(aa) Die Vertretung der Versicherten durch die Krankenkassen*

Als einzige Trägerorganisation, an der die Versicherten beteiligt sind, kommt daher der Spitzenverband Bund der Krankenkassen als Versichertenvertretung in Betracht. So gehen die Rechtsprechung des BSG sowie ein Teil der Literatur von einer Vertretung der Versicherten durch die Krankenkassen aus.[1018] Die Vertretung durch den Spitzenverband Bund der Krankenkassen vermittelt durch die Krankenkassen stößt jedoch auf heftigen Widerspruch, da zum einen (α) die personelle Legitimation, welche die Vertreter des Spitzenverbands Bund der Krankenkassen aufweisen und die auf die Versicherten rückführbar sein muss, nicht vorhanden bzw. stark abgeschwächt sei, wie auch (β) Interessenkollisionen innerhalb der Krankenkasse bestünden.

*(α) Abgeschwächte personelle Legitimation.* Die Annahme abgeschwächter personeller Legitimation der Versichertenvertreter stützt sich zum einen auf die (i) Abschwächung durch lange Legitimationsketten von den Versicherten zu den Vertretern im G-BA, zum anderen auf (ii) die eingeschränkte Wahlberechtigung zu den Sozialwahlen sowie auf (iii) die „Friedenswahlen" als den Ausgangspunkt der demokratischen Legitimation.

*(i) Abschwächung durch lange Legitimationsketten.* Die Versicherten sind an der Beschlussfassung derzeit allein vermittelt durch die Krankenkassen und den Spitzenverband Bund der Krankenkassen beteiligt. So stellt sich die Frage, ob diese Beteiligung ausreichend ist, um die Bindungswirkungen der Richtlinien des G-BA gegenüber den Versicherten legitimatorisch abzusichern. Dies wird jedoch verneint, indem auf die Vielgliedrigkeit des Legitimationsstranges hingewiesen wird, wie er durch die Wahlen der Versicherten bzw. der Mitglieder der jeweili-

[1018] BSGE 78, 70 (81); 82, 41 (47); *T. Clemens*, NZS 1994, 337 (344); *K. Engelmann*, NZS 2000, 76 (77); *H. Sodan*, NZS 2000, 581 (585); *H. Butzer/M. Kaltenborn*, MedR 2001, 333 (340); *F.E. Schnapp*, in: FS Ipsen 2000, S. 807 ff.; *S. Muckel*, NZS 2002, 118 (124), noch zum Bundesausschuss der Ärzte und Krankenkassen; a.A. LSG Nds., L 4 KR 130/98, NZS 2001, 32 (35); *I. Ebsen*, in: FS Krasney 1997, S. 81 (99 f.); *ders.*, in: *Schnapp* (Hrsg.), Rechtsquellen, S. 13 (33); *F. Ossenbühl*, NZS 1997, 497 (502), zugleich *ders.*, in: *Schnapp* (Hrsg.), Rechtsquellen, S. 65 (80 f.); *T. Clemens*, MedR 1996, 432 (438); *I. Heberlein*, VSSR 1999, 123 (147 f.); *E. Schmidt-Aßmann*, Grundrechtspositionen, S. 90; *R. Francke*, in: FS Schefold 2001, S. 29 (43); *P. Wigge*, NZS 2001, 578 (579); *J. Castendiek*, NZS 2001, 71 (74); *P. Axer*, in: *Schnapp* (Hrsg.), Funktionale Selbstverwaltung, S. 115 (136); *U. Becker*, in: *Münsterische Sozialrechtsvereinigung e. V.* (Hrsg.), 7. Münsterische Sozialrechtstagung, S. 122 (145); *J. Taupitz*, MedR 2003, 7 (10 f.); noch zum Bundesausschuss der Ärzte und Krankenkassen; *P. Axer*, in: FS BSG 2004, S. 339 (358 f.), noch zum G-BA vor dem GKV-Wettbewerbsstärkungsgesetz; *R. Schimmelpfeng-Schütte*, MedR 2006, 519 (569); *dies.*, NZS 1999, 530 (532 f.); *T. Kingreen*, NJW 2006, 877 (880); *ders.*, NZS 2007, 113 (117); *V. Neumann*, NZS 2010, 593 (598), noch zum einheitlichen Beschlussgremium des G-BA vor dem GKV-Versorgungsstrukturgesetz.

gen Krankenkasse[1019] und teilweise auch der Arbeitgeber zum Verwaltungsrat der Krankenkassen,[1020] durch die Entsendung von Vertretern von diesem in den Verwaltungsrat des Landesverbandes und von diesem in den Verwaltungsrat des Bundesverbandes der Krankenkassen sowie von hier in das Beschlussgremium des G-BA besteht.[1021] So sei die personelle Legitimation durch die Vielzahl der Vermittlungen derart abgeschwächt,[1022] dass sie – wenn überhaupt – nur noch in der vielzitierten „homöopathischen Verdünnung“ vorhanden sei.[1023]

Aus diesem Anlass wird zum Teil versucht, diese abgeschwächte personelle Legitimation zu ergänzen durch eine „vom Gesetzgeber vermittelte“.[1024] Dieser gebe den Rahmen der Zusammensetzung des Beschlussgremiums vor und würde somit den (G-)BA durch die Rückführung auf das Gesamtvolk demokratisch legitimieren.[1025] Eine demokratische Legitimation durch die Vorgabe von Organisationseinheiten ist jedoch weder nach dem klassischen Legitimationsmodell, noch nach demjenigen der autonomen Legitimation anerkannt.

Demgegenüber wird diese Abschwächung der personellen Legitimation von der Rechtsprechung und Teilen der Literatur für unbedenklich erachtet.[1026] Dem ist insoweit beizupflichten, dass sich im Vergleich zur Ministerialbürokratie die dortigen Legitimationsstränge als durchaus ebenso vielstufig und daher vermittelt darstellen, obgleich anerkannt ist, dass diese demokratische Legitimation in organisatorisch-personeller Hinsicht vermitteln können. Zwar nimmt auch dort das Niveau der demokratischen Legitimation mit jeder Stufe der Legitimationskette, durch welche sie vermittelt wird, ab,[1027] letztlich aber wird die Legitimation nicht unterbrochen und bleibt. Entscheidend ist jedoch gerade mit Blick auf die Ministerialverwaltung, dass diese Abschwächung ausgeglichen wird durch die inhaltliche Steuerung und Kontrolle durch Weisungsbefugnisse, wodurch die

---

[1019] §§ 50 Abs. 1 Satz 1 Nr. 1, 47 Abs. 1 Nr. 1 SGB V.

[1020] §§ 45 ff. SGB V.

[1021] *H. Butzer/M. Kaltenborn*, MedR 2001, 333 (339); *G. Schwerdtfeger*, SDSRV 38 (1994), S. 27 (45).

[1022] *H. Butzer/M. Kaltenborn*, MedR 2001, 333 (339); *P. Axer*, in: *Schnapp* (Hrsg.), Funktionale Selbstverwaltung, S. 115 (137); *J. Taupitz*, MedR 2003, 7 (10 f.); *A. Schneider-Danwitz/G. Glaeske*, MedR 1999, 164 (169), *R. Francke*, in: FS Schefold 2001, S. 29 (43), jeweils noch zum Bundesausschuss der Ärzte und Krankenkassen.

[1023] *G. Schwerdtfeger*, SDSRV 34 (1991), S. 123 (143); *ders.*, SDSRV 38 (1994), S. 27 (45); im Anschluss hieran *S. Rixen*, Sozialrecht, S. 186; *H. Butzer/M. Kaltenborn*, MedR 2001, 333 (339); *J. Castendiek*, NZS 2001, 71 (73); *M. Plantholz*, SGb 1997, 549 (553); *H. Sodan*, NZS 1998, 305 (309); *T. Clemens*, MedR 1996, 432 (438); *M. Kaltenborn*, VSSR 2000, 249 (263); *P. Axer*, in: *Schnapp* (Hrsg.), Funktionale Selbstverwaltung, S. 115 (137); *J. Taupitz*, MedR 2003, 7 (10); *F. Hase*, MedR 2005, 391 (394); *A. Schneider-Danwitz/G. Glaeske*, MedR 1999, 164 (169), jeweils noch zum Bundesausschuss der Ärzte und Krankenkassen; zusammenfassend *H.A. Wolff*, NZS 2006, 281; *R. Schmidt-De Caluwe*, in: *Becker/Kingreen* (Hrsg.), SGB V, § 92 Rn. 11.

[1024] *H. Sodan*, NZS 2000, 581 (585).

[1025] *H. Sodan*, NZS 2000, 581 (585). Auf diese Auffassung wird noch zurückzukommen sein, dazu D.IV.2. Konsens als Legitimationsspender für den G-BA.

[1026] BSGE 82, 41 (46 f.); *K. Engelmann*, NZS 2000, 76 (77).

[1027] *S. Muckel*, NZS 2002, 118 (120); *W. Kluth*, Funktionale Selbstverwaltung, S. 458 ff.

sachlich-inhaltliche Legitimation die Schwächen der organisatorisch-personellen auffängt und zu einem ausreichenden Legitimationsniveau beiträgt. Dies ist gerade gegenüber den Mitgliedern des Beschlussgremiums des G-BA nicht der Fall, da Weisungsrechte nicht bestehen,[1028] so dass ein Ausgleich der durch eine Vielzahl von Entsendungsakten abgeschwächten demokratischen Legitimation nicht erfolgt und damit deren Zweck der Kontrolle und Feinsteuerung nicht erfüllt wird.

*(ii) Eingeschränkte Wahlberechtigung zu den Sozialwahlen.* Wahlberechtigt zu den Sozialwahlen sind grundsätzlich nur die Mitglieder der jeweiligen Krankenkasse.[1029] Nicht wahlberechtigt sind dagegen alle Versicherten, da die Gruppe der Mitglieder geringer ist als diejenige der Versicherten, so dass schon aus diesem Grunde den Krankenkassen keine ausreichende Vertretung der Versicherteninteressen möglich ist.[1030]

*(iii) Die „Friedenswahlen".* Die bereits sehr vermittelte und daher abgeschwächte Legitimation steht weiter in der Kritik wegen ihres Ausgangspunktes. Liegt der Legitimationskette zur Legitimierung der unmittelbaren Staatsverwaltung der Wahlakt zum Parlament als unmittelbar auf das Volk als Legitimationssubjekt rückführbarer Legitimationsakt zu Grunde, nimmt die Legitimation der Vertreter des Spitzenverbands Bund in den meisten Fällen ihren Ursprung in den umstrittenen „Friedenswahlen".[1031]

Dabei besteht zum einen bereits die praktische Problematik, dass die Aufstellung von Listen an Verfahrenshürden gebunden ist, welche die Versicherten, die freie Listen aufstellen könnten, jedoch nicht organisiert sind, kaum nehmen können, so dass *de facto* die Gewerkschaften die Kandidaten für die Vertretung der Versicherten im Verwaltungsrat stellen.[1032] Darüber hinaus konzedieren selbst die Stimmen, welche die „Friedenswahlen" als Vermittler demokratischer Legitimation ansehen, eine Abschwächung der personellen Legitimation gegenüber einer Wahl mit Wahlhandlung.[1033]

Dagegen sind die „Friedenswahlen", wie bereits gezeigt wurde,[1034] als „Wahlen ohne Wahlhandlung" gerade keine Wahlen, da auf das konstitutive Element der Wahlhandlung verzichtet wird[1035] und diese damit als Wahlen keine legitimatori-

---

1028 Dazu bereits unter D.II.1. Zusammensetzung.

1029 §§ 47 Abs. 1 Nr. 1, 50 Abs. 1 Satz 1 Nr. 1 SGB IV.

1030 *I. Heberlein*, VSSR 1999, 123 (150); *H.P. Bull*, KrV 1976, 175 (176).

1031 Dazu bereits C.VI.1.b. „Friedenswahlen".

1032 *T. Kingreen*, NZS 2007, 113 (117); *U. Becker*, in: *v. Maydell/Ruland* (Hrsg.), SRH, § 13 Rn. 51 f.

1033 *H. Butzer/M. Kaltenborn*, MedR 2001, 333 (340); *J. Taupitz*, MedR 2003, 7 (11); *A. Wahl*, Kooperationsstrukturen, S. 187 ff.

1034 Dazu und zum Stand der Literatur bereits unter C.VI.1.b. „Friedenswahlen".

1035 *J. Castendiek*, NZS 2001, 71 (73); *M. Jestaedt*, Demokratieprinzip, S. 546; *E.T. Emde*, Demokratische Legitimation, S. 164 f.; *E. Schmidt-Aßmann*, AöR 116 (1991), S. 329 (383).

sche Wirkung entfalten.[1036] Es handelt sich bei ihnen vielmehr um einen vom Gesetzgeber vorgegebenen Besetzungsmodus für das Gremium des Verwaltungsrats der Krankenkassen, der in einem bestimmten, in § 46 Abs. 2 SGB IV normierten Fall Platz greift. Aus diesem Grunde senkt die „Friedenswahl" nicht nur das demokratische Niveau der Versichertenvertreter im G-BA, vielmehr reißt zwischen den Vertretern des Spitzenverbandes Bund der Krankenkassen und den Versicherten, die einer Krankenkasse angehören, deren Verwaltungsrat durch „Friedenswahlen" besetzt wurde, die ununterbrochene Legitimationskette, so dass keine auf die Versicherten rückführbare personelle Legitimation besteht. Insoweit fehlt eine mitgliedschaftlich-partizipatorische Legitimation der Vertreter des Spitzenverbandes Bund der Krankenkassen durch die Versicherten.

*(β) Interessenkollisionen.* Ist der Einfluss der Versicherten auf die Vertreter im Beschlussgremium des G-BA bereits durch die Länge der Legitimationskette abgeschwächt und durch die „Friedenswahl" sogar unterbrochen, ist ein weiterer Hauptkritikpunkt in der Literatur, dass dieser Einfluss zusätzlich abgeschwächt wird, indem durch die Krankenkassen auch andere als die Versicherteninteressen artikuliert werden. In der Diskussion stehen die Interessenkollisionen durch die (i) paritätische Besetzung zusammen mit den Arbeitgebern wie auch durch die (ii) Eigeninteressen der Körperschaft Krankenkasse.

*(i) Paritätische Besetzung der Gremien.* Wie bereits ausgeführt,[1037] ist die Zusammensetzung des Verwaltungsrats formal auf das beitragsaufbringende Arbeitsverhältnis bezogen, so dass sich dieser bei den Krankenkassen mit Ausnahme der Ersatzkassen je zur Hälfte aus Vertretern der Versicherten, zumeist repräsentiert durch die Vertreter der Gewerkschaften, und der Arbeitgeber zusammensetzt. Insoweit werden in diesem sowohl die Interessen der Arbeitgeber als auch der Versicherten bzw. Arbeitnehmer artikuliert. Dabei besteht selbst dann, wenn man auf das von beiden Seiten verfolgte Kostensenkungsinteresse abstellt, keine Deckungsgleichheit dieser Interessen, da sich das Kostensenkungsinteresse der Arbeitgeber nicht auf die Leistungskomponente bezieht bzw. wenn doch, es auch die Reduzierung des Leistungsumfangs erfasst, während das Kostensenkungsinteresse der Versicherten gepaart ist mit dem Interesse auf die Beibehaltung bzw. Ausweitung des Leistungskatalogs. Die Beitragssatzsenkungsinteressen enthalten damit unterschiedliche Implikationen, so dass sich die Interessen der vertretenen Gruppen in antagonistischer Weise gegenüberstehen.[1038]

---

[1036] *J. Castendiek*, NZS 2001, 71 (73); *T. Kingreen*, NZS 2007, 113 (117); *V. Neumann*, NZS 2010, 593 (598); *J. Oebbecke*, VerwArch 81 (1990), S. 349 (362 ff.); a.A. BSGE 79, 105 (109); *K. Engelmann*, NZS 2000, 76 (77).

[1037] Dazu bereits unter C.V.1.a.bb. Interesseninhomogenität im Verwaltungsrat bzw. in der Vertreterversammlung.

[1038] Dazu C.V.1.a.bb. Interesseninhomogenität im Verwaltungsrat bzw. in der Vertreterversammlung.

Insofern ist auch der Annahme, dass das Kosteninteresse im Rahmen der Krankenversicherung überwiege, da es sowohl von den Arbeitgebern als auch von den Versicherten bzw. Arbeitnehmern gleichermaßen verfolgt werde, während das Interesse an optimaler Leistungserbringung insoweit zurückstünde, so dass diesbezüglich die Versicherteninteressen aufgrund der Struktur der Krankenkassen nicht ausreichend vertreten seien,[1039] nicht zuzustimmen. Denn zum einen sind die beiden Kostensenkungsinteressen, wie gesehen, nicht deckungsgleich. Zum anderen führt allein die Tatsache, dass bestimmte Interessen auf beiden Seiten vorhanden sind, noch nicht dazu, dass die übrigen, lediglich von einer Seite vertretenen Interessen völlig untergeordneter Natur sind. So kann davon ausgegangen werden, dass sich das Leistungsinteresse und das Kosteninteresse der Versicherten, die miteinander zum Ziel einer preiswerten, jedoch umfassenden Versorgung im Sinne der Versicherten verbunden sind, gerade aufgrund der Tatsache, dass das Kostensenkungsinteresse bereits von den Arbeitgebern maßgeblich verfolgt wird und gerade aufgrund des fehlenden Einbezugs der Leistungsseite bzw. des Interesses an Leistungskürzungen sich auf das Leistungsinteresse verlagert. Von einer bloßen Addition und damit dem Überwiegen der Kosteninteressen ist daher nicht auszugehen. Vielmehr dürfte sich durch die unterschiedliche Ausrichtung der Kostensenkungsinteressen der Interessenantagonismus im Verwaltungsrat verstärkt herausbilden.[1040]

Demgemäß bleibt jedoch auch der Befund, dass sich gerade aufgrund dieses Interessenantagonismus die Versicherteninteressen nicht in Reinform durchsetzen können, sondern an die Interessenvertretung durch die Arbeitgeber gebunden sind. Insoweit nehmen die Krankenkassen nicht allein die Versicherteninteressen wahr,[1041] wodurch es zu einer weiteren Abschwächung der Interessenvertretung der Versicherten im G-BA kommt.

*(ii) Eigeninteressen der Krankenkassen.* Darüber hinaus wird bezweifelt, dass die Krankenkassen die Versicherteninteressen optimal vertreten. So handle es sich bei diesen um Körperschaften des öffentlichen Rechts, mithin um eigenständige Rechtspersonen, die eigene Interessen verfolgten, die zu denjenigen der Versicherten differierten.[1042] Die Vertreter der Krankenkassen seien in erster Linie Vertreter der Unternehmen, die im Wettbewerb zu anderen Krankenkassen stün-

---

[1039] *I. Ebsen*, in: FS Krasney 1997, S. 81 (100); *ders.*, in: *Schnapp* (Hrsg.), Rechtsquellen, S. 13 (33); *J. Taupitz*, MedR 2003, 7 (10); *E. Schmidt-Aßmann*, Grundrechtspositionen, S. 83.

[1040] *I. Heberlein*, VSSR 1999, 123 (150). Dazu bereits unter C.V.1.a.bb. Interesseninhomogenität im Verwaltungsrat bzw. in der Vertreterversammlung.

[1041] LSG Nds., L 4 KR 130/98, NZS 2001, 32 (35); *R. Schimmelpfeng-Schütte*, NZS 1999, 530 (532); *E. Schmidt-Aßmann*, Grundrechtspositionen, S. 90; *P. Axer*, in: *Schnapp* (Hrsg.), Funktionale Selbstverwaltung, S. 115 (136); *ders.*, in: FS BSG 2004, S. 339 (354); *U. Becker*, in: *Münsterische Sozialrechtsvereinigung e.V.* (Hrsg.), 7. Münsterische Sozialrechtstagung, S. 122 (146); *J. Taupitz*, MedR 2003, 7 (10); *J. Castendiek*, NZS 2001, 71 (73 f., 79); *T. Kingreen*, NZS 2007, 113 (117).

[1042] LSG Nds., L 4 KR 130/98, NZS 2001, 32 (35); *R. Schimmelpfeng-Schütte*, NZS 1999, 530 (532 f.); *dies.*, NZS 2006, 567 (569); *E. Schmidt-Aßmann*, Grundrechtspositionen, S. 90; *V. Neumann*, NZS 2010, 593 (598).

den und damit den Versicherteninteressen zum Teil widersprächen.[1043] So seien sie, getrieben von der Konkurrenzsituation zu anderen Krankenkassen, vordringlich an gesunden Versicherten interessiert, die aufgrund geringen Behandlungsaufwands auch geringe Kosten verursachten, wie auch das Interesse an einer guten Finanzausstattung, mithin hohen Beiträgen und vielen Beitragszahlern, bestimmend sei.[1044] Damit stünden sie den Versicherteninteressen an niedrigen Beiträgen bei umfassender Versorgung diametral gegenüber.[1045] Diese Verselbständigung würde durch die Entkoppelung von Entsendung und Wahlhandlung durch die „Friedenswahl" zementiert.[1046] Dagegen wird vorgebracht, dass die Eigeninteressen nicht dazu führten, dass die Versicherten nicht mehr repräsentiert seien, sondern vielmehr ausschlaggebend für das Repräsentationsverhältnis die zahlreichen Möglichkeiten mitgliedschaftlicher Interessenwahrnehmung im Rahmen der Selbstverwaltung der Krankenkassen seien, wodurch eine ausreichende Repräsentation der Versicherten gewährleistet sei.[1047]

Grundsätzlich dürfte davon auszugehen sein, dass bei Körperschaften des öffentlichen Rechts die Vertreterversammlung von den Mitgliedern gewählt und damit auch wieder abgewählt werden kann, mithin ein direkter Einfluss der Mitglieder auf das Verwaltungshandeln der Körperschaft besteht und die Vertreter der Mitglieder an deren Willensbildung rückgebunden sind. Einer Verselbständigung der Willensbildung der Körperschaft und der Abkoppelung vom Mitgliederwillen ist damit grundsätzlich aus theoretischer Sichtweise ein Riegel vorgeschoben. Trotzdem ist es in der Praxis denkbar, dass die Funktionäre Eigeninteressen im Sinne der Körperschaften verfolgen. Dies ist bei den Krankenkassen umso wahrscheinlicher, als im Verwaltungsrat nicht nur die Versicherten, sondern gerade auch die Arbeitgeber paritätisch vertreten sind, wie auch die Vertretung der Versicherten in diesem Gremium maßgeblich durch die Gewerkschaften bestimmt wird. So dürfte sich bei den Krankenkassen in besonderer Weise auswirken, dass aufgrund der praktischen Hürden der Aufstellung von Listen nicht nur den Gewerkschaften das Vorschlagsrecht für die Vertreter zukommt, sondern die von den Gewerkschaften nominierten Kandidaten zumeist aufgrund der „Friedenswahl" auch als Mitglieder in den Verwaltungsrat entsandt werden. Eine Rückbindung an die Willensäußerung der Versicherten in Form von Wahlhandlungen besteht bei einer solchen „Friedenswahl" gerade nicht. Vielmehr erfolgt die Entsendung aufgrund der Listennominierung, so dass der Entsandte nicht auf die Wahl, sondern auf die Nominierung durch die Gewerkschaft angewiesen

---

[1043] *I. Heberlein*, VSSR 1999, 123 (150); *R. Schimmelpfeng-Schütte*, NZS 1999, 530 (532 f.); *V. Neumann*, NZS 2010, 593 (598); *R. Schmidt-De Caluwe*, in: *Becker/Kingreen* (Hrsg.), SGB V, § 92 Rn. 11.

[1044] *R. Schimmelpfeng-Schütte*, NZS 1999, 530 (533); *dies.*, NZS 2006, 567 (569); *V. Neumann*, NZS 2010, 593 (598); *F. Welti*, VSSR 2006, 133 (149).

[1045] *R. Schimmelpfeng-Schütte*, NZS 1999, 530 (533); *dies.*, NZS 2006, 567 (569).

[1046] *J. Castendiek*, NZS 2001, 71 (73).

[1047] *H. Sodan*, NZS 2000, 581 (585), der jedoch ebenfalls die personelle Legitimation als ergänzungsbedürftig ansieht und sich insoweit auf eine „vom Gesetzgeber vermittelte Legitimation" zurückzieht.

ist.[1048] Diese Konstruktion leistet der Machtzementierung und der Verselbständigung der Funktionäre von den von ihnen eigentlich zu vertretenden Versicherten und der Ausprägung und Artikulation von Eigeninteressen Vorschub. Da hierdurch die Beteiligten der Arbeitswelt dominierend sind, orientiert sich die Vertretung der Interessen der Krankenkassen an diesen sowie am Interesse der Wettbewerbsfähigkeit, wobei den Interessen der mitgliedschaftlich organisierten Versicherten eine untergeordnete Rolle zukommt.[1049] Diese Abkoppelung von den Interessen der Versicherten ist ausschlaggebend und kann nicht mit einem Hinweis auf andere Mitwirkungsrechte im Rahmen der Selbstverwaltung der Krankenkassen neutralisiert werden.[1050] Zwar ist der Handlungsspielraum der Krankenkassen gesetzlich stark determiniert, trotzdem verbleibt ein gewisser Bereich, in dem sich diese Eigeninteressen zu Lasten der Versicherteninteressen durchsetzen können.

*(bb) Die Vertretung der Versicherten durch andere an der Beschlussfassung Beteiligte*

Vor dem Hintergrund der Problematik um die Vertretung der Versicherten durch die Krankenkassen werden andere an der Entscheidung Beteiligte herangezogen, durch die eine Interessenvertretung der Versicherten erfolgen könnte. So werden insbesondere (α) die unparteiischen Mitglieder wie auch (β) die Vertreter der Ärzte sowie (γ) die Patientenvertreter als Verfechter der Interessen der Versicherten angeführt.

*(α) Vertretung der Versicherten durch die unparteiischen Mitglieder.* Nach dem BSG sei den Interessen der Versicherten dadurch Rechnung getragen, dass der Gesetzgeber bei der Zusammensetzung der Bundesausschüsse unparteiische Mitglieder als mit Stimmrecht ausgestattet an dem Beschlussgremium des (G-)BA beteiligt.[1051] Dem liegt die Annahme zu Grunde, dass die unparteiischen Mitglieder darüber wachen, dass die Interessen der Versicherten bei der Beschlussfassung zur Geltung kommen. Hierfür wird angeführt, dass die unparteiischen Mitglieder von den Trägerorganisationen ausgewählt werden, so dass sie Repräsentanten der Normunterworfenen seien.[1052]

Hiergegen spricht jedoch schon, dass der Einfluss der Versicherten auf diese unparteiischen Mitglieder noch geringer ist, als auf die Vertreter des Spitzenverbandes Bund der Krankenkassen, da zum einen durch die Möglichkeit des Vorschlags eine Stufe zur Legitimationskette der Letzteren hinzutritt, mithin die

---

[1048] *J. Castendiek*, NZS 2001, 71 (73).

[1049] So auch LSG Nds., NZS 2001, 32 (35); *R. Schimmelpfeng-Schütte*, NZS 1999, 530 (532 f.); *E. Schmidt-Aßmann*, Grundrechtspositionen, S. 90; *dies.*, NZS 2006, 567 (569); *J. Castendiek*, NZS 2001, 71 (74); *V. Neumann*, NZS 2010, 593 (598); *R. Schmidt-De Caluwe*, in: *Becker/Kingreen* (Hrsg.), SGB V, § 92 Rn. 11.

[1050] So aber *H. Sodan*, NZS 2000, 581 (585).

[1051] BSGE 81, 73 (84), noch zum Bundesausschuss der Ärzte und Krankenkassen.

[1052] *T. Clemens*, NZS 1994, 337 (344).

mitgliedschaftlich-partizipatorische Legitimation noch weiter abgeschwächt wird, zum anderen der Vorschlag durch Einigung mit den anderen Trägerorganisationen des G-BA erfolgt und damit ebenfalls der Einfluss der Versicherten auf diesen marginalisiert wird. Darüber hinaus ist nicht ersichtlich, weshalb die unparteiischen Mitglieder gerade die Versicherteninteressen vertreten sollten. Denn sollte der Rückschluss von der Nominierung auf die zu vertretenden Interessen zulässig sein, wäre es konsequent anzunehmen, dass die unparteiischen Mitglieder eben nicht nur die Versicherteninteressen, sondern auch und gerade die Interessen der übrigen Trägerorganisationen, mithin die der Ärzte, der Krankenhäuser, aber eben auch der Arbeitgeber und Gewerkschaften, vertreten müssten. Dieses Argument wird auch dadurch gestützt, dass der Einfluss, den die Versicherten auf die Auswahl dieser unparteiischen Mitglieder ausüben können, nur sehr vermittelt ist, während der Einfluss der anderen Trägerorganisationen deutlich stärker ausfällt. Darüber hinaus bleibt bei dieser Meinung unberücksichtigt, dass die eigentliche Aufgabe der unparteiischen Mitglieder darin liegt, die widerstreitenden Interessen im Beschlussgremium zu einem Ausgleich zu bringen und sie einem Konsens zuzuführen sowie im Fall der Uneinigkeit die Entscheidungsfähigkeit zu bewahren, indem dem Vorsitzenden bzw. den unparteiischen Mitgliedern die entscheidende Stimme bei der Abstimmung zukommt.[1053] Sie sind daher in erster Linie dem Ausgleich der Interessen im Sinne eines Konfliktlösungsmechanismus,[1054] nicht jedoch der Vertretung von speziellen, von der Entscheidung betroffenen Interessen verpflichtet. Eine Vertretung der Versicherten durch die unparteiischen Mitglieder ist daher abzulehnen.[1055]

*(β) Vertretung der Versicherten durch die Ärztevertreter.* Etwas weiter verbreitet ist dagegen die Auffassung, dass die Versicherteninteressen durch die Ärztevertreter im Entscheidungsprozess und der Abstimmung im Beschlussgremium artikuliert würden.[1056] Dem liegt die Annahme zu Grunde, dass die widerstreitenden Versicherteninteressen an einer kostengünstigen Versicherung wie auch an einer umfassenden Versorgung grundsätzlich auch durch andere Interessengruppen vertreten werden. So wäre das Interesse an geringen Kosten durch die Arbeitgeber abgedeckt, während das Interesse der Leistungserbringer darin bestünde, hohe Einnahmen zu erzielen wie auch eine professionelle Versorgung der Patienten zu gewährleisten.[1057] Letzteres Interesse sei deckungsgleich mit dem

---

[1053] *I. Heberlein*, VSSR 1999, 123 (149), noch zum Bundesausschuss der Ärzte und Krankenkassen.

[1054] *R. Schmidt-De Caluwe*, in: *Becker/Kingreen* (Hrsg.), SGB V, § 91 Rn. 28.

[1055] So auch *I. Heberlein*, VSSR 1999, 123 (149), noch zum Bundesausschuss der Ärzte und Krankenkassen.

[1056] *I. Ebsen*, in: FS Krasney 1997, S. 81 (100); *ders.*, in: *Schnapp* (Hrsg.), Rechtsquellen, S. 13 (33); *P. Axer*, in: *Schnapp* (Hrsg.), Funktionale Selbstverwaltung, S. 115 (148); ähnlich *F. Welti*, VSSR 2006, 133 (151).

[1057] *I. Ebsen*, in: FS Krasney 1997, S. 81 (99 f.); *ders.*, in: *Schnapp* (Hrsg.), Rechtsquellen, S. 13 (33).

Versicherteninteresse und könne daher über die Vertreter der Ärzte in den Entscheidungsprozess eingebracht werden.[1058] Insoweit erfülle die Mitentscheidungskompetenz der Leistungserbringer im „Zielkonflikt zwischen optimaler und kostengünstiger Versorgung die Funktion kompensatorischer Wahrnehmung des Patienteninteresses“.[1059]

Dagegen wird jedoch angeführt, dass die wirtschaftliche Situation der Ärzte, „von möglichst vielen Behandlungsfällen zu maximalen finanziellen Bedingungen abhängt“.[1060] Vor dem Hintergrund einer finanziell gedeckelten Gesamtvergütung bestehe kein ungebrochenes Interesse der Leistungserbringer an umfangreichen Leistungsmengen mehr,[1061] sondern verlagere sich das Interesse der Ärzte von umfassenden Behandlungsmöglichkeiten im Rahmen der gesetzlichen Krankenversicherung auf eine umfangreiche Leistungserbringung, die privatärztlich zu liquidieren sei.[1062] Die Ärzte „nehmen [daher] im Bundesausschuss vornehmlich die Interessen der Vertragsarztseite wahr (siehe Entstehung und Ergänzung der sog. IGEL-Liste)“.[1063] Eine Deckungsgleichheit mit den Interessen der Versicherten scheide daher aus.

Letztlich kann jedoch bereits unabhängig von der Frage, welche Interessen die Ärzteschaft vertritt,[1064] festgestellt werden, dass die fehlende mitgliedschaftlich-partizipatorische Legitimation der Versichertenvertreter gerade nicht über die Ärzteschaft kompensiert werden kann, da die Versicherten auf deren Vertreter im Beschlussgremium des G-BA keinerlei Einfluss haben und damit ebenfalls keine mitgliedschaftlich-partizipatorische Legitimation besteht.

*(γ) Vertretung der Versicherten durch die Patientenvertreter.* Durch das GKV-Modernisierungsgesetz[1065] wurden für Fragen, welche die Versorgung betreffen, Interessenvertretungen bestimmter Patientinnen und Patienten am Entscheidungsprozess des G-BA beteiligt.[1066] Infolgedessen wurden diese als „Sachverständige aus persönlicher Erfahrung“ bezeichnete[1067] Patientenvertreter als Interessenvertreter der Versicherten angesehen, um so das Legitimationsdefizit der im G-BA vorhandenen Vertreter des Spitzenverbands Bund der Krankenkassen zu kompensieren.[1068] Insbesondere sei es dem gesetzgeberischen Gestaltungser-

---

1058 *I. Ebsen*, in: FS Krasney 1997, S. 81 (100); *ders.*, in: *Schnapp* (Hrsg.), Rechtsquellen, S. 13 (33); *P. Axer*, in: *Schnapp* (Hrsg.), Funktionale Selbstverwaltung, S. 115 (148); ähnlich *F. Welti*, VSSR 2006, 133 (151).

1059 *I. Ebsen*, in: FS Krasney 1997, S. 81 (100); *ders.*, in: *Schnapp* (Hrsg.), Rechtsquellen, S. 13 (33).

1060 LSG Nds., NZS 2001, 32 (36).

1061 *I. Ebsen*, MedR 2006, 528 (530).

1062 *V. Neumann*, NZS 2010, 593 (598).

1063 LSG Nds., NZS 2001, 32 (36); ebenso *R. Schimmelpfeng-Schütte*, NZS 1999, 530 (532).

1064 Dazu unter D.IV.2.b.bb. Interessenrepräsentanz der Betroffenengruppen.

1065 Anm. 599.

1066 § 140 f SGB V, dazu näher unter D.IV.1.c.bb.(2)(b) Die Patienten.

1067 § 4 Abs. 1 PatBeteiligungsV.

1068 *S. Rixen*, Sozialrecht, S. 187; *V. Neumann*, NZS 2005, 617 (620) m.w.N.

messen überantwortet, wie die Versicherteninteressen in den Entscheidungsprozess eingespeist werden.[1069]

Die Möglichkeit der Vertretung der Versicherten durch die Patientenvertreter scheidet jedoch aus verschiedenen Gründen aus. Bei den Patienten handelt es sich lediglich um eine Teilgruppe der Versicherten, die nicht geeignet ist, die Versicherten als Ganzes zu repräsentieren. Dies wird bereits durch die unterschiedlichen Interessenstrukturen deutlich. So verfolgen die Patienten aufgrund ihrer Situation eigene, von den Versicherten differierende Interessen, die maßgeblich in einer umfassenden Versorgung bestehen, wobei das Kosteninteresse eine untergeordnete bis gar keine Rolle mehr spielen dürfte, während das Interesse der Versicherten nach wie vor auch auf geringe Beitragszahlung gerichtet ist. Letztlich ausschlaggebend ist jedoch, dass eine mitgliedschaftlich-partizipatorische Legitimation nicht besteht. So können die Versicherten auf die Patientenvertreter keinerlei Einfluss ausüben, da diese von den in der PatBeteiligungsV bestimmten Organisationen benannt,[1070] jedoch nicht, auch nicht mittelbar, von den Versicherten gewählt werden, wie auch das bloße Beteiligungsrecht ohne Stimmberechtigung keine mitgliedschaftlich-partizipatorische Legitimation zu vermitteln vermag.[1071]

*(cc) Kompensation durch die Staatsaufsicht*

Neben einer Interessenvertretung durch die unparteiischen Mitglieder sieht das BSG die Interessen der Versicherten zusätzlich durch die Überwachungs- und Einwirkungsmöglichkeiten der Rechtsaufsichtsbehörde, insbesondere durch das Beanstandungsrecht und die Möglichkeit der Ersatzvornahme durch den unmittelbar dem Parlament gegenüber verantwortlichen Bundesminister für Gesundheit gewahrt.[1072] So sei das Versicherteninteresse aufgrund der Vielzahl der Betroffenen als Gemeinwohlbelang von der Aufsichtsbehörde wahrzunehmen.[1073]

Abgesehen davon, dass die Mutation des speziellen Versicherteninteresses aufgrund der Mitgliederzahlen der gesetzlichen Krankenversicherung zu einem Gemeinwohlbelang zweifelhaft erscheint, spricht bereits gegen die These von der Kompensationswirkung der Aufsicht, dass zum einen die Aufsichtsmaßnahmen relativ schwach ausgestaltet sind und auch eine Stärkung im Rahmen der Gesetzesänderungen der letzten Jahre nicht erfolgte. Zum anderen dient die Aufsicht der objektiven Überprüfung der Rechtmäßigkeit, womit grundsätzlich kein subjektives Interesse im Vordergrund steht und damit auch nicht wahrgenommen

---

[1069] *S. Rixen*, Sozialrecht, S. 187.

[1070] Diese sind derzeit der Deutsche Behindertenrat (DBR), die BundesArbeitsGemeinschaft der PatientInnenstellen (BAGP), die Deutsche Arbeitsgemeinschaft Selbsthilfegruppen e.V. und der Verbraucherzentrale Bundesverband e.V., § 2 Abs. 1 PatBeteiligungsV.

[1071] *R. Pitschas*, MedR 2006, 451 (455); *T. Kingreen*, NJW 2006, 877 (880); *S. Huster*, JZ 2006, 466 (468 Anm. 10); *R. Schmidt-De Caluwe*, SGb 2006, 619 (624); *R. Schimmelpfeng-Schütte*, in: *Schnapp/Wigge* (Hrsg.), Handbuch des Vertragsarztrechts, § 7 Rn. 53; *V. Neumann*, NZS 2010, 593 (598).

[1072] BSGE 81, 73 (84), unter Hinweis auf § 94 Abs. 1 SGB V.

[1073] *P. Axer*, in: *Schnapp* (Hrsg.), Funktionale Selbstverwaltung, S. 115 (148).

wird. Eine so verstandene Aufsicht würde sich in Widerspruch zu den allgemeinen Lehren der Aufsicht setzen, nach der diese der objektiven Einhaltung von Recht und Gesetz zu dienen bestimmt ist. Darüber hinaus ist auch der Umfang der Aufsicht umstritten.[1074] So wäre eine Kompensation von vernachlässigten Interessen lediglich in dem Fall denkbar, in dem auf Aufsichtsebene auch Zweckmäßigkeitserwägungen angestellt werden dürfen. Dies ist jedoch im Hinblick auf die Ausgestaltung der Aufsicht nach § 94 SGB V als Rechtsaufsicht gerade nicht der Fall.[1075]

*(dd) Forderungen nach verstärkter Versichertenbeteiligung*

In Anbetracht dieser als unbefriedigend empfundenen Situation der fehlenden oder deutlich abgeschwächten Vertretung der Versicherteninteressen wird gefordert, den Versicherten eigene Beteiligungsrechte zuzuerkennen, wobei die Ausgestaltung dieser von bloßen Mitberatungsrechten[1076] hin zu Stimmberechtigungen reichen, wobei die Beteiligung der Patienten als „Schritt in die richtige Richtung" gewertet wird.[1077] Gleichzeitig wird jedoch dezidiert von einer Funktionsunfähigkeit des Beschlussgremiums des G-BA durch die Beteiligung von Versichertenvertretern gewarnt.[1078]

*(b) Die Patienten*

Die Patienten sind grundsätzlich als Teil der Versicherten anzusehen. Sie sind Versicherte in behandlungsbedürftigem Zustand[1079] und werden daher durch die Beschlussfassungen des G-BA, die den Leistungsanspruch zum Gegenstand haben, unmittelbar betroffen. Durch das GKV-Modernisierungsgesetz[1080] wurde den maßgeblichen Organisationen[1081] für die Wahrnehmung der Patientinnen- und Patienteninteressen sowie der Selbsthilfe chronisch kranker und behinderter Menschen ein Mitberatungsrecht eingeräumt.[1082] Hierzu können sie entsprechend der entsandten Mitglieder des Spitzenverbands Bund der Krankenkassen

[1074] Dazu genauer unter D.IV.1.e. Kompensation des Mangels an demokratischer Legitimation durch die Staatsaufsicht.

[1075] § 91 Abs. 8 Satz 1 SGB V; BSGE 103, 106 (115 Rn. 36 ff.); FraktE-GKV-WSG BT-Drs. 16/3100, S. 178; *R. Hess*, MedR 2005, 385 (389); *B. Schrinner*, MedR 2005, 397 (400). Die Aufsichtsmittel sowie Prüfungs- und Unterrichtungsrechte werden in § 91 Abs. 8 Satz 2 SGB V i.V.m. § 88, 89 SGB IV präzisiert. A.A. *G. Beier*, in: *Schlegel/Engelmann* (Hrsg.), SGB V, § 91 Rn. 57, noch zur Rechtslage vor dem GKV-VStG, der die Aufsicht als über die reine Rechtsaufsicht hinausgehend ansieht. Zur Kompensationswirkung der Aufsicht ausführlich unter D.IV.1.e. Kompensation des Mangels an demokratischer Legitimation durch die Staatsaufsicht.

[1076] *R. Francke*, in: FS Schefold 2001, S. 29 (43).

[1077] *I. Ebsen*, in: *v. Maydell/Ruland* (Hrsg.), SRH, § 15 Rn. 142 a.E.; *ders.*, MedR 2006, 528 ff.

[1078] *R. Pitschas*, MedR 2006, 451 (454), noch zum G-BA vor dem GKV-Wettbewerbsstärkungsgesetz.

[1079] *I. Ebsen*, MedR 2006, 528.

[1080] Anm. 599.

[1081] Dazu bereits Anm. 1070.

[1082] § 140f Abs. 2 Satz 1 1. Hs. SGB V, dazu bereits die Ausführungen unter D.II.4.b.aa. Mitberatungsrechte.

bis zu fünf Vertreter in den G-BA entsenden.[1083] In bestimmten Fällen steht den Organisationen ein Antragsrecht zu,[1084] während ihnen ein Stimmrecht nicht eingeräumt wurde.[1085] Die Intention des Gesetzgebers ist es, diese als „Sachverständige aus persönlicher Erfahrung" in den Entscheidungsprozess einzubeziehen,[1086] weshalb die Benennung themenbezogen erfolgen und die persönliche Betroffenheit berücksichtigt werden soll.

Ein Teil der Literatur erachtet diese Form der Patientenbeteiligung für ausreichend, da es hierdurch zu einer Erweiterung der bisherigen „zwei Bänke" des G-BA um eine weitere der Patientenvertreter gekommen sei[1087] und damit die Organisationsstruktur für den Einbezug der betroffenen Patienteninteressen ausreichende Vorkehrungen treffe. Ein Stimmrecht sei dagegen nicht notwendig, da Stellungnahme- und Anhörungsrechte die Berücksichtigung der Interessen gewährleisteten.[1088]

Im Gegensatz hierzu bereitet dieser Einbezug insbesondere dem Großteil im Schrifttum in vielerlei Hinsicht Schwierigkeiten mit der Einordnung. So ist bereits zweifelhaft, welches Interesse die Patientenvertreter im G-BA überhaupt vertreten, da sich das System des Krankenversicherungsrechts an den Leistungsansprüchen der Versicherten orientiere und somit Aufgabe der „Gemeinsamen Selbstverwaltung" die Konkretisierung gesetzlich normierter Rechtsansprüche der Versicherten sei, während die Patienten lediglich eine Teilgruppe der Versicherten darstellten und nicht ersichtlich sei, was deren Mitwirkung rechtfertigen könne, insbesondere da das allgemeine „Patienteninteresse" kein Entscheidungskriterium darstelle.[1089] Die Patientenvertreter sprächen vielmehr nur für die Interessenverbände und seien damit weder als Vertreter sämtlicher Patienten, noch als diejenigen sämtlicher Versicherten anzusehen.[1090]

Gleichzeitig fehle es ihnen an demokratischer Legitimation, da sie weder auf das Volk als Ganzes rückführbar seien, noch in Ermangelung einer Körperschaftsstruktur eine mitgliedschaftlich-partizipatorische Legitimation aufwiesen.[1091] Infolgedessen wird bemängelt, dass sie „in einem staats- oder verwaltungsrechtlichen Sinne *nichts* und *niemanden* vertreten" und damit ein Fremdkörper im System der sozialen Krankenversicherung seien,[1092] was auch noch dadurch gestützt werde, dass die Patientenvertreter nicht an bestimmte Patien-

---

[1083] § 140f Abs. 2 Satz 1, 2 SGB V. Die Auswahl der Vertreter richtet sich nach der auf § 140g SGB V basierenden Verordnung zur Beteiligung von Patientinnen und Patienten in der gesetzlichen Krankenversicherung (PatBeteiligungsV) vom 19.12.2003, BGBl. I S. 2753 f.

[1084] Hierzu § 140f Abs. 2 Satz 5 SGB V.

[1085] § 4 Abs. 1 Satz 3 PatBeteiligungsV.

[1086] § 4 Abs. 1 PatBeteiligungsV. Zur Funktion der Patientenvertretung *G. Köster*, KrV 62 (2010), S. 357 ff.; *I. Heberlein*, Jahrbuch für kritische Medizin 42 (2005), S. 64 (69 f.).

[1087] *V. Neumann*, NZS 2005, 617 (620).

[1088] *P. Axer*, in: FS BSG 2004, S. 339 (358).

[1089] *F. Hase*, MedR 2005, 391 (395).

[1090] *R. Pitschas*, MedR 2006, 451 (454).

[1091] *F. Hase*, MedR 2005, 391 (395 f.); *R. Pitschas*, MedR 2006, 451 (456).

[1092] *F. Hase*, MedR 2005, 391 (396) – Hervorhebung im Original.

tengruppen gebunden seien und insoweit in Distanz zu der von ihnen vertretenen Gruppe stünden.[1093] Hierdurch wird die grundsätzliche Frage aufgeworfen, inwieweit der G-BA noch zu einer interessengerechten Entscheidungsfindung strukturell in der Lage sei.[1094]

Dagegen werden die Patientenvertreter auch als notwendiges Korrektiv für das im Entscheidungsprozess des G-BA untergeordnet angesehene Behandlungsinteresse angesehen.[1095] So werde aufgrund der Struktur der Krankenkassen das Kosteninteresse das an umfangreicher Versorgung überwiegen und durch den Einbezug der Patienteninteressen nunmehr korrigiert.[1096]

Selbst bei diesen Stimmen oder denjenigen, die der Einbeziehung von Patientenvertretern „Experimentalcharakter“ zur Sicherstellung einer kooperativen Interessenvertretung beimessen[1097] oder gar eine Legitimationsverbesserung des G-BA aufgrund der Partizipation von Betroffenen sehen,[1098] wird konzediert, dass diese Verbesserung nur geringen Ausmaßes sei, da die Patientenvertreter selbst aufgrund der privatautonom gebildeten Selbsthilfe- und Interessenorganisationen in Ermangelung einer körperschaftlichen Struktur keine auf die Versicherten oder Patienten rückführbare mitgliedschaftlich-partizipatorische Legitimation aufwiesen sowie ihnen lediglich eine Beteiligung ohne Stimmrecht zuerkannt werde.[1099] So sei gerade keine „dritte Bank“ im Entscheidungsgremium eingerichtet worden, was auch durch die fehlende Einheitlichkeit der Patientenvertreter zum Ausdruck komme.[1100] Sollte eine solche Mitentscheidungsbefugnis eingerichtet werden, so stelle sich das Problem der Rückführbarkeit auf die Patienten in aller Schärfe, da es an einer abgrenzbaren Gruppe von Patienten aufgrund des regelmäßig vorläufigen Zustandes fehle.[1101]

In Ermangelung dieser Entscheidungskompetenz sei auch die Aufsicht, bei der überdies umstritten ist, ob es sich um eine Rechts- oder Fachaufsicht handele, nicht in der Lage, dieses Legitimationsdefizit zu beheben.[1102] Auch der Verweis auf das „Behandlungsinteresse“[1103] vermöge nicht zu überzeugen, da dieses mit dem Patienteninteresse nicht identisch und auch kein anerkannter Legitimationsparameter im Rahmen von Art. 20 Abs. 2 GG sei.[1104]

---

[1093] *R. Pitschas*, MedR 2006, 451 (455).
[1094] *R. Schmidt-De Caluwe*, in: FS Zezschwitz 2005, S. 198 f.
[1095] *I. Ebsen*, MedR 2006, 528 (529, 531).
[1096] *I. Ebsen*, MedR 2006, 528 (531).
[1097] *R. Pitschas*, MedR 2006, 451 (455).
[1098] *H.A. Wolff*, NZS 2006, 281 (284).
[1099] *H.A. Wolff*, NZS 2006, 281 (284); *R. Pitschas*, MedR 2006, 451 (455 f.); *I. Ebsen*, MedR 2006, 528 (531); *G. Gerber*, in: *Gellner/Wilhelm* (Hrsg.), Vom klassischen Patienten zum Entrepreneur?, S. 58 (84); *I. Heberlein*, Jahrbuch für kritische Medizin 42 (2005), S. 64 (70).
[1100] *R. Pitschas*, MedR 2006, 451 (453 f.).
[1101] *I. Ebsen*, MedR 2006, 528 (531).
[1102] *R. Pitschas*, MedR 2006, 451 (456).
[1103] *V. Neumann*, NZS 2005, 617 (620) m.w.N.
[1104] *R. Pitschas*, MedR 2006, 451 (455).

Vielmehr wird die Patientenbeteiligung als Eingeständnis des Gesetzgebers gesehen, dass die bisherige Partizipation der Versicherten unzureichend gewesen sei,[1105] wobei gerade die kompensatorische Wirkung nicht gegeben sei, da sich das Versicherteninteresse vom Patienteninteresse unterscheide. Hiergegen wird jedoch eingewandt, dass es dem Gesetzgeber gerade nicht um die Stärkung der Versicherteninteressen gegangen sei, sondern um den Einbezug eigener Interessenträger.[1106] Insofern sei die Patientenvertretung zwar ein Schritt in die richtige Richtung, jedoch nicht ausreichend, um den G-BA demokratisch zu legitimieren.[1107]

Letztlich bleibt festzuhalten, dass eine personelle Legitimation der Vertreter der Patientinnen- und Patienteninteressen aufgrund der privatrechtlich organisierten Selbsthilfe- und Interessengruppen, die als Rekrutierungsbecken für diese angeführt werden, nicht möglich ist. Gleichzeitig weist der Weg über eine mitgliedschaftlich-partizipatorische Legitimation aufgrund der fehlenden Abgrenzbarkeit der Gruppe von Patienten erhebliche Schwierigkeiten auf. Dies sind jedoch Probleme, die dann zu lösen wären, wenn der Interessenvertretung der Patientinnen und Patienten im Gegensatz zur jetzigen Rechtslage ein wirksames Mitentscheidungsrecht an den Entscheidungen des G-BA zukommen sollte. Solange dies jedoch nicht der Fall ist, bilden sie nur eine Gruppe der Versicherten, denen ein Sonderstatus durch ihr Mitspracherecht eingeräumt wird, die letztlich jedoch bei der Abstimmung von den Versichertenvertretern mit vertreten werden.

*(c) Weitere betroffene Leistungserbringer*

Wie bereits ausgeführt, können durch die Richtlinien des G-BA, die das Leistungserbringungsrecht zum Gegenstand haben, bestimmte Leistungserbringer unmittelbar rechtlich wie auch mittelbar faktisch betroffen sein, die nicht durch die Trägerorganisationen repräsentiert sind. So wurde bereits darauf hingewiesen, dass die Richtlinie des G-BA über die Verordnung von häuslicher Krankenpflege[1108] die Rechtsstellung der ambulanten Pflegedienste durch die Anordnung und Ausgestaltung der Zusammenarbeit mit den anordnenden Ärzten in Form von Informationspflichten betrifft.[1109]

Daneben greifen einige Richtlinien, wenn auch nur mittelbar, in die Grundrechte, insbesondere aufgrund berufsregelnder Tendenz[1110] in Art. 12 Abs. 1 GG

---

[1105] *H.A. Wolff*, NZS 2006, 281 (284); *R. Schmidt-De Caluwe*, in: *Becker/Kingreen* (Hrsg.), SGB V, § 92 Rn. 11; *F. Welti*, VSSR 2006, 133 (153).

[1106] *R. Pitschas*, MedR 2006, 451 (453).

[1107] *C. Hellkötter*, in: *Hänlein/Kruse/Schuler* (Hrsg.), Sozialgesetzbuch V, § 92 Rn. 14, allgemein zu Anhörungsrechten.

[1108] Richtlinie des Gemeinsamen Bundesausschusses über die Verordnung von häuslicher Krankenpflege (Häusliche Krankenpflege-Richtlinie) i.d.F. vom 17.9.2009 (BAnz v. 9.2.2010).

[1109] § 7 Abs. 1 bis Abs. 3 Häusliche Krankenpflege-Richtlinie.

[1110] Std. Rspr. seit BVerfGE 16, 147 (162).

von Leistungserbringern ein. Dies ist bei den Verordnungen von Arznei-, Verband-, Heil- und Hilfsmitteln und der sog. Negativliste nach § 34 Abs. 3 SGB V für die Arznei- und Heilmittelhersteller der Fall,[1111] bei der Verordnung von Soziotherapie[1112] für die Leistungserbringer der Soziotherapieversorgung, bei der Verordnung von im Einzelfall gebotenen medizinischen Leistungen zur medizinischen Rehabilitation[1113] für die Vorsorge- und Rehabilitationseinrichtungen sowie für die Rehabilitationsträger, bei der Verordnung spezialisierter ambulanter Palliativversorgung[1114] für die Pflegedienste, die Leistungserbringer der Hospizarbeit und Palliativversorgung oder bei der NUB-Richtlinien für die Medizinproduktehersteller.

Diese Leistungserbringer sind jedoch lediglich aufgrund ihrer Stellungnahme- und Anhörungsrechte am Entscheidungsprozess des G-BA beteiligt, die in der ordnungsgemäßen Durchführung und dem Einbezug des Vorgebrachten in die Entscheidungsfindung durch das Beschlussgremium des G-BA ihre Grenzen finden,[1115] ohne jedoch mit eigenem Stimmrecht ausgestattet zu sein.

Diese Stellungnahme- und Anhörungsrechte seien jedoch – ebenso wie bei den Interessenvertretern der Patienten – ausreichend, um die betroffenen Leistungserbringerinteressen zu repräsentieren.[1116] So schütze durch die Berücksichtigungspflicht das Beteiligungsrecht umfassend vor Benachteiligungen der Interessen, was als Betroffenenpartizipation ausreiche.[1117] Insoweit sei ein Stimmrecht nicht notwendig, sondern führe vielmehr zur Gefahr der Entscheidungsblockade, so dass der G-BA seine Aufgaben nicht mehr erfüllen könne.[1118] Diese Auffassung lässt jedoch unberücksichtigt, dass durch die Stellungnahme- und Anhörungsrechte kein Ausgleich des mangelnden Einflusses auf die Entschei-

---

[1111] § 92 Abs. 1 Satz 2 Nr. 6 SGB V. Zur mittelbaren Betroffenheit in Art. 12 Abs. 1 GG BVerfGE 13, 181 (185 f.); zur Grundrechtsbetroffenheit von Arzneimittelherstellern BVerfG, NJW 1992, 735 (736), das jedoch keine Verletzung annimmt; BVerfG, NJW 1999, 3404 ff.; BVerfG, NZS 1999, 338 (339), noch zum Bundesausschuss der Ärzte und Krankenkassen; dazu BSG, NZS 1995, 502 (506); BSG, NZS 2001, 590 (592 ff.); BSG, NZS 2001, 364 f.; *S. Rixen*, Sozialrecht, S. 266 f.; *H. Sodan*, SGb 1992, 200 (201 ff.); *ders.*, NZS 2000, 581 (587); *F.E. Schnapp*, in: FS Krasney 1997, S. 437 (458); *H. Posser/R.-G. Müller*, NZS 2004, 247 (253); *H.A. Wolff*, NZS 2006, 281 (284); teilweise a.A. LSG NRW, NZS 2000, 245 (247). Zur Entwicklung der Rspr. des BSG *M. Plantholz*, SGb 1997, 549 (550).

[1112] § 92 Abs. 1 Satz 2 Nr. 6 SGB V.

[1113] § 92 Abs. 1 Satz 2 Nr. 8 SGB V.

[1114] § 92 Abs. 1 Satz 2 Nr. 14 SGB V.

[1115] Dazu bereits unter D.II.4.b.bb. Stellungnahme- und Anhörungsrechte.

[1116] *P. Axer*, in: *Schnapp* (Hrsg.), Funktionale Selbstverwaltung, S. 115 (146 f.), noch zum Bundesausschuss der Ärzte und Krankenkassen; *S. Rixen*, Sozialrecht, S. 187; *P. Axer*, in: FS BSG 2004, S. 339 (358), noch zum G-BA vor dem GKV-Wettbewerbsstärkungsgesetz; *E. Hauck*, NZS 2010, 600 (603 f.), noch zum einheitlichen Beschlussgremium des G-BA vor dem GKV-Versorgungsstrukturgesetz.

[1117] *S. Rixen*, Sozialrecht, S. 187, noch zum G-BA vor dem GKV-Wettbewerbsstärkungsgesetz; *E. Hauck*, NZS 2010, 600 (604), noch zum einheitlichen Beschlussgremium des G-BA vor dem GKV-Versorgungsstrukturgesetz.

[1118] *S. Rixen*, Sozialrecht, S. 187.

dung selbst, wie sie nur durch ein Stimmrecht erfolgen kann, besteht.[1119] So liegt die Letztentscheidungsbefugnis beim Beschlussgremium des G-BA, wobei die Leistungserbringer auf die Beschlussfassung, die sie betrifft, selbst keinen Einfluss haben. Aus diesem Grunde besteht keine wirksame mitgliedschaftlich-partizipatorische Legitimation des Entscheidungsgremiums des G-BA, dem es so an demokratischer Legitimation mangelt.[1120] Darüber hinaus wird der Gefahr der Entscheidungsblockade durch die unparteiischen Mitglieder entgegengewirkt, deren Stimmen im Falle eines Abstimmungspatts ausschlaggebende Wirkung zukommt.

Das Fehlen des Stimmrechts dieser Leistungserbringer wird von einem Teil der Literatur auf das historische Herkommen der Stimmrechte der im G-BA vertretenen Trägerorganisationen zurückgeführt und damit gerechtfertigt. So seien die im Beschlussgremium vertretenen Organisationen der Ärzte seit der Weimarer Zeit in das öffentlich-rechtliche System der Krankenversicherung als Inhaber des Verordnungsmonopols entscheidungserheblich eingebunden. Insoweit müsste nur den Vertretern der Krankenhäuser als den Leistungserbringern in Form der Ärzteschaft vergleichbaren Bereich ein Stimmrecht zustehen, wie es durch die Vertretung der Deutschen Krankenhausgesellschaft realisiert ist.[1121] Für die übrigen, von den Richtlinien lediglich in ihrer Berufsausübungsfreiheit betroffenen Leistungserbringer sei ein derartiges Beteiligungsrecht in Form eines Stimmrechts nicht zu begründen.[1122]

Dem ist jedoch entgegenzuhalten, dass das historische Herkommen nicht geeignet ist, Abweichungen von Anforderungen, die das Grundgesetz an die demokratische Legitimation stellt, zu rechtfertigen, insbesondere deshalb nicht, da die Allgemeinverbindlichkeit der Richtlinien des G-BA erst in neuerer Zeit angeordnet wurde und diese Wirkung in der Weimarer Zeit noch nicht bestand.[1123]

Darüber hinaus sind über die Bundesmantel- und Gesamtverträge auch die ermächtigten Ärzte, die keine Krankenhausärzte und keine Mitglieder der Kassenärztlichen Vereinigung und damit ebenfalls nicht im Beschlussgremium repräsentiert sind, an die Richtlinien des G-BA gebunden.[1124] Gleiches gilt für die eben-

---

1119 *E. Schmidt-Aßmann*, Grundrechtspositionen, S. 77; *P. Axer*, in: *Schnapp* (Hrsg.), Funktionale Selbstverwaltung, S. 115 (136 Anm. 126); *T. Kingreen*, NZS 2007, 113 (117).

1120 *G. Schwerdtfeger*, SDSRV 38 (1994), S. 27 (46 f.); *M. Plantholz*, SGb 1997, 549 (553, 555); *H. Sodan*, NZS 2000, 581 (586 f.); *T. Koch*, SGb 2001, 109 ff.; *ders.*, SGb 2001, 166 ff.; *H. Butzer/M. Kaltenborn*, MedR 2001, 333 (340); *P. Axer*, in: *Schnapp* (Hrsg.), Funktionale Selbstverwaltung, S. 115 (136); *P. Wigge*, NZS 2001, 578 (579); *U. Becker*, in: *Münsterische Sozialrechtsvereinigung e.V.* (Hrsg.), 7. Münsterische Sozialrechtstagung, S. 122 (146 f.); *M. Plantholz*, SGb 1997, 549 (555); *R. Wimmer*, NZS 1999, 113 (115 f.); *A. Schneider-Danwitz/G. Glaeske*, MedR 1999, 164 (169); *J. Taupitz*, MedR 2003, 7 (12), noch zum Bundesausschuss der Ärzte und Krankenkassen; *H. Posser/R.-G. Müller*, NZS 2004, 247 (252 f.); *H.A. Wolff*, NZS 2006, 281 (284 f.); *T. Kingreen*, NJW 2006, 877 (879 f.), noch zum G-BA vor dem GKV-Wettbewerbsstärkungsgesetz.

1121 *F. Hase*, MedR 2005, 391 (394).

1122 *F. Hase*, MedR 2005, 391 (395).

1123 *T. Kingreen*, NJW 2006, 877 (880).

1124 Dazu bereits unter D.III.1.a.dd. Betroffeneneigenschaft durch die Inkorporation in die Bundesmantel- und Gesamtverträge.

falls an die Richtlinien gebundenen Krankenhausträger, die nicht in den Landeskrankenhausgesellschaften organisiert und damit ebenfalls nicht im Beschlussgremium vertreten sind.[1125] In beiden Fällen besteht keine demokratische Legitimation der Bindungswirkung der Entscheidungen des G-BA.

*(3) Das Abstimmungsverfahren im G-BA und die Majorisierung Nichtbetroffener*

Bestanden ursprünglich alle Bundesausschüsse für sich im G-BA fort, wurde das einheitliche Beschlussgremium erst mit dem GKV-Wettbewerbsstärkungsgesetz[1126] eingeführt. Dieses einheitliche Beschlussgremium, bestehend aus einem unparteiischen Vorsitzenden, zwei unparteiischen Mitgliedern, einem Mitglied von der Kassenzahnärztlichen Bundesvereinigung, jeweils zwei von der Kassenärztlichen Bundesvereinigung und der Deutschen Krankenhausgesellschaft sowie fünf vom Spitzenverband Bund der Krankenkassen, fasste die Beschlüsse grundsätzlich mit der Mehrheit seiner Mitglieder, sofern die Geschäftsordnung keine anderen Quoren anordnet.[1127] Erforderlich für eine Beschlussfassung sind somit grundsätzlich mindestens sieben Stimmen, wobei ein Beschluss gehemmt wird, wenn alle anwesenden Unparteiischen und alle Vertreter mindestens einer Trägerorganisation gegen ihn stimmen.[1128]

Trotz dieses Minderheitenschutzes wurde bemängelt, dass bei den verschiedensten Beratungsgegenständen Vertreter von Selbstverwaltungen mitentscheiden, die für die Umsetzung der Regelung keine Verantwortung tragen, da sie für den betreffenden Regelungsgegenstand nicht der Partner der Krankenkassen sind.[1129] So seien an den Abstimmungen Organisationen in erheblichem Umfang beteiligt, die vom jeweiligen Beschlussgegenstand nicht betroffen sind.[1130] Auch die Einbringung von Sachverstand sei in den meisten Fällen nicht erforderlich, da nicht ersichtlich sei, welchen Mehrwert z.B. die Beteiligung der Deutschen Krankenhausgesellschaft an Beschlüssen zu befundorientierten Festzuschüssen für Zahnärzte haben soll.[1131] Insoweit würde eine Majorisierung Nichtbetroffener einsetzen, wodurch Partikularinteressen zur Durchsetzung verholfen und die demokratische Legitimation durch die Abschwächung der Legitimationskette zu den Betroffenen weiter abgesenkt würde.[1132]

---

[1125] Dazu bereits unter D.IV.1.c.bb.(1)(d) Die Vertreter der Deutschen Krankenhausgesellschaft.

[1126] Anm. 606.

[1127] § 91 Abs. 7 Satz 1 i.V.m. Abs. 2 Satz 1 SGB V i.d.F. des Gesetzes zur Stärkung des Wettbewerbs in der gesetzlichen Krankenversicherung (GKV-Wettbewerbsstärkungsgesetz – GKV-WSG) vom 26.3.2007, BGBl. I S. 378.

[1128] § 15 Abs. 1 GeschO i.d.F. vom 17.7.2008, BAnz Nr. 134 (S. 3256), in Kraft getreten am 17.7.2008.

[1129] „Newsletter“ des G-BA Nr. 01/Januar 2007; *B. v. Wolff*, NZS 2009, 184 (186 ff.).

[1130] *B. v. Wolff*, NZS 2009, 184 (186), noch zum einheitlichen Beschlussgremium des G-BA vor dem GKV-Versorgungsstrukturgesetz.

[1131] *B. v. Wolff*, NZS 2009, 184 (187).

[1132] *B. v. Wolff*, NZS 2009, 184 (186 ff.).

Dem wurde entgegengehalten, dass es sich bei den an der Entscheidung beteiligten Trägerorganisationen nicht allein um Vertretungen von Betroffeneninteressen handele, sondern diese an der Gesamtzielsetzung des G-BA mitwirkten und insoweit eher fachkundige Vertreter seien.[1133]

Der letzteren Argumentation ist insoweit zu folgen, als es sich bei der Entscheidungsbeteiligung von Trägerorganisationen, die von dem konkreten Beschluss nicht betroffen sind, eben nicht um Betroffenenbeteiligung handelt, sondern deren Beteiligung vom Gesetzgeber aus anderen Gründen, möglicherweise aufgrund besonderen Sachverstandes, angeordnet wird. Trotzdem ist hierdurch eine mitgliedschaftlich-partizipatorische Legitimation aufgrund einer Betroffeneneigenschaft nicht mehr möglich, sondern es sind andere Gründe, mögen sie Sachverstand oder Fachkunde sein, dominierend.

Dieses Problem hat sich durch die flexible, am Beschlussgegenstand angepasste Zusammensetzung des Beschlussgremiums durch das GKV-VStG zum 1. Februar 2012[1134] weitgehend entschärft,[1135] wenn es auch nicht vollständig behoben wurde, da nach wie vor die Konstellation eintreten kann, dass von den Beschlüssen nicht Betroffene an diesen mitwirken.[1136]

### *cc. Zusammenfassung und Bewertung*

Es bleibt festzuhalten, dass im Beschlussgremium des G-BA mit den Mitgliedern des Spitzenverbandes Bund der Krankenkassen, der Kassen(zahn)ärztlichen Bundesvereinigungen und den Vertretern der Deutschen Krankenhausgesellschaft die verschiedenen Betroffenengruppen an den Entscheidungen des G-BA partizipieren, jedoch aufgrund fehlender Rückbindung an diese – wenn überhaupt – nur in sehr abgeschwächter Form legitimieren. Gleichzeitig ist festzustellen, dass gerade diese Trägerorganisationen des G-BA je nach Beschlussgegenstand auch Nichtbetroffene repräsentieren, so dass sie, ebenso wie die unparteiischen Mitglieder des Beschlussgremiums, in diesen Fällen keine mitgliedschaftlich-partizipatorische Legitimation in Form der Betroffenenmitwirkung für sich reklamieren können.

Darüber hinaus weisen die Mitglieder des Spitzenverbandes Bund der Krankenkassen als Vertreter der Versicherten aufgrund der langen Legitimationskette nicht nur eine verminderte personelle Legitimation auf, sondern diese fehlt sogar vollends, wenn die Legitimationskette aufgrund einer „Friedenswahl" unterbrochen wird und damit die Vertreter nicht mehr auf die Versicherten rückführbar

---

[1133] *E. Hauck*, NZS 2010, 600 (605).

[1134] Anm. 607.

[1135] So auch *C. Hellkötter*, in: *Hänlein/Kruse/Schuler* (Hrsg.), Sozialgesetzbuch V, § 92 Rn. 15.

[1136] Dies ist bei der Mitwirkung des Spitzenverbands Bund der Krankenkassen an der Richtlinie des G-BA zur Fortbildung der Fachärztinnen und Fachärzte, der Psychologischen Psychotherapeutinnen und Psychotherapeuten sowie der Kinder- und Jugendlichenpsychotherapeutinnen und -psychotherapeuten im Krankenhaus (Regelungen zur Fortbildung im Krankenhaus/FKH-R) i.d.F. vom 18.10.2012 (BAnz AT v. 7.11.2012 B1) der Fall, vgl. dazu bereits die Ausführungen zu D.III.1.a.cc. Betroffeneneigenschaft aufgrund des konkreten Beschlussgegenstands.

sind, wie auch andere Mitglieder des Beschlussgremiums nicht als Interessenvertreter der Versicherten aufgrund mangelnder mitgliedschaftlich-partizipatorischer Legitimation angesehen werden können. Dieses Defizit kann aufgrund der fehlenden Weisungsunterworfenheit auch nicht kompensiert werden.

Die Beteiligung der Patientenvertreter ist ebenfalls nicht mitgliedschaftlich-partizipatorisch zu legitimieren, wie auch eine Rückführung auf das Gesamtvolk ausscheidet. Aufgrund des fehlenden Mitentscheidungsrechts ist dies jedoch auch nicht erforderlich. Hierdurch ist diese jedoch auch nur bedingt als Interessenvertretung geeignet.

Die von den Richtlinien betroffenen Leistungserbringer sind entweder nicht oder nur aufgrund von Anhörungs- und Stellungnahmerechten am Entscheidungsprozess beteiligt und können daher auf die Beschlussfassung mangels Stimmrechts nicht unmittelbar einwirken, so dass auch die Bindungswirkung ihnen gegenüber mangels mitgliedschaftlich-partizipatorischer Legitimation keine demokratische Legitimation aufweist. So geht auch das BSG von einer wenn auch nicht vollständig fehlenden, so doch zumindest „verminderte[n] – weil nicht auf unmittelbaren Wahlen durch die Betroffenen, sondern auf einem mehrfach gestuften Wahlverfahren beruhende[n] und hinsichtlich der unparteiischen Mitglieder völlig fehlende[n] – demokratische[n] Legitimation der Mitglieder des Bundesausschusses" aus.[1137] Stattdessen kommt es nach wie vor dem GKV-VStG zu einer möglichen Majorisierung Nichtbetroffener, wenn diese auch durch die Anpassung der Zusammensetzung des Beschlussgremiums an den Beschlussgegenstand abgemildert wurde.

### *d. Verfassungsunmittelbare Legitimation*

Vor dem Hintergrund der legitimatorischen Defizite des G-BA, wie sie sich durch die eben dargelegten Konstrukte des klassischen Legitimationsmodells, der autonomen Legitimation und der durch Betroffenenpartizipation ergeben, wird von einem Teil in der Literatur versucht, unter Rückgriff auf (aa.) Art. 87 Abs. 2 oder Abs. 3 Satz 1 GG oder (bb.) Art. 9 Abs. 3 GG eine Legitimation durch den Verfassungsgeber zu begründen.

#### *aa. Art. 87 Abs. 2 oder Abs. 3 Satz 1 GG*

Unter Rückgriff auf die Verfassungsnormen des Art. 87 Abs. 2 bzw. Abs. 3 Satz 1 GG und in Anschluss an *Ernst-Wolfgang Böckenförde*, der in Art. 87 Abs. 2 GG die Anerkennung der Verwaltungsform der funktionalen Selbstverwaltung sah, leitet ein Teil der Literatur eine Rechtfertigung für Abweichungen von den Anforderungen an das demokratische Legitimationsniveau her, wobei die Ausprägungen dieses Ansatzes vielfältig und variantenreich sind.[1138] Dabei wird entwe-

[1137] BSGE 78, 70 (84), noch zum Bundesausschuss der Ärzte und Krankenkassen.

[1138] *E.T. Emde*, Demokratische Legitimation, S. 453 ff.; *M. Jestaedt*, Demokratieprinzip, S. 539 f.; *T. Clemens*, NZS 1994, 337 (343); *J. Castendiek*, Normsetzungsvertrag, S. 109 f.; *S. Muckel*, NZS

der eine Absenkung oder gar Substitution der organisatorisch-personellen Legitimation durch diese Verfassungsvorschriften vertreten.[1139] Insoweit wird von funktionell-institutioneller Legitimation gesprochen.[1140] So verleihe Art. 87 Abs. 3 Satz 1 GG mit der verfassungsmäßigen Zuweisung einer Kompetenz gleichzeitig die institutionelle Legitimation.[1141] Und Art. 87 Abs. 2 GG enthalte zwar keine Garantie der „Sozialen Selbstverwaltung", dennoch bringe der Verfassungsgeber zum Ausdruck, dass die Ausübung von Staatsgewalt durch soziale Versicherungsträger, worunter auch der damalige Bundesausschuss der Ärzte und Krankenkassen und jetzige G-BA zu verstehen sei, allein aufgrund gesetzlicher Ermächtigung erfolgen könne und darüber hinaus keinerlei organisatorisch-personelle Legitimation für sich reklamieren müsse, womit der (G-)BA nicht gegen das Demokratieprinzip verstoße und so verfassungsverträglich sei.[1142] Dies ergebe sich bereits aus dem Wortlaut, nach dem, ein weites Verständnis des Begriffs der Körperschaft vorausgesetzt,[1143] die Ausgestaltung der Sozialversicherungsträger als eigenständige Verwaltungseinheiten mit eigenen Entscheidungsbefugnissen verfassungskonform sei.[1144] Darüber hinaus werde dies noch durch die historische Auslegung gestützt, wonach der Parlamentarische Rat durch diese Norm auf das sozialversicherungsrechtliche System der Weimarer Republik rekurriere, in dem bereits Normenverträge zwischen den Kassenärztlichen Vereinigungen und den Verbänden der Krankenkassen über die vertragsärztliche Versorgung geschlossen wurden und auch bereits der Reichsausschuss für Ärzte und Krankenkassen bestand, der Richtlinienbefugnis innehatte.[1145] Aufgrund dieser Anknüpfung an zum Zeitpunkt des Erlasses des Grundgesetzes bestehende Organisationseinheiten seien diese verfassungsrechtlich anerkannt, sofern sie „in ih-

---

2002, 118 (125); *U. Becker*, in: *Münsterische Sozialrechtsvereinigung e.V.* (Hrsg.), 7. Münsterische Sozialrechtstagung, S. 122 (146 f.); *D. Boerner*, Normenverträge im Gesundheitswesen, S. 209 f.; *P. Axer*, Normsetzung, S. 299 ff.; *P. Axer*, in: *Schnapp* (Hrsg.), Funktionale Selbstverwaltung, S. 115 (141 ff.); *ders.*, in: FS BSG 2004, S. 339 (356 f.); *ders.*, in: *Schnapp/Wigge* (Hrsg.), Handbuch des Vertragsarztrechts, § 10 Rn. 53 ff.; *F. Becker*, Kooperative und konsensuale Strukturen in der Normsetzung, S. 457 f.

[1139] Zu Art. 87 Abs. 2 GG *P. Axer*, Normsetzung, S. 299 ff.; *ders.*, in: *Schnapp* (Hrsg.), Funktionale Selbstverwaltung, S. 115 (141 ff.); *ders.*, in: FS BSG 2004, S. 339 (356 f.); *ders.*, in: *Schnapp/Wigge* (Hrsg.), Handbuch des Vertragsarztrechts, § 10 Rn. 53 ff.; *H. Sodan*, NZS 2000, 581 (582 ff.), noch zum Bundesausschuss der Ärzte und Krankenkassen. In diese Richtung auch *U. Becker*, in: *Münsterische Sozialrechtsvereinigung e.V.* (Hrsg.), 7. Münsterische Sozialrechtstagung, S. 122 (146 f.), der Art. 87 Abs. 2 GG heranzieht, um das Defizit der (autonomen) personellen Legitimation im Hinblick auf die Versicherten zu kompensieren. Zu Art. 87 Abs. 3 GG *H. Sodan*, NZS 2000, 581 (582 ff.), noch zum Bundesausschuss der Ärzte und Krankenkassen.

[1140] BVerfGE 49, 89 (125); *W. Kahl*, Die Staatsaufsicht, S. 484, 491 f.; *E. Schmidt-Aßmann*, Ordnungsidee, Zweites Kapitel Rn. 95 ff. Diese dagegen nicht heranziehend *O. Lepsius*, Steuerungsdiskussion, S. 14, 21 ff.; *M. Jestaedt*, Demokratieprinzip, S. 279; *J. Oebbecke*, Weisungs- und unterrichtungsfreie Räume, S. 76 ff.

[1141] *H. Sodan*, NZS 2000, 581 (582), noch zum Bundesausschuss der Ärzte und Krankenkassen.

[1142] *P. Axer*, in: *Schnapp* (Hrsg.), Funktionale Selbstverwaltung, S. 115 (142 f.).

[1143] *P. Axer*, Normsetzung, S. 279 ff. Dazu bereits C.II.1. Verfassungsrechtliche Vorgaben.

[1144] *P. Axer*, in: *Schnapp* (Hrsg.), Funktionale Selbstverwaltung, S. 115 (143).

[1145] *P. Axer*, in: *Schnapp* (Hrsg.), Funktionale Selbstverwaltung, S. 115 (143).

ren Strukturen dem Bild der Weimarer Zeit entsprechen".[1146] Deckungsgleichheit sei dabei nicht erforderlich. Ausreichend sei vielmehr, dass die Strukturen vergleichbar seien, um die Fort- und Weiterentwicklungsmöglichkeit des Sozialversicherungssystems zu gewährleisten.[1147] Voraussetzung sei daher die Beschränkung der Befugnisse auf den Aufgabenbereich der Sozialversicherung, eine der Weimarer Zeit vergleichbare Rechtsaufsicht sowie eine den Anforderungen des Art. 80 Abs. 1 Satz 2 GG genügende gesetzliche Ermächtigung.[1148] Eingefordert wird somit lediglich noch die sachlich-inhaltliche Legitimation,[1149] die jedoch zweifelhaft erscheint, weshalb die Forderung nach Präzisierung erhoben wird.[1150]

Diese Auffassung ist insoweit problematisch, als sie dem Verfassungsgeber mit Art. 87 Abs. 2 oder Abs. 3 Satz 2 GG eine Aussage unterschiebt, die diesem weder nach dem Wortlaut noch der Intention der Vorschrift zu entnehmen ist. So enthält Art. 87 Abs. 2 GG lediglich die Aussage, dass soziale Versicherungsträger als eigenständige Verwaltungseinheiten mit einem Grundbestand an Selbstverwaltung einzurichten sind, wodurch die Aufsicht regelmäßig auf die Rechtmäßigkeit zu beschränken ist. Nach zwar umstrittener, aber überwiegender Ansicht enthält er dabei nicht einmal eine verfassungsrechtliche Garantie der sozialen Versicherungsträger.[1151] Über diese organisationsrechtliche Anordnung hinaus birgt er dagegen keinerlei Aussagen zu den genauen verfassungsrechtlichen Determinanten, welchen die sozialen Versicherungsträger unterliegen, so sie eingerichtet werden. Sein Aussagegehalt beschränkt sich lediglich auf die Frage der Organisationsform und der Kompetenz, nicht dagegen auch auf die materiellen Anforderungen an die Zulässigkeit der Organisationsform. Insoweit können ihm keine Aussagen zu Fragen der verfassungsrechtlichen Anforderungen wie der demokratischen Legitimation der Organisationseinheiten entnommen werden. Allenfalls kann Art. 87 Abs. 2, Abs. 3 Satz 1 GG der Aussagegehalt beigemessen werden, dass nach diesen Vorschriften errichtete Verwaltungseinheiten ganz abstrakt funktionell-institutionelle Legitimation genießen. Im Hinblick auf die konkrete Ausgestaltung der Organisationsform und der Ausübung von Staatsgewalt wirken die Normen jedoch nicht legitimationsspendend, da die Sozialversicherungsträger und auch der (G-)BA nicht verfassungsrechtlich, sondern lediglich einfachgesetzlich geregelt sind. Insoweit betrifft die konkrete Ausgestaltung die zweite Ebene des *pouvoirs constitués*,[1152] der jedoch an die Anforderungen des Demokratieprinzips gebunden ist, andernfalls er sich seiner verfassungsrechtli-

---

[1146] *P. Axer*, in: *Schnapp* (Hrsg.), Funktionale Selbstverwaltung, S. 115 (144); *S. Muckel*, NZS 2002, 118 (125); dazu auch *P. Axer*, Normsetzung, S. 280 f.

[1147] *P. Axer*, in: *Schnapp* (Hrsg.), Funktionale Selbstverwaltung, S. 115 (145).

[1148] *P. Axer*, in: *Schnapp* (Hrsg.), Funktionale Selbstverwaltung, S. 115 (145).

[1149] *S. Muckel*, NZS 2002, 118 (125).

[1150] *P. Axer*, in: *Schnapp* (Hrsg.), Funktionale Selbstverwaltung, S. 115 (146); *ders.*, in: FS BSG 2004, S. 339 (358 f.); *ders.*, in: *Schnapp/Wigge* (Hrsg.), Handbuch des Vertragsarztrechts, § 10 Rn. 61 ff.

[1151] BVerfGE 39, 302 (315); *M. Sachs*, in: *ders.* (Hrsg.), Grundgesetz, Art. 87 Rn. 55, 57; *M. Ibler*, in: *Maunz/Dürig/Herzog u.a.* (Hrsg.), Grundgesetz, Art. 87 Rn. 190.

[1152] *H. Butzer/M. Kaltenborn*, MedR 2001, 333 (338).

chen Bindungen entziehen könnte.[1153] Insoweit ist dem BVerfG zuzustimmen, das Art. 87 Abs. 2 GG als Organisationsregelung und Kompetenznorm für die Abgrenzung der Verwaltungszuständigkeiten von Bund und Ländern betrachtet.[1154] Ob dem BVerfG außerdem darin zuzustimmen ist, dass Art. 87 Abs. 2 GG darüber hinaus auch kein weitergehender Gehalt etwa in Form eines „selbstverwaltungsfreundliche[n] Regelungsakzent[s]" beigemessen werden kann,[1155] der zumindest eine „Mindestgarantie verbandlicher Institutionen" enthält,[1156] kann schließlich dahinstehen, da selbst die letztgenannte Auslegung lediglich zu einem gegenüber nicht verfassungsrechtlich erwähnten Organisationseinheiten verstärkten verfassungsrechtlichen Schutz führt, der jedoch nicht so weit gehen würde, dass der Bestand der Sozialversicherungsträger unabhängig von ihrer demokratischen Legitimation garantiert wird.[1157] Insoweit können Art. 87 Abs. 2, Abs. 3 Satz 1 GG keine Aussagen zu einer von den demokratischen Anforderungen unabhängigen Verfassungskonformität der Organisationseinheiten abgeleitet werden.

Diesen Normen dagegen entnehmen zu wollen, dass der Parlamentarische Rat in ihnen die in der Weimarer Republik bestehenden Entscheidungsstrukturen der „Sozialen Selbstverwaltung" gebilligt habe, würde dem Schweigen der Verfassung einen Aussagegehalt beimessen, der in Widerspruch zu Art. 123 Abs. 1 GG stehen würde.[1158] Beiden Normen und mit ihnen auch der funktionell-institutionellen Legitimation kommt so im Hinblick auf die Beurteilung der demokratischen Legitimation der Sozialversicherungsträger und dem G-BA eine untergeordnete Rolle zu und sie entbinden nicht von dem Erfordernis organisatorisch-personeller und sachlich-inhaltlicher Legitimation.

### *bb. Art. 9 Abs. 3 GG*

Gleiches gilt für den Ansatz, der Art. 9 Abs. 3 GG zumindest in analoger Anwendung heranziehen möchte, um das demokratische Legitimationsdefizit durch eine „sozialpartnerschaftlich-mitgliedschaftliche Legitimation" zu kompensieren.[1159] Zwar ist das Kassenarztrecht als Arbeitskampfrecht entstanden und die Mantel- und Gesamtverträge wurden in der Weimarer Republik als Tarifverträge angesehen, wie auch die ärztlichen Berufsverbände als Koalitionen den Schutz des Art. 159 WRV genossen. Allerdings sind normsetzende Verwaltungseinhei-

[1153] *H. Butzer/M. Kaltenborn*, MedR 2001, 333 (338); *F.E. Schnapp*, in: FS Ipsen 2000, S. 807 (820 f.); *H. Dreier*, in: *ders.* (Hrsg.), Grundgesetz, Art. 28 Rn. 123.

[1154] BVerfGE 21, 362 (371); 39, 302 (315); ähnlich BVerfGE 63, 1 (36). Kritisch hierzu *E. Schmidt-Aßmann*, in: *Selmer/v. Münch* (Hrsg.), GS Martens, S. 249 (253).

[1155] So *H. Bogs*, in: *ders./v. Ferber/infas* (Hrsg.), Soziale Selbstverwaltung, S. 330; zustimmend *H. Reiter*, in: FS Zeidler 1987, S. 597 (618).

[1156] *E. Schmidt-Aßmann*, in: *Selmer/v. Münch* (Hrsg.), GS Martens, S. 249 (253).

[1157] *R. Hendler*, in: *Isensee/Kirchhof* (Hrsg.), HStR VI, § 143 Rn. 58, 66; *E. Schmidt-Aßmann*, in: *Selmer/v. Münch* (Hrsg.), GS Martens, S. 249 (253).

[1158] *V. Neumann*, NZS 2010, 593 (594).

[1159] *A. Hänlein*, Rechtsquellen, S. 151 ff.; *H.D. Schirmer*, MedR 1996, 404 (410 f.).

ten nicht grundrechtsfähig.[1160] Darüber hinaus wird auch gefordert, dass für den Rekurs auf Art. 9 Abs. 3 GG zumindest eine enge Beziehung zu „Arbeits- und Wirtschaftsbedingungen“ bestehen müsse.[1161]

### e. *Kompensation des Mangels an demokratischer Legitimation durch die Staatsaufsicht*

Geht das BSG in seiner „Methadon-Entscheidung“ selbst von einer „verminderte[n ...] demokratische[n] Legitimation der Mitglieder des Bundesausschusses“ aus, so misst es dem Beanstandungs- und Ersatzvornahmerecht nach § 94 Abs. 1 SGB V kompensatorische Wirkung bei, da der staatlichen Exekutive hierdurch ausreichende Einwirkungs- und Überwachungsmöglichkeiten zukämen, so dass das Legitimationsdefizit „in einer das Demokratieprinzip wahrenden Art und Weise kompensiert“ werde.[1162]

Eine solche Kompensation des Legitimationsdefizits durch die Staatsaufsicht wird zum Teil in der Literatur vollständig abgelehnt, da einer Selbstverwaltungseinheit die demokratische Legitimation aus dem Bereich der Selbstverwaltung selbst erwachsen müsse und sie nicht über die parlamentarische Verantwortlichkeit eines Ministers hergestellt werden könne.[1163] Eine solche scheide im Bereich der Selbstverwaltung vollständig aus, da sie konstruktiv verfehlt sei.[1164]

Dem ist jedoch entgegenzuhalten, dass sich auch Selbstverwaltungseinheiten nicht ausschließlich aufgrund von Teilvölkern oder Betroffenenpartizipation legitimieren, sondern, wie insbesondere bei der kommunalen Selbstverwaltung deutlich wird, demokratische Legitimation auch über die Gesetzesbindung und die die Einhaltung dieser überwachenden Staatsaufsicht hergestellt wird.[1165] Insofern ist zu berücksichtigen und damit der Entscheidung des BSG insoweit beizupflichten, dass der staatlichen Aufsicht neben der Beratungs- und Schutzfunktion auch Rückbindungsfunktion zukommt, so dass sie durchaus auch legitimatorische Wirkung entfalten kann. Daher ziehen auch das BVerfG und große Teile der Literatur das Vorhandensein einer Staatsaufsicht als Notwendigkeit für das Bestehen demokratischer Legitimation heran.[1166]

---

[1160] Dazu auch *F. Hufen*, SDSRV 34 (1991), S. 43 (50 f.).

[1161] *V. Neumann*, NZS 2010, 593 (594).

[1162] BSGE 78, 70 (84); 81, 73 (84); *F. Ossenbühl*, NZS 1997, 497 (502), zugleich *ders.*, in: *Schnapp* (Hrsg.), Rechtsquellen, S. 65 (81).

[1163] *F. Ossenbühl*, NZS 1997, 497 (502), zugleich *ders.*, in: *Schnapp* (Hrsg.), Rechtsquellen, S. 65 (82).

[1164] *F. Ossenbühl*, NZS 1997, 497 (502), zugleich *ders.*, in: *Schnapp* (Hrsg.), Rechtsquellen, S. 65 (82).

[1165] *E. Schmidt-Aßmann*, AöR 116 (1991), S. 329 (344); *S. Rixen*, Sozialrecht, S. 186.

[1166] BVerfGE 107, 59 (94); *S. Rixen*, Sozialrecht, S. 186 f.; *E.-W. Böckenförde*, in: *Isensee/Kirchhof* (Hrsg.), HStR II, § 24 Rn. 34; *E.T. Emde*, Demokratische Legitimation, S. 378; *W. Kluth*, Funktionale Selbstverwaltung, S. 271 f.; *M. Jestaedt*, Demokratieprinzip, S. 547 f.; *M. Plantholz*, SGb 1997, 549 (552 f.); *W. Frotscher*, in: *v. Mutius* (Hrsg.), FG Unruh 1983, S. 127 (146 f.); a.A. *F. Ossenbühl*, NZS 1997, 497 (502 f.), zugleich *ders.*, in: *Schnapp* (Hrsg.), Rechtsquellen, S. 65 (81 f.).

Umstritten ist jedoch, welche Intensität der Aufsicht gefordert wird, um diesen Kompensationseffekt auszulösen. Wird mit der überwiegenden Meinung in der Literatur eine Fachaufsicht mit der Möglichkeit von Zweckmäßigkeitserwägungen als erforderlich angesehen, so ist dies jedenfalls im Hinblick auf die Ausgestaltung der Aufsicht nach § 94 SGB V gerade zweifelhaft,[1167] da der Wortlaut der Vorschrift indifferent ist und sich aus ihm der Aufsichtsmaßstab gerade nicht ergibt.[1168] Da jedoch bereits über den Verweis auf das SGB IV der G-BA der Rechtsaufsicht unterstellt ist,[1169] wird vertreten, dass es sich bei den Befugnissen nach § 94 SGB V um solche der Fachaufsicht handeln müsse, da der Gesetzgeber durch diese Vorschrift kund gebe, dass er die Rechtsaufsichtsvorschriften des SGB IV gerade als nicht ausreichend ansehe, so dass er eine weitergehende Aufsicht in § 94 SGB V anordnete.[1170] Diese Aufsicht sei aufgrund der weiten Bindungswirkung der Richtlinien und der Möglichkeit, dass eine Gruppe im Beschlussgremium mithilfe der Unparteiischen überstimmt wird und damit der Mehrheitsentscheidung keine Gewähr für inhaltliche Richtigkeit beigemessen wird, nicht eingeschränkt oder bedingt, so dass § 94 SGB V im Wege der Fachaufsicht die Verantwortung für die sachliche und rechtliche Richtigkeit der Beschlüsse des G-BA dem Bundesministerium für Gesundheit übertrage.[1171] Dies würde auch dadurch gestützt, dass dem Bundesministerium für Gesundheit Informations- und Stellungnahmerechte eingeräumt wurden.[1172]

Dagegen wird jedoch vorgebracht, dass es sich beim (G-)BA um eine Einrichtung der Selbstverwaltung handele, die naturgemäß lediglich der Rechtsaufsicht unterstellt sei, soweit keine andere, ausdrückliche gesetzliche Anordnung für das Bestehen von Fachaufsicht ergangen ist, was bei § 94 SGB V gerade nicht der Fall ist.[1173] Dem ist jedoch entgegenzuhalten, dass es sich beim G-BA gerade nicht um eine reine Selbstverwaltungseinrichtung handelt, sondern um eine Form der Fremdverwaltung,[1174] so dass dieser Automatismus zwischen Selbstverwaltung und Rechtsaufsicht nicht greift. Allerdings ist zu berücksichtigen, dass eine prä-

[1167] § 91 Abs. 8 Satz 1 SGB V; BSGE 103, 106 (115 Rn. 36 ff.); *R. Hess*, MedR 2005, 385 (389); *M. Kaltenborn*, VSSR 2000, 249 (265 f.); *B. Schrinner*, MedR 2005, 397 (400); a.A. *G. Beier*, in: *Schlegel/Engelmann* (Hrsg.), SGB V, § 91 Rn. 57, noch zur Rechtslage vor dem GKV-VStG, der die Aufsicht als über die reine Rechtsaufsicht hinausgehend ansieht; für das Vorliegen von Fachaufsicht *G. Schwerdtfeger*, NZS 1998, 49 (52). Die Aufsichtsmittel sowie Prüfungs- und Unterrichtungsrechte werden in § 91 Abs. 8 Satz 2 SGB V i.V.m. §§ 88, 89 SGB IV präzisiert.

[1168] *G. Beier*, in: *Schlegel/Engelmann* (Hrsg.), SGB V, § 94 Rn. 18; *H. Butzer/M. Kaltenborn*, MedR 2001, 333 (341).

[1169] § 91 Abs. 8 SGB V.

[1170] *G. Beier*, in: *Schlegel/Engelmann* (Hrsg.), SGB V, § 94 Rn. 8.

[1171] *G. Beier*, in: *Schlegel/Engelmann* (Hrsg.), SGB V, § 94 Rn. 18 f.

[1172] *G. Beier*, in: *Schlegel/Engelmann* (Hrsg.), SGB V, § 94 Rn. 20.

[1173] BSGE 100, 103 (115 Rn. 40 ff.) = SozR 2500 § 31 Nr. 9 Rn. 41; BSGE 103, 106 (114 Rn. 33 ff.); *H. Butzer/M. Kaltenborn*, MedR 2001, 333 (341); *E. Hauck*, NZS 2010, 600 (611); *F.E. Schnapp*, in: FS Bethge 2009, S. 399 (410 m.w.N.); *M. Kaltenborn*, VSSR 2000, 249 (253); *R. Schmidt-De Caluwe*, in: *Becker/Kingreen* (Hrsg.), SGB V, § 94 Rn. 10 f.

[1174] Dazu bereits unter D.III. Zuordnung zur Selbst- oder gruppenpluralen Konsensverwaltung.

ventiv oder repressiv ausgestaltete Fachaufsicht die gesetzlich angeordnete Weisungsfreiheit der Mitglieder des G-BA[1175] konterkarieren würde. Insoweit impliziert eine bestehende Weisungsfreiheit die Rechtsaufsicht und schließt eine Fachaufsicht aus, sofern keine anderen gesetzlichen Anordnungen getroffen wurden, wie dies beim G-BA gerade nicht der Fall ist.[1176] Daneben würde ein fachaufsichtliches Einschreiten auch in Widerspruch zur Intention der Auslagerung und Betrauung des G-BA mit bestimmten Aufgaben stehen, die zum einen in der Verwirklichung von Betroffenenpartizipation zu sehen ist, zum anderen jedoch auch in dem Einbezug von verwaltungsexternem Sachverstand und der Fähigkeit zum Interessenausgleich,[1177] was auch von den Vertretern einer Fachaufsicht zu bedenken gegeben wird.[1178] Darüber hinaus ist die bloße Nichtbeanstandung durch den Bundesminister keine Willensäußerung dahingehend, dass die Richtlinien in seinen Willen aufgenommen werden und damit an der diesem zukommenden demokratischen Legitimation partizipieren.[1179] So bleibt festzuhalten, dass die überwiegenden Gründe für das Vorliegen einer Rechtsaufsicht sprechen, die das Defizit demokratischer Legitimation des G-BA nicht kompensieren kann.[1180]

Ausschlaggebend dürfte jedoch auch vorliegend sein, dass die Rechtsaufsicht ihre kompensatorische Wirkung nur dann entfaltet, wenn eine hinreichende sachlich-inhaltliche Legitimation vorhanden ist, welche zusätzlich zu einem ausreichenden Legitimationsniveau beiträgt. So zieht das BVerfG in seiner Entscheidung zur funktionalen Selbstverwaltung die Aufsichtsebene ebenfalls nur unterstützend heran, um die bestehende sachlich-inhaltliche Legitimation durch normative Determination zu unterstützen.[1181] Da jedoch auch die normative Determination des G-BA sehr weitmaschig ist und insbesondere die Mitglieder des G-BA weisungsfrei gestellt sind, bestehen nicht nur Defizite mit Blick auf die personelle, sondern auch bzgl. der sachlich-inhaltlichen Legitimation, so dass eine Kompensation durch die Staatsaufsicht nicht in der Lage ist, beide Legitimationsdefizite zu beheben.

---

[1175] § 91 Abs. 2 Satz 13 2. Hs. SGB V.

[1176] *H. Butzer/M. Kaltenborn*, MedR 2001, 333 (342).

[1177] *R. Hess*, MedR 2005, 385 (389); *R. Schmidt-De Caluwe*, in: *Becker/Kingreen* (Hrsg.), SGB V, § 94 Rn. 10.

[1178] *G. Beier*, in: *Schlegel/Engelmann* (Hrsg.), SGB V, § 94 Rn. 21.

[1179] *G. Schwerdtfeger*, SDSRV 38 (1994), S. 27 (47).

[1180] BSGE 100, 103 (115 Rn. 40 ff.) = SozR 2500 § 31 Nr. 9 Rn. 41; BSGE 103, 106 (114 Rn. 33 ff.) = SozR 4–2500 § 94 Nr. 2 Rn. 34 ff.; *R. Schmidt-De Caluwe*, in: *Becker/Kingreen* (Hrsg.), SGB V, § 94 Rn. 11; *C. Hellkötter*, in: *Hänlein/Kruse/Schuler* (Hrsg.), Sozialgesetzbuch V, § 94 Rn. 5; *T. Hebeler*, DÖV 2002, 936 (943); *M. Kaltenborn*, VSSR 2000, 249 (267); *F. Ossenbühl*, NZS 1997, 497 (502); *G. Schwerdtfeger*, SDSRV 38 (1994), S. 27 (47); *H. Butzer/M. Kaltenborn*, MedR 2001, 333 (341); *R. Schimmelpfeng-Schütte*, MedR 2006, 519 (520 f.); *E. Hauck*, NZS 2010, 600 (611); a.A. *G. Beier*, in: *Schlegel/Engelmann* (Hrsg.), SGB V, § 94 Rn. 16 ff.; *A. Schneider-Danwitz/G. Glaeske*, MedR 1999, 164 (170).

[1181] BVerfGE 107, 59 (92 ff.).

### *f. Formelle Autonomie des G-BA*

Die Frage nach der demokratischen Legitimation des G-BA wird jedoch umgangen, wenn man mit *Ingwer Ebsen* von einer formalen und materiellen Autonomie des Selbstverwaltungsträgers ausgeht.[1182] Nach dieser Differenzierung wird unter materieller Autonomie die Regelung eigener Angelegenheiten des Selbstverwaltungsträgers verstanden, während die formale Autonomie die Erfüllung für den Selbstverwaltungsträger fremder Angelegenheiten bezeichnet, für die dann ausschließlich die Voraussetzungen des Art. 80 Abs. 1 Satz 2 GG anwendbar und die in Bezug auf den G-BA erfüllt seien.[1183]

Dem ist jedoch entgegenzuhalten, dass die Aufspaltung von Autonomie mit den bislang bestehenden anerkannten Vorstellungen über Voraussetzung und Zulässigkeit von autonomen Handlungen nicht in Einklang zu bringen ist und daher dogmatisch auch nicht begründet werden kann. Vielmehr wäre es nach dieser Ansicht möglich, dass der Gesetzgeber im Hinblick auf die Option der Rechtssetzung „Satzungsgewalt" überträgt, sofern nur Inhalt, Zweck und Ausmaß in der Ermächtigungsgrundlage hinreichend bestimmt sind, so dass sich solche Satzungen letztlich als Rechtsverordnungen darstellen würden.[1184]

### *g. Zusammenfassung und Bewertung*

Der kurze Überblick über die Literatur zur demokratischen Legitimation des G-BA hat die Probleme veranschaulicht, die bei dem Versuch, den G-BA nach der klassischen Legitimationstheorie oder der autonomen Legitimation zu rechtfertigen, entstehen. Ausgangspunkt ist dabei, die unmittelbare Staatsverwaltung als Modell heranzuziehen oder den G-BA als Selbstverwaltungsgremium der für diese geltenden Legitimationsmechanismen zu unterziehen. Wie gezeigt wurde, sind diese Versuche zum Scheitern verurteilt, da der G-BA weder Bestandteil der unmittelbaren Staatsverwaltung noch ein Selbstverwaltungsgremium ist und daher auch diesen Legitimationsmechanismen nicht unterliegen kann. Ebenso scheiden Legitimationsversuche in Form einer auf den Verfassungsgeber zurückgehenden funktionell-institutionellen Legitimation anhand der Verfassung aus, wie auch die als Rechtsaufsicht ausgestaltete Staatsaufsicht keine Legitimation durch eine vollständige Kompensation spenden kann und die Annahme formeller Autonomie nicht überzeugt. So bleibt die Problematik um die Legitimation des G-BA bislang ungelöst, wobei nach wie vor das Erfordernis sachlich-inhaltlicher und organisatorisch-personeller Legitimation besteht.

Als Gremium der gruppenpluralen Konsensverwaltung kann seine Legitimation jedoch eventuell durch Konsens hergestellt werden, insbesondere also die bestehenden Defizite organisatorisch-personeller und sachlich-inhaltlicher Legi-

---

[1182] *I. Ebsen*, in: *Schulin* (Hrsg.), Handbuch des Sozialversicherungsrechts, Bd. 1, § 7 Rn. 19, 108; *ders.*, in: FS Krasney 1997, S. 81 (89 f.); *ders.*, in: *Schnapp* (Hrsg.), Rechtsquellen, S. 13 (23 ff.).

[1183] Ähnliche Anforderungen stellt *P. Axer*, Normsetzung, S. 310 ff., 379 ff., 391 ff.

[1184] *H. Butzer/M. Kaltenborn*, MedR 2001, 333 (337) m.w.N.

timation durch organisatorisch-konsensuale Legitimation kompensiert werden. Nachfolgend soll damit der Frage nachgegangen werden, inwiefern Konsens als Legitimationsspender für den G-BA infrage kommt.

### 2. *Konsens als Legitimationsspender für den G-BA*

Zur Begrenzung und Kontrolle von Macht und zur Akzeptanzsteigerung der gefundenen Entscheidung hat der Gesetzgeber Machtakkumulation zu vermeiden und unter Verwirklichung des Gemeinwohls die Durchsetzung von Partikularinteressen zurückzudrängen. Hierzu kann er für abgegrenzte Bereiche konsensual besetzte und organisierte Verwaltungseinheiten schaffen, in denen durch die Pluralität der in dieser vereinten Entscheidungsträger die Befugnisse gemeinschaftlich wahrgenommen werden, und hierdurch die Erreichung des Ziels der effektiven Mitsprache der Betroffenen sowie eines sachgerechten Interessenausgleichs zur Erreichung der von ihm verfolgten Zwecke und Ziele zu gewährleisten. Um ein effektives Mitspracherecht der Betroffenen sicherzustellen, sind grundsätzlich die Interessen aller von der Entscheidung unmittelbar und rechtlich sowie auch mittelbar und faktisch Betroffenen[1185] an der Entscheidungsfindung in einer ihrer Bedeutung und Betroffenheit adäquaten Art in Form eines Stimmrechts zu beteiligen, während ein sachgerechter Interessenausgleich verlangt, dass die Organisationseinheit strukturell und im Hinblick auf das Verfahren so ausgestaltet ist, dass sich kein Partikularinteresse auf Kosten der anderen durchsetzen und diese dominieren kann. Erforderlich ist damit, dass die vertretenen Interessen inhomogen sind und diese im Rahmen einer konsensualen Entscheidungsfindung aneinander rückgebunden werden, wodurch sie sich gegenseitig begrenzen, wobei der Grad der geforderten Inhomogenität mit dem Anstieg der Anzahl der vertretenen Interessen sinkt. Gleichzeitig muss ein strukturelles Übergewicht eines Partikularinteresses durch die Ausgestaltung des Verfahrens vermieden werden.

Bei der Besetzung der Gremien darf der Gesetzgeber im Rahmen seines weiten Gestaltungsspielraums auch verwaltungsexternen Sachverstand einbeziehen.

Eine weitere Rückbindung und Kontrolle erfolgt neben der Organisationsstruktur und dem gesetzlich determinierten Entscheidungsprogramm durch die demokratisch legitimierte Aufsicht in Form zumindest einer Rechtsaufsicht, während das Erfordernis einer vollumfänglichen Fachaufsicht die mit der Auslagerung des Verwaltungsbereichs aus der ministerialen Verwaltung verfolgte Intention der Betroffenenbeteiligung und dem Einbezug von verwaltungsexternem Sachverstand widersprechen würde, was jedoch im Gestaltungsermessen des Gesetzgebers liegt. Dabei kommt dem Gesetzgeber eine Beobachtungspflicht zu, ob der durch seine Organisationseinheit verfolgte Interessenausgleich tatsächlich stattfindet und zu ausgewogenen und sachgerechten Entscheidungen führt. Auf dieser Grundlage können Defizite der Legitimation nach dem klassischen Legiti-

[1185] Zum Betroffenenbegriff im Rahmen der demokratischen Legitimation bereits C.VI.3. Konsens als Legitimationsspender.

mationsmodell durch eine organisatorisch-konsensuale Legitimation aufgefangen werden.

Für den G-BA entscheidend ist daher, wie sich die Beteiligung an oder der Ausschluss von der Entscheidungsfindung in dieses System demokratischer Legitimation einfügen lässt. Dabei verbietet sich ein pauschales Urteil im Hinblick auf den G-BA als solchen. Vielmehr sind erneut die einzelnen Beschlussgegenstände und die sich hieraus ergebenden Anforderungen an die Zusammensetzung des in diesem Fall entscheidenden Beschlussgremiums zu betrachten. In Fortführung der bereits getroffenen exemplarischen Auswahl wird im Folgenden erneut auf die (a.) Richtlinie des G-BA zur Fortbildung im Krankenhaus, die (b.) Richtlinie zu Untersuchungs- und Behandlungsmethoden der vertragsärztlichen Versorgung, die (c.) Richtlinie des G-BA über die Verordnung von Arzneimitteln in der vertragsärztlichen Versorgung sowie die (d.) Richtlinie des G-BA über die Verordnung von häuslicher Krankenpflege[1186] eingegangen.

### *a. Richtlinie zur Fortbildung im Krankenhaus*

#### *aa. Die von der Richtlinie Betroffenen*

Regelt die Richtlinie des G-BA zur Fortbildung im Krankenhaus[1187] die Fortbildungspflichten der Fachärztinnen und Fachärzte, der Psychologischen Psychotherapeutinnen und Psychotherapeuten sowie der Kinder- und Jugendlichenpsychotherapeutinnen und -psychotherapeuten im Krankenhaus, so sind von dieser angeordneten Fortbildungspflicht[1188] die Krankenhausträger und die in diesen arbeitenden Ärzte und Psychotherapeuten sowie von den Pflichten zur Überwachung[1189] und Veröffentlichung[1190] die Krankenhausträger, wie auch jeweils die nicht in einer Landeskrankenhausgesellschaft organisierten Krankenhausträger unmittelbar rechtlich betroffen.

Mittelbar faktisch betroffen sind dagegen die Krankenkassen und Versicherten, für die zwar keine unmittelbar geltenden Rechte und Pflichten begründet werden, die jedoch ein gesteigertes Interesse an einer qualitativ hochwertigen Versorgung im Krankenhaussektor haben.

#### *bb. Interessenrepräsentanz der Betroffenengruppen*

Die Interessenvertretung der in den Krankenhäusern arbeitenden Fachärztinnen und Fachärzte, der Psychologischen Psychotherapeutinnen und Psychothera-

---

[1186] Richtlinie des Gemeinsamen Bundesausschusses über die Verordnung von häuslicher Krankenpflege (Häusliche Krankenpflege-Richtlinie) i.d.F. vom 17.9.2009 (BAnz v. 9.2.2010).

[1187] Richtlinie des Gemeinsamen Bundesausschusses zur Fortbildung der Fachärztinnen und Fachärzte, der Psychologischen Psychotherapeutinnen und Psychotherapeuten sowie der Kinder- und Jugendlichenpsychotherapeutinnen und -psychotherapeuten im Krankenhaus (Regelungen zur Fortbildung im Krankenhaus/FKH-R) i.d.F. vom 18.10.2012 (BAnz AT v. 7.11.2012 B1).

[1188] §§ 2 f. FKH-R.

[1189] § 3 Abs. 4 FKH-R.

[1190] § 5 FKH-R.

peuten sowie der Kinder- und Jugendlichenpsychotherapeutinnen und -psychotherapeuten wird durch die Deutsche Krankenhausgesellschaft gewährleistet, die an der Entscheidungsfindung mit Stimmrecht beteiligt ist. Bei dieser handelt es sich um eine bundesweit agierende Organisation, in der die Interessen der Krankenhäuser sowie der in diesen arbeitenden Leistungserbringer gebündelt und artikuliert werden. Gleichzeitig wird hierdurch deren Sachverstand im Hinblick auf die Fortbildungsnotwendigkeiten und -möglichkeiten eingebracht.

Die Interessen der nicht in den Landeskrankenhausgesellschaften organisierten Krankenhausträger werden jedoch ebenso wie die der organisierten Krankenhausträger durch die Deutsche Krankenhausgesellschaft mit repräsentiert, da diese zumindest grundsätzlich im Hinblick auf die Bindungswirkung dieser Richtlinie als weitgehend deckungsgleich anzusehen sind.

Die Interessen der Krankenkassen werden grundsätzlich über den an der Entscheidung beteiligten Spitzenverband Bund der Krankenkassen gewahrt, der als bundesweite Organisation die Interessen der Krankenkassen bündelt und artikuliert.[1191]

Im Hinblick auf die Interessen der Versicherten ist zwar grundsätzlich zu bedenken, dass, wie bereits gezeigt, die Interessenwahrnehmung allein aufgrund der Krankenkassen und damit vermittelt durch den Spitzenverband Bund der Krankenkassen aufgrund des Interessenantagonismus zu den Arbeitgeberinteressen wie auch zu den Eigeninteressen der Krankenkassen als Körperschaften des öffentlichen Rechts allein nicht ausreichend wäre.[1192] Im vorliegenden Falle ist jedoch nicht das Kosteninteresse betroffen, da die Weiterbildungen nicht von den Krankenkassen zu finanzieren sind, sondern allein das Interesse an qualitativ hochwertigen Leistungen, so dass davon auszugehen ist, dass dieses nicht von den ebenfalls von den Krankenkassen vertretenen Arbeitgebern an der Durchsetzung gehindert wird und sich damit durchsetzt.

### *cc. Inhomogene Interessenstruktur im Entscheidungsgremium*

Das Interesse der Krankenkassen und Versicherten besteht an einer möglichst umfangreichen Weiterbildung im Sinne einer Qualitätssicherung. Ein ähnliches Interesse dürfte auch bei den Krankenhäusern und den von der Richtlinie betroffenen Leistungserbringern gegeben sein. Allerdings ist bei diesen auch mitzuberücksichtigen, dass Fortbildungen nicht nur zeitintensiv, sondern auch kostspielig und teilweise mit Personalausfall verbunden sind, so dass insoweit ein Interessenantagonismus gegenüber der vom Spitzenverband Bund der Krankenkassen vertretenen Interessen besteht.

---

[1191] §§ 217a ff. SGB V.

[1192] Dazu bereits unter D.IV.1.c.bb.(2)(a)(aa) Die Vertretung der Versicherten durch die Krankenkassen.

### *dd. Angemessene Entscheidungsbeteiligung der Interessenvertreter*

Sowohl der Spitzenverband Bund der Krankenkassen als auch die Deutsche Krankenhausgesellschaft sind an der Entscheidung über die Richtlinie unmittelbar mit Stimmrecht beteiligt. Da insbesondere die Deutsche Krankenhausgesellschaft durch Stimmübertragung von der Kassenärztlichen und der Kassenzahnärztlichen Bundesvereinigung nach § 92 Abs. 2a SGB V auf dieselbe Mitgliederzahl wie der Spitzenverband Bund der Krankenkassen kommt,[1193] sind beide Trägerorganisationen im Beschlussgremium auch jeweils mit der gleichen Anzahl an Mitgliedern vertreten, so dass ihnen im Rahmen der Mehrheitsentscheidung die gleiche Anzahl von Stimmen zukommt.

### *ee. Einbezug Nichtbetroffener*

Mit dem unparteiischen Vorsitzenden und den weiteren unparteiischen Mitgliedern sind grundsätzlich Nichtbetroffene an der Entscheidung beteiligt. Eine solche Beteiligung erfolgt daher nicht aufgrund des Betroffenenstatus und auch nicht zum Einbezug von verwaltungsexternem Sachverstand, sondern ist der Erreichung eines angemessenen Interessenausgleichs geschuldet, den herzustellen die Aufgabe der Unparteiischen, insbesondere des unparteiischen Vorsitzenden ist. Diesem kommt die zentrale Aufgabe zu, der Blockade entgegenzuwirken, die durch das Erfordernis von Mehrheitsentscheidungen bei der paritätischen Besetzung des Beschlussgremiums und der Inhomogenität der vertretenen Interessen möglich wird, und auf einen Interessenausgleich zwischen den Interessenvertretern hinzuwirken[1194] bzw. im Falle des Scheiterns die Funktionsfähigkeit des Gremiums zu erhalten, indem seiner Stimme ausschlaggebende Wirkung zukommt. Es handelt sich bei diesen unparteiischen Mitgliedern daher um einen Mechanismus zur Überwindung von blockierenden Konflikten innerhalb des Entscheidungsgremiums, der die Funktionsfähigkeit sicherstellen soll.[1195] Bei der Aufnahme in das Entscheidungsgremium handelt es sich um eine Entscheidung des Gesetzgebers, die er im Rahmen seines weiten Gestaltungsspielraums treffen durfte und die auch nicht zu beanstanden ist.

### *ff. Staatsaufsicht zumindest in Form der Rechtsaufsicht*

Die Staatsaufsicht über die Richtlinie ist in dem speziellen Aufsichtsverfahren des § 94 SGB V geregelt, nach dem die Richtlinien dem Bundesministerium für Gesundheit vorzulegen sind und dieses ein Beanstandungsrecht hat,[1196] das in seinem Umfang jedoch umstritten ist.[1197] Hierauf kommt es jedoch letztlich nicht

---

[1193] Siehe auch Anlage I Nr. 37 zur GeschO des G-BA.

[1194] *D. Roters*, in: *Leitherer* (Hrsg.), Kasseler Kommentar, § 91 SGB V Rn. 25k.

[1195] *R. Schmidt-De Caluwe*, in: *Becker/Kingreen* (Hrsg.), SGB V, § 91 Rn. 28.

[1196] § 94 Abs. 1 Satz 1, 2 SGB V.

[1197] Dazu bereits unter D.IV.1.e. Kompensation des Mangels an demokratischer Legitimation durch die Staatsaufsicht.

an, da jedenfalls das Vorliegen einer Rechtsaufsicht durch eine organisatorisch-personell legitimierte Aufsichtsbehörde ausreichend ist, was mit dem Bundesministerium für Gesundheit der Fall ist.

#### gg. *Zusammenfassung und Bewertung*

Werden durch die Zusammensetzung des Beschlussgremiums des G-BA für die Richtlinien zur Fortbildung im Krankenhaus durch die Deutsche Krankenhausgesellschaft und den Spitzenverband Bund der Krankenkassen die betroffenen, sich antagonistisch gegenüberstehenden Interessen in ausreichender Weise an der Beschlussfassung beteiligt, dient der Einbezug der unparteiischen Mitglieder der Konfliktlösung, die im Rahmen des gesetzgeberischen Gestaltungsspielraums erfolgen durfte. Gleichzeitig besteht zumindest eine Rechtsaufsicht durch eine selbständig organisatorisch-personell legitimierte Behörde. Aus diesem Grunde weist das Beschlussgremium des G-BA im Hinblick auf diese Richtlinie die ausreichende organisatorisch-konsensuale Legitimation auf, so dass die bestehenden Defizite der organisatorisch-personellen und sachlich-inhaltlichen Legitimation kompensiert werden können und ein ausreichendes Legitimationsniveau erreicht wird, wodurch nicht nur das Beschlussgremium in dieser Zusammensetzung, sondern auch die von ihm erlassenen Richtlinien demokratisch legitimiert sind.

### b. *Richtlinie zu Untersuchungs- und Behandlungsmethoden der vertragsärztlichen Versorgung*

#### aa. *Die von der Richtlinie Betroffenen*

Die Richtlinie Methoden vertragsärztliche Versorgung[1198] normiert zum einen das Leistungsrecht, indem der Leistungsanspruch der Versicherten gegenüber den Krankenkassen konkretisiert wird, wie auch mit den Voraussetzungen zur Durchführung bestimmter Maßnahmen,[1199] Genehmigungspflichten[1200] und der Nachweispflicht von Qualifikationsvoraussetzungen[1201] und der Regelung der Indikationen für die Durchführung der Maßnahmen[1202] Anforderungen an die Leistungserbringung selbst aufgestellt werden.

Unmittelbar betroffen von der Konkretisierung des Leistungsrechts sind daher die Versicherten und die Krankenkassen, von den Regelungen der Leistungserbringung die Leistungserbringer in Form der Ärzte und Krankenhäuser.

Daneben sind die Leistungserbringer in Form der Ärzte und Krankenhäuser durch die Konkretisierung des Leistungsrechts und die Aufnahme von Versorgungsleistungen in die erstattungsfähige Auswahl mittelbar faktisch in ihrer Be-

---

[1198] Richtlinie des Gemeinsamen Bundesausschusses zu Untersuchungs- und Behandlungsmethoden der vertragsärztlichen Versorgung (Richtlinie Methoden vertragsärztliche Versorgung) i.d.F. vom 17.1.2006 (BAnz 2006 Nr. 48, S. 1523).

[1199] Z.B. Anlage I 1. § 1 zur Richtlinie Methoden vertragsärztliche Versorgung.

[1200] Z.B. Anlage I 1. § 2 Satz 1 zur Richtlinie Methoden vertragsärztliche Versorgung.

[1201] Z.B. Anlage I 1. § 2 Satz 2 zur Richtlinie Methoden vertragsärztliche Versorgung.

[1202] Z.B. Anlage I 1. § 3 zur Richtlinie Methoden vertragsärztliche Versorgung.

rufsfreiheit betroffen. Jene wirkt sich tatsächlich dahingehend aus, dass die von der Erstattungspflicht der Krankenkassen ausgeschlossenen Leistungen von den Versicherten nur in Anspruch genommen werden können, wenn diese die Kosten hierfür selbst tragen, was zu einer deutlich verminderten Nachfrage, vor dem Hintergrund, dass die weit überwiegende Mehrheit der Bevölkerung in der gesetzlichen Krankenversicherung versichert ist,[1203] eventuell sogar zu einem völligen Erliegen der Nachfrage führen kann. Insoweit sind damit eine mittelbar faktische Beeinträchtigung der Berufsausübung und damit ein Eingriff in Art. 12 Abs. 1 GG verbunden, auch wenn dieser nicht von der Richtlinie beabsichtigt ist. Eine unmittelbar rechtliche Betroffenheit scheidet jedoch in Ermangelung von angeordneten Rechten und Pflichten zu Gunsten oder zu Lasten der Leistungserbringer aus.

*bb. Interessenrepräsentanz der Betroffenengruppen*

Die Interessen der Krankenhausträger und der Ärzte werden in Form der Deutschen Krankenhausgesellschaft und der Kassenärztlichen Bundesvereinigung repräsentiert,[1204] wobei auch die Interessen der nicht in der Landeskrankenhausgesellschaft organisierten Krankenhausträger wie auch die der ermächtigten Ärzte, die keine Krankenhausärzte sind, vertreten werden, da im Hinblick auf den Leistungsausschluss keine Interessenunterschiede zu den organisierten Leistungserbringern bestehen.

Darüber hinaus ist die Beteiligung der Krankenhäuser und Ärzte an der Konkretisierung des Leistungsrechts sinnvoll, da deren Sachverstand eingebracht wird, um die Konkretisierung der Leistungseinschränkungen und -ausschlüsse auf der Basis des diagnostischen und therapeutischen Nutzens, der medizinischen Notwendigkeit oder der Wirtschaftlichkeit nach dem allgemein anerkannten Stand der wissenschaftlichen Erkenntnisse, vorzunehmen.[1205] Insoweit kommt den Ärzten und Krankenhäusern eine Doppelstellung als Betroffene und Sachverständige zu. Ob und inwieweit deren Betroffenheit jedoch die Einbringung objektiven Sachverstandes konterkariert, muss dagegen offen bleiben.

Die Interessen der Krankenkassen werden vom Spitzenverband Bund der Krankenkassen in den Entscheidungsprozess eingebracht.

Die Interessenvertretung der Versicherten gestaltet sich dagegen etwas problematischer. Insbesondere aufgrund der antagonistischen Interessenstruktur innerhalb der Krankenkassen im Hinblick auf die Arbeitgeberinteressen sowie die Eigeninteressen der Krankenkassen als Körperschaften des öffentlichen Rechts[1206] muss davon ausgegangen werden, dass die Interessen der Versicherten an einer kostengünstigen und umfassenden Versorgung nicht allein durch die Krankenkassen, vermittelt durch den Spitzenverband Bund der Krankenkassen, zur Gel-

[1203] *M. Plantholz*, SGb 1997, 549 (551), unter Analyse der Rspr.
[1204] § 14a Abs. 3 GeschO i.V.m. Anlage I Nr. 1.
[1205] § 1 Abs. 1 Richtlinie Methoden vertragsärztliche Versorgung i.V.m. § 135 Abs. 1 SGB V.
[1206] Dazu bereits unter D.IV.1.c.bb.(2)(a)(aa)(β) Interessenkollisionen.

tung gebracht werden können. Insbesondere durch das bei den Arbeitgebern vorherrschende Interesse an Kostenminimierung, das nur bedingt deckungsgleich zu demjenigen der Versicherten ist, wird dasjenige der Letzteren im Entscheidungsprozess nur bedingt repräsentiert.[1207] Zwar ist anzunehmen, dass das Kostensenkungsinteresse, wenn es auch nicht völlig deckungsgleich mit demjenigen der Arbeitgeber ist, ausreichend durch die Krankenkassen, vermittelt durch den Spitzenverband Bund der Krankenkassen, in die Entscheidung integriert wird. Das Interesse an umfangreicher Versorgung über die Krankenkassen bleibt dagegen unterrepräsentiert.

In diesem Zusammenhang wird eine Vertretung der Versicherten durch die Ärzteschaft kontrovers diskutiert[1208] und ist aufgrund der vorliegenden Gemengelage von Interessen bei der Ärzteschaft nicht einfach zu beantworten. Geht es dabei um die Frage, welche Leistungen von den Krankenkassen erstattet werden, so kann sicher vertreten werden, dass die Ärzte als Leistungserbringer jedenfalls die Steigerung des eigenen Einkommens zum Ziel haben dürften.[1209] Die Konsequenzen, die hieraus jedoch gezogen werden können, sind verschieden. So würde auf den ersten Blick nahe liegen, dass eine höhere Einkommenserzielung möglich ist, wenn sich die abzurechnenden Leistungen auf die privatärztlich zu liquidierende Leistungserbringung verlagern würde, mithin der Leistungskatalog der Krankenkassen ausgedünnt würde.[1210] In diesem Sinne wäre eine Vertretung der Versicherteninteressen an umfangreicher Leistungserbringung nicht gegeben. Dies würde gestützt durch die Deckelung der Gesamtvergütung durch die Krankenkassen. Andererseits ist jedoch auch davon auszugehen, dass Leistungen, die nicht von den Krankenkassen erstattet werden, nicht mehr oder nur noch vermindert in Anspruch genommen werden, worauf sich letztlich ja auch die Annahme der Beeinträchtigung der Berufsausübungsfreiheit stützt. In diesem Falle dürften die Ärzte trotz Kostendeckelung ein maßgebliches Interesse an der Ausweitung des Leistungskatalogs der Krankenkassen haben.

So kann man, geht man von einer einseitig einkommensgeleiteten Interessenlage der Ärzte aus, nicht mit Sicherheit sagen, wie sich diese im Entscheidungsprozess artikulieren würde. Wahrscheinlicher dürfte sein, dass ein Interesse an möglichst umfangreicher Ausweitung des Leistungskatalogs der Krankenkassen besteht. Letztlich kann jedoch nicht ausgeschlossen werden, dass die Einkommenssteigerung nicht das Hauptinteresse der Ärzteschaft darstellt und darüber hinaus ein eigenes Interesse an einer Erbringung qualitativ hochwertiger und umfassender Leistungen um ihrer selbst willen besteht. Insoweit wäre die vorliegende Argumentation verkürzt und würde nicht berücksichtigen, dass das Interesse der Ärzte zumindest teilweise mit dem der Versicherten identisch ist. So

---

[1207] Dazu bereits unter D.IV.1.c.bb.(2)(a)(aa)(β)(i) Paritätische Besetzung der Gremien.

[1208] Dazu bereits unter D.IV.1.c.bb.(2)(a)(bb)(β) Vertretung der Versicherten durch die Ärztevertreter.

[1209] LSG Nds., NZS 2001, 32 (36.).

[1210] *V. Neumann*, NZS 2010, 593 (598).

würde sich das Bild ergeben, dass das Kostensenkungsinteresse, das bei den Versicherten nur partiell und nur unter der Bedingung umfassender Versorgung ausgeprägt ist, insbesondere durch die Krankenkassen, dasjenige an umfassender Versorgung ebenfalls durch die Krankenkassen, jedoch auch zumindest teilweise durch die Ärzteschaft repräsentiert wird. Letztlich kann jedoch aufgrund des Zusammentreffens der Interessen an Einkommenserzielung sowie an einer qualitativ hochwertigen und umfassenden Leistungserbringung davon ausgegangen werden, dass das Interesse der Versicherten an umfassender Versorgung mit vertreten wird.[1211]

Eine gesetzgeberische Wertung dahingehend, dass die Versicherten im Hinblick auf das Interesse an umfangreicher Versorgung durch die Ärzteschaft gegenüber den Krankenkassen mitvertreten werden, ist daher nicht offenkundig fehlgeleitet, so dass sie sich im Rahmen des gesetzgeberischen Gestaltungsspielraumes bewegt. Dabei kommt jedoch der gesetzgeberischen Beobachtungspflicht, ob sich diese Erwartung auch erfüllt, besonderer Stellenwert zu.

Daneben ist noch zu berücksichtigen, dass das Interesse an hochwertiger, umfangreicher Behandlung im Krankheitsfall noch separat durch die Vertreter der Patientinnen und Patienten, bei denen das Kostensenkungsinteresse eher eine untergeordnete Rolle spielen dürfte, in den Entscheidungsprozess des G-BA bei dieser Richtlinie einfließt. Obgleich diese als Gruppe der Versicherten selbst betroffen und bereits vertreten sind, werden sie zusätzlich in den Entscheidungsprozess einbezogen, jedoch nicht als Betroffenenvertreter, sondern aufgrund ihrer Sachkunde als „Sachverständige aus persönlicher Erfahrung".[1212] Zwar ist eine eigene Interessenrepräsentanz nicht geboten, allerdings steht es dem Gesetzgeber im Rahmen seines Gestaltungsspielraums frei, Interessen, deren Artikulation er für einen angemessenen Interessenausgleich für erforderlich oder unterrepräsentiert hält, bei der Entscheidungsfindung einzubeziehen oder zu verstärken. Obgleich den Vertretern der Patientinnen und Patienten kein eigenes Stimmrecht zukommt, können sie im Rahmen des Entscheidungsprozesses ihre Interessen an umfassender Versorgung artikulieren und so das partielle Interesse der Versicherten, sollte es durch die Krankenkassen unterrepräsentiert sein, verstärken. Insoweit kann die Patientenbeteiligung als Ausgleich für eine eventuell zu kurz kommende Vertretung der Versicherten im Hinblick auf deren partielles Interesse an umfassender Versorgung angesehen werden.

### *cc. Inhomogene Interessenstruktur*

Die inhomogene Interessenstruktur bei dieser Konstellation des Beschlussgremiums ergibt sich daraus, dass einerseits die Interessen auf Seiten der Versicherten und Krankenkassen, zumindest zum Teil vertreten durch den Spitzenverband Bund der Krankenkassen an Kostensenkung, bestehen, während auf der anderen

[1211] Dazu D.IV.1.c.bb.(2) (a) (bb) (β) Vertretung der Versicherten durch die Ärztevertreter.
[1212] § 4 Abs. 1 PatBeteiligungsV; dazu auch *V. Neumann*, NZS 2010, 593 (599).

Seite ein diese ausgleichendes Interesse an Einnahmeerzielung durch die Beteiligung der Leistungserbringer in Form der Kassenärztlichen Bundesvereinigung und der Deutschen Krankenhausgesellschaft vorhanden ist. Gleichzeitig mit der Durchsetzung des Leistungs- und Einnahmeinteresses wird auch das von den Versicherten verfolgte umfassende Versorgungsinteresse im Gegensatz zum Kostensenkungsinteresse artikuliert.

#### *dd. Angemessene Entscheidungsbeteiligung der Interessenvertreter*

Sowohl der Spitzenverband Bund der Krankenkassen als auch die Leistungserbringer in Form der Kassenärztlichen Bundesvereinigung und der Deutschen Krankenhausgesellschaft sind mit Stimmrecht an der Beschlussfassung beteiligt. Da insbesondere die Deutsche Krankenhausgesellschaft und die Kassenärztliche Bundesvereinigung durch Stimmübertragung von der Kassenzahnärztlichen Bundesvereinigung nach § 92 Abs. 2a SGB V zusammen dieselbe Mitgliederzahl wie der Spitzenverband Bund der Krankenkassen in das Beschlussgremium entsenden können,[1213] sind sowohl die Trägerorganisationen der Krankenkassen als auch der Leistungserbringer im Beschlussgremium mit der gleichen Anzahl an Mitgliedern vertreten, so dass ihnen im Rahmen der Mehrheitsentscheidung die gleiche Anzahl von Stimmen zukommt.

#### *ee. Einbezug Nichtbetroffener und Staatsaufsicht*

Zum Einbezug der unparteiischen Mitglieder sowie zur Staatsaufsicht gilt das bereits zur Richtlinie zur Fortbildung im Krankenhaus Ausgeführte entsprechend.[1214]

#### *ff. Zusammenfassung und Bewertung*

Das Beschlussgremium des G-BA für die Richtlinien zu Untersuchungs- und Behandlungsmethoden der vertragsärztlichen Versorgung ist mit den die Betroffenen repräsentierenden Trägerorganisationen der Krankenkassen in Form des Spitzenverbands Bund der Krankenkassen und der durch Stimmübertragung diesem ebenbürtigen Organisationen der Leistungserbringer in Form der Deutschen Krankenhausgesellschaft und der Kassenärztlichen Bundesvereinigung besetzt, wobei Letztere im Hinblick auf die Ausgestaltung des Leistungsrechts eine Doppelstellung als Betroffene und Sachverständige einnehmen. Dabei werden die Interessen der Versicherten durch den Spitzenverband Bund der Krankenkassen und die Kassenärztliche Bundesvereinigung bei der Beschlussfassung sowie zusätzlich im Entscheidungsprozess durch die Patientinnen- und Patientenvertreter artikuliert. Die Beteiligten vertreten sich antagonistisch gegenüberstehende Interessen und es besteht durch den Einbezug der unparteiischen Mitglieder die

---

[1213] Siehe auch Anlage I Nr. 37 zur GeschO des G-BA.

[1214] Dazu unter D.IV.2.a.ee. Einbezug Nichtbetroffener und ff. Staatsaufsicht zumindest in Form der Rechtsaufsicht.

Möglichkeit der Konfliktlösung. Da auch eine selbständig organisatorisch-personell legitimierte Aufsicht zumindest in Form der Rechtsaufsicht besteht, weist das Beschlussgremium des G-BA im Hinblick auf diese Richtlinie die ausreichende organisatorisch-konsensuale Legitimation auf, so dass nicht nur das Beschlussgremium in dieser Zusammensetzung, sondern auch die von ihm erlassenen Richtlinien demokratisch legitimiert sind.

### *c. Richtlinie über die Verordnung von Arzneimitteln in der vertragsärztlichen Versorgung*

#### *aa. Die von der Richtlinie Betroffenen*

Die Richtlinien des G-BA über die Verordnung von Arzneimitteln in der vertragsärztlichen Versorgung[1215] konkretisieren die im SGB V festgelegte Leistungspflicht der gesetzlichen Krankenkassen und befassen sich mit Leistungseinschränkungen und -ausschlüssen.[1216] Unmittelbar rechtlich betroffen von dieser Konkretisierung sind die Krankenkassen als zur Leistung verpflichtete Träger sowie die Versicherten als Anspruchsinhaber gegenüber den Krankenkassen.

Von den Regelungen zur Leistungskonkretisierung nicht betroffen sind dagegen die verordnenden Ärzte und Krankenhäuser, die diesbezüglich als Sachverständige beteiligt sind.[1217]

Betroffen sind diese wie auch die ermächtigten Ärzte, die über den Bundesmantelvertrag und den Gesamtvertrag in die Bindungswirkung einbezogen sind,[1218] dagegen von Regelungen, welche die Verordnung der Arzneimittel selbst zum Gegenstand haben, wie den Voraussetzungen der Anordnung,[1219] Anordnungspflichten[1220] sowie Anordnungsverbote,[1221] aber auch den Aufklärungs-,[1222] Hinwirkungs-,[1223] Dokumentations-,[1224] Melde-,[1225] Begründungs-[1226] und Prüfpflichten,[1227] die normiert werden.

Ebenfalls von den Regelungen der Richtlinie betroffen sind die Hersteller und Vertreiber von Arzneimitteln, mithin die Arzneimittelhersteller sowie die Apotheken. Auch wenn die Richtlinie nicht dazu dient, die Berufsausübungsfreiheit zu begrenzen, so wirkt sie sich faktisch dahingehend aus, dass durch den Aus-

---

[1215] Richtlinien des Gemeinsamen Bundesausschusses über die Verordnung von Arzneimitteln in der vertragsärztlichen Versorgung (Arzneimittel-Richtlinie/AM-RL) i.d.F. vom 18.12.2008/22.1.2009 (BAnz 2009 Nr. 49a).

[1216] § 2 Abs. 1 Satz 1, Abs. 2 Nr. 2, 3 AM-RL.

[1217] Dazu D.IV.2.c.ee. Einbezug Nichtbetroffener und Staatsaufsicht.

[1218] § 95 Abs. 4 Satz 2 SGB V.

[1219] §§ 9 Abs. 2, Abs. 3, 11, 12 Abs. 11, 16 Abs. 5, 17 Abs. 1 Satz 3, 30 Abs. 2, 31 AM-RL.

[1220] §§ 12 Abs. 11 Satz 2, 21 Abs. 2 AM-RL.

[1221] §§ 9 Abs. 1 Satz 4, 12, 16 AM-RL.

[1222] § 8 Abs. 5 AM-RL.

[1223] § 8 Abs. 1, Abs. 6 AM-RL.

[1224] § 10 Abs. 1 Satz 2 AM-RL.

[1225] § 30 Abs. 3 AM-RL.

[1226] § 12 Abs. 9 AM-RL.

[1227] §§ 8 Abs. 3, 20 Satz 4, 21 Abs. 2 AM-RL.

schluss von Arzneimitteln von der Leistungspflicht der Krankenkassen[1228] das Produkt, das diese herstellen bzw. vertreiben, geringerer Nachfrage unterliegt bzw. auf dem Markt keine Absatzchance mehr hat, da die weit überwiegende Mehrheit der Bevölkerung in der gesetzlichen Krankenversicherung versichert ist.[1229] Allerdings handelt es sich bei dieser Betroffenheit lediglich um eine mittelbare und faktische, da die Hersteller und Vertreiber der Arzneimittel selbst durch die Regelungen der Richtlinie keine Rechte erhalten und auch keine Pflichten auferlegt bekommen, sondern die Auswirkungen erst durch die fehlende Erstattung und Verordnung durch die Ärzte eintreten. Dies ist jedoch ausreichend, um einen Eingriff in die Berufsausübungsfreiheit zu begründen.

#### *bb. Interessenrepräsentanz der Betroffenengruppen*

Die Interessen der Krankenhausträger und der Ärzte werden in Form der Deutschen Krankenhausgesellschaft und der Kassenärztlichen Bundesvereinigung repräsentiert.[1230] Hierbei werden auch die Interessen der nicht in der Landeskrankenhausgesellschaft organisierten Krankenhausträger durch die Deutsche Krankenhausgesellschaft wie auch die der ermächtigten Ärzte, die keine Krankenhausärzte sind, durch die Kassenärztliche Bundesvereinigung mit repräsentiert, da im Hinblick auf den Leistungsausschluss keine Interessenunterschiede zu den organisierten Leistungserbringern bestehen.

Darüber hinaus ist die Beteiligung der Krankenhäuser und Ärzte sinnvoll, da deren Sachverstand eingebracht wird, um die Konkretisierung der Leistungseinschränkungen und -ausschlüsse auf der Basis des therapeutischen Nutzens, der medizinischen Notwendigkeit oder der Wirtschaftlichkeit nach dem allgemein anerkannten Stand der medizinischen Erkenntnisse beurteilen und vornehmen zu können. Inwieweit deren Betroffenheit jedoch die Einbringung objektiven Sachverstandes konterkariert, muss dagegen offen bleiben.

Nicht an der Entscheidung beteiligt sind dagegen die Arzneimittelhersteller und -vertreiber. Zwar haben die für die Wahrnehmung der wirtschaftlichen Interessen gebildeten maßgeblichen Spitzenorganisationen der pharmazeutischen Unternehmer, die betroffenen pharmazeutischen Unternehmen, die Berufsvertretungen der Apotheker und die maßgeblichen Dachverbände der Ärztegesellschaften der besonderen Therapieeinrichtungen auf Bundesebene ein Anhörungs- und Stellungnahmerecht.[1231] Allerdings kann ein solches Stellungnahmerecht das für eine ausreichende Vertretung erforderliche angemessene Stimmrecht nicht kompensieren, da die Letztentscheidungsbefugnis beim Beschlussgremium des G-BA liegt und somit keine unmittelbare Einflussnahme auf die Beschlussfassung möglich ist. Eine demokratische Legitimation der Bindungswirkung die-

[1228] § 34 Abs. 1 SGB V.
[1229] *M. Plantholz*, SGb 1997, 549 (551), unter Analyse der Rspr.
[1230] § 14a Abs. 3 GeschO i.V.m. Anlage I Nr. 1.
[1231] § 92 Abs. 3a Satz 1 SGB V; bzgl. der Bestimmung von Festbeträgen § 35 Abs. 2 SGB V.

sen gegenüber kann damit nicht durch organisatorisch-konsensuale Legitimation hergestellt werden. So bleibt es diesbezüglich bei einem Legitimationsdefizit.

Dies wird auch nicht dadurch kompensiert, dass Sachverständige der medizinischen und pharmazeutischen Wissenschaft und Praxis an dem Entscheidungsprozess beteiligt und mit einem Anhörungs- und Stellungnahmerecht versehen sind, da auch diesen kein Stimmrecht zukommt.[1232]

Die Interessen der Krankenkassen werden durch den Spitzenverband Bund der Krankenkassen repräsentiert, während die Vertretung der Versicherten aufgrund der antagonistischen Interessenstruktur innerhalb der Krankenkassen im Hinblick auf die Arbeitgeberinteressen sowie der Eigeninteressen der Krankenkassen als Körperschaften des öffentlichen Rechts erneut problematisch ist. So wird dieses Interesse der Versicherten, das in einer kostengünstigen, jedoch umfassenden Versorgung besteht, nicht allein durch die Krankenkassen, vermittelt durch den Spitzenverband Bund der Krankenkassen, zur Geltung gebracht. Insbesondere durch das bei den Arbeitgebern vorherrschende Interesse an Kostenminimierung, das nur bedingt deckungsgleich zu demjenigen der Versicherten ist, wird dasjenige der Letzteren im Entscheidungsprozess relativiert.

Wird das Kostensenkungsinteresse mithin ausreichend durch die Krankenkassen vermittelt durch den Spitzenverband Bund der Krankenkassen in die Entscheidung integriert, bleibt fraglich, wie dasjenige einer umfangreichen Versorgung repräsentiert wird. In diesem Zusammenhang kann erneut auf die Ärzteschaft abgestellt werden. Wurde eine Repräsentation durch die Ärzteschaft bei der Richtlinie zu Untersuchungs- und Behandlungsmethoden der vertragsärztlichen Versorgung aufgrund des Zusammenwirkens der Interessen der Ärzteschaft an Einkommenserzielung sowie einer qualitativ hochwertigen und umfassenden Leistungserbringung um ihrer selbst willen angenommen, so fehlt im vorliegenden Fall zumindest das Einkommensinteresse, da die Ärzteschaft aufgrund ihrer Betroffeneneigenschaft als lediglich leistungsanordnend, nicht jedoch leistungserbringend einbezogen wird, wie sie auch als Sachverständige an der Entscheidung beteiligt ist. In beiden Fällen besteht kein eigenes Interesse an einer Erhöhung der eigenen Einnahmen, so dass zwar ein maßgebliches Interesse der Ärzte wegfällt und damit die Vertretung des Versicherteninteresses lediglich aufgrund des Interesses an Leistungserbringung um ihrer selbst Willen und der Sachverständigenfunktion begründet werden kann. Bei Letzterer ist jedoch zu beachten, dass die Budgetierung in der gesetzlichen Krankenversicherung und deren begrenzte Ressourcen dazu führen, dass Ausgaben, die für einen Sektor getätigt werden, nicht mehr für einen anderen zur Verfügung stehen. So entscheiden bei dieser Richtlinie die Ärzte, die auf anderem Gebiet als Leistungserbringer agieren, über die Verdienstmöglichkeiten von Leistungserbringern auf dem Gebiet der Arzneimittelherstellung. Insoweit ist ein Interessenkonflikt vorhanden, der dazu führen kann, dass die Ärzteschaft ein – negatives – Leistungsinteresse hat, das gerade nicht zur Interessenvertretung, sondern, im entgegengesetzten Sinne,

[1232] § 92 Abs. 3a Satz 1 SGB V; bzgl. der Bestimmung von Festbeträgen § 35 Abs. 2 SGB V.

zur Benachteiligung nicht nur der Leistungserbringer, sondern gerade auch des Versorgungsinteresses der Versicherten führen kann.[1233] So kann nicht davon ausgegangen werden, dass die Ärzteschaft das Versorgungsinteresse der Versicherten vertritt, ohne selbst Leistungserbringer zu sein.

Die eigentliche Leistung wird dagegen von den Arzneimittelherstellern und -vertreibern erbracht. Bei diesen dürfte zwar im Unterschied zu den Ärzten kein eigenständiges Interesse an einer umfassenden Versorgung der Patienten bestehen, aufgrund ihres Interesses an Einkommenserzielung haben diese jedoch ein gesteigertes Interesse an der Aufnahme von Arzneimitteln in den Katalog der verordnungsfähigen und damit erstattungsfähigen Arzneimittel und an deren Verordnung. Sie würden damit als Leistungserbringer in diesem Falle die Gewähr dafür bieten, dass das Interesse der Versicherten an umfassender Versorgung mit Arzneimitteln im Beschlussgremium ausreichend repräsentiert ist, wenn dies auch in erster Linie aufgrund des eigenen einkommensgeleiteten Interesses der Fall ist. Diese sind jedoch gerade nicht im Beschlussgremium mit Stimmrecht vertreten, so dass sie weder ihre eigenen Interessen in den Entscheidungsprozess einbringen noch als Korrektiv für eine Unterrepräsentanz der Versicherten herangezogen werden können. Insoweit ist auch das Versicherteninteresse nicht adäquat repräsentiert.

Dieses Defizit der Interessenvertretung kann auch eine Patientinnen- und Patientenvertretung, die lediglich auf ein Anhörungs- und Stellungnahme- wie auch Mitberatungsrecht verwiesen ist, nicht kompensieren.

### *cc. Inhomogene Interessenstruktur*

Die inhomogene Interessenstruktur bei dieser Konstellation des Beschlussgremiums wurde bereits ansatzweise behandelt. So bestehen einerseits die Interessen auf Seiten der Krankenkassen und Versicherten, zumindest zum Teil vertreten durch den Spitzenverband Bund der Krankenkassen, an Kostensenkung. Auf der anderen Seite fehlt ein dieses ausgleichendes Interesse an Einnahmeerzielung durch die Nichtbeteiligung der Leistungserbringer. Vielmehr besteht durch die Ärzteschaft ein der Leistungserbringung entgegengesetztes Interesse, das dem Kostensenkungsinteresse in die Hand spielt. Gleichzeitig wird das Interesse der Versicherten und insbesondere der Patientinnen und Patienten an umfangreicher Versorgung nicht ausreichend repräsentiert, so dass dem Kostensenkungsinteresse kein ihm Einhalt gebietendes Interesse gegenübersteht. Insoweit besteht keine inhomogene, zum Teil antagonistische Interessenstruktur im Beschlussgremium, sondern es überwiegt das der Kostensenkung. Eine inhomogene und sich daher selbst ausgleichende Interessenlage besteht in diesem Entscheidungsgremium somit nicht.

---

[1233] *I. Ebsen*, MedR 2006, 528 (530), im Hinblick auf die Patienteninteressen.

### *dd. Angemessene Entscheidungsbeteiligung der Interessenvertreter*

Sind die Krankenkassen durch den Spitzenverband Bund der Krankenkassen mit fünf Mitgliedern am Beschlussgremium beteiligt, so wird die Stimme des Mitglieds der Kassenzahnärztlichen Bundesvereinigung anteilig auf die Mitglieder der Kassenärztlichen Bundesvereinigung und der Deutschen Krankenhausgesellschaft als den betroffenen Leistungserbringerorganisationen übertragen,[1234] so dass diese insgesamt dieselbe Stimmanzahl aufweisen wie der Spitzenverband Bund der Krankenkassen. Allerdings fehlt die Entscheidungsbeteiligung der Leistungserbringer in Form der Arzneimittelhersteller und -vertreiber.

Die Patientinnen- und Patientenvertreter sind dagegen an der Beschlussfassung selbst nicht beteiligt, da ihnen keinerlei Stimmrecht zukommt.[1235] Dies ist problematisch, da sie auch nicht als Untergruppe der Versicherten durch deren Vertreter ausreichend repräsentiert sind. Die Beteiligung am Entscheidungsfindungsprozess in Form eines Anhörungs- und Stellungnahmerechts hat dabei lediglich den Zweck, die Interessen der Versicherten im Hinblick auf umfassende Versorgung in den Entscheidungsprozess verstärkt einzuspeisen. Eine Beteiligung der Versicherten an der Entscheidung selbst erfolgt dagegen nur durch die Krankenkassen, was jedoch in Ermangelung einer Vertretung des Interesses an umfassender Versorgung nicht ausreichend ist.

### *ee. Einbezug Nichtbetroffener und Staatsaufsicht*

Bzgl. der Konkretisierung des Anspruchs der Versicherten gegen die Krankenkassen sind die Krankenhäuser und Ärzte keine Betroffenen. Trotzdem ist deren Einbezug sinnvoll, da die Konkretisierung der Leistungseinschränkungen und -ausschlüsse auf der Basis des therapeutischen Nutzens, der medizinischen Notwendigkeit oder der Wirtschaftlichkeit nach dem allgemein anerkannten Stand der medizinischen Erkenntnisse erfolgt und insoweit eine fachlich qualifizierte Einschätzung durch die Leistungserbringer zweckmäßig ist. Die Beteiligung der Leistungserbringer ist damit wertvoll, um deren Sachverstand einzubeziehen. Insoweit kommt ihnen in Bezug auf die Richtlinie eine Doppelstellung als Betroffene und Sachverständige zu.

Darüber hinaus werden Sachverständige der medizinischen und pharmazeutischen Wissenschaft und Praxis an dem Entscheidungsprozess beteiligt und mit einem Anhörungs- und Stellungnahmerecht versehen, denen jedoch kein Stimmrecht zukommt.[1236]

Zum Einbezug der unparteiischen Mitglieder sowie zur Staatsaufsicht gilt das bereits zur Richtlinie zur Fortbildung im Krankenhaus Ausgeführte entsprechend.[1237]

---

1234 § 91 Abs. 2a Satz 2 SGB V.

1235 § 4 Abs. 1 Satz 3 PatBeteiligungsV.

1236 § 92 Abs. 3a Satz 1 SGB V; bzgl. der Bestimmung von Festbeträgen § 35 Abs. 2 SGB V.

1237 Dazu unter D.IV.2.a.ee. Einbezug Nichtbetroffener und ff. Staatsaufsicht zumindest in Form der Rechtsaufsicht.

### ff. Zusammenfassung und Bewertung

Das Beschlussgremium des G-BA weist mit Blick auf die Richtlinie über die Verordnung von Arzneimitteln in der vertragsärztlichen Versorgung nicht die notwendige demokratische Legitimation in Form der organisatorisch-konsensualen Legitimation auf, da die Interessen der jeweils von der Richtlinie Betroffenen, insbesondere diejenigen der Arzneimittelhersteller und Apotheker und im Zuge dessen auch diejenigen der Versicherten an umfassender Versorgung nicht in adäquater Weise vertreten sind.

Diese Nichtrepräsentanz der Leistungserbringer und der hieraus folgenden Unterrepräsentanz der Versicherten führt dazu, dass diese nicht angemessen an der Entscheidung selbst beteiligt sind, so dass es zu einem Überwiegen des Kostensenkungsinteresses im Beschlussgremium kommt und so kein angemessener Interessenausgleich aufgrund sich gegenseitig begrenzender Interessen stattfinden kann. So kommt es zur Dominanz von Partikularinteressen, die auch nicht durch den Einbezug von Patientinnen- und Patientenvertreter oder Sachverständige der medizinischen und pharmazeutischen Wissenschaft und Praxis kompensiert werden kann, womit das für die organisatorisch-konsensuale Legitimation zentrale Element des Interessenausgleichs und der gegenseitigen Machtbegrenzung fehlt und das Beschlussgremium in dieser Zusammensetzung einen Institutionendefekt aufweist.

Das Beschlussgremium in seiner Zusammensetzung im Hinblick auf die Richtlinie über die Verordnung von Arzneimitteln in der vertragsärztlichen Versorgung kann damit nicht demokratisch legitimiert werden, so dass auch deren Bindungswirkung gegenüber den Arzneimittelerbringern, den Apothekern sowie den Versicherten keine demokratische Legitimation aufweist.

### d. Richtlinie über die Verordnung von häuslicher Krankenpflege

### aa. Die von der Richtlinie Betroffenen

Die Richtlinie des G-BA über die Verordnung von häuslicher Krankenpflege[1238] regelt neben dem Anspruch,[1239] dem Umfang[1240] und den Voraussetzungen der Verordnung der Leistung[1241] auch deren Genehmigung[1242] und Kostenübernahme[1243] durch die Krankenkassen, die Zusammenarbeit der beteiligten Leistungserbringer in Form der anordnenden Vertragsärzte oder Krankenhausärzte und den die häusliche Krankenpflege durchführenden ambulanten Pflegedienst-

[1238] Richtlinie des Gemeinsamen Bundesausschusses über die Verordnung von häuslicher Krankenpflege (Häusliche Krankenpflege-Richtlinie) i.d.F. vom 17.9.2009 (BAnz v. 9.2.2010).

[1239] Z.B. §§ 1 Abs. 2 Satz 2, Abs. 5, 5 Abs. 3 Satz 1 Häusliche Krankenpflege-Richtlinie.

[1240] Z.B. §§ 1 Abs. 3, Abs. 4 Satz 2, 2 Abs. 1 Satz 1, Abs. 2 Satz 1, Abs. 3, Abs. 4, Abs. 5, 3 Abs. 1, Abs. 3, 4 Abs. 7 Häusliche Krankenpflege-Richtlinie.

[1241] Z.B. §§ 1 Abs. 6, Abs. 7 Häusliche Krankenpflege-Richtlinie.

[1242] Z.B. §§ 5 Abs. 3 Satz 3, 6 Abs. 1 bis Abs. 5 Häusliche Krankenpflege-Richtlinie.

[1243] Z.B. § 6 Abs. 6 Häusliche Krankenpflege-Richtlinie.

ten[1244] sowie verschiedene Pflichten der Ärzte,[1245] Krankenkassen[1246] und ambulanten Pflegedienste.[1247] So sind die Krankenkassen, die anordnenden Vertrags- und Krankenhausärzte, die sonstigen ermächtigten Ärzte sowie die ambulanten Pflegedienste unmittelbar rechtlich betroffen, die Versicherten im Hinblick auf die Regelungen zur Verordnung der Pflegemaßnahmen zumindest mittelbar und faktisch, bzgl. der Ausgestaltung ihres Leistungsrechts auf häusliche Krankenpflege[1248] dagegen ebenfalls unmittelbar und rechtlich betroffen.

Von den Regelungen zur Leistungskonkretisierung nicht betroffen sind dagegen die verordnenden Ärzte und Krankenhäuser, die diesbezüglich als Sachverständige beteiligt sind.[1249]

Darüber hinaus sind die ambulanten Pflegedienste als Leistungserbringer zumindest mittelbar faktisch von der Aufnahme ihrer Leistungen in den Katalog der verordnungs- und erstattungsfähigen Maßnahmen betroffen, da andernfalls eine Einkommenserzielung mit der Erbringung dieser Leistungen nicht mehr gewährleistet und damit die Ausübung des Berufes gefährdet ist, womit ein mittelbar faktischer Eingriff in die Berufsausübungsfreiheit vorliegt.[1250]

*bb. Interessenrepräsentanz der Betroffenengruppen*

Folgerichtig sind an der Beschlussfassung über diese Richtlinie neben dem Spitzenverband Bund der Krankenkassen auch die Kassenärztliche Bundesvereinigung sowie die Deutsche Krankenhausgesellschaft beteiligt,[1251] wodurch auch deren Sachverstand im Hinblick auf die Erforderlichkeit und Therapiemöglichkeiten durch häusliche Krankenpflege eingebracht wird. Diese repräsentieren nicht nur die Krankenkassen, die organisierten Ärzte bzw. Krankenhausträger, die Mitglied in den Landeskrankenhausgesellschaften sind, sondern ebenfalls die ermächtigten Ärzte, die keine Krankenhausärzte sind, bzw. die Krankenhausträger, die keiner Landeskrankenhausgesellschaft angehören, da deren Interessen sich von denjenigen der organisierten Ärzte bzw. Krankenhausträger nicht unterscheiden.

Nicht im Beschlussgremium repräsentiert sind dagegen die Interessen der Leistungserbringer in Form der ambulanten Pflegedienste, obgleich deren Rechtsstellung durch die Anordnung und Ausgestaltung der Zusammenarbeit mit den anordnenden Ärzten z.B. in Form von Informationspflichten betroffen

[1244] § 7 Abs. 1 Satz 1 Häusliche Krankenpflege-Richtlinie.

[1245] Wie die Pflicht zur Koordination, § 7 Abs. 2 Satz 2, zur Einsichtnahme, § 7 Abs. 4, Mitteilungs-, § 3 Abs. 5, Informations-, § 7 Abs. 3, Abs. 5 Satz 2, Berücksichtigungs-, § 3 Abs. 6, und Vergewisserungspflichten, § 5 Abs. 1 Satz 1 Häusliche Krankenpflege-Richtlinie.

[1246] So z.B. Informationspflichten, § 6 Abs. 2 Satz 2 Häusliche Krankenpflege-Richtlinie.

[1247] Zu deren Informationspflicht § 7 Abs. 2 Häusliche Krankenpflege-Richtlinie.

[1248] Z.B. § 1 Abs. 2 Satz 2, 4, § 5 Abs. 3 Häusliche Krankenpflege-Richtlinie.

[1249] Dazu D.IV.2.d.ee. Einbezug Nichtbetroffener und Staatsaufsicht.

[1250] Dazu bereits dieselbe Argumentation zu den Arzneimittelherstellern und -vertreibern unter D.IV.2.c.aa. Die von der Richtlinie Betroffenen.

[1251] § 14a Abs. 3 GeschO i.V.m. Anlage I Nr. 48.

ist.[1252] Scheidet eine Kompensation durch das den für die Wahrnehmung der Interessen von Pflegediensten maßgeblichen Spitzenorganisationen auf Bundesebene eingeräumte Anhörungsrecht aus,[1253] da die Letztentscheidungsbefugnis beim Beschlussgremium des G-BA bleibt und somit keine unmittelbare Einflussnahme auf die Beschlussfassung möglich ist, kann die den ambulanten Pflegediensten gegenüber bestehende Bindungswirkung nicht aufgrund organisatorisch-konsensualer Legitimation gerechtfertigt werden. So bleibt es diesbezüglich bei einem Legitimationsdefizit.

Die Interessen der Versicherten werden ebenfalls durch den Spitzenverband Bund der Krankenkassen, die Kassenärztliche Bundesvereinigung sowie, mit ähnlicher Argumentation wie für die Kassenärztliche Bundesvereinigung,[1254] durch die Deutsche Krankenhausgesellschaft durch die jeweils eigene, spezifische Interessenvertretung mit wahrgenommen. Allerdings ist zu beachten, dass mitunter ausschlaggebend für die Heranziehung der Leistungserbringerseite für die Interessenrepräsentanz der Versicherten u.a. nicht nur das Interesse an der Erbringung einer vollumfänglichen, professionellen Versorgung, sondern auch das an der Erbringung von abrechnungsfähigen Leistungen ist. Besteht das Erstere weiter fort, fehlt das Letztere bei den Ärzten und Krankenhäusern, da neben der Anordnung der häuslichen Pflege keine weiteren wesentlichen Leistungen von der Ärzteschaft oder den Krankenhäusern erbracht werden. Aufgrund der Budgetierung in der gesetzlichen Krankenversicherung und deren begrenzten Ressourcen muss vielmehr erneut von einem Interessenkonflikt ausgegangen werden, bei dem die Ärzteschaft ein – negatives – Leistungsinteresse verfolgt, das gerade nicht zur Interessenvertretung, sondern im entgegengesetzten Sinne zur Benachteiligung der Leistungserbringer wie auch gerade des Versorgungsinteresses der Versicherten führen kann.[1255] So kann nicht davon ausgegangen werden, dass die Ärzteschaft eine objektive Beurteilung der Notwendigkeit von Arzneimitteln vornimmt und damit auch das Versorgungsinteresse der Versicherten vertritt, ohne selbst Leistungserbringer zu sein.

Aufgrund des Fehlens der Interessenrepräsentanz der Leistungserbringer in Form der ambulanten Pflegedienste kann daher eine Kompensation der mangelnden Vertretung des Versicherteninteresses an umfangreicher Versorgung nicht angenommen werden. Ein Ausgleich dieses Defizits durch die Vertreter der Patientinnen und Patienten sowie der Vertreter der Selbsthilfe chronisch kranker und behinderter Menschen scheidet bereits mangels Stimmrechts aus.

### *cc. Inhomogene Interessenstruktur*

Die vertretenen Interessen weisen aufgrund des Fehlens einer Interessenrepräsentanz der Leistungserbringer in Form der ambulanten Pflegedienste nicht

[1252] § 7 Abs. 1 bis Abs. 3 Häusliche Krankenpflege-Richtlinie.
[1253] § 92 Abs. 7 Satz 2 i.V.m. § 132a Abs. 1 Satz 1 1. Hs. SGB V.
[1254] Dazu D.IV.2.c.bb. Interessenrepräsentanz der Betroffenengruppen.
[1255] Dazu D.IV.2.c.bb. Interessenrepräsentanz der Betroffenengruppen.

mehr die für einen angemessenen Interessenausgleich erforderliche Inhomogenität auf. Vertritt der Spitzenverband Bund der Krankenkassen das Kosteninteresse, jedoch aufgrund des innerhalb der Organisation vorherrschenden Interessenantagonismus dasjenige an einer umfangreichen Versorgung der Versicherten mit ambulanten Pflegemaßnahmen nur unzureichend, fehlt das Korrektiv hierzu auf Leistungserbringerseite, da die Kassenärztliche Bundesvereinigung zwar nach wie vor ein Interesse an umfassender Versorgung der Versicherten haben dürfte, jedoch die maßgebliche Triebfeder der Einkommenserzielung aufgrund der Tatsache, dass die Ärzte nur verordnend und nicht leistungserbringend tätig werden, fehlt. Ebenfalls wird das Interesse an umfassender Versorgung auch nicht durch die Deutsche Krankenhausgesellschaft, die ebenfalls nicht als Leistungserbringer agiert, kompensiert. So fehlt das für den Interessenausgleich notwendige Leistungserbringungsinteresse der ambulanten Pflegedienste, welches das notwendige Korrektiv zu dem vom Spitzenverband Bund der Krankenkassen mit wahrgenommenen Kosteninteresse darstellen würde. Insoweit ermangelt es aufgrund der Absenz des Leistungserbringungsinteresses im Beschlussgremium einer inhomogenen und damit selbstregulativen Interessenstruktur, so dass ein angemessener Interessenausgleich zumindest strukturell nicht angelegt ist.

*dd. Angemessene Entscheidungsbeteiligung der Interessenvertreter*

Die einbezogenen Interessenvertreter sind zwar angemessen an der Entscheidung beteiligt, da der Spitzenverband Bund der Krankenkassen ebenso wie die Kassenärztliche Bundesvereinigung und die Deutsche Krankenhausgesellschaft, auf welche die Stimme des Mitglieds der Kassenzahnärztlichen Bundesvereinigung anteilig übertragen wird,[1256] mit fünf Mitgliedern am Beschlussgremium beteiligt sind. Allerdings ist dieses Gleichgewicht zwischen Krankenkassen und Leistungserbringern im vorliegenden Falle gestört, da die Beteiligten gerade nicht die Leistung aus eigener Hand erbringen, sondern diese nur anordnen. Die ambulanten Pflegedienste sind als Leistungserbringer jedoch nicht an der Entscheidung beteiligt.

Ebenfalls sind die Vertreter der Patientinnen und Patienten nur mitberatend beteiligt, was vor dem Hintergrund der defizitären Versichertenbeteiligung ebenfalls problematisch ist.

*ee. Einbezug Nichtbetroffener und Staatsaufsicht*

Zum Einbezug der unparteiischen Mitglieder sowie zur Staatsaufsicht gilt das bereits zur Richtlinie zur Fortbildung im Krankenhaus Ausgeführte entsprechend,[1257] wie auch das zum Einbezug der Ärzte und Krankenhäuser im Hin-

---

1256 § 91 Abs. 2a Satz 2 SGB V.

1257 Dazu unter D.IV.2.a.ee. Einbezug Nichtbetroffener und ff. Staatsaufsicht zumindest in Form der Rechtsaufsicht.

blick auf die Konkretisierung des Leistungsrechts Gesagte zur Arzneimittel-Richtlinie gilt.[1258]

### *ff. Zusammenfassung und Bewertung*

Durch die Nichtbeteiligung der von der Richtlinie betroffenen Leistungserbringer der ambulanten Pflegedienste sind im Beschlussgremium nicht alle Betroffenen repräsentiert. Dies hat auch Auswirkungen auf die Repräsentanz der Versicherteninteressen. Da diese grundsätzlich ebenfalls durch die Leistungserbringerseite mit wahrgenommen werden, fehlt eine solche Kompensation in der vorliegenden Zusammensetzung des Beschlussgremiums, so dass die Vertretung der Versicherteninteressen durch den Spitzenverband Bund der Krankenkassen sowie der Leistungserbringer nicht greift.

Infolge der Nichtrepräsentanz der Leistungserbringer und der hieraus folgenden Unterrepräsentanz der Versicherten sind diese auch nicht angemessen an der Entscheidung selbst beteiligt und es kommt zu einer Schieflage der im Beschlussgremium vorhandenen Interessen, so dass ein angemessener Interessenausgleich aufgrund sich gegenseitig begrenzender Interessen nicht mehr möglich erscheint. Hierdurch fehlt das für die organisatorisch-konsensuale Legitimation zentrale Element des Interessenausgleichs und der gegenseitigen Machtbegrenzung, so dass es zu einer Dominanz von Partikularinteressen in Form des Kosteninteresses kommen kann. Das Beschlussgremium in seiner Zusammensetzung im Hinblick auf die Richtlinie über die Verordnung von häuslicher Krankenpflege weist damit einen Institutionendefekt auf und kann nicht demokratisch legitimiert werden, so dass auch deren Bindungswirkung gegenüber den ambulanten Pflegediensten und den Versicherten demokratischer Legitimation entbehrt.

## *V. Zusammenfassung und Bewertung*

Der Gesetzgeber fasst in den Beschlussgremien des G-BA die für die Erfüllung der Ziele der jeweils zu regelnden Sachmaterie betroffenen Interessen und die hierfür notwendige Sachkunde zusammen. So ist der G-BA trotz einer ebenfalls erfolgenden Betroffenenbeteiligung aufgrund der zahlreichen Fremdeinflüsse nicht der Selbstverwaltung zuzurechnen, sondern gehört aufgrund seiner interessenpluralen Struktur der gruppenpluralen Konsensverwaltung an. Da Sachkunde zumeist mit Sachnähe und damit Partikularinteressen einhergeht, versucht der Gesetzgeber, mittels Rückbindung dieser Interessen aneinander die Notwendigkeit einer konsensualen Einigung zu begründen und einen vom Ziel geleiteten, sachkundigen Ausgleich der Interessen unter Zurückdrängung der Dominanz von Partikularinteressen sicherzustellen. Hierzu werden je nach Be-

[1258] Dazu unter D.IV.2.c.ee. Einbezug Nichtbetroffener und Staatsaufsicht.

schlussgegenstand die Beschlussgremien von den Vertretern der Krankenkassen und den jeweils betroffenen und sachverständigen Leistungserbringern paritätisch besetzt, denen insoweit eine Doppelstellung zukommt. Dabei werden Interessen von Betroffenen, insbesondere dann, wenn sie plural und antagonistisch sind, von mehreren an der Entscheidung Beteiligten wahrgenommen. So werden die Versicherteninteressen von den Krankenkassen wie auch der Leistungserbringerseite, verstärkt durch die mitberatende Funktion der Vertreter der Patientinnen und Patienten als Sachverständige, grundsätzlich ausreichend repräsentiert. Zur Sicherstellung des Interessenausgleichs sowie der Entscheidungsfähigkeit des Gremiums wurden die unparteiischen Mitglieder, insbesondere der unparteiische Vorsitzende in das Beschlussgremium aufgenommen. Insoweit handelt es sich bei den Beschlussgremien des G-BA um gruppenplural zusammengesetzte Organisationseinheiten, in denen der Gesetzgeber die organisatorische Vorkehrung dafür getroffen hat, dass die Betroffeneninteressen ausreichend vertreten sind und sich diese, ergänzt durch Sachverstand und einen Konfliktlösungsmechanismus in Form der unparteiischen Mitglieder, selbständig ausgleichen. In diesen Fällen können die Beschlussgremien des G-BA demokratische Legitimation in Form der organisatorisch-konsensualen Legitimation für sich reklamieren. So werden die geringe materielle Steuerung sowie die Defizite personeller Legitimation durch Prozeduralisierung mittels Organisation und Verfahren aufgefangen.

Im Gegensatz zu den bisherigen Legitimationsmodellen können so die Beteiligung nicht nur der Vertreter der Kassen(zahn)ärztlichen Bundesvereinigungen, die bislang als schwach legitimiert galten, legitimiert werden, sondern auch die bislang ohne demokratische Legitimation angesehene Beteiligung der unparteiischen Mitglieder und die der Vertreter der Patientinnen und Patienten, wie auch die der Versicherten, der ermächtigten Ärzte, die in Ermangelung einer Mitgliedschaft nicht von der Kassenärztlichen Bundesvereinigung vertreten werden, und auch derjenigen Krankenhausträger, die nicht in einer Landeskrankenhausgesellschaft organisiert sind und daher nicht als von der Deutschen Krankenhausgesellschaft vertreten angesehen wurden.

Sollte es dagegen in einem Beschlussgremium aufgrund seiner Zusammensetzung zu einer Interessenschlagseite kommen, die zum Übergewicht eines Partikularinteresses führt, hat der Gesetzgeber diesen Institutionendefekt im Rahmen seiner Beobachtungs- und Nachbesserungspflicht entweder durch die Aufnahme weiterer oder die Verstärkung der benachteiligten Interessen zu beheben oder dem durch verstärkte normative Steuerung der Tätigkeit des G-BA entgegenzuwirken.[1259] Vor diesem Hintergrund wird bedeutsam, dass bei einem völligen Fehlen der Beteiligung der Leistungserbringer nicht nur diese, sondern auch die ausdifferenzierte Interessenvertretung der Versicherten unterbleibt. So kann die Zusammensetzung des Beschlussgremiums im Hinblick auf den Beschluss von Richtlinien, die Leistungserbringer betreffen, die jedoch nicht an der Beschluss-

---

1259 Zum letzten Aspekt *I. Ebsen*, in: *Schnapp* (Hrsg.), Rechtsquellen, S. 13 (34).

fassung beteiligt sind, sei es, dass sie am Entscheidungsprozess keinerlei Anteil haben oder ihnen lediglich Anhörungs- und Stellungnahmerechte zuerkannt werden, nicht organisatorisch-konsensual legitimiert werden, wie dies bei den Richtlinien über die Verordnung von Arzneimitteln in der vertragsärztlichen Versorgung und über die Verordnung von häuslicher Krankenpflege der Fall ist. In diesen Fällen hat der Gesetzgeber nachzubessern und den Betroffenengruppen ein angemessenes Stimmrecht einzuräumen.

## E. Die konsensualen Organisationsformen des Sozialrechts im Gefüge unmittelbarer und mittelbarer Staatsverwaltung sowie zwischen Selbstverwaltung und gruppenpluraler Konsensverwaltung

Wie die bisherige Untersuchung gezeigt hat, handelt es sich bei den Sozialversicherungsträgern sowie der „Gemeinsamen Selbstverwaltung" in Form des G-BA nicht um Organisationsformen, die der Selbstverwaltung im Sinne des Allgemeinen Verwaltungsrechts zuzurechnen sind, sondern um Fremdverwaltung, die aufgrund ihrer gruppenpluralen Struktur auf eine konsensuale Entscheidungsfindung angelegt ist. Insoweit können diese Organisationsformen zusammenfassend als gruppenplurale Konsensverwaltung bezeichnet werden. Dabei unterscheiden sich die Sozialversicherungsträger von der „Gemeinsamen Selbstverwaltung" dahingehend, dass jene durch einseitige Beteiligung von Nichtbetroffenen Fremdverwaltungselemente aufweisen, während diese dadurch gekennzeichnet ist, dass nicht nur die von einer Aufgabe Betroffenen unter Einfluss von Fremdverwaltung Entscheidungen treffen, sondern diese Betroffenen auch in anderen Bereichen als Nichtbetroffene mitwirken.

Durch diese gruppenplural-konsensuale Organisationsstruktur ist es auch möglich, die umstrittene und teilweise fehlende personelle wie auch sachlich-inhaltliche Legitimation durch die organisatorisch-konsensuale Legitimation zu ergänzen und damit ein ausreichendes Legitimationsniveau sicherzustellen, so dass die Organisationseinheiten demokratisch legitimiert werden können.

Inwieweit dieses Konzept eine singuläre Erscheinung und damit eine Besonderheit des Sozialrechts bleibt oder sich in die vorhandenen Organisationsformen des Allgemeinen Verwaltungsrechts integrieren lässt, wird im Folgenden untersucht, indem die Anschlussfähigkeit an die bestehenden, im Allgemeinen Verwaltungsrecht anerkannten Organisationsformen unter besonderer Berücksichtigung ihrer demokratischen Legitimation beleuchtet wird. Gleichzeitig soll die folgende Untersuchung einen Beitrag leisten, durch den das Sozialrecht für die Fortentwicklung des Allgemeinen Verwaltungsrechts fruchtbar gemacht wird, indem durch die Neukategorisierung der Verwaltungseinheiten in Form der gruppenpluralen Konsensverwaltung dem Allgemeinen Verwaltungsrecht Perspektiven zur besseren dogmatischen Durchdringung und Einordnung der Phänomenologie seiner Organisationsformen aufgezeigt werden. Im Folgenden wird daher ausgehend von einer Einordnung ausgesuchter (I.) Organisationsformen der Selbst- und gruppenpluralen Konsensverwaltung die verschiedenen (II.) Kategorien demokratischer Legitimation erörtert, ehe eine (III.) zusammenfassende Bewertung erfolgt.

## *I. Organisationsformen der Selbst- und gruppenpluralen Konsensverwaltung*

Im Folgenden werden verschiedene Organisationsformen auf deren Zuordnung zur Selbstverwaltung oder zur gruppenpluralen Konsensverwaltung hin untersucht, um hieraus die Verallgemeinerungsfähigkeit der aus dem Sozialrecht gewonnenen Erkenntnisse zu überprüfen und diese für die Fortbildung des Allgemeinen Verwaltungsrechts fruchtbar zu machen. Dabei erfolgt die Auswahl aus der schier unübersehbaren Anzahl von Organisationseinheiten mit Blick auf die Zusammensetzung ihrer Organe und damit auch auf die Besonderheiten, die diese bzgl. ihrer demokratischen Legitimation aufweisen. So werden unter der unumstrittenen Einordnung als Teile der funktionalen (1.) Selbstverwaltung insbesondere die Industrie- und Handelskammern, die Universitäten und die Handwerkskammern behandelt, ehe (2.) die öffentlich-rechtlichen Rundfunkanstalten, (3.) die Filmförderungsanstalt und die Vergabekommission, (4.) die Bundesprüfstelle für jugendgefährdende Medien, (5.) der Deutsche Weinfonds, (6.) die Lebensmittelbuch- sowie (7.) die Gendiagnostik-Kommission untersucht werden und unter (8.) eine Zusammenfassung und Bewertung erfolgt.

### *1. Selbstverwaltungsträger*

Die Vielfalt der Selbstverwaltungsträger ist groß und reicht von der territorialen hin zur funktionalen Selbstverwaltung, die ihrerseits gegliedert werden kann in verschiedene Sachbereiche oder Funktionen, wie die akademische Selbstverwaltung.[1260]

Weitgehend unproblematisch ist die Einordnung der bestehenden Körperschaften des öffentlichen Rechts als Selbstverwaltungseinheiten, da hier der Gesetzgeber durch die Definition des Mitgliederkreises gleichzeitig den Betroffenenstatus vorgibt. Eine solche ist ihm entweder verfassungsrechtlich auferlegt oder erscheint ihm zweckmäßig, um eine bestimmte Aufgabe zu erfüllen. Hierbei kommt dem Gesetzgeber ein weiter Gestaltungsspielraum zu. Dabei knüpft er zumeist an eine territorial oder soziologisch vorstrukturierte Gruppe an, denen die öffentlich-rechtliche Rechtsform der Körperschaft zuerkannt wird, wie dies bei der Verkammerung von Berufen oder der körperschaftlichen Organisation von Erwerbszweigen der Fall ist, oder er stellt auf gesellschaftliche Interessen-

[1260] Dazu *W. Kluth*, Funktionale Selbstverwaltung, S. 30 ff.; *R. Hendler*, in: *Isensee/Kirchhof* (Hrsg.), HStR VI, § 143 Rn. 65 ff.; *M. Jestaedt*, Die Verwaltung 35 (2002), S. 293 (304 ff.); *T. Groß*, DVBl. 2002, 1182 (1183 f.); *R. Hendler*, in: *Isensee/Kirchhof* (Hrsg.), HStR VI, § 143 Rn. 1; *H.H. Rupp*, in: *v. Mutius* (Hrsg.), FG Unruh 1983, S. 919 ff. Dazu bereits A.II. Arten der Selbstverwaltung.

gruppen ab, deren Integration verwaltungsorganisatorisch durch Repräsentation bewerkstelligt werden soll.[1261] Dies ist insbesondere bei den Industrie- und Handelskammern, in denen der Ausgleich verschiedener Brancheninteressen angestrebt wird,[1262] sowie den Handwerkskammern, in denen neben den selbständigen Handwerkern auch die Gesellen und Lehrlinge organisiert sind, der Fall. Dabei fällt gerade bei diesen beiden Erscheinungsformen der Selbstverwaltung auf, dass bereits in der Zusammenfassung der Personenkreise wie auch der Besetzung der Entscheidungsgremien Elemente eines strukturellen Interessenausgleichs angelegt sind, wobei gerade mit Blick auf die Industrie- und Handelskammern die Interessenstruktur interessenantagonistische Züge annehmen kann.[1263]

Kategorisierungen können dabei in vielfältiger Form vorgenommen werden.[1264] Verfassungsrechtlich gewährleistet sind allein die kommunale Selbstverwaltung, Art. 28 Abs. 2 GG, um die Gemeindehoheiten vor staatlichem Zugriff zu schützen, sowie die – umstrittene – akademische Selbstverwaltung, Art. 5 Abs. 3 GG,[1265] als institutionalisierter Grundrechtsschutz, die durch die Universitäten wahrgenommen wird. Nach umstrittener aber wohl herrschender Ansicht wird auch der öffentlich-rechtliche Rundfunk zur grundrechtssichernden Selbstverwaltung gezählt[1266] und zum Teil mit den Universitäten als „Kulturanstalten" einer Kategorie zugeordnet.[1267] Dies ist jedoch Zweifeln ausgesetzt.

### 2. *Die öffentlich-rechtlichen Rundfunkanstalten*

Der Bayerische Rundfunk, auf den im Folgenden exemplarisch für alle sonstigen Rundfunkanstalten abgestellt wird, ist eine rechtsfähige Anstalt des öffentlichen Rechts, dem das Recht der Selbstverwaltung zuerkannt wird.[1268] Die Einordnung als Anstalt ist mangels körperschaftlicher Struktur auch konsequent.[1269]

Der Bayerische Rundfunk hat die Aufgabe, Hörfunkprogramme, Fernsehprogramme und Telemedien herzustellen und zu verbreiten.[1270] Hierzu veranstaltet

---

[1261] *G.F. Schuppert*, in: *v. Mutius* (Hrsg.), FG Unruh 1983, S. 183 (190 f.).

[1262] *A. Rickert*, in: *Frentzel/Jäkel/Junge* (Hrsg.), Industrie- und Handelskammergesetz, § 5 Rn. 44 ff.

[1263] *W. Hoffmann-Riem*, Interessenzuordnung, S. 15 ff.

[1264] Z.B. nach der Betroffenenstruktur und der Interessenzusammensetzung, nach der verfassungsrechtlichen Absicherung, nach den Entstehungsformen und -gründen, funktional nach Aufgaben- und Sachbereichen, nach den Organisationsformen und ihrer Binnenorganisation sowie auch nach den Formen der Legitimation, dazu bereits unter A.II. Arten der Selbstverwaltung sowie *W. Kluth*, Funktionale Selbstverwaltung, S. 30 ff., 217 ff.

[1265] Zu dieser insbes. BVerfGE 15, 256 (264); 35, 79 (116). Zur Rechtsform der Universitäten *H. Maurer*, WissR 10 (1977), S. 193 (199 f.) m.w.N.

[1266] *W. Hoffmann-Riem*, in: *v. Mutius* (Hrsg.), FG Unruh 1983, S. 951 ff.; *G.F. Schuppert*, a.a.O., S. 183 (195 ff.); *R. Hendler*, in: *Isensee/Kirchhof* (Hrsg.), HStR VI, § 143 Rn. 1.

[1267] *A. Köttgen*, in: *v. Beckerath/Brinkmann/Gutenberg* (Hrsg.), Handwörterbuch der Sozialwissenschaften, Bd. 9, S. 220 (224); *G.F. Schuppert*, in: *v. Mutius* (Hrsg.), FG Unruh 1983, S. 183 (195 ff.).

[1268] Art. 1 Abs. 1 BayRG.

[1269] *T. Vesting*, Prozedurales Rundfunkrecht, S. 280 ff.

[1270] Art. 2 Abs. 1 BayRG.

er Fernseh- sowie Hörfunkprogramme mit verschiedenen Schwerpunkten, die gesetzlich vorgegeben sind.[1271] Organe des Bayerischen Rundfunks sind der Rundfunkrat, der Verwaltungsrat sowie der Intendant. Zentrales Gremium ist dabei der Rundfunkrat, dem die Aufgabe zufällt, die Interessen der Allgemeinheit auf dem Gebiet des Rundfunks zu vertreten und die gesetzeskonforme Aufgabenerfüllung des Bayerischen Rundfunks und die Einhaltung der Programmgrundsätze zu überwachen.[1272] Weiter kommen ihm Kontroll-, Wahl-, Beratungs- und Beschlussfunktionen grundsätzlicher Art zu;[1273] insbesondere hat er den Haushaltsplan zu genehmigen.[1274] Er hat eine offene Meinungsbildung zu sichern und dadurch Gewähr für Meinungsvielfalt zu bieten.[1275] Der Rundfunkrat besteht aus insgesamt 46 Mitgliedern, die von weltanschaulichen und gesellschaftlichen Gruppen sowie der Staatsregierung und dem Landtag entsandt werden, wobei Letztere die Zahl von einem Drittel der Gesamtmitglieder des Rundfunkrats nicht übersteigen darf.[1276] Die pluralistische Besetzung der Gremien geht dabei auf die Besatzungsmächte zurück.[1277] Eine Ernennung durch eine staatliche Stelle ist nicht erforderlich. Der Rundfunkrat entscheidet mit einfacher Mehrheit.

Da nach dem BVerfG Rundfunkanstalten „höchstens einer beschränkten staatlichen Rechtsaufsicht unterworfen" werden dürfen,[1278] unterliegt auch der Bayerische Rundfunk lediglich der Rechtsaufsicht, die durch das Staatsministerium für Wissenschaft, Forschung und Kunst ausgeübt wird und erst dann zu Maßnahmen berechtigt, wenn die jeweiligen Organe des Bayerischen Rundfunks die ihnen obliegenden Pflichten in angemessener Frist nicht oder nicht hinreichend erfüllen.[1279]

Da die Rundfunkanstalten nicht mitgliedschaftlich, sondern gesellschaftspluralistisch verfasst und als Grundrechtsträger prädestiniert sind, werden Stimmen laut, welche die Zuordnung der Rundfunkanstalten zur öffentlichen Verwaltung und damit letztlich auch die Notwendigkeit demokratischer Legitimation verneinen.[1280] So wären die Mitglieder im Rundfunkrat Vertreter der gesellschaftlichen Gruppen und damit Grundrechtsträger, nicht dagegen in die Verwaltungstätigkeit einbezogene Grundrechtsverpflichtete, was sich auch durch die gesetzliche

---

1271 Art. 2 Abs. 2, Abs. 3 BayRG.

1272 Art. 6 Abs. 1 BayRG.

1273 Art. 7 BayRG.

1274 Art. 7 Abs. 3 Nr. 6 BayRG.

1275 BVerfGE 60, 53 (66); *T. Vesting*, Prozedurales Rundfunkrecht, S. 280 ff.

1276 Art. 6 Abs. 2 Satz 2, Abs. 3 Nr. 1 BayRG. Problematisch ist dabei, dass insgesamt 13 Vertreter von Landtag und Staatsregierung entsandt werden bei einer Gesamtanzahl von 46 Mitgliedern, so dass auch die Verfassungskonformität des Bayerischen Rundfunks Zweifel aufwirft, vgl. zur Staatsbeteiligung am ZDF BVerfG, Urt. v. 25.3.2014, 1 BvF 1/11, 1 BvF 4/11.

1277 *K.P. Jank*, Rundfunkanstalten, S. 19 ff.; *E. Ziegler*, Rundfunk, S. 71 ff.; *W. Schmidt*, Rundfunkvielfalt, S. 58 ff.

1278 BVerfGE 12, 205 (261); 57, 295 (326), zum privaten Rundfunk.

1279 Art. 24 Abs. 1 BayRG.

1280 *W. Kluth*, Funktionale Selbstverwaltung, S. 78 ff.; die von *Kluth* zitierten Literaturangaben beziehen sich jedoch nur auf die Ausgrenzung des Rundfunks von der Selbstverwaltung, nicht dagegen generell aus dem Bereich der Staatsverwaltung.

und damit öffentlich-rechtliche Verfasstheit der Rundfunkräte nicht ändere.[1281] Daher sei die Aufgabenerfüllung durch den Rundfunkrat nicht dem staatlichen Bereich zuzuordnen, der sich lediglich auf die Gewährleistung des organisatorischen Rahmens der Grundrechtsausübung erstrecke.[1282]

Einer solchen Interpretation ist insoweit zuzustimmen, als sich die staatliche Verpflichtung aufgrund der Institutsgarantie des Rundfunks auf die Ausgestaltung der Rundfunkfreiheit und der Bereitstellung der hierfür erforderlichen technischen, organisatorischen, personellen und finanziellen Rahmenbedingungen erstreckt.[1283] „Es bedarf dazu vielmehr einer positiven Ordnung, welche sicherstellt, daß die Vielfalt der bestehenden Meinungen im Rundfunk in möglichster Breite und Vollständigkeit Ausdruck findet und daß auf diese Weise umfassende Information geboten wird.[[1284]] Um dies zu erreichen, sind materielle, organisatorische und Verfahrensregelungen erforderlich, die an der Aufgabe der Rundfunkfreiheit orientiert und deshalb geeignet sind zu bewirken, was Art. 5 Abs. 1 GG gewährleisten will.“[1285]

Allerdings erschöpft sich der Verfassungsauftrag nicht hierhin. Aufgrund der überragenden Bedeutung der Rundfunkfreiheit für die freie Bildung der Meinung und das Demokratieprinzip beinhaltet diese vielmehr auch den Auftrag an den Staat, die „Grundversorgung“ sicherzustellen, was in der dualen Rundfunkordnung durch den öffentlich-rechtlichen Rundfunk zu erfolgen hat.[1286] Den Staat trifft hier nicht nur eine ergänzende Regulierungsverantwortung, wie dies in grundsätzlich privatwirtschaftlichem Handeln überlassenen Wirtschaftsbereichen der Fall ist.[1287] Anstelle der Gewährleistung eines bloß ordnungspolitischen Rahmens zur Wahrnehmung der Grundrechte, wie dies im Hinblick auf die privaten Rundfunkanbieter der Fall ist,[1288] gestaltet und verantwortet der Staat die Organisation der Berichterstattung selbst, wozu er die öffentlich-rechtlichen Rundfunkanstalten in Form öffentlich-rechtlicher Anstalten organisiert und diese zu einem maßgeblichen Teil staatlich finanziert.[1289] Insoweit ist der Staat unmittelbarer Träger und Veranstalter des Rundfunks und erfüllt den Funktionsauftrag der öffentlich-rechtlichen Rundfunkberichterstattung selbst.[1290] Vor diesem Hintergrund ist eine Verengung des Rundfunks auf die bloße Grundrechtsausübung durch gesellschaftliche Kräfte in einem vom Staat gewährleisteten Rahmen nicht überzeugend. So ist dem BVerfG darin zuzustimmen, dass die Rundfunkanstalten in öffentlicher Verantwortung stehen und somit Aufgaben

---

[1281] *W. Kluth*, Funktionale Selbstverwaltung, S. 81.

[1282] *W. Kluth*, Funktionale Selbstverwaltung, S. 81.

[1283] BVerfG, Rn. 44; BVerfGE 57, 295 (320, 331).

[1284] Dazu auch *M. Sachs*, ZG 2014, 275 (276 f.).

[1285] BVerfGE 57, 295 (320).

[1286] BVerfGE 73, 118 (157); 74, 297 (324 f.); 83, 238 (297).

[1287] BVerfG, Urt. v. 25.3.2014, Rn. 44.

[1288] BVerfGE 57, 295 (324 f.).

[1289] BVerfG, Urt. v. 25.3.2014, Rn. 44; dazu auch *G. Herrmann/M. Lausen*, Rundfunkrecht, § 10 Rn. 4 ff., 30 ff.

[1290] BVerfG, Urt. v. 25.3.2014, Rn. 44; BVerfGE 73, 118 (158).

der öffentlichen Verwaltung wahrnehmen.[1291] Ihnen kommt insoweit auch eine integrierende Funktion für das Staatsganze zu. Vor diesem Hintergrund haben die öffentlich-rechtlichen Rundfunkanstalten als Gegengewicht zu den privaten Rundfunkanbietern ihr Leistungsangebot an einer anderen, marktwirtschaftlichen Anreizen nicht folgenden, sondern an der inhaltlichen Vielfalt orientierten Entscheidungsrationalität auszurichten.[1292] Er muss daher über eine Mindestversorgung hinaus die volle Breite des Rundfunkauftrags abdecken und umfasst neben der Meinungs- und Willensbildung sowie Unterhaltung und Information eine an das gesamte Publikum gerichtete kulturelle Verantwortung.[1293]

Damit erfolgt zwar die Verortung des Rundfunks in den staatlichen Aufgabenbereich, jedoch ist noch keine Aussage über die Zuordnung zur Selbstverwaltung getroffen. Diese wird zwar durch Gesetz vorgenommen, indem der Rundfunkanstalt das Recht zur Selbstverwaltung zugesprochen wird,[1294] und auch die Literatur zögert nicht, den Rundfunk zu den grundrechtsgetragenen Selbstverwaltungseinrichtungen zu zählen.[1295] Ob eine solche Zuordnung im Sinne des Allgemeinen Verwaltungsrechts jedoch überzeugend vorgenommen werden kann, hängt erneut von den entwickelten Kriterien der eigenverantwortlichen Aufgabenwahrnehmung durch einen von der Allgemeinheit abgrenzbaren Kreis von qualifiziert, rechtlich und unmittelbar Betroffenen ab.

Bestehen an einer eigenverantwortlichen Aufgabenwahrnehmung durch den Rundfunk aufgrund des weiten Gestaltungsspielraums insbesondere im Hinblick auf die Programmgestaltung keinerlei Zweifel, ist dagegen problematisch, wer Betroffener ist. Nimmt man nun an, dass die Betroffeneneigenschaft durch den Besitz eines Rundfunkempfangsgeräts begründet wird[1296] und mittlerweile jeder Haushalt zumindest ein Rundfunkempfangsgerät besitzt, wovon auch die Gebührenerhebung ausgeht,[1297] so bleibt kein vernünftiges Abgrenzungskriterium der Betroffenen gegenüber der Allgemeinheit mehr übrig. Verstärkt wird dieses Ergebnis durch die Erwägung, dass die hohe politische Bedeutung der Programmgestaltung der Rundfunkanstalten grundsätzlich jeden Staatsbürger betrifft,[1298] obgleich dieses Argument im Laufe der Zeit durch die Ausdifferenzie-

[1291] BVerfGE 12, 205 (243 ff.); 31, 314 (LS. 1, 329 ff.), kritisch hierzu das Sondervotum der Richter *Geiger*, *Rinck* und *Wand*, BVerfGE 31, 337 ff.

[1292] BVerfG, Urt. v. 25.3.2014, 1 BvF 1/11, 1 BvF 4/11, Rn. 36 ff. m.w.N.; *W. Hoffmann-Riem*, in: *v. Mutius* (Hrsg.), FG Unruh 1983, S. 951 (962).

[1293] BVerfG, Urt. v. 25.3.2014, 1 BvF 1/11, 1 BvF 4/11, Rn. 38 m.w.N.

[1294] Art. 1 Abs. 1 Satz 2 BayRG.

[1295] *R. Hendler*, Selbstverwaltung als Ordnungsprinzip, S. 286 f.; *R. Hendler*, in: *Isensee/Kirchhof* (Hrsg.), HStR VI, § 143 Rn. 1, 27; *J. Oebbecke*, VVDStRL 62 (2003), S. 366 (369); *P. Unruh*, VerwArch 92 (2001), S. 531 (537); *T. Groß*, DVBl. 2002, 1182 (1183); *W. Hoffmann-Riem*, in: *v. Mutius* (Hrsg.), FG Unruh 1983, S. 951 ff. insbes. S. 954; *G. Herrmann*, AöR 90 (1965), S. 286 (304 ff.).

[1296] *R. Hendler*, Selbstverwaltung als Ordnungsprinzip, S. 287.

[1297] § 2 Abs. 1 Rundfunkbeitragsstaatsvertrag vom 13.12.2011, in Kraft getreten am 1.1.2013 (GV NRW 2011 S. 675); dazu auch *T. Blöck*, NVwZ 2014, 266 ff.; *T. Exner/D. Seifarth*, NVwZ 2013, 1569 ff.

[1298] *R. Hendler*, Selbstverwaltung als Ordnungsprinzip, S. 287.

rung der Medienlandschaft an Bedeutung verloren haben dürfte. Dies ändert jedoch nichts an dem Befund, dass keine bestimmte Betroffenengruppe, sondern vielmehr die Allgemeinheit von der Aufgabenerfüllung des Rundfunks berührt ist. Hiervon geht auch der Gesetzgeber selbst aus, da er den Rundfunkrat als Interessenvertretung nicht einer bestimmten Betroffenengruppe, sondern der Allgemeinheit auf dem Gebiet des Rundfunks ausweist.[1299] Eine solche Einschätzung ist auch vor dem Hintergrund konsequent, als es sich bei der Aufgabenerfüllung des Rundfunks um die Gewährleistung des Grundrechts auf Rundfunkfreiheit sowie der Meinungsbildungsfreiheit handelt, dieses Grundrecht jedoch jedem zusteht und auch niemand aufgrund der hohen Bedeutung für die Meinungsbildung und damit auch für das Demokratieprinzip[1300] ausgeschlossen werden darf.[1301]

Die Vertreter der Ansicht, nach welcher der Rundfunk zur Selbstverwaltung zu rechnen ist, kommen über diesen Befund lediglich dadurch hinweg, dass sie entweder bei der Besetzung der Organe des Rundfunks darauf abstellen, dass an die Betroffenheit gesellschaftlicher Interessenträger angeknüpft wird[1302] oder sie dem Betroffenenmerkmal in diesem Fall nur eine abgeschwächte bzw. letztlich keinerlei Bedeutung mehr beimessen.[1303] Eine derartige Abweichung von den allgemeinen Kriterien ist jedoch weder begründbar noch notwendig.

Sind nämlich die von der Aufgabenerfüllung Betroffenen und die Allgemeinheit identisch, so wird gerade kein Aufgabenbereich von territorial oder funktional abgrenzbaren Betroffenengruppen in eigener Verantwortung wahrgenommen. Für Selbstverwaltung bleibt dann kein Raum mehr. Aus diesem Grund handelt es sich bei der Aufgabe des Rundfunks nicht um eine Selbstverwaltungsaufgabe und beim Rundfunk nicht um einen Selbstverwaltungsträger,[1304] sondern um Fremdverwaltung, die aufgrund der gruppenpluralen Zusammensetzung des Rundfunkrats zur gruppenpluralen Konsensverwaltung zu rechnen ist. So kann durch die am Sozialrecht entwickelte Kategorie der gruppenpluralen Konsensverwaltung das die Verwaltungsrechtswissenschaft langjährig beschäftigende und bislang nur unbefriedigend geklärte Problem der Einordnung von Phänomenen wie den öffentlich-rechtlichen Rundfunkanstalten gelöst werden. Hierdurch erlangt diese Kategorie auch für das Allgemeine Verwaltungsrecht Bedeutung und kann dazu beitragen, dass das Organisationsrecht einen stärkeren dogmatischen Zug erhält.

Vor diesem Hintergrund bedeutet das durch Gesetz zuerkannte Recht zur Selbstverwaltung[1305] nicht das Bestehen des Rundfunks als Selbstverwaltungsein-

---

[1299] Art. 6 Abs. 1 BayRG.

[1300] BVerfGE 57, 319; *W. Hoffmann-Riem*, in: *v. Mutius* (Hrsg.), FG Unruh 1983, S. 951 (955).

[1301] *R. Hendler*, Selbstverwaltung als Ordnungsprinzip, S. 287.

[1302] *W. Hoffmann-Riem*, in: *v. Mutius* (Hrsg.), FG Unruh 1983, S. 951 (954).

[1303] *R. Hendler*, Selbstverwaltung als Ordnungsprinzip, S. 286 f.

[1304] *E. Schmidt-Aßmann*, in: *Selmer/v. Münch* (Hrsg.), GS Martens, S. 249 (262); *W. Weber*, Selbstverwaltung, S. 146; a.A. *R. Hendler*, Selbstverwaltung als Ordnungsprinzip, S. 286 f.; *W. Hoffmann-Riem*, in: *v. Mutius* (Hrsg.), FG Unruh 1983, S. 951 (954).

[1305] Art. 1 Abs. 1 Satz 2 BayRG.

heit im Sinne des Allgemeinen Verwaltungsrechts, sondern es verleiht, wie auch das BVerfG zutreffend ausführt, nur dem Umstand Ausdruck, dass „die Gremien aus dem Prozess staatlich-repräsentativer Willensbildung herauszulösen und so zu gestalten sind, dass sich in ihr die Vielfalt des Gemeinwesens und gesellschaftliche Pluralität widerspiegeln" können.[1306] Insoweit beschränkt sich diese Aussage auf die organisatorische Verselbständigung von der Ministerialverwaltung durch Ausgliederung aus der unmittelbaren Staatsverwaltung unter Übertragung eines Handlungsspielraums, der frei von staatlicher Einflussnahme ausgeübt werden kann. So handelt es sich bei den Rundfunkanstalten um Einrichtungen, die staatliche Aufgaben möglichst frei von staatlicher Einflussnahme erfüllen sollen, wodurch sich auch die Errichtung als Anstalt des öffentlichen Rechts erklärt. Die Rundfunkanstalten werden vor diesem Hintergrund auch als „Kulturanstalten"[1307] oder „instrumentelle Anstalten"[1308] bezeichnet. Sie sind daher einerseits grundrechtlich determiniert, andererseits grundrechtsberechtigt.

### 3. *Die Filmförderungsanstalt und die Vergabekommission*

Die Filmförderungsanstalt wird als bundesunmittelbare, rechtsfähige Anstalt des öffentlichen Rechts mit Sitz in Berlin errichtet.[1309] Das Recht zur Selbstverwaltung wird ihr vom Gesetzgeber im Gegensatz zu den Rundfunkanstalten oder den Sozialversicherungsträgern nicht ausdrücklich zugestanden.

Ihre Aufgabe besteht darin, den deutschen Film sowie die Digitalisierung des deutschen Filmerbes zu fördern, die Struktur der deutschen Filmwirtschaft zu verbessern, die gesamtwirtschaftlichen Belange der Filmwirtschaft zu unterstützen sowie weitere Funktionen beratender, unterstützender und fördernder Art auszuüben.[1310] Ihr Aufgabenbereich weist damit Grundrechtsrelevanz im Hinblick auf Art. 5 Abs. 3 GG auf.

Die Filmförderungsanstalt ist untergliedert in den Vorstand, das Präsidium und den Verwaltungsrat,[1311] der aufgrund seiner Aufgabe, über alle grundsätzlichen Fragen im Aufgabenbereich der Filmförderungsanstalt zu entscheiden, den Haushalt zu verabschieden und den Vorstand und das Präsidium zu entlasten[1312] sowie die Satzung zu beschließen,[1313] das zentrale Organ ist.[1314] Er besteht aus 36 Mitgliedern, von denen insgesamt fünf von obersten Bundesorganen und zwei von der für Kultur und Medien zuständigen obersten Bundesbehörde benannt

---

[1306] BVerfG, Urt. v. 25.3.2014, Rn. 46.

[1307] *A. Köttgen*, in: *v. Beckerath/Brinkmann/Gutenberg* (Hrsg.), Handwörterbuch der Sozialwissenschaften, Bd. 9, S. 220 (224).

[1308] *G.F. Schuppert*, in: *v. Mutius* (Hrsg.), FG Unruh 1983, S. 183 (195).

[1309] § 1 Abs. 1 Satz 2, Abs. 2 FFG. Dazu *E. Schreyer*, Pluralistische Entscheidungsgremien, S. 22 f., 60 ff.

[1310] § 2 FFG. Dazu *E. Schreyer*, Pluralistische Entscheidungsgremien, S. 60 ff.

[1311] § 3 FFG.

[1312] § 6 Abs. 5, Abs. 6 FFG.

[1313] § 10 Abs. 1 Satz 1 FFG.

[1314] Zu den weiteren Kompetenzen §§ 11 f. FFG.

werden, während die restlichen 31 Mitglieder von verschiedenen als privatrechtliche Vereine organisierten Interessengruppen, der Arbeitsgemeinschaft des ARD und ZDF, der evangelischen und der katholischen Kirche sowie auch unter Beteiligung der Vereinigten Dienstleistungsgewerkschaft Ver.di benannt werden.[1315] Die benannten Mitglieder werden von der für Kultur und Medien zuständigen obersten Bundesbehörde berufen.[1316] Der Verwaltungsrat beschließt grundsätzlich mit einfacher Mehrheit.[1317]

Die Filmförderungsanstalt untersteht der Rechtsaufsicht der obersten, für Kultur und Medien zuständigen Bundesbehörde.[1318]

Neben den Organen wird bei der Filmförderungsanstalt eine ständige Vergabekommission eingerichtet, die, ebenfalls im grundrechtsrelevanten Bereich, über Förderungshilfen im Rahmen der Projektfilmförderung entscheidet[1319] und die aus 13 Mitgliedern besteht, die auf dem Gebiet des Filmwesens über die nötige Sachkunde sowie über maßgebliche und aktuelle Praxiserfahrung verfügen müssen. Darüber hinaus muss ein Mitglied in Finanzierungsfragen sachverständig sein. Entsendungsbefugt sind neben dem Deutschen Bundestag und der für Kultur und Medien zuständigen obersten Bundesbehörde erneut in Privatrechtsform organisierte Interessengruppen sowie die öffentlich-rechtlichen Rundfunkanstalten.[1320]

Die Mitglieder der Vergabekommission sind an Weisungen nicht gebunden.[1321] Sie fasst ihre Beschlüsse mit einfacher Mehrheit der Mitglieder.[1322]

Da bei der Filmförderungsanstalt ebenso wie bei der Vergabekommission und beim Rundfunkrat gesellschaftliche Gruppen entsendungsbefugt sind, wird in der Literatur teilweise in Parallelität zu den Rundfunkanstalten vertreten, dass die Zusammensetzung an die Betroffenheit gesellschaftlicher Interessenträger anknüpft und so durch den Rückgriff auf gesellschaftliche Selbstorganisation Betroffenenbeteiligung vorliege.[1323] Dem ist jedoch entgegenzuhalten, dass eine unmittelbare, rechtliche Betroffenheit durch eine Filmförderungsentscheidung in erster Linie Filmproduzenten und Darsteller sowie alle, die an dem Gelingen des Films beteiligt sind, trifft, so dass allein diese Gruppen zu beteiligen wären. Vor diesem Hintergrund ist die Beteiligung der Kirchen an der Filmförderungsanstalt nicht erklärbar, da diese nicht stärker als andere, nicht entsendungsbefugte gesellschaftliche Gruppen betroffen sind.

Darüber hinaus ist es mit der Qualifikation als Selbstverwaltungsträger nicht vereinbar, dass sowohl an der Filmförderungsanstalt als auch der Vergabekom-

---

[1315] § 6 Abs. 1 FFG.

[1316] § 6 Abs. 3 Satz 1 FFG.

[1317] § 6 Abs. 7 Satz 2 FFG.

[1318] § 13 Abs. 1 Satz 1 FFG.

[1319] Sofern die Entscheidung nicht in den Zuständigkeitsbereich des Vorstandes nach § 64 Abs. 2 FFG fällt, § 7 Abs. 1 Satz 2 FFG.

[1320] § 8 FFG.

[1321] § 7 Abs. 2 Satz 4 FFG.

[1322] § 7 Abs. 6 Satz 1 FFG.

[1323] So *T. Groß*, DVBl. 2002, 1182 (1192).

mission Mitglieder beteiligt sind, die von staatlichen Stellen benannt worden sind, wie dies bei den Mitgliedern, die der Deutsche Bundestag und die oberste Bundesbehörde für Kultur und Medien für den Verwaltungsrat und die Vergabekommission sowie die Mitglieder, die der Bundesrat für den Verwaltungsrat benennt, der Fall ist. Da es sich bei diesen Organen bzw. Behörden nicht um Betroffene handelt und ihre Vertreter damit auch keine Betroffenenvertreter sind, liegen Elemente der Fremdverwaltung vor, so dass die Annahme von Selbstverwaltung nicht haltbar ist.

Vielmehr steht sowohl bei der Filmförderungsanstalt als auch der Vergabekommission nicht die Betroffenenpartizipation an einer eigenverantwortlich wahrzunehmenden Selbstverwaltungsaufgabe im Vordergrund, sondern die Beteiligung gesellschaftlicher Gruppen, die einen besonderen Sachbezug aufweisen und – zumindest mit Blick auf die Vergabekommission ausdrücklich – die vom Gesetzgeber geforderte Sachkunde auf dem Gebiet des Filmwesens sowie die maßgebliche und aktuelle Praxiserfahrung einbringen, um eine sachgerechte Aufgabenerfüllung zu gewährleisten.[1324] Ziel ist damit die Aktivierung von Sachverstand für einen auf die Aufgaben bezogenen Interessenausgleich, nicht dagegen die Repräsentation eines Kollektivs Betroffener im Rahmen organisierter Selbstverwaltung.[1325]

Nach alledem handelt es sich bei der Filmförderungsanstalt sowie bei der Vergabekommission nicht um Repräsentationsorgane der Selbstverwaltung, sondern um Sachverständigengremien, die als kollegiales Entscheidungsgremium zur Umsetzung einer gesetzlich vorgegebenen Aufgabe gruppenplural besetzt sind.[1326] Daher zählen diese beiden Organisationsformen ebenfalls zur gruppenpluralen Konsensverwaltung. Dem steht, wie bereits gesehen, auch die Entscheidungsfindung durch einfache Mehrheit nicht entgegen.[1327] Insoweit bedient sich der Staat gesellschaftlicher Kräfte für die Aufgabenwahrnehmung unter Beteiligung an der Entscheidung. *Klaus Lange* führt daher die Filmförderungsanstalt auch als „intermediäre Anstalt" auf.[1328]

### 4. *Die Bundesprüfstelle für jugendgefährdende Medien*

Die Bundesprüfstelle ist eine dem Bundesministerium für Familie, Senioren, Frauen und Jugend nachgeordnete Bundesoberbehörde mit Sitz in Bonn,[1329] die

---

[1324] § 7 Abs. 2 Satz 2 FFG; ebenso BVerfG, Urt. v. 28.1.2014, 2 BvR 1561/12, 2 BvR 1562/12, 2 BvR 1563/12, 2 BvR 1564/12, Rn. 170, zur Vergabekommission.

[1325] BVerfG, Urt. v. 28.1.2014, 2 BvR 1561/12, 2 BvR 1562/12, 2 BvR 1563/12, 2 BvR 1564/12, Rn. 170, zur Vergabekommission.

[1326] *T. Groß*, DVBl. 2002, 1182 (1192), erkennt zwar an, dass der Einbezug von Sachverständigen in die Entscheidungsfindung nicht mehr unter den Selbstverwaltungsbegriff zu fassen ist, wendet diese Erkenntnis jedoch nicht auf die Filmförderungsanstalt an, obgleich der Gesetzgeber – zumindest für die Vergabekommission ausdrücklich in § 7 Abs. 2 FFG – den Einbezug aufgrund von Sachverstand und Praxiserfahrung fordert.

[1327] Dazu bereits B.II. Charakteristika der gruppenpluralen Konsensverwaltung.

[1328] *K. Lange*, VVDStRL 44 (1986), S. 169 (194).

[1329] § 1 DVO-JuSchG.

zur Durchführung der Aufgaben des Gesetzes über die Verbreitung jugendgefährdender Medien und Medieninhalte errichtet wurde.[1330] Ihre Hauptaufgabe besteht darin, über die Aufnahme von Werken in die Liste der jugendgefährdenden Medien zu entscheiden.[1331] Die Aufnahme in die Liste zieht weitreichende Beschränkungen für die Verbreitung der Schrift nach sich,[1332] so dass auch die Tätigkeit der Bundesprüfstelle im grundrechtsrelevanten Bereich zwischen Kunstfreiheit, freier Meinungsäußerung und dem Schutz der Jugend anzusiedeln ist.[1333]

Die Bundesprüfstelle setzt sich aus einem Vorsitzenden, der vom Bundesministerium für Familie, Senioren, Frauen und Jugend ernannt wird, je einem von jeder Landesregierung zu ernennenden Beisitzer sowie acht vom Bundesministerium für Familie, Senioren, Frauen und Jugend zu ernennenden Beisitzern, die den Kreisen „der Kunst", „der Literatur", „des Buchhandels", „der Verlegerschaft", „der Träger der freien Jugendhilfe", „der Träger der öffentlichen Jugendhilfe", „der Lehrerschaft" sowie „der Kirchen, der jüdischen Kultusgemeinden" und anderen, den Körperschaftsstatus besitzenden Religionsgemeinschaften auf deren Vorschlag hin zu entnehmen sind.[1334] Dabei sind die vorschlagsberechtigten gesellschaftlichen Organisationen bzw. Zusammenschlüsse kommunaler Gebietskörperschaften gesetzlich bestimmt.[1335] Bis auf die Vertreter der Landesregierungen, von denen nur drei Beisitzer am Beschlussgremium beteiligt sind, sind alle übrigen Vertreter im Beschlussgremium der Bundesprüfstelle, die mit zwölf Mitgliedern besetzt ist, vertreten.[1336]

Die Bundesprüfstelle entscheidet grundsätzlich mit einer qualifizierten Mehrheit von zwei Dritteln der Stimmen.[1337] Wird diese Mehrheit verfehlt, ist der Indizierungsantrag abgelehnt. Darüber hinaus ist eine Entscheidung in der Besetzung von nur neun Mitgliedern möglich, wenn die zur Beschlusssitzung einberufenen Mitglieder oder deren Stellvertreter nicht erscheinen und mindestens zwei der Beisitzer aus den Kreisen „der Kunst", „der Literatur", „des Buchhandels" oder „der Verlegerschaft" stammen.[1338] In diesen Fällen bedarf die Indizierungsentscheidung einer qualifizierten Mehrheit von sieben an der Entscheidung mitwirkenden Mitgliedern der Bundesprüfstelle.[1339]

Die vorläufige Anordnung der Aufnahme einer Schrift in die Liste ist dann möglich, wenn die Schrift offensichtlich jugendgefährdend und damit die Aufnahme in die Liste zu erwarten ist sowie bei Zuwarten die Gefahr einer Verbrei-

---

[1330] § 8 Abs. 1 GjS. Dazu auch *E. Schreyer*, Pluralistische Entscheidungsgremien, S. 17 f., 52 ff.

[1331] § 11 Abs. 1 GjS.

[1332] §§ 3 ff. GjS.

[1333] Dazu auch BVerfGE 83, 130 (139); *E. Schreyer*, Pluralistische Entscheidungsgremien, S. 18, 55 ff.

[1334] § 9 Abs. 1, Abs. 2 GjS.

[1335] § 9a GjS.

[1336] § 9 Abs. 3 GjS.

[1337] § 13 1. Alt. GjS.

[1338] § 9 Abs. 3 Satz 2 GjS.

[1339] § 13 2. Alt. GjS.

tung in großem Umfange besteht.[1340] Diese vorläufige Anordnung wird durch den Vorsitzenden und zwei weitere Mitglieder in einem Dreiergremium entschieden, wobei Einstimmigkeit erforderlich ist[1341] und mindestens einer der Beisitzer aus dem Bereich „der Kunst", „der Literatur", „des Buchhandels" oder „der Verlegerschaft" stammen muss.

In derselben Besetzung und ebenfalls mit Einstimmigkeit kann eine nicht nur vorläufige Aufnahme in die Liste im vereinfachten Verfahren erfolgen, wenn die Schrift offenbar den Tatbestand der Jugendgefährdung erfüllt.[1342] Dabei ist eine Verständigung über die maßgeblichen Gründe der Indizierung erforderlich, um den Anforderungen an eine kollegiale Entscheidung gerecht zu werden.[1343] Kommt eine Einigung nicht zustande, so entscheidet die Bundesprüfstelle in ihrer regulären Besetzung.[1344]

Die Mitglieder der Bundesprüfstelle sind an Weisungen nicht gebunden.[1345] Eine Rechtsaufsicht wurde, obgleich der Gesetzgeber in der Gesetzesbegründung von einer, die durch das Bundesinnenministerium ausgeübt wird, ausging,[1346] nicht ausdrücklich im Gesetzestext angeordnet,[1347] jedoch impliziert die Errichtung als Behörde, dass sie von der übergeordneten Behörde zumindest in rechtlicher Hinsicht überprüft werden kann.

Auch bei der Bundesprüfstelle handelt es sich nicht um die eigenverantwortliche Aufgabenwahrnehmung durch Betroffene. So geht es nicht um die Aktivierung der gesellschaftlich relevanten Kräfte, sondern um den Einbezug bestimmter Gruppen, die sich durch besondere Qualifikation und Sachnähe zur Aufgabenerfüllung auszeichnen[1348] und durch die eine Gewähr für eine effektive Aufgabenwahrnehmung geboten ist. Durch die organisatorische Ausgestaltung soll aufgrund der Tätigkeit im grundrechtsrelevanten Bereich eine gewisse Staatsferne und pluralistische Meinungsbildung sichergestellt werden.[1349] Daher rechnet die Bundesprüfstelle ebenfalls zur gruppenpluralen Konsensverwaltung.

### 5. *Der Deutsche Weinfonds*

Der Deutsche Weinfonds wurde als bundesunmittelbare Anstalt des öffentlichen Rechts gegründet.[1350] Da er keine körperschaftliche Struktur aufweist und auch nicht als Bundesoberbehörde in die unmittelbare Staatsverwaltung eingegliedert ist, ist diese Einordnung durch den Gesetzgeber nicht zu beanstanden.[1351]

---

[1340] § 15 Abs. 1 GjS.
[1341] § 15 Abs. 2 GjS.
[1342] § 15a Abs. 1, Abs. 2 Satz 1 GjS.
[1343] BVerwGE 91, 217 (218, 221 f.).
[1344] § 15a Abs. 2 Satz 2 GjS.
[1345] § 10 GjS.
[1346] BT-Drs. 1/1101, S. 14 (zu § 8).
[1347] *T. Groß*, Kollegialprinzip, S. 83.
[1348] Vgl. *E. Schreyer*, Pluralistische Entscheidungsgremien, S. 54 ff.
[1349] BVerfGE 83, 130 (150).
[1350] § 16 Abs. 1 Weinwirtschaftsgesetz.
[1351] BVerfGE 37, 1 (24).

Er hat die Aufgabe, die Qualität sowie den Absatz des Weines zu fördern, wozu er Abgaben erheben sowie Märkte erschließen und pflegen kann.[1352] Seine Organe sind der Vorstand, der Aufsichtsrat sowie der Verwaltungsrat,[1353] wobei Letzterem die zentrale Stellung zukommt, da dieser über alle grundsätzlichen Fragen, die zum Aufgabengebiet des Weinfonds gehören,[1354] über die Geschäftsordnung[1355] sowie über die Satzung[1356] wie auch über die Entlastung des Vorstandes und Aufsichtsrates beschließt.[1357]

Der Verwaltungsrat besteht aus 44 Mitgliedern, die sich aus Vertretern der Erzeuger, des Handels, der Verbraucher sowie Organisationen zur Förderung der Güte und des Absatzes des Weines zusammensetzen.[1358] Diese werden vom Bundesminister be- und abberufen, nachdem die beteiligten Wirtschaftskreise[1359] bzw. die Landesregierungen[1360] angehört wurden.[1361] Ein Beschlussverfahren ist nicht ausdrücklich normiert, so dass das einfache Mehrheitsprinzip zur Anwendung kommt.

Der Stabilisierungsfonds unterliegt grundsätzlich der Rechtsaufsicht, die sich jedoch auch auf die Einhaltung des öffentlichen Wohls erstreckt.[1362] Darüber hinaus unterliegen die wesentlichen Entscheidungen, wie der Beschluss der Satzung und der Erlass der Geschäftsordnung, einer präventiven Aufsicht durch Genehmigungsvorbehalt.[1363]

Beim Deutschen Weinfonds werden nicht allein Betroffene an der Aufgabenwahrnehmung beteiligt, sondern diejenigen gesellschaftlich relevanten Kräfte aktiviert, deren Einbezug für die Aufgabenerfüllung der Förderung des Absatzes und Qualität des Weines dienlich sind. Diese im Verwaltungsrat einbezogenen pluralen Gruppen heben sich von der Allgemeinheit durch deren Sachverstand und Sachnähe ab, so dass der Stabilisierungsfonds zur gruppenpluralen Konsensverwaltung zählt. Die Organisation in Form einer rechtsfähigen Anstalt des öffentlichen Rechts ist insoweit konsequent. Aufgrund des Einbezugs verschiedener gesellschaftlicher Kräfte rechnet *Klaus Lange* den Deutschen Weinfonds zu den „intermediären Anstalten".[1364]

---

1352 § 16 Abs. 2 Weinwirtschaftsgesetz.

1353 § 17 Weinwirtschaftsgesetz.

1354 § 20 Abs. 4 Weinwirtschaftsgesetz.

1355 § 20 Abs. 5 Weinwirtschaftsgesetz.

1356 § 21 Weinwirtschaftsgesetz.

1357 § 20 Abs. 6 Weinwirtschaftsgesetz.

1358 § 20 Abs. 1 Weinwirtschaftsgesetz.

1359 Für die in § 20 Abs. 1 Nr. 1 bis 11 Weinwirtschaftsgesetz genannten Mitglieder.

1360 Für die in § 20 Abs. 1 Nr. 12 Weinwirtschaftsgesetz genannten Mitglieder.

1361 § 20 Abs. 2 Satz 1, 2 Weinwirtschaftsgesetz.

1362 § 22 Abs. 1 Weinwirtschaftsgesetz.

1363 §§ 20 Abs. 5, 21 Satz 2 Weinwirtschaftsgesetz.

1364 *K. Lange*, VVDStRL 44 (1986), S. 169 (194).

### 6. *Die Lebensmittelbuch-Kommission*

Das Deutsche Lebensmittelbuch ist eine Sammlung von Leitsätzen, in denen Herstellung, Beschaffenheit oder sonstige für die Verkehrsfähigkeit von Lebensmitteln bedeutsamen Merkmale derselben aufgeführt sind.[1365] Die Aufnahme von Leitsätzen in das Deutsche Lebensmittelbuch beschließt die Deutsche Lebensmittelbuch-Kommission, die zu diesem Zweck beim Bundesministerium für Ernährung, Landwirtschaft und Verbraucherschutz gegründet wurde,[1366] unter Berücksichtigung des internationalen, von der Bundesregierung anerkannten Lebensmittelstandards.[1367] Die Leitsätze werden im Bundesanzeiger oder im Gemeinsamen Ministerialblatt veröffentlicht.

Bei den Leitsätzen des Deutschen Lebensmittelbuches handelt es sich weder um Rechtsnormen noch um Verwaltungsrichtlinien, sondern ihnen kommt lediglich der Charakter objektivierter, antizipierter „Sachverständigengutachten von besonderer Qualität" zu,[1368] welche die nach allgemeiner Verkehrsauffassung übliche Verkehrsbezeichnung im Sinne der Lebensmittel-Kennzeichnungsverordnung zum Ausdruck bringen und damit allein Auslegungshilfe für die Beurteilung sind, ob durch die Kennzeichnung eines Lebensmittels eine Irreführung der Verbraucher vorliegt.[1369] Bei Abweichungen der Beschreibung von den Leitsätzen bleibt das Lebensmittel verkehrsfähig, sofern die Abweichung ausreichend kenntlichgemacht wird. Sie geben daher in erster Linie den Hersteller- und Handelsbrauch wieder. Trotzdem liegt in ihnen ein verbindliches Handeln mit Entscheidungscharakter, da ihnen eine, wenn auch widerlegbare, „Vermutungswirkung" zukommt und sie damit nicht nur die Verbrauchererwartung steuern,[1370] sondern auch für die Verkehrsfähigkeit präjudizierende Wirkung entfalten.[1371]

Die Kommission setzt sich zu gleichen Teilen aus Mitgliedern der Kreise der Wissenschaft, der Lebensmittelüberwachung, der Verbraucherschaft und der Lebensmittelwirtschaft zusammen. Derzeit besteht die Kommission aus einem Vorsitzenden und insgesamt 32 Mitgliedern, von denen jeweils acht aus den vorbezeichneten Gruppen rekrutiert wurden.

Der Vorsitzende sowie seine Stellvertreter werden vom Bundesministerium für Ernährung, Landwirtschaft und Verbraucherschutz bestellt, während die Kommissionsmitglieder durch dieses im Einvernehmen mit dem Bundesministe-

---

[1365] § 15 Abs. 1 LFGB.

[1366] §§ 16 Abs. 1, 4 Abs. 3 LFGB.

[1367] § 15 Abs. 2 LFGB.

[1368] BVerwG, ZLR 1988, 556 = LRE 22, 35 Rn. 34; *S. Rixen*, DVBl. 2014, 949 (953).

[1369] BayVGH, Urt. v. 13.3.2013 – 9 B 09.2135 – Rn. 19; OVG Münster, LRE 60, 124 Rn. 6 f.; LRE 62, 398 Rn. 13 f.; OVG Lüneburg, LRE 61, 336 Rn. 49; OLG Köln, LRE 63, 251 Rn. 6; OLG Hamm, LMuR 2012, 114 = LRE 63, 396 Rn. 35; OLG Düsseldorf, ZLR 2013, 451 = LRE 65, 212 Rn. 13; *S. Rixen*, DVBl. 2014, 949 (953) m.w.N.; http://www.bmelv.de/DE/Ernaehrung/Kennzeichnung/Lebensmittelbuch/HinweiseLeitsaetzeLebensmittelbuch.html, aufgerufen am 31.7.2014, 11.41 Uhr.

[1370] *S. Rixen*, DVBl. 2014, 949 (953) m.w.N.

[1371] *S. Rixen*, DVBl. 2014, 949 (953) m.w.N.

rium für Wirtschaft und Technologie berufen werden. Ein Vorschlagsrecht oder eine Anhörung von Verbänden, die diesen Gruppen angehören, besteht nicht.

Die Kommission beschließt grundsätzlich einstimmig.[1372] Ausreichend ist dabei, dass die anwesenden und vertretenen, an der Abstimmung mitwirkenden Mitglieder mehr als drei Viertel der Mitglieder der Kommission darstellen, andernfalls die nicht anwesenden Mitglieder durch das Sekretariat aufgefordert werden, binnen zweier Wochen ihre Zustimmung zu dem Beschluss zu erklären.[1373] Geht die erforderliche Anzahl von Stimmen ohne Gegenstimme ein, ist der Antrag angenommen.[1374] Wird Einstimmigkeit nicht erreicht oder verstreicht die Frist, ohne dass die erforderliche Anzahl von Zustimmungen eingeht, hat die Kommission ein weiteres Mal zu beraten[1375] und abzustimmen, wobei eine Mehrheit von drei Vierteln aller Mitglieder ausreichend ist,[1376] andernfalls der Antrag als abgelehnt gilt.[1377] Ebenfalls mit der Mehrheit von drei Vierteln der Mitglieder kann eine Empfehlung eines Fachausschusses angenommen werden.[1378] Durch dieses Abstimmungsverfahren und die Anforderungen an die Quoren kommt zum Ausdruck, dass der Gesetzgeber einer Konsenslösung zwischen den unterschiedlichen Gruppen den Vorzug einräumt.

Ebenso auf eine weitgehend konsensuale Lösung bedacht ist der Abstimmungsmodus in den Fachausschüssen. So wird eine Empfehlung der Kommission zur Beratung und Beschlussfassung nur dann vorgelegt, wenn der Empfehlung im Fachausschuss mindestens drei Viertel aller Anwesenden bzw. Abstimmenden im Wege der schriftlichen Abstimmung zustimmen oder zumindest alle Anwesenden bzw. abstimmenden Mitglieder aus drei der Gruppen, aus denen sich die Mitglieder der Kommission rekrutieren, zugestimmt haben.[1379]

Die Mitglieder der Lebensmittelbuch-Kommission sind nicht weisungsgebunden.[1380]

Aufgrund dieser fehlenden Weisungsabhängigkeit wird aktuell die demokratische Legitimation der Lebensmittelbuchkommission bezweifelt.[1381]

Die Kommission selbst unterliegt jedoch der Aufsicht, da die Veröffentlichung der Leitsätze durch das Bundesministerium für Ernährung, Landwirtschaft und Verbraucherschutz im Einvernehmen mit dem Bundesministerium für Wirtschaft und Technologie aus rechtlichen oder fachlichen Gründen abgelehnt oder

---

[1372] § 16 Abs. 3 Satz 1 LFGB, § 12 Abs. 1 Geschäftsordnung der Deutschen Lebensmittelbuch-Kommission.

[1373] § 12 Abs. 3 Geschäftsordnung der Deutschen Lebensmittelbuch-Kommission.

[1374] § 12 Abs. 3 Satz 2 Geschäftsordnung der Deutschen Lebensmittelbuch-Kommission.

[1375] § 12 Abs. 4 Geschäftsordnung der Deutschen Lebensmittelbuch-Kommission.

[1376] § 16 Abs. 3 Satz 2 LFGB, § 12 Abs. 6 Geschäftsordnung der Deutschen Lebensmittelbuch-Kommission.

[1377] § 12 Abs. 7 Geschäftsordnung der Deutschen Lebensmittelbuch-Kommission.

[1378] § 12 Abs. 8 Geschäftsordnung der Deutschen Lebensmittelbuch-Kommission.

[1379] § 11 Abs. 1, Abs. 2 Geschäftsordnung der Deutschen Lebensmittelbuch-Kommission.

[1380] *S. Rixen*, DVBl. 2014, 949 (956); dazu näher unter E.II.2.a. Ernennung ohne Mitwirkung gesellschaftlicher Kräfte.

[1381] *S. Rixen*, DVBl. 2014, 949 (956).

rückgängig gemacht werden kann.[1382] Insoweit bezieht sich die Aufsicht nicht allein auf die Einhaltung geltenden Rechts, sondern auch auf die fachlichen Inhalte, so dass von Fachaufsicht auszugehen ist.

Bei der Lebensmittelbuch-Kommission liegt aufgrund ihrer Zusammensetzung aus verschiedenen, den Sachverstand und besondere Nähe zur Aufgabenerfüllung aufweisenden Gruppen keine Betroffenenverwaltung vor, sondern sie rechnet zur gruppenpluralen Konsensverwaltung.

### *7. Die Gendiagnostik-Kommission (GEKO)*

Zur Konkretisierung des Diagnostikgesetzes hat der Gesetzgeber beim Robert Koch-Institut die GEKO eingerichtet.[1383] Sie hat die Aufgabe, auf dem aktuellen Stand von Wissenschaft und Technik Regelungen des Gendiagnostikgesetzes durch Richtlinien zu konkretisieren wie auch Bewertungen sowie gutachterliche Stellungnahmen abzugeben.[1384] Der Aufgabenbereich ist dabei sehr umfangreich und reicht von der Beurteilung genetischer Eigenschaften hinsichtlich ihrer Bedeutung für Erkrankungen und die Wirkung von Arzneimitteln, der Erforderlichkeit genetischer Untersuchungen, den Anforderungen an die Qualifikation und die Inhalte, die eine genetische Beratung bedürfen, bis zu den Voraussetzungen der Durchführung genetischer Analysen.[1385] Für die Erstellung und fortlaufende Überprüfung bzw. Anpassung der Richtlinien, die jeweils auf dem Stand der Wissenschaft und Technik zu erfolgen hat, hat die Kommission die jeweiligen wissenschaftlichen Daten und Erkenntnisse auszuwerten.[1386]

Die GEKO besteht aus 18 Mitgliedern, die sich aus 13 Sachverständigen aus den Fachrichtungen Medizin und Biologie, zwei Sachverständigen aus den Fachrichtungen Ethik und Recht sowie drei Vertretern von Organisationen, die für die Wahrnehmung der Interessen von Patienten, Verbrauchern und der Selbsthilfe behinderter Menschen auf Bundesebene maßgeblich sind, zusammensetzen.[1387] Diese Mitglieder werden vom Bundesministerium für Gesundheit für drei Jahre berufen.[1388] Die GEKO ist beschlussfähig, wenn mindestens zwei Drittel ihrer Mitglieder anwesend sind.[1389] Sie fasst ihre Beschlüsse mit einfacher

---

1382 § 15 Abs. 3 LFGB.

1383 § 23 GenDG. Zur Gendiagnostik-Kommission *J. Kersten*, in: *Ehlers/Fehling/Pünder* (Hrsg.), Besonderes Verwaltungsrecht, § 54 Rn. 24 ff.; *ders.*, in: *Rixen* (Hrsg.), Wiedergewinnung, S. 111 ff. Zur demokratischen Unterversorgung des Biomedizin- und Gesundheitsrechts, (i.E.); *H. Rosenau*, Relevante Fragestellungen des GenDG und die Aufgaben der Gendiagnostik-Kommission (GEKO), in: *Duttge/Engel/Zoll* (Hrsg.), Das Gendiagnostikgesetz im Spannungsfeld von Humangenetik und Recht, S. 69 ff.

1384 § 1 Abs. 1 Geschäftsordnung der Gendiagnostik-Kommission; dazu *J. Kersten*, in: *Ehlers/Fehling/Pünder* (Hrsg.), Besonderes Verwaltungsrecht, § 54 Rn. 27 ff.

1385 § 23 Abs. 2 GenDG. Dazu auch *J. Kersten*, in: *Ehlers/Fehling/Pünder* (Hrsg.), Besonderes Verwaltungsrecht, § 54 Rn. 24.

1386 § 1 Abs. 2 Satz 2 Geschäftsordnung der Gendiagnostik-Kommission.

1387 § 23 Abs. 1 Satz 1 GenDG.

1388 § 23 Abs. 1 Satz 2 GenDG.

1389 § 8 Abs. 1 Satz 1 Geschäftsordnung der Gendiagnostik-Kommission.

Mehrheit[1390] und ist unabhängig.[1391] Vor der Beschlussfassung über Richtlinien nach § 23 Abs. 2 GenDG oder Stellungnahmen nach § 16 Abs. 2 GenDG sind die zuständigen obersten Landesbehörden sowie die betroffenen Fachkreise und Verbände zu beteiligen.[1392]

Als nicht stimmberechtigte Gäste können der Beratung Vertreter des Bundesministeriums für Gesundheit sowie weitere Vertreter von Bundes- und Landesbehörden beiwohnen.[1393] Als „ständige Gäste" nehmen dagegen jeweils ein Vertreter der Bundesärztekammer sowie einer des G-BA teil.[1394]

Die Geschäftsordnung bedarf der Zustimmung des Bundesministeriums für Gesundheit.[1395] Ansonsten besteht keine Aufsicht.[1396]

Sowohl der in weiten Teilen als zu unkonkret empfundene Aufgabenbereich, die Begrenzung der Amtszeit auf drei Jahre als auch die Teilnahme der „ständigen Gäste" werden als demokratiemindernd empfunden, so dass die GEKO aktuell verfassungsrechtlichen Zweifeln ausgesetzt ist.[1397]

Bei der GEKO handelt es sich um ein interdisziplinär zusammengesetztes Gremium von Sachverständigen[1398] zur unparteiischen[1399] Umsetzung der Aufgabe, die Gesetzeskonkretisierung auf Grundlage des allgemein anerkannten Standes der Wissenschaft und Technik vorzunehmen, so dass sie der gruppenpluralen Konsensverwaltung angehört.

### 8. *Zusammenfassung und Bewertung*

Gehören die Industrie- und Handelskammern, die Universitäten sowie die Handwerkskammern der funktionalen Selbstverwaltung an, sind die öffentlich-rechtlichen Rundfunkanstalten ebenso wie die Filmförderungsanstalt und die Vergabekommission, die Bundesprüfstelle, der Deutsche Weinfonds sowie die Lebensmittelbuch- und Gendiagnostik-Kommission dem Bereich der gruppenpluralen Konsensverwaltung zuzuordnen.

An dieser Einordnung knüpft die Fragestellung nach deren demokratischer Legitimation an.

---

[1390] § 8 Abs. 3 Geschäftsordnung der Gendiagnostik-Kommission.

[1391] § 23 Abs. 1 Satz 1 GenDG; hieran zweifelnd *J. Kersten*, in: *Ehlers/Fehling/Pünder* (Hrsg.), Besonderes Verwaltungsrecht, § 54 Rn. 36.

[1392] § 8 Abs. 4 Satz 1 Geschäftsordnung der Gendiagnostik-Kommission.

[1393] § 23 Abs. 1 Satz 4 GenDG, § 5 Abs. 3 Satz 1 Geschäftsordnung der Gendiagnostik-Kommission.

[1394] § 5 Abs. 3 Satz 2 2. Hs. Geschäftsordnung der Gendiagnostik-Kommission.

[1395] § 23 Abs. 1 Satz 3 2. Hs. GenDG.

[1396] Faktisch besteht dagegen eine ministeriale Kontrolle der GEKO.

[1397] *J. Kersten*, in: *Rixen* (Hrsg.), Wiedergewinnung, S. 111 (27 f.). Dazu unter E.II.2.a. Ernennung ohne Mitwirkung gesellschaftlicher Kräfte.

[1398] *J. Kersten*, in: *Ehlers/Fehling/Pünder* (Hrsg.), Besonderes Verwaltungsrecht, § 54 Rn. 25.

[1399] § 2 Abs. 1 Satz 1 Geschäftsordnung der Gendiagnostik-Kommission.

## *II. Kategorien demokratischer Legitimation*

Bei den vorbenannten Organisationseinheiten wird deutlich, dass sich deren demokratische Legitimation aus unterschiedlichen Quellen speist, deren Zusammenwirken ebenfalls verschiedene Ausprägungen annimmt. Ausschlaggebend ist dabei das Legitimationsniveau, das durch das Zusammenwirken der Legitimationsformen erreicht wird. Orientiert an der personellen demokratischen Legitimation können im Folgenden Kategorien benannt werden, die sich daraus ergeben, dass diese unmittelbar auf ein Legitimationssubjekt zurückgeführt wird, wie dies bei der (1.) Legitimation durch Wahlen der Fall ist, andererseits die Rückführung auf dieses und damit auf den legitimationsspendenden Akt der Wahl mittelbar durch eine ununterbrochene Kette von (2.) Berufungsakten erfolgt. Dabei ist eine Kompensation etwaiger Defizite der personellen Legitimation durch die sachlich-inhaltliche auszugleichen. Wo dagegen weder der Legitimationsmodus der Wahl noch der des Berufungsaktes legitimationsspendend wirkt und dieses Defizit z.B. aufgrund von Weisungsfreiheit auch nicht durch die sachlich-inhaltliche Legitimation kompensiert werden kann, kann das erforderliche Legitimationsniveau durch die (3.) organisatorisch-konsensuale Legitimation erreicht werden. Betrachtet man dabei das weite Spektrum der Organisationsformen, dann zeichnet sich ein (4.) Wandel der Legitimationsformen und des Legitimationssubjekts ab. Zuletzt erfolgt unter (5.) eine Zusammenfassung und Bewertung.

### *1. Legitimation durch Wahlen*

Der Legitimationsmodus in der Demokratie ist grundsätzlich die allgemeine und gleiche Wahl. Legitimationssubjekt und damit Legitimationsspender ist der Souverän, den grundsätzlich das gesamte Staatsvolk, in Ausnahmefällen ein von der Verfassung anerkanntes Teilvolk, darstellt. Klassisches Beispiel für verfassungsrechtlich anerkannte Teilvölker sind die Völker in den Gemeinden und Kreisen als räumlich und sachlich unbestimmte Allgemeinheiten aufgrund des umfassenden, sachlich-gegenständlich nicht weiter eingegrenzten Aufgabenkreises der Kommunen.[1400] Diese Teilvölker sind damit ebenso wie das Staatsvolk Legitimationssubjekt,[1401] so dass die klassische demokratische, auf das Staatsvolk zurückgehende und durch ununterbrochene Legitimationsketten vermittelte Legitimation der Ministerialverwaltung „von oben“ durch die Legitimation durch allgemeine Wahlen „von unten“ erweitert wird.

---

[1400] BVerfGE 107, 59 (87), unter Verweis auf BVerfGE 47, 253 (275); 52, 95 (130); 77, 1 (40); 83, 60 (72 f.); 93, 37 (66); vgl. hierzu auch *E.-W. Böckenförde*, in: *Isensee/Kirchhof* (Hrsg.), HStR II, § 24 Rn. 31 ff.

[1401] BVerfGE 83, 37 (54); *E. Schmidt-Aßmann*, AöR 116 (1991), S. 329 (543 f.); *M. Jestaedt*, Demokratieprinzip, S. 212 f.; *W. Kluth*, Funktionale Selbstverwaltung, S. 356; *P. Unruh*, VerwArch 92 (2001), S. 531 (543).

### a. Legislative Determination durch Modifikation des Legitimationssubjekts

Zur weiteren Ergänzung des klassischen Legitimationsmodells können jedoch Abweichungen von diesem Legitimationsmechanismus in Form allgemeiner Wahlen und Ausdifferenzierungen im Hinblick auf das Legitimationssubjekt erfolgen, die dem Gesetzgeber entweder verfassungsrechtlich auferlegt oder zumindest gestattet sind.

Verfassungsrechtlich auferlegt ist ihm dabei insbesondere die Errichtung grundrechtsverwirklichender Organisationseinheiten, die nur durch Ausgliederung aus der Ministerialverwaltung weitgehend staatsfern erfolgen kann, wie dies mit den Universitäten und deren Einrichtung als funktionale Selbstverwaltungsträger der Fall ist. Daneben ist es ihm jedoch auch gestattet, vom Demokratieprinzip abzuweichen, sofern er die Ziele der Partizipation von Betroffenen, den Einbezug verwaltungsexternen Sachverstands sowie die effektive Erreichung der vom Gesetzgeber verfolgten Zwecke und Ziele, insbesondere durch das Anstreben eines sachgerechten Interessenausgleichs, verfolgt.[1402] Er kann hierzu für abgegrenzte Bereiche der Erledigung öffentlicher Aufgaben besondere Organisationsformen der Selbstverwaltung schaffen,[1403] die nicht mehr legitimatorisch auf das Gesamtvolk durch ununterbrochene Legitimationsketten oder Wahlakte rückführbar sind und auch nicht durch ein verfassungsrechtlich anerkanntes Teilvolk legitimiert sind. Voraussetzung für diese Abweichung von einer unmittelbar auf das Gesamtvolk oder Teilvolk rückführbaren demokratischen Legitimation durch diese Organisationseinheiten ist jedoch, dass die Aufgabenwahrnehmung gemeinwohlorientiert und von der Gleichachtung der Betroffenen geprägt erfolgt und nicht Einzelinteressen in gleichheitswidriger Weise begünstigt werden.[1404]

So können die legitimationsspendenden Wahlen durch das Staatsvolk im Rahmen der funktionalen Selbstverwaltung durch ein vom Gesetzgeber vom Staatsvolk ausgegliedertes Kollektiv von Betroffenen ersetzt werden, wie dies grundsätzlich mit der funktionalen Selbstverwaltung erfolgt. Dementsprechend werden vom Gesetzgeber Organisationseinheiten begründet, innerhalb derer zwar Wahlen stattfinden, denen auch legitimatorische Wirkung zukommt, wobei jedoch der Gesetzgeber das Legitimationssubjekt bestimmen kann und ihm nicht nur im Hinblick auf die organisatorische Ausgestaltung, sondern auch bezogen auf Beobachtungs- und Kontrollmechanismen ein weiter Gestaltungsspielraum offensteht.[1405] So beziehen diese Repräsentationsorgane innerhalb der funktionalen Selbstverwaltung ihre Legitimation nicht allein aus dem Wahlakt durch das Betroffenenkollektiv als Legitimationsmodus „von unten", sondern nur im Zu-

[1402] BVerfGE 107, 59 (92), unter Verweis auf BVerfGE 37, 1 (26 f.). Ebenso auf den Einbezug von Sachverstand abstellend BVerfG, Urt. v. 28.1.2014, 2 BvR 1561/12 u.a., Rn. 170.

[1403] BVerfGE 107, 59 (92).

[1404] BVerfGE 107, 59 (93); 130, 76 (123 ff.); BVerfG, Urt. v. 28.1.2014, 2 BvR 1561/12 u.a., Rn. 158.

[1405] Vgl. zur Gestaltungsfreiheit hinsichtlich Organisationsnormen BVerfGE 37, 1 (26).

sammenwirken mit der auf das gesamte Staatsvolk rückführbaren Gestaltungsmacht des Gesetzgebers, so dass grundsätzlich zwei Stränge demokratischer Legitimation verwoben sind.

### *b. Legislative Determination durch Modifikation des Betroffenenkollektivs*

Weiter ist der Gesetzgeber teilweise verfassungsrechtlich, teilweise auch zur Sicherstellung einer angemessenen Betroffenenpartizipation, eines sachgerechten Interessenausgleichs oder zur effektiven Erreichung anderer Zwecke und Ziele gehalten, das legitimationsspendende, vom Staatsvolk ausgegliederte Betroffenenkollektiv weiteren Modifikationen zu unterziehen. So kann erforderlich sein, dass das Betroffenenkollektiv in der Ausübung seiner legitimationsspendenden Funktion nicht nur vom Staatsvolk abgegrenzt, sondern in sich selbst unterteilt wird, um hierdurch eine Gremienzusammensetzung durch bestimmte Gruppen zu erreichen, die dem Ziel der Organisationseinheit zu dienen bestimmt sind und die angemessene Betroffenenpartizipation verwirklichen. Durch die vorgenommene Unterteilung wird deutlich, dass der Gesetzgeber davon ausgeht, dass in der Organisationseinheit verschiedene Interessen zusammengefasst werden, deren Beteiligung an der Entscheidung er auf diese Weise sichern will. So kann bei diesen Organisationseinheiten, die der Selbstverwaltung zugerechnet werden, bereits festgestellt werden, dass der Gesetzgeber einen Ausgleich der verschiedenen Interessen in den Entscheidungsgremien verfolgt, auch wenn er, teilweise verfassungsrechtlich vorgegeben, einer Interessengruppe die dominierende Stellung einräumt, wie dies bei den Universitäten der Fall ist. Insoweit bestehen auch bei diesen Selbstverwaltungseinheiten konsensuale Elemente und es erfolgt eine Annäherung in deren organisatorischer Ausgestaltung zur gruppenpluralen Konsensverwaltung. Unterscheidungsmerkmal bleibt jedoch die für die Zuordnung zur Selbst- bzw. Fremdverwaltung ausschlaggebende reine Betroffenenbeteiligung, die bei den nachfolgenden Verwaltungseinheiten gegeben ist, wenn auch der Betroffenenkreis durch die Aufgabenbestimmung wie bei den Industrie- und Handelskammern denkbar weit ist. Im Folgenden werden daher (aa.) die Universitäten, (bb.) die Industrie- und Handelskammern sowie (cc.) die Handwerkskammern erläutert.

#### *aa. Die Universitäten*

So fordern grundrechtliche Partizipationsansprüche aus Art. 5 Abs. 3 GG die Einführung einer Gruppenwahl im Rahmen der Universitäten ein. Universitäten dienen der Pflege und Entwicklung der Wissenschaften und der Künste durch Forschung, Lehre, Studium und Weiterbildung in einem freiheitlichen, demokratischen und sozialen Rechtsstaat, sie bereiten auf eine berufliche Tätigkeit vor und dienen vornehmlich der Forschung und Lehre und verbinden diese zu einer vorwiegend wissenschaftsbezogenen Ausbildung.[1406] Mitglieder der Universität

[1406] Art. 2 Abs. 1 BayHSchG.

sind dabei die Professoren, die Juniorprofessoren, die wissenschaftlichen und künstlerischen Mitarbeiter, die Lehrkräfte für besondere Aufgaben, ebenso die Honorarprofessoren, Privatdozenten, Lehrbeauftragten und sonstigen nebenberuflich wissenschaftlich oder künstlerisch Tätigen[1407] wie auch die entpflichteten Professoren, Beamten und Beamtinnen, die an der Hochschule tätig sind, Arbeitnehmer und Arbeitnehmerinnen der Hochschule sowie nicht zuletzt die Studierenden.[1408] Dabei werden die Mitglieder der Repräsentationsorgane, also der Senat[1409] und der Fakultätsrat,[1410] getrennt nach Betroffenengruppen nach den Grundsätzen der personalisierten Verhältniswahl oder bei Vorliegen einer Liste mittels Mehrheitswahl gewählt.[1411]

### *bb. Die Industrie- und Handelskammern*

Neben dieser grundrechtlich gebotenen Differenzierung können solche auch zur besseren Erreichung der Zwecksetzung der Organisationseinheit geboten oder zumindest hilfreich sein. Dabei sind Anknüpfungspunkte differenzierender Behandlung entweder die finanzielle Betroffenheit, die Branchen- bzw. Berufszugehörigkeit oder der beruflich-soziale Status.[1412]

So erfolgen die Wahlen zur Vollversammlung der Industrie- und Handelskammer nach getrennten Wahlgruppen, denen eine bestimmte Zahl an Sitzen in der Vollversammlung zugeordnet ist.[1413] Die Unterteilung der Gruppen soll dabei mit den Besonderheiten des Bezirks die gesamtwirtschaftliche Bedeutung der Gewerbegruppen berücksichtigen.[1414] In der Praxis erfolgt eine Wahl getrennt nach Wirtschaftsgruppen (Branchen) und je nach Größe des Bezirks der Industrie- und Handelskammer auch nach weiteren räumlichen Untergliederungen,[1415] wobei die unterschiedliche Größe der Gruppen Auswirkungen auf den Erfolgswert der abgegebenen Stimmen hat.[1416] Hintergrund dieser Abweichungen von der Wahlrechtsgleichheit und der Übertragung derart weiter Spielräume an die Industrie- und Handelskammern in der Ausgestaltung ist, dass die Industrie- und Handelskammer über einen relativ heterogenen Mitgliederbestand verfügt, der sich aus gewerbesteuerpflichtigen natürlichen Personen, Handelsgesellschaften, sonstigen Personenmehrheiten und juristischen Personen des privaten und öffentlichen Rechts[1417] zusammensetzt,[1418] gleichzeitig jedoch die Aufgabe hat,

---

[1407] Art. 2 Abs. 1, Abs. 2 BayHSchPG.

[1408] Art. 17 Abs. 1 BayHSchG i.V.m. Art. 2 Abs. 1, Abs. 2 BayHschPG.

[1409] Art. 25 BayHSchG.

[1410] Art. 31 BayHSchG.

[1411] Art. 38 Abs. 1 BayHSchG.

[1412] *W. Kluth*, Funktionale Selbstverwaltung, S. 462.

[1413] § 5 Abs. 3 Satz 2 IHK-G.

[1414] § 5 Abs. 3 Satz 2 IHK-G.

[1415] *W. Kluth*, Funktionale Selbstverwaltung, S. 132; *A. Rickert*, in: *Frentzel/Jäkel/Junge* (Hrsg.), Industrie- und Handelskammergesetz, § 5 Rn. 45.

[1416] *A. Rickert*, in: *Frentzel/Jäkel/Junge* (Hrsg.), Industrie- und Handelskammergesetz, § 5 Rn. 46.

[1417] Die eine Betriebsstätte im Bezirk der Industrie- und Handelskammer unterhalten.

[1418] § 2 Abs. 1 IHK-G.

die gesamten Interessen der ihr zugehörigen Gewerbetreibenden wahrzunehmen, die gewerbliche Wirtschaft zu fördern und dabei die wirtschaftlichen Interessen einzelner Zweige oder Betriebe abwägend und ausgleichend zu berücksichtigen.[1419] Dieser Spagat zwischen heterogener Mitgliederstruktur und dem gesetzlichen Auftrag zum Interessenausgleich und der Interessenvertretung erfordert die realitätsnahe Repräsentation der Mitglieder unter Einbezug des Sachverstands der Berufsgruppen, so dass die Abweichungen vom Grundsatz der Wahlrechtsgleichheit und die Modifizierung des legitimationsspendenden Betroffenenkollektivs durch die Anordnung der Gruppenwahl gerechtfertigt sind.[1420] Darüber hinaus wird durch die Gruppenwahl ein effektiver Minderheitenschutz verwirklicht, der auch dem Ziel der Industrie- und Handelskammern zugutekommt,[1421] so dass hierdurch die Verwirklichung der Ziele der Betroffenenpartizipation und des Interessenausgleichs gefördert werden.

*cc. Die Handwerkskammern*

Vom Grundsatz der formalen Stimmengleichheit aufgrund beruflich-sozialen Status abgewichen wird bei den Handwerkskammern. Diese haben insbesondere die Aufgabe, die Interessen des Handwerks zu vertreten,[1422] sie zu fördern und für einen gerechten Ausgleich der Interessen der einzelnen Handwerker und ihrer Organisationen zu sorgen[1423] sowie die wirtschaftlichen Interessen des Handwerks zu fördern.[1424] Mitglieder der Handwerkskammern sind die Inhaber eines Betriebes eines Handwerks oder ähnlichen Gewerbes, die Gesellen, andere Arbeitnehmer mit abgeschlossener Berufsausbildung sowie die Lehrlinge dieser Gewerbetreibenden.[1425] Bei der Handwerkskammer erfolgt nun eine doppelte Modifikation der Wahlen zum Repräsentationsorgan der Vollversammlung: Zum einen ist ebenfalls die Gruppenwahl gesetzlich angeordnet, indem festgesetzt wird, dass ein Drittel der Mitglieder der Vollversammlung Gesellen oder andere Arbeitnehmer mit einer abgeschlossenen Berufsausbildung sein müssen.[1426] So erfolgt die Wahl zur Vollversammlung getrennt in zwei Gruppen von Mitgliedern, wobei die Vertreter der Arbeitnehmer durch die Gesellen sowie Arbeitnehmer mit abgeschlossener Berufsausbildung erfolgt.[1427] Weiter wird die Wahl getrennt nach Handwerksgruppen abgehalten, so dass auch hierdurch die Erfolgswertgleichheit der Stimmen verzerrt wird. Zum anderen sind zur Wahl der Vertreter der Arbeitnehmer lediglich die Gesellen und die weiteren Arbeitneh-

---

1419 § 1 Abs. 1 IHK-G.

1420 *W. Kluth*, Funktionale Selbstverwaltung, S. 462.

1421 *A. Rickert*, in: *Frentzel/Jäkel/Junge* (Hrsg.), Industrie- und Handelskammergesetz, § 5 Rn. 51 ff.

1422 § 90 Abs. 1 HwO.

1423 § 91 Abs. 1 Nr. 1 HwO.

1424 § 91 Abs. 1 Nr. 9 HwO.

1425 § 90 Abs. 2 HwO.

1426 § 93 Abs. 1 Satz 2 HwO.

1427 § 98 Abs. 1 Satz 1 HwO.

mer mit abgeschlossener Berufsausbildung berechtigt.[1428] So wird mit den Lehrlingen eine ganze Gruppe von Mitgliedern der Handwerkskammern von der Wahl und damit auch von jeglicher Repräsentation in der Vollversammlung ausgeschlossen. Eine stärkere Verzerrung der Erfolgswertgleichheit einer Stimme als durch Ausschluss ist nicht möglich. Auch diese Abweichungen von der Erfolgswertgleichheit rechtfertigen sich jedoch durch das gesetzlich vorgegebene Ziel der Selbstverwaltungskörperschaft, die Interessen des Handwerks im Allgemeinen zu repräsentieren. Insoweit liegt auch der Industrie- und Handelskammer ein Interessenausgleich in der Entscheidungsfindung zugrunde. Insbesondere ist der Ausschluss der noch nicht ausgebildeten Mitglieder in Form der Lehrlinge damit zu rechtfertigen, dass diese noch nicht über ausreichenden Sachverstand und Praxiserfahrung verfügen, um diese in den Entscheidungsprozess der Handwerkskammern einbringen zu können.

#### *c. Legislative Determination durch Modifikation der Besetzung der Repräsentationsgremien*

Weitere Modifikationen durch den Gesetzgeber bestehen nicht nur in der Aufspaltung des Betroffenenkollektivs in einzelne Wahlgruppen und der damit einhergehenden Verzerrung der Stimmengleichheit, sondern auch in der Anordnung der Besetzung der Gremien selbst, die nicht zwangsweise paritätisch erfolgt. Eine solche besteht bei (aa.) den Universitäten sowie bei (bb.) den Handwerkskammern.

##### *aa. Die Universitäten*

Eine verfassungsrechtliche Direktive bzgl. der Besetzung der Gremien der Universitäten ist Art. 5 Abs. 3 GG zu entnehmen.[1429] So sind die Universitäten Träger des Grundrechts aus Art. 5 Abs. 3 GG und verwirklichen dieses. Gleichzeitig sind jedoch nicht alle Mitglieder in gleicher Weise Grundrechtsträger. So sind Mitglieder der Universität neben Professoren, Juniorprofessoren, den wissenschaftlichen und künstlerischen Mitarbeitern, den Lehrkräften für besondere Aufgaben wie auch den Honorarprofessoren, Privatdozenten, Lehrbeauftragten und sonstigen nebenberuflich wissenschaftlich oder künstlerisch Tätigen[1430] und die entpflichteten Professoren u.a. auch Beamte und Beamtinnen, die an der Hochschule tätig sind, Arbeitnehmer und Arbeitnehmerinnen der Hochschule sowie nicht zuletzt die Studierenden.[1431] Hieraus ergibt sich, dass nur ein Teil der Mitglieder als Grundrechtsträger in Bezug auf Art. 5 Abs. 3 GG in Betracht kommt, so dass diesem Teil auch der maßgebliche Einfluss auf die Selbstverwaltung der Universität zu Teil werden muss.[1432] Infolgedessen ist in den zu beset-

---

[1428] § 98 Abs. 1 Satz 1 HwO.

[1429] BVerfGE 35, 79 (126 ff.); *R. Hendler*, in: *Isensee/Kirchhof* (Hrsg.), HStR VI, § 143 Rn. 33.

[1430] Art. 2 Abs. 1, Abs. 2 BayHSchPG.

[1431] Art. 17 Abs. 1 BayHSchG.

[1432] *R. Hendler*, in: *Isensee/Kirchhof* (Hrsg.), HStR VI, § 143 Rn. 33.

zenden Gremien wie dem Senat und dem Fakultätsrat die Gewichtung der Mitglieder dergestalt vorgenommen, dass die Vertreter der Hochschullehrer das Übergewicht besitzen, während die Gruppen der wissenschaftlichen und künstlerischen Mitarbeiter, der sonstigen Mitarbeiter sowie die der Studierenden unterrepräsentiert sind.[1433]

### *bb. Die Handwerkskammern*

In der Vollversammlung der Handwerkskammern sind die Gesellen und die Arbeitnehmer mit abgeschlossener Berufsausbildung lediglich zu einem Drittel vertreten, während die übrigen Mitglieder zu zwei Dritteln die Sitze besetzen und damit eine Mehrheit auf sich vereinen, und die Lehrlinge aus o.g. Grunde[1434] gar nicht repräsentiert sind.[1435] Insoweit bestehen Ähnlichkeiten zur Besetzung der Gremien in den Universitäten und der Bundesagentur für Arbeit.

Hierdurch zeigt sich, dass der Legitimationsmodus der Wahl im Rahmen der funktionalen Selbstverwaltung einer hohen Gesetzesdetermination insoweit unterliegt, als das Legitimationssubjekt und das Legitimationsobjekt durch den Gesetzgeber vorgegeben sind. Insoweit sind die Legitimationsmechanismen durch Wahl „von unten" und der durch Organisation „von oben" gekoppelt. Da jedoch auch die Einrichtung des Betroffenenkollektivs als gesetzgeberische Entscheidung anzusehen ist, sind diese letztlich auf das Legitimationsobjekt des Staatsvolkes rückführbar.

Zu einer weiteren Verschiebung des Legitimationsmodus hin zur Legitimation durch den Gesetzgeber kommt es, wenn dieser, aufgrund verfassungsrechtlicher Zwänge oder zur Erreichung seiner mit der Organisationseinheit verfolgten Zielsetzungen, weitere Modifikationen vornimmt und so das Legitimationssubjekt in Gruppen unterteilt oder gar die Zusammensetzung der Gremien in nicht paritätischer Weise ausgestaltet.

### *d. Legislative Determination durch Ersetzung des Wahlaktes – die „Friedenswahlen" in den Handwerkskammern*

Diese Verschiebung erreicht ihren Höhepunkt, wenn sich der Legitimationsmodus vollständig von demjenigen der Wahl abkoppelt, wie dies durch die „Friedenswahlen" bei den Handwerkskammern der Fall ist.[1436] Bei diesen handelt es sich gerade nicht um Wahlen, so dass sie auch nicht als Wahlen „von unten" legitimationsspendend sind. Vielmehr handelt es sich um einen die Legitimation durch Wahlen substituierenden Besetzungsmodus, den der Gesetzgeber zur Besetzung der Vollversammlung eingeführt hat. So teilt der Gesetzgeber nicht nur

---

1433 Art. 25 Abs. 1 Satz 1, 31 Abs. 1 Satz 1 BayHSchG; bei Letzterem ist zu berücksichtigen, dass Dekan, Prodekan und Studiendekan ebenfalls der Gruppe der Professoren zuzurechnen sind; dazu auch *R. Hendler*, in: *Isensee/Kirchhof* (Hrsg.), HStR VI, § 143 Rn. 33.

1434 Dazu E.II.1.b.cc. Die Handwerkskammern.

1435 § 93 Abs. 1 Satz 2, 98 Abs. 1 Satz 1 HwO.

1436 § 20 WahlO.

das Betroffenenkollektiv in Wahlgruppen ein und gibt die Zusammensetzung der Vollversammlung vor, sondern er ersetzt die wahlberechtigten durch vorschlags- bzw. entsendungsberechtigte gesellschaftliche Gruppen.

Dabei wurde bereits gezeigt, dass hierdurch den „Friedenswahlen" allein die Funktion als Besetzungsmodus zukommt, ohne dass ihnen selbst legitimationsspendende Wirkung als Wahlen beigemessen werden muss. Dieser Besetzungsmodus findet nicht nur im Rahmen der funktionalen Selbstverwaltung, sondern auch für die Sozialversicherungsträger und damit in der gruppenpluralen Konsensverwaltung Anwendung.[1437]

Als weitere Gemeinsamkeit verbindet die Handwerkskammer mit den Sozialversicherungsträgern die normative Steuerung, die im Gegensatz zur kommunalen Selbstverwaltung, aber auch zu anderen Organisationseinheiten der funktionalen Selbstverwaltung an Intensität zunimmt.

### 2. *Legitimation durch Berufungsakt*

Im Sinne des klassischen Legitimationsmodells kann die personelle demokratische Legitimation auch durch eine auf den Souverän zurückführbare ununterbrochene Legitimationskette hergestellt werden. Mit dieser Konstruktion vermag man insbesondere die Amtswalter im Rahmen der unmittelbaren Staatsverwaltung demokratisch zu legitimieren. Gleichzeitig kann sie jedoch auch herangezogen werden, um anderen Mitgliedern von Organisationseinheiten die notwendige demokratische Legitimation zu verleihen. Dabei sind die Ernennungen danach zu differenzieren, in welcher Intensität sie gesellschaftliche Kräfte miteinbeziehen. Im Folgenden wird daher unterschieden in die (a.) Ernennung ohne Mitwirkung, die (b.) Ernennung nach vorheriger Anhörung und die (c.) Ernennung auf Vorschlag gesellschaftlicher Kräfte

#### a. *Ernennung ohne Mitwirkung gesellschaftlicher Kräfte*

Die Mitglieder der Lebensmittelbuch- und Gendiagnostik-Kommission werden durch das Bundesministerium für Ernährung, Landwirtschaft und Verbraucherschutz im Einvernehmen mit dem Bundesministerium für Wirtschaft und Technologie[1438] bzw. durch das Bundesministerium für Gesundheit berufen.[1439] Hierdurch erhalten die Mitglieder ihre organisatorisch-personelle Legitimation, da der legitimationsspendende Akt der Ernennung durch eine Stelle erfolgt, die ihrerseits durch eine ununterbrochene, auf das Parlament rückführbare Legitimationskette personell legitimiert ist.

---

[1437] *F.E. Schnapp*, in: FS Ipsen 2000, S. 807 (826), sieht dagegen Differenzierungsbedarf danach, ob sich der Wahlakt auch auf die normativen Grundlagen für die Entscheidungen erstreckt, so dass zwischen Sozialversicherungsträgern und Handwerkskammern zu unterscheiden sei.

[1438] § 16 Abs. 2 Satz 1 LFGB.

[1439] § 23 Abs. 1 Satz 2 GenDG.

Allerdings sind die Mitglieder der Lebensmittelbuch-Kommission keinen Weisungen unterworfen[1440] wie auch die GEKO unabhängig ist,[1441] so dass deren sachlich-inhaltliche Legitimation zweifelhaft ist. So bestehen weder Weisungs- noch Aufsichtsrechte, über welche die ernennende Stelle eine inhaltliche Kontrolle über die Kommissionen ausüben könnte.[1442] Auch eine Abberufungsmöglichkeit im Falle rechtswidrigen Verhaltens existiert nicht.[1443] Insoweit besteht keine Möglichkeit, deren Tätigkeit durch Weisungen inhaltlicher Feinsteuerung und demokratischer Kontrolle zu unterziehen, wodurch das wesentliche Ziel sachlich-inhaltlicher demokratischer Legitimation verfehlt wird. Gleichzeitig wird mit Blick auf die GEKO die sachlich-inhaltliche Legitimation angezweifelt, als ihr Konkretisierungsauftrag aufgrund der damit verbundenen Grundrechtsbeeinträchtigungen nicht den Erfordernissen der Wesentlichkeitstheorie genügt.[1444] Insoweit sind die Mitglieder der beiden Kommissionen trotz Berufungsakts nur unzureichend demokratisch legitimiert.

#### *b. Ernennung nach vorheriger Anhörung gesellschaftlicher Kräfte*

Gleiches gilt für die Mitglieder des Verwaltungsrats des Deutschen Weinfonds. Diese werden zwar personell demokratisch durch die Berufung durch den Bundesminister[1445] legitimiert,[1446] der seinerseits durch eine ununterbrochene Kette von Ernennungs- und Wahlakten auf das Parlament und damit den Souverän rückführbar ist. Dass zuvor eine Anhörung der Organisationen der beteiligten Wirtschaftskreise, aus denen sich die Vertreter rekrutieren, erfolgt, mindert die legitimationsspendende Kraft des Ernennungsaktes nicht, da das Letztentscheidungsrecht über die Personalie bei der ernennenden Stelle liegt und diese damit Herr über die Personalentscheidung bleibt. Die Entscheidung ist der ernennenden Stelle daher zuzurechnen, so dass sie hierfür auch demokratischer Verantwortung unterliegt.

Allerdings kommt dieser ernennenden Stelle keinerlei Möglichkeit zu, die Tätigkeit des Deutschen Weinfonds inhaltlich zu steuern und durch die Ausübung eines Weisungsrechts zu kontrollieren. Insoweit sind auch die Mitglieder des Verwaltungsrats des Deutschen Weinfonds in Ermangelung sachlich-inhaltlicher Legitimation nicht ausreichend demokratisch legitimiert.

---

[1440] Vgl. § 1 Abs. 2 Geschäftsordnung der Deutschen Lebensmittelbuch-Kommission.

[1441] § 23 Abs. 1 Satz 1 GenDG; hieran zweifelnd *J. Kersten*, in: *Ehlers/Fehling/Pünder* (Hrsg.), Besonderes Verwaltungsrecht, § 54 Rn. 36; *ders.*, in: *Rixen* (Hrsg.), Wiedergewinnung, S. 111 (127 f.).

[1442] *S. Rixen*, DVBl. 2014, 949 (956), zur Lebensmittelbuchkommission.

[1443] *S. Rixen*, DVBl. 2014, 949 (956), zur Lebensmittelbuchkommission.

[1444] *J. Kersten*, in: *Rixen* (Hrsg.), Wiedergewinnung, S. 111 (125 f.).

[1445] § 20 Abs. 2 Satz 1 Weinwirtschaftsgesetz.

[1446] BVerfG, Urt. v. 6.5.2014, 2 BvR 1139/12, 2 BvR 1140/12, 2 BvR 1141/12, Rn. 171.

### c. Ernennung auf Vorschlag gesellschaftlicher Kräfte

Problematisch erscheint bereits die personelle Legitimation der Mitglieder des Verwaltungsrats der Filmförderungsanstalt sowie der Bundesprüfstelle durch Berufungsakt. Ebenso wie bei den Mitgliedern des Verwaltungsrats der Bundesagentur für Arbeit erfolgt zwar bei diesen ebenfalls eine Berufung durch eine oberste Bundesbehörde[1447] und das Bundesministerium für Familie, Senioren, Frauen und Jugend, die jeweils ihrerseits demokratisch legitimiert sind. Diese Stellen sind jedoch nicht befugt, von den vorgeschlagenen Kandidaten abzuweichen.[1448]

Das BVerfG thematisiert diese nicht weiter und nimmt eine uneingeschränkte personelle Legitimation an.[1449] Geht man jedoch davon aus, dass die Vermittlung demokratischer Legitimation durch Ernennungsakt den Sinn hat, insbesondere den Ernennenden für diese Personalentscheidung in die Verantwortung zu nehmen und damit diese demokratischer Kontrolle zuzuführen, wie dies im Rahmen der Ministerialverwaltung der Fall ist, so ist der formelle Akt der Berufung nur dann legitimationsspendend, wenn er gepaart ist mit einer materiellen Auswahlentscheidung, welche die Entscheidung als eine des Amtsträgers ausweist und die diesem daher zurechenbar ist, so dass er für diese auch im Rahmen der demokratischen Kontrolle zur Verantwortung gezogen werden kann. Hat dagegen der Berufende keinen nennenswerten Einfluss auf die Personalentscheidung, muss eine Vermittlung demokratischer Legitimation durch den Ernennungsakt, der dann eine bloße Formalie darstellt, scheitern bzw. hat lediglich stark abgeschwächte Funktion, so dass er allein für das Vorliegen eines ausreichenden Legitimationsniveaus nicht hinreichend ist.

Ein solcher Einfluss fehlt in den Fällen, in denen dem Ernennenden keine Möglichkeit bleibt, von dem Vorschlag der Vorschlagsberechtigten abzuweichen oder diesen zurückzuweisen. Zwar besteht ein Einfluss in der Form, die Person wieder aus dem Gremium abzuberufen, wie dies bei den Mitgliedern der Bundesprüfstelle der Fall ist.[1450] Diese Möglichkeit vermag jedoch nur im Nachhinein eine Kontrolle zu vermitteln, nicht dagegen eine Auswahlentscheidung im Vorfeld der Besetzung zu begründen, die eine demokratische Verantwortlichkeit in vollem Maße zu rechtfertigen vermag.

Da gerade die Mitglieder des Verwaltungsrats der Filmförderungsanstalt sowie der Bundesprüfstelle auf Vorschlag von den zuständigen staatlichen Stellen ernannt werden, ohne dass diese ein Ablehnungsrecht für sich reklamieren können, stellt dieser Akt der Ernennung eine reine Formalie dar, ohne dass ihr eine die demokratische Legitimation spendende materielle Auswahlentscheidung der er-

---

[1447] § 6 Abs. 3 Satz 1 FFG.

[1448] Bei den Beisitzern der Bundesprüfstelle, die durch die Landesregierungen ernannt werden, oder den Vorsitzenden stellt sich dieses Problem nicht.

[1449] BVerfG, Urt. v. 28.1.2014, 2 BvR 1561/12, 2 BvR 1562/12, 2 BvR 1563/12, 2 BvR 1564/12, Rn. 164, unter Verweis auf BVerfGE 93, 37 (67), 107, 59 (89), für den Verwaltungsrat der Filmförderungsanstalt; BVerfGE 83, 130 (149), für die Bundesprüfstelle.

[1450] § 9 Abs. 4 GjS.

nennenden Stelle zugrunde liegt. So besteht in diesen Fällen nur eine deutlich abgeschwächte personelle Legitimation.

Darüber hinaus sind weder die Mitglieder der Bundesprüfstelle[1451] noch diejenigen der Vergabekommission an Weisungen gebunden,[1452] so dass eine inhaltliche Steuerung und Kontrolle nicht stattfinden kann und diese nur eine defizitäre sachlich-inhaltliche Legitimation aufweisen. Auch aus diesem Grunde ist die demokratische Legitimation unzureichend.

### *3. Legitimation durch organisatorisch-konsensuale Legitimation*

Erfolgen weder Wahlen zu einem Repräsentationsorgan noch ein legitimationsspendender Berufungsakt oder kann dem Berufungsakt aufgrund fehlender Verantwortung des Berufenden für die Auswahlentscheidung keine volle Legitimationswirkung zugestanden werden oder bestehen Defizite sachlich-inhaltlicher Legitimation aufgrund fehlender Weisungsgebundenheit, so können diese Lücken durch die organisatorisch-konsensuale Legitimation geschlossen werden, sofern deren Voraussetzungen vorliegen.[1453]

Um den Zweck demokratischer Legitimation, insbesondere also die Rückbindung von Machtausübung zur Begrenzung und Kontrolle dieser Macht sowie zur Steigerung der Akzeptanz der Entscheidungen, zu erreichen, muss bei gruppenplural organisierten Entscheidungsträgern die Zusammensetzung und die Entscheidungsfindung die vertretenen Interessen aneinander rückbinden, so dass jene dafür Gewähr bieten, dass eine konsensuale Entscheidung zur Verwirklichung des Gemeinwohls erfolgt, bei der kein Partikularinteresse die anderen dominieren kann. Erforderlich ist damit die effektive Beteiligung der Betroffenengruppen in einer ihrer Betroffenheit und Gewichtung nach angemessenen Weise, die einen sachgerechten Interessenausgleich ermöglicht. Notwendig ist damit bei einer geringeren Anzahl an vertretenen Interessen eine möglichst inhomogene, antagonistische Interessenstruktur, während bei einem pluralistisch zusammengesetzten Gremium, in dem eine Vielzahl von verschiedenen Interessen repräsentiert sind, der Interessenantagonismus zwischen den einzelnen nicht mehr derart gravierend sein muss, um die mit dieser Organisationsstruktur verfolgte begrenzende Wirkung zu entfalten. Ebenso kann der Gesetzgeber im Rahmen seines weiten Gestaltungsspielraums verwaltungsexternen Sachverstand in das Gremium einbeziehen bzw. diesem, je nach Zielsetzung, dominierenden Einfluss einräumen.

Daneben ist eine staatliche Kontrolle über diesen Prozess des Interessenausgleichs in Form der Rechtsaufsicht erforderlich, da gerade bei den Organisationseinheiten, bei denen der Einbezug von verwaltungsexternem Sachverstand ein tragendes Organisationsmerkmal darstellt, diese nicht durch weitreichende Befugnisse einer Fachaufsicht konterkariert werden darf. Gleichfalls besteht eine

---

1451 § 10 GjS.

1452 § 7 Abs. 2 Satz 4 FFG.

1453 Dazu näher unter Kapitel 2 B. Konsens als Legitimationsspender.

gesetzgeberische Beobachtungs- und Nachbesserungspflicht für den Fall, dass das Ziel des konsensualen Interessenausgleichs verfehlt wird.

Eine Ergänzung der klassischen Legitimationsformen durch die organisatorisch-konsensuale Legitimation zur Herstellung eines ausreichenden Legitimationsniveaus durch Kompensation der in organisatorisch-personeller und sachlich-inhaltlicher Hinsicht bestehenden Defizite aufgrund fehlenden oder unzureichenden Ernennungsakts oder fehlender Weisungsunterworfenheit kommt für (a.) den öffentlich-rechtlichen Rundfunk, (b.) die Vergabekommission, (c.) die Filmförderungsanstalt, (d.) die Bundesprüfstelle, (e.) den Deutschen Weinfonds, (f.) die Lebensmittelbuch-Kommission sowie (g.) die Gendiagnostik-Kommission in Betracht. Die gefundenen Ergebnisse werden unter (h.) zusammengefasst und bewertet.

### *a. Die öffentlich-rechtlichen Rundfunkanstalten*

Der breite Aufgabenbereich des öffentlich-rechtlichen Rundfunks, der neben der Meinungs- und Willensbildung die Unterhaltung, Information und kulturelle Verantwortung des gesamten Publikums umfasst, schlägt sich auch in der Organisationsstruktur der öffentlich-rechtlichen Rundfunkanstalten nieder, die eine binnenpluralistische Struktur sowie eine pluralistische Gremienzusammensetzung aufweisen müssen,[1454] um stellvertretend für die Allgemeinheit die Tätigkeit der Rundfunkanstalten zu bestimmen bzw. zu kontrollieren.[1455] So muss diese wie auch die Gewichtung der Interessengruppen in den Gremien der gesellschaftlichen Vielfalt in sachgerechter Weise Rechnung tragen und einen angemessenen, effektiven Einfluss auf die Aufgabenerfüllung sicherstellen.[1456] „Der Gesetzgeber hat insbesondere Vorkehrungen zu treffen, die sicherstellen, daß der Rundfunk nicht einer oder einzelnen gesellschaftlichen Gruppen ausgeliefert wird, daß die in Betracht kommenden gesellschaftlichen Kräfte im Gesamtprogramm zu Wort kommen und daß die Freiheit der Berichterstattung unangetastet bleibt."[1457] Zum Tragen muss ein „breites Band von Sichtweisen vielfältiger gesellschaftlicher Kräfte" kommen und große sowie kleine Gruppen möglichst unterschiedlicher Art in den Gremien vertreten sein,[1458] damit der Rundfunkrat seine Aufgabe als Sachwalter des Interesses der Allgemeinheit wahrnehmen kann.[1459] Organisatorisch sichergestellt werden muss daher eine ausgewogene Besetzung aus den bedeutenden politischen, weltanschaulichen und gesellschaftlichen Kräften. Durch diese gruppenplurale Zusammensetzung soll ein sachgerechter Interessenausgleich ermöglicht werden.[1460]

---

[1454] BVerfG, Urt. v. 25.3.2014, 1 BvF 1/11, 1 BvF 4/11, Rn. 38.

[1455] *W. Hoffmann-Riem*, in: *v. Mutius* (Hrsg.), FG Unruh 1983, S. 951 (965).

[1456] BVerfG, Urt. v. 25.3.2014, 1 BvF 1/11, 1 BvF 4/11, Rn. 39; BVerfGE 31, 314 (327 f.); 57, 295 (324).

[1457] BVerfGE 57, 295 (322).

[1458] BVerfG, Urt. v. 25.3.2014, 1 BvF 1/11, 1 BvF 4/11, Rn. 39.

[1459] BVerfG, Urt. v. 25.3.2014, 1 BvF 1/11, 1 BvF 4/11, Rn. 40.

[1460] BVerfGE 12, 205 (262 f.); 31, 314 (326); *W. Hoffmann-Riem*, in: *v. Mutius* (Hrsg.), FG Unruh 1983, S. 951 (966).

Dabei ist jedoch zu beachten, dass die Gremienbesetzung nie vollständig die gesellschaftliche Vielfalt einfangen und abbilden kann.[1461] Insoweit kommt dem gesetzgeberischen Gestaltungsspielraum auch vor dem Hintergrund der für die Funktionsfähigkeit des Gremiums erforderlichen begrenzten Mitgliederzahl erhebliche Bedeutung in der Auswahl zu, die sich an der Vielfaltssicherung und der Staatsferne zu orientieren hat.[1462]

Dem entspricht die Auswahlentscheidung, die der Gesetzgeber in Art. 6 Abs. 3 BayRG trifft. Vertreten sind insoweit alle relevanten gesellschaftlichen Kräfte politischer, wirtschaftlicher, kultureller und weltanschaulicher Art, deren Gewichtung ausreichende Einflussmöglichkeiten auf die Entscheidungen des Rundfunkrates zulassen. Insbesondere ist nicht ersichtlich, dass der Gesetzgeber eine gesellschaftlich relevante, zwingend zu beteiligende Gruppe unberücksichtigt gelassen hat, so dass die in seinem Gestaltungsermessen ergangene Entscheidung über die Besetzung des Rundfunkrates nicht zu beanstanden ist.[1463] Das kollegiale Entscheidungsgremium ist daher in angemessenem Verhältnis der relevanten gesellschaftlichen Gruppen zusammengesetzt und kann seiner Aufgabe der Kontrolle daher auch genügen.[1464] Insoweit spiegelt die Auswahl der Vertreter im Rundfunkrat verschiedenartige Sichtweisen, Erfahrungen und Wirklichkeitsdeutungen wider und ergibt so ein facettenreiches Bild des Gemeinwesens.[1465] Dem steht auch nicht entgegen, dass die Mitglieder grundsätzlich nicht als Vertreter der jeweiligen gesellschaftlichen Interessen, sondern als vom Staat unabhängige Sachwalter des Allgemeinwohls angesehen werden,[1466] wie auch eine Gruppenbildung innerhalb des Gremiums dem nicht entgegensteht, da es nach wie vor um die Durchsetzung von Interessen geht[1467] und beide Aspekte auf die konsensuale Entscheidungsfindung und damit die Begrenzung von Partikularinteressen keinen negativen Einfluss haben. Die Funktion des Rundfunkrates besteht damit in der Begrenzung unterschiedlicher Interessen[1468] durch die Findung von Konsens.

Problematisch ist dagegen, dass die vom Landtag und der Staatsregierung entsandten Mitglieder die gesetzliche Maximalvorgabe von einem Drittel überschreiten.

Der Rundfunkrat unterliegt dazu der Rechtsaufsicht,[1469] wenn diese auch angesichts der Grundrechtsrelevanz beschränkt ist, wie auch eine Beobachtung

[1461] BVerfG, Urt. v. 25.3.2014, 1 BvF 1/11, 1 BvF 4/11, Rn. 40; BVerfGE 83, 238 (296); 57, 295 (320).

[1462] BVerfG, Urt. v. 25.3.2014, 1 BvF 1/11, 1 BvF 4/11, Rn. 50, 63; BVerfGE 83, 238 (296).

[1463] *W. Hoffmann-Riem*, in: *v. Mutius* (Hrsg.), FG Unruh 1983, S. 951 (962); vgl. auch *G. Herrmann*, AöR 90 (1965), S. 286 ff.; *K.P. Jank*, Rundfunkanstalten, S. 18 ff.

[1464] Vgl. auch BVerfGE 12, 205 (261 f.).

[1465] Dazu BVerfG, Urt. v. 25.3.2014, 1 BvF 1/11, 1 BvF 4/11, Rn. 69 m.w.N.

[1466] BVerfG, Urt. v. 25.3.2014, 1 BvF 1/11, 1 BvF 4/11, Rn. 40; *W. Hoffmann-Riem*, in: *v. Mutius* (Hrsg.), FG Unruh 1983, S. 951 (965).

[1467] *W. Hoffmann-Riem*, in: *v. Mutius* (Hrsg.), FG Unruh 1983, S. 951 (965).

[1468] BVerfGE 12, 205 (262 f.); 31, 314 (326); *W. Hoffmann-Riem*, in: *v. Mutius* (Hrsg.), FG Unruh 1983, S. 951 (965); *G.F. Schuppert*, a.a.O., S. 183 (196).

[1469] Art. 24 BayRG.

der Gremienarbeit und der konsensualen Entscheidungsfindung unter Ausgleich aller vertretenen gesellschaftlichen Interessengruppen durch die vom Landtag und der Staatsregierung entsandten Vertreter aus dem Gremium heraus erfolgen kann. Die öffentlich-rechtlichen Rundfunkanstalten sind damit aufgrund ihrer verbandspluralistischen Zusammensetzung legitimiert[1470] und können organisatorisch-konsensuale, demokratische Legitimation für sich reklamieren.

### *b. Die Vergabekommission*

Zur Besetzung der Vergabekommission rekrutiert der Gesetzgeber deren Mitglieder aus gesellschaftlichen Kräften, die sich mit Blick auf die Aufgabenerfüllung durch ein sachbezogenes Interesse an dieser oder besonderen Sachverstand auszeichnen. „Der Gesetzgeber greift dafür auf in privatautonomer Selbstbestimmung gebildete Vertretungsorganisationen zurück, in denen er sowohl einschlägigen Sachverstand als auch Interessen gebündelt sieht, die in ihrem Zusammenwirken eine in besonderer Weise dem Gesetzeszweck wie gesetzlichen Vorgaben entsprechende Entscheidungspraxis versprechen.“[1471] Insoweit ist die vom Gesetzgeber getroffene Auswahlentscheidung der Interessengruppen nicht zu beanstanden.

Darüber hinaus trifft er durch eine ausgewogene Besetzung mit verschiedenen Interessengruppen, die aufgrund ihrer hohen Anzahl im Gremium nicht notwendig antagonistisch sind, Vorkehrungen dafür, dass sich keine der Interessengruppen auf Kosten der anderen durchsetzen kann und sich somit eine Entscheidung zum Wohle der Allgemeinheit unter Ausgleich der vertretenen Interessen herausbilden kann, ohne dass Partikularinteressen bestimmend werden. „Das Gewicht, das dabei nicht nur künstlerisch-kreativem Sachverstand, sondern auch wirtschaftlichem Sachverstand und wirtschaftlichen Verwertungsinteressen eingeräumt ist, entspricht den durch die in Anspruch genommene Kompetenzgrundlage vorgegebenen wirtschaftsbezogenen Zielsetzungen des Gesetzes (§ 1 Abs. 1 FFG 2004 [...]) und stützt die notwendige gruppennützige Ausrichtung der Förderentscheidungen. Um eine gemeinwohlwidrige verwaltungsorganisatorische Begünstigung von Sonderinteressen einzelner Gruppen, die demokratischen Prinzipien zuwiderliefe, handelt es sich nicht.“[1472] So bildet der Gesetzgeber organisatorisch den Rahmen für einen Interessenausgleich der sachverständigen Gruppen, ohne dabei Sonderinteressen zu bevorzugen oder andere notwendig einzubeziehende Interessen unterzurepräsentieren.[1473]

---

[1470] *T. Groß*, DVBl. 2002, 1182 (1183); *G. Herrmann/M. Lausen*, Rundfunkrecht, § 11 Rn. 11 ff.

[1471] BVerfG, Urt. v. 28.1.2014, 2 BvR 1561/12, 2 BvR 1562/12, 2 BvR 1563/12, 2 BvR 1564/12, Rn. 170, unter Verweis auf BT-Drs. 7/974, S. 12.

[1472] BVerfG, Urt. v. 28.1.2014, 2 BvR 1561/12, 2 BvR 1562/12, 2 BvR 1563/12, 2 BvR 1564/12, Rn. 171.

[1473] BVerfG, Urt. v. 28.1.2014, 2 BvR 1561/12, 2 BvR 1562/12, 2 BvR 1563/12, 2 BvR 1564/12, Rn. 171.

Die Vergabekommission, deren Entscheidungen in hohem Maß bewertungsabhängig sind,[1474] untersteht ebenfalls der Rechtsaufsicht.[1475] Darüber hinaus kommt der Staat seiner Beobachtungs- und Überwachungspflicht nach, indem er in die Vergabekommission Mitglieder aufnimmt, die vom Deutschen Bundestag und der zuständigen obersten Bundesbehörde benannt werden, so dass diese die Entscheidungspraxis der Vergabekommission als Mitglieder beobachten und das Funktionieren der Aufgabenerfüllung durch Interessenausgleich überwachen und gegebenenfalls auf Missstände hinweisen können.[1476] So ist die Vergabekommission organisatorisch-konsensual legitimiert, wodurch die bestehenden Legitimationsdefizite ausgeglichen werden.

### c. *Die Filmförderungsanstalt*

Mit einer ähnlichen Argumentation wie für die Vergabekommission kann auch die organisatorisch-konsensuale Legitimation der Filmförderungsanstalt begründet werden. Auch bei dieser greift der Gesetzgeber bei der Besetzung auf gesellschaftliche, privatautonom gebildete Vertretungsorganisationen zurück, die im Wesentlichen identisch sind mit denjenigen, die zur Besetzung der Vergabekommission herangezogen[1477] und durch zusätzliche Mitglieder benannt durch den Bundesrat[1478] und weiterer gesellschaftlicher Gruppen ergänzt werden.[1479] So kann auch in Bezug auf die Zusammensetzung der Filmförderungsanstalt festgestellt werden, dass der Gesetzgeber versucht, in dem Entscheidungsgremium gesellschaftlichen Sachverstand und aufgabenbezogene Interessen zu bündeln und einem Interessenausgleich im Sinne einer allgemeinwohlbezogenen Aufgabenerfüllung zuzuführen.[1480] Ebenso ist auch bei der Filmförderungsanstalt aufgrund der Vielzahl der vertretenen Interessengruppen ein den Interessenausgleich prägender Interessenantagonismus entbehrlich. Durch den Einbezug dieser Vielzahl bereitet der Gesetzgeber einer konsensualen Entscheidungsfindung den Weg, bei der sich die Interessengruppen gegenseitig ausgleichen und begrenzen und hierdurch die Dominanz von Partikularinteressen zu Gunsten der Durchsetzung des

---

[1474] BVerfG, Urt. v. 28.1.2014, 2 BvR 1561/12, 2 BvR 1562/12, 2 BvR 1563/12, 2 BvR 1564/12, Rn. 167.

[1475] § 13 Abs. 1 FFG.

[1476] BVerfG, Urt. v. 28.1.2014, 2 BvR 1561/12, 2 BvR 1562/12, 2 BvR 1563/12, 2 BvR 1564/12, Rn. 171.

[1477] Allein die Arbeitsgemeinschaft Verleih e.V., § 8 Nr. 9 FFG, findet sich in § 6 FFG nicht.

[1478] § 6 Abs. 1 Nr. 2 FFG.

[1479] Wie dem ANGA Verband Deutscher Kabelnetzbetreiber e.V., dem eco-Verband der Deutschen Internetwirtschaft e.V., dem Bundesverband Informationswirtschaft, Telekommunikation und neue Medien e.V. (jeweils § 6 Abs. 1 Nr. 9 FFG), dem Verband Technischer Betriebe für Film und Fernsehen e.V. (§ 6 Abs. 1 Nr. 15 FFG), der Vereinigten Dienstleistungsgewerkschaft Ver.di und dem Deutschen Journalistenverband e.V. (jeweils § 6 Abs. 1 Nr. 16 FFG), der Deutschen Filmakademie e.V. (§ 6 Abs. 1 Nr. 20), der evangelischen und katholischen Kirche (§ 6 Abs. 1 Nr. 21 FFG) sowie dem Verband Deutscher Filmexporteure e.V. (§ 6 Abs. 1 Nr. 22 FFG).

[1480] BVerfG, Urt. v. 28.1.2014, 2 BvR 1561/12, 2 BvR 1562/12, 2 BvR 1563/12, 2 BvR 1564/12, Rn. 171, zur Vergabekommission.

Allgemeinwohls zurückgedrängt und eine gruppennützige Entscheidung ermöglicht wird.

Die Filmförderungsanstalt unterliegt der Rechtsaufsicht, wie auch vermittelt durch die Mitglieder, die von den obersten Bundesorganen und der obersten Bundesbehörde benannt werden, die Möglichkeit einer internen Kontrolle besteht.[1481] So kann die Vergabekommission neben der abgeschwächten personellen Legitimation aufgrund Berufungsaktes und derjenigen der sachlich-inhaltlichen Legitimation durch Weisungsfreiheit auch die diese ausgleichende organisatorisch-konsensuale Legitimation für sich reklamieren.

### *d. Die Bundesprüfstelle für jugendgefährdende Medien*

Ziel des Gesetzgebers ist es, aufgrund des Grundrechtsbezugs der Entscheidungen mit der Bundesprüfstelle eine gewisse Staatsferne zu gewährleisten und eine pluralistische Meinungsbildung im Hinblick auf die Aufnahmeentscheidung in die Liste zu ermöglichen, weshalb die Zusammensetzung der Bundesprüfstelle durch Rückgriff auf vom Gesetzgeber vorgegebene gesellschaftliche Gruppen gerechtfertigt ist.[1482] Dabei hat sich die Auswahl danach zu richten, dass alle Interessengruppen, „die für die Beurteilung des jugendgefährdenden Charakters oder der künstlerischen Bedeutung von Schriften besonders qualifiziert sind“[1483] und denen daher besonderes Gewicht im Hinblick auf die Aufgabenerfüllung zukommt, an der Entscheidung in einer ihrer Bedeutung angemessenen Art beteiligt werden.

Die Auswahl der Interessengruppen, die zur Besetzung herangezogen werden, ist dabei nicht zu beanstanden, da, wie auch das BVerfG konstatiert, der Gesetzgeber hierbei im Rahmen seines weiten Gestaltungsspielraums die Gewähr bietet, „daß bei der Entscheidung über die Aufnahme einer Schrift in die Liste die verschiedenen Gruppen unserer pluralistischen Gesellschaft wirksam werden.“[1484] Darüber hinaus hat er „auch keine sonstigen Sachbereiche, aus denen zur Entscheidung voraussichtlich wesentliche Gesichtspunkte beigesteuert werden könnten, in verfassungsrechtlich zu beanstandender Weise außer acht gelassen.“[1485]

Hierdurch stellt der Gesetzgeber für die Erfüllung der Aufgabe „ein Forum zur Verfügung, auf dem die widerstreitenden Wertvorstellungen ermittelt und die Entscheidung im Hinblick auf ein ganz bestimmtes Werk aufgrund einer Erörterung gefällt wird. Die Beteiligung von Gruppenvertretern soll dabei gerade im Interesse der Kunstfreiheit sicherstellen, daß alle für die Indizierungsentscheidung maßgeblichen Gesichtspunkte gesammelt, die hierbei tragenden Werte er-

[1481] BVerfG, Urt. v. 28.1.2014, 2 BvR 1561/12, 2 BvR 1562/12, 2 BvR 1563/12, 2 BvR 1564/12, Rn. 171, zur Vergabekommission.

[1482] BVerfGE 83, 130 (150).

[1483] BVerfGE 83, 130 (151).

[1484] BVerfGE 39, 197 (204).

[1485] BVerfGE 83, 130 (151).

mittelt und zu einem Ausgleich gebracht werden."[1486] Die Auswahl und Beteiligung der gesellschaftlichen Gruppen ist damit nicht zu beanstanden,[1487] vielmehr lässt die Auswahl erkennen, dass Fachkenntnisse und gesellschaftliche Repräsentanz in der Besetzung verbunden werden sollen,[1488] was dem Gestaltungsspielraum des Gesetzgebers anheimgestellt ist. Darüber hinaus erfolgt die Beschlussfassung mit qualifizierter Mehrheit bzw. im verkleinerten Gremium sogar einstimmig, so dass auch durch das Beschlussverfahren weitgehender Konsens eingefordert wird. So schafft der Gesetzgeber durch die Bundesprüfstelle die Möglichkeit einer staatsfreien, konsensualen Entscheidung unter Ausgleich der widerstreitenden Interessen.

Da es sich bei der Entscheidung der Bundesprüfstelle um eine durch Konsens gefundene, einen Interessenausgleich und Abwägungen voraussetzende und damit unvertretbare Meinungsbildung handelt,[1489] unterliegt sie ebenfalls lediglich einer, wenn auch nicht ausdrücklich angeordneten, so doch durch die Errichtung als Behörde zumindest bestehenden Rechtsaufsicht, wie auch die staatliche Seite im Beschlussgremium durch den benannten Vorsitzenden sowie die von den Länderregierungen ernannten Beisitzer vertreten ist und somit den Entscheidungsprozess und die Erreichung des Ziels eines Interessenausgleichs intern beobachten und gegebenenfalls auf Korrekturen in der Zusammensetzung oder dem Entscheidungsmodus anregen kann.

Bei der Bundesprüfstelle kann damit die abgeschwächte personelle Legitimation aufgrund Berufungsaktes und die der sachlich-inhaltlichen Legitimation durch Weisungsfreiheit durch die organisatorisch-konsensuale Legitimation kompensiert werden, so dass sie über ein ausreichendes Legitimationsniveau verfügt.

### e. *Der Deutsche Weinfonds*

Der Deutsche Weinfonds, der durch Ernennungsakt unzureichend legitimiert ist und aufgrund der Weisungsfreiheit seiner Mitglieder auch Defizite der sachlich-inhaltlichen Legitimation aufweist, hat die Aufgabe, die Qualität sowie den Absatz des Weines zu fördern. Hierzu kann er Abgaben erheben sowie Märkte erschließen und pflegen.[1490] Mit Blick auf die Besetzung des Deutschen Weinfonds führte das BVerfG bereits zur alten Besetzung aus, dass die Zusammensetzung des Verwaltungsrats auf der Intention des Gesetzgebers beruht, „möglichst sämtlichen relevanten Gruppen der Weinwirtschaft und den ihr nahestehenden Organisationen [...] ein Mitspracherecht zu geben, um auf diese Weise einen sachgerechten Interessenausgleich zu erreichen und die Tätigkeit des Fonds auf eine breitere Grundlage zu stellen."[1491] Hierzu greift der Gesetzgeber auf die vom

---

1486 BVerfGE 83, 130 (150).
1487 BVerfGE 83, 130 (150 f.); 39, 197 (204).
1488 BVerfGE 39, 197 (204).
1489 BVerfGE 39, 197 (204).
1490 § 16 Abs. 2 Weinwirtschaftsgesetz.
1491 BVerfGE 37, 1 (27).

Weinanbau und Weinabsatz betroffenen wirtschaftlichen Gruppen zurück, wie die Erzeuger, den Handel, die Verbraucher sowie Organisationen zur Förderung der Güte und des Absatzes des Weines,[1492] wobei das BVerfG bereits die alte Besetzung, in der noch die Erzeuger ein strukturelles Übergewicht hatten, unbeanstandet ließ. Auch in der heutigen Besetzung spiegelt sich das Anliegen des Gesetzgebers, einen Interessenausgleich zu ermöglichen, wider, so dass die Besetzungsentscheidung nicht zu bemängeln ist.

Einbezogen werden dabei Gruppen, zwischen denen Interessengegensätze bestehen. Auch wenn das BVerfG diese als „nicht prinzipieller Art" ansieht,[1493] so verfolgen Erzeuger, Vertreiber und Verbraucher neben dem übergeordneten Ziel der Förderung des Weinabsatzes jedoch grundsätzlich voneinander unterschiedliche und naturgemäß gegenläufige Interessen,[1494] die zwar aufgrund der Vielfalt der einbezogenen Interessen nicht zwangsläufig antagonistischer Struktur sein müssen, trotzdem eine begrenzende Wirkung aufeinander ausüben und ein kollusives Zusammenwirken unwahrscheinlich erscheinen lassen. Da durch die Änderung der Besetzung die Erzeuger nunmehr auch kein strukturelles Übergewicht mehr haben und damit die anderen Interessengruppen nicht mehr allein majorisieren können, haben alle Interessengruppen angemessenen Einfluss auf die Entscheidung, ohne dass ein Partikularinteresse die anderen dominieren kann. Damit richtet der Gesetzgeber organisatorisch ein Forum des Interessenausgleichs ein, ohne Sonderinteressen zu bevorzugen. Da der Deutsche Weinfonds darüber hinaus auch der Rechtsaufsicht unterliegt,[1495] genügt er den Anforderungen an eine organisatorisch-konsensuale Legitimation.

### *f. Die Lebensmittelbuch-Kommission*

Ist Zweck der Lebensmittelbuch-Kommission, die Aufnahme von Leitsätzen in das Deutsche Lebensmittelbuch zu beschließen, greift der Gesetzgeber bei deren Besetzung auf die Kreise der Wissenschaft, der Lebensmittelüberwachung, der Verbraucherschaft und der Lebensmittelwirtschaft zurück. Dabei ist die Auswahl mit Blick auf die Zielsetzung nicht zu beanstanden, da der Gesetzgeber gesellschaftliche Kräfte rekrutiert, die zur Aufgabenerfüllung durch ein sachbezogenes Interesse oder besonderen Sachverstand in besonderer Nähe stehen. Ebenfalls ist mit der paritätischen Besetzung sowie dem Abstimmungsverfahren in der Kommission wie auch in den Fachausschüssen, das mit einfacher oder qualifizierter Mehrheit erfolgt,[1496] sichergestellt, dass keine der vorbenannten Gruppen und damit eines der Partikularinteressen die anderen dominieren kann. Die Lebensmittelbuchkommission unterliegt auch der Rechtsaufsicht, so dass die Vor-

---

[1492] § 20 Abs. 1 Weinwirtschaftsgesetz.

[1493] BVerfGE 37, 1 (27); BVerfG, Urt. v. 6.5.2014, 2 BvR 1139/12, 2 BvR 1140/12, 2 BvR 1141/12, Rn. 123.

[1494] So auch BVerfG, Urt. v. 6.5.2014, 2 BvR 1139/12, 2 BvR 1140/12, 2 BvR 1141/12, Rn. 123.

[1495] § 22 Abs. 1 Weinwirtschaftsgesetz.

[1496] Dazu näher unter E.I.6. Die Lebensmittelbuch-Kommission.

aussetzungen der organisatorisch-konsensualen Legitimation gegeben sind und diese die Defizite der demokratischen Legitimation kompensieren kann.

##### *g. Die Gendiagnostik-Kommission*

Gleiches gilt für die Besetzungsentscheidung des Gesetzgebers für die GEKO. Auch diese ist mit Blick auf die Aufgabe, auf dem aktuellen Stand von Wissenschaft und Technik Regelungen des Gendiagnostikgesetzes durch Richtlinien zu konkretisieren, wie auch Bewertungen sowie gutachterliche Stellungnahmen abzugeben,[1497] nicht zu beanstanden, da der Gesetzgeber hierbei auf Sachverständige aus den jeweils berührten wissenschaftlichen Disziplinen sowie Organisationen von Patienten, Verbrauchern sowie behinderten Menschen zurückgreift. Dabei erfolgt die Besetzung auch in der Weise, dass keine der vorhandenen Mitgliedergruppen die erst mit mindestens zwei Drittel ihrer Mitglieder beschlussfähige Kommission und die mit einfacher Mehrheit erfolgenden Entscheidungen dominieren kann, da keine der vertretenen Gruppen die Beschlussfähigkeit sowie ein Abstimmungsergebnis allein herbeiführen kann. Die Dominanz eines der vertretenen Interessen scheidet daher aus. Insoweit bildet die GEKO ein Forum für den Einbezug und den Austausch von Kenntnissen sowie den Ausgleich von Interessen. Zwar ist eine Rechtsaufsicht nicht angeordnet, die GEKO ist jedoch faktisch einer ständigen ministerialen Kontrolle unterworfen, so dass auch sie organisatorisch-konsensual legitimiert werden kann.

##### *h. Zusammenfassung*

Können die öffentlich-rechtlichen Rundfunkanstalten, die Vergabekommission und die Filmförderungsanstalt wie auch die Bundesprüfstelle, der Deutsche Weinfonds sowie die Lebensmittelbuch- und Gendiagnostik-Kommission aufgrund fehlender Wahlen und ausreichend legitimationsspendender Berufungsakte keine oder nur eine abgeschwächte personelle Legitimation und teilweise aufgrund der bestehenden Weisungsfreiheit nur eine abgeschwächte sachlich-inhaltliche Legitimation für sich reklamieren, werden sie aufgrund ihrer interessenpluralen Zusammensetzung bzw. wegen des Einbezugs von Sachverstand in die gruppenpluralen Entscheidungsgremien sowie der bestehenden Aufsichts- und Beobachtungsmöglichkeiten durch den Staat organisatorisch-konsensual demokratisch legitimiert und können daher ein ausreichendes Legitimationsniveau für sich verbuchen.

#### *4. Zusammenfassung und Bewertung: Wandel der Legitimationsform und des Legitimationssubjekts*

Nach den eben erfolgten Ausführungen kann mit Blick auf die demokratische Legitimation festgestellt werden, dass sich neben der Fülle der bestehenden Or-

---

[1497] § 1 Abs. 1 Geschäftsordnung der Gendiagnostik-Kommission; dazu *J. Kersten*, in: *Ehlers/Fehling/Pünder* (Hrsg.), Besonderes Verwaltungsrecht, § 54 Rn. 27 ff.

ganisationsformen, die sich im Rahmen der mittelbaren Staatsverwaltung herausgebildet haben und die sich von der in kommunale und funktionale zu unterteilenden Selbstverwaltung über die gruppenplurale Konsensverwaltung hin erstrecken, verschiedene Legitimationsformen diversifiziert haben, die von der reinen Legitimation „von unten" durch unmittelbare Wahl hin zur reinen Legitimation „von oben" durch Ernennungsakt und der Kontrolle und Rückbindung durch Weisungsrechte reichen. Damit verbunden ist ein Wechsel des Legitimationssubjekts vom verfassungsrechtlich anerkannten Teilvolk hin zum Staatsvolk. Dabei erfolgt der Übergang nicht abrupt, sondern er vollzieht sich gestuft, wobei sich bei den einzelnen Zwischenstufen die Legitimationsformen in zunehmendem Maße vermengen und ergänzen, bis sie sich schließlich vollständig substituieren. Hierbei kommt der organisatorisch-konsensualen Legitimation eine das Legitimationsniveau verstärkende Wirkung zu.

So erfolgt bei der kommunalen Selbstverwaltung die demokratische, personelle Legitimation über die allgemeinen und gleichen Wahlen durch ein verfassungsrechtlich anerkanntes Teilvolk in den Gebietskörperschaften. Dieser Legitimationsmodus, der ergänzt ist durch gesetzliche Determinationen und die Errichtung einer selbständig demokratisch legitimierten Aufsicht, wird im Rahmen der funktionalen Selbstverwaltung dahingehend modifiziert, als durch den demokratisch legitimierten Gesetzgeber bestimmte, verfassungsrechtlich eingeforderte oder dem Ziel der funktionalen Selbstverwaltungseinheit dienende Verbandsvölker und Betroffenenkollektive definiert und als Legitimationssubjekt ausgewiesen werden, wodurch die Legitimation durch Wahl ihre Gesetzesdetermination erfährt. Weitere gesetzliche Modifikationen durch Abweichungen von den Wahlrechtsgrundsätzen und damit die Verstärkung der Legitimation „von oben" unter Beibehaltung der durch Wahlen „von unten" erfolgen durch die Unterteilung des als Legitimationssubjekt ausgewiesenen Betroffenenkollektivs in Wahlgruppen, wie dies bei den Industrie- und Handelskammern, den Universitäten sowie den Handwerkskammern der Fall ist, sowie durch die gesetzgeberische Gestaltung der Zusammensetzung des Repräsentationsgremiums für die letzten beiden, ehe für die Handwerkskammern durch die „Friedenswahlen" ein vom Gesetzgeber geschaffener Besetzungsmodus für die Repräsentationsgremien eingeführt wird, durch den die Wahl als Beteiligungs- und Legitimationsform abgelöst wird und sich die gesellschaftliche Beteiligung durch Wahlhandlung hin zur verbandlichen Beteiligung durch die Entsendung von Gruppenvertretern im Rahmen der gesetzlich vorgegebenen Formen wandelt.

Dieser Modus des Zusammenwirkens zwischen Staat und Gesellschaft überschreitet dabei die Grenzen der funktionalen Selbstverwaltung hin zur gruppenpluralen Konsensverwaltung, indem sie auch in diesem Bereich angewandt wird, wie sich bei den Sozialversicherungsträgern des SGB IV gezeigt hat. Sind sowohl bei der Handwerkskammer als auch den Sozialversicherungsträgern des SGB IV noch Wahlen vorgesehen, die lediglich unter bestimmten Konstellationen durch die „Friedenswahlen" als vom Gesetzgeber vorgesehener Besetzungsmodus und die Heranziehung verbandlich organisierter gesellschaftlicher Kräfte ersetzt werden, ist eine Besetzung mit solchen ohne die Möglichkeit einer Wahl im Rahmen der gruppenpluralen Konsensverwaltung ebenfalls möglich. Dies zeigt sich bereits bei den Sozialversicherungsträgern des SGB IV, bei denen im Falle, dass eine Wahl zur Vertreterversammlung nicht zu Stande kommt oder nicht die vorgeschriebene Zahl von Mitgliedern gewählt wird oder keine Stellvertreter benannt wurden, die Aufsichtsbehörde die Mitglieder und Stellvertreter aus der Zahl der Wählbaren beruft,[1498] während dieses Verfahren bei der Gremienbesetzung des G-BA, den öffentlich-rechtlichen Rundfunkanstalten sowie der Vergabekommission den Regelfall darstellt. Da bei diesen auch keine Berufung erfolgt und die sachlich-inhaltliche Legitimation aufgrund des Fehlens von Weisungsabhängigkeit abgeschwächt ist, ist das legitimationsspendende Element die organisatorisch-konsensuale Legitimationsform, die ebenfalls eine Einbindung gesellschaftlicher, verbandsorganisierter Kräfte durch normative Vorgaben, die teilweise grundrechtsdefiniert sind, darstellt.

Fortgesetzt wird dieses Zusammenwirken zwischen Staat und Gesellschaft in Bezug auf die Besetzung von Gremien durch die Ernennung auf Vorschlag bestimmter, vom Gesetzgeber definierter gesellschaftlicher Gruppen. Hierbei wird zwar formal die Einsetzung durch staatliche Stellen bewirkt, diese hat jedoch aufgrund der fehlenden Letztverantwortung für die Personalentscheidung nur sehr abgeschwächte Legitimationswirkung. Darüber hinaus weisen sie aufgrund fehlender Einwirkungs- und Kontrollmöglichkeit wegen der Weisungsfreiheit auch Defizite mit Blick auf die sachlich-inhaltliche Legitimation auf, die jedoch durch die organisatorisch-konsensuale Legitimation ausgeglichen werden, wie dies bei der Bundesagentur für Arbeit, der Filmförderungsanstalt sowie der Bundesprüfstelle gezeigt werden konnte.

Der bereits in diesen Organisationsformen angedeutete, nur formale Wechsel der Legitimationsform auf die durch Berufungsakt vermittelte wird dagegen vollends vollzogen bei denjenigen Organisationsformen, bei denen eine Ernennung der Repräsentanten durch staatliche Stellen nach Anhörung der betroffenen gesellschaftlichen Gruppen erfolgt, wie dies beim Deutschen Weinfonds der Fall ist, und wird fortgesetzt bei der Lebensmittelbuch-Kommission und der GEKO, bei denen eine Bestellung der Mitglieder ohne jegliche Mitwirkung gesellschaftlicher Kräfte erfolgt. Diese demokratische Legitimation ist jedoch ebenfalls abgeschwächt, da sie zum einen lediglich durch eine Vielzahl von Berufungsakten vermittelt wird, zum anderen sich auch durch das Fehlen von Weisungsrechten auszeichnet, so dass eine inhaltliche Feinsteuerung sowie Kontrolle des Verwaltungshandelns nicht möglich ist. Diese abgeschwächte demokratische personelle wie auch sachlich-inhaltliche Legitimation kann durch die organisatorisch-konsensuale Legitimation, welche sowohl der Deutsche Weinfonds als auch die Lebensmittelbuch-Kommission und die GEKO für sich in Anspruch nehmen können, kompensiert werden, so dass ein ausreichendes Legitimationsniveau hergestellt wird.

[1498] § 46 Abs. 3 SGB IV.

Am Ende dieses Spannungsbogens zwischen Legitimation durch unmittelbare Wahlen einerseits und Legitimation durch Ernennungsakt und der Rückbindung mittels Weisungen andererseits steht dann auch konsequenterweise die unmittelbare Staatsverwaltung, bei der die Ernennung vollständig ohne Mitwirkung gesellschaftlicher Kräfte erfolgt und auch die zu Ernennenden nicht zwangsläufig aus diesen rekrutiert werden, wie sie sich auch durch eine strikte Weisungsgebundenheit der untergeordneten Behörden auszeichnet, mithin alle Elemente des gerade für die Ministerialverwaltung entwickelten klassischen Legitimationsmodells verwirklicht.

So bestehen Kategorien demokratischer Legitimation, die von der Legitimation durch verfassungsrechtlich anerkannte Teilvölker über die Modifikation dieser Legitimationsform durch Veränderung von Legitimationssubjekt und Gremienzuschnitt, der Ersetzung der Wahlen durch die „Friedenswahlen", der Besetzung von Gremien durch oder ohne die Mitwirkung gesellschaftlicher Kräfte durch in seiner legitimierenden Wirkung schwankenden Ernennungsakt, jedoch immer unter fehlender Weisungsabhängigkeit, hin zur Ernennung unter Rückbindung durch Weisungsabhängigkeit ohne gesellschaftliche Mitwirkung reichen. Hierdurch vollzieht sich ein schrittweiser Wandel von der Legitimation „von unten" hin zur Legitimation „von oben" unter Wechsel des Legitimationssubjekts vom Teilvolk hin zum Staatsvolk, in dem die konsensual-organisatorische Legitimation die Brückenfunktion zwischen der eher „von unten" und der „von oben" erfolgenden Legitimation einnimmt und die bestehenden Defizite in sachlich-inhaltlicher und organisatorisch-personeller Hinsicht ausgleicht.

Gleichzeitig fällt auf, dass die normative Determination des Entscheidungsprogramms von den Trägern der kommunalen Selbstverwaltung hin zur funktionalen Selbstverwaltung zunimmt, während bei den Handwerkskammern und den Sozialversicherungsträgern eine äußerst dichte normative Steuerung besteht. Insoweit wird die durch die bestehende Weisungsfreiheit der im Beschlussgremium Vertretenen durch normative Steuerung ausgeglichen, während eine solche beim G-BA wie auch den übrigen Formen der gruppenpluralen Konsensverwaltung nur in abgeschwächter Form besteht, da bei diesen die eigenständige Entscheidungsfindung im Vordergrund steht. Insoweit nähern sich die Sozialversicherungsträger und unter ihnen insbesondere die Bundesagentur für Arbeit auch mit ihrem organisatorischen Unterbau der unmittelbaren Staatsverwaltung an. Grund für diese zunehmende normative Steuerungsdichte dürfte sein, dass gerade von den Sozialversicherungsträgern eine Vielzahl von Personen betroffen ist, so dass neben dem Einbezug von Sachverstand und der Betroffenenpartizipation wie bei der unmittelbaren Staatsverwaltung der gleichheitskonforme Vollzug der Sozialgesetzgebung im Vordergrund steht. Insoweit bestehen mit Blick auf die Gesetzesdetermination und damit mit Ausnahme der Rückbindung durch Weisungen auch der sachlich-inhaltlichen Legitimation Gemeinsamkeiten zwischen Sozialversicherungsträgern und unmittelbarer Staatsverwaltung, die bei der Bundesagentur für Arbeit durch deren dreigliedrigen Unterbau auch organisatorisch zum Ausdruck kommt. Dagegen überwiegen bei der „Gemeinsamen

Selbstverwaltung" ebenso wie bei den übrigen behandelten Gremien der gruppenpluralen Konsensverwaltung die Elemente der selbständigen Entscheidungsfindung durch den Einbezug von Sachverstand sowie dem Einbezug und Ausgleich bestimmter Interessen, so dass hier Freiräume für die Entscheidung nötig sind, die zur Ausgliederung aus der unmittelbaren Staatsverwaltung führen. Es geht damit nicht primär um Normenvollzug, sondern um eine adäquate Aufgabenerfüllung. Insoweit bestehen mit Blick auf die normative Determination Parallelen zur kommunalen und Teilen der funktionalen Selbstverwaltung.

### *III. Zusammenfassung und Bewertung*

Die gruppenplurale Konsensverwaltung findet sich nicht nur im Sozialrecht, sondern ihr können auch außerhalb des Sozialrechts Organisationseinheiten zugeordnet werden. So gehören die öffentlich-rechtlichen Rundfunkanstalten, die Filmförderungsanstalt und die Vergabekommission, die Bundesprüfstelle, der Deutsche Weinfonds, die Lebensmittelbuch-Kommission sowie die GEKO aufgrund ihrer gruppenpluralen Organisationsstruktur und der jeweils vertretenen, verschiedenartigen, teilweise konträren Interessen dem Bereich der gruppenpluralen Konsensverwaltung an. Infolgedessen ist es auch möglich, diese Organisationseinheiten durch die organisatorisch-konsensuale Legitimation demokratisch zu legitimieren. Hierdurch besteht die Perspektive, nicht nur den Zuordnungsstreit dieser Organisationsformen zu beenden, sondern auch die hiermit verbundenen Probleme demokratischer Legitimation zu lösen. Insoweit kann das Allgemeine Verwaltungsrecht von der am Sozialrecht entwickelten Kategorie der gruppenpluralen Konsensverwaltung sowie der Erweiterung des klassischen Legitimationsmodells um die organisatorisch-konsensuale Legitimation profitieren.

## F. Zusammenfassung und Bewertung

Geht man von einer Gegenüberstellung der unmittelbaren und der mittelbaren Staatsverwaltung aus, so kann Letztere weiter in Selbstverwaltung sowie Fremdverwaltung unterteilt werden. Diese wird durch eine gruppenplurale Entscheidungsstruktur zur gruppenpluralen Konsensverwaltung.

Dieser gruppenpluralen Konsensverwaltung gehören sowohl die Sozialversicherungsträger wie auch der G-BA an, bei denen neben der Beteiligung von Betroffenen auch dem Einbezug von Sachverstand sowie neutralen Dritten zur Konfliktlösung eine gewichtige Rolle zukommt, so dass eine Einordnung als Selbstverwaltungseinheit ausscheidet. Mithin sind auch die Bezeichnungen „Soziale Selbstverwaltung" und „Gemeinsame Selbstverwaltung" unzutreffend. Gleichfalls erweist sich die Bezeichnung der Sozialversicherungsträger im SGB IV und in Art. 87 Abs. 2 GG als Körperschaften des öffentlichen Rechts nicht als dogmatische Einordnung im Sinne einer dem Allgemeinen Verwaltungsrecht bekannten Rechtsform, sondern lediglich als Ausdruck für deren organisatorische Selbständigkeit gegenüber der unmittelbaren Staatsverwaltung.

Aufgrund der gruppenpluralen Interessenstruktur in den Entscheidungsgremien sind diese Organisationseinheiten, für deren demokratische Legitimation bislang kein überzeugender Ansatz von Rechtsprechung und Literatur besteht, der Legitimation durch die organisatorisch-konsensuale Legitimationsform zugänglich, die insoweit die fehlende oder stark abgeschwächte organisatorisch-personelle sowie sachlich-inhaltliche Legitimation ersetzt oder ergänzt.

Dabei handelt es sich bei diesen Organisationsformen des Sozialrechts nicht um bereichsspezifische Sonderentwicklungen, sondern um Phänomene, die auch in anderen Gebieten des Verwaltungsrechts anzutreffen und damit verallgemeinerungsfähig sind. So lassen sich der gruppenpluralen Konsensverwaltung und damit der Legitimation über das organisatorisch-konsensuale Legitimationsmodell zugänglich die öffentlich-rechtlichen Rundfunkanstalten, die Vergabekommission und die Filmförderungsanstalt wie auch die Bundesprüfstelle für jugendgefährdende Medien, der Deutsche Weinfonds, die Lebensmittelbuch-Kommission und die GEKO zuordnen.

Weiter ergibt sich mit Blick auf die demokratische Legitimation eine Ausdifferenzierung zwischen den beiden Formen der demokratischen Legitimation „von unten" durch Wahlen mittels von der Verfassung anerkannter Teilvölker, wie sie bei den kommunalen Selbstverwaltungskörperschaften erfolgt, und derjenigen „von oben" durch auf das Staatsvolk zurückführenden Legitimationsstrang, wie sie im Rahmen der unmittelbaren Staatsverwaltung Anwendung findet. Diese Diversifizierung erfolgt durch die Modifikation der Wahlen durch Teilvölker, in Form der Veränderung des Legitimationssubjekts und der Gremienzusammensetzung, der Ersetzung der Wahlen durch den Besetzungsmodus der „Friedenswahlen", der Beschickung von Gremien durch gesellschaftliche Kräfte ohne oder nur mit unzureichendem Ernennungsakt im Rahmen der gesetzgeberischen Vorgaben der organisatorisch-konsensualen Legitimation hin zu einer Ernennung ohne gesellschaftliche Beteiligung durch den Staat. So vollzieht sich ein Wandel der Legitimation „von unten" durch Wahl hin zur Legitimation „von oben" durch Legitimationskette unter Wechsel des Legitimationssubjekts vom Teilvolk hin zum Staatsvolk, in dem die konsensual-organisatorische Legitimation die Brückenfunktion einnimmt. Gleichzeitig nimmt die normative Steuerung von der kommunalen über die funktionale Selbstverwaltung hin zu und erreicht dort bei den Handwerkskammern aber auch bei den der gruppenpluralen Konsensverwaltung zuzurechnenden Sozialversicherungsträgern ihren Höhepunkt, während sie bei den übrigen Organisationseinheiten der gruppenpluralen Konsensverwaltung eher geringeren Ausmaßes bleibt.

Die am Sozialrecht entwickelte Kategorie der gruppenpluralen Konsensverwaltung eröffnet dem Allgemeinen Verwaltungsrecht die Perspektive, Organisationseinheiten, die in die bisherige Dichotomie von unmittelbarer und mittelbarer Staatsverwaltung bzw. Selbstverwaltung nicht oder nur unter Inkaufnahme von systematischen Brüchen eingeordnet werden konnten, nunmehr kategorisieren und dogmatisch verorten zu können. So können nun Organisationsformen wie die Sozialversicherungsträger, der G-BA, die öffentlich-rechtlichen Rundfunkanstalten, die Filmförderungsanstalt sowie die Vergabekommission, die Bundesprüfstelle, der Deutsche Weinfonds, die Lebensmittelbuch-Kommission sowie die GEKO dieser Organisationskategorie zugeordnet werden, wodurch eine Einordnung als Selbstverwaltungsträger oder gar in die unmittelbare Staatsverwaltung unterbleiben kann. Gleichzeitig wird deutlich, dass es für diese Kategorisierung nicht auf die organisatorische Rechtsform ankommt, sondern zusätzlich zur formellen auch eine materielle Betrachtungsweise angestellt werden muss.[1499]

So kann das Allgemeine Verwaltungsrecht in Bezug auf konsensuale Organisationsformen seine Speicherfunktion wieder erfüllen, wie es auch seine Orientierungs- und Rechtsfortbildungsfunktion durch diese Rezeptionen verwirklichen kann.

Infolge dieser nunmehr möglichen Kategorisierung dieser gruppenplural organisierten Verwaltungseinheiten ergeben sich auch Antworten auf die bislang ungelösten oder nur unter der Bemühung von Sonderdogmatiken gelösten Fragen nach deren demokratischer Legitimation, da diese allesamt organisatorisch-konsensuale Legitimation für sich reklamieren können, welche bestehende Defizite der personellen und sachlich-inhaltlichen Legitimation kompensiert.

---

[1499] Ähnlich *M. Jestaedt*, Demokratieprinzip, S. 96.

*Kapitel 4*

# Konsensuale Handlungsformen

Die im vorangegangenen Kapitel erörterten organisatorischen Ausprägungen des Sozialrechts in Form der „Sozialen" und der „Gemeinsamen Selbstverwaltung" setzt sich auch bei den Handlungsformen fort. So bestehen im Sozialrecht eine Vielzahl von konsensualen Handlungsformen,[1] deren Anschlussfähigkeit an das Allgemeine Verwaltungsrecht nicht gesichert scheint und die als Sonderweg angesehen werden.[2] Dabei unterliegen diese auch besonderem Rechtfertigungsdruck mit Blick auf deren demokratische Legitimation, die insbesondere bei Drittwirkungen an Relevanz gewinnt.

Das nachfolgende Kapitel will eine Auswahl konsensualer Handlungsformen des Sozialrechts auf deren Anschlussfähigkeit an das Allgemeine Verwaltungsrecht hin untersuchen und deren Potenzial für die Fortbildung des Letzteren ausloten. Einer näheren Betrachtung werden (A.) der öffentlich-rechtliche Vertrag sowie (B.) die Empfehlungen unterzogen, ehe (C.) deren Einordnung in das Gefüge anderer konsensualer Handlungsformen thematisiert wird und unter (D.) eine Zusammenfassung und Bewertung der gewonnenen Ergebnisse erfolgt.

## A. Der öffentlich-rechtliche Vertrag

Die Handlungsform der kooperativen Verwaltung ist hauptsächlich der öffentlich-rechtliche Vertrag in Form des Verwaltungsvertrags.[3] Dieser erfuhr im Allgemeinen Verwaltungsrecht in den letzten Jahrzehnten einen Bedeutungszuwachs, wie auch das Sozialrecht in vielfacher Weise auf dieses Rechtsinstitut zurückgreift. Von besonderem Interesse sind dabei koordinationsrechtliche Verträge, die über die *inter partes*-Wirkung hinaus normative Wirkung entfalten, wobei sie als Normen- oder Normsetzungsverträge bezeichnet werden.[4] Im Folgenden wird (I.) der öffentlich-rechtliche Vertrag im Allgemeinen Verwaltungsrecht und (II.) im Sozialrecht untersucht, ehe auf die (III.) verfassungsrechtlichen Anforderungen an Verwaltungsverträge mit normativer Wirkung eingegangen wird.

---

[1] Zum Begriff des Konsens bereits Kapitel 2 B.VI. 1. Die organisatorisch-konsensuale Legitimation und 3. Voraussetzungen der organisatorisch-konsensualen Legitimation.

[2] Dazu *T. Kingreen/S. Rixen*, DÖV 2008, 741 ff.

[3] *E. Schmidt-Aßmann*, Ordnungsidee, Sechstes Kapitel Rn. 114; *E. Gurlit*, in: *Erichsen/Ehlers* (Hrsg.), Allgemeines Verwaltungsrecht, § 30 Rn. 1; *W. Krebs*, VVDStRL 52 (1993), S. 248 (253 ff.).

[4] Dazu ausführlich unter A.II.7.a. Begrifflichkeiten.

## *I. Der öffentlich-rechtliche Vertrag im Allgemeinen Verwaltungsrecht*

Obgleich bereits im 19. Jahrhundert Verträge auf einigen Gebieten des öffentlichen Rechts durchaus anerkannt waren,[5] wurde insbesondere von *Otto Mayer* ausgehend von dem, dem 19. Jahrhundert immanenten obrigkeitsstaatlichen Denken der öffentlich-rechtliche Vertrag als Handlungsform der Verwaltung abgelehnt, da die in dem Vertrag zum Ausdruck kommende Gleichordnung der Vertragspartner mit der Unterordnung des Untertans gegenüber dem Staat im Rahmen des Subordinationsverhältnisses nicht vereinbar wäre.[6] Trotzdem setzte sich diese konsensuale Handlungsform in Wissenschaft[7] und Praxis zunehmend durch,[8] wobei vordringlich die Fragen diskutiert wurden, ob das Handeln der Behörde durch öffentlich-rechtlichen Vertrag einer eigenen Ermächtigung bedarf bzw. wie Missbrauch dieser Handlungsform und die negativen Folgen für einen einheitlichen und gleichmäßigen Gesetzesvollzug vorgebeugt werden kann.[9] Letztlich behauptete er seinen Platz unter den Handlungsformen, indem er einer normativen Regelung zugeführt wurde. Dabei spricht das VwVfG durchweg von „öffentlich-rechtlichem Vertrag", der aufgrund der Begrenzungen des Anwendungsbereichs des VwVfG auf die „öffentlich-rechtliche Verwaltungstätigkeit der Behörden" nach § 1 VwVfG sowie der Definition aufgrund der Verwaltungsreform in § 9 VwVfG eingeschränkt wird auf Verträge, die von einer Behörde[10] auf dem Gebiet des Verwaltungsrechts[11] abgeschlossen werden

---

[5] So etwa bei *E. Loening*, Lehrbuch, S. 245 f.; *P. Laband*, AöR 2 (1887), S. 149 (159 f.); weitere Nachweise bei *H. Maurer*, DVBl. 1989, 798 (799).

[6] *O. Mayer*, AöR 3 (1888), S. 3 (42). Ebenfalls in diese Richtung die Nachweise bei *E. Loening*, Lehrbuch, S. 245 Anm. 3.

[7] Dazu *H. Maurer*, DVBl. 1989, 798 (801) m.w.N.

[8] Vgl. BVerwGE 23, 213 ff.; OVG Münster, DÖV 1960, 798 ff.; VGH Kassel, DÖV 1966, 760; *K. Kormann*, System, S. 29 ff.; *W. Apelt*, Der verwaltungsrechtliche Vertrag, passim; *W. Jellinek*, Verwaltungsrecht, S. 253 f.; *M. Imboden*, Der verwaltungsrechtliche Vertrag, passim; *J. Salzwedel*, Grenzen, passim; *K. Stern*, VerwArch 49 (1958), S. 106 ff.; *W. Spannowsky*, Grenzen, passim; *V. Schlette*, Die Verwaltung als Vertragspartner, passim; *E. Gurlit*, Verwaltungsvertrag, passim; *M. Preuß*, Rechtmäßigkeitsvoraussetzungen, passim; *A. Lischke*, Tauschgerechtigkeit, passim; *G. Butterwegge*, Verwaltungsvertrag und Verwaltungsakt, passim; *M. Werner*, Fehlerfolgenlehre, passim. Für eine Ausdehnung *W. Braun*, BayVBl. 1983, 225 ff.; *H. Hill*, DVBl. 1989, 321 ff. Ablehnend *G. Püttner*, DVBl. 1982, 122 ff.; dazu auch *I. Heberlein*, DVBl. 1982, 763 ff.

[9] Zur sog. Ermächtigungslehre *F. Fleiner*, Institutionen, S. 209 ff.; *M. Bullinger*, Vertrag und Verwaltungsakt, passim; *K. Stern*, VerwArch 49 (1958), S. 106 (146) m.w.N.; *K.H. Friauf*, AöR 88 (1963), S. 257 (281); *J. Schmidt-Salzer*, VerwArch 62 (1971), S. 135 (148). Gegen eine solche Voraussetzung BVerwGE 23, 213 (216); 42, 331 (335); 49, 359 (362); BVerwG, DVBl. 1967, 43; BGHZ 22, 246 ff.; BayVGH, BayVBl. 1982, 177 (178); OVG Münster, DVBl. 1972, 799 f.; OVG Lüneburg, NJW 1957, 76 ff.; *E. Eyermann*, GewArch 1962, 68 (70); *A. Bleckmann*, VerwArch 63 (1972), S. 404 ff.

[10] Es können auch zwei Privatpersonen einen Verwaltungsvertrag abschließen, wenn dies gesetzlich geregelt ist, vgl. § 110 BauGB. Allerdings sind diese Verwaltungsverträge nicht dem Rechtsregime der §§ 54 ff. VwVfG unterworfen.

[11] So ist die Zuordnung des Vertragsgegenstandes zum öffentlichen bzw. zum Verwaltungsrecht ausschlaggebend, *E. Gurlit*, in: *Erichsen/Ehlers* (Hrsg.), Allgemeines Verwaltungsrecht, § 29

und für die sich der auch im Folgenden gebrauchte Begriff des Verwaltungsvertrags etabliert hat.[12]

### 1. *Definition des Verwaltungsvertrags*

Unter Verwaltungsvertrag versteht man einen Vertrag, der sich auf ein verwaltungsrechtliches Rechtsverhältnis bezieht und verwaltungsrechtliche Rechte oder Pflichten begründet, ändert oder aufhebt.[13] Zur Qualifikation als verwaltungsrechtlich ist dabei auf den Vertragsgegenstand sowie den Sachzusammenhang der getroffenen Regelungen abzustellen, wobei der Gesamtcharakter ausschlaggebend ist.[14] Vertragspartner können dabei sowohl andere Verwaltungsträger als auch Bürger sein.

### 2. *Das Verhältnis zum Verwaltungsakt*

Zwar decken sich die Anwendungsbereiche des Verwaltungsvertrags und des Verwaltungsakts partiell,[15] im Gegensatz zum Verwaltungsakt erfasst der Verwaltungsvertrag jedoch auch Fälle, die mangels Subordination einer Regelung durch Verwaltungsakt gerade nicht zugänglich sind.[16] So ermöglicht der Verwaltungsvertrag im Rahmen der Gesetze eine flexible, dem Einzelfall gerecht werdende Entscheidung der Behörde, die nicht nur rechtsstaatlichen Anforderungen, sondern auch demokratischen Ansprüchen entspricht, indem der Bürger nicht mehr als Untertan der Staatsgewalt, sondern als selbständiges Rechtssubjekt und Partner der Verwaltung wahrgenommen und in Entscheidungsprozesse einbezogen wird.[17]

---

Rn. 4; *H. Maurer*, Allgemeines Verwaltungsrecht, § 14 Rn. 10; *H.J. Wolff/O. Bachof/R. Stober u.a.*, Verwaltungsrecht, Bd. 1, § 54 Rn. 30. Dabei sind die Maßstäbe teilweise sehr unterschiedlich, vgl. BVerwGE 92, 56 (58 f.); BayVGH, NVwZ 1999, 1008 ff.

[12] *H. Maurer*, Allgemeines Verwaltungsrecht, § 14 Rn. 7; *E. Gurlit*, in: *Erichsen/Ehlers* (Hrsg.), Allgemeines Verwaltungsrecht, § 29 ff. Diese Begrifflichkeit soll auch die Abgrenzung von Verträgen, die dem Regierungsbereich zuzurechnen sind und nicht unter das VwVfG fallen, verdeutlichen. Teilweise wird in der Literatur die Bezeichnung „Verwaltungsvertrag" als Gegenbegriff zum „Privatvertrag" für die Bezeichnung von Verträgen, die ein Verwaltungsträger mit Privatpersonen oder anderen Verwaltungsträgern abschließt, und damit für solche des öffentlichen Rechts sowie des Privatrechts gebraucht, *W. Krebs*, in: *Ehlers/Krebs* (Hrsg.), Grundfragen, S. 41 m.w.N., während die h.L. die Einordnung als Verwaltungsvertrag und damit die Anwendbarkeit der §§ 54 ff. VwVfG davon abhängig macht, ob der Vertragsgegenstand dem öffentlichen Recht zugeordnet werden kann, *H. Maurer*, Allgemeines Verwaltungsrecht, § 14 Rn. 8a, 10; *E. Gurlit*, in: *Erichsen/Ehlers* (Hrsg.), Allgemeines Verwaltungsrecht, § 29 Rn. 1.

[13] *H. Maurer*, DVBl. 1989, 798; *E. Gurlit*, in: *Erichsen/Ehlers* (Hrsg.), Allgemeines Verwaltungsrecht, § 28 Rn. 2; *W. Erbguth*, Allgemeines Verwaltungsrecht, § 24 Rn. 1; *H.J. Wolff/O. Bachof/R. Stober u.a.*, Verwaltungsrecht, Bd. 1, § 54 Rn. 1.

[14] *H. Maurer*, Allgemeines Verwaltungsrecht, § 14 Rn. 10; *H.J. Wolff/O. Bachof/R. Stober u.a.*, Verwaltungsrecht, Bd. 1, § 54 Rn. 30.

[15] *H. Maurer*, DVBl. 1989, 798.

[16] Wie etwa eine Vereinbarung zwischen gleichgestellten, rechtsfähigen Verwaltungsträgern, vgl. *H. Maurer*, Allgemeines Verwaltungsrecht, § 14 Rn. 1; dazu *H. Bauer*, in: FS Knöpfle 1996, S. 11 (20).

[17] *H. Maurer*, Allgemeines Verwaltungsrecht, § 14 Rn. 24; *H.J. Wolff/O. Bachof/R. Stober u.a.*, Verwaltungsrecht, Bd. 1, § 54 Rn. 1.

Demgemäß hat der Verwaltungsvertrag an Zahl und Bedeutung zugenommen und so im System der Handlungsformen seinen festen Platz erobert, weshalb er mittlerweile auch als selbstverständliches und unverzichtbares Handlungsinstrument zur Normalität des Verwaltens gerechnet wird.[18] Ausdruck dieser Normalität ist ferner seine, wenn auch nur fragmentarische Normierung im VwVfG,[19] die verdeutlicht, dass der Verwaltungsvertrag im Verhältnis zum Verwaltungsakt nicht nachrangig ist,[20] sondern vielmehr als optionale Handlungsform gleichberechtigt neben diesem steht[21] und so als „Symbol für die Pluralisierung der Handlungsformen" angesehen wird.[22]

### 3. *Restriktionen eines Verwaltungsvertrags*

Die Verwaltung schließt derartige Verträge nicht aufgrund ihrer Privatautonomie ab, sondern ist nach wie vor rechtsgebunden und durch ihre Kompetenzen begrenzt.[23] So wird auch von „gesetzesdirigierter Vertragsgestaltung" gesprochen,[24] wobei die Grenze für die vertragliche Gestaltung weiter gezogen sein kann als für Rechtsformen einseitigen-regulatorischen Verwaltungshandelns.

### 4. *Arten von Verwaltungsverträgen*

Es werden grundsätzlich zwei Arten von Verwaltungsverträgen unterschieden: der koordinationsrechtliche und der subordinationsrechtliche Verwaltungsver-

---

[18] *E. Schmidt-Aßmann*, Ordnungsidee, Sechstes Kapitel Rn. 115; *H. Maurer*, Allgemeines Verwaltungsrecht, § 14 Rn. 1; *W. Krebs*, VVDStRL 52 (1993), S. 248 (253 ff.); *H.J. Wolff/O. Bachof/R. Stober u.a.*, Verwaltungsrecht, Bd. 1, § 54 Rn. 4; *H. Lecheler*, BayVBl. 1992, 545 ff.; *P. Kunig*, DVBl. 1992, 1193 ff.; *H. Bauer*, DÖV 1998, 89 ff.; *ders.*, in: FS Knöpfle 1996, S. 11 ff.; *W. Kahl*, DÖV 2000, 793 (801), für den städtebaulichen Vertrag. Hierfür spricht auch, dass Ausführungen zu diesem in kaum einem Lehrbuch mehr unterbleiben, vgl. z.B. *H. Maurer*, Allgemeines Verwaltungsrecht, § 14; *E. Gurlit*, in: *Erichsen/Ehlers* (Hrsg.), Allgemeines Verwaltungsrecht, § 28; *W. Erbguth*, Allgemeines Verwaltungsrecht, § 24; *H.J. Wolff/O. Bachof/R. Stober u.a.*, Verwaltungsrecht, Bd. 1, § 54.

[19] Im Vordergrund der Regelung der §§ 54 bis 62 VwVfG steht der verwaltungsaktersetzende bzw. sonst das Verwaltungsverfahren abschließende subordinationsrechtliche Vertrag. Die Normierung beschränkt sich auf die wesentlichen Grundsätze, im Übrigen gelten die Vorschriften des VwVfG sowie ergänzend diejenigen das BGB, § 61 VwVfG.

[20] Vgl. § 9 VwVfG.

[21] *J. Burmeister*, VVDStRL 52 (1993), S. 190 (209); *A. Scherzberg*, JuS 1992, 205 (209); a.A. *W. Krebs*, DÖV 1989, 969 (974), der einen Vorrang des Vertrags annimmt. Umstritten ist dagegen, ob dem Verwaltungsvertrag zumindest partiell ein Vorrang zukommt, so *H.J. Wolff/O. Bachof/R. Stober u.a.*, Verwaltungsrecht, Bd. 1, § 54 Rn. 8, dagegen *J. Burmeister*, VVDStRL 52 (1993), S. 190 (209); *P. Kunig*, DVBl. 1992, 1193 (1197); *A. Scherzberg*, JuS 1992, 205 (209).

[22] *T. v. Danwitz*, Verwaltungsrechtliches System, S. 68.

[23] *H. Maurer*, DVBl. 1989, 798 (805); *E. Schmidt-Aßmann*, Ordnungsidee, Sechstes Kapitel Rn. 114; *H.J. Wolff/O. Bachof/R. Stober u.a.*, Verwaltungsrecht, Bd. 1, § 54 Rn. 7; *W. Krebs*, VVDStRL 52 (1993), S. 248 (256).

[24] *E. Schmidt-Aßmann*, Ordnungsidee, Sechstes Kapitel Rn. 116; *E. Hien*, in: *Berkemann/Gaentzsch/Halama u.a.* (Hrsg.), Planung und Plankontrolle, S. 129 (137); *W. Kahl*, DÖV 2000, 793 (795 ff.).

trag, wobei Letzterer weiter in Vergleichs- und Austauschvertrag unterteilt wird,[25] ohne dass damit ein *Numerus clausus* vorgegeben wäre.[26] Anknüpfungspunkt für die Kategorisierung ist das Verhältnis, in dem die vertragsschließenden Parteien zueinander stehen.[27] So erfolgt durch den subordinationsrechtlichen Vertrag eine Regelung zwischen Parteien, die zueinander in einem Über-/Unterordnungsverhältnis stehen, während der koordinationsrechtliche Vertrag zwischen gleichgeordneten Vertragspartnern abgeschlossen wird. Letzterer wird dabei insbesondere zwischen rechtsfähigen Trägern öffentlicher Verwaltung geschlossen, um einen bestimmten Gegenstand einer einvernehmlichen Regelung zuzuführen.

Eine spezielle Ausprägung hat dieser koordinationsrechtliche Vertrag v.a. im Sozialrecht erfahren, weshalb er für vorliegendes Kapitel von besonderem Interesse ist.[28]

Eine weitere Kategorisierung erfolgt durch Teile der Literatur, nach denen Verträge zur gemeinsamen Erfüllung öffentlicher Aufgaben oder generell alle Verträge, die mit Privaten in Ermangelung der Möglichkeit, für diese Materie Verwaltungsakte zu erlassen, abgeschlossen werden, als „kooperationsrechtliche Verträge" bzw. „Kooperationsverträge" bezeichnet werden.[29] Hierbei ist jedoch zu bedenken, dass ein kooperatives Element jedem Verwaltungsvertrag innewohnt.[30]

### 5. *Der Einbezug von Dritten in den Verwaltungsvertrag*

Mit dem Schutz des Vertragspartners, unbeteiligter Dritter sowie der Durchsetzung des öffentlichen Interesses verfolgen diese Sonderbindungen einen mehrschichtigen Schutzzweck.[31] Ermöglicht der Verwaltungsvertrag zum einen den Ausgleich gemeinsamer Interessen durch Feinabstimmung, ist zu konzedieren, dass damit gleichzeitig die Gefahr der Ausblendung von Drittinteressen wie auch der Entledigung externer Bindungen und damit demokratisch-rechtsstaatliche Defizite einhergehen können sowie die Verwaltung sich selbst bindet und damit für zukünftige Entscheidungen unflexibel wird.[32] Auch der „Ausverkauf von Hoheitsrechten" durch ein „Paktieren der Verwaltung" wird ganz im Sinne *Otto Mayers* vor dem Hintergrund der Möglichkeit des Machtmissbrauchs als problematisch empfunden,[33] wenn sich diese Bedenken auch nicht durchgesetzt haben.

---

[25] §§ 54 ff. VwVfG.

[26] *H. Maurer*, Allgemeines Verwaltungsrecht, § 14 Rn. 15.

[27] *H. Maurer*, Allgemeines Verwaltungsrecht, § 14 Rn. 12.

[28] Dazu mehr unter A.II. Der öffentlich-rechtliche Vertrag im Sozialrecht.

[29] *W. Krebs*, VVDStRL 52 (1993), S. 248 (278); *W. Henke*, DÖV 1985, 41 ff.; *J. Ziekow/T. Siegel*, VerwArch 94 (2003), S. 593 (608); *H.J. Wolff/O. Bachof/R. Stober u.a.*, Verwaltungsrecht, Bd. 1, § 54 Rn. 20, 32 ff.; hierzu auch BVerwGE 111, 162 (166).

[30] *H.J. Wolff/O. Bachof/R. Stober u.a.*, Verwaltungsrecht, Bd. 1, § 54 Rn. 33.

[31] *E. Schmidt-Aßmann*, Ordnungsidee, Sechstes Kapitel Rn. 114.

[32] *E. Schmidt-Aßmann*, Ordnungsidee, Sechstes Kapitel Rn. 119.

[33] *O. Mayer*, AöR 3 (1888), S. 3 (42); *H.J. Wolff/O. Bachof/R. Stober u.a.*, Verwaltungsrecht, Bd. 1, § 54 Rn. 6; *K. Stern*, VerwArch 49 (1958), S. 106 ff.; *M. Bullinger*, Vertrag und Verwaltungsakt, S. 18, 140, 254; dazu *H. Maurer*, DVBl. 1989, 798 ff.

Jedenfalls in Bezug auf die Drittinteressen versucht § 58 Abs. 1 VwVfG einen Ausgleich zu schaffen: Werden Dritte grundsätzlich nicht in den *inter partes* wirkenden Vertrag einbezogen, berücksichtigt § 58 Abs. 1 VwVfG die Drittinteressen insoweit, als er die Wirksamkeit eines öffentlich-rechtlichen Vertrages, der in die subjektiv-öffentlichen Rechte eines Dritten eingreift, an ein Zustimmungserfordernis desselben knüpft.[34] § 58 Abs. 1 VwVfG enthält damit ein Vertragsverbot zu Lasten Dritter.[35] So können Dritte in den Vertrag entweder über § 58 Abs. 1 VwVfG bei der negativen Beeinträchtigung ihrer Rechte oder über die entsprechende Anwendung der Vorschriften des BGB, insbesondere der Regelungen über den Vertrag zu Gunsten Dritter, § 328 BGB, im Hinblick auf die positive Beeinträchtigung der Interessen in den grundsätzlich *inter partes* wirkenden Verwaltungsvertrag einbezogen werden.

### 6. *Normen- und Normsetzungsverträge im Allgemeinen Verwaltungsrecht*

Verträge, die durch ihre Bindungswirkung auch gegenüber Dritten wirken, bestehen insbesondere im Sozialrecht und werden dort als Normen- bzw. Normsetzungsverträge bezeichnet. Sie stellen ob ihrer Besonderheit den Gegenstand der nachfolgenden Untersuchung dar.

Die Einbindung Dritter in der Form, dass die Regelungen des Verwaltungsvertrages auch auf diese erstreckt werden, kennen die §§ 54 ff. VwVfG dagegen nicht. Jedoch werden auch sog. Normsetzungsverträge, durch die sich ein Vertragspartner zum Erlass oder Nichterlass von exekutivischen Normen in Form von Verordnungen oder Satzungen verpflichtet, dem Regime der §§ 54 ff. VwVfG zumindest durch entsprechende Anwendung dieser Normen unterstellt.[36]

Nicht hierunter gefasst werden dagegen Verträge, die objektive Rechtsnormen erzeugen, da durch sie gerade kein „Rechtsverhältnis […] begründet, geändert oder aufgehoben" wird und diese daher keinen öffentlich-rechtlichen Ver-

---

[34] Die Zustimmung wirkt direkt auf den Zeitpunkt des Vertragsschlusses zurück und macht diesen von Beginn an wirksam. Die Beteiligung des Dritten wird durch § 13 Abs. 2 Satz 2 VwVfG sichergestellt, der eine obligatorische Hinzuziehung zum Verwaltungsverfahren vorsieht, *W. Krebs*, VVDStRL 52 (1993), S. 248 (262); *V. Schlette*, Die Verwaltung als Vertragspartner, S. 433; *J. Ziekow/T. Siegel*, VerwArch 95 (2004), S. 133 (138).

[35] Zur Kritik an dieser Norm *Beirat Verwaltungsverfahrensrecht*, NVwZ 2002, 834 (835); *E. Schmidt-Aßmann*, Ordnungsidee, Sechstes Kapitel Rn. 123. Dabei ist umstritten, ob dieser Zustimmungsvorbehalt nur für Verfügungs- oder, wie die h.L. annimmt, auch für Verpflichtungsverträge gilt; zum Streit *Kopp/Ramsauer*, VwVfG, § 58 Rn. 7.

[36] Für eine direkte Anwendung der §§ 54 ff. VwVfG BSGE 70, 240 (243); *E. Gurlit*, in: *Erichsen/Ehlers* (Hrsg.), Allgemeines Verwaltungsrecht, § 30 Rn. 8; *dies.*, Verwaltungsvertrag, S. 262; *W. Krebs*, VerwArch 72 (1981), S. 49 (54); *C. Schimpf*, Der verwaltungsrechtliche Vertrag, S. 83 f.; für eine entsprechende Anwendung *J. Scherer*, DÖV 1991, 1 (4); *Kopp/Ramsauer*, VwVfG, § 54 Rn. 9; *C.H. Ule/H.-W. Laubinger*, Verwaltungsverfahrensrecht, § 67 Rn. 7; gegen eine Anwendung sind *D. Birk*, NJW 1977, 1797 (1798); *M. Hettich*, in: *Obermayer/Funke-Kaiser* (Hrsg.), VwVfG, § 54 Rn. 62.

trag darstellen. Diese Handlungsformen werden vielmehr als „Vereinbarung" bezeichnet.[37]

## II. Der öffentlich-rechtliche Vertrag im Sozialrecht

Im Sozialrecht hat der öffentlich-rechtliche Vertrag ebenfalls seinen festen Platz im Kanon der Handlungsformen gefunden, was sich auch durch die Aufnahme von Regelungen in das SGB X zeigt, wobei die Normierung in den §§ 54 ff. SGB X diejenige im VwVfG weitgehend übernommen hat.[38] Dementsprechend unterscheiden die §§ 54 ff. SGB X auch zwischen koordinationsrechtlichen und subordinationsrechtlichen Verträgen. So kennt das Sozialrecht eine Vielzahl von Verträgen, die größtenteils dem Rechtsregime der §§ 54 ff. SGB X unterworfen werden.

Dabei wurde der subordinationsrechtliche Vertrag nur in sehr begrenztem Umfang normiert, während die Vorschriften über den koordinationsrechtlichen Verwaltungsvertrag insbesondere auf dem Gebiet der gesetzlichen Krankenversicherung und der sozialen Pflegeversicherung einen weiten Anwendungsbereich finden.[39] Grund hierfür ist das sog. „Sachleistungsprinzip", das im Gegensatz zur Unfall-, Renten- und Arbeitslosenversicherung[40] die gesetzliche Krankenversicherung und die soziale Pflegeversicherung bestimmt[41] und nach dem die Versicherten die ihnen im Falle von Krankheit oder bei Pflegebedürftigkeit zustehenden Leistungen als Sach- und Dienstleistungen erhalten.[42] Da jedoch die Kran-

[37] *M. Sachs*, VerwArch 74 (1983), S. 25 (26). Zu Normenverträgen vgl. auch *J. Salzwedel*, Grenzen, S. 57 ff., 106, 134 ff.

[38] Neben der Verschiebung der Nummerierung gegenüber dem VwVfG um eine Nummer nach unten enthält § 53 Abs. 2 SGB X zum Schutz der Leistungsempfänger ein Vertragsformverbot für Leistungen, auf die ein gebundener Rechtsanspruch besteht, sofern es sich nicht um einen Vergleichs- oder Austauschvertrag handelt. Hierdurch kommt zum Ausdruck, dass der Gesetzgeber sozialstaatliche Ansprüche dem Bereich des Aushandelns entziehen möchte, da sich hierdurch auch der Wandel des Bürgers vom Empfänger von Wohltätigkeiten hin zum Inhaber von Leistungsansprüchen, die nicht verhandelbar sind, dokumentiert, *J. Burmeister*, VVDStRL 52 (1993), S. 190 (224 f.).

[39] Daneben finden sich vereinzelt Verträge auch in anderen Bereichen, wie in der gesetzlichen Unfallversicherung, § 34 Abs. 3 SGB VII, in der Kinder- und Jugendhilfe, §§ 77, 78a ff. SGB VIII, oder im Recht der Sozialhilfe, § 79 SGB XII. Ebenfalls durch Vertrag werden die Arbeitsgemeinschaften nach § 94 SGB X gebildet.

[40] Bei diesen erfolgt die Leistungserbringung vorrangig durch Geldzahlung.

[41] Zum Sachleistungsprinzip *S. Rixen*, Sozialrecht, S. 119 ff.; *B. Schulin*, in: *ders.*, (Hrsg.), Handbuch des Sozialversicherungsrechts, Bd. 1, § 6 Rn. 106 ff.; *B. v. Maydell*, Kostenerstattung, S. 12 ff.; *M. Fuchs*, in: *Schulin* (Hrsg.), Handbuch des Sozialversicherungsrechts, Bd. 4, § 5 Rn. 39 ff.; *F. Maschmann*, SDSRV 1996, 49; *V. Neumann*, Freiheitsgefährdung, S. 243 ff.; *V. Neumann*, in: *Schulin* (Hrsg.), Handbuch des Sozialversicherungsrechts, Bd. 4, § 20 Rn. 57 ff.; *P. Udsching*, in: *ders./Schütze/Behrend u.a.* (Hrsg.), SGB XI, Vor §§ 28 bis 45d Rn. 2 f.

[42] § 2 Abs. 2 Satz 1 SGB V. Im Fall der Pflegebedürftigkeit erhalten sie ihre Leistungen auch als Geldleistung, § 4 Abs. 1 Satz 1 SGB XI. Dabei normiert § 2 Abs. 2 Satz 1 SGB V lediglich die Rechtsprechung des BSG, welche das Sachleistungsprinzip als „übernormatives Grundprinzip" ansah, BSGE 69, 170 (173).

ken- und Pflegekassen dem Versicherten gegenüber die Leistung regelmäßig nicht selbst erbringen können bzw. dürfen,[43] erfolgt diese Leistungserbringung durch Dritte, den sog. Leistungserbringern, wie den Krankenhäusern, Ärzten, Apothekern sowie Pflegeeinrichtungen und Pflegediensten. Dabei werden Umfang, Art und Weise sowie die Vergütung der Leistungserbringung durch Vertrag zwischen den Kranken- bzw. Pflegekassen und den Leistungserbringern geregelt.[44] So ist der Vertrag[45] das zentrale Regelungsinstrument, um den gesetzlichen Sicherstellungsauftrag[46] im Wege der Kooperation und des Konsens zu erfüllen und so eine ausreichende, zweckmäßige und wirtschaftliche vertragsärztliche Versorgung der Versicherten, die den anerkannten Stand der medizinischen Erkenntnisse berücksichtigt und die ärztlichen Leistungen angemessen vergütet,[47] garantiert.

Wurde zu Beginn der gesetzlichen Krankenversicherung die Leistungserbringung zwischen Arzt und Krankenkasse noch durch Individualvertrag vereinbart, löste im Zuge des fortschreitenden Korporatismus,[48] beginnend mit dem Berliner Abkommen von 1913,[49] die verbandliche Regelung die individualvertragliche ab.[50] Dies spiegelt sich auch in der Normierung des Sozialleistungsrechts nach 1949 wider.[51] Insbesondere erstreckte der Gesetzgeber das vertragliche Regelungsmodell der gesetzlichen Krankenversicherung auch auf die soziale Pflegeversicherung.[52] So obliegt heute der Abschluss von Verträgen zumeist den Verbänden der Kranken- und Pflegekassen in Form der Bundes- und Landesverbände der Krankenkassen und Verbände der Ersatzkassen sowie den Zusam-

---

[43] Lediglich in den eng begrenzten Ausnahmefällen von Eigeneinrichtungen nach § 140 SGB V, § 77 Abs. 2 SGB XI können die Kranken- bzw. Pflegekassen die Leistungen gegenüber den Versicherten selbst erbringen, dazu *B. Schulin*, in: *ders.*, (Hrsg.), Handbuch des Sozialversicherungsrechts, Bd. 1, § 6 Rn. 146 ff. Dagegen ist es den Pflegekassen untersagt, Eigeneinrichtungen zu betreiben, *M. Fuchs*, in: *Schulin* (Hrsg.), Handbuch des Sozialversicherungsrechts, Bd. 4, § 5 Rn. 63 ff.; *F. Maschmann*, SDSRV 1996, 49 f.

[44] § 2 Abs. 2 Satz 3 SGB V; § 69 Satz 2 SGB XI. Zum Vertrag im Sozialleistungsrecht *M. Schuler-Harms* (Hrsg.), Konsensuale Handlungsformen, passim.

[45] Neben den Richtlinien.

[46] Hierzu *I. Ebsen*, in: *v. Maydell/Ruland* (Hrsg.), SRH, § 15 Rn. 133; *W. Funk*, in: *Schulin* (Hrsg.), Handbuch des Sozialversicherungsrechts, Bd. 1, § 32 Rn. 35 ff.

[47] § 72 Abs. 1, Abs. 2 SGB X.

[48] Zu den korporativen Strukturen im Krankenhauswesen *B. Schlink*, Rechtstheorie 11 (1990), S. 1 ff.

[49] Dazu *M. Stolleis*, Geschichte des Sozialrechts, S. 79; *L. Richter*, in: FS Ehrenberg 1927, S. 75 (89 ff.); *P. Axer*, in: FS BSG 2004, S. 339 (345).

[50] Zur geschichtlichen Entwicklung *M. Stolleis*, Geschichte des Sozialrechts, S. 36 ff.; *A. Hess/R. Venter*, Das Gesetz über Kassenarztrecht, S. 47 ff.; *Hoffmann/Kreil*, Reichsversicherungsordnung, Vorbem. vor § 368; *E. Kraus*, SGb 1981, 404 ff.; *L. Richter*, in: FS Ehrenberg 1927, S. 75 ff.; *J. Schmitt*, in: *Schulin* (Hrsg.), Handbuch des Sozialversicherungsrechts, Bd. 1, § 28; *G. Schneider*, Handbuch des Kassenarztrechts, Rn. 16 ff.

[51] Vgl. die §§ 73a, 82 f., 109, 112, 115 ff., 125 Abs. 2, 127, 129 ff., 132 ff. SGB V. Daneben bestehen auch individualvertragliche Regelungsaufträge, § 11 KHEntgG.

[52] Vgl. die §§ 72 ff., 75 Abs. 1, 78 SGB XI; dazu *S. Leitherer*, in: *Schulin* (Hrsg.), Handbuch des Sozialversicherungsrechts, Bd. 4, § 15 Rn. 7 ff.

menschlüssen der Leistungserbringer, wie den Kassenärztlichen Vereinigungen bzw. Kassenärztlichen Bundesvereinigungen. Neben diesem weiten Anwendungsbereich wird die konsensuale Tendenz des Sozialleistungsrechts eher verneint, da z.B. die Hilfepläne des Kinder- und Jugendhilferechts wie auch die Eingliederungsvereinbarung keine reale Konsensualität aufweisen.[53]

Bei einigen dieser Verträge bestehen jedoch insbesondere mit Blick auf deren Bindungswirkung noch nicht bzw. unbefriedigend gelöste Probleme. So entfalten einige der Verträge bereits aufgrund normativer Anordnung Bindungswirkung auch gegenüber nicht am Vertragsschluss beteiligten Dritten, mithin wird die individuelle Wirkung eines öffentlich-rechtlichen Vertrages ausgeweitet zu einer generellen. Gleichzeitig wird durch einige Verträge keine konkreten, sondern abstrakte Regelungen getroffen, so dass sich die Wirkung des grundsätzlich konkret-individuellen Vertrags auf eine abstrakt-generelle erweitert. Eine derartige Ausweitung im Sinne normativer Wirkung zieht Folgeprobleme nach sich, die sich in den Diskussionen um die Benennung dieser Handlungsform,[54] den Einbezug dieser unter das Rechtsregime der §§ 53 ff. SGB X[55] sowie der demokratischen Legitimation ihrer Bindungswirkung manifestieren.

Im Folgenden wird daher die Kooperation von Verwaltungsträgern, die teilweise auch unter Einbezug von Privaten erfolgt, durch im Hinblick auf ihre Bindungswirkung ausgewählte Verträge im Sozialrecht vor dem Hintergrund des Allgemeinen Verwaltungsrechts behandelt und versucht, diese dogmatisch einzuordnen, wobei den Fragen, ob diese unter das normierte Rechtsregime des Verwaltungsvertrages zu fassen sind, ihrer Bezeichnung sowie demokratischen Legitimierbarkeit der Bindungswirkung besonderes Gewicht beigemessen wird, während die Problematik des Einbezugs von Privatrechtssubjekten in das Verwaltungshandeln dem hierauf folgenden Kapitel 5 vorbehalten bleibt. Dabei handelt es sich, wie bereits gesehen, vorwiegend um Phänomene im Bereich der gesetzlichen Krankenversicherung. Kommen die Erscheinungen auch in anderen Bereichen des Sozialrechts vor, wie demjenigen der sozialen Pflegeversicherung oder dem der Sozialhilfe, werden diese in die Ausführungen mit einbezogen.

Im Folgenden werden daher (1.) die Bundesmantelverträge, (2.) die Gesamtverträge, (3.) die Strukturverträge, (4.) die Rahmenverträge, (5.) weitere Kollektivverträge sowie (6.) die Individualverträge behandelt, ehe unter (7.) eine Zusammenfassung und Bewertung erfolgt.

[53] *S. Rixen*, in: *Schuler-Harms* (Hrsg.), Konsensuale Handlungsformen, S. 25 (36, 40 f.). Zur Eingliederungsvereinbarung *S. Knickrehm*, in: *Schuler-Harms* (Hrsg.), Konsensuale Handlungsformen, S. 43 ff.

[54] Dazu unter A.II.7.a. Begrifflichkeiten.

[55] Dazu unter A.II.7.b. Dogmatische Einordnung der Verträge und c. Konsequenzen im Hinblick auf die Anwendbarkeit der §§ 53 ff. SGB X.

### *1. Die Bundesmantelverträge*

§ 82 SGB V enthält als „Einweisungsvorschrift"[56] grundlegende Strukturaussagen zum kollektivvertraglichen Regelungssystem auf Bundes- und Landesebene über die vertragsärztliche Versorgung. Zentrales Regelungsinstrument auf Bundesebene sind hiernach die Bundesmantelverträge.[57] In diesen werden die allgemeinen Grundsätze der vertragsärztlichen Versorgung vereinbart. Vertragspartner sind mit den Kassenärztlichen Bundesvereinigungen,[58] wie der Kassenärztlichen und Kassenzahnärztlichen Bundesvereinigung, sowie dem Spitzenverband Bund der Krankenkassen[59] Körperschaften des öffentlichen Rechts.[60]

Regelungsanliegen der Normierung des Bundesmantelvertrags ist es, die bundesweit einheitliche, bedarfsgerechte Versorgung nach dem allgemein anerkannten Stand der medizinischen Erkenntnisse[61] in den Grundsätzen sicherzustellen.

Der Inhalt des Bundesmantelvertrags ist teilweise vom Gesetzgeber vorgegeben. So werden z.B. die Richtlinien des G-BA,[62] der von den Bewertungsausschüssen, die sich aus den Kassenärztlichen Bundesvereinigungen und dem Spitzenverband Bund der Krankenkassen zusammensetzen, vereinbarten einheitlichen Bewertungsmaßstäbe für die ärztlichen und die zahnärztlichen Leistungen,[63] Regelungen zur Organisation der vertragsärztlichen Versorgung[64] sowie zur Abrechnung ärztlicher Leistungen[65] notwendiger Inhalt des Bundesmantelvertrages.[66] Möglich ist auch die Regelung der Voraussetzungen für die Ausführung und Abrechnung neuer Leistungen.[67] Im Übrigen kommt den Vertragsparteien ein weiter Spielraum im Hinblick auf die Aufnahme von Regelungsgegenständen zu,[68] welche lediglich den Zweck der Gewährleistung einer ausreichenden, zweckmäßigen und wirtschaftlichen Versorgung der Versicherten unter Berücksichtigung des allgemein anerkannten Standes der medizinischen

---

[56] *K. Scholz*, in: *Becker/Kingreen* (Hrsg.), SGB V, § 82 Rn. 1; *R. Engelhart-Au*, in: *Hänlein/Kruse/Schuler* (Hrsg.), Sozialgesetzbuch V, § 82 Rn. 1; *U. Freudenberg*, in: *Schlegel/Engelmann* (Hrsg.), SGB V, § 82 Rn. 17; *H.-D. Sproll*, in: *Wagner/Knittel/Baier* (Hrsg.), Soziale Krankenversicherung, § 82 SGB V Rn. 1.

[57] *A. Hänlein*, Rechtsquellen im Sozialversicherungsrecht, S. 411.

[58] § 77 Abs. 5 SGB V.

[59] § 217a Abs. 2 SGB V.

[60] So gelten zur Zeit der Bundesmantelvertrag-Ärzte (BMV-Ä), der Bundesmantelvertrag-Zahnärzte (BMV-Z), der Arzt-Ersatzkassen-Vertrag (EKV-Ä) und der Ersatzkassenvertrag-Zahnärzte (EKV-Z).

[61] § 70 Satz 1 SGB V.

[62] § 92 Abs. 8 SGB V.

[63] § 87 Abs. 1 Satz 1 SGB V.

[64] §§ 76 Abs. 3a, 87 Abs. 1 Satz 2, 6 SGB V.

[65] § 295 Abs. 3 SGB V.

[66] Zu den weiteren gesetzlich bestimmten Regelungsgegenständen *K. Scholz*, in: *Becker/Kingreen* (Hrsg.), SGB V, § 82 Rn. 6; *H. Klückmann*, in: *Hauck/Noftz* (Hrsg.), SGB V, § 82 Rn. 15; *U. Freudenberg*, in: *Schlegel/Engelmann* (Hrsg.), SGB V, § 82 Rn. 19 ff.

[67] § 135 Abs. 2 SGB V.

[68] *H. Klückmann*, in: *Hauck/Noftz* (Hrsg.), SGB V, § 82 Rn. 14.

Erkenntnisse zu verfolgen hat[69] und so die vollumfängliche vertragsärztliche Versorgung umfasst.[70] Dabei haben sich die Vertragspartner auf den allgemeinen Inhalt der Gesamtverträge zu beschränken und somit nur Regelungsgegenstände zu vereinbaren, die zur bundesweit gleichmäßigen Versorgung der Versicherten notwendig bzw. zweckmäßig sind,[71] während den Vertragsparteien der Gesamtverträge ein ausreichender Spielraum für die Regelung regionaler Besonderheiten der Versorgungsstruktur verbleiben muss.[72]

Bei den Bundesmantelverträgen handelt es sich um Verträge des öffentlichen Rechts, da Gegenstand des Vertrags die Sicherstellung der vertragsärztlichen Versorgung ist.[73]

Im Hinblick auf die Bindungswirkung ist zu unterscheiden zwischen den obligatorischen Bestandteilen des Bundesmantelvertrages, die lediglich zwischen den Vertragspartnern Wirkung entfalten, und denjenigen Teilen, denen auch gegenüber nicht am Vertrag Beteiligten Bindungswirkung zukommt und die damit normative Wirkung zeitigen.[74] So bindet der Bundesmantelvertrag neben den Vertragsparteien des Bundesmantelvertrages als Bestandteil der Gesamtverträge auch die Vertragsparteien der Gesamtverträge, mithin die Kassenärztlichen Vereinigungen sowie die Landesverbände der Krankenkassen. Diese Bindungswirkung wird ausdrücklich vom Gesetzgeber angeordnet,[75] obgleich er bereits durch die Ermächtigung zum Abschluss des Bundesmantelvertrages zum Ausdruck bringt, dass die Vereinbarungen der Vertragsparteien den Inhalt der Gesamtverträge darstellen.[76] Dies gibt Anlass dazu, die ausdrückliche Normierung der Geltung als Bestandteil der Gesamtverträge in § 82 Abs. 1 Satz 2 SGB V als überflüs-

[69] § 72 Abs. 2 SGB V.

[70] *G. Schneider*, Handbuch des Kassenarztrechts, Rn. 697.

[71] Neben diesen grundsätzlichen Regelungen können Bereiche der vertragsärztlichen Versorgung aufgrund gesetzlicher Ermächtigung auch detailliert und abschließend geregelt werden, was zum Teil in den Anlagen, die Bestandteil der Bundesmantelverträge sind, geschieht. Hierzu gehören z.B. die Psychotherapie-Vereinbarung (Anlage 1 BMV-Ä), Maßnahmen zur Qualitätssicherung (Anlagen 3 BMV-Ä/EKV), der Vertrag über die hausärztliche Versorgung (Anlage 5 BMV-Ä/EKV), die Vereinbarung über die Durchführung von Schutzimpfungen gegen übertragbare Krankheiten (Anlage 10 BMV/EKV), die Sozialpsychiatrie-Vereinbarung (Anlage 11 BMV) sowie die Ergänzungsvereinbarung zur Anlage 3 der Sozialpsychiatrie-Vereinbarung (Anlage 11 BMV) oder die Vereinbarung ambulante Behandlung chronisch schmerzkranker Patienten (Anlage 12 EKV).

[72] *K. Scholz*, in: *Becker/Kingreen* (Hrsg.), SGB V, § 82 Rn. 7; *R. Engelhart-Au*, in: *Hänlein/Kruse/Schuler* (Hrsg.), Sozialgesetzbuch V, § 82 Rn. 1.

[73] *G. Schneider*, Handbuch des Kassenarztrechts, Rn. 694; *R. Engelhart-Au*, in: *Hänlein/Kruse/Schuler* (Hrsg.), Sozialgesetzbuch V, § 82 Rn. 5; *J. Schmitt*, in: *Schulin* (Hrsg.), Handbuch des Sozialversicherungsrechts, Bd. 1, § 30 Rn. 6 m.w.N.; *P. Axer*, Normsetzung, S. 66 f.; *U. Hencke*, in: *Peters* (Hrsg.), Handbuch der Krankenversicherung, § 82 Rn. 3; *R. Hess*, in: *Leitherer* (Hrsg.), Kasseler Kommentar, § 82 SGB V Rn. 7; *U. Freudenberg*, in: *Schlegel/Engelmann* (Hrsg.), SGB V, § 82 Rn. 28, wobei es auf die Frage der Zuordnung der Vertragsschließenden zum Bereich des öffentlichen Rechts gerade nicht ankommt.

[74] BSG, NZS 2006, 385 (386).

[75] § 82 Abs. 1 Satz 2 SGB V.

[76] § 82 Abs. 1 Satz 1 SGB V.

sig und daher bloß deklaratorisch anzusehen.[77] Dem ist insoweit beizupflichten, als sich in diesem vorliegenden Fall, in dem ausdrücklich angeordnet wird, dass die Vertragsparteien den Inhalt der Gesamtverträge im Bundesmantelvertrag festsetzen, die Bindungswirkung tatsächlich bereits aus dieser Anordnung ergibt, da eine Festsetzung des Vertragsinhalts andernfalls nicht möglich wäre.[78] Die nachfolgende ausdrückliche Anordnung der Bindungswirkung hat dagegen historische Wurzeln und ist Folge der Publifizierung ursprünglich zivilrechtlicher Handlungsformen.[79] Wirkten die ursprünglich zivilrechtlich geschlossenen Verträge nur *inter partes*, wie dies z.B. auch bei dem Berliner Abkommen von 1913 oder den Normenverträgen der ausgehenden Weimarer Zeit der Fall war,[80] wollte der Gesetzgeber auch im Zuge des fortschreitenden Korporatismus und der hieraus folgenden Tatsache, dass als Vertragsschließende vordringlich Vereinigungen auftraten, die getroffenen Regelungen auch auf die nicht unmittelbar Beteiligten bzw. in den Verbänden organisierten Rechtssubjekte erstrecken. Aus diesem Grunde gestaltete er für derartige Verträge deren Bindungswirkung normativ aus und erstreckte so deren Verbindlichkeit auch auf Nichtbeteiligte. So handelt es sich bei der gesetzlichen Verbindlichkeitsanordnung von Verträgen über den Kreis der Vertragsschließenden hinaus um aufgrund des historischen Herkommens aus dem Zivilrecht grundsätzlich notwendige Anordnungen, die als Folge der ursprünglich privatrechtlichen Vereinbarung im heute öffentlich-rechtlich geregelten Bereich der vertragsärztlichen Versorgung fortwirken. Dies erklärt auch, weshalb der Vergleich mit anderen Rechtsnormen, wie Satzungen und Rechtsverordnungen, deren generelle Bindungswirkung sich bereits aus der gesetzlichen Ermächtigung zur Normsetzung ergibt,[81] nicht greift, da der Gesetzgeber den ursprünglich lediglich *inter partes* wirkenden Verträgen diese generelle Bindungswirkung erst durch Anordnung verleihen muss.[82]

Die Kassenärztlichen Vereinigungen und die Landesverbände der Krankenkassen werden darüber hinaus noch durch deren Satzungen, in denen sie aufgrund gesetzlicher Verpflichtung Bestimmungen aufnehmen müssen, nach denen die von den Bundesverbänden abzuschließenden Verträge für deren Mitglieder verbindlich sind, an den Inhalt der Bundesmantelverträge gebunden,[83] wie auch die in jenen organisierten Vertragsärzte sowie die in diesen organisierten Mit-

---

[77] *P. Axer*, Normsetzung, S. 68 f.

[78] Dies gilt allerdings nur für den Fall der ausdrücklichen Anordnung im Gesetz, dass die Vertragsparteien den Inhalt eines anderen Vertrages festsetzen, wie dies beim Bundesmantelvertrag der Fall ist.

[79] Zur zu Beginn des 20. Jahrhunderts umstrittenen Frage, ob das Sozialversicherungsrecht dem Privatrecht oder dem öffentlichen Recht zuzuordnen ist, *W. Henke*, VVDStRL 28 (1970), S. 149 ff.

[80] Dazu *G. Schneider*, Handbuch des Kassenarztrechts, Rn. 46, 86.

[81] *P. Axer*, Normsetzung, S. 68; *ders.*, in: *Schnapp* (Hrsg.), Funktionale Selbstverwaltung, S. 115 (123).

[82] Dazu näher unter A.II. Zusammenfassung und Bewertung.

[83] § 81 Abs. 3 Nr. 1 SGB V ordnet dies für die Kassenärztlichen Vereinigungen an, § 210 Abs. 2 SGB V für die Landesverbände der Krankenkassen.

gliedskrankenkassen jeweils über die Satzungen gebunden werden.[84] Daneben ist die Bindungswirkung für die Landesverbände der Krankenkassen auch noch gesetzlich angeordnet.[85] Gleichzeitig binden der Bundesmantelvertrag sowie der Gesamtvertrag sämtliche Vertragsärzte,[86] die ermächtigten Ärzte[87] sowie sämtliche Krankenkassen unabhängig von deren Mitgliedschaft im Landesverband,[88] so dass im Hinblick auf die in der Kassenärztlichen Vereinigung organisierten Vertragsärzte sowie die Mitgliedskrankenkassen eine doppelte Bindung erfolgt.[89] Bzgl. der Mitgliedskrankenkassen im Spitzenverband Bund der Krankenkassen wird die Bindung ebenfalls gesetzlich angeordnet.[90]

Ob diese Verträge auch gegenüber Versicherten Bindungswirkung entfalten, war umstritten. Eine gesetzliche Anordnung existierte nicht, was seine Ursache darin hatte, dass das Kassenarztrecht Leistungserbringungsrecht darstellt und somit eine unmittelbare Ausgestaltung des Leistungsanspruchs der Versicherten nicht möglich ist.[91] Trotzdem wurde vertreten, dass eine Bindung bestand, da der Bundesmantelvertrag und der Gesamtvertrag den Leistungsanspruch der Versicherten konkretisierten.[92] Hierfür wurde die Einheit der Rechtsordnung sowie der Sicherstellungsauftrag der Kassenärztlichen Vereinigung angeführt, so dass es keinen Unterschied zwischen Leistungsrecht der Leistungserbringungsrecht geben dürfe[93] und Regelungen, die im Verhältnis zu Ärzten und Krankenkassen die Leistungserbringung verbindlich regelten, auch im Verhältnis der Versicherten zu den Krankenkassen als korrespondierendes Rechtsverhältnis Verbindlichkeit beanspruchten.[94] Dem war insoweit zuzustimmen, als im Verhältnis zu den Versicherten keine anderen Regelungen gelten konnten, wie im Verhältnis der Leistungserbringer zu den Krankenkassen. Allerdings handelte es sich dabei lediglich um einen Rechtsreflex, der nicht Inhalt der Vereinbarung war, sondern sich nur als Folge des Systems ergab. Nunmehr wurde jedoch die

---

[84] § 81 Abs. 3 Nr. 1 SGB V für die organisierten Vertragsärzte; § 210 Abs. 2 SGB V für die Mitgliedskrankenkassen.

[85] § 217e Abs. 2 SGB V.

[86] § 95 Abs. 3 Satz 3 SGB V.

[87] § 95 Abs. 4 Satz 2 SGB V.

[88] § 83 Satz 1 2. Hs. SGB V.

[89] Zur Bindungswirkung *H. Klückmann*, in: *Hauck/Noftz* (Hrsg.), SGB V, § 82 Rn. 18; *R. Engelhart-Au*, in: *Hänlein/Kruse/Schuler* (Hrsg.), Sozialgesetzbuch V, § 82 Rn. 5; *U. Freudenberg*, in: *Schlegel/Engelmann* (Hrsg.), SGB V, § 82 Rn. 30 f.; *K. Engelmann*, NZS 2000, 1 (4).

[90] § 217e Abs. 2 SGB V.

[91] *R. Hess*, in: *Leitherer* (Hrsg.), Kasseler Kommentar, § 82 SGB V Rn. 4.

[92] *U. Freudenberg*, in: *Schlegel/Engelmann* (Hrsg.), SGB V, § 82 Rn. 31; *I. Ebsen*, in: *Schulin* (Hrsg.), Handbuch des Sozialversicherungsrechts, Bd. 1, § 7 Rn. 115; *K. Scholz*, in: *Becker/Kingreen* (Hrsg.), SGB V, § 82 Rn. 5; *R. Hess*, in: *Leitherer* (Hrsg.), Kasseler Kommentar, § 82 SGB V Rn. 4; *P. Axer*, Normsetzung, S. 69 ff.; a.A. *R. Schimmelpfeng-Schütte*, NZS 1999, 530 (533).

[93] BSGE 52, 134, 137; BSG, NJW 1989, 794 ff.

[94] *I. Ebsen*, in: *Schulin* (Hrsg.), Handbuch des Sozialversicherungsrechts, Bd. 1, § 7 Rn. 115; *R. Hess*, in: *Leitherer* (Hrsg.), Kasseler Kommentar, § 82 SGB V Rn. 4 m.w.N.; *Sproll*, in: *Wagner/Knittel/Baier* (Hrsg.), Soziale Krankenversicherung, § 82 SGB V Rn. 7.

Bindungswirkung gegenüber den Versicherten gesetzlich normiert,[95] so dass sich dieser Streit erledigt hat.

So entfaltet der Bundesmantelvertrag Bindungswirkung auch gegenüber nicht am Vertragsschluss beteiligten Dritten, wie den Vertragsparteien des Gesamtvertrages, den ermächtigten Ärzten sowie auch den nicht im Landesverband der Krankenkassen organisierten Krankenkassen und den Versicherten. Die *inter partes*-Wirkung des Vertrages wird so über den Kreis der Beteiligten erweitert, womit zwar die vertragliche Übereinkunft der Vertragsparteien Ausgangspunkt ist, diese jedoch nicht mehr im Vordergrund steht, sondern die normative Wirkung des Bundesmantelvertrags gegenüber den unbeteiligten Dritten, die insoweit der Rechtssetzungsmacht der Vertragsparteien im Sinne der klassischen Subordination gegenüberstehen, in den Mittelpunkt rückt.[96] Bundesmantelverträgen kommt daher Rechtsnormcharakter zu, da sie nicht nur einzelne Tatbestände, sondern die vertragsärztliche Versorgung und die dabei zu beachtenden Rechte und Pflichten der Vertragsärzte generell regeln und ausgestalten.[97] Aus diesem Grund wird der Bundesmantelvertrag als Normsetzungsvertrag[98] bzw. in Differenzierung zu dieser Begrifflichkeit[99] als Normenvertrag[100] bezeichnet.[101]

### 2. *Die Gesamtverträge*

Wird die Kassenärztliche Versorgung auf Bundesebene durch den Bundesmantelvertrag geregelt, vereinbaren auf Landesebene die Kassenärztlichen Vereinigungen mit den Landesverbänden der Krankenkassen[102] und den Ersatzkassen[103] Gesamtverträge[104] über die vertragsärztliche Versorgung.[105] Gesamtverträge sind insoweit das Rechtsinstitut ergänzender Ausgestaltung der vertragsärztlichen Versorgung.[106]

Inhalt der Verträge sind die Regelungen des Bundesmantelvertrags, Regelungen zur vertragsärztlichen Versorgung der Mitglieder einschließlich der mitversicherten Familienangehörigen sowie die im Vordergrund stehende Vereinbarung

---

[95] § 217e Abs. 2 SGB V.

[96] *H. Klückmann*, in: *Hauck/Noftz* (Hrsg.), SGB V, § 82 Rn. 23.

[97] BSGE 28, 224; BSGE 29, 254 ff.; *R. Hess*, in: *Leitherer* (Hrsg.), Kasseler Kommentar, § 82 SGB V Rn. 7.

[98] *K. Scholz*, in: *Becker/Kingreen* (Hrsg.), SGB V, § 82 Rn. 5; *U. Freudenberg*, in: *Schlegel/Engelmann* (Hrsg.), SGB V, § 82 Rn. 29.

[99] Dazu unter A.II.7. Zusammenfassung und Bewertung.

[100] *P. Axer*, Normsetzung, S. 72.

[101] *R. Engelhart-Au*, in: *Hänlein/Kruse/Schuler* (Hrsg.), Sozialgesetzbuch V, § 82 Rn. 5.

[102] Dies sind die Landesverbände der Orts-, Betriebs- und Innungskrankenkassen, § 207 Abs. 1 Satz 1 SGB V, die Körperschaften des öffentlichen Rechts sind, § 207 Abs. 1 Satz 2 SGB V.

[103] Vor dem 1.7.2008 waren es die Verbände der Ersatzkassen.

[104] Die Bezeichnung ergibt sich lediglich aus der Übersetzung von „Kollektivvertrag", *H. Lehmann*, Ärzte und Krankenkassen, S. 30, 196.

[105] Die Verpflichtung ergibt sich bereits aus § 82 Abs. 2 SGB V und wird durch § 83 SGB V geregelt.

[106] *H. Klückmann*, in: *Hauck/Noftz* (Hrsg.), SGB V, § 83 Rn. 16.

der Vergütung für vertragsärztliche Leistungen durch an dieser Versorgung teilnehmende Ärzte und Einrichtungen.[107] Dabei sind die Regelungsgegenstände zahlreich und nicht auf die Vergütungsvereinbarungen begrenzt. So können z.B. Regelungen der Versorgungs- und Vergütungsstrukturen[108] ebenso getroffen werden wie über die Abgrenzung der stationären von der ambulanten Versorgung bei Krankenhausaufnahme, Formalia, wie die Fristbindung der Einreichung von Abrechnungen durch die Vertragsärzte sowie der Antragsstellung auf sachlich-rechnerische Prüfung durch die Krankenkassenverbände, oder Regelungen über die Kostenbeteiligung der Krankenkassen an Maßnahmen der Kassenärztlichen Vereinigungen, wie z.B. dem Notfalldienst.[109]

Im Hinblick auf die Bindungswirkung sind auch beim Gesamtvertrag, der aufgrund des Regelungsgegenstandes der vertragsärztlichen Versorgung dem öffentlichen Recht zugeordnet wird,[110] Festsetzungen zu unterscheiden, die lediglich zwischen den Vertragsschließenden gelten, sowie solchen, die auch unbeteiligte Dritte binden. So entfaltet der Gesamtvertrag Bindungswirkung nicht nur gegenüber seinen Vertragsparteien, sondern durch gesetzliche Anordnung im Rahmen des örtlichen Anwendungsbereiches auch gegenüber sämtlichen Vertragsärzten und ermächtigten Ärzten[111] und gegenüber sämtlichen Krankenkassen,[112] mithin auch gegenüber Krankenkassen, die den Verbänden nicht angehören und damit keinen – nicht einmal mittelbaren – Einfluss auf die Verhandlungen nehmen konnten.[113] Diese Allgemeingültigkeit ist erforderlich, um die Funktionsfähigkeit des Gesamtvergütungssystems vor dem Hintergrund des freien Kassenwahlrechts durch die Öffnung von Betriebs- und Innungskrankenkassen zu bewahren.[114] Ein förmlicher Beitritt zum Gesamtvertrag ist nicht erforderlich.[115] Diese gesetzliche Anordnung ist auch notwendig, da der Gesamtvertrag als Verwaltungsvertrag lediglich *inter partes* wirken würde. Etwas anderes ergibt sich auch

---

107 §§ 82 Abs. 2 Satz 1, 83 Satz 1 1. Hs., 85 Abs. 2 Satz 1, 87a SGB V. Dazu näher *A. Hänlein*, Rechtsquellen im Sozialversicherungsrecht, S. 348 ff., 394; *K. Scholz*, in: *Becker/Kingreen* (Hrsg.), SGB V, § 83 Rn. 7; *U. Freudenberg*, in: *Schlegel/Engelmann* (Hrsg.), SGB V, § 83 Rn. 36; *H. Klückmann*, in: *Hauck/Noftz* (Hrsg.), SGB V, § 82 Rn. 20 f., § 83 Rn. 17 ff.

108 § 73a Abs. 1 Satz 1 SGB V.

109 *R. Hess*, in: *Leitherer* (Hrsg.), Kasseler Kommentar, § 83 SGB V Rn. 3. Zu weiteren Regelungsgegenständen *A. Hänlein*, Rechtsquellen im Sozialversicherungsrecht, S. 350.

110 Dazu *J. Schmitt*, in: *Schulin* (Hrsg.), Handbuch des Sozialversicherungsrechts, Bd. 1, § 30 Rn. 6 m.w.N.; *Sproll*, in: *Wagner/Knittel/Baier* (Hrsg.), Soziale Krankenversicherung, § 82 SGB V Rn. 8.

111 § 95 Abs. 3 Satz 3 SGB V für die Vertragsärzte; § 95 Abs. 4 Satz 2 SGB V für die ermächtigten Ärzte.

112 § 83 Satz 1 2. Hs. SGB V.

113 BSGE 95, 141 (144 Rn. 10 ff.); *R. Engelhart-Au*, in: *Hänlein/Kruse/Schuler* (Hrsg.), Sozialgesetzbuch V, § 83 Rn. 7. Dies ist Folge des Wechsels vom sog. „Kassensitzprinzips“ zum sog. „Wohnortprinzip“, so dass auch Krankenkassen, die Mitglieder anderer Landesverbände sind, sog. einstrahlende Krankenkassen, erfasst werden, BT-Drs. 14/5960, S. 5; *K. Scholz*, in: *Becker/Kingreen* (Hrsg.), SGB V, § 83 Rn. 3; *H. Klückmann*, in: *Hauck/Noftz* (Hrsg.), SGB V, § 83 Rn. 21, 25.

114 Andernfalls müssten die Krankenversicherungen mit jedem Landesverband Verträge schließen, BSG, NZS 2006, 385 (387).

115 *H. Klückmann*, in: *Hauck/Noftz* (Hrsg.), SGB V, § 83 Rn. 24.

nicht aus der gesetzlichen Ermächtigung, diesen Vertrag abzuschließen. Anders als beim Bundesmantelvertrag, für den die gesetzliche Ermächtigung ausdrücklich anordnet, dass die Vertragsparteien den Inhalt des Gesamtvertrages, mithin eines anderen Vertrages, regeln und diese Regelung nur dann sinnvoll ist, wenn sie auch für die Vertragsparteien des Gesamtvertrages verbindlich ist, enthält die gesetzliche Ermächtigung zur Vereinbarung von Gesamtverträgen gerade nicht die Anordnung, den Regelungsgegenstand eines anderen Vertrages zu bestimmen. Allein aus der Ermächtigung zum Vertragsschluss folgt lediglich die Möglichkeit, die Vertragsparteien zu binden, nicht dagegen auch eine zur Bindung Dritter.[116]

Die Gruppen, für welche durch die gesetzliche Anordnung die Regelungen des Gesamtvertrags verbindlich sind, erhalten damit den Status von Normunterworfenen,[117] ohne dass sie in der Lage sind, an der Entstehung oder dem Inhalt des Gesamtvertrages mitzuwirken oder dass deren Zustimmung hierzu erforderlich ist.

So erhalten die Kassenärztlichen Vereinigungen sowie die Landesverbände der Krankenkassen und die Ersatzkassen die Rechtsmacht, Verträge mit Wirkung auch für Dritte zu schließen, so dass es sich bei den Gesamtverträgen erneut um Normen- bzw. Normsetzungsverträge handelt.[118]

### 3. *Die Strukturverträge*

Die Parteien der Gesamtverträge können vereinbaren, dass die Verantwortung für die Gewährleistung der vertragsärztlichen Versorgung in qualitativer und wirtschaftlicher Hinsicht sowie der Leistungen oder Teilbereiche hiervon, die ärztlich verordnet oder veranlasst wurden, einem vom Versicherten gewählten Hausarzt oder vernetzten Praxen übertragen wird, sog. Strukturverträge.[119] Diese Vereinbarung ist Bestandteil des Gesamtvertrages, weshalb ihr dieselbe Normqualität beigemessen wird.[120] Allerdings besteht der wesentliche Unterschied darin, dass entgegen der normativen Geltungsanordnung der Gesamtverträge auch für Dritte[121] sich die Bindung der Strukturverträge auf Vertragsärzte und Versicherte aufgrund ausdrücklicher gesetzlicher Anordnung nur dann erstreckt, wenn diese hieran teilnehmen, wobei ihnen die Teilnahme freigestellt ist.[122] Eine normative Wirkung, indem die Strukturverträge auch für unbeteiligte Dritte Bindungswirkung beanspruchen, kommt ihnen daher nicht zu.[123]

---

[116] A.A. *P. Axer*, Normsetzung, S. 73.

[117] *T. Kingreen*, SGb 2008, 437 (438); *H. Klückmann*, in: *Hauck/Noftz* (Hrsg.), SGB V, § 82 Rn. 23.

[118] *H. Klückmann*, in: *Hauck/Noftz* (Hrsg.), SGB V, § 83 Rn. 11; *Sproll*, in: *Wagner/Knittel/Baier* (Hrsg.), Soziale Krankenversicherung, § 82 SGB V Rn. 6; *P. Axer*, Normsetzung, S. 73.

[119] § 73a Satz 1 SGB V.

[120] *P. Axer*, Normsetzung, S. 74.

[121] § 83 Satz 1 2. Hs. SGB V.

[122] § 73a Satz 5 SGB V; dazu *R. Hess*, in: *Leitherer* (Hrsg.), Kasseler Kommentar, § 73a SGB V Rn. 8; *H. Klückmann*, in: *Hauck/Noftz* (Hrsg.), SGB V, § 73a Rn. 18.

[123] Ebenso kommt den Modellvorhaben nach § 63 SGB V keine Bindungswirkung gegenüber Dritten zu, da insbesondere die Einwilligung der Versicherten zu Maßnahmen nach § 63 Abs. 3a SGB V nach § 63 Abs. 3a Satz 3, 4 SGB V erforderlich ist; a.A. *P. Axer*, Normsetzung, S. 74.

### 4. Die Rahmenverträge

#### a. Rahmenverträge in der gesetzlichen Krankenversicherung

Die Krankenkassen, ihre Landesverbände oder Arbeitsgemeinschaften schließen Verträge mit Leistungserbringern oder Verbänden oder sonstigen Zusammenschlüssen der Leistungserbringer über die Einzelheiten der Versorgung mit Heilmitteln, die Preise und deren Abrechnung sowie die Verpflichtung der Leistungserbringer zur Fortbildung.[124] Mit den Verträgen wird das Ziel verfolgt, das Partnerschaftsmodell umzusetzen und so der gemeinsamen Selbstverwaltung die Verantwortung für die Qualitätssicherung und die Wirtschaftlichkeit der Versorgung der Versicherten zu übertragen.[125] Dabei wird heute zu Recht ganz überwiegend von der öffentlich-rechtlichen Natur der Verträge ausgegangen, da die Erbringung von Heilmitteln der öffentlichen Aufgabe der Krankenversicherung dient.[126]

Im Hinblick auf die Bindungswirkung wurde aufgrund § 125 Abs. 2 Satz 1 SGB V a.F., der normierte, dass die Verträge von den Krankenkassenverbänden „mit Wirkung für ihre Mitgliedskassen" geschlossen wurden, gefolgert, dass die Verträge auch gegenüber nicht beteiligten Dritten Geltung beanspruchen und damit Normwirkung entfalten.[127] Gleichzeitig kam den Krankenkassen keine Befugnis zu, eigene vertragliche Vereinbarungen zu treffen, soweit die Verbände solche vereinbart hatten.[128] Durch die seit 1. April 2007 geltende Rechtslage wurde diese Anordnung der Bindungswirkung jedoch gestrichen, so dass dieser Einschätzung der Boden entzogen wurde.[129] Zwar wird nunmehr das Drittwirkungsmodell des Tarifvertrages zwischen Arbeitgeberverbänden und Gewerkschaften bemüht, um die Rahmenverträge als „Normsetzungsverträge" bzw. „Normenverträge" zu klassifizieren.[130] Hiernach würden die Rahmenverträge für die Mitgliedskassen der Landesverbände der Krankenkassen bzw. der Ver-

---

[124] § 125 Abs. 2 Satz 1 SGB V.

[125] BT-Drs. 13/7264, S. 120; *R. Murawski*, in: *Hänlein/Kruse/Schuler* (Hrsg.), Sozialgesetzbuch V, § 125 Rn. 1.

[126] *E.-W. Luthe*, in: *Hauck/Noftz* (Hrsg.), SGB V, § 125 Rn. 6; *R. Murawski*, in: *Hänlein/Kruse/Schuler* (Hrsg.), Sozialgesetzbuch V, § 125 Rn. 7; *H. Butzer*, in: *Becker/Kingreen* (Hrsg.), SGB V, § 125 Rn. 8; *P. Axer*, Normsetzung, S. 82; *S. Knittel*, in: *Wagner/Knittel/Baier* (Hrsg.), Soziale Krankenversicherung, § 125 SGB V Rn. 4. Auch im Hinblick auf die Frage der Rechtswegzuständigkeit ist die Entscheidung vom GemS-OBG, BVerwGE 74, 368 ff., durch die derartige Streitigkeiten aufgrund der Qualifizierung als privatrechtlicher Vertrag den ordentlichen Gerichten zugewiesen wurden, durch die Rechtswegzuweisung des § 51 Abs. 1 Nr. 2 SGG überholt.

[127] BremStGH, NZS 1997, 76; *I. Ebsen*, in: *Schulin* (Hrsg.), Handbuch des Sozialversicherungsrechts, Bd. 1, § 7 Rn. 112, 140; *M. Heinze*, in: *Schulin* (Hrsg.), Handbuch des Sozialversicherungsrechts, Bd. 1, § 40 Rn. 42; *S. Knittel*, in: *Wagner/Knittel/Baier* (Hrsg.), Soziale Krankenversicherung, § 125 SGB V Rn. 5; *P. Axer*, Normsetzung, S. 84, der jedoch die Bindungswirkung vordringlich aus der Ermächtigungsgrundlage ableitet.

[128] BSG, NZS 1997, 124.

[129] *E. Schneider*, in: *Schlegel/Engelmann* (Hrsg.), SGB V, § 125 Rn. 9; *S. Knittel*, in: *Wagner/Knittel/Baier* (Hrsg.), Soziale Krankenversicherung, § 125 SGB V Rn. 5.

[130] *R. Murawski*, in: *Hänlein/Kruse/Schuler* (Hrsg.), Sozialgesetzbuch V, § 125 Rn. 5.

bände der Ersatzkassen unmittelbare Rechtswirkung aufgrund autonomer Rechtssetzung entfalten, ebenso wie die Mitglieder der Verbände der Leistungserbringer und nicht organisierte Leistungserbringer gebunden würden.[131] Darüber hinaus ergebe sich die faktische normative Wirkung aus der Verpflichtung des Leistungserbringers zur Anerkennung der Verträge als Zulassungsvoraussetzung.[132]

Allerdings überzeugt dies nicht, da erforderlich für die Bindung gegenüber Krankenkassen, die Mitglieder des vertragsschließenden Krankenkassenverbandes oder der Arbeitsgemeinschaft sind, entweder ein Beschluss der Krankenkasse zur Übernahme des ausgehandelten Vertrags oder eine Abschlussbevollmächtigung des Krankenkassenverbandes bzw. der Arbeitsgemeinschaft ist.[133] Letztere kann durch Bevollmächtigung[134] oder Satzungsbestimmung erfolgen. Eine automatische Bindungswirkung tritt damit gerade nicht ein. Erst recht nicht werden Krankenkassen, die nicht mitgliedschaftlich dem Verband oder der Arbeitsgemeinschaft angeschlossen sind, gebunden. Diese müssen derartige Verträge vielmehr selbständig abschließen.[135] Gleiches gilt für die Heilmittelerbringer, die einem Verband angeschlossen sind. Auch für diese entfalten die Verträge erst dann Bindungswirkung, wenn der Verband von den Heilmittelerbringern bevollmächtigt oder diese durch die Verbandssatzung an den Vertragsinhalt gebunden werden.[136] So werden auch Heilmittelerbringer, die nicht Mitglieder sind, nur gebunden, wenn sie die Vereinbarungen anerkennen.[137] Zwar ist diese Anerkennung als Voraussetzung für die Zulassung der Heilmittelerbringer angeordnet, so dass faktisch ein Zwang, sich dieser Bindung zu unterwerfen und damit eine faktische Bindungswirkung besteht. Nichtsdestoweniger bedarf es dieses Akts der Unterwerfung, so dass allein die faktische Bindung mittels des Zwangs zur Unterwerfung keine andere rechtliche Bewertung des Rahmenvertrags zulässt und daher auch diesbezüglich keine normative Wirkung des Rahmenvertrags besteht.[138] Eine andere Einordnung ergibt sich auch nicht aufgrund der Tatsache, dass von der Anerkennung auch spätere Änderungen bzw. Ergänzungen der Rahmenverträge umfasst sind und daher ohne gesonderte Anerkennung Bindungswirkung entfalten.[139]

---

[131] *R. Murawski*, in: *Hänlein/Kruse/Schuler* (Hrsg.), Sozialgesetzbuch V, § 125 Rn. 5.

[132] BSGE 105, 1 (8 Rn. 33); *U. Hencke*, in: *Peters* (Hrsg.), Handbuch der Krankenversicherung, § 125 Rn. 10; *R. Murawski*, in: *Hänlein/Kruse/Schuler* (Hrsg.), Sozialgesetzbuch V, § 125 Rn. 5; *S. Nolte*, in: *Leitherer* (Hrsg.), Kasseler Kommentar, § 125 SGB V Rn. 5.

[133] *H. Butzer*, in: *Becker/Kingreen* (Hrsg.), SGB V, § 125 Rn. 16.

[134] § 211 Abs. 2 Nr. 3 SGB V.

[135] *H. Butzer*, in: *Becker/Kingreen* (Hrsg.), SGB V, § 125 Rn. 16; *S. Knittel*, in: *Wagner/Knittel/Baier* (Hrsg.), Soziale Krankenversicherung, § 125 SGB V Rn. 5.

[136] *H. Butzer*, in: *Becker/Kingreen* (Hrsg.), SGB V, § 125 Rn. 16; *E. Schneider*, in: *Schlegel/Engelmann* (Hrsg.), SGB V, § 125 Rn. 10.

[137] § 124 Abs. 2 Satz 1 Nr. 3 SGB V.

[138] *S. Knittel*, in: *Wagner/Knittel/Baier* (Hrsg.), Soziale Krankenversicherung, § 125 SGB V Rn. 6, der den Rahmenverträgen sogar ihre Kollektivwirkung abspricht und sie als Einzelverträge qualifiziert.

[139] BSG, SozR 3–2500 § 124 Nr. 1, S. 11; a.A. *R. Murawski*, in: *Hänlein/Kruse/Schuler* (Hrsg.), Sozialgesetzbuch V, § 125 Rn. 5.

So bleibt festzustellen, dass die Rahmenverträge in der gesetzlichen Krankenversicherung nur die Vertragsparteien oder diejenigen Rechtssubjekte binden, die den Vertrag für sich als verbindlich anerkennen, sei es durch Abschlussbevollmächtigung, durch Satzung oder durch Anerkennung als Voraussetzung für die Zulassung. Der Rahmenvertrag entfaltet daher keine Drittwirkung und ist nicht als Normenvertrag anzusehen.

*b. Rahmenverträge in der sozialen Pflegeversicherung*

Zur Sicherstellung einer wirksamen und wirtschaftlichen pflegerischen Versorgung der Versicherten schließen die Landesverbände der Pflegekassen[140] mit den Vereinigungen der Träger der ambulanten und stationären Pflegeeinrichtungen im Land gemeinsam Rahmenverträge ab.[141] Beteiligt werden der Medizinische Dienst der Krankenversicherung sowie der Verband der privaten Krankenversicherung e.V., die jedoch keine Vertragsparteien sind. Ziel ist es, nach dem Vorbild der zwei- und dreiseitigen Kollektivverträge im Recht der gesetzlichen Krankenversicherung[142] das Leistungsgeschehen durch die Selbstverwaltungsträger zu steuern und das Leistungs- und Leistungserbringungsrecht des SGB XI, das durch unbestimmte Rechtsbegriffe sowie von Abgrenzungsschwierigkeiten[143] geprägt ist, zu konkretisieren,[144] wozu der Gesetzgeber der „Gemeinsamen Selbstverwaltung" der Landesverbände der Pflegekassen sowie der Verbände der Leistungserbringer die Ausgestaltung und Konkretisierung überträgt.[145] Diese Rahmenverträge werden für die Bereiche der ambulanten, der stationären und der teilstationären Versorgung[146] für jedes Bundesland gesondert abgeschlossen.[147]

---

[140] Da in der sozialen Pflegeversicherung keine Landesverbände bestehen und hiervon auch der Gesetzgeber ausgeht, BT-Drs. 12/5262, S. 120, übernehmen die Landesverbände der Krankenkassen deren Aufgaben auf Landesebene, § 52 Abs. 1 Satz 1 SGB XI. Diese sind Körperschaften des öffentlichen Rechts, § 207 Abs. 1 Satz 2 SGB V, und Vertragspartner der Versorgungsverträge. Nach a.A. kommt den Landesverbänden der Pflegekassen Teilrechtsfähigkeit zu, so dass diese selbständig als Vertragspartner auftreten können, *F. Maschmann*, SDSRV 1996, 49 (52).

[141] § 75 Abs. 1 SGB XI. § 75 Abs. 1 Satz 2 SGB XI bezieht die Kirchen bzw. Religionsgemeinschaften oder sonstige freigemeinnützige Träger als Vertragsparteien ein, wenn diesen die Pflegeeinrichtung zuzuordnen ist, und Satz 3 erweitert die Vertragsparteien um die Arbeitsgemeinschaften der örtlichen Träger der Sozialhilfe bei Rahmenverträgen über die ambulante Pflege bzw. um die überörtlichen Träger der Sozialhilfe und die Arbeitsgemeinschaften der örtlichen Träger der Sozialhilfe bei Rahmenverträgen über die stationäre Pflege hinaus.

[142] Zu den §§ 112, 115 ff. SGB V vgl. bereits die Ausführungen zu A.II.5.a. Kollektivverträge in der gesetzlichen Krankenversicherung.

[143] Z.B. im Hinblick auf die Entgeltbestandteile, da § 82 Abs. 2 SGB XI lediglich aufführt, welche Aufwendungen weder in der Pflegevergütung noch in den Entgelten für Unterkunft und Verpflegung berücksichtigt werden dürfen.

[144] *B. Schütze*, in: *Udsching/Schütze/Behrend u.a.* (Hrsg.), SGB XI, § 75 Rn. 2; *M. Plantholz*, in: *Klie/Krahmer* (Hrsg.), Sozialgesetzbuch XI, § 75 Rn. 2, 5; dazu auch *A. Hänlein*, Rechtsquellen im Sozialversicherungsrecht, S. 359.

[145] *M. Plantholz*, in: *Klie/Krahmer* (Hrsg.), Sozialgesetzbuch XI, § 75 Rn. 5.

[146] Teilweise ist auch der Bereich der Kurzzeitpflege gesonderter Regelungsgegenstand von Rahmenverträgen.

[147] *M. Plantholz*, in: *Klie/Krahmer* (Hrsg.), Sozialgesetzbuch XI, § 75 Rn. 5.

Dabei gibt der Gesetzgeber die Regelungsgegenstände teilweise vor.[148] Können sich die Vertragsparteien nicht auf einen Inhalt einigen, so besteht die Möglichkeit, dass auf Antrag einer Vertragspartei eine Schiedsstelle den Vertragsinhalt festsetzt.[149]

Sollen die Rahmenverträge Art, Inhalt und Umfang der Versorgungsverträge[150] verbindlich vorgeben[151] und sind sie daher dem öffentlichen Recht zugehörig,[152] ordnet der Gesetzgeber in Anlehnung an die Kollektivverträge der gesetzlichen Krankenversicherung[153] deren Verbindlichkeit für sämtliche Pflegekassen und zugelassene Pflegeeinrichtungen im Inland ausdrücklich an,[154] um durch diese Vereinheitlichung und Standardisierung im Bereich des Leistungsgeschehens Transparenz, Vergleichbarkeit und Überprüfbarkeit herzustellen.[155] Damit erhalten die für ein Bundesland geschlossenen Rahmenverträge bundesweit Geltung, so dass auch Kosten- oder Einrichtungsträger gebunden werden, die ihren Verwaltungssitz außerhalb des Bundeslandes haben, für das der Rahmenvertrag abgeschlossen wurde.[156] Aufgrund dieser Drittwirkung wird der Rahmenvertrag als Normen-[157] bzw. Normsetzungsvertrag[158] qualifiziert.[159]

### c. *Rahmenverträge im Bereich der Sozialhilfe*

Im Bereich der Sozialhilfe können ebenfalls Rahmenverträge von den Leistungsträgern in Gestalt der überörtlichen Träger der Sozialhilfe und der kommunalen Spitzenverbände auf Landesebene mit den Leistungsträgern, wie den Vereinigungen der Träger der Einrichtungen auf Landesebene, gemeinsam abgeschlossen

[148] § 75 Abs. 2 SGB XI; dazu *B. Schütze*, in: *Udsching/Schütze/Behrend u.a.* (Hrsg.), SGB XI, § 75 Rn. 5 ff.; *M. Plantholz*, in: *Klie/Krahmer* (Hrsg.), Sozialgesetzbuch XI, § 75 Rn. 12 ff.

[149] §§ 75 Abs. 4 Satz 1 i.V.m. 76 SGB XI.

[150] Zu den Versorgungsverträgen A.II.6. Die Individualverträge.

[151] *S. Knittel*, in: *Wagner/Knittel/Baier* (Hrsg.), Soziale Krankenversicherung, § 75 SGB XI Rn. 9; *M. Plantholz*, in: *Klie/Krahmer* (Hrsg.), Sozialgesetzbuch XI, § 75 Rn. 9.

[152] *A. Hänlein*, Rechtsquellen im Sozialversicherungsrecht, S. 378; *W. Spellbrink*, in: *Hauck/Noftz* (Hrsg.), SGB XI, § 75 Rn. 10.

[153] Zu § 112 Abs. 1, Abs. 2 Satz 2 SGB V.

[154] § 75 Abs. 1 Satz 4 SGB XI. Zur Verbindlichkeit gegenüber den Versicherten *W. Spellbrink*, in: *Hauck/Noftz* (Hrsg.), SGB XI, § 75 Rn. 12, der von lediglich mittelbarer Betroffenheit der Leistungsempfänger spricht. A.A. *P. Axer*, Normsetzung, S. 93, der von unmittelbarer Bindungswirkung auszugehen scheint.

[155] *B. Schütze*, in: *Udsching/Schütze/Behrend u.a.* (Hrsg.), SGB XI, § 75 Rn. 13.

[156] Für die Leistungserbringer ist dagegen der Rahmenvertrag maßgeblich, der für das Bundesland abgeschlossen wurde, in dem sich der Sitz der Einrichtung befindet.

[157] *P. Axer*, Normsetzung, S. 93; *ders.*, in: *Schnapp* (Hrsg.), Funktionale Selbstverwaltung, S. 115 (123), der jedoch erneut die Bindungswirkung bereits aus der gesetzlichen Ermächtigung herleitet und damit der gesetzlichen Verbindlichkeitsanordnung nur deklaratorische Bedeutung beimisst.

[158] *M. Plantholz*, in: *Klie/Krahmer* (Hrsg.), Sozialgesetzbuch XI, § 75 Rn. 2, 9 ff.

[159] *S. Leitherer*, in: *ders.* (Hrsg.), Kasseler Kommentar, § 75 SGB XI Rn. 11; vgl. auch *W. Spellbrink*, in: *Hauck/Noftz* (Hrsg.), SGB XI, § 75 Rn. 10; *M. Fuchs*, in: *Schulin* (Hrsg.), Handbuch des Sozialversicherungsrechts, Bd. 4, § 6 Rn. 29; *S. Knittel*, in: *Wagner/Knittel/Baier* (Hrsg.), Soziale Krankenversicherung, § 75 SGB XI Rn. 8; *F. Maschmann*, SGb 1996, 149 (150 f.).

werden.[160] Zwar sind auch diese Rahmenverträge, deren Inhalt der Gesetzgeber erneut näher bestimmt[161] und die dem Zweck dienen, die Leistungserbringung zu konkretisieren und zu vereinheitlichen,[162] dem öffentlichen Recht zuzuordnen,[163] allerdings fehlt eine § 75 Abs. 1 Satz 4 SGB XI vergleichbare, die Allgemeinverbindlichkeit anordnende Norm. Trotzdem wird teilweise angenommen, dass es sich bei diesen Rahmenverträgen um Normenverträge handelt.[164]

Neben dem Vergleich zur Vorgängervorschrift des § 79 SGB XII, dem der Gesetzgeber normative Wirkung beigemessen hätte,[165] wird die normative Wirkung der Rahmenverträge argumentativ dadurch abgestützt, dass im Falle, dass die Rahmenverträge nicht zu Stande kommen, die Landesregierungen Rechtsverordnungen erlassen könnten, welche anstelle der Rahmenverträge treten würden.[166]

Im Hinblick auf das historische Argument ist zu vermerken, dass der Passus in der Gesetzesbegründung, auf den sich diese Meinung stützt, lediglich verdeutlicht, dass auf Bundesebene die Träger der Sozialhilfe keine für ihre Mitglieder verbindlichen Verträge abschließen, so dass zu den Rahmenverträgen auf Landesebene keine Aussage zu entnehmen ist. Vielmehr veranschaulicht dieser Hinweis, dass nur auf Landesebene, nicht dagegen auf Bundesebene Verträge abgeschlossen und auf Letzterer nur Empfehlungen abgegeben werden.

Auch aus der Tatsache, dass an die Stelle der Rahmenverträge Rechtsverordnungen treten können, kann nicht gefolgert werden, dass auch die Rahmenverträge abstrakt-generelle Wirkung zeitigen. Vielmehr ist die Ermächtigungsgrundlage für die Landesregierungen zum Erlass von Rechtsverordnungen vor dem Hintergrund zu sehen, dass das Regelungsanliegen des Gesetzgebers, das er mit der Pflicht zum Abschluss von Rahmenverträgen verfolgt, nunmehr auf konsensualer Weise im Rahmen der Selbstverwaltung nicht erreicht worden ist, weshalb der gesetzgeberische Wille nunmehr zuverlässig durch einseitige, für alle Vertragsparteien und darüber hinaus verbindliche Regelung durchgesetzt werden soll. Hierfür bietet sich eine abstrakt-generelle Regelung an. Da der Handlungsauftrag an die Gubernative ergeht, drängt sich das Instrument der Rechtsverordnung regelrecht auf. Aus dieser praktisch notwendigen Lösung nun aber Rückschlüsse auf eine weitergehende Bindungswirkung auch für von der Rechts-

---

[160] § 79 Abs. 1 SGB XII.

[161] § 79 Abs. 1 Satz 1 SGB XII; dazu *C. Schoenfeld*, in: *Grube/Wahrendorf* (Hrsg.), SGB XII, § 79 Rn. 9; *J. Münder*, in: *ders./Armborst/Berlit* (Hrsg.), Sozialgesetzbuch XII, § 79 Rn. 5 ff.

[162] *C. Schoenfeld*, in: *Grube/Wahrendorf* (Hrsg.), SGB XII, § 79 Rn. 5; *J. Münder*, in: *ders./Armborst/Berlit* (Hrsg.), Sozialgesetzbuch XII, § 79 Rn. 1.

[163] *C. Schoenfeld*, in: *Grube/Wahrendorf* (Hrsg.), SGB XII, § 79 Rn. 6; *J. Münder*, in: *ders./Armborst/Berlit* (Hrsg.), Sozialgesetzbuch XII, § 79 Rn. 2; *S. Jaritz/W. Eicher*, in: *Coseriu/Eicher* (Hrsg.), SGB XII, § 79 Rn. 14.

[164] *S. Jaritz/W. Eicher*, in: *Coseriu/Eicher* (Hrsg.), SGB XII, § 79 Rn. 15; *S. Pöld/J.I. Fahlbusch*, RsDE 46 (2000), S. 4 (20).

[165] *S. Jaritz/W. Eicher*, in: *Coseriu/Eicher* (Hrsg.), SGB XII, § 79 Rn. 15 Anm. 12, stützen sich dabei auf die Ausführungen im Anschluss an die Begründung zu den Rahmenverträgen, in denen es heißt: „Auf Bundesebene geben die Träger der Sozialhilfe (…) nur Empfehlungen ab; sie schließen keine für ihre Mitglieder verbindlichen Verträge."

[166] § 81 SGB XII; *S. Jaritz/W. Eicher*, in: *Coseriu/Eicher* (Hrsg.), SGB XII, § 79 Rn. 15.

verordnung ersetzte Rahmenverträge, die generell nur *inter partes* wirken, herzuleiten, geht zu weit. So wird von der ganz überwiegenden Meinung in Rechtsprechung und Literatur zu Recht davon ausgegangen, dass aufgrund der grundsätzlich bestehenden *inter partes* Wirkung der Verträge ohne die explizite gesetzliche Anordnung der Drittwirkung nur die Vertragsparteien gebunden sind und nicht auch Einrichtungen, die nicht in einem Verband organisiert sind oder einem Verband angehören, der am Abschluss des Rahmenvertrags nicht beteiligt ist.[167] Auch bei fehlender Abschlussermächtigung eines Verbandes durch seine Mitglieder wird die Bindungswirkung nicht auf diese erstreckt.[168] Lediglich durch Beitritt zum Rahmenvertrag kann die Bindungswirkung auf die Beitretenden ausgedehnt werden.

### 5. *Weitere Kollektivverträge*

#### a. *Kollektivverträge in der gesetzlichen Krankenversicherung*

##### aa. *Kollektivverträge nach § 112 Abs. 1 SGB V*

Zur Sicherstellung einer bedarfsgerechten, leistungsfähigen und wirtschaftlichen Krankenhausbehandlung,[169] die nach Art und Umfang den Anforderungen des SGB V entspricht,[170] sind die Landesverbände der Krankenkassen[171] und die Ersatzkassen[172] gemeinsam verpflichtet, mit der Landeskrankenhausgesellschaft[173] oder den Vereinigungen der Krankenhausträger im Land Verträge zu schließen.[174] Ziel ist es, für alle gesetzlichen Krankenkassen und Krankenhäuser landesweit einheitliche Vertragsbedingungen festzusetzen.[175] Diese Verträge er-

---

[167] So BayVGH, RsDE 63 (2006), 81 (82 f.); *C. Schoenfeld*, in: *Grube/Wahrendorf* (Hrsg.), SGB XII, § 79 Rn. 6; *J. Münder*, in: *ders./Armborst/Berlit* (Hrsg.), Sozialgesetzbuch XII, § 79 Rn. 12; *V. Neumann*, in: *Hauck/Noftz* (Hrsg.), SGB XII, § 79 Rn. 12; *T. Flint*, in: *Grube/Wahrendorf* (Hrsg.), SGB XII, § 79 Rn. 5; *R. Fakhreshafaei*, RsDE 52 (2003), S. 3 (5 ff.); *F. Brün-ner*, in: *Köbl/Brünner* (Hrsg.), Vergütung, S. 9 (11 f.). Zur von der rechtlichen zu unterscheidenden faktischen Wirkung des Rahmenvertrags *J. Münder*, in: *ders./Armborst/Berlit* (Hrsg.), Sozialgesetzbuch XII, § 79 Rn. 14.

[168] *C. Schoenfeld*, in: *Grube/Wahrendorf* (Hrsg.), SGB XII, § 79 Rn. 6; *J. Münder*, in: *ders./Armborst/Berlit* (Hrsg.), Sozialgesetzbuch XII, § 79 Rn. 13; *H. Schellhorn*, in: *ders./Hohm/Schneider* (Hrsg.), SGB XII, § 79 Rn. 8.

[169] BT-Drs. 11/2237.

[170] Dazu BSGE 90, 1 (4).

[171] Bei den Landesverbänden der Krankenkassen handelt es sich um Zusammenschlüsse von Krankenkassen, die sich nach Orts-, Betriebs- und Innungskrankenkassen gesondert zusammenschließen und Körperschaften des öffentlichen Rechts sind, § 207 Abs. 1 Satz 2 SGB V.

[172] Bei den, den Krankenkassen gleichgestellten Ersatzkassen handelt es sich ebenfalls um Körperschaften des öffentlichen Rechts, § 4 Abs. 1 SGB V.

[173] Die Landeskrankenhausgesellschaft ist nach der Legaldefinition des § 108a Satz 1 SGB V ein Zusammenschluss von Trägern zugelassener Krankenhäuser im Land. Die Landeskrankenhausgesellschaften sind durchweg als Vereine des Privatrechts organisiert.

[174] § 112 Abs. 1 SGB V. Diese Verpflichtung wird durch den Auftrag zum Erlass von Rahmenempfehlungen auf Bundesebene ergänzt.

[175] *C. Pawlita*, in: *Schlegel/Engelmann* (Hrsg.), SGB V, § 112 Rn. 25; *S. Jaritz/W. Eicher*, in: *Coseriu/Eicher* (Hrsg.), SGB XII, § 79 Rn. 11.

gänzen den Versorgungsvertrag[176] sowie Pflegesatzvereinbarungen, die mit den einzelnen Krankenhäusern zu treffen sind. Sie entsprechen den Gesamtverträgen im ambulanten Bereich und werden auch als allgemeine Rahmenverträge bezeichnet.[177]

Da jede Vertragsseite einheitlich auftreten muss, spricht der Gesetzgeber von zweiseitigen Verträgen.[178] Der Mindestgehalt dieser zweiseitigen Verträge wird vom Gesetzgeber bestimmt,[179] im Übrigen gelten die generellen Vorgaben des SGB V, wie das Sachleistungsprinzip,[180] das Gebot der Wirtschaftlichkeit[181] und das der Berücksichtigung von Belangen behinderter und chronisch kranker Menschen[182] sowie der Grundsatz, dass die Qualität und Wirksamkeit von Leistungen dem anerkannten Stand medizinischer Erkenntnisse zu entsprechen haben und der medizinische Fortschritt zu berücksichtigen ist.[183] Für den Fall, dass sich die Vertragsparteien nicht einigen können, wurde eine Schiedsstelle eingerichtet, die auf Antrag einer der Parteien den Vertragsinhalt festsetzt.[184]

Da es sich bei der Sicherung der Krankenhausbehandlung um eine öffentliche Aufgabe handelt, sind diese zweiseitigen Verträge ungeachtet der Beteiligung privater Rechtssubjekte, wie die als eingetragener Verein des Privatrechts organisierte Landeskrankenhausgesellschaft,[185] als öffentlich-rechtlich zu qualifizieren.[186]

Gebunden sind nicht nur die Vertragsparteien, sondern der Gesetzgeber erstreckt die Bindungswirkung in Übernahme des Modells des kollektiven Normenvertrags aus dem Vertragsarztrecht[187] auch auf sämtliche Krankenkassen und zugelassene Krankenhäuser im Land,[188] so dass auch solche Krankenkassen gebunden werden, die keine Mitglieder der Landesverbände sind, sowie solche Krankenhäuser, die nicht in der Landeskrankenhausgesellschaft organisiert sind. Diese Bindungswirkung ergibt sich nicht bereits aus der gesetzlichen Ermächti-

---

176 § 109 SGB V; zum Versorgungsvertrag A.II.6.a. Der Versorgungsvertrag in der gesetzlichen Krankenversicherung.

177 *C. Pawlita*, in: *Schlegel/Engelmann* (Hrsg.), SGB V, § 112 Rn. 22.

178 Diese Bezeichnung wählt der Gesetzgeber aufgrund des Fehlens der Kassenärztlichen Vereinigungen, die bei den dreiseitigen Verträgen z.B. nach § 115 SGB V beteiligt sind.

179 § 112 Abs. 2 Satz 1 SGB V, dazu *A. Hänlein*, in: *ders./Kruse/Schuler* (Hrsg.), Sozialgesetzbuch V, § 112 Rn. 5; *R. Hess*, in: *Leitherer* (Hrsg.), Kasseler Kommentar, § 112 SGB V Rn. 4 ff.; *S. Knittel*, in: *Wagner/Knittel/Baier* (Hrsg.), Soziale Krankenversicherung, § 112 SGB V Rn. 6 ff.

180 § 2 Abs. 2 Satz 1 SGB V; dazu *S. Rixen*, Sozialrecht, S. 119 ff.

181 § 2 Abs. 1 Satz 1, Abs. 4, § 12 Abs. 1 SGB V.

182 § 2a SGB V.

183 § 2 Abs. 1 Satz 3 SGB V.

184 §§ 112 Abs. 3 i.V.m. 114 SGB V.

185 Vgl. Anm. 173.

186 BGH, NZS 1997, S. 341 (342); *A. Hänlein*, in: *ders./Kruse/Schuler* (Hrsg.), Sozialgesetzbuch V, § 112 Rn. 4; *U. Becker*, in: *ders./Kingreen* (Hrsg.), SGB V, § 112 Rn. 3; *P. Axer*, Normsetzung, S. 77; *S. Knittel*, in: *Wagner/Knittel/Baier* (Hrsg.), Soziale Krankenversicherung, § 112 SGB V Rn. 2.

187 *A. Hänlein*, in: *ders./Kruse/Schuler* (Hrsg.), Sozialgesetzbuch V, § 112 Rn. 6.

188 § 112 Abs. 2 Satz 2 SGB V.

gung zum Abschluss derartiger Verträge, sondern erst aus der ausdrücklichen gesetzlichen Anordnung, der damit konstitutive Bedeutung zukommt.[189]

Allerdings ergibt sich die Verbindlichkeit für nicht am Vertragsschluss beteiligte Dritte unmittelbar aus dem Gesetz.[190] Dabei versteht das BSG die Bindungswirkung länderübergreifend, so dass sie auch für diejenigen Krankenkassen in anderen Ländern gilt, die den vertragsschließenden entsprechen.[191]

Letztlich kann dies jedoch dahinstehen, da es sich bei diesen Verträgen nach beiden Ansichten um öffentlich-rechtliche Normsetzungs-[192] bzw. Normenverträge handelt.[193]

### *bb. Kollektivverträge nach § 115 Abs. 1 SGB V*

Darüber hinaus schließen die Vertragspartner des zweiseitigen Vertrags über die Krankenhausbehandlung mit den Kassenärztlichen Vereinigungen – dreiseitige – Verträge zur Gewährleistung einer nahtlosen ambulanten und stationären Behandlung der Versicherten durch enge Zusammenarbeit zwischen den Vertragsärzten und den zugelassenen Krankenhäusern,[194] um die bislang bestehende und als unwirtschaftlich empfundene Trennung zwischen ambulanter und stationärer Behandlung unter Beibehaltung des Vorrangs der Ersteren zu überwinden.[195] Dabei gibt der Gesetzgeber den Inhalt der Verträge erneut durch die Aufnahme eines nicht abschließenden Katalogs in den Gesetzestext vor.[196] Für den Fall der Nichteinigung ist auch in diesem Fall die Möglichkeit vorgesehen, dass der Inhalt des Vertrags durch eine von einer Vertragspartei anzurufenden Schiedsstelle festgesetzt wird.[197]

Durch die dem öffentlichen Recht zuzuordnenden Verträge[198] werden nicht nur die Vertragsparteien gebunden, sondern über eine gesetzliche Anordnung

---

[189] Vgl. dazu bereits die Ausführungen unter A.II.2. Die Gesamtverträge. A.A. *U. Becker*, in: *ders./Kingreen* (Hrsg.), SGB V, § 112 Rn. 14; *P. Axer*, Normsetzung, S. 77 f.

[190] *C. Pawlita*, in: *Schlegel/Engelmann* (Hrsg.), SGB V, § 112 Rn. 27; *M. Heinze*, in: *Schulin* (Hrsg.), Handbuch des Sozialversicherungsrechts, Bd. 1, § 38 Rn. 61 ff., geht dagegen von der Verfassungswidrigkeit dieser Anordnung aus. Zu Fragen der verfassungsrechtlichen Zulässigkeit unter A.III. Verfassungsrechtliche Zulässigkeit des Normenvertrags.

[191] BSG, NZS 1997, 228.

[192] BSG v. 25.9.2007 – GS 1/06 – www.sozialgerichtsbarkeit.de Rn. 30.

[193] *A. Hänlein*, Rechtsquellen im Sozialversicherungsrecht, S. 374; *ders.*, in: *ders./Kruse/Schuler* (Hrsg.), Sozialgesetzbuch V, § 112 Rn. 6; *U. Becker*, in: *ders./Kingreen* (Hrsg.), SGB V, § 112 Rn. 14; *P. Axer*, Normsetzung, S. 78; *M. Heinze*, SGb 1990, 173 (176); *J. Teigelack*, Zwei- und dreiseitige Verträge, S. 83 ff.; *I. Ebsen*, in: *Schulin* (Hrsg.), Handbuch des Sozialversicherungsrechts, Bd. 1, § 7 Rn. 112, 131; *M. Heinze*, in: *Schulin* (Hrsg.), Handbuch des Sozialversicherungsrechts, Bd. 1, § 38 Rn. 13; *R. Hess*, in: *Leitherer* (Hrsg.), Kasseler Kommentar, § 112 SGB V Rn. 12; *S. Knittel*, in: *Wagner/Knittel/Baier* (Hrsg.), Soziale Krankenversicherung, § 112 SGB V Rn. 4.

[194] § 115 Abs. 1 SGB V.

[195] BT-Drs. 11/2237, S. 201 zu § 123.

[196] § 115 Abs. 2 Satz 1 SGB V; dazu *S. Knittel*, in: *Wagner/Knittel/Baier* (Hrsg.), Soziale Krankenversicherung, § 115 SGB V Rn. ff.

[197] §§ 115 Abs. 3 Satz 1 i.V.m. 114 SGB V.

[198] *A. Hänlein*, in: *ders./Kruse/Schuler* (Hrsg.), Sozialgesetzbuch V, § 115 Rn. 2; *U. Becker*, in: *ders./Kingreen* (Hrsg.), SGB V, § 115 Rn. 4; *R. Steege*, in: *Hauck/Noftz* (Hrsg.), SGB V, § 115 Rn. 4;

auch alle Krankenkassen, Vertragsärzte sowie zugelassenen Krankenhäuser im Land.[199] Dabei ergibt sich auch hier die Drittwirkung wie bei den zweiseitigen Verträgen über die Krankenhausbehandlung nicht bereits aus der Ermächtigungsgrundlage,[200] sondern aus der normativen Bindungsanordnung, weshalb diese konstitutiv ist.[201] Auch diese Verträge werden daher als Normenverträge angesehen.[202]

### cc. *Kollektivverträge nach §§ 115a Abs. 3, 115b Abs. 1 SGB V*

Da jedoch Verträge nach § 115 Abs. 2 Satz 1 Nr. 4 SGB V nur selten zu Stande gekommen sind,[203] wollte der Gesetzgeber – numerisch nach diesen – den Inhalt der vertraglich zu vereinbarenden vor- und nachstationären Behandlung vorgeben.[204] Ziel war es, mit den neu eingefügten Regelungen[205] Krankenhausbehandlungen, die unnötig oder zu lange dauerten, zu vermeiden und damit den Bettenbedarf zu vermindern und die Wirtschaftlichkeit der Krankenhausbehandlung zu optimieren.[206] Im Hinblick auf die Vergütung der Leistungen der vor- und nachstationären Behandlung im Krankenhaus[207] haben auf Landesebene die Vertragsparteien mit dem Landesausschuss des Verbandes der privaten Krankenversicherung e.V. im Benehmen mit der Kassenärztlichen Vereinigung[208] – zweiseitige –

---

*S. Knittel*, in: *Wagner/Knittel/Baier* (Hrsg.), Soziale Krankenversicherung, § 115 SGB V Rn. 3; *P. Axer*, Normsetzung, S. 80, der auf die Versorgung der Versicherten im Krankheitsfall sowie die Konkretisierung des öffentlich-rechtlichen Leistungsanspruchs der Versicherten als öffentliche Aufgabe abstellt. A.A. *S. Knittel*, in: *Wagner/Knittel/Baier* (Hrsg.), Soziale Krankenversicherung, § 115 SGB V Rn. 2.

[199] § 115 Abs. 2 Satz 2 SGB V.

[200] So *U. Becker*, in: *ders./Kingreen* (Hrsg.), SGB V, § 115 Rn. 4, 12; *P. Axer*, Normsetzung, S. 80.

[201] Vgl. dazu bereits die Ausführungen unter A.II.2. Die Gesamtverträge.

[202] BSG, NZS 2001, 533 ff.; *U. Becker*, in: *ders./Kingreen* (Hrsg.), SGB V, § 115 Rn. 4; *P. Axer*, Normsetzung, S. 80; *A. Hänlein*, in: *ders./Kruse/Schuler* (Hrsg.), Sozialgesetzbuch V, § 115 Rn. 2; *C. Köhler-Hohmann*, in: *Schlegel/Engelmann* (Hrsg.), SGB V, § 115 Rn. 19; *R. Steege*, in: *Hauck/Noftz* (Hrsg.), SGB V, § 115 Rn. 4; *R. Hess*, in: *Leitherer* (Hrsg.), Kasseler Kommentar, § 115 SGB V Rn. 11; *S. Knittel*, in: *Wagner/Knittel/Baier* (Hrsg.), Soziale Krankenversicherung, § 115 SGB V Rn. 3.

[203] BT-Drs. 12/3608, S. 101. Dreiseitige Verträge nach § 115 Abs. 2 Satz 1 Nr. 4 kamen in der am 31.12.1992 geltenden Fassung nur in Bayern, Hessen und Niedersachsen zustande, *S. Knittel*, in: *Wagner/Knittel/Baier* (Hrsg.), Soziale Krankenversicherung, § 115a SGB V Rn. 2.

[204] *U. Becker*, in: *ders./Kingreen* (Hrsg.), SGB V, § 115 Rn. 2, § 115a Rn. 1; *R. Hess*, in: *Leitherer* (Hrsg.), Kasseler Kommentar, § 115a SGB V Rn. 2.

[205] §§ 105a, b SGB V.

[206] BT-Drs. 12/3608, S. 102; *A. Hänlein*, in: *ders./Kruse/Schuler* (Hrsg.), Sozialgesetzbuch V, § 115a Rn. 1.

[207] Hiervon umfasst sind sowohl diagnostische und therapeutische Maßnahmen wie auch Medikamente, BT-Drs. 12/3608, S. 103.

[208] Die Kassenärztliche Vereinigung ist damit lediglich zu unterrichten, jedoch nicht Vertragspartei. Zum Umfang der mit der Herstellung des Benehmens verbundenen Pflichten *C. Köhler-Hohmann*, in: *Schlegel/Engelmann* (Hrsg.), SGB V, § 115a Rn. 35.

Verträge zu vereinbaren.[209] Ziel hierbei ist ebenfalls die Kostensenkung durch Pauschalierung der Vergütung.[210] Ebenso treffen die Akteure auf Bundesebene, wie der Spitzenverband Bund der Krankenkassen, die Deutsche Krankenhausgesellschaft oder die Bundesverbände der Krankenhausträger gemeinsam mit den Kassenärztlichen Bundesvereinigungen dreiseitige Vereinbarungen über das ambulante Operieren in Krankenhäusern,[211] um die Kosten zu senken und unnötige Eingriffe für Patienten zu vermeiden.[212] Bei einer fehlgeschlagenen Einigung der Vertragsparteien können diese im ersten Fall eine Schiedsstelle,[213] im letzten Fall ein Schiedsamt anrufen,[214] die jeweils den Vertragsinhalt festsetzen.

Beide Verträge werden zu Recht als Normen- bzw. Normsetzungsverträge qualifiziert:[215] Die Verträge zur Vergütung der vor- und nachstationären Behandlung entfalten auf normative Anordnung hin Bindungswirkung auch gegenüber den Parteien der Pflegesatzvereinbarung auf unterer Ebene, die nicht unmittelbar am Vertragsschluss beteiligt und damit Dritte sind.[216] Dagegen entfalten die Vereinbarungen zum ambulanten Operieren nur beschränkte Normwirkung, sofern sie aufgrund normativer Anordnung[217] auch für Krankenhäuser gelten, die ihre Bereitschaft, ambulant zu operieren, den Landesverbänden der Krankenkassen und den Ersatzkassen, den Kassenärztlichen Vereinigungen und dem Zulassungsausschuss mitteilen.[218] Im Gegensatz zur Anerkennung von geltenden Vereinbarungen als Voraussetzung für die Zulassung als Heilmittelerbringer nach § 124 Abs. 2 Satz 1 Nr. 3 SGB V, die Voraussetzung für die Bindungswirkung des Rahmenvertrags nach § 125 Abs. 2 SGB V ist und so einer normativen Wirkung entgegensteht, ist der Einbezug in die Bindungswirkung nicht Voraussetzung, sondern Folge der Mitteilung, so dass die Bindungswirkung durch Gesetz auf diese Gruppe der Krankenhäuser erstreckt wird und damit der Vertrag normative Wirkung entfaltet.

---

[209] § 115a Abs. 3 SGB V. Auf Bundesebene geben der Spitzenverband Bund der Krankenkassen und die Deutsche Krankenhausgesellschaft oder die Bundesverbände der Krankenhausträger gemeinsam im Benehmen mit der Kassenärztlichen Bundesvereinigung Empfehlungen ab.

[210] § 115a Abs. 2 Satz 2 SGB V.

[211] § 115b Abs. 1 SGB V.

[212] *R. Hess*, in: *Leitherer* (Hrsg.), Kasseler Kommentar, § 115b SGB V Rn. 2.

[213] §§ 115a Abs. 3 Satz 5 SGB V i.V.m. 18a Abs. 1 KHG.

[214] §§ 115b Abs. 3 Satz 1 i.V.m. 89 Abs. 4 SGB V.

[215] Zu § 115a Abs. 3 SGB V *U. Becker*, in: *ders./Kingreen* (Hrsg.), SGB V, § 115a Rn. 13; *A. Hänlein*, in: *ders./Kruse/Schuler* (Hrsg.), Sozialgesetzbuch V, § 115a Rn. 10; *C. Köhler-Hohmann*, in: *Schlegel/Engelmann* (Hrsg.), SGB V, § 115a Rn. 8, 33 ff.; *R. Steege*, in: *Hauck/Noftz* (Hrsg.), SGB V, § 115a Rn. 14; *P. Axer*, Normsetzung, S. 80; zu § 115b SGB V *U. Becker*, in: *ders./Kingreen* (Hrsg.), SGB V, § 115b Rn. 6; *C. Köhler-Hohmann*, in: *Schlegel/Engelmann* (Hrsg.), SGB V, § 115b Rn. 19 ff.; *R. Steege*, in: *Hauck/Noftz* (Hrsg.), SGB V, § 115b Rn. 14; *A. Hänlein*, Rechtsquellen im Sozialversicherungsrecht, S. 435; *P. Axer*, Normsetzung, S. 80.

[216] §§ 115a Abs. 3 Satz 1 SGB V, 18 Abs. 2 KHG.

[217] § 115b Abs. 2 Satz 3 SGB V.

[218] § 115b Abs. 2 Satz 2 SGB V; *A. Hänlein*, in: *ders./Kruse/Schuler* (Hrsg.), Sozialgesetzbuch V, § 115b Rn. 7.

Gegenüber den Vertragsärzten zeitigt die Vereinbarung über die Satzungen der Kassenärztlichen Vereinigung Bindungswirkung,[219] während auch Vertragsärzte, die nicht Mitglieder sind, gebunden werden.[220] Die Landesverbände der Krankenkassen werden doppelt in den Wirkungsbereich einbezogen, einerseits über deren Satzungen,[221] andererseits durch gesetzliche Anordnung,[222] während die Krankenkassen, die Mitglieder der Landesverbände sind, allein über die Satzungen gebunden werden.[223] Die Versicherten sind erneut über die normative Bindungsanordnung einbezogen.[224]

### *b. Kollektivverträge in der sozialen Pflegeversicherung*

Zur Umsetzung des Sicherstellungsauftrags schließt der Spitzenverband Bund der Pflegekassen mit den Leistungserbringern oder deren Verbänden, die öffentlich-rechtliche Innungen oder privatrechtlich organisierte Zusammenschlüsse sind,[225] über die Versorgung der Versicherten mit Pflegehilfsmitteln Kollektivverträge.[226] Dabei fällt die Asymmetrie der Vertragsparteien auf, da auf der einen Seite der Spitzenverband der Pflegekassen steht, der mit dem einzelnen Leistungserbringer den Vertrag abschließen soll.[227] Grund hierfür ist, dass der Vertragsschluss auf Bundesebene angesiedelt wurde, um den Katalog der Pflegehilfsmittel zu begrenzen und eine einheitliche, bundesweite Zulassung der Leistungserbringer zu erreichen.[228]

Die Verträge werden von einer mittlerweile überwiegenden Auffassung als öffentlich-rechtlich qualifiziert.[229] Darüber hinaus wird diesen Kollektivverträgen auch normative Wirkung beigemessen,[230] wenn auch mit unterschiedlichen Begründungen. So wird teilweise eine gesetzliche Ermächtigung des Spitzenverbandes Bund der Pflegekassen angenommen, für die Pflegekassen Verträge abzuschließen, wodurch diese an die Rahmenverträge gebunden würden.[231] Dem ist

---

[219] § 81 Abs. 3 Nr. 1 SGB V.

[220] § 95 Abs. 3 Satz 3 SGB V.

[221] § 210 Abs. 2 SGB V.

[222] § 217e Abs. 2 SGB V.

[223] § 210 Abs. 2 SGB V.

[224] § 217e Abs. 2 SGB V.

[225] *M. Plantholz*, in: *Klie/Krahmer* (Hrsg.), Sozialgesetzbuch XI, § 78 Rn. 6.

[226] § 78 Abs. 1 SGB XI.

[227] *P. Axer*, Normsetzung, S. 91.

[228] BT-Drs. 12/5262, S. 140.

[229] BSGE 66, 159 (161); *S. Knittel*, in: *Wagner/Knittel/Baier* (Hrsg.), Soziale Krankenversicherung, § 78 SGB XI Rn. 4; *W. Spellbrink*, in: *Hauck/Noftz* (Hrsg.), SGB XI, § 78 Rn. 16 m.w.N.; *S. Leitherer*, in: *ders.* (Hrsg.), Kasseler Kommentar, § 78 SGB XI Rn. 7; *M. Plantholz*, in: *Klie/Krahmer* (Hrsg.), Sozialgesetzbuch XI, § 78 Rn. 8; *W. Spellbrink*, in: *Hauck/Noftz* (Hrsg.), SGB XI, § 78 Rn. 13; *S. Knittel*, in: *Wagner/Knittel/Baier* (Hrsg.), Soziale Krankenversicherung, § 78 SGB XI Rn. 4; *P. Axer*, Normsetzung, S. 92; a.A. *P. Udsching*, in: *ders./Schütze/Behrend u.a.* (Hrsg.), SGB XI, § 78 Rn. 7.

[230] *P. Axer*, Normsetzung, S. 92; *M. Plantholz*, in: *Klie/Krahmer* (Hrsg.), Sozialgesetzbuch XI, § 78 Rn. 7.

[231] *M. Plantholz*, in: *Klie/Krahmer* (Hrsg.), Sozialgesetzbuch XI, § 78 Rn. 7.

jedoch entgegenzuhalten, dass eine derartige gesetzliche Bevollmächtigung reine Fiktion ist, vielmehr im SGB XI keine § 210 Abs. 2 SGB V vergleichbare Vorschrift existiert und diese Lösung daher keine Stütze im Gesetz findet. So werden die Pflegekassen nicht bereits durch den Vertragsschluss gebunden, sondern erst dann, wenn sie dem Spitzenverband Bund der Pflegekassen entsprechende Abschlussvollmacht erteilt haben.[232]

Eine Allgemeinverbindlicherklärung für sämtliche Leistungserbringer fehlt ebenfalls. Auch eine § 126 Abs. 2 SGB V a.F. entsprechende Vorschrift, nach der als Voraussetzung für die Zulassung die Anerkennung der geltenden Rahmenvereinbarungen normiert wurde, existiert heute nicht mehr. So besteht gegenüber den Leistungserbringern die Bindungswirkung nur insoweit, als sie durch den Verband organisiert sind und durch dessen Satzung oder die Erteilung einer Abschlussvollmacht gebunden werden, andernfalls sie selbständig einen Vertrag mit dem Spitzenverband Bund der Pflegekassen zu schließen haben.[233]

Gegenüber den Versicherten wird Bindungswirkung angenommen, da die Verträge deren Leistungsanspruch konkretisieren.[234] Allerdings fehlt hier eine derjenigen bei Bundesmantelverträgen vergleichbare Anordnung der Bindungswirkung, so dass ähnlich mit der Argumentation zur Bindungswirkung von Bundesmantelverträgen vor der gesetzlichen Normierung derselben lediglich von einem Rechtsreflex auszugehen ist, weshalb eine gewollte und angeordnete Bindungswirkung gegenüber den Versicherten nicht besteht.[235]

Dem steht auch nicht entgegen, dass die Verträge, die der Spitzenverband Bund der Krankenkassen abschließt, für seine Mitgliedskassen sowie die Landesverbände der Krankenkassen und die Versicherten Geltung beansprucht.[236] Zwar wird hieraus abgeleitet, dass diese Geltungsanordnung auch auf Verträge des Spitzenverbandes Bund der Pflegekassen erstreckt werden müsse, da der Spitzenverband Bund der Krankenkassen die Aufgaben des Spitzenverbandes Bund der Pflegekassen als eigene Aufgaben wahrnimmt[237] und insoweit lediglich eine Änderung in der Bezeichnung als Spitzenverband Bund der Kranken- oder Pflegekassen vorliege, ohne jedoch auf die Rechtsnatur und Bindungswirkung der Entscheidung rückzuwirken, weshalb dem Kollektivvertrag normative Wirkung zukomme.[238] Allerdings ist zu bedenken, dass der Normanwendungsbefehl, der im Hinblick auf diese Aufgabenübernahme ergeht, gerade die Anordnung der Bindungswirkung nicht erfasst. So verweist § 53 Satz 2 SGB XI gerade nicht auf den relevanten § 217e SGB V, weshalb diese Ausweitung der Bindungskraft auch

---

232 *S. Knittel*, in: *Wagner/Knittel/Baier* (Hrsg.), Soziale Krankenversicherung, § 78 SGB XI Rn. 4.

233 *S. Knittel*, in: *Wagner/Knittel/Baier* (Hrsg.), Soziale Krankenversicherung, § 78 SGB XI Rn. 4.

234 *P. Axer*, Normsetzung, S. 92; *W. Spellbrink*, in: *Hauck/Noftz* (Hrsg.), SGB XI, § 78 Rn. 11.

235 Vgl. die Argumentation zum Bundesmantelvertrag bei Anm. 91.

236 § 217e Abs. 2 SGB V.

237 § 53 Satz 1 SGB XI.

238 *S. Knittel*, in: *Wagner/Knittel/Baier* (Hrsg.), Soziale Krankenversicherung, § 78 SGB XI Rn. 4.

nicht für die vom Spitzenverband Bund der Pflegekassen abgeschlossenen Verträge angeordnet wird. Drittwirkung entfaltet der Kollektivvertrag in der Sozialen Pflegeversicherung damit nicht.

### 6. *Die Individualverträge*

#### a. *Der Versorgungsvertrag in der gesetzlichen Krankenversicherung*

Krankenhäuser, die keine Hochschulkliniken oder Plankrankenhäuser sind, können an der Versorgung der Versicherten teilnehmen, wenn sie mit den Landesverbänden der Krankenkassen und den Verbänden der Ersatzkassen einen Versorgungsvertrag abgeschlossen haben.[239] Dieser Versorgungsvertrag wird als öffentlich-rechtlicher Vertrag qualifiziert.[240] Er hat statusbegründende Funktion, indem das Krankenhaus durch diesen zur Versorgung der Versicherten zugelassen wird[241] und ist insoweit ein subordinationsrechtlicher Vertrag.[242]

Dabei ordnet das Gesetz an, dass der Vertrag nicht nur für die Vertragsparteien Geltung beansprucht, sondern für alle Krankenkassen im Inland, gleich ob diese unmittelbar oder mittelbar über ihre Verbände am Vertragsschluss beteiligt sind, verbindlich ist.[243]

Im Gegensatz zu den bisher behandelten Verträgen beinhaltet der Versorgungsvertrag keine abstrakten Regelungen, die durch normative Bindungsanordnung generelle Wirksamkeit erlangen, sondern er regelt mit der Zulassung eines Krankenhauses zur Versorgung von Versicherten einen konkreten Einzelfall. Trotzdem erlangt er über die gesetzliche Anordnung der Bindungswirkung auch für nichtbeteiligte Krankenkassen generelle Wirkung. Zwar ist der Vergleich mit einer ausgehandelten Rechtsnorm und damit auch die Zuweisung eines normsetzenden Charakters[244] nicht überzeugend, da die Regelungen, die im Versorgungsvertrag getroffen werden, gerade keine abstrakten sind, sondern den konkreten

---

[239] §§ 108 Nr. 3, 109 Abs. 1 SGB V. Daneben besteht die Möglichkeit der Anerkennung als Hochschulklinik, § 108 Nr. 1 SGB V, oder der Aufnahme in den Krankenhausplan eines Landes, § 108 Nr. 2 SGB V. Dazu *I. Ebsen*, in: *v. Maydell/Ruland* (Hrsg.), SRH, § 15 Rn. 147.

[240] *A. Wahl*, in: *Schlegel/Engelmann* (Hrsg.), SGB V, § 109 Rn. 55; *R. Hess*, in: *Leitherer* (Hrsg.), Kasseler Kommentar, § 109 Rn. 2; *S. Knittel*, in: *Wagner/Knittel/Baier* (Hrsg.), Soziale Krankenversicherung, § 109 SGB V Rn. 3.

[241] RegE-GRG BT-Drucks 11/2237 S 197 zu § 117 Abs. 1; BSGE 78, 243; *U. Becker*, in: *ders./Kingreen* (Hrsg.), SGB V, § 109 Rn. 1, 3; *R. Hess*, in: *Leitherer* (Hrsg.), Kasseler Kommentar, § 109 Rn. 2.

[242] Da die Zulassung in einem Über-/Unterordnungsverhältnis erfolgt, wäre dieser Bereich auch generell durch Verwaltungsakt regelbar, *Kopp/Ramsauer*, VwVfG, § 54 Rn. 48. Dies wird auch gestützt durch die übrigen Formen der Zulassung von Krankenhäusern, wie sie durch die Anerkennung als Hochschulklinik oder die Aufnahme in den Krankenhausplan eines Landes erfolgen kann. So handelt es sich bei der Aufnahme in das Zulassungsverzeichnis um einen Verwaltungsakt. Ebenso ergeht die Aufnahme in den Krankenhausplan durch Feststellungsbescheid, § 8 Abs. 1 Satz 3 KHG, der einen Verwaltungsakt darstellt, *E. Becker*, in: *ders./Kingreen* (Hrsg.), SGB V, § 108 Rn. 6; *A. Wahl*, in: *Schlegel/Engelmann* (Hrsg.), SGB V, § 108 Rn. 19; *H. Klückmann*, in: *Hauck/Noftz* (Hrsg.), SGB V, § 108 Rn. 9.

[243] § 109 Abs. 1 Satz 3 SGB V.

[244] *H. Klückmann*, in: *Hauck/Noftz* (Hrsg.), SGB V, § 109 Rn. 36.

Einzelfall betreffen. Allerdings ist zu konstatieren, dass die Bindungskraft über die *inter partes*-Wirkung eines Verwaltungsvertrags hinausgeht und so die Regelungswirkung derjenigen einer – freilich einseitig gesetzten – Allgemeinverfügung vergleichbar ist. Es handelt sich damit bei dem Versorgungsvertrag um einen öffentlich-rechtlichen Vertrag mit konkret-genereller Wirkung.

*b. Der Versorgungsvertrag in der sozialen Pflegeversicherung*

In Parallelität zum Versorgungsvertrag in der gesetzlichen Krankenversicherung schließen auch die Träger der Pflegeeinrichtungen oder einer vertretungsberechtigten Vereinigung gleicher Träger mit den Landesverbänden der Pflegekassen[245] Versorgungsverträge ab,[246] die Voraussetzung für die Erbringung ambulanter oder stationärer Pflege durch diese Pflegeeinrichtungen sind.[247] In dem Vertrag werden Art, Inhalt und Umfang der für die Erfüllung des Versorgungsauftrags zu erbringenden allgemeinen Pflegeleistungen festgelegt.[248] Auch dieser Versorgungsvertrag ist dem öffentlichen Recht zuzuordnen.[249] Er hat durch seine Eigenschaft als Voraussetzung für die Erbringung von Pflegeleistungen statusbegründende Funktion[250] und ist daher ein subordinationsrechtlicher Verwaltungsvertrag.[251] Dabei erstreckt sich die Zulassung auf die Leistungsmodalitäten der im Vertrag festgelegten Pflegeleistungen.

Verbindlich ist der Versorgungsvertrag nach dem „Individualprinzip"[252] für die Vertragsparteien, mithin auch für die vertragsschließende Pflegeeinrichtung bzw. ebenfalls für solche, die im vertragsschließenden Verband organisiert sind und diesem Abschlussvollmacht erteilt haben, weshalb er auch als Individualvertrag angesehen und ihm normative Wirkung zu Recht abgesprochen wird.[253] Ebenso wie der Versorgungsvertrag in der gesetzlichen Krankenversicherung entfaltet jedoch auch der in der sozialen Pflegeversicherung über diese *inter partes*-Wirkung hinaus generelle Wirkung, da er zwar die Zulassung der einzelnen Pflegeeinrichtung regelt, diese Regelungen jedoch durch normative Anordnung auch für Pfle-

---

[245] Die Landesverbände der Pflegekassen müssen gem. § 81 Abs. 1 Satz 1 SGB XI gemeinsam handeln. Zur Wahrnehmung der Aufgaben der Landesverbände der Pflegekassen durch diejenigen der Krankenkassen bereits Anm. 140.

[246] § 72 Abs. 2 Satz 1 SGB XI.

[247] § 72 Abs. 1 Satz 1 SGB XI.

[248] § 72 Abs. 1 Satz 2 SGB XI.

[249] *B. Schütze*, in: *Udsching/Schütze/Behrend u.a.* (Hrsg.), SGB XI, § 72 Rn. 13; *V. Neumann*, in: *Schulin* (Hrsg.), Handbuch des Sozialversicherungsrechts, Bd. 4, § 21 Rn. 1; *F. Maschmann*, SDSRV 1996, 49 (52); *W. Spellbrink*, in: *Hauck/Noftz* (Hrsg.), SGB XI, § 69 Rn. 14.

[250] *M. Plantholz/P. Schmäing*, in: *Klie/Krahmer* (Hrsg.), Sozialgesetzbuch XI, § 72 Rn. 9.

[251] A.A. *B. Schütze*, in: *Udsching/Schütze/Behrend u.a.* (Hrsg.), SGB XI, § 72 Rn. 13, der einen koordinationsrechtlichen Vertrag annimmt. Allerdings gelten auch hier die in Anm. 242 angestellten Erwägungen.

[252] BT-Drs. 12/5262, S. 145; *P. Axer*, Normsetzung, S. 90.

[253] *M. Plantholz/P. Schmäing*, in: *Klie/Krahmer* (Hrsg.), Sozialgesetzbuch XI, § 72 Rn. 10; *P. Axer*, Normsetzung, S. 91.

gekassen im übrigen Inland verbindlich sind.[254] So reicht die Zulassung einer Pflegeeinrichtung in einem Bundesland aus, damit diese Versicherte auch in anderen Bundesländern zu Lasten der sozialen Pflegeversicherung versorgen kann,[255] was eine Vereinfachung dahingehend darstellt, als nicht jeder Landesverband der Pflegekassen mit Einrichtungen aus anderen Bundesländern Versorgungsverträge abschließen muss, um die Versicherten in diesem Bundesland zu versorgen.[256] Der Versorgungsvertrag hat damit konkret-generelle Wirkung.

### 7. *Zusammenfassung und Bewertung*

#### a. *Begrifflichkeiten*

Aus den vorstehenden Ausführungen ergibt sich, dass im Sozialrecht neben den mit herkömmlicher *inter partes*-Wirkung ausgestatteten Verwaltungsverträgen wie den Strukturverträgen, den Rahmenverträgen in der gesetzlichen Krankenversicherung und in der Sozialhilfe sowie den Kollektivverträgen in der sozialen Pflegeversicherung Verwaltungsverträgen wie dem Bundesmantelvertrag, dem Gesamtvertrag, dem Rahmenvertrag in der sozialen Pflegeversicherung, den Kollektivverträgen in der gesetzlichen Krankenversicherung sowie den Versorgungsverträgen Bindungswirkung auch gegenüber Dritten durch gesetzliche Anordnung beigemessen wird. So wird die grundsätzlich für Verwaltungsverträge bestehende *inter partes*-Wirkung, die sich auf eine konkret-individuelle Regelung bezieht, erweitert. Dies geschieht für die Versorgungsverträge lediglich im Hinblick auf die generelle Bindungswirkung der konkret getroffenen Regelung, während bei den übrigen, vorbenannten Verträgen mit Bindungswirkung gegenüber Dritten eine abstrakte Regelung mit genereller Bindungswirkung ausgestattet wird. Insoweit wird der bisherige konkret-individuelle Verwaltungsvertrag erweitert um die Formen des konkret-generellen und abstrakt-generellen Verwaltungsvertrags.

Teilweise wird für Letztere der Begriff „Kollektivvertrag" verwendet,[257] wobei diese aus dem Arbeitsrecht entlehnte Terminologie lediglich zum Ausdruck bringt, dass als Vertragspartei ein Kollektiv, mithin ein Zusammenschluss von gleichgearteten Interessenträgern beteiligt ist, während sich die umfassende Bindungswirkung nicht bereits zwangsläufig hieraus ergibt, sondern auch Kollektivverträge bestehen, denen eine derartige Bindungswirkung fehlt, wie dies an den Beispielen des Strukturvertrags,[258] des Rahmenvertrags in der gesetzlichen Kran-

---

254 § 72 Abs. 2 Satz 2 SGB XI, der § 109 Abs. 1 Satz 3 SGB V entspricht. Die Verbindlichkeit für die am Vertragsschluss beteiligten Pflegeeinrichtungen ist selbstverständlich und hätte keiner expliziten gesetzlichen Anordnung bedurft.

255 BT-Drs. 12/5262, S. 136, 140.

256 *M. Plantholz/P. Schmäing*, in: *Klie/Krahmer* (Hrsg.), Sozialgesetzbuch XI, § 72 Rn. 13.

257 BSGE 81, 54 (64); BSG, MedR 1998, 230 (234); *W. Funk*, in: *Schulin* (Hrsg.), Handbuch des Sozialversicherungsrechts, Bd. 1, § 32 Rn. 14; *G. Schneider*, Handbuch des Kassenarztrechts, Rn. 683 ff.

258 § 73a Abs. 1 SGB V.

kenversicherung[259] und der Sozialhilfe[260] wie auch dem Kollektivvertrag in der sozialen Pflegeversicherung[261] gezeigt werden konnte.

Ist der Normbegriff umstritten,[262] so wird nach der deutschen Staats- und Verwaltungslehre sowie der Rechtsprechung im Hinblick auf die Unterscheidung der exekutiven Handlungsformen, insbesondere der Norm vom Einzelakt und von unverbindlichen Regelungen, einer Norm der „Charakter eines für eine unbestimmte Vielzahl von Fällen geltenden generellen Rechtssatzes"[263] beigemessen und so ein „rechtstechnischer"[264] bzw. „positiv-rechtlicher"[265] Normbegriff verwendet. Als exekutivische Normen werden somit alle abstrakt-generellen Regelungen angesehen, die von der Gubernative und der Administrative erlassen werden und denen Bindungswirkung zukommt.[266] Insoweit kommt den Verträgen mit abstrakt-genereller Wirkung Normwirkung zu, weshalb sich für sie die Bezeichnung als „Normsetzungsvertrag" durchgesetzt hat.[267]

Kritik erfährt die Bezeichnung vorwiegend durch *Peter Axer*, der dem Wortlaut entsprechend dem „Normsetzungsvertrag" die Pflicht zumindest einer der Vertragsparteien zum Normerlass beimisst, während bei den vorliegenden Verträgen Vertragsinhalt gerade nicht eine derartige Pflicht zum Normerlass ist, sondern die Norm selbst vereinbart wird. Insoweit enthalten „Normsetzungsverträge" keine Normen, sondern nur die Pflicht zum Normerlass, während ein Vertrag, dessen Regelungsgegenstand die Norm selbst ist, von *Axer* als „Normenvertrag" bezeichnet wird.[268] Dieser Differenzierung ist zuzustimmen, da Normenverträge schon begrifflich implizieren, dass sie konsensual ausgehandelte und vereinbarte, abstrakt-generelle Regelungen zum Inhalt haben.[269] So sind bis auf die Versorgungsverträge die oben genannten Verwaltungsverträge als Normenverträge zu bezeichnen.

---

[259] § 125 Abs. 2 SGB V.

[260] § 79 Abs. 1 SGB XII.

[261] § 78 Abs. 1 SGB XI.

[262] Hierzu *P. Axer*, Normsetzung, S. 35 ff.

[263] BVerfGE 25, 371 (396); vgl. auch BVerfGE 10, 234 (238 ff.); 24, 33 (52); BVerwGE 80, 355 (360).

[264] BVerfGE 44, 322 (341) m.w.N.

[265] *N. Achterberg*, Allgemeines Verwaltungsrecht, § 16 Rn. 2.

[266] *M. Möstl*, in: *Erichsen/Ehlers* (Hrsg.), Allgemeines Verwaltungsrecht, § 19 Rn. 3; *H. Maurer*, Allgemeines Verwaltungsrecht, § 4 Rn. 3; *A. v. Mutius*, in: FS Wolff 1973, S. 167 (184 ff.); *P. Axer*, Normsetzung, S. 51 f. Zu den mit dieser Definition verbundenen Problemen *P. Axer*, a.a.O., S. 37 ff.

[267] BSGE 70, 240 (244); BSGE 29, 254 ff., zur Normsetzung durch Vertrag; *H. Sodan*, NZS 1998, 305 ff.; *I. Ebsen*, in: *Schulin* (Hrsg.), Handbuch des Sozialversicherungsrechts, Bd. 1, § 7 Rn. 110 f.; *ders.*, in: *Schnapp* (Hrsg.), Rechtsquellen, S. 13 (20 ff.); *V. Neu-mann*, in: *Schulin* (Hrsg.), Handbuch des Sozialversicherungsrechts, Bd. 4, § 21 Rn. 81 ff.; *ders.*, MedR 1996, 389 (391 ff.); *R. Francke*, SGb 1999, 5 ff.

[268] *P. Axer*, Normsetzung, S. 61; im Anschluss hieran auch *J. Joussen*, SGb 2004, 334 (338 f.).

[269] BSG, B 6 RKa 24/90 R; BSGE 70, 240 (243 f.); *J. Castendiek*, Normsetzungsvertrag, S. 20 f.; *K. Engelmann*, in: *Schütze* (Hrsg.), Sozialgesetzbuch, § 53 Rn. 4b ff.; *S. Jaritz/W. Eicher*, in: *Coseriu/Eicher* (Hrsg.), SGB XII, § 79 Rn. 15.

Die Versorgungsverträge dagegen beinhalten keine abstrakten Regelungen, sondern mit der Zulassung von Krankenhäusern bzw. Pflegeeinrichtungen zur Versorgung der Versicherten die Regelung eines konkreten Sachverhalts, der jedoch für unbeteiligte Dritte ebenfalls verbindlich wird. Diesen konkret-generellen Regelungen kommt daher keine normative Bindungswirkung zu, so dass auch der Begriff des Normenvertrags nicht anwendbar ist. Da die Regelungswirkung insoweit eher derjenigen einer Allgemeinverfügung gleicht, indem der Verwaltungsvertrag konkret-generelle Wirkung entfaltet, könnte man diesen im Anschluss an die Terminologie des Normenvertrags als „Allgemeinverfügungsvertrag" bezeichnen.

### *b. Dogmatische Einordnung der Verträge*

Problematisch ist die dogmatische Verortung der Normenverträge. Historisch betrachtet handelt es sich um Verträge, die zumindest teilweise ursprünglich aus dem Zivilrecht stammten und deren Wirksamkeit daher lediglich *inter partes* bestand, wie dies z.B. auch bei dem Berliner Abkommen von 1913 oder den Normenverträgen der ausgehenden Weimarer Zeit der Fall war.[270] Im Zuge des fortschreitenden Korporatismus traten als Vertragsschließende jedoch vordringlich Vereinigungen auf. Zur besseren Durchsetzbarkeit der getroffenen Regelungen und der Rechtsvereinheitlichung wollte der Gesetzgeber die Vereinbarungen auch auf die nicht unmittelbar am Vertrag Beteiligten bzw. in den Verbänden organisierten Rechtssubjekte erstrecken und ordnete daher die normative Bindungswirkung derartiger Verträge an. So nimmt die Anordnung normativer Wirkung von Verträgen ihren Ursprung im historischen Herkommen derselben aus dem Zivilrecht, die als Folge der ursprünglich privatrechtlichen Vereinbarung im heute öffentlich-rechtlich geregelten Bereich wie der vertragsärztlichen oder pflegerischen Versorgung fortwirken.[271] Im Unterschied zur Allgemeinverbindlicherklärung von Tarifverträgen wird die normative Wirkung jedoch im Voraus durch Gesetz, nicht im Nachhinein durch Rechtsverordnung angeordnet.[272]

So bleibt zu klären, ob sich durch die Anordnung der normativen Wirkung eine Änderung dieser Qualifikation ergibt, mithin eine Einordnung als Rechtsnorm und damit in die klassischen Normsetzungsformen erfolgen kann. Obgleich der Normbegriff – wie bereits gesehen[273] – umstritten ist,[274] wird als Norm bezeichnet, was den „Charakter eines für eine unbestimmte Vielzahl von Fällen geltenden generellen Rechtssatzes"[275] hat. Anerkannt als exekutivische Norm

[270] Dazu *G. Schneider*, Handbuch des Kassenarztrechts, Rn. 46, 86.

[271] Zur Zuordnung des Sozialversicherungsrecht bereits Anm. 79.

[272] Zur Allgemeinverbindlicherklärung *W. Zöllner/K.-G. Loritz/C.W. Hergenröder*, Arbeitsrecht, § 38 IV 5; *M. Löwisch/V. Rieble*, TVG, § 5 Rn. 115 ff.

[273] Dazu bereits A.II.7.a. Begrifflichkeiten.

[274] Hierzu *P. Axer*, Normsetzung, S. 35 ff.

[275] BVerfGE 25, 371 (396); vgl. auch BVerfGE 10, 234 (238 ff.); 24, 33 (52); BVerwGE 80, 355 (360).

werden im Sinne dieses „rechtstechnischen“[276] bzw. „positiv-rechtlichen“[277] Normbegriffs alle abstrakt-generellen Regelungen, die von der Gubernative und der Administrative erlassen werden und denen Bindungswirkung zukommt.[278] Dabei werden die normativen Handlungsformen der Verwaltung traditionell in die Kategorien Rechtsverordnung, Satzung und Verwaltungsvorschrift[279] eingeteilt. Definitionen der vorgenannten Rechtssetzungskategorien enthält das Grundgesetz nicht. Allein die Rechtsverordnung wird vom Grundgesetz als Grundform exekutivischer Rechtssetzung ausdrücklich durch Art. 80 GG aufgeführt,[280] der jedoch vor allem Aussagen zu den Anforderungen enthält, denen Rechtsverordnungen genügen müssen. Jedoch lässt sich aus Art. 80 Abs. 1 GG zumindest der Rückschluss ziehen, dass der Verfassungsgeber von einem Erlass von Rechtsverordnungen aufgrund der angeführten Erstdelegatare nur durch die politische Leitungsebene in Form der Gubernative und nur über diese auch durch Subdelegation an andere Stellen ausgeht. Insoweit ist ein Bezug des Erlasses von Rechtsverordnungen zur unmittelbaren Staatsverwaltung durch Art. 80 Abs. 1 Satz 1 GG zum Ausdruck gebracht, der bei den Normsetzungsverträgen nicht besteht.

Satzungen werden dagegen vom Grundgesetz nicht ausdrücklich geregelt, sondern z.B. durch Art. 28 Abs. 2 GG lediglich vorausgesetzt und so konkludent anerkannt.[281] Wird vom BVerfG als Satzung eine Rechtsvorschrift, „die von einer dem Staat eingeordneten juristischen Person des öffentlichen Rechts im Rahmen der ihr gesetzlich verliehenen Autonomie mit Wirksamkeit für die Angehörigen und unterworfenen Personen erlassen“ wird, verstanden,[282] kann der Normenvertrag als nicht dem Binnenbereich einer öffentlich-rechtlichen Körperschaft entspringend und sich auf einen solchen Bereich in seiner Wirksamkeit ferner nicht beschränkend auch nicht hierunter subsumiert werden.[283]

Gleichzeitig spricht gegen eine Qualifikation als Satzung, aber auch gegen die als Rechtsverordnung[284] oder Verwaltungsvorschrift, dass die Normenver-

---

[276] BVerfGE 44, 322 (341) m.w.N.

[277] *N. Achterberg*, Allgemeines Verwaltungsrecht, § 16 Rn. 2.

[278] Dazu bereits Anm. 266.

[279] Zur Qualifikation von Verwaltungsvorschriften als Rechtsnorm Kapitel 5 A.II.1. Die Übertragung von Normsetzungsbefugnissen auf Private, insb. bei Anm. 81.

[280] *M. Möstl*, in: *Erichsen/Ehlers* (Hrsg.), Allgemeines Verwaltungsrecht, § 19 Rn. 8; *I. Ebsen*, in: *Schnapp* (Hrsg.), Rechtsquellen, S. 13 (14).

[281] Z.B. BVerfGE 12, 319 (325); 33, 125 (156 f.); *M. Möstl*, in: *Erichsen/Ehlers* (Hrsg.), Allgemeines Verwaltungsrecht, § 19 Rn. 8. Voraussetzung ist jedoch, dass diese im Rahmen der Selbstverwaltung erlassen und demokratisch legitimiert sind, *U. Di Fabio*, NZS 1998, 449 (452); *F. Ossenbühl*, in: *Isensee/Kirchhof* (Hrsg.), HStR V, § 105 Rn. 25.

[282] BVerfGE 10, 20 (49 f.); 33, 125 (156). Kritisch hierzu *P. Axer*, Normsetzung, S. 188 ff.

[283] *B.B. Wiegand*, Beleihung, S. 76; *J. Castendiek*, Normsetzungsvertrag, S. 56, 62; *J. Joussen*, SGb 2004, 334 (339); *R. Francke*, SGb 1999, 5 (6 ff.); a.A. *T. Clemens*, NZS 1994, 337 (345).

[284] A.A. *T. Rompf*, VSSR 2004, 281 (300 ff.), der den BMV-Ä und die Gesamtverträge als Rechtsverordnungen qualifiziert.

träge durch Konsens zu Stande kommen und daher eine vertragliche Struktur aufweisen.[285]

Dagegen wird eingewandt, dass es sich bei dieser vertraglichen Struktur lediglich um eine Frage des Verfahrens und damit des Zustandekommens handle und so eine Einordnung z.B. als Verwaltungsvorschrift nicht zwingend ausscheide.[286] Die Besonderheit der Normenverträge und damit das maßgebliche Abgrenzungskriterium zu dem bislang anerkannten Normenkanon liegt jedoch darin, dass die Normenverträge ihre normative Wirkung lediglich durch gesetzliche Anordnung entfalten. Diese ist explizit notwendig. Fehlt sie, dann wirkt der Vertrag lediglich *inter partes* und ist damit kein Normenvertrag mehr. Eine Drittwirkung zeitigt er in diesem Fall nicht. Dies ist ein wesentlicher Unterschied zu den anerkannten Formen der Rechtssetzung, wie den Rechtsverordnungen, Satzungen oder Verwaltungsvorschriften, die zwar auch zumindest zum Teil eine gesetzliche Ermächtigungsgrundlage benötigen, einer ausdrücklichen, gesetzlichen Anordnung der Drittwirkung jedoch nicht bedürfen.[287] Das vertragliche Element ist damit keine bloße Frage des Zustandekommens, sondern prägt den Rechtsakt, indem die dem öffentlich-rechtlichen Vertrag eigene *inter partes*-Wirkung erst durch gesetzliche Anordnung erweitert werden muss, damit aus dem öffentlich-rechtlichen Vertrag ein Normenvertrag wird. So wird das vertragliche Element nicht nur für die Frage des Zustandekommens, sondern auch für die Erforderlichkeit der normativen Regelung der Rechtsfolgen prägend. Maßgebliches Kriterium für die dogmatische Verortung dieser Handlungsform und damit für die rechtliche Behandlung ist daher die Tatsache, dass es sich bei den Normenverträgen grundsätzlich um Verwaltungsverträge handelt, denen erst durch Gesetz normative Wirkung beigemessen wird, deren normative Wirkung jedoch bei deren rechtlicher Einordnung und weiteren Behandlung, wie der Frage nach der demokratischen Legitimation und der Beteiligung Privater, zu berücksichtigen ist. Letztlich vereinigen sich im Normenvertrag die Handlungsformen öffentlich-rechtlicher Vertrag und Rechtssatz,[288] weshalb er zum Teil auch als Rechtsnorm *sui generis* angesehen wird.[289]

Da es sich bei den Normenverträgen, aber auch bei den Allgemeinverfügungsverträgen grundsätzlich um Verwaltungsverträge handelt, wird durch diese auch das bisher bestehende System des konkret-individuellen Verwaltungsvertrags um die Komponenten des Allgemeinverfügungsvertrags mit konkret-genereller Wirkung sowie des Normenvertrags mit abstrakt-genereller Wirkung erweitert, womit eine Parallelität zu einseitig hoheitlich gesetzten Handlungsformen in Gestalt

[285] *B.B. Wiegand*, Beleihung, S. 76; *P. Axer*, Normsetzung, S. 150; *J. Castendiek*, Normsetzungsvertrag, S. 62, 66; *J. Joussen*, SGb 2004, 334 (339); a.A. *T. Clemens*, NZS 1994, 337 (345).

[286] *M. Möstl*, in: *Erichsen/Ehlers* (Hrsg.), Allgemeines Verwaltungsrecht, § 19 Rn. 9.

[287] So auch *P. Axer*, Normsetzung, S. 68.

[288] Zur Normerzeugung durch Vereinbarung aufgrund gesetzlicher Ermächtigung BSGE 72, 15; BSGE 71, 42 (45 ff.).

[289] *J. Castendiek*, Normsetzungsvertrag, S. 66.

von Verwaltungsakt, Allgemeinverfügung und Rechtsnorm im Hinblick auf konsensuale Handlungsformen erreicht wird.

### *c. Konsequenzen im Hinblick auf die Anwendbarkeit der §§ 53 ff. SGB X*

Als weitere Frage stellt sich diejenige nach der Anwendung des Rechtsregimes der §§ 53 ff. SGB X. Für die *inter partes* wirkenden Verträge geschaffen, wird es ohne weiteres auch auf die Allgemeinverfügungsverträge angewandt,[290] während der Einbezug der Normenverträge umstritten ist.

So wird vertreten, dass die Normenverträge nicht dem Rechtsregime der §§ 53 ff. SGB X zu unterstellen seien, da durch die Gleichsetzung von Verwaltungsakt und öffentlich-rechtlichem Vertrag[291] zum Ausdruck komme, dass es sich um Einzelfallregelungen handele, während der Normenvertrag eine abstrakte Regelung treffe. Gleiches ergebe sich aus der Definition des öffentlich-rechtlichen Vertrags als Vereinbarung eines Rechtsverhältnisses, das sich ebenfalls allein auf konkrete Einzelfälle beziehe.[292] Ebenso wird darauf verwiesen, dass die Regelungen des SGB V im Hinblick auf die Normenverträge des Kassenarztrechts abschließend seien und daher die §§ 53 ff. SGB X hinter diese zurückträten.[293]

Dem ist allerdings entgegenzuhalten, dass eine derartige Eingrenzung auf Verwaltungsverträge, die einen Verwaltungsakt substituieren und damit allein den konkreten Einzelfall regeln, gerade nicht stattfindet.[294] Vielmehr wollen die §§ 53 ff. SGB X den öffentlich-rechtlichen Vertrag in Form des Verwaltungsvertrags generell regeln, wobei der subordinationsrechtliche Vertrag lediglich einen von mehreren im Gesetz geregelten Vertragstypen darstellt. Als Vertrag mit besonderer Bindungswirkung unterfallen die Normenverträge so dem Rechtsregime der §§ 53 ff. SGB X zumindest in analoger Anwendung,[295] weshalb dem ko-

---

290 Zu § 109 Abs. 1 SGB V *U. Becker*, in: *ders./Kingreen* (Hrsg.), SGB V, § 109 Rn. 3; *A. Wahl*, in: *Schlegel/Engelmann* (Hrsg.), SGB V, § 109 Rn. 55; *H. Klückmann*, in: *Hauck/Noftz* (Hrsg.), SGB V, § 109 Rn. 14; zu § 72 SGB XI *B. Schütze*, in: *Udsching/Schütze/Behrend u.a.* (Hrsg.), SGB XI, § 72 Rn. 13; *V. Neumann*, in: *Schulin* (Hrsg.), Handbuch des Sozialversicherungsrechts, Bd. 4, § 21 Rn. 1; *M. Plantholz/P. Schmäing*, in: *Klie/Krahmer* (Hrsg.), Sozialgesetzbuch XI, § 72 Rn. 5.

291 § 8 SGB X.

292 *H. Maurer*, DVBl. 1989, 798 (803 ff.); *P. Axer*, Normsetzung, S. 62 f.; *U. Becker*, in: *ders./Kingreen* (Hrsg.), SGB V, § 112 Rn. 3, § 115 Rn. 4.

293 *D. Boerner*, Normenverträge im Gesundheitswesen, S. 126, unter Berufung auf § 37 Satz 1 SGB I.

294 *D. Boerner*, SGb 2000, 389 (390).

295 So die h.M., BSGE 70, 240 (243), das die §§ 53 ff. SGB X direkt anwendet; BSG SozR 4–2500 § 83 Nr. 5; BSGE 95, 141 (147 Rn. 16); *R. Engelhart-Au*, in: *Hänlein/Kruse/Schuler* (Hrsg.), Sozialgesetzbuch V, § 82 Rn. 6; *U. Freuden-berg*, in: *Schlegel/Engelmann* (Hrsg.), SGB V, § 82 Rn. 35 ff., jeweils zu § 82 SGB V; *C. Köhler-Hohmann*, in: *Schlegel/Engelmann* (Hrsg.), SGB V, § 115 Rn. 22, zu § 115 SGB V; *M. Plantholz*, in: *Klie/Krahmer* (Hrsg.), Sozialgesetzbuch XI, § 75 Rn. 11, zu § 75 SGB XI.; *M. Wallerath*, in: *v. Maydell/Ruland* (Hrsg.), SRH, § 11 Rn. 248; a.A. *P. Axer*, Normsetzung, S. 60 ff.

ordinationsrechtlichen Vertrag in der gesetzlichen Krankenversicherung und der sozialen Pflegeversicherung hohe Bedeutung zukommt.[296]

Gleiches gilt für den Allgemeinverfügungsvertrag, der von seiner Rechtsnatur her auch ein Verwaltungsvertrag ist, dessen Bindungswirkung jedoch, ähnlich wie beim Normenvertrag, über den Kreis der Beteiligten hinaus durch normative Anordnung erweitert wird.

Finden auf den Normenvertrag aufgrund seiner Einordnung als koordinationsrechtlichen Vertrag bestimmte Regelungen für den öffentlich-rechtlichen Vertrag von vornherein keine Anwendung,[297] so sind die verbleibenden Regelungen gesondert auf deren Anwendbarkeit zu prüfen. So ist die Anwendung des Zustimmungserfordernisses von Dritten, in deren Rechte durch den Vertrag eingegriffen wird,[298] vor dem Hintergrund der generellen Wirkung der Normenverträge schon praktisch nicht möglich. Darüber hinaus erfolgt die Drittwirkung nicht durch die vertragliche Vereinbarung, sondern erst durch die gesetzliche Anordnung der normativen Wirkung, weshalb das Zustimmungserfordernis ebenfalls nicht zum Tragen kommt.[299] Den Schutz der Interessen der vom Vertrag betroffenen Dritten, den das Zustimmungserfordernis gewähren will, wird dagegen durch die Anforderungen an die demokratische Legitimation sichergestellt.[300]

Dagegen sollte bei Normenverträgen nicht nur die auch für Verwaltungsverträge eingeforderte Schriftform eingehalten werden,[301] sondern darüber hinaus den Rechtsvorschriften angenäherte Bekanntmachungsanforderungen aufgestellt werden, durch die gewährleistet wird, dass die den Regelungen Unterworfenen vom Inhalt des Vertrags in zumutbarer Weise Kenntnis erlangen können.[302] Auch dürfte sich die Anordnung der Nichtigkeit des öffentlich-rechtlichen Vertrags aufgrund der Vorschriften des BGB[303] als nicht ausreichend erweisen, um dem Normcharakter der Verträge gerecht zu werden. Zwar wird vertreten, dass nur qualifizierte Verstöße in diesen Verträgen die Nichtigkeit des Vertrags zur Folge

---

[296] Weiter werden die Verträge zur Bildung von Arbeitsgemeinschaften nach § 94 SGB X, die Begründung von Auftragsverhältnissen nach § 88 ff. SGB X, sowie die Verträge nach § 34 Abs. 3 SGB VII als koordinationsrechtliche Verträge angesehen, *M. Wallerath*, in: *v. Maydell/Ruland* (Hrsg.), SRH, § 11 Rn. 248.

[297] Wie dies bei den §§ 54, 55, 57 Abs. 2, 58 Abs. 2, 60 SGB X der Fall ist.

[298] § 57 Abs. 1 SGB X.

[299] BSGE 76, 48 (52); 70, 240 (243 f.); *D. Boerner*, SGb 2000, 389 (391); *U. Freudenberg*, in: *Schlegel/Engelmann* (Hrsg.), SGB V, § 82 Rn. 39.

[300] Dazu unter A.III.4. Die demokratische Legitimation von Normenverträgen.

[301] § 56 SGB X.

[302] So für den Bundesmantel- und den Gesamtvertrag BSG, B 6 KA 44/03 R – SozR 4–2500 § 72 Nr. 2; *U. Freudenberg*, in: *Schlegel/Engelmann* (Hrsg.), SGB V, § 82 Rn. 37, 59, der eine Bekanntmachung durch Rundschreiben oder im Deutschen Ärzteblatt als Veröffentlichungsorgan der Kassenärztlichen Bundesvereinigung und der Bundesärztekammer als ausreichend ansieht. Bzgl. des Normenvertrags nach § 115 SGB V *C. Köhler-Hohmann*, in: *Schlegel/Engelmann* (Hrsg.), SGB V, § 115 Rn. 23; *I. Ebsen*, in: *Schulin* (Hrsg.), Handbuch des Sozialversicherungsrechts, Bd. 1, § 7 Rn. 110.

[303] § 58 Abs. 1 SGB X.

haben können, wenn diese Vorschriften die Vertragspartner binden und sie offensichtlich missachtet worden sind.[304] Dagegen wäre jedoch eine Anordnung notwendig, dass jedwede Rechtswidrigkeit des Normenvertrags zur Nichtigkeit führt, um so der den Rechtsnormen angenäherten Wirkung auch im Rechtsfolgenregime Rechnung zu tragen.[305] Die Anordnung der regelmäßigen Gesamtnichtigkeit im Falle, dass ein Teil des Vertrags nichtig ist,[306] dürfte ebenso vor dem Hintergrund der Normwirkung der Verträge und der damit notwendigen Annäherung an die Behandlung von Rechtsnormen nur dann anwendbar sein, wenn der Vertragsinhalt ohne diesen nichtigen Teil unstimmig werden würde. Andernfalls müsste von der Wirksamkeit der anderen Regelungsgegenstände ausgegangen werden.[307] Die Anordnung der ergänzenden Heranziehung der Vorschriften des BGB[308] überzeugt daher auch nur im Hinblick auf das Zustandekommen des Vertrags, nicht dagegen bezüglich der Rechtsfolgen, die ebenfalls denjenigen für Rechtsnormen angenähert werden sollten.[309] Gleiches gilt für die Auslegung derartiger Verträge, die nicht den subjektiven Willen der Vertragsparteien zugrunde zu legen hat, sondern im Zuge der normativen Auslegung die objektive Erklärungsbedeutung anhand der gängigen Auslegungsmethoden zu erschließen hat.[310] In letzter Konsequenz zu dieser Einordnung ist auch der Rechtsschutz gegen diese Rechtsnormen zu gewährleisten und es sind diese als zulässige Antragsgegenstände im Rahmen der verwaltungsgerichtlichen Normenkontrollklage anzuerkennen.

Beim Allgemeinverfügungsvertrag, der einen subordinationsrechtlichen Vertrag darstellt, gelten dagegen grundsätzlich die §§ 53 ff. SGB X uneingeschränkt.[311] Allerdings ist zu beachten, dass aufgrund der generellen Wirksamkeit des Vertrags ebenso wie beim Normenvertrag in Annäherung an die Vorschriften über die Allgemeinverfügung die Formerfordernisse über die bloße Schriftform[312] hinaus im Sinne einer öffentlichen Bekanntgabe auszuweiten sind[313] und die Zu-

---

[304] BSG SozR 4–2500 § 83 Nr. 5; BSGE 95, 141 (147 Rn. 16); *R. Engelhart-Au*, in: *Hänlein/Kruse/Schuler* (Hrsg.), Sozialgesetzbuch V, § 82 Rn. 6, für den Bundesmantelvertrag.

[305] Dagegen nimmt das BSG Nichtigkeit nur bei qualifizierten Rechtsverstößen an, BSG, GesR 2009, 367 (368).

[306] § 58 Abs. 3 SGB X.

[307] Ebenso *U. Freudenberg*, in: *Schlegel/Engelmann* (Hrsg.), SGB V, § 82 Rn. 40. § 59 SGB X wird aufgrund der Besonderheiten des Vertragsarztrechts als unanwendbar angesehen, *U. Freudenberg*, in: *Schlegel/Engelmann* (Hrsg.), SGB V, § 82 Rn. 61.

[308] § 61 Satz 2 SGB X.

[309] Teilweise wird vertreten, dass die Regelungen des SGB V den allgemeinen Normierungen vorgehen und so weiter differenziert werden muss, so *U. Freudenberg*, in: *Schlegel/Engelmann* (Hrsg.), SGB V, § 82 Rn. 63 ff.

[310] BSG, MedR 1999, 479 (480).

[311] Zu §§ 108 Nr. 3, 109 Abs. 1 SGB V *A. Wahl*, in: *Schlegel/Engelmann* (Hrsg.), SGB V, § 109 Rn. 55; *R. Hess*, in: *Leitherer* (Hrsg.), Kasseler Kommentar, § 109 Rn. 2; *S. Knittel*, in: *Wagner/Knittel/Baier* (Hrsg.), Soziale Krankenversicherung, § 109 SGB V Rn. 3; zu § 75 Abs. 1 SGB XI *B. Schütze*, in: *Udsching/Schütze/Behrend u.a.* (Hrsg.), SGB XI, § 72 Rn. 13.

[312] § 56 SGB X.

[313] Für die Allgemeinverfügung ist dies in § 41 Abs. 3 Satz 2 VwVfG geregelt.

stimmung von Dritten[314] ähnlich der Regelung über die Entbehrlichkeit der Anhörung bei Allgemeinverfügungen[315] unnütz ist. Zur ergänzenden Anwendbarkeit der Vorschriften des BGB gilt das zum Normenvertrag Gesagte entsprechend.[316]

Sinnvoll wäre daher eine Klarstellung durch den Gesetzgeber durch explizite Anordnung der Geltung der §§ 53 ff. SGB X auch für Allgemeinverfügungs- und Normenverträge sowie die Bezeichnung derjenigen Normen, deren Geltung sich nicht auf diese Verträge bezieht.

### *III. Verfassungsrechtliche Zulässigkeit des Normenvertrags*

Handelt es sich bei den Normenverträgen grundsätzlich um Verwaltungsverträge, so vereinigen sich in ihnen die Handlungsformen des öffentlich-rechtlichen Vertrags und des Rechtssatzes. Diese normative Wirkung ist daher bei der rechtlichen Einordnung und weiteren Behandlung der Normenverträge zu berücksichtigen, auch wenn sie erst durch normative Anordnung eintritt.[317] In Folge dessen wird auch relevant, ob diese Normenverträge verfassungskonform sind. Besondere Bedeutung erlangen hierbei die Fragen, ob derartige Rechtssetzungsformen zulässig sind oder das Grundgesetz einen (1.) *Numerus clausus* der Rechtssetzungsformen enthält, der diese Handlungsform sperrt. Ebenso werden die (2.) Außenrechtssetzungskompetenz der Exekutive und die (3.) Anforderungen an weitere Normsetzungsformen sowie die (2.) demokratische Legitimation untersucht.

#### *1. Numerus clausus der Normsetzungsformen im Grundgesetz*

Die Frage nach einem verfassungsrechtlichen *Numerus clausus* stellt sich zum einen dann, wenn der Normenvertrag nicht unter die klassischen Rechtssetzungsformen subsumiert wird, was, wie gesehen, der Fall ist, zum anderen aber auch dann, wenn diese in ihrer Definition derart erweitert werden, um eben diesen Normenvertrag noch hierunter fassen zu können,[318] wenn auch im letzteren Fall die Antwort zumeist schon im Sinne eines Bestehens eines derartigen *Numerus clausus* impliziert ist.[319] Im Folgenden wird ausgehend vom (a.) Befund des Grundgesetzes der (b.) bisherige Stand in Literatur und Rechtsprechung geschildert sowie auf (c.) Art. 87 Abs. 2 GG als verfassungsrechtliches Mandat für die Normsetzungsbefugnis eingegangen.

---

[314] § 57 Abs. 1 SGB X.

[315] § 28 Abs. 2 Nr. 4 VwVfG.

[316] Dazu bereits zu Anm. 309.

[317] Nach *I. Ebsen*, in: *Schulin* (Hrsg.), Handbuch des Sozialversicherungsrechts, Bd. 1, § 7 Rn. 110, handelt es sich bei diesen um echte Rechtsquellen im Sinne eigenständiger Rechtssetzungsformen, mit denen der Gesetzgeber verschiedene Bereiche normativ steuert.

[318] *T. Clemens*, NZS 1994, 337 ff.

[319] *P. Axer*, Normsetzung, S. 155.

### *a. Der Befund des Grundgesetzes*

Das Grundgesetz befasst sich mit untergesetzlichen Rechtsnormen nur vereinzelt. Wie bereits gesehen, stellt es Anforderungen an die Rechtmäßigkeit einer Rechtsverordnung auf, ohne diese näher zu definieren, setzt an anderer Stelle die Existenz von Satzungen im Bereich der Selbstverwaltung voraus und benennt Verwaltungsvorschriften.[320] Dabei wird allein der Rechtsverordnung eine etwas größere Aufmerksamkeit zuteil, indem dieser ein ganzer Artikel gewidmet ist.[321]

#### *aa. Die Ermächtigung zum Erlass von Rechtsverordnungen nach Art. 80 Abs. 1 GG*

Mit Art. 80 Abs. 1 GG nimmt das Grundgesetz ausnahmsweise ausdrücklich Stellung zu exekutiver Normsetzung. Er normiert mit den Voraussetzungen und Grenzen der Verordnungsermächtigung einen wichtigen Teilbereich der exekutiven Rechtssetzung. Dabei stellt er inhaltliche Anforderungen mit Blick auf die Bestimmtheit der Ermächtigung auf, während er auch den Kreis der Ermächtigungsadressaten exekutiver Normsetzung auf die Bundesregierung, den Bundesminister oder die Landesregierungen begrenzt.[322]

Sinn und Zweck der Vorschrift besteht in der Normierung der Übertragung von Rechtssetzungsbefugnissen auf die Staatsverwaltung im Hinblick auf Rechtsverordnungen als Ausnahme vom Gewaltenteilungsgrundsatz. So ist er in erster Linie als Regelung der Zulässigkeit und Grenzen dieser Ausnahme anzusehen.[323] Art. 80 Abs. 1 GG ist insoweit eine Ausprägung des Rechtsstaatsprinzips[324] und möchte als solche den Grundsatz der Gewaltenteilung, der Rechtssicherheit und den Grundsatz des Gesetzesvorbehalts sichern.[325]

Art. 80 Abs. 1 GG enthält jedoch keine Aussage zu übrigen Normsetzungsformen der Exekutive. Vielmehr ist er bzgl. des Bestehens eines Numerus Clausus indifferent.

---

[320] Dazu bereits die Ausführungen zu Anm. 280 und 281.

[321] Art. 80 GG. Daneben werden noch Tarifverträge als Element der Koalitionsfreiheit durch Art. 9 Abs. 3 GG anerkannt, BVerfGE 92, 365 (395); 94, 268 (283).

[322] Dazu auch *F. Becker*, Kooperative und konsensuale Strukturen in der Normsetzung, S. 385; *T. v. Danwitz*, Jura 2002, 93 (96); *P. Kreutz*, Grenzen, S. 84; sowie die Kommentarliteratur, z.B. *B. Pieroth*, in: *Jarass/Pieroth* (Hrsg.), GG, Art. 80 Rn. 6; *R. Sannawald*, in: *Schmidt-Bleibtreu/Hofmann/Hopfauf* (Hrsg.), GG, Art. 80 Rn. 63 ff.; *T. Mann*, in: *Sachs* (Hrsg.), Grundgesetz, Art. 80 Rn. 23 ff.; *A. Wallrabenstein*, in: *Kunig/v. Münch* (Hrsg.), Grundgesetz, Art. 80 Rn. 16 ff., 35 ff.

[323] *F. Ossenbühl*, in: *Isensee/Kirchhof* (Hrsg.), HStR V, § 103 Rn. 36, nach dem Art. 80 GG lediglich das Verhältnis von Legislative und Exekutive im Bereich der Staatsfunktionen regelt, dagegen keine Aussage zum Verhältnis von Staat und Gesellschaft enthält. Kritisch hierzu *M. Heintzen*, VVDStRL 62 (2003), S. 220 (242 Anm. 105).

[324] Zu Art. 80 Abs. 1 GG als Ausprägung des Demokratieprinzips unter A.III.3. Anforderungen an weitere Normsetzungsformen.

[325] *F. Bansch*, Beleihung, S. 81; *B. Pieroth*, in: *Jarass/Pieroth* (Hrsg.), GG, Art. 80 Rn. 1; *K. Rennert*, JZ 2009, 976 (981); *R. Sannawald*, in: *Schmidt-Bleibtreu/Hofmann/Hopfauf* (Hrsg.), GG, Art. 80 Rn. 99; *A. Haratsch*, in: *Sodan* (Hrsg.), Grundgesetz, Art. 80 Rn. 23; *M. Lepa*, AöR 105

*bb. Die Satzungsbefugnis*

Ebenfalls mit exekutivischer Normsetzung befasst sich die Normierung des Grundgesetzes zur (1) Satzungsautonomie der Selbstverwaltungskörperschaften bzw. (2) die Zulässigkeit weiterer Fälle von Satzungsbefugnissen.

*(1) Die Satzungsautonomie nach Art. 28 Abs. 2 GG*

Art. 28 Abs. 2 GG garantiert den Gemeinden das Recht, ihre eigenen Angelegenheiten durch Satzungen zu regeln. Er erkennt deren Satzungsautonomie an und stellt diese unter den Schutz des Grundgesetzes.[326] Er garantiert die Selbstverwaltung von Gebietskörperschaften in Form von Gemeinden und den Gemeindeverbänden einschließlich ihrer Satzungshoheit. Weitergehende Aussagen über das Bestehen oder Nichtbestehen sonstiger exekutiver Normsetzungsformen können Art. 28 Abs. 2 GG nicht entnommen werden.

*(2) Satzungsbefugnis sonstiger Selbstverwaltungsträger*

Zwar nicht ausdrücklich normiert, jedoch durch das Grundgesetz nicht gehindert ist der Erlass von Satzungen von weiteren Selbstverwaltungseinheiten, wie denjenigen der funktionalen Selbstverwaltung. Diese erfahren nur teilweise eine verfassungsrechtliche Absicherung[327] und sind auch nicht durch das Grundgesetz gewährleistet, trotzdem ist deren exekutive Normsetzungskompetenz anerkannt.[328] Für die Frage nach dem Bestehen eines *Numerus clausus* der exekutiven Normsetzungsformen lässt sich aus dieser Anerkennung jedoch kein Argument ableiten.

*b. Bisheriger Stand in Rechtsprechung und Literatur*

Aus der Rechtsprechung des BVerfG,[329] das neben dem Verfassungsrecht, dem förmlichen Gesetz und der Rechtsverordnung auch autonomes Recht sowie Gewohnheitsrecht zum materiellen Recht zählt[330] sowie die Tarifautonomie und die hieraus folgenden Regelungsbefugnisse als von Art. 9 Abs. 3 GG gedeckt ansieht,[331] wird zum Teil gefolgert, dass es zunächst von einem *Numerus clausus* ausging, aber nur traditionelle Rechtsquellen als von diesem umfasst ansah.[332]

(1980), S. 337 (359) m.w.N.; *T. Mann*, in: *Sachs* (Hrsg.), Grundgesetz, Art. 80 Rn. 14 ff.; *A. Wallrabenstein*, in: *Kunig/v. Münch* (Hrsg.), Grundgesetz, Art. 80 Rn. 4.

[326] Dazu an Stelle vieler *F. Ossenbühl*, in: *Isensee/Kirchhof* (Hrsg.), HStR V, § 105 Rn. 5 ff.; *B. Pieroth*, in: *Jarass/Pieroth* (Hrsg.), GG, Art. 28 Rn. 12 f. m.w.N.

[327] Dazu Kapitel 3 A.II. Arten der Selbstverwaltung.

[328] *F. Ossenbühl*, in: *Isensee/Kirchhof* (Hrsg.), HStR V, § 105 Rn. 8 ff.

[329] BVerfGE 8, 274 (322 f.); 24, 184 (199 ff.); 34, 307 (315); 44, 322 (347).

[330] BVerfGE 78, 214 (227).

[331] BVerfGE 34, 307 (316 f.).

[332] *F. Ossenbühl*, NZS 1997, 497 (499); *A. Hänlein*, Rechtsquellen im Sozialversicherungsrecht, S. 57; *F.E. Schnapp*, MedR 1996, 418 (419); *R. Wimmer*, MedR 1996, 425 ff.; *T. Clemens*, NZS 1994, 337 Anm. 2; *T. Clemens*, MedR 1996, 432 (433); *H. Sodan*, in: *Schnapp* (Hrsg.), Rechtsquellen, S. 37 (45).

Gleichzeitig wird dies jedoch auch verneint[333] bzw. die Rechtsprechung des BVerfG gegen einen bestehenden *Numerus clausus* angeführt, so dass es von beiden Seiten in Beschlag genommen wird.

Letztlich ist festzustellen, dass eine ausdrückliche Stellungnahme zu dieser Problematik dem BVerfG bislang nicht zu entnehmen ist.[334] Die bisher ergangenen Entscheidungen[335] sind diesbezüglich indifferent bzw. weisen einen Kontext auf, der eine Verallgemeinerung der Ausführungen auf exekutive Rechtsquellen zweifelhaft erscheinen lässt.[336] Insofern ist eine Klärung durch das BVerfG noch nicht erfolgt.

In der Literatur wird nur zum Teil von einem *Numerus clausus* ausgegangen.[337] Begründet wird dies gestützt auf Art. 80 GG[338] mit der Vermeidung einer Abwanderung von Normsetzungskompetenzen, in denen man die Gefahr der Freiheitsgefährdung durch „korporative Mächte nichtstaatlicher Art" wähnt[339] und eine Umgehung der vom Grundgesetz normierten Verfassungsprinzipien, insbesondere derjenigen über die Gewaltenteilung und der demokratischen Verantwortung und Legitimation, aufgrund derer dem Parlament die Setzung von Außenrecht zukomme, befürchtet.[340] So sei zur Wahrung vor allem des Rechtsstaats- und Demokratieprinzips die Außenrechtssetzung ein „genuiner Gegenstand des formellen Verfassungsrechts", weshalb die Schöpfung neuer Rechtsformen dem einfachen Gesetzgeber entzogen und dem Verfassungsgeber vorbehalten sei, der „die notwendigen Balancierungen von Legitimation, Verantwortung und Entscheidungsstrukturen" bei der Einführung neuer normativer Regelungen vornehmen müsse.[341] Ein „Formenfindungsrecht" stehe dem Gesetzgeber gerade nicht zu.[342] Neue Normsetzungsformen bedürften daher eines verfassungsrechtlichen Mandats, das, sollte es sich bei der Rechtsform um eine allgemeine und in den Rechtskanon des Allgemeinen Verwaltungsrechts rezipierbare handeln, von allgemeiner Natur sein müsste.[343] Da nicht erwiesen sei, dass eine Normsetzungsform besteht, die sich auf einen solchen verallgemeinerungsfähigen Titel aus der

---

[333] *M. Sachs*, VerwArch 74 (1983), S. 25 (32 f.); *P. Axer*, Normsetzung, S. 157 ff.; *B.B. Wiegand*, Beleihung, S. 80 f.; *D. Roters*, Kontrolldichte, S. 74.

[334] Dazu *P. Axer*, Normsetzung, S. 157 ff.; *B.B. Wiegand*, Beleihung, S. 80 f.

[335] BVerfGE 8, 274 (323); 24, 184 (199), könnten für einen *Numerus clausus* angeführt werden; BVerfGE 34, 307 (314 ff.); 44, 322 (346 f.), dagegen relativieren dies, während in BVerfGE 78, 214 (227), Verfassung, Gesetz, Rechtsverordnung, Satzung und Gewohnheitsrecht als „materielles Recht" bezeichnet werden.

[336] *B.B. Wiegand*, Beleihung, S. 162.

[337] *U. Di Fabio*, NZS 1998, 449 ff.; *F. Ossenbühl*, NZS 1997, 497 ff.; *ders.*, DVBl. 1967, 401 (402); *A. Hamann*, Autonome Satzungen, S. 68 f.; *H.-U. Karpen*, Verweisung, S. 129 f.

[338] *U. Di Fabio*, Risikoentscheidungen im Rechtsstaat, S. 366.

[339] *U. Di Fabio*, NZS 1998, 449 (452).

[340] *F. Ossenbühl*, NZS 1997, 497 (500).

[341] *F. Ossenbühl*, NZS 1997, 497 (500).

[342] *F. Ossenbühl*, NZS 1997, 497 (499).

[343] *M. Möstl*, in: *Erichsen/Ehlers* (Hrsg.), Allgemeines Verwaltungsrecht, § 19 Rn. 9.

Verfassung stützen kann, sei auch im Hinblick auf das Allgemeine Verwaltungsrecht von einem abschließenden *Numerus clausus* auszugehen.[344]

Dem ist beizupflichten, als der Rückgriff auf klassische Rechtsquellen den Vorteil hat, dass diese sich „durch eine klare Position im Rechtssystem" auszeichnen. So sind die Normsetzer demokratisch legitimiert und die Verfahrensregelungen für das Zustandekommen derartiger Normen wie auch der Anwendungs- und Geltungsvorrang definiert, so dass man um die Bindung wie auch die Fehlerfolgen genau weiß.[345] Insoweit erfüllen die klassischen Rechtsquellen eine Speicher- und Orientierungsfunktion. Hieraus bzw. aufgrund der fehlenden Einordnung neuer Rechtsquellen in den bestehenden Kanon auf eine Unzulässigkeit weiterer Normsetzungsformen zu schließen, dürfte jedoch zu weit gehen.[346] So erfolgt die Normierung untergesetzlicher Rechtsquellen im Gegensatz zur Rechtsquelle des formellen Gesetzes im Grundgesetz nur unvollständig, wobei nicht einmal eine vollständige Erwähnung vorgenommen wird:[347] Lediglich die Rechtsverordnung und die Verwaltungsvorschrift werden benannt, die Satzung dagegen nicht. Eine Art. 288 AEUV vergleichbare Norm, welche die Handlungsformen der Europäischen Union abschließend anführt, fehlt im Grundgesetz. Auch werden die behandelten Rechtsformen nicht systematisch erfasst oder gar umfassend normiert.[348] Infolgedessen erscheinen die im Grundgesetz zu untergesetzlichen Rechtsformen getroffenen Regelungen nur im Kontext anderer Regelungsgegenstände oder als Annex hierzu,[349] so dass nicht davon ausgegangen werden kann, dass ihnen eine besondere Bedeutung durch das Grundgesetz beigemessen wird.[350]

Als Indiz dafür, dass das Grundgesetz von einer geschlossenen Normierung normativer Handlungsformen der Exekutive abgesehen habe, wird die Erwähnung anderer, nicht ausschließlich der Exekutive zustehender Steuerungsinstrumente, wie die Geschäftsordnungen, Richtlinien und Verträge, herangezogen, da bei diesen ebenfalls keine geschlossene, systematische Normierung erfolgt.[351] Allerdings bleibt fraglich, ob sich aus der Unvollkommenheit der Regelung von einigen Steuerungsinstrumenten auf die Unvollständigkeit bzgl. anderer Handlungsformen, insbesondere der exekutivischen, Rückschlüsse ziehen lassen. Ebenso ist für die Anerkennung nicht ausreichend und auch nicht Voraussetzung, dass diese Normsetzungsformen bislang unbeanstandet geblieben sind und sich historisch bewährt haben.[352]

---

344 *M. Möstl*, in: *Erichsen/Ehlers* (Hrsg.), Allgemeines Verwaltungsrecht, § 19 Rn. 9.

345 *U. Di Fabio*, NZS 1998, 449 (450).

346 *M. Kaltenborn*, Rechtstheorie 34 (2003), S. 459 (485 f.).

347 BVerfGE 100, 249 (258).

348 BVerfGE 100, 249 (258).

349 *P. Axer*, Normsetzung, S. 208 ff.; *F. Becker*, Kooperative und konsensuale Strukturen in der Normsetzung, S. 370 ff.; *B.B. Wiegand*, Beleihung, S. 82 ff.

350 *P. Axer*, Normsetzung, S. 216 ff.

351 *P. Axer*, Normsetzung, S. 218 ff.; *B.B. Wiegand*, Beleihung, S. 83.

352 *M. Sachs*, VerwArch 74 (1983), S. 25 (34); hierauf aber abstellend *T. Clemens*, in: FS Böckenförde 1965, S. 259 (263).

Obgleich dem letzten Argument nicht zuzustimmen ist, greifen die übrigen Argumente, nach denen dem Grundgesetz keine abschließenden Aussagen im Hinblick auf untergesetzlichen Normsetzungsformen zu entnehmen sind. Ein *Numerus clausus* ist demnach abzulehnen.[353]

*c. Art. 87 Abs. 2 GG als verfassungsrechtliches Mandat für die Normsetzungsbefugnis*

Ungeachtet dieses Streites wird jedenfalls für das Sozialrecht von einem Teil der Literatur davon ausgegangen, dass durch Art. 87 Abs. 2 GG ein verfassungsrechtliches Mandat für die einfachgesetzliche Übertragung von Normsetzungsbefugnissen auf soziale Versicherungsträger bestehe, sofern sich dieses nach seinem Inhalt und Gegenstand auf den Bereich der Sozialversicherung beschränkt.[354] So sei zumindest für das Sozialrecht der Normenkanon, den das Grundgesetz kennt, aufgrund der Vorschrift des Art. 87 Abs. 2 GG nicht abschließend und offen für weitere Formen der Normsetzung,[355] weshalb auch die Normsetzungsverträge nicht als von der Verfassung gesperrt angesehen werden könnten.

Dem ist jedoch entgegenzuhalten, dass das BVerfG Art. 87 Abs. 2 GG zu Recht lediglich als Organisationsregelung und Kompetenznorm für die Abgrenzung der Verwaltungszuständigkeiten von Bund und Ländern betrachtet.[356] Das BVerfG wird mit dieser Einschätzung und der Ablehnung eines weitergehenden Gehalts insbesondere im Hinblick auf einen „selbstverwaltungsfreundliche[n] Regelungsakzent",[357] der zumindest eine „Mindestgarantie verbandlicher Institutionen" enthält,[358] Art. 87 Abs. 2 GG durchaus gerecht.[359] Denn ein so verstandener

---

[353] BVerfGE 100, 249 (258); BSGE 81, 54 (64) BSGE 81, 73 (82); *T. Clemens*, in: FS Böckenförde 1965, S. 259 (261 ff.); *P. Kreutz*, Grenzen, S. 83 ff.; *H. Krüger*, NJW 1966, 617 (623); *F.E. Schnapp*, MedR 1996, 418 (419); *ders.*, in: FS Krasney 1997, S. 437 (442 f.); *ders.*, in: FS BSG 2004, S. 497 (499 f.); *A. Hänlein*, Rechtsquellen im Sozialversicherungsrecht, S. 57 ff.; *M. Kaltenborn*, Rechtstheorie 34 (2003), S. 459 (480 f.); *R. Wimmer*, MedR 1996, 425 ff.; *T. Clemens*, MedR 1996, 432 (434); *M. Sachs*, VerwArch 74 (1983), S. 25 (34); *M. Plantholz*, SGb 1997, 549 (551); *ders.*, Funktionelle Selbstverwaltung, S. 224 ff.; *R.U. Schlenker*, NZS 1998, 411 (414); *P. Axer*, Normsetzung, S. 224; *K. Engelmann*, NZS 2000, 1 (8 f.); *C. Engel*, Die Verwaltung 34 (2001), S. 432 (433); *H. Butzer/M. Kaltenborn*, MedR 2001, 333 (336); *R. Francke*, in: FS Schefold 2001, S. 29 (39 ff.); *V. Neumann*, NZS 2010, 593; *A. Kessler-Jensch*, Die Richtlinien im SGB XI, S. 139 ff.

[354] *P. Axer*, Normsetzung, S. 269 ff., insbes. S. 308 f.

[355] *P. Axer*, Normsetzung, S. 224 f.; *M. Kaltenborn*, Rechtstheorie 34 (2003), S. 459 (477 f.); *A. Kessler-Jensch*, Die Richtlinien im SGB XI, S. 141 f.; *F. Becker*, Kooperative und konsensuale Strukturen in der Normsetzung, S. 374; *D. Roters*, Kontrolldichte, S. 74 f.; *B.B. Wiegand*, Beleihung, S. 83; *M. Möstl*, in: *Erichsen/Ehlers* (Hrsg.), Allgemeines Verwaltungsrecht, § 19 Rn. 9.

[356] BVerfGE 21, 362 (371); 39, 302 (315); ähnlich BVerfGE 63, 1 (36). Kritisch hierzu *E. Schmidt-Aßmann*, in: *Selmer/v. Münch* (Hrsg.), GS Martens, S. 249 (253).

[357] So *H. Bogs*, in: *ders./v. Ferber/infas* (Hrsg.), Soziale Selbstverwaltung, S. 330; zustimmend *H. Reiter*, in: FS Zeidler 1987, S. 597 (618).

[358] *E. Schmidt-Aßmann*, in: *Selmer/v. Münch* (Hrsg.), GS Martens, S. 249 (253).

[359] Dazu bereits die Ausführungen in Kapitel 3 D.IV.1.d.aa. Art. 87 Abs. 2 oder Abs. 3 Satz 1 GG.

Art. 87 Abs. 2 GG führt lediglich zu einem verstärkten verfassungsrechtlichen Schutz der sozialen Versicherungsträger gegenüber nicht verfassungsrechtlich erwähnten Organisationseinheiten, der jedoch nicht die Konsequenz hat, dass der Bestand der Sozialversicherungsträger oder deren Kompetenzen zur Normsetzung garantiert werden[360] und hierdurch Aussagen zu einem nicht bestehenden *Numerus clausus* der Normsetzungsformen abgeleitet werden können.[361]

### 2. *Keine originäre Außenrechtssetzungskompetenz der Exekutive*

Besteht kein *Numerus clausus* für exekutive Normsetzungsformen, stellt sich in diesem Zusammenhang auch die Frage, ob der Exekutive eine originäre Außenrechtssetzungskompetenz zukommt. Für eine solche wird aus historischem Blickwinkel angeführt, dass eine Notwendigkeit zum Schutz von Freiheit und Eigentum der Volksvertreter sowie der Stellung der monarchisch ausgerichteten Exekutive an vorderster Linie zum Untertan des Konstitutionalismus in Form legislativer Ermächtigung durch den demokratisch verfassten Rechtsstaat nicht mehr besteht und damit der im Konstitutionalismus seinen Ursprung findende Parlamentsvorbehalt überholt sei.[362] Auch bei einer funktionalen Betrachtungsweise sei das Parlament durch die Vielzahl der Sachverhalte, die einer Normierung bedürfen, überfordert, weshalb der Exekutive für Aufgaben, für deren Bewältigung sie aufgrund ihrer Organstruktur vorrangig geeignet ist, auch die entsprechenden funktionsbezogenen Normsetzungskompetenzen zukommen müssten.[363] So sei, wenn das Parlament aufgrund der Wesentlichkeitstheorie für alle relevanten Sachverhalte ausschließlich normsetzungskompetent ist, im Bereich des Unwesentlichen ein Rechtssetzungsspielraum für die Exekutive anzuerkennen.[364] Infolgedessen wird die Absenkung der Anforderungen des Art. 80 Abs. 1 Satz 2 GG an die Verordnungsgebung eingefordert[365] und eine verstärkte Außenwirkung von Verwaltungsvorschriften befürwortet.[366]

Allerdings besteht im demokratisch verfassten Rechtsstaat ebenso ein zentrales Bedürfnis für den Schutz von Freiheit und Eigentum sowie der Rückbindung der Exekutive an Recht und Gesetz. Dabei wird gerade in der Demokratie die demokratische Legitimation zum Ausgangspunkt der Zuweisung von Normsetzungskompetenzen in Art und Umfang. So sind diese beim Parlament angesiedelt, dem

---

360 *R. Hendler*, in: *Isensee/Kirchhof* (Hrsg.), HStR VI, § 143 Rn. 58, 66; *E. Schmidt-Aßmann*, in: *Selmer/v. Münch* (Hrsg.), GS Martens, S. 249 (253).

361 Ähnlich *J. Castendiek*, Normsetzungsvertrag, S. 193, der die Normenverträge ebenfalls als nicht von Art. 87 Abs. 2 GG gedeckt ansieht, sich jedoch auf das Demokratieprinzip bezieht.

362 *H.-D. Horn*, Die grundrechtsunmittelbare Verwaltung, S. 43 ff.; *C. Seiler*, Der einheitliche Parlamentsvorbehalt, S. 51 ff.; *R. Wahl*, in: *Schmidt-Aßmann/Sellner/Hirsch u.a.* (Hrsg.), FG BVerwG 2003, S. 571 (594); dazu auch *K. Vogel*, VVDStRL 24 (1966), S. 125 (129 ff.).

363 *E. Schmidt-Aßmann*, in: FS Vogel 2000, S. 477 (484 ff.).

364 *H.-D. Horn*, Die grundrechtsunmittelbare Verwaltung, S. 62 ff.; *C. Seiler*, Der einheitliche Parlamentsvorbehalt, S. 144.

365 *E. Schmidt-Aßmann*, in: FS Vogel 2000, S. 477 (491).

366 *K. Vogel*, VVDStRL 24 (1966), S. 125 (162 ff.).

kein anderes Staatsorgan an demokratischer Legitimation ebenbürtig ist. Allein dem Parlament fällt als Legislative die verfassungsrechtliche Aufgabe der Normsetzung zu, da es als das einzige Organ die hierfür erforderliche demokratische Legitimation besitzt.[367] Insbesondere die Exekutive kann sich nicht in gleicher Weise auf eine derartige stützen, sondern ist in abgeschwächter Form auf Legitimationsketten nach dem klassischen Legitimationsmodell oder direkte Wahlen durch Teilvölker verwiesen. In Konsequenz dessen ist die schwächer demokratisch legitimierte Exekutive im Hinblick auch auf die Setzung von Außenrecht an einen hinreichend bestimmten parlamentarischen Willensakt rückgebunden, der, wie dies bei Satzungen möglich ist, lediglich durch Formen anderer demokratischer Legitimation, wie derjenigen „von unten" durch Wahlen kompensiert werden kann.[368]

Dies wird auch durch Art. 80 Abs. 1 Satz 2 GG deutlich, in dem der Verfassungsgeber die exekutive Normsetzung in Form von Rechtsverordnungen an einen nach Inhalt, Zweck und Ausmaß bestimmten Legislativakt bindet und damit nicht nur von einem einfachen Gesetzesvorbehalt ausgeht, sondern über diesen hinaus noch inhaltliche Anforderungen an diesen stellt.[369] „Sinn der Regelung des Art. 80 Abs. 1 ist es, das Parlament darin zu hindern, sich seiner Verantwortung als gesetzgebende Körperschaft zu entäußern."[370] Art. 80 Abs. 1 GG ist damit eine Konkretisierung des Rechtsstaatsprinzips in Form der Gewaltenteilung, der Rechtssicherheit und des Gesetzesvorbehalts, aber auch des Demokratieprinzips, indem er eine Durchbrechung des Rechtssetzungsmonopols des Parlaments zu Gunsten der Exekutive nur unter Rückbindung derselben an den Vorrang des Gesetzes zulässt und so ein originäres außenwirksames Normsetzungsrecht der Exekutive ausschließt.[371] Eine Absenkung seiner Voraussetzungen sowie die verstärkte Außenwirkung von Verwaltungsvorschriften würde dieser Intention des Verfassungsgebers widersprechen und darüber hinaus die Differenzierung zwischen autonomer Satzungsgebung und determinierter Verordnungsgebung wie auch zwischen Außenrechtssätzen in Form von Satzungen und Rechtsverordnungen und Innenrechtssätzen in Form von Verwaltungsvorschriften nivellieren.

Zwar ist zuzustimmen, dass das Parlament allein die Vielzahl von durch Rechtsnorm zu regelnden Sachverhalten nicht bewältigen könnte, jedoch bleibt es ihm unbenommen, Rechtssetzungsmöglichkeiten auf die Exekutive z.B. durch Verordnungsermächtigung zu delegieren oder durch die Einräumung von Satzungsautonomie oder der Belassung von Handlungsspielräumen zu eröffnen.[372]

---

[367] BVerfGE 95, 1 (16 f.).

[368] BVerfGE 111, 191 (215 ff.); *M. Möstl*, in: *Erichsen/Ehlers* (Hrsg.), Allgemeines Verwaltungsrecht, § 19 Rn. 7; *F. Ossenbühl*, in: *Isensee/Kirchhof* (Hrsg.), HStR V, § 105 Rn. 25; *U. Di Fabio*, NZS 1998, 449 (452).

[369] *M. Möstl*, in: *Erichsen/Ehlers* (Hrsg.), Allgemeines Verwaltungsrecht, § 19 Rn. 7; *W. Mößle*, Inhalt, Zweck und Ausmaß, S. 34 ff.

[370] BVerfGE 78, 249 (272).

[371] *B. Pieroth*, in: *Jarass/Pieroth* (Hrsg.), GG, Art. 80 Rn. 1.

[372] *M. Möstl*, in: *Erichsen/Ehlers* (Hrsg.), Allgemeines Verwaltungsrecht, § 19 Rn. 7; *W. Mößle*, Inhalt, Zweck und Ausmaß, S. 34 ff.; *J. Saurer*, Die Funktionen der Rechtsverordnung, S. 202 ff.

Ein originäres Normsetzungsrecht der Exekutive im Bereich der Außenrechtssetzung besteht daher aufgrund der Notwendigkeit einer Rückbindung von Außenrechtssetzung an den Volkswillen und der abgeschwächten demokratischen Legitimation der Exekutive nicht. Vielmehr würde die Anerkennung eines originären Rechtssetzungsrechts der Exekutive gegen den Gewaltenteilungsgrundsatz und das Demokratieprinzip verstoßen. Die Exekutive bleibt damit im Hinblick auf die Setzung außenwirksamen Rechts an einen entsprechenden Legislativakt gebunden.[373] Dies gilt nicht nur für die anerkannten Rechtssetzungsformen der Rechtsverordnungen und Satzungen, sondern, sollte man von einer hier nicht weiter zu diskutierenden Formoffenheit des Grundgesetzes für andere Rechtssetzungsformen ausgehen,[374] für jegliche Form von Außenrechtssetzung.

Da also eine Rückbindung der Exekutive an einen parlamentarischen Willensakt immer notwendige Voraussetzung für exekutive Außennormsetzung bleibt, handelt es sich bei der Rechtssetzungsmacht der Exekutive kraft Delegation für Rechtsverordnungen und Kraft gesetzlich verliehener Autonomie für Satzungen nicht um eine Durchbrechung des Gewaltenteilungsgrundsatzes. Dies gilt insbesondere auch, da durch das Grundgesetz keine reine Gewaltenteilung installiert ist, sondern diese zu einer Gewaltenverschränkung abgeschwächt ist, durch die sich die Gewalten gegenseitig kontrollieren, hemmen und mäßigen.[375] Trotzdem stellt diese Rechtssetzungsmacht der Exekutive eine, wenn auch bedeutende Ausnahme von der grundsätzlichen Zuweisung der Normsetzungskompetenz an das Parlament und der Vollzugskompetenz an die Exekutive dar, die jedoch verfassungskonform ist und die ihre Rechtfertigung maßgeblich aus der aufgrund demokratischer Legitimation erforderlichen Determinierung der Rechtssetzungskompetenz durch das Parlament mittels formellem Gesetz erhält. Normsetzung durch die Exekutive bleibt damit eine, wenn auch häufig anzutreffende Ausnahme im Staat des Grundgesetzes.

### *3. Anforderungen an weitere Normsetzungsformen*

Auf Grund dieses Ausnahmecharakters kann die Normsetzungskompetenz nur in engen Grenzen und unter dem Vorbehalt des Parlamentsgesetzes an die Exekutive übertragen werden. Dadurch soll sichergestellt werden, dass sich das in Mehrheitsentscheidungen manifestierende Gemeinwohl bei ausreichendem Minderheitenschutz gegenüber Partikularinteressen durchsetzt und eine durch die starke Bindungswirkung von Legislativakten mögliche Diktatur der Minderheit vermieden wird.

Im Hinblick auf die demokratischen Anforderungen von exekutiver Normsetzung werden daher erneut die zuvor behandelten Art. 80 Abs. 1 und 28 Abs. 2 GG relevant.

---

[373] *U. Di Fabio*, DVBl. 1992, 1338 (1343); *P. Axer*, Normsetzung, S. 228 f.

[374] So *P. Axer*, Normsetzung, S. 208 ff., insbes. S. 224 f.; *B.B. Wiegand*, Beleihung, S. 79 ff., 82 ff.

[375] BVerfGE 95, 1 (15).

So stellt Art. 80 Abs. 1 GG Voraussetzungen und Grenzen für die Übertragung und Wahrnehmung von Rechtssetzungsbefugnissen durch die Exekutive auf. Dabei werden die hohe Bedeutung der Rechtssetzung innerhalb der staatlichen Handlungsformen und die damit verbundene Notwendigkeit möglichst hoher demokratischer Legitimation in mehrfacher Hinsicht deutlich: So behält der Verfassungsgeber die exekutive Normsetzung mit der Bundesregierung, dem Bundesminister oder den Landesregierungen grundsätzlich denjenigen Verwaltungsstellen vor, die als Gubernative über die höchste organisatorisch-personelle demokratische Legitimation verfügen, da die, die Legitimation vermittelnde Legitimationskette nur ein bis zwei Stufen enthält.[376] Gleichzeitig bindet er diese bei deren Rechtssetzung sachlich-inhaltlich an das unmittelbar demokratisch legitimierte Parlament rück, indem dieses durch Parlamentsgesetz zum Erlass von Rechtsverordnungen ermächtigt und dabei Inhalt, Zweck und Ausmaß der Ermächtigung bestimmt. In letzter Konsequenz dieser hohen Bedeutung von Normsetzung und seiner demokratischen Legitimation verlässt der Verfassungsgeber den Bereich der unmittelbaren Staatsverwaltung nicht, sondern behält die Rechtssetzung den staatlichen Organen und Behörden ausschließlich vor, indem eine Subdelegation nur innerhalb der Staatsverwaltung normiert wird und daher zulässig ist, während eine Subdelegation in Form einer Exdelegation außerhalb die Verwaltung nicht anerkannt wird, da hierdurch die demokratische Legitimation der Normsetzung aufgrund der verstärkten Mittelbarkeit der Rückführung auf einen parlamentarischen Willensakt bei gleichzeitigem Fehlen originären Rechtssetzungsrechts der Exekutive abgeschwächt würde.[377] Insoweit handelt es sich bei Art. 80 Abs. 1 GG um eine Ausprägung des Demokratieprinzips,[378] aus der deutlich wird, dass die Ausübung von Normsetzungsbefugnissen grundsätzlich dem Rechtsstaats-, vor allem aber dem Demokratieprinzip genügen muss und Normsetzung demokratischer Legitimation bedarf.[379]

Weiter wird durch die verfassungsrechtliche Anerkennung der Satzungsautonomie nach Art. 28 Abs. 2 GG sowie den übrigen Fällen von Satzungsbefugnissen, die nicht vom Grundgesetz gehindert werden, deutlich, dass die Satzungsautonomie besondere Strukturen der Selbstverwaltung und insbesondere das Erfordernis demokratischer Legitimation erfordert.[380] Ebenfalls ist im Hinblick auf die demokratische Legitimation von Normsetzung anerkannt, dass neben der

---

[376] *K. Rennert*, JZ 2009, 976 (981).

[377] Dazu ausführlich unter Kapitel 5 A.II.1.a.aa. (2) Die Ermächtigung zum Erlass von Rechtsverordnungen nach Art. 80 Abs. 1 GG.

[378] *B. Pieroth*, in: *Jarass/Pieroth* (Hrsg.), GG, Art. 80 Rn. 1; *R. Sannawald*, in: *Schmidt-Bleibtreu/Hofmann/Hopfauf* (Hrsg.), GG, Art. 80 Rn. 5.

[379] *B. Pieroth*, in: *Jarass/Pieroth* (Hrsg.), GG, Art. 80 Rn. 19; *R. Sannawald*, in: *Schmidt-Bleibtreu/Hofmann/Hopfauf* (Hrsg.), GG, Art. 80 Rn. 99; *K. Rennert*, JZ 2009, 976 (981); *M. Lepa*, AöR 105 (1980), S. 337 (359) m.w.N.; *A. Wallrabenstein*, in: *Kunig/v. Münch* (Hrsg.), Grundgesetz, Art. 80 Rn. 2, 5; *W.-R. Schenke*, in: FS Fröhler 1980, S. 87 (108 f.).

[380] *M. Möstl*, in: *Erichsen/Ehlers* (Hrsg.), Allgemeines Verwaltungsrecht, § 19 Rn. 9; *U. Di Fabio*, NZS 1998, 449 (452).

strengen Rückbindung exekutiver Normsetzung in Form von Rechtsverordnungen, wie sie durch Art. 80 Abs. 1 GG im Sinne des klassischen Legitimationsmodells erfolgt, diese auch durch Formen demokratischer Legitimation „von unten“ ergänzt bzw. sogar kompensiert werden können.[381]

So lässt sich aus Art. 28 Abs. 2 und 80 Abs. 1 GG der Schluss ziehen, dass das Grundgesetz Normsetzung dann zulässt, wenn die demokratische Legitimation hinreichend sichergestellt ist, wobei es offen lässt, wie diese hergestellt wird, ob also durch Rückbindung mittels formellem Gesetz, wie bei Art. 80 Abs. 1 GG, oder durch eigenständige Legitimation der erlassenden Verwaltungseinheiten durch Wahlakt eines von der Verfassung anerkannten Teilvolks, wie bei Art. 28 Abs. 2 GG.

In diesem Zusammenhang kann auch auf die von *Ingwer Ebsen* erbrachte Systematisierungsleistung hingewiesen werden, nach welcher der Gesetzgeber beginnend mit dem Parlamentsvorbehalt über die Verordnungsermächtigung unmittelbarer Staatsverwaltung des Art. 80 Abs. 1 GG bis hin zur Satzungsautonomie von Selbstverwaltungskörperschaften für die Einräumung exekutiver Rechtssetzungskompetenz einen höheren Spielraum erhält.[382] Diese Abstufung ist eine Manifestation des demokratischen Legitimationserfordernisses und zwangsläufige Folge der Substitution der parlamentsvermittelten demokratischen Legitimation durch die teilvolkvermittelte. Aus diesem Grunde können auch die Anforderungen, welche Art. 80 Abs. 1 GG für den Verordnungserlass durch die unmittelbare Staatsverwaltung aufstellt, nicht auf die Satzungsgebung autonomer Selbstverwaltungskörperschaften übertragen werden, da Letztere eine eigenständige Legitimation, freilich neben derjenigen mittels Gesetzesbindung durch das Parlament, aufweisen, wodurch der Abstand zwischen Normgeber und Normadressat verringert wird.[383]

Deutlich wird durch diesen verfassungsrechtlichen Befund, dass eine exekutive Normsetzung daher grundsätzlich nicht gehindert, sondern dann möglich ist, wenn diese Form von Verwaltungshandeln ausreichende demokratische Legitimation für sich reklamieren kann.[384]

Dementsprechend kann gegen das Fehlen eines *Numerus clausus* auch nicht angeführt werden, dass das Grundgesetz Grundsätze, nach denen sich Normsetzung richten muss und denen daher Rechtsformen genügen müssen, vorgibt.[385] Denn selbst neue Rechtssetzungsformen sind nicht voraussetzungsfrei zulässig und müssen den Anforderungen, die durch das Grundgesetz für die anerkannten

[381] BVerfGE 111, 191 (215 ff.); *M. Möstl*, in: *Erichsen/Ehlers* (Hrsg.), Allgemeines Verwaltungsrecht, § 19 Rn. 7; *F. Ossenbühl*, in: *Isensee/Kirchhof* (Hrsg.), HStR V, § 105 Rn. 25; *U. Di Fabio*, NZS 1998, 449 (552).

[382] *I. Ebsen*, VSSR 1990, 57 (72 ff.).

[383] BVerfGE 33, 125 (156 f.).

[384] In diesem Sinne *F.E. Schnapp*, MedR 1996, 418 (419); *R. Wimmer*, MedR 1996, 425; *M. Sachs*, VerwArch 74 (1983), S. 25 (34, 40 f.); allgemeiner BVerfGE 93, 37 ff.

[385] *J. Castendiek*, Normsetzungsvertrag, S. 77; *V. Neumann*, Normenvertrag, S. 23; *A. Kessler-Jensch*, Die Richtlinien im SGB XI, S. 142; *B.B. Wiegand*, Beleihung, S. 83.

aufgestellt werden, ebenfalls genügen. So müssen neue Rechtssetzungsformen selbstverständlich dem Demokratieprinzip entsprechen, aber auch im Übrigen verfassungskonform sein, insbesondere den Grundsatz der Gewaltenteilung bzw. den der Gewaltenverschränkung beachten.[386] Der Verfassungsgeber gibt damit den Rahmen vor, in dem sich die Normsetzungsformen bewegen müssen, er reklamiert dagegen keinen Vorbehalt für die Schaffung neuer Rechtssetzungsformen für sich.[387]

Um diesen Anforderungen zu genügen, wird als Voraussetzung der Übertragung derartiger Befugnisse zur Setzung exekutiver Normen eingefordert, dass die Ermächtigungen den vom Grundgesetz aufgestellten Erfordernissen genügen müssten, insbesondere nach Inhalt, Zweck und Ausmaß determiniert sein und die Verbände die jeweiligen Leistungserbringer repräsentieren müssten.[388] Diese aus Art. 80 I 1 GG abgeleiteten Erfordernisse von gesetzlicher Determination sowie Repräsentation sind Fragen nach der Verfassungsmäßigkeit derartiger Normsetzungsformen, die ihren Ausgangspunkt in der Frage nach deren demokratischer Legitimation nehmen. Von dieser kann, wie gesehen, auch bei neueren normativen Handlungsformen nicht entbunden werden, weshalb sie nach wie vor einzufordern sind.[389] Insofern vermag auch der Standpunkt des BSG, nachdem diese im Kassen- und Vertragsarztrecht eine lange Tradition hätten und „möglicherweise gewohnheitsrechtlich anerkannte Institute" seien,[390] nicht von diesen Anforderungen zu dispensieren. Im Folgenden wird daher die demokratische Legitimation der Normenverträge behandelt.

### *4. Die demokratische Legitimation von Normenverträgen*

Ergehen durch Normenverträge Regelungen, die auch gegenüber Dritten, also am Vertragsschluss nicht Beteiligten, verbindlich sind, stehen diese der Rechtssetzungsmacht der Vertragsparteien in einem klassischen Staat-Bürger-Verhältnis gegenüber.[391] Es handelt sich daher bei dem Abschluss derartiger Normenverträge um die Ausübung von Staatsgewalt. Hierdurch wird die Frage aufgeworfen, wie diese Normsetzung demokratisch legitimiert ist und daher vor Art. 20 Abs. 2 GG Bestand hat.

Im Folgenden werden daher die in (a.) Rechtsprechung und Literatur vertretenen verschiedenen Ansätze, die entweder die Verfassungswidrigkeit annehmen,

---

[386] *P. Axer*, Normsetzung, S. 225 ff.; *M. Sachs*, VerwArch 74 (1983), S. 25 (34, 40 f.).

[387] *F.E. Schnapp*, MedR 1996, 418 (419); *M. Kaltenborn*, Rechtstheorie 34 (2003), S. 459 (480); *M. Sachs*, VerwArch 74 (1983), S. 25 (34); *P. Kreutz*, Grenzen, S. 85 ff., 87 m.w.N.; *R. Wimmer*, NJW 1995, 1577 (1579); *K. Stern*, Staatsrecht I, § 3 III 3b m.w.N.; *J. Castendiek*, Normsetzungsvertrag, S. 78.

[388] BVerfGE 33, 125 (157); *P. Axer*, Normsetzung, S. 309.

[389] *M. Kaltenborn*, Rechtstheorie 34 (2003), S. 459 (481); *A. Hänlein*, Rechtsquellen im Sozialversicherungsrecht, S. 58.

[390] BSG, NZS 1995, 502 (512).

[391] *T. Rompf*, VSSR 2004, 281 (292); *H. Klückmann*, in: *Hauck/Noftz* (Hrsg.), SGB V, § 82 Rn. 23, zum Bundesmantelvertrag.

oder aber versuchen, dem Beschlussgremium eine verfassungsrechtliche Rechtfertigung zuzubilligen, kurz skizziert, ohne dass es aufgrund der Vielzahl der hierzu vertretenen Meinungen möglich wäre, diese vollumfänglich darzustellen,[392] ehe auch bei diesen Handlungsformen aufgrund deren konsensualen Zusammenkommens auf (b.) Konsens als Legitimationsspender und die Möglichkeit der Kompensation vorhandener Legitimationsdefizite hierdurch eingegangen wird.

### *a. Bisheriger Stand in Literatur und Rechtsprechung*

Eine (aa.) demokratische Legitimation durch Wahlen besteht ebenso wenig wie eine (bb.) nach dem klassischen Legitimationsmodell, wie auch die (cc.) autonome Legitimation durch Verbands- bzw. Teilvölker nicht überzeugt. Literatur und Rechtsprechung sind daher bemüht, die Defizite demokratischer Legitimation dadurch auszugleichen, dass entweder (dd.) die organisatorisch-personelle Legitimation durch die sachlich-inhaltliche substituiert wird, (ee.) die Legitimation durch die analoge Anwendung von Art. 9 Abs. 3 GG, über (ff.) den Regelungsvorbehalt aus Art. 12 Abs. 1 Satz 2 GG, die Heranziehung (gg.) des Sachleistungsprinzips bzw. des historischen Herkommens der Normenverträge oder (hh.) einer Theorie des Grundrechtsverzichts begründet wird. Darüber hinaus bestehen (ii.) weitere Ansätze, wie Legitimation hergestellt werden kann. Zum Abschluss der Darstellung des Streitstandes erfolgt eine (jj.) Zusammenfassung und Bewertung.

#### *aa. Keine Legitimation durch unmittelbare Wahlen*

Eine Legitimation des Entscheidungsgremiums durch unmittelbare Wahlen scheidet aus. Dieses wird nicht durch das Gesamtvolk gewählt, so dass es seine demokratische Legitimation nicht von diesem durch Wahl herleiten kann.

#### *bb. Keine Legitimation nach dem klassischen Legitimationsmodell*

Nach dem klassischen Legitimationsmodell sind eine (1) sachlich-inhaltliche sowie eine (2) organisatorisch-personelle Legitimation erforderlich.

##### *(1) Sachlich-inhaltliche Legitimation*

Die sachlich-inhaltliche Legitimation setzt voraus, dass eine Aufgabenzuweisung sowie die inhaltliche Determination durch Parlamentsgesetz erfolgen. Dabei ist zu beachten, dass die exekutive Rechtssetzung in Form von Rechtsverordnungen aufgrund von Art. 80 Abs. 1 GG nur aufgrund einer nach Inhalt, Zweck und Ausmaß bestimmten Ermächtigung erfolgen darf, um u.a. die Rückbindung an

---

[392] Ausführlich hierzu *D. Boerner*, Normenverträge im Gesundheitswesen, S. 127 ff.; *T. Rompf*, VSSR 2004, 281 (292 ff.).

einen parlamentarischen Willensakt und damit die demokratische Rückbindung sicherzustellen. Dieses Anliegen greift jedoch in Ausnahme von Satzungen auch bei exekutiven Rechtssetzungen, die in anderer Rechtsform als derjenigen der Rechtsverordnung ergehen. Daher müssen die von Art. 80 Abs. 1 GG aufgestellten Begrenzungen immer dann eingehalten werden, wenn der Gesetzgeber seine Normsetzungsbefugnis an die Exekutive abgibt, ohne dass es sich dabei um die Übertragung von Satzungsgewalt handelt.[393]

Hierfür wird gefordert, dass der Gesetzgeber die Entscheidung trifft, welche Gegenstände durch die Normen einer Regelung zugeführt werden, er das Ziel der Normierung vorgibt und die Grenzen einer solchen Regelung festsetzt,[394] wobei in der Rechtsprechung des BVerfG das Bestimmtheitsgebot eher abgeschwächt ausgelegt wird, so dass lediglich pauschale Ermächtigungen ausgeschlossen sein sollen.[395] Dabei kommt es auch auf die Eingriffsintensität an, so dass schwer wiegendere Eingriffe höhere Anforderungen an die Bestimmtheit der Ermächtigung nach sich ziehen,[396] wie auch die Eigenart der Rechtsmaterie Auswirkungen auf diese zeitigt.[397] So muss durch die Ermächtigung vorhersehbar sein, in welchen Fällen von der Ermächtigung Gebrauch gemacht wird, welche Tendenz diese Ausübung der Befugnis haben wird und welchen Inhalt die exekutive Norm voraussichtlich hat.[398]

Die Aufgaben und die Zwecke, die durch die jeweiligen Normenverträge erfüllt werden sollen, werden jeweils vom Gesetzgeber sowohl für den Bundesmantelvertrag,[399] für die Gesamtverträge,[400] für die Kollektivverträge in der Gesetzlichen Krankenversicherung[401] als auch für den Rahmenvertrag in der Sozialen Pflegeversicherung[402] vorgegeben. Insoweit werden Zweck und Inhalt der Normenverträge weitgehend determiniert. Inwieweit auch eine normative Bestimmung des Ausmaßes in ausreichender Weise sichergestellt ist, kann zweifelhaft erscheinen. Insbesondere bei den ganz bewusst abstrakt gehaltenen Ermächtigungen zur Setzung von Bundesmantel- und Gesamtverträgen ist das Ausmaß nicht bestimmt, sondern nur durch den Zweck, die vertragsärztliche Versorgung zu regeln, sehr grob umrissen. Dies ist insoweit auch notwendig, da

---

[393] BVerfGE 33, 125 (157).

[394] *B. Pieroth*, in: *Jarass/Pieroth* (Hrsg.), GG, Art. 80 Rn. 11; dazu auch BVerfG, NVwZ 2014, 1219 ff.

[395] *B. Pieroth*, in: *Jarass/Pieroth* (Hrsg.), GG, Art. 80 Rn. 11; *F. Ossenbühl*, in: *Isensee/Kirchhof* (Hrsg.), HStR V, § 103 Rn. 22.

[396] BVerfGE 48, 210 (221 f.); 49, 89 (133); 59, 104 (114); 58, 257 (277 f.); 62, 203 (210); 86, 288 (311).

[397] BVerfGE 48, 210 (221 f.); 76, 130 (143).

[398] BVerfGE 1, 14 (60); 19, 354 (361 f.).

[399] §§ 76 Abs. 3a, 87 Abs. 1 Satz 1, 2 u. 6, 92 Abs. 8, 295 Abs. 3 SGB V sowie Anm. 66.

[400] §§ 82 Abs. 2 Satz 1, 83 Satz 1 1. Hs., 85 Abs. 2 Satz 1, 87a, 73a Abs. 1 Satz 1 SGB V sowie Anm. 107 und 109.

[401] §§ 112 Abs. 2 Satz 1, 115 Abs. 2 Satz 1, 115b 1 SGB V sowie die Eingrenzung in § 115a Abs. 3 Satz 1 SGB V auf die Vergütung.

[402] § 75 Abs. 2 SGB XI.

durch die Institutionen der Bundesmantel- und Gesamtverträge gerade der Gesetzgeber von einer detaillierten Regelung entlastet werden soll. Trotzdem kann zumindest mit Blick auf die sachlich-inhaltliche Legitimation ein Defizit festgestellt werden.

Derartige Defizite sachlich-inhaltlicher Legitimation können jedoch durch eine verstärkte organisatorisch-personelle Legitimation kompensiert werden.

### *(2) Organisatorisch-personelle Legitimation*

Allerdings fehlt die im Rahmen des klassischen Legitimationsmodells eingeforderte organisatorisch-personelle Legitimation mangels einer ununterbrochenen, auf das Volk rückführbaren Kette von Berufungsakten der vertragsschließenden Vertreter. Insbesondere wirft die Bindungswirkung von Verträgen auch gegenüber Versicherten, wie sie sich nunmehr aus der gesetzlichen Anordnung des § 217e Abs. 2 SGB V ergibt, Probleme der demokratischen Legitimation auf. Der Gesetzgeber begründet die Legitimation für den Abschluss von Normenverträgen aus dem Selbstverwaltungsprinzip,[403] was jedoch in der Literatur auf Kritik stößt.[404] So wird zum Teil allein der Verwaltungsrat als demokratisch ausreichend legitimiert angesehen,[405] wobei auch dies aufgrund der fehlenden organisatorisch-personellen Legitimation durch die Sozialwahlen wie auch durch die Entsendung in Zweifel gezogen wird.[406] Insoweit bestehen also auch mit Blick auf die organisatorisch-personelle Legitimation Defizite, deren Kompensation durch die sachlich-inhaltliche Legitimation ausscheidet.

### *cc. Autonome Legitimation durch Teil- bzw. Verbandsvölker*

Auch eine autonome Legitimation durch Teil- bzw. Verbandsvölker besteht nicht. Diese steht vor denselben Schwierigkeiten, wie sie bereits zum G-BA erörtert wurden.[407] Insbesondere das Vorliegen von Teilvölkern wie auch die mitgliedschaftlich-partizipatorische Komponente sind nur teilweise vorhanden, wie auch die fehlende Vertretung der Versicherten Probleme aufwirft.

---

[403] BT-Drs. 16/3100, S. 162.

[404] *A. v. Boetticher*, in: *Hänlein/Kruse/Schuler* (Hrsg.), Sozialgesetzbuch V, § 217e Rn. 4; *ders.*, SGb 2009, 15 (18); *K.-H. Mühlhausen*, in: *Becker/Kingreen* (Hrsg.), SGB V, § 217e Rn. 9; *F. Welti*, Soziale Sicherheit 2006, 254 (259); *K. Peters*, in: *Leitherer* (Hrsg.), Kasseler Kommentar, § 240 SGB V Rn. 25.

[405] LSG Hessen, L 1 KR 327/10 B ER, Rn. 46; Sächsisches LSG, L 1 KR 173/10 B ER, Rn. 15 ff.

[406] SG München, S 19 KR 873/09, Rn. 24; a.A. SG Dresden, S 18 KR 467/10, Rn. 6; Sächsisches LSG, L 1 KR 173/10 B ER, Rn. 27 ff. Dazu bereits Kapitel 3 C.VI.1. Die Sozialversicherungsträger des SGB IV.

[407] Dazu die Ausführungen zu Kapitel 3 D.IV.1.c. Autonome Legitimation durch Teil- bzw. Verbandsvölker.

### *dd. Substitution der organisatorisch-personellen durch die sachlich-inhaltliche Legitimation*

In Modifikation des klassischen Legitimationsmodells wird teilweise allein eine sachlich-inhaltliche Legitimation für ausreichend erachtet.[408] Folglich genüge es, dass die Normsetzungskompetenz durch den Bundesgesetzgeber verliehen werde, so dass eine organisatorisch-personelle Legitimation über Wahlen der Selbstverwaltungskörperschaften überflüssig sei. Insbesondere seien die Anforderungen von Art. 80 Abs. 1 Satz 2 GG nicht auf Normsetzung durch Verträge anwendbar, sondern nur durch Rechtsverordnung.[409] Ähnlich ist der Ansatz, nach dem die demokratische Legitimation durch die gesetzliche Ermächtigung zum Abschluss der Normenverträge kompensiert werde, welche die Geltung auch gegenüber Dritten begründe, da der Gesetzgeber aufgrund Art. 87 Abs. 2 GG Normsetzungsbefugnisse auf Sozialversicherungsträger übertragen dürfe.[410] Des Weiteren seien die gesetzlichen Vorgaben ausreichend bestimmt.[411]

Allerdings ist zu beachten, dass auch nach der Rechtsprechung des BVerfG eine Substitution der sachlich-inhaltlichen Legitimation und der organisatorisch-personellen Legitimation nur teilweise erfolgen kann, nicht jedoch vollständig, so dass ein derartiges Legitimationskonzept in Ermangelung einer zumindest neben die sachlich-inhaltliche Legitimation tretende Kategorie wie die der organisatorisch-personellen nicht vereinbar wäre mit der klassischen Legitimationstheorie.

### *ee. Legitimation durch analoge Anwendung von Art. 9 Abs. 3 GG*

Ausgehend von der Tatsache, dass der Gesetzgeber das Tarifvertragsmodell, das durch Koalitionen im Sinne des Art. 9 Abs. 3 GG gekennzeichnet ist, denen jedoch aufgrund ihrer Vereinsstruktur keine Legitimation zum Abschluss von Verträgen mit normativer Wirkung zukommt[412] und daher eine Allgemeinverbindlicherklärung von staatlicher Stelle erforderlich ist, auf den Krankenhausbereich sowie den Heil- und Hilfsmittelsektor übertragen hat, wird eine Legitimation zur Normsetzung durch die analoge Anwendung von Art. 9 Abs. 3 GG vertreten.[413] Allerdings besteht bei beiden Bereichen die Besonderheit, dass in diesen

---

408 BSGE 94, 50 (60 Rn. 32 ff.); *K. Engelmann*, NZS 2000, 76 (76 ff.); *T. Rompf*, VSSR 2004, 281 (283 ff.); *G. Borchert*, NZS 2004, 287 (290); *U. Freudenberg*, in: *Schlegel/Engelmann* (Hrsg.), SGB V, § 82 Rn. 32, jeweils zum Bundesmantelvertrag; *J. Joussen*, SGb 2004, 334 (340 ff.), der jedoch eine Drittwirkung für verfassungswidrig hält.

409 BSGE 100, 154 ff.

410 *P. Axer*, Normsetzung, S. 77 f.; *U. Becker*, in: *ders./Kingreen* (Hrsg.), SGB V, § 112 Rn. 14, zu § 112 SGB V.

411 *U. Becker*, in: *ders./Kingreen* (Hrsg.), SGB V, § 112 Rn. 14.

412 Zur Tariffähigkeit *O.E. Kempen*, in: *ders./Zachert* (Hrsg.), Tarifvertragsgesetz, § 2 Rn. 1 ff.; *M. Löwisch/V. Rieble*, TVG, § 2 Rn. 1 ff.; *G. Peter*, in: *Däubler* (Hrsg.), Tarifvertragsgesetz, § 2 Rn. 2 ff.

413 *H.D. Schirmer*, MedR 1996, 404 (410 f.); *A. Hänlein*, Rechtsquellen im Sozialversicherungsrecht, S. 387 ff.

gerade keine Organisationen vorkommen, die jenen Koalitionen vergleichbar sind, sondern eine Vielzahl unterschiedlicher Träger in der Form des Privatrechts vorhanden sind.[414] Insbesondere liegt im Hinblick auf die Krankenhäuser keine Verkammerung in öffentlich-rechtlichen Zwangsverbänden vor, wie dies auf dem Gebiet des Vertragsarztrechts der Fall ist. So existiert weder eine Verpflichtung für Krankenhäuser, der vertragschließenden Vereinigung beizutreten, noch eine, in der Organisation zu verbleiben. Vielmehr kann jedes Krankenhaus frei darüber entscheiden, aus dieser Vereinigung wieder auszutreten.[415] Gleiches gilt für die Pflegeeinrichtungen. Letztlich kann die Erstreckung der Bindungswirkung allein durch die Verkammerung mittels der gesetzlichen Schaffung einer Körperschaft des öffentlichen Rechts und der Ausgestaltung der Mitgliedschaft als Pflicht erreicht werden.[416] Eine solche Verkammerung der zugelassenen Krankenhäuser, die nach dem Vorbild des Vertragsarztrechtes hätte erfolgen sollen, wurde jedoch wieder aufgegeben.[417] Dies ist auch folgerichtig, da gerade im Krankenhausbereich kein „Kollektiv von Rechtsgenossen" mit gleichlaufenden Interessen besteht.[418] Darüber hinaus ist diese normative Wirkung nicht durch den Willen der Mitglieder getragen, sondern verletzt diese durch die Einführung eines faktischen Beitrittszwangs – sofern es sich um Privatrechtssubjekte handelt – in ihren Grundrechten[419] und in deren Vertragsfreiheit.[420] So fehlt durch das

---

[414] *A. Hänlein*, Rechtsquellen im Sozialversicherungsrecht, S. 400, 447; *M. Heinze*, in: *Schulin* (Hrsg.), Handbuch des Sozialversicherungsrechts, Bd. 1, § 38 Rn. 62, zu § 112 Abs. 2 SGB V.

[415] Vgl. § 4 Nr. 5 der Satzung der Bayerischen Krankenhausgesellschaft e.V. vom 30.11.1979; *J. Castendiek*, Normsetzungsvertrag, S. 23 f., zu § 112 Abs. 2 SGB V.

[416] *R. Hess*, in: *Leitherer* (Hrsg.), Kasseler Kommentar, § 112 SGB V Rn. 12; *U. Hencke*, in: *Peters* (Hrsg.), Handbuch der Krankenversicherung, § 112 Rn. 3.

[417] *A. Hänlein*, Rechtsquellen im Sozialversicherungsrecht, S. 340 ff. So zielte ein Vorschlag der Kommission Krankenhausfinanzierung der Robert-Bosch-Stiftung darauf ab, die Krankenhäuser mittels Pflichtmitgliedschaft in einer öffentlich-rechtlichen Krankenhausvereinigung zu organisieren, sog. Körperschaftsmodell, *Robert Bosch Stiftung*, Krankenhausfinanzierung I, S. 164 ff., 183 ff., 233 ff., 245 ff., sowie die Stellungnahmen hierzu in *Robert Bosch Stiftung*, Krankenhausfinanzierung II, S. 25 ff., 55 ff. Ebenso war im Entwurf der damaligen Koalitionsregierung aus CDU, CSU und FDP von 1997 ein Krankenhaus-Neuordnungsgesetz vorgesehen, nachdem die Träger zugelassener Krankenhäuser in den Landeskrankenhausgesellschaften von Gesetzes wegen zusammengeschlossen werden sollten, § 108a SGB V i.d.F. des Art. 2 Nr. 5 des Entwurfs eines Gesetzes zur Neuordnung der Krankenhausfinanzierung 1997 – Krankenhaus-Neuordnungsgesetz 1997 (KHNG 1997) vom 22.11.1995, BT-Drs. 13/3062.

[418] *A. Hänlein*, Rechtsquellen im Sozialversicherungsrecht, S. 447.

[419] Insbesondere die (negative) Vereinigungsfreiheit, die zum Teil aus Art. 9 Abs. 1 GG gefolgert wird, *A. v. Mutius*, VerwArch 64 (1973), S. 81 (82 f.); *R. Scholz*, Koalitionsfreiheit, S. 272 f., zum Teil auch aus Art. 2 Abs. 1 GG abgeleitet wird, BVerfGE 10, 89 (102); 78, 320 (329 f.), sowie die Berufsfreiheit werden hierbei angeführt; zu § 112 Abs. 2 SGB V *M. Heinze*, in: *Schulin* (Hrsg.), Handbuch des Sozialversicherungsrechts, Bd. 1, § 38 Rn. 63; *J. Castendiek*, Normsetzungsvertrag, S. 193, 210; zu § 75 SGB XI *M. Plantholz*, in: *Klie/Krahmer* (Hrsg.), Sozialgesetzbuch XI, § 75 Rn. 9; bzgl. § 79 SGB XII gehen *S. Jaritz/W. Eicher*, in: *Coseriu/Eicher* (Hrsg.), SGB XII, § 79 Rn. 17, davon aus, dass die Landesrahmenverträge zulässige Berufsausübungsregelungen sind.

[420] Zu § 112 SGB V *A. Hänlein*, in: *ders./Kruse/Schuler* (Hrsg.), Sozialgesetzbuch V, § 112 Rn. 3; *ders.*, Rechtsquellen im Sozialversicherungsrecht, S. 399 ff.; *J. Teigelack*, Zwei- und dreiseitige Verträge, S. 84 ff.

Element der Bindung von Außenseitern der Ansatz des autonom-mitgliedschaftlichen Legitimationselements.[421] Die normative Anordnung der Wirkung auch gegenüber Dritten ist in diesen Fällen vom Konzept „heimliche[r] Verkammerung“ getragen.[422] Insbesondere ist die Anordnung der Verbindlichkeit der vertraglich getroffenen Regelungen durch den Gesetzgeber schon vor der Aushandlung der Regelung nicht mit der Legitimation vermittelnden Allgemeinverbindlicherklärung im Tarifvertragsrecht gleichzusetzen, die als Akt der Rechtssetzung in Form einer Rechtsverordnung[423] in einem eigenen staatlichen Rechtssetzungsverfahren erfolgt[424] und erst nach erfolgter Vereinbarung für die vertraglichen Regelungen als Form privater Rechtssetzung durch das Bundes- oder Landesministerium für Arbeit als demokratisch legitimierter Stelle ergeht.[425] Notwendig für die Bindungswirkung ist daher die Anerkennung durch Satzung,[426] wodurch allein die Mitglieder der vertragschließenden Vereinigungen gebunden werden.[427] In Ermangelung dessen besteht für diese Organisationsformen grundsätzlich keine demokratische Legitimation nach dem klassischen Legitimationsmodell zum Erlass von normativen Regelungen, was die Nichtigkeit dieser Verträge nach sich ziehen würde.[428]

### *ff. Legitimation über den Regelungsvorbehalt aus Art. 12 Abs. 1 Satz 2 GG*

Gilt der Vertragsarzt als freier Beruf, wird weiter vertreten, dass die Befugnis zur Rechtssetzung durch Kollektivverträge durch den Gesetzesvorbehalt aus Art. 12 Abs. 1 Satz 2 GG gedeckt sei, aufgrund dessen Eingriffe in die Berufsausübung und die Berufswahl gerechtfertigt sein können.[429] Als Rechtfertigungsgründe für den Eingriff kämen der Schutz der Gesundheit der Bevölkerung, Art. 2 Abs. 2

---

[421] *A. Hänlein*, Rechtsquellen im Sozialversicherungsrecht, S. 400.

[422] *V. Neumann*, Freiheitsgefährdung, S. 272.

[423] Zur Rechtsnatur der Allgemeinverbindlicherklärung *W. Zöllner/K.-G. Loritz/C.W. Hergenröder*, Arbeitsrecht, § 38 IV 5 Anm. 66.

[424] *W. Zöllner/K.-G. Loritz/C.W. Hergenröder*, Arbeitsrecht, § 38 IV 5; *M. Löwisch/V. Rieble*, TVG, § 5 Rn. 115 ff.

[425] *M. Plantholz*, in: *Klie/Krahmer* (Hrsg.), Sozialgesetzbuch XI, § 75 Rn. 9; *Sproll*, in: *Wagner/Knittel/Baier* (Hrsg.), Soziale Krankenversicherung, § 82 SGB V Rn. 3; ähnlich *T. Rompf*, VSSR 2004, 281 (296), der jedoch den maßgeblichen Unterschied darin sieht, dass die Normenverträge ihre Wirksamkeit „aus sich selbst heraus“ entfalten, was jedoch zweifelhaft ist, da der Vertrag nur durch diese gesetzliche Anordnung zum Normenvertrag wird.

[426] *T. Clemens*, MedR 1996, 432 (437).

[427] *A. Hänlein*, Rechtsquellen im Sozialversicherungsrecht, S. 447 f.; *M. Heinze*, SGb 1997, 397 (399 f.); zu § 115 b SGB V *M. Heinze*, in: *Schulin* (Hrsg.), Handbuch des Sozialversicherungsrechts, Bd. 1, § 38 Rn. 100.

[428] *A. Flüchter*, Kollektivverträge, S. 121; *J. Castendiek*, Normsetzungsvertrag, S. 128, 210; *J. Joussen*, SGb 2004, 334 (341); *H. Sodan*, NZS 1998, 305 (309); zu § 112 Abs. 2 SGB V *M. Heinze*, in: *Schulin* (Hrsg.), Handbuch des Sozialversicherungsrechts, Bd. 1, § 38 Rn. 63; zu § 75 SGB XI *A. Hänlein*, Rechtsquellen im Sozialversicherungsrecht, S. 407; *W. Spellbrink*, in: *Hauck/Noftz* (Hrsg.), SGB XI, § 75 Rn. 12; *F. Maschmann*, SDSRV 1996, 49 (151 f.); *V. Neumann*, in: *Schulin* (Hrsg.), Handbuch des Sozialversicherungsrechts, Bd. 4, § 21 Rn. 46 ff.

[429] *V. Neumann*, MedR 1996, 389 (390); *F. Hufen*, MedR 1996, 394 (398).

GG, sowie die Finanzierbarkeit des Systems der gesetzlichen Krankenversicherung, die aufgrund des Sozialstaatsprinzips sicherzustellen sei, als Werte mit Verfassungsrang in Betracht.[430] Dagegen spricht jedoch bereits, dass Art. 12 Abs. 1 Satz 2 GG nicht als Ermächtigungsgrundlage für den Erlass von Normenverträgen herangezogen werden kann, die nicht nur gegenüber einer bestimmten Berufsgruppe wirken, sondern auch gegenüber den Krankenkassen und damit den Versicherten.[431]

### *gg. Das Sachleistungsprinzip und das historische Herkommen*

Auch das Sachleistungsprinzip, das vom BSG als „übernormatives Grundprinzip" bezeichnet wurde,[432] wie auch das historische Herkommen werden herangezogen, um die Normsetzung zu legitimieren.[433] Diese würden zur Vereinbarkeit mit den verfassungsrechtlichen Anforderungen an untergesetzliche Normsetzung führen.[434] Hiergegen kann jedoch eingewandt werden, dass das Sachleistungsprinzip keinen Verfassungsrang genießt wie auch tradierte Normsetzungsformen, sollten sie unter dem Grundgesetz Bestand haben, den Vorgaben der Verfassung genügen müssen.[435] Ebenso handelt es sich bei diesem Prinzip, wie auch bei anderen Prinzipien, nicht um konkrete Ermächtigungsgrundlagen, wie sie das Rechtsstaatsprinzip für die Normsetzung und für Rechtseingriffe fordert.[436]

### *hh. Die Theorie des Grundrechtsverzichts*

Nach der Theorie des Grundrechtsverzichtes würde die Legitimation der normativen Wirkung insbesondere des Bundesmantelvertrags der Ärzte und der Gesamtverträge damit hergestellt, dass mit dem Antrag des Arztes auf Zulassung zur vertragsärztlichen Versorgung ein konkludenter Verzicht verbunden sei, die von den Verträgen berührten Grundrechte auszuüben.[437]

Da jedoch ein Grundrechtsverzicht hohen Anforderungen unterworfen ist und jederzeit widerrufen werden kann,[438] ist sehr zweifelhaft, ob der Antragstellung zur Zulassung zur vertragsärztlichen Versorgung dieser Erklärungsgehalt beigemessen werden kann.[439] Darüber hinaus vermag dieser Ansatz die Bin-

---

430 *F. Hufen*, MedR 1996, 394 (399).

431 *T. Rompf*, VSSR 2004, 281 (294).

432 BSGE 69, 170 (173).

433 *K. Engelmann*, NZS 2000, 1 (5).

434 *K. Engelmann*, NZS 2000, 76 (80).

435 Zum Sachleistungsprinzip *S. Rixen*, Sozialrecht, S. 119 ff.

436 *T. Rompf*, VSSR 2004, 281 (298).

437 So *Schirmer* in seinem Tagungsreferat anlässlich der Sozialrechtstagung in Rostock am 9./10.5.1996, zit. nach *T. Clemens*, MedR 1996, 432 (433 Anm. 13).

438 *H.D. Jarass*, in: *ders./Pieroth* (Hrsg.), GG, Art. 1 Rn. 35 f.; *M. Sachs*, in: *ders.* (Hrsg.), Grundgesetz, Vor Art. 1 Rn. 52 ff.

439 *T. Clemens*, MedR 1996, 432 (433); *T. Rompf*, VSSR 2004, 281 (299).

dungswirkung gegenüber den übrigen Krankenkassen, den Kassenärztlichen Vereinigungen oder den Versicherten nicht zu erklären.[440]

*ii. Weitere Ansätze*

Kann die demokratische Legitimation der Normenverträge nicht begründet werden, führt dies zu deren Nichtigkeit. Diese Nichtigkeitsfolge wird zum Teil durch verfassungskonforme Auslegung abzuwenden versucht, indem den einzelnen Krankenhausträgern oder Leistungserbringern, die nicht bereits an einen bestimmten Verbandsvertrag gebunden sind, die Möglichkeit des individualvertraglichen Abschlusses oder der Beitritt zu einem bestehenden Kollektivvertrag eingeräumt wird.[441] Im Hinblick auf den Kollektivvertrag nach § 112 Abs. 2 SGB V wird insoweit vertreten, dass die Regelung so lange tragbar sei, solange die überwiegende Mehrheit der Krankenhäuser durch die Vereinigungen, die als Vertragsparteien auftreten, repräsentiert sind und deren Vereinbarungen über die jeweiligen Satzungen für die Mitglieder Verbindlichkeit erlangen.[442] Dabei wird jedoch das eigentliche Problem, die Wirkung gerade gegenüber Dritten, die nicht organisiert sind und so auf die Vereinbarungen keinen Einfluss ausüben können, nicht gelöst.

Weiter wird die Herstellung demokratischer Legitimation durch staatlichen Mitwirkungsakt ähnlich dem der Allgemeinverbindlicherklärung im Tarifvertragsrecht auch im Hinblick auf die zwei- und dreiseitigen Verträge des SGB V grundsätzlich für möglich gehalten.[443] Allerdings erfolgt ein derartiger, der Allgemeinverbindlicherklärung gleichgearteter Akt nicht, wie auch ein solcher nicht in der Lage ist, das bestehende Legitimationsdefizit nach dem klassischen Legitimationsmodell auszugleichen.[444]

*jj. Zusammenfassung und Bewertung*

Letztlich bleibt festzuhalten, dass der gesetzlich angeordneten normativen Wirkung von vertraglichen Regelungen die demokratische Legitimation nach dem klassischen Legitimationsmodell versagt bleibt und es darüber hinaus auch keinen befriedigenden Ansatz in Literatur und Rechtsprechung gibt, der diese mit dem Demokratieprinzip in Einklang zu bringen und insbesondere die Defizite

---

440 *T. Rompf*, VSSR 2004, 281 (299 f.).

441 *A. Flüchter*, Kollektivverträge, S. 143; zu § 75 SGB XI *M. Plantholz*, in: *Klie/Krahmer* (Hrsg.), Sozialgesetzbuch XI, § 75 Rn. 9.

442 *R. Hess*, in: *Leitherer* (Hrsg.), Kasseler Kommentar, § 112 SGB V Rn. 12; *U. Becker*, in: *ders./Kingreen* (Hrsg.), SGB V, § 112 Rn. 14.

443 *B. Schlink*, Rechtstheorie 11 (1990), S. 1 (10); *J. Teigelack*, Zwei- und dreiseitige Verträge, S. 94; *V. Neumann*, in: *Schulin* (Hrsg.), Handbuch des Sozialversicherungsrechts, Bd. 4, § 21 Rn. 83, 93.

444 Ähnlich *A. Hänlein*, Rechtsquellen im Sozialversicherungsrecht, S. 401, der den mitwirkenden Staatsakt lediglich als ein die Legitimation ergänzendes Element ansieht, ihn jedoch nicht als allein ausreichende Legitimationsquelle anerkennt, da dem Vertrag bereits der für eine Legitimation durch mitwirkenden Staatsakt notwendige „Mindestvorrat" an autonomer Legitimation fehle.

im Hinblick auf die sachlich-inhaltliche und organisatorisch-personelle Legitimation zu beheben vermag.

Vor diesem Hintergrund kann erneut die besondere konsensuale Struktur der Entscheidungsgremien Bedeutung erlangen, so dass im Folgenden der Frage nachgegangen wird, ob durch die Ausgestaltung konsensualer Strukturen eine demokratische Legitimation auch für die Normenverträge vermittelt werden kann.

### *b. Konsens als Legitimationsspender*

Damit konsensualen Organisations- und Verfahrensformen legitimationsspendende Kraft beigemessen werden kann, ist erforderlich, dass diese in der Lage sind, die Legitimationsdefizite mit Blick auf die sachlich-inhaltliche und organisatorisch-personelle Legitimation auszugleichen. Dabei ist deren Zweck insbesondere in der Eindämmung von Machtmissbrauch durch die Rückbindung an das Gesamtvolk zu sehen, indem auf das Handeln des Amtsträgers durch normative Steuerung, Weisungen sowie durch Aufsicht eingewirkt und es so demokratischer Verantwortlichkeit unterzogen wird, wodurch die Akzeptanz der Entscheidungen durch die von ihr Betroffenen gesteigert wird. Hierfür ist bei gruppenpluralen Entscheidungsgremien erforderlich, dass zur Verwirklichung eines effektiven Mitspracherechts der Betroffenen die Interessen der von der Entscheidung unmittelbar oder mittelbar sowie rechtlich oder faktisch Betroffenen in einer nach ihrer Bedeutung und Betroffenheit angemessenen Weise an der Entscheidung einbezogen werden und durch Organisation und Verfahren sichergestellt ist, dass sich in der Entscheidung ein sachgerechter Interessenausgleich manifestiert, indem sich die einbezogenen Interessen gegenseitig ausgleichen. Ein solcher Ausgleich verlangt eine inhomogene Interessenlage im Entscheidungsgremium, wobei die differierenden Interessen aufgrund ihres gleichen Einflusses auf die Entscheidung aneinander gebunden und zu konsensualer Entscheidungsfindung gezwungen werden. Dabei kann der Grad der geforderten Inhomogenität mit dem Anstieg der Anzahl der vertretenen Interessen sinken.

Neben dem Einbezug von betroffenen Interessen kann der Gesetzgeber im Rahmen seines weiten Gestaltungsspielraums auch verwaltungsexternen Sachverstand einbeziehen.

Zusätzlich zu der sachlich-inhaltlichen Legitimation durch ein gesetzlich determiniertes Entscheidungsprogramm sowie der organisatorisch-konsensualen Legitimation ist eine staatliche Kontrolle in Form zumindest einer Rechtsaufsicht wie auch einer gesetzgeberischen Beobachtungspflicht erforderlich, um die Verwirklichung des sachgerechten Interessenausgleichs und die Zurückdrängung von Interessendominanzen zu überwachen und gegebenenfalls gegenzusteuern. Dabei würden weitreichende Befugnisse einer Fachaufsicht das Ziel des Entscheidungsgremiums in Form des Interessenausgleichs sowie den Einbezug von verwaltungsexternem Sachverstand konterkarieren.

Bei Erfüllung dieser Voraussetzungen vermag die organisatorisch-konsensuale Legitimation die Defizite der demokratischen Legitimation der Normenverträge auszugleichen.[445]

Im Folgenden werden daher (aa.) die Bundesmantelverträge, (bb.) die Gesamtverträge, (cc.) die Rahmenverträge in der sozialen Pflegeversicherung sowie (dd.) die Kollektivverträge in der gesetzlichen Krankenversicherung auf deren organisatorisch-konsensuale Legitimation untersucht.

### *aa. Die Bundesmantelverträge*

#### *(1) Die von den Bundesmantelverträgen Betroffenen*

Die Bundesmantelverträge regeln die allgemeinen Inhalte der Gesamtverträge, mithin treffen sie abstrakte Regelungen über die vertragsärztliche Versorgung der Krankenversicherten und ihrer Familienangehörigen. Ziel ist es, eine ausreichende, zweckmäßige und wirtschaftliche Versorgung der Versicherten unter Berücksichtigung des allgemein anerkannten Standes der medizinischen Erkenntnisse zu sichern.

Betroffen sind daher neben den Leistungsempfängern in Gestalt der Versicherten und deren Angehörigen auch die Leistungserbringer und damit die Ärzte sowie auch die Träger der Krankenversicherung. Dabei kommt den Ärzten eine Doppelstellung zu, da sie nicht nur von den Regelungen selbst betroffen sind, sondern sie auch aufgrund ihres Sachverstandes insbesondere mit Blick auf die Beurteilung des allgemein anerkannten Standes der medizinischen Erkenntnisse einbezogen werden.

Insoweit ist es konsequent, dass durch den Bundesmantelvertrag neben den Vertragsparteien der Kassenärztlichen Bundesvereinigungen sowie dem Spitzenverband Bund der Krankenkassen auch die Kassenärztlichen Vereinigungen,[446] die Vertragsärzte[447] und ermächtigten Ärzte,[448] die Landesverbände der Krankenkassen,[449] deren Mitgliedskrankenkassen[450] sowie die Versicherten,[451] wie auch über den Gesamtvertrag dessen Vertragsparteien,[452] also die Kassenärztlichen Vereinigungen und die Landesverbände der Krankenkassen und Ersatzkassen, wie auch die Vertragsärzte[453] und ermächtigten Ärzte[454] sowie die Krankenkassen,[455] unab-

[445] Dazu näher unter Kapitel 2 B. Konsens als Legitimationsspender.
[446] Über deren Satzungen, § 81 Abs. 3 Nr. 1 SGB V.
[447] Über die Satzungen, § 81 Abs. 3 Nr. 1 SGB V, und über § 95 Abs. 3 Satz 3 SGB V.
[448] § 95 Abs. 4 Satz 2 SGB V.
[449] Über deren Satzungen, § 210 Abs. 2 SGB V, und über § 217e Abs. 2 SGB V.
[450] Über die Satzungen, § 210 Abs. 2 SGB V, und über § 217e Abs. 2 SGB V.
[451] § 217 e Abs. 2 SGB V.
[452] § 82 Satz 2 SGB V.
[453] § 95 Abs. 3 Satz 3 SGB V.
[454] § 95 Abs. 4 Satz 2 SGB V.
[455] § 83 Satz 1 2. Hs. SGB V.

hängig von ihrer Mitgliedschaft[456] im Landesverband der Krankenkassen, gebunden sind.

*(2) Interessenrepräsentanz der Betroffenengruppen*

Dabei sind die Krankenkassen und die Vertragsärzte durch die Vertragsparteien des Bundesmantelvertrags repräsentiert. Gleichzeitig vertreten die Kassenärztlichen Bundesvereinigungen nicht nur die Interessen ihrer Mitglieder in Form der Kassenärztlichen Vereinigungen und Mitgliedsärzte, sondern, da sich diese von den nicht in den Vereinigungen organisierten Ärzten im Hinblick auf den Regelungsgegenstand kaum unterscheiden dürften, auch die ermächtigten Ärzte.

Ebenso sind die Interessen der Landesverbände der Krankenkassen sowie der Krankenkassen durch den Spitzenverband Bund der Krankenkassen repräsentiert.

Die Repräsentation der Versicherteninteressen und derjenigen der Angehörigen ist dagegen erneut nicht allein durch die Vertretungen der Krankenkassen zu bewerkstelligen, sondern wird durch die Leistungserbringer in Form der Kassenärztlichen Bundesvereinigungen mitrepräsentiert.

*(3) Inhomogene Interessenstruktur*

Die inhomogene Interessenstruktur bei dieser Konstellation ergibt sich daraus, dass im Hinblick auf die vertragsärztliche Versorgung gegensätzliche Interessen an umfassender Versorgung, einer angemessenen Vergütung für die erbrachten Leistungen sowie der Kostenersparnis bestehen. Das auf Seiten der Krankenkassen und zum Teil auch der Versicherten bestehende Interesse an Kostensenkung wird durch den Spitzenverband Bund der Krankenkassen vertreten, während das diesem entgegengesetzte und damit dieses ausgleichende Interesse an Einnahmeerzielung durch die Beteiligung der Leistungserbringer in Form der Kassenärztlichen Bundesvereinigungen artikuliert wird. Diesen Interessengegensatz erkennt auch das BSG an: „Denn beim Abschluß der Vereinbarungen über die vertragsärztliche Versorgung sind die KÄVen und die KK-Verbände gezwungen, einen Interessenausgleich mit der jeweils anderen Seite zu finden, können also gerade nicht autonom über die eigenen Belange entscheiden."[457]

Gleichzeitig wird durch die Kassenärztlichen Bundesvereinigungen mit der Durchsetzung des Leistungs- und Einnahmeinteresses auch das von den Versicherten und deren Familienangehörigen verfolgte Bedürfnis nach umfassender Versorgung im Gegensatz zum Kostensenkungsinteresse in den Entscheidungsprozess eingespeist, so dass alle betroffenen Interessengruppen am Entscheidungsprozess beteiligt und deren Interessen artikuliert werden.

---

[456] Für Mitglieder erfolgt die Bindung darüber hinaus noch über die Satzung, § 210 Abs. 2 SGB V.

[457] BSGE 81, 73 (82).

*(4) Angemessene Entscheidungsbeteiligung der Interessenvertreter*

Da es sich beim Bundesmantelvertrag um eine konsensuale Handlungsform handelt, bei der jede Vertragspartei den getroffenen Regelungen zustimmen muss, damit diese in die Vereinbarung einbezogen werden, besteht keine Möglichkeit der Dominanz einer Gruppe gegenüber der anderen, so dass alle Interessen beim Entscheidungsprozess in angemessener Weise zur Geltung gebracht werden können.

*(5) Staatsaufsicht zumindest in Form der Rechtsaufsicht*

Sowohl die Kassenärztlichen Bundesvereinigungen[458] wie auch der Spitzenverband Bund der Krankenkassen[459] unterliegen der Rechtsaufsicht des Bundesministeriums für Gesundheit.

*(6) Zusammenfassung und Bewertung*

Werden durch die Zusammensetzung der Vertragsparteien durch die Kassenärztlichen Bundesvereinigungen und den Spitzenverband Bund der Krankenkassen die betroffenen, sich antagonistisch gegenüberstehenden Interessen an dem Vertragsschluss beteiligt und unterliegen die Vertragsparteien jeder für sich der Rechtsaufsicht, weist der Bundesmantelvertrag die ausreichende organisatorisch-konsensuale Legitimation auf, so dass die bestehenden Defizite der demokratischen Legitimation kompensiert werden können und er die für seine Bindungswirkung auch gegenüber Dritten erforderliche demokratische Legitimation aufweist.

*bb. Die Gesamtverträge*

*(1) Die von den Gesamtverträgen Betroffenen*

Wie auch beim Bundesmantelvertrag sind von den konkretisierenden Regelungen der Gesamtverträge über die vertragsärztliche Versorgung die Versicherten und deren Familienangehörigen als Leistungsempfänger, die Ärzte als Leistungserbringer sowie die Krankenkassen als Träger der Krankenversicherung betroffen. Aus diesem Grunde entfalten die Gesamtverträge auch gegenüber den Vertragsparteien,[460] also den Kassenärztlichen Vereinigungen und den Landesverbänden der Krankenkassen und Ersatzkassen, wie auch den Vertragsärzten[461] und ermächtigten Ärzten[462] sowie den Krankenkassen,[463] unabhängig von ihrer Mitgliedschaft[464] im Landesverband der Krankenkassen, Bindungswirkung.

---

458 § 78 Abs. 1 SGB V; *K. Scholz*, in: *Becker/Kingreen* (Hrsg.), SGB V, § 78 Rn. 2; *M. Steinmann-Munzinger*, in: *Schlegel/Engelmann* (Hrsg.), SGB V, § 78 Rn. 11.

459 § 217d SGB V; *K.-H. Mühlhausen*, in: *Becker/Kingreen* (Hrsg.), SGB V, § 217d Rn. 1 ff.; *E. Koch*, in: *Schlegel/Engelmann* (Hrsg.), SGB V, § 217e Rn. 6.

460 § 82 Satz 2 SGB V.

461 § 95 Abs. 3 Satz 3 SGB V.

462 § 95 Abs. 4 Satz 2 SGB V.

463 § 83 Satz 1 2. Hs. SGB V.

464 Für Mitglieder erfolgt die Bindung darüber hinaus noch über die Satzung, § 210 Abs. 2 SGB V.

*(2) Interessenrepräsentanz der Betroffenengruppen*

Von den Vertragsparteien werden durch die Kassenärztlichen Vereinigungen nicht nur die Interessen ihrer Mitglieder, sondern auch die der nicht in den Vereinigungen organisierten Ärzte vertreten, da sich diese ebenso wie beim Bundesmantelvertrag im Hinblick auf den Regelungsgegenstand kaum voneinander unterscheiden. Gleichfalls vertritt der Landesverband der Krankenkassen die Interessen aller Krankenkassen, wie auch die Ersatzkassen gesondert repräsentiert sind.

Die Repräsentation der Interessen der Versicherten und ihrer Familienangehörigen erfolgt sowohl durch die Vertretung der Krankenkassen wie auch der Leistungserbringer in Form der Kassenärztlichen Vereinigungen.

*(3) Inhomogene Interessenstruktur*

Ebenso wie beim Bundesmantelvertrag ergibt sich die inhomogene Interessenstruktur aus dem Zusammentreffen der Interessen an umfassender Versorgung, an einer angemessenen Vergütung für die erbrachten Leistungen sowie der Kostenersparnis, die durch die Kassenärztlichen Vereinigungen und die Landesverbände der Krankenkassen sowie die Ersatzkassen artikuliert werden.[465]

*(4) Angemessene Entscheidungsbeteiligung der Interessenvertreter*

Durch das Erfordernis einer einheitlichen Entscheidung über den Vertragsschluss sind alle Parteien und damit die von ihnen vertretenen Interessen an der konsensualen Entscheidung in der Form beteiligt, dass gegen den Willen einer Vertragspartei ein Vertrag nicht zu Stande kommen kann.

*(5) Staatsaufsicht zumindest in Form der Rechtsaufsicht*

Sowohl die Kassenärztlichen Vereinigungen[466] wie auch der Landesverband der Krankenkassen[467] unterliegen der Rechtsaufsicht.

*(6) Zusammenfassung und Bewertung*

Ebenso wie beim Bundesmantelvertrag weist die Zusammensetzung der Vertragsparteien der Gesamtverträge die für eine organisatorisch-konsensuale Legitimation erforderlichen Voraussetzungen der inhomogenen Interessenstruktur unter ausreichender Beteiligung der betroffenen Interessen an der Entscheidungsfindung unter staatlicher Rechtsaufsicht auf, so dass diese demokratisch legitimierbar sind.

---

[465] Dazu genauer unter A.III.4.b.aa.(3) Inhomogene Interessenstruktur.

[466] § 78 Abs. 1 SGB V; *K. Scholz*, in: *Becker/Kingreen* (Hrsg.), SGB V, § 78 Rn. 2; *M. Steinmann-Munzinger*, in: *Schlegel/Engelmann* (Hrsg.), SGB V, § 78 Rn. 11.

[467] § 208 SGB V; *K.-H. Mühlhausen*, in: *Becker/Kingreen* (Hrsg.), SGB V, § 208 Rn. 2; *E. Koch*, in: *Schlegel/Engelmann* (Hrsg.), SGB V, § 208 Rn. 4.

### *cc. Die Rahmenverträge in der sozialen Pflegeversicherung*

#### *(1) Die von den Rahmenverträgen in der sozialen Pflegeversicherung Betroffenen*

Beinhalten die Rahmenverträge in der sozialen Pflegeversicherung Regelungen zur Sicherstellung einer wirksamen und wirtschaftlichen pflegerischen Versorgung der Versicherten und damit zur Konkretisierung und Steuerung des Leistungs- und Leistungserbringungsrechts, sind von diesen in erster Linie die Leistungserbringer in Form der zugelassenen Pflegeeinrichtungen wie auch die Kostenträger in Form der Pflegekassen betroffen. Insoweit ist die normative Anordnung der Bindungswirkung der Rahmenverträge für diese Gruppen auch konsequent.[468]

Gleichzeitig sind jedoch auch die Leistungsempfänger in Form der Versicherten zumindest mittelbar von den Regelungen betroffen.[469]

#### *(2) Interessenrepräsentanz der Betroffenengruppen*

Sowohl die Interessen der Pflegekassen wie auch die der Pflegeeinrichtungen sind an der Entscheidungsfindung durch die Beteiligung der Landesverbände der Pflegekassen sowie der Vereinigungen der Träger der ambulanten oder stationären Pflegeeinrichtungen im Land am Vertragsschluss beteiligt und können so die Interessen nicht nur der in ihnen organisierten Pflegekassen bzw. Pflegeeinrichtungen repräsentieren, sondern artikulieren generell Interessen von Pflegekassen und Pflegeeinrichtungen.

Die Beteiligung der Versicherten und die Vertretung ihrer Interessen in Form eines Kosten- sowie Versorgungsinteresses erfolgt dagegen erneut einerseits durch die insbesondere das Kosteninteresse vertretenden Pflegekassen wie auch durch die Leistungserbringerseite, welche durch ihr Leistungsinteresse mittelbar das Versorgungsinteresse mitartikuliert.

#### *(3) Inhomogene Interessenstruktur*

Da sich das Interesse der Leistungserbringer an Ausweitung der Leistungen sowie angemessener Vergütung und das der Versicherten an umfassender Versorgung einerseits, sowie das ebenfalls auf Versichertenseite wie auch bei den Pflegekassen bestehende Interesse an Kostensenkung diametral gegenüberstehen, sind am Rahmenvertrag mit den Vertragsparteien Interessengruppen beteiligt, unter denen eine inhomogene Interessenstruktur besteht.

Von einer antagonistischen Interessenlage geht auch der Gesetzgeber aus, indem er mit der Errichtung einer Schiedsstelle, die im Falle der Nichteinigung auf Antrag einer Vertragspartei den Vertragsinhalt festsetzt, von der Möglichkeit des Scheiterns einer Einigung ausgeht.[470]

---

[468] § 75 Abs. 1 Satz 4 SGB XI.

[469] *W. Spellbrink*, in: *Hauck/Noftz* (Hrsg.), SGB XI, § 75 Rn. 12.

[470] §§ 75 Abs. 4 Satz 1 i.V.m. 76 SGB XI.

*(4) Angemessene Entscheidungsbeteiligung der Interessenvertreter*

Die Rahmenverträge setzen eine konsensuale Entscheidungsfindung voraus, so dass die am Vertragsschluss Beteiligten diesen verhindern können, womit gewährleistet ist, dass keine Interessengruppe die andere dominieren kann.

*(5) Staatsaufsicht zumindest in Form der Rechtsaufsicht*

Der Landesverband der Krankenkassen, der die Aufgaben der Pflegekassen auf Landesebene wahrnimmt,[471] unterliegt der Rechtsaufsicht.[472] Dies ist für die staatliche Überwachung des Abschlusses der Rahmenverträge ausreichend.

*(6) Zusammenfassung und Bewertung*

Die Zusammensetzung der Vertragsparteien der Rahmenverträge in der sozialen Pflegeversicherung weist eine inhomogene Interessenstruktur unter ausreichender Beteiligung der betroffenen Interessen an der Entscheidungsfindung auf und untersteht der staatlichen Rechtsaufsicht, so dass organisatorisch-konsensuale Legitimation besteht.

*dd. Die Kollektivverträge in der gesetzlichen Krankenversicherung*

*(1) Die Kollektivverträge nach § 112 Abs. 1 SGB V*

Normiert der zweiseitige Kollektivvertrag nach § 112 Abs. 1 SGB V die bedarfsgerechte, leistungsfähige und wirtschaftliche Krankenhausbehandlung und setzt er landesweit einheitliche Vertragsbedingungen für die Krankenhausbehandlung fest, sind von diesen Regelungen grundsätzlich einmal die Leistungserbringer in Form der Krankenhäuser sowie die in diesen arbeitenden Ärzte wie auch die Kostenträger in Gestalt der Krankenkassen betroffen. So erstreckt der Gesetzgeber die Bindungswirkung auf sämtliche Krankenkassen und zugelassenen Krankenhäuser unabhängig von deren Mitgliedschaft in den jeweiligen Verbänden.[473]

Zumindest mittelbar sind jedoch von diesen Normierungen auch die Leistungsempfänger der Krankenhausbehandlung, mithin die Versicherten als Betroffene anzusehen.

Werden die Interessen der Leistungserbringer sowohl in Form der Krankenhäuser als auch der in diesen beschäftigten Ärzten unabhängig von deren Mitgliedschaft in einer dieser Vereinigungen durch die Landeskrankenhausgesellschaft bzw. die Vereinigungen der Krankenhausträger im Land vertreten, artikulieren die Landesverbände der Krankenkassen und die Ersatzkassen die Interessen der Krankenkassen, unabhängig davon, ob diese den Verbänden angehören oder nicht.

Die Versicherten sind erneut nicht explizit am Vertragsschluss beteiligt. Deren Interessen werden jedoch durch die Landesverbände der Krankenkassen sowie

[471] § 52 Abs. 1 SGB XI.
[472] §§ 52 Abs. 3 SGB XI i.V.m. 208 SGB V.
[473] § 112 Abs. 2 Satz 2 SGB V.

die Leistungserbringerseite in Form der Landeskrankenhausgesellschaft bzw. der Vereinigungen der Krankenhausträger mitvertreten.

Mit den Leistungserbringern, den Versicherten und den Kostenträgern sind am Vertragsschluss Interessengruppen beteiligt, deren Interessen an Leistungsausweitung, Kostenerstattung sowie Kostenersparnis sich in antagonistischer Weise gegenüberstehen, wodurch eine interesseninhomogene Struktur besteht. Hiervon geht auch der Gesetzgeber aus, der für den Fall des Scheiterns einer Vereinbarung die Möglichkeit der Anrufung einer Schiedsstelle vorsieht.[474]

Durch das Erfordernis der Zustimmung aller Vertragsparteien sind die Interessen auch angemessen an der Entscheidung beteiligt, so dass organisatorisch-konsensuale Legitimation vorliegt.

*(2) Die Kollektivverträge nach § 115 Abs. 1 SGB V*

Ziel der Kollektivverträge nach § 115 Abs. 1 SGB V sind Regelungen zur Gewährleistung einer nahtlosen ambulanten und stationären Behandlung der Versicherten, so dass hiervon unmittelbar die Leistungserbringer im ambulanten und stationären Sektor betroffen sind, mithin also die Krankenhäuser und die dort arbeitenden wie auch die übrigen Ärzte ebenso wie die Kostenträger in Form der Krankenkassen. So ordnet der Gesetzgeber die Bindungswirkung gegenüber allen Krankenkassen, Vertragsärzten sowie zugelassenen Krankenhäusern im Land an.[475] Zumindest mittelbar zeitigen diese Regelungen auch für die Versicherten Wirkung, so dass diese ebenfalls als Betroffene gelten.

Die Vertretung der Interessen sämtlicher Krankenkassen und Ersatzkassen erfolgt durch die Landesverbände der Krankenkassen, die der sonstigen Ärzte unabhängig von deren Mitgliedschaft in den Kassenärztlichen Vereinigungen erfolgt ebenfalls durch diese, während die Landeskrankenhausgesellschaft die Interessen der Krankenhäuser sowie die der dort arbeitenden Ärzte in den Entscheidungsprozess einbringt.

Die Vertretung der Interessen der Versicherten wird dabei erneut über die Landesverbände der Krankenkassen sowie die Leistungserbringungsseite in Form der Kassenärztlichen Vereinigungen und der Landeskrankenhausgesellschaft vorgenommen.

Ist Ziel der Kollektivverträge nach § 115 Abs. 1 SGB V, insbesondere mit dem Inhalt von § 115 Abs. 2 Satz 1 Nr. 4 SGB V die Vermeidung von unnötigen oder langdauernden Krankenhausbehandlungen und damit die Förderung der Wirtschaftlichkeit der Krankenhausbehandlung, so sind auch durch diese Regelungen des Zusammenwirkens der ambulanten und stationären Behandlung Kosteninteressen betroffen, weshalb ebenfalls eine interessenantagonistische Struktur durch das Vorhandensein von Leistungs- und Kostensenkungsinteressen besteht, die jedoch durch die vertretenen Parteien in den Entscheidungsprozess wirksam eingebracht werden können.

---

[474] §§ 112 Abs. 3 i.V.m. 114 SGB V.

[475] § 115 Abs. 2 Satz 2 SGB V.

Durch die Errichtung einer Schiedsstelle, die im Falle des Scheiterns einer Vereinbarung angerufen werden kann, zeigt auch der Gesetzgeber, dass er von einer schwer zu vereinbarenden, antagonistischen Interessenstruktur ausgeht.[476]

So weisen auch die Kollektivverträge nach § 115 Abs. 1 SGB V die organisatorisch-konsensuale Legitimation auf.

*(3) Die Kollektivverträge nach §§ 115a Abs. 3, 115b Abs. 1 SGB V*

Von der Vergütung der Leistungen vor- und nachstationärer Behandlungen im Krankenhaus, wie sie Gegenstand des Kollektivvertrags nach § 115a Abs. 3 SGB V ist, betroffen sind die Leistungserbringer in Form der Krankenhausträger und der dort arbeitenden Ärzte wie auch die Kostenträger in Form der Kranken- und Ersatzkassen. Weiter entfalten die Verträge Bindungswirkung auch für die Parteien der Pflegesatzvereinbarung auf unterer Ebene,[477] mithin die Krankenhausträger sowie die Sozialleistungsträger oder Arbeitsgemeinschaften von Sozialleistungsträgern, sofern auf diese ein bestimmter prozentualer Anteil der jährlichen Belegungs- und Berechnungstage des Krankenhauses entfällt.

Dabei werden die Krankenhausträger sowie die dort arbeitenden Ärzte von der Landeskrankenhausgesellschaft, die Krankenkassen von den Landesverbänden der Krankenkassen vertreten, während die Ersatzkassen selbst beteiligt sind. Weiter werden die Kassenärztlichen Vereinigungen aufgrund ihres Sachverstands an der Entscheidungsfindung hinzugezogen.

Im Hinblick auf den Einbezug der Parteien der Pflegesatzvereinbarung auf unterer Ebene, die nicht unmittelbar am Vertragsschluss nach § 115a Abs. 3 Satz 1 SGB V beteiligt und damit Dritte sind,[478] werden die Interessen der Krankenhausträger beim Vertragsschluss noch durch die Landeskrankenhausgesellschaft bzw. die Vereinigung der Krankenhausträger im Land vertreten. Die anderen Vertragsparteien sind insbesondere die Sozialleistungsträger,[479] bei denen die Träger der Krankenversicherung im Vordergrund stehen.[480] Deren Interessen werden durch die Landesverbände der Krankenkassen sowie die Ersatzkassen und den Landesausschuss des Verbands der privaten Krankenkassen beim Abschluss des Vertrags repräsentiert. Problematisch ist dagegen die Bindungswirkung ge-

---

[476] §§ 115 Abs. 3 Satz 1 i.V.m. 114 SGB V.

[477] §§ 115a Abs. 3 Satz 1 SGB V, 18 Abs. 2 KHG.

[478] §§ 115a Abs. 3 Satz 1 SGB V, 18 Abs. 2 KHG.

[479] Dabei sind nicht alle der zahlreichen Sozialleistungsträger Vertragspartei, sondern nur diejenigen, die die Kosten zumindest für eine Mindestmenge von Krankenhausleistungen tragen. Daher ist es den Sozialleistungsträgern gestattet, sich in Arbeitsgemeinschaften zu organisieren, wodurch zur Beurteilung der Mindestmenge auf die Leistungszahlen der Mitglieder dieser Arbeitsgemeinschaft insgesamt abgestellt wird, § 18 Abs. 2 Nr. 2 KHG, *K.H. Tuschen/O. Dietz*, in: *Dietz/Bofinger* (Hrsg.), Krankenhausfinanzierungsgesetz, Pflegesatzverordnung und Folgerecht, § 18 KHG Rn. III. 3.

[480] *K.H. Tuschen/O. Dietz*, in: *Dietz/Bofinger* (Hrsg.), Krankenhausfinanzierungsgesetz, Pflegesatzverordnung und Folgerecht, § 18 KHG Rn. III. 1.ff. Dies sind die Orts-, Betriebs- und Innungskrankenkassen, die landwirtschaftliche Krankenkasse, die Deutsche Rentenversicherung Knappschaft-Bahn-See und die Ersatzkassen, § 21 Abs. 2 SGB I.

genüber den übrigen Sozialversicherungsträgern, wie denen der Rentenversicherung,[481] der Unfallversicherung[482] sowie der Sozialhilfe.[483] Diese sind Körperschaften des öffentlichen Rechts mit Selbstverwaltung[484] und weder am Vertragsschluss beteiligt noch werden deren Interessen bei diesem zur Geltung gebracht, so dass die Drittwirkung diesen gegenüber nicht demokratisch gerechtfertigt werden kann. Im Gegensatz zu den Versorgungsämtern gehören diese nicht der unmittelbaren Staatsverwaltung an, so dass die Bindungswirkung ihnen gegenüber eigener Rechtfertigung bedarf.

Die in die Entscheidung einbezogenen Interessengruppen weisen zwar aufgrund des Kosten- sowie Leistungs- und Vergütungsinteresses eine antagonistische Struktur auf und sind allesamt am Abschluss des Vertrags beteiligt, wovon auch der Gesetzgeber durch die Errichtung einer Schiedsstelle ausgeht,[485] trotzdem können diese Kollektivverträge aufgrund der fehlenden Beteiligung der von deren Wirksamkeit Betroffenen keine demokratische Legitimation für sich verbuchen.

Durch den Vertrag nach § 115b Abs. 1 SGB V, dessen Inhalt die Festsetzung ambulant durchführbarer Operationen und sonstiger stationsersetzender Eingriffe wie auch eine einheitliche Vergütung für Krankenhäuser und Vertragsärzte ist, sollen durch die Vermeidung unnötig langer Krankenhausbehandlungen mittels Optimierung überflüssige Behandlungen vermieden und die Kosten gesenkt werden, so dass Betroffene erneut die Leistungserbringer in Form der Krankenhausträger und der Vertragsärzte wie auch die Kostenträger in Form der Krankenkassen sind. Gleichzeitig werden hiervon jedoch auch zumindest mittelbar die Versicherten betroffen, da nicht nur Kosten gesenkt, sondern auch unnötige Eingriffe für Patienten vermieden werden sollen.[486] Gebunden sind daher neben den Krankenhäusern, die ihre Operationsbereitschaft mitgeteilt haben,[487] auch die Vertragsärzte[488] unabhängig von ihrer Mitgliedschaft in der Kassenärztlichen Vereinigung,[489] die Landesverbände der Krankenkassen,[490] die Mitgliedskrankenkassen[491] sowie die Versicherten.[492] Dabei werden deren Interessen durch die Vertragsparteien und insbesondere die Versicherten durch den Spitzenverband Bund der Krankenkassen sowie die Leistungserbringer in Form der Deutschen Krankenhausgesellschaft und der Kassenärztlichen Bundesvereinigungen ausreichend repräsentiert, wobei durch das Aufeinandertreffen von Interessen der Leistungs-

---

[481] § 125 SGB VI.
[482] § 114 Abs. 1 SGB VII.
[483] § 3 Abs. 2 SGB XII sowie z.B. § 81 AGSG für Bayern.
[484] § 29 SGB IV.
[485] §§ 18a Abs. 1 KHG i.V.m. 115a Abs. 3 Satz 5 SGB V.
[486] *R. Hess*, in: *Leitherer* (Hrsg.), Kasseler Kommentar, § 115b SGB V Rn. 2.
[487] § 115b Abs. 2 Satz 2 SGB V.
[488] § 81 Abs. 3 Nr. 1 SGB V.
[489] § 95 Abs. 3 Satz 3 SGB V.
[490] Über die Satzungen, § 210 Abs. 2 SGB V, sowie über § 217e Abs. 2 SGB V.
[491] Über die Satzungen, § 210 Abs. 2 SGB V.
[492] § 217e Abs. 2 SGB V.

erbringer und der Kostenträger erneut eine interessenantagonistische Struktur besteht, für die auch die Unterwerfung der Vertragsparteien unter das Bundesschiedsamt im Falle der Nichteinigung Zeugnis ablegt.[493] Jedes Interesse ist ausreichend repräsentiert und am Vertragsschluss beteiligt.

*(4) Staatsaufsicht zumindest in Form der Rechtsaufsicht*

Sowohl die Kassenärztlichen Vereinigungen,[494] die Kassenärztlichen Bundesvereinigungen,[495] die Ersatzkassen,[496] die Landesverbände der Krankenkassen[497] sowie der Spitzenverband Bund der Krankenkassen[498] unterliegen zumindest einer Rechtsaufsicht. Insoweit besteht die Überwachungsmöglichkeit durch den Staat, so dass nicht weiter ins Gewicht fällt, dass die Landeskrankenhausgesellschaft sowie die Deutsche Krankenhausgesellschaft keiner Aufsicht unterliegen.

*(5) Zusammenfassung und Bewertung*

Zusammenfassend kann festgestellt werden, dass in all den genannten Fällen die Rechtssetzungskompetenz Funktionsträgern außerhalb der hierarchischen Staatsverwaltung übertragen wurde, die durch das Erfordernis der Einigung an mit ihnen entgegengesetzten Interessengruppen rückgebunden sind.[499] Indiz für diese gegenläufigen Interessen ist auch das Bestehen von Instanzen, die im Falle des Scheiterns einer Einigung den Vertragsinhalt konsensual festsetzen, wie etwa Schiedsstellen oder Schiedsämter,[500] da hierdurch der Gesetzgeber nicht nur zum Ausdruck bringt, dass er von der Notwendigkeit einer Regelung, sondern aufgrund ausgeprägter Interessengegensätze auch von einer besonderen Schwierigkeit eines Ausgleichs der verschiedenen Interessen und einem möglichen Scheitern einer Einigung ausgeht. Um eine Begünstigung von Sonderinteressen einzelner Gruppen durch die Organisation des Gesetzgebers, die als gemeinwohlwidrig gegen das Demokratieprinzip verstoßen würde,[501] handelt es sich dabei nicht. So weisen diese Normenverträge mit Ausnahme derjenigen nach § 115a Abs. 3 SGB V die, die Defizite demokratischer Legitimation ausgleichende orga-

---

[493] §§ 115b Abs. 3 Satz 1 i.V.m. 89 Abs. 4 SGB V.

[494] § 78 Abs. 1 SGB V; *K. Scholz*, in: *Becker/Kingreen* (Hrsg.), SGB V, § 78 Rn. 2; *M. Steinmann-Munzinger*, in: *Schlegel/Engelmann* (Hrsg.), SGB V, § 78 Rn. 11.

[495] § 78 Abs. 1 SGB V; *K. Scholz*, in: *Becker/Kingreen* (Hrsg.), SGB V, § 78 Rn. 2; *M. Steinmann-Munzinger*, in: *Schlegel/Engelmann* (Hrsg.), SGB V, § 78 Rn. 11.

[496] § 90 Abs. 1, Abs. 2 SGB IV.

[497] § 208 SGB V; *K.-H. Mühlhausen*, in: *Becker/Kingreen* (Hrsg.), SGB V, § 208 Rn. 2; *E. Koch*, in: *Schlegel/Engelmann* (Hrsg.), SGB V, § 208 Rn. 4.

[498] § 217d SGB V; *K.-H. Mühlhausen*, in: *Becker/Kingreen* (Hrsg.), SGB V, § 217d Rn. 1 ff.; *E. Koch*, in: *Schlegel/Engelmann* (Hrsg.), SGB V, § 217e Rn. 6.

[499] So auch *A. Hänlein*, Rechtsquellen, S. 446.

[500] Schiedsstellen wurden eingerichtet für die Kollektivverträge in der gesetzlichen Krankenversicherung nach §§ 114 i.V.m. 112 Abs. 3, 115 Abs. 3 Satz 1 SGB V, §§ 18a Abs. 1 KHG i.V.m. 115a Abs. 3 Satz 5 SGB V, darüber hinaus wurden für die Kollektivverträge in der gesetzlichen Krankenversicherung Schiedsämter eingerichtet §§ 89 Abs. 4 i.V.m. 115b Abs. 3 Satz 1 SGB V.

[501] BVerfG, Urt. v. 28.1.2014, 2 BvR 1561/12 u.a., Rn. 171, zu den Entscheidungsträgern der Filmförderungsanstalt.

nisatorisch-konsensuale Legitimation und damit ein ausreichendes Legitimationsniveau auf. In Folge dessen ist die Bindungswirkung auch gegenüber Dritten, die weder am Vertragsschluss beteiligt sind noch auf diesen einwirken können, die jedoch zu einer der am Vertragsschluss beteiligten Interessengruppen zu rechnen sind, ohne in dieser verbandlich organisiert zu sein, demokratisch legitimiert und damit verfassungskonform. Aufgrund dieser Entscheidungsstruktur, durch die der Gesetzgeber auf „Vertretungsorganisationen zurück[greift], in denen er sowohl einschlägigen Sachverstand als auch Interessen gebündelt sieht, die in ihrem Zusammenwirken eine in besonderer Weise dem Gesetzeszweck und den gesetzlichen Vorgaben entsprechende Entscheidungspraxis versprechen",[502] werden sowohl für die Bundesmantelverträge, die Gesamtverträge, die Rahmenverträge in der sozialen Pflegeversicherung als auch die Kollektivverträge in der gesetzlichen Krankenversicherung mit Ausnahme derjenigen nach § 115a Abs. 3 SGB V die Voraussetzungen für die organisatorisch-konsensuale Legitimation erfüllt und jene damit demokratisch legitimiert.

In Konsequenz hierzu ist es auch folgerichtig, wenn den Kollektivverträgen in der sozialen Pflegeversicherung keine normative Wirkung beigemessen wird.[503] Bei diesen ist die Asymmetrie der Vertragsparteien prägend. So stehen sich der Spitzenverband Bund der Pflegekassen und der einzelne, nicht verbandlich organisierte Leistungserbringer gegenüber.[504] Aufgrund dieses Ungleichgewichts der Vertragspartner lässt sich eine Erstreckung der Bindungswirkung auch auf Dritte mittels der organisatorischen Legitimation durch Konsens nicht rechtfertigen, weshalb dieser Vertrag lediglich *inter partes* wirkt.

### c. *Zusammenfassung und Bewertung*

Kann die normative Wirkung der vorbezeichneten Verträge weder über Wahlen noch durch das klassische Legitimationsmodell demokratisch legitimiert werden und ist insoweit deren Wirksamkeit in Literatur und Rechtsprechung umstritten, bietet deren konsensuale Entscheidungsstruktur mit Ausnahme der Kollektivverträge nach § 115a Abs. 3 SGB V die Möglichkeit, die Defizite demokratischer Legitimation durch eine organisatorisch-konsensuale auszugleichen und damit deren Bindungswirkung unter Einbezug von nicht unmittelbar am Vertragsschluss Beteiligten demokratisch zu legitimieren. So werden durch Prozeduralisierung die geringe materielle Steuerung sowie die Defizite personeller Legitimation aufgefangen.

[502] So BVerfG, Urt. v. 28.1.2014, 2 BvR 1561/12 u.a., Rn. 170, zu den Entscheidungsträgern der Filmförderungsanstalt.

[503] § 78 SGB XI, dazu die Ausführungen unter A.II.5.b. Kollektivverträge in der sozialen Pflegeversicherung.

[504] *P. Axer*, Normsetzung, S. 91.

### IV. Zusammenfassung und Bewertung

Die Normenverträge des Sozialrechts können durch ihre konsensuale Entscheidungsstruktur organisatorisch-konsensuale Legitimation für sich reklamieren und daher demokratisch legitimiert werden. Da sich in ihnen die Handlungsformen des öffentlich-rechtlichen Vertrags und der exekutiven Rechtsnorm vereinigen, wird durch sie einerseits das Repertoire der exekutiven Rechtsnormen angereichert. Andererseits tragen sie zusammen mit den Allgemeinverfügungsverträgen zu einer Ausdifferenzierung des Verwaltungsvertrags bei, indem sie diese bislang auf konkret-individuelle Vereinbarungen begrenzte Kategorie um die Komponenten des konkret-generell wirkenden Allgemeinverfügungsvertrags sowie des Normenvertrags mit abstrakt-genereller Wirkung erweitern. Damit wird für die konsensuale Handlungsform des Verwaltungsvertrags eine ähnliche Ausgestaltung erreicht wie sie für die einseitig hoheitlich gesetzten Handlungsformen in Gestalt von Verwaltungsakt, Allgemeinverfügung und Rechtsnorm bereits besteht.

## B. Die Empfehlungen

Unter der Vielzahl der im Sozialrecht vorkommenden konsensualen Handlungsformen, denen im Kanon der Handlungsformen des Allgemeinen Verwaltungsrechts nur untergeordnete Bedeutung zukommt, befindet sich auch die Gruppe der Empfehlungen. Diese spielt (I.) im Allgemeinen Verwaltungsrecht eher untergeordnete Rolle, während sie (II.) im Sozialrecht einen umfassenden Anwendungsbereich für sich reklamiert. Insbesondere mit Blick auf die Empfehlungswirkungen ist dabei auf die (III.) verfassungsrechtliche Zulässigkeit einzugehen, ehe unter (IV.) eine Zusammenfassung und Bewertung erfolgt.

### I. Die Empfehlung im Allgemeinen Verwaltungsrecht

Anders als im EU-Recht, in dem Empfehlungen diskutiert werden,[505] kommt diesen im Kanon der Handlungsformen des Allgemeinen Verwaltungsrechts nur eine untergeordnete Bedeutung zu. Daher werden sie auch in der Literatur entweder gar nicht oder nur am Rande erwähnt. Finden sie Erwähnung, werden sie dem informellen Verwaltungshandeln zugeordnet[506] und als Realakte „als weniger interessant als die Rechtsakte“ angesehen, da sie keinen Rechtserfolg hervorbringen.[507]

[505] Zu den Empfehlungen im AEUV *M. Schroeder*, in: *Streinz* (Hrsg.), EUV/AEUV, Art. 288 AEUV Rn. 143.

[506] *U. Stelkens*, in: *ders./Bonk/Sachs* (Hrsg.), Verwaltungsverfahrensgesetz, § 35 Rn. 86; *H. Schmitz*, in: *Stelkens/Bonk/Sachs* (Hrsg.), Verwaltungsverfahrensgesetz, § 1 Rn. 145.

[507] *H. Maurer*, Allgemeines Verwaltungsrecht, § 15 Rn. 3.

Sie haben keine Bindungswirkung und dienen nur als Kategorie der Informationsgabe. Insoweit erlangen sie vor allem Bedeutung in ihrer Abgrenzung zu behördlichen Warnungen und informatorischen Hinweisen.[508]

## *II. Die Empfehlung im Sozialrecht*

Empfehlungen kommen im Sozialrecht auf verschiedenen Gebieten, in verschiedensten Formen und mit unterschiedlicher Wirkung vor. Vordringlich setzt der Gesetzgeber diese Handlungsform auf dem Gebiet der gesetzlichen Krankenversicherung ein, jedoch findet sie auch auf dem Gebiet der Rehabilitation sowie der sozialen Pflegeversicherung Verwendung. Dabei kommen diese als Empfehlungen und Rahmenempfehlungen bezeichneten Handlungsformen in unterschiedlichen Ausprägungen vor. Empfehlungen werden in der gesetzlichen Krankenversicherung für die Vergütung der Leistungen vor- und nachstationärer Behandlungen in Krankenhäusern,[509] die einheitliche Anwendung der Zulassungsbedingungen für die Zulassung von Leistungserbringern von Heilmitteln[510] und die Bewertung von Untersuchungs- und Behandlungsmethoden[511] sowie in der sozialen Pflegeversicherung im Hinblick auf den Inhalt von Verträgen zur Sicherstellung einer wirksamen und wirtschaftlichen pflegerischen Versorgung[512] abgegeben. Darüber hinaus gibt es noch die gemeinsamen Empfehlungen der Rehabilitationsträger zur Sicherung der Zusammenarbeit[513] sowie der Qualität von Leistungen.[514] Rahmenempfehlungen werden dagegen auf Bundesebene vom Spitzenverband Bund der Krankenkassen mit den jeweiligen Leistungserbringern insbesondere im Hinblick auf die Versorgung mit Leistungen abgegeben. So werden Rahmenempfehlungen nicht nur für die zahnärztliche Versorgung,[515] sondern auch im Krankenhausbereich bzgl. des Inhalts von Verträgen über Art und Umfang der Krankenhausbehandlung,[516] von Verträgen zur Zusammenarbeit zwischen Vertragsärzten und zugelassenen Krankenhäusern mit dem Ziel der Gewährleistung einer nahtlosen ambulanten und stationären Behandlung der Versicherten[517] sowie über die einheitliche Versorgung mit Heilmitteln[518] und mit häuslicher Krankenpflege[519] erteilt.

---

508 *H. Maurer*, Allgemeines Verwaltungsrecht, § 15 Rn. 9; *B. Remmert*, in: *Erichsen/Ehlers* (Hrsg.), Allgemeines Verwaltungsrecht, § 37 Rn. 1 ff.
509 § 115a Abs. 3 Satz 3 SGB V.
510 § 124 Abs. 4 Satz 1 SGB V.
511 § 135 Abs. 1 Satz 1 SGB V.
512 § 75 Abs. 6 Satz 1 SGB XI.
513 § 13 SGB IX.
514 § 20 Abs. 1 SGB IX.
515 § 21 Abs. 2 Satz 2 SGB V.
516 § 112 Abs. 5 SGB V.
517 § 115 Abs. 5 SGB V.
518 § 125 Abs. 1 SGB V.
519 § 132a Abs. 1 SGB V.

Werden Empfehlungen im Allgemeinen Verwaltungsrecht lediglich als unverbindliche staatliche Handlungsform angesehen und den Realakten zugerechnet,[520] unterscheiden sich Empfehlungen und Rahmenempfehlungen im Sozialrecht hinsichtlich ihrer Bindungskraft und Wirkung voneinander.[521] Darüber hinaus sind die zur Abgabe von Empfehlungen Berufenen mit dem Spitzenverband Bund der Kranken- bzw. Pflegekassen sowie der Kassenärztlichen Bundesvereinigung grundsätzlich Körperschaften des öffentlichen Rechts, während z.B. durch die Beteiligung der Deutschen Krankenhausgesellschaft e.V.,[522] der Spitzenorganisationen der Heilmittelerbringer auf Bundesebene sowie der Spitzenorganisation der Pflegedienste[523] Privatrechtssubjekte beteiligt sind.[524] So sollen im Folgenden die Empfehlungen auf ihre Rechtswirksamkeit hin untersucht und differenziert werden, während die Problematik des Einbezugs von Privatrechtssubjekten in das Verwaltungshandeln dem hierauf folgenden Kapitel 5 vorbehalten bleibt. Trotzdem erfolgt die Auswahl der im Folgenden behandelten Empfehlungen bereits mit Blick auf diesen Einbezug von Privatrechtssubjekten.

Von besonderem Interesse sind daher (1.) die Rahmenempfehlungen im Krankenhausbereich nach §§ 112 Abs. 5, 115 Abs. 5, 125 Abs. 1 SGB V, im Bereich der häuslichen Krankenpflege, § 132a Abs. 1 SGB V, sowie bzgl. der pflegerischen Versorgung nach § 75 Abs. 6 SGB XI, wie auch (2.) die Empfehlungen nach § 115 a Abs. 3 Satz 3 SGB V; unter (3.) erfolgt dann eine Zusammenfassung und Bewertung.

### *1. Rahmenempfehlungen in der gesetzlichen Krankenversicherung und Empfehlungen in der sozialen Pflegeversicherung*

#### *a. Inhalt und Beteiligte*

##### *aa. Rahmenempfehlungen nach § 112 Abs. 5 SGB V*

Zur Sicherstellung, dass Art und Umfang der Krankenhausbehandlung den Anforderungen des SGB V entsprechen, schließen die Landesverbände der Krankenkassen und die Ersatzkassen gemeinsam mit der Landeskrankenhausgesellschaft oder mit den Vereinigungen der Krankenhausträger im Land gemeinsam zweiseitige Verträge ab, deren Inhalt insbesondere in § 112 Abs. 2 Satz 1 SGB V näher bestimmt ist. Zum Inhalt dieser Verträge sollen der Spitzenverband Bund

---

520 *U. Stelkens*, in: *ders./Bonk/Sachs* (Hrsg.), Verwaltungsverfahrensgesetz, § 35 Rn. 86; *H. Schmitz*, in: *Stelkens/Bonk/Sachs* (Hrsg.), Verwaltungsverfahrensgesetz, § 1 Rn. 145.

521 Dazu unter B.II.1.b. Bindungswirkung.

522 Bei der Deutschen Krankenhausgesellschaft handelt es sich um einen in der Form des eingetragenen Vereins erfolgenden Zusammenschluss der Landeskrankenhausgesellschaften, die ihrerseits wieder Zusammenschlüsse von Trägern zugelassener Krankenhäuser im Land darstellen, § 108a Satz 1 und 2 SGB V.

523 Von deren Organisation in Verbänden geht der Gesetzgeber aus, *E. Schneider*, in: *Schlegel/Engelmann* (Hrsg.), SGB V, § 132a Rn. 8.

524 Bezüglich der Spitzenorganisationen der Heilmittelerbringer *H. Butzer*, in: *Becker/Kingreen* (Hrsg.), SGB V, § 124 Rn. 13.

der Krankenkassen und die Deutsche Krankenhausgesellschaft oder die Bundesverbände der Krankenhausträger gemeinsam Rahmenempfehlungen abgeben, § 112 Abs. 5 SGB V. Diese Rahmenempfehlungen sollen eine Steuerung im Hinblick auf die abzuschließenden zweiseitigen Verträge und deren Regelungsgegenstand ausgehend von der Bundesebene bewirken.[525] Sie formulieren die Inhalte zum Teil aus und konkretisieren diese.[526]

*bb. Rahmenempfehlungen nach § 115 Abs. 5 SGB V*

Ähnlich wie § 112 Abs. 5 SGB V für zweiseitige Verträge normiert § 115 Abs. 5 SGB V für dreiseitige Verträge die Möglichkeit des Spitzenverbands Bund der Krankenkassen, der Kassenärztlichen Bundesvereinigungen und der Deutschen Krankenhausgesellschaft bzw. der Bundesverbände der Krankenhausträger, Rahmenempfehlungen zum Inhalt von Verträgen, die das Ziel haben, eine nahtlose ambulante und stationäre Behandlung der Versicherten durch enge Zusammenarbeit zwischen Vertragsärzten und zugelassenen Krankenhäusern zu gewährleisten, § 115 Abs. 1 SGB V, abzugeben. Der Gesetzgeber verfolgte hiermit den Zweck der bundeseinheitlichen Gestaltung und Koordination der dreiseitigen Verträge auf Landesebene.[527]

*cc. Rahmenempfehlungen nach § 125 Abs. 1 SGB V*

Zu den Verträgen, die über die Versorgung mit Heilmitteln von den Krankenkassen, ihren Landesverbänden oder Arbeitsgemeinschaften mit den Leistungserbringern oder deren Verbänden oder sonstigen Zusammenschlüssen abgeschlossen werden, können der Spitzenverband Bund der Krankenkassen und die Spitzenorganisationen auf Bundesebene, die für die Wahrnehmung der Interessen der Heilmittelerbringer zuständig sind, für eine einheitlich qualitativ gleichwertige Heilmittelversorgung gemeinsame Rahmenempfehlungen abgeben, § 125 Abs. 1 SGB V, wobei auch getrennte Empfehlungen für verschiedene Leistungsbereiche mit den jeweils hierfür maßgeblichen Spitzenorganisationen möglich sind.[528] Hierzu haben sie die Richtlinien des G-BA[529] zu berücksichtigen sowie die Stellungnahme der Kassenärztlichen Bundesvereinigung einzuholen und zu berücksichtigen. Weiter legt der Gesetzgeber fest, was Gegenstand der Rahmenempfehlungen zu sein hat.[530]

---

525 *A. Hänlein*, in: *ders./Kruse/Schuler* (Hrsg.), Sozialgesetzbuch V, § 112 Rn. 7.

526 *M. Heinze*, in: *Schulin* (Hrsg.), Handbuch des Sozialversicherungsrechts, Bd. 1, § 38 Rn. 66 ff., insbes. 75 f.; *H. Klückmann*, in: *Hauck/Noftz* (Hrsg.), SGB V, § 112 Rn. 42.

527 *R. Steege*, in: *Hauck/Noftz* (Hrsg.), SGB V, § 115 Rn. 27; *C. Köhler-Hohmann*, in: *Schlegel/Engelmann* (Hrsg.), SGB V, § 115 Rn. 56.

528 § 125 Abs. 1 Satz 1 2. Hs. SGB V.

529 § 92 Abs. 1 Satz 2 Nr. 6 SGB V.

530 Wobei die Aufzählung in § 125 Abs. 1 Satz 4 Nr. 1 bis 5 SGB V nicht abschließend ist.

### dd. Rahmenempfehlungen nach § 132a Abs. 1 Satz 1 1. Hs. SGB V

Ähnlich wie bei § 125 SGB V schließen die Krankenkassen mit den Leistungserbringern Verträge über die Versorgung mit häuslicher Krankenpflege nach § 132a Abs. 2 Satz 1 SGB V, zu denen der Spitzenverband Bund der Krankenkassen und die Spitzenorganisationen auf Bundesebene, die für die Wahrnehmung der Interessen von Pflegediensten zuständig sind, gemeinsame Rahmenempfehlungen nach § 132a Abs. 1 Satz 1 1. Hs. SGB V abgeben können. Diese haben dabei die Richtlinien des G-BA[531] zu berücksichtigen und der Kassenärztlichen Bundesvereinigung sowie der Deutschen Krankenhausgesellschaft vor Abschluss der Vereinbarung Gelegenheit zur Stellungnahme zu geben und diese in den Entscheidungsprozess einzubeziehen.

### ee. Empfehlungen nach § 75 Abs. 6 Satz 1 SGB XI

In der sozialen Pflegeversicherung sollen der Spitzenverband Bund der Pflegekassen und die Vereinigungen der Träger der Pflegeeinrichtungen Empfehlungen zu den Verträgen, die zur Sicherstellung einer wirksamen und wirtschaftlichen pflegerischen Versorgung der Versicherten geschlossen werden, abgeben, § 75 Abs. 6 Satz 1 SGB XI. Dabei sind der Medizinische Dienst des Spitzenverbandes Bund der Krankenkassen, des Verbandes der privaten Krankenversicherung e.V. sowie unabhängige Sachverständige wie auch die Bundesvereinigung der kommunalen Spitzenverbände und der Bundesarbeitsgemeinschaft der überörtlichen Träger der Sozialhilfe zu beteiligen. Zweck ist auch hierbei eine einheitliche, bundesweite Regelung in den Rahmenverträgen und damit eine möglichst gleichmäßige Versorgung der Pflegebedürftigen im gesamten Bundesgebiet zu fördern.[532]

### b. Bindungswirkung

Der Gesetzgeber enthält sich einer ausdrücklichen Regelung zur Bindungswirkung der Rahmenempfehlungen.[533] Zwar richten sich die Krankenhäuser *de facto* nach den Rahmenempfehlungen nach §§ 112 Abs. 5, 115 Abs. 5 SGB V, wodurch zumeist der Inhalt der Verträge vorweggenommen und deren Abschluss überflüssig wird.[534] Jedoch zeitigt diese tatsächliche Wirkung keine Folgen für die Bewertung der rechtlichen Bindungswirkungen dieser Rahmenempfehlungen. Diese sind lediglich „Empfehlungen" und daher unverbindlich.[535] Ihre Befolgung

---

[531] § 92 Abs. 1 Satz 2 Nr. 6 SGB V.

[532] BT-Drs 12/5262 S 139.

[533] Daher weist eine Gleichstellung der Rahmenempfehlungen nach § 115 Abs. 5 SGB V mit den dreiseitigen Verträgen in Bezug auf diese Bindungswirkung im Gesetz keinerlei Stütze auf, so aber *U. Hencke*, in: *Peters* (Hrsg.), Handbuch der Krankenversicherung, § 115 Rn. 16.

[534] *M. Heinze*, in: *Schulin* (Hrsg.), Handbuch des Sozialversicherungsrechts, Bd. 1, § 38 Rn. 75; *U. Becker*, in: *ders./Kingreen* (Hrsg.), SGB V, § 112 Rn. 16 f.

[535] So die h.M., vgl. zu § 112 Abs. 5 SGB V *A. Hänlein*, in: *ders./Kruse/Schuler* (Hrsg.), Sozialgesetzbuch V, § 112 Rn. 7; *U. Becker*, in: *ders./Kingreen* (Hrsg.), SGB V, § 112 Rn. 16; a.A. *P. Axer*, Normsetzung, S. 107, im Anschluss hieran *H. Klückmann*, in: *Hauck/Noftz* (Hrsg.), SGB V, § 112

durch die Krankenhäuser erfolgt deshalb auch lediglich freiwillig.[536] Ihnen wird daher allein „Vorbildfunktion" beigemessen oder sie werden als „Musterentwurf" angesehen,[537] wenn auch nicht zu bestreiten ist, dass ihnen durch die faktische Bindungswirkung erhebliche Bedeutung zuteil wird, wenn es um die Feststellung von Vertragsinhalten durch die Schiedsstelle geht.[538] Dies entspricht auch dem sonst im Krankenhaussektor üblichen Muster für Regelungen der Leistungserbringung, die regelmäßig einen auch auf mehreren Ebenen stattfindenden Aushandlungsprozess zwischen den Akteuren der betroffenen Seiten enthalten, jedoch gerade keine zwingende öffentlich-rechtliche Form für die verbandliche Steuerung vorsehen.[539]

Gleiches gilt für Empfehlungen nach § 75 Abs. 6 SGB XI, der weitgehend § 112 Abs. 5 SGB V entspricht, weshalb auch jenen Empfehlungen die Bindungswirkung abzusprechen ist, auch wenn sie in der Praxis weitgehend beachtet werden.[540] Vielmehr handelt es sich bei diesen um unverbindliche Hinweise.[541]

Bzgl. der Rahmenempfehlungen nach §§ 125 Abs. 1, 132a Abs. 1 SGB V wird aufgrund des vom Gesetzgeber verwendeten Wortlauts „regeln" teilweise gefolgert, dass diese verbindliche Regelungen treffen und somit Normcharakter aufweisen.[542] Allerdings ist zu berücksichtigen, dass in der Gesetzesbegründung das Ziel zum Ausdruck kommt, dass der Gesetzgeber „bundesweit einheitliche Leistungsdefinitionen" verfolgt[543] und hierzu Empfehlungen einholen möchte, welche die angeführten Themen abdecken.[544] Die Regelung selbst erfolgt dann durch die Verträge nach §§ 125 Abs. 2 bzw. 132a Abs. 2 SGB V, so dass dem Wortlaut „regeln" eher die Bedeutung beizumessen ist, dass in der Empfehlung diese The-

---

Rn. 42; zu § 115 Abs. 5 SGB V *U. Becker*, in: *ders./Kingreen* (Hrsg.), SGB V, § 115 Rn. 17; *A. Hänlein*, in: *ders./Kruse/Schuler* (Hrsg.), Sozialgesetzbuch V, § 115 Rn. 10; *R. Steege*, in: *Hauck/Noftz* (Hrsg.), SGB V, § 115 Rn. 27; *C. Köhler-Hohmann*, in: *Schlegel/Engelmann* (Hrsg.), SGB V, § 115 Rn. 57; *R. Hess*, in: *Leitherer* (Hrsg.), Kasseler Kommentar, § 115 SGB V Rn. 19; a.A. *K. Grünenwald*, ZfS 1994, 129 (133); *P. Axer*, Normsetzung, S. 107 f. Dabei kommt dem zweifelhaften Schluss, nach dem die Dispositivität nicht die Normeigenschaft entfallen lässt, *Axer*, a.a.O., S. 108, für die vorliegende Frage keine Bedeutung zu, da die Dispositivität jedenfalls die Bindungswirkung entfallen lässt. Im Übrigen würde sich die Frage stellen, ob ein vollständig zur Disposition gestelltes Regelwerk noch Rechtsnormcharakter aufweist.

[536] *U. Becker*, in: *ders./Kingreen* (Hrsg.), SGB V, § 112 Rn. 17.

[537] *C. Köhler-Hohmann*, in: *Schlegel/Engelmann* (Hrsg.), SGB V, § 115 Rn. 57; *R. Steege*, in: *Hauck/Noftz* (Hrsg.), SGB V, § 115 Rn. 27; *J. Teigelack*, Zwei- und dreiseitige Verträge, S. 76.

[538] *R. Steege*, in: *Hauck/Noftz* (Hrsg.), SGB V, § 115 Rn. 27. Kam die Regelung bis zum 31.12.1990 ganz oder teilweise nicht zu Stande, wurde ihr Inhalt durch Rechtsverordnung der Landesregierung bestimmt, § 115 Abs. 4 SGB V, die sich ebenfalls mit der Empfehlung auseinanderzusetzen hatte.

[539] *U. Becker*, in: *ders./Kingreen* (Hrsg.), SGB V, § 112 Rn. 16.

[540] *S. Leitherer*, in: *ders.* (Hrsg.), Kasseler Kommentar, § 75 SGB XI Rn. 45; *B. Schütze*, in: *Udsching/Schütze/Behrend u.a.* (Hrsg.), SGB XI, § 75 Rn. 15.

[541] A.A. *K. Grünenwald*, ZfS 1995, 89 (92).

[542] *P. Axer*, Normsetzung, S. 102, 106, im Hinblick auf § 111a SGB V a.F.

[543] Zit. nach *E.-W. Luthe*, in: *Hauck/Noftz* (Hrsg.), SGB V, § 125 Rn. 5.

[544] Die Frage, ob dieser Katalog zwingend ist, ist umstritten. Für die Qualifikation als Mindestinhalt *R. Murawski*, in: *Hänlein/Kruse/Schuler* (Hrsg.), Sozialgesetzbuch V, § 125 Rn. 2; a.A. *H. Butzer*, in: *Becker/Kingreen* (Hrsg.), SGB V, § 125 Rn. 6.

men aufzunehmen und zu behandeln sind, ein Rückschluss auf eine Bindungswirkung hierdurch jedoch nicht möglich ist.

Ebenfalls handelt es sich bei der Einholung und Berücksichtigung der Stellungnahme der Kassenärztlichen Bundesvereinigung[545] bzw. auch derjenigen der Deutschen Krankenhausgesellschaft[546] lediglich um eine Verfahrensregelung, ohne dass eine Berücksichtigungspflicht besteht und hieraus Folgerungen für die Bindungswirkung der Rahmenempfehlung abgeleitet werden können.[547]

So kann letztlich festgehalten werden, dass eine rechtliche Bindungswirkung der vorbezeichneten (Rahmen-) Empfehlungen nicht besteht und diesen daher auch keine normative Wirkung zukommt.[548] Dem steht auch nicht entgegen, dass sich die Vertragspartner mit den Empfehlungen befassen und auseinandersetzen müssen. Diese Pflicht, sich mit dem Inhalt zu beschäftigen, impliziert gerade keine Bindungswirkung im Hinblick auf die vereinbarten Inhalte der Rahmenbedingung, sondern führt zum umgekehrten Schluss, dass der Inhalt gerade zur Disposition der Vertragsparteien steht und lediglich als Anregung zu verstehen ist. Eine Befolgungspflicht besteht hierdurch gerade nicht.[549]

Für das gefundene Ergebnis spricht auch § 115a Abs. 3 Satz 4 SGB V, der anordnet, dass die Empfehlungen nach § 115a Abs. 3 Satz 3 SGB V bis zum Inkrafttreten einer Vereinbarung nach § 115a Abs. 3 Satz 1 SGB V gelten. In diesem Fall entfalten die Empfehlungen unmittelbare Bindungswirkung kraft gesetzlicher Anordnung. Würde der Gesetzgeber generell von einer Bindungswirkung der Empfehlungen ausgehen, wäre eine derartige Anordnung entbehrlich. So kann *e*

---

545 §§ 125 Abs. 1 Satz 2, 132a Abs. 1 Satz 2 SGB V.

546 § 132a Abs. 1 Satz 2 SGB V.

547 Zu § 125 SGB V *H. Butzer*, in: *Becker/Kingreen* (Hrsg.), SGB V, § 125 Rn. 3; *E.-W. Luthe*, in: *Hauck/Noftz* (Hrsg.), SGB V, § 125 Rn. 4; *E. Schneider*, in: *Schlegel/Engelmann* (Hrsg.), SGB V, § 125 Rn. 8; a.A. *P. Axer*, Normsetzung, S. 106 Anm. 592 zu § 111a SGB V a.F.

548 Zu § 112 Abs. 5 SGB V *A. Hänlein*, in: *ders./Kruse/Schuler* (Hrsg.), Sozialgesetzbuch V, § 112 Rn. 7; *U. Becker*, in: *ders./Kingreen* (Hrsg.), SGB V, § 112 Rn. 17; a.A. *P. Axer*, Normsetzung, S. 107, im Anschluss hieran *H. Klückmann*, in: *Hauck/Noftz* (Hrsg.), SGB V, § 112 Rn. 42; zu § 115 Abs. 5 SGB V *U. Becker*, in: *ders./Kingreen* (Hrsg.), SGB V, § 115 Rn. 17; *A. Hänlein*, in: *ders./Kruse/Schuler* (Hrsg.), Sozialgesetzbuch V, § 115 Rn. 10; *R. Steege*, in: *Hauck/Noftz* (Hrsg.), SGB V, § 115 Rn. 27; *C. Köhler-Hohmann*, in: *Schlegel/Engelmann* (Hrsg.), SGB V, § 115 Rn. 57; *R. Hess*, in: *Leitherer* (Hrsg.), Kasseler Kommentar, § 115 SGB V Rn. 19; a.A. *K. Grünenwald*, ZfS 1994, 129 (133); *P. Axer*, Normsetzung, S. 107 f.; zu § 125 SGB V *H. Butzer*, in: *Becker/Kingreen* (Hrsg.), SGB V, § 125 Rn. 2; *R. Murawski*, in: *Hänlein/Kruse/Schuler* (Hrsg.), Sozialgesetzbuch V, § 125 Rn. 2; *E.-W. Luthe*, in: *Hauck/Noftz* (Hrsg.), SGB V, § 125 Rn. 5; *S. Nolte*, in: *Leitherer* (Hrsg.), Kasseler Kommentar, § 125 SGB V Rn. 3, der aber von einer Selbstbindung der Krankenkassen und deren Verbänden ausgeht; *E. Schneider*, in: *Schlegel/Engelmann* (Hrsg.), SGB V, § 125 Rn. 8; a.A. *S. Knittel*, in: *Wagner/Knittel/Baier* (Hrsg.), Soziale Krankenversicherung, § 125 SGB V Rn. 3; zu § 132a Abs. 1 SGB V *S. Rixen*, in: *Becker/Kingreen* (Hrsg.), SGB V, § 132a Rn. 2; *E.-W. Luthe*, in: *Hauck/Noftz* (Hrsg.), SGB V, § 132a Rn. 5; *E. Schneider*, in: *Schlegel/Engelmann* (Hrsg.), SGB V, § 132a Rn. 9, der jedoch eine Bindungswirkung der Krankenkassen und Pflegedienste über deren Verbände annimmt; zu § 75 Abs. 6 SGB XI *S. Leitherer*, in: *ders.* (Hrsg.), Kasseler Kommentar, § 75 SGB XI Rn. 45; *B. Schütze*, in: *Udsching/Schütze/Behrend u.a.* (Hrsg.), SGB XI, § 75 Rn. 15.

549 A.A. *P. Axer*, Normsetzung, S. 105 f., 107; *H. Klückmann*, in: *Hauck/Noftz* (Hrsg.), SGB V, § 112 Rn. 42.

*contrario* § 115a Abs. 3 Satz 4 SGB V sowohl für die Empfehlungen gemäß § 115a Abs. 3 Satz 3 SGB V nach Inkrafttreten einer Vereinbarung gemäß § 115a Abs. 3 Satz 1 SGB V sowie für andere Empfehlungen, mithin auch für die Rahmenempfehlung in der gesetzlichen Krankenversicherung nach § 112 Abs. 5 SGB V darauf geschlossen werden, dass diese keine unmittelbare Bindungswirkung, also weder gegenüber Dritten noch gegenüber den Vertragsparteien, entfalten.

Dieses Ergebnis wird auch dadurch gestützt, dass, wollte der Gesetzgeber eine unmittelbare Bindungswirkung anordnen, er dies z.B. nach dem Vorbild des § 112 Abs. 2 Satz 2 SGB V ausdrücklich hätte anordnen müssen.[550]

### c. *Pflicht zur Abgabe*

Eine Pflicht zur Abgabe von Rahmenempfehlungen normieren die §§ 112 Abs. 5 Satz 1, 115 Abs. 5, 125 Abs. 1 Satz 1, 132a Abs. 1 Satz 1 SGB V, 75 Abs. 6 Satz 1 SGB XI ebenfalls nicht.[551] Vielmehr stellt der Gesetzgeber mit dem Gebrauch des Wortes „sollen" die Abgabe von (Rahmen-) Empfehlungen in das Ermessen der Beteiligten, wenn auch ein Fall des intendierten Ermessens vorliegt und die Abgabe daher der Regelfall sein soll,[552] wobei die fehlende rechtliche Bindungswirkung die Verpflichtungswirkung des intendierten Ermessens abschwächt.

Das Nichtbestehen einer Empfehlungspflicht wird auch dadurch gestützt, dass der Gesetzgeber kein z.B. Schiedsamtsverfahren oder sonstige Mechanismen für den Fall des Scheiterns oder eine Fristbindung für die Abgabe von Empfehlungen vorsieht und so zum Ausdruck bringt, dass die Abgabe einer Empfehlung nicht zwingend notwendig ist. Dies wird auch dem insbesondere mit §§ 125 Abs. 1, 132a Abs. 1 SGB V verfolgten Zweck der Umsetzung des Partnerschaftsmodells[553] gerecht, welches die Meinungspluralität bzgl. des Regelungsgegenstandes durch Selbstregulierung auszugleichen versucht, weshalb der Konsens der beteiligten Partner ausschlaggebend für die Abgabe der Rahmenempfehlung ist und diese somit nicht erzwungen werden können soll.[554]

---

[550] So *F. Maschmann*, SGb 1996, 149 (154), für den § 112 Abs. 5 SGB V nachgebildeten § 75 Abs. 6 SGB XI (bzw. Abs. 5 a.F.).

[551] Zu § 112 Abs. 5 SGB V *C. Pawlita*, in: *Schlegel/Engelmann* (Hrsg.), SGB V, § 112 Rn. 150; zu § 125 Abs. 1 SGB V *H. Butzer*, in: *Becker/Kingreen* (Hrsg.), SGB V, § 125 Rn. 2; *U. Hencke*, in: *Peters* (Hrsg.), Handbuch der Krankenversicherung, § 125 Rn. 3; *S. Nolte*, in: *Leitherer* (Hrsg.), Kasseler Kommentar, § 125 SGB V Rn. 3; zu § 132a Abs. 1 SGB V *S. Rixen*, in: *Becker/Kingreen* (Hrsg.), SGB V, § 132a Rn. 2; *R. Murawski*, in: *Hänlein/Kruse/Schuler* (Hrsg.), Sozialgesetzbuch V, § 132a Rn. 2; *E. Schneider*, in: *Schlegel/Engelmann* (Hrsg.), SGB V, § 132a Rn. 9; zu § 75 Abs. 6 SGB XI *F. Maschmann*, SGb 1996, 149 (154); *P. Wigge*, in: *Wannagat* (Hrsg.), SGB, § 75 SGB XI Rn. 17.

[552] Im Gegensatz zu § 115a Abs. 3 Satz 3 SGB V, der in seiner Wortwahl auf eine Pflicht zur Abgabe schließen lässt („geben … ab").

[553] BT-Drs. 13/7264, S. 68; BSG, GesR 2007, 90 ff.

[554] Zu § 125 SGB V *R. Murawski*, in: *Hänlein/Kruse/Schuler* (Hrsg.), Sozialgesetzbuch V, § 125 Rn. 1; zu § 132a SGB V *S. Rixen*, in: *Becker/Kingreen* (Hrsg.), SGB V, § 132a Rn. 2; *R. Murawski*, in: *Hänlein/Kruse/Schuler* (Hrsg.), Sozialgesetzbuch V, § 132a Rn. 2; *E. Schneider*, in: *Schlegel/Engelmann* (Hrsg.), SGB V, § 132a Rn. 9.

Ob dagegen die fehlende rechtliche Verbindlichkeit der Rahmenempfehlung dazu führt, dass auch das intendierte Ermessen zum Erlass solcher Rahmenempfehlungen abgeschwächt wird, während eine vom Gesetzgeber angeordnete Bindungswirkung eher Indiz auch für die rechtliche Verbindlichkeit derselben sein soll, da hierdurch das besondere Interesse des Gesetzgebers nicht nur an einer Informationsgabe, sondern auch an der Berücksichtigung zum Ausdruck gebracht werden würde,[555] darf bezweifelt werden und wäre jedenfalls mit den Maßstäben des Allgemeinen Verwaltungsrechts nicht zu halten, da auch Ermessensakte Bindungswirkung entfalten. Beizupflichten ist dieser Ansicht allerdings insoweit, als aus der fehlenden Pflicht zur Abgabe von Empfehlungen auf die Einschätzung des Gesetzgebers, dieser geringere Notwendigkeit beizumessen, geschlossen werden kann.

Das Nichtbestehen einer Erlasspflicht macht sich auch in der Praxis bemerkbar, indem teilweise keine Empfehlungen erlassen wurden.[556]

### 2. *Empfehlungen nach § 115a Abs. 3 Satz 3 SGB V*

Nach § 115a Abs. 3 Satz 1 SGB V vereinbaren die Landesverbände der Krankenkassen, die Ersatzkassen und der Landesausschuss des Verbandes der privaten Krankenversicherung gemeinsam mit der Landeskrankenhausgesellschaft oder mit den Vereinigungen der Krankenhausträger im Land im Benehmen mit der Kassenärztlichen Vereinigung die Vergütung der Leistungen für die vor- und nachstationäre Behandlung in Krankenhäusern. Zu dieser Vereinbarung geben der Spitzenverband Bund der Krankenkassen und die Deutsche Krankenhausgesellschaft oder die Bundesverbände der Krankenhausträger gemeinsam im Benehmen mit der Kassenärztlichen Bundesvereinigung Empfehlungen ab, § 115a Abs. 3 Satz 3 SGB V.

Die Bezeichnung als „Empfehlung“ und nicht als „Rahmenempfehlung“ mag irritieren, da auch die Empfehlungen nach § 115a Abs. 3 Satz 3 SGB V auf Bundesebene abgegeben werden, um den Inhalt der auf Landesebene abzuschließenden Verträge zu koordinieren und zu steuern, weshalb größtenteils auch im Rahmen von § 115a Abs. 3 Satz 3 SGB V von Rahmenempfehlungen gesprochen wird.[557] Die unterschiedliche Bezeichnung ergibt sich jedoch daraus, dass sich die Rahmenempfehlungen auf eine Mehrzahl von Regelungsgegenständen beziehen,

---

[555] Ähnlich in Bezug auf die Rahmenempfehlungen nach § 115 Abs. 5 SGB V argumentierend *C. Köhler-Hohmann*, in: *Schlegel/Engelmann* (Hrsg.), SGB V, § 115 Rn. 57.

[556] So wurden bislang nur wenige Rahmenempfehlungen nach § 115 Abs. 5 SGB V erlassen, *C. Köhler-Hohmann*, in: *Schlegel/Engelmann* (Hrsg.), SGB V, § 115 Rn. 56 f., mit einer Auflistung der bislang getroffenen Rahmenempfehlungen; Rahmenempfehlungen nach § 132a SGB V wurden noch nicht erlassen, BSG, SozR 4–2500, § 132a Nr. 2; *S. Rixen*, in: *Becker/Kingreen* (Hrsg.), SGB V, § 132a Rn. 2.

[557] *R. Hess*, in: *Leitherer* (Hrsg.), Kasseler Kommentar, § 115a SGB V Rn. 6; *R. Steege*, in: *Hauck/Noftz* (Hrsg.), SGB V, § 115a Rn. 16; *U. Becker*, in: *ders./Kingreen* (Hrsg.), SGB V, § 115a Rn. 13; *P. Axer*, Normsetzung, S. 107.

während die Empfehlung nach § 115a Abs. 3 Satz 3 SGB V lediglich die Vergütung und damit einen konkreten Gegenstand beinhaltet.[558]

Auch den (Rahmen-) Empfehlungen nach § 115a Abs. 3 Satz 3 SGB V ist Bindungswirkung grundsätzlich abzusprechen, so dass ihnen auch keine Normqualität eignet.[559] Sie werden vielmehr nur als „Leitlinien" bezeichnet.[560] Dies wird bei dieser Norm gerade durch Satz 4 deutlich, der eine Bindungswirkung der Empfehlungen bis zum Inkrafttreten einer Vereinbarung über die Vergütung nach Satz 1 anordnet. In dieser Zeit gelten die Empfehlungen als Vergütungsregelungen.[561] Hieraus kann im Umkehrschluss gefolgert werden, dass die Empfehlungen für die Vertragsparteien während des Aushandlungsprozesses und auch nach Abschluss einer Vereinbarung gerade nicht bindend sind, da andernfalls die explizite Anordnung der Bindungswirkung in Satz 4 nicht notwendig wäre. Zwar entfalten diese Empfehlungen tatsächliche Wirkung auf die Vergütungsvereinbarungen auf Landesebene, da sich diese zumeist an jene halten;[562] ein Rückschluss aus dieser *de facto*-Bindung auf die rechtliche Bindungswirkung ist jedoch erneut nicht möglich. So entfalten die Empfehlungen nach § 115a Abs. 3 Satz 3 SGB V über den in Satz 4 gesteckten zeitlichen Rahmen hinaus keine Bindungswirkung, auch wenn die Bindungswirkung nach Satz 4 aufgrund der Ermangelung von Vergütungsverträgen teilweise zum Regelfall geworden ist.[563]

Im Falle jedoch, dass ein Vertrag über die Vergütung der Krankenhausleistungen noch nicht in Kraft getreten ist, weist der Gesetzgeber den Empfehlungen nach § 115a Abs. 3 Satz 3 SGB V eine Stellvertreterwirkung für diese zu, mit der Folge, dass diese dieselben Bindungswirkungen entfalten, wie sie von dem Normenvertrag, den sie ersetzen, ausgehen. Sie gelten insoweit als Vergütungsregelung und ersetzen die Vereinbarung, die andernfalls nach Satz 1 abgeschlossen werden muss. In diesem Fall wird der ansonsten unverbindlichen, von den Partnern ausgehandelten Empfehlung dieselbe Bindungswirkung beigemessen, wie sie die Vereinbarung nach Satz 1 zeitigen würde. Die Vereinbarung nach § 115a Abs. 3 Satz 1 SGB V bindet kraft gesetzlicher Anordnung die Vertragsparteien sowie die Vertragsparteien der Pflegesatzvereinbarung nach § 18 Abs. 2 KHG, welche am Vertragsschluss selbst nicht unmittelbar beteiligt und damit Dritte sind. Dies sind die Krankenhausträger, die Sozialleistungsträger sowie die Arbeitsgemeinschaften von Sozialleistungsträgern. Es handelt sich bei dieser Vergütungsvereinbarung damit um einen öffentlich-rechtlichen Vertrag mit Drittwir-

---

558 *U. Becker*, in: *ders./Kingreen* (Hrsg.), SGB V, § 115a Rn. 13.

559 *A. Hänlein*, in: *ders./Kruse/Schuler* (Hrsg.), Sozialgesetzbuch V, § 115a Rn. 16.

560 *U. Becker*, in: *ders./Kingreen* (Hrsg.), SGB V, § 115a Rn. 13.

561 BSG 10.3.2010 – 3 B KR 15/08 R; *A. Hänlein*, in: *ders./Kruse/Schuler* (Hrsg.), Sozialgesetzbuch V, § 115a Rn. 16.

562 *A. Hänlein*, in: *ders./Kruse/Schuler* (Hrsg.), Sozialgesetzbuch V, § 115a Rn. 16.

563 *R. Steege*, in: *Hauck/Noftz* (Hrsg.), SGB V, § 115a Rn. 16; *A. Hänlein*, Rechtsquellen, S. 435, nimmt dies zum Anlass, den Empfehlungen ihre Normqualität abzusprechen.

kung, der als Normenvertrag bezeichnet wird.[564] Dieselbe Bindungswirkung auch gegenüber den Vertragsparteien sowie den in § 18 Abs. 2 KHG benannten Dritten wird nun der Empfehlung nach § 115a Abs. 3 Satz 3 SGB V beigemessen, so dass es sich bei dieser um eine Empfehlung mit Normcharakter handelt. Darüber hinaus werden von der Empfehlung über gesetzliche Anordnung die Versicherten gebunden.[565]

Im Unterschied zu den bereits dargestellten Rahmenempfehlungen, deren Abgabe in das Ermessen der Beteiligten gestellt ist, erlässt der Gesetzgeber mit seiner Wortwahl „geben […] ab" eine Direktive zur Abgabe der Empfehlung und normiert eine Pflicht hierzu. Diese Pflicht zur Abgabe wird auch gestützt durch die in Satz 4 getroffene Regelung, nach der diese Empfehlung bis zum Inkrafttreten einer Vereinbarung über die Vergütung gilt, also Bindungswirkung entfaltet. Der Gesetzgeber möchte folglich den Bereich der Vergütung nicht ungeregelt lassen und greift bis zum Abschluss einer Vereinbarung auf die eingeforderte Empfehlung zurück. Hieraus wird ersichtlich, welch hohen Stellenwert der Gesetzgeber diesem Bereich beimisst, wodurch sich auch die Anordnung erklärt, dass im Falle der Nichteinigung eine Schiedsstelle die Vergütung festsetzt, § 115a Abs. 3 Satz 5 SGB V.

### *3. Zusammenfassung und Bewertung*

Letztlich kann daher sowohl für Rahmenempfehlungen als auch für sonstige Empfehlungen zusammenfassend gesagt werden, dass diese, bis auf den Fall des § 115a Abs. 3 Satz 4 SGB V, keine rechtliche Bindungswirkung zeitigen und somit keinen Normcharakter besitzen. Ebenfalls ist die Abgabe von (Rahmen-) Empfehlungen, erneut bis auf den Fall des § 115a Abs. 3 Satz 3 SGB V, in das intendierte Ermessen der Beteiligten gestellt, mithin besteht keine unbedingte Pflicht zum Erlass. (Rahmen-) Empfehlungen besitzen keine Bindungswirkung und auch keinen Regelungscharakter.[566] Sie wollen nicht imperativ binden und weisen keinen Befehlscharakter auf.[567] Es handelt sich bei diesen eher um beeinflussende Maßnahmen als Form der Informationsgabe ähnlich Warnungen[568] und damit um schlichtes Verwaltungshandeln in Form von nicht auf die Bewirkung von Rechtsfolgen, sondern auf einen tatsächlichen Erfolg angelegte Realakte.[569]

---

564 Genauer hierzu Kapitel 4 A.II.7.a. Begrifflichkeiten.

565 § 217e Abs. 2 SGB V.

566 *H. Maurer*, Allgemeines Verwaltungsrecht, § 15 Rn. 1; *H.J. Wolff/O. Bachof/R. Stober u.a.*, Verwaltungsrecht, Bd. 1, § 57 Rn. 1.

567 Dazu *E. Bohne*, VerwArch 75 (1984), S. 343 ff.; *J. Becker*, DÖV 1985, 1003 (1010); *W. Brohm*, DVBl. 1994, 133 ff.

568 Zum Verhältnis von Empfehlungen zu Warnungen *R. Gröschner*, DVBl. 1990, 619 (621 f.).

569 *H. Maurer*, Allgemeines Verwaltungsrecht, § 15 Rn. 1; *H.J. Wolff/O. Bachof/R. Stober u.a.*, Verwaltungsrecht, Bd. 1, § 57 Rn. 5. Teilweise wird in der Literatur auch vom schlichten, schlichthoheitlichen oder nichtförmlichen bzw. informellen Verwaltungshandeln gesprochen, so *J. Ipsen*, Allgemeines Verwaltungsrecht, Rn. 820 ff.; *H.J. Wolff/O. Bachof/R. Stober u.a.*, Verwaltungsrecht, Bd. 1, § 57 Rn. 5; *H. Schmitz*, in: *Stelkens/Bonk/Sachs* (Hrsg.), Verwaltungsverfahrensgesetz, § 1 Rn. 148.

Anders ist dies bei den Empfehlungen nach § 115a Abs. 3 Satz 3 SGB V, denen bis zur Vereinbarung über die Vergütungen eine nach Satz 4 gesetzlich angeordnete, rechtliche Wirksamkeit zukommt, aufgrund der sie die Vertragsparteien des Vertrages nach § 115a Abs. 3 Satz 1 SGB V sowie die Vertragsparteien der Pflegesatzvereinbarung nach § 18 Abs. 2 KHG, welche am Vertragsschluss selbst nicht unmittelbar beteiligt und damit Dritte sind, binden. So handelt es sich bei dieser um eine Empfehlung mit Normcharakter, für die man den Begriff „Empfehlungsnorm" verwenden kann.[570] Darüber hinaus werden von der Empfehlung über gesetzliche Anordnung die Versicherten gebunden.[571]

Da die Empfehlungsnorm normative Bindungswirkung auch für Dritte entfaltet, stellt sich bei ihr die Frage nach der demokratischen Legitimation dieser Bindungswirkung.

### *III. Verfassungsrechtliche Zulässigkeit, insbesondere demokratische Legitimation – Konsens als Legitimationsspender*

Sind Empfehlungsnormen nicht bereits durch einen *Numerus clausus* der Normsetzungsformen im Grundgesetz gesperrt,[572] haben sie aufgrund ihrer Bindungswirkung auch gegenüber Dritten dem Erfordernis demokratischer Legitimation zu genügen.

Da jedoch die Entscheidungsträger weder unmittelbar durch Wahl noch durch eine ununterbrochene, auf das Parlament zurückgehende Legitimationskette organisatorisch-personelle Legitimation für sich reklamieren können, obgleich die sachlich-inhaltliche durch die gesetzliche Zuweisung und Konkretisierung der Aufgaben besteht, wird im Folgenden auf die Möglichkeit der legitimatorischen Wirkung der konsensualen Entscheidungsstruktur eingegangen.

Ebenso wie bei den Normenverträgen können die konsensualen Strukturen der die Empfehlung erlassenden Entscheidungsgremien herangezogen werden, um eine organisatorisch-konsensuale Legitimation zu begründen, die in der Lage ist, die Defizite demokratischer Legitimation auszugleichen. Hierfür ist der Ausgleich widerstreitender Interessen erforderlich, um durch diese gegenseitige Rückbindung eine Kontrolle des Verwaltungshandelns und damit die Eindämmung von Machtmissbrauch durch die Zurückdrängung von Partikularinteressen unter Verwirklichung des Gemeinwohls und die damit einhergehende Akzeptanzsteigerung bei den Betroffenen zu erreichen. Dieser Interessenausgleich kann bei gruppenpluralen Entscheidungsgremien dadurch sichergestellt werden, dass zur Verwirklichung eines effektiven Mitspracherechts der Betroffenen die

---

[570] Dieser Begriff klingt zwar in sich widersprüchlich, drückt jedoch die Ambivalenz gerade dieser Handlungsformen aus, welcher eine Doppelfunktion als unverbindliche Empfehlung einerseits und als verbindliche Interimsregelung andererseits zukommt.

[571] § 217e Abs. 2 SGB V.

[572] Dazu bereits die Ausführungen zu A.III.1. *Numerus clausus* der Normsetzungsformen im Grundgesetz.

Interessen der von der Entscheidung unmittelbar und rechtlich oder mittelbar und faktisch Betroffenen in einer nach ihrer Bedeutung und Betroffenheit angemessenen Weise an der Entscheidung einbezogen werden und diese durch die Ausgestaltung der Organisation und des Verfahrens aneinander insoweit rückgebunden werden, als die Befugnis zum Erlass der Empfehlungsnorm nur gemeinschaftlich wahrgenommen werden kann. Hierdurch wird ein sachgerechter Interessenausgleich zwischen den vertretenen Interessen sichergestellt und vermieden, dass sich Partikularinteressen auf Kosten der anderen durchsetzen. Dabei kann der Grad der geforderten Inhomogenität mit dem Anstieg der Anzahl der vertretenen Interessen sinken.

Ebenso kann verwaltungsexterner Sachverstand durch den Gesetzgeber im Rahmen seines weiten Gestaltungsspielraums in die Entscheidungsfindung einbezogen werden. Gleichzeitig kommt diesem jedoch die Pflicht zu, die Erreichung der mit dem Entscheidungsgremium verfolgten Zwecke zu überwachen, der er durch die Anordnung einer personell legitimierten Rechtsaufsicht sowie einer Beobachtungspflicht nachkommen kann. In diesen Fällen kann die organisatorisch-konsensuale Legitimation den Mangel demokratischer Legitimation der Empfehlungsnorm ausgleichen.[573]

### *1. Die von der Empfehlungsnorm Betroffenen*

Ebenso wie vom Kollektivvertrag nach § 115a Abs. 3 SGB V sind von der Empfehlungsnorm, welche diesen bis zu seinem Abschluss ersetzt, die Leistungserbringer in Form der Krankenhausträger und der dort arbeitenden Ärzte wie auch die Kostenträger in Form der Kranken- und Ersatzkassen betroffen und entfalten auch für die Parteien der Pflegesatzvereinbarung auf unterer Ebene Bindungswirkung,[574] also für die Krankenhausträger sowie für bestimmte Sozialleistungsträger oder Arbeitsgemeinschaften von Sozialleistungsträgern.[575]

Daneben sind auch die Versicherten über gesetzliche Anordnung gebunden.[576]

### *2. Interessenrepräsentanz der Betroffenengruppen*

Die Interessen der Krankenhausträger sowie die der dort arbeitenden Ärzte werden von der Deutschen Krankenhausgesellschaft, die Kranken- und Ersatzkassen vom Bundesverband der Krankenkassen vertreten. Weiter sind die Kassenärztlichen Bundesvereinigungen aufgrund ihres Sachverstands an der Entscheidungsfindung beteiligt.

Im Hinblick auf den Einbezug der Parteien der Pflegesatzvereinbarung auf unterer Ebene, die nicht unmittelbar an der Abgabe der Empfehlung beteiligt und

[573] Dazu näher unter Kapitel 2 B. Konsens als Legitimationsspender.

[574] §§ 115a Abs. 3 Satz 1 SGB V, 18 Abs. 2 KHG.

[575] Voraussetzung ist, dass auf diese 5% der jährlichen Belegungs- und Berechnungstage des Krankenhauses entfallen, § 18 Abs. 2 KHG.

[576] § 216e Abs. 2 SGB V.

damit Dritte sind,[577] werden die Interessen der Krankenhausträger beim Empfehlungserlass noch durch die Deutsche Krankenhausgesellschaft bzw. die Bundesverbände der Krankenhausträger vertreten. Die anderen Betroffenen sind insbesondere die Sozialleistungsträger,[578] bei denen die Träger der Krankenversicherung im Vordergrund stehen.[579] Deren Interessen werden durch den Spitzenverband Bund der Krankenkassen beim Erlass der Empfehlung repräsentiert. Problematisch ist dagegen die Bindungswirkung gegenüber den übrigen Sozialversicherungsträgern, wie denen der Rentenversicherung,[580] der Unfallversicherung[581] sowie der Sozialhilfe.[582] Diese gehören der mittelbaren Staatsverwaltung und damit im Gegensatz zu den Versorgungsämtern nicht der unmittelbaren Staatsverwaltung an, so dass die Bindungswirkung diesen gegenüber eigener Rechtfertigung bedarf. Da diese jedoch weder am Vertragsschluss beteiligt, noch deren Interessen bei diesem zur Geltung gebracht werden, kann die Drittwirkung ihnen gegenüber nicht demokratisch gerechtfertigt werden.

Die Versicherteninteressen werden dagegen erneut durch den Spitzenverband Bund der Krankenkassen sowie die Deutsche Krankenhausgesellschaft wie auch die Kassenärztliche Bundesvereinigung repräsentiert.

### 3. *Inhomogene Interessenstruktur*

Die in die Entscheidung einbezogenen Interessengruppen weisen aufgrund des Kosten- sowie Leistungs- und Vergütungsinteresses dieselbe antagonistische Interessenstruktur auf wie die Vertragsparteien des Kollektivvertrags nach § 115a Abs. 1 SGB V.

### 4. *Angemessene Entscheidungsbeteiligung der Interessenvertreter*

Da eine Empfehlung nur dann ergeht, wenn die hierzu berufenen Parteien konsensual handeln, sind die Interessenvertreter ausreichend am Entscheidungsprozess vertreten.

---

[577] §§ 115a Abs. 3 Satz 1 SGB V, 18 Abs. 2 KHG.

[578] Dabei sind nicht alle der zahlreichen Sozialleistungsträger Vertragspartei, sondern nur diejenigen, die die Kosten zumindest für eine Mindestmenge von Krankenhausleistungen tragen. Daher ist es den Sozialleistungsträgern gestattet, sich in Arbeitsgemeinschaften zu organisieren, wodurch zur Beurteilung der Mindestmenge auf die Leistungszahlen der Mitglieder dieser Arbeitsgemeinschaft insgesamt abgestellt wird, § 18 Abs. 2 Nr. 2 KHG, *K.H. Tuschen/O. Dietz*, in: *Dietz/Bofinger* (Hrsg.), Krankenhausfinanzierungsgesetz, Pflegesatzverordnung und Folgerecht, § 18 KHG Rn. III. 3.

[579] *K.H. Tuschen/O. Dietz*, in: *Dietz/Bofinger* (Hrsg.), Krankenhausfinanzierungsgesetz, Pflegesatzverordnung und Folgerecht, § 18 KHG Rn. III. 1 ff.

[580] § 125 SGB VI.

[581] § 114 Abs. 1 SGB VII.

[582] § 3 Abs. 2 SGB XII sowie z.B. § 81 AGSG für Bayern.

#### 5. *Staatsaufsicht zumindest in Form der Rechtsaufsicht*

Sowohl die Kassenärztlichen Bundesvereinigungen[583] sowie der Spitzenverband Bund der Krankenkassen[584] unterliegen zumindest einer Rechtsaufsicht. Insoweit besteht eine ausreichende Überwachungsmöglichkeit durch den Staat, so dass nicht relevant ist, dass die Deutsche Krankenhausgesellschaft keiner Aufsicht unterfällt.

#### 6. *Zusammenfassung und Bewertung*

Die Zusammensetzung der Parteien für die Abgabe der Empfehlungsnorm weist eine inhomogene Interessenstruktur unter ausreichender Beteiligung von betroffenen Interessen auf, so dass ein sachgerechter, gemeinwohlorientierter Interessenausgleich erreicht werden kann, bei dem sich keine Partikularinteressen einseitig durchsetzen können. Allerdings sind nicht alle von der Entscheidung betroffenen Interessen bei der Entscheidungsfindung vertreten, so dass die Empfehlungsnorm keine organisatorisch-konsensuale Legitimation für sich reklamieren kann, wodurch das Defizit im Hinblick auf die demokratische Legitimation auch nicht kompensiert wird.

### IV. *Zusammenfassung und Bewertung*

Normative Wirkung zeitigen lediglich die Empfehlungen nach § 115a Abs. 3 Satz 3 SGB V, die damit erhöhten Anforderungen mit Blick auf die demokratische Legitimation unterliegen. Allerdings können jene keine organisatorisch-konsensuale Legitimation für sich verbuchen, so dass bestehende Legitimationsdefizite nicht ausgeglichen und kein ausreichendes Legitimationsniveau erreicht werden kann. Insoweit ist der Gesetzgeber zur Nachbesserung aufgerufen.

## C. Die konsensualen Handlungsformen des Sozialrechts im Gefüge konsensualer Handlungsformen anderer Rechtsgebiete

Wie die bisherige Untersuchung gezeigt hat, bestehen im Sozialrecht mit den Normenverträgen, Allgemeinverfügungsverträgen und Empfehlungsnormen konsensuale Handlungsformen, denen normative oder konkret-generelle Wirkung durch Gesetz beigemessen wird. Dabei zeichnen sich die Entscheidungsgremien durch ihre gruppenplurale Struktur aus und sind hierdurch auf eine konsensuale Entscheidungsfindung angelegt. Durch diese gruppenplural-konsensuale Entscheidungsstruktur ist es auch möglich, die in Streit stehende demo-

---

[583] § 78 Abs. 1 SGB V; *K. Scholz*, in: *Becker/Kingreen* (Hrsg.), SGB V, § 78 Rn. 2; *M. Steinmann-Munzinger*, in: *Schlegel/Engelmann* (Hrsg.), SGB V, § 78 Rn. 11.

[584] § 217d SGB V; *K.-H. Mühlhausen*, in: *Becker/Kingreen* (Hrsg.), SGB V, § 217d Rn. 1 ff.; *E. Koch*, in: *Schlegel/Engelmann* (Hrsg.), SGB V, § 217e Rn. 6.

kratische Legitimation durch die organisatorisch-konsensuale Legitimation zu verstärken und damit die Handlungsformen demokratisch zu legitimieren.

Ob derartige konsensuale Handlungsformen eine singuläre Erscheinung des Sozialrechts sind oder sich in die vorhandenen Handlungsformen des Allgemeinen Verwaltungsrechts dadurch integrieren lassen, indem auch andere Rechtsgebiete zumindest eine ähnliche Phänomenologie aufweisen, ist Gegenstand der folgenden Untersuchung, bei der die Anschlussfähigkeit dieser Handlungsformen an die bestehenden, im Allgemeinen Verwaltungsrecht anerkannten beleuchtet wird. Unterdessen sollen die folgenden Ausführungen auch dazu dienen, auszuloten, inwieweit die Kategorisierungen, wie sie für die konsensualen Handlungsformen des Sozialrechts vorgenommen wurden, dazu beitragen können, ähnliche Phänomene von Handlungsformen in anderen Rechtsbereichen zu erschließen und dogmatisch zu durchdringen und durch ein derart verbessertes Verständnis dem Allgemeinen Verwaltungsrecht eine Perspektive zur Fortentwicklung zu eröffnen. Dabei wird auch ein Seitenblick auf ähnliche Erscheinungen des Zivilrechts geworfen. Zuerst wird daher die (I.) konsensuale Normsetzung beleuchtet, ehe auf (II.) konkret-generelle konsensuale Regelungen eingegangen wird.

## *I. Konsensuale Normsetzung*

Um die Anschlussfähigkeit der mit Normenverträgen und Empfehlungsnormen verbundenen Handlungskonzepte an das Allgemeine Verwaltungsrecht zu eruieren, wird untersucht, inwiefern in anderen Rechtsgebieten (1.) konsensuale Normsetzung durch Vertrag erfolgen kann, ehe weitere Formen (2.) konsensualer Normsetzung durch gruppenplurale Gremien sowie (3.) sonstige konsensuale Handlungsformen, denen zwar keine normative Wirkung beigemessen wird, die jedoch eine im Vergleich zur Rechtsnorm abgeschwächte, zumindest direktive Wirkung entfalten, untersucht werden, bevor unter (4.) eine Zusammenfassung und Bewertung erfolgt.

### *1. Konsensuale Normsetzung durch Vertrag*

Zeitigt ein Vertrag grundsätzlich nur Wirkung für die Beteiligten, ist eine normative Wirkung eines solchen nicht aus sich selbst heraus, sondern nur dann möglich, wenn ein Hoheitsakt das Vertragswerk, insbesondere seinen Inhalt mit normativer Wirkung adelt. Derartige Konstellationen sind der Natur des Vertrages gemäß selten. Trotzdem bestehen sie, auf dem Gebiet des öffentlichen Rechts wie auch im Zivilrecht. Im Folgenden wird daher eine Auswahl konsensualer Normsetzung durch Vertrag beispielhaft herangezogen und dabei zwischen (a.) konsensualer Normsetzung durch öffentlich-rechtlichen Vertrag und solcher (b.) durch privatrechtlichen Vertrag unterschieden.

### *a. Konsensuale Normsetzung durch öffentlich-rechtlichen Vertrag: Die Gründung kommunaler Zweckverbände nach dem BayKommZG*

Konsensuale Normsetzung erfolgt bei der Gründung kommunaler Zweckverbände, wobei den folgenden Ausführungen die bayerische Rechtslage exemplarisch zugrunde gelegt wird.[585] Aufgrund der Organisationshoheit und der hieraus folgenden Kooperationshoheit[586] können sich Gemeinden, Landkreise und Bezirke zu einem Zweckverband zusammenschließen und diesem einzelne oder alle mit einem bestimmten Zweck zusammenhängende Aufgaben übertragen.[587] Dabei ist unerheblich, ob es sich um Aufgaben des eigenen oder übertragenen Wirkungskreises handelt oder sie zum Bereich der Pflicht- oder freiwilligen Aufgaben zu rechnen sind.[588] Erfolgt der Zusammenschluss freiwillig, trägt der Zweckverband die Bezeichnung „Freiverband",[589] erfolgt sie zwangsweise, nennt man ihn „Pflichtverband".[590] Zweckverbände sind Körperschaften des öffentlichen Rechts,[591] da sie „mitgliedschaftlich organisierte, rechtsfähige Verbände des öffentlichen Rechts [sind], welche öffentliche Aufgaben mit hoheitlichen Mitteln unter staatlicher Aufsicht wahrnehmen".[592] Sie sind je nach Satzung rechts-, geschäfts- und parteifähig und verwalten ihre Angelegenheiten im Rahmen der Gesetze selbst.[593]

Mitglieder des Zweckverbands können neben den bereits eingangs erwähnten Gebietskörperschaften auch andere Körperschaften, Anstalten und Stiftungen des öffentlichen Rechts, andere Zweckverbände[594] sowie unter bestimmten Voraussetzungen natürliche und juristische Personen des Privatrechts sein.[595]

Die Bildung eines Zweckverbands erfolgt durch Vereinbarung eines Organisationsstatuts durch die Mitglieder in Form der Verbandssatzung,[596] die der Überprüfung mit der abstrakten Normenkontrolle zugänglich ist. Diese ist als Rechtsgrundlage die Voraussetzung für die Errichtung des Zweckverbands als Körper-

---

[585] Zu den identischen bzw. ähnlichen Regelungen anderer Bundesländer §§ 2 ff. GKZ – BaWü; §§ 10 ff. GKG – Brdbg; §§ 5 ff. KGG – Hess; §§ 150 ff. KV – M-V; §§ 7 ff. NdsKomZG; §§ 4 ff. GKG – Nds; §§ 2 ff. Rh-PfKomZG; §§ 2 ff. KGG – Saarl; §§ 44 ff. SächsKomZG; §§ 6 ff. GKG – LSA; §§ 2 ff. GkZ – Schl-Hol; §§ 16 ff. Thür-KGG.

[586] *N. Schulz*, KommZG, 1.4 zu Art. 17.

[587] Art. 17 Abs. 1 BayKommZG.

[588] *J. Widtmann/W. Grasser/E. Glaser*, Bayerische Gemeindeordnung mit VGemO, LKrO und KommZG, Art. 17 KommZG Rn. 4. Nicht möglich ist jedoch die Übertragung sämtlicher Aufgaben eines oder aller Mitglieder. Dazu ausführlich *N. Schulz*, KommZG, 5. zu Art. 17.

[589] Art. 1 Abs. 1 BayKommZG.

[590] Art. 28 Abs. 2 Satz 1 BayKommZG.

[591] Art. 2 Abs. 3 Satz 1 BayKommZG.

[592] *E. Forsthoff*, Lehrbuch des Verwaltungsrechts, Bd. I, S. 491.

[593] Art. 2 Abs. 3 Satz 2 BayKommZG; *J. Widtmann/W. Grasser/E. Glaser*, Bayerische Gemeindeordnung mit VGemO, LKrO und KommZG, Art. 17 KommZG Rn. 1; *N. Schulz*, KommZG, 1.3 zu Art. 17.

[594] *J. Widtmann/W. Grasser/E. Glaser*, Bayerische Gemeindeordnung mit VGemO, LKrO und KommZG, Art. 17 KommZG Rn. 2.

[595] Art. 17 Abs. 2 BayKommZG. Dazu *N. Schulz*, KommZG, 3. zu Art. 17.

[596] Art. 18 BayKommZG.

schaft des öffentlichen Rechts sowie als Rechtsnorm für diesen, seine Mitglieder wie auch die Aufsichtsbehörde bindend.[597] Dabei erfolgt der Erlass des Organisationsstatuts in drei Stufen: Zuerst wird eine Vereinbarung über die Verbandssatzung durch die späteren Verbandsmitglieder des Zweckverbands geschlossen. Bei dieser Vereinbarung handelt es sich um einen öffentlich-rechtlichen Vertrag in Form eines Koordinationsvertrags.[598] In diesem wird der Inhalt des Organisationsstatuts verbindlich festgelegt sowie für die Beteiligten des Zweckverbands als verbindlich anerkannt und deren Beitritt zu dem Zweckverband zumindest konkludent erklärt.[599] Es entsteht so der sog. „Vorverband", der als nichtrechtsfähiger, öffentlich-rechtlicher Verband eigener Art gilt.[600] Ist ein Beschluss einer beteiligten Gebietskörperschaft unwirksam, so fehlt die notwendige Einigung über die Verbandssatzung, was deren Nichtigkeit nach sich zieht.[601]

Den notwendigen Inhalt der Verbandssatzung legt der Gesetzgeber verbindlich fest,[602] lässt darüber hinaus jedoch Freiräume für die Beteiligten, weitere Regelungsgegenstände aufzunehmen.[603] In ihr können auch Rechte und Pflichten Dritter geregelt werden.[604] Unterbleibt eine weitere Regelung in der Verbandssatzung, so greifen die Vorschriften des KommZG sowie die allgemeinen Kommunalgesetze.[605] Ziel dieser Regelung ist es, den Beteiligten die Einigung zu erleichtern und damit eine schnellere, konfliktärmere Gründung des Zweckverbands zu begünstigen.[606] Sie soll damit den im Vertragsschluss zum Ausdruck kommenden Konsens der Vertragsparteien fördern.

Hierauf erfolgt die Genehmigung der Verbandssatzung durch die Aufsichtsbehörde in Form eines Verwaltungsaktes, die konstitutiv für die Gründung einer neuen Körperschaft des öffentlichen Rechts ist, da dieser dann auch der Aufsicht der Staatsbehörden untersteht.[607] Änderungen des Satzungsinhalts unterliegen

[597] *J. Widtmann/W. Grasser/E. Glaser*, Bayerische Gemeindeordnung mit VGemO, LKrO und KommZG, Art. 18 KommZG Rn. 1.

[598] *J. Widtmann/W. Grasser/E. Glaser*, Bayerische Gemeindeordnung mit VGemO, LKrO und KommZG, Art. 18 KommZG Rn. 2; *N. Schulz*, KommZG, 1. zu Art. 18; *W. Schröder*, Die Verwaltung 34 (2001), S. 205 (217).

[599] Nach alter Rechtslage waren hierfür zwei eigenständige Willensäußerungen erforderlich, die nunmehr durch die Vereinbarung ersetzt werden, *J. Widtmann/W. Grasser/E. Glaser*, Bayerische Gemeindeordnung mit VGemO, LKrO und KommZG, Art. 18 KommZG Rn. 2.

[600] *N. Schulz*, KommZG, 3. zu Art. 18.

[601] *N. Schulz*, KommZG, 2.1 zu Art. 18.

[602] Art. 19 Abs. 1 BayKommZG.

[603] Art. 19 Abs. 2 BayKommZG.

[604] *N. Schulz*, KommZG, 1. zu Art. 18.

[605] Vgl. Art. 26 Abs. 2, 40 Abs. 1 BayKommZG.

[606] Amtliche Begründung, Bayerischer Landtag, 5. Legislaturperiode, Beilage 2573, S. 24, Einzelbegründung zu Art. 20 a.F. = Art. 19 n.F., zit. nach *J. Widtmann/W. Grasser/E. Glaser*, Bayerische Gemeindeordnung mit VGemO, LKrO und KommZG, Art. 19 KommZG Rn. 1.

[607] Art. 20 BayKommZG; Amtliche Begründung, Bayerischer Landtag, 5. Legislaturperiode, Beilage 2573, S. 24, Ziff. 1 zu Art. 21 a.F. = Art. 20 n.F., zit. nach *J. Widtmann/W. Grasser/E. Glaser*, Bayerische Gemeindeordnung mit VGemO, LKrO und KommZG, Art. 20 KommZG Rn. 1; *N. Schulz*, KommZG, 1. zu Art. 20.

der Genehmigungspflicht im Rahmen der gesetzlich normierten Fälle des Art. 48 Abs. 1 BayKommZG.

Die Aufsichtsbehörde kann die Genehmigung von Verbandssatzungen von Zweckverbänden, die Aufgaben des eigenen Wirkungskreises der Mitglieder wahrnehmen, nur versagen, wenn Gründe des öffentlichen Wohls der Bildung des Zweckverbands entgegenstehen, die Bildung des Zweckverbands unzulässig ist oder die Verbandssatzung nicht den gesetzlichen Vorschriften entspricht.[608] Bei dem Begriff „Gründe des öffentlichen Wohls" handelt es sich um einen unbestimmten Rechtsbegriff, der keinen Beurteilungsspielraum beinhaltet. Insoweit bezieht sich die Aufsicht auf Aspekte der Rechtmäßigkeit.[609] Dagegen kann die Genehmigung von Verbandssatzungen von Zweckverbänden, die Aufgaben des übertragenen Wirkungskreises ihrer Mitglieder wahrnehmen, nach pflichtgemäßem Ermessen und Anhörung der Fachaufsichtsbehörde verweigert werden.[610]

Damit die Verbandssatzung in Kraft treten kann, ist erforderlich, dass das Organisationsstatut zusammen mit der Genehmigung amtlich bekannt gemacht wird.[611] Hierdurch wird das Rechtssetzungsverfahren abgeschlossen.[612] Der Zweckverband entsteht, sofern in der Verbandssatzung kein späterer Zeitpunkt bestimmt ist, am Tag nach der Bekanntmachung.[613] Insofern hat die amtliche Bekanntmachung konstitutive Wirkung.[614] Sie ist aufgrund des Rechtssatzcharakters der Verbandssatzung erforderlich und soll dazu dienen, die Allgemeinheit von der für sie verbindlichen Vorschrift in Kenntnis zu setzen.[615] Die Satzung entfaltet dabei Wirkung für den Zweckverband, die Mitglieder, die Aufsichtsbehörde wie auch für außenstehende Dritte.[616]

Die Gründung eines Zweckverbandes erfolgt damit durch ein Rechtssetzungsverfahren, an dessen Ausgangspunkt die Vereinbarung des Inhalts der Rechtsnorm durch konsensuale Vereinbarung in Form eines öffentlich-rechtlichen Vertrags steht, dessen Inhalt durch die öffentliche Bekanntmachung nach Genehmigung durch die Aufsichtsbehörde, die zum Teil nur auf die Überprüfung der Rechtmäßigkeit beschränkt ist, in Form der Organisationssatzung normative Wirkung erhält. Insoweit wird der mit normativer Kraft ausgestattete Inhalt konsensual durch Vertrag festgelegt, so dass diese Festsetzung als konsensuale Normsetzung durch öffentlich-rechtlichen Vertrag anzusehen ist.

Die Mitglieder der Verbandsversammlung werden zwar nicht unmittelbar gewählt, sie werden jedoch von gewählten Organen der Mitglieder des Zweckver-

---

[608] Art. 20 Abs. 1 Satz 2 BayKommZG.

[609] *N. Schulz*, KommZG, 2.1 zu Art. 20.

[610] Art. 20 Abs. 1 Satz 3 BayKommZG.

[611] Art. 21 BayKommZG.

[612] *J. Widtmann/W. Grasser/E. Glaser*, Bayerische Gemeindeordnung mit VGemO, LKrO und KommZG, Art. 21 KommZG Rn. 1; *N. Schulz*, KommZG, 1.1 zu Art. 21.

[613] Art. 21 Abs. 1 Satz 2 BayKommZG.

[614] *N. Schulz*, KommZG, 2.2 zu Art. 21.

[615] *J. Widtmann/W. Grasser/E. Glaser*, Bayerische Gemeindeordnung mit VGemO, LKrO und KommZG, Art. 21 KommZG Rn. 1; *N. Schulz*, KommZG, 1.1 zu Art. 21.

[616] *N. Schulz*, KommZG, 1. zu Art. 18.

bands entsandt,[617] die diesen gegenüber auch ein Weisungsrecht zurückbehalten.[618] So erfolgt die demokratische Legitimation der Mitglieder der Verbandsversammlung in personeller Hinsicht durch Rückführung mittels einer ununterbrochenen Legitimationskette auf ein durch unmittelbare Wahl eines verfassungsrechtlich anerkannten Teilvolks selbst demokratisch legitimiertes Organ der Mitglieder der Verwaltungsgemeinschaft.[619]

### *b. Konsensuale Normsetzung durch privatrechtlichen Vertrag: der Tarifvertrag*

Im kollektiven Arbeitsrecht regeln die Tarifvertragsparteien ihre Rechte und Pflichten durch Tarifvertrag, dem jedoch auf unterschiedliche Weise normative Wirkung beigemessen wird.

#### *aa. Normative Wirkung durch gesetzliche Anordnung*

Den Regelungsinhalten der Tarifverträge kommt bezüglich der über den Inhalt, Abschluss und die Beendigung von Arbeitsverhältnissen sowie betriebliche und betriebsverfassungsrechtliche Fragen getroffenen Regelungen durch normative Anordnung Rechtsnormcharakter zu.[620] Der Tarifvertrag bleibt zwar Ausdruck kollektiver Privatautonomie, da den Tarifvertragsparteien keine staatliche Rechtssetzungsmacht überantwortet ist, dennoch wird er durch den normativen Geltungsbefehl Teil der staatlichen Rechtsordnung und erhält gleiche Durchsetzungskraft.[621] Die Individual- und Betriebsnormen, auf die sich die normative Anordnung der Bindungswirkung bezieht, verpflichten und berechtigen unmittelbar und zwingend[622] die beiderseits Tarifgebundenen, die unter den Geltungsbereich des Tarifvertrags fallen.[623] Der Tarifvertrag wird als Rechtsnorm Gesetzen gleichgestellt mit der Folge, dass er Bindungswirkung gegenüber der Judikative und Exekutive entfaltet,[624] er keiner AGB-Kontrolle und auch nicht der Schriftform des § 127 BGB unterliegt, jedoch die durch staatliches Recht bestehenden Spielräume aufgrund deren Dispositivität ausfüllen und auch Schutzge-

---

[617] Art. 31 Abs. 1 BayKommZG.

[618] Art. 33 Abs. 2 Satz 3 BayKommZG.

[619] BVerfG, NVwZ 2003, 974 (975); dazu auch BVerfGE 47, 253 (275); 52, 95 (121); BVerwGE 106, 64 (73 ff.); dazu *W. Schröder*, Die Verwaltung 34 (2001), S. 205 (220 ff.); *N. Schulz*, KommZG, 1.4 zu Art. 17. Zur Problematik der Beteiligung Privater an der Normsetzung Kapitel 5 C.I.1. Die konsensuale Einbindung Privater bei den kommunalen Zweckverbänden.

[620] §§ 1 Abs. 1, 4 Abs. 1 TVG.

[621] *M. Löwisch/V. Rieble*, TVG, § 1 Rn. 94; 140 ff., 349 ff.; *U. Reim*, in: *Däubler* (Hrsg.), Tarifvertragsgesetz, § 1 Rn. 34.

[622] Dazu *M. Löwisch/V. Rieble*, TVG, § 4 Rn. 29 ff.; *A. Stein*, in: *Kempen/Zachert* (Hrsg.), Tarifvertragsgesetz, § 4 Rn. 12 ff.

[623] §§ 4 Abs. 1, 3 TVG. Die Tarifvertragsparteien selbst werden dagegen nur durch den schuldrechtlichen Bestandteil des Tarifvertrags gebunden. Allein der Haustarifvertrag entfaltet gegenüber dem Arbeitgeber auch normative Wirkung, *M. Löwisch/V. Rieble*, TVG, § 4 Rn. 26.

[624] *M. Löwisch/V. Rieble*, TVG, § 1 Rn. 106, 110.

setz i.S.v. § 823 Abs. 2 BGB sein kann.[625] Im Gegenzug unterliegen die Vertragsparteien bei der Normsetzung der Gesetzes- sowie der Grundrechtsbindung.[626] Letztere ergab sich nach einer früheren Rechtsprechung des BAG bereits aus Art. 1 Abs. 3 GG, da Tarifnormen als „Gesetz" im Sinne dieser Vorschrift angesehen wurden,[627] was jedoch dadurch, dass die Tarifautonomie der Privatautonomie zugerechnet wird, als Begründung fragwürdig erscheint.[628]

Die normative Wirkung wird durch privatautonome Mitgliedschaft über Art. 9 Abs. 3 GG legitimiert, durch die Arbeitnehmer und Arbeitgeber ihre Verbände dazu ermächtigen, die Arbeitsbedingungen verbindlich für sie zu regeln.[629] Gegenüber Nichtmitgliedern kommt den Tarifparteien daher grundsätzlich keine Regelungsbefugnis zu.[630]

*bb. Normative Wirkung durch Bezugnahme*

Neben dieser gesetzlich angeordneten Normwirkung entfalten die Tarifverträge auch mittelbare normative Wirkung, wenn das Gesetz an die Geltung des Tarifvertrags weitere, über die unmittelbare Normwirkung hinausreichenden Rechtsfolgen anknüpft. So verbindet z.B. § 77 Abs. 3 BetrVG die tarifvertraglichen Regelungen mit der Rechtsfolge, dass Betriebsvereinbarungen im Geltungsbereich des Tarifvertrags unabhängig von deren konkreter Vereinbarkeit mit dem Tarifvertrag und dessen Geltung in diesem konkreten Betrieb gesperrt sind.[631] Hierdurch knüpft der Gesetzgeber normative Wirkungen als Folge an den Tarifvertrag an, ohne dass dies die Tarifvertragsparteien in ihren Tarifwillen hätten aufnehmen müssen.

Die demokratische Legitimation erhält diese normative Wirkung dadurch, dass nicht der Staat die Tarifnormgeltung durch dynamische Verweisung des Gesetzes auf Tarifverträge erweitert, sondern das demokratisch legitimierte Gesetz, das die weiteren Rechtsfolgen enthält, tatbestandlich an den Tarifvertrag anknüpft und mit einer eigenen Rechtsfolge belegt.[632]

*cc. Normative Wirkung durch Allgemeinverbindlicherklärung*

Die Wirkung der Rechtsnormen[633] des Tarifvertrags können jedoch durch Anordnung des Bundesministeriums für Arbeit und Soziales auch auf die nicht tarifgebundene Arbeitgeber und Arbeitnehmer durch die sog. Allgemeinverbind-

---

[625] *M. Löwisch/V. Rieble*, TVG, § 1 Rn. 95 f.; *U. Reim*, in: *Däubler* (Hrsg.), Tarifvertragsgesetz, § 1 Rn. 34.

[626] *M. Löwisch/V. Rieble*, TVG, § 1 Rn. 509 ff., 581 ff.

[627] BAG, 1 AZR 305/54 – AP Nr. 4 zu Art. 3 GG.

[628] *M. Löwisch/V. Rieble*, TVG, § 1 Rn. 582.

[629] BVerfGE 44, 322 (347); *M. Löwisch/V. Rieble*, TVG, § 3 Rn. 1 f.; *T. Lakies*, in: *Däubler* (Hrsg.), Tarifvertragsgesetz, § 5 Rn. 31.

[630] BVerfGE 44, 322 (347).

[631] *M. Löwisch/V. Rieble*, TVG, § 1 Rn. 124, mit weiteren Beispielen.

[632] *M. Löwisch/V. Rieble*, TVG, § 1 Rn. 127.

[633] Nicht erstreckt werden kann die Wirkung des schuldrechtlichen Teils der Tarifverträge.

licherklärung erstreckt werden.[634] Durch die Geltung der in den Individualnormen des Tarifvertrags festgesetzten Mindestarbeitsbedingungen auch für Arbeitsverhältnisse ohne autonome Tarifgeltung kann ein ausreichender Arbeitnehmerschutz erreicht werden sowie durch diejenige der Betriebsnormen eine Vereinheitlichung für alle Arbeitgeber im Geltungsbereich des Tarifvertrags.[635] Darüber hinaus kommt der Allgemeinverbindlicherklärung Lenkungsfunktion im Hinblick auf den Wettbewerb zu.[636]

Voraussetzung für eine solche Allgemeinverbindlicherklärung ist, dass sie nach Anhörung der im Gesetz bezeichneten Gruppen[637] auf Antrag einer Tarifvertragspartei im Einvernehmen mit einem paritätisch besetzten Tarifausschuss der Spitzenorganisationen der Arbeitgeber und Arbeitnehmer erfolgt sowie die tarifgebundenen Arbeitgeber repräsentativ sind, indem sie zumindest 50% der Arbeitnehmer beschäftigen, die unter den Geltungsbereich des Tarifvertrags fallen, sowie die Allgemeinverbindlicherklärung im öffentlichen Interesse geboten ist.[638] Durch das Erfordernis des Einvernehmens mit dem Tarifausschuss erfolgt die Allgemeinverbindlicherklärung im Konsens mit der Arbeitgeber- und Arbeitnehmerseite, wodurch jede Partei allein die Allgemeinverbindlicherklärung verhindern kann.[639]

Durch die Allgemeinverbindlicherklärung nimmt der Staat in Abstimmung mit den Tarifvertragsparteien die Tarifnormen in seinen Geltungswillen auf und verleiht ihnen normative Wirkung.[640] Eine inhaltliche Abänderung der Tarifnormen scheidet aus, ebenso wie eine Erstreckung auf Gebiete, auf die sich der Tarifvertrag nicht bezieht.[641] Insoweit ersetzt die Allgemeinverbindlicherklärung lediglich die Tarifgebundenheit,[642] ohne die Tarifautonomie zu berühren.[643] Allgemeinverbindlich erklärt werden regelmäßig alle Normen des Tarifvertrags.[644] Die Allgemeinverbindlicherklärung ist öffentlich bekannt zu machen.[645]

Die Allgemeinverbindlicherklärung ist ein Akt der Rechtssetzung, da das Bundesministerium für Arbeit und Soziales ein eigenständiges, staatliches Rechtssetzungsverfahren abschließt und sich die Stellung der Tarifvertragsparteien in ei-

---

[634] Zur Wirkung der Allgemeinverbindlicherklärung *O.E. Kempen*, in: *ders./Zachert* (Hrsg.), Tarifvertragsgesetz, § 5 Rn. 46; *T. Lakies*, in: *Däubler* (Hrsg.), Tarifvertragsgesetz, § 5 Rn. 164 ff.

[635] *M. Löwisch/V. Rieble*, TVG, § 5 Rn. 1 ff., 7; *T. Lakies*, in: *Däubler* (Hrsg.), Tarifvertragsgesetz, § 5 Rn. 164.

[636] *T. Lakies*, in: *Däubler* (Hrsg.), Tarifvertragsgesetz, § 5 Rn. 7.

[637] § 5 Abs. 2 TVG.

[638] § 5 Abs. 1 TVG. Ausnahmen hiervon sind zur Behebung eines sozialen Notstands möglich, § 5 Abs. 1 Satz 2 TVG. Zu den einzelnen Voraussetzungen *T. Lakies*, in: *Däubler* (Hrsg.), Tarifvertragsgesetz, § 5 Rn. 69 ff.

[639] *T. Lakies*, in: *Däubler* (Hrsg.), Tarifvertragsgesetz, § 5 Rn. 3.

[640] *M. Löwisch/V. Rieble*, TVG, § 5 Rn. 26.

[641] Zum Geltungsbereich des Tarifvertrags *O. Deinert*, in: *Däubler* (Hrsg.), Tarifvertragsgesetz, § 4 Rn. 180 ff.

[642] *M. Löwisch/V. Rieble*, TVG, § 5 Rn. 29.

[643] *T. Lakies*, in: *Däubler* (Hrsg.), Tarifvertragsgesetz, § 5 Rn. 28.

[644] *M. Löwisch/V. Rieble*, TVG, § 5 Rn. 52.

[645] § 5 Abs. 7 TVG.

nem Beteiligungsrecht erschöpft.[646] Eine Ausgestaltung des Normsetzungsrechts der Tarifvertragsparteien erfolgt nicht. Die Exekutive knüpft vielmehr an der Regelungskompetenz der Tarifvertragsparteien an und erklärt sie für allgemein verbindlich, so dass diese Erklärung auch als „Brücke zwischen staatlicher und kollektiver Lösung“ gilt.[647] Hierfür verantwortlich zeichnet daher das zuständige Ministerium.

Die Allgemeinverbindlicherklärung ist dabei ein Rechtssetzungsakt eigener Art und nicht als Rechtsverordnung oder gar als Verwaltungsakt einzuordnen.[648] Als solch staatlicher Rechtssetzungsakt unterliegt sie den hierfür geltenden Bestimmungen. Insbesondere muss sie dem Rechtsstaats- und Demokratieprinzip Rechnung tragen. Sie hat hierzu inhaltlich bestimmt zu sein und den Anforderungen an den Grundsatz der Normklarheit zu genügen.[649] Ebenso bedarf sie demokratischer Legitimation, die insbesondere bei statischen Verweisungen über das klassische Legitimationsmodell hergestellt werden kann.[650] So hat die staatliche Stelle zwar kein Initiativrecht und kann auch nicht auf den Inhalt der Norm Einfluss nehmen, wie auch die Geltungsdauer der Allgemeinverbindlicherklärung dem Willen der Tarifparteien unterliegt, wodurch die Koalitionsfreiheit nach Art. 9 Abs. 3 GG so weit als möglich gewahrt ist. Dieses „Defizit staatlicher Entscheidungsfreiheit“ wird jedoch durch das Erlassverfahren und die Voraussetzungen der Allgemeinverbindlicherklärung „hinreichend ausgeglichen“. Indem der Bundesminister die Voraussetzungen der Allgemeinverbindlicherklärung ausreichend prüft und diese anordnet, hat er die Regelungen des Tarifvertrags „in seinen Willen aufgenommen; der Geltungsbefehl der tariflichen Normen geht dann auch von ihm aus“.[651]

### 2. *Konsensuale Normsetzung gruppenpluraler Gremien*

Konsensuale Normsetzung erfolgt auch durch die Gremien der gruppenpluralen Konsensverwaltung, wenn auch nicht durch öffentlich-rechtlichen Vertrag. So wurde bereits im vorangegangenen Kapitel[652] angesprochen, dass der gruppenplural zusammengesetzte Verwaltungsrat[653] der Filmförderungsanstalt die Satzung mit einer qualifizierten Mehrheit von zwei Dritteln der Mitglieder, mindestens jedoch mit einfacher Mehrheit beschließt,[654] während derjenige des Wein-

---

[646] *M. Löwisch/V. Rieble*, TVG, § 5 Rn. 115; *T. Lakies*, in: *Däubler* (Hrsg.), Tarifvertragsgesetz, § 5 Rn. 29.

[647] *F. Gamillscheg*, in: FS Hyung-Bae 1995, S. 35 (37).

[648] BVerfGE 44, 322 (341); dazu *T. Lakies*, in: *Däubler* (Hrsg.), Tarifvertragsgesetz, § 5 Rn. 46 ff.; *O.E. Kempen*, in: *ders./Zachert* (Hrsg.), Tarifvertragsgesetz, § 5 Rn. 47 ff., insbes. 51 ff.

[649] Zum Rechtsstaatsprinzip *T. Lakies*, in: *Däubler* (Hrsg.), Tarifvertragsgesetz, § 5 Rn. 33 ff.

[650] Zu den dynamischen Verweisungen *M. Löwisch/V. Rieble*, TVG, § 5 Rn. 78.

[651] BVerfGE 44, 322 (348 f.); dazu auch *O.E. Kempen*, in: *ders./Zachert* (Hrsg.), Tarifvertragsgesetz, § 5 Rn. 58 ff.; *T. Lakies*, in: *Däubler* (Hrsg.), Tarifvertragsgesetz, § 5 Rn. 31 ff.

[652] Kapitel 3 E.I.3. Die Filmförderungsanstalt und die Vergabekommission, 5. Der Deutsche Weinfonds und 7. Die Gendiagnostik-Kommission (GEKO).

[653] § 3 FFG.

[654] § 10 Abs. 1 Satz 1 FFG.

wirtschaftsfonds[655] die intern wirkende Geschäftsordnung[656] sowie auch die Satzung mit einfacher Mehrheit verabschiedet. Auch die GEKO, welche die Regelungen des Gendiagnostikgesetzes durch Richtlinien zu konkretisieren hat, denen ebenfalls Bindungswirkung zukommt, beschließt diese mit einfacher Mehrheit,[657] wobei für ihre Beschlussfähigkeit mindestens zwei Drittel ihrer Mitglieder anwesend sein müssen.[658]

Dabei ist aufgrund der gruppenpluralen Zusammensetzung der Verwaltungsräte und der GEKO auch für die Mehrheitsentscheidung ein konsensualer Ausgleich erforderlich, da gerade keine der in den Gremien vertretenen Gruppen jene allein herbeiführen kann, während bei der erforderlichen Zwei-Drittel-Mehrheit für die Satzung der Filmförderungsanstalt die Anforderungen an den Konsens gar erhöht sind.

### *3. Konsensuale Handlungsformen mit normähnlicher, direktiver Wirkung*

Neben den mit normativer Wirkung ausgestatteten konsensualen Handlungsformen existieren weitere, denen zwar keine normative Wirkung beigemessen wird, die jedoch trotzdem direktive Wirkung zeitigen und auf eine konsensuale Vereinbarung zurückzuführen sind. Im öffentlichen Recht sind hierbei (a.) die Leitsätze der Lebensmittelbuchkommission von Interesse, während (b.) auf dem Gebiet des Privatrechts die (aa.) DIN-Normen sowie die (bb.) Deutschen Rechnungslegungs Standards zu nennen sind, wobei auch hier die nachfolgende Behandlung nicht abschließend ist.

#### *a. Im öffentlichen Recht: Die Leitsätze der Lebensmittelbuch-Kommission*

Die Leitsätze des Deutschen Lebensmittelbuches sind weder Rechtsnormen noch Verwaltungsrichtlinien. Sie geben lediglich die nach allgemeiner Verkehrsauffassung übliche Verkehrsbezeichnung im Sinne der Lebensmittel-Kennzeichnungsverordnung, mithin den Hersteller- und Handelsbrauch wieder und dienen als Auslegungshilfe für die Beurteilung, ob durch die Kennzeichnung eines Lebensmittels Verbraucher in die Irre geführt werden,[659] ohne dass sie Bindungswirkung entfalten. Ihnen kommt daher lediglich der Charakter objektivierter Sachverständigengutachten zu. Bei Abweichungen der Beschreibung von den Leitsätzen bleibt das Lebensmittel verkehrsfähig, sofern die Abweichung ausreichend kenntlichgemacht wird.

Die Deutsche Lebensmittelbuch-Kommission beschließt diese Richtlinien grundsätzlich einstimmig.[660] Ausreichend ist dabei, dass die Mitglieder, die an der

---

[655] § 17 Weinwirtschaftsgesetz.

[656] § 20 Abs. 5 Weinwirtschaftsgesetz.

[657] § 8 Abs. 3 Geschäftsordnung der Gendiagnostik-Kommission.

[658] § 8 Abs. 1 Satz 1 Geschäftsordnung der Gendiagnostik-Kommission.

[659] http://www.bmelv.de/DE/Ernaehrung/Kennzeichnung/Lebensmittelbuch/HinweiseLeitsaetzeLebensmittelbuch.html, aufgerufen am 31.7.2014, 11.41 Uhr.

[660] §§ 16 Abs. 3 Satz 1 LFGB, 12 Abs. 1 Geschäftsordnung der Deutschen Lebensmittelbuch-Kommission.

Abstimmung mitwirken, mehr als drei Viertel der Mitglieder der Kommission darstellen. Durch das in § 12 der Geschäftsordnung der Deutschen Lebensmittelbuch-Kommission näher ausgeführte Abstimmungsverfahren[661] und die Anforderungen an die Quoren wirkt der Gesetzgeber auf eine konsensuale Lösung zwischen den unterschiedlichen Gruppen hin.

#### *b. Im Privatrecht*

##### *aa. DIN-Normen*

Ebenfalls nicht mit normativer Wirkung ausgestattet, jedoch vom Staat unter Bezugnahme auf diese für den Einzelfall als verbindlich anerkannt sind die im Bereich des Privatrechts erlassenen DIN-Normen, die durch das Deutsche Institut für Normung e.V. erarbeitetet und konsensual beschlossen werden.[662]

Das Deutsche Institut für Normung (DIN) wurde durch die Bundesrepublik Deutschland vertraglich anerkannt. Diese verpflichtete sich gleichzeitig, sich der von diesem Institut gesetzten Normen zu bedienen.[663]

Bei den DIN-Normen handelt es sich um freiwillige Standards, die auf Anregung interessierter Kreise auf den gesicherten Ergebnissen von Wissenschaft, Technik und Erfahrung im Prozess der Normung erarbeite und einstimmig erlassen werden.[664] Dabei ist die Anzahl der im Beschlussgremium vertretenen Experten auf 21 begrenzt, die auf Basis einer Vorlage zur Normung einen Entwurf im Wege der Einstimmigkeit fassen, der nach Beteiligung der Öffentlichkeit und der Beratung der Einwendungen durch den Ausschuss verabschiedet und durch das DIN geprüft wird, ehe eine endgültige Fassung als DIN-Norm veröffentlicht wird. Bei Uneinigkeit im Ausschuss versucht ein Schlichtungsverfahren Konsens herzustellen.

Bei den DIN-Normen handelt es sich um „private Regelwerke mit Empfehlungscharakter".[665] Eine Bindungswirkung besteht grundsätzlich nicht.[666] Die Bundesregierung hat sich jedoch verpflichtet, in der Verwaltung, bei Ausschreibungen und bei Bestellungen die DIN-Normen anzuwenden und darauf hinzuwirken, dass sich auch andere öffentliche Auftraggeber dieser bedienen.[667] So

---

[661] Hierzu bereits unter Kapitel 3 E.I.6. Die Lebensmittelbuchkommission.

[662] So definiert die Europäische Norm EN 45020, 3.2 eine Norm als ein „Dokument, das mit Konsens erstellt und von einer anerkannten Institution angenommen wurde und das für die allgemeine und wiederkehrende Anwendung Regeln, Leitlinien oder Merkmale für Tätigkeiten oder deren Ergebnisse festlegt, wobei ein optimaler Ordnungsgrad in einem gegebenen Zusammenhang angestrebt wird."

[663] § 8 Vertrag zwischen der Bundesrepublik Deutschland, vertreten durch den Bundesminister für Wirtschaft, und dem DIN Deutsches Institut für Normung e.V., vertreten durch dessen Präsidenten.

[664] Zum Normungsprozess vgl. DIN 820–4.

[665] BGH, NJW 2007, 2983; NJW 2013, 2271 (2272 f.).

[666] Dazu *J. Backherms*, DIN, S. 61 ff.

[667] § 8 Vertrag zwischen der Bundesrepublik Deutschland, vertreten durch den Bundesminister für Wirtschaft, und dem DIN Deutsches Institut für Normung e.V., vertreten durch dessen Präsidenten.

werden durch die Anwendung der Normen durch den Staat diese Empfehlungen für Einzelfälle verbindlich, wobei die Vermutung, dass sie den Stand der Technik abbilden, durch Sachverständigenbeweis widerlegbar ist.[668]

### *bb. Deutsche Rechnungslegungs Standards*

Das Bundesministerium der Justiz hat mit Vertrag vom 3. September 1998 sowie erneut durch den Standardisierungsvertrag vom 2. Dezember 2011 das Deutsche Rechnungslegungs Standards Committee e.V. (DRSC) als privates Rechnungslegungsgremium und zuständige Standardisierungsorganisation anerkannt.[669] Grundlage hierfür ist § 342 HGB. Die beim DRSC[670] gebildeten IFRS- und HGB-Fachausschüsse[671] entwickeln unter Einhaltung eines öffentlichen Konsultationsprozesses[672] die Deutschen Rechnungslegungs Standards, welche die Standardisierung von Konzernabschlüssen nach dem deutschen Handelsrecht zum Gegenstand haben und die nach ihrer Bekanntmachung durch das Bundesjustizministerium Wirkung entfalten.[673] Die Ausschüsse bestehen jeweils aus sieben Mitgliedern, die über besondere Fachkompetenz und Erfahrung auf dem Gebiet der Rechnungslegung verfügen und die ehrenamtlich und unabhängig tätig sind.[674] Sie haben bei ihrer Aufgabenerfüllung die vom Verwaltungsrat festgestellten Grundsätze und Leitlinien zu befolgen.

Bei den Deutschen Rechnungslegungs Standards handelt es sich um private Regelwerke, deren Rechtscharakter und Bindungswirkung umstritten ist.[675] Vordringlich vertreten wird, dass es sich bei diesen um unverbindliche Empfehlungen handelt, die erst durch die Bekanntmachung durch das Bundesjustizministe-

---

[668] BGH, NJW 2013, 2271 (2272 f.).

[669] § 1 Abs. 1 des Standardisierungsvertrags zwischen dem Bundesministerium der Justiz (BMJ), vertreten durch Frau Bundesministerin der Justiz, Sabine Leutheusser-Schnarrenberger und dem DRSC e.V. – Deutsches Rechnungslegungs Standards Committee, vertreten durch sein Präsidium, Frau Elisabeth Knorr und Herrn Dr. Rolf Ulrich vom 2.12.2011; *G. Psaroudakis*, in: *Heidel/Schall* (Hrsg.), Handelsgesetzbuch, § 342 Rn. 1; *W.F. Ebke/B.P. Paal*, in: *Schmidt/Ebke* (Hrsg.), Münchener Kommentar zum Handelsgesetzbuch, Bd. 4, § 342 Rn. 1 ff.; *P. Hommelhoff/M. Schwab*, in: *Canaris/Schilling/Ulmer* (Hrsg.), Handelsgesetzbuch, Bd. 3/2, § 342 Rn. 22 ff.

[670] Ehemals Deutscher Standardisierungsrat, dazu *M. Schwab*, in: *Staub* (Hrsg.), Handelsgesetzbuch, Bd. 7/2, § 342 Rn. 22 ff.

[671] Dazu *W.F. Ebke/B.P. Paal*, in: *Schmidt/Ebke* (Hrsg.), Münchener Kommentar zum Handelsgesetzbuch, Bd. 4, § 342 Rn. 10 ff.

[672] *M. Schwab*, in: *Staub* (Hrsg.), Handelsgesetzbuch, Bd. 7/2, § 342 Rn. 60 ff.; *P. Hommelhoff/M. Schwab*, in: *Canaris/Schilling/Ulmer* (Hrsg.), Handelsgesetzbuch, Bd. 3/2, § 342 Rn. 60 ff.

[673] *G. Psaroudakis*, in: *Heidel/Schall* (Hrsg.), Handelsgesetzbuch, § 342 Rn. 7; *W.F. Ebke/B.P. Paal*, in: *Schmidt/Ebke* (Hrsg.), Münchener Kommentar zum Handelsgesetzbuch, Bd. 4, § 342 Rn. 20.

[674] *G. Psaroudakis*, in: *Heidel/Schall* (Hrsg.), Handelsgesetzbuch, § 342 Rn. 4.

[675] *G. Psaroudakis*, in: *Heidel/Schall* (Hrsg.), Handelsgesetzbuch, § 342 Rn. 7; *W.F. Ebke/B.P. Paal*, in: *Schmidt/Ebke* (Hrsg.), Münchener Kommentar zum Handelsgesetzbuch, Bd. 4, § 342 Rn. 21 ff.; *M. Schwab*, in: *Staub* (Hrsg.), Handelsgesetzbuch, Bd. 7/2, § 342 Rn. 82 ff. Zur verfassungsrechtlichen Kritik z.B. *M. Schwab*, in: *Staub* (Hrsg.), Handelsgesetzbuch, Bd. 7/2, § 342 Rn. 89; *G. Förschle*, in: *Ellrott/Förschle/Kozikowski u.a.* (Hrsg.), Beck'scher Bilanz-Kommentar, § 342 Rn. 17 m.w.N.

rium[676] eine Vermutungswirkung entfalten, nach der bei der Beachtung der DRS der Konzernabschluss die – widerlegbare – Vermutung der Einhaltung der Grundsätze ordnungsmäßiger Buchführung für sich hat.[677] Trotz dieser Verbindlichkeit sind die DRS keine Rechtsnormen.[678] Daher führt die Nichtbeachtung nicht zur Unrichtigkeit der Bilanz. Insbesondere ist der Bilanzierende mit Blick auf seine gesetzlichen Wahlrechte nicht an die Empfehlungen der Deutschen Rechnungslegungs Standards gebunden. Die Abweichung sind lediglich im Prüfungsbericht aufzuführen.

Dabei wird vertreten, dass die DRS verbindlich anzuwenden sind, wenn sie gesetzeskonkretisierende Wirkung entfalten, während sie unverbindlich sind, sofern sie gesetzlich vorgesehene Wahlrechte einschränken oder über die gesetzlichen Regelungen hinausgehende Pflichten für die Rechnungslegung anordnen.[679]

### *4. Zusammenfassung und Bewertung*

Konsensuale Normsetzung ist kein Spezifikum des Sozialrechts, sondern erfolgt auch in anderen Rechtsbereichen und sowohl durch Vertrag als auch andere Vereinbarungen. Durch Vertrag werden Norminhalte neben dem Sozialrecht auch im Kommunalrecht bei der Gründung von Zweckverbänden nach dem BayKommZG sowie auch im kollektiven Arbeitsrecht durch Tarifvertrag festgesetzt. Dabei handelt es sich bei Letzterem um einen zivilrechtlichen Vertrag, während die Ersteren öffentlich-rechtlicher Natur sind. Infolgedessen sind auch die Legitimationsmuster grundsätzlich voneinander verschieden.

Deutlich wird hierbei jedoch, dass durch die Voraussetzung eines Vertrags als Grundlage der Rechtsnorm Konsens zum den Norminhalt bestimmenden Parameter wird. Dabei ist der Rechtsnatur des Vertrags immanent, dass er nicht aus sich selbst heraus normative Wirkung entfalten kann. Erforderlich ist vielmehr eine hoheitliche Anordnung, die in verschiedener Form und zu unterschiedlichen Zeitpunkten erfolgen kann. So wird die normative Wirkung der Normenverträge des Sozialrechts – teilweise historisch bedingt – wie auch bzgl. der Individual- und Betriebsnormen des Tarifvertrags durch vorherige gesetzliche Anordnung festgelegt, während diejenige des öffentlich-rechtlichen Vertrags über das Orga-

---

[676] *W.F. Ebke/B.P. Paal*, in: *Schmidt/Ebke* (Hrsg.), Münchener Kommentar zum Handelsgesetzbuch, Bd. 4, § 342 Rn. 27.

[677] § 342 Abs. 2 HGB; *W.F. Ebke/B.P. Paal*, in: *Schmidt/Ebke* (Hrsg.), Münchener Kommentar zum Handelsgesetzbuch, Bd. 4, § 342 Rn. 22; zur Ablehnung eigener Normqualität sowie der Einordnung als normkonkretisierende Verwaltungsvorschrift *M. Schwab*, in: *Staub* (Hrsg.), Handelsgesetzbuch, Bd. 7/2, § 342 Rn. 85 ff.

[678] *W.F. Ebke/B.P. Paal*, in: *Schmidt/Ebke* (Hrsg.), Münchener Kommentar zum Handelsgesetzbuch, Bd. 4, § 342 Rn. 22.

[679] *W.F. Ebke/B.P. Paal*, in: *Schmidt/Ebke* (Hrsg.), Münchener Kommentar zum Handelsgesetzbuch, Bd. 4, § 342 Rn. 25; *M. Schwab*, in: *Staub* (Hrsg.), Handelsgesetzbuch, Bd. 7/2, § 342 Rn. 83; *G. Förschle*, in: *Ellrott/Förschle/Kozikowski u.a.* (Hrsg.), Beck'scher Bilanz-Kommentar, § 342 Rn. 17; *M. Schwab*, in: *Staub* (Hrsg.), Handelsgesetzbuch, Bd. 7/2, § 342 Rn. 89, lehnt dagegen eine Bindungswirkung der DRS aufgrund der Annahme eines *Numerus clausus* der Normsetzungsformen ab.

nisationsstatut des kommunalen Zweckverbands erst durch nachträgliche Bekanntmachung als Satzung durch die Aufsichtsbehörde eintritt. Mit Blick auf die Allgemeinverbindlicherklärung des Tarifvertrags durch das Ministerium für Arbeit und Soziales erhält der Tarifvertrag durch nachträglichen Rechtssetzungsakt eigener Art normative Bindungswirkung. Diese verschiedenen Arten, Verträgen normative Bindungswirkung beizumessen, wirken sich auf die unterschiedlichen Legitimationsansätze aus. Sie ändern jedoch nichts an der grundsätzlich bestehenden konsensualen Vereinbarung des Norminhalts durch Vertrag.

Zwar nicht durch Vertrag, jedoch ebenso konsensual vereinbart und beschlossen werden die Normen der gruppenpluralen Konsensverwaltung in Gestalt der Filmförderungsanstalt, des Deutschen Weinwirtschaftsfonds sowie der GEKO.

Weiter bestehen im öffentlichen Recht mit den Richtlinien der Lebensmittelbuchkommission, aber auch im Zivilrecht abgeschwächte Formen konsensualer Regelungsgebilde, denen nur teilweise verbindliche Wirkung, jedoch zumindest Empfehlungscharakter zukommt.

So stellt konsensuale Normsetzung ein insbesondere im öffentlichen Recht, jedoch auch im Privatrecht anzutreffendes Phänomen dar, dem die Normsetzung durch öffentlich-rechtlichen Vertrag als besondere Ausprägung und Unterkategorie zugerechnet werden kann. Konsensuale Normsetzung findet sich daher nicht nur im Sozialrecht, sondern mit der gruppenpluralen Konsensverwaltung auch im Medien-, Wirtschafts- und Gentechnikrecht wieder, während die Ausprägung durch vertragliche Vereinbarung auch im Kommunalrecht wie im Privatrecht mit dem Tarifvertragsrecht vorkommt. Die Normenverträge und Empfehlungsnormen im Sozialrecht können, sofern sie durch gesetzgeberische Nachbesserung demokratisch gerechtfertigt werden können, daher eingebettet werden in eine das öffentliche Recht und teilweise auch das Privatrecht umspannende Handlungsform der konsensualen Normsetzung und sind daher keine Spezifika des Sozialrechts.

### *II. Konsensuale Setzung konkret-genereller Regelungen durch Vertrag*

Allgemeinverfügungsverträge im Sozialrecht konnten, soweit ersichtlich, in anderen Rechtsgebieten nicht festgestellt werden. Trotzdem besteht ein Bedarf an konsensualen Vereinbarungen, die einen Einzelfall regeln, jedoch Verbindlichkeit auch für Unbeteiligte entfalten, auch in anderen Rechtsgebieten. Ausgangspunkt ist dabei, dass es sich bei den Versorgungsverträgen in der gesetzlichen Krankenversicherung wie auch der sozialen Pflegeversicherung letztlich um Zulassungsentscheidungen handelt, durch welche die Krankenhäuser und Pflegeeinrichtungen für die Versorgung der Versicherten zugelassen werden und denen daher statusbegründende Funktion zukommt.[680] Insoweit ersetzen diese vertraglichen Vereinbarungen einseitige Zulassungsentscheidungen durch Verwaltungsakt,

[680] Dazu A.II.6. Die Individualverträge.

weshalb diese als subordinationsrechtliche Verwaltungsverträge einzuordnen sind. Durch die konsensuale Ausgestaltung der Entscheidung können die Betroffenen auf deren Inhalt einwirken, wodurch die Akzeptanz – auch einer ablehnenden Entscheidung – gesteigert wird.[681]

Die Substitution von Verwaltungsakten, die eine Zulassungsentscheidung bzw. Genehmigung enthalten, durch konsensuale Vereinbarung in Form öffentlich-rechtlichen Vertrags, die auch gegenüber anderen Rechtssubjekten Wirkung entfaltet, ist jedoch auch in anderen Bereichen als dem Sozialrecht denkbar. Voraussetzung ist dabei jedoch, dass durch die konsensuale Entscheidung nicht zwingendes Gesetzesrecht umgangen wird. So ist z.B. im Sicherheitsrecht kaum denkbar, dass eine Gaststättenkonzession durch subordinationsrechtlichen Verwaltungsvertrag erteilt wird. Allerdings kann außerhalb des sicherheitsrechtlichen Bereichs durchaus das Bedürfnis für konsensuale Einigung bestehen. So kann nicht ausgeschlossen werden, dass eine sich lediglich auf bauplanungsrechtliche Zulässigkeit des Vorhabens beziehende Bebauungsgenehmigung nicht durch einseitigen Verwaltungsakt, sondern durch konsensuale Vereinbarung in Form eines den konkreten Sachverhalt regelnden, jedoch auch gegenüber den Nachbarn und anderen Behörden wirkenden öffentlich-rechtlichen Vertrag ergeht. Dies gilt gerade vor dem Hintergrund, als das Bauplanungsrecht mittlerweile mit konsensualen Handlungsformen, insbesondere dem Verwaltungsvertrag, durchzogen ist. Insoweit wäre eine Verallgemeinerungsfähigkeit durch die Aufnahme in den Kanon der konsensualen Handlungsformen des Allgemeinen Verwaltungsrechts nicht nur denkbar, sondern erstrebenswert.

## D. Zusammenfassung und Bewertung

Die vorliegende Untersuchung hat gezeigt, dass konsensuale Handlungsformen im Sozialrecht vielgestaltig sind und in Form der Normenverträge und Empfehlungsnormen auch normative Wirkung aufweisen können. Diese konsensualen Normsetzungsformen können mit Ausnahme der Kollektivverträge sowie der diese ersetzenden Empfehlungsnormen nach § 115a Abs. 3 SGB V aufgrund ihrer konsensualen Entscheidungsstruktur demokratisch gerechtfertigt werden, indem sie die Voraussetzungen der organisatorisch-konsensualen Legitimationsform aufweisen und so die Defizite demokratischer Legitimation nach dem klassischen Legitimationsmodell kompensiert werden. Ist die demokratische Legitimation Voraussetzung für die Rezeptionsfähigkeit in den Kanon der Handlungsformen des Allgemeinen Verwaltungsrechts, hängt diese auch noch von der Verallgemeinerungsfähigkeit dieses Phänomens ab. Dabei konnte dargelegt werden, dass es sich bei den konsensualen Normsetzungsformen des Sozialrechts nicht um bereichsspezifische Sonderentwicklungen, sondern um Erscheinungsformen handelt, die auch in anderen Gebieten des Verwaltungsrechts, wie dem Kommunal-

---

[681] *H. Hill*, DVBl. 1989, 321 (326).

recht und der gruppenpluralen Konsensverwaltung, anzutreffen und damit verallgemeinerungsfähig sind. So erfolgt speziell die Normsetzung durch öffentlich-rechtlichen Vertrag bei der Gründung von kommunalen Zweckverbänden. Auch im Zivilrecht konnten konsensuale Handlungsformen nachgewiesen werden, bei denen Verträgen Normwirkung beigemessen wird bzw. konsensuale Handlungsformen normähnliche, direktive Wirkung entfalten. Obgleich sich die konsensuale Normsetzung im Sozialrecht vorwiegend historisch herausgebildet hat, stellt sie daher kein Spezifikum des Sozialrechts dar, sondern lässt sich auch in anderen Rechtsgebieten nachweisen.

Gleichzeitig kann der Allgemeinverfügungsvertrag mit seiner konkret-generellen Wirkung ebenfalls beanspruchen, in anderen Rechtsgebieten, insbesondere bei Zulassungs- und Genehmigungsentscheidungen, die keinen sicherheitsrechtlichen Bezug aufweisen, Verwendung zu finden, so dass auch er sich als Bereicherung des Allgemeinen Verwaltungsrechts darstellt.

Sowohl durch den Normenvertrag als auch den Allgemeinverfügungsvertrag erfolgt damit eine Ausdifferenzierung der Handlungsformen des Allgemeinen Verwaltungsrechts. So können in Ermangelung eines *Numerus clausus* der exekutiven Normsetzungsformen die bestehenden in Gestalt von Rechtsverordnung, Satzung und Verwaltungsvorschrift um diejenige des Normenvertrags angereichert werden, wie auch die Empfehlungsnorm, sofern sie durch Nachbesserung des Gesetzgebers demokratisch legitimierbar ist, in diesen Kanon aufgenommen werden kann. Gleichzeitig erfolgt die Ausdifferenzierung der konsensualen Handlungsformen des Allgemeinen Verwaltungsrechts, die durch den öffentlich-rechtlichen Vertrag bislang lediglich auf konkret-individuelle Regelungen beschränkt war, durch den Normenvertrag auch hinsichtlich abstrakt-genereller, konsensualer Vereinbarungen sowie durch den Allgemeinverfügungsvertrag bzgl. konkret-genereller, konsensualer Vereinbarungen, wodurch eine Parallelität zu den einseitig hoheitlich gesetzten Handlungsformen in Gestalt von Verwaltungsakt, Allgemeinverfügung und Rechtsnorm im Hinblick auf konsensuale Handlungsformen hergestellt wird.

So eröffnet die am Sozialrecht entwickelte Kategorie der konsensualen Normsetzung in Form von Normenverträgen und Empfehlungsnormen dem Allgemeinen Verwaltungsrecht die Perspektive, die bisherige Zentrierung auf einseitige Handlungsformen imperativen Charakters zu korrigieren und die lediglich selektiv rezipierten und von dogmatischer Unterbilanz geprägten konsensualen Handlungsformen, wie sie allein mit dem öffentlich-rechtlichen Vertrag bestehen, stärker in den Mittelpunkt der Handlungsformenlehre zu rücken. Gleichzeitig kann nicht nur das Repertoire der exekutiven Rechtssetzungsformen ausdifferenziert und durch die Kategorie der konsensualen Normsetzung und deren Unterformen der Normenverträge und Allgemeinverfügungsverträge angereichert werden, sondern auch und gerade die konsensuale Rechtsfolgensetzung in Form der Verwaltungsverträge verfeinert und der Verwaltungswirklichkeit angepasst werden. So kann die konsensuale Bewirkung von Rechtsfolgen über die bislang bestehende Verengung auf die konkret-individuelle Wirkung durch den

Verwaltungsvertrag angereichert werden durch die Rezeption des konkret-generelle Wirkung entfaltenden Allgemeinverfügungsvertrags und des abstrakt-generelle Wirkung zeitigenden Normenvertrags und so den übrigen Verwaltungsrechtsgebieten als einseitige Handlungsformen zur Verfügung gestellt werden. Damit gewinnt das Allgemeine Verwaltungsrecht nicht nur die in Bezug auf konsensuale Handlungsformen verloren gegangene Speicherfunktion zurück, sondern kann auch wieder seine Orientierungsfunktion wahrnehmen wie auch die Rechtsfortbildungsfunktion erfüllen.

*Kapitel 5*

# Konsensuale Einbindung Privater in die Verwaltungstätigkeit

An einer Vielzahl der im vorangehenden Kapitel untersuchten Handlungsformen sind Privatrechtssubjekte beteiligt. So wirken bei den Rahmenverträgen in der sozialen Pflegeversicherung[1] und denjenigen über die Versorgung mit Heilmitteln die Leistungserbringer bzw. deren privatrechtlich organisierte Verbände oder sonstige Zusammenschlüsse mit,[2] während an den Kollektivverträgen in der gesetzlichen Krankenversicherung die Deutsche Krankenhausgesellschaft oder die Landeskrankenhausgesellschaft[3] oder an den Rahmenverträgen der sozialen Pflegeversicherung die Leistungserbringer oder deren Verbände[4] mitwirken. Ebenso sind an den Versorgungsverträgen die Träger der Krankenhäuser bzw. Pflegeeinrichtungen[5] beteiligt, wie auch an der Empfehlungsnorm nach § 115a Abs. 3 Satz 3 SGB V die Deutsche Krankenhausgesellschaft mitwirkt.

Dabei stellt sich insbesondere bei den Normenverträgen wie auch der mit Normwirkung ausgestatteten Empfehlungsnorm die Frage nach der Einordnung der hieran beteiligten Privatrechtssubjekte, womit diejenige nach der Beleihung mit Normsetzungskompetenz aufgeworfen ist. Die Möglichkeit des Einbezugs von Privatrechtssubjekten in die Normsetzung allgemein, wie auch diejenige der Beleihung im Besonderen wird im folgenden Kapitel erörtert.

## A. Konsensuale Einbindung Privater durch Organisationsformen

Das Sozialrecht enthält Formen der organisatorischen Einbindung Privater, deren Abgleich mit den Rechtsinstituten des Allgemeinen Verwaltungsrechts lohnt. Herausgegriffen wird für die folgende Untersuchung die Einbindung von Privaten in die Verwaltungstätigkeit durch Organisationsformen, insbesondere in Gestalt der Beleihung, denen die Ausübung von Staatsgewalt mittels der Übertragung von Verwaltungsaufgaben und bzw. oder hoheitlichen Befugnissen anvertraut wird.

1 § 75 Abs. 1 SGB XI, dazu Kapitel 4 A.II.4.b. Rahmenverträge in der sozialen Pflegeversicherung.
2 § 125 Abs. 2 SGB V.
3 §§ 112 Abs. 1, 115 Abs. 1, 115a Abs. 3 Satz 1, 115b Abs. 1 SGB V.
4 § 78 Abs. 1 SGB XI.
5 §§ 108 Nr. 3, 109 Abs. 1 SGB V, 72 Abs. 2 Satz 1 SGB XI.

## *I. Einbindung Privater im Allgemeinen Verwaltungsrecht, insbesondere die Beleihung*

### *1. Allgemeines zur Einbindung Privater*

Der Einbezug von Privaten in die Verwaltungstätigkeit kann durch Privatisierung erfolgen, die in drei Kategorien des Allgemeinen Verwaltungsrechts aufgespalten werden kann:[6]

- die Organisationsprivatisierung oder formelle Privatisierung, bei der Verwaltungsträger in Privatrechtsform organisiert sind,[7] wobei grundsätzlich ein Handeln in Privatrechtsform zwingende Konsequenz ist. Insoweit beinhaltet die Organisationsprivatisierung durch die privatrechtliche Organisation eines Verwaltungsträgers lediglich einen Formwechsel, bei dem sowohl die Rechtsverhältnisse institutionalisiert und die Grenzen und Rechtsfolgen verfassungsrechtlich determiniert sind.[8] Teilweise werden hierunter auch die Fälle gefasst, in denen Private als Verwaltungsträger handeln, sog. Beleihung.[9] Dies ist jedoch abzulehnen, da der Beleihungsakt selbst öffentlich-rechtlicher Natur ist und daher keine privatrechtliche Form vorliegt,[10] als auch die Beleihung gerade kein Handeln in Privatrechtsform darstellt, sondern hoheitliche Befugnisse ausgeübt werden;[11]
- die Aufgabenprivatisierung oder materielle Privatisierung, bei welcher bestimmte Aufgaben vollständig auf einen privaten Träger übertragen werden, der für die Aufgabenerledigung die vollständige Verantwortung übernimmt,[12]

---

[6] Dazu *M. Burgi*, in: *Erichsen/Ehlers* (Hrsg.), Allgemeines Verwaltungsrecht, § 9 Rn. 10 ff.; *ders.*, in: *Isensee/Kirchhof* (Hrsg.), HStR IV, § 75 Rn. 6 ff.; *M. Heintzen*, VVDStRL 62 (2003), S. 220 ff.; *A. Voßkuhle*, VVDStRL 62 (2003), S. 266 ff. Daneben können noch weitere Privatisierungsformen unterschieden werden, wie die Vermögensprivatisierung, die Eigentumsprivatisierung, die Handlungsformenprivatisierung, die Finanzierungsprivatisierung, die Verfahrensprivatisierung u.a., vgl. *H.J. Wolff/O. Bachof/R. Stober u.a.*, Verwaltungsrecht, Bd. 3, Vor § 90 Rn. 11 ff.

[7] Zur Verwaltung in Form des Privatrechts *W.G. Vitzthum*, AöR 104 (1979), S. 580 (586 ff.); *D. Ehlers*, Verwaltung in Privatrechtsform, passim; *M. Burgi*, Funktionale Privatisierung und Verwaltungshilfe, S. 76 ff.; *H.J. Wolff/O. Bachof/R. Stober u.a.*, Verwaltungsrecht, Bd. 3, § 91.

[8] *M. Burgi*, in: *Isensee/Kirchhof* (Hrsg.), HStR IV, § 75 Rn. 8; *W. Krebs*, in: *Isensee/Kirchhof* (Hrsg.), HStR V, § 69 Rn. 44 f., 60 ff.

[9] *M. Burgi*, in: *Isensee/Kirchhof* (Hrsg.), HStR IV, § 75 Rn. 8; *ders.*, in: *Erichsen/Ehlers* (Hrsg.), Allgemeines Verwaltungsrecht, § 9 Rn. 11; *ders.*, in: FS Maurer 2001, S. 581 (586); *W. Weiß*, Privatisierung und Staatsaufgaben, S. 28 ff.; *F.-J. Peine*, DÖV 1997, 353 (362).

[10] *H.J. Wolff/O. Bachof/R. Stober u.a.*, Verwaltungsrecht, Bd. 3, Vor § 90 Rn. 11.

[11] Aus diesem Grunde wird die Kategorie der Beleihung von den Vertretern, die diese unter die Organisationsprivatisierung fassen, auch als Ausnahmetatbestand angeführt, vgl. *M. Burgi*, in: *Isensee/Kirchhof* (Hrsg.), HStR IV, § 75 Rn. 8; *ders.*, in: *Erichsen/Ehlers* (Hrsg.), Allgemeines Verwaltungsrecht, § 9 Rn. 11.

[12] In diesem Zusammenhang wird auch von „Privatisierung im engen Sinne", „echter Privatisierung", „Entstaatlichung" oder „Entkommunalisierung" gesprochen, dazu auch *F. Schoch*, DVBl. 1994, 962 ff.; *H. Bauer*, VVDStRL 54 (1995), S. 243 ff.

wobei der Staat die Gewährleistungsverantwortung für die Erfüllung öffentlicher Aufgaben behält;[13]

- sowie die funktionale Privatisierung,[14] bei der einzelne vorbereitende und bzw. oder durchführende Realhandlungen unter ansonsten fortbestehender Aufgabenträgerschaft und Leistungsverantwortung des Staates auf Private übertragen werden, denen die Bezeichnung Verwaltungshelfer eignet.[15] Sind bei der Aufgabenprivatisierung die Erscheinungsformen nur rudimentär strukturiert und dogmatisch durchdrungen, ist die funktionale Privatisierung durch das anerkannte Rechtsinstitut der Verwaltungshilfe erfasst.

Kooperation und Privatisierung haben den Staat nicht nur haushaltspolitisch und finanziell, sondern auch ordnungspolitisch zu entlasten und staatliche Monopole durch Deregulierung und Entbürokratisierung zurückzuführen. Dies geht einher mit der gesellschaftspolitisch erwünschten Stärkung der Eigenverantwortung der Bürger und der folgenden Verantwortungsteilung zwischen diesen und dem Staat.[16] Hierdurch soll auch dem Gebot der Wirtschaftlichkeit und Sparsamkeit Rechnung getragen, bestehender Innovationsbedarf gedeckt sowie eine effizientere Produktion von Waren und Dienstleistungen erzielt werden.[17] Dabei machen sich zwischenzeitlich jedoch auch gegenläufige Tendenzen bemerkbar, im Zuge derer es zu einer Rückverlagerung bestimmter Aufgabenbereiche in den staatlichen Sektor kommt.[18]

### 2. *Die Beleihung*

Neben der Kooperation durch Privatisierung und Deregulierung kommt jedoch im auf Kooperation sowie Verantwortungs- und Arbeitsteilung mit Privaten ausgerichteten Verwaltungsstaat auch dem Einbezug von Privaten in die Verwal-

---

[13] Hierzu *M. Burgi*, in: *Isensee/Kirchhof* (Hrsg.), HStR IV, § 75 Rn. 7 ff. Insoweit ist die Bezeichnung des Staates als „Gewährleistungsstaat" angebracht.

[14] Gesprochen wird dabei auch von „Teilprivatisierung", „Durchführungs-" oder „Erfüllungsprivatisierung", „Dienstleistungsprivatisierung", „contracting out" oder „outsourcing", *F. Schoch*, DVBl. 1994, 962 (963); *A. Büllesbach/J. Rieß*, NVwZ 1995, 444 (445 ff.); *H. Bauer*, VVDStRL 54 (1995), S. 243 (252); *ders.*, in: FS Knöpfle 1996, S. 11 (22 ff.); *M. Burgi*, Funktionale Privatisierung und Verwaltungshilfe, S. 71 ff., 100 ff., 145 ff.; *ders.*, in: *Stober* (Hrsg.), Public-Private-Partnerships, S. 65 (72 ff.); *H. Brede*, Grundzüge, S. 39 ff. insbes. S. 42; *U. Immenga*, in: *Kreuzer* (Hrsg.), Privatisierung von Unternehmen, S. 9 ff.

[15] *M. Burgi*, Funktionale Privatisierung und Verwaltungshilfe, S. 145 ff.; *ders.*, in: *Isensee/Kirchhof* (Hrsg.), HStR IV, § 75 Rn. 7; *W. Weiß*, Privatisierung und Staatsaufgaben, S. 36 ff.; *H.J. Wolff/O. Bachof/R. Stober u.a.*, Verwaltungsrecht, Bd. 3, Vor § 90a Rn. 16; *E. Schmidt-Aßmann*, Ordnungsidee, Fünftes Kapitel Rn. 29. Erfasst sind jedoch auch die Public-Private-Partnerships, *M. Burgi*, Die Verwaltung 33 (2000). (185).

[16] *R. Scholz*, in: FS Zacher 1998, S. 987 (1016); *R. Stober*, Allgemeines Wirtschaftsverwaltungsrecht, § 2 Abs. 1 Satz 5 m.w.N.; *W.W. Lee*, Privatisierung als Rechtsproblem, S. 56 ff.

[17] *H.J. Wolff/O. Bachof/R. Stober u.a.*, Verwaltungsrecht, Bd. 3, § 90 Rn. 27 ff.

[18] BVerwG, NVwZ 2009, 1305, zum kommunalen Weihnachtsmarkt. Hierzu auch *F. Schoch*, DVBl. 2009, 1533 ff.; *T.I. Schmidt*, DÖV 2014, 357 ff.; *D. Budäus/D. Hilgers*, DÖV 2013, 701 ff.

tungstätigkeit durch das im Hinblick auf die Kooperation von Staat und Privaten am stärksten dogmatisch durchdrungene[19] Rechtsinstitut der Beleihung als Organisationsalternative eine zunehmende Bedeutung in qualitativer und quantitativer Weise zu.[20] Wurde diese Rechtsfigur zu Beginn des 20. Jahrhunderts vielfach bemüht, um Verwaltungsaufgaben und Hoheitsbefugnisse an Private zu übertragen,[21] obgleich ein dogmatisches Konzept bis Ende der 50er Jahre fehlte,[22] verlor sie in den 70er Jahren stark an Bedeutung, da der Staat die Verwaltung beträchtlich ausbaute,[23] ehe sie seit Ende der 90er Jahre wieder verstärkt in den Blickpunkt der Rechtswissenschaft rückte[24] und zwischenzeitlich vom Gesetzgeber planvoll und methodisch zur Lösung organisatorischer Herausforderungen eingesetzt wird.[25] Hierdurch hat sie sich zu einem unverzichtbaren Instrument dezentraler Wahrnehmung von Aufgaben der Verwaltung entwickelt, so dass sie heute „den Geruch einer fossilen Rechtsfigur" verloren hat[26] und zu Recht als Klassiker des modernen Verwaltungsrechts gilt.[27] Auch die Beleihung verfolgt den Zweck, die öffentliche Verwaltung zu entlasten und zu dezentralisieren sowie privaten Sachverstand, Initiative und finanzielle Mittel zu rekrutieren, um eine bürgernahe, effektive Verwaltung zu gewährleisten.[28]

---

[19] *B. Schmidt Am Busch*, DÖV 2007, 533; *M. Heintzen*, VVDStRL 62 (2003), S. 220 (240).

[20] *A. Voßkuhle*, VerwArch 92 (2001), S. 184 (215); *H.J. Wolff/O. Bachof/R. Stober u.a.*, Verwaltungsrecht, Bd. 3, § 90 Rn. 2; *B. Schmidt am Busch*, DÖV 2007, 533 (534); a.A. *U. Steiner*, in: FS Schmidt 2006, S. 293 (294), der sie als „marginale Erscheinung" ansieht.

[21] Zur Geschichte der Beleihung *J. Terrahe*, Beleihung, S. 49 ff.

[22] Erst mit der Arbeit von *K. Vogel*, Wirtschaftseinheiten, passim, wurde ein positives Konzept für die Beleihung vorgenommen, *U. Steiner*, DÖV 1970, 526 (527).

[23] In der Literatur dagegen wurde die Diskussion weitergeführt, vgl. *H. Mennacher*, Begriffsmerkmale, passim; *W. Leisner*, AöR 93 (1968), S. 161 ff.; *W. Leisner* DÖV 1970, 217 (219); *U. Steiner*, JuS 1969, 69; *ders.*, Öffentliche Verwaltung durch Private, passim; *ders.*, DÖV 1970, 526; *R. Michaelis*, Der Beliehene, passim; *W. Herschel*, NJW 1969, 817 ff.; *W. Martens*, NJW 1970, 1029 f.; *F. Ossenbühl*, VVDStRL 29 (1971), S. 137 ff.; *F. Kopp*, DVBl. 1970, 724; *P. Dagtoglou*, DÖV 1970, 532; *E.V. Heyen*, Das staatstheoretische und rechtstheoretische Problem des Beliehenen, passim; *W. Reuß*, DVBl. 1976, 927; *F. Bansch*, Beleihung, passim; *M. Zuleeg*, DÖV 1970, 627.

[24] Vgl. die zahlreichen Beiträge, Monographien und Ausführungen in Lehrbüchern, wie *U. Steiner*, in: FS Koja 1998, S. 603 ff.; *M. Burgi*, in: FS Maurer 2001, S. 581 ff.; *B. Wolfers/M. Kaufmann*, DVBl. 2002, 507 ff.; *T.I. Schmidt*, ZG 2002, 353; *J. Becker*, ZRP 2002, 303 ff.; *K. Weisel*, Privatisierung und Beleihung, passim; *H.J. Wolff/O. Bachof/R. Stober u.a.*, Verwaltungsrecht, Bd. 3, § 90; *O. Freitag*, Das Beleihungsrechtsverhältnis, passim; *B. Schmidt Am Busch*, DÖV 2007, 533 ff.; *W. Frenz*, Staatshaftung, passim; *K. Rennert*, JZ 2009, 976 ff.; *G. Stadler*, Beleihung, passim; *B.B. Wiegand*, Beleihung, passim.

[25] *U. Steiner*, in: FS Schmidt 2006, S. 293 (294); *ders.*, in: FS Koja 1998, S. 603 (605). Hierzu hat selbst der Verfassungsgeber Normen im Grundgesetz geändert, wie Art. 143a Abs. 1 Satz 3, 143b Abs. 3 GG.

[26] *U. Steiner*, Öffentliche Verwaltung durch Private, S. 254; *ders.*, in: FS Koja 1998, S. 603 (605); *P. Badura*, Das Verwaltungsmonopol, S. 252.

[27] *M. Burgi*, in: FS Maurer 2001, S. 581 ff. Zur Entwicklung dieses Rechtsinstitutes in der Rechtswissenschaft *U. Steiner*, Öffentliche Verwaltung durch Private, S. 17 ff.

[28] *H.J. Wolff/O. Bachof/R. Stober u.a.*, Verwaltungsrecht, Bd. 3, § 90 Rn. 3; *M. Burgi*, in: FS Maurer 2001, S. 581 (584 f.); *F.-J. Peine*, DÖV 1997, 353 (361); *P.M. Huber*, DVBl. 2001, 239 ff.; *T.I. Schmidt*, ZG 2002, 353 f. Den ursprünglich angeführten Gründen für den Einbezug Privater

### a. Definition der Beleihung

Wie bereits ausgeführt, handelt es sich bei dem Beliehenen nach vorherrschender Auffassung und auch nach der Praxis des Gesetzgebers[29] um ein Rechtssubjekt des Privatrechts, das mit der selbständigen hoheitlichen Wahrnehmung von Verwaltungsaufgaben betraut ist und dem hierzu das grundsätzlich dem Staat vorbehaltene öffentlich-rechtliche Handlungsinstrumentarium, insbesondere das Handeln durch Verwaltungsakt, öffentlich-rechtlichen Vertrag[30] sowie Realakt,[31] eröffnet wird.[32] Eine Übertragung von Hoheitsrechten losgelöst von konkreten Staatsaufgaben ist dem Rechtsstaat dagegen fremd.[33] So hat sich die Aufgabentheorie,[34] nach der die Art der übertragenen Aufgabe für die Beleihung kennzeichnend ist,[35] nicht durchgesetzt, sondern eine unter dem Namen „Kombinationstheorie" bekannte Synthese jener mit der sog. Befugnis- oder Rechtsstellungstheorie,[36] nach der die Übertragung hoheitlicher Befugnisse konstitutiv für die Beleihung ist.[37] Nach dieser Kombinationstheorie liegt eine Beleihung dann vor,

---

wie der besonderen Situationsnähe und Möglichkeit der Situationsbeherrschung, vgl. *U. Steiner*, in: FS Koja 1998, S. 603 (606), kommt dagegen nur mehr untergeordnete Bedeutung zu, *M. Burgi*, in: FS Maurer 2001, S. 581 (585).

[29] *G. Stadler*, Beleihung, S. 86.

[30] *U. Steiner*, in: FS Koja 1998, S. 603 (604).

[31] *A. Voßkuhle*, VVDStRL 62 (2003), S. 266 (303); *G. Stadler*, Beleihung, S. 12 m.w.N.; *M. Burgi*, in: *Erichsen/Ehlers* (Hrsg.), Allgemeines Verwaltungsrecht, § 10 Rn. 24; *H.J. Wolff/O. Bachof/R. Stober u.a.*, Verwaltungsrecht, Bd. 3, § 90 Rn. 35.

[32] BVerwG, DVBl. 1970, 735 (736); BVerwG, NJW 1981, 2482 ff.; *M. Burgi*, in: *Erichsen/Ehlers* (Hrsg.), Allgemeines Verwaltungsrecht, § 9 Rn. 24; *M. Burgi*, in: FS Maurer 2001, S. 581 (585); *A. Voßkuhle*, VVDStRL 62 (2003), S. 266 (303 Anm. 151); *W. Krebs*, in: *Isensee/Kirchhof* (Hrsg.), HStR V, § 108 Rn. 45; a.A. *U. Steiner*, Öffentliche Verwaltung durch Private, S. 46 ff., der im Einzelfall die Übertragung einer bestimmten staatlichen Aufgabe für ausreichend angesehen hat, nunmehr jedoch wie die h.M. in *U. Steiner*, in: FS Schmidt 2006, S. 293 (294, 297); *ders.*, in: FS Koja 1998, S. 603. Zur Frage, inwieweit auch Rechtssetzungsbefugnisse übertragen werden können, die Ausführungen unter A.II.1. Die Übertragung von Normsetzungsbefugnissen auf Private.

[33] *U. Steiner*, in: FS Schmidt 2006, S. 293 (297); *D. Lorenz*, ZevKR 45 (2000), S. 356 (369 ff.), zur Beleihung der Kirchen mit dem Besteuerungsrecht.

[34] *U. Steiner*, in: FS Koja 1998, S. 603 Anm. 3; *ders.*, Öffentliche Verwaltung durch Private, S. 46 ff.; *ders.*, DÖV 1970, 526 (528 f.); *W. Frenz*, Staatshaftung, S. 31.

[35] Begrifflich werden die übertragenen Aufgaben als „öffentliche", *H.-U. Evers*, Der Staat 3 (1964), S. 41 (56), „hoheitliche", BGH, NJW 1957, 1579 (1598); BayObLGZ 1957, 391 (394), „staatliche", *H. Peters*, in: FS Nipperdey 1965, S. 877 (894 f.), bzw. als „Staatsaufgaben", *W. Leisner*, Werbefernsehen und Öffentliches Recht, S. 17, oder „Verwaltungsaufgaben", *K.E. v. Turegg/E. Kraus*, Lehrbuch des Verwaltungsrechts, S. 95; *A. Hamann*, Rechtsstaat und Wirtschaftslenkung, S. 150, bezeichnet.

[36] *K. Vogel*, Wirtschaftseinheiten, S. 60 ff., 81 ff., sowie im Anschluss hieran z.B. *H. Bethge*, Verfassungsrechtlicher Standort, S. 158 f.; *F. Bansch*, Beleihung, S. 56; *K. Weisel*, Privatisierung und Beleihung, S. 66 f.; *S. v. Heimburg*, Verwaltungsaufgaben und Private, S. 36 f.

[37] Auch hier wird in unterschiedlicher Terminologie von „hoheitlichen" oder „öffentlich-rechtlichen" Befugnissen, *M. Zuleeg*, DÖV 1970, 627 (628), „hoheitlichen" oder „öffentlich-rechtliche[n]" Kompetenzen, BGH, NJW 1957, 1927 (1928); *M. Krautzberger*, Erfüllung öffentlicher Aufgaben, S. 116, bzw. von „öffentlicher", BVerwGE 17, 42; oder „hoheitlicher Gewalt", BVerwG, DVBl. 1970, 735 f., gesprochen. Jedenfalls als zu eng wird angesehen, wenn die öffent-

wenn eine staatliche Aufgabe auf Privatrechtssubjekte übertragen wird und diesen zur Erledigung hoheitliche Befugnisse übertragen werden.[38]

### *b. Der Gegenstand einer Beleihung*

Als Gegenstand der Beleihung werden Zuständigkeiten und Befugnisse, gleich ob schlicht-hoheitlich oder obrigkeitlich, anerkannt, wobei unerheblich ist, ob dem Beliehenen die Verwaltungsaktbefugnis oder Zwangsgewalt überantwortet ist.[39]

Allerdings besteht im Hinblick auf die Forderung nach der Übertragung von Befugnissen nach wie vor Klärungsbedarf: Geht man nämlich davon aus, dass eine Befugnis eine regelmäßig gesetzlich erteilte Erlaubnis zum ebenfalls gesetzlich umgrenzten Eingriff in den Rechtskreis anderer Rechtssubjekte darstellt, mithin eine Entscheidungstätigkeit der Eingriffsverwaltung oder der grundrechtsrelevanten Leistungsverwaltung programmiert,[40] so wäre eben dieser erlaubte Übergriff konstitutives Merkmal einer Beleihung, was gerade bei schlicht-hoheitlichem Handeln z.B. in Form von Realakten nicht zwingend ist.[41] Ebenso problematisch wie die Beleihung mit Realakten und daher nach wie vor umstritten ist die Beleihung mit Normsetzungsbefugnissen.[42]

### *c. Die Abgrenzung zum Verwaltungshelfer – Handeln „in eigenem Namen"*

Der Beliehene erbringt im Gegensatz zum funktional auf eine staatliche Tätigkeit hin ausgerichteten Verwaltungshelfer die Verwaltungstätigkeit „in eigenem Namen"[43] bzw. „aus einer Hand".[44] Dies bedeutet, dass der Beliehene nicht lediglich

---

liche Gewalt mit Anordnungs- oder Zwangsfunktionen gleichgesetzt wird und so das schlichte Hoheitshandeln aus dem Anwendungsbereich der Beleihung ausgeklammert wird, wie dies *K. Vogel*, Wirtschaftseinheiten, S. 80 f.; *K. Zeidler*, VVDStRL 19 (1961), S. 208 (211 Anm. 15), vertreten, dazu auch *U. Steiner*, JuS 1969, 69 (71). Zum Versuch einer Systematisierung der Lehrmeinungen nach „Aufgabentheorie" und „Rechtsstellungstheorie" *U. Steiner*, JuS 1969, 69 (70 f.).

[38] BayVGH n.F. 7, 74; *G. Stadler*, Beleihung, S. 9 Anm. 62 m.w.N.; *J. Stuible-Treder*, Der Beliehene, S. 9. Der Begriff wurde erstmals von *U. Steiner*, Öffentliche Verwaltung durch Private, S. 13, verwendet. *W. Frenz*, Staatshaftung, S. 25, sieht dagegen die Kombinationstheorie als einen Unterfall der Rechtsstellungs- bzw. Befugnistheorie an. Auch *E.R. Huber*, Wirtschaftsverwaltungsrecht, Bd. 1, S. 533 ff., geht in mehreren Textpassagen davon aus, dass die Übertragung von Aufgaben mit derjenigen von Befugnissen einhergeht, vgl. S. 533, 539, vgl. hierzu *U. Steiner*, Öffentliche Verwaltung durch Private, S. 32 Anm. 104.

[39] *H.J. Wolff/O. Bachof/R. Stober u.a.*, Verwaltungsrecht, Bd. 3, § 90 Rn. 35; *W. Frenz*, Staatshaftung, S. 25; *T.I. Schmidt*, ZG 2002, 353 (365); *K. Vogel*, VVDStRL 29 (1971), S. 255 (256).

[40] Vgl. zu dem Begriff „hoheitsrechtliche Befugnis" in Art. 33 Abs. 4 GG *H.D. Jarass*, in: *ders./Pieroth* (Hrsg.), GG, Art. 33 Rn. 41; *S.U. Pieper*, in: *Schmidt-Bleibtreu/Hofmann/Hopfauf* (Hrsg.), GG, Art. 33 Rn. 108 ff.

[41] Dazu unter A.II.2. Die Übertragung von Empfehlungsbefugnissen.

[42] Dazu unter A.II.1. Die Übertragung von Normsetzungsbefugnissen.

[43] *H. Maurer*, Allgemeines Verwaltungsrecht, § 23 Rn. 56, 59. Zur Kritik hieran *M. Burgi*, in: FS Maurer 2001, S. 581 (586 Anm. 40).

[44] *M. Burgi*, in: *Erichsen/Ehlers* (Hrsg.), Allgemeines Verwaltungsrecht, § 9 Rn. 25.

auf Weisung der beleihenden Behörde handelt und sich seine Tätigkeit nicht in bloßen Hilfstätigkeiten erschöpft, sondern ihm ein eigener Entscheidungsspielraum zukommt, den er selbständig wahrnehmen kann.[45]

### d. Der Adressat einer Beleihung

Beleihungsadressat können in Erweiterung des Begriffs des „beliehenen Unternehmers" von *Otto Mayer*[46] oder der „beliehenen Verbände" von *Ernst Rudolf Huber*[47] sowohl natürliche als auch juristische Personen des Privatrechts sein.[48]

### e. Restriktionen einer Beleihung

Die Beleihung unterliegt dem ungeschriebenen institutionell-organisatorischen Gesetzesvorbehalt, der für die Verselbständigung von Verwaltungseinheiten gilt.[49] Dabei muss das Gesetz Art und Umfang der übertragenen Befugnisse normieren.[50] Ausreichend für die Beleihung ist jedoch auch ein aufgrund Gesetzes ergehender Verwaltungsakt oder ein verwaltungsrechtlicher Vertrag.[51]

Zentraler Maßstab für die Beleihung bildet der Funktionsvorbehalt des Art. 33 Abs. 4 GG,[52] nach dem die Ausübung hoheitsrechtlicher Befugnisse „als ständige Aufgabe in der Regel Angehörigen des öffentlichen Dienstes zu übertragen [ist], die in einem öffentlich-rechtlichen Dienst- und Treueverhältnis stehen." Art. 33 Abs. 4 GG ist eine Organisationsnorm.[53] Zwar betrifft er grundsätzlich nur das Verhältnis zwischen Beamten und Nichtbeamten im öffentlichen Dienst, seine Regelung wird jedoch auch auf das Verhältnis zwischen öffentlicher Verwaltung und externen Privaten übertragen.[54] Art. 33 Abs. 4 GG enthält so zum einen die Aussage über die grundsätzliche Zulässigkeit der Beleihung, da hoheitliche Be-

---

[45] Zur Abgrenzung auch *C. Sellmann*, NVwZ 2008, 817 (818 f.).

[46] *O. Mayer*, Deutsches Verwaltungsrecht, Bd. 2, S. 431 ff.

[47] *E.R. Huber*, Wirtschaftsverwaltungsrecht, Bd. 1, S. 533 ff.

[48] Dazu näher unter A.II.1.b. Normsetzung ohne Außenwirkung – Die Richtlinien der DGUV.

[49] OVG Münster, NJW 1980, 1406 ff.; *F. Ossenbühl*, VVDStRL 29 (1971), S. 137 (169 f.); *M. Burgi*, in: *Isensee/Kirchhof* (Hrsg.), HStR IV, § 75 Rn. 24.

[50] *H.J. Wolff/O. Bachof/R. Stober u.a.*, Verwaltungsrecht, Bd. 3, § 90 Rn. 44; *M. Burgi*, in: FS Maurer 2001, S. 581 (588). Fehlt eine derartige gesetzliche Grundlage, spricht man von „faktischer Beleihung", die rechtswidrig ist, dazu *M. Burgi*, in: *Erichsen/Ehlers* (Hrsg.), Allgemeines Verwaltungsrecht, § 10 Rn. 27; *U. Steiner*, DAR 1996, 272 (274); *C. Sellmann*, NVwZ 2008, 817 (818). Nicht erforderlich ist dagegen, dass das Gesetz ausdrücklich von Beleihung spricht, *M. Burgi*, in: FS Maurer 2001, S. 581 (589).

[51] *H.J. Wolff/O. Bachof/R. Stober u.a.*, Verwaltungsrecht, Bd. 3, § 90 Rn. 44; *U. Steiner*, in: FS Schmidt 2006, S. 293 (295); *ders.*, in: FS Koja 1998, S. 603 (612); *B. Schmidt Am Busch*, DÖV 2007, 533 (538).

[52] BVerfGE 130, 76 (111 f.); BVerwGE 57, 55 (59 f.); BVerwG, DÖV 2006, 651 = NVwZ 2006, 829 f.; *M. Burgi*, in: *Isensee/Kirchhof* (Hrsg.), HStR IV, § 75 Rn. 21; *F. Ossenbühl*, VVDStRL 29 (1971), S. 137 (161 f.).

[53] BVerfGE 6, 376 (385).

[54] BVerfGE 130, 76 (111 f.); BVerwGE 57, 55 (59); BVerwG, DÖV 2006, 651 = NVwZ 2006, 829 f.

fugnisse in der Regel den Angehörigen des öffentlichen Dienstes zu übertragen sind, er dagegen Ausnahmen für zulässig erklärt.[55] Gleichzeitig stellt er jedoch auch Grenzen für diese Übertragung auf, indem er die Maßgabe enthält, dass jedenfalls ein Teil hoheitlicher Aufgabenerfüllung bei den staatlichen Bediensteten zu verbleiben hat. So können nur einzelne enumerierte Zuständigkeiten beliehen werden, nicht dagegen Regel-Zuständigkeiten.[56] Insoweit kann man davon sprechen, dass ein Kernbereich hoheitlicher Aufgaben nicht übertragbar ist und nur durch Angehörige des öffentlichen Dienstes erfüllt werden kann. Hintergrund dieser Regelung ist die Gewährleistung von Neutralität staatlichen Handelns, zuverlässiger Aufgabenerfüllung und Gemeinwohlorientiertheit.[57] Sie „sichert die Kontinuität hoheitlicher Funktionen des Staates".[58]

Weitere Einschränkungen für die Übertragung von hoheitlichen Befugnissen auf Private können sich aus dem Rechtsstaatsprinzip, insbesondere dem Gewaltenmonopol, dem Demokratieprinzip[59] sowie auch dem Sozialstaatsprinzip ergeben, wobei insbesondere durch die Regelung effektiver Aufsicht diesen Prinzipien zumeist genügt werden kann.[60]

### *f. Rechtliche Stellung des Beliehenen – das öffentlich-rechtliche Auftrags- und Treuhandverhältnis*

Der Beliehene ist als Verwaltungsträger Teil der Verwaltungsorganisation der mittelbaren Staatsverwaltung, indem er dieser angegliedert wird.[61] Er steht zur beleihenden juristischen Person des öffentlichen Rechts in einem öffentlich-

[55] BVerfGE 9, 268 (284); 106, 275 (305), zur Beleihung der Verbände der Ersatzkassen; BVerwGE 57, 55 (59); BVerwG, DVBl. 2006, 841; *M. Burgi*, in: FS Maurer 2001, S. 581 (590 f.). Für das Vorliegen einer zulässigen Ausnahme, bei der eine Beleihung möglich ist, ist erforderlich, dass sachliche Gründe für eine Übertragung auf Private gegeben sind. Dabei hat eine Abwägung bezogen auf die zu übertragende Aufgabe stattzufinden. Eine rein quantitative Betrachtung ist nicht ausschlaggebend, *H.J. Wolff/O. Bachof/R. Stober u.a.*, Verwaltungsrecht, Bd. 3, § 90 Rn. 38; *M. Burgi*, in: FS Maurer 2001, S. 581 (591); *C. Gramm*, VerwArch 90 (1999), S. 329 (336); a.A. *A. Seidel*, Privater Sachverstand, S. 69.

[56] BVerfGE 9, 268 (284); so bereits *E.R. Huber*, Wirtschaftsverwaltungsrecht, Bd. 1, S. 544, sowie die heute h.M., vgl. *H.J. Wolff/O. Bachof/R. Stober u.a.*, Verwaltungsrecht, Bd. 3, § 90 Rn. 35; *U. Steiner*, in: FS Schmidt 2006, S. 293 (295); *ders.*, Öffentliche Verwaltung durch Private, S. 261 f., der diesen Vorbehalt nur für die Rechtsstellungstheorie – und damit auch für die Kombinationstheorie – anerkennt; *J. Becker*, DÖV 2004, 910 (915). Nach a.A. dagegen enthält Art. 33 Abs. 4 GG zur Frage der Beleihung keinerlei Aussagen, sondern will in erster Linie die Stellung der Beamten absichern und befasst sich nur mit der Aufgabenverteilung zwischen Beamten und Angestellten, *F. Bansch*, Beleihung, S. 68; *C.H. Ule*, VVDStRL 29 (1971), S. 269.

[57] *M. Burgi*, in: FS Maurer 2001, S. 581 (590); *G. Manssen*, ZBR 1999, 253 ff.; *V. Haug*, NVwZ 1999, 816 ff.; *M. Jachmann/T. Strauß*, ZBR 1999, 289 ff.

[58] BVerfGE 88, 103 (114).

[59] *G. Britz*, VerwArch 91 (2000), S. 418 (432 ff.); *B. Wolfers/M. Kaufmann*, DVBl. 2002, 507 (510 ff.).

[60] *H.J. Wolff/O. Bachof/R. Stober u.a.*, Verwaltungsrecht, Bd. 3, § 90 Rn. 38.

[61] *M. Burgi*, in: *Erichsen/Ehlers* (Hrsg.), Allgemeines Verwaltungsrecht, § 9 Rn. 24; *H.J. Wolff/O. Bachof/R. Stober u.a.*, Verwaltungsrecht, Bd. 3, § 90 Rn. 19; *H. Maurer*, Allgemeines Verwaltungsrecht, siehe dort die Untergliederung des 6. Teils, § 23 V.

rechtlichen Auftrags- und Treuhandverhältnis, aufgrund dessen ihm die Pflicht, aber auch das Recht erwächst, die ihm überantworteten Aufgaben mit den ihm hierzu übertragenen Befugnissen wahrzunehmen. Aufgrund dieser einem Betriebsrecht[62] korrespondierenden Betriebspflicht darf der Beliehene also weder untätig bleiben noch den Betrieb eigenmächtig einstellen.[63] Gleichzeitig besteht die staatliche Erfüllungsverantwortung für die Erfüllung der überantworteten Aufgaben fort.

#### g. *Die Aufsicht über den Beliehenen*

Damit auch die durch den Beliehenen ausgeübte Staatsverwaltung demokratisch legitimiert ist, ist dieser durch Gesetz zumindest der Rechts-, regelmäßig jedoch auch der Fachaufsicht zu unterstellen, die je nach Eigenart des Beleihungsrechtsverhältnisses an den Umständen des Einzelfalls auszurichten[64] und unter Berücksichtigung der berührten Dritt- und Gemeinwohlbelange sowie des Ausmaßes der übertragenen Befugnisse auszuüben sind.[65]

#### h. *Ende der Beleihung*

Die Beleihung endet grundsätzlich durch Erlöschen des Beleihungsverhältnisses[66] oder Beseitigung des der Beleihung zugrundeliegenden Verwaltungsaktes.

### II. *Einbindung Privater im Sozialrecht*

Aber nicht nur im Allgemeinen Verwaltungsrecht behauptet das Rechtsinstitut der Beleihung zur Einbindung Privater in die Verwaltungstätigkeit seinen Platz. Auch im Sozialrecht wird diese Rechtsfigur immer wieder bemüht, um unterschiedlichste Phänomene der Einbindung Privater zu erfassen.

Da für das Vorliegen einer Beleihung nicht erforderlich ist, dass der Gesetzgeber ausdrücklich von einer solchen spricht, bleibt es der Wissenschaft und Rechtsprechung überlassen, in den Fällen, in denen mangels gesetzgeberischer

---

[62] *H.J. Wolff/O. Bachof/R. Stober u.a.*, Verwaltungsrecht, Bd. 3, § 90 Rn. 47.

[63] *H.J. Wolff/O. Bachof/R. Stober u.a.*, Verwaltungsrecht, Bd. 3, § 90 Rn. 45.

[64] *M. Burgi*, in: *Erichsen/Ehlers* (Hrsg.), Allgemeines Verwaltungsrecht, § 9 Rn. 29; *H. Maurer*, Allgemeines Verwaltungsrecht, § 23 Rn. 57; *O. Freitag*, Das Beleihungsrechtsverhältnis, S. 192 ff.

[65] BremStGH, NVwZ 2003, 81 ff.; *H. Dreier*, Hierarchische Verwaltung, S. 249 f.; *U. Steiner*, in: FS Koja 1998, S. 603 (615); *ders.*, in: FS Schmidt 2006, S. 293 (299); *J. Becker*, DÖV 2004, 910 (915); *B. Schmidt Am Busch*, DÖV 2007, 533 (540); a.A. *K.A. Schachtschneider*, Der Anspruch auf materiale Privatisierung, S. 361 These 32, nach dem Beliehene nicht demokratisch legitimiert sein können, da sie weder das Volk noch dessen gewählte Vertreter seien, sondern Personen, die ihrem gewählten Beruf privat nachgingen.

[66] Dies kann auf vielfältige Weise geschehen, wie durch den Tod der beliehenen natürlichen Person oder Beendigung der beliehenen juristischen Person, gewillkürte Erlöschensgründe oder dem Fortfall der gesetzlich normierten Beleihungsvoraussetzungen, dazu *H.J. Wolff/O. Bachof/R. Stober u.a.*, Verwaltungsrecht, Bd. 3, § 90 Rn. 50 f.

Klarstellung die dogmatische Einordnung der Form des Einbezugs Privater zweifelhaft ist, zu klären, ob die vorgenommene Übertragung von Aufgaben und Befugnissen den Beleihungstatbestand des Allgemeinen Verwaltungsrechts unterfällt. Insbesondere im Sozialrecht haben sich, historisch bedingt, Formen von Einbindung Privater etabliert, die einer genaueren Betrachtung und dogmatischen Einordnung harren. Im Folgenden wird Gegenstand der Untersuchung daher die Übertragung (1.) von Normsetzungsbefugnissen, (2.) von Empfehlungsbefugnissen sowie die (3.) von Vertragsergänzungsbefugnissen sein.

### *1. Die Übertragung von Normsetzungsbefugnissen auf Private*

Wird der Beliehene mit der Wahrnehmung von Verwaltungsaufgaben betraut und ihm hierzu das exekutivische Handlungsinstrumentarium übertragen, so erschöpft sich dieses nicht in den Handlungsformen zum Vollzug im konkreten Einzelfall, wie denen des Verwaltungsakts, des öffentlich-rechtlichen Vertrags[67] oder des Realakts,[68] sondern erfasst grundsätzlich auch andere Handlungsformen. So wäre auch der Bereich abstrakt-genereller Rechtsfolgensetzung in Form exekutivischer[69] Normsetzung[70] vom exekutivischen Handlungsinstrumentarium umfasst und daher beleihungsfähig. Diese Problematik wird insbesondere im Sozialrecht drängend, das mit seinen normativen Handlungsformen die klassische Beleihungsdogmatik herausfordert.[71]

Normen sind Instrumente zur Selbstprogrammierung der Verwaltung[72] sowie zur vom Einzelfall losgelösten Steuerung des Bürgers und damit zur exekutivischen Breitensteuerung.[73] Nach dem für vorliegende Arbeit verwendeten „rechtstechnischen“[74] bzw. „positiv-rechtlichen“[75] Normbegriff[76] sind Normen ein „für eine unbestimmte Vielzahl von Fällen geltende[r] generelle[r] Rechtssatz[es]“,[77] womit exekutivische Normen alle abstrakt-generellen Regelungen sind, die von der Gubernative oder der Administrative erlassen werden und denen Bindungs-

[67] *U. Steiner*, in: FS Koja 1998, S. 603 (604).

[68] *A. Voßkuhle*, VVDStRL 62 (2003), S. 266 (303); *G. Stadler*, Beleihung, S. 12 m.w.N.

[69] Die legislative Normsetzung ist grundsätzlich nicht beleihungsfähig und wird auch *per definitionem* nicht vom Beleihungsbegriff umfasst.

[70] Hierzu allgemein *M. Möstl*, in: *Erichsen/Ehlers* (Hrsg.), Allgemeines Verwaltungsrecht, §§ 19, 20.

[71] Dazu näher unter A.II.1.a. Normsetzung mit Außenwirkung.

[72] *E. Schmidt-Aßmann*, Kommunale Rechtsetzung, S. 1; *ders.*, in: FS Vogel 2000, S. 477 (485); *M. Ruffert*, in: *Hoffmann-Riem/Schmidt-Aßmann/Voßkuhle* (Hrsg.), Grundlagen des Verwaltungsrechts I, § 17 Rn. 58; *H. Hill*, a.a.O., § 34 Rn. 1 ff.

[73] *E. Schmidt-Aßmann*, in: FS Vogel 2000, S. 477 (485).

[74] BVerfGE 44, 322 (341) m.w.N.

[75] *N. Achterberg*, Allgemeines Verwaltungsrecht, § 16 Rn. 2.

[76] Zur umstrittenen Frage der Rechtsnorm *P. Axer*, Normsetzung, S. 35 ff., sowie Kapitel 4 A.II.7.a. Begrifflichkeiten.

[77] BVerfGE 25, 371 (396); vgl. auch BVerfGE 10, 234 (238 ff.); 24, 33 (52); BVerwGE 80, 355 (360).

wirkung zukommt.[78] Von diesem Dualismus von Einzelakt und Rechtsnorm geht auch der Gesetzgeber aus, indem er sowohl den Verwaltungsakt als auch den öffentlich-rechtlichen Vertrag als Handlungsinstrumente zur Regelung eines Einzelfalls bzw. Rechtsverhältnisses definiert.[79]

Obgleich die normativen Handlungsformen der Verwaltung ein sehr heterogenes Erscheinungsbild abgeben,[80] werden sie nach wie vor traditionell in die Kategorien Rechtsverordnung, Satzung und Verwaltungsvorschrift[81] eingeteilt, die, wie gesehen, um die Rechtsform des Normenvertrags erweitert werden kann,[82] wobei der Verwaltungsvorschrift grundsätzlich[83] nur Innenwirkung zukommt. Diese Unterscheidung zwischen Innen- und Außenrecht, deren Ausgangspunkt in der Staatsrechtslehre des Spätkonstitutionalismus zu erblicken ist,[84] ist auch heute noch bestimmend für das deutsche Staats- und Verwaltungsrecht.[85] Hiernach betrifft das Außenrecht die Rechtsbeziehungen zwischen dem verwaltenden Staat und den Bürgern bzw. sonstigen, der Verwaltung gegenüberstehenden Rechtssubjekten, während das Innenrecht den internen Bereich der Verwaltungsträger, der Verwaltungsorgane und Organwalter regelt.[86] Diese Differenzierung

---

[78] *M. Möstl*, in: *Erichsen/Ehlers* (Hrsg.), Allgemeines Verwaltungsrecht, § 19 Rn. 3; *H. Maurer*, Allgemeines Verwaltungsrecht, § 4 Rn. 3; *A. v. Mutius*, in: FS Wolff 1973, S. 167 (184 ff.); *P. Axer*, Normsetzung, S. 51 f. Zu den mit dieser Definition verbundenen Problemen *P. Axer*, Normsetzung, S. 37 ff.

[79] Vgl. § 35 Satz 1 VwVfG, § 31 Satz 1 SGB X „zur Regelung eines Einzelfalles"; § 54 Satz 1 VwVfG, § 53 Satz 1 SGB X „[e]in Rechtsverhältnis".

[80] *P. Axer*, Normsetzung, S. 52 ff.; *B.B. Wiegand*, Beleihung, S. 15 ff.

[81] Die Qualifikation von Verwaltungsvorschriften als Rechtsnorm ist allgemein anerkannt, vgl. *V. Götz*, Allgemeines Verwaltungsrecht, S. 221; *W. Krebs*, in: *Isensee/Kirchhof* (Hrsg.), HStR V, § 108 Rn. 33; *K. Lange*, in: *Hoffmann-Riem/Schmidt-Aßmann/Schuppert* (Hrsg.), Reform, S. 307 (321 f.); *H.J. Wolff/O. Bachof/R. Stober u.a.*, Verwaltungsrecht, Bd. 1, § 24 Rn. 20; *H. Maurer*, Allgemeines Verwaltungsrecht, § 3 Rn. 6; *M. Möstl*, in: *Erichsen/Ehlers* (Hrsg.), Allgemeines Verwaltungsrecht, § 19 Rn. 4. Kritisch hierzu die Rechtsprechung, welche der Verwaltungsvorschrift Rechtsnormqualität abspricht, BVerwGE 55, 250 (255); 58, 45 (49); 67, 222 (229); 104, 220 (222); 119, 265 (267); 126, 33 Rn. 52; BVerwG, DÖV 1997, 732 f.; BSG, NZS 1995, 502 (509); BayVGH, DVBl. 2001, 311 ff.

[82] Dazu Kapitel 4.

[83] Neben den Ausnahmen der Selbstbindung der Verwaltung über Art. 3 Abs. 1 GG, BVerfGE 116, 135 (153); BVerwGE 113, 373 (376); 118, 379 (384); 126, 33 Rn. 52, bei der die Verwaltungsvorschrift mittelbare Außenwirkung zeitigt, sowie nach der h.M. als „normkonkretisierende Verwaltungsvorschriften", bei denen eine unmittelbare Außenwirkung angenommen wird, *M. Möstl*, in: *Erichsen/Ehlers* (Hrsg.), Allgemeines Verwaltungsrecht, § 19 Rn. 4, determiniert die Verwaltungsvorschrift Handlungsspielräume der Exekutive, die vom Gesetzgeber eingerichtet wurden, und wird dadurch mittelbar bindend für außerhalb der Verwaltung stehende Rechtssubjekte sowie für die Justiz. Zur Außenwirkung von Verwaltungsvorschriften *F. Ossenbühl*, in: *Bachof/Heigl/Redeker* (Hrsg.), Verwaltungsrecht, S. 433 ff.

[84] *G. Anschütz*, Kritische Studien, S. 74 ff.; *P. Laband*, Das Staatsrecht des deutschen Reiches, Bd. II, S. 180 ff.; zur Außenwirkung *G. Jellinek*, Gesetz und Verordnung, S. 240 ff.

[85] Hierzu *M. Möstl*, in: *Erichsen/Ehlers* (Hrsg.), Allgemeines Verwaltungsrecht, § 19 Rn. 1; *F. Ossenbühl*, Verwaltungsvorschriften und Grundgesetz, S. 484 ff.; *F.E. Schnapp*, AöR 105 (1980b), S. 243 (250 ff.).

[86] *H. Maurer*, Allgemeines Verwaltungsrecht, § 3 Rn. 5; *M. Möstl*, in: *Erichsen/Ehlers* (Hrsg.), Allgemeines Verwaltungsrecht, § 19 Rn. 4; *H.J. Wolff/O. Bachof/R. Stober u.a.*, Verwaltungsrecht,

führt zu grundsätzlichen Unterschieden dieser Rechtssetzungsformen, die sich neben der Bindungswirkung auch z.B. bei der Frage nach der Beleihungsfähigkeit auswirken. In Fortführung dieser Differenzierung wird im Folgenden zwischen (a.) Normsetzung mit Außenwirkung und (b.) Normsetzung ohne diese unterschieden.

*a. Normsetzung mit Außenwirkung*

Wie bereits ausgeführt, kommen den unter Beteiligung von Privatrechtssubjekten in Form der Vereinigungen der Träger der ambulanten oder stationären Pflegeeinrichtungen bzw. der Landeskrankenhausgesellschaft vereinbarten Rahmenverträgen in der sozialen Pflegeversicherung[87] wie auch den Kollektivverträgen in der gesetzlichen Krankenversicherung[88] durch deren gesetzlich angeordnete Drittwirkung sowie der Empfehlung nach § 115a Abs. 3 Satz 3 SGB V im Falle des Nichterlasses einer Vergütungsvereinbarung normative Wirkung zu. Dabei handelt es sich bei den Krankenhausgesellschaften um gemischt-publizistische Vereinigungen des Privatrechts, in denen nicht nur Verwaltungsträger, sondern auch Privatrechtssubjekte zusammengeschlossen sind, so dass diese wie Privatrechtssubjekte zu behandeln sind und die nachfolgenden Ausführungen ebenfalls gelten.[89]

Das Sozialrecht kennt darüber hinaus eine Vielzahl von weiteren Handlungsformen, die Bindungswirkung gegenüber Dritten entfalten und denen daher Normcharakter beigemessen wird. In dieser Konsequenz werden die beteiligten Privatrechtssubjekte als Beliehene qualifiziert, wie dies beispielsweise bei den Heil- und Hilfsmittellieferanten beim Abschluss von Verträgen mit dem als Körperschaft des öffentlichen Rechts organisierten[90] Spitzenverband Bund der Krankenkassen über die Versorgung mit Heilmitteln[91] oder der DGUV als dem privat-

Bd. 1, § 24 Rn. 20 ff. Teilweise führt diese Differenzierung in Innen- und Außenrecht dazu, dass die Verwaltungsvorschriften nicht dem Kreis der Normen im engeren bzw. positiv-rechtlichen Sinne zugerechnet und von den außenwirksamen Normen unterschieden werden, *V. Götz*, Allgemeines Verwaltungsrecht, S. 221; *M. Jachmann*, Die Verwaltung 28 (1995), S. 17 (21 f.); *H.J. Wolff/ O. Bachof/R. Stober u.a.*, Verwaltungsrecht, Bd. 1, § 24 Rn. 20 f.

[87] § 75 Abs. 1 SGB XI, dazu Kapitel 4 A.II.4.b. Rahmenverträge in der sozialen Pflegeversicherung. Den Versorgungsverträgen nach § 72 Abs. 2 Satz 1 SGB XI kommt in Ermangelung einer abstrakten Regelung lediglich die Wirkung einer Allgemeinverfügung zu, dazu Kapitel 4 A.II.6.b. Der Versorgungsvertrag in der sozialen Pflegeversicherung.

[88] §§ 112 Abs. 1, 115 Abs. 1, 115a Abs. 3, 115b Abs. 1 SGB V, dazu Kapitel 4 A.II.5.a. Kollektivverträge in der gesetzlichen Krankenversicherung. Den Versorgungsverträgen nach §§ 108 Nr. 3, 109 Abs. 1 SGB V kommt in Ermangelung einer abstrakten Regelung lediglich die Wirkung einer Allgemeinverfügung zu, dazu Kapitel 4 A.II.6.a. Der Versorgungsvertrag in der gesetzlichen Krankenversicherung.

[89] Etwas anderes würde für rein publizistische Vereinigungen des Privatrechts gelten, vgl. *D. Ehlers*, Verwaltung in Privatrechtsform, S. 9; *I. Ebsen*, in: *Schulin* (Hrsg.), Handbuch des Sozialversicherungsrechts, Bd. 1, § 7 Rn. 41 ff. Dazu die Ausführungen unter A.II.1.b. Normsetzung ohne Außenwirkung – Die Richtlinien der DGUV.

[90] § 217a Abs. 2 SGB V.

[91] §§ 124, 125 SGB V, *P. Axer*, Normsetzung, S. 34.

rechtlich organisierten Verband der Unfallversicherungsträger beim Erlass von Richtlinien zur Regelung der Gewährung von Leistungen der gesetzlichen Unfallversicherung[92] der Fall ist.[93] Ebenso werden die Zusammenschlüsse der Leistungserbringer als mit Außennormsetzungsrecht Beliehene angesehen.[94] So gelten zum einen die Richtlinien der Bundesärztekammer, die als nichtrechtsfähiger Verein privaten Rechts firmiert, nach § 16 Transplantationsgesetz als Rechtsnorm und in Konsequenz hierzu die Bundesärztekammer als mit Normsetzungsbefugnis Beliehener,[95] wie auch die Landeskrankenhausgesellschaften,[96] die als Zusammenschlüsse der Träger zugelassener Krankenhäuser auf Landesebene sowie ihrer Verbände[97] als eingetragene Vereine privatrechtlich organisiert sind,[98] in ihrer Eigenschaft als Vertragspartei zwei- und dreiseitiger, als Normenverträge qualifizierter Verträge über Art und Umfang der Krankenhausbehandlung.[99] Und auch die Beteiligung des Zusammenschlusses der Landeskrankenhausgesellschaften in der 1949 als rechtsfähiger Verein gegründeten Deutschen Krankenhausgesellschaft e.V.[100] oder die der Zusammenschlüsse der Pflegeeinrichtungen werden als Beleihung qualifiziert.[101]

Bei all diesen Fällen werden, unabhängig von der zweifelhaften Qualifikation der jeweiligen Handlungsformen als Rechtsnorm, die voneinander zu unterscheidenden Fragen nach der viel diskutierten grundsätzlichen (aa.) verfassungsrechtlichen Zulässigkeit der Übertragung von Normsetzungsbefugnissen auf Private, insbesondere deren (bb.) demokratischen Voraussetzungen sowie (cc.) diejenige nach dem hierfür einschlägigen Rechtsinstitut, insbesondere demjenigen der Beleihung, aufgeworfen, die auch im Folgenden Gegenstand der Untersuchung sind, ehe unter (dd.) eine Zusammenfassung und Bewertung erfolgt.

---

[92] Wie der Gewährung von Hilfsmitteln, § 31 Abs. 2 Satz 2 SGB VII, von häuslicher Krankenpflege, § 32 Abs. 4 SGB VII, von Kraftfahrzeughilfe, § 40 Abs. 5 SGB VII, von Wohnungshilfe, § 41 Abs. 4 SGB VII, und von Reisekosten, § 43 Abs. 5 SGB VII.

[93] *P. Axer*, Normsetzung, S. 34 f., 127; *ders.*, in: FS BSG 2004, S. 339 (341). Zur Frage, ob es sich bei diesen Richtlinien tatsächlich um Außenrecht handelt A.II.1.b. Normsetzung ohne Außenwirkung – Die Richtlinien der DGUV. Ebenso wurde der Verband Deutscher Rentenversicherungsträger, § 146 SGB VI a.F. als Beliehener angesehen, wie auch die Ersatzkassenverbände, § 212 Abs. 5 SGB V, beim Abschluss von Bundesmantelverträgen, Gesamtverträgen oder in den Bundesausschüssen zum Erlass von Richtlinien im Vertragsarztrecht, deren Aufgaben 2008 jedoch weitgehend vom Spitzenverband Bund der Krankenkassen übernommen wurden.

[94] Mit Ausnahme der Kassenärztlichen und Kassenzahnärztlichen Vereinigungen.

[95] *B.B. Wiegand*, Beleihung, S. 63 ff.; *P. Axer*, Normsetzung, S. 34.

[96] *B.B. Wiegand*, Beleihung, S. 57 f., 202; *P. Axer*, Normsetzung, S. 34.

[97] § 108a Satz 1, 2 SGB V.

[98] *M. Heinze*, in: *Schulin* (Hrsg.), Handbuch des Sozialversicherungsrechts, Bd. 1, § 38 Rn. 62. Zu den Ersatzkassenverbänden BVerfGE 106, 275 (305).

[99] §§ 112 Abs. 1, 115 Abs. 1 SGB V.

[100] *P. Axer*, Normsetzung, S. 35.

[101] *P. Axer*, Normsetzung, S. 34.

### *aa. Verfassungsrechtliche Zulässigkeit der Übertragung von Außennormsetzungskompetenzen auf Private*

Die verfassungsrechtliche Zulässigkeit der Übertragung von Normsetzungsbefugnissen auf Private wird seit langer Zeit kontrovers diskutiert.[102] Dabei wird gerade mit Blick auf die Normsetzung im Sozialrecht die Beteiligung von Privaten als verfassungsrechtlich unproblematisch qualifiziert, da der staatliche Einfluss durch die Beteiligung von Verwaltungseinheiten sowie die Verweisung an Schiedsstellen im Falle der Nichteinigung hinreichend sei und so das staatliche Rechtssetzungsmonopol nicht aus der Hand gegeben würde.[103] Dem wird jedoch widersprochen, da die Privatrechtssubjekte aufgrund ihrer Vetoposition sowie ihrer Bedeutung bei der Besetzung der Schiedsstellen maßgeblichen Einfluss auf die Ausgestaltung der Normen hätten.[104]

So löst die Übertragung von Normsetzungsbefugnissen auf Private bei ihren Gegnern vielmehr „rechtsstaatliches Entsetzen"[105] und Vergleiche mit dem Dritten Reich[106] aus, worin sich das Unbehagen ausdrückt, das mit der Vorstellung von Rechtssetzungsmacht in privater Hand und dem damit assoziierten Machtmissbrauch, der durch die Möglichkeit, andere wirksam zu binden, einhergeht.

Das Grundgesetz enthält sich ausdrücklicher Aussagen zur Übertragung von Normsetzungsbefugnissen auf Private. Es beinhaltet weder Regelungen, welche die Zulässigkeit einer solchen normieren, noch solche, die sie verbieten. Berücksichtigt man die im Hinblick auf die gesamte Verwaltung untergeordnete Bedeutung, welche die Übertragung von Aufgaben und Befugnissen, speziell von Normsetzungsbefugnissen auf Private einnimmt, so kann dieser Befund nicht überraschen, insbesondere nicht vor dem Hintergrund, als sich das Grundgesetz der Verwaltungsorganisation nur im Rahmen eines bundesstaatlichen Kontextes annimmt.[107] In Konsequenz dessen ist das Schweigen des Grundgesetzes indifferent. Trotzdem wird versucht, verschiedene Normen der Verfassung für die Beantwortung dieser Frage fruchtbar zu machen und zumindest mittelbar Aussagen zu gewinnen, die Rückschlüsse auf die Betrauung Privater mit Normsetzungsbefugnissen zulassen. Herangezogen werden dafür in steter Regelmäßigkeit[108] vor allem (1) der Funktionsvorbehalt des Art. 33 Abs. 4 GG, (2) die Er-

---

[102] Für die Möglichkeit einer Übertragung von Normsetzungskompetenzen auf Private *M.O. Hinz*, Tarifhoheit und Verfassungsrecht, S. 142 f.; *H. Krüger*, NJW 1966, 617 (620); gegen diese Möglichkeit *G. Arndt*, JuS 1979, 784 (787); *H. Peters/F. Ossenbühl*, Die Übertragung von öffentlich-rechtlichen Befugnissen auf die Sozialpartner unter besonderer Berücksichtigung des Arbeitszeitschutzes, S. 58 ff.; *P. Kreutz*, Grenzen, S. 82 ff.; *M. Sachs*, VerwArch 74 (1983), S. 25 (47 ff.).

[103] *I. Ebsen*, in: *Schulin* (Hrsg.), Handbuch des Sozialversicherungsrechts, Bd. 1, § 7 Rn. 46.

[104] *M. Heinze*, SGb 1990, 173 (175); dazu auch *W. Rüfner*, NJW 1989, 1001 (1006).

[105] *M. Bullinger*, Selbstermächtigung, S. 23.

[106] *R. Breuer*, AöR 101 (1976), S. 46 (63).

[107] *U. Steiner*, Öffentliche Verwaltung durch Private, S. 256.

[108] *B.B. Wiegand*, Beleihung, S. 140 ff., 150 ff.; *F. Ossenbühl*, in: *Isensee/Kirchhof* (Hrsg.), HStR V, § 103 Rn. 36; *O. Freitag*, Das Beleihungsrechtsverhältnis, S. 43, 56 f.; *F. Bansch*, Beleihung, S. 63 ff.

mächtigung zum Erlass von Rechtsverordnungen nach Art. 80 Abs. 1 GG sowie insbesondere in Bezug auf das Sozialrecht die Normierung (3) der Verselbständigung funktionaler Selbstverwaltungsträger in der Sozialversicherung durch Art. 87 Abs. 2 GG. Weitgehend unbeachtet bleibt dagegen, dass eventuell auch aus den Regelungen des Grundgesetzes zur (4) Satzungsbefugnis Aussagen entnommen werden können, wie auch (5) dem Demokratieprinzip nach Art. 20 Abs. 2 GG Aufmerksamkeit zu widmen ist. Unter (6) erfolgt eine Zusammenfassung und Bewertung der gewonnenen Erkenntnisse.

*(1) Der Funktionsvorbehalt des Art. 33 Abs. 4 GG*

Art. 33 Abs. 4 GG normiert einen Regelvorbehalt für die Ausübung hoheitlicher Befugnisse im Bereich des sich durch ein Dienst- und Treueverhältnis auszeichnenden öffentlichen Dienstes. Von den Befürwortern der Übertragung von Normsetzungsbefugnissen auf Private wird Art. 33 Abs. 4 GG kein verfassungsrechtliches Verbot hierfür entnommen, sondern im Gegenteil eine Gestattung der Übertragung im Rahmen seines angeordneten Regel-Ausnahme-Verhältnisses, sofern nicht der „Kernbereich" staatlicher Aufgaben betroffen wäre.[109]

Dem ist insoweit beizupflichten, als aufgrund dieses Regel-Ausnahme-Verhältnisses, das Art. 33 Abs. 4 GG zu Gunsten der Belassung von Aufgaben und Befugnissen bei den Angehörigen des öffentlichen Dienstes anordnet, eine Übertragung von Aufgaben und Befugnissen auf Private nur im Einzelfall und dann auch nur partiell erfolgen kann, um so durch den von Art. 33 Abs. 4 GG normierten Vorbehalt von Befugnissen und Aufgaben für den öffentlichen Dienst das Institut des Berufsbeamtentums zu sichern und eine verfassungs- und gesetzesgesteuerte, neutrale, dem Gemeinwohl dienende Verwaltung zu garantieren.[110]

Ob jedoch ein „Kernbereich" staatlicher Aufgaben ausgeschlossen wird, ist ebenso zweifelhaft wie die Annahme einer Übertragung von Normsetzungsbefugnissen. Denn zum einen erhellt nicht, weshalb Normsetzung aus dem „Kernbereich" staatlichen Handelns auszuschließen sein soll. So ist es dem Staat gerade durch die Normsetzung im Gegensatz zum Einzelakt möglich, durch die abstrakt-generelle Wirkung einen weiteren Adressatenkreis zu erreichen sowie auch eine höhere Bindungskraft diesem gegenüber zu erzeugen. Gleichzeitig ist auch die Bindung gegenüber der Verwaltung eine höhere, indem Art. 20 Abs. 3 GG diese nicht nur an das Parlamentsgesetz, sondern auch an materielle Gesetze bindet. Die normative Selbst- oder Fremdprogrammierung durch die Exekutive ist für diese von zentraler Bedeutung und stellt die höchste Form der Ausübung exekutiver Gewalt dar, so dass die Normsetzungskompetenz, sollte man der obigen Unterscheidung folgen wollen, als Bestandteil dieses nicht auf Private übertragbaren „Kernbereichs" anzusehen wäre.[111]

---

[109] *B.B. Wiegand*, Beleihung, S. 254 ff.
[110] BVerfGE 130, 76 (111 f.).
[111] Ebenso *M. Quaas*, NZS 1995, 482 (484).

Zum anderen bezeichnet der Ausdruck „hoheitsrechtliche Befugnisse" bestimmte Entscheidungs- und Regelungsaufgaben der öffentlichen Verwaltung, ohne diese in irgendeiner Form zu begrenzen. Dabei kommt es im vorliegenden Kontext nicht auf den in der Literatur seit langem geführten und kaum lösbaren Streit an, welche Befugnisse oder Aufgaben von Art. 33 Abs. 4 GG umfasst sind.[112] Allerdings kann ihm gerade nicht die Intention entnommen werden, das Berufsbeamtentum auf bestimmte hoheitliche „Kernaufgaben" festzulegen.[113] Aus diesem Grunde kann der vorbezeichneten Meinung nicht gefolgt werden, da weder eine Verkürzung der Garantie auf den „Kernbereich" staatlichen Handelns, noch eine Exklusion der Normsetzungstätigkeit der Exekutive aus diesem Bereich haltbar sind.

So wird teilweise in der Literatur auch vertreten, dass die administrative Rechtssetzung regelmäßig der Gubernative oder den gewählten Vertreterversammlungen der Selbstverwaltung obliege, nicht dagegen dem einzelnen Beamten, so dass es bei Art. 33 Abs. 4 GG nicht um administrative Rechtssetzung, sondern um Verwaltungsvollzug ginge.[114] Ob sich dagegen Art. 33 Abs. 4 GG allein auf den Gesetzesvollzug beschränkt und damit die Normsetzung durch die Exekutive gerade nicht erfasst sein soll, kann allerdings ebenfalls bezweifelt werden.

Hierfür würde jedenfalls sprechen, dass die Intention des Verfassungsgebers die Sicherung eines verantwortlichen Gesetzesvollzugs war und damit dieser im Fokus beim Normerlass stand.[115] Geht es dagegen, wie von einem Großteil in Rechtsprechung und Literatur angenommen, um die Sicherung des Berufsbeamtentums und mit diesem eines gemeinwohlorientierten, neutralen Verwaltungshandelns und einer stabilen, gesetzestreuen und unpolitischen Verwaltung,[116] so fällt hierunter auch die exekutivische Normsetzung. Insbesondere greift gerade bei diesem Verwaltungshandeln, das als abstrakt-generelle Regelung eine größere Breitenwirkung entfaltet, die vorgenannte Intention des Verfassungsgebers. Hierfür spricht auch, dass sich der Ausdruck „hoheitsrechtlicher Befugnisse" auf bestimmte Aufgabenbereiche der Exekutive, nicht dagegen auf die Mittel oder Rechtsformen des Verwaltungshandelns bezieht.[117] Eine Beschränkung des Anwendungsbereichs von Art. 33 Abs. 4 GG auf den bloßen Verwaltungsvollzug unter Exklusivität der Außenrechtssetzung ist daher nicht in der Norm angelegt.

---

112 Zum Streitstand *S.U. Pieper*, in: *Schmidt-Bleibtreu/Hofmann/Hopfauf* (Hrsg.), GG, Art. 33 Rn. 108 ff.

113 *P. Badura*, in: *Maunz/Dürig/Herzog u.a.* (Hrsg.), Grundgesetz, Art. 33 Rn. 55.

114 *K. Rennert*, JZ 2009, 976 (980).

115 So jedenfalls *M. Jachmann*, in: v. *Mangoldt/Klein/Starck* (Hrsg.), Kommentar zum Grundgesetz, Art. 33 Rn. 28.

116 BVerfGE 88, 103 (114); 130, 76 (109); *M. Jachmann*, in: v. *Mangoldt/Klein/Starck* (Hrsg.), Kommentar zum Grundgesetz, Art. 33 Rn. 30; *T. Strauß*, Funktionsvorbehalt, S. 25 ff., 203; *M. Burgi*, in: FS Maurer 2001, S. 581 (584 f., 590); *P. Kunig*, in: *ders./v. Münch* (Hrsg.), Grundgesetz, Art. 33 Rn. 40; *H.D. Jarass*, in: *ders./Pieroth* (Hrsg.), GG, Art. 33 Rn. 40.

117 *P. Badura*, in: *Maunz/Dürig/Herzog u.a.* (Hrsg.), Grundgesetz, Art. 33 Rn. 57.

Letztlich kann diese Frage jedoch offenbleiben, da sowohl nach der Ansicht, nach welcher sich Art. 33 Abs. 4 GG nur mit dem Verwaltungsvollzug befasst und die Normsetzung aus seinem Anwendungsbereich ausklammert, wie auch nach der hier vertretenen Ansicht, dass dieser sich gar nicht auf die Mittel oder Rechtsformen des Verwaltungshandelns bezieht und daher auch die Normsetzung umfasst, Übereinstimmung darin besteht, dass Art. 33 Abs. 4 GG zwar ein Regel-Ausnahmeverhältnis für die Belassung staatlicher Aufgaben im Kompetenzbereich der Beamtenschaft normiert, jedoch Übertragungen unabhängig von der Handlungsform in bestimmten, begründeten Ausnahmefällen nicht hindert. So kann Art. 33 Abs. 4 GG weder entnommen werden, dass die Übertragung von Normsetzungskompetenzen für die Setzung von Außenrecht nicht auf Private erfolgen kann, noch er Aussagen zu deren Zulässigkeit und Voraussetzungen enthält.

*(2) Die Ermächtigung zum Erlass von Rechtsverordnungen nach Art. 80 Abs. 1 GG*

Art. 80 Abs. 1 GG regelt einen wichtigen Teilbereich der exekutiven Rechtssetzung, indem er Voraussetzungen und Grenzen der Verordnungsermächtigung sowie deren Delegation näher bestimmt.[118] Dabei grenzt er die Ermächtigungsadressaten mit der benannten Bundesregierung, dem Bundesminister oder den Landesregierungen auf die politische Leitungsebene in Form der Gubernative ein und stellt inhaltliche Anforderungen an die Ermächtigung auf. Diese werden nach Maßgabe des Art. 80 Abs. 1 Satz 1 GG dazu ermächtigt, allein, ohne die Mitwirkung anderer Beteiligter allgemeinverbindliches Recht zu setzen. Da die Aufzählung in Art. 80 Abs. 1 Satz 1 GG abschließend ist, ist richtigerweise davon auszugehen, dass eine Übertragung der Befugnis zum eigenständigen Erlass von Rechtsverordnungen an andere als die genannten Stellen zumindest unter den Anforderungen des Art. 80 Abs. 1 GG nicht möglich ist.[119]

Indifferenter ist dagegen die Regelung des Art. 80 Abs. 1 Satz 4 GG, welcher die Subdelegation vorsieht, jedoch keine Aufzählung der Subdelegatare enthält. Hiernach sei der Kreis der Subdelegatare über denjenigen der Staatsverwaltung hinaus zu erweitern und eine Subdelegation auch an Private als von Art. 80 Abs. 1 Satz 4 GG erfasst.[120]

Eine solche Interpretation mag vom Wortlaut her zulässig sein. Insbesondere überzeugt nicht, dass dem ein Fehlen ausdrücklicher Bestimmung der Delegation

---

[118] Dazu auch bereits unter Kapitel 4 A.III.1.a.aa. Die Ermächtigung zum Erlass von Rechtsverordnungen nach Art. 80 Abs. 1 GG.

[119] So die überwiegende Meinung in der Literatur, *F. Becker*, Kooperative und konsensuale Strukturen in der Normsetzung, S. 385; *T. v. Danwitz*, Jura 2002, 93 (96); *P. Kreutz*, Grenzen, S. 84; *B. Pieroth*, in: *Jarass/Pieroth* (Hrsg.), GG, Art. 80 Rn. 6; *R. Sannawald*, in: *Schmidt-Bleibtreu/Hofmann/Hopfauf* (Hrsg.), GG, Art. 80 Rn. 86; *A. Wallrabenstein*, in: *Kunig/v. Münch* (Hrsg.), Grundgesetz, Art. 80 Rn. 16; *T. Mann*, in: *Sachs* (Hrsg.), Grundgesetz, Art. 80 Rn. 14.

[120] *B.B. Wiegand*, Beleihung, S. 144 f.; *M. Heintzen*, VVDStRL 62 (2003), S. 220 (242).

auf Private entgegenstehen soll,[121] da der Schluss, dass alles, was nicht normiert ist, nicht rechtmäßig ist, nicht einmal für Gesetze, noch viel weniger aber für die Verfassung Geltung beanspruchen kann. Dieses Ergebnis kann jedoch nicht durch die letztlich den Wortlaut überwiegende systematische und teleologische Auslegung abgestützt werden.[122] So spricht der systematische Zusammenhang von Satz 4 mit Art. 80 Abs. 1 Satz 1 GG dafür, dass der Verfassungsgeber auch bei der Subdelegation den Rahmen der Staatsverwaltung nicht verlassen wollte,[123] wobei unerheblich ist, ob es sich um unmittelbare oder mittelbare Staatsverwaltung handelt.[124] Und auch die Stellung im Abschnitt über die Gesetzgebung des Bundes legt nahe, dass Art. 80 Abs. 1 GG lediglich eine Aussage zum Verhältnis von Legislative und Exekutive treffen möchte, nicht jedoch zur Übertragung von Rechtssetzungsmacht auf Private.[125] Insbesondere wird dies durch Sinn und Zweck der Vorschrift bestätigt, welcher darin besteht, die Übertragung von Rechtssetzungsbefugnissen auf die Staatsverwaltung im Hinblick auf Rechtsverordnungen als Ausnahme vom Gewaltenteilungsgrundsatz einer Regelung zuzuführen, die Zulässigkeit und Grenzen normiert.[126] Art. 80 Abs. 1 GG ist damit eine Manifestation des Rechtsstaatsprinzips,[127] insbesondere in dessen Ausprägungen des Grundsatzes der Gewaltenteilung, der Rechtssicherheit und der des Grundsatzes des Gesetzesvorbehalts und will nur eine Delegation innerhalb der exekutiven Hierarchie, nicht dagegen eine Exdelegation an außerhalb der Staatsverwaltung stehende Rechtssubjekte normieren.[128] Hieraus den gegenteiligen

---

[121] So aber *K. Stern*, Staatsrecht II, § 38 III 2.

[122] Dagegen ist die historische Auslegung indifferent, da nicht feststellbar ist, in wieweit die Delegation von Normsetzungsbefugnissen an Private zum Zeitpunkt der Entstehung der Norm ins Bewusstsein des Verfassungsgebers gedrungen war. Ablehnend *H. Peters/F. Ossenbühl*, Die Übertragung von öffentlich-rechtlichen Befugnissen auf die Sozialpartner unter besonderer Berücksichtigung des Arbeitszeitschutzes, S. 58; *H.-U. Karpen*, Verweisung, S. 130; befürwortend *B.B. Wiegand*, Beleihung, S. 146 f.

[123] So auch *T.I. Schmidt*, ZG 2002, 353 (366); ähnlich *H.-U. Karpen*, Verweisung, S. 129 f.; *K. Rennert*, JZ 2009, 976 (981), wenn auch alle mit der hier nicht vertretenen Schlussfolgerung, dass sich hieraus ein generelles Verbot der Übertragung von Normsetzungsbefugnissen auf Private ableiten lasse.

[124] *T. Mann*, in: *Sachs* (Hrsg.), Grundgesetz, Art. 80 Rn. 34; *A. Haratsch*, in: *Sodan* (Hrsg.), Grundgesetz, Art. 80 Rn. 23.

[125] *T.I. Schmidt*, ZG 2002, 353 (366); *M. Krautzberger*, Erfüllung öffentlicher Aufgaben, S. 33 f.; *F. Ossenbühl*, in: *Isensee/Kirchhof* (Hrsg.), HStR V, § 103 Rn. 36.

[126] *F. Ossenbühl*, in: *Isensee/Kirchhof* (Hrsg.), HStR V, § 103 Rn. 36, nach dem Art. 80 GG lediglich das Verhältnis von Legislative und Exekutive im Bereich der Staatsfunktionen regelt, dagegen keine Aussage zum Verhältnis von Staat und Gesellschaft enthält. Kritisch hierzu *M. Heintzen*, VVDStRL 62 (2003), S. 220 (242 Anm. 105).

[127] Zu Art. 80 Abs. 1 GG als Ausprägung des Demokratieprinzips unter A.II.1.a.aa.(5) Das Demokratieprinzip, Art. 20 Abs. 2 GG.

[128] *F. Bansch*, Beleihung, S. 81; *B. Pieroth*, in: *Jarass/Pieroth* (Hrsg.), GG, Art. 80 Rn. 1; *K. Rennert*, JZ 2009, 976 (981); *R. Sannawald*, in: *Schmidt-Bleibtreu/Hofmann/Hopfauf* (Hrsg.), GG, Art. 80 Rn. 99; *A. Haratsch*, in: *Sodan* (Hrsg.), Grundgesetz, Art. 80 Rn. 23; *M. Lepa*, AöR 105 (1980), S. 337 (359) m.w.N.; *A. Wallrabenstein*, in: *Kunig/v. Münch* (Hrsg.), Grundgesetz, Art. 80 Rn. 2, 4.

Schluss zu ziehen und von einer Offenheit des Kreises der Subdelegatare auszugehen,[129] wird der Vorschrift des Art. 80 Abs. 1 Satz 4 GG nicht gerecht.

So bleibt bzgl. Art. 80 Abs. 1 GG festzuhalten, dass dieser die Normsetzung innerhalb der Staatsverwaltung durch die genannten Organe und Behörden normiert, die diese Normsetzung eigenständig ohne Rückbindung an andere Verwaltungseinheiten ausüben können. Zur Normsetzung durch Private enthält er dagegen keine Aussagen.

*(3) Die Verselbständigung funktionaler Selbstverwaltungsträger in der Sozialversicherung, Art. 87 Abs. 2 GG*

Art. 87 Abs. 2 GG befasst sich allein mit der Verteilung und Abgrenzung von Verwaltungskompetenzen zwischen Bund und Ländern und ordnet eine obligatorische mittelbare Bundesverwaltung an.[130] Dabei umfasst der Begriff der Körperschaft des öffentlichen Rechts sowohl rechtsfähige Anstalten und Stiftungen des öffentlichen Rechts als auch Mischformen, wobei keine abschließende Regelung erfolgt.[131] Nicht hierunter fallen dagegen Private, insbesondere nicht in Form des Beliehenen.[132] Zur Frage, ob Normsetzung auf Private delegiert werden kann, enthält Art. 87 Abs. 2 GG jedoch keinerlei Aussagen.[133] Vielmehr beschäftigt er sich allein mit der verfassungsrechtlichen Zulässigkeit mittelbarer Staatsverwaltung im Bereich der Sozialversicherung. Er bezieht sich damit allein auf die öffentliche Verwaltung, nicht dagegen auch auf deren Verhältnis zu Privaten.[134] Hieran ändert auch nichts, dass im Zeitpunkt des Verfassungserlasses der Verfassungsgeber im Bereich der Krankenversicherung Kollektivverträge zwischen privaten Verbänden vorgefunden hat, da diese, ähnlich den Kollektivverträgen im Arbeitsrecht, dem Privatrecht zugeordnet wurden[135] und auch bereits in der Weimarer Zeit zur Fremdverbindlichkeit der staatlichen Genehmigung bedurften, die je nach Einzelfall erteilt wurde.[136] Eine Übertragung von Normsetzungsbefugnissen auf Private ging damit nicht einher.

[129] *B.B. Wiegand*, Beleihung, S. 144.

[130] *B. Pieroth*, in: *Jarass/Pieroth* (Hrsg.), GG, Art. 87 Rn. 10 ff.; *K. Ruge*, in: *Schmidt-Bleibtreu/Hofmann/Hopfauf* (Hrsg.), GG, Art. 87 Rn. 19; *M. Sachs*, in: *ders.* (Hrsg.), Grundgesetz, Art. 87 Rn. 53 ff.

[131] *M. Reinhardt*, AöR 118 (1993), S. 617 (620). Dazu Kapitel 3 C.II.1. Verfassungsrechtliche Vorgaben.

[132] *M. Ibler*, in: *Maunz/Dürig/Herzog u.a.* (Hrsg.), Grundgesetz, Art. 87 Rn. 199.

[133] So die h.M., z.B. *E.R. Huber*, Wirtschaftsverwaltungsrecht, Bd. 1, S. 540 ff.; *J. Backherms*, DIN, S. 34; *U. Battis*, in: FS Raisch 1995, S. 355 (359); *H.-U. Karpen*, Verweisung, S. 128; *M. Reinhardt*, AöR 118 (1993), S. 617 (620); *J. Stuible-Treder*, Der Beliehene, S. 79 f.; *O. Freitag*, Das Beleihungsrechtsverhältnis, S. 65 f.; *F. Ossenbühl*, VVDStRL 29 (1971), S. 137 (162 ff.); *B.B. Wiegand*, Beleihung, S. 145.

[134] *K. Rennert*, JZ 2009, 976 (982).

[135] So wurden die Normenverträge zum Ende der Weimarer Republik dem Privatrecht zugeordnet, *L. Richter/W. Sonnenberg*, Die kassenärztlichen Rechtsverhältnisse, S. 13; *G. Schneider*, Handbuch des Kassenarztrechts, Rn. 86, wie auch das Berliner Abkommen von 1913 als rein privatrechtlicher Vertrag angesehen wurde, vgl. *G. Schneider*, Handbuch des Kassenarztrechts, Rn. 46.

[136] *K. Rennert*, JZ 2009, 976 (982); a.A. *P. Axer*, Normsetzung, S. 58 ff., 68, der die Notwendigkeit eines staatlichen Geltungsbefehls durch die Verlagerung ins öffentliche Recht verneint.

*(4) Die Satzungsbefugnis*

Wie bereits im vorhergehenden Kapitel ausgeführt,[137] befassen sich die Normierungen des Grundgesetzes zur (a) Satzungsautonomie der Selbstverwaltungskörperschaften bzw. (b) der Zulässigkeit weiterer Fälle von Satzungsbefugnissen ebenfalls mit exekutivischer Normsetzung.

*(a) Die Satzungsautonomie nach Art. 28 Abs. 2 GG*

Art. 28 Abs. 2 GG garantiert den Gemeinden das Recht, ihre eigenen Angelegenheiten durch Satzungen zu regeln. Er erkennt deren Satzungsautonomie an und stellt diese unter den Schutz des Grundgesetzes.[138] Inwieweit Art. 28 Abs. 2 GG Aussagen enthält, die für die Übertragung von Normsetzungsbefugnissen auf Private fruchtbar gemacht werden können, ist in der Literatur umstritten.[139]

In Zusammenschau mit Art. 80 Abs. 1 GG, der die Delegation von Rechtsverordnungsgewalt auf Stellen der unmittelbaren Staatsverwaltung beschränkt, wird daher gefolgert, dass die Verfassung die Normsetzung durch Private ausschließe und sie auf Rechtssubjekte des öffentlichen Rechts beschränke.[140] Darüber hinaus sei die Form des Satzungserlasses Selbstverwaltungskörperschaften zur Regelung abstrakt-genereller Sachverhalte ihres eigenen Wirkungskreises vorbehalten, während ein Privater in diesem Bereich grundsätzlich nicht regelnd tätig werden könne.[141]

Hiergegen wird angeführt, dass der Beliehene anderen öffentlichen Verwaltungsträgern gleichgestellt würde, sobald eine Legitimation durch ein Beleihungsgesetz besteht, und den Bedenken im Hinblick auf eine neutrale Rechtssetzung durch Vereinbarungen im Beleihungsakt oder der staatlichen Aufsicht Rechnung getragen werden könne.[142]

Beiden Ansätzen ist jedoch entgegenzuhalten, dass sich Art. 28 Abs. 2 GG, ebenso wie Art. 80 Abs. 1 GG, nicht mit der Normsetzung durch Private befasst, sondern jener allein die Selbstverwaltung von Gebietskörperschaften in Form von Gemeinden und den Gemeindeverbänden garantiert, worunter auch deren Satzungshoheit fällt. Regelungsgegenstand ist damit unter anderem die Normsetzung durch Gebietskörperschaften des öffentlichen Rechts. Aussagen im Hinblick auf den Bereich der Normsetzung durch Private können Art. 28 Abs. 2 GG damit keine entnommen werden.[143]

---

137 Kapitel 4 A.III.1.a.bb. Die Satzungsbefugnis.

138 Dazu an Stelle vieler *F. Ossenbühl*, in: *Isensee/Kirchhof* (Hrsg.), HStR V, § 105 Rn. 5 ff.; *B. Pieroth*, in: *Jarass/Pieroth* (Hrsg.), GG, Art. 28 Rn. 12 f. m.w.N.

139 Für eine solche *B. Schmidt Am Busch*, DÖV 2007, 533 (536); gegen eine solche *O. Freitag*, Das Beleihungsrechtsverhältnis, S. 43; *T.I. Schmidt*, ZG 2002, 353 (367).

140 *O. Freitag*, Das Beleihungsrechtsverhältnis, S. 43.

141 *T.I. Schmidt*, ZG 2002, 353 (367).

142 *B. Schmidt Am Busch*, DÖV 2007, 533 (536).

143 Hierzu auch *B.B. Wiegand*, Beleihung, S. 148 f.

*(b) Satzungsbefugnis sonstiger Selbstverwaltungsträger*

Derselbe Befund wie bei Art. 28 Abs. 2 GG ergibt sich auch aus der Satzungsbefugnis weiterer Selbstverwaltungsträger, insbesondere aus derjenigen der funktionalen Selbstverwaltungskörperschaften, die nur teilweise eine verfassungsrechtliche Absicherung erfahren[144] oder nicht durch das Grundgesetz gewährleistet, jedoch durch dieses auch nicht gehindert sind.[145] Auch aus dieser Tatsache lassen sich keine Argumente für oder gegen die Übertragung von Satzungsbefugnissen im Speziellen, oder Befugnissen zur Setzung von Außenrecht im Allgemeinen auf Private gewinnen.

*(5) Das Demokratieprinzip, Art. 20 Abs. 2 GG*

Nach Art. 20 Abs. 2 GG geht alle Staatsgewalt vom Volke aus, die von diesem auch durch besondere Organe der Gesetzgebung ausgeübt wird. Zentrale Anforderung ist damit, dass die Staatsgewalt einer hinreichenden demokratischen Legitimation, die auf das Volk als Legitimationssubjekt und einziger Legitimationsquelle zurückgeht, bedarf und diesem gegenüber verantwortet wird.[146] Dabei hat das Legitimationsniveau umso höher zu sein, je gewichtiger die Ausübung von Staatsgewalt ist.[147]

*(a) Normsetzung durch die Legislative als höchste Staatsgewalt*

Normsetzung stellt die stärkste Handlungsform des Staates dar. Dies wird schon durch die in Art. 20 Abs. 3 GG angeordnete Bindungswirkung deutlich, nach der die Gesetzgebung lediglich an die verfassungsmäßige Ordnung, dagegen die vollziehende Gewalt und die Rechtsprechung neben dieser verfassungsmäßigen Ordnung auch noch an Gesetz und Recht gebunden sind. So vermag es die Legislative, die anderen beiden Gewalten an ihre Rechtsakte zu binden, während sie selbst davon grundsätzlich ungebunden bleibt. Ein weiterer Grund für diese herausgehobene Stellung ist, dass eine Rechtsnorm Allgemeinverbindlichkeit auch für diejenigen zeitigt, die weder am Normsetzungsverfahren beteiligt sind noch in irgendeiner Form zugestimmt haben.[148] Grund für diese Allgemeinverbindlichkeit ist, dass „[d]er Staat des Grundgesetzes […] der Entscheidungs- und Verantwortungszusammenhang [… ist], vermittels dessen sich das Volk nach der Idee der Selbstbestimmung aller in Freiheit und unter der Anforderung der Gerechtigkeit seine Ordnung, insbesondere seine positive Rechtsordnung als verbindliche Sollensordnung setzt. Weil er der *freien Selbstbestimmung aller* unter Gewährleistung von Frieden und Ordnung einen institutionellen Rahmen verbürgt, kommt dem Staat Hoheitsgewalt, d.h. die Macht zu, Akte zu setzen, die

[144] Dazu Kapitel 3 A.II. Arten der Selbstverwaltung.
[145] *F. Ossenbühl*, in: *Isensee/Kirchhof* (Hrsg.), HStR V, § 105 Rn. 8 ff.
[146] BVerfGE 77, 1 (40); 83, 60 (72); 93, 37 (66); 107, 59 (87); 130, 76 (123).
[147] *B. Pieroth*, in: *Jarass/Pieroth* (Hrsg.), GG, Art. 20 Rn. 9; *K.-P. Sommermann*, in: v. *Mangoldt/Klein/Starck* (Hrsg.), Kommentar zum Grundgesetz, Art. 20 Rn. 186.
[148] *K. Rennert*, JZ 2009, 976 (982).

für alle verbindlich sind, insbesondere Recht zu schaffen und Herrschaftsorgane einzusetzen."[149] Aus diesem Grunde ist die Normsetzung beim Staat monopolisiert, der als demokratischer Verfassungsstaat das Monopol auf die Verwirklichung des Gemeinwohls beansprucht.[150]

Innerhalb des demokratisch verfassten, gewaltengeteilten Rechtsstaats des Grundgesetzes wird die Normsetzung als Legislative dem Parlament zugewiesen. „Im freiheitlich-demokratischen System des Grundgesetzes fällt dem Parlament als Legislative die verfassungsrechtliche Aufgabe der Normsetzung zu. Nur das Parlament besitzt hierfür die demokratische Legitimation."[151] Dieses kann aus eigener, von der Verfassung verliehener Machtvollkommenheit ohne besondere Ermächtigung außenwirksames Recht setzen. Grund hierfür ist die herausragende demokratische Legitimation, die dieses Organ durch direkte Wahl unmittelbar auf den Volkswillen zurückführt[152] und die die Gewähr dafür bietet, dass in ihm alle relevanten gesellschaftlichen Gruppen repräsentiert werden und dessen Entscheidungen, die im Wege des Konsenses, der sich in der Mehrheitsentscheidung widerspiegelt, errungen werden, Ausdruck des Gemeinwohls sind und so Partikularinteressen in ihre Schranken verwiesen werden.[153]

*(b) Normsetzung durch die Exekutive als Ausnahme sowie die Anforderungen an diese*

Nichtsdestotrotz geht auch das Grundgesetz von der Möglichkeit exekutiver Normsetzung materiellen Rechts – in Form von Rechtsverordnungen ausdrücklich, in Form von Satzungen mittelbar – aus, die neben der Legislative besteht. Dabei kommt der Exekutive neben der ihr originär zukommenden Aufgabe des Normenvollzugs im Einzelfall im Hinblick auf Gubernative und Administrative keine originäre Außenrechtssetzungsbefugnis zu, sondern sie ist aufgrund ihrer im Vergleich zum Parlament schwächeren demokratischen Legitimation immer rückgebunden an eine hinreichend bestimmte parlamentarische Willensäußerung, wie dies auch durch Art. 80 Abs. 1 GG deutlich wird.[154] Der Ausnahmecharakter begrenzt die Möglichkeiten der Übertragung von Normsetzungskompetenzen auf die Exekutive und unterwirft sie dem Vorbehalt des Parlamentsgesetzes. Dadurch soll die Durchsetzung des sich in der Mehrheitsentscheidung manifestierenden Gemeinwohls bei ausreichendem Minderheitenschutz gegenüber Partikularinteressen sichergestellt werden und so die starke Bindungswirkung von Legislativakten rechtfertigen. Das Fehlen einer solchen Rückbindung kann lediglich durch die Verstärkung der demokratischen Legitimation auf an-

---

[149] BVerfGE 44, 125 (142) – Wahlwerbung der Bundesregierung – Hervorhebung im Original.
[150] *K. Rennert*, JZ 2009, 976 (982).
[151] BVerfGE 95, 1 (15 f.), unter Verweis auf BVerfGE 34, 52 (59); 49, 89 (124 ff.); 68, 1 (87).
[152] *H. Pünder*, Exekutive Normsetzung, S. 97; *K. Rennert*, JZ 2009, 976 (982).
[153] Dazu Kapitel 2 B.VI. Konsens als Vermittler demokratischer Legitimation.
[154] Dazu bereits unter Kapitel 4 A.III.2. Keine originäre Außenrechtssetzungskompetenz der Exekutive.

dere Weise, z.B. durch unmittelbare Wahlen, wie dies bei Satzungen der Fall ist, ausgeglichen werden.[155]

Dabei ergibt sich, wie bereits gesehen,[156] aus der Zusammenschau von Art. 80 Abs. 1 und 28 Abs. 2 GG sowie durch die weiteren anerkannten Fälle von Satzungsautonomie, die nicht vom Grundgesetz gehindert werden, die für sich jeweils die demokratische Legitimation von exekutiver Normsetzung sicherstellen und damit auch Ausprägungen des Demokratieprinzips sind,[157] dass eine Übertragung von Normsetzungsbefugnissen grundsätzlich dem Rechtsstaats-, vor allem aber dem Demokratieprinzip genügen muss und Normsetzung demokratischer Legitimation bedarf. Diese Anforderungen regelt Art. 80 Abs. 1 GG im Hinblick auf die eigenständige, nicht an weitere Stellen rückgebundene Normsetzung abschließend, wobei eine Delegation auf Private zur eigenständigen Ausübung weder durch Erst- noch durch Subdelegation möglich ist, da diese nicht der Regelungsintention des Verfassungsgebers entspricht.[158] Gleichzeitig verlässt er mit dem Verbot der Exdelegation nicht den staatlichen Bereich, wie dies Art. 33 Abs. 4 GG für den Normenvollzug zulässt.

Weiter wird durch Art. 28 Abs. 2 GG sowie den übrigen Fällen von Satzungsbefugnissen die demokratische Legitimation nicht auf die strenge Rückbindung exekutiver Normsetzung in Form von Rechtsverordnungen, wie sie durch Art. 80 Abs. 1 GG im Sinne des klassischen Legitimationsmodells erfolgt, begrenzt, sondern geöffnet für andere Legitimationsformen, wie diejenige durch Wahlen.[159]

Aus Art. 28 Abs. 2 und 80 Abs. 1 GG kann daher abgeleitet werden, dass die Übertragung von Normsetzungsbefugnissen vom Grundgesetz bei ausreichender demokratischer Legitimation nicht gehindert ist, wobei diese nicht zwingend durch Rückbindung mittels formellem Gesetz, wie bei Art. 80 Abs. 1 GG, oder durch eigenständige Legitimation der erlassenden Verwaltungseinheiten durch Wahlakt eines von der Verfassung anerkannten Teilvolks, wie bei Art. 28 Abs. 2 GG, hergestellt werden muss.[160]

Vor diesem Hintergrund kann auch dem Funktionsvorbehalt des Art. 33 Abs. 4 GG eine demokratische Stoßrichtung beigemessen werden. So dient der

---

[155] BVerfGE 111, 191 (215 ff.); *M. Möstl*, in: *Erichsen/Ehlers* (Hrsg.), Allgemeines Verwaltungsrecht, § 19 Rn. 7; *F. Ossenbühl*, in: *Isensee/Kirchhof* (Hrsg.), HStR V, § 105 Rn. 25; *U. Di Fabio*, NZS 1998, 449 (552).

[156] Dazu bereits unter Kapitel 4 A.III.3. Anforderungen an weitere Normsetzungsformen.

[157] *B. Pieroth*, in: *Jarass/Pieroth* (Hrsg.), GG, Art. 80 Rn. 1; *R. Sannawald*, in: *Schmidt-Bleibtreu/Hofmann/Hopfauf* (Hrsg.), GG, Art. 80 Rn. 5; dazu A.II.1.a.aa.(5) Das Demokratieprinzip, Art. 20 Abs. 2 GG.

[158] *B. Pieroth*, in: *Jarass/Pieroth* (Hrsg.), GG, Art. 80 Rn. 19; *R. Sannawald*, in: *Schmidt-Bleibtreu/Hofmann/Hopfauf* (Hrsg.), GG, Art. 80 Rn. 99; *K. Rennert*, JZ 2009, 976 (981); *M. Lepa*, AöR 105 (1980), S. 337 (359) m.w.N.

[159] BVerfGE 111, 191 (215 ff.); *M. Möstl*, in: *Erichsen/Ehlers* (Hrsg.), Allgemeines Verwaltungsrecht, § 19 Rn. 7; *F. Ossenbühl*, in: *Isensee/Kirchhof* (Hrsg.), HStR V, § 105 Rn. 25; *U. Di Fabio*, NZS 1998, 449 (552).

[160] Dazu bereits unter Kapitel 4 A.III.3. Anforderungen an weitere Normsetzungsformen.

von ihm normierte verfassungsrechtliche Vorbehalt zugunsten der Angehörigen des öffentlichen Dienstes bzgl. des Rechtsvollzugs nicht nur dem Schutz des Berufsbeamtentums, sondern auch der Garantie eines gemeinwohlorientierten Verwaltungshandelns, insbesondere einer solchen Rechtsanwendung.[161] Insoweit ist auch Art. 33 Abs. 4 GG nicht nur Ausprägung des Rechtsstaatsprinzips, sondern ebenfalls des Demokratieprinzips, das die Durchsetzung von Partikularinteressen vermeiden möchte. So weist Art. 33 Abs. 4 GG die Aufgaben des Rechtsvollzugs grundsätzlich dem öffentlichen Dienst zu, der nicht nur sachlich-inhaltlich durch die Gesetzesbindung der Verwaltung beim Rechtsvollzug, sondern auch organisatorisch-personell mittels einer ununterbrochenen Legitimationskette und der Rückbindung durch ein Dienst- und Treueverhältnis legitimiert ist. Hierdurch erfolgt die Rückbindung des Rechtsvollzugs an den im Parlament ermittelten Volkswillen. Aus diesem Grunde wird die Regelzuständigkeit angeordnet und Ausnahmen begrenzt, wobei auch für Letztere die Sicherstellung demokratischer Legitimation einzufordern ist.

So wird durch die vorbezeichneten Normen deutlich, dass die Übertragung von Normsetzungsbefugnissen neben den rechtsstaatlichen Implikationen in erster Linie eine demokratietheoretische Fragestellung darstellt, die durch die Normierungen insbesondere in den Art. 80 Abs. 1 und 28 Abs. 2 GG, aber auch in Art. 33 Abs. 4 GG zum Ausdruck kommt und durch diese dadurch gelöst wird, dass sie die Rückbindung der Ausübung von Staatsgewalt an das Staatsvolk oder zumindest anerkannte Teilvölker einfordern.

*(c) Normsetzung durch Private*

Aus den vorbezeichneten Normen konnten keine Aussagen über die Zulässigkeit der Übertragung von Normsetzungsbefugnissen auf Private entnommen werden, wie sie auch keine Verbote hierfür enthalten. Insbesondere beschränkt sich der Regelungsgehalt des Art. 80 Abs. 1 GG auf die Normsetzung von Verwaltungsstellen der unmittelbaren Staatsverwaltung, die diese eigenständig ausüben, während ihm keine Aussagen im Hinblick auf die Übertragung auf Privatrechtssubjekte und den aus dem Erfordernis demokratischer Legitimation folgenden Anforderungen entnommen werden können.[162] Insoweit regelt Art. 80 Abs. 1 GG mit der eigenständigen Normsetzung nur einen Teilbereich der Delegation von Normsetzungsbefugnissen.

Allerdings lässt sich aus diesen Verfassungsentscheidungen ableiten, dass die Übertragung von Normsetzungsbefugnissen im Allgemeinen und diejenige auf

[161] BVerfGE 88, 103 (114); 130, 76 (109); *M. Jachmann*, in: v. *Mangoldt/Klein/Starck* (Hrsg.), Kommentar zum Grundgesetz, Art. 33 Rn. 30; *T. Strauß*, Funktionsvorbehalt, S. 25 ff., 203; *M. Burgi*, in: FS Maurer 2001, S. 581 (584 f., 590); *P. Kunig*, in: *ders./v. Münch* (Hrsg.), Grundgesetz, Art. 33 Rn. 40; *H.D. Jarass*, in: *ders./Pieroth* (Hrsg.), GG, Art. 33 Rn. 40.

[162] A.A. *F. Ossenbühl*, in: *Isensee/Kirchhof* (Hrsg.), HStR V, § 103 Rn. 36; *M. Brenner*, in: v. *Mangoldt/Klein/Starck* (Hrsg.), Kommentar zum Grundgesetz, Art. 80 Rn. 61; *O. Freitag*, Das Beleihungsrechtsverhältnis, S. 43; *G. Arndt*, JuS 1979, 784 (787); *E. Denninger*, Anforderungen, S. 144 f.

Private im Besonderen nur bei ausreichender demokratischer Legitimation möglich sind. Dabei ist besonders zu beachten, dass es sich bei der Übertragung von Normsetzungskompetenzen auf Private um die Kumulation von Ausnahmetatbeständen handelt. Denn einerseits ist das Normsetzungsrecht beim Parlament angesiedelt, dessen Übertragung an andere staatliche, insbesondere Verwaltungsstellen, wie gesehen, nur unter engen Voraussetzungen möglich ist. Andererseits verlässt diese Kompetenz durch Exdelegation auf Private den staatlichen Bereich. In beiden Fällen sind die Anforderungen, die sich an die demokratische Legitimation stellen, in besonderer Weise zu berücksichtigen. Damit ist die Übertragung von Normsetzungskompetenzen auf Private im Grunde ein demokratietheoretisches Problem.[163]

*(6) Zusammenfassung und Bewertung*

Das Grundgesetz trifft keine ausdrücklichen Regelungen zur Übertragung von Normsetzungsbefugnissen auf Private und es können den einzelnen Vorschriften grundsätzlich auch keine mittelbaren Aussagen zu dieser Frage entnommen werden, da sie sich, selbst wenn die Delegation von Normsetzungsbefugnissen Gegenstand der Norm sein sollte, nicht mit der Übertragung auf Private befassen. So sind im Grundgesetz grundsätzlich keine Aussagen über die Zulässigkeit, jedoch auch nicht über die Unzulässigkeit einer derartigen Übertragung von Normsetzungsbefugnissen zu entnehmen. Allerdings kann in Gesamtschau insbesondere von Art. 80 I 1 GG, der Satzungsautonomie aus Art. 28 Abs. 2 GG sowie von Art. 33 Abs. 4 GG abgeleitet werden, dass die Übertragung von Hoheitsbefugnissen auf andere Stellen und insbesondere die Übertragung von Normsetzungsbefugnissen auf Private maßgeblich von der Sicherstellung demokratischer Legitimation abhängt. Insoweit handelt es sich hierbei um ein demokratietheoretisches Problem. Die Anforderungen an die demokratische Legitimation werden im Folgenden skizziert.

### *bb. Demokratische Voraussetzungen einer Übertragung von Außennormsetzungskompetenzen auf Private*

Die Übertragung von Aufgaben und Befugnissen auf Private darf nicht zu einer „Flucht aus der Verantwortung für die Wahrnehmung hoheitlicher Aufgaben" führen.[164] Das Kernproblem bei der Übertragung von Befugnissen und Aufgaben auf Private besteht dabei im Verlust an Staatlichkeit durch die Substituierung des Staates und damit des Gemeinwohls durch die private Motivation, hoheitlich zu handeln,[165] das insbesondere bei der Normsetzung von besonderer Bedeutung ist. Ausschlaggebend ist damit, dass ebenfalls wie bei staatlichem Handeln, insbesondere jedoch bei dem Erlass von Rechtsakten, auch bei der Normsetzung

[163] Dazu A.II.1.a.bb. Demokratische Voraussetzungen einer Übertragung von Außennormsetzungskompetenzen auf Private.
[164] BVerfGE 130, 76 (123).
[165] *U. Steiner*, Öffentliche Verwaltung durch Private, S. 263, 269 f.

durch Private in besonderer Weise sichergestellt wird, dass sich in der Normsetzung das Gemeinwohl verwirklicht und sich nicht das Partikularinteresse des Einzelnen, insbesondere nicht allein das des privaten Normsetzers, bei dem eine solche Gefahr vordringlich besteht, verwirklicht. In Ermangelung einer organisatorisch-personellen Legitimation aufgrund des Fehlens von legitimationsspendenden Ernennungsakten sowie der Rückbindung mittels Weisungen ist eine solche Begrenzung und Rückbindung durch ein Zusammenwirken von (1) sachlich-inhaltlicher Legitimation der Normsetzung sowie durch konsensuale Organisationsstrukturen, wodurch (2) Konsens zum Legitimationsspender wird, sicherzustellen. Zuletzt wird untersucht, ob diese Voraussetzungen im Sozialrecht eingehalten werden (3).

*(1) Sachlich-inhaltliche Legitimation*

Für die Übertragung von Normsetzungsbefugnissen auf Private ist regelmäßig ein formelles Gesetz erforderlich, das diese Normsetzung inhaltlich an eine zugewiesene Aufgabe bindet. Eine Determination nach Inhalt, Zweck und Ausmaß muss grundsätzlich erfolgen,[166] um hierdurch der Gefahr der einseitigen Durchsetzung von Partikularinteressen vorzubeugen.[167] Allerdings ist diese nur begrenzt möglich, wenn mit dem Einbezug Privater oder auch der Besetzung eines Entscheidungsgremiums, dem dieser Private angehört, insbesondere eine eigenständige Entscheidung unter Einbezug von Betroffenen und verwaltungsexternem Sachverstand angestrebt wird. Daher ist eine rein sachlich-inhaltliche Legitimation nicht ausreichend, da eine Gesetzesdetermination allein die Durchsetzung von Partikularinteressen nicht in ausreichendem Maße hindern kann.

*(2) Konsens als Legitimationsspender*

Hauptzweck demokratischer Legitimation ist die Rückbindung von Machtausübung an den Souverän zur Begrenzung und Kontrolle dieser, zur Vermeidung von Machtmissbrauch und der damit einhergehenden Steigerung der Akzeptanz der Entscheidungen. Dieses Anliegen besteht in besonderem Maße für die Normsetzung als höchster Form staatlichen Handelns. Noch wichtiger wird es jedoch, wenn Normsetzung auf Private übertragen werden soll, da hierdurch in besonderer Weise die Gefahr der Durchsetzung von Partikularinteressen auf Kosten des Allgemeinwohls besteht.

Wie bereits gesehen, kann die Durchsetzung des Gemeinwohls als Zweck demokratischer Legitimation erreicht sowie die Dominanz von Partikularinteressen vermieden und die damit einhergehende Gefahr des Missbrauchs von Macht begrenzt werden, wenn Machtakkumulation verhindert wird, indem die Ausübung der Normsetzungsbefugnisse auf gruppenplurale Entscheidungsgremien übertragen wird. Hierdurch wird die Normsetzung an eine konsensual gefundene Ent-

[166] BVerfGE 33, 125 (157).

[167] A.A. *I. Ebsen*, in: *Schnapp* (Hrsg.), Rechtsquellen, S. 13 (29), der eine verfassungsrechtliche Ermächtigung fordert.

scheidung rückgebunden und kann damit nur gemeinschaftlich wahrgenommen werden. Aus diesem Grunde scheidet eine Übertragung von Normsetzungsbefugnissen zur eigenständigen Wahrnehmung an ein Privatrechtssubjekt aus.

Dabei sind in dem Entscheidungsgremium zur Verwirklichung eines effektiven Mitspracherechts der Betroffenen deren Interessen in einer nach ihrer Bedeutung und Betroffenheit angemessenen Weise an der Entscheidung einzubeziehen und organisatorisch und verfahrensrechtlich sicherzustellen, dass sich im Normerlass ein sachgerechter Interessenausgleich manifestiert, bei dem sich die einbezogenen Interessen gegenseitig ausgleichen und so Partikularinteressen begrenzt werden. Voraussetzung für einen derartigen Ausgleich ist eine im Entscheidungsgremium bestehende inhomogene Interessenlage, wobei die differierenden Interessen aufgrund ihres gleichen Einflusses auf die Entscheidung aneinander gebunden und die Beteiligten zu konsensualer Entscheidungsfindung gezwungen werden. Dabei kann der Grad der geforderten Inhomogenität mit dem Anstieg der Anzahl der vertretenen Interessen sinken. Ebenso kann der Gesetzgeber im Rahmen seines weiten Gestaltungsspielraums verwaltungsexternen Sachverstand in die Normsetzung einbeziehen.

Eine weitere Machtbegrenzung hat durch staatliche Kontrolle in Form zumindest einer ihrerseits organisatorisch-personell legitimierten Rechtsaufsicht sowie einer gesetzgeberischen Beobachtungspflicht zu erfolgen.[168] Hierdurch wird sichergestellt, dass die verfolgten Ziele, insbesondere das der Zurückdrängung von Partikularinteressen durch einen sachgerechten Interessenausgleich, erreicht werden. Dabei darf gerade in den Fällen, in denen in die Normsetzung verwaltungsexterner Sachverstand einbezogen werden soll, diese Intention nicht durch die Anordnung weitgehender Fachaufsicht konterkariert werden.

Auf dieser Grundlage vermag die organisatorisch-konsensuale Legitimation die fehlende organisatorisch-personelle[169] zu substituieren.[170] Hierdurch werden die reduzierte materielle Steuerung sowie Defizite personeller Legitimation durch Prozeduralisierung mittels Organisation und Verfahren aufgefangen.

#### *(3) Übertragung von Außennormsetzungskompetenzen auf Private im Sozialrecht*

Die Beteiligung der Vereinigungen der Träger der ambulanten oder stationären Pflegeeinrichtungen am Abschluss von Rahmenverträgen in der sozialen Pflegeversicherung[171] und der Landeskrankenhausgesellschaft an den Kollektivverträgen in der gesetzlichen Krankenversicherung[172] sowie an der Empfehlungsnorm

---

[168] BVerfGE 130, 76 (127 f.).

[169] In BVerfGE 130, 76 (125), reicht es dem Gericht dagegen für die personelle Legitimation, dass dem durch die Bestellungsentscheidung einer öffentlichen Körperschaft personell legitimierten Leiter nach dem Beleihungsvertrag ein Vorschlagsrecht für die übrigen, in der Einrichtung Beschäftigten zusteht.

[170] Dazu näher unter Kapitel 2 B. Konsens als Legitimationsspender.

[171] Dazu bereits Anm. 87.

[172] Dazu bereits Anm. 88.

nach § 115a Abs. 3 Satz 3 SGB V im Falle des Nichterlasses einer Vergütungsvereinbarung ist daher demokratisch legitimiert, wenn die Beschlussgremien die oben genannten Voraussetzungen aufweisen, was, wie bereits im vorherigen Kapitel untersucht wurde, der Fall ist.[173] Insbesondere ist eine alleinige Entscheidung der Privatrechtssubjekte nicht möglich, da Normenverträge ebenso wie die Empfehlungsnormen nur konsensual abgeschlossen bzw. erlassen werden können. Daher sind die Beteiligung an und damit die Normsetzung durch Private in diesen Fällen demokratisch durch Konsens legitimiert. Problematisch bleibt jedoch die Bindungswirkung gegenüber nicht vertretenen Gruppen, wie einem Teil der Vertragsparteien der Pflegesatzvereinbarung nach § 18 Abs. 2 KHG, was jedoch eine Frage der demokratischen Legitimation der Normwirkung darstellt und keine Folge des Einbezugs Privater ist.[174]

*cc. Möglichkeit der Übertragung von Außennormsetzungskompetenzen in Form der Beleihung*

Geht man von einer grundsätzlichen Möglichkeit aus, Normsetzung auch auf Private zu übertragen, sofern die demokratische Legitimation sichergestellt ist, stellt sich die Frage, in welcher Form diese Übertragung erfolgen kann. Dabei wird die Anwendung des Rechtsinstituts der Beleihung für die Übertragung von Normsetzungsbefugnissen auf Private von der überwiegenden Meinung abgelehnt, da zumeist bereits die Möglichkeit der Übertragung von Normsetzungsbefugnissen auf Private verneint wird,[175] während eine Mindermeinung diese bejaht.[176]

*(1) Der Tatbestand der Beleihung*

Maßgeblich für die Einordnung ist die von der Literatur und Rechtsprechung anerkannte Definition der Beleihung.[177] Hierunter wird ein Rechtssubjekt des Privatrechts verstanden, das mit der selbständigen hoheitlichen Wahrnehmung von Verwaltungsaufgaben betraut ist und das diese Verwaltungstätigkeit „in eigenem

[173] Dazu Kapitel 4 A.III.4.b.cc. Die Rahmenverträge in der sozialen Pflegeversicherung, dd. Die Kollektivverträge in der gesetzlichen Krankenversicherung und B.III. Verfassungsrechtliche Zulässigkeit, insbesondere demokratische Legitimation – Konsens als Legitimationsspender.

[174] Dazu bereits Kapitel 4 B.III.2. Interessenrepräsentanz der Betroffenengruppen.

[175] *M. Quaas*, NZS 1995, 482 (484 f.); *R. Wimmer*, MedR 1996, 425 (428); *U. Steiner*, in: FS Koja 1998, S. 603 (604); *F. Ossenbühl*, in: *Isensee/Kirchhof* (Hrsg.), HStR V, § 103 Rn. 36; *H.J. Wolff/O. Bachof/R. Stober u.a.*, Verwaltungsrecht, Bd. 3, § 90 Rn. 18; *M. Burgi*, in: *Isensee/Kirchhof* (Hrsg.), HStR IV, § 75 Rn. 33; *K. Rennert*, JZ 2009, 976 ff.; BSG, NZS 1995, 502 (512), zur Unzulässigkeit der Mitwirkung Privater bei der Rechtssetzung aufgrund einer Satzungsermächtigung. A.A. *P. Axer*, Normsetzung, S. 33 ff.; *B.B. Wiegand*, Beleihung, passim. *U. Steiner*, Öffentliche Verwaltung durch Private, S. 2 Anm. 5, grenzt dagegen die Normsetzung durch Private von seiner Abhandlung aufgrund des Umfangs und der Besonderheiten aus. Vgl. auch Anm. 102 ff.

[176] *P. Axer*, Normsetzung, S. 33 ff.; *B.B. Wiegand*, Beleihung, passim; *T. Rompf*, VSSR 2004, 281 (285); vgl. auch Anm. 102.

[177] Dazu bereits A.I.2. Die Beleihung.

Namen" bzw. „aus einer Hand" erbringt.[178] Es kann sich dabei um eine einzelne, selbständig agierende natürliche oder juristische Person handeln,[179] der hierzu das öffentlich-rechtliche Handlungsinstrumentarium eröffnet wird, das grundsätzlich dem Staat vorbehalten ist.[180]

Der Mindermeinung ist insoweit zuzustimmen, als das Rechtsinstitut der Beleihung nicht auf bestimmte, insbesondere konkret-individuelle Handlungsformen begrenzt ist.[181] Eine Beschränkung auf „spezifische Verwaltungstätigkeiten", wie dies von Anhängern der Funktionstheorie vertreten wird, hat sich nicht durchgesetzt, so dass grundsätzlich *per definitionem* keine Handlungsformen durch den Beleihungsbegriff ausgeschieden werden. Hieraus jedoch zu folgern, dass auch die exekutive Rechtssetzung Gegenstand von Beleihung sein kann,[182] wäre zu formalistisch und berücksichtigt die Eigenart der in Rede stehenden Fallgruppe nicht.

Wie ausgeführt, stellt die Übertragung von Normsetzungskompetenzen auf Private die Kumulation von aufgrund des Demokratieprinzips grundsätzlich restriktiv zu handhabenden Ausnahmefällen dar: der Ausnahme der Setzung von (Außen-) Recht durch andere Stellen als der Legislative und der Ausnahme der Übertragung von hoheitlichen Befugnissen auf Private. Diese Kombination von Ausnahmefällen führt zu spezifizierten Anforderungen an die demokratische Legitimation in der oben näher beschriebenen Art. Dies gilt vor allem vor dem Hintergrund, dass insbesondere die Setzung von Außenrecht zum staatlichen Bereich der Kernaufgaben und Kernbefugnisse zählt, da dieses die höchste Bindungskraft gegenüber der Staatsgewalt in Form der Exekutive, aber gerade auch gegenüber dem Bürger und sonstigen Privatrechtssubjekten entfaltet und damit auch als höchste Handlungsform nach wie vor das zentrale Steuerungsinstrument für eine zuverlässige Erfüllung der Staatsaufgaben ist. Aus diesem Grunde ist es bei der Setzung von Außenrecht von besonderer Bedeutung, dass die, von Art. 80 Abs. 1 GG bzgl. der Rechtssetzung in Form von Rechtsverordnungen und Art. 33 Abs. 4 GG im Hinblick auf den Normenvollzug durch die Exekutive intendierte Gewährleistung von Neutralität staatlichen Handelns und die damit verbundene Gemeinwohlorientiertheit,[183] erst Recht im Hinblick auf diesen Kernbereich der Staatsaufgaben und -befugnisse sichergestellt sind. Das Grundgesetz hat gerade diese Repräsentation des Gemeinwohls beim modernen Verfassungsstaat monopolisiert.[184] Die Außenrechtssetzung ist damit das bedeutendste Kriterium des

---

[178] Dazu bereits A.I.2.cc. Die Abgrenzung zum Verwaltungshelfer – Handeln „in eigenem Namen".

[179] *M. Burgi*, in: *Erichsen/Ehlers* (Hrsg.), Allgemeines Verwaltungsrecht, § 10 Rn. 25.

[180] Dazu bereits Anm. 32.

[181] *P. Axer*, Normsetzung, S. 33.

[182] *P. Axer*, Normsetzung, S. 33, jedoch ohne die Differenzierung nach Innen- und Außenrecht. Ebenso *B.B. Wiegand*, Beleihung, passim.

[183] *M. Burgi*, in: FS Maurer 2001, S. 581 (590); *G. Manssen*, ZBR 1999, 253 ff.; *V. Haug*, NVwZ 1999, 816 ff.; *M. Jachmann/T. Strauß*, ZBR 1999, 289 ff.

[184] *K. Rennert*, JZ 2009, 976 (982).

staatlichen Gewaltmonopols. Aus diesem Grunde erfordert die Übertragung dieser Kernbefugnisse aus der demokratisch legitimierten Hand des Staates besondere Anforderungen an die demokratische Legitimation des Adressaten der Befugnis, die in Form der Rückbindung mittels organisatorisch-konsensualer Legitimation erfolgen kann. Erforderlich ist damit die organisatorische Rückbindung des Einzelnen an weitere Entscheidungsträger, deren Interessen gegenläufiger Natur sind und die allesamt auf den Entscheidungsprozess und das Ergebnis denselben Einfluss ausüben können. Die Übertragung lediglich an eine einzelne Privatperson ohne diese Rückbindung ist aus legitimatorischen Gründen gesperrt.

Der klassische Beleihungstatbestand geht dagegen von der selbständigen Wahrnehmung öffentlicher Aufgaben und Befugnisse durch eine Privatperson aus, ohne dass diese in ihrer Entscheidungsmacht durch die Rückbindung an andere Institutionen oder Entscheidungsträger begrenzt wird. Dies zeigt sich auch bei den nach wie vor vorherrschenden Beispielen, wie dem Fluglotsen, dem Flugkapitän, dem Notar oder dem TÜV, die für die Illustration des Beleihungsbegriffs herangezogen werden und so das Verständnis der Beleihung prägen.[185]

Darüber hinaus unterliegt der Beliehene einer Betriebspflicht, d.h. er muss tätig werden, um die hoheitlichen, mithin rechtlich notwendigen Aufgaben zu erfüllen, und er kann den Betrieb auch nicht eigenmächtig einstellen.[186] Mit einer solchen Betriebspflicht ist es jedoch nicht vereinbar, wenn der Adressat die Verwirklichung nicht mehr selbst in Händen hält, sondern auf die Mitwirkung z.B. in Form einer Einigung anderer Rechtssubjekte angewiesen ist, wie dies bei der konsensualen Normsetzung der Fall ist. Es kann insoweit lediglich die abgeschwächte Pflicht bestehen, sich um eine Einigung zu bemühen, was jedoch der dem Beliehenen obliegenden Betriebspflicht nicht entspricht.

Nach diesem Beleihungsverständnis ist es daher konsequent, die konsensuale Normsetzung als unzulässigen Beleihungsgegenstand anzusehen, der einem Privatrechtssubjekt nicht in Form der Beleihung übertragen werden kann.[187] Insoweit scheitert die Anwendung des Beleihungstatbestandes an der Selbständigkeit der Aufgabenerfüllung sowie dem Bestehen einer Betriebspflicht durch die demokratisch erforderliche Rückbindung an andere Entscheidungsträger.

*(2) Die „konsensuale Normsetzung" als neue Kategorie*

Ist also die ursprüngliche Kategorie der Beleihung aufgrund des Erfordernisses der Selbständigkeit der Aufgabenwahrnehmung und dem Bestehen einer Betriebspflicht auf die Übertragung von konsensualen Normsetzungsbefugnissen auf Private nicht anwendbar, bestehen zwei Möglichkeiten, diese Übertragung dogmatisch zu fassen: So kann einerseits die bisherige Kategorie der Beleihung insoweit ausgeweitet werden, als auf das Kriterium der selbständigen Wahrnehmung der Verwaltungsaufgaben verzichtet wird und als Beliehener auch angese-

---

[185] Statt vieler *H.J. Wolff/O. Bachof/R. Stober u.a.*, Verwaltungsrecht, Bd. 2, § 90 Rn. 7 ff.
[186] *H.J. Wolff/O. Bachof/R. Stober u.a.*, Verwaltungsrecht, Bd. 2, § 90 Rn. 48.
[187] So die h.M., vgl. Anm. 175.

hen wird, wer nur in Kooperation mit anderen Verwaltungsträgern oder Privatrechtssubjekten von dem ihm übertragenen Handlungsinstrumentarium in Form der Normsetzung Gebrauch machen kann. Hierfür spricht, dass bei der Übertragung von Normsetzungsbefugnissen auf Private in kooperativer Ausübung mit anderen das Privatrechtssubjekt hoheitliche Befugnisse ausübt und in die staatliche Tätigkeit einbezogen wird, da er wie ein Verwaltungsträger handelt, womit eine Nähe zur Beleihung gegeben ist. Insoweit würde sich innerhalb der Gattung der Beleihung eine Unterkategorie etablieren lassen, an die in Abgrenzung zu den übrigen Beleihungstatbeständen gesonderte demokratische Anforderungen zu stellen sind.

Allerdings ist im Unterschied zur Beleihung zu beachten, dass der Adressat gerade nicht denselben Handlungsspielraum verliehen bekommt, wie ein Beliehener, sondern er seine Aufgaben und Befugnisse aufgrund der besonderen Bedeutung der Normsetzung nicht selbständig ausüben kann. Zwar geht diese Rückbindung nicht so weit, dass er wie etwa der Verwaltungshelfer dem Auftrag und den Weisungen der Behörde unterworfen ist. Auch ist er nicht funktional unverändert auf ein staatliches Tätigwerden bezogen.[188] Die Rückbindung erfolgt jedoch an andere Stellen staatlicher oder privater Natur. Er vermag somit nicht als selbständig handelnder Hoheitsträger nach außen aufzutreten.

Darüber hinaus besteht mit den Restriktionen, denen eine Betriebspflicht in Form einer Pflicht, zur Erfüllung der öffentlichen Aufgaben von den übertragenen Befugnissen Gebrauch zu machen, aufgrund der Rückbindung an sonstige Entscheidungsträger unterworfen ist, ein weiterer relevanter Unterschied zum bestehenden Beleihungstatbestand.

Betrachtet man diesen Befund, so scheinen die Unterschiede des mit konsensualer Normsetzung betrauten Privaten zum klassischen Beleihungsbegriff gravierender als die übereinstimmenden Definitionsmerkmale zu sein, weshalb die gewichtigeren Gründe für die Eröffnung einer neuen, eigenständigen und jenseits des Beleihungstatbestandes und dem Einbezug Privater in Normsetzungsverfahren[189] bestehenden Kategorie für die Übertragung von konsensual auszuübenden Normsetzungsbefugnissen auf Private sprechen. In Abgrenzung zum Verwaltungshelfer ist dieser jedoch an keine staatlichen Weisungen gebunden und zum Einsatz hoheitlicher Befugnisse berechtigt, so dass es sich um eine Kategorie handelt, die mit Blick auf deren eigenständige Aufgabenwahrnehmung zwischen Verwaltungshelfer und Beliehenem anzusiedeln ist. Da aufgrund der Notwendigkeit demokratischer Legitimation insoweit die konsensuale Entscheidungsfindung bei der Normsetzung durch Private im Zentrum dieser Kategorie steht, könnte von „konsensualer Normsetzung" bzw. dem „konsensualen Normsetzer" gesprochen werden, um zum Ausdruck zu bringen, dass ein

---

[188] *M. Burgi*, in: *Erichsen/Ehlers* (Hrsg.), Allgemeines Verwaltungsrecht, § 10 Rn. 31, der das Kriterium der Auftrags- und Weisungsgebundenheit ablehnt und durch das des funktionalen Bezugs auf ein staatliches Tätigwerden ersetzt.

[189] Dazu *K. Rennert*, JZ 2009, 976 (983).

Privatrechtssubjekt hieran in Kooperation mit anderen, evtl. auch Privatrechtssubjekten beteiligt ist.

### *dd. Zusammenfassung und Bewertung*

Die Übertragung von Normsetzungsbefugnissen auf Private ist durch das Grundgesetz nicht gesperrt, unterliegt jedoch den Anforderungen demokratischer Legitimation, wobei besonderes Augenmerk auf die Begrenzung von Partikularinteressen zu legen ist. Aus diesem Grunde ist die Ausübung derartiger Befugnisse im Sinne einer neben der nach dem klassischen Legitimationsmodell erforderlichen sachlich-inhaltlichen Legitimation organisatorisch-konsensualen Legitimation durch den Gesetzgeber zu gewährleisten, indem er das Privatrechtssubjekt bei der Ausübung der Normsetzungsbefugnis an andere Rechtssubjekte mit gegenläufigen Interessen organisatorisch rückbindet. Die Übertragung von Normsetzungsbefugnissen auf einen Privaten, die dieser selbständig ausüben kann, wird dem Demokratieprinzip nicht gerecht. Vor diesem Hintergrund kann der Einbezug von Privatrechtssubjekten zum Erlass von Normenverträgen und Empfehlungsnormen, wie er durch die Beteiligung der Vereinigungen der Träger der ambulanten oder stationären Pflegeeinrichtungen am Abschluss von Rahmenverträgen in der sozialen Pflegeversicherung[190] und der Landeskrankenhausgesellschaft an den Kollektivverträgen in der gesetzlichen Krankenversicherung[191] sowie an der Empfehlungsnorm nach § 115a Abs. 3 Satz 3 SGB V im Falle des Nichterlasses einer Vergütungsvereinbarung erfolgt, demokratisch gerechtfertigt werden.

Da für an der konsensualen Normsetzung beteiligte Privatrechtssubjekte wegen deren veränderten demokratischen Anforderungen die Kategorie der Beleihung insbesondere aufgrund der fehlenden Eigenständigkeit und Betriebspflicht nicht mehr ausreichend ist, können diese nicht unter das Rechtsinstitut der Beleihung gefasst werden. Es bietet sich aufgrund der Unterschiede zum Beleihungstatbestand vielmehr die Eröffnung einer neuen Kategorie des Einbezugs Privater an, die man als „konsensuale Normsetzung" bzw. die Einbezogenen als „konsensuale Normsetzer" bezeichnen könnte. Hierunter sind Privatrechtssubjekte zu fassen, die durch Gesetz, das Inhalt, Zweck und Ausmaß bestimmen muss, sofern dies die Zwecksetzung des Entscheidungsgremiums nicht konterkariert, mit der hoheitlichen Aufgabe und Befugnis der Normsetzung betraut werden und so wie Verwaltungsträger in die staatliche Tätigkeit einbezogen werden, jedoch diese Aufgaben und Befugnisse nicht selbständig erfüllen und ausüben können, sondern organisatorisch durch den Gesetzgeber an andere Stellen hoheitlicher oder privater Rechtsnatur mit gegenläufigen Interessen rückgebunden werden.

So handelt es sich bei den an den Rahmenverträgen der sozialen Pflegeversicherung als Vertragspartei beteiligten Vereinigungen der Träger der ambulanten oder stationären Pflegeeinrichtungen sowie bei den Landeskrankenhausgesell-

[190] Dazu bereits Anm. 87.
[191] Dazu bereits Anm. 88.

schaften bzw. der Deutschen Krankenhausgesellschaft und der Vereinigung der Krankenhausträger, die Vertragsparteien der Kollektivverträge der gesetzlichen Krankenversicherung sind bzw. im Falle der Deutschen Krankenhausgesellschaft auch an der Abgabe der Empfehlung nach § 115a Abs. 3 Satz 3 SGB V beteiligt ist, nicht um Beliehene, sondern um konsensuale Normsetzer.

Dagegen können die am Vertragsschluss von Verträgen ohne normative Wirkung beteiligen Privatrechtssubjekte, wie die Leistungserbringer oder deren Verbände oder sonstige Zusammenschlüsse im Zusammenhang mit den Rahmenverträgen über die Versorgung mit Heilmitteln,[192] bzw. die Leistungserbringer oder deren Verbände, die an den Verträgen über Pflegehilfsmittel beteiligt sind,[193] wie auch die Träger der Krankenhäuser bzw. Pflegeeinrichtungen im Rahmen der Versorgungsverträge[194] weiter der Kategorie der Beleihung zugeordnet werden.

### *b. Normsetzung ohne Außenwirkung – Die Richtlinien der DGUV*

Der privatrechtlich organisierte Spitzenverband „Deutsche Gesetzliche Unfallversicherung e.V." (DGUV) ist gesetzlich dazu ermächtigt, die Gewährung von Leistungen der gesetzlichen Unfallversicherung durch gemeinsame Richtlinien näher zu regeln. Sie kann daher Richtlinien bzgl. der näheren Ausgestaltung der Gewährung von Hilfsmitteln, § 31 Abs. 2 Satz 2 SGB VII, von häuslicher Krankenpflege, § 32 Abs. 4 SGB VII, von Kraftfahrzeughilfe, § 40 Abs. 5 SGB VII, von Wohnungshilfe, § 41 Abs. 4 SGB VII, und von Reisekosten, § 43 Abs. 5 SGB VII, erlassen.

#### *aa. Bindungswirkung der Richtlinien der DGUV*

Die Bindungswirkung dieser Richtlinien und damit auch deren Einordnung als Innen- oder Außenrecht sind umstritten. So wird vertreten, dass die Richtlinien nicht nur für die Unfallversicherungsträger Rechtswirkung zeitigen, sondern sie den Leistungsanspruch der Versicherten konkretisieren und damit Außenrecht darstellen.[195] Dies würde auch vom Wortlaut der Vorschrift gestützt, die davon spricht, dass die Verbände der Unfallversicherungsträger das „Nähere regeln"[196] und dies durch gemeinsame Richtlinien, und nicht, wie in anderen Vorschriften,[197] durch Verwaltungsvorschrift erfolgen sollte,[198] sowie auch vom Sinn und Zweck der Ermächtigung, nach der die Verbände der Unfallversicherungsträger den Leistungsanspruch bindend festsetzen sollen.

Allerdings können die genannten Argumente nicht überzeugen, da sie genauso für ihr Gegenteil verwandt werden können: Will man überhaupt dem Wortlaut

---

[192] § 125 Abs. 2 SGB V.

[193] § 78 Abs. 1 SGB XI.

[194] §§ 108 Nr. 3, 109 Abs. 1 SGB V, 72 Abs. 2 Satz 1 SGB XI.

[195] *P. Axer*, Normsetzung, S. 127.

[196] *P. Axer*, Normsetzung, S. 127 f.

[197] § 115 Abs. 2 Satz 2 SGB VII a.F.

[198] *P. Axer*, Normsetzung, S. 128.

„regeln" die Bedeutung beimessen, dass es für eine Bindungswirkung spricht, kann hieraus nicht der Umfang derselben abgeleitet werden, da eine Bindungswirkung auch für Innenrecht anzunehmen ist. Auch aus der Bezeichnung als „Richtlinien" kann keine rechtliche Qualifikation der Normsetzungsform abgeleitet werden, da der Sozialgesetzgeber eine Vielzahl von Begrifflichkeiten in verschiedenster Form benutzt und mittlerweile in § 115 Abs. 2 Satz 2 SGB VII nur indifferent von „Unfallverhütungsvorschriften" spricht. Gleiches gilt für den Sinn und Zweck der Vorschrift, der eine bindende Festsetzung des Leistungsanspruchs verfolgt, wobei auch hier eine Bindungswirkung allein im internen Bereich ausreichend wäre. Zwar kann den Richtlinien eine Bindungswirkung auch gegenüber den Unfallversicherten nicht abgesprochen werden, diese erweist sich jedoch lediglich als mittelbarer Rechtsreflex, was für die rechtliche Qualifikation der Handlungsform irrelevant ist. So entfalten diese Richtlinien grundsätzlich nur Wirkung gegenüber den im Verband zusammengeschlossenen Unfallversicherungsträgern. Da es sich bei den Unfallversicherungsträgern regelmäßig um Körperschaften des öffentlichen Rechts handelt, wird den Richtlinien ähnlich Verwaltungsvorschriften lediglich interne Wirkung zugebilligt.[199] Dies ist auch konsequent im Hinblick auf die entsprechenden Regelungen der RVO, denen ebenfalls lediglich Innenwirkung zugesprochen wurde.[200]

In diesem Zusammenhang drängt sich ein Vergleich mit intersubjektiven Verwaltungsvorschriften auf. Diese werden aufgrund verfassungsrechtlicher oder gesetzlicher Ermächtigung von einem Exekutivorgan erlassen und entfalten Bindung auch für andere Exekutivorgane, die dem erlassenden nicht nachgeordnet sind.[201] Zwar werden hier Richtlinien erlassen, die auch für andere Rechtssubjekte Geltung beanspruchen, weshalb insoweit die Situation den intersubjektiven Verwaltungsvorschriften vergleichbar ist. Allerdings ist wesentlicher Unterschied, dass sich diese Bindungswirkung nicht von einem Verwaltungsträger ausgehend auf einen anderen, organisatorisch von diesem unabhängigen erstreckt, sondern sie sich erst aufgrund der Mitgliedschaft der von dieser betroffenen Körperschaften des öffentlichen Rechts in dem Verband der Unfallversicherungsträger ergibt.

#### *bb. Verfassungsrechtliche Zulässigkeit der Übertragung auf Private*

Können nun Normsetzungsbefugnisse im Hinblick auf die Außenrechtssetzung auf Private unter Einhaltung des geforderten demokratischen Legitimationsniveaus übertragen werden, so steht die Verfassung der Übertragung von Innenrechtssetzungsbefugnissen negativ gegenüber.

---

[199] *M. Benz*, BG 1998, 230 f.; *H. Kater*, in: *Kater/Leube* (Hrsg.), Gesetzliche Unfallversicherung SGB VII, § 32 Rn. 13, der eine Bindungswirkung gegenüber Gerichten verneint. A.A. *P. Axer*, Normsetzung, S. 34 f., 127; *W. Lohmar*, BG 1974, 427 (428).

[200] *M. Benz*, in: *Schulin* (Hrsg.), Handbuch des Sozialversicherungsrechts, Bd. 4, § 44 Rn. 10; *W. Gitter/V. Nunius*, in: *Schulin* (Hrsg.), Handbuch des Sozialversicherungsrechts, Bd. 2, § 6 Rn. 116 ff.

[201] *H. Maurer*, Allgemeines Verwaltungsrecht, § 24 Rn. 19.

*(1) Das Demokratieprinzip, Art. 20 Abs. 2 GG*

Das Demokratieprinzip steht der Übertragung von Innenrechtssetzungsbefugnissen nicht entgegen, da, wenn schon Außenrecht unter der Einhaltung des geforderten demokratischen Legitimationsniveaus übertragen werden kann, Innenrecht, das dem Außenrecht im Hinblick auf seine Bindungswirkung und den gebundenen Adressatenkreis nachsteht, erst recht übertragen werden können muss.

*(2) Die Ermächtigung zum Erlass von Rechtsverordnungen nach Art. 80 Abs. 1 GG*

Art. 80 Abs. 1 GG können hierzu keinerlei Aussagen entnommen werden, da sich dieser allein mit der Außenrechtssetzung befasst und daher nicht die originäre Rechtssetzungsbefugnis der Exekutive zum Gegenstand hat.

*(3) Der Funktionsvorbehalt des Art. 33 Abs. 4 GG*

Wie die Setzung von Außenrecht als derivatives, von der Legislative abgeleitetes Normsetzungsrecht fällt auch der Erlass von Innenrecht, respektive Verwaltungsvorschriften unter Art. 33 Abs. 4 GG, so dass eine Übertragung grundsätzlich nicht durch diesen gehindert ist.

Im Gegensatz zur Außenrechtssetzungsbefugnis ist die Setzung von Verwaltungsinnenrecht jedoch einer anderen Bewertung zugänglich. So besteht keine Notwendigkeit gesetzlicher Ermächtigung zum Erlass von Verwaltungsvorschriften. Einer legislativen Übertragung dieser Befugnis und damit der Rückbindung dieser Form der Rechtssetzung an das Parlament bedarf es nicht, weshalb die Verwaltungsvorschriften im Gegenzug auch keine Außenwirkung zeitigen.[202] Vielmehr steht diese Kompetenz der Exekutive originär zu, da sie im Rahmen der gesetzlichen Vorgaben in die Lage versetzt werden muss, ihrer Funktion als „vollziehenden Gewalt" gerecht zu werden und sich intern im Rahmen der ihr verbleibenden Handlungsspielräume mit dem Ziel eines gleichheitlich ausgerichteten Vollzugs selbst programmieren können muss.[203] Die Innenrechtssetzungskompetenz ist somit der Exekutive immanent.[204] So wird auch von „autonome[r] Rechtsetzung"[205] gesprochen und diese Kompetenz als „inhärente" Befugnis bezeichnet.[206] Innenrecht entspringt damit originär dem der Exekutive zugewiesenen Funktionskreis der „vollziehenden Gewalt"[207] und determiniert den Verwaltungsvollzug, wodurch es zu einem wesentlichen Bestandteil desselben wird. Insoweit haben Verwaltungsvorschriften eine Doppelnatur als

[202] *M. Möstl*, in: *Erichsen/Ehlers* (Hrsg.), Allgemeines Verwaltungsrecht, § 19 Rn. 5. Zu den Ausnahmen vgl. Anm. 83.

[203] *U. Di Fabio*, DVBl. 1992, 1338 (1344); *M.-J. Seibert*, in: *Schmidt-Aßmann/Sellner/Hirsch u.a.* (Hrsg.), FG BVerwG 2003, S. 535 (539 ff.).

[204] *M. Möstl*, in: *Erichsen/Ehlers* (Hrsg.), Allgemeines Verwaltungsrecht, § 19 Rn. 5; *F. Ossenbühl*, in: *Isensee/Kirchhof* (Hrsg.), HStR V, § 104.

[205] *F. Ossenbühl*, in: *Isensee/Kirchhof* (Hrsg.), HStR V, § 104.

[206] BVerfGE 26, 338, 396; BVerwGE 67, 222, 229.

[207] *M. Möstl*, in: *Erichsen/Ehlers* (Hrsg.), Allgemeines Verwaltungsrecht, § 19 Rn. 5.

administratives Handeln determinierende Rechtsquelle sowie als Handlungsform, die von der Verwaltung zur Gestaltung und Erreichung von Verwaltungszielen instrumentalisiert wird.[208]

In Konsequenz dessen ist die Innenrechtssetzung als notwendige Ergänzung des Rechtsvollzugs durch die Verwaltung als von Art. 33 Abs. 4 GG umfasst anzusehen, weshalb auch dessen angeordnetes Regel-Ausnahme-Verhältnis greift.

Geht man mit einem Teil der Literatur davon aus, dass Art. 33 Abs. 4 GG einen „Kernbereich" exekutiven Handelns schützen will, so würde der Erlass von Verwaltungsvorschriften hierunter fallen, da diese den gesamten Verwaltungsvollzug determinieren können und daher untrennbar mit diesem verbunden sind, weshalb sie zu den Kernkompetenzen der Verwaltung zu rechnen sind. Allerdings kann der Annahme eines „Kernbereichs" aus den bereits genannten Argumenten gerade nicht gefolgt werden.[209] Trotzdem dürfte die Befugnis zur Setzung von Verwaltungsinnenrecht, das den Verwaltungsvollzug determiniert, derart untrennbar mit dem Verwaltungsvollzug selbst und damit der exekutiven Aufgabenerfüllung verbunden sein, dass, obgleich sich Art. 33 Abs. 4 GG nicht auf Handlungsformen, sondern nur auf Aufgabenbereiche der Exekutive bezieht, eine Übertragung dieser originären Verwaltungskompetenz an Stellen außerhalb des Staates nicht denkbar erscheint und die Vorstellung von einem Verwaltungsvorschriften erlassenden Privatrechtssubjekt geradezu abwegig erscheint.

Darüber hinaus würde sich die Normqualität durch die Übertragung der Normsetzungsbefugnis an eine außerhalb des Staates stehende Stelle ändern, da diese dann nicht mehr allein Innenwirkung für die Verwaltung zeitigt, sondern aufgrund des Erlasses durch Private mit Wirkung für die Verwaltung Außenwirkung enthielte, so dass sich die Normqualität von der Innenrechtsnorm hin zur Außenrechtsnorm wandeln würde. Auch hierin besteht ein Unterschied zur intersubjektiven Verwaltungsvorschrift, die den Bereich der Staatsverwaltung nicht verlässt.

#### *(4) Privatrechtssubjekte, die das Substrat der Verwaltungseinheit ersetzen*

Eine Ausnahme der Übertragung derartig originärer Verwaltungsaufgaben und -befugnisse dürfte allerdings, aber auch nur dann, in Betracht kommen, wenn das Privatrechtssubjekt dem Substrat der Verwaltungseinheit, der die Innenrechtssetzungsbefugnis bereits originär zukommt, entspricht. Voraussetzung ist dabei, dass sich die Tätigkeit des privaten Verbandes in den Kompetenzgrenzen des öffentlichen Verbandes, an dessen Stelle es tritt, hält.[210] In diesem Fall wird der öf-

---

[208] *M. Möstl*, in: *Erichsen/Ehlers* (Hrsg.), Allgemeines Verwaltungsrecht, § 19 Rn. 1; *H. Maurer*, Allgemeines Verwaltungsrecht, § 13 Rn. 1 ff.; *H.-U. Erichsen*, in: FS Kruse 2001, S. 39 (60 ff.); *M. Gerhardt/W. Bier*, in: *Schoch/Schneider/Bier* (Hrsg.), Verwaltungsgerichtsordnung, Vorb § 47 Rn. 2 f.; *W. Hoffmann-Riem*, in: *ders./Schmidt-Aßmann/Voßkuhle* (Hrsg.), Grundlagen des Verwaltungsrechts II, § 33 Rn. 6; *H. Hill/M. Martini*, in: *Hoffmann-Riem/Schmidt-Aßmann/Voßkuhle* (Hrsg.), Grundlagen des Verwaltungsrechts II, § 34 Rn. 5.

[209] Dazu bereits die Ausführungen nach Anm. 110.

[210] *K. Rennert*, JZ 2009, 976 (979).

fentliche Verband lediglich durch den privatrechtlich organisierten substituiert, so dass an Letzteren übertragen wird, was Ersterem grundsätzlich zusteht und durch die privatrechtliche Organisationsform verloren gegangen ist. So handelt es sich dabei um eine Form der öffentlichen Verwaltung.[211] Auch ändert sich hierdurch nicht die Rechtsqualität der Norm. Hintergrund dieses Formenwandels sind zumeist kompetenzielle Gründe. Aufgrund des Fehlens einer Bundeskompetenz zur Schaffung einer länderübergreifenden Verwaltungsorganisation ist die Verleihung des Körperschaftsstatus an Bundesverbände, in denen Landesverbände zusammengeschlossen sind, die ihrerseits als öffentlich-rechtliche Körperschaften organisiert sind, versagt. Folglich werden sie notwendigerweise als Privatrechtssubjekte gegründet, haben jedoch den Aufgabenbereich der Landeskörperschaften auf Bundesebene zu erfüllen. Dies wird bei den berufsständischen Vertretungen deutlich, wie es bei den als Körperschaften des öffentlichen Rechts organisierten Rechtsanwaltskammern auf Landesebene und deren privatrechtlich organisierten Zusammenschluss auf Bundesebene zur Bundesrechtsanwaltskammer der Fall ist. Oder aber es besteht eine derartige Kompetenz, von der jedoch noch kein Gebrauch gemacht wurde, so dass aus diesen Gründen eine den Zusammenschluss auf Bundesebene mit Körperschaftsstatus ersetzende Vereinigung gebildet wird. So existiert im Sozialrecht derzeit noch die DGUV als Verband der Unfallversicherungsträger, dem die nach § 29 Abs. 1 SGB IV als Körperschaften des öffentlichen Rechts mit Selbstverwaltung organisierten[212] und nach § 87 Abs. 1 SGB IV der Fachaufsicht des Staates unterliegenden Unfallversicherungsträger nach § 114 Abs. 1 SGB VII als Mitglieder angehören. Pläne, diesen ebenso wie den Spitzenverband Bund der Krankenkassen öffentlich-rechtlich zu organisieren und ihm den Körperschaftsstatus zu verleihen, wurden nicht weiter verfolgt,[213] so dass nunmehr auf Bundesebene ein als privatrechtlicher Verein organisierter Zusammenschluss der auf Landesebene als Körperschaften errichteten Unfallversicherungsträger besteht.

### *cc. Möglichkeit der Übertragung in Form der Beleihung*

Maßgebliches Kriterium für die Ablehnung der Anwendung des Beleihungstatbestandes auf die Übertragung von (Außen-) Rechtssetzungskompetenzen auf Private waren die gesteigerten Anforderungen an die demokratische Legitimation zur Kontrolle dieser Machtausübung, was die Rückbindung der Ausübung der hoheitlichen Befugnisse an andere Rechtssubjekte öffentlicher oder privater Rechtsnatur erforderte, mit der ein Verlust an Selbständigkeit sowie die Unmög-

---

[211] *I. Ebsen*, in: *Schnapp* (Hrsg.), Rechtsquellen, S. 13 (29). Dieses Phänomen wird zum Teil auch als formelle Privatisierung oder Organisationsprivatisierung bezeichnet, *H.J. Wolff/O. Bachof/R. Stober u.a.*, Verwaltungsrecht, Bd. 3, Vor § 90 III 1 Rn. 11; *M. Burgi*, in: *Erichsen/Ehlers* (Hrsg.), Allgemeines Verwaltungsrecht, § 10 Rn. 11 ff.

[212] Zur Qualifikation der Unfallversicherungsträger als Körperschaften des öffentlichen Rechts Kapitel 3 C.II. Rechtsnatur der Sozialversicherungsträger.

[213] Vgl. die Eckpunkte zur Reform der gesetzlichen Unfallversicherung vom 26.6.2006, S. 6.

lichkeit einer Betriebspflicht einhergingen. Grund hierfür war die Übertragung der aufgrund ihrer Bindungswirkung besonders bedeutsamen Kompetenz zur Setzung von Außenrecht auf Private, worin die Ausnahmen der Übertragung von Rechtssetzungsbefugnissen auf andere Stellen als der Legislative und die Überantwortung staatlicher Aufgaben und Befugnisse auf Privatrechtssubjekte kumulieren.

Anders verhält es sich dagegen bei exekutiven Innenrechtssätzen, die keiner gesetzlichen Ermächtigung zum Erlass bedürfen, sondern originäres Recht der Exekutive darstellen und dieser immanent sind.[214] Einer legislativen Übertragung dieser „inhärenten" Befugnis[215] und damit der Rückbindung dieser Form der Rechtssetzung an das Parlament bedarf es nicht, weshalb die Verwaltungsvorschriften im Gegenzug auch keine Außenwirkung zeitigen.[216] Darüber hinaus erfolgt eine Übertragung, wenn überhaupt, nur an Privatrechtssubjekte, die der Substanz des Verwaltungsträgers, für den diese Innenrechtssätze erlassen werden, entspricht, weshalb keine Rückbindung dieser privaten Normsetzung an andere Interessen mittels Konsens erforderlich wird, so dass auch die Anwendung des Beleihungstatbestandes nicht an dem Fehlen eigenständiger Aufgaben- und Befugniswahrnehmung sowie in Ermangelung einer Betriebspflicht gehindert ist.

Allerdings wurde die Anwendung des Beleihungstatbestandes auf die Übertragung derartig originärer Verwaltungsaufgaben und -befugnisse auf ein Privatrechtssubjekt, das dem Substrat der Verwaltungseinheit, der die Innenrechtssetzungsbefugnis bereits originär zukommt, entspricht und sich die Tätigkeit des privaten Verbandes in den Kompetenzgrenzen des öffentlichen Verbandes, an dessen Stelle er tritt, hält,[217] verneint. So sei eine solche Übertragung auf eine vom Staat beherrschte juristische Person oder Personenvereinigung des Privatrechts ausgeschlossen, da keine Ausübung öffentlicher Verwaltung auf privater Basis, sondern lediglich eine auf privatrechtlicher Basis vorliege, wodurch eine Beleihung nicht möglich sei.[218] Da es jedoch für die Beleihung in erster Linie auf die Übertragung von Hoheitsbefugnissen ankommt, ist der Frage, ob der Beleihungsadressat maßgeblich von Hoheitsträgern beeinflusst wird, keine Bedeutung beizumessen,[219] da auch einem Privatrechtssubjekt mit verwaltungseigenem Substrat keine Hoheitsbefugnisse zustehen, sondern diese erst übertragen werden müssen.[220] Überdies ist eine Abgrenzung aufgrund der zunehmenden Komplexität in der Praxis kaum mehr durchführbar, so dass heute allgemein anerkannt ist,

[214] *M. Möstl*, in: *Erichsen/Ehlers* (Hrsg.), Allgemeines Verwaltungsrecht, § 19 Rn. 5; *F. Ossenbühl*, in: *Isensee/Kirchhof* (Hrsg.), HStR V, § 104.

[215] BVerfGE 26, 338, 396; BVerwGE 67, 222, 229.

[216] Vgl. Anm. 202.

[217] So *K. Rennert*, JZ 2009, 976 (979).

[218] *U. Steiner*, Öffentliche Verwaltung durch Private, S. 210, 214 f.; *F. Bansch*, Beleihung, S. 41; *P. Dagtoglou*, DÖV 1970, 532 (533 f.).

[219] *B. Schmidt Am Busch*, DÖV 2007, 533 (537).

[220] *W. Frenz*, Staatshaftung, S. 34; *P. Badura*, Das Verwaltungsmonopol, S. 250, 253.

dass dies einer Beleihung nicht entgegensteht.[221] Es handelt sich dabei um einen Fall der Kombination von formaler Privatisierung bzw. Organisationsprivatisierung und Beleihung.[222] *Udo Steiner* schlägt hierfür den Begriff der „Quasi-Beleihung" vor.[223]

### *dd. Zusammenfassung und Bewertung*

Die Übertragung von Normsetzung ohne Außenwirkung, wie sie z.B. durch den Erlass der Richtlinien der DGUV erfolgt, auf Private ist grundsätzlich nur dann möglich, wenn das Privatrechtssubjekt dem Substrat der Verwaltungseinheit, der die Innenrechtssetzungsbefugnis bereits originär zukommt, entspricht und sich die Tätigkeit des privaten Verbandes in den Kompetenzgrenzen des öffentlichen Verbandes, an dessen Stelle er tritt, hält.[224] In diesem Falle ist auch die Anwendung des Rechtsinstituts der Beleihung nicht gehindert, wenn auch die Besonderheit besteht, dass ein einen Verwaltungsträger substituierendes Privatrechtssubjekt mit hoheitlichen Aufgaben und Befugnissen betraut wird, was durch die Bezeichnung „Quasi-Beleihung" zum Ausdruck gebracht wird. Insoweit handelt es sich bei der DGUV um eine „Quasi-Beliehene".

### *2. Die Übertragung von Empfehlungsbefugnissen*

Im Hinblick auf die Übertragung von Empfehlungsbefugnissen auf Privatrechtssubjekte stellt sich ebenfalls die Frage, ob diese unter das Rechtsinstitut der Beleihung zu fassen ist.[225] Dabei ist auch hier nach den Wirkungen der Empfehlungen zu differenzieren.[226]

Die (Rahmen-) Empfehlungen, welche lediglich unverbindliche Anregungen enthalten, können als schlichtes Verwaltungshandeln in Form von Realakten grundsätzlich auf Privatrechtssubjekte in Form der Beleihung übertragen werden.[227] Da schlichtes Verwaltungshandeln der klassischen Hoheitsverwaltung gerade nicht zuzurechnen ist und keine mit unmittelbarer Rechtswirkung nach außen ausgestattete Regelung ergeht, ist zur Unterscheidung vom privatrechtlichen Handeln die Frage nach der Erfüllung staatlicher Aufgaben maßgeblich.[228] Dabei

---

[221] *U. Battis*, in: FS Raisch 1995, S. 355 (361); *W. Frenz*, Staatshaftung, S. 34; *K. Rennert*, JZ 2009, 976 (979); *G. Stadler*, Beleihung, S. 15 f.; *H.J. Wolff/O. Bachof/R. Stober u.a.*, Verwaltungsrecht, Bd. 3, § 90 III Rn. 17; OVG Frankfurt/Oder, NVwZ 1997, 604 (608); a.A. *F.-J. Peine*, UPR 1996, 161 ff.

[222] *H.J. Wolff/O. Bachof/R. Stober u.a.*, Verwaltungsrecht, Bd. 2, § 90 Rn. 17.

[223] *U. Steiner*, in: FS Schmidt 2006, S. 293 (298).

[224] So *K. Rennert*, JZ 2009, 976 (979).

[225] So *P. Axer*, Normsetzung, S. 103. Geht man jedoch, wie dieser auf S. 101 ff., vom Normcharakter der Empfehlungen aus, so gelten die Ausführungen zu A.II.1.a. Normsetzung mit Außenwirkung.

[226] Dazu auch unter Kapitel 4 B.II. Die Empfehlung im Sozialrecht.

[227] Mittlerweile h.M., vgl. *A. Voßkuhle*, VVDStRL 62 (2003), S. 266 (303); *G. Stadler*, Beleihung, S. 12 m.w.N.; *M. Burgi*, in: *Erichsen/Ehlers* (Hrsg.), Allgemeines Verwaltungsrecht, § 10 Rn. 24; *H.J. Wolff/O. Bachof/R. Stober u.a.*, Verwaltungsrecht, Bd. 3, § 90 Rn. 35.

[228] *U. Steiner*, in: FS Koja 1998, S. 603 (604).

sind nach dem weitgehend unangefochtenen informalen Staatsaufgabenbegriff solche Tätigkeitsbereiche den Staatsaufgaben im Umfang ihrer Wahrnehmung zuzurechnen, die der Staat durch eine ihm institutionell zuzurechnende Organisationseinheit im Einklang mit den Verfassungsbestimmungen wahrnimmt.[229] Staatsaufgaben sind damit solche, auf die der Staat im Rahmen seiner Allzuständigkeit zugreift und auch zugreifen darf.[230]

Mit den (Rahmen-) Empfehlungen sollen einerseits die Gestaltungsmöglichkeiten der Selbstverwaltung ausgeweitet werden, andererseits wird mit diesen die Ausgestaltung und Konkretisierung des öffentlich-rechtlichen Leistungsanspruchs der Versicherten verfolgt, was eine aus dem Sozialstaatsprinzip folgende staatliche Aufgabe darstellt und weshalb die Rahmenempfehlungen als öffentlich-rechtlich einzuordnen sind[231] und der Beleihungstatbestand Anwendung findet.

Nach diesen Kriterien sind auch die Empfehlungsnormen nach § 115a Abs. 3 Satz 3 SGB V als öffentlich-rechtlich zu qualifizieren. Der eben verfolgte Ansatz, nach dem bei Realakten für die Beleihung lediglich auf die Aufgabenzuweisung abzustellen ist, überzeugt jedoch nur für die Beleihung mit solchen Realakten, die keine unmittelbaren Rechtswirkungen nach außen zeitigen. Bei Realakten, die dagegen Rechtswirkungen entfalten, insbesondere solchen, durch die ein Übergriff in einen anderen Rechtskreis, sei es in subjektive Rechte oder Kompetenzbereiche anderer Verwaltungsträger, erfolgt,[232] reicht die bloße Aufgabenzuweisung und die dadurch erfolgende Abgrenzung zum privatrechtlichen Bereich nicht mehr aus. Vielmehr sind diese, wie andere staatliche Handlungsformen auch, dem Rechtsstaatsprinzip und damit insbesondere dem Grundsatz des Vorbehalts des Gesetzes unterworfen, so dass neben der Aufgabenzuweisung auch die Verleihung einer Befugnis durch Gesetz für diese Übergriffe erforderlich ist.[233] Notwendig ist daher für solche Realakte mit Rechtswirkung eine hinreichend bestimmte Rechtsgrundlage.

---

[229] BVerfGE 12, 205 (246); *U. Steiner*, JuS 1969, 69 (70); *P. Dagtoglou*, DÖV 1970, 532 (534); *H. Klein*, DÖV 1965, 755 (757 ff.); *F. Ossenbühl*, DVBl. 1974, 541 (542); *F. Schoch*, DVBl. 1994, 962; *S. v. Heimburg*, Verwaltungsaufgaben und Private, S. 14 ff.; *M. Burgi*, in: *Isensee/Kirchhof* (Hrsg.), HStR IV, § 75 Rn. 2; *H. Bauer*, VVDStRL 54 (1995), S. 243 (249 f.); a.A. *J. Hengstschläger*, VVDStRL 54 (1995), S. 165 (172 ff.), der diesen Begriff als zu weit ansieht.

[230] So BVerfGE 12, 205 (243); *H. Peters*, in: FS Nipperdey 1965, S. 877 (880); *M. Krautzberger*, Erfüllung öffentlicher Aufgaben, S. 41 ff.; *H.P. Bull*, Staatsaufgaben, S. 91; *W. Kirberger*, Staatsentlastung, S. 56 ff.; *H. Schulze-Fielitz*, in: *Grimm* (Hrsg.), Wachsende Staatsaufgaben, S. 11 ff.; *M. Heintzen*, VVDStRL 62 (2003), S. 220 (228); *J. Isensee*, in: *ders./Kirchhof* (Hrsg.), HStR IV, § 73 Rn. 13, 55 ff.

[231] *P. Axer*, Normsetzung, S. 102 f.

[232] Für die Beurteilung eines Ein- bzw. Übergriffs sowie für dessen Zuordnung zur öffentlichen Gewalt können die für andere Informationstätigkeit, insbesondere die für Warnungen entwickelten Grundsätze der Unmittelbarkeit, Finalität und Schwere herangezogen werden, dazu BVerwGE 87, 37 (44) – DEG; 90, 112 (121) – Osho; 82, 76 (79); 71, 183 (193 ff.); *C. Gusy*, NJW 2000, 977 (983 f.); *B. Jeand'Heur/W. Cremer*, JuS 2000, 991 (994 f.); *D. Murswiek*, DVBl. 1997, 1021 (1023); *M. Albers*, DVBl. 1996, 233 (235); *F. Schoch*, DVBl. 1991, 667 (670).

[233] Zur geschichtlichen und dogmatischen Herleitung des Gesetzesvorbehalts *E.-W. Böckenförde*, Gesetz und gesetzgebende Gewalt, passim; *K. Stern*, Staatsrecht III/2, § 78.

Dies wird insbesondere bei den Empfehlungsnormen nach § 115a Abs. 3 Satz 3 SGB V relevant, die, ähnlich dem Normenvertrag, ambivalenter Rechtsnatur sind und so die Handlungsform des Realaktes und die der Rechtsnorm in sich vereinen. Als Realakt, der gegenüber den Vertragsparteien nach § 115a Abs. 3 Satz 1 SGB V sowie den Vertragsparteien der Pflegesatzvereinbarung nach § 18 Abs. 2 KHG und den Versicherten verbindlich wird[234] und damit Rechtswirkung zeitigt, unterliegt die Übertragung der Setzung derartiger Empfehlungsnormen auf Private dem Vorbehalt des Gesetzes, so dass die bloße Aufgabenzuweisung nicht ausreicht. Diesem Erfordernis ist jedoch mit der gesetzlichen Ausgestaltung des § 115a Abs. 3 Satz 3, 4 SGB V Genüge getan.

Daneben fordert das Demokratieprinzip ein, dass die Ausübung der Kompetenz zum Erlass von normativ wirkenden[235] Empfehlungen auf Private in Form der konsensualen Normsetzung rückgebunden wird.[236]

### *3. Die Übertragung von Vertragsergänzungsbefugnissen: der „Vertragshelfer"*

Nach § 132a Abs. 2 Satz 1 SGB V schließen die Krankenkassen mit den Leistungserbringern Verträge über die Versorgung mit häuslicher Krankenpflege, die Preise sowie deren Abrechnung und die Verpflichtung der Leistungserbringer zur Fortbildung. Einigen sich die Vertragsparteien nicht oder nicht vollständig, so haben sie vertraglich eine unabhängige Schiedsperson zu bestimmen, welche den Vertragsinhalt festlegt, § 132a Abs. 2 Satz 6 SGB V.[237] Da die Frage, ob eine Schiedsperson bestimmt wird, nicht im Belieben der Vertragsparteien steht, sondern diese durch Gesetz angeordnet wird, handelt es sich um eine Zwangsschlichtung.[238] Hierdurch bringt der Gesetzgeber zum Ausdruck, dass ihm eine Einigung auf diesem Gebiet notwendig erscheint.

Bei der Festlegung des Verfahrens orientierte sich der Gesetzgeber am Zivilrecht. So entspricht das Verfahren nach der Gesetzesbegründung „einer im Zivilrecht üblichen Schlichtung, wonach sich die Vertragsparteien auf die Leistungsbestimmung durch einen Dritten einigen (§ 317 BGB)."[239] Damit verfolgte der Gesetzgeber den Zweck, dass die fehlende Einigung zwischen den Beteiligten im Rahmen einer Schlichtung durch den für die Beteiligten bindenden Spruch eines Dritten ersetzt wird.[240] An die Stelle der Einigung der Parteien tritt damit die Entscheidung eines Dritten. Der Hintergrund dieser Regelung ist in der Stärkung

---

[234] Dazu bereits Kapitel 4 B.II.2. Empfehlungen nach § 115a Abs. 3 Satz 3 SGB V.

[235] § 115a Abs. 3 Satz 4 SGB V.

[236] Dazu bereits die Ausführungen unter A.II.1.a.bb. Demokratische Voraussetzungen einer Übertragung von Außennormsetzungskompetenzen auf Private.

[237] Zum Streit, inwieweit zumindest eine Teileinigung über den Vertragsinhalt vorliegen muss bzw. ob auch die Nichtverlängerung des Vertrags oder die generelle Verweigerung eines Vertragsschlusses Gegenstand der Schlichtung sein können, *E. Schneider*, in: *Schlegel/Engelmann* (Hrsg.), SGB V, § 132a Rn. 18; *S. Rixen*, in: *Becker/Kingreen* (Hrsg.), SGB V, § 132a Rn. 12.

[238] *E. Schneider*, in: *Schlegel/Engelmann* (Hrsg.), SGB V, § 132a Rn. 18.

[239] BT-Drs. 15/1525, S. 123.

[240] *E. Schneider*, in: *Schlegel/Engelmann* (Hrsg.), SGB V, § 132a Rn. 19.

der Selbstverwaltung der am Vertragsschluss Beteiligten zu sehen, denen der Gesetzgeber trotz Nichteinigung durch die Auswahl der Schiedsperson weiter Einfluss auf die Regelungen des Vertrags gewährt.

Die Bestellung dieser Schiedsperson erfolgt damit durch öffentlich-rechtlichen Vertrag, an dem mit den Leistungserbringern auch Privatrechtssubjekte beteiligt sind. Insbesondere wird der öffentlich-rechtliche Vertrag nicht zwischen einem Hoheitsträger und der Schiedsperson selbst geschlossen. Es handelt sich damit um ein vertragliches Schiedsverfahren,[241] womit die Bestellung nicht als hoheitlich zu qualifizieren ist. Hieran ändert auch die gesetzliche Anordnung, dass diese Vereinbarung von den Parteien in ihrem öffentlich-rechtlichen Vertrag zu treffen ist, nichts.

Aufgrund dieser nicht-hoheitlichen Bestellung durch Vertrag ist es ein vertragliches Schiedsverfahren, weshalb keine hoheitlichen Befugnisse übertragen werden können, so dass der Schiedsspruch selbst auch nicht als hoheitliche Handlung z.B. in Form eines Verwaltungsakts ergeht.[242] Aus diesen beiden Gründen scheitert die Annahme eines Beleihungstatbestandes. Die Person wird vielmehr als „Vertragshelfer" bezeichnet.[243] § 132a Abs. 2 Satz 6 SGB V weist damit Ähnlichkeiten zur Regelung des § 76 Abs. 6 SGB XI auf, nach der anstelle einer Entscheidung der Schiedsstelle nach § 85 Abs. 5 SGB XI eine unabhängige Schiedsperson durch die Vertragsparteien der Pflegesatzvereinbarung einvernehmlich bestellt werden kann.

Für den Fall jedoch, dass sich die Vertragsparteien nicht auf eine Schiedsperson einigen, sieht der Gesetzgeber vor, dass die für die am Vertragsschluss beteiligte Krankenkasse zuständige Aufsichtsbehörde die Schiedsperson bestimmt.[244] Dadurch wird erneut deutlich, dass der Gesetzgeber ein gesteigertes Interesse an der Vervollständigung des Vertrages hat.

Sind nach dem informalen Staatsaufgabenbegriff Staatsaufgaben solche, auf die der Staat im Rahmen seiner Allzuständigkeit zugreift und auch zugreifen darf,[245] so zieht er mit der Ersetzungsbefugnis bzgl. der Schiedsperson gleichzeitig auch die Ergänzung des Vertragsinhalts als den eigentlichen Zweck der Ersetzungsbefugnis an sich, den zu erreichen sich der Staat des „Vertragshelfers" bedient. So wird durch die Normierung der Ersetzungsbefugnis die Ergänzung des Vertrags zu einer Staatsaufgabe und damit grundsätzlich beleihungsfähig. Dass die Übertragung an den Privaten mit dem staatlichen Zugriff auf die Aufgabe und damit die Umwandlung in eine staatliche zusammenfallen, hindert eine Beleihung grundsätzlich nicht.[246] Die Einsetzung der Schiedsperson erfolgt demgemäß auch hoheitlich.[247]

[241] *R. Murawski*, in: *Hänlein/Kruse/Schuler* (Hrsg.), Sozialgesetzbuch V, § 132a Rn. 8.

[242] *S. Rixen*, in: *Becker/Kingreen* (Hrsg.), SGB V (2. Aufl. 2010), § 132a Rn. 10; *R. Murawski*, in: *Hänlein/Kruse/Schuler* (Hrsg.), Sozialgesetzbuch V, § 132a Rn. 8.

[243] BSG, Urt. v. 25.11.2010, B 3 KR 1/10 R, Ls. 1, Rn. 16, 24, 26.

[244] § 132a Abs. 2 Satz 7 SGB V.

[245] Siehe Anm. 230.

[246] *U. Steiner*, JuS 1969, 69 (71).

[247] *S. Rixen*, in: *Becker/Kingreen* (Hrsg.), SGB V, § 132a Rn. 11.

Allerdings erfährt die Schiedsperson durch die hoheitliche Bestellung keine Statusveränderung. So wird sie nicht zu einem Hoheitsträger und handelt auch nicht als Behörde i.S.v. § 1 Abs. 2 SGB X. Vielmehr verbleibt es bei denselben Kompetenzen, die der Schiedsperson auch bei einer Bestellung durch die Vertragsparteien selbst zukommen würde. Diese beschränken sich allein auf die Vertragsergänzung mittels Schiedsspruches im Rahmen des der Schlichtung nach § 317 BGB nachgebildeten Verfahrens, so dass es sich um zivilrechtliche, keine hoheitlichen Befugnisse handelt. Insofern unterscheidet sich die Schiedsperson nach § 132a Abs. 2 SGB V grundlegend von Schiedsstellen und Schiedsämtern, denen hoheitliche Entscheidungsbefugnis zukommt, die entweder gesetzlich geregelt ist oder sich aus den Umständen ergibt.[248]

Aufgrund fehlender Übertragung hoheitlicher Befugnisse scheidet daher eine Beleihung aus. Vielmehr handelt es sich bei der Schiedsperson nach § 132a Abs. 2 SGB V um eine hoheitlich bestellte und eine hoheitliche Aufgabe erfüllende, ohne hoheitliche Befugnisse ausgestattete Person, die den Kategorien des Allgemeinen Verwaltungsrechts zur Einbeziehung Privater in die hoheitliche Aufgabenerfüllung fremd ist.

## B. Konsensuale Einbindung Privater durch Handlungsformen

Nicht eindeutig von der Einbindung Privater durch Organisationsformen zu trennen ist jedoch diejenige durch Handlungsformen, da z.B. eine Beleihung immer auch die Übertragung von Kompetenzen beinhaltet, womit auch das Recht einhergeht, sich bestimmter Handlungsformen zu bedienen. Wie bereits im vorangegangenen Kapitel erörtert, werden Privatrechtssubjekte am Abschluss von Normenverträgen ebenso beteiligt wie bei der Abgabe von Empfehlungen, auf die im Folgenden der Vollständigkeit halber, jedoch zur Vermeidung von Wiederholungen nur mehr kurz eingegangen werden soll.

### *I. Konsensuale Einbindung Privater durch öffentlich-rechtlichen Vertrag*

Durch die Gleichwertigkeit von Willenserklärungen und der hiermit verbundenen Wandlung der Zivilperson vom Objekt der Verwaltung hin zum gleichrangigen Partner verwirklicht der öffentlich-rechtliche Vertrag als Handlungsform das Kooperationsprinzip als Leitlinie des kooperativen Verwaltungsstaates[249] und ergänzt oder substituiert das Verwaltungshierarchiemodell durch eine Konfliktlösung mittels Verhandlungen.[250] Voraussetzung für den Abschluss eines derartigen Vertrages ist der Konsens der Vertragsparteien. So wird der Bürger in den Ent-

[248] *E.-W. Luthe*, in: *Hauck/Noftz* (Hrsg.), SGB V, § 132a Rn. 41.
[249] *E.-H. Ritter*, AöR 104 (1979), S. 389 ff.
[250] Dazu *B. Holznagel*, Konfliktlösung, passim.

scheidungsprozess miteinbezogen, wodurch er auf die Entscheidungsfindung und die Entscheidung selbst maßgeblichen Einfluss erhält, was die Akzeptanz der Entscheidung fördert.[251] Darüber hinaus erhält die Behörde durch den Austausch mit dem Bürger weitere Informationen und kann verschiedene Lösungswege erörtern und so eine flexible, auf den Einzelfall zugeschnittene Entscheidung treffen.[252]

Im Hinblick auf die Kooperation mit dem Bürger ist in erster Linie der subordinationsrechtliche Vertrag relevant. Wenn dieser auch nur in sehr begrenztem Umfang normiert wurde, so findet er in einem sehr praxisrelevanten Bereich Anwendung. So erhält er z.B. im Rahmen der Eingliederungsvereinbarung Bedeutung,[253] die aufgrund ihrer Häufigkeit hohe Praxisrelevanz aufweist.[254] Dabei beinhaltet die Eingliederungsvereinbarung Besonderheiten. Hiernach soll die Agentur für Arbeit mit dem erwerbsfähigen Hilfebedürftigen „die für seine Eingliederung erforderlichen Leistungen vereinbaren" bzw. mit dem Ausbildungssuchenden oder Arbeitssuchenden für einen zu bestimmenden Zeitraum das Eingliederungsziel, die Vermittlungsbemühungen der Agentur für Arbeit, die Bemühungen des Suchenden sowie die vorgesehenen Leistungen der aktiven Arbeitsförderung vereinbaren. Beide Eingliederungsvereinbarungen werden von einem Teil in Rechtsprechung und Literatur als subordinationsrechtliche Verwaltungsverträge qualifiziert,[255] die im Falle des Scheiterns der Kooperation mit dem obrigkeitsrechtlichen Instrument der Verwaltungsaktbefugnis gekoppelt sind. Durch diese Normierung und der Häufigkeit ihrer Anwendung gilt der Verwaltungsvertrag als „endgültig im „Alltag der Massenverwaltung" angekommen".[256]

Dagegen sind Privatrechtssubjekte auch an koordinationsrechtlichen Verwaltungsverträgen insbesondere auf dem Gebiet der gesetzlichen Krankenversicherung und der sozialen Pflegeversicherung beteiligt. Wie bereits gesehen,[257] werden die Kollektivverträge in der gesetzlichen Krankenversicherung[258] mit den Landeskrankenhausgesellschaften geschlossen, die nach der Legaldefinition[259] Zusammenschlüsse von Trägern zugelassener Krankenhäuser im Land und

[251] *H. Hill*, DVBl. 1989, 321 (326).

[252] *H. Maurer*, DVBl. 1989, 798 (806); *P. Arnold*, VerwArch 80 (1989), S. 125 ff.; *M. Bulling*, DÖV 1989, 277 ff.

[253] §§ 15 SGB II, 37 Abs. 2 SGB III.

[254] Dazu *K.-H. Kretschmer*, DÖV 2006, 893 ff.

[255] SächsLSG, Urt. v. 26.5.2011, L 3 AL 120/09, LS. 1, also info 2011, 262–267; *A. Sonnhoff*, in: *Radüge* (Hrsg.), SGB II, § 15 Rn. 31; dazu auch *J. Neunaber*, in: *Schubert* (Hrsg.), SGB III, § 37 Rn. 34 ff.; a.A. HessLSG, Urt. v. 17.10.2008, L 7 AS 251/08 B ER, L 7 AS 252/08 B ER, L 7 AS 253/08 B ER; *T. Kador*, in: *Eicher* (Hrsg.), SGB II, § 15 Rn. 8; *B. Weinreich*, SGb 2012, 513 (519); *U.-D. Berlit*, in: *Münder* (Hrsg.), Sozialgesetzbuch II, § 15 Rn. 10, die einen hinkenden Austauschvertrag annehmen.

[256] *Bauer*, zit. nach *H. Maurer*, Allgemeines Verwaltungsrecht, § 14 Rn. 5.

[257] Dazu Kapitel 4 A.II. Der öffentlich-rechtliche Vertrag im Sozialrecht.

[258] §§ 112 Abs. 1, 115 Abs. 1, 115a Abs. 3, 115b Abs. 1 SGB V, dazu Kapitel 4 A.II.5.a. Kollektivverträge in der gesetzlichen Krankenversicherung.

[259] § 108a Satz 1 SGB V.

durchweg als Vereine des Privatrechts organisiert sind. Und auch der zum Teil über ihren Landesausschuss beteiligte Verband der privaten Krankenversicherung[260] ist als eingetragener Verein privatrechtlicher Natur. In der sozialen Pflegeversicherung sind Vertragsparteien der Rahmen-[261] und Individualverträge[262] die Träger der Pflegeeinrichtungen bzw. deren Vereinigungen, die ebenfalls Privatrechtssubjekte sind.[263]

Die Besonderheit dieser Verträge besteht darin, dass sie durch gesetzliche Anordnung über die *inter partes*-Wirkung hinaus auch Dritte an die getroffenen Regelungen binden. So werden in den vorbezeichneten Rahmenverträgen der sozialen Pflegeversicherung und den Kollektivverträgen der gesetzlichen Krankenversicherung abstrakt-generelle Regelungen vereinbart, während sich der Versorgungsvertrag in der sozialen Pflegeversicherung durch die Zulassungsentscheidung auf den konkreten Einzelfall bezieht, er jedoch trotzdem Wirkung auch gegenüber nicht am Vertrag Beteiligten, mithin konkret-generelle Wirkung entfaltet.

So vermögen es die an diesen Verträgen als Vertragsparteien mitwirkenden Privatrechtssubjekte durch die gesetzliche Normierung einer generellen Bindungswirkung der Normenverträge Regelungen konsensual im Zusammenwirken mit Verwaltungsträgern zu treffen, die Normcharakter besitzen. Dabei stellt sich die Frage nach der Qualifikation und der demokratischen Legitimation dieser Beteiligung, die jedoch in diesem Kapitel bereits behandelt wurde.[264]

### *II. Konsensuale Einbindung Privater durch Empfehlungen*

Ebenso erfolgt eine Einbindung Privater bei den Empfehlungen, wie sie im vorherigen Kapitel bereits behandelt wurden.[265] Dabei ist insbesondere relevant, dass diese teilweise ebenfalls mit, wenn auch zeitlich begrenzter normativer Wirkung ausgestattet sind, wobei die damit verbundenen Probleme bereits im ersten Teil dieses Kapitels erörtert wurden.[266]

---

[260] § 115a Abs. 3 Satz 1 SGB V.

[261] § 75 Abs. 1 SGB XI, dazu Kapitel 4 A.II.4.b. Rahmenverträge in der sozialen Pflegeversicherung.

[262] § 72 Abs. 2 Satz 1 SGB XI, dazu Kapitel 4 A.II.6.b. Der Versorgungsvertrag in der sozialen Pflegeversicherung.

[263] Pflegeeinrichtungen müssen grundsätzlich selbständig wirtschaftende Einrichtungen sein, § 71 Abs. 1, Abs. 2 SGB XI; dazu auch *M. Fuchs*, in: *Schulin* (Hrsg.), Handbuch des Sozialversicherungsrechts, Bd. 4, § 5 Rn. 66 ff.

[264] Dazu A.II.1.a. Normsetzung mit Außenwirkung.

[265] Dazu Kapitel 4 B. Die Empfehlungen.

[266] Dazu A.II.2. Die Übertragung von Empfehlungsbefugnissen.

## C. Die Einbindung Privater im Sozialrecht und in anderen Rechtsgebieten

Inwiefern die Einbindung Privater bei der Normsetzung sowie zur Bestimmung von Vertragsinhalten ein Spezifikum des Sozialrechts darstellt und damit dessen Sonderstellung begründet, oder aber es sich um Phänomene handelt, die auch in anderen Rechtsgebieten in Erscheinung treten oder einen sinnvollen Anwendungsbereich finden und daher einer Verallgemeinerungsfähigkeit und Rezeption ins Allgemeine Verwaltungsrecht zugänglich sind, wird im Folgenden erörtert. Gleichzeitig soll die folgende Untersuchung klären, ob die am Sozialrecht entwickelten Kategorien für die Fortentwicklung des Allgemeinen Verwaltungsrechts fruchtbar gemacht werden können und die Neukategorisierung des Einbezugs Privater die bisherigen Kategorien des Allgemeinen Verwaltungsrechts erweitern und so zum besseren dogmatischen Verständnis vorhandener Phänomene beitragen kann.

In Anknüpfung an die vorbezeichneten Möglichkeiten der Einbindung Privater wird nachstehend deren (I.) konsensuale Einbindung bei der Normsetzung sowie (II.) bei der Bestimmung von Vertragsinhalten untersucht, ehe (III.) eine Zusammenfassung und Bewertung erfolgt.

### *I. Konsensuale Einbindung Privater bei der Normsetzung*

Privatrechtssubjekte werden bei Normsetzungsverfahren in verschiedener Weise relevant und eingebunden. Im Folgenden soll auf die Einbindungen Privater in anderen Bereichen als im Sozialrecht eingegangen werden, bei denen diese an der Festlegung des Inhalts und der Verabschiedung dieser Normen beteiligt sind. So werden im Nachfolgenden (1.) die konsensuale Einbindung Privater bei den kommunalen Zweckverbänden, (2.) die konsensuale Einbindung Privater beim Vorhaben- und Erschließungsplan im Baurecht sowie im Privatrecht (3.) die konsensuale Einbindung Privater im Tarifvertragsrecht näher betrachtet.

#### *1. Die konsensuale Einbindung Privater bei den kommunalen Zweckverbänden*

Bei den kommunalen Zweckverbänden können auch Privatrechtssubjekte in Form natürlicher oder juristischer Personen des Privatrechts Mitglieder sein.[267] So erfolgt die Einbindung Privater bei der Normsetzung auf zwei Arten: Zum einen sind sie als Beteiligte am Zweckverband an der Vereinbarung der Verbandssatzung in Form des öffentlich-rechtlichen Vertrags beteiligt. Da durch die Form des öffentlich-rechtlichen Vertrags eine konsensuale Vereinbarung über das Or-

[267] Art. 17 Abs. 2 Satz 2 BayKommZG. Zu den Normierungen in anderen Bundesländern bereits Kapitel 4 C.I.1.a. Konsensuale Normsetzung durch öffentlich-rechtlichen Vertrag: Die Gründung kommunaler Zweckverbände nach dem BayKommZG.

ganisationsstatut notwendig wird, kommt jeder der Vertragsparteien und damit auch den Privatrechtssubjekten als an dem künftigen Zweckverband Beteiligte die Möglichkeit zu, diesen zu verhindern. Insoweit erfolgt eine konsensuale Einbindung Privater bei der Vereinbarung der Verbandssatzung.

Zum anderen sind diese Privatrechtssubjekte als Mitglieder des so gegründeten Zweckverbands in der Verbandsversammlung vertreten und damit auch an den von der Verbandsversammlung zu verabschiedenden Normen in Form von Satzungen und Rechtsverordnungen beteiligt.[268] Die Verbandsversammlung fasst ihre Beschlüsse grundsätzlich mit einfacher Mehrheit.[269] Dabei wird durch die Regelungen über die Besetzung sowie über die Beschlussfähigkeit der Verbandsversammlung sichergestellt, dass die der Verbandsversammlung angehörenden Privatrechtssubjekte die öffentlich-rechtlichen Verbandsräte nicht majorisieren können.[270] So wird durch die Begrenzung der Stimmenzahl der Privatrechtssubjekte auf zwei Fünftel der in der Verbandssatzung festgelegten Gesamtstimmenanzahl[271] sowie das Erfordernis für die Beschlussfähigkeit, dass die Stimmen der Privatrechtssubjekte nicht überwiegen dürfen,[272] gewährleistet, dass sich nicht Individualinteressen zulasten des Gemeinwohls durchsetzen.[273]

Beide Regelungen garantieren allerdings nicht, dass die demokratisch legitimierten öffentlich-rechtlichen Mitglieder der Verbandsversammlung alle Beschlüsse tragen. So kann es zu Mehrheiten kommen, die erst durch die Einbindung der Privatrechtssubjekte möglich wird. Insoweit wird dem vom BVerfG aufgestellten Prinzip der „doppelten Mehrheit", nach dem die Mehrheit der Mitglieder des Gremiums uneingeschränkt personell demokratisch legitimiert und die Entscheidung von einer Mehrheit dieser so legitimierten Mitglieder getragen werden muss,[274] nicht genügt, weshalb die Regelung auch verfassungsrechtlichen Bedenken unterliegt.[275]

Konsens als Legitimationsmodus scheitert zwar an der fehlenden interessenpluralen Struktur der am Zweckverband Beteiligten sowie der in der Verbandsversammlung Vertretenen. Sowohl bei der Vereinbarung des Organisationsstatuts als auch dem Erlass von Rechtsnormen durch die Verbandsversammlung kommt den Privaten jedoch keine eigene, von den öffentlich-rechtlichen Vertretern losgelöste Entscheidungskompetenz zu. So können diese mit Blick auf das Organisationsstatut aufgrund des erforderlichen Konsenses wie auch bei der Normsetzung durch den Zweckverband aufgrund der Begrenzung der Privat-

---

268 Art. 34 Abs. 2 Nr. 2 BayKommZG.

269 Art. 33 Abs. 2 Satz 1, Abs. 3 Satz 2 BayKommZG.

270 Amtl. Begründung, Bayerischer Landtag, 5. Legislaturperiode, Beilage 2573, S. 27, Ziff. 1 zu Art. 32 a.F. = Art. 31 n.F., Amtl. Begründung, Drs. 12/10711, S. 16, Ziff. 1 zu Art. 34 a.F. = Art. 33 n.F., zit. nach *J. Widtmann/W. Grasser/E. Glaser*, Bayerische Gemeindeordnung mit VGemO, LKrO und KommZG, Art. 31 KommZG Rn. 5.

271 Art. 31 Abs. 1 Satz 4 BayKommZG.

272 Art. 33 Abs. 1 Satz 2 BayKommZG.

273 *N. Schulz*, KommZG, 2.5 zu Art. 31.

274 BVerfGE 93, 37 (72).

275 *M. Stork*, DVBl. 2011, 69 (74 ff.).

rechtssubjekte in der Verbandsversammlung keine gegen die Vertreter des öffentlichen Rechts gefasste Entscheidung treffen. Diese Vertreter sind dagegen selbst demokratisch legitimiert, da sie durch Organe der Mitgliedskörperschaften des Zweckverbands, die selbst durch Wahlen demokratisch legitimiert sind, entsandt werden und diese jenen gegenüber weisungsbefugt bleiben.[276] Dabei sind diese Vertreter nicht nur solche der Gebietskörperschaften, denen das Recht zum Zusammenschluss zu Zweckverbänden aufgrund ihrer der Organisationshoheit zugeordneten Kooperationshoheit zukommt, sondern auch des Allgemeinwohls. Insoweit ist eine einseitige Durchsetzung partikularer Interessen durch die Beteiligung der Privatrechtssubjekte durch deren Rückbindung an die Vertreter des Gemeinwohls nicht zu befürchten, sondern es werden diese Partikularinteressen zugunsten des Allgemeinwohls zurückgedrängt. Hierzu ist nicht erforderlich, dass diese die Entscheidung allein bewerkstelligen können.[277] Ausreichend ist vielmehr, dass die Privatrechtssubjekte keine Entscheidung gegen diese durchsetzen können, was vorliegend der Fall ist.

### 2. *Die konsensuale Einbindung Privater beim Vorhaben- und Erschließungsplan im Baurecht*

Der vorhabenbezogene Bebauungsplan ist ein kooperatives Planungsinstrument[278] und besteht aus planerischen, vertraglichen und normativen Elementen, die in mehreren Schritten aufeinander abgestimmt werden.[279] Voraussetzung für die Aufstellung eines vorhabenbezogenen Bebauungsplans durch die Gemeinde ist die Wirksamkeit eines Vorhaben- und Erschließungsplanes sowie eines Durchführungsvertrags.[280] Der Vorhaben- und Erschließungsplan ist vom Vorhabenträger, der eine natürliche oder juristische Person sein kann,[281] auf dessen Initiative hin unter Abstimmung mit der Gemeinde aufzustellen. Hierin konzipiert er das avisierte Vorhaben und dessen Erschließung. Er ist das „Kernstück" des vorhabenbezogenen Bebauungsplans[282] sowie dessen Wirksamkeitsvoraussetzung und hat sich daher auf das gesamte Vorhaben zu erstrecken.[283] Seine inhaltlichen Festsetzungen müssen im Hinblick auf ihre Dichte denjenigen eines qualifizierten Bebauungsplans entsprechen, mithin Art und Maß der baulichen Nutzung angeben und den Anforderungen einer Rechtsnorm im Hinblick auf Genauigkeit und Bestimmtheit genügen.[284] Eine Bindung des Vorhabenträgers an

[276] Art. 33 Abs. 2 Satz 3 BayKommZG; dazu *N. Schulz*, KommZG, 1.4 zu Art. 17.

[277] So aber BVerfGE 93, 37 (72).

[278] *Jarass/Kment* (Hrsg.), BauGB, § 12 Rn. 2; *J. Busse*, in: *Spannowsky/Uechtritz* (Hrsg.), Baugesetzbuch, § 12 Rn. 4, 19 ff.

[279] *Jarass/Kment* (Hrsg.), BauGB, § 12 Rn. 2 f.

[280] § 12 Abs. 1 Satz 1 BauGB.

[281] *J. Busse*, in: *Spannowsky/Uechtritz* (Hrsg.), Baugesetzbuch, § 12 Rn. 20.

[282] *Jarass/Kment* (Hrsg.), BauGB, § 12 Rn. 4.

[283] VGH BaWü, Urt. v. 26.10.2011 – 5 S 920/10.

[284] *Jarass/Kment* (Hrsg.), BauGB, § 12 Rn. 6; *H. Jäde*, in: *ders./Dirnberger/Weiß* (Hrsg.), Baugesetzbuch, Baunutzungsverordnung, § 12 BauGB Rn. 22; a.A. *R. Menke*, NVwZ 1998, 577 (579).

die Typisierung von Baugebieten und Nutzungen nach der BauNVO besteht nicht. Er ist insoweit frei, die bauplanerischen Vorgaben auszugestalten, sofern tragfähige städtebauliche Gründe hierfür bestehen.[285] Der Vorhabenträger hat sich mit der Gemeinde abzustimmen, was frühzeitigen und fortlaufenden engen Behördenkontakt erfordert.[286]

Weitere Voraussetzung des vorhabenbezogenen Bebauungsplans ist der Abschluss eines wirksamen Durchführungsvertrags, in dem sich der Vorhabenträger auf Grundlage des Vorhaben- und Erschließungsplanes zur Durchführung der Vorhaben und Erschließungsmaßnahmen sowie zur Tragung der Planungs- und Erschließungskosten verpflichtet.[287] So hat der Durchführungsvertrag auf Grundlage des Vorhaben- und Erschließungsplanes eine Leistungsbeschreibung der vom Vorhabenträger zu erbringenden Leistungen und die hierfür zur Verfügung stehenden Zeiträume zu enthalten.[288] Der Durchführungsvertrag ist ein öffentlich-rechtlicher Vertrag und bedarf grundsätzlich der Schriftform.[289] Mit einem Durchführungsvertrag, der vor oder während des Aufstellungsverfahrens für den vorhabenbezogenen Bebauungsplan abzuschließen ist, geht regelmäßig eine faktische Vorabbindung der Gemeinde im Hinblick auf die Abwägung bei der Aufstellung des Bebauungsplans einher.[290]

In einem letzten Schritt erlässt die Gemeinde den vorhabenbezogenen Bebauungsplan zur normativen Umsetzung und planungsrechtlichen Grundlage des Vorhabens und die dafür im Anschluss zu erteilende Baugenehmigung.[291] Der vorhabenbezogene Bebauungsplan und der Durchführungsvertrag bleiben voneinander getrennt und selbständig nebeneinander bestehen,[292] wenn auch der Be-

---

[285] *H. Jäde*, in: *ders./Dirnberger/Weiß* (Hrsg.), Baugesetzbuch, Baunutzungsverordnung, § 12 BauGB Rn. 23.

[286] *J. Kirchmeier*, in: *Ferner/Kröninger/Aschke* (Hrsg.), Baugesetzbuch mit Baunutzungsverordnung, § 12 Rn. 4.

[287] § 12 Abs. 1 Satz 1 BauGB; *S. Mitschang*, in: *Battis/Krautzberger/Löhr* (Hrsg.), Baugesetzbuch, § 12 Rn. 13; *H. Jäde*, in: *ders./Dirnberger/Weiß* (Hrsg.), Baugesetzbuch, Baunutzungsverordnung, § 12 BauGB Rn. 24; *J. Busse*, in: *Spannowsky/Uechtritz* (Hrsg.), Baugesetzbuch, § 12 Rn. 41 f.

[288] *H. Jäde*, in: *ders./Dirnberger/Weiß* (Hrsg.), Baugesetzbuch, Baunutzungsverordnung, § 12 BauGB Rn. 25. Zum Inhalt auch *Jarass/Kment* (Hrsg.), BauGB, § 12 Rn. 10 ff.; *J. Kirchmeier*, in: *Ferner/Kröninger/Aschke* (Hrsg.), Baugesetzbuch mit Baunutzungsverordnung, § 12 Rn. 8.

[289] *J. Kirchmeier*, in: *Ferner/Kröninger/Aschke* (Hrsg.), Baugesetzbuch mit Baunutzungsverordnung, § 12 Rn. 7; *Jarass/Kment* (Hrsg.), BauGB, § 12 Rn. 9; *S. Mitschang*, in: *Battis/Krautzberger/Löhr* (Hrsg.), Baugesetzbuch, § 12 Rn. 13; *H. Jäde*, in: *ders./Dirnberger/Weiß* (Hrsg.), Baugesetzbuch, Baunutzungsverordnung, § 12 BauGB Rn. 27; *J. Busse*, in: *Spannowsky/Uechtritz* (Hrsg.), Baugesetzbuch, § 12 Rn. 49.

[290] *H. Jäde*, in: *ders./Dirnberger/Weiß* (Hrsg.), Baugesetzbuch, Baunutzungsverordnung, § 12 BauGB Rn. 29; *S. Mitschang*, in: *Battis/Krautzberger/Löhr* (Hrsg.), Baugesetzbuch, § 12 Rn. 17. Die Zulässigkeit solcher Vorwegbindungen beurteilt sich nach den Maßstäben, die für die Vorwegbindung von Abwägungen bei der Aufstellung von Bauleitplänen durch städtebauliche Verträge entwickelt wurden, vgl. dazu BVerwG, Urt. v. 5.7.1974 – IV C 50.72.

[291] *Jarass/Kment* (Hrsg.), BauGB, § 12 Rn. 3.

[292] *H. Jäde*, in: *ders./Dirnberger/Weiß* (Hrsg.), Baugesetzbuch, Baunutzungsverordnung, § 12 BauGB Rn. 31 f.

bauungsplan dem Durchführungsvertrag inhaltlich zu entsprechen hat, andernfalls er fehlerhaft ist.[293] Dagegen wird der Vorhaben- und Erschließungsplan Inhalt des Bebauungsplans und kann sogar bei entsprechender Konkretisierung der Festsetzungen mit ihm identisch sein.[294] Hierdurch wird der von der privaten Hand des Vorhabenträgers gesetzte Vorhaben- und Erschließungsplan durch Inkorporation in den vorhabenbezogenen Bebauungsplan zu geltendem Recht in Form einer Satzung.[295] Dieser kann, muss jedoch keine weiteren Regelungen in räumlicher und sachlicher Hinsicht als der Vorhaben- und Erschließungsplan haben.[296] So setzt ein Privater Regelungen fest, die durch gesetzliche Anordnung Bestandteil einer Rechtsnorm werden. Freilich liegt die Letztentscheidung über die Aufstellung des vorhabenbezogenen Bebauungsplans allein bei der Gemeinde, die auch durch den Durchführungsvertrag keiner Bindung diesbezüglich unterliegt. Die Gemeinde allein kann entscheiden, ob sie überhaupt und wenn ja, ob sie einen vorhabenbezogenen oder einen herkömmlichen Bebauungsplan aufstellt oder die Planung abbricht, natürlich unter eventuell bestehenden Amtshaftungsansprüchen gegen sie.[297] Einen Anspruch auf Erlass eines Bebauungsplans oder Einleitung eines Bebauungsplanverfahrens besitzt der Vorhabenträger nicht.[298] Dies erfordert schon die demokratische Legitimation der Normsetzung, welche allein die Gemeindeorgane durch unmittelbare Wahl aufweisen. Trotzdem handelt es sich bei dem Vorhaben- und Erschließungsplan um eine Beteiligung von Privaten an der Normsetzung. Diese Beteiligung erfolgt auch unter dem Vorbehalt der Abstimmung mit der Gemeinde und damit konsensual, auch wenn die Planungshoheit bei der Gemeinde verbleibt und dadurch die Mitwirkungsmöglichkeit deutlich abgeschwächt wird. Beim vorhabenbezogenen Bebauungsplan findet die im Städtebaurecht weitreichendste Kooperation zwischen Gemeinde und Privaten statt.[299]

### *3. Die konsensuale Einbindung Privater im Tarifvertragsrecht*

Der Tarifvertrag erhält normativen Geltungsbefehl und wird dadurch Teil der staatlichen Rechtsordnung. Insoweit wird bei ihm auf eine privatrechtliche Vereinbarung zurückgegriffen, wodurch die Vertragsparteien den Inhalt des norma-

---

[293] BVerwGE 119, 45; *S. Mitschang*, in: *Battis/Krautzberger/Löhr* (Hrsg.), Baugesetzbuch, § 12 Rn. 17; *J. Busse*, in: *Spannowsky/Uechtritz* (Hrsg.), Baugesetzbuch, § 12 Rn. 48.

[294] § 12 Abs. 3 Satz 1 BauGB; BayVGH, Urt. v. 3.8.2010 – 15 N 09.1106; BayVGH, Urt. v. 20.4.2011 – 15 N 10.1320.

[295] *H. Jäde*, in: *ders./Dirnberger/Weiß* (Hrsg.), Baugesetzbuch, Baunutzungsverordnung, § 12 BauGB Rn. 33.

[296] *S. Mitschang*, in: *Battis/Krautzberger/Löhr* (Hrsg.), Baugesetzbuch, § 12 Rn. 23; *H. Jäde*, in: *ders./Dirnberger/Weiß* (Hrsg.), Baugesetzbuch, Baunutzungsverordnung, § 12 BauGB Rn. 33.

[297] *Jarass/Kment* (Hrsg.), BauGB, § 12 Rn. 17, 19.

[298] § 1 Abs. 3 Satz 2 BauGB; BVerwG, NVwZ 2006, 1207 (1208); *Jarass/Kment* (Hrsg.), BauGB, § 12 Rn. 19; *J. Kirchmeier*, in: *Ferner/Kröninger/Aschke* (Hrsg.), Baugesetzbuch mit Baunutzungsverordnung, § 12 Rn. 9a.

[299] *S. Mitschang*, in: *Battis/Krautzberger/Löhr* (Hrsg.), Baugesetzbuch, § 12 Rn. 1; *Jarass/Kment* (Hrsg.), BauGB, § 12 Rn. 2.

tiven Teils autonom und jeweils nur begrenzt durch den anderen Vertragsteil bestimmen können. Trotzdem handelt es sich hierbei nicht um eine Einbindung Privater in die staatliche Normgebung. Zwar wird dem Tarifvertrag Rechtsnormcharakter beigemessen und er kann für allgemeinverbindlich erklärt werden. Allerdings stellt der Tarifvertrag keine staatliche Normsetzung dar, sondern er ist Ausdruck kollektiver Privatautonomie, bei dem den Tarifvertragsparteien keine staatliche Rechtssetzungsmacht überantwortet wird.[300]

### *II. Einbindung Privater bei der Bestimmung von Vertragsinhalten*

Der Einbezug Privater zur Bestimmung von Vertragsinhalten durch die Aufsichtsbehörde mittels Hoheitsakts, wie er durch die Regelung in § 132 a Abs. 2 Satz 7 SGB V ermöglicht wird, stellt eine Besonderheit des Sozialrechts dar. In anderen Rechtsgebieten ist, soweit dies überblickt werden kann, keine ähnlich gelagerte Situation gegeben, bei der ein Privatrechtssubjekt durch Hoheitsakt mit zivilrechtlichen Kompetenzen ausgestattet ist. Dies verwundert nicht, da grundsätzlich nicht die Fremdbestimmung von Verträgen im Mittelpunkt der staatlichen Einflussnahme steht, sondern die Einwirkung auf eine konsensuale Einigung mittels Schiedsstellen, Schiedsämtern oder Schiedspersonen, die regelmäßig hoheitlich handeln. Insoweit steht ein weniger einschneidendes und trotzdem wirksames Mittel zur Verfügung, um den Vertragsschluss zwischen den Vertragsparteien zu fördern. Bedenkt man noch, dass sich dieser „Vertragshelfer" grundsätzlich der dogmatischen Kategorisierung durch die Rechtsfiguren des Allgemeinen Verwaltungsrechts entzieht, da insbesondere der Tatbestand der Beleihung nicht erfüllt ist, so dürfte mit der Ausweitung dieses Rechtsinstituts Zurückhaltung geboten sein.

### *III. Zusammenfassung und Bewertung*

Die konsensuale Einbindung Privater bei der Normsetzung kann auch in anderen Rechtsgebieten als dem Sozialrecht nachgewiesen werden, wenn auch mit unterschiedlicher Intensität und Ausprägung. Unmittelbar an der Rechtssetzung beteiligt sind Privatrechtssubjekte bei der Gründung kommunaler Zweckverbände durch die konsensuale Vereinbarung des Organisationsstatuts, sowie als Mitglieder der Verbandsversammlung durch den Erlass von Satzungen und Rechtsverordnungen. Dabei erfolgt die Begrenzung der Partikularinteressen dieser Privatrechtssubjekte bei der Normsetzung durch Rückbindung an die öffentlich-rechtlichen Vertreter des Gemeinwohls, indem die Mehrheitsverhältnisse und die Anforderungen an die Beschlussfähigkeit derart ausgestaltet sind, dass

300 *M. Löwisch/V. Rieble*, TVG, § 1 Rn. 94; 140 ff., 349 ff.; *U. Reim*, in: *Däubler* (Hrsg.), Tarifvertragsgesetz, § 1 Rn. 34.

eine Majorisierung dieser Vertreter des Gemeinwohls durch die Privatrechtssubjekte nicht möglich ist.

Eine weitere, wenn auch gegenüber derjenigen in den kommunalen Zweckverbänden abgeschwächte konsensuale Einbindung Privater bei der Normgebung erfolgt durch den Vorhaben- und Erschließungsplan, der vom Vorhabenträger, der eine natürliche oder juristische Person des Privatrechts sein kann,[301] auf dessen Initiative hin mit der Gemeinde abgestimmt und aufgestellt wird und der dann aufgrund einer von der Gemeinde weitgehend frei zu treffenden planerischen Entscheidung in den vorhabenbezogenen Bebauungsplan aufgenommen und damit Bestandteil der Satzung wird. Dabei wird das planerische Ermessen der Gemeinde nicht gebunden, so dass der Satzungserlass allein in der Entscheidungsgewalt des Hoheitsträgers steht. Beschließt sie jedoch den vorhabenbezogenen Bebauungsplan, so wird der mit dem Privaten vereinbarte und von diesem aufgestellte Vorhaben- und Erschließungsplan zum Norminhalt.

Und auch im Privatrecht werden durch Privatrechtssubjekte ausgehandelte Inhalte von Verträgen mit Normwirkung bedacht, wie dies bei den Tarifverträgen der Fall ist.

Insoweit kann festgehalten werden, dass die konsensuale Einbindung Privater bei der Normsetzung keine Besonderheit des Sozialrechts darstellt.

Anders ist dies dagegen bei dem Institut des „Vertragshelfers", das als Besonderheit des Sozialrechts anzusehen ist und gegenüber den üblichen Formen der Konsenserzielung durch Schiedspersonen oder -stellen keinen Vorteil aufweist und dogmatisch nicht fassbar ist.

## D. Zusammenfassung

Gegen die Einbindung Privater in die Setzung von exekutivem Außenrecht bestehen keine verfassungsrechtlichen Bedenken, sie bedarf jedoch gesonderter demokratischer Legitimation, die in Form der sachlich-inhaltlichen sowie der organisatorisch-konsensualen Legitimation erfolgen muss, um Partikularinteressen zurückzudrängen. Für diese Form der Einbindung Privater kann jedoch nicht das Rechtsinstitut der Beleihung herangezogen werden, da es diesen Privaten insbesondere an der eigenständigen Aufgabenwahrnehmung und einer Pflicht zur Aufgabenerfüllung aufgrund seiner konsensualen Rückbindung ermangelt, so dass diese Form als konsensuale Normsetzung bzw. die Person als konsensualer Normsetzer bezeichnet werden kann.

Dagegen ist der Setzung von Innenrecht durch Art. 33 Abs. 4 GG ein Riegel vorgeschoben, sofern nicht das Privatrechtssubjekt das Substrat der Verwaltungseinheit ersetzt und sich im Rahmen der dieser zustehenden Kompetenzen hält. In letzterem Fall kann das Rechtsinstitut der Beleihung angewandt werden,

[301] *J. Busse*, in; *Spannowsky/Uechtritz* (Hrsg.), Baugesetzbuch, § 12 Rn. 20.

da eine konsensuale Rückbindung aufgrund fehlender Außenwirkung der Rechtsnorm gerade nicht erforderlich ist.

Ebenfalls unter den Beleihungstatbestand fällt die Betrauung mit dem Erlass von Realakten, wie z.B. von Empfehlungen. In dem Fall allerdings, indem durch den Realakt eine Rechtsbeeinträchtigung erfolgt oder in den Kompetenzbereich anderer Verwaltungsträger eingegriffen wird, ist jedoch zu fordern, dass neben der für die Übertragung von bloßen Realakten notwendigen Aufgabenbeschreibung auch eine normative Regelung der Befugnis ergeht.

Der Einbezug Privater in die Normsetzung durch Vertrag erfolgt jedoch nicht allein im Sozialrecht, sondern ebenfalls z.B. im Kommunalverwaltungsrecht bei der Gründung und dem Satzungserlass von kommunalen Zweckverbänden wie auch im Bauplanungsrecht mit dem Vorhaben- und Erschließungsplan, wenn auch bei Letzterem die Letztentscheidung in der Hand des Hoheitsträgers liegt. Gleichzeitig stellt der Tarifvertrag im Zivilrecht eine Vertragsform dar, der normative Wirkung zukommt. Insoweit kann die Kategorie des konsensualen Normsetzers über das Sozialrecht hinaus Relevanz aufweisen und so die Kategorien des Allgemeinen Verwaltungsrechts in Form von Beleihung und Verwaltungshelfer durch ein im Hinblick auf die Rückbindung bei der Aufgabenwahrnehmung zwischen diesen anzusiedelndes Rechtsinstitut erweitern.

Dagegen bleibt die Rechtsfigur des „Vertragshelfers“ auf das Sozialrecht begrenzt.

Die Übertragung von Empfehlungsbefugnissen auf Privatrechtssubjekte ist grundsätzlich in Form der Beleihung möglich, wenn auch die Anforderungen an die Beleihung mit Realakten dann zu modifizieren sind, wenn durch den Realakt ein Übergriff in einen anderen Rechtskreis erfolgt. In diesem Fall ist neben einer bloßen Aufgabenzuweisung und die dadurch erfolgende Abgrenzung zum privatrechtlichen Bereich aufgrund demokratischer und rechtsstaatlicher Anforderungen, insbesondere des Vorbehalts des Gesetzes, auch die Übertragung einer normativen Befugnis erforderlich. Diesem Erfordernis wird durch die gesetzliche Ausgestaltung des § 115a Abs. 3 Satz 3, 4 SGB V genügt.

# Ergebnisse in Thesen

1. Damit das Allgemeine Verwaltungsrecht seine Speicherfunktion wieder erfüllen und dieser Speicher als Orientierung und der Rechtsfortbildung des Besonderen Verwaltungsrechts dienen kann, muss es seinen Anschluss an die Verwaltungswirklichkeit zurückgewinnen. Hierzu bedarf es zum Ausgleich seiner dogmatischen Unterbilanz mit Blick auf konsensuale Organisations- und Handlungsformen der Fortbildung, die durch die Heranziehung des Sozialrechts als Referenzgebiet erfolgen kann. Gleichzeitig wird so das Sozialrecht an das Allgemeine Verwaltungsrecht rückgebunden und als Teil des Besonderen Verwaltungsrechts ausgewiesen.
   Ebenso kann die an diesen konsensualen Organisations- und Handlungsformen entwickelte organisatorisch-konsensuale Legitimationsform das klassische Legitimationsmodell verstärken und so dessen Anwendungsbereich trotz der bestehenden Grenzen zumindest für den Bereich der gruppenpluralen Verwaltung sichern. Hierdurch werden eine reduzierte materielle Steuerung sowie Defizite personeller Legitimation durch Prozeduralisierung mittels Organisation und Verfahren aufgefangen.

## Kapitel 1

2. Das Allgemeine Verwaltungsrecht enthält die grundlegenden Prinzipien, Gesetze, Rechtsgrundsätze, Rechtsinstitute und Begriffe, wie die Lehren von der Verwaltungsorganisation und den Handlungsformen, die für alle Bereiche des Verwaltungsrechts Geltung beanspruchen, sofern keine spezialgesetzliche Modifikation erforderlich ist. Dabei setzt die Systembildung kein System voraus, sondern möchte dieses gerade selbst erschaffen (Kapitel 1 A.).
3. Versuchen die Regelungen des Besonderen Verwaltungsrechts durch problemakzentuierte und realitätsnahe Normierungen die Dynamik, Komplexität und die neuen Herausforderungen der Lebensverhältnisse einzufangen und konkret für die Praxis zugeschnittene Lösungsansätze bereitzuhalten, möchte das Allgemeine Verwaltungsrecht dieser Ausdifferenzierung entgegenwirken, indem es durch induktive Abstraktion, Reduktion und Typisierung Regelungen bereithält, die sich im Sinne einer sachgerechten Problemlösung bewährt haben und denen daher Modellcharakter zukommt. So werden Sonderinteressen diszipliniert, ohne dass dabei der Anspruch erhoben wird, die verfassungsrechtlich erforderlichen aufgabenspezifischen Differen-

zierungen des Besonderen Teils zu nivellieren. Insoweit treten Allgemeiner und Besonderer Teil in eine Wechselbeziehung. Dabei will das Allgemeine Verwaltungsrecht nicht nur die kumulative Anhäufung von Rechtsinstituten, sondern eine widerspruchsfreie, allgemeingültige Ordnungsidee (*Schmidt-Aßmann*) verwirklichen (Kapitel 1 B.).

4. Das Allgemeine Verwaltungsrecht kann diese strukturelle Ordnungsfunktion durch Systembildung erfüllen (Kapitel 1 C.).
   a. Die Aufgaben des verwaltungsrechtlichen Systems lassen sich als Speicherfunktion, Orientierungsfunktion, Ausgleichsfunktion und Rechtsentwicklungsfunktion bezeichnen (Kapitel 1 C. I.).
      aa. So hält das verwaltungsrechtliche System eine Vielzahl von allgemeinen Aussagen, wie insbesondere Organisations- und Handlungsformen, in abstrakter Form bereit, welche einen steten Rückgriff ermöglichen und dadurch zur Entlastung der Exekutive wie auch der Beschleunigung des Verwaltungsverfahrens insbesondere bei der Bewältigung von Massenvorgängen beitragen, sog. Speicherfunktion (Kapitel 1 C. I. 1.).
      bb. Gleichzeitig werden diese Aussagen zu Entscheidungsmaximen für die praktische Rechtsanwendung, wodurch ihnen Orientierungsfunktion zukommt, durch welche die Handlungsketten sowie Entscheidungsfolgen nicht nur für den Bürger, sondern auch für die Exekutive vorhersehbar und damit abschätzbar werden. Zugleich baut diese Orientierungswirkung Rechtfertigungsdruck für Sonderentwicklungen in den Bereichsdogmatiken auf und fördert damit eine widerspruchsfreie Rechtsordnung. Diese Orientierungswirkung erfolgt jedoch nicht nur mittels aufsteigender Abstraktion, sondern auch durch absteigende Konkretisierung verfassungsrechtlich festgesetzter Wertungen. Insoweit nimmt das Allgemeine Verwaltungsrecht eine Mittlerebene zwischen Verfassungs- und Besonderem Verwaltungsrecht ein (Kapitel 1 C. I. 2.).
      cc. Durch die erfolgten Abstraktionen und dem Vergleich der Rechtsgebiete ist es möglich, Systemkonsistenzen zu überprüfen sowie Interessen- und Wertungskonflikte auszugleichen, sog. Ausgleichsfunktion (Kapitel 1 C. I. 3.).
      dd. Hierdurch werden auch Notwendigkeiten zur Fortentwicklung des Verwaltungsrechts aufgedeckt und Aussagen über die Rezeptionsoffenheit des Systems und seiner Aufnahmefähigkeit bzgl. neuer Entwicklungen ermöglicht, sog. Rechtsentwicklungsfunktion (Kapitel 1 C. I. 4.).
   b. Akteure der Systembildung sind mit unterschiedlicher Wirkkraft die drei Staatsgewalten sowie die Verwaltungsrechtswissenschaft (Kapitel 1 C. II.).
      aa. Judikative, Exekutive und Verwaltungsrechtswissenschaft erlangen ihre systembildende Wirkung nur in dem Rahmen, in dem der Gesetzgeber Spielräume belässt und Kodifizierungsdefizite bestehen.

Dabei ist der Beitrag der Exekutive aufgrund ihrer Bindung an Gesetz und Recht sowie der gerichtlichen Überprüfung ebenso untergeordnet wie derjenige der Verwaltungsrechtswissenschaft, die auf eine Rezeption in die Verwaltungspraxis oder die Entscheidungspraxis der Gerichte angewiesen ist. Gleichzeitig ist gerade im Sozialrecht zu bemerken, dass trotz des Anstiegs wissenschaftlicher Publikationen eine allumfassende Systematisierungsleistung bislang ausgeblieben ist.
Der Judikative kommt dagegen eine Ergänzungsfunktion zur Rechtssetzung der Legislative und Exekutive in Abhängigkeit von der normativen Ausgestaltung durch den Gesetzgeber und damit stärkere systemprägende Funktion zu, die jedoch durch die Einzelfallbezogenheit wieder relativiert wird (Kapitel 1 C. II.).

bb. Der Legislative fällt als höchster Gewalt im Staat grundsätzlich die maßgebliche Bedeutung bei der Systembildung zu, die jenseits der verfassungsrechtlichen Direktiven die Regelungsdichte aufgrund ihrer Einschätzungsprärogative und den gewählten kodifikatorischen Zugriff zu bestimmen vermag. Dabei setzte die Kodifikation des Verwaltungsrechts erst spät ein und erschöpfte sich in weitgehend kodifikatorischen Kompilationen von bereits vorhandenem Richterrecht, das eine systematische Durchdringung des Verwaltungsrechts vermissen lässt. Der Systembildung entgegen wirkt auch die vom Gesetzgeber angeordnete Aufteilung des Rechtsweges, welche die Herausbildung von Sonderdogmatiken begünstigt. Gleiches gilt für das Sozialrecht. Dieses zeichnet sich zwar durch einen höheren Kodifikationsgrad aus, wobei die Bedeutung des Gesetzgebers durch die explizite Normierung des Vorbehalts des Gesetzes in § 31 SGB I verfestigt wird. Jedoch unterliegt es auch einer nicht zuletzt aufgrund des geänderten Verständnisses von reinem Sicherheitsrecht hin zu dem Bestreben, soziale Notlagen zu vermeiden bzw. auszugleichen, verstärkten Ausdifferenzierungen durch die Ausweitung des einbezogenen Personenkreises sowie neuer Leistungszweige. In Ermangelung einer einheitlichen Gesamtkonzeption ist die Kodifikation des Sozialrechts unvollständig wie auch permanente Änderungen und Ergänzungen sowie Sondergesetzgebungen die ursprünglich angedachte Systematik durchbrechen (Kapitel 1 C. II. 1., 2.).

c. Systemprägende Elemente sind insbesondere das höherrangige Recht in Form des Verfassungsrechts sowie die Sachgesetzlichkeiten des jeweiligen Rechtsgebiets (Kapitel 1 C. III.).

aa. Speziell die Strukturprinzipien des Grundgesetzes sind der Bezugspunkt für die verwaltungsrechtliche Systembildung, die den Gehalt bilden, dessen Konkretisierung die Aufgabe des Verwaltungsrechts darstellt. So wird durch das Rechtsstaatsprinzip, insbesondere durch die Ausprägung des Vorbehalts und Vorrangs des Gesetzes, das Parlamentsgesetz zum zentralen Ordnungs- und Steuerungsinstrument, wie auch die Subjektivierung des Verhältnisses zwischen Bürger und Staat durch die Grundrechte maßgeblich wird. Auch das Demokratieprinzip wird durch die eingeforderte Rückführung allen staatlichen Handelns auf das Staatsvolk insbesondere für Organisations- und Handlungsformen zum bestimmenden Verfassungsprinzip. Daneben ist gerade im Sozialrecht naturgemäß das Sozialstaatsprinzip prägend, das sich durch seine Unbestimmtheit und der dieser innewohnenden Dynamik, Komplexität und Offenheit sowie das Fehlen verfassungsrechtlicher Präzisierungen und Substantiierungen auszeichnet sowie einer Konkretisierung durch Gesetzgebung und Wissenschaft bedarf und sich erst in der Bereitstellung von Organisations- und Handlungsformen verwirklichen kann. Da seine Ausgestaltung Ausdruck politischer Entscheidung des Gesetzgebers ist, kommt ihm keine Garantiewirkung für bestehende Organisationsformen zu. Dabei weist es im Hinblick auf das Rechtsstaats- und Demokratieprinzip Zielkongruenzen sowie Zielkonflikte auf. Ebenfalls systemrelevant ist die Kompetenzordnung des Grundgesetzes, die insbesondere im Sozialrecht durch die Verteilung der Kompetenzen auf verschiedene Zuständigkeitsebenen der einheitlichen Systembildung entgegen wirkt (Kapitel 1 C. III. 1.).

bb. Die Ausdifferenzierung des Aufgabenspektrums der Verwaltung, aber auch die Ausrichtung auf die subjektive Rechtsstellung des Einzelnen und die ansteigende Verwaltungskomplexität insbesondere durch an Heterogenität gewinnende „mehrpolige" Interessenstrukturen ziehen einen Wandel des Verwaltungsrechts nach sich und wirken auf die Systembildung insbesondere im Hinblick auf die Organisations-, Handlungs- und Verfahrensformen ein. Gleiches gilt für das Sozialrecht, das sich aufgrund der Vielgestaltigkeit sozialer Aufgaben, dem ständigen Umbruch der Lebenswirklichkeit sowie der Vielzahl von Akteuren und Beteiligten insbesondere durch die sich hieraus bildenden, interessenpluralen Organisations- und Handlungsformen auszeichnet (Kapitel 1 C. III. 2.).

d. Die Systembildung bezieht sich insbesondere auf die Organisations-, die Handlungs- und Verfahrensformen sowie den Rechtsschutz (Kapitel 1 C. IV.).

aa. Im Organisationsrecht verwirklichen sich die grundgesetzlichen Wertentscheidungen und Strukturen, weshalb es den strukturgebenden, rechtlichen Rahmen der administrativen Tätigkeit darstellt, durch den die Verwaltung ihre Steuerung erfährt und staatliches Handeln und gesellschaftliche Beteiligung vereint werden. Insbesondere vor der Hinwendung zum kooperativen Verwaltungsstaat haben die Organisationsformen eine verstärkte Ausdifferenzierung erfahren, die mit dem klassischen hierarchischen Organisationsmodell nach *Max Weber* nicht mehr eingefangen werden können. Der Organisationspluralismus im Sozialrecht fordert dieses in besonderer Weise heraus (Kapitel 1 C. IV. 1.).

bb. Die Handlungsformen entfalten ihre Systemfunktion insbesondere durch die mit der Wahl dieser verbundenen Entscheidung über die Rechtswirkungen des Verwaltungshandelns sowie den hierzu korrespondierenden Rechten und Rechtsschutzmöglichkeiten des Bürgers. Der Kanon der Handlungsformen wird jedoch durch die im Sozialrecht herausgebildeten Handlungsformen vor Herausforderungen gestellt (Kapitel 1 C. IV. 2.).

cc. Mit der Ausdifferenzierung der Verwaltungsaufgaben sowie der Einbindung von Betroffenen und verwaltungsexternem Sachverstand ist eine reduzierte materielle Steuerung der Verwaltungstätigkeit durch verringerte normative Programmierung der Verwaltung verbunden, die unter einer verminderten justiziellen Kontrolldichte Gestaltungsmöglichkeiten für die Findung einer optimalen Erfüllung der Verwaltungsaufgaben belässt, womit eine Aufwertung des Verfahrensrechts verbunden ist. Insbesondere bei gruppenpluralen Entscheidungsgremien wird die normative Steuerung auf grundsätzliche Fragen zurückgeworfen, ohne dass eine Feinsteuerung ergehen kann, so dass die Prozeduralisierung durch Verfahren den Ausgleich von verschiedenen Interessen wie auch die Gewähr einer sachgerechten Entscheidung sicherstellen muss. Darüber hinaus fordern das Rechtsstaats- und Demokratieprinzip ein, dass die Verwaltungsentscheidungen überschaubar und nachvollziehbar bleiben müssen (Kapitel 1 C. IV. 3.).

dd. Mit der Wahl der Handlungsform ergeht gleichzeitig die Entscheidung über den Rechtsschutz, der damit ebenso systemprägend wirksam, jedoch vorliegend nicht weiter vertieft wird (Kapitel 1 C. IV.).

e. Als Methode der Systembildung anerkannt ist die Heranziehung von Referenzgebieten, wobei der Auswahl der Referenzgebiete für die systematische Entwicklung des Verwaltungsrechts grundlegende Bedeutung zukommt (Kapitel 1 C. V.).

5. Durch die Erweiterung und Neuakzentuierung des Aufgabenspektrums der Verwaltung unter gleichzeitig verstärkter Ausprägung kooperativer Zusammenarbeit mit anderen Verwaltungsträgern oder Bürgern, wodurch die Berücksichtigung komplexer Interessenlagen erforderlich wird, ist die Verwaltungsrechtssystematik neuen Herausforderungen ausgesetzt (Kapitel 1 D.).

a. Insbesondere durch die Ausbildung eines Organisationspluralismus, der durch multipolare Entscheidungsstrukturen und den Einbezug einer Vielzahl von Entscheidungsträgern gekennzeichnet ist, wird die bisherige Dogmatik mit ihrer Schwerpunktsetzung auf den Vollzugscharakter des Verwaltungshandelns vor Herausforderungen gestellt. Gleichzeitig muss auch das traditionelle demokratische Legitimationsmodell für derartige Organisationseinheiten hinterfragt werden (Kapitel 1 D. I.).

b. In gleicher Weise vom gewandelten Staats- und Verwaltungsverständnis unter Hinwendung zum kooperativen Verwaltungsstaat betroffen ist die Handlungsformenlehre, bei der nach wie vor der Schwerpunkt auf überkommenen Handlungsformen liegt, während nicht-regulative, kooperative, insbesondere konsensuale Handlungsformen, zu denen auch Normsetzung und Empfehlungsgaben aufgrund von Konsens zu rechnen sind, sowie komplexe Entscheidungsformen und mehrpolige Verwaltungsrechtsverhältnisse unter verstärkter Einbeziehung von Privatrechtssubjekten kaum Berücksichtigung finden (Kapitel 1 D. II.).

c. Dabei sind die bislang vertretenen Ansätze in der Verwaltungsrechtslehre, wie das Neue Steuerungsmodell oder die Neue Verwaltungsrechtswissenschaft, wie auch die Governance-Forschung umstritten und spalten die Verwaltungsrechtswissenschaft (Kapitel 1 D. III.).

6. Der dogmatischen Unterbilanz, wie sie sich im Allgemeinen Verwaltungsrecht im Hinblick auf konsensuale Organisations-, Handlungs- und Verfahrensformen aufgrund der Bezugnahme auf traditionelle Referenzgebiete ergibt, kann durch die Aktivierung des Sozialrechts als Referenzgebiet, in dem die Verlagerung des Tätigkeitsschwerpunkts zur leistenden, konsensualen Verwaltung seit langem stattgefunden hat, entgegengewirkt werden (Kapitel 1 F.).

## Kapitel 2

7. Ist grundsätzlich jedes amtliche Handeln mit Entscheidungscharakter zu seiner demokratischen Legitimation auf das Volk zurückzuführen, stößt das klassische Legitimationsmodell insbesondere bei Verwaltungseinheiten, die nicht der unmittelbaren, hierarchisch organisierten Staatsverwaltung angehören, auf Grenzen. So bedarf es bereits bei der vor Erlass des Grundgesetzes bestehenden Selbstverwaltung der Kommunen einer Ausnahme bzw. Ergänzung dieses Legitimationsmodells, in dem durch die Anerkennung eines territorial begrenzten Teilvolks die Legitimation „von oben" durch eine „von unten" mittels Wahl ersetzt wird. Darüber hinaus führt die aufgrund der Ausdifferenzierung der Aufgaben sich ergebende Organisationspluralisierung zu Schwierigkeiten mit Blick auf die Legitimationsformen, wie sie sich insbesondere bei der funktionalen Selbstverwaltung zeigt. Ein befriedigender Ansatz zur Überwindung dieser Defizite demokratischer Legitimation besteht nicht (Kapitel 2 A. II.).

a. Insbesondere vermögen die in der Literatur vertretenen Meinungen, wie diejenige einer besonderen verfassungsrechtlichen Rechtfertigung, der kollektiv personellen Legitimation wie auch der autonomen Legitimation nicht restlos zu überzeugen (Kapitel 2 A. II. 1.).

b. Das BVerfG versucht in seiner Rechtsprechung unter Beibehaltung des klassischen Legitimationsmodells ein offenes, pluralistisches Demokratieverständnis zu etablieren, nachdem auch andere Legitimationsmechanismen, wie das auf dem „Konfliktmodell“ beruhende Drei-Stufen-Modell, denkbar sind. Insbesondere mit Blick auf die funktionale Selbstverwaltung hält es eine Legitimation unter Abweichung vom Erfordernis personeller Legitimation durch lückenlose Wahl- und Bestellungsakte für möglich, sofern eine hinreichende sachlich-inhaltliche Legitimation gegeben ist und die Aufsichtsbehörde ihrerseits organisatorisch-personelle Legitimation für sich reklamieren kann. Dabei führt es zur Ergänzung des klassischen Legitimationsmodells als Kriterien zur Bewertung demokratischer Legitimation Parameter wie die Partizipation der Betroffenen, den Einbezug verwaltungsexternen Sachverstands sowie die effektive Erreichung der vom Gesetzgeber verfolgten Zwecke und Ziele, insbesondere das Anstreben eines sachgerechten Interessenausgleichs, an.

Darüber hinaus rückt es in seiner Rechtsprechung zur Besetzung gruppenpluraler Gremien, wie dem Weinwirtschaftsfonds, der Bundesprüfstelle für jugendgefährdende Medien, der Filmförderungsanstalt und, zwar nicht in Bezug auf die demokratische Legitimation, sondern mit Blick auf die Erfüllung des Sicherstellungsauftrags, auch den öffentlich-rechtlichen Rundfunkanstalten, zum Ausgleich der Legitimationsdefizite den Zweck der Organisationseinheiten in den Mittelpunkt der Argumentation, der je nach Organisationseinheit im Einbezug von Betroffenen, in der Aktivierung von Sachverstand und spezifischen Interessen in unterschiedlichem Ausmaße besteht, wodurch ein sachgerechter Interessenausgleich unter Verwirklichung des Gemeinwohls und Vermeidung gemeinwohlwidriger Begünstigungen von Sonderinteressen und die Majorisierung von Minderheiten ermöglicht werden soll. Sowohl das Ziel der Organisationseinheiten wie auch deren im Hinblick hierauf ausgerichtete organisatorische und verfahrensrechtliche Ausgestaltung dienen als Rechtfertigung von Abweichungen von den Erfordernissen des klassischen Legitimationsmodells und werden zum Beurteilungsmaßstab eines ausreichenden Legitimationsniveaus.

Dabei erkennt das Gericht dem Gesetzgeber im Hinblick auf die Schaffung institutioneller Vorkehrungen für eine gemeinwohlorientierte Aufgabenwahrnehmung und der Gleichachtung der Betroffenen sowie der Beobachtungs- und Kontrollmechanismen einen weiten Gestaltungsspielraum zu, im Rahmen dessen er auf verbandlich organisierte gesellschaftliche Kräfte zurückgreifen kann (Kapitel 2 A. II. 2.).

c. Im Hinblick auf die Legitimation sozialrechtlicher Organisationsformen bleibt das BVerfG jedoch zumindest in seiner Rechtsprechung über die Arbeitsgemeinschaften nach § 44 b SGB II a.F. hinter diesem pluralistischen Demokratieverständnis zurück und schwenkt wieder auf das klassische Legitimationsmodell ein, obgleich gerade im Sozialrecht pluralistische Organisationseinheiten bestehen, deren demokratische Legitimation umstritten ist (Kapitel 2 A. II. 3.).

8. Die Schwächen des klassischen Legitimationsmodells können jedoch überwunden werden, indem dieses durch die organisatorisch-konsensuale Legitimation ergänzt wird. So kann Konsens demokratische Legitimation vermitteln (Kapitel 2 B.).
   a. Obgleich das Grundgesetz den demokratischen Staat grundsätzlich auf das Mehrheitsprinzip verpflichtet, ist dieses kein vom Konsens losgelöstes Prinzip. So hat die Mehrheitsentscheidung die Interessen der Minderheit mit einzubeziehen, wodurch ein Ausgleich mit dieser erfolgt und sich das Gemeinwohl einstellt. Dieser Ausgleich ist gleichzeitig die Begründung der Verpflichtungskraft der so erlassenen Entscheidungen, insbesondere der Rechtssetzungsakte, gegenüber der Gesamtheit. Darüber hinaus setzt jede Mehrheitsentscheidung einen Grundkonsens über die Grundlagen des Zusammenlebens im Staat voraus, auf dem diese Mehrheitsentscheidung ergeht und der auch die Basis der normativen Kraft der Verfassung darstellt (Kapitel 2 B. I.).
   b. Dieser Befund wird auch gestützt durch den qualitativen Ansatz *Arend Lijpharts* im Rahmen der politikwissenschaftlichen Diskussion der vergleichenden Demokratieforschung, nach welchem die Bundesrepublik Deutschland starke konsensdemokratische Elemente aufweist und damit in der Einordnung zwischen Mehrheits- und Konsensusdemokratie als Mischform trotzdem Letzterer zugeordnet wird, da die Demokratie des Grundgesetzes auf Ausgleich und Einbezug verschiedener Interessen angelegt ist und so versucht, als Basis für die zu treffenden Entscheidungen einen breiten gesellschaftlichen Konsens zu erzielen (Kapitel 2 B. II.).
   c. Ebenso wird die Mehrheitsdemokratie der Bundesrepublik Deutschland von konkordanzdemokratischen Elementen durchzogen und geprägt. So bestehen verschiedene Ansätze einer Verhandlungsdemokratie, obgleich wichtige Entscheidungsprozesse nach wie vor auf der Ebene der Zentralregierung ohne außerparlamentarische Verständigung ablaufen, so dass die Bundesrepublik ebenfalls eine Mischform zwischen Konkurrenz- und Konkordanzdemokratie darstellt. Dabei wird bei den meisten Konkordanzdemokratien ihr hohes Integrationspotenzial um den Preis neokorporatistischer Interessenvermittlung erkauft (Kapitel 2 B. III.).
   d. Sowohl die konsensdemokratische Aufteilung von Macht als auch der konkordanzdemokratische Einbezug von verschiedenen bestehenden Interessen sowie deren Ausgleich durch Entscheidungen und der Beteiligung an der Machtausübung ist auch im Sozialrecht gewollt und wird durch den Einbezug der jeweiligen gesellschaftlichen Teilgruppen im Rahmen der „Sozialen" und „Gemeinsamen Selbstverwaltung" durch die konsensualen Organisations- und Handlungsformen angestrebt. Dabei wohnt diesen konsensualen, auf Interessenausgleich angelegten Strukturen auch legitimationsspendendes Potenzial inne. Gleichzeitig erweist sich insbesondere aufgrund des zivilrechtlichen und damit gesellschaftlichen Ausgangspunktes des Sozialrechtes die durch die Publifizierung erforder-

liche demokratische Legitimation in ihren Anforderungen als anpassungsbedürftig (Kapitel 2 B. IV.).

e. Die Ausweitung von Beteiligung liegt auch der partizipativen und assoziativen Demokratietheorie zugrunde. Geht es der partizipativen Demokratietheorie um die Maximierung von Partizipationsmöglichkeiten im Sinne von Teilnahme und Teilhabe am Entscheidungsprozess mittels diskursiver Konfliktregelung in Form von Mitwirkung und Gespräch der Partizipanten, will die assoziative Demokratieform die verbandliche Organisation der Gesellschaft als Mittlerebene zwischen dieser und dem Staat für einen kommunikativen Austausch wie auch die Einflussmöglichkeiten der Gesellschaft gewinnen und stärken. Dabei setzt sich Letztere dem Vorwurf des (Neo-) Korporatismus aus. Beiden Ansätzen ist jedoch gemein, dass sie Legitimationsdefizite ausgleichen und illegitime Herrschaftsausübung vermeiden wollen, wie sie insbesondere, aber nicht allein, durch Globalisierung und Internationalisierung entstehen. Vor diesem Hintergrund ist auch die zumindest theoretische Aufnahme partizipatorischer und assoziativ-demokratischer Elemente in den EUV zur Verstärkung der vorhandenen repräsentativen Demokratie zu sehen.
Ein Bedürfnis für den Ausgleich von Demokratiedefiziten besteht jedoch auch mit Blick auf die Grenzen des klassischen Legitimationsmodells auf nationaler Ebene. So werden nicht nur in der Literatur die Verstärkung von mitgliedschaftlich-partizipatorischen Komponenten bei der Begründung demokratischer Legitimation diskutiert, sondern auch durch das BVerfG in seiner Rechtsprechung zur funktionalen Selbstverwaltung und zu den gruppenpluralen Entscheidungsgremien partizipatorische Elemente für die Beurteilung des Legitimationsniveaus herangezogen. Insbesondere bei Letzteren billigt es im Hinblick auf die Besetzung der gruppenpluralen Gremien den Rückgriff auf verbandlich organisierte gesellschaftliche Kräfte, womit auch Ansätze assoziativer Demokratie erkennbar werden. Dabei geht es weder der Literatur noch der Rechtsprechung um die Substitution vorhandener Legitimationsmechanismen, sondern allein um deren partielle Ergänzung (Kapitel 2 B. V.).

f. Ist Ziel demokratischer Legitimation die Rückbindung jeglicher Staatsgewalt an den Souverän, um diese steuerbar und kontrollierbar zu machen sowie Machtmissbrauch vorzubeugen und den Entscheidungen durch die Verwirklichung des Gemeinwohls zu höherer Akzeptanz bei den von diesen Betroffenen zu verhelfen, liegt die zentrale Schwäche des klassischen Legitimationsmodells in dem Erfordernis der organisatorisch-personellen Legitimation durch eine ununterbrochene Kette von Berufungsakten sowie der Rückbindung und damit inhaltlichen Steuerung durch Weisungen im Sinne der sachlich-inhaltlichen Legitimation. Diese Schwächen zeigen sich insbesondere bei den Organisations- und Handlungsformen der „Sozialen Selbstverwaltung“ und der „Gemeinsamen Selbstverwaltung“ im Sozialrecht sowie bei den gruppenpluralen Entscheidungsgremien.

Die Versuche, diese Legitimationsdefizite zu kompensieren, reichen dabei von einer Ergänzung des klassischen Legitimationsmodells durch das in Art. 28 Abs. 1 Satz 2 GG angelegte Legitimationsmodell für die kommunale Selbstverwaltung bis hin zur Erweiterung durch eine am Ziel der Organisationseinheit orientierte sach- und interessengerechte organisatorische Ausgestaltung des Entscheidungsgremiums zur Durchsetzung des Gemeinwohls für die funktionale Selbstverwaltung. Hierbei erfolgt ein Rückgriff auf partizipatorisch- und assoziativ-demokratische Elemente, die auch auf europäischer Ebene nachweisbar sind. Gleichzeitig liegt die Aktivierung gesellschaftlicher Kräfte für die Erfüllung von Verwaltungsaufgaben der Idee der kommunalen Selbstverwaltung zu Grunde, wenn auch nicht mit Blick auf eine demokratische Legitimation, die erst unter dem Grundgesetz eingefordert wurde. Eine ähnliche Entwicklung durchlief der Einbezug gesellschaftlicher Kräfte im Sozialrecht, so dass es nahe liegend erscheint, auch im Rahmen der Beurteilung demokratischer Legitimation auf den ursprünglich grundrechtlich abgesicherten Einbezug gesellschaftlicher Kräfte abzustellen, der gerade aufgrund konsensus- und konkordanzdemokratischer Elemente dem politischen System der Bundesrepublik Deutschland immanent ist.

Diese Befunde können zu einem Legitimationskonzept verdichtet werden, in denen konsensuale Elemente unter Rückgriff auf gesellschaftliche Kräfte bestimmend sind. Eine solche organisatorisch-konsensuale Legitimation ist in der Lage, die Defizite des klassischen Legitimationsmodells auszugleichen, so dass durch ein Zusammenspiel mit den klassischen Legitimationsformen ein ausreichendes Legitimationsniveau hergestellt werden kann (Kapitel 2 B. VI.).

aa. Bleiben die Einwirkungsmöglichkeiten des Einzelnen nach dem klassischen Legitimationsmodell nur marginal, liegt der Schwerpunkt dieser nicht auf der Gewährleistung von Entscheidungspartizipation des Einzelnen, sondern auf der Rückbindung durch Aufsichts- und Weisungsbefugnisse zur Einwirkung auf und Kontrolle der Machtausübung und damit der Akzeptanzsteigerung durch die Verwirklichung des Gemeinwohls. Das Ziel der Kontrolle kann auch durch die organisatorisch-konsensuale Legitimation erreicht werden, da diese Machtakkumulation verhindert. So sichert sie Machtbegrenzung durch die Verteilung von Macht auf verschiedene Machtträger, die bei der Ausübung ihrer Befugnisse aneinander rückgebunden sind und sich durch eine inhomogene Interessenlage auszeichnen. Hierdurch haben diese Machtträger ihre gegenläufigen Partikularinteressen aufeinander abzustimmen und zum Ausgleich zu bringen. Unter Konsens ist dabei im Unterschied zu zivilrechtlichen Vereinbarungen die Entscheidungsfindung unter Ausgleich der einbezogenen, widerstreitenden Interessen zu verstehen, wobei nicht zwingend Einstimmigkeit einzufordern ist, sondern sich ein solcher auch in der Mehrheits-

entscheidung gruppenpluraler Gremien manifestieren kann, sofern keine der vertretenen Gruppen ein strukturelles Übergewicht hat und damit die Mehrheitsentscheidung allein bewirken kann. Konsens wird dadurch zu einer legitimierenden weil machtbegrenzenden Größe.
Eine inhaltliche Steuerung insbesondere durch Weisungen, wie sie durch die sachlich-inhaltliche Legitimation erreicht wird, kann durch die organisatorisch-konsensuale Legitimation nur in abgeschwächter Form mittels einer gesetzlichen Determination des Entscheidungsprogramms erreicht werden. Folglich kann die organisatorisch-konsensuale Legitimation die klassischen Legitimationsformen nur dort ergänzen, wo die konkrete Verwaltungseinheit dieser inhaltlichen Steuerung durch Weisung nicht bedarf und gerade die weisungsfreie Entscheidungsfindung Ziel der Organisationseinheit ist. Daher beschränkt sich der Anwendungsbereich der organisatorisch-konsensualen Legitimation auf Organisationseinheiten außerhalb der unmittelbaren Staatsverwaltung, die sich durch ihre gruppenplurale Zusammensetzung unter Einbezug von partizipativen Elementen, Sachverstand oder besonderer Interessenlagen auszeichnen und für abgegrenzte Bereiche der Erledigung öffentlicher Aufgaben errichtet wurden (Kapitel 2 B. VI. 1.).

bb. Die Vorteile der organisatorisch-konsensualen Legitimation bestehen in dem Einbezug gesellschaftlicher Kräfte, wodurch nicht nur Betroffene aktiviert und Sachverstand einbezogen werden kann, sondern auch das Parlament entlastet wird sowie die bestehenden demokratischen Defizite des klassischen Legitimationsmodells ausgeglichen werden.
Mit der organisatorisch-konsensualen Legitimation können jedoch auch Befürchtungen insbesondere einer Rückkehr zu einem (Neo-)Korporatismus einhergehen. So können Bedenken im Hinblick auf die Möglichkeit von Machtmissbrauch unter fehlender demokratischer Sanktionierung durch das Bestehen von Fremdherrschaft aufgrund des Ausschlusses von Bevölkerungsteilen oder der vollständigen Abkoppelung des Entscheidungsprozesses vom Volk sowie der einseitigen Durchsetzung von Partikularinteressen auf Kosten des Gemeinwohls in Form von Lobbyismus bestehen, wie auch lange Entscheidungsprozesse sowie völlig fehlende Problemlösungskompetenz aufgrund von Blockadehaltungen befürchtet werden können. Diesen Bedenken kann jedoch durch organisatorische und verfahrensrechtliche Ausgestaltung der Entscheidungsgremien begegnet werden, so dass durch Institutionalisierung einem solchen gemeinwohlschädlichem, kartellartigem Korporatismus entgegengewirkt werden kann (Kapitel 2 B. VI. 2.).

cc. So soll die organisatorisch-konsensuale Legitimation nicht generell die klassischen Legitimationsformen oder gar das klassische Legitimationsmodell ersetzen, sondern dieses ergänzen und so zu einem ausreichenden Legitimationsniveau beitragen. Dabei ist deren Anwendungsbereich auf solche Organisationeinheiten beschränkt, die für abgegrenzte Bereiche der Erledigung öffentlicher Aufgaben unter Einbezug von partizipativen Elementen, Sachverstand oder besonderen Interessenlagen außerhalb der Ministerialverwaltung gebildet wurden und deren Entscheidungsgremien gruppenplural besetzt sind. Die Durchsetzung des Gemeinwohls wird dabei von der organisatorisch-konsensualen Legitimation bewirkt, für die der Gesetzgeber durch organisatorische und verfahrensbezogene Ausgestaltung Vertretungen von gegenläufigen Interessen zu Entscheidungsgremien zusammenspannt, so dass diese die Aufgaben und Befugnisse nur gemeinschaftlich wahrnehmen können, wobei die interessenantagonistische Struktur mit dem Anstieg der Anzahl der vertretenen Interessen schwächer werden kann.

Zur Verwirklichung eines effektiven Mitspracherechts der Betroffenen sowie eines sachgerechten Interessenausgleichs hat er die Interessen der von der Entscheidung Betroffenen in einer nach ihrer Bedeutung und Betroffenheit angemessenen Weise an der Entscheidung einzubeziehen. Dabei begründet sowohl eine unmittelbare und rechtliche wie auch eine mittelbare und faktische Betroffenheit den Betroffenenstatus. Gleichzeitig kann er im Rahmen seines weiten Organisationsspielraums auch verwaltungsexternen Sachverstand sowie Personengruppen, die der Erreichung des Ziels der Verwaltungseinheit förderlich sind, bei der Entscheidung miteinbeziehen. Voraussetzung ist jedoch, dass sich die Interessen gegenseitig ausgleichen können und kein Partikularinteresse das andere dominieren kann, so dass der gegenseitige Ausgleich der Interessen die Grundlage der Entscheidung bildet.

Dabei kann der Gesetzgeber Einstimmigkeit im Beschlussgremium fordern, wobei unter Berücksichtigung der Funktionsfähigkeit der Organisationseinheit auch einfache Mehrheitsentscheidungen als ausreichend angeordnet werden können, sofern sichergestellt ist, dass ein strukturelles Übergewicht einer Interessengruppe vermieden wird und sich kein Partikularinteresse auf Kosten der anderen durchsetzen und diese dominieren kann, mithin also keine der an der Entscheidung beteiligten Gruppen die Mehrheitsentscheidung allein herbeiführen und damit den angestrebte Interessenausgleich und die mit ihm verfolgte Machtbegrenzung umgehen kann (Kapitel 2 B. VI. 3.).

dd. Zur Sicherung der Funktionsfähigkeit der Gremien kann der Gesetzgeber Konfliktlösungsmechanismen einbauen, indem er z.B. neutrale Mitglieder in das Entscheidungsgremium aufnimmt, denen die Vermittlung zwischen den Interessen bzw. bei Stimmengleichheit das Letztentscheidungsrecht zufällt, oder aber auch ein Schiedsverfahren anordnen. Des Weiteren hat der Gesetzgeber diese Organisationsstruktur seiner Kontrolle zu unterwerfen, was entweder durch die Anordnung einer ihrerseits organisatorisch-personell legitimierten Rechtsaufsicht oder einer Beobachtungspflicht im Hinblick auf die Verwirklichung des Interessenausgleichs erfolgen kann, die sich bei der Dominanz eines Partikularinteresses zu einer Nachbesserungspflicht wandelt. Neben der organisatorisch-konsensualen Legitimation bleibt das Erfordernis einer sachlich-inhaltlichen durch ein normativ determiniertes Entscheidungsprogramm bestehen. Dabei tritt die organisatorisch-konsensuale Legitimationsform mit den bisher bestehenden Legitimationsformen in Wechselwirkung, um ein angemessenes Legitimationsniveau sicherzustellen (Kapitel 2 B. VI. 3.).

## Kapitel 3

9. Das Sozialrecht zeichnet sich durch die Organisationsformen der sog. „Sozialen Selbstverwaltung", insbesondere in Form der Sozialversicherungsträger, und der „Gemeinsamen Selbstverwaltung", für die der G-BA paradigmatisch ist, aus. Allerdings sind diese nicht als Selbstverwaltungseinheiten im Sinne des Allgemeinen Verwaltungsrechts anzusehen, sondern der gruppenpluralen Konsensverwaltung zuzuordnen. Aus diesem Grunde ist auch die Bezeichnung als „Soziale Selbstverwaltung" oder „Gemeinsame Selbstverwaltung" unzutreffend und kann durch „Soziale Fremdverwaltung" bzw. lediglich „Sozialverwaltung" ersetzt werden. Aufgrund dieser Einordnung ist auch deren demokratische Legitimation nach den bisherigen Konzepten nicht zu begründen. Es kann jedoch durch die organisatorisch-konsensuale Legitimation ein ausreichendes Legitimationsniveau erreicht werden, so dass sich diese Organisationseinheiten demokratisch legitimieren lassen. Gleichzeitig wird durch die Heranziehung weiterer Organisationsformen außerhalb des Sozialrechts gruppenpluralen Zuschnitts, wie den öffentlich-rechtlichen Rundfunkanstalten, der Filmförderungsanstalt und der Vergabestelle, der Bundesprüfstelle für jugendgefährdende Medien, dem Deutsche Weinfonds sowie der Lebensmittelbuch- und Gendiagnostik-Kommission, deutlich, dass weder das Phänomen der gruppenpluralen Konsensverwaltung noch dasjenige der demokratischen Legitimation durch die organisatorisch-konsensuale Legitimationsform auf das Sozialrecht beschränkt bleiben. So werden nicht nur die sozialrechtlichen Organisationseinheiten an das Allgemeine Verwaltungsrecht anschlussfähig, sondern es eröffnen sich durch die Neukategorisierung der Verwaltungseinheiten in Form der gruppenpluralen Konsensverwaltung dem Allgemeinen Verwaltungsrecht Perspektiven zur besseren dogmatischen Durchdringung und Einordnung der Organisationsformen, wodurch es seine Speicher- und Orientierungsfunktion wie auch die Rechtsfortbildungsfunktion wieder erfüllen kann (Kapitel 3 C. und D.).

10. Im Anschluss an die in Rechtsprechung und Literatur vertretene Ansicht ist unter Selbstverwaltung die materiell eigenverantwortliche, fachweisungsfreie und höchstens der Rechtsaufsicht unterliegende Wahrnehmung bestimmter, enumerativ oder global überlassener oder zugewiesener eigener öffentlicher Angelegenheiten von den hiervon besonders Betroffenen durch gegenüber der staatsunmittelbaren Verwaltungsorganisation institutionell verselbständigten, jedoch trotzdem in den Staatsverband eingegliederten öffentlich-rechtlichen Organisationseinheiten zu verstehen. In besonderer Weise relevant werden daher die Partizipation der Betroffenen sowie die eigenverantwortliche Aufgabenerfüllung, während die Rechtsform für die Einordnung nicht ausschlaggebend ist, jedoch insbesondere dann, wenn eine mitgliedschaftlich verfasste Organisationseinheit in Form der Körperschaft besteht, als Indiz herangezogen werden kann (Kapitel 3 A. I.).
    a. Zur Abgrenzung von der Allgemeinheit erfordert die Zuerkennung des Betroffenenstatus eine qualifizierte Betroffenheit in rechtlicher und unmittelbarer Hinsicht durch die Erfüllung der konkreten Selbstverwaltungsaufgabe. Besteht eine solche nicht, handelt es sich nicht mehr um Selbstverwaltung, sondern um eine Form der Fremdverwaltung (Kapitel 3 A. I. 1. a.).
    b. Gleichzeitig ist ein „gewisses Maß an Gleichgerichtetheit der Interessen" (*Schmidt-Aßmann*) in Bezug auf die Zielsetzung der Selbstverwaltungseinheit Voraussetzung für die Träger der Selbstverwaltung, da die Selbstverwaltungseinheit in der Lage sein muss, ihren Zweck zu erfüllen und daher der Gesetzgeber keine Gruppen zusammenfassen darf, bei denen eine Aufgabenerfüllung nicht zu erwarten ist. Interessenhomogenität wird hierdurch jedoch nicht erforderlich (Kapitel 3 A. I. 1. b.).
    c. Im Hinblick auf die Art und Intensität der Berücksichtigung von Betroffenen kommt dem Gesetzgeber ein weiter Gestaltungsspielraum zu, der jedoch durch verfassungsrechtliche Vorgaben begrenzt ist (Kapitel 3 A. I. 1. c.).
11. Im Sinne eines weiten Verständnisses mittelbarer Staatsverwaltung ist für die Zuordnung zu dieser Kategorie in Abgrenzung zur unmittelbaren Staatsverwaltung eine formale ergänzt durch eine materielle Betrachtungsweise anzustellen. Ausschlaggebend sind damit nicht nur rein formale Gesichtspunkte wie die Rechtsform, sondern auch die materielle Eigenständigkeit der Organisationseinheit bei der Aufgabenerfüllung. Indizien hierfür sind neben der Rechtsfähigkeit auch das Bestehen von Handlungsspielräumen im Sinne von Haushaltshoheit, Satzungsautonomie, Weisungsfreiheit sowie der gesetzlichen Regelungsdichte nach einer wertenden Gesamtbetrachtung (*Jestaedt*). Hiernach ist die Selbstverwaltung der mittelbaren Staatsverwaltung zuzurechnen (Kapitel 3 A. III.).
12. Ist die Selbstverwaltung dadurch gekennzeichnet, dass sie betroffenenpartizipatorisch ausgestaltet ist, bestehen im Bereich der mittelbaren Staatsverwaltung auch Organisationsformen, die eine solche nicht oder nicht allein ver-

folgen, bei denen dagegen eine kollegiale Entscheidungsstruktur durch den Einbezug verschiedener Interessengruppen oder Sachverständigen im Vordergrund steht. Die Organisation der gruppenpluralen Entscheidungsgremien wird geleitet von dem Ziel der konsensualen Entscheidungsfindung durch Verhandlung und die Notwendigkeit eines Interessenausgleichs aufgrund des Fehlens eines strukturellen Interessenübergewichts, der als Garant für die Durchsetzung des Allgemeinwohls unter Zurückdrängung von Partikularinteressen gilt. So kann im Rahmen der mittelbaren Staatsverwaltung neben der Selbstverwaltung der Bereich der gruppenpluralen Konsensverwaltung abgegrenzt werden (Kapitel 3 B.).

13. Die Sozialversicherungsträger werden unzutreffender Weise der sog. „Sozialen Selbstverwaltung" zugerechnet. Sie gehören aufgrund ihrer Organisationsstruktur jedoch der gruppenpluralen Konsensverwaltung an (Kapitel 3 C. V.).
    a. So zeichnen sich die Sozialversicherungsträger mit Ausnahme der Ersatzkassen durch Fremdverwaltungselemente aus, indem in den Entscheidungsgremien neben den betroffenen Versicherten insbesondere auch die Arbeitgeber Stimmrecht haben, denen jedoch der Betroffenenstatus fehlt. Diese werden vielmehr aufgrund ihres Fachwissens und deren Interesse an Kostenminimierung einbezogen. Gleiches gilt für die Mitglieder der Gruppe der öffentlichen Körperschaften, die im Verwaltungsrat der Bundesagentur für Arbeit Sitz und Stimme haben, wie auch die von der Aufgabenerfüllung der Bundesagentur für Arbeit Betroffenen, die nicht dem Kreis der Versicherten angehören, nicht einbezogen sind (Kapitel 3 C. V. 1. a. aa. und 2. a. aa.).
    b. Aufgrund dieser Einbindung der Arbeitgeberseite in die Entscheidungsgremien und der hieraus folgenden (drittel-) paritätischen Zusammensetzung herrscht in diesen auch keine Interessenhomogenität vor, sondern sie sind durch einen Interessenantagonismus gekennzeichnet, so dass auch nach der Ansicht, nach der Interessenhomogenität konstitutives Element der Selbstverwaltung ist, die Einordnung als solche ausscheidet (Kapitel 3 C. V. 1. a. bb. und 2. a. cc.).
    c. Darüber hinaus erscheint die Einordnung als Selbstverwaltungseinheiten auch aufgrund der starken normativen Determination fraglich, da nur ein begrenzter Spielraum für die eigenverantwortliche Aufgabenwahrnehmung verbleibt (Kapitel 3 C. V. 1. b. und 2. b.).
14. Aufgrund dieser interessenpluralen Gremienstruktur und der Zugehörigkeit nicht zur Selbst-, sondern zur gruppenpluralen Konsensverwaltung bestehen bislang keine überzeugenden Legitimationsansätze für die Sozialversicherungsträger. Allerdings können sie organisatorisch-konsensuale Legitimation für sich reklamieren (Kapitel 3 C. VI.).
    a. Die demokratische Legitimation der Sozialversicherungsträger des SGB IV wird von der bisherigen Rechtsprechung und Literatur nur unzureichend gelöst. So bereitet insbesondere die paritätische Zusammensetzung der Entscheidungsgremien insoweit Schwierigkeiten, als die Rückführung

nicht auf ein einheitliches Teilvolk erfolgen kann, sondern vielmehr voneinander völlig unabhängige Teilgruppen als Ausgangspunkt für die Legitimation dienen (Kapitel 3 C. VI. 1. a.).

b. Gleichzeitig wird der Zusammenhang zwischen legitimationsbedürftigem Entscheidungsgremium und Legitimationssubjekt durch das Rechtsinstitut der „Friedenswahl" vollständig unterbrochen. Versuche von Rechtsprechung und Literatur, die legitimatorische Wirkung der „Friedenswahl" zu begründen, insbesondere über die Annahme verfassungsrechtlicher Ausnahmen oder das Bemühen um Kompensation, überzeugen nicht. Vielmehr bleiben die „Friedenswahlen" als legitimationsspendende Wahl ungeeignet (Kapitel 3 C. VI. 1. b.).
c. Ebenso ist die personelle Legitimation der Mitglieder des Verwaltungsrats der Bundesagentur für Arbeit aufgrund der fehlenden Entscheidungsmöglichkeiten der ernennenden Stelle, wie auch die sachlich-inhaltliche Legitimation durch das Fehlen von Weisungsrechten defizitär (Kapitel 3 C. VI. 2.).
d. Die Sozialversicherungsträger weisen jedoch eine konsensuale Entscheidungsstruktur aufgrund eines im Entscheidungsgremium bestehenden Interessenantagonismus auf. Die Untersuchung hat gezeigt, dass sie auch die übrigen Voraussetzungen der organisatorisch-konsensualen Legitimation erfüllen, so dass die Defizite der organisatorisch-personellen und sachlich-inhaltlichen durch die organisatorisch-konsensuale Legitimation ausgeglichen werden können, wodurch ein ausreichendes Legitimationsniveau hergestellt wird und die Sozialversicherungsträger die erforderliche demokratische Legitimation für sich reklamieren können (Kapitel 3 VI. 3.).

15. Ebenso wie bei den Sozialversicherungsträgern ist auch beim G-BA, der paradigmatisch für die „Gemeinsame Selbstverwaltung" in Augenschein genommen wurde, die Bezeichnung als solche irreführend, da es sich bei ihm nicht um eine Selbstverwaltungseinheit handelt. Dieser ist der gruppenpluralen Konsensverwaltung zuzuordnen, da er vordringlich ein Fachgremium ist, bei dem vor allem der Einbezug von verwaltungsexternem Sachverstand sowie der Interessenausgleich im Zentrum steht, um die Aufgaben, die im Interesse des Gemeinwohls stehen, erfüllen zu können, während der Betroffenenbeteiligung untergeordnete Bedeutung zukommt (Kapitel 3 D. III.).
    a. Für die Feststellung der Betroffeneneigenschaft ist nicht auf den allgemeinen Sicherstellungsauftrag des G-BA, die erforderlichen Richtlinien zur Sicherung der ärztlichen Versorgung und einer ausreichenden, zweckmäßigen und wirtschaftlichen Versorgung der Versicherten zu beschließen, abzustellen, da dieser lediglich generell formuliert ist und in einem nicht abschließenden Aufgabenkatalog beispielhaft konkretisiert wird, wobei je nach Konkretisierung der Kreis der Betroffenen variiert. Insoweit ist der allgemeine Sicherstellungsauftrag zu abstrakt, um aus ihm die Betroffeneneigenschaft herzuleiten (Kapitel 3 D. III. 1. a. aa.).

b. Ebenfalls nicht zur Begründung der Betroffeneneigenschaft geeignet ist die normative Anordnung der Bindungswirkung der Richtlinien, da diese lediglich zur Klarstellung erfolgte, dass die Richtlinien abstrakt-generelle Verbindlichkeit entfalten und auch im Außenverhältnis Wirkung zeitigen. Die in der normativen Anordnung der Bindungswirkung genannten Rechtssubjekte spiegeln damit die potentiell, nicht dagegen die konkret Betroffenen wider (Kapitel 3 D. III. 1. a. bb.).
c. Die Betroffenheit ist daher für jeden Beschlussgegenstand des G-BA gesondert zu untersuchen und festzustellen (Kapitel 3 D. III. 1. a. cc.).
d. Die hierfür paradigmatisch herangezogenen Richtlinien des G-BA zur Fortbildung in Krankenhäusern, zu Untersuchungs- und Behandlungsmethoden der vertragsärztlichen Versorgung, über die Verordnung von Arzneimitteln in der vertragsärztlichen Versorgung sowie der Verordnung von häuslicher Krankenpflege entfalten allesamt entweder Bindungswirkung gegenüber nicht am Entscheidungsprozess Beteiligten oder es sind an der Entscheidung Nichtbetroffene beteiligt, so dass bereits aus diesem Grunde Fremdverwaltung vorliegt (Kapitel 3 D. III. 1. a. cc.).
e. Darüber hinaus liegt Fremdverwaltung durch die Bindungswirkung, welche die Richtlinien durch ihre Inkorporation in die Bundesmantel- und Gesamtverträge für die von diesen Gebundenen entfalten, vor (Kapitel 3 D. III. 1. a. dd.).
f. Durch die Beteiligung der unparteiischen Mitglieder bestehen ebenfalls Fremdverwaltungselemente (Kapitel 3 D. III. 1. b.).
g. Die Entscheidungsgremien des G-BA sind vom Gesetzgeber auf einen Interessenausgleich durch Konsens angelegt, in dem die antagonistischen Interessen zu einem Ausgleich gebracht werden, so dass auch nach der Ansicht, nach der Interessenhomogenität konstitutives Element der Selbstverwaltung ist, die Einordnung des G-BA in diese Kategorie ausscheidet (Kapitel 3 D. III. 1. c.)

16. Aufgrund dieser interessenpluralen Gremienstruktur und seiner Zugehörigkeit nicht zur Selbstverwaltung, sondern zur gruppenpluralen Konsensverwaltung besteht für den G-BA bislang kein überzeugendes Legitimationskonzept. Allerdings kann er durch die organisatorisch-konsensuale Legitimationsform demokratisch legitimiert werden (Kapitel 3 D. IV.).
    a. Insbesondere scheitern die Legitimationsversuche nach der klassischen Legitimationstheorie wie auch der Lehre der autonomen Legitimation durch Teilvölker, da der G-BA weder der unmittelbaren Staatsverwaltung noch der Selbstverwaltung zuzurechnen ist und damit bereits die Prämissen für diese Legitimationsversuche fehlerhaft sind. Insbesondere bestehen Defizite der sachlich-inhaltlichen Steuerung durch die Weisungsfreistellung der Mitglieder des Beschlussgremiums, wie auch eine organisatorisch-personelle Legitimation mangels einer auf das Parlament zurückgehenden, ununterbrochenen Legitimationskette ausscheidet. Ebenso vermag der Versuch der Legitimation über eine mitgliedschaft-

lich-partizipatorische Komponente der Besonderheit der gruppenplural-konsensualen Beteiligungs- und Entscheidungsstruktur des G-BA nicht Rechnung zu tragen und stößt damit an seine Grenzen. Aber auch die Legitimationsversuche über eine auf den Verfassungsgeber zurückgehende funktionell-institutionelle Legitimation, eine vollständige Kompensation der Legitimation über die Staatsaufsicht oder der formellen Autonomie überzeugen nicht (Kapitel 3 D. IV. 1.).

b. Der gruppenplural-konsensualen Entscheidungsstruktur des G-BA trägt dagegen die organisatorisch-konsensuale Legitimationsform Rechnung. Hierbei verbietet sich eine pauschale Beurteilung, sondern es ist erneut jedes, je nach Beschlussgegenstand unterschiedlich zusammengesetzte Entscheidungsgremium gesondert auf seine organisatorisch-konsensuale Legitimation hin zu untersuchen. Im Zuge dessen wird deutlich, dass die Richtlinien zur Fortbildung im Krankenhaus sowie diejenige zu Untersuchungs- und Behandlungsmethoden der vertragsärztlichen Versorgung demokratisch legitimierbar sind, während die Entscheidungsgremien für die Richtlinien über die Verordnung von Arzneimitteln in der vertragsärztlichen Versorgung und die Verordnung von häuslicher Krankenpflege aufgrund einer wegen der Absenz der Leistungserbringer bestehenden Interessenschlagseite in den Entscheidungsgremien keine organisatorisch-konsensuale Legitimation aufweisen können. Dabei kann dieser Institutionendefekt, der den letzteren Entscheidungsgremien aufgrund des Übergewichts von Partikularinteressen anhaftet, durch gesetzgeberische Nachbesserung und den Einbezug der nicht vertretenen Betroffenengruppen behoben werden (Kapitel 3 D. IV. 2. und V.).

17. Der Vorteil der organisatorisch-konsensualen Legitimationsform gegenüber den bisherigen Legitimationsmodellen insbesondere mit Blick auf die Entscheidungsgremien des G-BA besteht in der Legitimation der bislang als schwach legitimiert geltenden Vertreter der Kassen(zahn)ärztlichen Bundesvereinigung sowie derjenigen der bislang ohne demokratische Legitimation angesehenen Beteiligung der unparteiischen Mitglieder, der Vertreter der Patientinnen und Patienten wie auch die der Versicherten, der ermächtigten Ärzte, die in Ermangelung einer Mitgliedschaft nicht von der Kassenärztlichen Bundesvereinigung vertreten werden, wie auch diejenigen Krankenhausträger, die nicht in einer Landeskrankenhausgesellschaft organisiert sind und daher nicht als von der Deutschen Krankenhausgesellschaft vertreten angesehen wurden (Kapitel 3 D. V.).
18. Der gruppenpluralen Konsensverwaltung gehören jedoch nicht nur Organisationseinheiten des Sozialrechts, sondern auch solche anderer Verwaltungsrechtsgebiete an. Hierzu zählen die öffentlich-rechtlichen Rundfunkanstalten, die Filmförderungsanstalt und die Vergabekommission, die Bundesprüfstelle für jugendgefährdende Medien, der Deutsche Weinfonds, die Lebensmittelbuchkommission sowie die GEKO. Insoweit wird durch die am Sozialrecht entwickelte Kategorie der gruppenpluralen Konsensverwaltung die Möglich-

keit eröffnet, langjährige und bislang ungelöste oder wegen der Inkaufnahme von dogmatischen Brüchen nur unbefriedigend gelöste Fragen der Einordnung von Phänomenen gruppenpluraler Organisationseinheiten zu beantworten. Hierdurch erlangt diese Kategorie auch für das Allgemeine Verwaltungsrecht Bedeutung und kann dazu beitragen, dass das Organisationsrecht einen stärkeren dogmatischen Zug erhält.
Gleichzeitig wird auch bei Verwaltungsträgern, die der Selbstverwaltung zugeordnet werden, der Ansatz konsensualen Ausgleichs verschiedener, in die Selbstverwaltung einbezogener Interessen deutlich, wie dies bei den Universitäten, den Handwerkskammern und den Industrie- und Handelskammern der Fall ist (Kapitel 3 E. I.).

19. Sowohl mit Blick auf die Sozialversicherungsträger als auch die öffentlich-rechtlichen Rundfunkanstalten zeigt sich, dass der gesetzgeberische Ausweis als Verwaltungseinheit mit Selbstverwaltung nicht die Zuordnung zur Selbstverwaltung im dogmatischen Sinne beinhaltet, sondern allein eine organisatorische Verselbständigung von der Ministerialverwaltung bezeichnet (Kapitel 3 C. II., E. I. 2.).
20. Ebenfalls ist die Terminologie des Verfassungs- und Gesetzgebers im Hinblick auf die Bezeichnung als Körperschaft des öffentlichen Rechts, wie dies in Art. 87 Abs. 2 GG sowie §§ 367 Abs. 1 SGB III, 29 Abs. 1 SGB IV, 4 Abs. 1 SGB V, 46 Abs. 2 Satz 1 SGB XI für die Sozialversicherungsträger erfolgt, nicht als dogmatische Einordnung in diese Kategorie der Organisationsformen des Allgemeinen Verwaltungsrechts zu verstehen, sondern lediglich als Kennzeichnung der organisatorischen Verselbständigung und Ausgliederung aus der unmittelbaren Staatsverwaltung (Kapitel 3 C. II.).
21. Darüber hinaus ist die Einordnung als Körperschaft, Stiftung oder Anstalt, aber auch als Behörde für die Zuordnung zur Selbst- oder Fremdverwaltung generell ohne Aussagegehalt, wie sich nicht nur bei den als Körperschaften ausgewiesenen Sozialversicherungsträgern, sondern auch bei den als Anstalten bezeichneten öffentlich-rechtlichen Rundfunkanstalten und dem Deutschen Weinfonds wie auch der als Bundesoberbehörde eingerichteten Bundesprüfstelle zeigt, die allesamt nicht der Selbst- oder unmittelbaren Staatsverwaltung, sondern der gruppenpluralen Konsensverwaltung angehören (Kapitel 3 C. II., V., E. I. 2., 5.).
22. Die öffentlich-rechtlichen Rundfunkanstalten, die Vergabekommission, die Filmförderungsanstalt sowie die Bundesprüfstelle, aber auch der Deutsche Weinfonds sowie die Lebensmittelbuchkommission und die GEKO leiden unter demokratischen Defiziten in sachlich-inhaltlicher sowie in organisatorisch-personeller Hinsicht, die jedoch über die organisatorisch-konsensuale Legitimation ausgeglichen werden können, so dass ein ausreichendes Legitimationsniveau hergestellt und diese damit demokratisch legitimiert werden können (Kapitel 3 E. II. 3.).
23. Bei den untersuchten Organisationseinheiten wird deutlich, dass sich deren demokratische Legitimation aus unterschiedlichen Quellen speist, deren

zusammenwirken verschiedene Ausprägungen annimmt. Ausschlaggebend ist dabei allein das durch das Zusammenwirken erreichte Legitimationsniveau. Bezieht man mit Blick auf die demokratische Legitimation das weite Spektrum der Organisationseinheiten der mittelbaren Staatsverwaltung in die Überlegungen ein, so kann festgestellt werden, dass sich zwischen kommunaler und funktionaler Selbstverwaltung hin zur gruppenpluralen Konsensverwaltung verschiedene Legitimationsformen diversifiziert haben, die von der reinen Legitimation „von unten" durch unmittelbare Wahl hin zur reinen Legitimation „von oben" durch Ernennungsakt sowie der Kontrolle und Rückbindung durch Weisungsrechte reichen. Dieser Übergang vollzieht sich stufenweise, wobei sich die Legitimationsformen in unterschiedlicher Intensität vermengen und ergänzen, bis sie sich letztlich vollständig substituieren. Hiermit verbunden ist ein Wechsel des Legitimationssubjekts vom verfassungsrechtlich anerkannten Teilvolk hin zum Staatsvolk. Gleichzeitig wird die normative Determination des Entscheidungsprogramms von der Selbstverwaltung hin zu den gruppenplural-konsensualen Organisationsformen der „Sozialen Selbstverwaltung" hin dichter. (Kapitel 3 E. II.).

a. Im Rahmen der kommunalen Selbstverwaltung erfolgt die demokratische Legitimation über allgemeine und gleiche Wahlen durch ein verfassungsrechtlich anerkanntes Teilvolk (Kapitel 3 E. II. 1.).
b. Das Legitimationssubjekt wird im Rahmen der funktionalen Selbstverwaltung durch den demokratisch legitimierten Gesetzgeber auf ein Betroffenenkollektiv reduziert, das entweder verfassungsrechtlich eingefordert oder dem Zweck der vom Gesetzgeber im Rahmen seines Organisationsspielraums erschaffenen Verwaltungseinheit zu dienen bestimmt ist (Kapitel 3 E. II. 1. a.).
c. In einem nächsten Schritt erfolgt eine Modifikation durch die Abweichung von den Wahlrechtsgrundsätzen, in dem das Betroffenenkollektiv in Wahlgruppen unterteilt wird, wie dies bei den Industrie- und Handelskammern, den Universitäten sowie den Handwerkskammern der Fall ist. Hierdurch wird der Legitimationsmodus „von unten" durch Wahl beibehalten, jedoch gesetzlich „von oben" determiniert. Gleichzeitig kommt zum Ausdruck, dass der Gesetzgeber unter Anerkennung verschiedener Interessen einen Interessenausgleich verfolgt, so dass auch bei diesen Selbstverwaltungseinheiten konsensuale Elemente bestehen und eine Annäherung in deren organisatorischer Ausgestaltung zur gruppenpluralen Konsensverwaltung erfolgt (Kapitel 3 E. II. 1. b.).
d. Bei den Universitäten und den Handwerkskammern erfolgt darüber hinaus noch eine Modifikation der Besetzung der Repräsentationsgremien, in denen nicht jede Wahlgruppe des Betroffenenkollektivs in gleicher Weise vertreten ist, sondern die aufgrund verfassungsrechtlicher Vorgaben oder im Hinblick auf die Zielerreichung der Organisationseinheit angepasst wird (Kapitel 3 E. II. 1. c.).

e. Wurde bei den bisherigen Modifikationen die Wahl als Ausgangspunkt demokratischer Legitimation „von unten" beibehalten und lediglich legislativ in zunehmendem Maße determiniert, so wird die Wahl als Beteiligungs- und Legitimationsform durch die Anordnung von „Friedenswahlen" völlig abgelöst durch einen vom Gesetzgeber angeordneten Besetzungsmodus. Hierdurch erfolgt der Wandel der gesellschaftlichen Beteiligung durch Wahlhandlung hin zur verbandlichen Beteiligung durch die Entsendung von Gruppenvertretern im Rahmen der gesetzlich vorgegebenen Formen, wie dies bei den Handelskammern und Sozialversicherungsträgern des SGB IV der Fall ist. Durch die Anordnung dieses Besetzungsmodus sowohl für die Handelskammern wie auch die Sozialversicherungsträger des SGB IV überschreitet dieser Modus des Zusammenwirkens zwischen Staat und Gesellschaft die Grenze von der funktionalen Selbstverwaltung hin zur gruppenpluralen Konsensverwaltung (Kapitel 3 C. VI. 3. a. und E. II. 1. d.).
f. Wird der Legitimationsmodus „von unten" durch Wahl bereits durch den Besetzungsmodus der „Friedenswahl" abgelöst, so besteht bei den Sozialversicherungsträgern des SGB IV auch die Möglichkeit, dass im Falle des Scheiterns einer Wahl oder eine Besetzung durch die „Friedenswahl" die Aufsichtsbehörde die Mitglieder und Stellvertreter beruft, wobei die Berufung aus dem Kreis der von den gesellschaftlichen Gruppen Vorgeschlagenen erfolgen muss (Kapitel 3 E. II. 4.).
g. Eine Beschickung der Entscheidungsgremien durch die beteiligten gesellschaftlichen Gruppen ohne staatliche Mitwirkung erfolgt als Regelfall bei der Gremienbesetzung des G-BA, den öffentlich-rechtlichen Rundfunkanstalten sowie der Vergabekommission. In diesen Fällen besteht weder ein legitimationsspendender Wahl- noch Berufungsakt, mithin erfolgt die Legitimation weder einseitig „von unten" noch „von oben". Gleichzeitig bestehen durch die Weisungsfreiheit der Mitglieder der Beschlussgremien Defizite der sachlich-inhaltlichen Legitimation. Diese Lücke schließt die organisatorisch-konsensuale Legitimationsform als Brücke zwischen diesen beiden Legitimationsmodi, indem sie durch die Vorgabe eines organisatorischen und verfahrensrechtlichen Rahmens durch den Gesetzgeber ein Zusammenwirken gesellschaftlicher Gruppen ermöglicht und damit legitimationsspendende Elemente „von unten" wie auch „von oben" in sich vereint (Kapitel 3 E. II. 3.).
h. Das Zusammenwirken zwischen Staat und Gesellschaft in Bezug auf die Besetzung von Gremien wird, wenn auch mit zunehmender Verlagerung auf staatliche Stellen, fortgesetzt durch Organisationseinheiten, in denen die Gremienmitglieder auf Vorschlag bestimmter, vom Gesetzgeber definierter gesellschaftlicher Gruppen durch den Staat ernannt werden. Kommt dem Staat keine Möglichkeit zu, vom Vorschlag der gesellschaftlichen Gruppen abzuweichen, so fehlt die für die demokratische Legitimationsvermittlung erforderliche Letztverantwortung des Ernennenden

für die Personalentscheidung, wodurch der Ernennung nur abgeschwächte Legitimationswirkung zukommt. Gleichzeitig besteht eine abgeschwächte sachlich-inhaltliche Legitimation, wie dies durch das Fehlen von Weisungsrechten bzgl. der Bundesprüfstelle der Fall ist. Auch diese Defizite können durch die organisatorisch-konsensuale Legitimation ersetzt und kompensiert werden, wie dies bei der Bundesagentur für Arbeit, der Filmförderungsanstalt sowie der Bundesprüfstelle der Fall ist (Kapitel 3 C. VI. 2, 3. b. und E. II. 2. c.).

i. Der bereits in den Organisationsformen der Bundesagentur für Arbeit, der Filmförderungsanstalt sowie der Bundesprüfstelle angedeutete, nur formale Wechsel der Legitimationsform auf die durch Berufungsakt vermittelte wird dagegen bei denjenigen Organisationseinheiten vollzogen, bei denen eine Ernennung der Repräsentanten nach Anhörung der betroffenen gesellschaftlichen Gruppen durch staatliche Stellen erfolgt, wie dies beim Deutschen Weinfonds der Fall ist. Da die Anhörung eine bloße Formalie darstellt und die Entscheidung der staatlichen Stelle nicht präjudiziert, liegt die Besetzung allein bei dieser, wodurch demokratische Legitimation auch allein über den Ernennungsakt hergestellt wird. Diese ist jedoch aufgrund der Vielstufigkeit der Legitimationskette abgeschwächt. Gleichzeitig ist die sachlich-inhaltliche Legitimation aufgrund des Fehlens von Weisungsrechten abgeschwächt. Allerdings kann auch der Deutsche Weinfonds aufgrund seiner gruppenplural-konsensualen Entscheidungsstruktur organisatorisch-konsensuale Legitimation für sich reklamieren, so dass die abgeschwächte Legitimation kompensiert und ein ausreichendes Legitimationsniveau erreicht werden kann (Kapitel 3 E. II. 2. b. und 3. c.).

j. Ganz den gesellschaftlichen Kräften entzogen ist die Ernennung durch staatliche Stellen ohne Mitwirkungsmöglichkeit jener, wie dies bei der Lebensmittelbuchkommission und der GEKO der Fall ist. Deren demokratische Legitimation lässt sich durch den Berufungsakt einer ihrerseits demokratisch legitimierten Stelle auf das Staatsvolk zurückführen. Da diese mit zunehmender Länge der Kette an Berufungsakten jedoch abnimmt und insbesondere bei der Lebensmittelbuchkommission keine Rückbindung durch Weisungen besteht und damit auch Defizite der sachlich-inhaltlichen Legitimation vorliegen, kann diese Abschwächung ausgeglichen werden durch die organisatorisch-konsensuale Legitimation, die beide Kommissionen für sich verbuchen können (Kapitel 3 E. II. 2. a., 3. f. und g.).

k. Die letztgenannten Organisationsformen weisen im Hinblick auf den Modus ihrer Zusammensetzung und demokratischen Legitimation Ähnlichkeiten zur unmittelbaren Staatsverwaltung auf, bei der die organisatorisch-personelle Legitimation durch eine ununterbrochene Kette von Berufungsakten hergestellt wird (Kapitel 3 E. II. 4.).

l. Mit dem Wandel der Legitimationsformen geht auch der Wechsel des Legitimationssubjekts vom verfassungsrechtlich anerkannten Teilvolk hin zum Staatsvolk einher (Kapitel 3 E. 4.).

m. Gleichzeitig nimmt die normative Determination von den Trägern der kommunalen Selbstverwaltung zu denjenigen der funktionalen Selbstverwaltung hin zu und erreicht bei den Handwerkskammern wie auch den der gruppenpluralen Konsensverwaltung zuzurechnenden Sozialversicherungsträgern, bei denen bereits durch die „Friedenswahl" eine Abkoppelung der personellen Legitimation von Wahlakten erfolgt, ihre höchste Dichte, so dass diesbezüglich eine Kompensation von Defiziten der personellen Legitimation erfolgen kann, wenn solche auch mit Blick auf die sachlich-inhaltliche aufgrund von Weisungsfreiheit weiterhin gegeben sind. Insoweit bestehen bzgl. der sachlich-inhaltlichen Legitimation mit Ausnahme der Rückbindung durch Weisungen Gemeinsamkeiten zwischen Sozialversicherungsträgern und unmittelbarer Staatsverwaltung, die gerade bei der Bundesagentur für Arbeit durch deren dreigliedrigen Unterbau auch organisatorisch zum Ausdruck kommt und sich durch den aufgrund der Breitenwirkung des Verwaltungshandelns erforderlichen gleichheitskonformen Vollzug erklärt, während beim G-BA und den übrigen Formen der gruppenpluralen Konsensverwaltung der Einbezug von Sachverstand im Vordergrund steht, der einen Entscheidungsspielraum bedingt.

## Kapitel 4

24. Die Verträge sowie Empfehlungen mit normativer Wirkung sowie die Verträge mit konkret-genereller Wirkung können das bislang auf einseitige, imperative Handlungsformen zentrierte Allgemeine Verwaltungsrecht unter Verlagerung des Schwerpunkts auf konsensuale Handlungsformen erweitern und zu einer Ausdifferenzierung der Normsetzungsformen sowie der konsensualen Handlungsformen führen (Kapitel 4 C. und D.).
25. Im Sozialrecht existieren Vertragsformen, die normative Wirkung zeitigen. So entfalten die Bundesmantelverträge, die Gesamtverträge, die Rahmenverträge in der sozialen Pflegeversicherung sowie die übrigen Kollektivverträge in der gesetzlichen Krankenversicherung Bindungswirkung auch für nicht am Vertragsschluss selbst Beteiligte, wobei sie organisatorisch-konsensuale Legitimation und damit ein ausreichendes Legitimationsniveau für sich verbuchen können (Kapitel 4 A. II.).
    a. Diese Verträge vereinen in sich aufgrund ihres konsensualen Zustandekommens durch Vertrag sowie der normativen Wirkung die Handlungsformen des öffentlich-rechtlichen Vertrags sowie die der exekutiven Rechtsnorm. Um diese Besonderheit zum Ausdruck zu bringen, kann diese Handlungsform als Normenvertrag (*Axer*) bezeichnet werden (Kapitel 4 A. II., insb. 7. a.).
    b. Die vorbezeichneten Normenverträge erweitern aufgrund ihrer normativen Wirkung den Kanon der exekutiven Normsetzungsformen um diejenige einer konsensualen Normsetzungsform (Kapitel 4 A. II. 7. b.).

c. Da Normenverträge im Hinblick auf ihr Zustandekommen durch Vertragsschluss grundsätzlich dem öffentlich-rechtlichen Vertrag zuzuordnen sind, sind dessen Vorschriften im Hinblick auf den Vertragsschluss zumindest analog anwendbar. Aufgrund der Normwirkung, die der Vertrag zeitigt, sind die Regelungen über den nur *inter partes* wirkenden öffentlich-rechtlichen Vertrag jedoch dahingehend zu modifizieren, dass bestimmte Regelungen, die gerade auf diese eingeschränkte Wirkung Bezug nehmen, keine Anwendung finden oder abzuändern sind. Gleichzeitig haben die Normenverträge im Hinblick auf ihre normative Wirkung auch den Anforderungen an die exekutive Rechtssetzung zu genügen, was sich z.B. bei dem Erfordernis der Bekanntgabe oder der Nichtigkeitsfolge auswirkt (Kapitel 4 A. II. 7. c.).

d. Aufgrund der normativen Wirkung der Normenverträge haben diese im Gegensatz zu den öffentlich-rechtlichen Verträgen erhöhten Anforderungen der Verfassungsmäßigkeit zu genügen (Kapitel 4 A. III.).

aa. Das Grundgesetz ist bzgl. der exekutiven Normsetzungsformen sehr zurückhaltend. Es enthält nur vereinzelt Normierungen, lässt jedoch eine umfassende und abschließende Regelung vermissen, weshalb ihm kein *Numerus clausus* der Normsetzungsformen zu entnehmen ist. Vielmehr ist dieses insoweit offen, sofern die von ihm enthaltenen Prinzipien gewahrt sind. Gleichzeitig stellt exekutive Normsetzung in Ermangelung einer originären Rechtssetzungskompetenz der Exekutive eine restriktive Ausnahme dar, die nur unter engen Grenzen möglich ist. Vor diesem Hintergrund kommt denjenigen Normen des Grundgesetzes, die einen Bezug zur exekutiven Normsetzung aufweisen, wie dies mit Art. 80 Abs. 1 GG ausdrücklich oder mit Art. 28 Abs. 2 GG mittelbar erfolgt, in einer Zusammenschau der Aussagegehalt zu, dass das Grundgesetz Normsetzung dann zulässt, wenn die demokratische Legitimation hinreichend sichergestellt ist, wobei es den Legitimationsmodus in Form von Wahlen oder Rückbindung mittels formellem Gesetz sowie einer Legitimationskette offen lässt (Kapitel 4 A. III. 1. und 3.).

bb. Im Hinblick auf die demokratische Legitimation der Bindungswirkung der Normenverträge vermag das klassische Legitimationsmodell ebenso wenig zu überzeugen wie das der autonomen Legitimation oder die in der Literatur vertretenen Ansichten, die eine Legitimation durch Grundrechte, das Sachleistungsprinzip, das historische Herkommen oder aufgrund eines Grundrechtsverzichts begründen (Kapitel 4 A. III. 4. a.).

cc. Die vorbezeichneten Normenverträge genügen jedoch bis auf die Kollektivverträge nach § 115a Abs. 3 SGB V aufgrund der organisatorischen und verfahrensrechtlichen Ausgestaltung ihres Zustandekommens insbesondere aufgrund der interessenantagonistischen Entscheidungsstruktur den Anforderungen an die organisatorisch-konsensuale

Legitimation, so dass diese die organisatorisch-personelle Legitimation substituieren und damit die bestehenden demokratischen Defizite ausgleichen kann. So können diese Normenverträge und deren Bindungswirkung auch für nicht am Vertragsschluss Beteiligte demokratisch legitimiert werden. Im Hinblick auf den Normenvertrag nach § 115a Abs. 3 SGB V wäre eine demokratische Legitimation mittels organisatorisch-konsensualer Legitimation möglich, sofern der Gesetzgeber die der Bindungswirkung unterworfenen übrigen Sozialversicherungsträger ebenfalls am Entscheidungsprozess beteiligt (Kapitel 4 A. III. 4. b.).

e. Die konsensuale Normsetzung im Allgemeinen sowie diejenige durch Vertrag im Besonderen stellt keine Besonderheit des Sozialrechts dar, sondern findet sich auch in anderen Bereichen des Verwaltungsrechts wieder (Kapitel 4 C. I.).
   aa. Im öffentlichen Recht erfolgt z.B. die Gründung eines kommunalen Zweckverbands durch Satzung, deren Inhalt durch öffentlich-rechtlichen Vertrag zwischen den künftigen Mitgliedern der Verwaltungsgemeinschaft festgelegt wird. Gleichfalls entfaltet der Tarifvertrag im Zivilrecht auf verschiedene Weise normative Wirkung. In beiden Fällen bestimmt Konsens den jeweiligen Norminhalt, so dass von konsensualer Normsetzung durch Vertrag gesprochen werden kann (Kapitel 4 C. I. 1.).
   bb. Da die Verträge aus sich heraus keine normative Bindungswirkung entfalten können, ist sowohl im Sozialrecht als auch im Kommunalrecht oder Tarifvertragsrecht eine hoheitliche Anordnung erforderlich, die in verschiedener Form und zu unterschiedlichen Zeitpunkten ergehen kann. Dabei weist die Form der Verleihung normativer Wirkung eine Spannbreite von vorheriger Anordnung durch formelles Gesetz, über die nachträgliche Bekanntmachung als Rechtsnorm bis hin zur nachträglichen Allgemeinverbindlicherklärung in Form einer Rechtsverordnung auf (Kapitel 4 C. I. 1. und 4.).
   cc. Ebenfalls um konsensuale Normsetzung, wenn auch nicht durch Vertrag, handelt es sich bei den Normierungen, welche von der gruppenpluralen Konsensverwaltung erlassen werden, da sich, obgleich auf dem Mehrheitsprinzip basierend, in der Mehrheitsentscheidung ein Konsens des gruppenplural zusammengesetzten Entscheidungsgremiums manifestiert (Kapitel 4 C. I. 2.).
   dd. Daneben gibt es konsensuale Handlungsformen, denen zwar keine Normwirkung, jedoch abgeschwächte Direktivwirkung beigemessen wird, wie dies auf dem Gebiet des öffentlichen Rechts mit den Empfehlungen der Lebensmittelbuchkommission sowie auf dem des Privatrechts mit den DIN-Normen und den Deutschen Rechnungslegungs Standards der Fall ist (Kapitel 4 C. I. 3.).

26. Neben den Normenverträgen bestehen mit den Versorgungsverträgen in der gesetzlichen Krankenversicherung sowie der sozialen Pflegeversicherung

auch Verträge, die sich auf einen Einzelfall beziehen, jedoch generelle Wirkung entfalten (Kapitel 4 A. II. 6.).

a. Die konkret-generelle Wirkung dieser Individualverträge kommt derjenigen der Allgemeinverfügung gleich, weshalb man sie in Anlehnung an die Terminologie zum Normenvertrag Allgemeinverfügungsvertrag nennen kann (Kapitel 4 A. II. 7. a.).
b. Da es sich bei den Allgemeinverfügungsverträgen um die Regelung eines Einzelfalles handelt, finden die Vorschriften zum öffentlich-rechtlichen Vertrag Anwendung, wenn auch aufgrund der generellen Wirkung diese teilweise zu modifizieren sind und z.B. in Anlehnung auch an die Allgemeinverfügung bestimmte Bekanntgabeerfordernisse zu beachten sind (Kapitel 4 A. II. 7. c.).
c. Aufgrund seiner konkret-generellen Wirkung kann der Allgemeinverfügungsvertrag auch in anderen Rechtsgebieten, insbesondere bei Zulassungs- und Genehmigungsentscheidungen, die keinen sicherheitsrechtlichen Bezug aufweisen, Verwendung finden, so dass auch er eine Bereicherung des Allgemeinen Verwaltungsrechts darstellt (Kapitel 4 C. II.).

27. Neben den Normenverträgen enthält das Sozialrecht jedoch auch die konsensuale Handlungsform der Empfehlungen, der ebenfalls in bestimmten Konstellationen normative Bindungswirkung zukommt (Kapitel 4 B. II. 2.).
    a. Um diese normative Bindungswirkung zum Ausdruck zu bringen und in Anlehnung an die Bezeichnung des Normenvertrags können diese Empfehlungen Empfehlungsnormen genannt werden (Kapitel 4 B. II. 3.).
    b. Aufgrund ihrer normativen Wirkung unterliegen die Empfehlungsnormen gesteigerten Anforderungen an die demokratische Legitimation. Diese kann jedoch im Fall der Empfehlungsnormen nach § 115a Abs. 3 Satz 3 SGB V, ebenso wie bei den Kollektivverträgen nach § 115a Abs. 3 Satz 1 SGB V, in Ermangelung einer organisatorisch-personellen Legitimation weder über das klassische Legitimationsmodell, noch durch Kompensation dieses Mangels mittels der organisatorisch-konsensualen Legitimation hergestellt werden, da für Letztere keine ausreichende Beteiligung der von der Empfehlungsnorm Betroffenen am Entscheidungsprozess erfolgt. Eine solche kann jedoch durch den Gesetzgeber angeordnet werden, so dass dieser durch entsprechende Nachbesserung die demokratische Legitimation durch Konsens bewirken kann (Kapitel 4 B. III.).
    c. Eine Verallgemeinerung unterbleibt zwar aufgrund mangelnder demokratischer Legitimation. Jedoch kann das Grundkonzept der Empfehlungsnorm als konsensuale Normsetzungsform ebenso wie der Normenvertrag in die allgemeine Handlungsformen- und Rechtsnormenlehre integriert werden (Kapitel 4 C. I. 4., D.).

28. Durch den Normenvertrag, den Allgemeinverfügungsvertrag wie auch die konsensuale Normsetzung durch die gruppenplurale Konsensverwaltung sowie unter dem Vorbehalt der demokratischen Legitimation der Empfeh-

lungsnorm erfolgt eine Ausdifferenzierung der Handlungsformen des Allgemeinen Verwaltungsrechts. So eröffnet die Kategorie der konsensualen Normsetzung dem Allgemeinen Verwaltungsrecht die Perspektive, die bisherige Zentrierung auf einseitige Handlungsformen imperativen Charakters zugunsten der stärkeren Rezeption konsensualer Handlungsformen zu korrigieren und das Repertoire exekutiver Rechtssetzungsformen auszudifferenzieren. Hierdurch kann die konsensuale Rechtsfolgensetzung in Form der Verwaltungsverträge abgestuft und der Verwaltungswirklichkeit angepasst werden. Gleichzeitig wird dazu beigetragen, dass das Allgemeine Verwaltungsrecht seine Speicher- und Orientierungsfunktion wie auch die Rechtsfortbildungsfunktion wieder erfüllen kann (Kapitel 4 A. II. 7. b., IV. und D.).

a. So können in Ermangelung eines *Numerus clausus* der Normsetzungsformen die bestehenden der Exekutive in Form von Rechtsverordnung, Satzung und Verwaltungsvorschrift um diejenige der konsensualen Normsetzung im Allgemeinen, sowie diejenige der konsensualen Normsetzung durch Normenvertrag im Besonderen als Unterkategorie angereichert werden, wie auch die Empfehlungsnorm, sofern sie durch Nachbesserung des Gesetzgebers demokratisch legitimierbar ist, in diesen Kanon aufgenommen werden kann (Kapitel 4 A. II. 7. b. und D.).

b. Gleichzeitig erfolgt die Ausdifferenzierung der konsensualen Handlungsformen des Allgemeinen Verwaltungsrechts, die durch den öffentlich-rechtlichen Vertrag bislang lediglich auf konkret-individuelle Regelungen beschränkt war, durch den Normenvertrag auch auf abstrakt-generelle, konsensuale Vereinbarungen sowie durch den Allgemeinverfügungsvertrag auf konkret-generelle, konsensuale Vereinbarungen, wodurch eine Parallelität zu den einseitig hoheitlich gesetzten Handlungsformen in Gestalt von Verwaltungsakt, Allgemeinverfügung und Rechtsnorm im Hinblick auf konsensuale Handlungsformen hergestellt wird (Kapitel 4 D.).

## Kapitel 5

29. Die Übertragung von Normsetzungsbefugnissen auf Privatrechtssubjekte ist im Hinblick auf außenwirksame Rechtssätze grundsätzlich zulässig, bedarf jedoch einer gesteigerten demokratischen Legitimation, die jedoch über die organisatorisch-konsensuale Legitimation hergestellt werden kann (Kapitel 5 A. II. 1. a.).

    a. Die Normen des Grundgesetzes sind bezüglich der Übertragung von Rechtssetzungsbefugnissen auf Privatrechtssubjekte indifferent. Es kann ihnen weder eine Gestattung noch ein Verbot diesbezüglich entnommen werden. Insbesondere steht Art. 33 Abs. 4 GG grundsätzlich einer Übertragung staatlicher Aufgaben unabhängig von den jeweiligen Handlungsformen in begründeten Ausnahmefällen nicht entgegen, wie auch Art. 80 Abs. 1 GG die Setzung von Rechtsverordnungen durch Stellen der unmittelbaren Staatsverwaltung normiert, die diese ohne Rückbindung an andere Stellen eigenständig vornehmen können (Kapitel 5 A. II. 1. a. aa.).

b. Maßgebliche Bedeutung entfaltet allerdings das Demokratieprinzip aus Art. 20 Abs. 2 GG, nach dem jegliche Staatsgewalt demokratisch zu legitimieren ist, was insbesondere auf Normsetzungsakte aufgrund ihrer umfassenden Bindungswirkung zutrifft. Dies wird auch durch die Art. 80 Abs. 1 und 28 Abs. 2 GG deutlich, die einen Bezug zur exekutiven Normsetzung aufweisen und für diese eine hinreichende demokratische Legitimation einfordern, wobei sie neben der Rückbindung mittels formellem Gesetz und einer Legitimationskette auch den Legitimationsmodus der Wahlen anerkennen. Gleichzeitig kann auch der Funktionsvorbehalt des Art. 33 Abs. 4 GG dahingehend verstanden werden, dass er eine gemeinwohlorientierte Verwaltungstätigkeit garantieren möchte. Bedeutung erlangt insoweit auch, dass der Exekutive keine originäre Außenrechtssetzungsbefugnis zukommt, sondern diese immer von der Legislative abgeleitet sein muss (Kapitel 5 A. II. 1. a. aa. (5)).

c. Die Übertragung von Normsetzungsbefugnissen auf Privatrechtssubjekte ist dann demokratisch gerechtfertigt, wenn die sachlich-inhaltliche sowie die organisatorisch-konsensuale Legitimation vorliegen (Kapitel 5 A. II. 1. a. bb.).

  aa. Dabei kann die sachlich-inhaltliche Legitimation durch eine normative Determination im Hinblick auf Inhalt, Zweck und Ausmaß erfolgen, wobei jedoch zu beachten ist, dass insbesondere bei Entscheidungsgremien, die eine eigenständige Entscheidung unter dem Ausgleich von Interessen sowie dem Einbezug von Sachverstand treffen sollen, die normative Determination nur begrenzt erfolgen kann, um den Zweck des Entscheidungsgremiums nicht zu konterkarieren (Kapitel 5 A. II. 1. a. bb. (1)).

  bb. Um die Schwäche der sachlich-inhaltlichen Legitimation auszugleichen und der Gefahr, dass sich in der Normsetzung nicht das Gemeinwohl, sondern das Partikularinteresse des Einzelnen, insbesondere das des privaten Normsetzers verwirklicht, ist organisatorisch und verfahrensrechtlich sicherzustellen, dass das Privatrechtssubjekt die Normsetzung nicht eigenständig bewirken kann, sondern an ein kollegiales Entscheidungsgremium rückgebunden ist, in das neben den obligatorisch vertretenen betroffenen Interessen auch Sachverstand einbezogen werden kann. Dabei wirkt ein Interessenausgleich nur dann machtbegrenzend, wenn die Interessenlage inhomogen ist und keiner der Beteiligten die anderen Partikularinteressen dominieren kann. Dieser konsensuale Ausgleich hat einer organisatorisch-personell legitimierten Rechtsaufsicht sowie einer gesetzgeberischen Beobachtungspflicht zu unterliegen. Auf diese interessenantagonistische Struktur kann jedoch verzichtet werden, sofern die Privatrechtssubjekte bei der Normsetzung an Vertreter des Gemeinwohls rückgebunden sind und gegen deren Willen keine Normsetzung erfolgen kann. Die Beteiligung der Privatrechtssubjekte am Abschluss von Rahmenverträgen in der sozialen Pflegeversicherung und der Landeskrankenhausgesellschaft an den Kollektivverträgen in der gesetzlichen Krankenversicherung sowie an der Empfehlungsnorm nach § 115a Abs. 3 Satz 3 SGB V im Falle des Nichterlasses einer Vergütungsvereinbarung ist daher demokratisch legitimiert (Kapitel 5 A. II. a. bb. (2)).

d. Die Übertragung von Außennormsetzungsbefugnissen auf Privatrechtssubjekte kann jedoch nicht der Kategorie der Beleihung zugeordnet werden, da für diese die eigenverantwortliche Aufgabenerfüllung sowie das Bestehen einer Betriebspflicht konstitutive Elemente sind, die aufgrund der Rückbindung des Privatrechtssubjekts bei der Normsetzung an einen konsensualen Entscheidungsprozess gerade nicht mehr gegeben sind. Es bietet sich daher die Eröffnung einer eigenen Kategorie an, die mit Blick auf die Abhängigkeit bei der Aufgabenerfüllung zwischen denjenigen der Beleihung und des Verwaltungshelfers angesiedelt ist und als „konsensuale Normsetzung" bezeichnet werden kann (Kapitel 5 A. II. 1. a. cc.).

e. So handelt es sich bei den an der konsensualen Normsetzung beteiligten Privatrechtssubjekten, wie den Vereinigungen der Träger der ambulanten oder stationären Pflegeeinrichtungen, den Landeskrankenhausgesellschaften bzw. der Deutschen Krankenhausgesellschaft und der Vereinigung der Krankenhausträger im Hinblick auf die von diesen zu schließenden Normenverträge bzw. Empfehlungsnormen um konsensuale Normsetzer (Kapitel 6 A. II. 1. a. dd.).

30. Die Übertragung der Befugnis zur Setzung von Innenrecht ist grundsätzlich durch Art. 33 Abs. 4 GG gehindert, sofern es sich bei den Privatrechtssubjekten nicht um solche handelt, die das Substrat der Verwaltungseinheit ersetzen und im Rahmen der dieser zustehenden Kompetenzen handeln (Kapitel 5 A. II. 1. b.).

a. Die Richtlinien der DGUV zur näheren Ausgestaltung der Gewährung von Hilfsmitteln, häuslicher Krankenpflege, von Kraftfahrzeug- und Wohnungshilfe sowie der Erstattung von Reisekosten entfalten keine Außenwirkung, sondern sind in ihrer Bindungswirkung Verwaltungsvorschriften ähnlich (Kapitel 6 A. II. 1. b. aa.).

b. Die Übertragung von Innenrechtssetzungsbefugnissen steht Art. 33 Abs. 4 GG entgegen, da es sich bei solchen um originär der Exekutive zustehende Kompetenzen handelt, die den Verwaltungsvollzug determinieren und wesentlicher Bestandteil desselben sind. Darüber hinaus würde sich bei einer Exdelegation die Normqualität ändern, da eine verwaltungsexterne Norm mit Bindungswirkung für die Verwaltung erlassen würde (Kapitel 5 A. II. 1. b. bb. (3)).

c. Eine Ausnahme gilt jedoch dann, wenn das Privatrechtssubjekt, dem die Rechtssetzungsbefugnis übertragen werden soll, dem Substrat der Verwaltungseinheit entspricht, der die Rechtssetzungsbefugnis originär zukommt, und sich die Tätigkeit des privaten Verbandes in den Kompetenzgrenzen des öffentlichen Verbandes, an dessen Stelle er tritt, hält (*Rennert*) (Kapitel 5 A. II. 1. b. bb. (4)).

d. Da aufgrund der fehlenden Außenwirksamkeit auch keine gesteigerte demokratische Legitimation in Form der Rückbindung der Rechtssetzung an ein kollegiales, konsensual entscheidendes Gremium erforderlich ist, steht der Anwendung des Beleihungstatbestandes nichts entgegen. Um die Besonderheit dieser Konstellation zu verdeutlichen, wird hierfür der Begriff der „Quasi-Beleihung" vorgeschlagen (*Steiner*) (Kapitel 5 A. II. 1. b. cc.).

31. Bei der Übertragung von Empfehlungsbefugnissen auf Privatrechtssubjekte ist grundsätzlich der Beleihungstatbestand anwendbar, da es sich bei Empfehlungen regelmäßig um Realakte handelt. Ausreichend ist dabei die Aufgabenzuweisung durch den Gesetzgeber. Ist jedoch durch den Realakt ein Übergriff in einen anderen Rechtskreis verbunden, sei es in subjektive Rechte oder den Kompetenzbereich eines anderen Verwaltungsträgers, so reicht die bloße Aufgabenzuweisung und die dadurch erfolgende Abgrenzung zum privatrechtlichen Bereich nicht aus. Vielmehr ist aufgrund demokratischer und rechtsstaatlicher Anforderungen, insbesondere des Vorbehalts des Gesetzes, neben der Aufgabenzuweisung auch die Übertragung einer normativen Befugnis erforderlich. Diesem Erfordernis wird durch die gesetzliche Ausgestaltung des § 115a Abs. 3 Satz 3, 4 SGB V genügt (Kapitel 6 A. II. 2.).

32. Bei dem im Sozialrecht vorkommenden Rechtsinstitut des „Vertragshelfers" scheidet die Anwendung des Beleihungstatbestandes aus. Zwar erfolgt eine hoheitliche Bestellung für die Erfüllung einer hoheitlichen Aufgabe, jedoch handelt es sich nicht um hoheitliche Befugnisse, deren Ausübung dem Privaten auferlegt wird (Kapitel 6 A. II. 3.).

33. Die konsensuale Einbindung Privater in die Normsetzung ist keine Besonderheit des Sozialrechts, sondern erfolgt auch in anderen Rechtsgebieten, wie dem Kommunalrecht, bei dem Private nicht nur bei der Gründung von Zweckverbänden den Inhalt der Gründungssatzung durch öffentlich-rechtlichen Vertrag, sondern auch die dann von der Verbandsversammlung zu erlassenden Satzungen mit beschließen, wie auch im Bauplanungsrecht Private durch Abstimmung des Vorhaben- und Erschließungsplans mit der Gemeinde den Inhalt der später von der Gemeinde zu erlassenden Satzung festsetzen können, wobei bei letzterer Konstellation das Letztentscheidungsrecht bei der Gemeinde und damit in hoheitlicher Hand verbleibt. Ebenfalls erfolgt im Privatrecht durch den Tarifvertrag Normsetzung durch Private. Insoweit kann die konsensuale Normsetzung Einzug ins Allgemeine Verwaltungsrecht erhalten (Kapitel 5 C. I.).

34. Die Einbindung Privater zur Bestimmung von Vertragsinhalten stellt sich dagegen als Besonderheit des Sozialrechts dar und lässt aufgrund der bestehenden Instrumente der Schiedspersonen, -stellen und -ämter für die weniger eingreifende Herstellung einer konsensualen Einigung ohne einseitige Fest-

setzungen einen Anwendungsbereich in anderen Rechtsgebieten vermissen (Kapitel 5 C. II.).

35. Durch die Ausdifferenzierung der Organisations- und Handlungsformen wird die systematische Funktion des Allgemeinen Verwaltungsrechts wie auch das klassische Legitimationsmodell vor Herausforderungen gestellt, die durch die Heranziehung des Sozialrechts als Referenzgebiet gemeistert werden können. So können hierdurch dem Allgemeinen Verwaltungsrecht Perspektiven dahingehend eröffnet werden, die immer noch bestehende, anachronistische Zentrierung auf an der hierarchischen Ministerialverwaltung als Idealtypus verhaftete Organisations- und einseitige, imperative Handlungsformen zugunsten einer Schwerpunktverlagerung auf konsensuale Organisations- und Handlungsformen zu korrigieren und damit den Anschluss an die Verwaltungswirklichkeit zurückzugewinnen. Hierdurch kann das Allgemeine Verwaltungsrecht seine systematische Bedeutung wieder erlangen. Gleichzeitig kann durch die an diesen konsensualen Organisations- und Handlungsformen entwickelte organisatorisch-konsensuale Legitimation das klassische Legitimationsmodell ergänzt werden und so dazu beitragen, die bestehenden Grenzen, denen es unterliegt, zumindest teilweise abzubauen und seinen Anwendungsbereich zu sichern.

# Literaturverzeichnis

*Achterberg, Norbert*, Antinomien verfassungsgestaltender Grundentscheidungen, Der Staat 8 (1969), S. 159–180.

*ders.*, Allgemeines Verwaltungsrecht. Ein Lehrbuch, 1986, Heidelberg.

*Adamovich, Ludwig/Funk, Bernd-Christian*, Allgemeines Verwaltungsrecht, 3. Aufl. 1987, Wien, New York.

*Adamy, Wilhelm*, Gibt es noch eine Selbstverwaltung in der Arbeitslosenversicherung?, VSSR 2006, S. 175–189.

*Albers, Marion*, Faktische Grundrechtsbeeinträchtigungen als Schutzbereichsproblem, DVBl. 1996, S. 233–242.

*Albrecht, Georg*, Das Zusammenwirken von Ärzten und Krankenkassen zur Sicherstellung der kassenärztlichen Versorgung, ZfS 1956, S. 298–302.

*Alemann, Ulrich v.*, Neokorporatismus, 1981, Frankfurt a.M.

*ders.*, Interessenvermittlung und Politik. Interesse als Grundbegriff sozialwissenschaftlicher Lehre und Analyse, 1983, Opladen.

*ders./Heinze, Rolf G.*, Verbände und Staat. Vom Pluralismus zum Korporatismus, 1979, Opladen.

*Alexy, Robert*, Theorie der Grundrechte (Studien und Materialien zur Verfassungsgerichtsbarkeit, hg. v. Christian Starck, Bd. 28), 1985, Baden-Baden.

*ders.*, Theorie der juristischen Argumentation. Die Theorie des rationalen Diskurses als Theorie der juristischen Begründung, 6. Aufl. 2008, Frankfurt a.M.

*Alonso, Angel Iglesias*, Die Umstrukturierung der Verwaltung und das New Public Management, Verwaltung & Management 12 (2006), S. 14–23.

*Andeweg, Rudy B.*, Lijphart versus Lijphart: The Cons of Consensus Democracy in Homogeneous Societies, Acta Politica 36 (2001), S. 117–128.

*Andreas, Manfred*, Die Bundesausschüsse der Ärzte und Krankenkassen, 1975, Bonn, Bad Godesberg (zit.: Die Bundesausschüsse).

*Anschütz, Gerhard*, Kritische Studien zur Lehre vom Rechtssatz und formellen Gesetz, 2. Aufl. 1913, Berlin (zit.: Kritische Studien).

*ders.*, Allgemeine Begriffe und Lehren des Verwaltungsrechts nach der Rechtsprechung des Oberverwaltungsgerichts, Preußisches Verwaltungsblatt 22 (1900/01), S. 83 ff., abgedruckt in DVBl. 1985, S. 156–164.

*ders./Thoma, Richard* (Hrsg.), Handbuch des Deutschen Staatsrechts, Bd. 1 (Das öffentliche Recht der Gegenwart, Bd. 28), 1930, Tübingen.

*Apelt, Willibalt*, Der verwaltungsrechtliche Vertrag. Ein Beitrag zur Lehre von der rechtswirksamen Handlung im öffentlichen Recht, 1920 (ND 1964), Aalen.

*Archibugi, Daniele*, Cosmopolitan democracy. An agenda for a new world order, 1995, Cambridge.

*Arndt, Gottfried*, Die dynamische Rechtsnormverweisung in verfassungsrechtlicher Sicht – BVerfGE 47, 285, JuS 1979, S. 784–789.

*v. Arnim, Hans Herbert*, Gemeindliche Selbstverwaltung und Demokratie, AöR 113 (1988), S. 1–30.

*ders.*, Die Möglichkeiten unmittelbarer Demokratie auf Gemeindeebene, DÖV 1990, S. 85–97.

*Arnold, Peter*, Die Arbeit mit öffentlich-rechtlichen Verträgen im Umweltschutz beim Regierungspräsidium Stuttgart, VerwArch 80 (1989), S. 125–142.

*Axer, Peter*, Normsetzung der Exekutive in der Sozialversicherung (Jus Publicum. Beiträge zum Öffentlichen Recht, Bd. 49), 2000, Tübingen (zit.: Normsetzung).

*ders.*, Zur demokratischen Legitimation in der gemeinsamen Selbstverwaltung – dargestellt am Beispiel des Bundesausschusses der Ärzte und Krankenkassen, in: *Schnapp, Friedrich E.* (Hrsg.), Funktionale Selbstverwaltung und Demokratieprinzip – am Beispiel der Sozialversicherung, 2001, Frankfurt a.M., Berlin, Bern u.a., S. 115–149 (zit.: Funktionale Selbstverwaltung).

*ders.*, Selbstverwaltung in der gesetzlichen Krankenversicherung, Die Verwaltung 35 (2002), S. 377–397.

*ders.*, Gemeinsame Selbstverwaltung, in: *Wulffen, Matthias v./Krasney, Otto E.* (Hrsg.), Festschrift 50 Jahre Bundessozialgericht, 2004, Köln, Berlin, München, S. 339–361 (zit.: FS BSG 2004).

*ders.*, § 10 Das Normsetzungsinstrumentarium im Vertragsarztrecht, in: *Schnapp, Friedrich E./Wigge, Peter* (Hrsg.), Handbuch des Vertragsarztrechts. Das gesamte Kassenarztrecht, 2. Aufl. 2006, München, S. 274–301.

*Bachof, Otto*, Begriff und Wesen des sozialen Rechtsstaates, VVDStRL 12 (1954), S. 37–84.

*ders.*, Beurteilungsspielraum, Ermessen und unbestimmter Rechtsbegriff im Verwaltungsrecht, JZ 1955, S. 97–102.

*ders.*, Über einige Entwicklungstendenzen im gegenwärtigen deutschen Verwaltungsrecht, in: *Külz, Helmut R./Naumann, Richard* (Hrsg.), Staatsbürger und Staatsgewalt. Verwaltungsrecht und Verwaltungsgerichtsbarkeit in Geschichte und Gegenwart. Jubiläumsschrift zum hundertjährigen Bestehen der deutschen Verwaltungsgerichtsbarkeit und zum zehnjährigen Bestehen des Bundesverwaltungsgerichtes, 1963, Karlsruhe, S. 3–18.

*ders.*, Verfassungsrecht, Verwaltungsrecht, Verfahrensrecht in der Rechtsprechung des Bundesverwaltungsgerichts, Bd. II, 1967, Tübingen (zit.: Verfassungsrecht II).

*ders.*, Begriff und Wesen des sozialen Rechtsstaates, in: *Forsthoff, Ernst* (Hrsg.), Rechtsstaatlichkeit und Sozialstaatlichkeit. Aufsätze und Essays (Wege der Forschung, 118), 1968, Darmstadt, S. 201–258.

*ders.*, Diskussionsbeitrag, VVDStRL 30 (1972), S. 321–322.

*ders.*, Die Dogmatik des Verwaltungsrechts vor den Gegenwartsaufgaben der Verwaltung, VVDStRL 30 (1972), S. 193–244.

*Bachrach, Peter*, Die Theorie demokratischer Elitenherrschaft, 1970, Frankfurt a.M (zit.: Elitenherrschaft).

*ders./Botwinick, Aryeh*, Power and Empowerment. A Radical Theory of Participatory Democracy, 1992, Philadelphia, Pa.

*Backherms, Johannes*, Das DIN Deutsches Institut für Normung e.V. als Beliehener. Zugleich ein Beitrag zur Theorie der Beleihung (Schriften zum Wirtschafts-, Handels-, Industrierecht, hg. von Rudolf Lukes, Bd. 22), 1978, Köln, Berlin, Bonn u.a. (zit.: DIN).

*Badura, Peter*, Das Verwaltungsmonopol, 1963, Berlin.

*ders.*, Die Daseinsvorsorge als Verwaltungszweck der Leistungsverwaltung und der soziale Rechtsstaat, DÖV 1966, S. 624–633.

*ders.*, Verwaltungsrecht im liberalen und im sozialen Rechtsstaat (Recht und Staat in Geschichte und Gegenwart. Eine Sammlung von Vorträgen und Schriften aus dem Gebiet der gesamten Staatswissenschaften, Bd. 328), 1966, Tübingen.

*ders.*, Das Verwaltungsrecht des liberalen Rechtsstaates. Methodische Überlegungen zur Entstehung des wissenschaftlichen Verwaltungsrechts (Göttinger rechtswissenschaftliche Studien, hg. von der Juristischen Fakultät der Georg-August-Universität Göttingen, Bd. 66), 1967, Göttingen.

*ders.*, Auftrag und Grenzen der Verwaltung im sozialen Rechtsstaat, DÖV 1968, S. 446–455.

*ders.*, Das Planungsermessen und die rechtsstaatliche Funktion des Allgemeinen Verwaltungsrechts, in: *Bayerischer Verfassungsgerichtshof* (Hrsg.), Verfassung und Verfassungsrechtsprechung. Festschrift zum 25-Jährigen Bestehen des Bayerischen Verfassungsgerichtshofs, 1972, München, S. 157–182 (zit.: FS BayVerfGH 1972).

*ders.*, Sozialstaatlichkeit und Sozialrecht, SGb 1980, S. 1–5.

*ders.*, Der Sozialstaat, DÖV 1989, S. 491–499.

*ders.*, Schlussbericht: Der Bundesrat in der Verfassungsordnung, in: *Bundesrat* (Hrsg.), Vierzig Jahre Bundesrat, Tagungsband zum wissenschaftlichen Symposion in der evangelischen Akademie Tutzing vom 11. bis 14. April 1989, 1989, Baden-Baden, S. 317–335.

*ders.*, Diskussionsbeitrag, VVDStRL 48 (1990), S. 266–268.

*ders.*, Verwaltungsrecht im Umbruch, in: *Kitagawa, Zentaro/Murakami, Junichi/Nörr, Knut W. u.a.* (Hrsg.), Das Recht vor der Herausforderung eines neuen Jahrhunderts: Erwartungen in Japan und Deutschland, Deutsch-japanisches Symposion in Tübingen vom 25. bis 27. Juli 1996, 1998, Tübingen, S. 147–168 (zit.: Herausforderung).

*Baltzer, Johannes*, Einführung in das Sozialrecht. 5. Teil. Arbeitsförderung, JuS 1985, S. 508–512.

*Banner, Gerhard*, Von der Behörde zum Dienstleistungsunternehmen. Die Kommunen brauchen ein neues Steuerungsmodell, VOP 1991, S. 6–11.

*Bansch, Frank*, Die Beleihung als verfassungsrechtliches Problem. Zur Zulässigkeit einer Übertragung hoheitlicher Befugnisse auf Private nach dem Grundgesetz, 1973, München (zit.: Beleihung).

*Barber, Benjamin*, The Conquest of Politics. Liberal Philosophy in Democratic Times, 1988, Princeton, NJ.

*ders.*, Starke Demokratie. Über die Teilhabe am Politischen, 1994, Hamburg.

*ders.*, A Passion for Democracy. American Essays, 1998, Princeton, NJ, Chichester.

*ders.*, Demokratie im Würgegriff. Kapitalismus und Fundamentalismus – eine unheilige Allianz, 1999, Frankfurt a.M.

*Baring, Martin*, Rechtsprechung des Bundesverwaltungsgerichts zum Grundgesetz für die Bundesrepublik Deutschland, JöR N.F. 9 (1960), S. 93–149.

*Barthel, Christian*, Innovationsmanagement für die Verwaltungsreform in der Stadtverwaltung Offenbach, Die Verwaltung 27 (1994), S. 546–556.

*Basedow, Jürgen*, Deregulierungspolitik und Deregulierungspflichten – Vom Zwang zur Marktöffnung in der EG, StWStP 2 (1991), S. 151–169.

*Battis, Ulrich*, Beleihung anlässlich der Privatisierung der Postunternehmen, in: *Schmidt, Karsten/Schwark, Eberhard* (Hrsg.), Unternehmen, Recht und Wirtschaftsordnung. Festschrift für Peter Raisch zum 70. Geburtstag, 1995, Köln, Berlin, Bonn u.a., S. 355–372 (zit.: FS Raisch 1995).

*ders.*, Verwaltungsrecht als konkretisiertes Gemeinschaftsrecht, DÖV 2001, S. 988–995.

*ders.*, Allgemeines Verwaltungsrecht, 3. Aufl. 2002, Heidelberg.

*ders.*, Öffentliches Baurecht und Raumordnungsrecht, 2006, Stuttgart (zit.: Baurecht).

*ders./Krautzberger, Michael/Löhr,Rolf-Peter* (Hrsg.), Baugesetzbuch. Kommentar, 12. Aufl. 2014, München.

*ders./Kersten, Jens*, Demokratieprinzip und Mitbestimmung im öffentlichen Dienst, DÖV 1996, S. 584–593.

*Bauer, Hartmut*, Geschichtliche Grundlagen der Lehre vom subjektiven öffentlichen Recht (Schriften zum Öffentlichen Recht, Bd. 507), 1986, Berlin (zit.: Grundlagen).

*ders.*, Informelles Verwaltungshandeln im öffentlichen Wirtschaftsrecht, VerwArch 78 (1987), S. 241–268.

*ders.*, Verwaltungsrechtslehre im Umbruch? Rechtsformen und Rechtsverhältnisse als Elemente einer zeitgemäßen Verwaltungsrechtsdogmatik, Die Verwaltung 25 (1992), S. 301–326.

*ders.*, Privatisierung von Verwaltungsaufgaben, VVDStRL 54 (1995), S. 243–286.

*ders.*, Die negative und die positive Funktion des Verwaltungsvertragsrechts. Zugleich ein Beitrag zur Vertragsgestaltung im Verwaltungsrecht, in: *Merten, Detlef/Schmidt, Reiner/Stettner, Rudolf* (Hrsg.), Der Verwaltungsstaat im Wandel. Festschrift für Franz Knöpfle zum 70. Geburtstag, 1996, München, S. 11–31 (zit.: FS Knöpfle 1996).

*ders.*, Verwaltungsrechtliche und verwaltungswissenschaftliche Aspekte der Gestaltung von Kooperationsverträgen bei Public Private Partnership, DÖV 1998, S. 89–97.

*Beck, Ulrich/Grande, Edgar*, Das kosmopolitische Europa. Gesellschaft und Politik in der Zweiten Moderne, 2004, Frankfurt a.M.

*Becker, Florian*, Kooperative und konsensuale Strukturen in der Normsetzung (Jus Publicum. Beiträge zum Öffentlichen Recht, Bd. 129), 2005, Tübingen.

*Becker, Hans J.*, Die Rechtsprechung des Bundesverwaltungsgerichts zum Grundgesetz, JöR N.F. 15 (1966), S. 263–320.

*Becker, Michael* (Hrsg.), Politik als Verständigungsprozeß. Modelle deliberativer Demokratie, in: Zeitschrift für Politik 47 (2000), S. 216–228.

*Becker, Joachim*, Rechtsrahmen für Public Private Partnership. Regelungsbedarf für neue Kooperationsformen zwischen Verwaltung und Privaten?, ZRP 2002, S. 303–308.

*ders.*, Rechtsrahmen für Public Private Partnership, ZRP 2002, S. 303–308.

*ders.*, Das Demokratieprinzip und die Mitwirkung Privater an der Erfüllung öffentlicher Aufgaben. Zum Beschluß des Bundesverfassungsgerichts „Lippeverband und Emschergenossenschaft" vom 5. Dezember 2002, DÖV 2004, S. 910–915.

*Becker, Jürgen*, Informales Verwaltungshandeln zur Steuerung wirtschaftlicher Prozesse im Zeichen der Deregulierung. Eine Herausforderung an Verwaltung und Verwaltungsrecht, DÖV 1985, S. 1003–1011.

*Becker, Ulrich*, Staat und autonome Träger im Sozialleistungsrecht. Rechtsvergleichende Untersuchung der Risikoabsicherungssysteme in Deutschland, Frankreich, Italien und Großbritannien, 1996, Baden-Baden.

*ders.*, Hat die gemeinsame Selbstverwaltung noch eine Zukunft?, in: *Münsterische Sozialrechtsvereinigung e.V.* (Hrsg.), 7. Münsterische Sozialrechtstagung. Gesetzliche Sozialrechtstagung in der Krise – Von der staatlichen Regulierung zur solidarischen Wettbewerbsordnung (Veröffentlichungen der Münsterischen Forschungsstelle für Versicherungswesen an der Westphälischen Wilhelms-Universität zu Münster mit Unterstützung des Vereins zur Förderung der Münsterischen Forschungsstelle für Versichertenwesen e.V., Helmut Kollhosser (Hrsg.), Bd. 81), 2002, Karlsruhe, S. 122–166.

*ders.*, Rechtsdogmatik und Rechtsvergleich im Sozialrecht, in: *ders.* (Hrsg.), Rechtsdogmatik und Rechtsvergleich im Sozialrecht I (Studien aus dem Max-Planck-Institut für ausländisches und internationales Sozialrecht, Bd. 49), 2010, Baden-Baden, S. 11–59 (zit.: Rechtsdogmatik).

*ders.*, § 13 Organisation und Selbstverwaltung der Sozialversicherung, in: *Maydell, Bernd Baron v./Ruland, Franz* (Hrsg.), Sozialrechtshandbuch (SRH), 5. Aufl. 2012, Neuwied, S. 673–694 (zit.: SRH).

*ders./Kingreen, Thorsten (Hrsg.)*, SGB V. Gesetzliche Krankenversicherung. Kommentar, 4. Aufl. 2014, München.

*Behnke, Joachim*, Die politische Theorie des Rational Choice: Anthony Downs, in: *Brodocz, André/Schaal, Gary S.* (Hrsg.), Politische Theorie in der Gegenwart. Eine Einführung, 2. Aufl. 2006, Opladen, S. 467–498.

*Behrens, Fritz/Heinze, Rolf G./Hilbert, Josef/Stöbe-Blossey, Sybille* (Hrsg.), Ausblicke auf den aktivierenden Staat: Von der Idee zur Strategie (Modernisierung des öffentlichen Sektors, Bd. 23), 2005, Berlin.

*Beirat Verwaltungsverfahrensrecht*, Fortentwicklung der Vorschriften über den öffentlich-rechtlichen Vertrag (§§ 54–62 VwVfG), NVwZ 2002, S. 834–835.

*Benda, Ernst*, Konsens und Mehrheitsprinzip im Grundgesetz und in der Rechtsprechung des Bundesverfassungsgerichts, in: *Hattenhauer, Hans/Kaltefleiter, Werner* (Hrsg.), Mehrheitsprinzip, Konsens und Verfassung, Kieler Symposium vom 14. – 16. Juni 1984 (Motive-Texte-Materialien (MTM), Bd. 27), 1986, Heidelberg, S. 61–77.

*Bender, Bernd*, Allgemeines Verwaltungsrecht (Grundriss des Öffentlichen Rechts, Bd. 1), 2. Aufl. 1956, Freiburg i.Br.

*Benhabib, Seyla*, Democracy and difference. Contesting the boundaries of the political, 1996, Princeton, NJ.

*Benz, Arthur*, Kooperative Verwaltung. Funktionen, Voraussetzungen und Folgen, 1994, Baden-Baden.

*ders./Dose, Nicolai* (Hrsg.), Governance – Regieren in komplexen Regelsystemen. Eine Einführung, 2. Aufl. 2010, Wiesbaden (zit.: Governance).

*ders./Lütz, Susanne/Schimank, Uwe/Simonis, Georg* (Hrsg.), Handbuch Governance. Theoretische Grundlagen und empirische Anwendungsfelder, 2007, Wiesbaden.

*ders./Seibel, Wolfgang* (Hrsg.), Zwischen Kooperation und Korruption. Abweichendes Verhalten in der Verwaltung, 1992, Baden-Baden.

*Benz, Manfred*, § 44 Medizinische Rehabilitation, in: *Schulin, Bertram* (Hrsg.), Handbuch des Sozialversicherungsrechts, Bd. 4, 1997, München, S. 914–926.

*ders.*, Die Gemeinsamen Wohlfahrtshilfe-Richtlinien der Verbände der Unfallversicherungsträger nach § 41 Abs. 4 SGB VII, BG 1998, S. 230–237.

*Berg, Wilfried*, Die öffentliche Anstalt, NJW 1985, S. 2294–2301.

*ders.*, Die behördliche Warnung – eine neue Handlungsform des Verwaltungsrechts?, ZLR 1990, S. 565–576.

*ders./Fisch, Stefan/Schmitt Glaeser, Walter u.a.* (Hrsg.), Regulierte Selbstregulierung als Steuerungskonzept des Gewährleistungsstaates. Ergebnisse des Symposiums aus Anlaß des 60. Geburtstags von Wolfgang Hoffmann-Riem, Die Verwaltung, Beiheft 4 (2001), Berlin (zit.: Regulierte Selbstregulierung).

*Bethge, Herbert*, Der verfassungsrechtliche Standort der „staatlich gebundenen“ Berufe. Berufliche Teilhabe an Staatsfunktionen oder Verstaatlichung berufsgrundrechtsgeschützter Tätigkeiten?, 1968, Köln (zit.: Verfassungsrechtlicher Standort).

*ders.*, Zum Begriff der Selbstverwaltung in der Rechtsprechung des Bundessozialgerichts, VSSR 1980, S. 237–259.

*ders.*, Das Selbstverwaltungsrecht im Spannungsfeld zwischen institutioneller Garantie und grundrechtlicher Freiheit, in: *v. Mutius, Albert* (Hrsg.), Selbstverwaltung im Staat der Industriegesellschaft. Festgabe zum 70. Geburtstag von Georg Christoph von Unruh (Schriftenreihe des Lorenz-von-Stein-Instituts für Verwaltungswissenschaften

Kiel, Albert v. Mutius, Gerhard Prosi, Reinhold Janus (Hrsg.), Bd. 4), 1983, Heidelberg, S. 149–170 (zit.: FG Unruh 1983).

*Bettermann, Karl A.*, Das Verwaltungsverfahren, VVDStRL 17 (1959), S. 118–182.

*ders.*, Der totale Rechtsstaat. Zwei kritische Vorträge (Berichte aus den Sitzungen der Joachim Jungius-Gesellschaft der Wissenschaften e.V., Hamburg, Jahrgang 4, Bd. 3), 1986, Hamburg.

*Bieback, Karl-Jürgen*, § 54 Organisationsrecht, in: *Schulin, Bertram* (Hrsg.), Handbuch des Sozialversicherungsrechts, Bd. 2, 1996, München, S. 1115–1149.

*ders.*, Rechtliche Probleme von Organisationsstruktur und Selbstverwaltung der Unfallversicherung, in: *Heinze, Meinhard/Schmitt, Jochem* (Hrsg.), Festschrift für Wolfgang Gitter, zum 65. Geburtstag am 30. Mai 1995, 1995, Wiesbaden, S. 83–103 (zit.: FS Gitter 1995).

*Binding, Karl*, Lehrbuch des Gemeinen Deutschen Strafrechts. Besonderer Teil, 3 Bde., 2. Aufl. 1902, Leipzig (zit.: Lehrbuch).

*Birk, Dieter*, Normsetzungsbefugnis und öffentlich-rechtlicher Vertrag, NJW 1977, S. 1797–1800.

*Bischoff, Hans-Albrecht*, Staatsaufsicht und Selbstverwaltung in der Sozialversicherung, in: *Paulssen, Hans C./Richter, Willi/Freitag, Walter u.a.* (Hrsg.), Sozialpolitik, Arbeits- und Sozialrecht. Festschrift für Friedrich Sitzler zu seinem 75. Geburtstag, 1956, Stuttgart, S. 113–130 (zit.: FS Sitzler 1956).

*Blanke, Thomas*, Antidemokratische Effekte der verfassungsgerichtlichen Demokratietheorie, KJ 1998, S. 452–471.

*Bleckmann, Albert*, Subordinationsrechtlicher Verwaltungsvertrag und Gesetzmäßigkeit der Verwaltung, VerwArch 63 (1972), S. 404–440.

*Bley, Helmar/Kreikebohm, Ralf*, Sozialrecht, 7. Aufl. 1993.

*Blöck, Thorsten*, Der Rundfunkbeitrag – eine verfassungswidrige Wohnungs- und Betriebsstättenabgabe, NVwZ 2014, S. 266–271.

*v. Blumenthal, Julia*, Governance – eine kritische Zwischenbilanz, ZPol 15 (2005), S. 1149–1154.

*Böckenförde, Ernst-Wolfgang*, Organ, Organisation, juristische Person. Kritische Überlegungen zu Grundbegriffen und Konstruktionsbasis des staatlichen Organisationsrechts, in: *Menger, Christian-Friedrich* (Hrsg.), Fortschritte des Verwaltungsrechts. Festschrift für Hans J. Wolff zum 75. Geburtstag, 1973, München, S. 269–305 (zit.: FS Wolff 1973).

*ders.*, Verfassungsfragen der Richterwahl. Dargestellt anhand der Gesetzentwürfe zur Einführung der Richterwahl in Nordrhein-Westfalen (Schriften zum Öffentlichen Recht, Bd. 250), 1974, Berlin.

*ders.*, Die politische Funktion wirtschaftlich-sozialer Verbände und Interessenträger in der sozialstaatlichen Demokratie. Ein Beitrag zum Problem der „Regierbarkeit", Der Staat 15 (1976), S. 457–483.

*ders.*, Gesetz und gesetzgebende Gewalt. Von den Anfängen der deutschen Staatsrechtslehre bis zur Höhe des staatsrechtlichen Positivismus (Schriften zum Öffentlichen Recht, Bd. 1), 2. Aufl. 1982, Berlin.

*ders.*, § 24 Demokratie als Verfassungsprinzip, in: *Isensee, Josef/Kirchhof, Paul* (Hrsg.), Handbuch des Staatsrechts der Bundesrepublik Deutschland Bd. II, 3. Aufl. 2004, Heidelberg, S. 429–496 (zit.: HStR II).

*ders.*, § 34 Demokratische Willensbildung und Repräsentation, in: *Isensee, Josef/Kirchhof, Paul* (Hrsg.), Handbuch des Staatsrechts der Bundesrepublik Deutschland Bd. III, 3. Aufl. 2005, Heidelberg, S. 31–53 (zit.: HStR III).

*Boehme-Neßler, Volker*, Electronic Government: Internet und Verwaltung, NVwZ 2001, S. 374–380.

*Boerner, Dietmar*, Die Neuregelung des § 89 SGB V und ihre Bedeutung für die Leistungserbringungsverträge, SGb 2000, S. 389–393.

*ders.*, Normenverträge im Gesundheitswesen. Die Verträge über die vertragsärztliche Versorgung zwischen öffentlichem und privatem Recht (Schriften des Instituts für Arbeit- und Wirtschaftsrecht der Universität zu Köln, Martin Henssler, Herbert Wiedemann (Hrsg.), Bd. 89), 2003, München.

*v. Boetticher, Arne*, Der Spitzenverband Bund der Krankenkassen, SGb 2009, S. 15–18.

*v. Bogdandy, Armin/Huber, Peter M.*, § 42 Staat, Verwaltung und Verwaltungsrecht: Deutschland, in: *Bogdandy, Armin v./Cassese, Sabino/Huber, Peter M.* (Hrsg.), Handbuch des Ius Publicum Europaeum, Bd. III, Verwaltungsrecht in Europa: Grundlagen, 2010, Heidelberg (zit.: Ius Publicum Europaeum III).

*Bogs, Harald*, Der soziale Rechtsstaat im deutschen Verfassungsrecht (Schriftenreihe des Deutschen Beamtenbundes) 1963, Berlin, S. 44–66.

*ders.*, Die Sozialversicherung im Staat der Gegenwart. Öffentlich-rechtliche Untersuchungen über die Stellung der Sozialversicherung im Verbändestaat und im Versicherungswesen (Veröffentlichungen des Deutschen Vereins für Versicherungswissenschaft, Bd. 75), 1973, Berlin.

*ders.*, Strukturprobleme der Selbstverwaltung einer modernen Sozialversicherung, in: *Bogs, Harald/Ferber, Christian v./infas* (Hrsg.), Soziale Selbstverwaltung, Aufgaben und Funktion der Selbstverwaltung in der Sozialversicherung, 1977, Bonn, S. 3–96.

*ders.*, Untergang der Selbstverwaltung im Strudel von gesellschaftlichem und staatlichem Zentralismus? Zum Modell der „konzertierten Aktion im Gesundheitswesen" (§§ 405a, 525c Abs. 2 i.V.m. § 368 f Abs. 4 RVO), SGb 1982, S. 1–12.

*ders./Ferber, Christian v./infas* (Hrsg.), Soziale Selbstverwaltung. Aufgaben und Funktion der Selbstverwaltung in der Sozialversicherung, 2 Bde., 1977, Bonn.

*Bogs, Walter*, Autonomie und verbandliche Selbstverwaltung im modernen Arbeits- und Sozialrecht, RdA 1956, S. 1–9.

*ders.*, Das Problem der Freiheit im sozialen Rechtsstaat, in: *Wendt, Siegfried* (Hrsg.), Gesellschaft in Geschichte und Gegenwart. Beiträge zu sozialwissenschaftlichen Problemen. Eine Festschrift für Friedrich Lenz (Sozialwissenschaftliche Abhandlungen, hg. von der Hochschule für Sozialwissenschaften Wilhelmshaven-Rüstersiel, Heft 9), 1961, Berlin, S. 307–320 (zit.: FS Lenz 1961).

*Bogumil, Jörg/Grohs, Stephan/Kuhlmann, Sabine/Ohm, Anna K.*, Zehn Jahre Neues Steuerungsmodell. Eine Bilanz kommunaler Verwaltungsmodernisierung (Modernisierung des öffentlichen Sektors, hg. von Jörg Bogumil, Hans Brinckmann, Dietrich Budäus u.a., Sonderband 29), 2. Aufl. 2008, Berlin.

*ders./Holtmann, Lars*, Perspektiven kommunaler Verwaltungsmodernisierung. Praxiskonsequenzen aus dem Neuen Steuerungsmodell (Modernisierung des öffentlichen Sektors, Bd. 30), 2007, Berlin.

*ders./Jann, Werner*, Verwaltung und Verwaltungswissenschaft in Deutschland. Einführung in die Verwaltungswissenschaft, 2. Aufl. 2009, Wiesbaden (zit.: Verwaltung).

*Bohne, Eberhard*, Der informale Rechtsstaat. Eine empirische und rechtliche Untersuchung zum Gesetzesvollzug unter besonderer Berücksichtigung des Immissionsschutzes (Schriftenreihe zur Rechtssoziologie und Rechtstatsachenforschung, hg. von Ernst E. Hirsch, Manfred Rehbinder, Bd. 49), 1981, Berlin.

*ders.*, Informales Verwaltungs- und Regierungshandeln als Instrument des Umweltschutzes. Alternativen zu Rechtsnorm, Vertrag, Verwaltungsakt und anderen rechtlich geregelten Handlungsformen?, VerwArch 75 (1984), S. 343–373.

*Bonk, Heinz J.*, Strukturelle Änderungen des Verwaltungsverfahrens durch das Genehmigungsverfahrensbeschleunigungsgesetz, NVwZ 1997, S. 320–330.

*Borchert, Günter*, Normsetzungskompetenzen im Sozialrecht, NZS 2004, S. 287–291.

*Braun, Bernard/Klenk, Tanja/Nullmeier, Frank/Welti, Felix/Kluth, Winfried*, Modernisierung der sozialen Selbstverwaltung und der Wahl ihrer Vertreter, Soziale Sicherheit 2008, S. 245–250.

*Braun, Wilfried*, Wandel in den Handlungsformen der Leistungsverwaltung. Hat der öffentlich-rechtliche Vertrag eine Zukunftsperspektive?, BayVBl. 1983, S. 225–234.

*Brede, Helmut*, Grundzüge der Öffentlichen Betriebswirtschaftslehre, 2. Aufl. 2005, München (zit.: Grundzüge).

*Brenner, Michael*, Das Verwaltungsrecht vor den Herausforderungen der Zukunft, in: *Pitschas, Rainer/Uhle, Arnd* (Hrsg.), Wege gelebter Verfassung in Recht und Politik. Festschrift für Rupert Scholz zum 70. Geburtstag, 2007, Berlin, S. 467–481 (zit.: FS Scholz 2007).

*Breuer, Rüdiger*, Direkte und indirekte Rezeption technischer Regeln durch die Rechtsordnung, AöR 101 (1976), S. 46–88.

*ders.*, Selbstverwaltung und Mitverwaltung Beteiligter im Widerstreit verfassungsrechtlicher Postulate, Die Verwaltung 10 (1977), S. 1–29.

*ders.*, Die Selbstverwaltung der Wasser- und Bodenverbände, in: *v. Mutius, Albert* (Hrsg.), Selbstverwaltung im Staat der Industriegesellschaft. Festgabe zum 70. Geburtstag von Georg Christoph von Unruh (Schriftenreihe des Lorenz-von-Stein-Instituts für Verwaltungswissenschaften Kiel, Albert v. Mutius, Gerhard Prosi, Reinhold Janus (Hrsg.), Bd. 4), 1983, Heidelberg, S. 855–879 (zit.: FG Unruh 1983).

*ders.*, Ausbau des Individualschutzes gegen Umweltbelastungen als Aufgabe des öffentlichen Rechts. Postulate, Kritik und Alternativen, DVBl. 1986, S. 849–859.

*ders.*, Die öffentliche Anstalt, VVDStRL 44 (1986), S. 211–247.

*ders.*, Diskussionsbeitrag, VVDStRL 48 (1990), S. 277–281.

*ders.*, Konkretisierungen des Rechtsstaats- und Demokratiegebotes, in: *Schmidt-Aßmann, Eberhard/Sellner, Dieter/Hirsch, Günter u.a.* (Hrsg.), Festgabe 50 Jahre Bundesverwaltungsgericht, 2003, Köln, Berlin, Bonn, S. 223–254 (zit.: FG BVerwG 2003).

*Britz, Gabriele*, Die Mitwirkung Privater an der Wahrnehmung öffentlicher Aufgaben durch Einrichtungen des öffentlichen Rechts. Verwaltungsorganisation zwischen Legitimationserfordernis und Rationalisierungswunsch, VerwArch 91 (2000), S. 418–437.

*Brohm, Winfried*, Strukturen der Wirtschaftsverwaltung. Organisationsformen und Gestaltungsmöglichkeiten im Wirtschaftsverwaltungsrecht (res publica, Beiträge zum Öffentlichen Recht, hg. von Ernst Forsthoff, Bd. 21), 1969, Stuttgart, Berlin, Köln u.a.

*ders.*, Die Dogmatik des Verwaltungsrechts vor den Gegenwartsaufgaben der Verwaltung, VVDStRL 30 (1972), S. 245–312.

*ders.*, Die Konkurrentenklage, in: *Erichsen, Hans-Uwe/Hoppe, Werner/v. Mutius, Albert* (Hrsg.), System des verwaltungsgerichtlichen Rechtsschutzes. Festschrift für Christian-Friedrich Menger zum 70. Geburtstag, 1985, Köln, Berlin, Bonn u.a., S. 235–255 (zit.: FS Menger 1985).

*ders.*, Verwaltung und Verwaltungsgerichtsbarkeit als Steuerungsmechanismen in einem polyzentrischen System der Rechtserzeugung, DÖV 1987, S. 265–271.

*ders.*, Rechtsstaatliche Vorgaben für informelles Verwaltungshandeln, DVBl. 1994, S. 133–139.

*Brosius-Gersdorf, Frauke*, Deutsche Bundesbank und Demokratieprinzip. Eine verfassungsrechtliche Studie zur Bundesbankautonomie vor und nach der dritten Stufe der europäischen Währungsunion (Schriften zum Öffentlichen Recht, Bd. 736), 1997, Berlin.

*Brox, Hans/Walker, Wolf-Dietrich*, Allgemeiner Teil des BGB, 36. Aufl. 2012, München.

*Brünner, Frank*, Vergütungsvereinbarungen in SGB XI und BSHG – Normsetzungscharakter und Bestimmtheitsgebot, in: *Köbl, Ursula/Brünner, Frank* (Hrsg.), Die Vergütung von Einrichtungen und Diensten nach SGB XI und BSHG. Gemeinsame Tagung des Deutschen Caritasverbandes e.V. und des Instituts für Sozialversicherungsrecht an der Universität Freiburg am 15. März 2001, 2001, Baden-Baden, S. 9–24 (zit.: Vergütung).

*Bryde, Brun-Otto*, Die Einheit der Verwaltung als Rechtsproblem, VVDStRL 46 (1988), S. 181–216.

*ders.*, Ausländerwahlrecht und grundgesetzliche Demokratie, JZ 1989, S. 257–261.

*ders.*, Die bundesrepublikanische Volksdemokratie als Irrweg der Demokratietheorie, StWStP 5 (1994), S. 305–330.

*Budäus, Dietrich/Conrad, Peter/Schreyögg, Georg* (Hrsg.), New Public Management (Managementforschung, Bd. 8), 1998, Berlin, New York.

*ders./Finger, Stefanie*, Stand und Perspektiven der Verwaltungsreform in Deutschland, Die Verwaltung 32 (1999), S. 313–343.

*ders./Hilgers, Dennis*, Mutatis mutandis: Rekommunalisierung zwischen Euphorie und Staatsversagen, DÖV 2013, S. 701–708.

*Bühler, Ottmar*, § 51. Übersicht über die reichsunmittelbaren Anstalten und Körperschaften, in: *Anschütz, Gerhard/Thoma, Richard* (Hrsg.), Handbuch des Deutschen Staatsrechts, Bd. 1 (Das öffentliche Recht der Gegenwart, Bd. 28), 1930, Tübingen, S. 594–603.

*ders.*, § 60. Die Selbstverwaltungskörper (Überblick), in: *Anschütz, Gerhard/Thoma, Richard* (Hrsg.), Handbuch des Deutschen Staatsrechts, Bd. 1 (Das öffentliche Recht der Gegenwart, Bd. 28), 1930, Tübingen, S. 697–706.

*Bull, Hans P.*, Zur Lage der Selbstverwaltung in der Sozialversicherung, KrV 1976, S. 175–179.

*ders.*, Die Staatsaufgaben nach dem Grundgesetz, 2. Aufl. 1977, Kronberg/Ts. (zit.: Staatsaufgaben)

*ders.*, Die Krise der Verwaltungstheorie. Vom New Public Management zum Government Ansatz – und wie weiter?, VerwArch 103 (2012), S. 1–30.

*ders./Mehde, Veith*, Allgemeines Verwaltungsrecht mit Verwaltungslehre, 8. Aufl. 2009, Heidelberg (zit.: Verwaltungsrecht).

*Büllesbach, Alfred/Rieß, Joachim*, Outsourcing in der öffentlichen Verwaltung, NVwZ 1995, S. 444–449.

*Bulling, Manfred*, Kooperatives Verwaltungshandeln (Vorverhandlungen, Arrangements, Agreements und Verträge) in der Verwaltungspraxis, DÖV 1989, S. 277–289.

*Bullinger, Martin*, Die Selbstermächtigung zum Erlaß von Rechtsvorschriften. Studien über ein Kuriosum der Staatspraxis (Heidelberger Rechtswissenschaftliche Abhandlungen, hg. von der Juristischen Fakultät, Bd. 5), 1958, Heidelberg (zit.: Selbstermächtigung).

*ders.*, Vertrag und Verwaltungsakt. Zu den Handlungsformen und Handlungsprinzipien der öffentlichen Verwaltung nach deutschem und englischem Recht (res publica, Beiträge zum Öffentlichen Recht, hg. von Ernst Forsthoff, Bd. 9), 1962, Stuttgart.

*ders.*, Zur Notwendigkeit funktionalen Umdenkens des öffentlichen und privaten Vertragsrechts im leistungsintensiven Gemeinwesen. Bemerkungen zum Musterentwurf eines Verwaltungsverfahrensgesetzes, in: *Conrad, Hermann/Jahrreiß, Hermann/Mikat, Paul u.a.* (Hrsg.), Gedächtnisschrift Hans Peters, 1967, Berlin, Heidelberg, New York, S. 667–685 (zit.: GS Peters).

*Bumke, Christian*, Die Entwicklung der verwaltungsrechtswissenschaftlichen Methodik in der Bundesrepublik Deutschland, in: *Schmidt-Aßmann, Eberhard/Hoffmann-Riem, Wolfgang* (Hrsg.), Methoden der Verwaltungsrechtswissenschaft (Schriften zur Reform des Verwaltungsrechts, Wolfgang Hoffmann-Riem, Eberhard Schmidt-Aßmann (Hrsg.), Bd. 10), 2004, Baden-Baden, S. 73–130 (zit.: Methoden).

*Bundesministerium für Arbeit und Soziales* (Hrsg.), In die Zukunft gedacht. Bilder und Dokumente zur Deutschen Sozialgeschichte, 2014, Bonn.

*Burckhardt, Walther*, Die Organisation der Rechtsgemeinschaft. Untersuchungen über die Eigenart des Privatrechts, des Staatsrechts und des Völkerrechts, 2. Aufl. 1971, Zürich.

*Burgi, Martin*, Funktionale Privatisierung und Verwaltungshilfe. Staatsaufgabendogmatik. Phänomenologie – Verfassungsrecht (Jus Publicum. Beiträge zum Öffentlichen Recht, Bd. 37), 1999, Tübingen.

*ders.*, Möglichkeiten und Schranken der Zusammenarbeit im Rahmen von Sicherheitspartnerschaften, in: *Stober, Rolf* (Hrsg.), Public-Private-Partnerships und Sicherheitspartnerschaften. Ergebnisse des Professorengesprächs vom 13. April 2000, 2000, Köln, Berlin, Bonn u.a., S. 65–90 (zit.: Public-Private-Partnerships).

*ders.*, Privat vorbereitete Verwaltungsentscheidungen und staatliche Strukturschaffungspflicht. Verwaltungsverfassungsrecht im Kooperationsspektrum zwischen Staat und Gesellschaft, Die Verwaltung 33 (2000), S. 183–206.

*ders.*, Der Beliehene – ein Klassiker im modernen Verwaltungsrecht, in: *Geis, Max-Emanuel/Lorenz, Dieter* (Hrsg.), Staat, Kirche, Verwaltung. Festschrift für Hartmut Maurer zum 70. Geburtstag, 2001, München, S. 581–594 (zit.: FS Maurer 2001).

*ders.*, § 75 Privatisierung, in: *Isensee, Josef/Kirchhof, Paul* (Hrsg.), Handbuch des Staatsrechts der Bundesrepublik Deutschland Bd. IV, 3. Aufl. 2006, Heidelberg, S. 205–241 (zit.: HStR IV).

*ders.*, Selbstverwaltung angesichts von Europäisierung und Ökonomisierung, VVDStRL 62 (2003), S. 405–456.

*ders.*, BA-Verwaltungsrat und GKV-Bundesausschuss: Hund und Katz in der Selbstverwaltung, NJW 2004, S. 1365–1367.

*ders.*, § 10 Entwicklungslinien, in: *Erichsen, Hans-Uwe/Ehlers, Dirk* (Hrsg.), Allgemeines Verwaltungsrecht, 14. Aufl. 2010, Berlin, S. 308–328.

*ders.*, § 7 Grundlagen, in: *Erichsen, Hans-Uwe/Ehlers, Dirk* (Hrsg.), Allgemeines Verwaltungsrecht, 14. Aufl. 2010, Berlin, S. 254–275.

*ders.*, § 8 Strukturen und Organisationseinheiten, in: *Erichsen, Hans-Uwe/Ehlers, Dirk* (Hrsg.), Allgemeines Verwaltungsrecht, 14. Aufl. 2010, Berlin, S. 275–300.

*ders.*, § 9 Bestand und Aufbau der unmittelbaren Staatsverwaltung, in: *Erichsen, Hans-Uwe/Ehlers, Dirk* (Hrsg.), Allgemeines Verwaltungsrecht, 14. Aufl. 2010, Berlin, S. 300–308.

*ders.*, Verwaltungsverfahrensrecht zwischen europäischem Umsetzungsdruck und nationalem Gestaltungsunwillen, JZ 2010, S. 105–112.

*Burmeister, Joachim*, Verträge und Absprachen zwischen der Verwaltung und Privaten, VVDStRL 52 (1993), S. 190–247.

*Büsching, Thilo*, Unabhängigkeit und Zinspolitik der Deutschen Bundesbank im Prozeß der deutschen Vereinigung (Europäische Hochschulschriften, Bd. 5), 1997, Frankfurt a.M. (zit.: Unabhängigkeit).

*Butterwegge, Georg*, Verwaltungsvertrag und Verwaltungsakt. Probleme der Überschneidung von Verwaltungsakten und Verwaltungsverträgen unter besonderer Berücksichtigung des Verfügungsvertrages, 2001, Berlin.

*Butzer, Hermann*, Fremdlasten in der Sozialversicherung. Zugleich ein Beitrag zu den verfassungsrechtlichen Vorgaben für die Sozialversicherung (Jus Publicum. Beiträge zum Öffentlichen Recht, Bd. 72), 2001, Tübingen.

*ders.*, Bürgerschaftliches Engagement in der sozialen Selbstverwaltung, SDSRV 50 (2003), S. 51–92.

*ders./Kaltenborn, Markus*, Die demokratische Legitimation des Bundesausschusses der Ärzte und Krankenkassen, MedR 2001, S. 333–342.

*Bydlinski, Franz*, Gedanken über Rechtsdogmatik, in: *Martinek, Oswin/Migsch, Erwin/Ringhofer, Kurt u.a.* (Hrsg.), Arbeitsrecht und soziale Grundrechte, 1983, Wien, S. 3–15.

*Calliess, Christian/Ruffert, Matthias* (Hrsg.), EUV/AEUV. Das Verfassungsrecht der Europäischen Union mit Europäischer Grundrechtecharta. Kommentar, 2011, München.

*Canaris, Claus-Wilhelm*, Systemdenken und Systembegriff in der Jurisprudenz (Schriften zur Rechtstheorie, Bd. 14), 2. Aufl. 1983, Berlin.

*ders.*, Funktion, Struktur und Falsifikation juristischer Theorien, JZ 1993, S. 377–391.

*ders./Schilling, Wolfgang/Ulme, Peter* (Hrsg.), Handelsgesetzbuch, Bd. 3/2. Großkommentar, 4. Aufl. 2002, Berlin, New York.

*Castendiek, Jan*, Der sozialversicherungsrechtliche Normsetzungsvertrag. Verfassungsrechtliche Betrachtung unter besonderer Berücksichtigung der Normgebung in Selbstverwaltungsbereichen ohne körperschaftliche Strukturen (Nomos Universitätsschriften, Recht, Bd. 357), 2000, Baden-Baden (zit.: Normsetzungsvertrag).

*ders.*, Versichertenbeteiligung und Demokratie im Normenkonzept der Richtlinien des Bundesausschusses, NZS 2001, S. 71–80.

*Christmann, Alfred*, Selbstverwaltung und Selbstverantwortung, 1977,

*Clemens, Thomas*, Normenstrukturen im deutschen Recht, in: *Grawert, Rolf/Schlink, Bernhard/Wahl, Rainer u.a.* (Hrsg.), Offene Staatlichkeit. Festschrift für Ernst-Wolfgang Böckenförde zum 65. Geburtstag, 1965, Berlin, S. 259–276 (zit.: FS Böckenförde 1965).

*ders.*, Normenstrukturen im Sozialrecht – Unfallversicherungs-, Arbeitsförderungs- und Kassenarztrecht, NZS 1994, S. 337–347.

*ders.*, Verfassungsrechtliche Anforderungen an untergesetzliche Rechtsnormen, MedR 1996, S. 432–439.

*Cohen, Joshua/Rogers, Joel*, Secondary Associations and Democratic Governance, Politics and Society 20 (1992), S. 393–472.

*Coing, Helmut*, Geschichte und Bedeutung des Systemgedankens in der Rechtswissenschaft. Rede beim Antritt des Rektorats (Frankfurter Universitätsreden, Heft 17), 1956, Frankfurt a.M.

*Coseriu, Pablo/Eicher, Wolfgang* (Hrsg.), SGB XII. Sozialgesetzbuch Zwölftes Buch. Kommentar, 2011, Saarbrücken.

*Cygan, Adam*, The White Paper on European Governance – Have Glasnost and Perestroika Finally Arrived to the European Union? MLR 65 (2002), S. 229–240.

*Czada, Wolfgang*, Konjunkturen des Korporatismus: Zur Geschichte eines Paradigmenwechsels in der Verbändeforschung, PVS Sonderheft 25 (1994), S. 37–64.

*Dagtoglou, Prodromos*, Die Beteiligung Privater an Verwaltungsaufgaben. Die Abgrenzungsproblematik, DÖV 1970, S. 532–537.

*Dahl, Robert A.*, A Democratic Dilemma: System Effectiveness versus Citizen Participation, PSQ 109 (1994), S. 23–34.

*ders.*, Toward Democracy: A Journey. Reflections 1940–1997, 2 Bde., 1997, Berkeley (zit.: Toward Democracy).

*ders.*, On Democracy, 1998, New Haven, London.

*Dahm, Sabine*, Das Neue Steuerungsmodell auf Bundes- und Länderebene sowie die Neuordnung der öffentlichen Finanzkontrolle in der Bundesrepublik Deutschland (Schriften zum Öffentlichen Recht, Bd. 958), 2004, Berlin (zit.: Neues Steuerungsmodell).

*Damkowski, Wulf*, Moderne Verwaltung in Deutschland. Public management in der Praxis, 1998, Stuttgart, Berlin, Köln u.a.

*ders./Precht, Claus*, Public Management: neuere Steuerungskonzepte für den öffentlichen Sektor, 1995, Stuttgart (zit.: Public Management).

*v. Danwitz, Thomas*, Verwaltungsrechtliches System und Europäische Integration (Jus Publicum. Beiträge zum Öffentlichen Recht, Bd. 17), 1996, Tübingen (zit.: Verwaltungsrechtliches System).

*ders.*, Rechtsverordnungen, Jura 2002, S. 93–102.

*ders.*, Achtes Kapitel: Straßen- und Wegerecht, in: *Schmidt-Aßmann, Eberhard* (Hrsg.), Besonderes Verwaltungsrecht, 12. Aufl. 2003, Berlin, S. 883–937.

*Däubler, Wolfgang* (Hrsg.), Tarifvertragsgesetz mit Arbeitnehmer-Entsendegesetz, 2. Aufl. 2006, Baden-Baden.

*Dederer, Hans-Georg*, Organisatorisch-personelle Legitimation der funktionalen Selbstverwaltung, NVwZ 2000, S. 403–405.

*ders.*, Korporative Staatsgewalt. Integration privat organisierter Interessen in die Ausübung von Staatsfunktionen (Jus Publicum. Beiträge zum Öffentlichen Recht, Bd. 107), 2004, Tübingen.

*Degenhart, Christoph*, Rechtsstaat-Sozialstaat. Anmerkungen zum aktuellen Problemstand, in: *Achterberg, Norbert/Krawietz, Werner/Wyduckel, Dieter* (Hrsg.), Recht und Staat im sozialen Wandel. Festschrift für Hans Ulrich Scupin zum 80. Geburtstag, 1983, Berlin, S. 537–553 (zit.: FS Scupin 1983).

*Denninger, Erhard*, Verfassungsrechtliche Anforderungen an die Normsetzung im Umwelt- und Technikrecht, 1990, Baden-Baden (zit.: Anforderungen).

*Derlien, Hans-Ulrich*, Theoretische und methodische Probleme der Beurteilung organisatorischer Effizienz der öffentlichen Verwaltung, Die Verwaltung 7 (1974), S. 1–22.

*Dietz, Otmar/Bofinger, Werner* (Hrsg.), Krankenhausfinanzierungsgesetz, Pflegesatzverordnung und Folgerecht. Kommentar, Loseblatt, 52. EL., Stand: 2014, Wiesbaden.

*Di Fabio, Udo*, Verwaltungsvorschriften als ausgeübte Beurteilungsermächtigung. Plädoyer für eine Neubestimmung der normkonkretisierenden Verwaltungsvorschriften im System der Rechtsquellen, DVBl. 1992, S. 1338–1346.

*ders.*, Grundrechte im präzeptoralen Staat am Beispiel hoheitlicher Informationstätigkeit, JZ 1993, S. 689–697.

*ders.*, Risikoentscheidungen im Rechtsstaat. Zum Wandel der Dogmatik im öffentlichen Recht, insbesondere am Beispiel der Arzneimittelüberwachung (Jus Publicum. Beiträge zum Öffentlichen Recht, Bd. 8), 1994, Tübingen.

*ders.*, Verwaltung und Verwaltungsrecht zwischen gesellschaftlicher Selbstregulierung und staatlicher Steuerung, VVDStRL 56 (1997), S. 235–277.

*ders.*, Das Recht offener Staaten. Grundlinien einer Staats- und Rechtstheorie, 1998, Tübingen.

*ders.*, Verlust der Steuerungskraft klassischer Rechtsquellen, NZS 1998, S. 449–455.

*Dittmann, Armin*, Die Bundesverwaltung. Verfassungsgeschichtliche Grundlagen, grundgesetzliche Vorgaben und Staatspraxis ihrer Organisation (Tübinger rechtswissenschaftliche Abhandlungen, hg. von Mitgliedern der Juristischen Fakultät der Universität Tübingen, Bd. 56), 1983, Tübingen.

*Doehring, Karl*, Sozialstaat, Rechtsstaat und freiheitlich-demokratische Grundordnung, Zweimonatshefte für Fragen der Zeit 23 (1978), S. 7–56.

*Doemming, Klaus-Berto v./Füsslein, Rudolf W./Matz, Werner*, Entstehungsgeschichte der Artikel des Grundgesetzes. Im Auftrage der Abwicklungsstelle des Parlamentarischen Rates und der Bundesministers des Innern auf Grund der Verhandlungen des Parlamentarischen Rates, JöR N.F. 1 (1951), S. 1–941.

*Dörrwächter, Jan C.*, Tendenzschutz im Tarifrecht (Schriften zum Sozial- und Arbeitsrecht, Bd. 161), 1998, Berlin.

*Dose, Nicolai*, Die verhandelnde Verwaltung. Eine empirische Untersuchung über den Vollzug des Immissionsschutzrechts (Schriften zur Rechtspolitologie, hg. von Axel Görlitz, Rüdiger Voigt, Bd. 4), 1997, Baden-Baden.

*Downs, Anthony*, Ökonomische Theorie der Demokratie (Die Einheit der Gesellschaftswissenschaften, Bd. 8), 1968, Tübingen.

*Dreier, Horst*, Hierarchische Verwaltung im demokratischen Staat. Genese, aktuelle Bedeutung und funktionelle Grenzen eines Bauprinzips der Exekutive, 1991, Tübingen (zit.: Hierarchische Verwaltung).

*ders.*, Grundrechtsdurchgriff contra Gesetzesbindung? Exemplarische Betrachtungen zum Verhältnis von Verfassungs- und Verwaltungsrecht anhand der Rechtsprechung des Bundesverwaltungsgerichts, Die Verwaltung 36 (2003), S. 105–136.

*ders.*, Menschenwürde in der Rechtsprechung des Bundesverwaltungsgerichts, in: *Schmidt-Aßmann, Eberhard/Sellner, Dieter/Hirsch, Günter u.a.* (Hrsg.), Festgabe 50 Jahre Bundesverwaltungsgericht, 2003, Köln, Berlin, Bonn, S. 201–222 (zit.: FG BVerwG 2003).

*ders.* (Hrsg.), Grundgesetz. Kommentar
Band I. Präambel, Art. 1–19, 3. Aufl. 2013, Tübingen,
Band II. Art. 20–82, 2. Aufl. 2006, Tübingen.

*Dryzek, John S.*, Political Inclusion and the Dynamics of Democratization, APSR 90 (1996), S. 475–487.

*Ebsen, Ingwer*, Selbstverwaltung und Autonomie der Bundesanstalt für Arbeit, in: *Leßmann, Herbert/Großfeld, Bernhard/Vollmer, Lothar* (Hrsg.), Festschrift für Rudolf Lukes zum 65. Geburtstag, 1989, Köln, Berlin, Bonn u.a., S. 321–335 (zit.: FS Lukes 1989).

*ders.*, Autonome Rechtssetzung in der Sozialversicherung und der Arbeitsförderung als Verfassungsproblem, VSSR 1990, S. 57–75.

*ders.*, § 7 Rechtsquellen, in: *Schulin, Bertram* (Hrsg.), Handbuch des Sozialversicherungsrechts, Bd. 1, 1994, München, S. 249–289.

*ders.*, Der Behandlungsanspruch des Versicherten in der gesetzlichen Krankenversicherung und das Leistungserbringungsrecht, in: *Gitter, Wolfgang/Schulin, Bertram/Zacher, Hans F.* (Hrsg.), Festschrift für Otto Ernst Krasney zum 65. Geburtstag, 1997, München, S. 81–107 (zit.: FS Krasney 1997).

*ders.*, Phänomenologie und Problemfelder der Rechtsquellen, in: *Schnapp, Friedrich E.* (Hrsg.), Probleme der Rechtsquellen im Sozialversicherungsrecht Teil I, Tagungsband zum 5. Fachkolloquium des Instituts für Sozialrecht am 25./26. Juni 1997 in Bochum (Bochumer Schriften zum Sozialrecht, Friedrich E. Schnapp (Hrsg.), Bd. 1), 1998, Frankfurt a.M., Berlin, Bern u.a., S. 13–35 (zit.: Rechtsquellen).

*ders.*, Diskussionsbeitrag, VVDStRL 62 (2003), S. 459.

*ders.*, Patientenpartizipation in der gemeinsamen Selbstverwaltung der GKV: Ein Irrweg oder ein Desiderat?, MedR 2006, S. 528–532.

*ders.*, § 15 Krankenversicherungsrecht, in: *Maydell, Bernd Baron v./Ruland, Franz* (Hrsg.), Sozialrechtshandbuch (SRH), 5. Aufl. 2012, Neuwied, S. 723–801 (zit.: SRH).

*Egidi, Hans*, Begrüßungsansprache der Staatsrechtslehrertagung von 1957, VVDStRL 16 (1958), S. 6–7.

*Ehlers, Dirk*, Verwaltung in Privatrechtsform (Schriften zum Öffentlichen Recht, Bd. 464), 1984, Berlin.

*ders.*, § 6 Verfassungsrecht und Verwaltungsrecht, in: *Erichsen, Hans-Uwe/Ehlers, Dirk* (Hrsg.), Allgemeines Verwaltungsrecht, 14. Aufl. 2010, Berlin, S. 237–251.

*Eichenhofer, Eberhard/Wenner, Ulrich* (Hrsg.), Kommentar zum Sozialgesetzbuch I, IV, X, 2012, Köln.

*Eicher, Wolfgang* (Hrsg.), SGB II. Grundsicherung für Arbeitssuchende. Kommentar, 3. Aufl. 2013, München.

*Eifert, Martin*, Grundversorgung mit Telekommunikationsleistungen im Gewährleistungsstaat (Materialien zur interdisziplinären Medienforschung, Wolfgang Hoffmann-Riem (Hrsg.), Bd. 33), 1998, Baden-Baden (zit.: Grundversorgung).

*ders.*, Electronic Government. Das Recht der elektronischen Verwaltung (Neue Schriften zur Verwaltungsrechtswissenschaft, hg. von Martin Burgi, Friedrich Schoch, Andreas Voßkuhle, Bd. 1), 2006, Baden-Baden.

*ders.*, Das Verwaltungsrecht zwischen klassischem dogmatischen Verständnis und steuerungswissenschaftlichem Anspruch, VVDStRL 67 (2008), S. 286–333.

*Eisenmenger, Sven*, Moderne Verwaltung – Modernes Verfahren, GewArch 2012, S. 192–197.

*Ellrott, Helmut/Förschle, Gerhard/Kozikowski, Michael u.a.* (Hrsg.), Beck'scher Bilanz-Kommentar. Handels- und Steuerbilanz, 7. Aufl. 2010, München.

*Ellwein, Thomas*, Das Erbe der Monarchie in der deutschen Staatskrise. Zur Geschichte des Verfassungsstaates in Deutschland, 1954, München (zit.: Erbe der Monarchie).

*ders.*, Die großen Interessenverbände und ihr Einfluss, in: *Löwenthal, Richard/Schwarz, Hans-Peter* (Hrsg.), Die zweite Republik. 25 Jahre Bundesrepublik Deutschland – eine Bilanz, 1979, Stuttgart, S. 470–493.

*Elster, Jon*, The Market and the Forum. Three Varieties of Political Theory, in: *ders./Hylland, Aanund* (Hrsg.), Foundations of Social Choice Theory. Studies in Rationality and Social Change, 1986, Cambridge, London, New York, S. 103–132 (zit.: Foundations).

*Emde, Ernst Thomas*, Die demokratische Legitimation der funktionalen Selbstverwaltung (Schriften zum Öffentlichen Recht, Bd. 590), 1991, Berlin (zit.: Demokratische Legitimation).

*Engel, Christoph*, Normsetzung der Exekutive in der Sozialversicherung, Die Verwaltung 34 (2001), S. 432–436.

*ders.*, Die Einwirkungen des europäischen Gemeinschaftsrechts auf das deutsche Verwaltungsrecht, Die Verwaltung 25 (1992), S. 437–476.

*Engeli, Christian/Haus, Wolfgang*, Quellen zum modernen Gemeindeverfassungsrecht in Deutschland, 1975, Stuttgart u.a. (zit.: Quellen).

*Engelmann, Klaus*, Untergesetzliche Normsetzung im Recht der gesetzlichen Krankenversicherung durch Verträge und Richtlinien (Teil 1), NZS 2000, S. 1–8.

*ders.*, Untergesetzliche Normsetzung im Recht der gesetzlichen Krankenversicherung durch Verträge und Richtlinien (Teil 2), NZS 2000, S. 76–84.

*Engi, Lorenz*, Governance – Umrisse und Problematik eins staatstheoretischen Leitbildes, Der Staat 47 (2007), S. 573–587.

*Engisch, Karl*, Die Einheit der Rechtsordnung (Heidelberger Rechtswissenschaftliche Abhandlungen, hg. von der Jurisitschen Fakultät, Bd. 20), 1935, Heidelberg (zit.: Rechtsordnung).

*ders.*, Sinn und Tragweite juristischer Systematik, Studium Generale 1957, S. 173–190.

*Erbguth, Wilfried*, Allgemeines Verwaltungsrecht, 7. Aufl. 2014, Baden-Baden.

*Erdmann, Gerhard*, Die soziale Selbstverwaltung in ihrer rechts- und staatspolitischen Bedeutung, in: *Paulssen, Hans C./Richter, Willi/Freitag, Walter u.a.* (Hrsg.), Sozialpolitik, Arbeits- und Sozialrecht. Festschrift für Friedrich Sitzler zu seinem 75. Geburtstag, 1956, Stuttgart, S. 43–54 (zit.: FS Sitzler 1956).

*Erichsen, Hans-Uwe*, Das Bundesverwaltungsgericht und die Verwaltungsrechtswissenschaft, DVBl. 1978, S. 569–577.

*ders.*, Verwaltungsvorschriften als Steuerungsnormen und Rechtsquellen, in: *Drenseck, Walter/Seer, Roman* (Hrsg.), Festschrift für Heinrich Wilhelm Kruse zum 70. Geburtstag, 2001, Köln, S. 39–63 (zit.: FS Kruse 2001).

*ders./Ehlers, Dirk* (Hrsg.), Allgemeines Verwaltungsrecht, 14. Aufl. 2010, Berlin.

*Esser, Josef*, Wertung, Konstruktion und Argument im Zivilurteil (Juristische Studiengesellschaft Karlsruhe, Bd. 69), 1965, Karlsruhe (zit.: Wertung).

*ders.*, Möglichkeiten und Grenzen des dogmatischen Denkens im modernen Zivilrecht, AcP 172 (1972), S. 97–130.

*ders.*, Vorverständnis und Methodenwahl in der Rechtsordnung, 1972, Frankfurt a.M. (zit.: Methodenwahl).

*Evers, Hans-Ulrich*, Verbände – Verwaltung – Verfassung, Der Staat 3 (1964), S. 41–60.

*Exner, Thomas/Seifarth, Dennis*, Der neue „Rundfunkbeitrag" – Eine verfassungswidrige Reform, NVwZ 2013, S. 1569–1575.

*Eyermann, Erich*, Anmerkung, GewArch 1962, S. 68–70.

*Faber, Heiko*, Vorbemerkungen zu einer Theorie des Verwaltungsrechts in der nachindustriellen Gesellschaft, in: *Stein, Ekkehard/Faber, Heiko* (Hrsg.), Auf einem dritten Weg. Festschrift für Helmut Ridder zum 70. Geburtstag, 1989, Neuwied (u.a.), S. 291–300 (zit.: FS Ridder 1989).

*ders.*, Verwaltungsrecht, 4. Aufl. 1995, Tübingen.

*Fakhreshafaei, Reza*, Rechtscharakter und Verbindlichkeit der Landesrahmenverträge nach § 93 d Abs. 2 BSHG, RsDE 52 (2003), S. 3–24.

*Fehrenbach, Elisabeth*, Vom Ancien Régime zum Wiener Kongress, 2008, München (zit.: Ancien Régime).

*Ferner, Holmar/Kröninger, Holger/Aschke, Manfred* (Hrsg.), Baugesetzbuch mit Baunutzungsverordnung. Handkommentar, 3. Aufl. 2013, Baden-Baden.

*Fichtmüller, Carl P.*, Zulässigkeit ministerialfreien Raums in der Bundesverwaltung, AöR 91 (1966), S. 297–355.

*Fiesahn, Andreas*, Abgeleitete Demokratie, KritV 79 (1996), S. 267–281.

*Finkenbusch, Norbert*, Die Träger der Krankenversicherung. Verfassung und Organisation (Fortbildung und Praxis. Schriftenreihe der Zeitschrift „Wege zur Sozialversicherung", Bd. 15), 5. Aufl. 2004, Sankt Augustin.

*Fischer, Gisela*, Der Gemeinsame Bundesausschuss als „zentrale korporative Superorganisation". Fragen zur Allokation von Ressourcen im Gesundheitswesen aus Sicht des Sachverständigenrates zur Begutachtung der Entwicklung im Gesundheitswesen, MedR 2006, S. 509–511.

*Fischer, Hartmut*, Die Auswirkungen der Rechtsprechung des Bundesverfassungsgerichts auf die Dogmatik des Allgemeinen Verwaltungsrechts (Fundamenta Juridica. Beiträge zur rechtswissenschaftlichen Grundlagenforschung, Jürgen Frank, Joachim Rückert, Hans-Peter Schneider u.a. (Hrsg.), Bd. 33), 1997, Baden-Baden (zit.: Auswirkungen).

*Fishkin, James S.*, Democracy and deliberation. New directions for democratic reform, 1991, New Haven u.a.

*Fleiner, Fritz*, Institutionen des deutschen Verwaltungsrechts, 8. Aufl. 1928, Tübingen (ND 1963 Aalen) (zit.: Institutionen).

*Flüchter, Annedore*, Kollektivverträge und Konfliktlösung im SGB V. Wirksamkeit und Wirkungsweise im Verhältnis zu den vertragschließenden Verbänden und den einzelnen Kassen und Leistungserbringern (Arbeits- und Sozialrecht, Bd. 56), 2000, Baden-Baden (zit.: Kollektivverträge).

*Forsthoff, Ernst*, Die öffentliche Körperschaft im Bundesstaat. Eine Untersuchung über die Bedeutung der institutionellen Garantie in den Artikeln 127 und 137 der Weimarer Verfassung (Beiträge zum Öffentlichen Recht der Gegenwart, Bd. 3), 1931, Tübingen (zit.: Körperschaft).

*ders.*, Die Verwaltung als Leistungsträger (Königsberger Rechtswissenschaftliche Forschungen, hg. von Alexander Beck, Gottfried Boldt, Ernst Forsthoff, Bd. 2), 1938, Stuttgart, Berlin.

*ders.*, Begriff und Wesen des sozialen Rechtsstaates, VVDStRL 12 (1954), S. 8–36.

*ders.*, Lehrbuch des Verwaltungsrechts, Bd. I. Allgemeiner Teil, 7. Aufl. 1958, München, Berlin.

*ders.*, Lehrbuch des Verwaltungsrechts, Bd. I. Allgemeiner Teil, 10. Auflage 1973, München.

*ders.*, Rechtsfragen der leistenden Verwaltung (res publica, Beiträge zum Öffentlichen Recht, hg. von Ernst Forsthoff), 1959, Stuttgart.

*Francke, Robert*, Richtlinien, Normsetzungsverträge und neue Behandlungsmethoden im Rechtskonkretisierungskonzept des BSG, SGb 1999, S. 5–10.

*ders.*, Normsetzung durch die „Gemeinsame Selbstverwaltung" nach dem SGB V, in: *Bovenschulte, Andreas/Grub, Henning/Löhr, Franziska Alice u.a.* (Hrsg.), Demokratie und Selbstverwaltung in Europa. Festschrift für Dian Schefold zum 65. Geburtstag, 2001, Baden-Baden, S. 29–46 (zit.: FS Schefold 2001).

*Freitag, Oliver*, Das Beleihungsrechtsverhältnis. Rahmen, Begründung und Inhalt (Schriften zum Verwaltungs- und Vergaberecht, Bd. 3), 2005, Baden-Baden.

*Frenz, Walter*, Die Staatshaftung in den Beleihungstatbeständen, 1992, Berlin (zit.: Staatshaftung).

*Frentzel, Gerhard/Jäckel, Ernst/Junge, Werner* (Hrsg.), Industrie- und Handelskammergesetz. Kommentar, 7. Aufl. 2009, Köln.

*Friauf, Karl H.*, Zur Problematik des verfassungsrechtlichen Vertrages, AöR 88 (1963), S. 257–313.

*Friauf, Karl H.*, Grundfragen der heutigen Verwaltungsrechtslehre, Der Staat 9 (1970), S. 223–240.

*ders.*, Das Verhältnis zwischen Selbstverwaltung und Aufsicht, DRV 1982, S. 113–123.

*Fröhler, Ludwig/Oberndorfer, Peter*, Körperschaften des öffentlichen Rechts und Interessenvertretung, 1974, München (zit.: Körperschaften).

*Frotscher, Werner*, Selbstverwaltung und Demokratie, in: *v. Mutius, Albert* (Hrsg.), Selbstverwaltung im Staat der Industriegesellschaft. Festgabe zum 70. Geburtstag von Georg Christoph von Unruh (Schriftenreihe des Lorenz-von-Stein-Instituts für Verwaltungswissenschaften Kiel, Albert v. Mutius, Gerhard Prosi, Reinhold Janus (Hrsg.), Bd. 4), 1983, Heidelberg, S. 127–147 (zit.: FG Unruh 1983).

*Fuchs, Maximilian*, § 5 Rechtliche Grundgedanken, in: *Schulin, Bertram* (Hrsg.), Handbuch des Sozialversicherungsrechts, Bd. 4, 1997, München, S. 109–129.

*ders.*, § 6 Rechtsquellen, in: *Schulin, Bertram* (Hrsg.), Handbuch des Sozialversicherungsrechts, Bd. 4, 1997, München, S. 130–137.

*Funk, Winfried*, § 32 Vertragsarztrecht, in: *Schulin, Bertram* (Hrsg.), Handbuch des Sozialversicherungsrechts, Bd. 1, 1994, München, S. 852–893.

*Gamillscheg, Franz*, Überlegungen zur Allgemeinverbindlicherklärung des Tarifvertrags, in: *Leser, Hans G.* (Hrsg.), Arbeitsrecht und Zivilrecht in Entwicklung. Festschrift für Hyung-Bae Kim, 1995, Berlin, S. 35–54 (zit.: FS Hyung-Bae 1995).

*Gärditz, Klaus F.*, Hochschulorganisation und verwaltungsrechtliche Systembildung (Jus Publicum. Beiträge zum Öffentlichen Recht, Bd. 182), 2009, Tübingen (zit.: Hochschulorganisation).

*Geis, Max-Emanuel*, Körperschaftliche Selbstverwaltung in der Sozialversicherung, in: *Schnapp, Friedrich E.* (Hrsg.), Funktionale Selbstverwaltung und Demokratieprinzip – am Beispiel der Sozialversicherung, 2001, Frankfurt a.M., Berlin, Bern u.a., S. 65–88 (zit.: Funktionale Selbstverwaltung).

*Gerber, Carl F.*, Über öffentliche Rechte, 1913, Tübingen (ND 1968, Darmstadt).

*Gerber, Gesine*, (K)eine Stimme für Patienten? Zur Arbeit von Patientenorganisationen in Deutschland während der Einführung des Gesetzes zur Modernisierung der gesetzlichen Krankenkassen im Jahr 2004, in: *Gellner, Winand/Wilhelm, Andreas* (Hrsg.), Vom klassischen Patienten zum Entrepreneur?, Gesundheitspolitik und Patienteninteresse im deutschen Gesundheitssystem, 2006, Baden-Baden, S. 58–86.

*Germann, Raimund E.*, Der Bürger in der Konkordanzdemokratie, Civitas 31 (1976), S. 433–442.

*Gersdorf, Hubertus*, Öffentliche Unternehmen im Spannungsfeld zwischen Demokratie- und Wirtschaftlichkeitsprinzip. Eine Studie zur verfassungsrechtlichen Legitimation der wirtschaftlichen Betätigung der öffentlichen Hand (Schriften zum Öffentlichen Recht, Bd. 821), 2000, Berlin (zit.: Öffentliche Unternehmen).

*Giddens, Anthony*, Jenseits von Links und Rechts. Die Zukunft radikaler Demokratie, 1997, Frankfurt a.M.

*Gitter, Wolfgang*, Das Zusammenwirken der Sozialversicherungsträger mit den Organisationen der Leistungserbringer, SDSRV 34 (1991), S. 103–122.

*ders./Nunius, Volker*, § 6 Rechtsquellen, in: *Schulin, Bertram* (Hrsg.), Handbuch des Sozialversicherungsrechts, Bd. 2, 1996, München, S. 134–153.

*Glaser, Andreas*, Nachhaltige Entwicklung und Demokratie. Ein Verfassungsrechtsvergleich der politischen Systeme Deutschlands und der Schweiz (Recht der nachhaltigen Entwicklung, hg. von Wolfgang Kahl, Bd. 1), 2006, Tübingen (zit.: Nachhaltige Entwicklung).

*Goodin, Robert E.*, Reflective Democracy, 2007, Oxford

*Götz, Volkmar*, Allgemeines Verwaltungsrecht, 4. Aufl. 1997, München.

*Grabitz, Eberhard/Hilf, Meinhard/Nettesheim, Martin* (Hrsg.), Das Recht der Europäischen Union. Kommentar, Loseblatt, 53. EL., Stand: 2014, München.

*Gramm, Christof*, Schranken der Personalprivatisierung bei der inneren Sicherheit. Zugleich ein Beitrag zur Rechtsdogmatik des Art 33 Abs. 4 GG, VerwArch 90 (1999), S. 329–360.

*Grande, Edgar/May, Stefan* (Hrsg.), Perspektiven der Governance-Forschung (Schriften des Münchner Centrums für Governance-Forschung, hg. von Hans-Bernd Brosius, Christopher Daase, Edgar Grande u.a., Bd. 1), 2009, Baden-Baden (zit.: Perspektiven).

*Greiner, Lutz*, Die Entwicklung der körperschaftlichen und anstaltlichen Struktur und Deutung der Sozialversicherungsträger, 1971, Saarbrücken (zit.: Entwicklung).

*Greß, Stefan/Wasem, Jürgen*, Gemeinsamer Bundesausschuss und die Wettbewerbsordnung in der GKV, MedR 2006, S. 512–515.

*Grimm, Dieter*, Claus-Wilhelm Canaris: Systemdenken und Systembegriff in der Jurisprudenz, AcP 171 (1971), S. 266–269.
*Grimm, Dieter*, Verfahrensfehler als Grundrechtsverstöße, NVwZ 1985, S. 865–872.
*ders.*, Die Zukunft der Verfassung, Bd. 1, 1991, Frankfurt a.M.
*Gröschner, Rolf*, Öffentlichkeitsaufklärung als Behördenauftrag, DVBl. 1990, S. 619–629.
*Groß, Thomas*, Das Kollegialprinzip in der Verwaltungsorganisation (Jus Publicum. Beiträge zum Öffentlichen Recht, Bd. 45), 1999, Tübingen (zit.: Kollegialprinzip).
*ders.*, Die Beziehung zwischen dem Allgemeinen und dem Besonderen Verwaltungsrecht, in: Die Wissenschaft vom Verwaltungsrecht. Werkstattgespräch aus Anlaß des 60. Geburtstages von Prof. Dr. Eberhard Schmidt-Aßmann, Die Verwaltung, Beiheft 2 (1999), S. 57–80.
*ders.*, Selbstverwaltung angesichts von Europäisierung und Ökonomisierung, DVBl. 2002, S. 1182–1194.
*ders.*, Verantwortung und Effizienz in der Mehrebenenverwaltung, VVDStRL 66 (2007), S. 152–180.
*Grube, Christian/Wahrendorf, Volker* (Hrsg.), SGB XII. Sozialhilfe. Kommentar, 3. Aufl. 2010, München.
*Grünenwald, Klaus*, Dreiseitige Verträge zur Gewährleistung einer nahtlosen ambulanten und stationären Behandlung der Versicherten, ZfS 1994, S. 129–133.
*ders.*, Rahmenverträge zur Sicherstellung einer wirksamen und wirtschaftlichen pflegerischen Versorgung der Versicherten, ZfS 1995, S. 89–92.
*Grzeszick, Bernd*, Rechte und Ansprüche. Eine Rekonstruktion des Staatshaftungsrechts aus den subjektiven öffentlichen Rechten (Jus Publicum. Beiträge zum Öffentlichen Recht, Bd. 92), 2002, Tübingen.
*Guckelberger, Annette*, Die europäische Bürgerinitiative, DÖV 2010, S. 745–754.
*Guggenberger, Bernd*, Art. Demokratietheorien, in: *Nohlen, Dieter/Schultze, Rainer-Olaf* (Hrsg.), Lexikon der Politikwissenschaft, 3. Aufl. 2005, München, S. 140–143.
*Gurlit, Elke*, Verwaltungsvertrag und Gesetz. Eine vergleichende Untersuchung zum Verhältnis von vertraglicher Bindung und staatlicher Normsetzungsautorität (Jus Publicum. Beiträge zum Öffentlichen Recht, Bd. 63), 2000, Tübingen (zit.: Verwaltungsvertrag).
*dies.*, § 29 Begriff, Bedeutung und Arten des Verwaltungsvertrages, in: *Erichsen, Hans-Uwe/Ehlers, Dirk* (Hrsg.), Allgemeines Verwaltungsrecht, 14. Aufl. 2010, Berlin, S. 763–768.
*dies.*, § 30 Bestimmung der Rechtsnatur von Verwaltungsverträgen, in: *Erichsen, Hans-Uwe/Ehlers, Dirk* (Hrsg.), Allgemeines Verwaltungsrecht, 14. Aufl. 2010, Berlin, S. 769–776.
*dies.*, § 32 Wirksamkeit von Verwaltungsverträgen, in: *Erichsen, Hans-Uwe/Ehlers, Dirk* (Hrsg.), Allgemeines Verwaltungsrecht, 14. Aufl. 2010, Berlin, S. 781–800.
*Gusy, Christoph*, Der Vorrang des Gesetzes, JuS 1983, S. 189–194.
*ders.*, Konfliktmittelung beim Erlaß von Verwaltungsvorschriften, in: *Hoffmann-Riem, Wolfgang/Schmidt-Aßmann, Eberhard* (Hrsg.), Konfliktbewältigung durch Verhandlungen, Konfliktmittelung in Verwaltungsverfahren, 1990, Baden-Baden, S. 109–127 (zit.: Konfliktbewältigung).
*ders.*, „Wirklichkeit“ in der Rechtsdogmatik, JZ 1991, S. 213–222.
*ders.*, Verwaltung durch Information. Empfehlungen und Warnungen als Mittel des Verwaltungshandelns, NJW 2000, S. 977–986.
*Häberle, Peter*, Grundrechte im Leistungsstaat, VVDStRL 30 (1972), S. 43–141.
*ders.*, Auf dem Weg zum Allgemeinen Verwaltungsrecht, BayVBl. 1977, S. 745–752.

*ders.*, Verfassungsprinzipien „im" Verwaltungsverfahrensgesetz, in: *Schmitt Glaeser, Walter* (Hrsg.), Verwaltungsverfahren. Festschrift zum 50-jährigen Bestehen des Richard Boorberg Verlags, 1977, Stuttgart, München, Hannover, S. 47–93 (zit.: FS Boorberg 1977).

*ders.*, „Der Gleichheitssatz im modernen Verfassungsstaat". Göttinger Symposion aus Anlass des 80. Geburtstag von Gerhard Leibholz (1981), AöR 107 (1982), S. 1–14.

*Habermas, Jürgen*, Über den Begriff der politischen Beteiligung, in: *ders./Friedeburg, Ludwig v./Oehler, Christoph u.a.* (Hrsg.), Student und Politik. Eine soziologische Untersuchung zum politischen Bewusstsein Frankfurter Studenten, 3. Aufl. 1969, Neuwied, S. 11–55.

*ders.*, Faktizität und Geltung. Beiträge zur Diskurstheorie des Rechts und des demokratischen Rechtsstaats, 1994, Frankfurt a.M.

*ders.*, Drei normative Modelle der Demokratie, in: *ders.* (Hrsg.), Die Einbeziehung des Anderen. Studien zur politischen Theorie, 1996, Frankfurt a.M., S. 277–292.

*Hafer, Catherine/Landa, Dimitri*, Deliberation as Self-Discovery and Institutions for Political Speech, JTP 19 (2007), S. 329–360.

*Hamann, Andreas*, Rechtsstaat und Wirtschaftslenkung (Recht der Wirtschaftslenkung, hg. von Andreas Hamann, Fritz Modest, Hellmuth Patschke, Bd. 1), 1953, Heidelberg.

*ders.*, Autonome Satzungen und Verfassungsrecht, 1958, Heidelberg (zit.: Autonome Satzungen).

*Hanebeck, Alexander*, Bundesverfassungsgericht und Demokratieprinzip – Zwischen monistischem und pluralistischem Demokratieverständnis, DÖV 2004, S. 901–909.

*Hänlein, Andreas*, Rechtsquellen im Sozialversicherungsrecht. System und Legitimation untergesetzlicher Rechtsquellen des deutschen Sozialversicherungsrechts, 2001, Berlin, Heidelberg, New York u.a. (zit.: Rechtsquellen).

*ders.*, Leistungserbringungsrecht als Kodifikationsproblem, in: *Becker, Ulrich* (Hrsg.), Rechtsdogmatik und Rechtsvergleich im Sozialrecht I (Studien aus dem Max-Planck-Institut für ausländisches und internationales Sozialrecht, Bd. 49), 2010, Baden-Baden, S. 339–345 (zit.: Rechtsdogmatik).

*ders./Kruse, Jürgen/Schuler, Rolf* (Hrsg.), Sozialgesetzbuch V. Gesetzliche Krankenversicherung. Kommentar, 4. Aufl. 2012, Baden-Baden.

*ders./Tennstedt, Florian*, § 2 Geschichte des Sozialrechts, in: *Maydell, Bernd Baron v./ Ruland, Franz* (Hrsg.), Sozialrechtshandbuch (SRH), 5. Aufl. 2012, Neuwied, S. 67–111 (zit.: SRH).

*Hansen, Mogens Herman*, The Athenian democracy in the age of Demosthenes. Structure, principles and ideology, 1991, Oxford u.a. (zit.: Athenian democracy).

*Harenburg, Jan*, Die Rechtsdogmatik zwischen Wissenschaft und Praxis, 1986, Stuttgart (zit.: Rechtsdogmatik).

*Hart, H.L.A.*, Der Begriff des Rechts, 1973, Frankfurt a.M.

*Hase, Friedhelm*, Verfassungsrechtliche Bewertung der Normsetzung durch den Gemeinsamen Bundesausschuss, MedR 2005, S. 391–397.

*Hassemer, Winfried*, Gesetzesbindung und Methodenlehre, ZRP 2007, S. 213–219.

*Hatschek, Julius*, Die Selbstverwaltung in politischer und juristischer Bedeutung, 1898, Leipzig (zit.: Selbstverwaltung).

*Hauck, Ernst*, Der Gemeinsame Bundesausschuss (G-BA) – ein unbequemes Kind unserer Verfassungsordnung?, NZS 2010, S. 600–612.

*Hauck, Karl*, Vereinfachung des Rechts, BABl. 1976, S. 87–89.

*ders./Noftz, Wolfgang* (Hrsg.), SGB III. Arbeitsförderung. Kommentar, Loseblatt, 2/12. EL., Stand: 2012, Berlin.

*ders./Noftz, Wolfgang* (Hrsg.), SGB IV. Gemeinsame Vorschriften für die Sozialversicherung. Kommentar, Loseblatt, 2/14. EL., Stand: 2014, Berlin.

*ders./Noftz, Wolfgang* (Hrsg.), SGB V. Gesetzliche Krankenversicherung. Kommentar, Loseblatt, 10/14. EL., Stand: 2014, Berlin.

*ders./Noftz, Wolfgang* (Hrsg.), SGB XI. Soziale Pflegeversicherung. Kommentar, Loseblatt, 2/14. EL., Stand: 2014, Berlin.

*ders./Noftz, Wolfgang* (Hrsg.), SGB XII. Sozialhilfe. Kommentar, Loseblatt, 2/14. EL., Stand: 2014, Berlin.

*Haug, Volker*, Funktionsvorbehalt und Berufsbeamtentum als Privatisierungsschranken, NVwZ 1999, S. 816–820.

*Haverkate, Görg*, Die Einheit der Verwaltung als Rechtsproblem, VVDStRL 46 (1988), S. 217–258.

*ders.*, Verfassungslehre. Verfassung als Gegenseitigkeitsordnung, 1997, München.

*Hebeler, Timo*, Verfassungsrechtliche Probleme „besonderer" Rechtsetzungsformen funktionaler Selbstverwaltung. Die Richtlinien des Bundesausschusses für Ärzte und Krankenkassen, DÖV 2002, S. 936–943.

*Heberlein, Ingo*, Wider den öffentlich-rechtlichen Vertrag?, DVBl. 1982, S. 763–769.

*ders.*, Paradigmenwechsel in der Krankenversicherung. Die neue Rolle des Bundesausschusses der Ärzte und der Krankenkassen am Beispiel der UUB, VSSR 1999, S. 123–155.

*ders.*, Die Aufgabenstellung des Gemeinsamen Bundesausschusses und die Rolle der Patientenvertretung, Jahrbuch für kritische Medizin 42 (2005), S. 64–77.

*Heck, Philipp*, Begriffsbildung und Interessenjurisprudenz, 1932, Tübingen (zit.: Begriffsbildung).

*Heffter, Heinrich*, Die Deutsche Selbstverwaltung im 19. Jahrhundert. Geschichte der Ideen und Institutionen, 2. Aufl. 1969, Stuttgart (zit.: Selbstverwaltung).

*Heidel, Thomas/Schall, Alexander* (Hrsg.), Handelsgesetzbuch. Handelskommentar, 2011, Baden-Baden.

*v. Heimburg, Sibylle*, Verwaltungsaufgaben und Private. Funktionen und Typen der Beteiligung Privater an öffentlichen Aufgaben unter besonderer Berücksichtigung des Baurechts (Schriften zum Öffentlichen Recht, Bd. 417), 1982, Berlin.

*Heinig, Hans M.*, Der Sozialstaat im Dienst der Freiheit. Zur Formel vom „sozialen" Staat in Art. 20 Abs. 1 GG (Jus Publicum. Beiträge zum Öffentlichen Recht, Bd. 175), 2008, Tübingen (zit.: Sozialstaat).

*Heintzen, Markus*, Die öffentliche Warnung als Handlungsformen der Verwaltung?, in: *Becker-Schwarze, Kathrin/Köck, Wolfgang/Kupka, Thomas u.a.* (Hrsg.), Wandel der Handlungsformen im Öffentlichen Recht. 31. Tagung der wissenschaftlichen Mitarbeiterinnen und Mitarbeiter der Fachrichtung „Öffentliches Recht", 1991, Stuttgart, München, Hannover u.a., S. 167–186 (zit.: Wandel der Handlungsformen).

*ders.*, Beteiligung Privater an der Wahrnehmung öffentlicher Aufgaben und staatliche Verantwortung, VVDStRL 62 (2003), S. 220–265.

*Heinze, Meinhard*, Die Vertragsstrukturen des SGB V, SGb 1990, S. 173–178.

*ders.*, § 38 Beziehungen zu den Krankenhäusern, in: *Schulin, Bertram* (Hrsg.), Handbuch des Sozialversicherungsrechts, Bd. 1, 1994, München, S. 985–1021.

*ders.*, § 40 Beziehungen zu den Leistungserbringern von Heil- und Hilfsmitteln, in: *Schulin, Bertram* (Hrsg.), Handbuch des Sozialversicherungsrechts, Bd. 1, 1994, München, S. 1046–1080.

*ders.*, Selbstverwaltung durch Zentralismus im Krankenhauswesen? – Neuregelung für den stationären Sektor aufgrund des 2. GKV-NOG –, SGb 1997, S. 397–402.

*Held, David*, Models of Democracy, 3. Aufl. 2006, Cambridge.

*ders.*, Der Grundrechtsbezug des Verwaltungsverfahrens (Schriften zum Öffentlichen Recht, Bd. 462), 1984, Berlin (zit.: Grundrechtsbezug).

*Heller, Hermann*, Staatslehre, 1934, Leiden.

*Hendler, Reinhard*, Selbstverwaltung als Ordnungsprinzip. Zur politischen Willensbildung und Entscheidung im demokratischen Verfassungsstaat der Industriegesellschaft, 1984, Köln, Berlin, Bonn u.a.

*ders.*, Die Selbstverwaltung in der Rentenversicherung, DRV 1986, S. 319–334.

*ders.*, Die Funktion der sozialen Selbstverwaltung im gegenwärtigen Sozialrecht, SDSRV 34 (1991), S. 65–80.

*ders.*, Allgemeines Verwaltungsrecht. Grundstrukturen und Klausurfälle, 3. Aufl. 2001, Stuttgart, München, Hannover u.a.

*ders.*, § 143 Das Prinzip Selbstverwaltung, in: *Isensee, Josef/Kirchhof, Paul* (Hrsg.), Handbuch des Staatsrechts der Bundesrepublik Deutschland Bd. VI, 3. Aufl. 2008, Heidelberg, S. 1103–1140 (zit.: HStR VI).

*Hengstschläger, Johannes*, Privatisierung von Verwaltungsaufgaben, VVDStRL 54 (1995), S. 165–203.

*Henke, Wilhelm*, Die Rechtsformen der sozialen Sicherung und das Allgemeine Verwaltungsrecht, VVDStRL 28 (1970), S. 149–185.

*ders.*, Praktische Fragen des öffentlichen Vertragsrechts – Kooperationsverträge –, DÖV 1985, S. 41–53.

*ders.*, Wandel der Dogmatik des öffentlichen Rechts, JZ 1992, S. 541–548.

*Hensel, Albert*, Der Einfluss des Steuerrechts auf die Begriffsbildung des öffentlichen Rechts, VVDStRL 3 (1927), S. 63–101.

*Herberger, Maximilian*, Dogmatik. Zur Geschichte von Begriff und Methode in Medizin und Jurisprudenz (Ius Commune. Veröffentlichungen des Max-Planck-Instituts für Europäische Rechtsgeschichte Frankfurt am Main, Sonderhefte, Bd. 12), 1981, Frankfurt a.M.

*Herdegen, Matthias*, Informalisierung und Entparlamentarisierung politischer Entscheidungen als Gefährdungen der Verfassung?, VVDStRL 62 (2003), S. 7–36.

*Hermes, Georg*, Verfassungsrecht und einfaches Recht – Verfassungsgerichtsbarkeit und Fachgerichtsbarkeit, VVDStRL 61 (2002), S. 119–154.

*Herrmann, Günter*, Die Rundfunkanstalt. Eine Studie zum heutigen Rechtszustand, AöR 90 (1965), S. 286–340.

*ders./Lausen, Matthias*, Rundfunkrecht, 2. Aufl. 2004, München.

*Herrnritt, Rudolf H.*, Grundlehren des Verwaltungsrechtes. Mit vorzugsweiser Berücksichtigung der in Österreich (Nachfolgestaaten) geltenden Rechtsordnung und Praxis, 1921, Tübingen (zit.: Grundlehren).

*Herschel, Wilhelm*, Zur Delegationsbefugnis des Verwaltungsrates der Bundesanstalt für Arbeitsvermittlung und Arbeitslosenversicherung bei Erlaß von Rechtsnormen, BABl. 1959, S. 611–616.

*ders.*, Die Haftung der Technischen Überwachungs-Vereine, NJW 1969, S. 817–822.

*Herzog, Roman*, Allgemeine Staatslehre (Lehrbücher des öffentlichen Rechts, Bd. 1), 1971, Frankfurt a.M.

*Hess, Arnold/Venter, Robert*, Das Gesetz über Kassenarztrecht (Handbuch des Kassenarztrechts, Bd. 1), 1955,

*Hess, Rainer*, Darstellung der Aufgaben des Gemeinsamen Bundesausschusses, MedR 2005, S. 385–389.

*Hesse, Konrad*, Der Rechtsstaat im Verfassungssystem des Grundgesetzes, in: *ders./ Reicke, Siegfried/Scheuner, Ulrich* (Hrsg.), Staatsverfassung und Kirchenordnung, Festgabe für Rudolf Smend zum 80. Geburtstag am 15. Januar 1962, 1962, Tübingen, S. 71–95 (zit.: FG Smend 1962).

*ders.*, Grundzüge des Verfassungsrechts der Bundesrepublik Deutschland, 20. Aufl. 1995, Heidelberg (zit.: Grundzüge).

*ders.*, Verfassungsrechtsprechung im geschichtlichen Wandel, JZ 1995, S. 265–273.

*Heun, Werner*, Das Mehrheitsprinzip in der Demokratie. Grundlagen – Struktur – Begrenzungen (Schriften zum Öffentlichen Recht, Bd. 440), 1983, Berlin.

*Heyen, Erk V.*, Das staatstheoretische und rechtstheoretische Problem des Beliehenen. Ein Beispiel für den Zusammenhang von Rechtsdogmatik und praktischer Philosophie (Schriften zur Rechtstheorie, Bd. 32), 1973, Berlin.

*Hiddemann, Till*, Die Richtlinien des Bundesausschusses der Ärzte und Krankenkassen als Rechtsnormen, BKK 2001, S. 187–195.

*Hien, Eckart*, Bemerkungen zum städtebaulichen Vertrag, in: *Berkemann, Jörg/ Gaentzsch, Günter/Halama, Günter u.a.* (Hrsg.), Planung und Plankontrolle, Entwicklungen im Bau- und Fachplanungsrecht. Otto Schlichter zum 65. Geburtstag, 1995, Köln, Berlin, Bonn u.a., S. 129–143.

*Hill, Hermann*, Das fehlerhafte Verfahren und seine Folgen im Verwaltungsrecht (Schriftenreihe des Lorenz-von-Stein-Instituts für Verwaltungswissenschaften Kiel, Albert v. Mutius, Gerhard Prosi, Reinhold Janus (Hrsg.), Bd. 7), 1986, Heidelberg.

*ders.*, Zehn Jahre Verwaltungsverfahrensgesetz (Speyerer Arbeitshefte, Bd. 78), 1987, Speyer.

*ders.*, Akzeptanz des Rechts – Notwendigkeit eines besseren Politikmanagements, JZ 1988, S. 377–381.

*ders.*, Das hoheitliche Moment im Verwaltungsrecht der Gegenwart, DVBl. 1989, S. 321–327.

*ders.*, Neue Organisationsformen in der Staats- und Kommunalverwaltung, in: *Schmidt-Aßmann, Eberhard/Hoffmann-Riem, Wolfgang* (Hrsg.), Verwaltungsorganisationsrecht als Steuerungsressource (Schriften zur Reform des Verwaltungsrechts, Wolfgang Hoffmann-Riem, Eberhard Schmidt-Aßmann (Hrsg.), Bd. 4), 1997, Baden-Baden, S. 65–101 (zit.: Verwaltungsorganisationsrecht).

*ders.*, Electronic Government – Strategie zur Modernisierung von Staat und Verwaltung, APuZ 39–40 (2002), S. 24–36.

*ders./Martini, Mario*, § 34 Normsetzung und andere Formen exekutiver Selbstprogrammierung, in: *Hoffmann-Riem, Wolfgang/Schmidt-Aßmann, Eberhard/Voßkuhle, Andreas* (Hrsg.), Grundlagen des Verwaltungsrechts, Bd. II, 2. Aufl. 2012, München, S. 1025–1126.

*ders.* (Hrsg.), Verwaltungsvorschriften. Dogmatik und Praxis, 1991, Heidelberg.

*Hiller, Axel*, Verbindlichkeit und Verfassungsmäßigkeit der Richtlinien für Ärzte und Krankenkassen (Nomos Universitätsschriften, Recht, Bd. 4), 1989, Baden-Baden.

*Hinz, Manfred O.*, Tarifhoheit und Verfassungsrecht. Eine Untersuchung über die tarifvertragliche Vereinbarungsgewalt (Schriften zum Öffentlichen Recht, Bd. 137), 1971, Berlin.

*Hirst, Paul Q.*, Associative Democracy. New forms of economic and social governance, 1994, Cambridge.

*Hobbes, Thomas*, Vom Bürger, in: *Gabel, Günter* (Hrsg.), Thomas Hobbes, Vom Menschen – Vom Bürger (Elemente der Philosophie II/III), 1959, Hamburg, S. 59–338.

*Hoffmann, Franz/Kreil, J.* (Hrsg.), Reichsversicherungsordnung, Zweites Buch: Krankenversicherung, Bd. 2, 1939, Berlin.

*Hoffmann-Lange, Ursula*, Arend Lijphart: Patterns of Democracy. Government Forms and Performance in Thirty-Six Countries, PVS 42 (2001), S. 335–337.

*Hoffmann-Riem, Wolfgang/Schmidt-Aßmann, Eberhard/Voßkuhle, Andreas* (Hrsg.), Grundlagen des Verwaltungsrechts
Band I. Methoden, Maßstäbe, Aufgaben, Organisation, 2. Aufl. 2012, München.
Band II. Informationsordnung, Verwaltungsverfahren, Handlungsformen, 2. Aufl. 2012, München.

*Hoffmann-Riem, Wolfgang*, Interessenzuordnung im Handwerk. Zur Beteiligung von Selbständigen und unselbständigen in den Organen der Handwerkskammern und der Spitzenorganisationen des Handwerks, 1980, Baden-Baden (zit.: Interessenzuordnung).

*ders.*, Selbstverwaltung des Rundfunks und im Rundfunk, in: *v. Mutius, Albert* (Hrsg.), Selbstverwaltung im Staat der Industriegesellschaft. Festgabe zum 70. Geburtstag von Georg Christoph von Unruh (Schriftenreihe des Lorenz-von-Stein-Instituts für Verwaltungswissenschaften Kiel, Albert v. Mutius, Gerhard Prosi, Reinhold Janus (Hrsg.), Bd. 4), 1983, Heidelberg, S. 951–975 (zit.: FG Unruh 1983).

*ders.*, Reform des allgemeinen Verwaltungsrechts als Aufgabe – Ansätze am Beispiel des Umweltschutzes –, AöR 115 (1990), S. 400–447.

*ders.*, Verwaltungsrechtsreform – Ansätze am Beispiel des Umweltschutzes –, in: *ders./Schmidt-Aßmann, Eberhard/Schuppert, Gunnar Folke* (Hrsg.), Reform des Allgemeinen Verwaltungsrechts. Grundfragen (Schriften zur Reform des Allgemeinen Verwaltungsrechts, Wolfgang Hoffmann-Riem, Eberhard Schmidt-Aßmann (Hrsg.), Bd. 1), 1993, Baden-Baden, S. 115–175 (zit.: Reform)

*ders.*, Reform des Allgemeinen Verwaltungsrechts: Vorüberlegungen, DVBl. 1994, S. 1381–1390.

*ders.*, Öffentliches Recht und Privatrecht als wechselseitige Auffangordnungen – Systematisierung und Entwicklungsperspektiven, in: *Hoffmann-Riem, Wolfgang/Schmidt-Aßmann, Eberhard* (Hrsg.), Öffentliches Recht und Privatrecht als wechselseitige Auffangordnungen (Schriften zur Reform des Verwaltungsrechts, Wolfgang Hoffmann-Riem, Eberhard Schmidt-Aßmann (Hrsg.), Bd. 3), 1996, Baden-Baden, S. 261–336 (zit.: Auffangordnungen).

*ders.*, Tendenzen in der Verwaltungsrechtsentwicklung, DÖV 1997, S. 433–442.

*ders.*, Innovationssteuerung durch die Verwaltung: Rahmenbedingungen und Beispiele, Die Verwaltung 33 (2000), S. 155–182.

*ders.*, § 33 Rechtsformen, Handlungsformen, Bewirkungsformen, in: *Hoffmann-Riem, Wolfgang/Schmidt-Aßmann, Eberhard/Voßkuhle, Andreas* (Hrsg.), Grundlagen des Verwaltungsrechts, Bd. II, 2. Aufl. 2012, München, S. 943–1023.

*ders.*, Governance im Gewährleistungsstaat. Vom Nutzen der Government-Perspektive für die Rechtswissenschaft, in: *Schuppert, Gunnar F.* (Hrsg.), Governance-Forschung. Vergewisserung über Stand und Entwicklungslinien (Schriften zur Governance-Forschung, Bd. 1), 2. Aufl. 2006, Baden-Baden, S. 195–219.

*ders./Schmidt-Aßmann, Eberhard* (Hrsg.), Konfliktbewältigung durch Verhandlungen. Konfliktmittelung in Verwaltungsverfahren, 2 Bde., 1990, Baden-Baden (zit.: Konfliktbewältigung).

*ders./Schneider, Jens-Peter* (Hrsg.), Verfahrensprivatisierung im Umweltrecht (Forum Umweltrecht. Schriftenreihe der Forschungsstelle Umweltrecht der Universität Hamburg, hg. von Wolfgang Hoffmann-Riem, Hans-Joachim Koch, Ulrich Ramsauer, Bd. 17), 1996, Baden-Baden (zit.: Verfahrensprivatisierung).

*Hofmann, Hasso*, Grundpflichten als verfassungsrechtliche Dimension, VVDStRL 41 (1983), S. 42–86.

*Holznagel, Bernd*, Konfliktlösung durch Verhandlungen. Aushandlungsprozesse als Mittel der Konfliktverarbeitung bei der Ansiedlung von Entsorgungsanlagen für besonders überwachungsbedürftige Abfälle in den Vereinigten Staaten und der Bundesrepublik Deutschland (Forum Umweltrecht. Schriftenreihe der Forschungsstelle Umweltrecht der Universität Hamburg, hg. von Edmund Brandt, Wolfgang Hoffmann-Riem, Hans-Joachim Koch u.a., Bd. 4), 1990, Baden-Baden (zit.: Konfliktlösung).

*ders.*, Verfahrensbezogene Aufgabenkritik und Änderungen von Verfahrensstandards als Reaktion auf die staatliche Finanzkrise, in: *Hoffmann-Riem, Wolfgang/Schmidt-Aßmann, Eberhard* (Hrsg.), Effizienz als Herausforderung an das Verwaltungsrecht (Schriften zur Reform des Verwaltungsrechts, Wolfgang Hoffmann-Riem, Eberhard Schmidt-Aßmann (Hrsg.), Bd. 5), 1998, Baden-Baden, S. 205–243 (zit.: Effizienz).

*Hoppe, Werner*, § 77 Planung, in: *Isensee, Josef/Kirchhof, Paul* (Hrsg.), Handbuch des Staatsrechts der Bundesrepublik Deutschland Bd. IV, 3. Aufl. 2006, Heidelberg, S. 313–366 (zit.: HStR IV).

*Horn, Hans-Detlef*, Staat und Gesellschaft in der Verwaltung des Pluralismus. Zur Suche nach Organisationsprinzipien im Kampf ums Gemeinwohl, Die Verwaltung 26 (1993), S. 545–573.

*ders.*, Die grundrechtsunmittelbare Verwaltung. Zur Dogmatik des Verhältnisses zwischen Gesetz, Verwaltung und Individuum unter dem Grundgesetz (Jus Publicum. Beiträge zum Öffentlichen Recht, Bd. 42), 1999, Tübingen.

*ders.*, § 41 Verbände, in: *Isensee, Josef/Kirchhof, Paul* (Hrsg.), Handbuch des Staatsrechts der Bundesrepublik Deutschland Bd. III, 3. Aufl. 2005, Heidelberg, S. 357–387 (zit.: HStR III).

*Hruschka, Joachim*, Kann und sollte die Strafrechtswissenschaft systematisch sein?, JZ 1985, S. 1–10.

*Huber, Ernst R.*, Wirtschaftsverwaltungsrecht, 2 Bde., 2. Aufl. 1953, Tübingen.

*ders.*, Selbstverwaltung der Wirtschaft, 1958, Stuttgart.

*ders.*, Rechtsstaat und Sozialstaat in der modernen Industriegesellschaft (Schriftenreihe der Verwaltungs- und Wirtschaftsakademie Oldenburg, Heft 1), 1962, Oldenburg.

*Huber, Peter M.*, Der Immissionsschutz im Brennpunkt modernen Verwaltungsrechts. Fünfzehn Jahre Bundes-Immissionsschutzgesetz, AöR 114 (1989), S. 252–307.

*ders.*, Allgemeines Verwaltungsrecht, 2. Aufl. 1997, Heidelberg.

*ders.*, Entsorgung als Staatsaufgabe und Betreiberpflicht, DVBl. 2001, S. 239–248.

*Hueber, Alfons*, Otto Mayer. Die „juristische Methode" im Verwaltungsrecht (Schriften zum Öffentlichen Recht, Bd. 405), 1982, Berlin.

*Hufen, Friedhelm*, Soziale Selbstverwaltung im demokratischen Rechtsstaat, SDSRV 34 (1991), S. 43–64.

*ders.*, Inhalt und Einschränkbarkeit vertragsärztlicher Grundrechte, MedR 1996, S. 394–403.

*Huster, Stefan*, Anmerkung, JZ 2006, S. 466–468.

*Igl, Gerhard*, Regelungstechnik heutiger Sozialgesetzgebung, SDSRV 40 (1995), S. 29–54.

*Imboden, Max*, Der verwaltungsrechtliche Vertrag (Basler Studien zur Rechtswissenschaft, hg. von E. Ruck, O.A. Germann, H. Lewald u.a., Heft 58), 1958, Basel.

*ders.*, Staatsbild und Verwaltungsrechtsprechung, 1963, Berlin (zit.: Staatsbild).

*Immenga, Ulrich*, Privatisierung im Zielkonflikt – ein Vergleich der Konzeptionen, in: *Kreuzer, Karl F.* (Hrsg.), Privatisierung von Unternehmen. Verhandlungen der Fachgruppe für vergleichendes Handels- und Wirtschaftsrecht anläßlich der Tagung der Gesellschaft für Rechtsvergleichung in Berlin am 25. März 1994 (Schriften zum Öffentlichen Recht, Bd. 167), 1995, Baden-Baden, S. 9–64.

*Ipsen, Hans P.*, Diskussionsbeitrag, VVDStRL 17 (1959), S. 217–218.

*ders.*, Gebundene Sozialstaatlichkeit, in: *Bernstein, Herbert/Drobnig, Ulrich/Kötz, Hein* (Hrsg.), Festschrift für Konrad Zweigert zum 70. Geburtstag, 1981, Tübingen, S. 747–761 (zit.: FS Zweiger 1981).

*Ipsen, Jörn*, Allgemeines Verwaltungsrecht, 8. Aufl. 2012, München.

*Isensee, Josef*, Subsidiaritätsprinzip und Verfassungsrecht. Eine Studie über das Regulativ des Verhältnisses von Staat und Gesellschaft (Schriften zum Öffentlichen Recht, Bd. 80), 1968, Berlin (zit.: Subsidiaritätsprinzip).

*ders.*, Steuerstaat als Staatsform, in: *Stödter, Rolf/Thieme, Werner* (Hrsg.), Hamburg, Deutschland, Europa. Beiträge zum deutschen und europäischen Verfassungs-, Verwaltungs- und Wirtschaftsrecht. Festschrift für Hans Peter Ipsen zum siebzigsten Geburtstag, 1977, Tübingen, S. 409–436 (zit.: FS Ipsen 1977).

*ders.*, Satzungsautonomie und Dispensbefugnis im Bereich der Arbeitskampf-Neutralität, DB 1985, S. 2681–2687.

*ders.*, Der Bundesstaat – Bestand und Entwicklung, in: *Badura, Peter/Dreier, Horst* (Hrsg.), Festschrift 50 Jahre Bundesverfassungsgericht, 2001, Tübingen, S. 719–770 (zit.: FS BVerfG 2001).

*ders.*, § 73 Staatsaufgaben, in: *Isensee, Josef/Kirchhof, Paul* (Hrsg.), Handbuch des Staatsrechts der Bundesrepublik Deutschland Bd. IV, 3. Aufl. 2006, Heidelberg, S. 117–160 (zit.: HStR IV).

*ders./Kirchhof, Paul* (Hrsg.), Handbuch des Staatsrechts der Bundesrepublik Deutschland (zit.: HStR)
Band II. Verfassungsstaat, 3. Aufl. 2004, Heidelberg,
Band III. Demokratie – Bundesorgane, 3. Aufl. 2005, Heidelberg,
Band IV. Aufgaben des Staates, 3. Aufl. 2006, Heidelberg,
Band V. Rechtsquellen, Organisation, Finanzen, 3. Aufl. 2007, Heidelberg,
Band VI. Bundesstaat, 3. Aufl. 2008, Heidelberg.

*Ishikawa, Toshiyuki*, Friedrich Franz von Mayer. Begründer der „juristischen Methode" im deutschen Verwaltungsrecht (Tübinger Schriften zum Staats- und Verwaltungsrecht, hg. von Wolfgang Graf Vitzthum, Bd. 13), 1992, Berlin.

*Jaag, Tobias*, Privatisierung von Verwaltungsaufgaben, VVDStRL 54 (1995), S. 287–300.

*Jachmann, Monika*, Die Bindungswirkung normkonkretisierender Verwaltungsvorschriften. Anmerkungen zu einer Rechtsetzungsfunktion der rechtsanwendenden Verwaltung aus methodologischer sowie verfassungsrechtlicher Sicht, Die Verwaltung 28 (1995), S. 17–31.

*dies./Strauß, Thomas*, Berufsbeamtentum, Funktionsvorbehalt und der „Kaperbrief für den Landeinsatz", ZBR 1999, S. 289–300.

*Jäde, Henning/Dirnberger, Franz/Weiß, Josef* (Hrsg.), Baugesetzbuch, Baunutzungsverordnung. Kommentar, 7. Aufl. 2013, Stuttgart.

*Jank, Klaus P.*, Die Rundfunkanstalten der Länder und des Bundes. Eine systematische Darstellung ihrer organisatorischen Grundlagen (Schriften zum Öffentlichen Recht, Bd. 60), 1967, Berlin (zit.: Rundfunkanstalten).

*Jann, Werner*, Neues Steuerungsmodell, in: *Blanke, Bernhard/Nullmeier, Frank/Reichard, Christoph u.a.* (Hrsg.), Handbuch zur Verwaltungsreform, 4. Aufl. 2011, Wiesbaden, S. 98–108.

*ders./Bogumil, Jörg/Bouckaert, Geert u.a.*, Status-Report Verwaltungsreform. Eine Zwischenbilanz nach zehn Jahren (Modernisierung des öffentlichen Sektors, hg. von Carl Böhret, Hans Brinckmann, Dietrich Budäus u.a., Bd. 24), 2. Aufl. 2006, Berlin.

*Jarass, Hans D./Kment, Martin* (Hrsg.), Baugesetzbuch. Kommentar, 2013, München.

*ders./Pieroth, Bodo* (Hrsg.), Grundgesetz für die Bundesrepublik Deutschland. Kommentar, 12. Aufl. 2014, München (zit.: GG).

*Jauernig, Othmar/Stürner, Rolf* (Hrsg.), Bürgerliches Gesetzbuch mit allgemeinem Gleichbehandlungsgesetz (Auszug). Kommentar, 15. Aufl. 2014, München.

*Jeand'Heur, Bernd/Cremer, Wolfram*, Der praktische Fall – Öffentliches Recht: Warnungen vor Sekten, JuS 2000, S. 991–996.

*Jellinek, Georg*, Gesetz und Verordnung. Staatsrechtliche Untersuchungen auf rechtsgeschichtlicher und rechtsvergleichender Grundlage, 1887, Berlin (ND 1964 Aalen).

*ders.*, System der subjektiven öffentlichen Rechte, 2. Aufl. 1905, Tübingen.

*Jellinek, Walter*, Verwaltungsrecht, 3. Aufl. 1931, Berlin (ND 1966 Aalen).

*Jesch, Dietrich*, Rechtsstellung und Rechtsschutz der Gemeinden bei der Wahrnehmung „staatlicher" Aufgaben, DÖV 1960, S. 739–746.

*Jestaedt, Matthias*, Demokratieprinzip und Kondominialverwaltung. Entscheidungsteilhabe Privater an der öffentlichen Verwaltung auf dem Prüfstand des Verfassungsprinzips Demokratie (Schriften zum Öffentlichen Recht, Bd. 635), 1993, Berlin (zit.: Demokratieprinzip).

*ders.*, Selbstverwaltung als „Verbundbegriff". Vom Wesen und Wert eines allgemeinen Selbstverwaltungsbegriffes, Die Verwaltung 35 (2002), S. 293–317.

*ders.*, Demokratische Legitimation – quo vadis?, JuS 2004, S. 649–658.

*ders.*, § 14 Grundbegriffe des Verwaltungsorganisationsrechts, in: *Hoffmann-Riem, Wolfgang/Schmidt-Aßmann, Eberhard/Voßkuhle, Andreas* (Hrsg.), Grundlagen des Verwaltungsrechts, Bd. I, 2. Aufl. 2012, München, S. 953–1004.

*ders.*, Das mag in der Theorie richtig sein… Vom Nutzen der Rechtstheorie für die Rechtspraxis, 2006, Tübingen.

*Jörg, Michael*, Das neue Kassenarztrecht, 1993, München.

*Joussen, Jacob*, Die Legitimation zur Normsetzung in der Exekutive, besonders im Vertragsarztrecht, durch Normenverträge, SGb 2004, S. 334–342.

*Jung, Eberhard*, Die demokratische Legitimation der Selbstverwaltung und der Sozialwahlen in einer sich verändernden Sozialversicherungslandschaft, SGb 2007, S. 65–71.

*Jung, Karl*, Gegenwind für den Bundesausschuß der Ärzte und Krankenkassen. Zwischenbilanz des Geleisteten, Auseinandersetzung mit Widerständen und Aufzeigen von Änderungsnotwendigkeiten, KrV 1999, S. 252–263.

*Kahl, Wolfgang*, Das Kooperationsprinzip im Städtebaurecht, DÖV 2000, S. 793–802.

*ders.*, Die Staatsaufsicht. Entstehung, Wandel und Neubestimmung unter besonderer Berücksichtigung der Aufsicht über die Gemeinden, 2000, Tübingen.

*ders.*, Das Verwaltungsverfahrensgesetz zwischen Kodifikationsidee und Sonderrechtsentwicklungen, in: *Hoffmann-Riem, Wolfgang/Schmidt-Aßmann, Eberhard* (Hrsg.), Verwaltungsverfahren und Verwaltungsverfahrensgesetz (Schriften zur Reform des Verwaltungsrechts, Wolfgang Hoffmann-Riem, Eberhard Schmidt-Aßmann (Hrsg.), Bd. 9), 2002, Baden-Baden, S. 67–134 (zit.: Verwaltungsverfahren).

*ders.*, Über einige Pfade und Tendenzen in Verwaltungsrecht und Verwaltungsrechtswissenschaft – ein Zwischenbericht, Die Verwaltung 42 (2009), S. 463–500.

*ders.*, Die Europäisierung des Verwaltungsrechts als Herausforderung an Systembildung und Kodifikationsidee, in: *Axer, Peter u.a.* (Hrsg.), Das Europäische Verwaltungsrecht in der Konsolidierungsphase, Die Verwaltung, Beiheft 10 (2010), S. 39–93.

*ders./Glaser, Andreas*, Die Nachhaltigkeit der parlamentarischen Demokratie, in: *Lange, Klaus* (Hrsg.), Nachhaltigkeit im Recht. Eine Annäherung (Gießener Abhandlungen zum Umweltrecht, hg. von Klaus Lange, Bd. 14), 2003, Baden-Baden, S. 9–38.

*Kaltenborn, Markus*, Richtliniengebung durch ministerielle Ersatzvornahme. Zur Aufsicht des Bundesministers für Gesundheit über die Bundesausschüsse der (Zahn-) Ärzte und Krankenkassen gem. § 94 SGB V, VSSR 2000, S. 249–271.

*ders.*, Gibt es einen Numerus Clausus der Rechtsquellen?, Rechtstheorie 34 (2003), S. 459–486.

*Karpen, Hans-Ulrich*, Die Verweisung als Mittel der Gesetzgebungstechnik (Neue Kölner Rechtswissenschaftliche Abhandlungen, hg. von der Rechtswissenschaftlichen Fakultät der Universität zu Köln, Heft 64), 1970, Berlin (zit.: Verweisung).

*Kater, Horst/Leube, Konrad* (Hrsg.), Gesetzliche Unfallversicherung. SGB VII. Kommentar, 1997, München.

*Kelsen, Hans*, Allgemeine Staatslehre (Enzyklopädie der Rechts- und Staatswissenschaft, begr. von F. v. Liszt, W. Kaskel, hg. von E. Kohlrausch, H. Peters, A. Spiethoff, Abt. Rechtswissenschaft, hg. von Edurard Kohlrausch, Hans Peters, 23), 1925, Berlin.

*Kempen, Otto E./Zachert, Ulrich* (Hrsg.), Tarifvertragsgesetz. Kommentar, 4. Aufl. 2006, Frankfurt a.M.

*Kern, Ernst*, Aspekte des Verwaltungsrechts im Industriezeitalter, in: *Barion, Hans/Forsthoff, Ernst/Weber, Werner* (Hrsg.), Festschrift für Carl Schmitt zum 70. Geburtstag, 2. Aufl. 1989, Berlin, S. 81–101 (zit.: FS Schmitt 1989).

*Kersten, Jens*, Wasserwirtschaft und Raumordnung – Vernetzung von Fach- und Gesamtplanung durch territoriale Governance, in: *Jarass, Hans D.* (Hrsg.), Wechselwirkungen zwischen Raumplanung und Wasserwirtschaft. Neue Vorschriften im Raumordnungsrecht und Wasserrecht (Beiträge zum Raumplanungsrecht, hg. vom Zentralinstitut für Raumplanung an der Universität Münster, Bd. 237), 2008, S. 53–90 (zit.: Wechselwirkungen).

*ders.*, Herstellung von Wettbewerb als Verwaltungsaufgabe, VVDStRL 69 (2010), S. 288–340.

*ders.*, Was kann das Verfassungsrecht vom Verwaltungsrecht lernen?, DVBl. 2011, S. 585–591.

*ders.*, § 54 Technische und ethische Fragen der Medizin, in: *Ehlers, Dirk/Fehling, Michael/Pünder, Hermann* (Hrsg.), Besonderes Verwaltungsrecht, Bd. 2, 3. Aufl. 2013, Heidelberg, München, Landsberg u.a., S. 871–904.

*ders.*, Transformationen der Demokratie, 2014, München (zit.: Transformationen).

*ders.*, „Strategien veralteten Rechts". Zur demokratischen Unterversorgung des Biomedizin- und Gesundheitsrechts, in: *Rixen, Stephan* (Hrsg.), Die Wiedergewinnung des Menschen als demokratisches Projekt, Bd. 1., Neue Demokratietheorie als Bedingung demokratischer Grundrechtskonkretisierung in der Biopolitik, 2015, Tübingen, S. 111–136 (zit.: Wiedergewinnung).

*ders./Lenski, Sophie-Charlotte*, Die Entwicklungsfunktion des Allgemeinen Verwaltungsrechts, Die Verwaltung 42 (2009), S. 501–534.

*Kessler-Jensch, Adina*, Die Richtlinien im SGB XI. Ein Beitrag zur dogmatischen Einordnung untergesetzlicher Regelwerke (Arbeits- und Sozialrecht, Bd. 90), 2005, Baden-Baden.

*Kingreen, Thorsten*, Das Sozialstaatsprinzip im europäischen Verfassungsverbund. Gemeinschaftsrechtliche Einflüsse auf das deutsche Recht der gesetzlichen Krankenversicherung (Jus Publicum. Beiträge zum Öffentlichen Recht, Bd. 97), 2003, Tübingen (zit.: Sozialstaatsprinzip).

*ders.*, Verfassungsrechtliche Grenzen der Rechtsetzungsbefugnis des Gemeinsamen Bundesausschusses im Gesundheitsrecht, NJW 2006, S. 877–880.

*ders.*, Legitimation und Partizipation im Gesundheitswesen. Verfassungsrechtliche Kritik und Reform des Gemeinsamen Bundesausschusses, NZS 2007, S. 113–121.

*ders.*, Das Sozialvergaberecht, SGb 2008, S. 437–444.

*ders./Rixen, Stephan*, Sozialrecht: Ein verwaltungsrechtliches Utopia? Ortsangaben zur (Wieder-) Entdeckung einer Referenzmaterie des öffentlichen Rechts, DÖV 2008, S. 741–750.

*Kirberger, Wolfgang*, Staatsentlastung durch private Verbände. Die finanzpolitische Bedeutung der Mitwirkung privater Verbände bei der Erfüllung öffentlicher Aufgaben (Schriften zur öffentlichen Verwaltung und öffentlichen Wirtschaft, Peter Eichhorn, Peter Friedrich (Hrsg.), Bd. 30), 1978, Baden-Baden (zit.: Staatsentlastung).

*Kirchhof, Paul*, Unterschiedliche Rechtswidrigkeiten in einer einheitlichen Rechtsordnung (Juristische Studiengesellschaft Karlsruhe, Bd. 137), 1978, Heidelberg, Karlsruhe (zit.: Rechtswidrigkeiten).

*ders.*, § 99 Mittel staatlichen Handelns, in: *Isensee, Josef/Kirchhof, Paul* (Hrsg.), Handbuch des Staatsrechts der Bundesrepublik Deutschland Bd. V, 3. Aufl. 2007, Heidelberg, S. 3–133 (zit.: HStR V).

*Kisker, Gunter*, Gruppenmitbestimmung in der öffentlichen Verwaltung, DÖV 1972, S. 520–529.

*Klages, Helmut*, Selbstverwaltung und menschliche Selbstverwirklichung, in: *v. Mutius, Albert* (Hrsg.), Selbstverwaltung im Staat der Industriegesellschaft. Festgabe zum 70. Geburtstag von Georg Christoph von Unruh (Schriftenreihe des Lorenz-von-Stein-Instituts für Verwaltungswissenschaften Kiel, Albert v. Mutius, Gerhard Prosi, Reinhold Janus (Hrsg.), Bd. 4), 1983, Heidelberg, S. 41–49 (zit.: FG Unruh 1983).

*Klein, Eckart*, Die verfassungsrechtliche Problematik des ministerialfreien Raums. Ein Beitrag zur Dogmatik der weisungsfreien Verwaltungsstellen (Schriften zum Öffentlichen Recht, Bd. 236), 1974, Berlin.

*ders.*, Die Behauptung der Kommunen als Ort dezentraler Entscheidung und Initiative im sozialen Rechtsstaat der Bundesrepublik Deutschland. Bemerkungen zu den Bänden 1–4 des Handbuchs der kommunalen Wissenschaft und Praxis, Die Verwaltung 17 (1984), S. 197–207.

*Klein, Hans*, Zum Begriff der öffentlichen Aufgabe, DÖV 1965, S. 755–759.

*ders.*, Diskussionsbeitrag, VVDStRL 30 (1972), S. 169–171.

*ders.*, Demokratie und Selbstverwaltung, in: *Schnur, Roman* (Hrsg.), Festschrift für Ernst Forsthoff zum 70. Geburtstag, 1974, München, S. 165–185 (zit.: FS Forsthoff 1974).

*ders.*, Die Rechtsprechung des Bundesverfassungsgerichts zum Personalvertretungsrecht, PersV 1990, S. 49–58.

*Kleine-Cosack, Michael*, Berufsständische Autonomie und Grundgesetz (Studien und Materialien zur Verfassungsgerichtsbarkeit, hg. v. Christian Starck, Bd. 32), 1986, Baden-Baden (zit.: Autonomie).

*Klement, Jan H.*, Die Kumulation von Grundrechtseingriffen im Umweltrecht, AöR 134 (2009), S. 35–82.

*Klenk, Tanja*, Selbstverwaltung – ein Kernelement demokratischer Sozialstaatlichkeit? Szenarien zur Zukunft der sozialen Selbstverwaltung, ZSR 2006, S. 273–291.

*Klie, Thomas/Krahmer, Utz* (Hrsg.), Sozialgesetzbuch XI. Soziale Pflegeversicherung. Kommentar, 3. Aufl. 2009, Baden-Baden.

*Kloepfer, Michael*, Gesetzgebung im Rechtsstaat, VVDStRL 40 (1982), S. 63–98.

*ders.*, Was kann die Gesetzgebung vom Planungs- und Verwaltungsrecht lernen?, ZG 1988, S. 289–303.

*ders.*, Die Entfaltung des Verhältnismäßigkeitsprinzips, in: *Schmidt-Aßmann, Eberhard/ Sellner, Dieter/Hirsch, Günter u.a.* (Hrsg.), Festgabe 50 Jahre Bundesverwaltungsgericht, 2003, Köln, Berlin, Bonn, S. 329–346 (zit.: FG BVerwG 2003).

*ders.*, Grundlagen des Verwaltungsrechts, NuR 2007, S. 438–449.

*Kluth, Winfried*, Funktionale Selbstverwaltung. Verfassungsrechtlicher Status – verfassungsrechtlicher Schutz (Jus Publicum. Beiträge zum Öffentlichen Recht, Bd. 26), 1997, Tübingen.

*ders.*, Demokratische Legitimation in der funktionalen Selbstverwaltung – Grundzüge und Grundprobleme, in: *Schnapp, Friedrich E.* (Hrsg.), Funktionale Selbstverwaltung und Demokratieprinzip – am Beispiel der Sozialversicherung, 2001, Frankfurt a.M., Berlin, Bern u.a., S. 17–41 (zit.: Funktionale Selbstverwaltung).

*ders.*, Funktionale Selbstverwaltung, Die Verwaltung 35 (2002), S. 349–376.

*Knemeyer, Franz-Ludwig*, Das verfassungsrechtliche Verhältnis der Kommunen zueinander und zum Staat, DVBl. 1984, S. 23–29.

*ders.*, Reinhard Hendler: Selbstverwaltung als Ordnungsprinzip, DVBl. 1985, S. 808–809.

*Knickrehm, Sabine*, Leistungsbeziehungen im Recht der Grundsicherung und Arbeitsmarktintegration, in: *Schuler-Harms, Margarete* (Hrsg.), Konsensuale Handlungsformen im Sozialleistungsrecht (Sozialrecht und Sozialpolitik in Europa. Schriftenreihe des Instituts für Sozialrecht und Sozialpolitik in Europa der Christian-Albrecht-Universität zu Kiel und der Forschungsstelle für Sozialrecht und Sozialpolitik an der Fakultät für Rechtswissenschaft der Universität Hamburg, hg. von Gerhard Igl, Dagmar Felix, Bd. 23), 2012, Münster, S. 43–56 (zit.: Konsensuale Handlungsformen).

*Koch, Thorsten*, Normsetzung durch Richtlinien des Bundesausschusses der Ärzte und Krankenkassen? Teil I, SGb 2001, S. 109–116.

*ders.*, Normsetzung durch Richtlinien des Bundesausschusses der Ärzte und Krankenkassen? Teil II und Schluss, SGb 2001, S. 166–174.

*Köhler, Peter A./Zacher, Hans F.*, Die Selbstverwaltung der Sozialversicherung in der Bundesrepublik Deutschland, Schweizerische Zeitschrift für Sozialversicherung 1981, S. 53–74.

*Kolb, Rudolf*, Wie kann die Funktionsfähigkeit der Selbstverwaltungsorgane weiter verbessert werden?, DRV 1975, S. 331–341.

*Kommunale Gemeinschaftsstelle für Verwaltungsvereinfachung*, Das Neue Steuerungsmodell. Begründung, Konturen, Umsetzung, Bericht Nr. 5/1993,

*König, Klaus*, „Neue" Verwaltung oder Verwaltungsmodernisierung: Verwaltungspolitik in den 90er Jahren, DÖV 1995, S. 349–357.

*ders.*, Unternehmerisches oder exekutives Management – die Perspektive der klassischen öffentlichen Verwaltung, VerwArch 87 (1996), S. 19–37.

*ders.*, Verwaltungsmodernisierung im internationalen Vergleich. Acht Thesen, DÖV 1997, S. 265–268.

*ders.*, Öffentliches Management und Governance als Verwaltungskonzepte. Zehn Thesen, DÖV 2001, S. 617–625.

*ders.*, Governance als Steuerungskonzept, in: *ders./Adam, Markus/Speer, Benedikt u.a.* (Hrsg.), Governance als entwicklungs- und transformationspolitisches Konzept (Schriftenreihe der Hochschule Speyer, Bd. 151), 2002, Berlin, S. 9–54 (zit.: Governance).

*Köpke, Karl-Heinz/Nürnberger, Ingo*, Aufgaben und Chancen für die Selbstverwaltung. Am Beispiel der Rehabilitation in der Rentenversicherung, Soziale Sicherheit 2004, S. 426–432.

*Kopp, Ferdinand*, Der beliehene Unternehmer. Bemerkung zu dem in diesem Heft S. 735 abgedruckten Urteil des BVerwG vom 14.3.1969 – VII C 37.67 –, DVBl. 1970, S. 724–728.

*ders.*, Verfassungsrecht und Verwaltungsverfahrensrecht (Schriften zum Öffentlichen Recht, Bd. 15), 1971, München (zit.: Verfassungsrecht).

*ders./Ramsauer, Ulrich* (Hrsg.), Verwaltungsverfahrensgesetz. Kommentar, 15. Aufl. 2014, München.

*Kormann, Karl*, System der rechtsgeschäftlichen Staatsakte. Verwaltungs- und prozeßrechtliche Untersuchungen zum allgemeinen Teil des öffentlichen Rechts, 1910, Berlin (ND 1962, Aalen) (zit.: System).

*Köster, Gudrun*, Betroffenenperspektive trifft auf Systemerfordernisse, KrV 62 (2010), S. 357–359.

*Köttgen, Arnold*, Der Einfluß des Bundes auf die deutsche Verwaltung und die Organisation der bundeseigenen Verwaltung, JöR N.F. 3 (1954), S. 67–147.

*ders.*, Art. Selbstverwaltung, in: *Beckerath, Erwin v./Brinkmann, Carl/Gutenberg, E. u.a.* (Hrsg.), Handwörterbuch der Sozialwissenschaften, Bd. 9. Zugleich Neuauflage des Handwörterbuchs der Staatswissenschaften, 1956, Göttingen, S. 220–225.

*Kötz, Hein*, Die Zitierpraxis der Gerichte – Eine rechtsvergleichende Studie, RabelsZ 1988, S. 644–662.

*ders.*, Scholarship and the Courts: A Comparative Survey, in: *Clark, David S.* (Hrsg.), Comparative and Private International Law. Essays in Honor of John Henry Merryman on his Seventieth Birthday, 1990, Berlin, S. 183–195.

*Kraus, Erwin*, Das Kassenarztrecht, SGb 1981, S. 404–412.

*Krause, Peter*, Rechtsformen des Verwaltungshandelns. Überlegungen zu einem System der Handlungsformen der Verwaltung, mit Ausnahme der Rechtsetzung (Schriften zum Öffentlichen Recht, Bd. 229), 1974, Berlin (zit.: Rechtsformen).

*ders.*, Die Entwicklungsgeschichte des Sozialgesetzbuchs, BlStSozArbR 1977, S. 65–70.

*ders.*, Bundessozialgericht und Allgemeines Verwaltungsrecht, NJW 1979, S. 1007–1016.

*ders.*, Die Selbstverwaltung in der Krankenversicherung – Rückblick und Ausblick, BKK 1979, S. 4–13.

*Krautzberger, Michael*, Die Erfüllung öffentlicher Aufgaben durch Private. Zum Begriff des staatlichen Bereichs (Schriften zum Öffentlichen Recht, Bd. 150), 1971, Berlin (zit.: Erfüllung öffentlicher Aufgaben).

*Krebs, Walter*, Zulässigkeit und Wirksamkeit vertraglicher Bindungen kommunaler Bauleitplanung. Zur Auslegung der §§ 54 und 59 VwVfG des Bundes und der Länder, VerwArch 72 (1981), S. 49–61.

*ders.*, Die öffentliche Anstalt, NVwZ 1985, S. 609–616.

*ders.*, Konsensuales Verwaltungshandeln im Städtebaurecht, DÖV 1989, S. 969–977.

*ders.*, Verträge und Absprachen zwischen der Verwaltung und Privaten, VVDStRL 52 (1993), S. 248–284.

*ders.*, Neue Bauformen des Organisationsrechts und ihre Einbeziehung in das Allgemeine Verwaltungsrecht, in: *Schmidt-Aßmann, Eberhard/Hoffmann-Riem, Wolfgang* (Hrsg.), Verwaltungsorganisationsrecht als Steuerungsressource (Schriften zur Reform des Verwaltungsrechts, Wolfgang Hoffmann-Riem, Eberhard Schmidt-Aßmann (Hrsg.), Bd. 4), 1997, Baden-Baden, S. 339–354 (zit.: Verwaltungsorganisationsrecht).

*ders.*, Grundfragen des öffentlich-rechtlichen Vertrages, in: *Ehlers, Dirk/Krebs, Walter* (Hrsg.), Grundfragen des Verwaltungsrechts und des Kommunalrechts. Symposion aus Anlaß der Emeritierung von Professor Dr. Hans-Uwe Erichsen am 5. Mai 2000 in Münster, 2000, Berlin, New York, S. 41–57 (zit.: Grundfragen).

*ders.*, § 108 Verwaltungsorganisation, in: *Isensee, Josef/Kirchhof, Paul* (Hrsg.), Handbuch des Staatsrechts der Bundesrepublik Deutschland Bd. V, 3. Aufl. 2007, Heidelberg, S. 457–520 (zit.: HStR V).

*Kreikebohm, Ralf* (Hrsg.), Sozialgesetzbuch. Gemeinsame Vorschriften für die Sozialversicherung – SGB IV –. Kommentar, 2. Aufl. 2014, München.

*Kretschmer, Kai-Holmger*, „Sozialhilfe" durch Vertrag. Rechtliche Ausgestaltung und verfassungsrechtliche Bewertung der Eingliederungsvereinbarung nach dem „Harz IV-Gesetz", DÖV 2006, S. 893–901.

*Kreutz, Peter*, Grenzen der Betriebsautonomie (Schriften des Instituts für Arbeits- und Wirtschaftsrecht der Universität zu Köln, begr. von Hans C. Nipperdey, hg. von Herbert Wiedemann, Bd. 42), 1979, München (zit.: Grenzen).

*Kröninger, Alois*, Zur verfassungsmäßigen Garantie der Sozialversicherung und ihrer Selbstverwaltung. Bundesverfassungsgericht hält „Bundesamt für Krankenversicherung" für zulässig, Die Sozialversicherung 1975, S. 309–311.

*Kruse, Jürgen/Lüdtke, Peter-Bernd/Reinhardt, Hans-Joachim u.a.* (Hrsg.), Sozialgesetzbuch III. Arbeitsförderung. Kommentar, 2007, Baden-Baden.

*Krüger, Herbert*, Rechtsetzung und technische Entwicklung, NJW 1966, S. 617–624.

*Küchenhoff, Günther*, Gemeinsame Selbstgestaltung (Autonomie) im Kassenarztrecht, in: *Schneider, Hans/Götz, Volkmar* (Hrsg.), Im Dienst an Recht und Staat. Festschrift für Werner Weber zum 70. Geburtstag, 1974, Berlin, S. 833–848 (zit.: FS Weber 1974).

*Kühne, Jörg-Detlev*, Die Bedeutung der Genossenschaftslehre für die moderne Verfassung, ZParl 1984, S. 552–563.

*Kunig, Philip*, Das Rechtsstaatsprinzip. Überlegungen zu seiner Bedeutung für das Verfassungsrecht der Bundesrepublik Deutschland, 1986, Tübingen.

*ders.*, Verträge und Absprachen zwischen Verwaltung und Privaten, DVBl. 1992, S. 1193–1203.

*ders./v. Münch, Ingo* (Hrsg.), Grundgesetz Bd. 1 bis 3. Kommentar, 2012, München.

*ders./Rublack, Susanne*, Aushandeln statt Entscheiden? – Das Verwaltungsverfahrensrecht vor neuen Herausforderungen –, Jura 1990, S. 1–11.

*Laband, Paul*, Otto Mayer, Theorie des französischen Verwaltungsrechts, AöR 2 (1887), S. 149–162.

*ders.*, Das Staatsrecht des deutschen Reiches, 4 Bde., 1911, Tübingen (ND 1964, Aalen).

*Ladeur, Karl-Heinz*, Von der Verwaltungshierarchie zum administrativen Netzwerk? Zur Erhaltung der Eigenständigkeit der Verwaltung unter Komplexitätsbedingungen, Die Verwaltung 26 (1993), S. 137–165.

*Lamb, Irene*, Kooperative Gesetzeskonkretisierung. Verfahren zur Erarbeitung von Umwelt- und Technikstandards (Forum Umweltrecht. Schriftenreihe der Forschungsstelle Umweltrecht der Universität Hamburg, hg. von Wolfgang Hoffmann-Riem, Hans-Joachim Koch, Ulrich Ramsauer, Bd. 13), 1995, Baden-Baden.

*Lampe, Ortrud*, Die Unabhängigkeit der Deutschen Bundesbank. Eine verfassungsrechtliche und verwaltungsrechtliche Untersuchung (Bankrechtliche Schriften des Instituts für Bankwirtschaft und Bankrecht an der Universität zu Köln, Bd. 6), 2. Aufl. 1971, München.

*Lane, Jan-Erik/Ersson, Svante*, The Institutions of Konkordanz and Corporatism: How closely are they connected?, Swiss Political Science Review 3 (1997), S. 1–25.

*Lange, Klaus*, Die Entwicklung des kommunalen Selbstverwaltungsgedankens und seine Bedeutung in der Gegenwart, in: *Schneider, Hans/Götz, Volkmar* (Hrsg.), Im Dienst an Recht und Staat. Festschrift für Werner Weber zum 70. Geburtstag, 1974, Berlin, S. 841–872 (zit.: FS Weber 1974).

*ders.*, Die öffentlichrechtliche Anstalt, VVDStRL 44 (1986), S. 169–204.

*ders.*, Innenrecht und Außenrecht, in: *Hoffmann-Riem, Wolfgang/Schmidt-Aßmann, Eberhard/Schuppert, Gunnar Folke* (Hrsg.), Reform des Allgemeinen Verwaltungsrechts, Grundfragen (Schriften zur Reform des Allgemeinen Verwaltungsrechts, Wolfgang Hoffmann-Riem, Eberhard Schmidt-Aßmann (Hrsg.), Bd. 1), 1993, Baden-Baden, S. 307–331 (zit.: Reform).

*Larenz, Karl*, Über die Unentbehrlichkeit der Jurisprudenz als Wissenschaft (Schriftenreihe der juristischen Gesellschaft e.V. Berlin, Bd. 26), 1966, Berlin (zit.: Jurisprudenz als Wissenschaft).

*ders./Canaris, Klaus-Wilhelm*, Methodenlehre der Rechtswissenschaft, 3. Aufl. 1995, Berlin, Heidelberg, New York (zit.: Methodenlehre).

*ders./Wolf, Manfred*, Allgemeiner Teil des Bürgerlichen Rechts, 9. Aufl. 2004, München.

*Laux, Eberhard*, Kommunale Selbstverwaltung als politisches Prinzip. Wege der Diskussion, in: *v. Mutius, Albert* (Hrsg.), Selbstverwaltung im Staat der Industriegesellschaft. Festgabe zum 70. Geburtstag von Georg Christoph von Unruh (Schriftenreihe des Lorenz-von-Stein-Instituts für Verwaltungswissenschaften Kiel, Albert v. Mutius, Gerhard Prosi, Reinhold Janus (Hrsg.), Bd. 4), 1983, Heidelberg, S. 51–78 (zit.: FG Unruh 1983).

*Lecheler, Helmut*, Verträge und Absprachen zwischen der Verwaltung und Privaten, BayVBl. 1992, S. 545–549.

*Lee, Won W.*, Privatisierung als Rechtsproblem (Studien zum öffentlichen Wirtschaftsrecht, hg. von Rolf Stober, Bd. 34), 1997, Köln, Berlin, Bonn u.a.

*Lehmann, Helmut*, Ärzte und Krankenkassen, 1929, Berlin.

*Lehmbruch, Gerhard*, Proporzdemokratie. Politisches System und politische Kultur in der Schweiz und in Österreich (Recht und Staat in Geschichte und Gegenwart. Eine Sammlung von Vorträgen und Schriften aus dem Gebiet der gesamten Staatswissenschaften, 335/336), 1967, Tübingen.

*ders.*, Die ambivalenten Funktionen politischer Beteiligung in hochindustrialisierten Demokratien, in: *Junker, Beat/Gilg, Peter/Reich, Richard* (Hrsg.), Geschichte und Politische Wissenschaft. Festschrift für Erich Gruner zum 60. Geburtstag, 1975, Bern, S. 237–264 (zit.: FS Gruner 1975).

*ders.*, Die korporative Verhandlungsdemokratie in Westmitteleuropa, Swiss Political Science Review 2 (1996), S. 1–24.

*ders.*, Parteienwettbewerb im Bundesstaat. Regelsysteme und Spannungslagen im Institutionengefüge der Bundesrepublik Deutschland, 3. Aufl. 2000, Opladen.

*ders.*, Konkordanzdemokratie, in: *Nohlen, Dieter/Schultze, Rainer-Olaf* (Hrsg.), Lexikon der Politikwissenschaft, 3. Aufl. 2005, München, S. 206–211.

*Lehner, Franz/Widmaier, Ulrich*, Vergleichende Regierungslehre, 4. Aufl. 2002, Opladen.

*Leisner, Walter*, Werbefernsehen und Öffentliches Recht. Ein Beitrag zur Problematik der öffentlichen Aufgabe sowie zu Grundlagen und Grenzen fiskalischer Staatstätigkeit (Schriften zum Öffentlichen Recht, Bd. 56), 1967, Berlin.

*ders.*, Öffentliches Amt und Berufsfreiheit, AöR 93 (1968), S. 161–199.

*ders.*, Private Interessen als öffentliches Interesse, DÖV 1970, S. 217–223.

*Leitherer, Stephan*, § 15 Allgemeines zum Leistungsrecht, in: *Schulin, Bertram* (Hrsg.), Handbuch des Sozialversicherungsrechts, Bd. 4, 1997, München, S. 389–430.

*ders.* (Hrsg.), Kasseler Kommentar. Sozialversicherungsrecht, Loseblatt, 82. EL., Stand: 2014, München.

*Lenk, Klaus*, Electronic Government als Schlüssel zur Modernisierung der öffentlichen Verwaltung, in: *ders./Traunmüller, Roland* (Hrsg.), Öffentliche Verwaltung und Informationstechnik. Perspektiven einer radikalen Neugestaltung der öffentlichen Verwaltung mit Informationstechnik (Schriftenreihe Verwaltungsinformatik, Bd. 20), 1999, Heidelberg, S. 123–132 (zit.: Öffentliche Verwaltung).

*Lenz, Otto/Borchardt, Klaus-Dieter* (Hrsg.), EU-Verträge Kommentar, EUV, AEUV, GRCh, 6. Aufl. 2012, Köln, Wien.

*Leopold, Dieter*, Die Selbstverwaltung in der Sozialversicherung (Fortbildung und Praxis. Schriftenreihe der Zeitschrift „Wege zur Sozialversicherung", Bd. 28), 6. Aufl. 2008, Sankt Augustin (zit.: Selbstverwaltung).

*Lepa, Manfred*, Verfassungsrechtliche Probleme der Rechtsetzung durch Rechtsverordnung, AöR 105 (1980), S. 337–370.

*Lepsius, Oliver*, Verfassungsrechtliche und dogmatische Probleme der sachlich-rechnerischen Richtigstellung im Kassenarztrecht, VSSR 1998, S. 95–132.

*ders.*, Die erkenntnistheoretische Notwendigkeit des Parlamentarismus, in: *Bertschi, Martin* (Hrsg.), Demokratie und Freiheit. 39. Tagung der Wissenschaftlichen Mitarbeiterinnen und Mitarbeiter der Fachrichtung „Öffentliches Recht", 1999, Stuttgart, München, Hannover u.a., S. 226–234.

*ders.*, Steuerungsdiskussion, Systemtheorie und Parlamentarismuskritik, 1999, Tübingen (zit.: Steuerungsdiskussion).

*ders.*, Nachhaltigkeit und Parlament, in: *Kahl, Wolfgang* (Hrsg.), Nachhaltigkeit als Verbundbegriff, 2008, Tübingen, S. 326–350.

*ders.*, Themen einer Rechtswissenschaftstheorie, in: *Jestaedt, Matthias/Lepsius, Oliver* (Hrsg.), Rechtswissenschaftstheorie, 2008, Tübingen, S. 1–49.

*ders.*, Hat die Europäisierung des Verwaltungsrechts Methode? Oder: Die zwei Phasen der Europäisierung des Verwaltungsrechts, in: *Axer, Peter u.a.* (Hrsg.), Das Europäische Verwaltungsrecht in der Konsolidierungsphase, Die Verwaltung, Beiheft 10 (2010), S. 179–204.

*Lerche, Peter*, Die Verwaltungsgerichtsbarkeit im Geflecht der Rechtskontrollen, BayVBl. 1980, S. 257–263.

*ders./Schmitt-Glaeser, Walter/Schmidt-Aßmann, Eberhard* (Hrsg.), Verfahren als staats- und verwaltungsrechtliche Kategorie, 1984, Heidelberg (zit.: Kategorie).

*v. Lewinski, Kai*, Grundfragen des Verwaltungsorganisationsrechts, Jahrbuch für Rechtssoziologie und Rechtstheorie, Bd. 2, 2006, S. 517–522.

*Lijphart, Arendt*, Democracy in plural societies. A comparative exploration, 1977, New Haven.

*ders.*, Democracies. Patterns of majoritarian and consensus government in twenty-one countries, 1984, New Haven.

*ders.*, Patterns of Democracy. Government Forms and Performance in Thirty-Six Countries, 1999, New Haven, London.

*ders.*, Thinking about Democracy. Power sharing and majority rule in theorie and practice, 2008, London, New York.

*ders./Crepaz, Markus M.*, Corporatism and Consensus Democracy in Eighteen Countries: Conceptual and Empirical Linkages, in: B.J.Pol.S. 21 (1991), S. 235–256.

*Lilge, Werner* (Hrsg.), SGB I. Sozialgesetzbuch Allgemeiner Teil, 3. Aufl. 2012, Berlin.

*Lindner, Josef F.*, Verfassungsrechtliche Rahmenbedingungen einer ökonomischen Theorie des Öffentlichen Rechts, JZ 2008, S. 957–963.

*ders.*, „Gewissheit" als Paradigma der Wissenschaft vom Öffentlichen Recht. Versuch einer Grundlegung aus rechtsphilosophischer Sicht, JöR N.F. 57 (2009), S. 173–206.

*Lischke, Annett*, Tauschgerechtigkeit und öffentlich-rechtlicher Vertrag. Zur Auslegung der Angemessenheit im Sinne des § 56 Abs. 1 VwVfG (Schriften zum Öffentlichen Recht, Bd. 833), 2000, Berlin (zit.: Tauschgerechtigkeit).

*Loening, Edgar*, Lehrbuch des deutschen Verwaltungsrechts, 1884, Leipzig (zit.: Lehrbuch).

*Loeser, Roman*, System des Verwaltungsrechts, Bd. 2, Verwaltungsorganisation, 1994, Baden-Baden (zit.: System des Verwaltungsrechts 2).

*Lohmar, Walter*, Bemerkungen zu den „Gemeinsamen Richtlinien der Unfallversicherungsträger über Gewährung, Gebrauch und Ersatz von Körperersatzstücken, Hilfsmitteln und Hilfen", BG 1974, S. 427–437.

*Löhr, Rolf-Peter*, Die kommunale Flächennutzungsplanung. Eine Untersuchung zu Organisation und Verfahren der vorbereitenden Bauleitplanung nach dem Bundesbaugesetz (Schriften zum deutschen Kommunalrecht, hg. von Christian-Friedrich Menger, Albert v. Mutius, Bd. 16), 1977, Siegburg.

*Lorenz, Dieter*, Kirchliche Datenverarbeitung unter staatlicher Kontrolle, ZevKR 45 (2000), S. 356–379.

*Loschelder, Wolfgang*, Kommunale Selbstverwaltungsgarantie und gemeindliche Gebietsgestaltung (Schriften zum Öffentlichen Recht, Bd. 308), 1976, Berlin (zit.: Kommunale Selbstverwaltungsgarantie).

*ders.*, § 107 Weisungshierarchie und persönliche Verantwortung der Exekutive, in: *Isensee, Josef/Kirchhof, Paul* (Hrsg.), Handbuch des Staatsrechts der Bundesrepublik Deutschland Bd. V, 3. Aufl. 2007, Heidelberg, S. 409–455 (zit.: HStR V).

*Löwisch, Manfred/Rieble, Volker* (Hrsg.), Tarifvertragsgesetz. Kommentar, 3. Aufl. 2012, München.

*Lübbe-Wolff, Gertrude*, Verfassungsrechtliche Fragen der Normsetzung und Normkonkretisierung im Umweltrecht, ZG 1991, S. 219–248.

*dies.*, Vollzugsprobleme der Umweltverwaltung, NuR 1993, S. 217–229.

*dies.*, Europäisches und nationales Verfassungsrecht, VVDStRL 60 (2001), S. 246–289.

*Luhmann, Niklas*, Systemtheoretische Beiträge zur Rechtstheorie, Jahrbuch für Rechtssoziologie und Rechtstheorie, Bd. 2, 1972, S. 255–276.

*ders.*, Rechtssystem und Rechtsdogmatik, 1974, Stuttgart, Berlin, Köln u.a.

*ders.*, Legitimation durch Verfahren, 2. Aufl. 1975, Darmstadt, Neuwied.

*ders.*, Soziale Systeme. Grundriß einer allgemeinen Theorie, 6. Aufl. 1996, Frankfurt a.M.

*Maier, Kurt*, § 35. Die Versicherungsträger: Zuständigkeit, Organisation und Verwaltungsablauf, in: *Ruland, Franz* (Hrsg.), Handbuch der gesetzlichen Rentenversicherung. Festschrift aus Anlaß des 100jährigen Bestehens der gesetzlichen Rentenversicherung (Schriften zum Öffentlichen Recht, Bd. 1), 1990, Neuwied, Frankfurt a.M., S. 1043–1067 (zit.: FS Rentenversicherung 1990).

*v. Mangoldt, Hermann/Klein, Friedrich/Starck, Christian* (Hrsg.), Kommentar zum Grundgesetz, 2010, München.

*Manssen, Gerrit*, Der Funktionsvorbehalt des Art. 33 Abs. 4 GG. Anmerkungen zu einem verfassungsrechtlichen Dauerproblem, ZBR 1999, S. 253–257.

*ders.*, Allgemeines Verwaltungsrecht, 2005, Frankfurt a.M.

*Martens, Joachim*, Der Bürger als Verwaltungsuntertan?, KritV 1 (1986), S. 104–130.

*Martens, Wolfgang*, Öffentlich als Rechtsbegriff, 1969, Bad Homburg v.d.H., Berlin, Zürich.

*ders.*, Übertragung von Hoheitsgewalt auf Schüler, NJW 1970, S. 1029–1030.

*Maschmann, Frank*, Grundfragen des Rechts der Leistungserbringung in der sozialen Pflegeversicherung (SGB XI). III. Teil und Schluss, SGb 1996, S. 149–157.

*ders.*, Grundfragen des Rechts der Leistungserbringung in der sozialen Pflegeversicherung (SGB XI). I. Teil, SDSRV 1996, S. 49–58.

*Maunz, Theodor/Dürig, Günter/Herzog, Roman u.a.* (Hrsg.), Grundgesetz. Kommentar, Loseblatt, 71. EL., Stand: 2014, München.

*Maurer, Hartmut*, Zur Rechtsstellung der Fachbereiche, WissR 10 (1977), S. 193–218.

*ders.*, Der Verwaltungsvorbehalt, VVDStRL 43 (1985), S. 135–171.

*ders.*, Der Verwaltungsvertrag – Probleme und Möglichkeiten, DVBl. 1989, S. 798–807.

*ders.*, Staatsrecht I. Grundlagen, Verfassungsorgane, Staatsfunktionen, 6. Aufl. 2010, München.

*ders.*, Allgemeines Verwaltungsrecht, 18. Aufl. 2011, München.

*Baron v. Maydell, Bernd*, Zur Kostenerstattung in der gesetzlichen Krankenversicherung. Eine Untersuchung über die rechtliche Zulässigkeit unter besonderer Berücksichtigung des Ersatzkassenrechts, 1982, Köln (zit.: Kostenerstattung).

*ders.*, § 1 Zur Einführung: Das Sozialrecht und seine Stellung im Gesamtsystem unserer Wirtschafts- und Rechtsordnung, in: *ders./Ruland, Franz* (Hrsg.), Sozialrechtshandbuch (SRH), 5. Aufl. 2012, Neuwied, S. 47–66 (zit.: SRH).

*ders./Ruland, Franz* (Hrsg.), Sozialrechtshandbuch (SRH), 5. Aufl. 2012, Neuwied (zit.: SRH).

*Mayer, Friedrich F.*, Grundsätze des Verwaltungs-Rechts mit besonderer Rücksicht auf gemeinsames deutsches Recht, sowie auf neuere Gesetzgebung und bemerkenswerthe Entscheidungen der obersten Behörden zunächst der Königreiche Preußen, Baiern und Württemberg, 1862, Tübingen (zit.: Grundsätze des Verwaltungs-Rechts).

*Mayer, Otto*, Zur Lehre vom öffentlich-rechtlichen Vertrage, AöR 3 (1888), S. 3–86.

*ders.*, Deutsches Verwaltungsrecht, 2 Bde., 3. Aufl. 1924 (ND 2004), Berlin.

*Mayntz, Renate*, New challenges to governance theory, 1998, San Domenico.

*dies.*, Governance Theory als fortentwickelte Steuerungstheorie?, in: *Schuppert, Gunnar F.* (Hrsg.), Governance-Forschung. Vergewisserung über Stand und Entwicklungslinien (Schriften zur Governance-Forschung, Bd. 1), 2. Aufl. 2006, Baden-Baden, S. 11–20.

*Medicus, Dieter*, Allgemeiner Teil des BGB, 10. Aufl. 2010, Heidelberg, München, Landsberg u.a.

*Mehde, Veith*, Ausübung von Staatsgewalt und Public Private Partnership, VerwArch 91 (2000), S. 540–565.

*ders.*, Neues Steuerungsmodell und Demokratieprinzip (Hamburger Rechtsstudien, Bd. 92), 2000, Berlin (zit.: Neues Steuerungsmodell).

*Meirowitz, Adam*, In Defense of Exclusionary Deliberation: Communication and Voting with Private Beliefs and Values, JTP 19 (2007), S. 301–327.

*Menger, Christian-Friedrich*, Zur Geschichte der Verwaltungsgerichtsbarkeit in Deutschland, DÖV 1963, S. 726–729.

*ders.*, Entwicklung der Selbstverwaltung im Verfassungsstaat der Neuzeit, in: *v. Mutius, Albert* (Hrsg.), Selbstverwaltung im Staat der Industriegesellschaft. Festgabe zum 70. Geburtstag von Georg Christoph von Unruh (Schriftenreihe des Lorenz-von-Stein-Instituts für Verwaltungswissenschaften Kiel, Albert v. Mutius, Gerhard Prosi, Reinhold Janus (Hrsg.), Bd. 4), 1983, Heidelberg, S. 25–40 (zit.: FG Unruh 1983).

*Menke, Rainard*, Der vorhabenbezogene Bebauungsplan, NVwZ 1998, S. 577–581.

*Mennacher, Hubert*, Begriffsmerkmale und Rechtsstellung der mit öffentlicher Gewalt beliehenen Hoheitsträger des Privatrechts (beliehene Private), 1963, München (zit.: Begriffsmerkmale).

*Merkl, Adolf*, Allgemeines Verwaltungsrecht, 1927 (ND 1999), Wien.

*Merten, Detlef*, Bürgerverantwortung im demokratischen Verfassungsstaat, VVDStRL 55 (1996), S. 7–47.

*ders.*, Juristische Personen im Sinne von Art. 87 Abs. 2 und Abs. 3 GG, in: *ders./Schmidt, Reiner/Stettner, Rudolf* (Hrsg.), Der Verwaltungsstaat im Wandel. Festschrift für Franz Knöpfle zum 70. Geburtstag, 1996, München, S. 219–229 (zit.: FS Knöpfle 1996).

*Meyer-Hesemann, Wolfgang*, Methodenwandel in der Verwaltungsrechtswissenschaft (Münsterer Beiträge zum Öffentlichen Recht, hg. v. Norbert Achterberg, Albert Bleckmann, Werner Hoppe u.a., Bd. 2), 1981, Heidelberg, Karlsruhe (zit.: Methodenwandel).

*Meyers, Georg/Anschütz, Gerhard*, Lehrbuch des deutschen Staatsrechts, 2 Bde., 7. Aufl. 1914/1917 (zit.: Lehrbuch)

*Michael, Lothar*, Rechtsetzende Gewalt im kooperierenden Verfassungsstaat. Normprägende und normersetzende Absprachen zwischen Staat und Wirtschaft (Schriften zum Öffentlichen Recht, Bd. 901), 2002, Berlin.

*Michaelis, Rüdiger*, Der Beliehene. Ein Beitrag zur Verflechtung von öffentlichem und privatem Recht, 1969, Münster.

*Mikešić, Ivana*, Sozialrecht als wissenschaftliche Disziplin. Die Anfänge 1918–1933 (Beiträge zur Rechtsgeschichte des 20. Jahrhunderts, hg. von Knut W. Nörr, Joachim Rückert, Bernd Rüthers u.a., Bd. 36), 2002, Tübingen.

*v. Mohl, Robert*, Die Polizei-Wissenschaft nach den Grundsätzen des Rechtsstaates, 2 Bde., 1832, 1833, Tübingen.

*Möllers, Christoph*, Braucht das öffentliche Recht einen neuen Methoden- und Richtungsstreit?, Die Verwaltung 90 (1999), S. 187–207.

*ders.*, Netzwerk als Kategorie des Organisationsrechts. Zur juristischen Beschreibung dezentraler Steuerung, in: *Oebbecke, Janbernd* (Hrsg.), Nicht-normative Steuerung in dezentralen Systemen (Nassauer Gespräche der Freiherr-vom-Stein-Gesellschaft, Bd. 7), 2005, Stuttgart, S. 285–301 (zit.: Nicht-normative Steuerung).

*ders.*, § 3 Methoden, in: *Hoffmann-Riem, Wolfgang/Schmidt-Aßmann, Eberhard/Voßkuhle, Andreas* (Hrsg.), Grundlagen des Verwaltungsrechts, Bd. I, 2. Aufl. 2012, München, S. 121–175.

*Mößle, Wilhelm*, Inhalt, Zweck und Ausmaß. Zur Verfassungsgeschichte der Verordnungsermächtigung (Schriften der Verfassungsgeschichte, Bd. 41), 1990, Berlin.

*Möstl, Markus*, § 19 Allgemeiner Teil, in: *Erichsen, Hans-Uwe/Ehlers, Dirk* (Hrsg.), Allgemeines Verwaltungsrecht, 14. Aufl. 2010, Berlin, S. 614–645.

*ders.*, Bundesstaat und Staatenverbund (Schönburger Gespräche zu Recht und Staat, Otto Depenheuer, Christoph Grabenwarter (Hrsg.), Bd. 18), 2012, Paderborn, München, Zürich u.a.

*Muckel, Stefan*, Friedenswahlen in der Sozialversicherung, in: *Schnapp, Friedrich E.* (Hrsg.), Funktionale Selbstverwaltung und Demokratieprinzip – am Beispiel der Sozialversicherung, 2001, Frankfurt a.M., Berlin, Bern u.a., S. 151–177 (zit.: Funktionale Selbstverwaltung).

*ders.*, Die Selbstverwaltung in der Sozialversicherung auf dem Prüfstand des Demokratieprinzips, NZS 2002, S. 118–125.

*ders./Ogorek, Markus*, Sozialrecht, 4. Aufl. 2011, München.

*Müller, Friedrich/Christensen, Ralph*, Juristische Methodik, Bd. 1. Grundlegung für die Arbeitsmethoden der Rechtspraxis, 11. Aufl. 2013, Berlin.

*Müller, Joachim/Wasem, Jürgen*, Funktionsdefizite in den Wahlen zu den Sozialversicherungsträgern – Teil I –, SozVers 1984, S. 85–88.

*Müller, Wolfgang C.*, Österreichs Regierungssystem. Institutionen, Strukturen, Prozesse, Der Bürger im Staat 38 (1988), S. 121–127.

*Müller-Volbehr, Jörg*, Der soziale Rechtsstaat im System des Grundgesetzes, JZ 1984, S. 6–14.

*Münckler, Herfried*, Thomas Hobbes. Eine Einführung, 3. Aufl. 2014, Frankfurt a.M.
*Münder, Johannes* (Hrsg.), Sozialgesetzbuch II. Grundsicherung für Arbeitssuchende. Kommentar, 5. Aufl. 2013, Baden-Baden.
*ders./Armborst, Christian/Berlit, Uwe u.a.* (Hrsg.), Sozialgesetzbuch XII. Sozialhilfe. Kommentar, 8. Aufl. 2008, Baden-Baden.
*Murswiek, Dietrich*, Staatliche Warnungen, Wertungen und Kritik als Grundrechtseingriffe. Zur Wirtschafts- und Meinungslenkung durch staatliches Informationshandeln, DVBl. 1997, S. 1021–1030.
*Musielak, Hans-Joachim/Hau, Wolfgang*, Grundkurs BGB, 15. Aufl. 2015, München.
*Musil, Andreas*, Das Bundesverfassungsgericht und die demokratische Legitimation der funktionalen Selbstverwaltung, DÖV 2004, S. 116–120.
*Mußgnug, Reinhardt*, Das allgemeine Verwaltungsrecht zwischen Richterrecht und Gesetzesrecht, in: *Hochschullehrer der Juristischen Fakultät der Universität Heidelberg* (Hrsg.), Richterliche Rechtsfortbildung, Erscheinungsformen, Auftrag und Grenzen. Festschrift der Juristischen Fakultät zur 600-Jahr-Feier der Ruprecht-Karls-Universität Heidelberg, 1986, Heidelberg, S. 203–229 (zit.: FS Universität Heidelberg).
*v. Mutius, Albert*, Höchstrichterliche Rechtsprechung zum Verwaltungsrecht, VerwArch 64 (1973), S. 81–87.
*ders.*, Rechtsnorm und Verwaltungsakt. Zu Möglichkeiten und Grenzen rechtsdogmatischer Differenzierungen im Bereich des Verwaltungshandelns, in: *Menger, Christian-Friedrich* (Hrsg.), Fortschritte des Verwaltungsrechts. Festschrift für Hans J. Wolff zum 75. Geburtstag, 1973, München, S. 167–218 (zit.: FS Wolff 1973).
*ders.*, Studentenwerke als öffentlich-rechtliche Anstalten und öffentliche Unternehmen, in: *ders.* (Hrsg.), Autonomie öffentlicher Unternehmen in Anstaltsform. Die Studentenwerke in der Bundesrepublik Deutschland als autonomer Wirtschaftsbetriebe mit sozialer Zielsetzung oder/und nachgeordnete öffentliche Verwaltung (Schriftenreihe der Gesellschaft für öffentliche Wirtschaft und Gemeinwirtschaft, Bd. 30), 1987, Baden-Baden, S. 21–51 (zit.: Autonomie).
*ders.*, Kommunalrecht. Ein Lehr- und Lernbuch anhand von Fällen, 1996, München.
*ders.*, Neues Steuerungsmodell in der Kommunalverwaltung, in: *Burmeister, Joachim* (Hrsg.), Verfassungsstaatlichkeit. Festschrift für Klaus Stern zum 65. Geburtstag, 1997, München, S. 685–716 (zit.: FS Stern 1997).
*Mutschler, Bernd/Schmidt-De Caluwe, Reimund/Coseriu, Pablo* (Hrsg.), Sozialgesetzbuch III. Arbeitsförderung. Kommentar, 5. Aufl. 2013, Baden-Baden.
*Naschold, Frieder*, Partizipative Demokratie. Erfahrungen mit der Modernisierung kommunaler Verwaltungen, in: *Weidenfeld, Werner* (Hrsg.), Demokratie am Wendepunkt, Die demokratische Frage als Projekt des 21. Jahrhunderts, 1996, Berlin, S. 294–307.
*Neumann, Franz L.*, Zum Begriff der politischen Freiheit, in: *ders.* (Hrsg.), Demokratischer und autoritärer Staat. Studien zur politischen Theorie, 1967, Frankfurt a.M., S. 125–134.
*Neumann, Volker*, Freiheit und Bindung bei der Leistungserbringung im Gesundheitswesen: Ambulante und stationäre Pflege, SDSRV 38 (1991), S. 109–125.
*ders.*, Freiheitsgefährdung im kooperativen Sozialstaat. Rechtsgrundlagen und Rechtsformen der Finanzierung der freien Wohlfahrtspflege, 1992, Köln, Berlin, Bonn u.a. (zit.: Freiheitsgefährdung).
*ders.*, § 20 Grundlagen, in: *Schulin, Bertram* (Hrsg.), Handbuch des Sozialversicherungsrechts, Bd. 4, 1997, München, S. 513–535.
*ders.*, § 21 Beziehungen der Pflegekassen zu den Leistungserbringern, in: *Schulin, Bertram* (Hrsg.), Handbuch des Sozialversicherungsrechts, Bd. 4, 1997, München, S. 536–576.

*ders.*, Einführung in das Tagungsthema: Ursprung und Ausstrahlung der Konflikte im untergesetzlichen Vertragsarztrecht, MedR 1996, S. 389–393.

*ders.*, Normenvertrag, Rechtsverordnung oder Allgemeinverbindlicherklärung? Verfassungsrechtliche Grenzen der vertraglichen Rechtsetzung in der gemeinsamen Pflegeselbstverwaltung und Alternativen, 2002, Baden-Baden (zit.: Normenvertrag).

*ders.*, Prioritätensetzung und Rationierung in der gesetzlichen Krankenversicherung, NZS 2005, S. 617–623.

*ders.*, Verantwortung, Sachkunde, Betroffenheit, Interesse: Zur demokratischen Legitimation der Richtlinien des Gemeinsamen Bundesausschusses, NZS 2010, S. 593–600.

*Niesel, Klaus* (Hrsg.), Sozialgesetzbuch. Arbeitsförderung – SGB III –. Kommentar, 4. Aufl. 2007, München.

*Nipperdey, Thomas*, Deutsche Geschichte 1800–1866. Bürgerwelt und starker Staat, 1998, München.

*Noftz, Wolfgang*, Leistungsrecht und Leistungserbringungsrecht nach Inkrafttreten des 2. GKV-Neuordnungsgesetzes, VSSR 1997, S. 393–438.

*Nullmeier, Frank*, Input, Output, Outcome, Effektivität und Effizienz, in: *Blanke, Bernhard* (Hrsg.), Handbuch zur Verwaltungsreform, 4. Aufl. 2011, Opladen, S. 357–365.

*Obermayer, Klaus/Funke-Kaiser, Michael* (Hrsg.), VwVfG. Kommentar zum Verwaltungsverfahrensgesetz, 4. Aufl. 2014, Köln.

*Oebbecke, Janbernd*, Weisungs- und unterrichtungsfreie Räume in der Verwaltung (Schriftenreihe des Freiherr-vom-Stein-Institutes, wissenschaftliche Forschungsstelle des Landkreistages Nordrhein/Westfalen an der Universität Münster, Bd. 7), 1986, Köln, Stuttgart, Berlin u.a. (zit.: Weisungs- und unterrichtungsfreie Räume).

*ders.*, Demokratische Legitimation nicht-kommunaler Selbstverwaltung, VerwArch 81 (1990), S. 349–369.

*ders.*, § 136 Verwaltungszuständigkeit, in: *Isensee, Josef/Kirchhof, Paul* (Hrsg.), Handbuch des Staatsrechts der Bundesrepublik Deutschland Bd. VI, 3. Aufl. 2008, Heidelberg, S. 743–809 (zit.: HStR VI).

*ders.*, Selbstverwaltung angesichts von Europäisierung und Ökonomisierung, VVDStRL 62 (2003), S. 366–404.

*Offe, Claus*, Korporatismus als System nichtstaatlicher Makrosteuerung? Notizen über seine Voraussetzungen und demokratischen Gehalte, Geschichte und Gesellschaft 10 (1984), S. 234–256.

*ders.*, Wider scheinradikale Gesten – Die Verfassungspolitik auf der Suche nach dem Volkswillen, in: *Hofmann, Gunter/Perger, Werner A.* (Hrsg.), Die Kontroverse. Weizsäckers Parteienkritik in der Diskussion, 1992, Frankfurt a.M., S. 126–142.

*ders.*, Micro-Aspects of Democratic Theory: What Makes For The Deliberative Competences Of Citizens?, in: *Hadenius, Axel* (Hrsg.), Democracy's Victory And Crisis, Nobel Symposium 93, 1997, Cambridge u.a., S. 81–104.

*ders.*, Vox Populi und die Verfassungsökonomik. Anmerkungen zum Beitrag von Feld und Savioz, in: *Grözinger, Gerd/Panther, Stefan* (Hrsg.), Konstitutionelle politische Ökonomie. Sind unsere gesellschaftlichen Regelsysteme in Form und guter Verfassung?, 1998, Marburg, S. 81–88.

*ders./Preuß, Ulrich K.*, Democratic Institutions and Moral Resources, in: *Held, David* (Hrsg.), Political Theory Today, Cambridge 1991.

*Offermanns, Matthias*, Die „Gemeinsame Selbstverwaltung" in der Gesetzlichen Krankenversicherung. Eine Betrachtungsmöglichkeit mittels des Netzwerk-Gedankens, Sozialer Fortschritt 1995, S. 166–176.

*Oldiges, Franz J.*, Blickpunkt Versicherter/Patient. Das schwierige Geflecht von normsetzenden Gestaltungsmechanismen und Gestaltungsmächten, DOK 1998, S. 115–120.

*ders.*, Wechselwirkung zwischen Leistungsrecht und Vertragsrecht in der gesetzlichen Krankenversicherung, Sozialer Fortschritt 1998, S. 69–75.

*Oppermann, Thomas/Classen, Claus D./Nettesheim, Martin*, Europarecht. Ein Studienbuch, 6. Aufl. 2014, München.

*Ossenbühl, Fritz*, Die verfassungsrechtliche Zulässigkeit der Verweisung als Mittel der Gesetzgebungstechnik, DVBl. 1967, S. 401–408.

*ders.*, Verwaltungsvorschriften und Grundgesetz, 1968, Bad Homburg v.d.H., Berlin, Zürich.

*ders.*, Daseinsvorsorge und Verwaltungsprivatrecht, DÖV 1971, S. 513–524.

*ders.*, Die Erfüllung von Verwaltungsaufgaben durch Private, VVDStRL 29 (1971), S. 137–209.

*ders.*, Öffentliches Recht und Privatrecht in der Leistungsverwaltung. Zu dem in diesem Heft abgedruckten Urteil des BGH vom 27.10.1972 – KZR 1/72, DVBl. 1974, S. 541–543.

*ders.*, Rundfunk zwischen Staat und Gesellschaft (Schriftenreihe des Instituts für Rundfunkrecht an der Universität zu Köln, hg. von Hans Brack, Heinz Hübner, Dietrich Oehler u.a., Bd. 17), 1975, München (zit.: Rundfunk).

*ders.*, Zur Außenwirkung von Verwaltungsvorschriften, in: *Bachof, Otto/Heigl, Ludwig/Redeker, Konrad* (Hrsg.), Verwaltungsrecht zwischen Freiheit, Teilhabe und Bindung, 1978, München, S. 433–450 (zit.: Verwaltungsrecht).

*ders.*, Die Handlungsformen der Verwaltung, JuS 1979, S. 681–686.

*ders.*, Aktuelle Probleme der Gewaltenteilung, DÖV 1980, S. 545–553.

*ders.*, Kernenergie im Spiegel des Verfassungsrechts, DÖV 1981, S. 1–11.

*ders.*, Grundrechtsschutz im und durch Verfahrensrecht, in: *Müller, Georg/Rhino René A./Schmidt, Gerhard u.a.* (Hrsg.), Staatsorganisation und Staatsfunktionen im Wandel. Festschrift für Kurt Eichenberger zum 60. Geburtstag, 1982, Basel, Frankfurt a.M., S. 183–195 (zit.: FS Eichenberger 1982).

*ders.*, Verwaltungsverfahren zwischen Verwaltungseffizienz und Rechtsschutzauftrag, NVwZ 1982, S. 465–472.

*ders.*, Grenzen der Mitbestimmung im öffentlichen Dienst, 1986, Baden-Baden (zit.: Grenzen).

*ders.*, XXIII. Kapitel: Die Weiterentwicklung der Verwaltungswissenschaft, in: *Jeserich, Kurt G./Pohl, Hans/v. Unruh, Georg-Christoph* (Hrsg.), Deutsche Verwaltungsgeschichte, Bd. 5: Die Bundesrepublik Deutschland, 1987, Stuttgart, S. 1143–1161.

*ders.*, Verwaltungsrecht als Vorgabe für Zivil- und Strafrecht, DVBl. 1990, S. 963–973.

*ders.*, 40 Jahre Bundesverwaltungsgericht. Bewahrung und Fortentwicklung des Rechtsstaates, DVBl. 1993, S. 753–762.

*ders.*, Gedanken zur Kontrolldichte in der verwaltungsgerichtlichen Rechtsprechung, in: *Bender, Bernd/Breuer, Rüdiger/Ossenbühl, Fritz u.a.* (Hrsg.), Rechtsstaat zwischen Sozialgestaltung und Rechtsschutz. Festschrift für Konrad Redeker zum 70. Geburtstag, 1993, München, S. 55–70 (zit.: FS Redeker 1993).

*ders.*, Maßhalten mit dem Übermaßverbot, in: *Badura, Peter/Scholz, Rupert* (Hrsg.), Wege und Verfahren des Verfassungslebens. Festschrift für Peter Lerche zum 65. Geburtstag, 1993, München, S. 151–164 (zit.: FS Lerche 1993).

*ders.*, Richtlinien im Vertragsarztrecht, NZS 1997, S. 497–503.

*ders.*, Verfassungsrechtliche Fragen des Regelungsinstrumentariums in der gesetzlichen Krankenversicherung, 1997, Baden-Baden (zit.: Verfassungsrechtliche Fragen).

*ders.*, Die Richtlinien im Vertragsarztrecht, in: *Schnapp, Friedrich E.* (Hrsg.), Probleme der Rechtsquellen im Sozialversicherungsrecht Teil I. Tagungsband zum 5. Fachkolloquium des Instituts für Sozialrecht am 25./26. Juni 1997 in Bochum (Bochumer Schriften zum Sozialrecht, Friedrich E. Schnapp (Hrsg.), Bd. 1), 1998, Frankfurt a.M., Berlin, Bern u.a., S. 65–84 (zit.: Rechtsquellen).

*ders.*, § 100 Gesetz und Recht – Die Rechtsquellen im demokratischen Rechtsstaat, in: *Isensee, Josef/Kirchhof, Paul* (Hrsg.), Handbuch des Staatsrechts der Bundesrepublik Deutschland Bd. V, 3. Aufl. 2007, Heidelberg, S. 135–182 (zit.: HStR V).

*ders.*, § 101 Vorrang und Vorbehalt des Gesetzes, in: *Isensee, Josef/Kirchhof, Paul* (Hrsg.), Handbuch des Staatsrechts der Bundesrepublik Deutschland Bd. V, 3. Aufl. 2007, Heidelberg, S. 183–221 (zit.: HStR V).

*ders.*, § 103 Rechtsverordnung, in: *Isensee, Josef/Kirchhof, Paul* (Hrsg.), Handbuch des Staatsrechts der Bundesrepublik Deutschland Bd. V, 3. Aufl. 2007, Heidelberg, S. 261–303 (zit.: HStR V).

*ders.*, § 104 Autonome Rechtsetzung durch Verwaltung, in: *Isensee, Josef/Kirchhof, Paul* (Hrsg.), Handbuch des Staatsrechts der Bundesrepublik Deutschland Bd. V, 3. Aufl. 2007, Heidelberg, S. 305–351 (zit.: HStR V).

*ders.*, § 105 Satzung, in: *Isensee, Josef/Kirchhof, Paul* (Hrsg.), Handbuch des Staatsrechts der Bundesrepublik Deutschland Bd. V, 3. Aufl. 2007, Heidelberg, S. 353–385 (zit.: HStR V).

*ders.*, Gedanken zur demokratischen Legitimation der Verwaltung, in: *Horn, Hans-Detlef* (Hrsg.), Recht im Pluralismus. Festschrift für Walter Schmitt Glaeser zum 70. Geburtstag (Schriften zum Öffentlichen Recht, Bd. 932), 2003, Berlin, S. 103–118 (zit.: FS Schmitt Glaeser 2003).

*ders.*, Grundlagen des Verwaltungsrechts, Die Verwaltung 40 (2007), S. 125–134.

*Ost, Wolfgang/Mohr, Gerhard/Estelmann, Martin*, Grundzüge des Sozialrechts (Lernbücher für Wirtschaft und Recht, hg. von Günter Wöhe, Gerhard Lüke), 2. Aufl. 1998, München (zit.: Grundzüge).

*Pache, Eckhard*, Verantwortung und Effizienz in der Mehrebenenverwaltung, VVDStRL 66 (2007), S. 106–151.

*Papenfuß, Matthias*, Die personellen Grenzen der Autonomie öffentlich-rechtlicher Körperschaften (Schriften zum Öffentlichen Recht, Bd. 596), 1991, Berlin (zit.: Personelle Grenzen).

*Papier, Hans-Jürgen*, Der Wesentlichkeitsgrundsatz – am Beispiel des Gesundheitsreformgesetzes, VSSR 1990, S. 123–134.

*ders.*, Die Stellung der Verwaltungsgerichtsbarkeit im demokratischen Rechtsstaat (Schriftenreihe der juristischen Gesellschaft e.V. Berlin, Bd. 58), 1979, Berlin, New York (zit.: Verwaltungsgerichtsbarkeit).

*ders.*, NZS 1995, S. 241–244.

*Passavant, Oliver*, Mittlerunterstützte Kooperation in komplexen Verwaltungsprojekten, DÖV 1987, S. 516–523.

*Pateman*, Carol, Partizipation and Democratic Theory, London 1970.

*dies.*, The Disorder of Women: democracy, feminism and political theory, Cambridge 1989.

*Pauly, Walter*, Grundlagen einer Handlungsformenlehre im Verwaltungsrecht, in: *Becker-Schwarze, Kathrin/Köck, Wolfgang/Kupka, Thomas u.a.* (Hrsg.), Wandel der Handlungsformen im Öffentlichen Recht. 31. Tagung der wissenschaftlichen Mitarbeiterinnen und Mitarbeiter der Fachrichtung „Öffentliches Recht“, 1991, Stuttgart, München, Hannover u.a., S. 25–45 (zit.: Wandel der Handlungsformen).

*Peine, Franz-Joseph*, Das Recht als System (Schriften zur Rechtstheorie, Bd. 109), 1983, Berlin.

*ders.*, Organisation und Finanzierung der Sonderabfallentsorgung – neuere Entwicklungen, UPR 1996, S. 161–169.

*ders.*, Grenzen der Privatisierung – verwaltungsrechtliche Aspekte, DÖV 1997, S. 353–365.

*ders.*, Allgemeines Verwaltungsrecht, 11. Aufl. 2014, Heidelberg, München, Landsberg u.a.

*Peters, Hans*, Grenzen der Kommunalen Selbstverwaltung in Preussen. Ein Beitrag zur Lehre vom Verhältnis der Gemeinden zu Staat und Reich, 1926, Berlin, Heidelberg (zit.: Grenzen).

*ders.*, Öffentliche und staatliche Aufgaben, in: *Dietz, Rolf/Hübner, Heinz* (Hrsg.), Festschrift für Hans Carl Nipperdey. Zum 70. Geburtstag. 21. Januar 1965, 1965, München, Berlin, S. 877–895 (zit.: FS Nipperdey 1965).

*ders./Ossenbühl, Fritz*, Die Übertragung von öffentlich-rechtlichen Befugnissen auf die Sozialpartner unter besonderer Berücksichtigung des Arbeitszeitschutzes (Studien zum öffentlichen Recht und zur Verwaltungslehre, hg. von Klaus Stern, Bd. 2), 1967, Berlin, Frankfurt a.M.

*Peters, Horst* (Hrsg.), Handbuch der Krankenversicherung, Teil II: Sozialgesetzbuch V, 19. Aufl. 2014, Stuttgart.

*Picker, Eduard*, Richterrecht oder Rechtsdogmatik – Alternativen der Gewinnung? – Teil 1, JZ 1988, S. 1–12.

*Pietzcker, Jost*, Das Verwaltungsverfahren zwischen Verwaltungseffizienz und Rechtsschutzauftrag, VVDStRL 41 (1983), S. 193–231.

*Pitschas, Rainer*, Verwaltungsverantwortung und Verwaltungsverfahren. Strukturprobleme, Funktionsbedingungen und Entwicklungsperspektiven eines konsensualen Verwaltungsrechts (Münchner Universitätsschriften, hg. im Auftrag der juristischen Fakultät von Andreas Heldrich, Peter Lerche, Claus Roxin, Bd. 76), 1990, München (zit.: Verwaltungsverantwortung).

*ders.*, Entwicklung der Handlungsformen im Verwaltungsrecht – Vom Formendualismus des Verwaltungsverfahrens zur Ausdifferenzierung der Handlungsformen, in: *Blümel, Willi/Pitschas, Rainer* (Hrsg.), Reform des Verwaltungsverfahrensrechts. Vorträge und Diskussionsbeiträge des Forschungsseminars am Forschungsinstitut für öffentliche Verwaltung bei der Hochschule für Verwaltungswissenschaften Speyer vom 3. bis 5. März 1993, 1994, Berlin, S. 229–256 (zit.: Reform).

*ders.*, Organisationsrecht als Steuerungsressource in der Sozialverwaltung, in: *Schmidt-Aßmann, Eberhard/Hoffmann-Riem, Wolfgang* (Hrsg.), Verwaltungsorganisationsrecht als Steuerungsressource (Schriften zur Reform des Verwaltungsrechts, Wolfgang Hoffmann-Riem, Eberhard Schmidt-Aßmann (Hrsg.), Bd. 4), 1997, Baden-Baden, S. 151–206 (zit.: Verwaltungsorganisationsrecht).

*ders.*, Mediatisierte Patientenbeteiligung im Gemeinsamen Bundesausschuss als Verfassungsproblem, MedR 2006, S. 451–457.

*ders.*, Diskussionsbeitrag, VVDStRL 67 (2008), S. 342–343.

*Plagemann, Hermann*, Der Gemeinsame Bundesausschuss – Auswirkungen auf den Leistungsanspruch der Patienten, dargestellt an ausgewählten Einzelfällen, MedR 2005, S. 401–409.

*Plantholz, Markus*, Verfassungsmäßige Wirkung der Richtlinien im Vertragsarztrecht auf Außenseiter?, SGb 1997, S. 549–555.

*ders.*, Funktionelle Selbstverwaltung des Gesundheitswesens im Spiegel der Verfassung (Rostocker Rechtswissenschaftliche Abhandlungen, hg. von der Juristischen Fakultät der Universität Rostock, Bd. 3), 1998, Berlin (zit.: Funktionelle Selbstverwaltung).

*Plute, Gerhard/Knopff, Joachim M.*, Die Leistungspflicht bei neuen Untersuchungs- und Behandlungsmethoden, WzS 1998, S. 161–168.

*Pohl, Hans*, Wurzeln und Anfänge der Selbstverwaltung, dargestellt am Beispiel der Städte, in: *v. Mutius, Albert* (Hrsg.), Selbstverwaltung im Staat der Industriegesellschaft. Festgabe zum 70. Geburtstag von Georg Christoph von Unruh (Schriftenreihe des Lorenz-von-Stein-Instituts für Verwaltungswissenschaften Kiel, Albert v. Mutius, Gerhard Prosi, Reinhold Janus (Hrsg.), Bd. 4), 1983, Heidelberg, S. 3–23 (zit.: FG Unruh 1983).

*Pöld, Silvia/Fahlbusch, Jonathan I.*, Das Recht der Leistungserbringung in der Sozialhilfe im Licht der §§ 93 ff. BSHG, RsDE 46 (2000), S. 4–32.

*Posser, Herbert/Müller, Rolf-Georg*, Arzneimittelmarkt 2004 – EuGH, Nutzenbewertung und Leistungsausschlüsse, NZS 2004, S. 247–253.

*Preuß, Mathias*, Zu den Rechtmäßigkeitsvoraussetzungen subordinationsrechtlicher Verträge unter besonderer Berücksichtigung des Koppelungsverbots, 1999, Baden-Baden (zit.: Rechtmäßigkeitsvoraussetzungen).

*Pünder, Hermann*, Exekutive Normsetzung in den Vereinigten Staaten von Amerika und der Bundesrepublik Deutschland. Eine rechtsvergleichende Untersuchung des amerikanischen *rulemaking* und des deutschen Verordnungserlasses mit Blick auf die in beiden Ländern bestehende Notwendigkeit, sachgerechte und demokratisch legitimierte Normen in einem kostengünstigen und rechtsstaatlichen Grundsätzen entsprechenden Normsetzungsverfahren zu erlassen (Münsterische Beiträge zur Rechtswissenschaft, hg. im Auftrag der rechtswissenschaftlichen Fakultät der westfälischen Wilhelms-Universität in Münster durch Hans-Uwe Erichsen, Helmut Kollhosser, Jürgen Welp, Bd. 95), 1995, Berlin (zit.: Exekutive Normsetzung).

*Püttner, Günter*, § 25. Zum Verhältnis von Demokratie und Selbstverwaltung, in: *ders.* (Hrsg.), Handbuch der kommunalen Wissenschaft und Praxis, Bd. 2: Kommunalverfassung, 1982, Berlin, Heidelberg, New York, S. 1–10.

*ders.*, Wider den öffentlich-rechtlichen Vertrag zwischen Staat und Bürger, DVBl. 1982, S. 122–126.

*ders.*, Selbstverwaltung und Mitbestimmung, in: *v. Mutius, Albert* (Hrsg.), Selbstverwaltung im Staat der Industriegesellschaft. Festgabe zum 70. Geburtstag von Georg Christoph von Unruh (Schriftenreihe des Lorenz-von-Stein-Instituts für Verwaltungswissenschaften Kiel, Albert v. Mutius, Gerhard Prosi, Reinhold Janus (Hrsg.), Bd. 4), 1983, Heidelberg, S. 171–182 (zit.: FG Unruh 1983).

*Quaas, Michael*, Zu den Aufgaben und der Diskussion um die Rechtsform der Landeskrankenhausgesellschaft (LKG), NZS 1995, S. 482–487.

*Quaritsch, Helmut*, Staatsangehörigkeit und Wahlrecht, DÖV 1983, S. 1–15.

*Radüge, Astrid* (Hrsg.), SGB II, Sozialgesetzbuch Zweites Buch – Grundsicherung für Arbeitssuchende –, 3. Aufl. 2013, Saarbrücken.

*Rehbinder, Manfred*, New Public Management – Rückblick, Kritik und Ausblick, in: *Eberle, Carl-Eugen/Ibler, Martin/Lorenz, Dieter* (Hrsg.), Der Wandel des Staates vor den Herausforderungen der Gegenwart. Festschrift für Winfried Brohm zum 70. Geburtstag, 2002, München, S. 727–740 (zit.: FS Brohm 2002).

*Reichard, Christoph*, Von Max Weber zum „New Public Management". Verwaltungsmanagement im 20. Jahrhundert, in: *Halblützel, Peter/Haldemann, Theo/Schedler, Kuno u.a.* (Hrsg.), Umbruch in Politik und Verwaltung. Ansichten und Erfahrungen zum New Public Management in der Schweiz, 1995, Bern, Stuttgart, Wien, S. 57–67.

*ders./Wollmann, Hellmut* (Hrsg.), Kommunalverwaltung im Modernisierungsschub?, 1996, Basel, Boston, Berlin (zit.: Kommunalverwaltung).

*Reimer, Franz*, Verfassungsprinzipien. Ein Normtyp im Grundgesetz (Schriften zum Öffentlichen Recht, Bd. 554), 2001, Berlin.

*Reinhardt, Michael*, Die Überwachung durch Private im Umwelt- und Technikrecht, AöR 118 (1993), S. 617–663.

*Reiter, Heinrich*, Möglichkeiten und Grenzen der Selbstverwaltung. Die Rentenversicherung 1980, S. 127–131.

*ders.*, Die Selbstverwaltung in der Sozialversicherung, in: *Fürst, Walther/Herzog, Roman/Umbach, Dieter C.* (Hrsg.), Festschrift für Wolfgang Zeidler, 1987, Berlin, New York, S. 597–623 (zit.: FS Zeidler 1987).

*ders.*, Die gesellschaftliche Bedeutung der Selbstverwaltung in der Sozialversicherung, SDSRV 34 (1991), S. 17–29.

*ders.*, Die Selbstverwaltung als Organisationsprinzip der Sozialversicherung, DRV 1993, S. 657–667.

*Remmert, Barbara*, § 37 Einzelfälle, in: *Erichsen, Hans-Uwe/Ehlers, Dirk* (Hrsg.), Allgemeines Verwaltungsrecht, 14. Aufl. 2010, Berlin, S. 844–853.

*Rennert, Klaus*, Beleihung zur Rechtsetzung?, JZ 2009, S. 976–984.

*Reuß, Wilhelm*, Öffentliche Verwaltung durch Private, DVBl. 1976, S. 927–932.

*Richter, Lutz*, Die Einrichtungen der kassenärztlichen Selbstverwaltung, in: *Leipziger Juristenfakultät* (Hrsg.), Festschrift der Leipziger Juristenfakultät für Dr. Viktor Ehrenberg zum 30. März 1926 (Leipziger rechtswissenschaftliche Studien, hg. von der Leipziger Juristen-Fakultät, Heft 21), 1927, Leipzig, S. 75–170 (zit.: FS Ehrenberg 1927).

*ders.*, Sozialversicherungsrecht (Enzyklopädie der Rechts- und Staatswissenschaft, begr. von F.v. Liszt, W. Kaskel, hg. von E. Kohlrausch, H. Peters, A. Spiethoff, Abt. Rechtswissenschaft, hg. von Edurard Kohlrausch, Hans Peters, Bd. 31a), 1931, Berlin.

*ders./Sonnenberg, Wilhelm*, Die kassenärztlichen Rechtsverhältnisse. Zusammenstellung und Erläuterung der reichsrechtlichen Vorschriften über Ärzte und Krankenkassen, 1926, Leipzig.

*Rinken, Alfred*, Demokratie und Hierarchie. Zum Demokratieverständnis des Zweiten Senats des Bundesverfassungsgerichts, KritV 79 (1998), S. 282–309.

*Ritter, Ernst-Hasso*, Der kooperative Staat. Bemerkungen zum Verhältnis von Staat und Wirtschaft, AöR 104 (1979), S. 389–413.

*ders.*, Das Recht als Steuerungsmedium im kooperativen Staat, StWStP 1 (1990), S. 50–88.

*ders.*, Das Recht als Steuerungsmedium im kooperativen Staat, in: *Grimm, Dieter* (Hrsg.), Wachsende Staatsaufgaben – sinkende Steuerungsfähigkeit des Rechts, 1990, Baden-Baden, S. 69–112 (zit.: Wachsende Staatsaufgaben).

*ders.*, Integratives Management und Strategieentwicklung in der staatlichen Verwaltung. Über strategisches Controlling auf der Ministerialebene, DÖV 2003, S. 93–105.

*Rittstieg, Helmut*, Wahlrecht für Ausländer. Verfassungsfragen der Teilnahme von Ausländern an den Wahlen in der Wohngemeinde (Forum Rechtswissenschaft, Bd. 11), 1981, Königstein.

*Rixen, Stephan*, Sozialrecht als öffentliches Wirtschaftsrecht – am Beispiel des Leistungserbringerrechts der gesetzlichen Krankenversicherung (Jus Publicum. Beiträge zum Öffentlichen Recht, Bd. 130), 2005, Tübingen (zit.: Sozialrecht).

*ders.*, Verhältnis von IQWiG und G-BA: Vertrauen oder Kontrolle? – Insbesondere zur Bindungswirkung der Empfehlungen des IQWiG, MedR 2008, S. 24–30.

*ders.*, Konsens und Kooperation im Sozialrechtsverhältnis – Erste Annäherungen an ein komplexes Themenfeld, in: *Schuler-Harms, Margarete* (Hrsg.), Konsensuale Handlungsformen im Sozialleistungsrecht (Sozialrecht und Sozialpolitik in Europa. Schriftenreihe des Instituts für Sozialrecht und Sozialpolitik in Europa der Christian-Albrecht-Universität zu Kiel und der Forschungsstelle für Sozialrecht und Sozialpolitik an der Fakultät für Rechtswissenschaft der Universität Hamburg, hg. von Gerhard Igl, Dagmar Felix, Bd. 23), 2012, Münster, S. 25–41 (zit.: Konsensuale Handlungsformen).

*ders.*, Legitimationsdefizite des Lebensmittelrechts – Zur demokratischen Legitimation der Deutschen Lebensmittelbuch-Kommission, DVBl. 2014, S. 949–958.

*Robbers, Gerhard*, Zur Verteidigung einer Wertorientierung in der Rechtsdogmatik, in: *Dreier, Ralf* (Hrsg.), Rechtspositivismus und Wertbezug des Rechts. Vorträge der Tagung der Deutschen Sektion der Internationalen Vereinigung für Rechts- und Sozialphilosophie (IVR) in der Bundesrepublik Deutschland. Göttingen, 12.–14. Oktober 1988 (Archiv für Rechts-und Sozialphilosophie, Beiheft 37), 1990, Stuttgart, S. 162–172 (zit.: Rechtspositivismus).

*Robert Bosch Stiftung*, Krankenhausfinanzierung in Selbstverwaltung – Kommissionsbericht. Vorschläge zu einer Neuordnung der Organisation und Finanzierung der Krankenhausversorgung. Teil I: Bericht der Kommission Krankenhausfinanzierung der Robert Bosch Stiftung (Beiträge zur Gesundheitsökonomie, hg. von der Robert Bosch Stiftung, Bd. 20), 1987, Gerlingen (zit.: Krankenhausfinanzierung I).

*dies.*, Krankenhausfinanzierung in Selbstverwaltung – Verfassungsrechtliche Stellungnahmen. Vorschläge zu einer Neuordnung der Organisation und Finanzierung der Krankenhausversorgung, Teil II: verfassungsrechtliche Stellungnahmen zum Bericht der Kommission Krankenhausfinanzierung der Robert Bosch Stiftung (Beiträge zur Gesundheitsökonomie, hg. von der Robert Bosch Stiftung, Bd. 21), 1990, Gerlingen (zit.: Krankenhausfinanzierung II).

*Robert, Rüdiger*, Die Unabhängigkeit der Bundesbank. Analyse und Materialien (Wirtschaft aktuell), 1978, Kronberg.

*Rode, Karlheinz*, Gedanken zur Selbstverwaltung in der Sozialversicherung, BKK 1967, Sp. 321–424.

*Röhl, Hans-Christian*, Verantwortung und Effizienz in der Mehrebenenverwaltung, DVBl. 2006, S. 1070–1079.

*Rompf, Thomas*, Die Normsetzungsbefugnis der Partner der vertragsärztlichen Kollektivverträge, VSSR 2004, S. 281–309.

*v. Rönne, Ludwig*, Staatsrecht der preußischen Monarchie, Bd. 3: Verwaltungsrecht, 4. Aufl. 1883, Leipzig.

*Rosenau, Henning*, Relevante Fragestellungen des GenDG und die Aufgaben der Gendiagnostik-Kommission (GEKO), in: *Gunnar Duttge/Wolfgang Engel/Barbara Zoll* (Hrsg.), Das Gendiagnostikgesetz im Spannungsfeld von Humangenetik und Recht, 2011, S. 69–89.

*Rosin, Heinrich*, Kritische Begriffsstudien über Souveränität, Staat, Gemeinde und Selbstverwaltung (Annalen des Deutschen Reichs), 1883, München.

*ders.*, Das Recht der Arbeiterversicherung, Bd. 1, 1893, Berlin.

*Rousseau, Jean-Jacques,* Du contrat social ou principes du droit politique, in: Oeuvres complètes, Bd. 3, Paris 1964; deutsch: Vom Gesellschaftsvertrag oder Prinzipien des Staatsrechtes, Stuttgart 1986.

*Rossi, Matthias* (Hrsg.), Informationsfreiheitsgesetz, 2006, Baden-Baden.

*Roters, Dominik*, Die gebotene Kontrolldichte bei der gerichtlichen Prüfung der Richtlinien des Bundesausschusses der Ärzte und Krankenkassen (Frankfurter Schriften zur Gesundheitspolitik und zum Gesundheitsrecht, hg. von Ingwer Ebsen und Roland Eisen, Bd. 1), 2003, Frankfurt a.M., Berlin, Bern u.a. (zit.: Kontrolldichte).

*Roth, Dieter*, Partizipative Demokratie, in: *Brink, Stefan/Wolff, Heinrich A.* (Hrsg.), Gemeinwohl und Verantwortung. Festschrift für Hans Herbert von Arnim zum 65. Geburtstag, 2004, Berlin, S. 761–778 (zit.: FS v. Arnim 2004).

*Rottmann, Frank*, Bemerkungen zu den „neuen" Methoden der Neuen Verwaltungsrechtswissenschaft, in: *Christensen, Ralph/Pieroth, Bodo* (Hrsg.), Rechtstheorie in rechtspraktischer Absicht, Freundesgabe zum 70. Geburtstag von Friedrich Müller, 2008, Berlin, S. 207–216 (zit.: Rechtstheorie).

*Rudolf, Walter*, § 52 Verwaltungsorganisation, in: *Erichsen, Hans-Uwe* (Hrsg.), Allgemeines Verwaltungsrecht, 11. Aufl. 1998, Berlin, S. 771–830.

*Rudzio, Wolfgang*, Das politische System der Bundesrepublik Deutschland, 7. Aufl. 2006, Wiesbaden (zit.: Das politische System).

*Ruffert, Matthias*, Interessenausgleich im Verwaltungsorganisationsrecht, DÖV 1998, S. 897–907.

*ders.*, § 17 Rechtsquellen und Rechtsschichten des Verwaltungsrechts, in: *Hoffmann-Riem, Wolfgang/Schmidt-Aßmann, Eberhard/Voßkuhle, Andreas* (Hrsg.), Grundlagen des Verwaltungsrechts, Bd. I, 2. Aufl. 2012, München, S. 1163–1255.

*ders.*, § 21 Bedeutung, Funktion und Begriff des Verwaltungsakts, in: *Erichsen, Hans-Uwe/Ehlers, Dirk* (Hrsg.), Allgemeines Verwaltungsrecht, 14. Aufl. 2010, Berlin, S. 671–698.

*Rüfner, Wolfgang*, Verwaltungsrechtsschutz im 19. Jahrhundert vor Einführung der Verwaltungsgerichtsbarkeit, DÖV 1963, S. 719–726.

*ders.*, Die Rechtsformen der sozialen Sicherung und das Allgemeine Verwaltungsrecht. Einordnung des Rechts der sozialen Sicherung in das (allgemeine) Verwaltungsrecht, VVDStRL 28 (1970), S. 187–223.

*ders.*, Das Gesetz zur Strukturreform im Gesundheitswesen (Gesundheits-Reformgesetz), NJW 1989, S. 1001–1006.

*Ruland, Franz*, Funktion und Tradition sozialer Selbstverwaltung am Beispiel der gesetzlichen Rentenversicherung, DRV 1993, S. 684–703.

*ders.*, Siebenter Abschnitt: Sozialrecht, in: *Schmidt-Aßmann, Eberhard* (Hrsg.), Besonderes Verwaltungsrecht, 1995, Berlin, New York, S. 667–759.

*ders.*, Gibt es noch eine Selbstverwaltung in der Rentenversicherung?, VSSR 2006, S. 157–173.

*Rupp, Hans H.*, Hochschulische Selbstverwaltung, in: *v. Mutius, Albert* (Hrsg.), Selbstverwaltung im Staat der Industriegesellschaft. Festgabe zum 70. Geburtstag von Georg Christoph von Unruh (Schriftenreihe des Lorenz-von-Stein-Instituts für Verwaltungswissenschaften Kiel, Albert v. Mutius, Gerhard Prosi, Reinhold Janus (Hrsg.), Bd. 4), 1983, Heidelberg, S. 919–930 (zit.: FG Unruh 1983).

*Rüthers, Bernd/Fischer, Christian/Birk, Axel*, Rechtstheorie mit juristischer Methodenlehre, 7. Aufl. 2013, München (zit.: Rechtstheorie).

*Saalfrank, Valentin/Wesser, Sabine*, Die Pflicht der Gesetzlichen Krankenversicherung zur Leistung neuer Behandlungsmethoden. Zugleich eine Anmerkung zum LITT-Urteil des Bundessozialgerichts vom 7.11.2006 – B 1 KR 24/05 R, NZS 2008, S. 17–25.

*Sachs, Michael*, Die normsetzende Vereinbarung im Verwaltungsrecht, VerwArch 74 (1983), S. 25–49.

*ders.*, Staatsferne Vielfaltssicherung in den öffentlichrechtlichen Rundfunkanstalten, ZG 2014, S. 275–295.

*ders.* (Hrsg.), Grundgesetz. Kommentar, 7. Aufl. 2014, München.

*Salzwedel, Jürgen*, Die Grenzen der Zulässigkeit des öffentlich-rechtlichen Vertrages. Eine Untersuchung über den Begriff des öffentlich-rechtlichen Vertrages und die Systematik seiner Erscheinungsformen sowie über die Grenzen seiner Zulässigkeit unter besonderer Berücksichtigung der so genannten Katasterabkommen der gewerblichen Berufsgenossenschaften (Neue Kölner Rechtswissenschaftliche Abhandlungen, hg. von der Rechtswissenschaftlichen Fakultät der Universität zu Köln, Heft 11), 1958, Berlin (zit.: Grenzen).

*ders.*, Staatsaufsicht in der Verwaltung, VVDStRL 22 (1965), S. 206–263.

*ders.*, Die Selbstverwaltung in der Sozialversicherung – Aufgaben und Grenzen, SDSRV 1 (1966), S. 50–64.

*Sartori, Giovanni*, Demokratietheorie, 1992, Darmstadt.

*Sauerland, Thomas*, Die Verwaltungsvorschrift im System der Rechtsquellen (Schriften zum Öffentlichen Recht, Bd. 990), 2005, Berlin.

*Saurer, Johannes*, Die Funktionen der Rechtsverordnung. Der gesetzgeberische Zuschnitt des Aufgaben- und Leistungsprofils exekutiver Rechtsetzung als Problem des Verfassungsrechts, ausgehend vom Referenzgebiet des Umweltrechts (Schriften zum Öffentlichen Recht, Bd. 1008), 2005, Berlin.

*Saurer, Wilhelm*, Juristische Methodenlehre. Zugleich eine Einleitung in die Methodik der Geisteswissenschaften, 1940, Stuttgart.

*v. Savigny, Karl F.*, System des heutigen römischen Rechts, Bd. 1, 1840, Berlin (2. ND 1981, Aalen).

*Schachtschneider, Karl A.*, Der Anspruch auf materiale Privatisierung. Exemplifiziert am Beispiel des staatlichen und kommunalen Vermessungswesens in Bayern (Schriften zum Öffentlichen Recht, Bd. 981), 2005, Berlin.

*Schapp, Jan*, Hauptprobleme der juristischen Methodenlehre, 1983, Tübingen (zit.: Hauptprobleme).

*Scharpf, Fritz W.*, Die Politikverflechtungs-Falle: Europäische Integration und deutscher Föderalismus im Vergleich, PVS 26 (1985), S. 323–356.

*ders./Reissert, Bernd/Schnabel, Fritz*, Politikverflechtung. Theorie und Empirie des kooperativen Föderalismus in der Bundesrepublik (Monographien – Ergebnisse der Sozialwissenschaften, Bd. 1), 1976, Kronberg/Ts.

*Schedler, Kuno/Proeller, Isabella*, New Public Management, 4. Aufl. 2009, Bern.

*Schellhorn, Walter/Schellhorn, Helmut/Hohm, Karl-Heinz/Schneider, Peter* (Hrsg.), SGB XII. Kommentar zum Sozialgesetzbuch XII, 19. Aufl. 2015, München.

*Schenke, Wolf-Rüdiger*, Verfassungsrechtliche Grenzen gesetzlicher Verweisungen, in: *Oberndorfer, Peter/Schambeck, Herbert* (Hrsg.), Verwaltung im Dienste von Wirtschaft und Gesellschaft. Festschrift für Ludwig Fröhler zum 60. Geburtstag, 1980, Berlin, S. 87–126 (zit.: FS Fröhler 1980).

*Scherer, Joachim*, Rechtsprobleme normersetzender „Absprachen“ zwischen Staat und Wirtschaft am Beispiel des Umweltrechts, DÖV 1991, S. 1–7.

*Scherzberg, Arno*, Grundfragen des verwaltungsrechtlichen Vertrages, JuS 1992, S. 205–215.

*ders.*, Diskussionsbeitrag, VVDStRL 67 (2008), S. 348–349.

*Scheuing, Dieter H.*, Europarechtliche Impulse für innovative Ansätze im deutschen Verwaltungsrecht, in: *Hoffmann-Riem, Wolfgang/Schmidt-Aßmann, Eberhard* (Hrsg.), Innovation und Flexibilität des Verwaltungshandelns (Schriften zur Reform des Verwaltungsrechts, Wolfgang Hoffmann-Riem, Eberhard Schmidt-Aßmann (Hrsg.), Bd. 2), 1994, S. 289–354 (zit.: Innovation).

*Scheuner, Ulrich*, Wirtschaftliche und soziale Selbstverwaltung, DÖV 1952, S. 611–624.

*ders.*, Voraussetzungen und Form der Errichtung öffentlicher Körperschaften (außerhalb des Kommunalrechts), in: *Conrad, Hermann/Jahrreiß, Hermann/Mikat, Paul u.a.*

(Hrsg.), Gedächtnisschrift Hans Peters, 1967, Berlin, Heidelberg, New York, S. 797–821 (zit.: GS Peters).

*Schimmelpfeng-Schütte, Ruth*, Richtliniengebung durch den Bundesausschuss der Ärzte und Krankenkassen und demokratische Legitimation, NZS 1999, S. 530–537.

*dies.*, § 7 Bundes- und Landesausschüsse, in: *Schnapp, Friedrich E./Wigge, Peter* (Hrsg.), Handbuch des Vertragsarztrechts. Das gesamte Kassenarztrecht, 2. Aufl. 2006, München, S. 208–235.

*dies.*, Demokratische und rechtsstaatliche Defizite der gesetzlichen Krankenversicherung?, MedR 2006, S. 519–521.

*dies.*, Die Entscheidungsbefugnisse des Gemeinsamen Bundesausschusses, NZS 2006, S. 567–572.

*Schimpf, Christian*, Der verwaltungsrechtliche Vertrag unter besonderer Berücksichtigung seiner Rechtswidrigkeit (Schriften zum Öffentlichen Recht, Bd. 434), 1982, Berlin (zit.: Der verwaltungsrechtliche Vertrag).

*Schirmer, Horst D.*, Verfassungsrechtliche Probleme der untergesetzlichen Normsetzung im Kassenarztrecht, MedR 1996, S. 404–417.

*Schlegel, Rainer* (Hrsg.), SGB IV. Sozialgesetzbuch Viertes Buch. Kommentar, 2. Aufl. 2011, Saarbrücken.

*ders./Engelmann, Klaus* (Hrsg.), SGB V. Sozialgesetzbuch Fünftes Buch. Kommentar, 2008, Saarbrücken.

*Schlenker, Rolf Ulrich*, Das Entscheidungsmonopol des Bundesausschusses für neue medizinische Verfahren und Außenseitermethoden, NZS 1998, S. 411–417.

*Schlette, Volker*, Die Verwaltung als Vertragspartner. Empirie und Dogmatik verwaltungsrechtlicher Vereinbarungen zwischen Behörde und Bürger (Jus Publicum. Beiträge zum Öffentlichen Recht, Bd. 51), 2000, Tübingen.

*Schlichtner-Wicker, Susanne*, Die dreiseitigen Verträge nach § 115 SGB V, 1994, Karlsruhe.

*Schlink, Bernhard*, Korporatismus im Krankenhauswesen. Zur Neuregelung des Verhältnisses zwischen Krankenkassen und Krankenhäusern durch das Fünfte Buch des Sozialgesetzbuchs, Rechtstheorie 11 (1990), S. 1–12.

*Schmidt, Karsten/Ebke, Werner F.* (Hrsg.), Münchener Kommentar zum Handelsgesetzbuch, Bd. 4, Drittes Buch. Handelsbücher §§ 238–342e HGB, 3. Aufl. 2013, München.

*Schmidt Am Busch, Birgit*, Die Beleihung: Ein Rechtsinstitut im Wandel, DÖV 2007, S. 533–542.

*Schmidt, Folke*, The Ratio Decidendi. A Comparative Study of a French, a German and an American Supreme Court Decision, 1965, Stockholm, Göteborg, Uppsala.

*Schmidt, Manfred G.*, Demokratietheorien. Eine Einführung, 4. Aufl. 2008, Opladen.

*ders.*, Das politische System Deutschlands. Institutionen, Willensbildung und Politikfelder, 2011, Bonn.

*Schmidt, Reiner*, Die Reform von Verwaltung und Verwaltungsrecht. Reformbedarf – Reformanstöße – Reformansätze, VerwArch 91 (2000), S. 149–168.

*ders.*, Widerspruchsfreiheit als rechtlicher Maßstab, in: *Heldrich, Andreas/Prölss, Jürgen/Koller, Ingo* (Hrsg.), Festschrift für Klaus-Wilhelm Canaris zum 70. Geburtstag, 2007, München, S. 1353–1366 (zit.: FS Canaris 2007).

*ders.*, Die Rechtsgarantie gerichtlicher Kontrolle in einer globalisierten Wirtschaft, in: *Trute, Hans-Heinrich/Groß, Thomas/Röhl, Hans C. u.a.* (Hrsg.), Allgemeines Verwaltungsrecht – zur Tragfähigkeit eines Konzepts, 2008, Tübingen, S. 529–542.

*Schmidt, Thorsten I.*, Gesetzliche Regelung der Rechtsverhältnisse der Beliehenen, ZG 2002, S. 353–373.

*Schmidt, Thorsten I.*, Rechtliche Rahmenbedingungen und Perspektiven der Rekommunalisierung, DÖV 2014, S. 357–365.

*Schmidt, Walter*, Rundfunkvielfalt. Möglichkeiten und Grenzen einer „pluralistischen" Rundfunkorganisation, 1984, Frankfurt a.M.

*Schmidt-Aßmann, Eberhard*, Verwaltungsverantwortung und Verwaltungsgerichtsbarkeit, VVDStRL 34 (1976), S. 221–274.

*ders.*, Verwaltungsorganisation zwischen parlamentarischer Steuerung und exekutivischer Organisationsgewalt, in: *Stödter, Rolf/Thieme, Werner* (Hrsg.), Hamburg, Deutschland, Europa. Beiträge zum deutschen und europäischen Verfassungs-, Verwaltungs- und Wirtschaftsrecht. Festschrift für Hans Peter Ipsen zum siebzigsten Geburtstag, 1977, Tübingen, S. 333–352 (zit.: FS Ipsen 1977).

*ders.*, Die Grundgedanken des Verwaltungsverfahrens und das neue Verwaltungsverfahrensrecht, DVBl. 1979, S. 505–520.

*ders.*, Die kommunale Rechtsetzung im Gefüge der administrativen Handlungsformen und Rechtsquellen. Aufgaben, Verfahren, Rechtsschutz (Studien zum öffentlichen Recht und zur Verwaltungslehre, hg. von Klaus Stern, Bd. 26), 1981, München (zit.: Kommunale Rechtsetzung).

*ders.*, Das allgemeine Verwaltungsrecht als Ordnungsidee und System, 1982, Heidelberg (zit.: Ordnungsidee und System).

*ders.*, Art. 19 IV GG als Teil des Rechtsstaatsprinzips, NVwZ 1983, S. 1–6.

*ders.*, Der Verfahrensgedanke in der Dogmatik des öffentlichen Rechts, in: *Lerche, Peter/Schmitt-Glaeser, Walter/Schmidt-Aßmann, Eberhard* (Hrsg.), Verfahren als staats- und verwaltungsrechtliche Kategorie, 1984, Heidelberg, S. 1–34 (zit.: Kategorie).

*ders.*, Zum staatsrechtlichen Prinzip der Selbstverwaltung, in: *Selmer, Peter/Münch, Ingo v.* (Hrsg.), Gedächtnisschrift für Wolfgang Martens, 1987, Berlin, New York, S. 249–264 (zit.: GS Martens).

*ders.*, Der Beitrag der Gerichte zur verwaltungsrechtlichen Systembildung, VBlBW. 1988, S. 381–387.

*ders.*, Die Lehre von den Rechtsformen des Verwaltungshandelns. Ihre Bedeutung im System des Verwaltungsrechts und für das verwaltungsrechtliche Denken der Gegenwart, DVBl. 1989, S. 533–541.

*ders.*, Verwaltungslegitimation als Rechtsbegriff, AöR 116 (1991), S. 329–390.

*ders.*, Grundrechtswirkungen im Verwaltungsrecht, in: *Bender, Bernd/Breuer, Rüdiger/Ossenbühl, Fritz u.a.* (Hrsg.), Rechtsstaat zwischen Sozialgestaltung und Rechtsschutz. Festschrift für Konrad Redeker zum 70. Geburtstag, 1993, München, S. 225–243 (zit.: FS Redeker 1993).

*ders.*, Zur Reform des Allgemeinen Verwaltungsrechts. Reformbedarf und Reformansätze, in: *Hoffmann-Riem, Wolfgang/Schmidt-Aßmann, Eberhard/Schuppert, Gunnar Folke* (Hrsg.), Reform des Allgemeinen Verwaltungsrechts. Grundfragen (Schriften zur Reform des Allgemeinen Verwaltungsrechts, Wolfgang Hoffmann-Riem, Eberhard Schmidt-Aßmann (Hrsg.), Bd. 1), 1993, Baden-Baden, S. 11–63 (zit.: Reform).

*ders.*, Zur Funktion des Allgemeinen Verwaltungsrechts, Die Verwaltung 27 (1994), S. 137–156.

*ders.*, Effizienz als Herausforderung an das Verwaltungsrecht. Perspektiven der verwaltungsrechtlichen Systembildung, in: *Hoffmann-Riem, Wolfgang/Schmidt-Aßmann, Eberhard* (Hrsg.), Effizienz als Herausforderung an das Verwaltungsrecht (Schriften zur Reform des Verwaltungsrechts, Wolfgang Hoffmann-Riem, Eberhard Schmidt-Aßmann (Hrsg.), Bd. 5), 1998, Baden-Baden, S. 245–269 (zit.: Effizienz).

*ders.*, Die Rechtsverordnung in ihrem Verhältnis zu Gesetz und Verwaltungsvorschrift, in: *Kirchhof, Paul/Lehner, Moris/Raupach, Arndt u.a.* (Hrsg.), Staaten und Steuern. Festschrift für Klaus Vogel zum 70. Geburtstag, 2000, Heidelberg, S. 477–494 (zit.: FS Vogel 2000).

*ders.*, Grundlagen und Aufgaben der verwaltungsrechtlichen Systembildung, in: *Ehlers, Dirk/Krebs, Walter* (Hrsg.), Grundfragen des Verwaltungsrechts und des Kommunalrechts. Symposion aus Anlaß der Emeritierung von Professor Dr. Hans-Uwe Erichsen am 5. Mai 2000 in Münster, 2000, Berlin, New York, S. 1–19 (zit.: Grundfragen).

*ders.*, Die Garantie der kommunalen Selbstverwaltung, in: *Badura, Peter/Dreier, Horst* (Hrsg.), Festschrift 50 Jahre Bundesverfassungsgericht, 2001, Tübingen, S. 803–825 (zit.: FS BVerfG 2001).

*ders.*, Grundrechtspositionen und Legitimationsfragen im öffentlichen Gesundheitswesen. Verfassungsrechtliche Anforderungen an Entscheidungsgremien in der gesetzlichen Krankenversicherung und im Transplantationswesen, 2001, Berlin, New York (zit.: Grundrechtspositionen).

*ders.*, Das allgemeine Verwaltungsrecht als Ordnungsidee. Grundlagen und Aufgaben der verwaltungsrechtlichen Systembildung (Enzyklopädie der Rechts- und Wissenschaft, hg. von H. Honsell, P. Lerche), 2. Aufl. 2004, Berlin, Heidelberg (zit.: Ordnungsidee).

*ders.*, Verfassungsfragen der Gesundheitsreform, NJW 2004, S. 1689–1695.

*ders./Hoffmann-Riem, Wolfgang* (Hrsg.), Verwaltungsorganisationsrecht als Steuerungsressource (Schriften zur Reform des Verwaltungsrechts, Wolfgang Hoffmann-Riem, Eberhard Schmidt-Aßmann (Hrsg.), Bd. 4), 1997, Baden-Baden (zit.: Verwaltungsorganisationsrecht).

*ders./Schoch, Friedrich*, Bergwerkseigentum und Grundeigentum im Betriebsplanverfahren. Zur verwaltungsrechtlichen Gestaltung vernetzter Grundrechtspositionen, 1994, Stuttgart, München, Hannover u.a. (zit.: Bergwerkseigentum).

*Schmidt-Bleibtreu, Bruno/Hofmann, Hans/Hopfauf, Axel*, GG. Kommentar zum Grundgesetz, 2014, o.O.

*Schmidt-De Caluwe, Reimund*, Zur Erosion der subjektiven Rechtsstellung des einzelnen im Sozialrecht, in: *Aschke, Manfred* (Hrsg.), Selbstbestimmung und Gemeinwohl. Festschrift zum 70. Geburtstag von Professor Dr. Friedrich von Zezschwitz, 2005, Baden-Baden, S. 198–212 (zit.: FS Zezschwitz 2005).

*ders.*, Anmerkung, SGb 2006, S. 619–625.

*ders.*, Verwaltungsorganisationsrecht, Jahrbuch für kritische Medizin 1993, S. 77–86.

*Schmidt-Jortzig, Edzard*, Kommunalrecht, 1982, Stuttgart, Berlin, Köln u.a.

*Schmidt-Preuß, Matthias*, Das Atomrecht als Referenzgebiet des Verwaltungsrechts, DVBl. 2000, S. 767–778.

*ders.*, Das Allgemeine des Verwaltungsrechts, in: *Geis, Max-Emanuel/Lorenz, Dieter* (Hrsg.), Staat, Kirche, Verwaltung. Festschrift für Hartmut Maurer zum 70. Geburtstag, 2001, München, S. 777–801 (zit.: FS Maurer 2001).

*ders.*, Steuerung durch Organisation, DÖV 2001, S. 45–55.

*Schmidt-Salzer, Joachim*, Tatsächlich ausgehandelter Verwaltungsvertrag, zweiseitiger Verwaltungsakt und verwaltungsrechtlicher Vertrag, VerwArch 62 (1971), S. 135–152.

*Schmitt Glaeser, Walter*, Partizipation an Verwaltungsentscheidungen, VVDStRL 31 (1973), S. 179–265.

*Schmitt, Carl*, Verfassungslehre, 1928, München.

*ders.*, Freiheitsrechte und institutionelle Garantien der Reichsverfassung (1931), in: *Schmitt, Carl* (Hrsg.), Verfassungsrechtliche Aufsätze aus den Jahren 1924–1954, Materialien zu einer Verfassungslehre, 1958, S. 140–154 (zit.: Aufsätze).

*Schmitt, Jochem*, § 28 Einführung, in: *Schulin, Bertram* (Hrsg.), Handbuch des Sozialversicherungsrechts, Bd. 1, 1994, München, S. 811–822.

*ders.*, § 30 Parallelen zwischen den verschiedenen Bereichen des Leistungserbringungsrechts, in: *Schulin, Bertram* (Hrsg.), Handbuch des Sozialversicherungsrechts, Bd. 1, 1994, München, S. 833–844.

*Schmitter, Philippe C./Lehmbruch, Gerhard*, Patterns of Corporatist Policy-Making, 1982, London.

*dies.* (Hrsg.), Trends toward corporatist intermediation, 1979, London.

*Schmittmann, Benedikt*, Art. Sozialversicherung, in: *Elster, Ludwig/Weber, Adolf/Wieser, Friedrich* (Hrsg.), Handwörterbuch der Staatswissenschaften, Bd. 7, 4. Aufl. 1926, Jena, S. 622–650.

*Schnapp, Friedrich E.*, Das Institut der Selbstverwaltung in der gesetzlichen Unfallversicherung – eine kritische Bestandsaufnahme, BG 1978, S. 525–530.

*ders.*, Dogmatische Überlegungen zu einer Theorie des Organisationsrechts, AöR 105 (1980), S. 243–278.

*ders.*, Die Selbstverwaltung in der Sozialversicherung, in: *v. Mutius, Albert* (Hrsg.), Selbstverwaltung im Staat der Industriegesellschaft. Festgabe zum 70. Geburtstag von Georg Christoph von Unruh (Schriftenreihe des Lorenz-von-Stein-Instituts für Verwaltungswissenschaften Kiel, Albert v. Mutius, Gerhard Prosi, Reinhold Janus (Hrsg.), Bd. 4), 1983, Heidelberg, S. 881–899 (zit.: FG Unruh 1983).

*ders.*, Der Verwaltungsvorbehalt, VVDStRL 43 (1985), S. 172–201.

*ders.*, § 49 Organisation der gesetzlichen Krankenversicherung, in: *Schulin, Bertram* (Hrsg.), Handbuch des Sozialversicherungsrechts, Bd. 1, 1994, München, S. 1179–1223.

*ders.*, § 52 Aufsicht und Finanzprüfung, in: *Schulin, Bertram* (Hrsg.), Handbuch des Sozialversicherungsrechts, Bd. 1, 1994, München, S. 1289–1318.

*ders.*, Geltung und Auswirkungen des Gesetzesvorbehalts im Vertragsarztrecht, MedR 1996, S. 418–424.

*ders.*, Probleme der Selbstverwaltung, Die Sozialgerichtsbarkeit 1996, S. 621–626.

*ders.*, Die Richtlinien im Kassenarztrecht (§ 92 SGB V) auf dem verfassungsrechtlichen Prüfstand, in: *Gitter, Wolfgang/Schulin, Bertram/Zacher, Hans F.* (Hrsg.), Festschrift für Otto Ernst Krasney zum 65. Geburtstag, 1997, München, S. 437–462 (zit.: FS Krasney 1997).

*ders.*, Regelungsinstrumente zur Qualitätssicherung, in: *Wienke, Albrecht/Lippert, Hans-Dietrich/Eisenmenger, Wolfgang* (Hrsg.), Die ärztliche Berufsausübung in den Grenzen der Qualitätssicherung (Schriftenreihe Medizinrecht), 1998, Berlin, Heidelberg, New York u.a., S. 89–99 (zit.: Ärztliche Berufsausübung).

*ders.*, Soziale Selbstverwaltung vor der Agonie?, StWStP 1998, S. 149–162.

*ders.*, Friedenswahlen in der Sozialversicherung – vordemokratisches Relikt oder scheindemokratisches Etikett?, in: *Epping, Volker/Fischer, Horst/Heintschel v. Heinegg, Wolff* (Hrsg.), Brücken bauen und begehen. Festschrift für Knut Ipsen zum 65. Geburtstag, 2000, München, S. 807–828 (zit.: FS Ipsen 2000).

*ders.*, Untergesetzliche Rechtsquellen im Vertragsarztrecht am Beispiel der Richtlinien, in: *Wulffen, Matthias v./Krasney, Otto E.* (Hrsg.), Festschrift 50 Jahre Bundessozialgericht, 2004, Köln, Berlin, München, S. 497–515 (zit.: FS BSG 2004).

*ders.*, Gibt es noch eine Selbstverwaltung in der Sozialversicherung?, VSSR 2006, S. 191–203.

*ders.*, Staatsaufsicht über den Gemeinsamen Bundesausschuss in der gesetzlichen Krankenversicherung, in: *Detterbeck, Steffen/Rozek, Jochen/Coelln, Christian v.* (Hrsg.), Recht als Medium der Staatlichkeit. Festschrift für Herbert Bethge zum 70. Geburtstag

(Schriften zum Öffentlichen Recht, Bd. 1130), 2009, Berlin, S. 399–412 (zit.: FS Bethge 2009).

*Schneider, Egon*, Wozu Rechtsdogmatik?, DRiZ 1968, S. 98.

*Schneider, Günther*, Handbuch des Kassenarztrechts, 1994, Köln, Berlin, Bonn u.a.

*Schneider, Jens-Peter*, Kooperative und konsensuale Formen administrativer Entscheidungsprozesse, Jahrbuch für Neue Politische Ökonomie 15 (1996), S. 82–94.

*ders.*, Kooperative Verwaltungsverfahren. Problemebenen der Kooperation in multilateralen Interessenstrukturen, aufgezeigt am Beispiel von Nachvollziehender Amtsermittlung, Vorhaben- und Erschließungsplan sowie Konfliktmittlung, VerwArch 87 (1996), S. 38–67.

*ders.*, Das Neue Steuerungsmodell als Innovationsimpuls für Verwaltungsorganisation und Verwaltungsrecht, in: *Schmidt-Aßmann, Eberhard/Hoffmann-Riem, Wolfgang* (Hrsg.), Verwaltungsorganisationsrecht als Steuerungsressource (Schriften zur Reform des Verwaltungsrechts, Wolfgang Hoffmann-Riem, Eberhard Schmidt-Aßmann (Hrsg.), Bd. 4), 1997, Baden-Baden, S. 103–138 (zit.: Verwaltungsorganisationsrecht).

*Schneider-Danwitz, Annette/Glaeske, Gerd*, Viagra. Der Bundesausschuss der Ärzte und Krankenkassen – ein „kleiner Gesetzgeber" – ?, MedR 1999, S. 164–172.

*Schnorr v. Carolsfeld, Ludwig*, Arbeitsrecht, 2. Aufl. 1954, Göttingen.

*Schoch, Friedrich*, Staatliche Informationspolitik und Berufsfreiheit. Das Urteil des BVerwG vom 18.10.1990 (3 C 2/88) im Spiegel der Rechtsordnung, DVBl. 1991, S. 667–674.

*ders.*, Der Verfahrensgedanke im Allgemeinen Verwaltungsrecht, Die Verwaltung 25 (1992), S. 21–53.

*ders.*, Privatisierung von Verwaltungsaufgaben, DVBl. 1994, S. 962–977.

*ders.*, Gemeinsamkeiten und Unterschiede von Verwaltungsrechtslehre und Staatsrechtslehre, in: *Schluze-Fielitz, Helmuth* (Hrsg.), Staatsrechtslehre als Wissenschaft, Die Verwaltung, Beiheft 7 (2007), S. 177–186.

*ders.*, Das gemeindliche Selbstverwaltungsrecht gemäß Art. 28 Abs. 2 Satz 2 GG als Privatisierungsverbot?, DVBl. 2009, S. 1533–1538.

*ders.* (Hrsg.), Informationsfreiheitsgesetz. Kommentar, 2009, München.

*ders./Schneider, Jens-Peter/Bier, Wolfgang* (Hrsg.), Verwaltungsgerichtsordnung. Kommentar, Loseblatt, 26. EL., Stand: 2014, München.

*Scholz, Rupert*, Die Koalitionsfreiheit als Verfassungsproblem (Münchner Universitätsschriften, hg. im Auftrag der juristischen Fakultät von Andreas Heldrich, Peter Lerche, Claus Roxin, Bd. 18), 1971, München (zit.: Koalitionsfreiheit).

*ders.*, Verwaltungsverantwortung und Verwaltungsgerichtsbarkeit, VVDStRL 34 (1976), S. 145–220.

*ders.*, Parlamentarischer Untersuchungsausschuß und Steuergeheimnis, AöR 105 (1980), S. 564–622.

*ders.*, Schlanker Staat tut not!, in: *Ruland, Franz/Papier, Hans-Jürgen/Baron v. Maydell, Bernd* (Hrsg.), Verfassung, Theorie und Praxis des Sozialstaats. Festschrift für Hans F. Zacher zum 70. Geburtstag, 1998, Heidelberg, S. 987–1017 (zit.: FS Zacher 1998).

*Schönberger, Christoph*, „Verwaltungsrecht als konkretisiertes Verfassungsrecht", in: *Stolleis, Michael* (Hrsg.), Das Bonner Grundgesetz. Altes Recht und neue Verfassung in den ersten Jahrzehnten der Bundesrepublik Deutschland (1949–1969), 2006, Berlin, S. 53–84.

*Schreiber, Wilfrid*, Sozialpolitik in einer freien Welt, 1961, Osnabrück (zit.: Sozialpolitik).

*Schreyer, Edith*, Pluralistische Entscheidungsgremien im Bereich sozialer und kultureller Staatsaufgaben. Eine verwaltungs- und verfassungsrechtliche Untersuchung am Beispiel der Bundesprüfstelle für jugendgefährdende Schriften, der Jugendwohlfahrtsausschüsse und der Filmförderungsanstalt (Schriften zum Öffentlichen Recht, Bd. 428), 1982, Berlin (zit.: Pluralistische Entscheidungsgremien).

*Schrinner, Bernd*, Normsetzung durch den Gemeinsamen Bundesausschuss aus Sicht der Krankenkassen, MedR 2005, S. 397–400.

*Schröder, Rainer*, Verwaltungsrechtsdogmatik im Wandel (Jus Publicum. Beiträge zum Öffentlichen Recht, Bd. 166), 2007, Tübingen (zit.: Verwaltungsrechtsdogmatik).

*Schröder, Werner*, Wozu noch Zweckverbände? Rechtliche Probleme der Verlagerung kommunaler Aufgaben auf Zweckverbände, Die Verwaltung 34 (2001), S. 205–233.

*Schröter, Eckhart*, New Public Management, in: *Blanke, Bernhard* (Hrsg.), Handbuch zur Verwaltungsreform, 4. Aufl. 2011, Opladen, S. 79–89.

*Schubert, Jens M.* (Hrsg.), SGB III. Sozialgesetzbuch Drittes Buch. Kommentar, 2014, Saarbrücken.

*Schuler-Harms, Margarete* (Hrsg.), Konsensuale Handlungsformen im Sozialleistungsrecht (Sozialrecht und Sozialpolitik in Europa. Schriftenreihe des Instituts für Sozialrecht und Sozialpolitik in Europa der Christian-Albrecht-Universität zu Kiel und der Forschungsstelle für Sozialrecht und Sozialpolitik an der Fakultät für Rechtswissenschaft der Universität Hamburg, hg. von Gerhard Igl, Dagmar Felix, Bd. 23), 2012, Münster (zit.: Konsensuale Handlungsformen).

*Schulin, Bertram*, Anmerkung, JZ 1992, S. 419–421.

*ders.*, § 45 Innere Organisation der Rentenversicherung, in: *ders.* (Hrsg.), Handbuch des Sozialversicherungsrechts, Bd. 3, 1999, München, S. 1024–1029.

*ders.*, § 6 Rechtliche Grundprinzipien der gesetzlichen Krankenversicherung und ihre Probleme, in: *ders.* (Hrsg.), Handbuch des Sozialversicherungsrechts, Bd. 1, 1994, München, S. 177–248.

*ders.*, Die soziale Pflegeversicherung des SGB XI – Grundstrukturen und Probleme, NZS 1994, S. 433–444.

*ders.*, Gedanken über die Rolle der Arbeitgeber bei der sozialen Sicherung der Arbeitnehmer, in: *Heinze, Meinhard/Söllner, Alfred* (Hrsg.), Arbeitsrecht in der Bewährung. Festschrift für Otto Rudolf Kissel zum 65. Geburtstag, 1994, München, S. 1055–1076 (zit.: FS Kissel 1994).

*ders.* (Hrsg.), Handbuch des Sozialversicherungsrechts,
Band 1. Krankenversicherungsrecht, 1994, München,
Band 2. Unfallversicherungsrecht, 1996, München,
Band 3. Rentenversicherungsrecht, 1999, München,
Band 4. Pflegeversicherungsrecht, 1997, München.

*ders./Igl, Gerhard*, Sozialrecht. Ein Studienbuch, 2002, Düsseldorf.

*Schulte, Martin*, Schlichtes Verwaltungshandeln. Verfassungs- und verwaltungsrechtsdogmatische Strukturüberlegungen am Beispiel des Umweltrechts (Jus Publicum. Beiträge zum Öffentlichen Recht, Bd. 12), 1995, Tübingen.

*Schulz, Norbert*, Gesetz über die kommunale Zusammenarbeit (KommZG). Kommentar, Loseblatt, 47 EL., Stand: Juni 2014, Wiesbaden.

*Schulze-Fielitz, Helmuth*, Theorie und Praxis parlamentarischer Gesetzgebung – besonders des 9. Deutschen Bundestages (1980–1983) – (Schriften zum Öffentlichen Recht, Bd. 528), 1988, Berlin (zit.: Theorie und Praxis).

*ders.*, Staatsaufgaben Entwicklung und Verfassung. Zur normativen Kraft der Verfassung für das Wachstum und die Begrenzung von Staatsaufgaben, in: *Grimm, Dieter* (Hrsg.), Wachsende Staatsaufgaben – sinkende Steuerungsfähigkeit des Rechts, 1990, Baden-Baden, S. 11–47 (zit.: Wachsende Staatsaufgaben).

*ders.*, Kooperatives Recht im Spannungsfeld von Rechtsstaatsprinzip und Verfahrensökonomie, DVBl. 1994, S. 657–667.

*ders.*, Verwaltungsrechtsdogmatik als Prozess der Ungleichzeitigkeit, Die Verwaltung 27 (1994), S. 277–300.

*Schumpeter, Joseph A.*, Kapitalismus, Sozialismus und Demokratie (Politische Wissenschaft, Soziologie, Bd. 172), 1993, Tübingen, Basel.

*Schuppert, Gunnar F.*, Die Erfüllung öffentlicher Aufgaben durch verselbständigte Verwaltungseinheiten. Eine verwaltungswissenschaftliche Untersuchung (Göttinger rechtswissenschaftliche Studien, hg. von der Juristischen Fakultät der Georg-August-Universität Göttingen, Bd. 109), 1981, Göttingen (zit.: Erfüllung öffentlicher Aufgaben).

*ders.*, Selbstverwaltung als Beteiligung Privater an der Staatsverwaltung? Elemente zu einer Theorie der Selbstverwaltung, in: *v. Mutius, Albert* (Hrsg.), Selbstverwaltung im Staat der Industriegesellschaft. Festgabe zum 70. Geburtstag von Georg Christoph von Unruh (Schriftenreihe des Lorenz-von-Stein-Instituts für Verwaltungswissenschaften Kiel, Albert v. Mutius, Gerhard Prosi, Reinhold Janus (Hrsg.), Bd. 4), 1983, Heidelberg, S. 183–205 (zit.: FG Unruh 1983).

*ders.*, Grundrechte und Demokratie, EuGRZ 1985, S. 525–532.

*ders.*, Selbstverwaltung, Selbststeuerung, Selbstorganisation – Zur Begrifflichkeit einer Wiederbelebung des Subsidiaritätsgedankens, AöR 114 (1989), S. 127–148.

*ders.*, Diskussionsbeitrag, VVDStRL 48 (1990), S. 273–275.

*ders.*, Grenzen und Alternativen von Steuerung durch Recht, in: *Grimm, Dieter* (Hrsg.), Wachsende Staatsaufgaben – sinkende Steuerungsfähigkeit des Rechts, 1990, Baden-Baden, S. 217–249 (zit.: Wachsende Staatsaufgaben).

*ders.*, Konfliktmittlung bei Verhandlungen und Verwaltungsverfahren, in: *Hoffmann-Riem, Wolfgang/Schmidt-Aßmann, Eberhard* (Hrsg.), Konfliktbewältigung durch Verhandlungen, Konfliktmittelung in Verwaltungsverfahren, 1990, Baden-Baden, S. 29–53 (zit.: Konfliktbewältigung).

*ders.*, Verfassungsrecht und Verwaltungsorganisation, Der Staat 32 (1993), S. 581–610.

*ders.*, Verwaltungsrechtswissenschaft als Steuerungswissenschaft. Zur Steuerung des Verwaltungshandelns durch Verwaltungsrecht, in: *Hoffmann-Riem, Wolfgang/Schmidt-Aßmann, Eberhard/Schuppert, Gunnar Folke* (Hrsg.), Reform des Allgemeinen Verwaltungsrechts. Grundfragen (Schriften zur Reform des Allgemeinen Verwaltungsrechts, Wolfgang Hoffmann-Riem, Eberhard Schmidt-Aßmann (Hrsg.), Bd. 1), 1993, Baden-Baden, S. 65–114 (zit.: Reform).

*ders.*, Rückzug des Staates? Zur Rolle des Staates zwischen Legitimationskrise und politischer Neubestimmung, DÖV 1995, S. 761–770.

*ders.*, Assoziative Demokratie. Zum Platz des organisierten Menschen in der Demokratie, in: *Klein, Ansgar/Schmalz-Bruns, Rainer* (Hrsg.), Politische Beteiligung und Bürgerengagement in Deutschland. Möglichkeiten und Grenzen, 1997, Baden-Baden, S. 114–152 (zit.: Politische Beteiligung).

*ders.*, Verwaltungswissenschaft. Verwaltung, Verwaltungsrecht, Verwaltungslehre, 2000, Baden-Baden.

*ders.*, Was ist und wozu Governance?, Die Verwaltung 40 (2007), S. 462–511.

*ders.*, Verwaltungsrecht und Verwaltungsrechtswissenschaft. Von Planung über Streichung zu Governance?, AöR 133 (2008), S. 79–106.

*ders.*, Alles Governance oder was? (Schriften des Münchner Centrums für Governance-Forschung, hg. von Hans-Bernd Brosius, Christopher Daase, Edgar Grande u.a., Bd. 4), 2011, Baden-Baden.

*ders.* (Hrsg.), Governance-Forschung. Vergewisserung über Stand und Entwicklungslinien (Schriften zur Governance-Forschung, Bd. 1), 2. Aufl. 2006, Baden-Baden.

*ders./Bumke, Christian*, Die Konstitutionalisierung der Rechtsordnung. Überlegungen zum Verhältnis von verfassungsrechtlicher Ausstrahlungswirkung und Eigenständigkeit des „einfachen" Rechts, 2000, Baden-Baden (zit.: Konstitutionalisierung).

*ders./Voßkuhle, Andreas* (Hrsg.), Governance von und durch Wissen (Schriften zur Governance-Forschung, hg. von Ulla Lehmkuhl, Thomas Risse, Gunnar F. Schuppert, Bd. 12), 2008, Baden-Baden (zit.: Governance).

*Schütze, Bernd* (Hrsg.), Sozialgesetzbuch, Sozialverwaltungsverfahren und Sozialdatenschutz. Kommentar, 8. Aufl. 2014, München.

*Schwarze, Jürgen* (Hrsg.), EU-Kommentar, 3. Aufl. 2012, Baden-Baden.

*Schwerdtfeger, Gunther*, Formen der Kooperation und Koordination der Sozialversicherungsträger, SDSRV 34 (1991), S. 123–144.

*ders.*, Verfassungsrechtliche Grenzen der Freiheit und Bindung bei der Leistungserbringung im Gesundheitswesen, SDSRV 38 (1994), S. 27–48.

*ders.*, Die Leistungsansprüche der Versicherten im Rechtskonkretisierungskonzept des SGB V (Teil 1), NZS 1998, S. 49–53.

*Sebaldt, Martin*, Organisierter Pluralismus. Kräftefeld, Selbstverständnis und politische Arbeit deutscher Interessengruppen, 1997, Opladen.

*Seckelmann, Margit*, Keine Alternative zur Staatlichkeit – Zum Konzept der „Global Governance", VerwArch 98 (2007), S. 30–53.

*Seeringer, Stefanie*, Der Gemeinsame Bundesausschuss nach dem SGB V. Rechtliche Form, normative Befugnisse und Steuerung der Qualität der medizinischen Versorgung (Gesundheitsrecht und Gesundheitswissenschaften, Bd. 13), 2006, Baden-Baden (zit.: Der Gemeinsame Bundesausschuss).

*Seewald, Ottfried*, Gibt es noch eine Selbstverwaltung in der Unfallversicherung?, SGb 2006, S. 569–580.

*Seibert, Max-Jürgen*, Die Einwirkung des Gleichheitssatzes auf das Rechtssetzungs- und Rechtsanwendungsermessen der Verwaltung, in: *Schmidt-Aßmann, Eberhard/Sellner, Dieter/Hirsch, Günter u.a.* (Hrsg.), Festgabe 50 Jahre Bundesverwaltungsgericht, 2003, Köln, Berlin, Bonn, S. 535–550 (zit.: FG BVerwG 2003).

*Seidel, Achim*, Privater Sachverstand und staatliche Garantenstellung im Verwaltungsrecht (Münchner Universitätsschriften, Reihe der juristischen Fakultät, hg. von Claus-Wilhelm Canaris, Peter Lerche, Claus Roxin, Bd. 151), 2000, München (zit.: Privater Sachverstand).

*Seiler, Christian*, Der einheitliche Parlamentsvorbehalt (Schriften zum Öffentlichen Recht, Bd. 825), 2000, Berlin.

*Sellmann, Christian*, Verwaltungsgerichtsbarkeit und Sozialgerichtsbarkeit, NJW 1957, S. 1091–1093.

*ders.*, Privatisierung mit oder ohne gesetzlicher Ermächtigung, NVwZ 2008, S. 817–823.

*Sendler, Horst*, Skeptisches zum unbestimmten Rechtsbegriff, in: *Blümel, Willi/Merten, Detlef/Quaritsch, Helmut* (Hrsg.), Verwaltung im Rechtsstaat. Festschrift für Carl Hermann Ule, 1987, Köln, Berlin, Bonn (u.a.), S. 337–358 (zit.: FS Ule 1987).

*Siegers, Josef*, Die Kodifizierung des Sozialrechts als Aufgabe der heutigen Gesetzgebung, in: *Gessler, Ernst/Herzog, Roman/Jochimen, Reimut u.a.* (Hrsg.), Rechtspolitik und Gesetzgebung, Bd. 3, Das neue Sozialgesetzbuch, 2. Aufl. 1974, Frankfurt a.M., S. 30–50.

*Siekmann, Helmut*, Die Unabhängigkeit von EZB und Bundesbank nach geltendem Recht und dem Vertrag über eine Verfassung für Europa, http://www.ilf-frankfurt.de/uploads/media/ILF_WP_035.pdf (Stand: 4.2.2014).

*Smend, Rudolf*, Verfassung und Verfassungsrecht, 1928, München, Leipzig.
*Sodan, Helge* (Hrsg.), Grundgesetz. Beck'scher Kompaktkommentar, 2. Auf. 2011, München.
*ders.*, Leistungsausschlüsse im System der gesetzlichen Krankenversicherung und Grundrechtsschutz von Leistungsanbietern, SGb 1992, S. 200–206.
*ders.*, Normsetzungsverträge im Sozialversicherungsrecht, NZS 1998, S. 305–313.
*ders.*, Normsetzungsverträge im Sozialversicherungsrecht, in: *Schnapp, Friedrich E.* (Hrsg.), Probleme der Rechtsquellen im Sozialversicherungsrecht Teil I. Tagungsband zum 5. Fachkolloquium des Instituts für Sozialrecht am 25./26. Juni 1997 in Bochum (Bochumer Schriften zum Sozialrecht, Friedrich E. Schnapp (Hrsg.), Bd. 1), 1998, Frankfurt a.M., Berlin, Bern u.a., S. 37–63 (zit.: Rechtsquellen).
*ders.*, Die institutionelle und funktionelle Legitimation des Bundesausschusses der Ärzte und Krankenkassen, NZS 2000, S. 581–588.
*Spannowsky, Willy*, Grenzen des Verwaltungshandelns durch Verträge und Absprachen (Tübinger Schriften zum Staats- und Verwaltungsrecht, hg. von Wolfgang Graf Vitzthum, Bd. 26), 1994, Berlin (zit.: Grenzen).
*ders./Uechtritz, Michael* (Hrsg.), Baugesetzbuch. Kommentar, 2. Aufl. 2014, München.
*Spiecker genannt Döhmann, Indra*, Das Verwaltungsrecht zwischen klassischem dogmatischem Verständnis und steuerungswissenschaftlichem Anspruch, DVBl. 2007, S. 1074–1083.
*Spiegel, Ludwig*, Die Verwaltungsrechtswissenschaft. Beiträge zur Systematik und Methodik der Rechtswissenschaft, 1909, Leipzig.
*Stadler, Gerrit*, Die Beleihung in der neueren Bundesgesetzgebung (Studien zur Rechtswissenschaft, Bd. 96), 2002, Hamburg (zit.: Beleihung).
*Stammler, Rudolf*, Theorie der Rechtswissenschaft, 1911, Halle a.d.S.
*Starck, Christian*, Rechtsdogmatik und Gesetzgebung im Verwaltungsrecht, in: *Behrends, Okko/Henckel, Wolfram* (Hrsg.), Gesetzgebung und Dogmatik, 3. Symposium der Kommission „Die Funktion des Gesetzes in Geschichte und Gegenwart" am 29. und 30. April 1988 (Abhandlungen der Akademie der Wissenschaften in Göttingen, Philologisch-historische Klasse, Dritte Folge, Bd. 178), 1989, Göttingen, S. 106–119.
*Staub, Hermann* (Hrsg.), Handelsgesetzbuch, Bd. 7/2. Großkommentar, 5. Aufl. 2012, Berlin, Boston.
*Steffen, Erich*, Die Arzthaftung im Spannungsfeld zu den Anspruchsbegrenzungen des Sozialrechts für den Kassenpatienten, in: *Brandner, Hans E./Hagen, Horst/Stürner, Rolf* (Hrsg.), Festschrift für Karlmann Geiß. Zum 65. Geburtstag, 2000, Köln, Berlin, Bonn u.a., S. 487–502 (zit.: FS Geiß 2000).
*Stelkens, Paul/Bonk, Heinz J./Sachs, Michael* (Hrsg.), Verwaltungsverfahrensgesetz. Kommentar, 8. Aufl. 2014, München.
*Frh. v. u. z. Stein, Karl*, Schreiben an Minister Schroetter vom 27.6.1808 (Nr. 729), in: *Thielen, Peter G.* (Bearb.), Freiherr vom Stein. Das Reformministerium (1807–1808) (Freiherr vom Stein. Briefe und amtliche Schriften, bearb. v. Erich Botzenhart, neu hg. v. Walther Hubatsch), 1960, Stuttgart, S. 763–768.
*ders.*, Über die zweckmäßige Bildung der obersten und der Provinzial-, Finanz- und Polizei-Behörden in der preußischen Monarchie", in: *Thielen, Peter G.* (Bearb.), Freiherr vom Stein. Das Reformministerium (1807–1808) (Freiherr vom Stein. Briefe und amtliche Schriften, bearb. v. Erich Botzenhart, neu hg. v. Walther Hubatsch), 1960, Stuttgart.
*v. Stein, Lorenz*, Verwaltungslehre, Bd. 1, 2. Aufl. 1831, Stuttgart.
*Steinberg, Rudolf*, Politik und Verwaltungsorganisation (Schriften zur öffentlichen Verwaltung und öffentlichen Wirtschaft, Bd. 51), 1979, Baden-Baden.

*ders.*, Komplexe Verwaltungsverfahren zwischen Verwaltungseffizienz und Rechtsschutzauftrag, DÖV 1982, S. 619–631.

*Steinberger, Helmut*, Der Verfassungsstaat als Glied einer europäischen Gemeinschaft, VVDStRL 50 (1991), S. 9–55.

*Steiner, Udo*, Der „beliehene Unternehmer" – VG Münster, NJW 1967, 171, JuS 1969, S. 69–75.

*ders.*, Öffentliche Verwaltung durch Private, DÖV 1970, S. 526–532.

*ders.*, Öffentliche Verwaltung durch Private. Allgemeine Lehren (Schriften zum Wirtschaftsverfassungs- und Wirtschaftsverwaltungsrecht, hg. von Karl Heinrich Friauf, Bd. 10), 1975, Hamburg.

*ders.*, Möglichkeiten und Grenzen kommunaler und privater Verkehrsüberwachung, DAR 1996, S. 272–275.

*ders.*, Fragen der Beleihungsdogmatik aus österreichischer und deutscher Sicht, in: *Schäffer, Heinz/Berka, Walter/Stolzlechner, Harald u.a.* (Hrsg.), Staat – Verfassung – Verwaltung. Festschrift anlässlich des 65. Geburtstag von Prof. DDr. DDr. h.c. Friedrich Koja, 1998, Wien, New York, S. 603–617 (zit.: FS Koja 1998).

*ders.*, Neues vom Beliehenen, in: *Bauer, Hartmut/Czybulka, Detlef/Kahl, Wolfgang u.a.* (Hrsg.), Wirtschaft im offenen Verfassungsstaat. Festschrift für Reiner Schmidt zum 70. Geburtstag, 2006, München, S. 293–303 (zit.: FS Schmidt 2006).

*Steinhilper, Gernot*, Die Rechtsaufsicht über die kassenärztlichen Vereinigungen aus der Sicht der Praxis. Landesebene, in: *Merten, Detlef* (Hrsg.), Die Selbstverwaltung im Krankenversicherungsrecht unter besonderer Berücksichtigung der Rechtsaufsicht über kassenärztliche Vereinigungen, Vorträge und Diskussionsbeiträge einer Tagung der Hochschule für Verwaltungswissenschaften Speyer vom 20. bis 21. Januar 1995 (Schriftenreihe der Hochschule Speyer, Bd. 120), 1995, Berlin, S. 59–68 (zit.: Selbstverwaltung).

*Stern, Klaus*, Zur Grundlegung einer Lehre des öffentlich-rechtlichen Vertrages, VerwArch 49 (1958), S. 106–157.

*ders.*, Das allgemeine Verwaltungsrecht in der neueren Bundesgesetzgebung, JZ 1962, S. 265–269.

*ders.*, Das Staatsrecht der Bundesrepublik Deutschland (zit.: Staatsrecht)
- Band I. Grundbegriffe und Grundlagen des Staatsrechts, Strukturprinzipien der Verfassung, 2. Aufl. 1984, München,
- Band II. Staatsorgane, Staatsfunktionen, Finanz- und Haushaltsverfassung, Notstandsverfassung, 1980, München.
- Band III/1. Allgemeine Lehren der Grundrechte. Grundlagen und Geschichte, nationaler und internationaler Grundrechtskonstitutionalismus, juristische Bedeutung der Grundrechte, Grundrechtsberechtigte, Grundrechtsverpflichtete, 1988, München,
- Band III/2. Allgemeine Lehren der Grundrechte. Grundrechtstatbestand, Grundrechtsbeeinträchtigungen und Grundrechtsbegrenzungen, Grundrechtsverluste und Grundpflichten, Schutz der Grundrechte, Grundrechtskonkurrenzen, Grundrechtssystem, 1994, München.

*ders.*, Zur Entstehung und Ableitung des Übermaßverbots, in: *Badura, Peter/Scholz, Rupert* (Hrsg.), Wege und Verfahren des Verfassungslebens. Festschrift für Peter Lerche zum 65. Geburtstag, 1993, München, S. 165–175 (zit.: FS Lerche 1993).

*Stober, Rolf*, Kommunalrecht in der Bundesrepublik Deutschland, 3. Aufl. 1996, Stuttgart, Berlin, Köln (zit.: Kommunalrecht).

*ders.*, Allgemeines Wirtschaftsverwaltungsrecht. Grundlagen des deutschen, europäischen und internationalen öffentlichen Wirtschaftsrechts, 18. Aufl. 2015, Stuttgart.

*Stoerk, Felix*, Über die juristische Methode (Forschungen aus Staat und Recht, hg. von Günther Winkler, Walter Antoniolli, Bernhard Raschauer, Bd. 116), 1996, Wien, New York.

*Stolleis, Michael*, Die Entstehung des Interventionsstaates und das öffentliche Recht, ZNR 11 (1989), S. 129–147.

*ders.*, Entwicklungslinien der verwaltungsrechtlichen Dogmatik im industriellen Zeitalter, BWV 1990, S. 152–156.

*ders.*, Verwaltungsrechtswissenschaft in der Bundesrepublik Deutschland, in: *Simon, Dieter* (Hrsg.), Rechtswissenschaft in der Bonner Republik. Studien zur Wissenschaftsgeschichte der Jurisprudenz, 1994, Frankfurt a.M., S. 227–258 (zit.: Rechtswissenschaft).

*ders.*, Geschichte des öffentlichen Rechts in Deutschland, Bd. 3, Staats- und Verwaltungsrechtswissenschaft in der Republik und Diktatur, 1914–1945, 1999, München (zit.: Geschichte des öffentlichen Rechts 3).

*ders.*, Geschichte des Sozialrechts in Deutschland. Ein Grundriß, 2003, Stuttgart (zit.: Geschichte des Sozialrechts).

*Stork, Matthias*, Private in Zweckverbänden und Demokratieprinzip, DVBl. 2011, S. 69–76.

*Storr, Stefan/Schröder, Rainer*, Allgemeines Verwaltungsrecht, 2010, Stuttgart.

*Strauß, Thomas*, Funktionsvorbehalt und Berufsbeamtentum. Zur Bedeutung des Art. 33 Abs. 4 GG (Schriften zum Öffentlichen Recht, Bd. 820), 2000, Berlin (zit.: Funktionsvorbehalt).

*Streeck, Wolfgang/Schmitter Philippe C.*, Gemeinschaft, Markt und Staat – und die Verbände? Der mögliche Beitrag von Interessenregierungen zur sozialen Ordnung, Journal für Sozialforschung 25 (1985), S. 133–157.

*Streinz, Rudolf* (Hrsg.), EUV/AEUV. Vertrag über die Europäische Union und Vertrag über die Arbeitsweise der Europäischen Union. Kommentar, 2. Aufl. 2012, München.

*Stuible-Treder, Jutta*, Der Beliehene im Verwaltungsrecht, 1986, Stuttgart (zit.: Der Beliehene).

*Taupitz, Jochen*, Die Vertretung kollektiver Patienteninteressen, MedR 2003, S. 7–13.

*Teigelack, Jan*, Zwei- und dreiseitige Verträge nach SGB V. Die zwei- und dreiseitigen Verträge und ihre Ersetzung durch die Landesschiedsstelle oder den Verordnungsgeber (Nomos Universitätsschriften, Recht, Bd. 154), 1994, Baden-Baden (zit.: Zwei- und dreiseitige Verträge).

*Tempel-Kromminga, Helke*, Die Problematik der Richtlinien der Bundesausschüsse der Ärzte und Krankenkassen nach dem neuen Recht des SGB V (Europäische Hochschulschriften, Reihe II Rechtswissenschaften, Bd. 1526), 1994, Frankfurt a.M., Berlin, Bern u.a. (zit.: Problematik der Richtlinien)

*Terrahe, Jürgen*, Die Beleihung als Rechtsinstitut der Staatsorganisation, 1961, Münster (zit.: Beleihung).

*Tettinger, Peter J./Mann, Thomas*, Zur demokratischen Legitimation in sondergesetzlichen Wasserverbänden, in: *Tettinger, Peter J./Mann, Thomas/Salzwedel, Jürgen* (Hrsg.), Wasserverbände und demokratische Legitimation (Studien zum öffentlichen Recht und zur Verwaltungslehre, hg. von Klaus Stern und Peter J. Tettinger, Bd. 67), 2000, München, S. 1–65 (zit.: Wasserverbände).

*Theobald, Christian*, Zur Ökonomik des Staates. Good governance und die Perzeption der Weltbank (Verwaltungsorganisation, Staatsaufgaben und Öffentlicher Dienst, Bd. 43), 2000, Baden-Baden.

*Thieme, Werner*, Über die Notwendigkeit einer Reform des Allgemeinen Verwaltungsrechts, DÖV 1996, S. 757–764.

*ders.*, Das halbgescheiterte Sozialgesetzbuch, in: *Ruland, Franz/Papier, Hans-Jürgen/Baron v. Maydell, Bernd* (Hrsg.), Verfassung, Theorie und Praxis des Sozialstaats. Festschrift für Hans F. Zacher zum 70. Geburtstag, 1998, Heidelberg, S. 1101–1115 (zit.: FS Zacher 1998).

*Thoma, Richard*, Rechtsstaatsidee und Verwaltungsrechtswissenschaft, JöR N.F. 4 (1910), S. 196–218.

*Tiedemann, Klaus*, Zum Verhältnis von allgemeinem und besonderem Teil des Strafrechts, in: *Arzt, Gunther* (Hrsg.), Festschrift für Jürgen Baumann zum 70. Geburtstag, 1992, Bielefeld, Gieseking, S. 7–20 (zit.: FS Baumann 1992).

*Tieme, Werner*, Verwaltungslehre (Academia Iuris. Lehrbücher der Rechtswissenschaft), 1984, Köln, München.

*Tomuschat, Christian*, Verfassungsgewohnheitsrecht?: eine Untersuchung zum Staatsrecht d. Bundesrepublik Deutschland (Heidelberger rechtswissenschaftliche Abhandlungen, Neue Folge, Bd. 27), 1972, Heidelberg.

*Trute, Hans-Heinrich*, Die Forschung zwischen grundrechtlicher Freiheit und staatlicher Institutionalisierung (Jus Publicum. Beiträge zum Öffentlichen Recht, Bd. 10), 1994, Tübingen (zit.: Forschung).

*ders.*, Funktionen der Organisation und ihrer Abbildung im Recht, in: *Schmidt-Aßmann, Eberhard/Hoffmann-Riem, Wolfgang* (Hrsg.), Verwaltungsorganisationsrecht als Steuerungsressource (Schriften zur Reform des Verwaltungsrechts, Wolfgang Hoffmann-Riem, Eberhard Schmidt-Aßmann (Hrsg.), Bd. 4), 1997, Baden-Baden, S. 249–295 (zit.: Verwaltungsorganisationsrecht).

*ders.*, § 6 Die demokratische Legitimation der Verwaltung, in: *Hoffmann-Riem, Wolfgang/Schmidt-Aßmann, Eberhard/Voßkuhle, Andreas* (Hrsg.), Grundlagen des Verwaltungsrechts, Bd. I, 2. Aufl. 2012, München, S. 341–435.

*Tsebelis, George*, Decision Making in Political Systems: Veto Players in Presidentialism, Parliamentarism, Multicameralism and Multipartyism, B.J.Pol.S. 25 (1995), S. 189–325.

*ders.*, Veto Players and Law Production in Parliamentary Democracies: An Empirical Analysis, APSR 93 (1999), S. 591–608.

*Turegg, Kurt E. v./Kraus, Erwin*, Lehrbuch des Verwaltungsrechts (Lehrbücher und Grundrisse der Rechtswissenschaft, Bd. 20), 1962, Göttingen.

*Udsching, Peter/Schütze, Bernd/Behrend, Nicola u.a.* (Hrsg.), SGB XI. Soziale Pflegeversicherung. Kommentar, 3. Aufl. 2010, München.

*Uhlitz, Otto*, Die Konzentration und Dezentralisation – oder abhängige und unabhängige Dezentralisation?, in: *Conrad, Hermann/Jahrreiß, Hermann/Mikat, Paul u.a.* (Hrsg.), Gedächtnisschrift Hans Peters, 1967, Berlin, Heidelberg, New York, S. 248–266 (zit.: GS Peters).

*Ule, Carl H./Laubinger, Hans-Werner*, Verwaltungsverfahrensrecht. Ein Lehrbuch für Studium und Praxis (Academia Iuris. Lehrbücher der Rechtswissenschaft), 4. Aufl. 1995, Köln, Berlin, Bonn u.a.

*ders.*, Diskussionsbeitrag, VVDStRL 29 (1971), S. 269–270.

*v. Unruh, Georg-Christoph*, Demokratie und kommunale Selbstverwaltung. Betrachtungen über die Eigenart des Inhalts von Artikel 28 GG, DÖV 1986, S. 217–224.

*ders.*, Kodifiziertes Verwaltungsrecht, NVwZ 1988, S. 690–697.

*Unruh, Peter*, Demokratie und „Mitbestimmung" in der funktionalen Selbstverwaltung – am Beispiel der Emschergenossenschaft, VerwArch 92 (2001), S. 531–559.

*ders.*, Anmerkung, JZ 2003, S. 1061–1063.

*Vedder, Christoph/Heintschel v. Heinegg, Wolff* (Hrsg.), Europäischer Verfassungsvertrag. Kommentar, 2007, Baden-Baden.

*Vesting, Thomas*, Prozedurales Rundfunkrecht. Grundlagen – Elemente – Perspektiven (Materialien zur interdisziplinären Medienforschung, hg. von Wolfgang Hoffmann-Riem, Bd. 29), 1997, Baden-Baden.

*Viehweg, Theodor*, Ideologie und Rechtsdogmatik, in: *Maihofer, Werner* (Hrsg.), Ideologie und Recht, 1969, Frankfurt a.M., S. 83–96.

*Vießmann, Thomas,* Die demokratische Legitimation des Gemeinsamen Bundesausschusses zu Entscheidungen nach § 135 I 1 SGB V, 2009, Baden-Baden.

*Vilmar, Fritz*, Strategien der Demokratisierung, 2 Bde., 1973, Darmstadt-Neuwied.

*Vitzthum, Wolfgang Graf*, Gemeinderechtliche Grenzen der Privatisierung kommunaler Wirtschaftsunternehmen, AöR 104 (1979), S. 580–634.

*Vogel, Klaus*, Öffentliche Wirtschaftseinheiten in privater Hand (Universität Hamburg, Abhandlungen aus dem Seminar für Öffentliches Recht, hg. von Rudolf Laun, Hans Peter Ipsen, Bd. 47), 1959, Hamburg (zit.: Wirtschaftseinheiten).

*ders.*, Gesetzgeber und Verwaltung, VVDStRL 24 (1966), S. 125–182.

*ders.*, Diskussionsbeitrag, VVDStRL 29 (1971), S. 255–257.

*ders.*, Diskussionsbeitrag, VVDStRL 30 (1972), S. 324–327.

*Vogel, Walter*, Bismarcks Arbeiterversicherung. Ihre Entstehung im Kräftespiel der Zeit, 1951, Braunschweig.

*Vogel, Werner*, Vertrag und Vereinbarung, 1932, Bonn.

*Voigt, Rüdiger* (Hrsg.), Der kooperative Staat. Krisenbewältigung durch Verhandlung?, 1995, Baden-Baden.

*Voß, Birgit*, Das Lebensmittel- und Futtermittelgesetzbuch. Ge- und Verbote – Verantwortlichkeit – Verfahren, 2007, Berlin.

*Voßkuhle, Andreas*, Die Reform des Verwaltungsrechts als Projekt der Wissenschaft, Die Verwaltung 32 (1999), S. 545–554.

*ders.*, „Schlüsselbegriffe" der Verwaltungsrechtsreform. Eine kritische Bestandsaufnahme, VerwArch 92 (2001), S. 184–215.

*ders.*, Beteiligung Privater an der Wahrnehmung öffentlicher Aufgaben und staatliche Verantwortung, VVDStRL 62 (2003), S. 266–335.

*ders.*, § 1 Neue Verwaltungsrechtswissenschaft, in: *Hoffmann-Riem, Wolfgang/Schmidt-Aßmann, Eberhard/Voßkuhle, Andreas* (Hrsg.), Grundlagen des Verwaltungsrechts, Bd. I, 2. Aufl. 2012, München, S. 1–63.

*ders.*, Verwaltungsrecht & Verwaltungswissenschaft = Neue Verwaltungsrechtswissenschaft, BayVBl. 2010, S. 581–589.

*Wagner, Klaus-Peter*, Artikel Arbeitsförderungsrecht, in: *Baron v. Maydell, Bernd* (Hrsg.), Lexikon des Rechts, Sozialrecht, 2. Aufl. 1994, Neuwied, Berlin, S. 19–46.

*Wagner, Regine/Knittel, Stefan/Baier, Gerhard* (Hrsg.), Soziale Krankenversicherung. Pflegeversicherung. Kommentar, Loseblatt, 85. EL., Stand: 2014, München.

*Wahl, Andreas*, Kooperationsstrukturen im Vertragsarztrecht (Schriften zum Öffentlichen Recht, Bd. 854), 2001, Berlin (zit.: Kooperationsstrukturen).

*Wahl, Rainer*, Verwaltungsverfahren zwischen Verwaltungseffizienz und Rechtsschutzauftrag, VVDStRL 41 (1983), S. 151–192.

*ders.*, Die Aufgabenabhängigkeit von Verwaltung und Verwaltungsrecht, in: *Hoffmann-Riem, Wolfgang/Schmidt-Aßmann, Eberhard/Schuppert, Gunnar Folke* (Hrsg.), Reform des Allgemeinen Verwaltungsrechts. Grundfragen (Schriften zur Reform des Allgemeinen Verwaltungsrechts, Wolfgang Hoffmann-Riem, Eberhard Schmidt-Aßmann (Hrsg.), Bd. 1), 1993, Baden-Baden, S. 177–219 (zit.: Reform).

*ders.*, Verwaltungsvorschriften: Die ungesicherte dritte Kategorie des Rechts, in: *Schmidt-Aßmann, Eberhard/Sellner, Dieter/Hirsch, Günter u.a.* (Hrsg.), Festgabe 50 Jahre

Bundesverwaltungsgericht, 2003, Köln, Berlin, Bonn, S. 571–598 (zit.: FG BVerwG 2003).

*ders.*, Herausforderungen und Antworten: Das Öffentliche Recht der letzten fünf Jahrzehnte (Schriftenreihe der Juristischen Gesellschaft zu Berlin, Bd. 178), 2006, Berlin (zit.: Herausforderungen).

*Waibel, Christoph*, Neues zur Rechtsnatur der Bundesagentur für Arbeit?, ZfS 2004, S. 225–230.

*Wallerath, Maximilian*, Verwaltungserneuerung. Auf dem Weg zu einer neuen Verwaltungskultur?, VerwArch 88 (1997), S. 1–22.

*ders.*, Der ökonomisierte Staat, JZ 2001, S. 209–218.

*ders.*, Die Verwaltung 41 (2008), S. 456–461.

*ders.*, § 11 Verfahrensrecht, in: *Baron v. Maydell, Bernd/Ruland, Franz* (Hrsg.), Sozialrechtshandbuch (SRH), 5. Aufl. 2012, Neuwied, S. 465–542 (zit.: SRH).

*Waltermann, Raimund*, § 7 Sozialleistungen, in: *Baron v. Maydell, Bernd/Ruland, Franz* (Hrsg.), Sozialrechtshandbuch (SRH), 5. Aufl. 2012, Neuwied, S. 311–355 (zit.: SRH).

*ders.*, Sozialrecht, 2012, Heidelberg, München, Landsberg u.a.

*Wannagat, Georg*, Auf dem Wege zur Volksversicherung, in: *Wannagat, Georg/Gitter, Wolfgang* (Hrsg.), Festschrift für Erich Fechner. Zum 70. Geburtstag, 1973, Tübingen, S. 207–221 (zit.: FS Fechner 1973).

*ders.*, Rechtsstaatliche und sozialstaatliche Aspekte der Sozialversicherung, in: *Schneider, Hans/Götz, Volkmar* (Hrsg.), Im Dienst an Recht und Staat. Festschrift für Werner Weber zum 70. Geburtstag, 1974, Berlin, S. 819–831 (zit.: FS Weber 1974).

*ders.*, Die Bedeutung des Allgemeinen Teils des Sozialgesetzbuchs für die Entwicklung des Sozialrechts, in: *Müller, Klaus* (Hrsg.), Sozialrecht in Wissenschaft und Praxis. Festschrift für Host Schieckel, 1978, Percha am Starnberger See, Kempfenhausen am Starnberger See, S. 347–356 (zit.: FS Schieckel 1978).

*ders.* (Hrsg.), SGB. Kommentar, Loseblatt, 112. EL., Stand: 2009, Köln.

*ders./Eichenhofer, Eberhard/Wenner, Ulrich* (Hrsg.), Sozialgesetzbuch. Kommentar zum gesamten Recht des Sozialgesetzbuchs, 2009, Köln, München.

*Warren, Mark E.*, Democratic Theory and Self-Transformation, APSR 86 (1992), S. 8–23.

*ders.*, Can Participatory Democracy Produce Better Selves? Psychological Dimensions of Habermas's Discursive Model of Democracy, Political Psychology 14 (1993), S. 209–234.

*ders.*, Democracy and Association, 2001, Princeton, NJ, u.a.

*ders.*, What can democratic participation mean today?, Political Theory 30 (2002), S. 677–701.

*Weber, Werner*, Die Körperschaften, Anstalten und Stiftungen des öffentlichen Rechts (Rechtswissenschaftliche Schriften der Wirtschafts-Hochschule Berlin, hg. von Walter Schmidt-Rimpler, Theodor Süß, Heinz Rhode, Bd. 2), 1943, München, Berlin (zit.: Körperschaften).

*ders.*, Die verfassungsrechtlichen Grenzen sozialstaatlicher Forderungen, Der Staat 4 (1965), S. 409–439.

*ders.*, Die Selbstverwaltung in der Sozialversicherung – Aufgaben und Grenzen, SDSRV 1 (1966), S. 27–49.

*ders.*, Der nicht staatsunmittelbare öffentliche Organisationsbereich, JJb 8 (1967/68), S. 137–163.

*ders.*, Staats- und Selbstverwaltung in der Gegenwart (Göttinger Rechtswissenschaftliche Studien, Bd. 9), 2. Aufl. 1967, Göttingen (zit.: Selbstverwaltung).

*Weidner, Viktor*, Zur Rechtsprechung des Bundessozialgerichts, JZ 1959, S. 698–710.

*Weiler, Joseph H.*, Der Staat „über alles". Demos, Telos und die Maastricht-Entscheidung des Bundesverfassungsgerichts, JöR N.F. 44 (1996), S. 91–135.
*Weinreich, Bettina*, Die Eingliederungsvereinbarung nach § 15 SGB II, SGb 2012, S. 513–521.
*Weinrich, Harald*, System, Diskurs und die Diktatur des Sitzfleisches, Merkur 26 (1972), S. 801–812.
*Weisel, Klaus*, Das Verhältnis von Privatisierung und Beleihung (Privatisierungsprobleme, Bd. 1), 2003, Baden-Baden (zit.: Privatisierung und Beleihung).
*Weiß, Wolfgang*, Privatisierung und Staatsaufgaben. Privatisierungsentscheidungen im Lichte einer grundrechtlichen Staatsaufgabenlehre unter dem Grundgesetz (Jus Publicum. Beiträge zum Öffentlichen Recht, Bd. 88), 2002, Tübingen.
*Welti, Felix*, Gibt es noch eine Selbstverwaltung in der gesetzlichen Krankenversicherung?, VSSR 2006, S. 133–156.
*ders.*, Selbstverwaltung in der Krankenversicherung. Anspruch und Wirklichkeit in Gegenwart und Zukunft, Soziale Sicherheit 2006, S. 254–261.
*Werner, Fritz*, Allgemeine Verwaltungsgerichtsbarkeit und Sozialgerichtsbarkeit, NJW 1954, S. 1625–1628.
*ders.*, Verwaltungsrecht als konkretisiertes Verfassungsrecht, DVBl. 1959, S. 527–533.
*ders.*, Zur Kritik an der Verwaltungsgerichtsbarkeit, in: *Bettermann, Karl A./Ule, Carl H.* (Hrsg.), Fritz Werner. Recht und Gericht in unserer Zeit. Reden, Vorträge, Aufsätze 1948–1969, 1971, Köln, Berlin, Bonn u.a., S. 304–318.
*Werner, Matthias*, Allgemeine Fehlerfolgenlehre für den Verwaltungsvertrag. Unter besonderer Berücksichtigung der Entwicklung der Rechtsprechung (Studien zum öffentlichen Recht, hg. von Christoph Enders, Jörg Ennuschat, Armin Hatje u.a., Bd. 5), 2007, Baden-Baden (zit.: Fehlerfolgenlehre).
*Wertenbruch, Wilhelm*, Zur Selbstverwaltung im Sozialrecht, in: *Zacher, Hans F.* (Hrsg.), Soziale Sicherung durch soziales Recht. Festschrift für Horst Peters zum 65. Geburtstag, 1965, Stuttgart, Berlin, Köln u.a., S. 203–222 (zit.: FS Peters 1965).
*ders.*, Begriff und Bedeutung des Sozialrechts, ZSR 1968, S. 385–399.
*ders.*, Sozialrecht und allgemeines Verwaltungsrecht, DÖV 1969, S. 593–608.
*ders.*, Gibt es noch Selbstverwaltung im Sozialrecht?, SGb 1975, S. 261–269.
*ders.*, Die Entwicklung des deutschen Korporatismus, APuZ 2002, S. 57–67.
*Weßels, Bernhard*, Die Entwicklung des deutschen Korporatismus, APuZ 2000, S. 16–21.
*Weyl, Richard*, Lehrbuch des Reichsversicherungsrechts, 1894, Leipzig.
*Weyreuther, Felix*, Buchbesprechung, DÖV 1985, S. 38.
*Widtmann, Julius/Grasser, Walter/Glaser, Erhard*, Bayerische Gemeindeordnung mit VGemO, LKrO und KommZG. Kommentar, Loseblatt, 27. EL., Stand: Dez. 2014, München.
*Wieacker, Franz*, Privatrechtsgeschichte der Neuzeit, 2. Aufl. 1967, Göttingen.
*ders.*, Zur praktischen Leistung der Rechtsdogmatik, in: *Bubner, Rüdiger/Cramer, Konrad/Wiehl, Reiner* (Hrsg.), Hermeneutik und Dialektik. Festschrift für Hans-Georg Gadamer, 1970, S. 311–336 (zit.: FS Gadamer 1970).
*Wiegand, Britta B.*, Die Beleihung mit Normsetzungskompetenzen. Das Gesundheitswesen als Exempel, 2008, Berlin (zit.: Beleihung).
*Wiegand, Dietrich* (Hrsg.), Kassenarztrecht. Kommentar zu den §§ 69–106 SGB V mit dem Zulassungs- und Vertragsrecht, 3. Aufl. 1995, Heidelberg.
*Wigge, Peter*, Die Stellung der Ersatzkassen im gegliederten System der gesetzlichen Krankenversicherung nach dem GRG vom 20.12.1988. Zugleich ein Beitrag zur Notwendigkeit einer Organisationsreform in der GKV, 1992, Berlin (zit.: Ersatzkassen).

*ders.*, Legitimation durch Partizipation – zur verfahrensrechtlichen Beteiligung der Leistungserbringer im Entscheidungsprozess des Bundesausschusses – (Teil 1), NZS 2001, S. 578–583.

*Wimmer, Raimund*, Rechtsstaatliche Defizite im vertragsärztlichen Berufsrecht, NJW 1995, S. 1577–1584.

*ders.*, Verfassungsrechtliche Anforderungen an untergesetzliche Rechtsetzung im Vertragsarztrecht, MedR 1996, S. 425–429.

*ders.*, Anmerkung, MedR 1997, S. 225–227.

*ders.*, Grenzen der Regelungsbefugnis in der vertragsärztlichen Selbstverwaltung, NZS 1999, S. 113–120.

*ders.*, Friedenswahlen in der Sozialversicherung – undemokratisch und verfassungswidrig, NJW 2004, S. 3369–3374.

*Windels-Pietzsch, Astrid*, Friedenswahlen in der Sozialversicherung, VSSR 2003, S. 215–231.

*Winkler, Jürgen* (Hrsg.), Sozialgesetzbuch IV. Gemeinsame Vorschriften für die Sozialversicherung. Kommentar, 2007, Baden-Baden.

*Wißmann, Hinnerk*, Zuordnung und Organisation von Verantwortung im Sozialverwaltungsrecht. Zum Typus staatlicher Kooperationsverantwortung, in: Die Verwaltung 42 (2009), S. 377–404.

*Wolfers, Benedikt/Kaufmann, Marcel*, Private als Anstaltsträger, DVBl. 2002, S. 507–514.

*v. Wolff, Bodo*, Zur Zulässigkeit von Mindestmengen am Beispiel der Versorgung von Frühgeborenen – zugleich ein Beitrag zur demokratischen Legitimation des G-BA nach seiner Umstrukturierung, NZS 2009, S. 184–193.

*Wolff, Hans J.*, Typen im Recht und in der Rechtswissenschaft, Studium Generale 5 (1952), S. 195–205.

*ders./Bachof, Otto/Stober, Rolf/Kluth, Winfried*, Verwaltungsrecht. Ein Studienbuch
Band 1., 12. Aufl. 2007, München.
Band 2., 7. Aufl. 2010, München.
Band 3., 5. Aufl. 2004, München.

*Wolff, Heinrich A.*, Die Legitimationsveränderungen des Richtlinienerlasses durch den Gemeinsamen Bundesausschuss auf der Grundlage des GKV-Modernisierungsgesetzes, NZS 2006, S. 281–285.

*ders.*, Die dienende Funktion der Verfahrensrechte – eine dogmatische Figur mit Aussagekraft und Entwicklungspotential, in: *Pitschas, Rainer/Uhle, Arnd* (Hrsg.), Wege gelebter Verfassung in Recht und Politik. Festschrift für Rupert Scholz zum 70. Geburtstag, 2007, Berlin, S. 977–991 (zit.: FS Scholz 2007).

*Wollenschläger, Ferdinand*, Staatliche Verbraucherinformation als neues Instrument des Verbraucherschutzes. Möglichkeiten und Grenzen der Informationsbefugnis nach dem Verbraucherinformationsgesetz am Beispiel der Pankower Ekelliste und das Problem staatlicher Marktinformation, VerwArch 201 (2011), S. 20–50.

*Wörner, Hans-Hermann*, Die Selbstverwaltung in der Sozialversicherung, geprüft an Hand der zwei- und dreiseitigen Verträge nach §§ 112 und 115 SGB V, 1991, Coburg (zit.: Selbstverwaltung).

*Würtenberger, Thomas*, Die Akzeptanz von Verwaltungsentscheidungen (Verwaltung 2000, hg. von Martin Bullinger, Bd. 7), 1996, Baden-Baden (zit.: Akzeptanz).

*Zacher, Hans F.*, Die Sozialversicherung als Teil des öffentlichen Rechts, in: *Peters, Horst* (Hrsg.), Sozialrecht und Sozialpolitik. Festschrift für Kurt Jantz zum 60. Geburtstag, 1968, Stuttgart, Berlin, Köln u.a., S. 29–39 (zit.: FS Jantz 1968).

*ders.*, Zur Rechtsdogmatik sozialer Umverteilung, DÖV 1970, S. 3–14.

*ders.*, Was können wir über das Sozialstaatsprinzip wissen?, in: *Stödter, Rolf/Thieme, Werner* (Hrsg.), Hamburg, Deutschland, Europa. Beiträge zum deutschen und europäischen Verfassungs-, Verwaltungs- und Wirtschaftsrecht. Festschrift für Hans Peter Ipsen zum siebzigsten Geburtstag, 1977, Tübingen, S. 207–267 (zit.: FS Ipsen 1977).

*ders.*, Der Sozialstaat als Prozeß, ZgS 134 (1978), S. 15–36.

*ders.*, Sozialpolitik und Verfassung im ersten Jahrzehnt der Bundesrepublik Deutschland, 1980, Berlin.

*ders.*, Das Vorhaben des Sozialgesetzbuchs, SDSRV 40 (1995), S. 7–27.

*ders.*, § 28 Das soziale Staatsziel, in: *Isensee, Josef/Kirchhof, Paul* (Hrsg.), Handbuch des Staatsrechts der Bundesrepublik Deutschland Bd. II, 3. Aufl. 2004, Heidelberg, S. 659–784 (zit.: HStR II).

*ders.*, Entwicklung einer Dogmatik des Sozialrechts, in: *Wallerath, Maximilian* (Hrsg.), Fiat iustitia. Recht als Aufgabe der Vernunft. Festschrift für Peter Krause zum 70. Geburtstag, 2006, Berlin, S. 3–36 (zit.: FS Krause).

*ders.*, Das soziale Staatsziel, in: *Becker, Ulrich/Ruland, Franz* (Hrsg.), Abhandlungen zum Sozialrecht, 2008, Heidelberg, S. 1–723 (zit.: Abhandlungen).

*Zeidler, Karl*, Schranken nichthoheitlicher Verwaltung, VVDStRL 19 (1961), S. 208–241.

*Ziegler, Eberhard*, Deutscher Rundfunk in Vergangenheit und Gegenwart. Seine öffentlich-rechtlichen Grundlagen und seine Organisation, 1949, Heidelberg (zit.: Rundfunk).

*Ziekow, Jan*, In wieweit veranlasst das Neue Steuerungsmodell zu Änderungen des Verwaltungsverfahrens und des Verwaltungsverfahrensgesetzes?, in: *Hoffmann-Riem, Wolfgang/Schmidt-Aßmann, Eberhard* (Hrsg.), Verwaltungsverfahren und Verwaltungsverfahrensgesetz (Schriften zur Reform des Verwaltungsrechts, Wolfgang Hoffmann-Riem, Eberhard Schmidt-Aßmann (Hrsg.), Bd. 9), 2002, Baden-Baden, S. 349–385 (zit.: Verwaltungsverfahren).

*ders.* (Hrsg.), Public Private Partnership. Projekte, Probleme, Perspektiven (Speyerer Forschungsberichte, Bd. 229), 2003, Speyer.

*ders./Siegel, Thorsten*, Entwicklung und Perspektiven des Rechts des öffentlich-rechtlichen Vertrages. – Teil 1 –, VerwArch 94 (2003), S. 593–608.

*ders./Siegel, Thorsten*, Entwicklung und Perspektiven des Rechts des öffentlich-rechtlichen Vertrages. – Teil 2 –, VerwArch 95 (2004), S. 133–150.

*Zimmermann, Markus*, Sozialversicherung und Privatversicherung im Kompetenzgefüge des Grundgesetzes (Schriften zum Gesundheitsrecht, hg. von Helge Sodan, Bd. 19), 2009, Berlin (zit.: Sozialversicherung).

*Zöllner, Wolfgang/Loritz, Karl-Georg/Hergenröder, Curt W.*, Arbeitsrecht. Ein Studienbuch, 2008, München.

*Zuleeg, Manfred*, Beleihung mit Hoheitsgewalt, Verwaltungshilfe und privatrechtliches Handeln bei Schülern, DÖV 1970, S. 627–634.

*ders.*, Grundrechte für Ausländer: Bewährungsprobe des Verfassungsrechts, DVBl. 1974, S. 341–349.

# Stichwortverzeichnis

# Jus Publicum

Beiträge zum öffentlichen Recht

Die Schriftenreihe *Jus Publicum. Beiträge zum öffentlichen Recht* (JusPubl) soll den öffentlichrechtlichen Habilitationsschriften, aber auch Monographien der Ordinarien, eine ansprechende Heimstatt geben. Die Reihe deckt die „klassischen" Felder des öffentlichen Rechts ab, insbesondere also das Verfassungsrecht (einschließlich Grundrechtstheorie, Methodenlehre und Allgemeiner Staatslehre) und das Verwaltungsrecht. Das schließt fächerübergreifende, aber auch fachgebietsübergreifende Themenstellungen nicht aus, solange der Schwerpunkt der Arbeit im Öffentlichen Recht zu finden ist. Kaum eine Arbeit beschränkt sich auf das deutsche Recht, denn die Fragestellungen sind oft vom Europarecht beeinflusst und auch der rechtsvergleichende Blick in fremde Rechtsordnungen gewinnt zunehmend an Bedeutung; dies gilt auch für das Völkerrecht. Die anspruchsvolle und auch äußerlich ansprechende Reihe bietet mehr als nur einen zufälligen Ausschnitt gegenwärtiger Forschung im öffentlichen Recht: Sie spiegelt auch den Standard dessen wider, was (öffentlichrechtliche) Rechtswissenschaft gegenwärtig in Deutschland bedeutet und ist deshalb schon in kurzer Zeit im In- und Ausland zu einem Begriff geworden.

ISSN: 0941-0503
Zitiervorschlag: JusPubl

Alle lieferbaren Bände finden Sie unter *www.mohr.de/juspubl*

Mohr Siebeck
www.mohr.de